公共政策研究

YANCAO
GONGGONG ZHENGCE YANJIU

主　编　龚金龙

副主编　刘亚丽　程　彪

编　委　（按姓氏笔画排序）

马永瑾　王　欣　王　奕　王　锐　王力杰　王小彦
王金棒　勾　萍　尹　坚　卢志菁　叶兰钦　田昊庭
冯伟华　毕蒙蒙　刘　杰　刘玉鹤　江　楠　李　阳
李　曼　李　森　李蓓洁　杨小平　杨红武　吴　翔
吴成春　邱纪青　佘　强　汪志波　张　喆　张小乐
张仕华　张丽娜（江苏中烟）　张丽娜（安徽省局）
陈　辰　林　坚　林天然　林国泰　罗　林　岳雪梅
金　萍　周　燕　周雅宁　郑　路　郑新章　赵十满
茹呈杰　钟宇生　姜占省　洪广峰　洪群业　贺庆文
贾　楠　徐　敏　高　琳　高歌农　郭灰祥　席元肖
唐　珂　唐　敏　唐志明　黄化刚　曹　娟　崔宇翔
章　喆　董志坚　董绘阳　程　倩　廖锦建　熊　冰

華中科技大學出版社
http://www.hustp.com
中国·武汉

内容提要

本书主要介绍了全球部分国家和地区的烟草公共政策及其发展历程，重点介绍了一些国际组织（如世界卫生组织）对烟草业的管控，并对由世界卫生组织所制定的《烟草控制框架公约》以及烟草在全球的流通进行了重点的分析，同时对全球控烟运动的发展及国际控烟的趋势、控烟对烟草业发展的影响、近年来世界卫生组织各缔约方在控烟方面所达成的共识、中国的控烟法规及各地的控烟条例、全球部分国家和地区对烟草监管所实施的政策法规、严格控烟环境下不同类别烟草制品的发展趋势、全球部分国家和地区烟草公共政策以及中国控烟履约的进展进行了分析与探讨。

本书可供烟草业界以及关注烟草业的社会各界人士参考阅读。

图书在版编目(CIP)数据

烟草公共政策研究/龚金龙主编. —武汉：华中科技大学出版社，2018.2
ISBN 978-7-5680-3729-7

Ⅰ.①烟…　Ⅱ.①龚…　Ⅲ.①烟草工业-公共政策-研究-世界　Ⅳ.①F416.89

中国版本图书馆 CIP 数据核字(2018)第 028565 号

烟草公共政策研究　　　　龚金龙　主编
Yancao Gonggong Zhengce Yanjiu

策划编辑：曾　光
责任编辑：狄宝珠
封面设计：孢　子
责任监印：朱　玢
出版发行：华中科技大学出版社（中国·武汉）　　电话：(027)81321913
武汉市东湖新技术开发区华工科技园　　邮编：430223
录　排：华中科技大学惠友文印中心
印　刷：虎彩印艺股份有限公司
开　本：880mm×1230mm　1/16
印　张：38.5
字　数：1269 千字
版　次：2018 年 2 月第 1 版第 1 次印刷
定　价：168.00 元

序

自从1492年哥伦布发现新大陆，并把烟草这个原来欧亚人并不知道的物种扩散到全球至今，已经长达几百年。在这期间，人类所生活的地球上，反烟浪潮几乎没有停止过。到了近代，我们已经历了多次反吸烟与控烟浪潮。

从20世纪初到20世纪70年代，人类曾经历了一次较有影响力的反烟浪潮。1924年，美国《读者文摘》发表了《烟草对人体有害吗？》一文，引起公众对吸烟影响健康的关注，直到1964年，美国官方才认定吸烟有害健康。1964年美国医政总署发布吸烟有害健康报告，结论不再模棱两可——“美国医政总署研究表明，吸烟危害您的健康。”

从20世纪70年代到20世纪末，全球的反烟浪潮已经发展到了由国际性组织倡导的控烟运动。1988年4月7日是世界卫生组织成立40周年的纪念日，这一天被定为世界无烟日，从第二年开始，世界无烟日正式确定为每年的5月31日。

十年之后，在世界卫生组织的倡导下，《烟草控制框架公约》正式出炉，全球的反烟浪潮已经走向以国际法为依据的新的更强势的控烟运动，各个国家和地区也纷纷签署该公约，并制定自己的控烟法案，以配合世界卫生组织在全球所开展的控烟运动。

在烟草业500多年的发展过程中，由于科技水平的不断发展以及人们认知水平的不断提高，公众对吸烟影响健康这一认知也在不断深化与加强。在世界卫生组织强力控烟政策的影响下，烟草商为了消费者的利益，纷纷进行技术革新，发展危害性更低的烟草新产品，以满足消费者的需求。

事实上，英格兰公共卫生部门向外界发出的独立调查结论是，使用电子烟产品与消费燃吸类烟草制品相比，可以有效降低健康风险95％，这也是烟草商努力开发下一代产品的原因所在。

对政府的控烟政策中卷烟素面包装这一措施，除了烟草业界的人士之外，就连西方医学界也有反对的声音。他们认为，出台这样的法案，对政府、企业以及消费者三方均没有好处。

2016年的世界无烟日，世界卫生组织的宣传主题是为平装（素面包装）做好准备，然而，在经过理性思考之后发现，事情的发展并不乐观，这并不是什么高招，因为所有的烟草产品均不约而同地采取了统一的同质化标准包装，大家都这么做，在品牌塑造、企业VI上就不存在竞争了，反正包装都一样。这也带来了一个非常坏的后果——导致非法走私及假冒烟草产品的数量激增，政府税收受损，合法烟草商的利益受损，最后这个坏结果的埋单者还是消费者，因为他们消费了质量可能更低劣的产品。在此，立法者的初衷是保护消费者，结果却是害了消费者。

因此，随着世界经济的发展，社会文明的进步，消费者健康意识的日益增强，普通烟草制品的消费量是会下降的，而新型可以替代普通烟草制品的新产品将会出现增长的趋势。

为了更好、更便捷地利用世界各国、各地区烟草公共政策方面的资料，为政府和领导决策提供较为翔实的依据，我们搜集、翻译、加工、整理、编纂了这方面的信息与资料，并编辑成册。本书内容很多，难免有所疏漏，希望在全球经济以及烟草业发展的滚滚大潮中，留下一份较为完整与可信的资料，同时能够为社会各界人士理性、客观、一分为二地认识烟草业，提供一些参考与一点点思考。

杨小平

2017年10月

目　录

第一章 《烟草控制框架公约》与烟草流行

1.1 《烟草控制框架公约》与世界无烟日

一、《烟草控制框架公约》

《烟草控制框架公约》是世界卫生组织根据其《组织法》第十九条的规定，所制定的一份国际性法律文书，其宗旨是限制烟草在全世界的蔓延，尤其是在发展中国家的蔓延。

1. 公众对吸烟与健康问题认识过程

在哥伦布发现新大陆，并把烟草带回欧洲之后，人们对吸烟与健康的关系就有了模糊的认识。

据1535年出版的《印第安通史》记载"在别的习惯中，印第安人有种特别有害的便是去吸取某种烟气……以便产生不省人事的麻醉状态。他们用这种方法吸烟，直到失去知觉，伸着四肢在地上像个酒醉微睡的人一样……"

烟草在欧洲传播开来以后，欧洲人便染上了吸烟的习惯。1604年，英王詹姆士一世提出烟草进口税，并撰写《扫除烟害运动》一书，自此，几个世纪以来的吸烟与禁烟的斗争便时起时伏，延绵不断。

1950年5月27日，美国科学家雷闻(Morton Levin)在《美国医学会杂志》上发表研究论文，第一次将吸烟与肺癌联系起来。在同一期上发表的还有温德尔(Ernst L. Wynder)和格兰姆(Evarts A. Graham)的研究论文，表明在受调查的684例肺癌患者中，96.5%的是吸烟较多和吸烟很多的人。

1952年12月13日，英国科学家杜乐(Richard Doll)和希尔(Bradford Hill)在《不列颠医学杂志》上发表研究论文，指出重度吸烟者得肺癌的概率是非吸烟者的50倍。英国卫生部癌症顾问委员会表示，这一研究结果只是表明了吸烟与肺癌是有联系的，而不是致病原因，因此建议政府不采取措施。

1964年1月11日，美国发表长达387页的报告，题为"吸烟与健康：咨询委员会向公共健康服务首席外科医生的报告"，进一步将吸烟和肺癌联系在一起。

1965年，英国伦敦皇家内科医学院的科学家发表论文，对每日吸烟数量和肺癌发病率以及死亡率的关系进行了分析。

以上是目前国际上公认的，有关对"吸烟与健康"研究起到开创性作用的人以及他们所做的研究工作。美国科学家温德尔也被认为是第一个通过动物实验，而非流行病学调查证明"烟草致癌"的人。然而，这种说法是不恰当的，最先发现"烟草致癌"的是中国科学家吕富华。

据介绍，吕富华1933至1936年曾在德国留学，在弗莱堡(Freiburg)大学期间，首次以实验证明烟草焦油对家兔的致癌作用，其论文《关于家兔涂布烟草焦油致癌的研究》于1934年发表在德国的《法兰克福病理学》杂志上。吕富华是我国著名的药理学家，国家二级教授，于2000年5月去世，生前在原同济医科大学(现华中科技大学同济医学院)从事教学研究工作。

从20世纪50年代开始，世界范围内的"吸烟与健康"研究发展很快，到1970年，关于"吸烟与健康"的论文就有14500多篇，而从1970年到2000年的30年间，有超过10万篇论文被发表，研究向更高水平发展。

在大量的研究论文中，美国科学家霍夫曼等发表的关于卷烟烟气有害成分的分析的论文中关于有害成分的确定，即著名的霍夫曼清单，对当今降低卷烟有害成分的研究起到了较大推动作用。

1615 年，日本曾下令禁烟，并发生焚毁烟叶，拔除烟株的事件。

1628 年，波斯王沙西非把烟草称为“丑恶之草”。并制定法令规定，凡贩卖烟草的商人，要用火红的铅块烫烧其喉咙，吸烟者罚以苦役。

1634 年，俄国沙皇也曾颁布禁烟令，规定吸烟要受到鞭挞，重者流放西伯利亚，屡教不改者处死。

1637 年，明崇祯皇帝下了一道诏书：“凡私有兜售淡巴姑及售与外人的，不论多寡，均斩首示众。”

1752 年，乾隆皇帝颁布禁烟令，规定不许种植烟草，商贾不得贩卖，违者与通番同罪。

到了 20 世纪 50 年代以后，随着烟毒害的加剧，人们的认识也日益加深，世界各国政府纷纷采取措施，向烟草开战。

1924 年，美国《读者文摘》上发表了一篇题为《烟草对人体有害吗？》的文章，这是此后发表关于吸烟与健康文章的第一篇。

1962 年，英国皇家内科协会发表了“吸烟与健康的报告”，提出了吸烟是导致肺癌的主要原因证据，并提出吸烟与许多疾病相关联。

1964 年，美国医政总署发布了一份由署长顾问委员会起草的关于吸烟与健康的报告。

1966 年，美国卷烟烟盒上开始带有一条警告说明——注意，吸烟有害健康。

1967 年，在美国纽约首次举行了世界吸烟与健康大会，对吸烟和烟草的批评众口一词，反吸烟之风便习卷全球。同时，世界卫生组织决定，以后每 4 年召开一次这样的大会。

1969 年，世界卫生组织欧洲与美洲会议通过决议，吸烟严重危害人体健康，禁止在世界卫生组织开会的场所吸烟。

1974 年，世界卫生组织专门委员会发表了“吸烟收起疾病流行”的报告，后又向各国政府发出建议，对吸烟采取包括立法，税收和教育方面的有效措施。

1980 年，世界卫生组织总干事马勒博士发出公开信，号召世界范围内在“世界卫生日”(4 月 7 日)开展“要吸烟还是要健康，任君选择的活动”。世界卫生组织把 1980 年定为反吸烟年。

1985 年，意大利政府颁布了世界第一部严禁吸烟法。该法规定，凡向未满 16 岁的少年出售或提供卷烟者，罚款 100 万里拉(约合人民币 750 元)。

1987 年 6 月 15 日，在 39 届世界卫生大会上，通过了一项决议，确定 1988 年 4 月 7 日为世界无烟日，并要求各成员国就 4 月 7 日这一天的戒烟做出立法。从 1989 年起，每年的 5 月 31 日为世界无烟日，并得到了各国的积极响应。

在我国，1979 年以来，国务院多次下发文件，颁布行政法规，提出控烟。1990 年，我国成立了吸烟与健康协会，1991 年，颁布了《中华人民共和国烟草专卖法》，都有禁止或限制吸烟的条文。

1995 年，北京市政府颁布了在公共场所禁止吸烟的法令。

1996 年，在人大会议期间，当时的国务院总理李鹏曾在四川厅看到小卖部卖烟，就建议不要卖，后来，人民大会堂实施了禁烟令。

1997 年，美国一家法院审理威廉姆斯诉菲利普・莫里斯烟草公司案。

1998 年 11 月，美国 46 个州的司法部长和美国多家大烟草公司达成《总和解协议》，即 Master Settlement Agreement。

1999 年 9 月，美国联邦政府司法部(Department of Justice)提起了美国历史上规模最大的对烟草公司的诉讼案。

2009 年 8 月，巴西国家卫生监督局下令禁止在境内使用和出售电子烟，一旦电子烟进入巴西将被没收，已经拥有电子烟的人也不能继续消费与使用。

2010 年，新加坡从 7 月份开始禁止进口和销售电子烟，自 2015 年 12 月全面禁止新型烟草产品(包括电子烟、无烟卷烟、可溶解型烟草，以及任何可以外敷、植入或注入人体的烟碱或烟草产品等)。

2010 年 6 月，美国最高法院驳回了美国烟草公司的反诉，裁定各大烟草公司违犯《反诈骗腐败组织集团犯罪法》。

2011 年 6 月 18 日，中国 17 岁的湖北省武汉市中学生鄢卓洵，到北京市宣武区（现属西城区）人民法院起诉，状告国家烟草专卖局及龙岩卷烟厂等 24 家卷烟厂侵害了他对吸烟有害健康的知情权。

2013 年 6 月，英国药品与保健品管理局（MHRA）明确宣布将把电子烟纳入药品管制，电子烟生产厂家需要申请药品许可。

2014 年 4 月，美国食品与药品管理局宣称，把电子烟视为烟草产品进行管制。按照《家庭吸烟预防和烟草控制法》，烟草产品的定义是由烟草制造或从中提取的且不能是药品或医疗器械 的产品，该法案进一步授权 FDA 可以监管其认为属于(deeming)本法定义的其他烟草产品。

2014 年底，菲利普・莫里斯烟草国际公司推出了加热不燃烧装置——IQOS，首批在意大利米兰和日本名古屋上市。

2016 年，欧盟新出台的烟草产品指令（TPD 指令）规定，从 2016 年 5 月起将含烟碱的电子烟纳入管制范围。

2017 年，菲利普・莫里斯烟草国际公司推出碳加热烟草制品，不需要配套充电装置，外形与卷烟基本相同。

2.《烟草控制框架公约》制定的背景

从 20 世纪 50 年代开始，世界范围内的"吸烟与健康"研究发展很快，从 1970 年到 2000 年的 30 年间，超过 10 万篇论文发表。

1969 年，世界卫生组织所属的美洲区域委员会、欧洲区域委员会等通过了一项关于控制吸烟的决议，开始推动世界性的控烟工作。

1970 年，首次较为全面地提出了控烟的一些具体措施，要求所有大会参与者不得在会议室内吸烟，探讨劝阻青年人吸烟的教育方法。

1976 年，首次提出了被动吸烟问题，明确提出采取可行的措施。

1978 年，敦请各成员国尽可能限制各种形式促进吸烟的宣传，并要求总干事考虑尽早把控烟作为世界卫生日的口号。

1980 年，世界卫生组织在"世界卫生日"发起了戒烟运动，提出"要吸烟还是要健康，由你选择!"的口号，并把 1980 年定为国际反吸烟运动，此后，世界卫生组织便考虑制定一部全球性的烟草控制框架公约。

3. 世界卫生组织在全球控烟工作中的作用

世界卫生组织是联合国下属的一个专门机构，其前身可以追溯到 1907 年成立于巴黎的国际公共卫生局和 1920 年成立于日内瓦的国际联盟卫生组织。

1946 年 7 月，64 个国家的代表在美国纽约举行了一次国际卫生会议，签署了《世界卫生组织组织法》。1948 年 4 月 7 日，该法得到 26 个联合国会员国批准后生效，世界卫生组织宣告成立。每年的 4 月 7 日也就成为全球性的"世界卫生日"。同年 6 月 24 日，世界卫生组织在瑞士召开的第一届世界卫生大会上正式成立，总部设在该国的日内瓦。

世界卫生组织的宗旨是使全世界人民获得尽可能高水准的健康。该组织给健康下的定义为"身体、精神及社会生活中的完美状态"。世界卫生组织的主要职能包括：促进流行病和地方病的防治；提供和改进公共卫生、疾病医疗和有关事项的教学与培训；推动确定生物制品的国际标准。截至 2003 年 5 月，世界卫生组织共有 192 个成员国。

世界卫生大会是世界卫生组织的最高权力机构，每年召开一次。其主要任务是审议总干事的工作报告、规划预算、接纳新会员国和讨论其他重要议题。执委会是世界卫生大会的执行机构，负责执行大会的决议、政策和委托的任务，它由 32 位有资格的卫生领域的技术专家组成，每位成员均由其所在的成员国选派，由世界卫生大会批准，任期三年，每年改选三分之一。

根据世界卫生组织的君子协定，联合国安理会 5 个常任理事国是必然的执委会成员国，但席位第三年后轮空一年。常设机构秘书处下设非洲、美洲、欧洲、东地中海、东南亚、西太平洋 6 个地区办事处。总干事李钟郁（韩国人）于 2003 年 7 月 20 日就职，任期 5 年，此后，每 5 年就要选出新一任总干事。

中国是世界卫生组织的创始国之一。中国和巴西代表在参加 1945 年 4 月 25 日至 6 月 26 日联合国于旧金山召开的关于国际组织问题的大会上，提交的“建立一个国际性卫生组织的宣言”，为创建世界卫生组织奠定了基础。

1972 年 5 月 10 日，第 25 届世界卫生大会通过决议，恢复了中国在世界卫生组织的合法席位。此后，中国出席该组织历届大会和地区委员会会议，被选为执委会委员，并与该组织签订了关于卫生技术合作的备忘录和基本协议。1981 年该组织在北京设立驻华代表处。

世界卫生组织主要出版物有：

《世界卫生组织月报》，每年 6 期，英、法、阿、俄文；

《疫情周报》，英、法文；

《世界卫生统计》，季刊，英、法、中、阿拉伯、俄、西文；

《世界卫生》，月刊，英、法、俄、西、德、葡、阿拉伯文。

世界卫生组织从 1969 年开始致力于推动全球范围的控烟工作，当时，该组织下属的泛美卫生组织指导委员会/美洲区域委员会及欧洲区委员会通过了关于控制吸烟的决议。1970 年 5 月，第 23 届世界卫生大会通过了 WHA23.32 号决议，首次较为全面地提出了控烟的一些具体措施，如要求所有大会及委员会会议的参与者不得在会议室内吸烟；所有成员国注意关于限制吸烟的报告；探讨劝阻青年人吸烟的教育方法；联合世界粮农组织着手研究烟草种植国家中的作物替代等问题。

此后，世界卫生大会陆续就烟草控制问题通过了多项决议。自 20 世纪 80 年代末以来，几乎每年的世界卫生大会都有关于控烟工作的决议，反映出世界卫生组织对烟草控制的高度重视。有关烟草控制的决议的内容也从开始时的鼓励和支持有关烟草问题的研究，宣传吸烟危害健康的知识，逐步演变到建议各成员国政府通过卫生、教育、宣传以及与其他有关机构密切协作，采取综合手段，包括采取教育、限制和立法方面的措施，辅之以有关的税收和价格政策，限制烟草的使用等。

如在 1976 年的第 29 届世界卫生大会上首次提出了被动吸烟问题，并在通过的 WHA29.55 号决议中，明确提出开始考虑采取可行的措施。在 1978 年的第 31 届世界卫生大会决议中，WHO 敦请各成员国尽可能限制各种形式促进吸烟的宣传，并要求总干事考虑尽早把控烟作为世界卫生日的口号。

1980 年，世界卫生组织在“世界卫生日”发起了戒烟运动，并把 1980 年定为国际反吸烟运动年。

1988 年 4 月 7 日是世界卫生组织成立 40 周年纪念日，这一天成为第一个“世界无烟日”。在以后的每个世界无烟日，世界卫生组织都向全球发行专题材料，提供控烟的基本信息和建议。从 1989 年起，“世界无烟日”改为 5 月 31 日。到 1993 年，世界卫生组织所有成员国都在每年的 5 月 31 日举行不同形式的宣传活动。

在 1986 年第 39 届世界卫生大会通过的 WHA39.14 号决议中，世界卫生组织进一步向各成员国提出了九点具体的行动建议，并通过各区域办事处不断敦促和协助成员国付诸实施。它还向各成员国控烟机构提供诸如确立国家控烟政策或规划，收集和散发资料，促进健康教育，以及开展咨询等服务。对世界卫生组织的号召，许多国家做出积极响应，并根据各自的情况开展了多种形式的控烟宣传和干预活动。

1995 年 5 月第 48 届世界卫生大会首次提出了制定《烟草控制框架公约》的设想，1996 年 5 月，第 49 届世界卫生大会通过了 WHA49.17 号决议，正式决定制定《烟草控制框架公约》。1998 年 5 月，第 51 届世界卫生大会选举布伦特兰为总干事，同年 7 月走马上任，提出无烟倡议行动（Tobacco Free Initiative，TFI），作为其任期内两大重点项目之一，并将制定《烟草控制框架公约》作为任期目标，《公约》的制定进入实质性阶段。

1999 年第 52 届世界卫生大会通过了 WHA52.18 号决议，决定着手制定烟草控制框架公约及相关议定书，同时决定将成立由所有成员国参加的政府间谈判机构及框架公约工作组。

1999 年 10 月 25 日至 29 日，来自 109 个国家的代表团聚集日内瓦，参加《烟草控制框架公约》工作组第一次会议。

中国派出了由卫生部、外交部、财政部等部门组成的代表团出席会议。会议确定了制定《烟草控制框架公约》的具体工作计划和时间表，并通过了向世界卫生组织执行委员会提交的报告草案。当时计划于 2000

年5月后开始政府间谈判，2003年完成《公约》的制定工作。

2000年5月，第53届世界卫生大会通过了WHA53.16号决议，支持《公约》的制定，决定开始政府间谈判。2000年10月，政府间谈判正式开始。2003年3月1日，历时4年共6轮的政府间谈判结束，《烟草控制框架公约》的制定工作宣告完成。

4. 世界卫生组织制定《烟草控制框架公约》所遵循的原则

《烟草控制框架公约》是世界卫生组织根据其《组织法》第19条所规定的权力来促成的、由各成员国以国际协定方式达成的烟草控制的国际法律文件。它是针对烟草的第一个世界范围的多边协议，其主要目标是"保护当代和后代免受烟草消费和接触烟草烟雾对健康、社会、环境和经济造成的破坏性影响"(公约原文)。

全面了解《公约》的主要内容，必须先了解世界卫生组织制定《公约》的初衷和所遵循的原则。

1) 禁止烟草广告和促销

世界卫生组织始终坚持应该在世界范围内禁止烟草公司及烟草公司代理商所进行的烟草广告和促销活动。并举例说，万宝路的广告是一个成功的典范，也正是由于这则广告，使得菲利普·莫里斯烟草公司从一个不起眼的烟草生产商成为世界最大的烟草公司。跨国烟草公司就是利用烟草广告使卷烟在世界广泛传播，并且在许多国家利用一些法律上的漏洞，开展广告宣传。许多非政府组织以及有关国家政府早已认识到，阻止儿童及青少年吸烟的最有效方法就是完全禁止烟草广告和促销。

世界卫生组织的数据表明，在美国以及其他富裕国家中，有80%的吸烟者是从十几岁就开始吸烟的，而且在一些经济较不发达国家，开始吸烟的年龄还在下降。在美国有关烟草诉讼案件中暴露出来的菲利普·莫里斯烟草公司内部文件中，"万宝路男人"广告的设计者的目的就是"吸引年轻消费市场的幻想"。

世界卫生组织指出，为了阻止烟草的传播，减少当代和后代吸烟者人数，必须禁止烟草广告、促销以及一切形式的赞助活动。必须做到：禁止使用诸如"万宝路男人"之类的广告形象和主题；禁止在年轻人较容易接触到的媒体上做烟草广告。这些媒体包括路边广告牌、电视、广播等；禁止对一些有大量年轻人参加的群体活动的赞助，如音乐会、体育比赛等；禁止在年轻人使用的日用品上面推广烟草品牌、企业徽标，这些日用品包括如衣服、饰物、玩具等；禁止免费分发卷烟样品。

2) 消除烟草公司的政治影响

世界卫生组织强调，与烟草利益相关者不得参与有关烟草和健康的立法活动。政府应拒绝来自烟草业的资助，政府官员和烟草业之间的利益关系应该透明。烟草公司应公开其用于政治赞助的所有开支。

世界卫生组织认为，跨国烟草公司一贯利用其政治影响对烟草控制的立法进行削弱，指出有必要限制烟草公司在国家和全球健康政策制定中所施加的强有力影响。

在限制烟草公司活动的同时，世界卫生组织还要求限制烟草公司的附属公司进行有关游说和政治赞助。如菲利普·莫里斯烟草公司通过卡夫食品，对国内和国际政策施加影响。

世界卫生组织强调《烟草控制框架公约》应该鼓励和支持鉴别以及公开烟草公司通过第三方利益团体对有关政策制定施加影响，并敦促缔约方对烟草公司在本国开展的影响国家政策制定活动进行监督和调查，公开调查结果。世界卫生组织应该制定在发展中国家限制烟草业进行政治活动的有关措施，并提供必要的资金支持。

3) 对烟草实行非正常贸易措施

世界卫生组织认为，由于卷烟产品能够使人产生依赖性，因此适合于一般产品的贸易措施不应该适合于烟草产品，并希望在双边和多边贸易协定中，将烟草排除在外。

世界卫生组织主张《烟草控制框架公约》应该保护国家以及国际烟草控制措施，而不能因正常贸易协定和出口政策的使之受到削弱。对烟草应该采取国际上类似于环境污染物，如有毒废弃物、农药等的管理措施，该类物质的运输应受到有关国际公约的管制，如控制危险物越境转移及其处理的《巴塞尔公约》和关于消耗臭氧层物质的《蒙特利尔议定书》。

由于跨国烟草公司为了扩大国外市场占有率，纷纷增加在别国的投资，如亚洲国家和东欧国家，因此这种境外投资活动也应该受到一定的限制。

4）实行信息全面公开

世界卫生组织坚持认为，所有人都有权获得有关烟草制品依赖性和其有害性的全部信息，烟草公司及其代理商有义务表明其一切业务活动符合国内法和国际法的要求。

世界卫生组织希望《烟草控制框架公约》能够类似于1992年的《生物多样性公约》中的有关规定一样，对一些可能给环境带来变化的生物体的信息进行全面披露。《生物多样性公约》在第19条“生物技术的处理及其惠益的分配”中规定：“每一个缔约国应直接或要求其管辖下提供以上第3款所指生物体的任何自然人和法人，将该缔约国在处理这种生物体方面规定的使用和安全条例的任何现有资料以及有关该生物体可能产生的不利影响的任何现有资料，提供给将要引进这些生物体的缔约国。”

对烟草产品，世界卫生组织强调烟草公司必须承认烟草的依赖性和有害性，并且停止带有欺骗嫌疑的营销、推广活动，因为这些活动往往使烟草和自由联系起来，而淡化了吸烟危害。

因此《烟草控制框架公约》应要求烟草公司提供全面的信息披露，而主权国家应该负起保护其公民的责任来。

5）允许国家采取强有力措施

《烟草控制框架公约》中任何协调一致的措施必须采用最严格的标准。这些措施对于主权国家和区域组织来说应该是最低标准，而不是最高标准。世界卫生组织引用了1990年《儿童权利公约》第41条的规定，即：“本公约之任何规定，不得影响下列规定中，对儿童权利之实现有更大贡献之条款规定：签约国之法令、在签约国具有效力之国际法。”

最终，《烟草控制框架公约》在第2条第1款中明确指出：“鼓励各缔约方实施本公约及其议定书要求之外的其他措施，这些文书不应阻碍缔约方实行符合其规定并符合国际法的更加严格的要求。”

烟草公司应对产品的危害负责。责任问题属于国际民法和刑法的范畴，世界卫生组织坚持烟草公司应该对其产品过去、现在和未来所造成的危害负责。类似的公约有1991年的关于禁止危险废物输入非洲及管制其在非洲以内越界移动的《巴马科公约》，其中规定：“每一缔约方应严格追究危险废物制造者的一项和多项无限责任。”

国家之间应加强合作并为烟草控制提供财政支援。《烟草控制框架公约》应该保证所有缔约国具有监督和执行公约条文的能力，因此要求所有缔约方都应加强相互间的合作。世界卫生组织希望主权国家、非政府组织以及世界卫生组织办事机构之间应建立健全完整的合作机制。

同时，公约应建立必要的财政机制，以帮助部分国家有效地执行公约及其议定书所规定的义务。为了加强发展中国家烟草控制措施的执行，防止烟草公司资助所谓的“劝阻青少年吸烟计划”，财政的支持尤为重要。

6）支持转产

主权国家应支持烟草种植和卷烟生产，以及与其相关产业的转向更加健康的可持续发展产业的生产。为了保护烟草种植者、工人、儿童，保护环境，主权国家和烟草公司都有义务采取行动，确保转产的进行。对于那些在转产方面有实际困难的国家，公约应该提供所需要的帮助。

世界卫生组织认为烟草公司及其代理商经常制造一些关于转产会造成烟草从业人员经济损失的宣传，但是根据世界银行的研究报告，这种说法是站不住脚的。世界卫生组织承认，做好烟草从业人员的转产工作需要认真的计划和合理的资源分配。最终实现的转产，应该有利于保护环境。同时，应该关注烟草业中存在的童工问题。

公约执行过程中的监督工作至关重要。主权国家，尤其是具有跨国烟草公司的国家，以及有关国际组织应该对烟草公司的贸易活动进行监督，具体包括广告促销、政治赞助和游说、合资办厂、企业购并、公司税利、与走私活动的联系、对公共卫生政策的干预以及对烟草制品的依赖性和有害性的不正确宣传等。

国家的监督职责在很多国际公约中都有明确的规定，如1992年的《联合国海洋法公约》第204条“对污染危险或影响的监测”中规定：“各国应在符合其他国家权利的情形下，在实际可行范围内，尽力直接或通过各主管国际组织，用公认的科学方法观察、测算、估计和分析海洋环境污染的危险或影响。

各国特别应不断监视其所准许或从事的任何活动的影响，以便确定这些活动是否可能污染海洋环境。”

同样，1972 年联合国人类环境大会的发表的“斯德哥尔摩宣言”指出：“各国有责任保证其管辖范围内的活动不对他国或者非本国管辖范围内的环境造成破坏。”

对于烟草公司针对年轻人的促销活动，儿童权利委员会可以采取相关措施加以制止。烟草公司工作人员，包括其所属企业和贸易伙伴工作人员不能参与《公约》有关的科学、咨询组织以及相关公约执行机构。

世界卫生组织强调，《公约》必须具有强的约束力，同时还要有明确的时间表，和对执行公约不利的处罚措施。

5.《烟草控制框架公约》制定大事记

1996 年 5 月，第 49 届世界卫生大会通过了 WHA49.17 号决议，提出制定《烟草控制框架公约》。

1998 年 5 月，第 51 届世界卫生大会选举布伦特兰为总干事，她同年 7 月走马上任，《公约》的制定进入实质性阶段。

1999 年 5 月，第 52 届世界卫生大会 WHA52.18 号决议，授权世界卫生组织启动《公约》制定工作。

1999 年 10 月，《公约》第 1 次工作组会议召开，开始起草最初草案。

2000 年 3 月，《公约》第 2 次工作组会议召开，对最初草案进行修改。

2000 年 5 月，第 53 届世界卫生大会通过了 WHA53.16 号决议，支持《公约》的制定，决定开始政府间谈判。

2000 年 10 月，《公约》听证会举行，政府间谈判机构第 1 次会议召开。

2001 年 5 月，第 54 届世界卫生大会通过了 WHA54.18 号决议，强调烟草控制过程中的透明度，政府间谈判机构第 2 次会议召开。

2001 年 11 月，政府间谈判机构第 3 次会议召开。

2002 年 3 月，政府间谈判机构第 4 次会议召开。

2002 年 7 月，第一份较为完整的《公约》文本出台并在网上公开。

2002 年 8 月，非法烟草贸易国际问题会议在纽约召开。

2002 年 10 月，政府间谈判机构第 5 次会议召开。

2003 年 1 月，新的《公约》文本公开。

2003 年 2 月，政府间谈判机构第 6 次会议召开，《公约》文本最终确定。

2003 年 5 月，第 56 届世界卫生大会通过了 WHA56.1 号决议，《烟草控制框架公约》获得通过。

2004 年世界无烟日主题：控制吸烟，减少贫困。

2005 年世界无烟日主题：卫生工作者与控烟。

2006 年世界无烟日主题：烟草吞噬生命。

2007 年世界无烟日主题：创建无烟环境。

2008 年世界无烟日主题：禁止烟草广告和促销，确保无烟青春好年华。

2009 年世界无烟日主题：图形警示揭露烟害真相。

2010 年世界无烟日主题：抵制针对女性的市场营销。

2011 年世界无烟日主题：烟草致命如水火无情，控烟履约可挽救生命。

2012 年世界无烟日主题：生命与烟草的对抗。

2013 年世界无烟日主题：禁止烟草广告、促销和赞助。

2014 年世界无烟日主题：提高烟草税。

2015 年世界无烟日主题：制止烟草制品非法贸易。

6. 世界卫生组织 2017 年世界无烟日主旨

2017 年，世界无烟日的主题——烟草对发展的威胁。

对此，世界卫生组织在 2017 年的世界无烟日强调指出了其主旨：

(1) 强调烟草制品的消费、使用以及控烟和可持续发展之间的联系；

(2) 鼓励各国各地区政府将控烟纳入并响应《2030 年可持续发展议程》的行动；

(3) 支持社会各界抵制烟草业干预政府控烟活动的进程，从而可以促进并加强政府控烟活动的开展；

(4) 鼓励社会各界更加广泛地参与政府以及民间组织在全球控烟方面的努力,制订和实施控烟方面的发展战略与计划,从而实现控烟的最终目标;

(5) 向社会表示自己可以坚决不使用各类烟草产品或戒烟的决心,并为实现可持续的无烟社会做出自己的贡献。

7. 世界卫生组织通过控烟促进社会健康发展

世界卫生组织在每年的5月31日,就要发布世界无烟日的主题,说明与烟草使用相关的健康及其他相关风险,并建议各国、各地区政府采取有效的措施以减少烟草消费对公众的危害。

2017年世界无烟日的主题是:烟草——对发展的威胁。

为此,世界卫生组织还开展了以下的活动:

(1) 说明烟草业对所有国家和地区的可持续发展、包括对公众健康与经济所造成的威胁;

(2) 为政府和公众提供有效的建议与措施,通过应对全球烟草业所带来的危机,以促进社会经济的健康与发展;

(3) 通过一系列的控烟活动,支持社会的健康与发展。另外,世界卫生组织呼吁各国响应"2030年可持续发展议程(the 2030 Agenda for Sustainable Development)",优先重视并加快各国各地区的控烟工作。

世界卫生组织认为,所有国家都可从成功地从控烟活动中获得益处,尤其能保护公民免受烟草消费所带来的健康风险,同时也可以减少给国民经济所造成的损失。

事实上,世界卫生组织已经将控烟纳入可持续发展议程,并被视为帮助实现可持续发展目标下具体有效的手段之一。

据介绍,这项具体目标旨在到2030年,将全球包括心血管疾病、癌症和慢性阻塞性肺病在内的非传染性疾病导致的过早死亡减少三分之一。

8. 世界卫生组织认为控烟有助于实现国家及个人其他目标的实现

在2017年的世界无烟日,该组织开展了多种控烟活动,同时,世界卫生组织还认为,控烟有助于国家及个人其他目标的实现。

世界卫生组织的一些研究人员认为,控烟除了挽救生命和减少健康风险之外,全面控烟还可有效抑制烟草种植、加工、贸易和消费对环境所带来的不利影响。

同时,分析人士也认为,控烟可以打破贫困的状况,有助于消除贫困,促进可持续的农业和经济的发展与增长,并可以对抗气候变化。

另外,对烟草制品增加的税收,也可用于资助全民健康计划,同时也可以有效覆盖政府所倡导的其他发展与规划。

世界卫生组织认为,不只是政府可以加强控烟工作,公众也可以从个人角度在控烟方面做出努力,促进实现一个可持续的无烟世界。

9. 截至2017年世界卫生组织控烟工作的事实与数据

2017年5月31日世界无烟日之后,世界卫生组织向外界发布了截至2017年烟草与控烟及发展目标的事实与数据。

世界卫生组织所发布的数据表明,截至2017年,每年有700多万人死于烟草消费相关的疾病,因此,世界卫生组织认,如果不加强控烟行动,预计到2030年,这一数字将增长到每年超过800万人。

1) 烟草消费会影响到所有公众

烟草消费对全球任何人都会构成威胁,不论性别、年龄、种族、文化或教育背景。同时,烟草消费也会带来痛苦、疾病和死亡,使吸烟者的家庭陷入困境,政府的国民经济遭到很大的损失。

2) 烟草消费加剧贫困概率

世界卫生组织认为,烟草消费可能使政府卫生保健费用增加,并降低社会的生产力,由此给国民经济造成巨大的经济损失。

同时它还加剧了健康风险和贫困概率的发生,因为经济条件不好的人群,在食物、教育和卫生保健等方面,他们基本的需求支出与经济条件好的人要要少得多。

数据显示，烟草消费所导致的过早死亡中，大约80%发生在低收入或中等收入国家，因此，这些国家和地区为实现他们的发展目标，须应对更多的挑战，同时面临着很多的机遇。

3）烟草对环境产生影响

世界卫生组织的分析人士认为，烟草种植需要使用大量的农药和化肥等，而这些产品有可能有害，并有可能污染水源。

数据显示，每年全球的烟草种植，需要占地430万公顷，导致全球森林的毁林率在2%至4%之间。另外，烟草加工还会产生200万吨以上固体废物，这些均已经给全球的环境带来了严重的危害。

为了有效阻止烟草消费与使用，世界卫生组织所制定的烟草控烟框架公约中所规定的各项条款，可以有效指导全球限制烟草的使用与消费。

数据表明，世界卫生组织所制定的烟草控制框架公约，截至2017年，已经是一个拥有180个缔约方（179个国家和欧洲联盟）的国际性条约。

4）多数国家和地区实施最具成本效益的控烟措施

截至2017年，世界超过一半以上的国家，占世界总人口近40%，已最大限度实施了至少一项世界卫生组织烟草控制框架公约中所制定的，最具有成本效益的控烟措施。越来越多的国家正在采取多种多样的措施，以有效防止烟草业干扰政府的控烟政策。

5）增加烟税有助于经济发展

世界卫生组织分析认为，全世界如果卷烟税率增加1美元，可额外筹集1900亿美元用于各国各地区的经济发展。

事实上，较高的烟草税率，有助于政府创收，减少消费者对烟草的需求，并可以提供重要的收入来源，以资助社会经济的发展。

二、世界无烟日的由来

1. 部分国家和地区制定无烟日

1977年，美国癌肿协会首先提出了控制吸烟的一种宣传教育方式——无烟日。这天，在美国全国范围内进行“吸烟危害健康”的宣传，劝阻吸烟者在当天不吸烟，商店停售烟草制品一天。美国把每年11月第3周的星期四定为本国的无烟日。以后，英国、马来西亚、中国等国家和地区也相继制定了无烟日。

2. 历年世界无烟日主题

1988年第1个世界无烟日主题：要烟草还是要健康，请您选择。

1989年第2个世界无烟日主题：妇女与烟草。

1990年第3个世界无烟日主题：青少年不要吸烟。

1991年第4个世界无烟日主题：在公共场所和公共交通工具上不吸烟。

1992年第5个世界无烟日主题：工作场所不吸烟。

1993年第6个世界无烟日主题：卫生部门和卫生工作者反对吸烟。

1994年第7个世界无烟日主题：大众传播媒介宣传反对吸烟。

1995年第8个世界无烟日主题：烟草与经济。

1996年第9个世界无烟日主题：无烟的文体活动。

1997年第10个世界无烟日主题：联合国和有关机构反对吸烟。

1998年第11个世界无烟日主题：在无烟草环境中成长。

1999年第12个世界无烟日主题：戒烟。口号是“放弃卷烟”。

2000年第13个世界无烟日主题：不要利用文体活动促销烟草。

2001年第14个世界无烟日主题：清新空气，拒吸二手烟。

2002年第15个世界无烟日主题：无烟体育清洁比赛。

2003年第16个世界无烟日主题：无烟草影视及时尚行动 2004年第17个世界无烟日主题：控制吸烟，

减少贫困。

2005 年第 18 个世界无烟日主题:卫生工作者与控烟。

2006 年第 19 个世界无烟日主题:烟草吞噬生命。

2007 年第 20 个世界无烟日主题:创建无烟环境,构建和谐社会。

2008 年第 21 个世界无烟日主题:无烟青少年。

2009 年第 22 个世界无烟日主题:烟草健康警示(Tobacco Health Warnings),口号是“图形警示揭露烟害真相”。

2010 年第 23 个世界无烟日主题:性别与烟草——抵制针对女性的市场营销。

2011 年第 24 个世界无烟日主题:世界卫生组织烟草控制框架公约。口号:烟草致命如水火无情,控烟履约可挽救生命。

2012 年第 25 个世界无烟日,世界卫生组织确定的主题:“警惕烟草业干扰控烟”。口号:生命与烟草对抗。

2013 年第 26 个世界无烟日主题:禁止烟草广告、促销和赞助。

2014 第 27 个世界无烟日主题年:提高烟草税。

2015 第 28 个世界无烟日主题年:制止烟草制品非法贸易。

2016 第 29 个世界无烟日主题年:为素面包装做好准备。

2017 第 30 个世界无烟日主题年:烟草——对发展的威胁。

三、烟草控制框架公约的制定

1995 年 5 月,第 48 届世界卫生大会首次提出了制定《烟草控制框架公约》的设想。

1996 年 5 月,第 49 届世界卫生大会决议,经联合国秘书长授权,世界卫生组织开始牵头《公约》的制定工作。这是世界卫生组织成立 50 年来主持制定的第一部全球性公约。

1998 年 5 月,布伦特兰被选举为第 51 届世界卫生大会总干事,提出无烟倡议行动,将制定《烟草控制框架公约》作为任期目标,《公约》的制定进入实质性阶段。

1999 年 5 月,由 191 个成员国参加的第 52 届世界卫生大会一致通过了有关《公约》制定的程序和时间表的决议。大会决定启动《公约》的谈判,并确定在 2003 年 5 月完成。

2000 年 10 月,《公约》的政府间谈判正式开始,并于 2003 年 3 月通过《公约》最后文本。

2003 年 5 月 21 日,在经历了两次工作组会议和历时约 4 年 6 轮政府间谈判后,在由 192 个成员国参加的第 56 届世界卫生大会上《公约》获得一致通过。

2004 年 11 月 30 日,随着秘鲁成为第 40 个批准该条约的国家,《公约》的批准国家达到了符合国际法规定的数目。

2005 年 2 月 27 日,《公约》正式生效。这是世界卫生组织制定的第一个具有国际法约束力的全球性公约。

截至 2006 年 2 月 10 日,全球已有 168 个国家在公约上签字,其中有 122 个国家已经正式批准。

2003 年 11 月 10 日,我国政府签署了《公约》。

2005 年 8 月 28 日,全国第十届人大常委会十七次会议批准了《公约》。同时声明:在中华人民共和国领域内禁止使用自动售烟机。

90 天后,2006 年 1 月 9 日《公约》在中国正式生效。标志着烟草控制已经由国内立法控制扩大到国际立法控制,是人类公共卫生和控烟史上的一座里程碑。

世界卫生组织对中国批约的评价:中国在最佳时机批约,这使中国真正加入全球和西太平洋地区控制烟草的行动中来。许多生命将被拯救,公共卫生将被加强,国家经济也将受益。

四、世界卫生组织为烟草控制框架公约制定做作的准备工作

2003 年 5 月 21 日,世界卫生组织总干事布伦特兰女士把这一天称为“历史性的日子”。在日内瓦举行

的世界卫生大会上，世界卫生组织的192个成员国一致通过了《烟草控制框架公约》。

1. 整整30年的准备历程

这是世界上第一个限制烟草的全球性公约，为了这个公约，世界卫生组织已经整整准备了30年。

烟草控制框架公约所走过的路程如下。

世界第一份关于烟草有致癌性的研究报告，是1934年由中国学者吕富华提出的，他当时的论文题目为《关于家兔涂布烟草焦油致癌的研究》。

1964年，美国公众卫生局发表报告认为，吸烟是人类健康的杀手，使吸烟与健康问题受到极为广泛的关注。当时，全球范围曾发起过多次反对吸烟的运动。

1969年，世界卫生组织(WHO)挺身而出，决心以控烟运动为已任，担当起全球控烟运动的领头人。WHO所属的泛美卫生组织指导委员会、美洲区域委员会及欧洲区域委员会通过了一项关于控制吸烟的决议，从此，WHO走上了推动世界性控烟工作的漫漫长路。

1992年，现供职于约翰斯一霍普斯金大学卫生与公众健康学院的阿林？泰勒在《美国法律与医药杂志》上发表文章指出，根据联合国宪章规定，世界卫生组织有权制定国际公约。受这篇文章的启发，加州大学洛杉矶分校公共卫生学院的鲁思？里奥莫建议，世界卫生组织完全可以行使自己的权力，用于控制烟草的扩散。这一建议促成了《烟草控制的国际策略》一文问世，该文成为1996年世界卫生大会的背景文件。

1996年5月，在第44届世界卫生大会上，191个成员国达成协议，同意建立一个世界烟草控制框架公约，并提出了一些控制烟草的其他策略。在这次大会上，加拿大政府提出，这项工作应从起草一个管制烟草的协议入手。大会把世界控烟运动向前推动了一大步。

1998年，布伦特兰博士就任WHO总干事，她把制定《烟草控制框架公约》作为自己任期内的首要工作目标。

1999年，第52届世界卫生组织大会完成了拟议框架公约的工作，并开始着手制定烟草控制框架公约及相关议定书，同时决定，成立一个由所有成员国参加的政府间谈判机构和框架公约工作组。

2000年，各国政府间谈判机构和框架公约工作组召开了第一次会议。

2001年，工作组召开第二次会议和第三次会议。

2002年，工作组召开第四次会议和第五次会议。

2003年，《烟草控制框架公约》获一致通过，包括5个联合国安理会常任理事国在内的50个国家承诺，为这一工作提供财政及政治支持。

这是WHO首次使用了它的《组织法》第十九条所规定的权力，制定出的第一个全球性公约，也是针对烟草行业的第一个世界范围的多边协议。WHO向烟草宣战的目的只有一个：从限制全球烟草和烟草制品生产开始，最终使世界变为一个无烟的世界。

2. 烟草控制框架公约的主要原则

烟草控制框架公约是一个世界性的烟草控制法律文件，其目标是实行全面的烟草控制战略，它由各成员国以国际协定的方式达成一致并全面执行，而最终的实行内容是依据各成员国所提交的补充协议而决定的。

(1) 必须减轻烟草消费造成的影响并抑制烟草消费的增长；

(2) 必须让所有的人都知道烟草的危害；

(3) 对公众健康资源不足的签约国，在建立管理烟草控制计划时，技术合作是至关重要的；

(4) 对将来因实施烟草控制计划而改行的烟农，政府应提供财政支持；

(5) 烟草控制措施不得被滥用作建立贸易壁垒的手段；

(6) 烟草行业应对其产品造成的伤害负责；

(7) 为了实现烟草控制协议的目标，全社会的参与是必要的；

(8) 烟草控制公约的条款应被视为各国采取更广泛措施的起点。

公约的主要任务是提出了一个奋斗的目标，并提出了一个框架和一个工作流程。但是，它不包括具体的义务，具体的义务还有待于各成员国提交的补充协议来明确。

公约要求各成员国应在相关的协议书中阐明各成员国更具体的承诺。承诺内容主要涉及：

(1) 对减少烟草需求方面所实施的价格和税收政策；

(2) 对减少烟草需求方面所实施的其他措施；

(3) 减少环境烟草烟雾和避免被动吸烟的措施；

(4) 保护儿童和青少年；

(5) 取缔烟草产品的走私；

(6) 控制免税烟草产品的销售；

(7) 控制对烟草行业的广告、促销和赞助；

(8) 检测并向公众报告烟草产品的成分；

(9) 对烟草工业和烟草产品实行管制；

(10) 加强对烟草行业的监督、研究和信息交流；

(11) 加强与烟草有关的健康教育和研究；

(12) 改变政府的烟草农业政策等。

烟草控制框架公约要求各国至少应该以法律的形式禁止误导性的烟草广告，禁止或限制烟草商赞助的国际活动和烟草促销活动，镇压烟草走私，禁止向未成年人出售卷烟，在卷烟盒上至少要用30%至50%的面积标明“吸烟危害健康”的警示，以及禁止使用“低焦油”“清淡型”之类欺骗性广告词。

3. 全球烟草业界所关注公约的重点

1) 烟草广告

广告是公约所担心的一个最大的最严重的问题。广告是烟草推销中的一个主要方式，在信息手段如此发达的今天，广告已经可以轻而易举地跨越任何地域。

因此，公约特别注重保护儿童，禁止以儿童为卷烟广告对象，禁止向儿童销售卷烟，禁止出售散装或20支以下经济包装卷烟，并开展能使儿童认识吸烟危害的教育。

此外，公约还要求限制成人广告，包括发放优惠券、礼品等间接促销手段，不得赞助体育及文化活动，并强调应清除电视、互联网等不受地域限制的媒体中的广告。

2) 走私

卷烟走私已经成为一种国际现象，如果没有国际合作，走私现象很难杜绝。

为了根治卷烟走私，公约要求，在所有用于零售和批发的卷烟产品包装上，均应标明生产厂家名称、产品批号、生产日期以及“仅供在某国销售”的字样。

公约还要求，应严格禁止烟草制品的免税销售和免关税制度，这对控制卷烟走私来说意义重大，因为免税卷烟不仅给走私分子可乘之机，也给中间商带来高额利润。

3) 税率

专家认为，提高对卷烟的税收，对抑制消费需求十分有效。

公约条款规定，“税率应足以促使烟草制品消费的稳步降低。”有关专家建议，这个税率一般订在卷烟零售价的2/3～4/5较为合适。

4) 贸易限制

其实，发展中国家目前对发达国家的烟草输出根本没有任何阻止能力，因此，增加对烟草进口的贸易限制，是发展中国家的一个保护性措施。在发达国家的烟草大量涌入，严重影响到发展中国家人口尤其是青少年健康时，贸易限制显得尤为重要。

《烟草控制框架公约》共有11部分，38条，内容包括：序言、术语的使用、公约的目标、指导原则和一般义务、烟草控制的具体义务(减少需求和减少供应)、保护环境、与责任有关的问题、科学和技术合作及信息通报、机构安排和财政资源、争端解决、公约的发展等条款。

其中烟草业最能关注的主要内容如下。

(1) 烟草制品的包装和标签(第11条)。

《公约》强调大而醒目的健康警语的必要性，要求缔约方在《公约》对其生效后3年内使健康警语的面积不应少于主要可见部分的30%，且这些健康警语应该使用本国主要语言，并且可轮换使用。《公约》没有强调健康警语必须采取图片或象形图的形式。

禁止卷烟产品的包装和标签使用具有误导性的描述性词语，如“低焦油”“淡味”“超淡味”或“柔和”等。卫生界一直强调这样的词语可能使消费者对卷烟产品的特性、健康影响、危害或释放物产生错误印象，属于虚假、误导和欺骗行为，可能直接或间接使消费者产生某一烟草制品比其他烟草制品危害小的虚假印象。

(2) 烟草广告、促销和赞助(第13条)。

《公约》要求各缔约方应根据其宪法或宪法原则，在《公约》对其生效后的5年内，广泛禁止所有的烟草广告、促销和赞助，其中应包括广泛禁止源自本国领土的跨国广告、促销和赞助。对于因其宪法或宪法原则而不能采取广泛禁止措施的缔约方，应限制所有的烟草广告、促销和赞助，以及源自其领土并具有跨国影响的广告、促销和赞助。同时，《公约》还要求各缔约方应考虑制定一项议定书，确定需要国际合作的广泛禁止跨国界广告、促销和赞助的适当措施。

(3) 责任问题(第19条)。

世界卫生组织始终坚持法律诉讼是烟草控制的重要策略，《公约》承认与责任相关的事项是烟草综合控制的重要部分。各缔约方应考虑采取立法行动或促进其现有法律，以处理刑事和民事责任，并就本公约涉及的民事和刑事责任的诉讼相互提供协助。

(4) 被动吸烟(第8条)。

为了保护非吸烟者，《公约》要求每一缔约方应采取有效措施，保护非吸烟者避免在室内工作场所、公共交通工具、室内公共场所接触烟草烟雾。

(5) 烟草制品非法贸易(第15条)。

《公约》要求每一缔约方应采取包括在产品包装上明确表明原产国、最终目的地等信息的有关措施，协助有关当局进行跟踪和追踪。各缔约方应加强有关区域和国家之间在调查、起诉和诉讼程序方面的合作，以便消除烟草制品非法贸易。

(6) 税收和免税烟问题(第6条)。

《公约》指出，各缔约方承认价格和税收措施是减少各阶层人群，特别是青少年烟草消费的有效和重要手段，并要求在不损害各缔约方决定和制定其税收政策的主权时，宜考虑其有关烟草控制的国家卫生目标。

对于免税烟，公约表示，酌情禁止或限制向国际旅行者销售和(或)由其进口免除国内税和关税的烟草制品。

(7) 烟草制品成分管制和披露(第9条和第10条)。

关于烟草制品成分管制，《公约》指出，缔约方会议应与有关国际机构协商提出检测和测量烟草制品成分和燃烧释放物的指南以及这些成分和释放物的管制指南。

关于烟草制品成分披露，《公约》每一缔约方应采取措施，要求烟草制品制造商和进口商向政府当局披露烟草制品成分和释放物的信息。

(8) 财政资源(第26条)。

《公约》要求，各缔约方应酌情促进利用双边、区域、次区域和其他多边渠道，为制定和加强发展中国家缔约方和经济转轨国家缔约方的多部门综合烟草控制规划提供资金。为实现其规定的义务，各缔约方宜筹集和利用一切可用于烟草控制活动的潜在的和现有的，无论公共的还是私人的财政、技术或其他资源，以使所有缔约方，尤其是发展中国家和经济转轨国家缔约方受益。

(9) 其他承诺。

除上述条款外，《公约》还在相关条款作了如下承诺：

①每一缔约方设立或加强并资助国家烟草控制协调机构或联络点(第5条)；

②将诊断和治疗烟草依赖及对戒烟提供的咨询服务纳入国家卫生和教育规划、计划和战略(第14条)；

③禁止向低于国内法律、国家法律规定的年龄或18岁以下者出售烟草制品，以及禁止或促使禁止向公众尤其是未成年人免费分发烟草制品(第16条)；

④促进非政府组织在制定和实施部门间烟草控制规划和战略方面的意识和参与(第12条)；

⑤公约的管理，由缔约方会议完成。缔约方会议第一次会议应由世界卫生组织于本公约生效后一年内召开。缔约方会议应定期审评本公约的实施情况和做出促进公约有效实施的必要决定，并通过议定书、附件及对公约的修正案，以及设立为实现本公约的目标所需的附属机构等(第23条)；

⑥对本公约不得作任何保留(第30条)；

⑦公约应自第40份批准、接受、核准、正式确认或加入的文书交存于保存人之日后第90天起生效(第36条)。

1.2 《烟草控制框架公约》控烟策略简介

一、世界卫生组织的六项控烟策略

(1) Monitor——监测烟草使用与预防政策；

(2) Protect——保护人们免受烟草烟雾危害；

(3) Offer——提供戒烟帮助；

(4) Warn——警示烟草危害；

(5) Enforce——禁止烟草广告、促销和赞助；

(6) Raise——提高烟税。

二、各项策略解释

1. 烟草控制框架公约六项策略之一：监测烟草使用和预防政策

对烟草使用及其影响的评估必须加强当前，全球一半的国家(包括三分之二的发展中国家)——仍不具备关于青少年和成年人烟草使用的最基本信息，对于烟草相关疾病和死亡等烟草流行其他方面的数据也十分缺乏。

良好的监测工作可以提供关于某个国家烟草流行水平的信息，以及应当制定什么样的政策来满足该国的具体需要。无论是全球性还是国别监测工作对于了解和逆转烟草流行都是十分重要的。

2. 烟草控制框架公约六项策略之二：保护人们免受烟草烟雾危害

呼吸清洁的空气是每个人最基本的权利。无烟的环境对于保护非吸烟者和鼓励吸烟者戒烟都很重要。

任何国家，无论其经济水平如何，都可以实施有效的无烟化法律。

2003年5月《烟草控制框架公约》制定之后，是全球第一部具有法律约束力的多边条约，是联合国历史上得到最广泛支持的国际条约之一。

以缔结《公约》为标志，全球反烟浪潮以其巨大声势，正掀起向以国际法为依据的全球控烟运动。

全球禁烟场所覆盖保护的人口情况：全世界大约49%的人口得到了全国性无烟化政策的保护，这些政策覆盖了医疗和教育机构；有34%的国家有法律法规保护了大学，大约30%覆盖了政府机构，仅有22%为室内办公室工作人员提供保护。30%的国家其无烟化立法覆盖了各种公共交通设施(包括站点和出租车等半私人性质交通工具)；大约5%覆盖了餐厅和酒吧。

3. 烟草控制框架公约六项策略之三：提供戒烟帮助

全世界有十几亿吸烟者——占全球成年人总数的四分之一，其中大多数都已对烟草成瘾。

目前，全世界只有九个国家能够提供全面的治疗烟草依赖的服务，这一数字仅覆盖全球人口的5%。

由此看来，各国必须制定规划，为那些希望摆脱烟瘾的吸烟者们提供有效且成本较低的干预措施。

4. 烟草控制框架公约六项策略之四：烟草包装警示标识

卷烟包装成为一种信息的载体，其外观就能给消费者许多信息。

包装的优劣将直接影响消费者对产品的印象和评价，从而影响消费者的购买行为。

科学研究发现，清晰明了的健康警告能够导致人们对健康风险的更高意识以及更强的戒烟欲望。

烟草包装上醒目的文字和图画的健康警告标签，是降低烟草使用的国家战略的一个重要组成部分。

所有有效的烟草警示标记：不得出现任何虚假、误导、欺骗或可能对其特性、健康影响、危害或释放物产生错误印象的手段推销一种烟草制品，包括直接或间接产生某一烟草制品比其他烟草制品危害小的虚假印象的任何词语、描述、商标、图形或任何其他标志。

在烟草制品的任何外部包装和标签上带有说明烟草使用有害后果的健康警语。

《烟草控制框架公约》对健康警语标识的 6 个要素如下。

(1) 健康警语标识的内容要传达风险的性质和严重程度。“说明烟草使用有害后果”(根据国际经验，有害后果说得越明确、越具体，效果越好)。

(2) 警语标识“应是大而明确、醒目和清晰的”“容易看到和阅读 ”(为了明确、清晰，许多国家的警语标识都采用了同烟包底色明显区分的对比色)。

(3) 警语标识的规格“宜占据主要可见部分的 50%或以上，但不应少于 30%”(《公约》推荐的是 50%或以上，30%是最底线)。

(4) “可采取或包括图片或象形图的形式”(实践证明，图片的冲击力大，警示效果最佳)。

(5) 警语标识要有多组，轮换使用，每次轮换不能间隔太长(这是为了防止吸烟者习以为常后放松戒心)。

(6) 包括想戒烟的吸烟者到哪里可以获得帮助的信息。

①为什么采用严格的警告标签？

②实施成本低，费用由烟草公司而不是政府承担。

③降低了卷烟的魅力和吸引力，有助于创造不吸烟才是正常标准的环境。

④抵消烟草公司几十年来营销其产品使用的有吸引力又有说服力的形象。

⑤几乎所有的吸烟者都要多次接触警告标签。

⑥提高人们对吸烟风险认识，增强戒烟意识(尤其是青少年)。

⑦这样的包装你会有好感吗？

⑧这样的包装你还觉得酷吗？

⑨这样的包装你还会享用吗？

⑩这样的包装你还会送人吗？

同时，有很多国家并不禁止诸如“淡味”“低焦油”等误导性、欺骗性用语的使用。这些国家却占全球人口总数的 40%之多。确凿证据证明，这样的产品并不会降低危害健康的各种风险。

5. 烟草控制框架公约六项策略之五：实施烟草广告、促销和赞助禁令

烟草企业每年在全球斥巨资进行广告、促销和赞助活动，因此，世界卫生组织就制定了实施广告、促销与赞助的禁令。

1) 世界卫生组织支持限制电子烟广告

在 2014 年 10 月 18 日结束的世界卫生组织《烟草控制框架公约》大会上，各缔约方代表通过了一项对电子烟产品监管的修正案，与会者同意世界卫生组织提出的议案，即对电子烟广告宣传进行限制。

世界卫生组织认为，目前全球电子烟产品的销售量与消费量日趋增长，许多规模较大的跨国烟草公司也进军电子烟产业，已经推出并开始在市场上销售本公司的电子烟产品，在这种情况下，需要出台政策法规对其未来的发展进行监管，因此世界卫生组织建议各缔约方政府对电子烟碱释放装置(即电子烟)的市场促销、广告宣传以及赞助活动进行严格的限制。

尽管电子烟产品近年来在西方发达国家的销售量呈现逐年增长的趋势，但政府对其广告宣传活动并没有放松监管。

目前在美国和英国，政府对于电子烟产品的广告宣传活动有着严格的限制性措施，政府规定不允许电子烟生产商以及销售商在对其产品进行宣传时，声称是普通烟草制品的一种健康替代品，也不允许他们将电子烟产品宣传为一种潜在的可以帮助戒烟的产品。

目前在加拿大国内，政府对于电子烟产品的营销也有严格的规定，不允许电子烟生产商以及贸易商利

用传统的媒体进行广告宣传活动，但允许零售商在其零售网点对其产品进行适当的宣传与促销活动。

2）德国未来将完全禁止烟草广告

德国食品、农业和消费者保护部向外界发布声明称，未来德国将完全禁止各种类型的烟草广告，尤其是将严格禁止烟草商在公共交通等候站所发布的烟草广告。另外，政府也将修订控烟法案以及广告法案，禁止烟草广告出现在 18 岁以下人群所观看的影视屏幕上。

德国政府称，为了配合 2016 年生效的新的烟草产品指令，政府新修订的控烟法案以及广告法案将对烟草包装上吸烟有害健康的警示图片以及警示语做出严格的规定，将强制卷烟生产商们在其卷烟包装上用三分之二的面积来印制肺部疾病或癌症的相关图片。

3）欧盟新修订烟草产品指令中对于电子烟广告宣传的要求

于 2016 年实施的欧盟新修订的烟草产品指令，对于电子烟类产品的广告宣传进行了严格的限制，其主要的内容包括：①宣传营销的对象不应该只针对 18 岁以下的人群，因此其宣传广告不应该出现在仅供 18 岁以下人群收看的媒体上；②电子烟生产商与贸易商的宣传广告中，不应该以各种形式来鼓励不吸烟者尝试使用电子烟产品；③电子烟的广告宣传中需要明确：其产品就是电子烟，而不是一种烟草制品（注：该用语仅指在做电子烟广告宣传时使用，其目的在于暂时可以允许电子烟做广告宣传，而不是指电子烟不属于烟草制品）。

欧盟一些反烟人士已开始指责电子烟生产商与贸易商，声称他们所推出的一些不适当的广告宣传活动有美化吸烟的嫌疑，同时也有可能破坏欧盟各成员国提出的控烟目标。

对此有分析人士指出，目前在欧盟新的烟草产品指令还没有出台实施的情况下，电子烟生产商与贸易商所推出的一些广告宣传活动，对青年人以及从不吸烟的人确实有吸引力，因此政府应该加强对此类广告的监管力度。

6. 烟草控制框架公约六项策略之六：提高烟税

提高烟草税，从而提高烟草产品价格是减少烟草使用最有效的手段之一，特别是阻止年轻人成为吸烟者。还可以帮助说服吸烟者戒烟。

目前全世界只有四个国家的烟草税率达到了零售价格的 75%以上，仅占全球人口的 2%。五分之四的高收入国家烟草税率在零售价格的 51%～75%，这一比例在中低收入国家中还不到四分之一。

有证据证明，将烟草价格提高 70%就能预防全球四分之一的烟草相关死亡；提高 10%可降低高收入国家 4%以及中低收入国家 8%的烟草消费。从表面上看，虽然消费量下降了，但是烟税收入却在增加。而更高的税收可以为国家实施控烟政策，开展其他公共卫生和社会项目提供资金。

1）巴西采取提高税率等方法实施控烟措施

巴西政府在全球控烟领域处于比较领先的地位。政府为了有效降低该国的吸烟率，减少烟草消费者的数量，采取了一等系列可能的措施来实施其控烟政策。

据介绍，巴西政府在控烟方面所采取的主要措施有：提高烟草制品的税率，以进一步提高各类烟草制品在市场上的零售价格，阻止消费者的购买欲望。

另外，除了实施财政税收政策之外，巴西政府还在烟草制品的物流系统中植入了较为先进的产品跟踪系统。该系统不仅针对国内烟草制品，同时还应用于烟草制品的进出口贸易，使每一个跟踪码可以有效追踪到每一个生产商。

早在几年前，巴西政府就严格按照世界卫生组织《烟草控制框架公约》的条款，制定了详细的公共场所禁烟令，并制定了配套的相关监管措施，以确保禁烟令的有效执行。

由于政府实施了较为有效的控烟措施，近 20 年来，该国的吸烟人数几乎降低了一半。据了解，巴西早在 2006 年就已签署了由世界卫生组织所制定的《烟草控制框架公约》。

2）阿曼烟草税率大幅度提高

2017 年 3 月份，阿曼政府财政部门向外界宣布，为了提高财政收入，同时为了进一步降低公众的吸烟率，计划上调烟草制品的税率。就卷烟产品而言，此次上调的幅度为 100%。

另据来自阿曼政府卫生部门的消息，此次政府上调烟草制品的税率，也是为了遵守阿曼政府与海湾合作委员会各成员国之间早在2016年所达成的协议，即要对不健康的产品大幅度提高其税率。

据介绍，海湾合作委员会成员国认为，烟草制品以及酒类产品应该列入不健康产品之列，政府应该对此类产品施以重税。

3）孟加拉国计划提高烟草税

2017年，孟加拉国政府财政部门一位名叫AMA Muhith的负责人在接受媒体记者采访时指出，目前该国对于烟草产品的征税率低于其他国家，因此，政府计划在下一个财政年度提高烟草产品的税率，其中也包括该国特有的比迪烟。

据介绍，在下一个财政年度，卷烟产品的税率将在原来的基础上再提高28%，而对于比迪烟产品，其税率将会在目前按不同类别分别占其零售价格的25%和30%的基础上分别提高到30%和35%，这样才能达到提高比迪烟价格的目的，以逐步降低该国的吸烟率。

4）菲律宾提高烟税促使吸烟率下降

由于菲律宾政府逐步提高了该国各类烟草制品的税率，导致烟草制品的零售价格增长，从而促使其吸烟率已经出现逐年下降的趋势。

对此，世界卫生组织的一项调查数据表明，自2009年以来，该国的吸烟率已经从当年的29.8%下降到了2015年的23.8%，下降幅度达到了6个百分点。

在这期间，菲律宾政府逐步提高了烟草制品的税率。2013年，该国一盒20支装卷烟平均的市场价格为24.9菲律宾比索，但到了2015年，其平均的市场零售价格已经增长到了48菲律宾比索。对此，世界卫生组织的一位官员指出，烟草制品税率的提高已导致产品价格上涨，从而可以有效降低吸烟率，这是政府应该采取的一种比较有效的控烟措施。

1.3 烟草的成分及其在全球的流行

一、全球吸烟现况

据世界卫生组织估计，到2025年全球烟民将超过17亿，全球大约有10亿男性吸烟者，3亿女性吸烟者。截至2017年，每年有700多万人死于烟草使用，因此，世界卫生组织认，如果不加强行动，预计到2030年，这一数字将增长到每年超过800万人。

2017年5月31日世界无烟日，该组织向外界发布了截至2017年烟草与控烟及发展目标的事实与数据。

二、烟草的成分

1. 碳水化合物

烟草中碳水化合物约占50%。按分子结构含基本单位糖分子数不同可分为单糖、双糖和多糖。我国烤烟烟叶含有相当丰富的单糖，一般含量在10%～25%。烟叶中只含少量双糖，但含相当数量的多糖，如淀粉、纤维素等。

2. 含氮化合物

烟叶中含有许多含氮化合物，主要有：蛋白质、氨基酸和酰胺化合物、烟草生物碱。烟叶中一般含蛋白质5%～15%，蛋白质燃烧后会产生臭气，因此，烟叶中含蛋白质过多就使烟气质量低劣。烟草中含氨基酸、酚胺等虽然不多，但经燃烧以及烟叶加工过程都产生氨，对吸食的品质影响很大。烟草生物碱是烟草中另一种类似碱性质的含氮化合物。各种烟草含烟草生物碱量差别很大，低的只含0.5%以下，高的可达10%以上。烟草生物碱的存在，是烟草有别于其他植物的主要标志。不含烟草生物碱的烟草植物，一般就不能称为烟草。烟草生物碱以烟碱为主要成分，烟碱即烟碱（Nicotine），占全部烟草生物碱的95%以上。我国卷烟用烟叶一般含烟碱2%以下，含量超过3%的很少见。烟草生物碱及其盐类具有强烈水化作用，能在呈酸性反应条件下随水蒸气挥发。这样挥发出的游离态烟碱，量虽不多，但对烟叶吸食品质影响很大，易使成品吸味辛辣、呛喉。烟草之所以能成为人类最普遍的嗜好品，主要是由于它含有烟碱。当吸食烟草时，部分烟碱进入烟气，被人体器官吸收，吸入适量会使人感到兴奋，但吸入过量会引起头痛、呕吐等中毒症状，烟碱对心脏也有毒害。吸烟者的机能虽然逐渐习惯于这种毒性刺激，但仍然可能会引起慢性中毒。

3. 有机酸

烟叶中含有不少酸性物质，含量较多的有机酸是柠檬酸，其次是苹果酸和草酸。有机酸可增加烟气酸性，醇化烟气，使烟味甜润舒适。一部分有机酸与烟碱结合成可溶性钠、钾盐存在于吸烟者的细胞液中，或以钙盐形式沉积于细胞中。

4. 苷及多酚

烟叶中含有一种由单糖与酚类组成的化合物，称之为苷。它们是组成烟叶色素和树脂物质的成分。苷类性质都不稳定，易被催化分解。当烟叶成熟之后，或在干制、发酵过程中，由于酶催化的结果，烟叶中的苷类物质发生强烈水解。苷类物质的分解产物往往具有令人快慰的香气。因此，苷类物质被认为是产生烟草芳香气味的重要物质之一。

5. 脂肪、挥发油和树脂物

烟叶中一般含 2%～7%脂肪，烟叶中还含有具芳香特性的挥发油及树脂物。上等烟叶表面均有香气，这是因为它们含有较多的挥发油。通常，树脂物不具香味，但是经燃烧被氧化分解后，大多能产生特殊的芳香气味。因此，树脂物也被认为是产生烟草吸食芳香的重要物质之一。

6. 灰分元素

烟叶中含灰分元素约 10%。灰分元素对烟叶的吸食品质并无直接关系。但是因为某些元素对烟叶燃烧特性有影响，故间接地影响烟叶吸食品质。例如：烟叶中含钾适量时，其燃烧性、保火力均较好，灰色也好；烟叶中含镁量高时，烟叶的灰色变得灰暗；如果镁含量适中，则既能保持烟灰完整、又不易散落。灰分中氯元素含量与烟叶的燃烧性质至关重要。当氯元素含量超过 3%时，会导致烟叶燃烧性变坏，引起熄火。

7. 卷烟的主要成分

世界卫生组织认为，已证实卷烟点燃后产生的有害物质有 4000 多种。

烟碱：具有刺激的烟味，是一种神经毒素和剧毒物质。每支卷烟中大约含 5 mg，对一个成年人来说烟碱的致死量为 40～60 mg。

烟碱最大的危害在于它的成瘾性，且作用极为迅速它还是一种抗焦虑药物，过量吸入可引起抑制或麻痹作用烟碱是一种兴奋剂，可以使吸烟者产生轻柔愉快的感觉。长期吸烟可使人体对烟碱产生依赖性，机体活力下降，记忆力减退，工作效率低下，以及造成多种器官受累的综合病变。

焦油：它含有多种致癌物质、促癌物质和致癌引发剂。最新发现表明，低焦油含量的烟卷并不安全，不会因为改吸这类烟而减少肺部疾病的发病率。

一氧化碳：是一种无色无味的气体，冬季在门窗紧闭的情况下吸一支卷烟，可使本人及全家人血液中的碳氧血红蛋白分别升高 7 倍和 6 倍。一氧化碳还促进胆固醇贮量增多，加速动脉粥样硬化。

放射性物质：在烟草种植中，施用含有铀的磷肥，在吸烟过程中分解出多种具有放射性的物质，并沉积于肺部，放出射线，是重要的致癌因素。

刺激性化合物：烟草中的烟雾中含有多种刺激性化合物，其中有氰化钾、甲醛、丙烯醛等有毒物质，它们严重破坏支气管黏膜，使肺和支气管发生感染。

有害金属：烟草中含有砷、汞、镉、镍等有害金属，以镉为例，是强烈的致癌物质，引起肺气肿、哮喘、肺癌等；杀死精子，引起不育症；进入骨骼，引起骨骼脱钙、变形、变脆，极易发生骨折。

其他有害物质：丙酮（脱漆剂）、氨（地板清洁剂）、砒霜（杀虫剂）、DDT（灭蚊的毒素）、萘（樟脑中所含的致命成分）。

三、与吸烟流行相关数据及事实

世界卫生组织的数据表明，每年与吸烟有关的各种疾病所致的死亡约有 100 万人，超过因艾滋病、结核病、交通事故以及自杀死亡人数总和。预计 2020 年将达到 200 万人，每年因被动吸烟而导致的死亡人数超过 10 万人。

据介绍，早在多年前，美国的韦恩·麦克拉伦曾塑造了美国奔放自由形象的“万宝路人”，也终于敌不过卷烟，于 1992 年 7 月沦为烟下亡魂，年仅 51 岁。

他因吸烟患了肺癌，之后他成为烟草工业的激烈的反对者，并积极地投入到反吸烟运动中去，他在去世前说：我要告诉你们，为烟死不值得。烟草消费是导致怕危险因素。

1. 吸烟是患病的危险因素

如果患有高血压和高胆固醇血症的病人吸烟，将发展成为动脉硬化、缺血性心脏病、脑梗死，以及其他疾病的风险将增加。

如果有癌症或其他与吸烟有关疾病家族史的病人吸烟，同样疾病发生的危险将会增加。

2. 吸烟对孕妇和胎儿的影响

吸烟的孕妇比不吸烟孕妇较易发生流产、早产和死胎。在临产时出现胎盘早剥、出血、早破水等并发症比正常产妇高 1～2 倍。

孕妇吸烟可造成胎儿生长发育迟缓，吸烟孕妇所生的低体重儿是不吸烟妇女的两倍。

孕妇吸烟可增加胎儿先天畸形的发生率。吸烟母亲所生先天畸形儿的数量是非吸烟母亲的 2.3 倍。吸烟导致胎儿发生无脑儿、腭裂、唇裂、痴呆和体格发育障碍等畸形儿是不吸烟者的 2.5 倍。

孕妇吸烟可导致胎儿听力不正常。

孕妇吸烟可增加所生婴儿先天性心脏病的发病率。

孕妇吸烟可增加所生婴儿发生猝死的危险性。

孕妇吸烟，新生儿尿液中可发现典型产生于烟草的 NNAL 致癌物质。

孕妇吸烟对胎儿的直接作用：加速胎儿心率和减少呼吸运动；烟碱和其他有毒物质通过血液输送给胎儿，甚至给还不完善的脏器造成伤害。

儿童患哮喘比例增加。

3. 吸烟对青少年的危害

吸烟开始年龄越早，肺癌发生率与死亡率越高。

美国：吸烟开始年龄与肺癌死亡率呈负相关。若将不吸烟者肺癌死亡率定为 1.00 时，15 岁以下开始吸烟者其死亡率为 19.68；20～24 岁为 10.08；25 岁以上为 4.08。

吸烟损害大脑，使智力受到影响。

吸烟者的智力效能比不吸烟者减低 10.6%。

吸烟损害青少年的正常生长。

青少年正处在生长发育时期，各生理系统、器官都尚未成熟，其对外界环境的有害因素的抵抗力较成人弱，易于吸收毒物，损害身体的正常生长。

4. 被动吸烟的危害

被动吸烟是指不愿吸烟的人无可奈何地吸入别人吐出来的烟气和卷烟燃烧时散发在环境中的烟雾又称强迫吸烟、间接吸烟、吸二手烟、被动吸烟。

根据 2002 年调查，被动吸烟人群中，82%在家庭中、67%在公共场所、35%在工作场所接触二手烟。被动吸烟的女性 90%是在家庭中接触二手烟。

城市和农村人群接触二手烟的比例分别为 49.7%和 54.0%，农村高于城市。女性与被动吸烟，不吸烟的妻子同吸烟的丈夫一起生活，其患肺癌的危险度是同不吸烟丈夫一起生活的妇女的 1.5～2.0 倍。丈夫吸烟量越大，在一起生活的时间越长，妻子受害程度就越严重。二手烟还会使妇女更易患乳腺癌、宫颈癌、血液病，并直接刺激眼、鼻和咽喉，引致咳嗽、喉咙痛、头痛及眩晕等症状。

5. 二手烟的危害

二手烟对儿童的危害：

(1) 引发儿童哮喘；

(2) 引发婴儿猝死综合征；

(3) 引发肺炎和耳部炎症；

另外，二手烟对心脏也有影响。纽约血管研究所的心脏病专家 Suzanne Steinbaum 曾指出，当烟草中的有毒物质进入身体中，会破坏血管内壁，导致血管壁上血小板凝集，进而血管变窄，血液流通不畅。这会引起心脏病。血块会堵塞血管，阻碍脑部供血，导致中风。另一个风险是堵塞部位会跑向四肢，导致外围动脉疾病，身体疼痛和麻木症状。并且当心脏供血负荷增加，血压也升高了。

吸烟还会影响胆固醇，CDC 认为吸烟会让甘油三酯升高，这是一种血液脂肪成分，而降低好的胆固醇。医生诊断心脏病一般会看这两个因素之一，高血脂和胆固醇。

美国一家烟草治疗研究中心的 Nancy Ann Rigotti 指出了另一种风险：当点燃一支烟，会产生一氧化碳，红细胞吸收一氧化碳比吸收氧气更容易，结果会是一氧化碳阻碍了红细胞对氧气的吸收，心脏的负担加重。实际上，吸任何烟都有害，根本不需要吸太多就会对血液产生影响。

6. 几个与控烟的相关术语

公共场所：涵盖公众可以进入的所有场所或供集体使用的场所。

工作场所：工作人员在其就业或工作期间使用的任何场所。不仅包括进行工作的场所，而且包括工作人员在就业期间使用的附属或关联场所，如走廊、楼梯间、大厅、洗手间。

7. 烟草危害健康研究结果

2010 年，美国医政总署发布的报告——归纳出有关烟草危害健康的六条科学结论如下。

(1) 吸烟引起疾病机制的相关证据表明，暴露于烟草烟雾的任何情况都是有危险的。

(2) 吸入烟草烟雾中的燃烧成分的复杂混合物可导致不良的健康问题，尤其是癌症、心血管疾病和肺部疾病，其机制包括 DNA 损伤、炎症和氧化应激。

(3) 多种明确的机制表明，吸烟所导致的诸多不良健康问题的风险和严重程度与接触烟草烟雾的持续时间和水平直接相关。

(4) 持续吸烟和长期接触烟草烟雾起因于烟草制品的强大成瘾作用，这种成瘾性是由烟碱以及其他成分对大脑中多种类型烟碱受体的不同作用所介导。

(5) 少量接触烟草烟雾、包括吸二手烟，亦可导致内皮细胞功能障碍和加剧炎症，而且与急性心血管事件和血栓形成相关。

(6) 尚无充分的证据证明旨在降低烟草烟雾中特定毒素的产品改良策略可降低主要的不良健康问题的风险。

同年，美国医政总署报告指出：卷烟烟草烟雾中的某些强致癌物含量并不随焦油量的下降而减少，如亚硝胺、稠环芳烃等。在卷烟阴燃时产生的侧流烟气中，亚硝胺含量远远高于主流烟气。亚硝胺几乎在动物所有的脏器和组织都可诱发恶性肿瘤。

低焦油卷烟也不能减少一氧化碳的含量。并强调指出没有任何一种烟草制品是安全的。根据以上多方面的科学研究结论，世界卫生组织于 2003 年公布的《评价新烟草制品或改进烟草制品的指导原则》中明确指出："已有的证据说明，吸不同焦油和烟碱含量的卷烟产品或带有清淡、柔和等修饰词的卷烟产品不会带来疾病风险方面的差别。"

1964 年，美国医政总署发布研究报告，吸烟者患神经失调的比例只有不吸烟者的一半。

1985 年，世界卫生组织邀请世界知名专家讨论吸烟问题，一致认为吸烟可以部分预防子宫内膜癌、结肠溃疡、震颤性麻痹症、妊娠中毒性贫血和骨质疏松等 5 种疾病。

1991 年《国际流行病学》报道，在精神错乱患者中，吸烟者仅占 33%。

1994 年，澳大利亚统计局对 1200 万国民所做的调查表明，吸烟者比不吸烟者患心脏病和高血压病的人数要少。约有 24.9%的吸烟者没有患过任何疾病，而不吸烟者未患任何疾病仅占 17.9%。

1999 年 9 月，美国联邦政府司法部以政府名义指控美国的菲利普·莫里斯公司等烟草业巨头在"低焦油""淡味"卷烟上欺骗公众，在吸烟危害性问题上说谎话，给公众健康造成了灾难性后果。

2001 年，欧洲议会和欧盟理事会针对烟草制品的生产、介绍和销售颁布了一项法令。该法令第 7 条规定：禁止用“低焦油”“淡味”“极淡味”和“柔和”等词语误导消费者，使他们相信这些产品对健康危害较低。

2003 年由 192 个成员国通过的世界卫生组织《烟草控制框架公约》第 11 条规定：“烟草制品包装和标签不得以任何虚假、误导、欺骗或可能对其特性、健康影响、危害或释放物产生错误印象的手段推销一种烟草制品，包括直接或间接产生某一种烟草制品比其他烟草制品危害小的虚假印象的任何词语、描述、商标、图形或任何其他标志。

2006 年 8 月 17 日，美国联邦法院法官拉迪斯·凯斯勒做出了长达 1683 页的判决，认定被告向公众隐瞒了吸卷烟成瘾和烟碱具有成瘾性，虚假地营销和宣传“低焦油”和“淡味”卷烟比其他的卷烟危害小，违背事实拒不承认他们故意向青少年营销；禁止烟草公司使用误导性的描述词，并认定被告是民事诈骗者。

2007 年，James W. Hollinger 博士称，他一旦成为美国医政总署的负责人，那么，无烟美国将是它重点考虑的问题。在美国上院卫生健康委员会的听证会上，James W. Hollinger 博士称，除了无烟美国这一重要的目标之外，关注儿童肥胖问题、改善并加强公共卫生服务能力、对突发的应急事件做出快速反应也是其工作的重点。James W. Hollinger 博士称，对于那些需要医生处方才可以购买到的药品，严禁在媒体上做广告。

2010 年 6 月，美国最高法院驳回了美国烟草公司反诉，裁定各大烟草公司犯《反诈骗腐败组织集团犯罪法》。美国 2009 年通过的《家庭预防吸烟和烟草控制法》，也明确禁止烟草公司使用等误导性词语。

2012 年，美国佛罗里达州 DUVAL 县的联邦陪审团在一宗联邦 ENGLE 讼案中，裁定吸烟不是导致消费者受到伤害的医学原因。这是菲利普·莫里斯烟草美国公司在近年来的 17 宗 ENGLE 诉讼案中第 12 次获得胜利。

2014 年，韩国高等法院维持一家地方法院的判决，裁定韩国烟草与人参公司在一起由 4 名吸烟者因吸烟导致癌症而对其提起诉讼的案件中获得胜诉。

韩国高等法院在裁决书中指出，吸烟者患上肺癌，是由于多种因素所导致形成的，并非仅吸烟这唯一的因素，其他的外部原因，如物理、生物及化学因素等，都可能引起消费者患上某种疾病。另外，消费者所处的环境因素应该考虑在内。

据介绍，自 1999 年以来，共有 36 名吸烟者对韩国烟草与人参公司提起法律诉讼，所要求的赔偿金高达 4.74 亿韩元，他们认为韩国烟草与人参公司没有提前履行告知他们吸烟有害健康等相关信息。

2014 年，加拿大魁北克高级法院审理了一件有关对于烟草公司高达 200 亿加元（约合 140 亿欧元）的诉讼案。据介绍，该诉讼案开始于 2012 年 3 月份，该案的原告涉及 100 多万魁北克地区的吸烟者，他们起诉的原因在于他们消费的烟草制品对他们的身体健康造成了一定的危害，而生产这些烟草制品的公司：包括帝国烟草公司以及日本烟草国际公司在内的三家公司对此负有一定的责任，因为原告称，这三家烟草公司隐瞒了部分吸烟危害健康的事实真相。

2015 年 5 月份，以色列高等法院对一起有关在公共场所受到二手烟危害的集体诉讼案进行了裁决，高院维持了地方法案的判决，原告方获胜。在此次判决中，高院的一位法官认为，在公共场所受到二手烟危害的个人可以对公共场所的管理者以及娱乐场所的经营者提起法律诉讼，同时，他们有权代表受到二手烟危害的其他人员对管理者以及经营者提起集体诉讼案，以保护公众的身体健康。

2015 年 6 月份，加拿大三家烟草公司遭到了高达 150 亿加元（约合 110 亿美元）的巨额诉讼案。据介绍，2015 年 6 月 1 日，加拿大魁北克一家法院对帝国烟草公司、乐富门公司，Benson & Hedges 烟草公司以及日本烟草公司下属的 JTI－Macdonald 烟草公司做出了向该国受害的烟民赔偿 150 亿加元的判决。分析人士称，这是加拿大有史以来对烟草公司所做出的最大一笔巨额诉讼案。但三家烟草公司并不服此次判决，认为法官在做出判决时并没有考虑到吸烟者自己的责任，同时他们有证据表明，吸烟者在吸烟时已经意识到吸烟可能对自己身体健康所带来的风险，因此三家烟草公司均表示要上诉。

2016 年，美国 R.J. 雷诺士烟草公司又遭到了因吸烟造成死亡的巨额诉讼案件，此次的诉讼中，法院判决对于可能因吸烟导致的死亡者——Alan Konzelman 的妻子——Elaine Konzelman 的赔偿金合计可能高达 2900 万美元。总体上看，世界范围反烟运动的进一步发展和世界卫生组织控烟运动的实施，将导致消费者个人或团体对烟草行业的诉讼增长率加，从而使烟草行业处于更加被动的境地。这一点需引起我国烟草行业的高度重视。

8. 多个国家研究人员发现吸烟对健康的危害

1950年，相继有5项吸烟与健康的重要研究成果问世，一项来自英国，四项来自美国。其中来自英国的Doll和Hill的一项研究调查了英国医生吸烟与肺癌的关系，1954年英国皇家医学会第一次发表“吸烟与健康的报告”，把吸烟与肺癌联系起来，引起医学界与各界关注。在此后的60年间，全球有上万篇有关烟草危害健康的科研论文发表，从不同的角度证明了吸烟是肺癌等多种恶性肿瘤、慢性呼吸系统疾病、冠心病、脑卒中、糖尿病等多种疾病发生和死亡的重要危险因素。

1964年1月，美国医政总署发表了第一篇有关吸烟与健康危害的官方报告。该报告在收集研究7000多篇科学论文后做出结论：吸烟是一种与疾病和死亡有关的极为重要的因素，证实了吸烟能促进肺癌等疾病的发生，需立即采取措施。该报告在美国和全球产生了巨大影响。在此后的40多年间，美国医政总署先后发表吸烟与健康关系的报告30篇。

2004年题目为《吸烟的健康后果：美国医政总署报告》，主要结论包括：吸烟损害体内几乎所有器官，可导致吸烟者患病，健康状况下降；戒烟在短期及长期对身体都有好处，可降低疾病风险，改善健康状况；低焦油及低烟碱卷烟没有明确的好处。

2006年发表的《非自愿暴露于烟草烟雾的健康后果：美国医政总署报告》，系统回顾了有关被动吸烟的健康危害方面的文献，得出以下结论：二手烟可导致不吸烟的成人及儿童发生疾病或早死；暴露于二手烟的儿童患婴儿猝死综合征、急性呼吸系统感染、耳科疾病以及严重哮喘的危险升高。吸烟父母的子女易出现呼吸系统症状，肺部发育受到影响；成年人暴露于二手烟可导致冠心病及肺癌；二手烟暴露没有安全水平；美国成千上万的不吸烟成人及儿童今天仍在家庭及工作场所暴露于二手烟；只有室内完全禁止吸烟方可保护非吸烟者免受二手烟暴露，把吸烟者与非吸烟者分开、空气净化、通风等手段无法避免二手烟的暴露。

2010年美国医政总署的最新报告，更全面阐述了吸烟与被动吸烟对机体各系统器官的危害及烟草导致疾病的一般途径，并阐述了吸烟对心脑血管系统损害的主要物质及潜在路径和致病机制，以及烟草成瘾机理，进一步阐述了吸烟为什么会导致疾病。

2013年12月份，荷兰首都阿姆斯特丹当地媒体报道称，政府已经就电子烟的消费发出警示，指出电子烟可能对消费者健康造成一定的危害。荷兰国家公共卫生研究所也支持政府这一警告。该卫生研究所的研究人员称，作为一种预防措施，电子烟消费者不应该在孕妇或儿童的附近消费使用。

2015年3月下旬，世界卫生组织在阿拉伯联合酋长国的阿布扎比召开吸烟与健康大会。在此次会议上，世界卫生组织称，支持《烟草控制框架公约》部分缔约国所制定的烟草制品素面包装法案，并鼓励更多的国家和地区政府仿效澳大利亚政府的做法，以降低全球整体吸烟率。另外，在此次会议上，世界卫生组织所公布的数据表明，计划到2018年将烟草制品素面包装法案实施的国家增加到30个左右，政府烟草税额占市场零售价格达到70%的国家增加到60个左右。

2016年，日本政府公共卫生健康部门向外界发布了日本国民有关吸烟与健康的白皮书，政府计划进一步加强日本国内的公共控烟政策。据介绍，在此次政府所发布的吸烟与健康白皮书中，政府公共卫生健康部门建议，应该更加严格规范该国的控烟法案，公共场所以及室内的公共场所应该做到100%的禁烟。

此外，日本公共卫生健康部门的官员还建议，政府应该修订控烟法案，不应该在室内的公共禁烟场所再设立单独的吸烟区。

2017年，全球疾病负担研究组织（The Global Burden of Disease Study）向外界公布的一项统计数据表明，尽管近年来全球的吸烟率已经在过去的10余年间有所下降，至2015年，他们所统计的全球195个国家和地区成年男性的吸烟率已经下降到了25%，女性的吸烟率也下降到了5.4%，但在印度、美国和俄罗斯等全球4个主要的烟草消费国家中，因吸烟所引起的死亡率仍占全球的半数，这一数据已引起公众的关注。

据介绍，全球疾病负担研究组织这一项目是由比尔和梅林达·盖茨基金会（Bill & Melinda Gates Foundation）资助进行的。

第二章　国际控烟趋势及其对烟草业发展的影响

2.1　烟草的起源与发展

一、烟草的起源和人类吸食烟草的历史

在原始社会的拉丁美洲，烟草就已进入人类社会的生产和生活之中。当时拉丁美洲当地的居民是印第安人，他们还处于以采集食物和狩猎为主要生产活动的原始社会时期，人们在采摘和品尝植物时，尝到了烟草的辛辣味，并闻到醉人的香气，认识到烟草能提神解乏，于是把它当作刺激物来咀嚼，烟草从此迈出了进入人类生活的第一步。

从咀嚼烟草到后来演变成人类吸食烟草的习惯，与原始社会的祭祀活动有着很大的关系。在人类学著作中，苏联学者柯斯所著的《原始文化始纲》和美国学者摩尔根所著的《古代社会》都曾指出，美洲印第安人早在原始社会时期，就有吸烟的嗜好。当地居民吸食烟草，据称主要是为了祛邪治病，颇有迷信色彩，后来慢慢就变成了一种嗜好。

据哥伦布的航海日志记载，他率领的探险队在美洲的圣萨尔瓦多岛登陆后，看到"许多男人和妇女手里拿着'燃烧的炭'，以此使自己得到某种香气。"后来这些探险者们才弄清这种燃烧的"炭"就是卷着的烟叶。人们将这种卷着的烟叶一头点燃，一头含在嘴里，然后从嘴或鼻子中呼出烟气。

由此可见，美洲的印第安人是烟草的最先采用者和栽培驯化者。

二、烟草的传播

1496 年，航海到美洲的水手首先把烟草种子带到了欧洲。

1535 年西班牙人到西印度种植烟草。

1556 年法国开始种植烟草。

1558 年葡萄牙开始种植烟草。

1559 年西班牙开始种植烟草。

1580 年英国开始种植烟草。

1589 年烟草种植传到意大利。

1599 年由葡萄牙把烟草传到印度。

1601 年烟草也开始在印度尼西亚的爪哇种植。

自此，烟草已开始向其他地区传播，并逐渐传到了世界各地。

另据记载，有一位名叫尼古特的法国人，对美洲的植物很感兴趣。他听说烟草可以解乏提神，还有麻醉作用和其他的医药功效，并可起到止痛和治疗疾病的作用后，在 1560 年前后就把烟草种子精心种植在自己的花园里，收获的烟叶经他自己试吸后感觉很好。

当时的法国王后美迪斯的头痛病经常发作，尼古特便向她极力推荐烟草，并称其有治疗疾病的作用，王

后尝试之后治好了她的头痛病，从此便爱上了烟草，并开始闻鼻烟。由此烟草在法国上流社会便流传开来。人们为了纪念尼古特，把烟草中的烟碱称为尼古丁。因此，可以这样讲，烟草对于欧洲人来说，可能是作为药品和观赏植物而被首先引入的。

三、烟草的发展

1615 年，在荷兰的一个小镇开始出现规模较大的用于商业活动的烟草种植。烟草在欧洲大面积的种植，完全是因为荷兰烟草种植者起到了带头的作用。荷兰是世界烟草业发展的开拓者。在最初的几个世纪里，荷兰的烟草生产者和商人为世界烟草业的发展做出了贡献。

直到 1801 至 1814 年，在伊比利亚半岛的战争期间，抽雪茄烟才在英国开始流行，原因是参战的士兵把雪茄烟带回了英国。19 世纪中期，烟草工业的发展方兴未艾。到了拿破仑时期，抽雪茄烟的习惯已传遍了整个欧洲。

由于烟制品在欧洲的消费迅速发展，于是人们在一些特殊的庆典活动上，把抽烟当成一种时尚。

卷烟的出现最早始于 1799 年的土耳其(土耳其士兵用纸包卷烟叶制成喇叭筒状的自卷烟供自己抽吸)。1867 年古巴人制造并展出了世界上的第一台卷烟机，但一直到 1881 年第一台有商业价值的卷烟机才真正问世，为卷烟的工业化生产和卷烟消费的流行创造了条件。

1884 年，西班牙塞维利亚市的 Rogal 烟厂生产了第一批卷烟。于是，抽卷烟的习惯以后便从西班牙传到了法国、德国、土耳其和欧洲的其他一些国家。直到克里米亚战争期间，土耳其和俄国的香料烟卷烟传到西欧时，抽卷烟的习惯才真正在欧洲流传开来。

最初，抽烟好像是男人的专利。但时间不长，卷烟的魅力便改变了一切，女人也开始吸烟，在公共场所吸烟也变成了一种时尚。

第一次世界大战和第二次世界大战的爆发，使美式混合型卷烟受到了欧洲烟民的青睐。抽吸卷烟，这种最初只在欧洲流行的时尚，随后便逐渐在世界各地普遍开来。可以这样讲，几个世纪以来，烟草在人类的文明史上，一直扮演着一个十分重要的角色。

2.2 全球控烟运动的发展及国际控烟趋势

一、控烟运动的发展历史

自烟草在欧洲广泛传播之后，欧洲人便有了吸烟的习惯。早在 1602 年，伦敦大主教之死震惊了英国各界，因为他嗜好吸烟，因此，人们便认为他是因吸烟致死。于是英国国王詹姆士一世发动了一场禁烟运动，他声讨烟草的檄文——《杜绝烟草》中称："其物可恨，其味可憎，既坏人肺，又伤人脑。"

他还向全国发布了销毁烟田、取缔烟草公司等法令。此后不久，瑞士、俄国、希腊、朝鲜等国家也都颁布了严厉的禁烟令。詹姆士一世从而成为有史料记载以来世界第一个公开反对吸烟的君主。从此以后，几个世纪以来的吸烟与禁烟的争论便时起时伏，延绵不断。

吸烟与健康大事记如下。

1616 年，日本曾下令禁烟，并发生焚毁烟叶，拔除烟株的事件。

1628 年，波斯国王沙西菲把烟草称为"丑恶之草"。并制定法令规定，吸烟即犯罪，凡贩卖烟草的商人，要用火红的铅块烫烧其喉咙，吸烟者罚以苦役。

1634 年，俄国沙皇曾颁布禁烟令，规定吸烟要受到鞭挞，重者流放西伯利亚，屡教不改者处死。然而从学术的观点来看，真正首先提出吸烟有害健康论点的是 1795 年德国的赛玛林格(Somnering)，他认为吸斗烟的人容易生唇瘤。

1637 年，明崇祯皇帝下了一道诏书："凡私有兜售淡巴姑及售与外人的，不论多寡，均斩首示众。"

1752 年，乾隆皇帝颁布禁烟令，规定不许种植烟草，商贾不得贩卖，违者与通番同罪。

到了20世纪50年代以后，随着烟毒害的加剧，人们的认识也日益加深，世界各国政府纷纷采取措施，向烟草开战。近三十年来，形成了世界性的反吸烟高潮。

1924年，美国《读者文摘》上发表了一篇题为烟草对人体有害吗的文章，这是此后发表关于吸烟与健康文章的第一篇。

1962年，英国皇家内科学会发表了"吸烟与健康的报告"，首次提出了吸烟是导致肺癌的主要原因证据，并提出吸烟与许多疾病相关联。

1964年，美国医政总署署长发布了一份由署长顾问委员会起草的关于吸烟与健康的报告。

1966年，美国卷烟烟盒上开始带有一条警告说明，注意，吸烟有害健康。

1967年，在美国纽约首次举行了世界吸烟与健康大会，对吸烟和烟草的批评众口一词，反吸烟之风便习卷全球。同时，世界卫生组织决定，以后每4年召开一次这样的大会。

1969年，世界卫生组织欧洲与美洲会议通过决议，吸烟严重危害人体健康，禁止在世界卫生组织开会的场所吸烟。

1974年，世界卫生组织专门委员会发表了"吸烟收起疾病流行"的报告，后又向各国政府发出建议，对吸烟采取包括立法，税收和教育方面的有效措施。

1980年，世界卫生组织总干事马勒博士发出公开信，号召世界范围内在"世界无烟日"(4月7日)开展"要吸烟还是要健康，任君选择的活动"。世界卫生组织把1980年定为反吸烟年。

1985年，意大利政府颁布了世界第一部严禁吸烟法。该法规定，凡向未满16岁的少年出售或提供卷烟者，罚款100万里拉(约合人民币750元)。

1987年6月15日，在39届世界卫生大会上，通过了一项决议，确定1988年4月7日为世界无烟日，并要求各成员国就4月7日这一天的戒烟做出立法。从1989年起，每年的5月31日为世界无烟日，并得到了各国的积极响应。

在我国，1979年以来，国务院多次下发文件，颁布行政法规，提出控烟对象。1990年，我国成立了吸烟与健康协会，1991年，颁布了《中华人民共和国烟草专卖法》，都有禁止或限制吸烟的条文。

1995年，北京市政府颁布了在公共场所禁止吸烟的法令。

1996年，在人大会议期间，李鹏总理曾在四川厅看到小卖部卖烟，就建议不要卖，后来，人民大会堂实施了禁烟令。

1997年1月7日，全国爱卫会、卫生部、铁道部、交通部、建设部、民航总局发布"关于在公共交通工具及其等候室禁止吸烟的规定"。

1997年4月22日全国爱国卫生运动委员会、卫生部发出"关于开展第十个世界无烟日活动的通知"，主题是"团结起来创建一个无烟的世界"。

1997年5月31日，卫生部陈敏章部长荣获世界卫生组织1997年烟草或健康纪念奖。

1997年5月31日中央国家机关百名部级领导干部签名戒烟倡议书。

1997年8月24日 世界卫生组织西太区办事处韩相泰主任向宋庆龄基金会颁发了1997年烟草或健康纪念奖。

1997年8月24日至28日第十届世界烟草或健康大会在北京召开，114个国家和地区的1800余名代表出席会议，国家主席江泽民出席开幕式并做重要讲话。

1998年5月2日至29日天津、上海、洛阳、柳州、威海、濮阳6城市参加1998年中国戒烟竞赛，有38000多名吸烟者参赛戒烟。

1998年3月30日全国爱国卫生运动委员会发出《关于开展第十一个"世界无烟日"活动的通知》，主题是"在无烟草环境中成长"。

1999年4月29日卫生部、全国爱卫会发出《关于开展第十二个世界无烟日活动的通知》，主题是"戒烟"，口号是：放弃香烟。

1999年5月31日卫生部、全国爱卫会在北京召开"1999年世界无烟日座谈会"，国务院副总理李岚清发表书面讲话。

1999 年 8 月 21 日 何鲁丽副委员长、张义芳副会长荣获世界卫生组织 1999 年烟草或健康纪念奖。

1999 年 10 月 25 日—29 日由卫生部、外文部、财政部及香港特别行政区组成的中国代表团参加了世界卫生组织《烟草控制框架公约》第一次工作组会议，有 114 个国家的代表与会。

2000 年 3 月 27—29 日，由国家计委、卫生部、财政部、国家烟草专卖局和香港特别行政区组成的中国代表团参加了世界卫生组织《烟草控制框架公约》第二次工作小组会议。有 145 个国家的代表与会。

2000 年 5 月 10 日卫生部、全国爱卫会发出《 关于开展第十三个世界天烟日活动的通知》。主题是“不要利用文体活动促销烟草”，口号是：吸烟有害，勿受诱惑。

2000 年 8 月 18 日，吸烟与健康网站开通，开创了中国控烟互联网事业新局面。该网与中国吸烟与健康协会和全国各级控烟组织合作，传播中国控制吸烟信息，为了促进世界未来无烟草而努力！

2000 年第 13 个世界无烟日主题：不要利用文体活动促销烟草。

2001 年第 14 个世界无烟日主题：清新空气，拒吸二手烟。

2002 年第 15 个世界无烟日主题：无烟体育清洁比赛。

2003 年第 16 个世界无烟日主题：无烟草影视及时尚行动 2004 年第 17 个世界无烟日主题：控制吸烟，减少贫困。

2005 年第 18 个世界无烟日主题：卫生工作者与控烟。

2006 年第 19 个世界无烟日主题：烟草吞噬生命。

2007 年第 20 个世界无烟日主题：创建无烟环境，构建和谐社会。

2008 年第 21 个世界无烟日主题：无烟青少年。

2009 年第 22 个世界无烟日主题：烟草健康警示（Tobacco Health Warnings），口号是“图形警示揭露烟害真相”。

2010 年第 23 个世界无烟日主题：性别与烟草——抵制针对女性的市场营销。

2011 年第 24 个世界无烟日主题：世界卫生组织烟草控制框架公约，口号：烟草致命如水火无情 控烟履约可挽救生命。

2012 年第 25 个世界无烟日，世界卫生组织确定的主题是“警惕烟草业干扰控烟”，口号是：生命与烟草对抗。

2013 年第 26 个世界无烟日主题：禁止烟草广告、促销和赞助。

2014 第 27 个世界无烟日主题年：提高烟草税。

2015 第 28 个世界无烟日主题年：制止烟草制品非法贸易。

2016 第 29 个世界无烟日主题年：为素面包装做好准备。

2017 第 30 个世界无烟日主题年：烟草——对发展的威胁。

二、我国的控烟运动的发展史

我国明代崇祯年间，烟草已作为商品在市场上流通。但当时由于皇室官僚广占民田，赋役繁重，天灾不断，爆发了农民起义。有人对崇祯皇帝说，现在的百姓到处都在喊“吃烟”“吃烟”，这“吃烟”不就是要“吃燕”嘛？这位多疑的皇帝觉得言之有理，便痛恨不已，于是在 1639 年下诏书，令全国禁烟。如有违犯者将处死刑。次年曾有一个去京城会试的举人，他不知烟已被皇上禁止，随同去的仆人带烟草入京，就在城里出售，遂被巡逻的人抓获，便于第二天在京城的西市被杀。后来，由于种种原因，崇祯皇帝对烟草又同意开禁。从 1639 年开始禁烟算起，到 1642 开禁，期间不到四年的时间，这位皇帝便成了中国历史上的第一位禁烟的皇帝。

1. 明朝嘉靖年间烟草由菲律宾传入中国

中国有句老话叫“烟酒不分家”，但相对于酒在中国的悠久历史，烟在中国出现的时间并不长。自明嘉靖年间（过去认为是万历年间）烟草由菲律宾（时称吕宋国）传入后，至今还不到 500 年。

但烟草一经传入，即迅速流行开来。最早记录烟草进入中国的是明代姚旅所撰的《露书》。书里有这样的文字:"吕宋国出一草,曰淡巴菰,一名曰醺。以火烧一头,以一头向口,烟气从管中入喉……有人携漳州种之,今反多于吕宋,载入其国售之。"

到明末清初,烟草已与酒、茶一样,成了时人日常生活的重要消费品。清顺治六年进士方孝标谪戍今黑龙江的宁古塔时,就曾用当地种植的烟草款待来客,并在《吃烟》诗中称,"塞俗如同麻麦收,翠茎红蕊种三秋;沙畦薰焙传方法,上炕宾朋当款留。"

从史料上看,古人对烟草的嗜好甚至比今人还严重,这或许与古人对烟草的过度迷信有关。古人并不仅仅把烟草看成是"提神"之物,而是作为一种"特效药"。

烟草在进入中国的同时,还传入了一个为中国人津津乐道的故事:当时,吕宋岛上淡巴国公主死后,被弃于野外,不成想,她在闻到烟草的香味后竟然苏醒了过来。从此,被译名"淡巴菰"的烟草又有了神奇的名字"返魂香"。

《露书》还记载,烟草"能令人醉,亦辟瘴气,捣汁可毒头虱"。古人还相信,烟草能治畏寒、发热等所谓"寒疾"。明末人王逋曾在《蚓庵琐语》中记载:"烟叶出闽中,边上人寒疾,非此不治。"

明末人姚可成辑《食物本草》中还有一观点,认为烟草能"当饭吃",称"凡食烟,饥能使饱,饱能使饥,醒能使醉,醉能使醒,一切抑郁愁闷,俱可藉以消遣,故亦名忘忧草。"

2. 崇祯皇帝曾两次颁布"禁烟令"

明清两朝都曾不止一次地发过"红头文件",要求国民戒烟,禁止官员在衙门等公共场所内吸烟。明末崇祯皇帝朱由检看到烟草的危害,曾两次颁布"禁烟令"。《玉堂荟记》记载,"己卯,上传谕禁之,犯者论死。"己卯年,即崇祯十二年(公元 1639 年),这是中国历史上由朝廷发出的第一道"禁烟令"。

当时,有一个会试举人不知道皇上已下诏开始禁烟,他带着仆人携烟入京,暗地里出售,被稽查队抓到,结果次日被处死于西市。

但没过两年又开禁了。崇祯十六年,朱由检再下禁烟令,与上次一样严厉。明末史学家谈迁《枣林杂俎》一书中记载了朱由检再次禁烟一事:"敕禁私贩,至论死。"

朱由检的初衷是什么?依杨士聪所说,是为了防止"亡国"。古人多迷信,皇帝朱由检更不例外,崇祯皇帝乃"燕王"朱棣之后,京都又是"燕京"。"烟"与"燕"音相近,"吃烟"就是"吃燕",有吃掉燕王之后、破燕京之嫌,出于避讳,朱由检下了禁烟令。

烟草与明朝灭亡的关系,当时还有一说。明崇祯四年进士吴伟业在其撰写的《绥寇纪略》中记载,明熹宗天启年间,坊间曾流传过一首童谣,其中有一句是:"天下兵起,遍地皆烟",这首童谣后被看成是预言明朝灭亡的谶语。

在今天来看,"吃燕"与"天下兵起,遍地皆烟"不过是一种附会,或是巧合。但是,烟草除有害国民健康外,还影响了社会稳定、干扰了国内正常的粮食生产和经济秩序,却是不争的事实。

3. 清代名医早已提出吸烟有害健康的观点

如今的香烟盒多标有"吸烟有害健康"的提示,早在清代,名医张璐已在其所著的《本经逢原》中提出:"岂知毒草之气,熏灼脏腑,游行经络,能无壮火散气之虑乎。"清人陈淏子在《花镜》中也提出,烟草"久服肺焦,非患膈即吐红。抑且有病,投药不效,总宜少用"。

清代名医吴澄在《不居集・烟论》中甚至认为,"无病之人频频熏灼,津涸液枯,暗损天年",对吸烟者提出了警告:"虚损之人,最宜戒此。"

清代医学家吴仪洛在《本草从新》一书里干脆将烟草列入"毒草类"。其卷四中的"烟"条称"火气熏灼,耗血损年,卫生者宜远之"。并附注,烟草"最烁肺阴,今人患喉风咽痛、嗽血失音之症甚多,未必不由嗜烟所致"。

吸烟有害不言而喻,故古代有识之士一直呼吁人们远离烟草。清康熙三十年进士张翔凤在《种烟行》诗中即称,"吁嗟老农勿健羡,此物鸩毒奇莫居。"

为此,古代医家还曾使用很多方法来消除烟草带来的危险。《药性考》用"煎胡黄连合茶服之",解烟毒;《医奥》以"黑砂糖合井水服之",解烟毒;《景岳全书》中拿白糖来"解醉";《梅谷偶笔》则认为红砂糖、甜瓜子可以解烟毒。

4. 我国明清烟草盛行源于高额利润

既然烟草有害健康，吸烟为何还那么盛行？除了吸烟本身易成瘾外，与背后的暴利有直接关系。王逋《蚓庵琐语》记载，“关外人至以匹马易烟一斤。”烟草当时还是一种重要的出口货品，俄罗斯人最喜欢购买。

据清康熙时期的方式济所撰《龙沙纪略》记载，“边卒携一缣值三四金者易二马，烟草三四斤易一牛……”

徐珂《清稗类钞·农商类》中记载，有一个叫郑翁的烟草商，“不数年，积资巨万矣”。清嘉庆二十年举人包世臣在《安吴四种》中记载，当时山东济宁的烟草种植与加工已成为当地最重要的经济来源，当地烟丝加工作坊有 6 家，每年仅卖烟丝便达白银 200 万两，雇用烟草种植者 400 余名，获利甚厚。

据明末清初史学家杨士聪《玉堂荟记》记载，明代末期，在北方种植烟草，“一亩之收，可以敌田十亩”。

到了清雍正、乾隆时期，利润稍有下降，但仍大大高于种植粮食作物。乾隆年间的文学家、桐城派创始人方苞在乾隆年间，曾上《请定经制札子》(见《方望溪全集·集外文》)。奏称：“老少男女无不以烟相矜诩，由是种烟之利独厚，视百蔬则倍之，视五谷则三之。”

清乾隆二年进士彭遵泗也在《蜀中烟说》中记述，当年在四川种植烟草“大约终岁获利过稻麦三倍”。有如此“厚利”，怎能不“民争趋焉”？有的地方“烟草之植耗地十之六七”。

由于烟草对肥料和地力要求高，“种烟必须厚粪”，而且费工费时，严重影响了粮食作物的生产。清人刘汶在《种烟行》诗中感叹：“愚民废农偏种烟，五谷不胜烟值钱。岂知谷贱饥可饱，忍使良田滋毒草。”

5. 皇太极入关前早已颁禁烟告示

康熙皇帝赋禁烟诗：“瑶池宴罢云屏敞，不许人间烟火来。”

吸烟全面盛行，是在清代。清康熙年间的刘廷玑在《在园杂志》中描述了当时的情况：“今则遍天下皆有矣……黄童白叟，闺帏妇女，无不吸之，十居七八，且时刻不能离矣。”

中国禁烟史上力度最大，且明确在公共场所禁止吸烟的，也是在清代。清朝前几位皇帝均视烟草为“妖草”。皇太极入关前，烟草已在关外流行，时为后金首领的清太宗皇太极，于天聪九年曾检查大臣“不遵烟禁犹自擅用”的问题。

天聪九年即公元 1635 年，系明崇祯八年，皇太极禁烟甚至比明朝崇祯皇帝早 4 年。清太宗崇德四年(公元 1639 年，崇祯十二年)六月二十六日，后金户部还颁发了一则禁烟告示，明文规定，“不许栽种，不许吃卖”，如果违反规定，“被人捉获，定以贼盗论，枷号八日，游示八门，除鞭挞穿耳外，”还“罚银九两，赏给捉获之人……”

皇太极还曾下旨禁止贩卖烟草：“凡犯禁者，一斤以上先斩后闻；未满一斤者，囚在义州，从重科罪。”

清军入关、夺取全国政权后，又发出了几次禁烟令，明确规定不得在公共场所吸烟。康熙皇帝带头不吸烟。李伯元在《南亭四话》中记载，康熙驻跸德州时曾赋“禁烟诗”：“碧碗琼浆潋滟开，肆筵先已戒深杯。瑶池宴罢云屏敞，不许人间烟火来。”后来的雍正皇帝、乾隆皇帝等也都曾发过禁烟令。

事实上，古代“禁烟令”虽然多，但从来没真正禁住过，如禁烟最严格的皇太极，仅因“禁不止”，竟然主动撤销禁烟令，只要求民众自种自吸，不要再到朝鲜去购买即可。如果说古代禁烟最彻底的，大概非太平天国莫属。《天条书》明确规定：“凡吃黄烟者，初犯责打一百。枷一个礼拜；再犯责打一千，枷三个礼拜；三犯斩首不留。”

三、我国的烟草业发展史

据文献记载，我国于 16 世纪中叶开始种植烟草，传入中国的时间应更早一些，“明万历年间”，从菲律宾传入我国台湾，再到福建、广东。

中国明代方以智所著的《物理小识》一书中，发现了“烟草”一词，这是中国出现“烟草”词条的最早记录。

1900 年北洋营报局出版绍兴人徐树兰著《种烟叶法》，介绍新昌烟叶种植法。

中国第一支香烟于 1897 年出现在上海，由美国人菲利克携带来华零售的，品牌有“品海”、“老车”两种，售价每支 3 文。随着洋火的普遍使用，不久就席卷整个中国，到了 1902 年中外合资的“北洋烟草公司”在天津开业。

1903年，世界卷烟托拉斯英美烟公司来华设厂，就地产销卷烟。

1904年，清政府庆亲王复函英使，同意英美烟公司在华制造的卷烟按烟丝课税（每千克付关银0.45两）。此函即所谓“庆亲王合约”。

1905年，简照南、简玉阶兄弟，以10万元港币的资本额在香港筹建了“南洋烟草公司”。

1909年移师范上海，改名为“南洋兄弟烟草公司”，推出“飞马”“飞艇”牌香烟。

1915年，北洋政府颁布《全国烟酒公卖暂行简章》和《烟酒公卖栈组织法》，设全国烟酒公卖局，各省设立同样机构，由国家公卖机构酌定公卖价格，通告各地执行，公卖收入归属中央财政。

1916年，南洋兄弟烟草公司在上海设立卷烟厂。

1918年改组为南洋兄弟烟草股份有限公司，向北洋政府注册，企业中心由香港移至上海。

1938年，植物学家蔡希陶从抗日战火中迁到云南期间，以特别名贵的美国弗吉尼亚州烤烟“大金元”种子，在云贵一带试种成功。中华人民共和国成立后“大金元”经过多年培育，成为我国所有烟草中最好的品种——云南一号。

1942年，云南第一家烟厂——昆明亚细亚烟厂成立。该厂老板庾晋侯为纪念其兄庾恩扬率部追随蔡锷将军武装起义的日子（1911年10月30日，即农历九月初九），给一卷烟牌号起名为“9·9”牌。寓意为9月五谷丰登，祝愿国运昌盛，人民安泰。

同年，国民党政府颁布《战时烟类专卖暂行条例》，这是中国对烟类实行专卖的第一部正式法规。

1950年，由中华烟草公司生产的“中华”牌卷烟诞生，该品牌包装盒以庄严和崇高的天安门和华表为标志，以后一直成为“国烟”的象征。

1963年，“中国烟草工业公司”正式成立，并对烟草实行高度集中统一管理，卷烟生产和烟叶收购、复烤、调拨，分配统一经营，产供合一。经过整顿，全国卷烟厂从104个调节、整顿到61个。

1971年，中国开始试生产“药物疗效型卷烟”，后改称为“新莫合卷烟”。

1979年，中国卫生部、教育部、轻工部等五个单位联合发出通知，经国务院批准公布了《关于宣传吸烟有害与控制吸烟的通知》，表明了我国政府对于控制吸烟问题的政策和立场。

1982年发布了《烟草专卖条例》，同时决定成立国家烟草专卖局。

1984年，中国国家工商行政管理局决定，禁止以一切宣传工作和宣传方式给销售香烟做广告。

1991年7月，中国第七届全国人民代表大会常务委员会第20次会议通过了《中华人民共和国烟草专卖法》。

1997年7月3日，中国国务院总理李鹏签发国务院第223号令，颁发《中华人民共和国烟草专卖法实施条例》。8月，第十届世界烟草或健康大会在中国北京召开。

2010年10月8日，第九届亚太烟草或健康会议在澳大利亚悉尼召开，会上发布的一项研究显示，中国产的13个品牌卷烟检测出含有重金属，烟草中含有的铅、砷和镉等重金属成分，其含量与加拿大产香烟相比，最高超出三倍以上。

2.3 国际控烟现状与趋势

一、对吸烟与健康关系的研究

1934年，中国学者吕富华发表了《关于家兔涂布烟草焦油致癌的研究》的研究报告。这是世界上首次通过动物实验得出“烟草有致癌性”的报告。

1951年，英国的Doll与Hill两位科研人员开始了一项为期20年的研究。结果显示，吸烟与肺癌之间存在一定的因果关系，每日吸烟量越大，患肺癌的危险性越大。

此后，世界上许多国家对吸烟与健康的关系进行了大量的更深入的研究，已初步证明包括某些癌症、心血管及肺部疾患等25种以上的疾病与烟草使用有一定的相关性。研究范围已从烟草对使用者本人的健康损害扩大到环境烟气(environment tobacco smoke,ETS)对非吸烟者健康的影响,尤其是对儿童健康的影响备受关注。

同时,世界烟草界从保护消费者健康角度也对烟草和烟草烟气中的有害成分进行了大量的研究,通过降低卷烟焦油量、选择性地降低烟气中的有害成分、添加对人类健康有保健或治疗作用的某些物质等手段,有效地减少了吸烟的危险性,提高了安全性。

事实上,自 1954 年英国皇家医学会第一次发表吸烟有害健康的报告以来,40 多年时间里,不少国家对"吸烟与健康"的问题进行了广泛的研究,有的卫生组织或医学界人士对此甚至耗费了多年的心血。但是,由于吸烟对人体的危害并不能直接显示出来,所以,时至今日,只能通过对吸烟群体与非吸烟群体的对比调查,以及通过对烟草或烟气中分析出的有害物质来确定吸烟有害于健康。

例如:1987 年环境与健康国际会议指出,据目前的调查研究,吸烟者的肺癌发病率比非吸烟者高 5～8 倍;美、英、日等国通过手术病例统计出:吸烟与肺癌的相对危险度,男性吸烟者比不吸烟者高 4.2 倍,女性高 2.1 倍;1994 年至 1995 年全国烟草系统在 50 万职工中对 38.1 万多人进行的《吸烟与健康专题调查》也表明:吸烟对健康的影响主要在呼吸系统,吸烟对女性的影响大于男性。

总之,几十年来,尽管做出了很大努力,关于吸烟与健康问题的研究结论由于缺乏直接的科学依据,仍然停留在流行性病学的统计和推理性假说上,仅此而已。

在一般情况下,当科学的依据未拿到之前,用通过调查获得的结果来解释某些问题,亦无可厚非。但是,决不应该以推断来代替结论,更不应该在推断的基础上再进行臆测或扩大。

吸烟对健康的影响,从国内报刊上发表的某些文章来看,有的说法不科学。任何物质对人体健康的影响,最大莫过于生命。于是有的人就在"人命"问题上玩开了文字游戏。

最常见的一种说法是吸一支烟即会缩短一个人 5 分 30 秒寿命。这一说法的始作俑者不知为谁,但却不断见之于报端,真不知为文之人、审稿之人思考过否?如果上述说法成立,至少必须具备三个条件。

首先,若要确定甲比之乙短缺几何,乙必定是个常数。人的寿命也是如此,先要确定某人最短寿龄是多少岁。只有确定了这一点,方始能进行比较。可惜的是,科学发展到今天,这一点尚无法确定,至多只是有一些推算罢了。

其次,既然吸一支烟对人的影响已精确到以分秒计算,则必定要有一些人除了受烟草和烟气的影响外,具有完美无缺的生活素质和生存环境,不是这样的话,其他因素对寿命的影响不也算到了烟草头上了吗?可惜的是,人类社会到目前为止,尚难以做到这一点。

再次,吸烟对人体的危害,一生中只吸过一支烟的在不在其列?抑或吸多少支烟起始?即使有这个实验依据,还需要经反复比较,方始谈得上平均每支烟吸入后对寿命的影响。可惜的是,这种实验到目前为止尚难以做到。

三个条件一个都不具备,却有人不断以此种说法为凭,振振有词于报章。使人费解的是,某家报纸上还出现过这样的话:"今天生活在中国的 20 岁以下的年轻人,将有 5000 万人因受烟草毒害而早夭。"通篇文章既没有提供上述早夭数字的科学依据,也没有注明引自何篇论文,更没有说明这 5000 万 20 岁以下的年轻人将在一年内,或在数年、数十年内死去。要知道,我国现在每年出生人口只有 2000 万人左右;就在同一张报纸同一篇文章透露,1994 年我国总死亡人数也只是 780 余万。这 5000 万年轻人早夭的报道除了骇人听闻以外,还有什么呢?

在吸烟与健康问题上,客观地、恰如其分地宣传吸烟危害健康是必要的。但要规范人们的行为,必须以诚实的科学态度进行宣传。因为科学的结论终究只有一个,决不会因一时的扩大或缩小改变它的本来面目。过头话说多了反而引起人们的反感,全世界反吸烟运动多年来收效甚微,也从一个侧面说明公众对某些宣传仍持怀疑态度。

经过几十年的研究,人们发现烟草中的化学成分十分丰富,目前可鉴定出来的单体化学成分就达 4200 多种。而其中所含的有害成分,比较一致的说法有以下几种:焦油、烟碱、一氧化碳、一氧化氮以及一些含量极微的重金属元素。

这些物质从其属性来说,对人体血液、内脏细胞等具有损害作用。其中被认为危害最大的是焦油,因为从焦油中又可以分离出苯并芘，是癌症诱发物质；还有微量的酚类物质，是癌症的促进物质。这些成分的发现，应该说是烟草科研的成果，是科学的一种进步。

迄今为止，尽管全世界动员了各方面的科技力量，动用了亿万资金，采取了目前能够做到的所有手段，还是没有找到确凿的证据来说明烟草与癌症有直接的因果关系。美国"吸烟与健康"咨询委员会，就有关评价吸烟与肺癌的因果关系曾提出五条判定标准，即：①相关的一致性；②相关的稳定性；③相关的特异性；④相关的时间性；⑤相关的整合性。具备上述五条标准，便肯定其因果关系。但是，实际调查结果却往往不一致。

人们注意到这样一个事实：日本吸烟人口所占比例比美国高 50%，但日本人得肺癌的比例却比美国低 40%。就以烟草中发现的诱癌物质苯并芘来说，它在焦油中仅占 0.2%，如果把全世界的烟草全部燃烧，主流烟气中所含的苯并芘总量约为 250 kg，而全世界热电工业、炼焦、石化裂解、车辆废气等向大气释放的苯并芘却高达 5×10^6 kg。其实，在日常生活中，食物、饮用水、环境大气中都能找到苯并芘的存在。

通过研究表明，烟草中含量最丰富的是蛋白质、氨基酸、糖、磷、钙、钾等人体所必需的有益物质，而且还发现它在许多方面具有不同的有益作用。

烟草这种植物，由于在全世界范围内广泛地开展研究，它的功用越来越多，用途越来越广，还远远没有被人们真正认识。

二、世界卫生组织与全球控烟进程

1969 年，世界卫生组织下属的泛美卫生组织指导委员会、美洲区域委员会及欧洲区委员会通过了关于控制吸烟的决议。

1970 年 5 月，第 23 届世界卫生大会通过了 WHA 23.32 号决议，首次较全面地提出了控烟问题：要求世界卫生组织召开的所有会议的参与者不得在会议室吸烟；要求所有成员国注意关于限制吸烟的报告；探讨劝阻青年人吸烟的教育方法；要求世界粮农组织注意研究烟草种植国中的替换作物等。

此后，WHA 陆续就烟草问题通过了 17 项决议。自 20 世纪 80 年代以来，几乎每年的世界卫生大会都有关于控烟工作的决议，这反映出世界卫生组织对控烟的高度重视。从较早期的决议中可以看出，世界卫生组织为引起人们对烟草危害的关注，不断鼓励和支持有关烟草问题的各种研究工作，收集和传播相关信息，与联合国各专门机构及有关民间组织合作，宣传吸烟危害健康的知识，并建议各成员国政府通过卫生、教育、宣传以及与其他有关机构密切协作，加强控烟健康教育。

1976 年，在 WHA29.55 号决议中首次提出烟草对非自愿接触烟草烟雾的人也会产生有害影响，并开始考虑采取可行的措施。

随着大众传媒日渐发达，世界卫生组织注意到烟草公司通过广播、电视、报纸等传媒以及赞助体育与文化活动大力进行烟草促销活动。因此，在 1978 年的第 31 届世界卫生大会决议中，世界卫生组织敦促各成员国尽可能限制各种形式的烟制品促销活动。

1980 年，世界卫生组织在"世界无烟日"发起了戒烟运动，提出"要吸烟还是要健康，任君选择!"的口号，并把 1980 年定为国际反吸烟活动年。

1988 年 4 月 7 日是世界卫生组织成立 40 周年的纪念日，这一天成为第一个"世界无烟日"。在以后的每个世界无烟日，世界卫生组织都向全球各国提供控烟的基本措施和建议。从 1989 年起，"世界无烟日"改为 5 月 31 日。到 1993 年，世界卫生组织所有成员国都在每年的 5 月 31 日举行不同形式的宣传活动，新闻媒介进行大量的报道，即使在烟草控制活动开展不够的国家也是这样。越来越多的人接受了吸烟有害健康这一观点。

在 1986 年的 WHA39.14 号决议中，世界卫生组织进一步向各成员国提出了 9 点具体的行动建议，并通过各区域办事处不断敦促和协助成员国付诸实施。同时它还向各成员国控烟机构提供诸如确立国家控烟政策或规划，收集和散发资料，促进健康教育，以及开展咨询服务等。对于世界卫生组织的号召，许多国家都做出了积极的响应，并根据各自的情况开展了多种形式的控烟宣传。

在世界卫生组织的号召和推动下，到 1995 年，联合国及其专门机构的办公室成为无烟办公室。从 1996 年 7 月 1 日起，国际民航组织开始在国际航班禁止吸烟。

面对分布在全球拥有 4000 亿美元烟草业，1998 年，世界卫生组织任总干事布伦特兰博士提出无烟草倡议行动（tobacco free initiative，TFI），并将制定《烟草控制框架公约》作为任期目标。

TFI 隶属于世界卫生组织总部非传染病部门，同时接受总干事的直接领导。TFI 以减少全球烟草消费为长期目标，并把制定烟草控制框架公约作为实现这一目标的重要手段。在 TFI 的推动下，这一举措已成为全球关注的焦点。

缔结烟草控制框架公约的构想是在 1995 年第 48 届世界卫生大会上提出的，经过 4 年的酝酿后，1999 年第 52 届世界卫生大会通过了 WHA52.18 号决议。决定着手制定烟草控制框架公约及相关议定书，同时决定将成立由所有成员国参加的政府间谈判机构及框架公约工作组。

这是世界卫生组织首次动用其《组织法》第十九条所规定的权力来制定一部国际法，对烟草和烟草制品在全球加以限制。公约将由世界卫生组织的 191 个成员国共同协商制定，以便使各国所关注的问题在整个过程中得到充分的反映。

三、《烟草控制框架公约》的进展

1999 年 10 月 25 日至 29 日，来自 109 个国家的代表团聚集在日内瓦，参加世界卫生组织关于《烟草控制框架公约》工作组的第一次会议。

2000 年 10 月 16 日至 21 日，由世界卫生组织主持召开的《烟草控制框架公约》政府间谈判第一次会议在日内瓦举行。来自 150 个国家、10 个国际组织和 25 个非政府组织派代表参加了会议。

在此之前，公约的工作组于 1999 年 10 月和 2000 年 3 月召开了两次会议，形成了公约框架草案。该草案由序言、定义、目标和指导原则、义务、机构、实施、公约的发展及最后条款所组成。其中义务部分为公约的实质性内容，包括向青年销售烟草制品、接触烟草烟雾、管制烟草制品成分、烟税及免税销售、广告、促销和赞助、治疗烟草依赖、打击卷烟走私、包装和标签、监测、研究、教育、培训和公众意识、科学、技术和法律方面的合作、责任与赔偿、信息交流、财务资源等方面。

由世界卫生组织组织的有关烟草控制框架公约的第二次会议于 2001 年 4 月 30 日至 5 月 4 日在瑞士的日内瓦召开，此次大会共有 158 个国家、12 个国际组织以及 25 个非政府组织派代表参加了会议，会议在激烈的多边谈判的争论中结束。

召开烟草控制框架公约会议的目的是为了制订有关该条约的各项条款。该条约主要是通过实施一系列措施削减卷烟消费，如限制烟草广告和烟制品促销、提高烟制品价格、打击卷烟走私、制定更严厉的环境控制措施来防止二手烟及不吸烟者被动吸烟，从而逐步减少烟草在全球范围内的使用量。

与会代表有提案建议政府禁止各种形式的针对 18 岁以下青少年的直接或间接的烟草广告、烟草促销及赞助活动。对其他烟草广告诸如对体育运动的赞助也应在禁止之列。

目前，在公约的起草方面各国代表的意见有着很大的分歧，一些代表批评世界卫生组织对烟草业过于宽容，而另外一些国家的代表又批评世界卫生组织对烟草业的太严厉、太苛刻。会议决定在 2001 年 11 月 22 至 28 日召开第三届世界卫生组织的烟草控制框架公约政府间谈判，就公约条款的起草进行进一步商讨，并尽力使各方满意。

世界卫生组织的官员在此之前曾表示，2003 年 5 月将是国际烟草控制框架公约各项条款实施的最后阶段。世界卫生组织各成员国的卫生部长们将会在 2001 年 5 月最终批准这个方案。然而，根据目前召开的会议上各国代表之间的争论，世界卫生组织所规定的最后期限可能会推迟。

有会议代表认为，这次会议没有达到预期的目的，主要原因在于各国代表的意见分歧太大，因为各国政府均把本国的利益放在首位。

如在科学、技术和法律方面的合作问题上，发展中国家要求发达国家应该技术转让；在财务资源问题上，烟草进口国要求出口国对此应做出自己的贡献；在其他问题上，各国又强调本国的立法原则等。

再如美国、日本这样的国家，烟草业在其经济中占有十分重要的地位，他们很不情愿对烟草业实行严格的限制，为此美国代表团采取了比较消极的态度，对《烟草控制框架公约》中所有认为不满的条款不做任何修改，而是要求全部删除，因此而引起了与会国代表的不满。

与此相反，诸如非洲和亚洲的大多数国家，他们对烟草广告和烟草促销则主张进行完全限制。对此，美国代表反驳称，如果对烟草广告和烟草促销进行完全的限制，则违反了美国宪法所赋予公民和团体的言论自由的权力。而来自欧盟国家的代表则认为，欧盟各成员国有其独立性，应尊重他们各自的权力，欧盟高级法院最近也重申了他们的观点。

这次会议另外一个争论的焦点集中在诸如是否对禁止使用"低焦油""柔和"等标识来描述烟草的特性、是否禁止免税烟的销售、是否完全禁止在公共场所吸烟等问题上。但美国青少年不吸烟运动组织的文斯·威尔莫尔先生说："美国代表团试图削弱《烟草控制框架公约》中的各种规章及条例，其中包括拟议中提出的要禁止使用诸如低焦油、淡味等标识，禁止免税烟的销售以及禁止在诸如迪斯科舞厅等公共场所吸烟。"

最后，在这次会议文件的起草方面(起草文件所用的语言文字为英语)，用词比以前有所缓和，例如在条款中以前多次使用的"shall"，在这次的条款中改成了"should"(英语中后者的语气要比前者的语气较缓和)。

在这次会议上，其中一个重要的议题并非涉及烟草业，而是涉及有关世界卫生组织的权力问题。有代表认为，在此类法律条款的制订方面，世界卫生组织其本身应该是没有这个权力的，这类法律法规的制订应该由各国政府来完成。

另有一些代表则认为，世界卫生组织在考虑制订全球烟草控制公约的同时，实际上已经超越了其自身的职责范围。而另有批评家则认为，世界卫生组织各成员国政府才是此类法律法规的唯一合法制定者和实施者。

参加会议的烟草工业界人士则批评世界卫生组织，指责他们忽视了烟草业在各国经济中所起的重要作用。世界上许多国家的烟草公司、烟农、烟草供应商、保护烟民权利的机构则指责。

世界卫生组织称，世界卫生组织在召开这类会议时并没有给他们发表自己言论的机会，同时世界卫生组织也忽视了这样一个最基本的事实：世界上有数以千万计的人以烟草业为生，也可以这样讲，烟草是他们唯一的生活来源。

在 2000 年 10 月份由世界卫生组织召开的第一次政府间谈判会议上，世界烟草工业界的人士在参加会议时在人数上受到了一定的限制，而在今年 5 月份召开的这次会议上，则剥夺了烟草工业界人士参加会议的权力，这是十分不公平的。但在另一方面，一些反烟激进主义者则批评世界卫生组织对烟草业不够严厉，而另外一些反烟激进主义者则公开声称应该在全球范围内完全禁止烟草广告。

如果烟草控制框架公约的各项条款能得以制订并且付诸实施，那么，全球的烟草业将会受到极大的影响。

2.4 控烟对烟草行业发展的影响

从全球控烟运动的发展趋势看，可以这样讲，世界卫生组织是世界反烟运动最强有力的领导者。目前，它甚至有在全球范围内制订统一的反烟政策的权利。在世界卫生组织的大会上，该组织的官员曾建议：采用包括教育、宣传、限制和立法方面的手段和措施，并辅之以有关的税收和物价政策进行禁烟方面的工作。

从目前世界控烟的发展形势来看，控烟对世界烟草业的影响主要表现在以下几个方面。

一、烟草税收

世界卫生组织曾建议要提高卷烟税率，并制订全球统一的卷烟税率。按照世界卫生组织的标准，卷烟零售价格的 2/3 应属于烟草税，然而，目前世界上一些国家的烟草税率还没有达到这个标准。

《烟草控制框架公约》中有一项内容就是要求其成员国大幅度提高卷烟的零售价格，从而达到全球各国统一的烟草税率。而烟草增税对烟草行业最直接的影响是使各国烟草业利润下降，从而影响到烟草业新产品的开发及其持续稳定的发展。

在最近几年，增加烟草税率似乎成了各国增加财政收入的最主要的途径和最直接的方法。

欧盟最近统一卷烟税率的尝试和世界卫生组织对税收的态度再次突出说明了一个普遍的现象——增加烟税是世界各国增加财政收入一个永恒的主题。然而，增税的结果却导致了走私卷烟和假冒卷烟的猖獗。可以这样讲，假冒卷烟和走私卷烟是增加烟草税收的产物——然而，这却是一个毒瘤。

在世界卫生组织看来，增加烟税似乎是控烟的一幅灵丹妙药。在世界各国，过不了多长时间，某些国家和地区就会宣布要增加烟税。泰国在2001年3月份增加了卷烟消费税，从71.5%增加到75%。紧接着在4月份，加拿大的五个省宣布每条(200支)卷烟消费税增加4加元。从零售角度看，相当于这5个省的平均价格上涨14%。同样在4月份，在卷烟价格成为过去几年焦点问题的美国，众议院通过了一个议案，该议案要求卷烟消费税从每1000支17美元增加到22.50美元。其他烟草产品同样增税。

另外，我国出台了对烟草业的新税制。我国新税制规定：实行从量与从价相结合的征税方式，按量每箱(50000支)卷烟计征150元的定额消费税；从价计征，是按行政或资产等形式隶属于卷烟企业的调拨站现行的卷烟实际调拨价计征消费税，不含增值税50元/条(含50元/条)以上的卷烟是45%的税率，50元/条以下的是30%的税率。新税率的实施从整体上提高了卷烟的税收额，加重了我国烟草行业的税赋。

从世界范围实际实施的结果来看，增加烟税将会促使黑市卷烟市场的猖獗，如果走私卷烟和假冒卷烟产品得不到控制，增加烟税的结果可能事与愿违，最终甚至可能减少政府的财政收入，并加大对消费更不安全的卷烟非法卷烟的消费量，因而对消费者的健康更为不利。

1. 欧盟希望相邻国家和地区提高烟税

2011年，受到烟草制品税率差异，导致卷烟非法走私及假冒卷烟制品的影响，近日，欧盟税收及海关联盟、审计与反欺诈部分一位名叫阿尔吉尔达的负责人称，欧盟希望相邻的国家和地区能够适当提高烟草制品的税率，以缩小与欧盟地区之间烟草税率的差距。

另据来自欧盟的媒体介绍称，这位负责人在近期所召开的记者招待会称，目前欧盟正在寻求与俄罗斯和其他东欧相邻国家和地区的官员，进行有关烟草税率的会谈，以尽可能地减少非法烟草制品对欧盟各成员国的影响。统计数据表明，每年欧盟因非法烟草制品而受到的经济损失高达1000亿欧元。

通过谈判，摩尔多瓦和乌克兰已原则上同意调整本国的卷烟制品消费税税率。

2. 匈牙利提高烟税增加财政收入

2011年，匈牙利政府做出决定，在今年下半年将分阶段适当提高国内卷烟制品的税率，以增加政府的财政收入。

据介绍，此次的增税议案需要提交议会进行审议，在通过后以立法的形式对外公布。政府有关部门的官员在接受媒体记者采访时称，逐步提高烟草制品的税率，是为了能够到2018年达到欧盟所规定的对于烟草制品税率的最低要求，同时增加烟税也有助于提高政府的财政收入。

3. 澳大利亚提高烟税以降低烟民比例

2011年，澳大利亚政府一直致力于控烟工作，旨在降低该国的吸烟率。统计数据显示，2010年，政府将烟草制品的税率上调了25%，这样，促使其当年的卷烟销售量下降了8%左右，澳大利亚政府希望到2018年，将其国内烟民比例下降到10%左右。

4. 爱尔兰提高烟税以降低吸烟率

2011年，爱尔兰SUNDAY BUSINESS POST援引政府财政部门的一份报告指出，爱尔兰政府近年来提高烟草制品的税率，以期达到降低该国烟民吸烟率的目的，但该报告也指出，爱尔兰的烟草制品税率已经达到了相当高的水平，如果再提高烟草制品的税率，则有可能导致政府财政税收收入的减少。

爱尔兰两位名叫PADRAIC REIDY和KEITH的研究人员称，在合理的增税范围内，政府在卷烟制品的税率方面，每提高1%，就会促使该国的卷烟消费量下降3.6%。

5. 斯洛伐克将提高烟税

2011年，斯洛伐克政府批准了财政部门所提出的2012年2月份提高卷烟制品消费税的方案。

另据来自当地媒体的报道称，国会将于2011年底批准2012年的预算方案，分析人士认为，此举旨在提高政府的财政收入。

6. 印度尼西亚提高烟税

2011年，印度尼西亚政府决定，从2012年元月1日开始，在原来的基础上，把该国烟草制品的税率平均再提高15%，以减少吸烟者烟草制品的消费量，保护公众的身体健康。

数据显示，在经济发达的西方国家，烟草制品的消费税每提高10%，将使其国内的卷烟消费量下降4%至5%，而在经济不太发达的发展中国家，吸烟者受消费能力的制约，政府每提高烟草消费税10%，可以减少消费量8%至13%。

7. 巴西将大幅度提高烟税

2011年，巴西政府财政部门一项提高烟草制品税率的法案已经得到了议会的通过。据介绍，新税率是在原来的基础上，将烟草制品的税率提高了300%。

另外，政府还修订了控烟法案，扩大了禁烟区的范围，在卷烟制品零售点，不允许烟草商做各种类型的烟草广告。

然而，对于政府提高税率及修订控烟法案的做法，巴西烟草种植者协会一名叫BENÍCIO的负责人称，许多烟农对此都感到担心，害怕其烟叶生产会受到影响。

8. 新西兰提高烟税

2012年，为了实现无烟国家的目标，新西兰政府决定在今后的4年内逐步提高烟草制品的税率，预计到2016年，每盒卷烟的市场零售价格将提高到20新西兰元(约合15美元)。

另据来自世界卫生组织的一份调查报告表明，目前新西兰成年人的吸烟率为20%左右，美国为16%，澳大利亚为17%，法国为27%，在这其中，新西兰的吸烟率居中。

然而，目前新西兰的烟草制品税率已处于较高的水平，综合税率已超过70%，澳大利亚的综合税率为64%，法国为80%。

在计划逐步提高烟草制品税率的同时，新西兰政府希望到2025年，将这个拥有440万人口的国家变成一个无烟社会，但与之相比，其他西方国家则没有具体的实现无烟国家的时间表。

9. 柬埔寨应提高烟税

2012年，世界卫生组织建议柬埔寨政府提高烟草制品的税率，以增加政府的财政税收，同时可以起到控烟的效果。

世界卫生组织一位名叫AYDA A. YUREKLI的负责人称，提高烟草制品的税率，可以有效地减少烟草制品的消费量，这种方法对于那些经济条件不好的消费者及受教育程度较低的消费者很有效。这位官员指出，如果政府增加烟草制品税率10%，该国的吸烟率将有可能下降2.5%～5%。

目前，柬埔寨的烟草制品综合税率仅有10%，是全球税率最低的国家。

10. 白俄罗斯将提高烟税

白俄罗斯政府对外宣称，政府将于2013年1月1日开始，再次提高烟草制品的消费税率，提升的幅度根据不同类别的烟草制品，从50%～110%不等。

政府详细的烟草制品税率调整方案显示，对于滤嘴卷烟制品，根据质量及市场零售价格的不同，消费税税率将由原来的55.6%增至110%；斗烟和雪茄烟的消费税税率将增至66.7%；而小雪茄的消费税税率将增至73.8%。

11. 埃及将提高烟税

2012年，埃及《独立日报》向外界报道称，政府在国际货币基金组织的指导下，计划提高烟草制品的税率。分析人士预测称，在提高烟草制品的税率之后，该国的卷烟制品零售价格将会大幅度上涨。

另外，埃及当地特有的水烟制品的税率此次的增长幅度则比较大，在原来的基础上，根据不同类别的水烟产品，其增长幅度在50%～150%。

据介绍，埃及政府也计划适当提高饮料、钢铁制品、啤酒、居民用电等商品的消费税税率。

12. 哈萨克斯坦将大幅度提高烟税

哈萨克斯坦政府对外宣称，从2014年开始，政府将大幅度提高烟草制品的税率，每1000支卷烟的烟草消费税，将在目前的基础上增加到20美元，即每盒卷烟(20支装)的消费税达到0.4美元。

该国政府卫生部门的一位官员称，消费税增加之后，可将使年轻人的吸烟率降低19%，同时也将使21.9万名成年吸烟者有可能戒除吸烟这一习惯。

13. 美国加利福尼亚州提高烟税

2013年，美国加利福尼亚州议会议员通过投票表决的方式，决定提高该州的烟草制品税率，每盒20支装的卷烟制品，平均增税2美元(约合1.54欧元)。

据介绍，此次增税是在不到一年时间内，被否决的增税议案得以通过。当时该州的29号增税提案，所涉及的增税幅度仅为每盒卷烟1美元。

在此次的增税议案表决中，参议院财政委员会(SENATE GOVERNANCE AND FINANCE COMMITTEE)的委员们以5比2的表决结果获得通过，而在卫生健康委员会的表决中，以6比2的表决结果也获得通过。

14. 中国香港计划提高烟税

2014年2月20日，中国香港政府对外宣布，将提高烟草制品的税率，上调幅度在11%~24%之间。

另据来自香港当地媒体的报道，财政司负责人JOHN TSANG CHUN－WAH在接受媒体记者采访时称，每盒20支装的卷烟平均将增加税额4至8港元，在烟税提高之后，香港卷烟的市场零售价格将会进一步增长。然而，世界卫生组织一位名叫CARMEN AUDERA－LOPEZ的官员表示，此次香港政府提高烟草制品的税率，还没有达到预期的目标。

据介绍，CARMEN AUDERA－LOPEZ博士为世界卫生组织西太平洋地区无烟组织的负责人，他指出，自2011年以来，香港地区就没有大幅度调整过烟草制品的税率。

15. 菲律宾政府提高烟税促使吸烟率下降

2014年，由于菲律宾政府实施了较高的烟草税率，使得该国吸烟率有所下降。

另据来自该国人口研究机构的数据显示，该国年轻烟民的吸烟率已由2012年的21.9%下降到了2013年的19.7%。为此，菲律宾有反烟团体认为，政府应该加大烟草产品的税收调控力度，平衡不同类别烟草产品的税率，这样可以进一步有效降低该国的吸烟率，并可以最大限度地保护公众的身体健康。

同时，也有反烟人士指出，政府应该加强监管，以防止部分不法烟草贸易商们逃税行为的发生(SOME CIGARETTE MANUFACTURERS WERE EVADING PAYMENT OF CIGARETTE TAXES)。

16. 2014年世界无烟日主题——提高烟税

2014年5月31日是第27个世界无烟日，今年世界无烟日的主题为提高烟草税(WHO CALLS FOR HIGHER TOBACCO TAXES)。世界卫生组织认为，吸烟是导致心脑血管疾病、癌症和肺气肿等非传染性疾病的一个重要原因，因此，1987年11月，世界卫生组织建议将每年的4月7日定为世界无烟日，并于1988年开始执行。从1989年起，世界无烟日改为每年的5月31日。

2014年的世界无烟日，世界卫生组织呼吁各国政府提高烟草及其制品的税率，以鼓励吸烟者戒烟，并防止其他人染上吸烟这一习惯(TO ENCOURAGE USERS TO STOP AND PREVENT OTHER PEOPLE FROM BECOMING ADDICTED TO TOBACCO)。

世界卫生组织的统计数据表明，政府把烟草税率提高50%，就可以使所有国家在未来3年内将烟民的数量减少4900万，因此世界卫生组织认为提高烟税是降低吸烟率一个十分有效的手段。对此，世界卫生组织总干事MARGARET CHAN博士称，提高烟草税率一方面可以减少烟草消费，同时也是挽救生命最有效的方法。

17. 越南卫生部门负责人建议政府提高烟税

2014年，越南政府卫生部门一位负责人建议称，政府应该提高烟草及其制品的税率，以降低公众对各类烟草产品的消费量。

数据显示，目前越南的卷烟税率为其市场零售价格的65%，因此烟草消费额也较高。2013年烟民用于各类烟草产品的消费额高达10.4亿美元，因此卫生部建议政府到2015年将卷烟税率在目前的基础上提高到105%(FROM THE CURRENT 65 PERCENT TO 105 PERCENT IN 2015 TO DISCOURAGE SMOK-

ING)，以有效降低该国烟草消费额。

越南吸烟与健康协会一位名叫 PHAN THI HAI 的负责人称，目前在越南，47%的男性和 1.4%的女性经常吸烟，在 16～24 岁的青年人当中，吸烟率仍高达 21.6%。这位负责人指出，由于越南卷烟税率较低，导致非法烟草产品贸易量增长很快，此类产品的黑市价格仅相当于合法卷烟产品市场零售价格的 40%，因此，政府在提高烟税的同时，也应该加大非法烟草产品的打击力度。

18. 马尔代夫将大幅度提高烟税

为了进一步减少烟草制品的消费量，降低公众的吸烟率，保护公民的身体健康，近日，马尔代夫政府财政部门一位名叫 Abdulla Jihad 的负责人称，政府计划再一次提高烟草制品的税率，即从 2015 年元月份开始在原来的基础上提高 300%。

同时，Abdulla Jihad 在政府的财政预算会议上称，目前该国烟草制品的进口关税为 150%，政府计划提高各类烟草制品的进口关税，另外，对于酒类等快速消费品，政府也计划提高其进口关税，具体的增税计划目前正在商讨之中。这位负责人在接受媒体记者采访时称，政府增加进口关税的商品多数为对消费者身体健康有害的商品，另外就是一些奢侈品。

19. 孟加拉国经济学家建议政府提高烟税

2015 年孟加拉国一些经济学家联名向政府部门提出建议称，政府应该调整对烟草业的税收政策，适当提高烟草制品的税率，以降低该国的烟草消费量，保护消费者的健康。

据介绍，孟加拉国是世界卫生组织制定的《烟草控制框架公约》的缔约方，该公约要求，各缔约方要通过提高烟草制品的税率来有效降低其烟草制品的生产量以及消费量。然而，到目前为止，孟加拉国政府还没有出台调整烟草制品税率的措施。

对此，该国一位名叫 Abul Barkat 的经济学家认为，如果烟草产品的市场零售价格下降，则消费量就会上升，反之其消费量就会下降，因此政府应该通过提高税率来降低该国的烟草制品消费量。

20. 俄罗斯政府将提高烟税

2015 年，为了抵制国内各类烟草制品消费量的增长，俄罗斯政府计划调整烟草制品的税率，并实施新的税收政策以遏制烟草消费。在增加烟税之后，每盒卷烟最低的平均零售价格将达到每盒 120 卢布(约合 3.3 美元)。

对于政府计划提高烟税的措施，反烟人士对此表示欢迎，他们认为，增加烟税是最有效的控烟方法，卷烟价格上涨会减少未成年人吸烟者的人数。

但也有分析人士认为，较高的税率会导致俄罗斯国内市场上假冒以及走私卷烟数量增加，目前俄罗斯政府还没有关于非法烟草制品所占该国市场份额的数据。但有咨询机构预测，目前俄罗斯国内烟草市场上，非法烟草制品所占的市场份额在 12%左右。

21. 韩国政府提高烟税后政府财政税收额增长

自 2015 年韩国政府大幅度提高卷烟税率之后，该国政府从烟草业所获得的财税收入顺势增长。

数据显示，自 2015 年元月份政府增加卷烟税率之后，该国卷烟产品的市场零售价格在原来的基础上又增加了 2000 韩元，原来每盒 20 支装的卷烟，其零售价格由 2500 韩元增长到了 4500 韩元。

在税率增加之后，随之而来的是韩国政府从烟草业所获得的税收额有较大幅度的增长。数据显示，2014 年，韩国政府从烟草业所获得的税收额为 6.99 万亿韩元，但 2015 年增税之后，其税收额则大幅度增长至 10.5 万亿韩元，预计 2016 年政府从烟草业所获得的税收额将会达到 13.17 万亿韩元。

22. 新西兰政府提高烟税以达到控烟之目的

2017 年新年伊始，新西兰政府再一次按计划提高了该国卷烟的税率，即在原来的税率基础上再增长 10%。

另据来自该国政府卫生监管部门的消息，作为政府控烟计划的一部分，新西兰政府计划到 2025 年将其吸烟率控制在 5%以内。且在未来的几年内，卷烟的税率在目前的基础上将再次大幅提高。

事实上，近年来该国政府已经以每年 10%的速度逐步增加卷烟的税率。据介绍，即使在目前的税率情况下，新西兰的卷烟零售价格已经很高，一盒 20 支装卷烟平均的市场零售价格为 20 新西兰元，约合每盒 13

美元。按照政府所公布的增税速度，到 2020 年，该国卷烟的市场零售价格将达到每盒 30 新西兰元，约 20 美元左右。

对此，新西兰政府卫生部门的官员认为，提高卷烟产品的消费税率可促使烟民戒烟，并减少公众因吸烟所导致的相关疾病。世界卫生组织也曾指出，提高烟草产品的市场价格是减少吸烟量的有效方法。

23. 菲律宾提高烟税促使吸烟率下降

2017 年，由于菲律宾政府逐步提高了该国各类烟草制品的税率，导致烟草制品的零售价格增长，从而促使其吸烟率已经出现逐年下降的趋势。

对此，世界卫生组织的一项调查数据表明，自 2009 年以来，该国的吸烟率已经从当年的 29.8%下降到了 2015 年的 23.8%，下降了 6 个百分点。

在这期间，菲律宾政府逐步提高了烟草制品的税率，2013 年，该国一盒 20 支装卷烟平均的市场价格为 24.9 菲律宾比索，但到了 2015 年，其平均的市场零售价格已经增长到了 48 菲律宾比索。对此，世界卫生组织的一位官员指出，烟草制品税率的提高已导致产品价格上涨，从而可以有效降低吸烟率，这是政府应该采取的一种比较有效的控烟措施。

24. 阿拉伯联合酋长国将提高烟税

2017 年 5 月份，阿拉伯联合酋长国政府财政部门向外界宣布，政府计划将于今年下半年再一次调整烟草制品等的税率。对于烟草产品，其税率将达到 100%，同时也将对功能性饮料征收 50%的税率。

对此，阿拉伯联合酋长国财政部门一位负责人在接受当地媒体记者采访时称，在下半年对这两类产品的税率做出调整之后，预计将会于 2017 年第 4 季度正式实施。

25. 印度尼西亚卫生部门希望政府提高烟税

2017 年 5 月份，印度尼西亚政府卫生部门的一些官员向财政部门提出建议，政府应该大幅度提高该国各类烟草制品的税率，从而可以减少吸烟对公众健康的危害，节约政府在公共卫生服务方面所投入的巨额资金。

印度尼西亚卫生部门健康与发展研究机构的一项调查数据表明，近年来，烟草消费对该国经济发展带来了沉重的经济负担。对此，分析人士认为，吸烟对于经济发展的直接影响在于，一些吸烟者以及那些受被动吸烟所影响的公众，可能会患上与吸烟相关的疾病，因此，他们不得不为此而花费金钱治疗此类疾病，而此时政府在公共卫生保健方面的开支就会不断增加。而间接的影响在于，当家庭主要成员因吸烟患上某种疾病后，可能会使这个家庭逐步陷入贫困的状态。

二、广告及促销

世界卫生组织曾建议，禁止烟草商所有的烟草广告及宣传和赞助活动。现在某些国家仍允许烟草公司赞助一些活动，比如体育比赛等，但将来会全面禁止这些活动。

事实上，国际上对烟草广告的争论由来已久，那么，烟草广告的作用到底是怎样的呢？烟草广告是否应全面禁止呢？我国在 2000 年也首次公布了烟草广告对吸烟率影响的抽样调查报告。报告表明，烟草广告的最大作用是卷烟品牌市场的分割，而不是人们开始吸烟的诱因。这个结果，与国际上其他国家的研究结果相符合。

近几年来，印度政府也一直在讨论反烟草法案的实施问题，但据印度烟草学院的 BERTIE RAO 先生说，根据目前印度人对烟制品的消费模式，仅有 16%的烟民抽卷烟，把西方国家使用的对烟草业的各类限制及禁令强加于印度的烟草业是没有道理的。因为印度的卷烟工业还没有发展到西方发达烟草工业国的地步，目前世界上烟民所熟知的低焦油卷烟，在印度的宣传力度还很不够。因此，在印度烟草业这个关键的发展阶段，政府不能切断卷烟生产厂家和消费者之间沟通的渠道——烟草广告。

取消卷烟广告，等于取消了向消费者提供宝贵信息的关键途径，从而限制了对消费更健康的新产品进入市场。广告禁令所导致的后果是，使新产品的信息无法传递给消费者，从而推迟了低焦油和低烟碱卷烟的发展进程。西方发达国家有研究结果表明，禁止卷烟广告和不禁止卷烟广告的国家相比，在前者的吸烟人口中，吸无嘴烟和高焦油及高烟碱卷烟的烟民比例远远高于后者。

但反烟团体及世界卫生组织却认为，控制烟草业的最好方法就是敦促政府施行烟草广告禁令。令人费解的是，让烟草业每年节约近 100 亿美元的广告及促销费用何以能控制烟草业，何况许多施行了这类禁令的国家，烟草消费仍在继续上升。

另外，世界卫生组织还认为，在烟盒上印制诸如“Light(淡味)、Mild(柔和)”等字样会误导消费者，他们可能认为有以上字样的卷烟对健康危害较低，所以 WH0 希望不允许任何烟草商使用这类字眼。这样对某些烟草公司会造成很大的打击，影响最大的是日本烟草公司，因为该公司最有名的卷烟牌号是“Mild Seven”，这个公约一旦通过，“MildSeven”就不允许在世界上任何一个国家或地区出售。

因此，禁止烟草广告和一切形式的促销活动，并不会有效地控制或减少烟草的消费，而其不利影响则是：①减少了烟草企业开发危害性更小的卷烟新产品的动力；②使消费者不易获得信息，影响消费者对低危害产品的选择；③因消费者消费较多的危害性较高的合法卷烟产品或非法卷烟产品(假冒卷烟、走私卷烟及非法生产的卷烟等)，从而致使对消费者产生更大的危害。

1. 印尼将完全禁止烟草广告

2010 年，虽然受到烟草业和烟农的强烈反对，印尼政府卫生部部长表示，对政府将禁止烟草广告的做法持乐观态度。

这位官员称，为实施已经通过的健康法案中关于烟草制品的条款，相应的法规实施细则已经制定。该法规包括禁止烟草广告、限制吸烟、在卷烟包装上印制健康警示图片和警示语，以及禁止向未成年人售烟等内容。

2. 以色列控烟目标转移至禁止互联网烟草广告

2010 年，以色列政府卫生部门一位名叫 Ronni Gamzu 的负责人称，政府已将其控烟的目标转向了禁止烟草商在国际互联网上所做的各类宣传广告，从而开始全面控烟活动。

据介绍，以色列自 1983 年以来就实施越来越严格的控烟措施，政府已颁布多项法令禁止烟草商通过电视、广播电台等媒体做各种类型的烟草广告。然而，政府没有出台措施禁止烟草商在互联网上做烟草广告，即对网络烟草广告及宣传没有任何的限制。为此，政府卫生部门将于今年年底成立一个特别控烟委员会，研究制定政策禁止网络烟草广告。

3. 埔寨准备禁止烟草广告

2011 年，柬埔寨卫生部提议禁止一切烟草广告和促销宣传。卫生部官员称，在烟盒上印制健康警示的规定已经实施一个多月了，但是几乎没有任何公司执行。

4. 乌克兰卫生部门建议实施全面烟草广告禁令

2011 年 9 月初，乌克兰卫生部门向政府提出建议指出，为了有效降低烟民的吸烟率，政府应该采取有效的措施，实施全面的烟草广告禁令。当地媒体《基辅邮报》对此进行深入分析与报道。

5. 越南 2013 年实施烟草广告禁令

越南政府计划从 2013 年 5 月份开始禁止一切形式的烟草广告宣传，同时也将出台禁令，禁止零售商向 18 岁以下的未成年人出售烟草制品。另外，新修订的控烟法案也对烟草及其制品的生产、进出口贸易、运输及储存都做了进一步的规范。新修订的控烟法案已在政府议会以投票的方式进行了表决，最终以 468 票支持获得通过。

6. 阿塞拜疆将禁止烟草广告

2013 年 6 月底，阿塞拜疆政府决定，修订政府此前所制定的控烟法案，将禁止烟草和烟草制品的广告列入新修订的控烟法案条款之中。

新修订的控烟法案内容将包括：禁止在国内的各类公共媒体上刊登烟草广告、烟草制品及其相关产品的广告，另外，电子烟、卷烟纸以及打火机等也不得进行广告宣传。该议案经阿塞拜疆议会讨论通过后即可付诸实施。

7. 英国将出台措施对电子烟广告进行限制

2014 年 2 月 27 日，英国政府卫生部门对外宣称，他们计划对电子烟产品的广告宣传进行限制，以防止电子烟生产商及贸易商们有目的性地对未成年人进行电子烟的宣传及促销活动。

另外，根据英国广告管理与执行管理委员会的规定，对于电子烟产品广告的经营者，政府要求他们必须在进行宣传时明确该产品中是否含有烟碱。

目前，尽管英国有完善的广告宣传法案，但对于电子烟产品，政府还没出台相关的管理规定，因此，政府卫生部门不得不出台相关措施以加强对电子烟产品广告宣传的监督与管理。然而，英国政府卫生部门的这一计划却遭到了来自电子烟行业的强烈反对。

8. 世界卫生组织支持限制电子烟广告

在 2014 年 10 月 18 日结束的世界卫生组织《烟草控制框架公约》大会上，各缔约方代表通过了一项对电子烟产品监管的修正案，与会者同意世界卫生组织提出的议案，即对电子烟广告宣传进行限制。

世界卫生组织认为，目前全球电子烟产品的销售量与消费量日趋增长，许多规模较大的跨国烟草公司也进军电子烟产业，已经推出并开始在市场上销售本公司的电子烟产品，在这种情况下，需要出台政策法规对其未来的发展进行监管，因此世界卫生组织建议各缔约方政府对电子烟碱释放装置（即电子烟）的市场促销、广告宣传以及赞助活动进行严格的限制。

9. 德国未来将完全禁止烟草广告

2015 年，德国食品、农业和消费者保护部向外界发布声明称，未来德国将完全禁止各种类型的烟草广告，尤其是将严格禁止烟草商在公共交通等候站所发布的烟草广告。另外，政府也将修订控烟法案以及广告法案，禁止烟草广告出现在 18 岁以下人群所观看的影视屏幕上。

德国政府称，为了配合 2016 年生效的新的烟草产品指令，政府新修订的控烟法案以及广告法案将对烟草包装上吸烟有害健康的警示图片以及警示语做出严格的规定，将强制卷烟生产商们在其卷烟包装上用三分之二的面积来印制肺部疾病或癌症的相关图片。

10. 欧盟新修订烟草产品指令中对于电子烟广告宣传的要求

即将于 2016 年实施的欧盟新修订的烟草产品指令，对于电子烟类产品的广告宣传进行了严格的限制，其主要的内容包括：①宣传营销的对象不应该只针对 18 岁以下的人群，因此其宣传广告不应该出现在仅供 18 岁以下人群收看的媒体上；②电子烟生产商与贸易商的宣传广告中，不应该以各种形式来鼓励不吸烟者尝试使用电子烟产品；③电子烟的广告宣传中需要明确：其产品就是电子烟，而不是一种烟草制品（注：该用语仅指在做电子烟广告宣传时使用，其目的在于暂时可以允许电子烟做广告宣传，而不是指电子烟不属于烟草制品）。

11. 瑞士参议院部分议员反对禁烟广告提案

2016 年，由瑞士政府卫生部门向议会提出的一项禁烟广告提案遭到了部分议员的反对。

对卫生部门禁烟广告提出反对意见的这些议员们认为，到目前为止，还没有任何证据可以证明禁止烟草广告可以起到阻止消费者吸烟的目的，同时还有些持不同意见的议员们分析认为，保护自由市场的经济秩序似乎比支持一项有关健康的提案显得更加重要。

然而，对于这些议员们的言论，瑞士政府卫生部门一位名叫 Alain Berset 的负责人指出，烟草广告对公众尤其是青少年的影响比较大，政府应该出台措施来禁止各种类型的烟草广告以及其他宣传活动。

12. 印度喀拉拉邦计划禁止电子烟的产销和广告宣传

受电子烟消费可能会导致消费者健康问题的影响，印度喀拉拉（Kerala）邦决定修订控烟法案，禁止电子烟在该地区的生产销售与广告宣传活动。

据介绍，当地政府卫生部门一名负责人在接受媒体记者采访时称，该邦新修订的控烟法案中规定，限制电子烟产品在该地区的生产、销售以及广告宣传活动。

此外，喀拉拉邦药政监管机构的执法人员发现，有些消费者在使用这些吸烟装置时，还用这些装置吸食其他麻醉类药品，多数消费者是通过未授权网站购买到这些吸烟装置的。

13. 印度尼西亚烟草广告很少受到政府监管

2017 年，印度尼西亚一家非营利性儿童教育机构向外界宣布，尽管政府制定了较为完善的控烟法案以及禁止烟草广告宣传的法案，但近年来在该国的中小学周围，烟草商针对学生的广告宣传仍然不少，而这些广告又很少受到来自政府部门的监管。

据介绍，这家名为 Lentera Anak Indonesia 的儿童教育机构对该国苏门答腊、西努沙登卡拉、西爪哇等地区的中小学所进行的抽样调查表明，在他们调查的近 90 所中小学附近，烟草商的广告几乎是无处不在，且进行宣传的目标无一不针对在校的学生。

据介绍，目前印度尼西亚中小学校附近的食品摊位和小型售货亭是烟草商最好的广告宣传位置，经营者只需提供 2 平方米的广告位，每年即可从烟草商手中获得 300 美元的费用。

三、法律诉讼

世界卫生组织要求烟草业及烟草商对吸烟者因吸烟导致的各类疾病而产生的医疗费用全部负责，同时，烟草商还要承担法律责任。

2000 年 3 月 27 日，美国旧金山高等法院判决美国的 PM 公司和 RJR 公司向一位名叫莱斯莉的女烟民赔偿 2000 万美元。这是美国历史上首次认定烟草公司对烟民的健康负有责任。据称，这位现年 40 岁的妇女有 25 年的吸烟史，目前患有晚期肺癌。

世界卫生组织建议其他国家仿效美国，对烟草业提起诉讼。世界卫生组织的官员们相信，对烟草业提起诉讼，进而能够获得巨额赔偿是全球控烟的最佳方法之一。

烟草界则认为，告知吸烟者烟草对人体的危害，并最大限度地控制青少年吸烟是烟草业和全社会的责任，也是控烟的最终目标，这些都应该通过立法来完成，而不应在法庭上得以解决。但大多数国家政府都听从了世界卫生组织的建议，起诉烟草业。在 2000 年的 1 至 3 月份，至少有 12 个国家对烟草业提起诉讼，试图从美国烟草业获得巨额的健康赔偿费用。

爱尔兰的 Oireachtas 儿童健康委员会已起草了一份报告建议政府起诉烟草公司。美国一位律师称，如果获胜，该儿童健康委员会将获得高达 329 亿美元的赔偿。

在澳大利亚，由 65 家卫生机构组成的控烟联盟称，他们将向联邦高等法院提起诉讼，起诉 PM 公司、Wills 公司和乐富门公司。

荷兰卫生部长建议政府对烟草业提起诉讼，以求获得 30 亿美元的巨额赔偿。

加拿大的 6 个反烟团体的组织也联合起来，将对该国的烟草公司提起诉讼。

实际上此类索赔案件在大多数国家都未能使原告如愿以偿。例如在以色列，有人向法院对 Duke 烟草公司提起诉讼，法官则称，如果卷烟制造商对人的健康负有责任的话，那么，汽车制造商要对交通事故负责；汉堡包商家则要对因吃汉堡包而发胖的人负责。

因此，许多反烟团体看到在本国难获得赔偿的情况下，都到美国来淘金，试图从美国烟草商那里获得补偿，这样的国家有危地马拉、委内瑞拉、尼加拉瓜、玻利维亚和乌克兰等，但它们在美国都均未能如愿以偿。事实上，在旧金山法院的判决生效之前，美国的烟草商已要求美国联邦高等法院停止受理此类对烟草业的诉讼请求。烟草商们称，早在 1998 年，他们就已和政府达成了 2060 亿美元的和解方案，但政府确不顾这一事实，使烟草业处于一种十分被动的境地。

由于受世界反烟运动的影响，马来西亚药品协会希望内阁能够制订一项逐步停止生产卷烟产品的政策。这是马来西亚药品协会数年来制订的 13 项反烟提案中最严厉的提案之一。

1. 菲利普·莫里斯烟草美国公司又一次赢得 ENGLE 诉讼案

2012 年，美国佛罗里达州 DUVAL 县的联邦陪审团在一宗联邦 ENGLE 讼案中，裁定吸烟不是导致消费者受到伤害的医学原因。这是菲利普·莫里斯烟草美国公司在近年来的 17 宗 ENGLE 诉讼案中第 12 次获得胜利。

2. 韩国高等法院判决韩国烟草与人参公司在一诉讼案中胜诉

2014 年，韩国高等法院维持一家地方法院的判决，裁定韩国烟草与人参公司在一起由 4 名吸烟者因吸烟导致癌症而对其提起诉讼的案件中获得胜诉。

韩国高等法院在裁决书中指出，吸烟者患上肺癌，是由于多种因素所导致形成的，并非仅吸烟这唯一的因素，其他的外部原因，如物理、生物及化学因素等，都可能引起消费者患上某种疾病。另外，消费者所处的环境因素应该考虑在内。

据介绍，自1999年以来，共有36名吸烟者对韩国烟草与人参公司提起法律诉讼，所要求的赔偿金高达4.74亿韩元，他们认为韩国烟草与人参公司没有提前履行告知他们吸烟有害健康等相关信息。

3. 加拿大魁北克高级法院审理高额烟草诉讼案

2014年，加拿大魁北克高级法院审理了一件有关对于烟草公司高达200亿加元(约合140亿欧元)的诉讼案。

据介绍，该诉讼案开始于2012年3月份，该案的原告涉及100余万魁北克地区的吸烟者，他们起诉的原因在于他们消费的烟草制品对他们的身体健康造成了一定的危害，而生产这些烟草制品的公司：包括帝国烟草公司以及日本烟草国际公司在内的三家公司对此负有一定的责任，因为原告称，这三家烟草公司隐瞒了部分吸烟危害健康的事实真相。

4. 以色列高等法院审理公共场所二手烟集体诉讼案

2015年5月份，以色列高等法院对一起有关在公共场所受到二手烟危害的集体诉讼案进行了裁决，高院维持了地方法案的判决，原告方获胜。

在此次判决中，高院的一位法官认为，在公共场所受到二手烟危害的个人可以对公共场所的管理者以及娱乐场所的经营者提起法律诉讼，同时，他们有权代表受到二手烟危害的其他人员对管理者以及经营者提起集体诉讼案，以保护公众的身体健康。

5. 加拿大三家烟草司遭巨额诉讼案但烟草公司认为烟民也有责任

2015年6月份，加拿大三家烟草公司遭到了高达150亿加元(约合110亿美元)的巨额诉讼案。

据介绍，2015年6月1日，加拿大魁北克一家法院对帝国烟草公司、乐富门公司，Benson & Hedges烟草公司以及日本烟草公司下属的JTI－Macdonald烟草公司做出了向该国受害的烟民赔偿150亿加元的判决。分析人士称，这是加拿大有史以来对烟草公司所做出的最大一笔巨额诉讼案。

但三家烟草公司并不服此次判决，认为法官在做出判决时并没有考虑到吸烟者自己的责任，同时他们有证据表明，吸烟者在吸烟时已经意识到吸烟可能对自己身体健康所带来的风险，因此三家烟草公司均表示要上诉。

6. RJ雷诺士烟草公司又遭巨额诉讼案

2016年，美国R.J.雷诺士烟草公司又遭到了因吸烟造成死亡的巨额诉讼案件，此次的诉讼中，法院判决对于可能因吸烟导致的死亡者——Alan Konzelman的妻子——Elaine Konzelman的赔偿金合计可能高达2900万美元。

总体上看，世界范围反烟运动的进一步发展和世界卫生组织控烟运动的实施，将导致消费者个人或团体对烟草行业的诉讼增长率加，从而使烟草行业处于更加被动的境地。这一点需引起我国烟草行业的高度重视。

2.5 控烟对部分国家经济发展的影响

控烟对世界各国的经济的发展都将产生不利影响，尤其是对国民经济严重依赖烟草业的部分发展中国家来说，其不利影响将非常严重。如非洲诸如津巴布韦、马拉维等国，如果实行严格的控烟措施，将会对这类国家的经济发展起到严重的阻碍作用。如果根据世界卫生组织的建议，把非洲建成一个无烟草的大陆，敦促烟草生产国种植替代作物，这对本来已脆弱的非洲经济将会带来严重灾难。非洲统一组织也认为，没有稳定的、可使用的选择就削减烟草生产，可能会引起政治上的不安定，而非洲的经济是脆弱的、萧条的。

一、津巴布韦

津巴布韦的经济严重依赖于烟草的种植。目前，该国至少5500家烟草农场，约584000名以烟草为生的人，从烟草出口获得的税收占该国国内总税收的30%。同时，烟草还是该国最大的赚取外汇的行业，是聘用劳动力最多的行业，并支持许多相关产业如商业、工业、银行的正常运行，还对维持学校和其他社会服务业的正常运行起着重要作用。因此，烟草业对该国的经济影响重大。津巴布韦烟草商协会也认为，如果烟草控制框架公约被成员国认可的话，将会对津巴布韦非常有害。对津巴布韦的不利影响将会表现在包括经济和社会两个方面，如果公约的条款得以实施，该国许多农民的生活将处于困境，他们将很难找到一种像烟草那样能给他们带来巨大经济效益的农作物来代替它。

世界卫生组织建议非洲国家应该起草并制定烟草控制法规，帮助烟农种植替代作物。世界卫生组织提议的框架公约提倡的是：逐步淘汰烟草，用替代作物来代替烟草。世界卫生组织同时还呼吁提高税收来减少烟制品的生产和消费，制定广告禁令，尤其是对那些针对青少年的广告。

津巴布韦已提出了替代烟草作物的建议，但烟农试图转移到种植替代作物时要面临一些问题，如烟草可以种植在其他作物无法生长的贫瘠土地上；种植替代作物的收入少；生产投入无法承受等。同时，烟叶经销商愿意给烟草种植者在生产理论上、技术上和财政方面给予支持，但可能不会为其他作物提供支持。而且，如果烟草种植者都转向替代作物，则这些作物的价格就有急剧下降的危险。

由于以上原因，所有尝试种植替代作物的方案几乎没有取得任何进展，所以烟农不得不继续种植烟草。

二、马拉维

在马拉维，由于受国际控烟的影响，2000年该国由于主要赚取外汇作物烟草收入出乎预料地下跌了14%，导致其经济也随着之下跌。马拉维烟草出口协会认为，烟草出口的下跌归结于世界卫生组织发起的全球反烟活动，以及当地烟叶产量的下降所产生的综合影响。税收收入的下降给马拉维的经济带来了严重的后果，其外汇收入的85%来自农业的出口。烟草是马拉维农业的支柱作物，占农业出口量的70%。2001年年初，马拉维烟草协会和烟草委员会就预计到此下滑趋势，专家也警告：世界卫生组织发起的全球反烟活动将至少使马拉维每年的烟草收入削减10%。

2013年，马拉维农业与食品安全委员会负责人 Peter Mwanza 在接受媒体记者采访时称，尽管全球的反烟运动日渐高涨，然而，烟草业目前仍然是马拉维主要的农业经济作物。

另据来自当地媒体《MARAVI 邮报》的消息表明，政府农业部门将全力支持烟农的烟叶生产，但烟农们必须到政府管理部门进行登记注册，以保护他们的利益。

马拉维烟草协会的统计数据表明，自2010年以来，马拉维仍是全球主要的白肋烟生产国，同时，马拉维是全球主要的烟叶生产国，同时也是第7大烟叶出口国。

近期马拉维国内有分析人士对烟草经济进行了争论。该国经济界一位名叫 Dalitso Kubalasa 的专业人士分析指出，目前烟叶在全国各类商品的出口总额中所占比例达到近70%，因此政府部门应该采取措施鼓励其他商品经济的发展，以逐渐减少政府对烟草经济的依赖。

对此，马拉维政府农业部一位名叫 Chiyembekeza 的负责人则认为：烟叶生产是政府的经济支柱产业，多数农民以烟叶种植为生，因此政府在重视发展烟叶生产的同时，还应鼓励农民种植其他的经济作物。

三、印度

烟草种植和卷烟生产极大地促进了印度的经济、技术和农业的发展。此外，烟草业还为该国提供了大量的就业机会，在一个人口达10亿的国家，烟草业直接雇佣的人数达200万，涉及的烟农人数达到600万。由于烟叶可以在贫瘠的非可耕地上种植，而且通常不需要灌溉，因此种植烟草并不会影响粮食作物的种植，同时，还会给一些原本毫无收入来源的地区带来丰厚的收入。而世界卫生组织建议的用其他作物替代烟草作物将会给印度的烟农带不利的影响。从而影响该国经济的发展。

1.《烟草控制框架公约》影响乌干达经济发展

2011年，乌干达政府对外贸易部门的负责人 Gagawala Wambuzi 称，由世界卫生组织所制定的《烟草控制框架公约》已影响到了该国的经济发展，这位负责人向世界卫生组织呼吁称，对待烟草种植这一问题，世界卫生组织应该持非常谨慎的态度，因为在制定控烟政策的同时，可能会影响到非洲部分国家的经济发展，从而会对这些国家的社会局势带来不安定的因素。

2. 捷克烟草对经济有利

2012年，捷克政府卫生部门的分析表明，政府每年从烟草制品征收的消费税和增值税达到了600亿捷克克朗(约合35.5亿美元)，而健康保险公司每年支出的用于治疗烟草相关疾病的费用仅为60亿克朗。对此，捷克政府财政部长称，该分析也进一步证明了他的判断。

3. 烟草业在马其顿经济地位显著

2013年，烟叶制品是马其顿重要的农业经济作物，通过出口，烟叶生产每年可以为政府创造8000万欧元的外汇收入。

数据显示，烟草及其制品的生产与贸易，大约占马其顿整个国内生产总值的2.5%。烟叶生产及贸易相当于该国农业生产及贸易的4%，在其整个农业生产就业人口中，从事烟叶生产的人占了4.5%，烟草业在马其顿的经济发展中占有重要的位。

4. 烟草种植对非洲南部部分国家经济贡献率高

2014年，由于南部非洲许多国家的经济作物中以烟草生产为主，因此，烟草种植对南部非洲发展共同体做出了巨大的贡献。

数据显示，目前在南部非洲发展共同体的15个成员国(安哥拉、博茨瓦纳、津巴布韦、莱索托、马拉维、莫桑比克、纳米比亚、斯威士兰、坦桑尼亚、赞比亚、南非、毛里求斯、刚果(金)、塞舌尔和马达加斯加)中，有6个国家的经济作物以烟草种植为主，这些国家包括津巴布韦、赞比亚、马拉维等6个成员国。而在这几个成员国中，烟叶及其制品是他们重要的出口创汇来源，其出口创汇能力占到了这些国家国民生产总值的3%～10%。

5. 印度尼西亚政府预测《烟草控制框架公约》实施后给其经济带来的影响

2016年，印度尼西亚政府总统Joko Widodo近日在该国发表的一份声明中指出，政府计划批准由世界卫生组织所制定的《烟草控制框架公约》，以减少各类烟草制品的进口量，增加各类烟草制品的税率，以期进一步降低该国的吸烟率。目前，政府批准烟草控制框架公约的指导性意见正在审查当中。

在2016年6月12日印度尼西亚政府举行的一次闭门会议上，印度尼西亚总统Joko Widodo指出，政府应该分析批准公约并正式实施之后给该国经济所带来的影响，同时他还建议将烟草经济作为一项重要的考核指标考虑进去。印度尼西亚政府财政部门也将预测该公约实施后对烟草产业所带来的影响。

另据来自印度尼西亚当地的媒体报道，目前该国是亚洲地区唯一一个尚未批准该框架公约的国家。

6. 烟草产品指令影响欧洲经济

欧盟新修订的烟草产品指令，不仅影响欧盟的烟草业，而且影响欧洲的经济。新的烟草产品指令一旦实施，欧盟非法烟草贸易量可能会增加25%～35%，非法卷烟的销售量可能增加到840亿支。

提高烟草及其制品的税率，可以使经济条件不好的消费者受益。对此，世界卫生组织传染性疾病预防部门负责人Douglas Bettcher博士认为，政府对烟草业的税收政策在某些问题上可能会存在意见分歧，但烟草税率的上涨会得到多数人的支持，随着烟草税率的上升，与烟草消费相关的疾病及死亡率便会下降。随着烟草税率提高及烟草产品零售价格的上涨，那些经济条件不好的消费者，将逐步减少烟草消费并尽可能戒烟。

世界卫生组织的调查表明，与年长的烟民相比，烟草产品零售价格上涨对青年烟民的效果更为明显，因为后者的经济条件往往不如前者，价格对他们的影响则更大。

2.6 结论

自1492年哥伦布发现美洲新大陆，把烟草从美洲带回欧洲后，世界烟草业的发展已经历了500多年的风风雨雨并取得了巨大发展。烟草及烟草制品作为一种特殊的消费品，在世界各国的经济和人民日常生活中都占有重要地位。烟叶、卷烟和其他烟草制品以及与之相关的烟草机械、原辅材料的生产和销售对各国的财政收入、人民的就业和数以亿计的人民的生活等方面都具有重要影响。烟草行业已成为对世界经济具有重要影响和重大贡献的行业。

烟草行业的发展自始至终都处在吸烟与健康的争论之中，尤其是自20世纪60年代开始，在美国、英国等国政府有关部门、一些国际性组织和众多民间组织的推动下，世界范围的反烟运动愈演愈烈，并对吸烟对人体的危害性进行了大量的、人为夸大的和十分不科学的宣传，从而对烟草业的发展产生了非常不利的影响。同时，烟草行业为了保护烟草消费者的健康和应对反烟运动的冲击，也加强了对烟草及卷烟烟气中有害成分的科学分析和研究，并通过降低卷烟焦油和烟碱量、采用一定方法选择性地去除某些有害成分、添加对人体有保健作用或疗效作用的物质等手段，使卷烟中的有害物质含量大大下降，提高了吸烟的安全性。

(1) 从总体上看，针对烟草行业的反烟运动和控烟运动将会越来越激烈，也必将对烟草行业的发展产生新的更大的不利影响。尤其是近年来，世界卫生组织对控烟的参与和《烟草控制框架公约》的谈判和最终制定，将对烟草行业的发展产生前所未有的巨大压力，将在某种程度上抑制烟草业的发展。

(2) 禁止烟草广告，除了会对世界广告业产生不利影响外，更重要的是将导致：阻碍低危害卷烟新产品的开发和上市；影响消费者对低危害产品的选择和因消费者消费较多的危害性较高的合法卷烟产品或非法卷烟产品（假冒卷烟、走私卷烟及非法生产的卷烟等），从而致使对消费者产生更大的危害。

(3) 极端的控烟措施将对世界各国尤其是以“两烟”占重要地位的发展中国家的经济、政府的财政收入和人民的就业以及人民的生活产生重而深远的不利影响，其直接结果将会导致国家的经济下滑、失业率增加、人民的生活更加贫困并可能产生政治动荡。

(4) 从经济上讲，由于烟草业与国民经济和人民的日常生活密切相关，因此，禁止烟草的极端措施是不适当的，而且也是不现实的，并很可能会失败。世界卫生组织建议把种植替换农作物作为减少烟草供应的一种手段还应进行进一步的研究，还需要有相应的配套政策和相关措施，从经济上来吸引农民，原因是，就目前来说种植烟草比种植其他多数农作物对农民的吸引力要大得多。

(5) 减少烟草消费和吸烟对人体的危害最有效的办法：一是引导消费者改吸低危害性的、安全性高的和对人体健康有一定保健或疗效作用的卷烟；二是教育和劝阻青少年不吸烟。

(6) 对烟草行业来说，也要本着对消费健康负责的态度，进一步加大对烟草和烟草烟气中的有害成分的研究力度，积极研究、开发和推广对人体健康危害性更小的卷烟新产品。另一方面，也要科学地宣传吸烟与健康的关系，努力说服以世界卫生组织为代表的有关组织不要对烟草行业采取不科学的和武断的禁烟措施、争取使烟草行业有一个相对有利的发展环境。

事实上，烟草业一直随着人类社会的发展而发展，其中由于各种原因和目的，有的国家和政府也曾经实行过禁烟，但始终未能坚持到底。

英国是世界上较早提出吸烟有害的国家，并没有采取完全禁烟的政策。到目前为止，尽管“反吸烟运动”风起云涌，恐怕除了极少数宗教国家外，烟草仍然是销售量和销售额最大的商品。烟草业之所以数百年来始终得以发展，一是由于它有极其深厚的包括各阶层人士在内的社会消费基础；二是各国都对它课以高税，为政府开辟了一条重要的财源渠道。可以说，烟草的发展，在很大程度上是因为它对人类社会的发展做出了不可忽视的贡献。

由于吸烟对人体健康有害，需要进行适当的控制，还要对人民进行正确的引导，这都是完全应该做的。但是，某些宣传却毫无道理地对烟草行业进行指责，甚至认为烟草行业的存在和发展弊大于利。另外，应该关注的一个基本事实是，西方国家禁烟却大量出口卷烟。多少年来，西方一些发达国家，禁烟活动开展得轰轰烈烈，但却把本国生产的卷烟大量地向发展中国家出口，几乎世界各地都可以看到他们的卷烟产品。这一点，应该引起我们的警觉吗。

（执笔：杨小平　龚金龙　中国科学技术大学管理学院）

第三章　各缔约方会议情况及消除烟草制品非法贸易议定书

3.1　世界卫生组织各缔约方会议情况

按照《烟草控制框架公约》的规定，在 2006 年该《烟草控制框架公约》生效后前三年，2006 至 2008 年，每年均要召开一次缔约方会议，之后每两年召开一次缔约方会议。

一、2006 年第一次各缔约方会议情况

2006 年，世界卫生组织各缔约方会议(有关《烟草控制框架公约》的条款)在泰国首都曼谷召开。

参加此次会议的有各缔约国的政府官员、研究人员及其他方面的专家学者共 800 余人。会议的主题涉及如何遏制烟草制品的非法走私及假冒烟草制品泛滥；跨国界的烟草广告、促销及由烟草公司所赞助的各类文体活动；禁烟及烟草法规的制定问题等。

缔约方的代表就设立《烟草控制框架公约》秘书处、帮助发展中国家共同实施烟草控制战略、监督和汇报履约情况以及探讨制定新的议定书等议题进行深入讨论。

1. 会议简介

缔约方大会召开之前，已有 123 个国家成为《烟草控制框架公约》缔约方，参加本次会议的除了这些缔约方代表外，还有以观察员资格参会的 50 多个已经签署《烟草控制框架公约》但尚未批准的非缔约方、30 多个联合国机构组织及非政府组织的代表。

世界卫生组织总干事李钟郁在大会开幕式上发言时指出，目前世界上每年有 500 万人死于吸烟引起的疾病。如果对烟草不加控制，21 世纪吸烟致病死亡人数将可能达到 1 亿，比 20 世纪翻一番。

《烟草控制框架公约》在 2003 年 5 月召开的第 56 届世界卫生大会上通过，2005 年 2 月正式生效。迄今，已有 113 个国家批准了该《烟草控制框架公约》。

世界卫生组织说，《烟草控制框架公约》生效近一年来，《烟草控制框架公约》中规定的措施已开始在一些国家得到实施。爱尔兰、西班牙、挪威不久前禁止在室内公共场所吸烟；印度等国已立法禁止烟草广告；澳大利亚、巴西、加拿大、新加坡和泰国都在香烟盒上标明吸烟危害健康的警示。但世界卫生组织也指出，要使所有缔约方都按《烟草控制框架公约》中所规定的在香烟盒上标明吸烟危害健康警示还需要 3 年，完全禁止烟草广告、促销和赞助可能还需要 5 年时间。

按照世界卫生组织的计划，首批《烟草控制框架公约》缔约方将于 2007 年 2 月递交一份初步报告，详细汇报执行《烟草控制框架公约》的情况。

会议于 2006 年 2 月 6 日开始，智利大使 J. Martabit 被推选为大会的主席。根据大会主席团的安排，在会议期间，临时秘书处对暂时议事规则、《烟草控制框架公约》的状况以及政府间不限成员名额工作小组的报告做了说明。

另外，为提高工作效率，大会分成了甲、乙两个委员会，且两个委员会会议同时进行。甲委员会主要讨论议题包括：援助资源和机制、报告和信息交换、拟订减少烟草需求的非价格措施和烟草制品成分管制准

则、拟订相关议定书等；乙委员会主要讨论议题包括：缔约方会议议事规则、秘书处的运转安排、第一财务期预算等。会议期间还穿插着无烟草行动举办的各种非正式会议，分别就烟草制品管制、烟草包装警语、来自非政府组织团体的意见、烟草制品非法贸易等方面进行了研讨。

2. 第一次缔约方会议做出的有关决定

1）关于履约援助资源和机制问题

各缔约方对如何建立财政机制、建立什么样的财政机制进行了激烈的讨论，在是否建立自愿全球基金问题上存在严重分歧。发展中国家普遍认为，为了能够更好地履行《烟草控制框架公约》义务，应通过建立自愿全球基金的方式来进行援助。而发达国家则反对建立自愿全球基金，他们认为，发展中国家控烟及履行《烟草控制框架公约》需要进行的项目很多，目前对所有项目都提供资金援助是不现实的。

为了能使有限的资源得到有效的利用，希望发展中国家列出迫切需要资金支持的控烟项目，同时也希望各国国内通过努力筹集控烟资金。

会议最终未就建立自愿全球基金问题达成一致。在最终形成的报告草案中，仅呼吁发达国家缔约方按照其在《烟草控制框架公约》之下的义务，通过双边、区域、国际或非政府渠道向发展中国家、经济转轨国家缔约方提供技术和财政支持。同时呼吁发展中国家、经济转轨国家缔约方致力于制定本国可持续的烟草控制筹资机制。

2）关于履约报告和信息交换问题

会议根据《烟草控制框架公约》第 21 条的规定，形成并通过了第一组报告文书的格式，主要条目包括：报告来源、人口统计、烟草使用、税收、立法、规划和计划、技术和财政援助、实施《烟草控制框架公约》的重点、补充意见、对调查表的反馈意见等 10 个方面，大多为表格及简要问答形式。要求缔约方在《烟草控制框架公约》对其生效后两年内提供第一次报告。

考虑到有限的经验和资源，为使报告不成为缔约方沉重的负担，报告采取循序渐进的形式，更复杂的问题或细节将纳入之后的第二组、第三组报告中。

这两组报告格式将在第二次缔约方大会上拟订，缔约方可在《烟草控制框架公约》对其生效后 5 年内就第二组提交第二次报告，在《烟草控制框架公约》对其生效后 8 年内就第三组提交第三次报告。报告可用 6 种指定语言之一提交。

关于就减少烟草需求的非价格措施和烟草制品成分管制拟订准则及议定书的拟订。

缔约方会议审议了《烟草控制框架公约》第 7 条和第 9 条，其中要求缔约方会议提出在国家一级实施《烟草控制框架公约》第 8 至 13 条规定的准则，以有助于制订和实施其中相关的烟草控制非价格措施的政策和规划。

为此，缔约方会议审议了一整套可能用于拟订准则的工作计划的模板样本，并通过了为第 8 条——防止接触烟草烟雾和第 9 条——烟草制品成分管制拟订准则的模板。缔约方会议对上述两条的准则给予最优先考虑，并请秘书处根据模板对这些准则开展工作，并希望在第二次缔约方大会上提交准则草案或进展报告。

在拟订议定书方面，大会要求秘书处在主席团的指导下，根据欧盟轮值主席国奥地利提出的方案，请世界卫生组织的每个区域选派 4 名专家，为起草打击非法贸易和跨国界广告两个议定书做准备，并向第二次缔约方大会提交议定书框架，或至少提交进度报告。

3）会议确定的其他事项

会议对设立《烟草控制框架公约》常设秘书处达成一致，即：在世界卫生组织内设立《烟草控制框架公约》常设秘书处，其负责人的候选人由缔约方会议主席团与世界卫生组织秘书处协商审议，并由世界卫生组织总干事任命。会议还通过了缔约方会议第一个双年度（2006～2007 年）财务预算，总额为 801 万美元。按世界卫生组织会费分摊比额计算，我国分摊的会费总额为 25.47 万美元。

此外，会议还通过了关于设立烟草替代研究小组的决定，倡议感兴趣的缔约方可自愿参加研究小组，研究如何为烟草工人、种植者等提供经济上切实可行的替代生计。

在会议闭幕时，大会主席还对下一次缔约方大会召开的时间和地点做出说明，并授权秘书处开展磋商，讨论第二次缔约方大会召开的时间和地点，初步决定 2007 年上半年召开第二次缔约方大会。会议呼吁，愿意作为第二次缔约方大会东道国的国家，可以在未来60天内将书面邀请提交秘书处。

3.《烟草控制框架公约》第一次缔约方会议触动烟草业利益

2005年2月生效的《烟草控制框架公约》的缔约方，2006年在日内瓦召开首次大会，开始讨论全球范围控烟的具体措施和可行性。

对于全球亿万烟民而言，2005年2月28日或许来得不声不响。但对烟草行业来说，当天预示着"自由岁月"的结束。因为《烟草控制框架公约》在这一天正式生效，这是由世界卫生组织主持达成的第一份具有法律效力的全球性公共卫生条约，也是针对烟草的第一个世界范围多边协议。而它的"开山"意义在于，随着《烟草控制框架公约》在各缔约国陆续生效，一场以《烟草控制框架公约》为本的"控烟运动"就此浩浩荡荡地开始了。

事实上，从幕后到台前，《烟草控制框架公约》来之不易。往前追溯，世界卫生大会早在1996年5月就提议进行《烟草控制框架公约》的谈判。直至2003年5月，第56届世界卫生大会才一致通过《烟草控制框架公约》。目前，共有167个国家在《烟草控制框架公约》上签字，至2006年，已有113个国家批准了该《烟草控制框架公约》。

2006年《烟草控制框架公约》缔约方首次会议旨在加强控制烟草的力度与措施，同时讨论并决定在世界卫生组织成立一个执行《烟草控制框架公约》的常设秘书处。

世界卫生组织认为，《烟草控制框架公约》生效近一年来，《烟草控制框架公约》中规定的措施已开始在一些国家得到实施。

爱尔兰、西班牙、挪威禁止在室内公共场所吸烟；印度等国已立法禁止烟草广告；澳大利亚、巴西、加拿大、新加坡和泰国都在香烟盒上标明吸烟危害健康的警示。

数据显示，2006年，已经有113个批准公约已经成为签约国，世界卫生组织也指出，要使所有缔约方都按《烟草控制框架公约》中所规定的在香烟盒上标明吸烟危害健康警示还需要3年，完全禁止烟草广告、促销和赞助可能还需要5年时间。

此外，世界卫生组织官员此前曾表示，《烟草控制框架公约》不是"速效药"，随着《烟草控制框架公约》规定的举措一步步落实，对香烟的需求量每年仅能下降1%至2%，"降低2%就算好消息了"。同时，较贫困国家的禁烟举措也需要财政支援。

按照世界卫生组织的计划，首批《烟草控制框架公约》缔约方将于2007年2月递交一份初步报告，详细汇报执行《烟草控制框架公约》的情况。

(1) 公约触动烟草业的利益。

(2) 禁烟无疑是大势所趋，但是不可能神速完成，这其中原因有三：

①烟草为不少国家的财政提供巨额税收；

②烟草业提供大量就业机会；

③烟民群体依然庞大。

如果说烟民对于《烟草控制框架公约》影响力的感知尚须时日，烟草商们则已不得不直面压力，而他们的触动也是最强烈的。为了维护私利，部分欧美烟草公司曾经采取过不理智的行动，打破了市场经济的道德底线。在世界卫生组织的委托下，瑞士科学家托马斯·策尔特纳领导的独立专家组，在上世纪末撰写了一份248页的报告。报告说："烟草公司自己的文件显示，它们把世界卫生组织看作是主要敌人之一。它们把自己的人员安插进世界卫生组织，并利用联合国其他机构获取世界卫生组织活动的信息。有理由相信，这些烟草公司对世界卫生组织禁烟活动的破坏已达到十分严重的程度。"

面对日趋有形的压力，各大烟草商纷纷行动起来，上下游说阻挡《烟草控制框架公约》的前进步伐。拥有万宝路、百乐门等香烟品牌的美国菲利普·莫里斯烟草公司就是其中之一。

英美烟草公司则"委婉"表示，他们会继续在遵纪守法与维护个人利益中找寻平衡点，声称禁烟《烟草控制框架公约》也保证了"成年消费者们有权继续在被告知的情况下，选择这种合法产品"！

2006年世界卫生组织一组统计数字如下：

(1) 全球烟民每天所吸烟量近100亿支，相当于每分钟烧掉10吨烟草；

(2) 全球约有烟民13亿人，13岁至15岁年龄段少年的吸烟率达20%，每年有500万人死于与吸烟有关的疾病，如果不加以控制，这一数字到2020年时可能翻倍；

(3) 据世界卫生组织统计，烟草已成为继高血压之后的第二号全球杀手，这意味着全球有烟民约13亿人，其中6.5亿人早逝；

(4) 为解决吸烟引发的健康问题，各国已"埋单"2000亿美元，根据世界卫生组织提供的数字，中国为治疗与吸烟有关的疾病的费用已升至65亿美元。

4.《烟草控制框架公约》第一次缔约方会议达成共识

《烟草控制框架公约》缔约方的各国卫生部长们2006年在日内瓦联合国欧洲总部，举行了为期一周的首次缔约方大会，在经过漫长的谈判和烟草工业行业的不断反对之后，终于在2003年达成框架《烟草控制框架公约》，至2005年2月27日《烟草控制框架公约》生效并开始具有法律约束效应时，已经有57个国家的立法机构在各自国家内获得批准，目前缔约国已达168个。然而，首次缔约方会议公布的数字显示，全球死于与吸烟有关疾病的人数仍高达500万，全球控烟形势不容乐观。

烟草是危及人类健康的元凶，烟草带来的最大危害是它给吸烟者带来的疾病、痛苦，给个人、家庭和国家所造成的巨大经济损失。从传统观念看，任何控制烟草生产的行动仅出于对健康的考虑，一些经济论据往往被人们作为阻碍采取控烟政策的挡箭牌，然而在日内瓦举行的缔约方会议上却从相反的方面向人们发出了警示。

会议认为，据现代科学研究发现，全球范围不断增加的死因只有两个：人类免疫缺陷病毒(HIV)和烟草，目前全球有三分之一的成年人约11亿人口吸烟，每10个成年人中有1人因吸烟而死亡，到2025年烟民总数将达到16亿以上。根据目前的吸烟状况，世界卫生组织预测，到2030年吸烟将成为全球最主要的死因，将会导致年均约1000万人的死亡。世界卫生组织认为，尽管吸烟者造成的经济损失难以确定和数量化，但各个国家的财政和社会医疗保障体系正在为此支付巨额款项，这已是不争的事实。

《烟草控制框架公约》缔约方首次会议提供的研究报告结论一致认为，政府采取措施减少烟草生产，不是造成就业机会减少的直接原因，也不会使国家整体经济水平降低。提高烟草税收也不会减少政府财政收入，因为提高烟价后，香烟的消费量虽会下降，但下降的幅度会低于烟价的上涨。以英国为例，在过去30多年间，政府曾多次上调香烟税，部分原因是为了减少烟草供应，部分是由于人们对吸烟有害健康的认识提高。从而使得英国在过去30年中烟草销量从1380亿支下降到800亿支，但国家税收仍在稳定增长。在英国香烟税率平均每年上升1%，政府的收入则上升0.6%～0.9%。更重要的是，在提高烟草税增加政府收入的同时还挽救了上百万人的生命。会议认为，香烟消费税若在全球范围内能适当上调10%，就能使烟草税总收入增加大约7%。

5.《烟草控制框架公约》缔约方首次会议闭幕

2006年，为期近两周的《烟草控制框架公约》缔约方首次会议在瑞士日内瓦落下帷幕。会议首先决定在世界卫生组织总部——日内瓦设立一个实施该《烟草控制框架公约》的常设秘书处，指导各缔约国进行烟草控制，协调各国在实施该《烟草控制框架公约》过程中出现的各种问题。

与会代表还决定成立一个工作小组，将研究两个关于跨国烟草广告和烟草走私的补充协定书草案，并将有关文件提交给将于2007年初召开的第二次缔约方会议审议。工作小组还将负责帮助各缔约国确定规范烟草生产的有效途径。

此外，会议同意成立一个专家小组，研究取代烟草种植的可行方法，向那些在经济方面依赖烟草生产的国家提出经济多样化建议。

世界卫生组织总干事李钟郁6日在本次会议开幕致辞时指出，目前世界上每年有500万人死于吸烟，平均每过6秒多就有一人因此死亡。如果对烟草不加控制，21世纪因吸烟而死亡的人将数以亿计。

《烟草控制框架公约》在2003年5月召开的第56届世界卫生大会上获得通过，于2005年2月正式生效。迄今，已有113个国家批准了该《烟草控制框架公约》。

世界卫生组织指出，该《烟草控制框架公约》生效一年以来，《烟草控制框架公约》中规定的措施已开始得到落实。爱尔兰、西班牙、挪威不久前禁止在室内公共场所吸烟；印度等国已立法禁止烟草广告；澳大利亚、巴西、加拿大、新加坡、泰国等国都在香烟盒上标明“吸烟危害健康”的警示。然而,世界卫生组织认为,要使所有缔约国执行该《烟草控制框架公约》中规定的各项条款,完全禁止烟草广告、促销和赞助还需要若干年时间。

6.《烟草控制框架公约》缔约方烟草替代作物专题研究组召开会议

2007年2月27至28日,世界卫生组织在位于巴西首都巴西利亚的泛美洲世界卫生组织办事处,召开了《烟草控制框架公约》(FCTC)缔约方烟草替代作物专题研究组第一次会议。

会议共有21个国家的专家和政府代表参加了这次会议。

这次会议的主要议题有:总结烟草生产者、种植者以及个体销售商对现有经济上可行的替代办法的理解和认识;向缔约方会议推荐对烟草公司行为所产生的影响进行跟踪评估的方法或途径;根据《烟草控制框架公约》第17条,报告国家层面正在采取的初步行动;提出有效益的、多样化的行动计划或建议。

巴西会议促进了世界各国和世界卫生组织对中国烟草种植业的了解,也促进了中国了解世界烟草种植业的发展和改革经验,为推动中国履行《烟草控制框架公约》奠定了良好的基础。

二、2007年《烟草控制框架公约》第二次缔约方会议

1.《烟草控制框架公约》第二次缔约方会议在泰国召开

《烟草控制框架公约》第二次缔约方会议在泰国召开2007年6月30日至7月6日,世界卫生组织《烟草控制框架公约》第二次缔约方会议在泰国曼谷举行。

《烟草控制框架公约》当时有缔约方147个,其中129个缔约方参加了本次会议,另有12个非缔约方、联合国环境规划署等4个国际组织、框架《烟草控制框架公约》联盟(FCA)等16个非政府组织作为观察员出席了会议。

据介绍,此次会议讨论并通过了防止接触烟草烟雾指南;主要讨论了制定“打击烟草制品非法贸易议定书”,“跨国界广告、促销和赞助议定书”,烟草制品包装标签指南,烟草制品成分管制指南等议题。

《烟草控制框架公约》第二次缔约方会议的议题集中在缔约方履行《烟草控制框架公约》的具体措施上,技术方面的问题较多,并没有过多地涉及缔约方主权、经济政策等方面的重大问题,所有决定都是通过协调一致的方式达成的。

2. 会议达成共识

1) 防止接触烟草烟雾准则

与会缔约方一致通过了关于推行公共与办公场所全面禁烟的指导准则。防止接触烟草烟雾准则草案受到各缔约方的高度关注,第一次缔约方会议即将其列为最优先考虑的项目之一。本次会议上,以欧盟为首的绝大多数缔约方力推这个准则,在整个讨论过程中对该准则没有出现原则性分歧。

最终,会议一致通过了这个准则,成为《烟草控制框架公约》生效后批准的第一份履约准则。

该指导准则参考了一些国家(地区)在过去几年中根据《烟草控制框架公约》精神推行禁烟区的有效经验,为各个国家(地区)政府制定公共与办公场所禁烟的法律和措施等提供了切实可行的依据,但指导准则并未在各个国家(地区)立法禁烟上规定时间期限。

2) 制定打击烟草制品非法贸易议定书

会议取得的又一项重要成果是,与会缔约方一致同意启动关于“打击烟草制品非法贸易议定书”的谈判。这一议定书将力图利用国际法来遏制烟草制品的非法贸易。

会议讨论了“打击烟草制品非法贸易议定书”制定工作的必要性和工作方式等。参加会议的各缔约方均强调打击烟草制品非法贸易的重要性,会议决定把制定“打击烟草制品非法贸易议定书”确定为第一项优先安排的工作。对于其工作方式,会议对建立工作组和政府间谈判机构(INB)两种形式进行了讨论。

基于参与的广泛性、决策的权威性以及提高工作效率等方面的考虑,会议决定参照《烟草控制框架公约》的制定模式,以建立INB的方式,开展议定书的制定工作,决定于2008年初在日内瓦召开第一次INB会议。

3）跨国界广告、促销和赞助议定书

跨国界广告、促销和赞助议定书是第一次缔约方会议决定中要求优先制定的两个议定书之一，但是本次会议未讨论跨国界广告、促销和赞助议定书的模板内容。会议决定成立一个工作组，为实施《烟草控制框架公约》第13条中有关国内和跨国界广告规定拟定准则草案，供第三次缔约方会议审议。会议同时决定，将该准则的拟定工作列为第二项优先安排的事项。

4）烟草制品包装标签准则

参加会议的缔约方代表都认为，烟草制品包装标签问题是烟草控制中的一项重要内容，应尽快制定准则。同时会议也认识到，《烟草控制框架公约》生效不久，各国文化背景不同，对包装标签不宜采用统一标准，而应制定准则作为一个参考标准。

会议决定将烟草制品包装标签准则的拟定工作列为第三项优先安排的事项。同时，会议决定成立一个工作小组，负责拟定准则。工作小组将根据预算情况召开2～3次工作会议，并向第三次缔约方会议提交准则草案。参加会议的缔约方都高度重视该准则的制定，纷纷表示希望成为伙伴成员加入工作小组。

5）烟草制品成分管制准则

会议对烟草制品成分管制准则讨论的重点集中在两个方面。

一是工作范围和内容。缔约方普遍认为工作小组的报告中所表示出的关于第9条"烟草制品成分管制"技术性强，工作难度大，建议工作小组对报告中列出的成分和释放物检测的必要性进行进一步的讨论和说明。另外，会议决定将《烟草控制框架公约》第9条"烟草制品成分管制"和第10条"烟草制品披露的规定"由一个工作小组共同推进，对于第9条、第10条制定准则工作的进展报告将提交第三次缔约方会议讨论。

二是如何选择验证烟草制品成分和释放物检测和测量方法的机制问题。会议决定："缔约方会议鼓励世界卫生组织无烟草行动继续开展关于烟草制品管制，包括以第三方为中介的信息交换工作。"

此外，会议还就烟草种植替代、履约报告与信息交换、2008—2009年财务期预算、财政资源和援助机制、第三次缔约方会议时间和地点、选举官员等其他事项做出决定。

在会议通过的决定中，烟草制品非法贸易议定书、烟草制品包装标签准则、跨国界烟草广告促销和赞助准则、烟草制品成分管制准则、烟草种植替代研究对我国烟草行业的影响较大。其中，打击烟草制品非法贸易议定书的谈判工作于2008年初开始，相关研究工作应尽快开展。

3.《烟草控制框架公约》缔约方第二次会议推进全球控烟

世界卫生组织《烟草控制框架公约》缔约方会议第二届会议的结果，有助于各国通过禁止室内吸烟、广泛禁止烟草广告和严格管制烟草制品加强其烟草控制规划和实践。

缔约方会议是世界卫生组织《烟草控制框架公约》的理事机构，这是该机构的第一部国际条约，其目的在于减少由全球烟草流行造成的死亡和疾病。条约包含已证明在控制烟草使用以及处理非法贸易和烟草替代作物等供应问题方面有效的措施。

条约中以证据为基础的措施实例包括提高烟草税收和价格、烟草包装上醒目的图示健康警语、通过建立无烟环境防止接触二手烟草烟雾以及广泛禁止烟草广告、促销和赞助。

（1）关于世界卫生组织《烟草控制框架公约》烟草制品非法贸易以及跨国界烟草广告、促销和赞助未来议定书的建议。

（2）实施无烟场所以及制品管制准则。

（3）烟草替代作物研究小组下一步工作。

（4）涉及条约实施的其他主要技术、程序和财政事项，例如2008—2009年供资和财政支持。

（5）报告和信息交换以及监测和报告实施进展。

自其于2005年2月27日生效以来，世界卫生组织《烟草控制框架公约》已吸引大量缔约方并已成为联合国历史上受到最广泛接受的条约之一。多达146个缔约方将参加会议，拥有表决权。它们代表80%以上的世界人口。其他非缔约方国家，包括条约签署国，以及与世界卫生组织有正式关系的非政府组织和政府间组织，将作为观察员参加。预计总共有600多名代表出席。

三、2008年《烟草控制框架公约》缔约方第三次会议简介

1.《烟草控制框架公约》缔约方会议第三次会议在南非召开

2008年11月17日至22日,《烟草控制框架公约》缔约方会议第三次会议在南非德班举行。

2008年《烟草控制框架公约》共有160个缔约方,其中129个参加了大会,7个非缔约方国家、联合国粮农组织等3个国际组织、框架《烟草控制框架公约》联盟(FCA)等12个非政府组织作为观察员出席了会议。

据介绍,此次会议讨论并通过了《烟草控制框架公约》第5.3条(防止公共卫生政策受烟草业的影响)指南;讨论并通过了烟草制品的包装标签指南;讨论并通过了烟草广告、促销和赞助指南。

此次会议上,世界卫生组织日内瓦代表 Haik Nokogosian 博士和卫生部的 Manto Tshabalala－Msimang 博士签署主持控烟第三次缔约国会议的协议。

在南非召开的这次会议是认可该国在实施严格的烟草控制措施和减少国家内烟草使用水平方面所取得的成果。

世界卫生组织烟草方面的报告表明,在1990年到2005年期间,南非的烟草使用量已经大幅下降了,世界卫生组织把这归功于严格的控制措施和较高的税收。

2008年,已有160个国家批准该《烟草控制框架公约》,如何防止公共政策被烟草业左右将成为讨论焦点。

来自世界各国的1000多名政府和非政府组织的观察员出席了这次会议。作为全球最大的烟草生产和消费国的中国,也派出了由卫生部、外交部等部委及香港、澳门特别行政区组成的约17人的政府代表团与会。

世界卫生组织总干事陈冯富珍女士致开幕词,南非卫生部长 B. Hogan 女士则和与会者一起分享了南非在控烟方面的经验和成效。

会议开幕前夕,在德班国际会议中心举行了例行的死亡钟揭幕式。死亡钟显示,迄今为止,全球已有40194007人死于与吸烟有关的疾病,且每过六秒,这个数字将增加一人。死亡钟将在为期一周的会议期间,矗立在国际会议中心的二楼,警示每一个人。

世界卫生组织的相关研究表明,目前全球约有13亿烟民,每年因吸烟而死亡的人高达540万,平均每分钟死亡10人。如不进行控制,预计未来10年内,每年因吸烟致死的人数将可能增加一倍。

截至2008年11月,已有160个国家批准了《烟草控制框架公约》。

2. 前二次缔约方会议介绍

此次会议前,2006年2月和2007年6月,世界卫生组织分别在瑞士的日内瓦和泰国曼谷举行了前两次缔约方会议。

其中,日内瓦会议决定在世界卫生组织总部日内瓦设立一个实施该《烟草控制框架公约》的常设秘书处,指导各缔约国进行烟草控制,协调各国在实施该《烟草控制框架公约》过程中出现的各种问题。

而曼谷会议的最大亮点,则是细化了《烟草控制框架公约》第八条——讨论防范接触二手烟草烟雾的准则,确立致力于无烟环境的方针。《烟草控制框架公约》第八条承认,科学证明,接触烟草烟雾会造成死亡、疾病和功能丧失,并要求各国采取和实行立法,以防止非吸烟者接触二手烟雾。

此次会议将商定如何制定应对烟草制品巨额非法贸易的国际议定书,保护各国公共卫生政策不受烟草行业的影响,并根据已经积累的有效经验,制定关于烟草广告和烟草包装强制健康警告实施准则,以及讨论在烟草是主要经济作物的国家替代烟草种植的可持续方案报告等。

其中,为《烟草控制框架公约》第五条第三款(俗称第5.3条)及第11条"烟草制品的包装和标签"、第13条"烟草广告、促销和赞助"的实施拟定准,则将是与会缔约方讨论的核心议题。

《烟草控制框架公约》第11条规定,所有签署国家政府必须采纳和实施有效措施,以确保"盛装烟草制品的各个包装,均应标有说明吸烟危害的健康警示"。这些警示应经政府正式批准。警示应该大而明确、清晰、醒目,宜占主要可见区域的50%至30%。警示可包含图片。烟草制品包装或标示不得具有"虚假、误导

或欺骗性”。

第 13 条关于烟草广告、促销和赞助，每个缔约方应根据其宪法或宪法原则广泛禁止所有的烟草广告、促销和赞助。

《烟草控制框架公约》第 5.3 条则规定，在制定和实施烟草控制方面的公共卫生政策时，各缔约方应根据国家法律采取行动，防止这些政策受烟草业的商业和其他既得利益的影响。

3. 会议达成的共识

在南非德班闭幕的世界卫生组织《烟草控制框架公约》缔约方第三次会议上，经过来自《烟草控制框架公约》130 个缔约方以及非缔约方国家的代表和其他观察员共 600 多名代表的讨论，一致通过了《烟草控制框架公约》关于遏制烟草流行的三条实施准则：

(1) 使各国制定公共卫生政策不受烟草行业的干扰(第 5 条第 3 款)；

(2) 在烟草包装中使用图片健康警示，这样全社会包括识字不多的人也能方便地理解烟草的危害(第 11 条)；

(3) 全面禁止烟草广告、促销和赞助(第 13 条)，以有效遏制全球烟草危害的扩大。

会议还讨论了打击烟草非法贸易的议定书(《烟草控制框架公约》第 15 条)，为 2010 年下半年通过该议定书进行下一步谈判铺平了道路。非法烟草贸易，包括走私和制假，不仅破坏公共卫生，更给各国政府造成每年 400 至 500 亿美元的经济损失。

会议还讨论了烟草与贫困的关系等其他重要问题，并且成立工作组探讨并推荐经济上可持续的替代烟草种植的政策选择。各国政府还设立工作组专门制定关于烟草依赖和戒烟的实施准则。

最后，第三次缔约方会议制定了下一步的预算和工作计划，并讨论了如何建立帮助发展中国家成功地把条约规定的义务和承诺变为实际行动的财政资源和协助机制。

本次会议是在全球烟草危害进一步加重的背景下举行的。在 11 月 17 日的开幕式上，世卫组织在会场外举行了“死亡钟”揭幕仪式。

这座每 6 秒跳动一下的数字电子钟显示，自 1999 年 10 月 25 日启动《烟草控制框架公约》协商以来，全球已有 4000 多万人由于吸烟而死于肺癌、心脏病和其他疾病。

由于缔约方会议首次在非洲召开，会议具有里程碑意义。非洲大陆的烟草流行面向最脆弱的群体经历了爆炸式的增长，非洲大部分地区依赖烟草这种经济作物，但是烟草种植并没有给当地人民带来足够的收入以维持生计。

因此，这次会议得到非洲国家的大力支持，并取得了开创性的成果，会议选举南非卫生部总干事 ThamiMseleku 先生为会议主席。

4. 世界卫生组织《烟草控制框架公约》缔约方第三次会议在南非闭幕

在南非德班闭幕的世界卫生组织《烟草控制框架公约》缔约方第三次会议上获悉，经过来自《烟草控制框架公约》130 个缔约方以及非缔约方国家的代表和其他观察员共 600 多名代表的讨论，一致通过了《烟草控制框架公约》关于遏制烟草流行的三条实施准则，使各国制定公共卫生政策不受烟草行业的干扰(第 5 条第 3 款)；在烟草包装中使用图片健康警示，这样全社会包括识字不多的人也能方便地理解烟草的危害(第 11 条)；全面禁止烟草广告、促销和赞助(第 13 条)，以有效遏制全球烟草危害的扩大。

会议还讨论了打击烟草非法贸易的议定书(《烟草控制框架公约》第 15 条)，为 2010 年下半年通过该议定书进行下一步谈判铺平了道路。非法烟草贸易，包括走私和制假，不仅破坏公共卫生，更给各国政府造成每年 400 亿～500 亿美元的经济损失。

会议还讨论了烟草与贫困的关系等其他重要问题，并且成立工作组探讨并推荐经济上可持续的替代烟草种植的政策选择。各国政府还设立工作组专门制定关于烟草依赖和戒烟的实施准则。最后，第三次缔约方会议制定了下一步的预算和工作计划，并讨论了如何建立帮助发展中国家成功地把条约规定的义务和承诺变为实际行动的财政资源和协助机制。

由于缔约方会议首次在非洲召开，会议具有里程碑意义。非洲大陆的烟草流行面向最脆弱的群体经历了爆炸式的增长，非洲大部分地区依赖烟草这种经济作物，但是烟草种植并没有给当地人民带来足够的收入以维持生计。因此，这次会议得到非洲国家的大力支持，并取得了开创性的成果，会议选举南非卫生部总干事 Thami Mseleku 先生为会议主席。

四、《烟草控制框架公约》第四次缔约方会议情况

1.《烟草控制框架公约》第四届缔约方会议在乌拉圭召开

根据 FCTC/COP3(22)号决定，缔约方会议主席团决定缔约方会议第 4 届会议在乌拉圭埃斯特角城举行。

2010 年 11 月 14 至 20 日，《烟草控制框架公约》第四届缔约方会议在乌拉圭埃斯特角城召开。

《烟草控制框架公约》当时有缔约方 172 个，其中 134 个缔约方参加了本次会议，另有 7 个非缔约方(包括美国)以及世界贸易组织、框架《烟草控制框架公约》联盟(FCA)等 15 个政府间组织和非政府组织作为观察员与会。

会议主要讨论《消除烟草制品非法贸易议定书》谈判、烟草制品成分管制和信息披露指南、烟草种植替代、跨国界广告促销和赞助、价格和税收措施、责任问题以及无烟烟草制品和电子烟等主题。

2. 会议的主要议题

根据 2008 年 11 月 17 至 28 日的《烟草控制框架公约》第三次缔约方会议上的决定，在第四次缔约方会议讨论的主要议题如下。

第 9 条和第 10 条的工作小组(烟草制品成分管制和烟草制品披露)提交的第一套准则草案；第 12 条的工作小组(教育、交流、培训和公众意识)提交的准则草案；第 14 条的工作小组(与烟草依赖和戒烟有关的降低烟草需求的措施)提交的进展报告，以及在可能的情况下提交准则草案；在第三次缔约方会议上设立了烟草种植经济上可持续替代生计工作小组(关于《烟草控制框架公约》第 17 条和第 18 条)，向缔约方会议第 4 届会议提交进展报告，如可能将包括政策方案和建议。

此外，第三次缔约方会议还注意到工作小组就可能的烟草制品跨国界广告、促销和赞助议定书的要素提出的建议，并请《烟草控制框架公约》秘书处审查和建议关于工作小组就有助于实施第 13 条的其他措施提出建议的进一步工作的方案，提交缔约方会议第 4 届会议审议。

五、2012 年《烟草控制框架公约》第 5 次缔约方会议

1.《烟草控制框架公约》第 5 次缔约方会议在韩国召开

2012 年 11 月 12 日至 17 日，《烟草控制框架公约》第五届缔约方会议在韩国首尔举行。来自《烟草控制框架公约》136 个缔约方、美国等 7 个非缔约方、世界贸易组织等 6 个国际组织和框架《烟草控制框架公约》联盟等 12 个非政府组织的 1000 多名代表出席了大会。会议的重点是审议和批准《消除烟草制品非法贸易议定书》草案，从而能够有效遏制全球非法烟草贸易，减少烟草对人类健康的危害。

世界卫生组织总干事陈冯富珍在大会发表开幕致辞时指出，自《烟草控制框架公约》于 2005 年 2 月正式生效以来，这份全球第一个具有法律约束力的国际公共卫生条约已经得到 176 个国家的批准，覆盖了世界近 90%的人口。与此同时，该条约在国际社会的积极支持下不断发展充实，衍生出了一系列补充性的条例，此次有待审批的《消除烟草制品非法贸易议定书》便是其中非常关键的一个，它能够将全球控烟努力提升到一个新的水平，并推进缔约方之间的合作与团结。

2. 会议主要议题

2012 年《烟草控制框架公约》第 5 次缔约方会议的主要内容有：审议通过《消除烟草制品非法贸易议定书》；审议烟草税收指南并通过部分指导原则和建议；审议通过烟草成分管制和披露补充指南；关于烟草种植替代和环境保护的政策文件；关于烟草业责任的报告；关于《烟草控制框架公约》履约机制的报告等。

世界卫生组织认为，烟草制品的非法贸易严重威胁人类健康，因其避开了各国那些为减少烟草需求而采取的有效措施，例如提高税收和价格等，使烟草制品变得更易获取，导致吸烟人群的扩大，并让国家的经济蒙受损失。

非法烟草贸易严重阻碍了《烟草控制框架公约》的有效实施，经过4年的谈判，这个改变游戏规则的条约在此次历史性的决策会议上正等待着各缔约方代表的审议。根据联合国提供的信息，烟草走私问题近年来日趋猖獗，犯罪集团每年走私的香烟数量估计多达6000亿根，相当于平均每10根香烟中就有一根为走私烟，全球经济每年因此损失500亿美元的巨额税收。

《消除烟草制品非法贸易议定书》一旦获得批准，将成为《烟草控制框架公约》下的第一份议定书。议定书获得通过后，在今后5年内，缔约方需在香烟烟盒上标注原产地和销售方的有关信息，并制定针对烟草制品非法交易实施刑事处罚的国内法。

六、2014年《烟草控制框架公约》第6次缔约方会议

1.《烟草控制框架公约》第6次缔约方会议在俄罗斯召开

2014年10月13日至18日，《烟草控制框架公约》第六届缔约方会议在俄罗斯首都莫斯科举行，参会方为《烟草控制框架公约》的137个缔约方，津巴布韦、古巴等6个非缔约方以及世界海关组织等国际组织和框架《烟草控制框架公约》联盟等非政府组织。韩国的Chang jin Moon教授作为缔约方会议的主席主持了本次会议。

在为期6天的会议期间，议题的谈判非常激烈，通过了一些极为重大的决定。所涉主要议题有：《消除烟草制品非法贸易议定书》现状、审议通过减少烟草需求的价格和税收实施指南、决定加强电子烟碱传送系统管制、审议通过烟草种植替代和环境保护的政策建议、讨论关于烟草业干预问题的报告、讨论有关建立履约报告审查机制问题、讨论与《烟草控制框架公约》有关的贸易和投资问题。

2. 第6次缔约方会议特别强调的议题

通过了世界卫生组织《烟草控制框架公约》第六条准则[世界卫生组织《烟草控制框架公约》第六条（为减少对烟草的需求而采取的价格和税收措施）实施准则]。

关于无烟烟草制品、电子烟碱传递装置、电子非烟碱传递装置和水烟制品的指南。

保护关于烟草控制的公共卫生政策免受烟草业的商业和其他利益影响。

关于实施世界卫生组织《烟草控制框架公约》的议题以及解决关于《烟草控制框架公约》实施或适用的争议。

贸易和投资议题，包括国际协定以及关于实施世界卫生组织《烟草控制框架公约》的法律挑战。

促进缔约方会议做出更大贡献以实现非传染性疾病的全球目标——减少烟草使用。

本次缔约方会议还通过了莫斯科宣言，呼吁加强合作以加快世界卫生组织《烟草控制框架公约》的实施。

事实上，此次会议是缔约方会议历史上所涉议题数量最多的一届，在为期六天的会议期间，议题的谈判非常激烈，通过了一些极为重大的决定。以下为本次缔约方会议所涉主要议题及讨论情况。

1）《消除烟草制品非法贸易议定书》现状

自《消除烟草制品非法贸易议定书》于2012年11月在第五次缔约方会议上获得通过至今，共有45个《烟草控制框架公约》缔约方签署议定书，其中4个缔约方批准，距离生效所需的40个缔约方批准，仍有较大差距。大会呼吁《烟草控制框架公约》缔约方尽早批准，以促进议定书早日生效，力争《消除烟草制品非法贸易议定书》第一次缔约方会议与《烟草控制框架公约》第七次缔约方会议并行召开。中国代表团积极参与《消除烟草制品非法贸易议定书》谈判，在其制定过程中发挥了建设性作用。我国在打击烟草制品非法贸易方面的有益经验和成功做法，特别是烟草专卖制度中的相关规定，亦被《消除烟草制品非法贸易议定书》借鉴吸收。

2）审议通过减少烟草需求的价格和税收实施指南

会议审议通过了《烟草控制框架公约》第6条，减少烟草需求的价格和税收实施指南。指南基本体现了税收主权原则，即各国有权制定其烟草税收政策及税率，未强制制定税收用途，只在脚注中建议将烟草消费税率提高到零售价格的70%。

3）决定加强电子烟碱传送系统管制

会议着重讨论了《烟草控制框架公约》秘书处和世界卫生组织关于电子烟的报告，认为电子烟的使用发

展迅速且形式多样。据估计，2013 年全球用于电子烟的支出为 30 亿美元，2014 年约有 466 个电子烟品牌在 62 个国家销售。到 2030 年，电子烟销售量预计将增长 17 倍。不同缔约方对电子烟采取了不同的监管方法。如全面禁止、作为药品进行监管、作为烟草制品进行监管、作为一般消费品进行监管。因此，电子烟议题成为谈判的重点，与会各方对含烟碱的电子烟及不含烟碱的电子烟是否都纳入监管，以及采取什么样的监管措施分歧很大，辩论激烈。

4）审议通过烟草种植替代和环境保护的政策建议

会议讨论了《烟草控制框架公约》第 17 和第 18 条工作组提出的关于烟草种植替代和环境保护的政策建议，强调各国应根据国情，采取必要的措施，帮助烟草种植者寻求替代生计，确保社会稳定、烟农健康和环境保护。

5）讨论关于烟草业干预问题的报告

会议讨论了《烟草控制框架公约》秘书处提交的“关于烟草业干预问题的报告”，决定敦促缔约方实施《烟草控制框架公约》5.3 条的规定，加强政府各部门合作以及国际合作；要求《烟草控制框架公约》秘书处与世界卫生组织调查烟草业和重要国际组织的交往，提请国际组织拒绝来自烟草业的财政支持；加强对烟草业干预的监测。

6）讨论有关建立履约报告审查机制问题

缔约方会议建议成立政府间专家委员会，就建立履约审查机制问题开展工作。会议决定先设立一个专家小组，由世界卫生组织每个区域的三名专家组成，审查履约报告程序，协助缔约方推动《烟草控制框架公约》履行。

7）讨论与《烟草控制框架公约》有关的贸易和投资问题

大会认为烟草业正在对烟草控制措施提出法律挑战，并在世贸组织争端解决机制中，借助国际投资协定，对控烟措施不断提出法律挑战。敦促缔约方在贸易和投资领域加强部门合作，并在贸易谈判过程中根据《烟草控制框架公约》及其他国际义务，考虑烟草控制问题。

七、2016 年《烟草控制框架公约》第 7 次缔约方会议

1. 世界卫生组织第 7 次缔约方会议在印度召开

2016 年 11 月 7 日，由世界卫生组织组织召开的第七次《烟草控制框架公约》各缔约方会议在印度召开。

《烟草控制框架公约》180 个缔约方中的 129 个派代表出席了会议。美国、瑞士、莫桑比克等 3 个非缔约方，联合国开发计划署、世界卫生组织、世界海关组织、世界银行等国际机构和政府间组织，框架《烟草控制框架公约》联盟等 13 个非政府组织以及大众媒体代表参加了会议。

在此次会议上，世界卫生组织总干事陈冯富珍女士呼吁参加世界卫生组织《烟草控制框架公约》缔约方会议的各国代表携手合作，共同推动《烟草控制框架公约》的履行。

据介绍，《烟草控制框架公约》是针对烟草的第一个世界范围的多边协议，也是世界卫生组织第一个具有国际法约束力的全球性《烟草控制框架公约》，目前已有 180 个国家批准该《烟草控制框架公约》。

该《烟草控制框架公约》包括：广泛禁止烟草广告，提高烟草制品价格和税率，在烟草制品上印制健康警告标签，避免人们接受被动吸烟的措施等。

此次缔约方会议，回顾了过去两年中世界范围内各国在控烟方面的进展。据介绍，几十年来低收入国家烟草销售一直上升的趋势已在改变，不少国家出现了销售额下降的势头。在《烟草控制框架公约》引导下，不少国家烟盒包装采用了警示图片标签和无装饰包装。另外，此次会议还将讨论烟草制品非法贸易，烟草制品成分的管制以及烟草种植方面可持续的替代作物议题等。

此次大会共审议近 40 项议题，为历届缔约方大会之最，在为期 6 天的会议期间，许多议题的谈判、磋商异常激烈。最终经协商一致原则，通过了近 30 项决定。

1）关于烟草业干预问题

会议讨论了《烟草控制框架公约》秘书处提交的“实施《烟草控制框架公约》第 5 条第 3 款”（防止烟草业

干预)的报告。该议题一直是历届大会的焦点问题,也几乎贯穿于会议所有主要议题之中,报告认为第 5 条第 3 款是《烟草控制框架公约》缔约方实施《烟草控制框架公约》所面临的主要障碍。大会支持秘书处与相关国际组织合作以加强实施该条款;支持建立烟草业监测中心(观察点)和知识中心以协助缔约方实施该条款,支持帮助缔约方制定决策和构建能力;敦促各缔约方加强实施该条款的规定并加强国际合作;敦促缔约方政府各部门、外交使团提高认识,采取措施实施第 5 条第 3 款及其实施指南等。

2) 最大限度增加代表团透明度

一些缔约方强调大会决策要防止烟草业干预,要求各缔约方代表签署是否与烟草业存在利益冲突的声明,并赋予秘书处筛选并拒绝代表参会的权力;一些缔约方强调《烟草控制框架公约》没有列明依据可以拒绝合法政府代表加入缔约方代表团,各国享有选择其代表团成员的主权,为保持透明度应允许所有利益相关方参加政策制定,反对赋予秘书处筛选并拒绝缔约方代表参会的权力;另外一些缔约方则认为只需要在全权证书中表明确保其代表与烟草业不存在利益冲突即可,不需强制签署利益声明;还有缔约方认为拒绝公共人士以及媒体参加缔约方会议的做法违背透明原则。因与会各方意见分歧很大,无法达成一致,最终决定交下一届缔约方大会讨论。

3) 烟草业责任和赔偿

一些缔约方建议按照《烟草控制框架公约》第 19 条("责任问题")内容起草示范法,为了控烟目的,必要时可考虑采取立法行动,处理刑事和民事责任及赔偿问题。一些缔约方表示各国法律体系千差万别,没有任何一个办法可以用于所有缔约方,示范法违背了国际法基本原则;一些缔约方表示专家小组在大会递交的报告中所包含的民事责任工具包及对烟草业问责的政策选择只是参考性的,不是指南或建议,也没有任何法律约束力。大会最终决定为需要帮助的国家提供协助,鼓励各缔约方酌情制定其立法或责任程序,加强国际合作,以加强第 19 条的执行。

4) 加强烟草制品成分管制和披露

《烟草控制框架公约》第 9 条和第 10 条实施指南主要讨论烟草制品成分管制和披露。大会讨论了工作小组提出的拟加入实施指南的部分案文。各缔约方就致瘾性定义和是否全面禁止细支烟、爆珠烟等意见分歧很大,经过激烈磋商,大会决定由各缔约方对提高吸引力的烟草制品参数进行管制,以降低吸引力,删除了拟对细支烟和爆珠烟进行禁止和限制的条款。

5) 电子烟等新型烟草制品监管

会议讨论了世界卫生组织关于电子烟的报告。报告估计 2015 年全球电子烟的市场规模约为 100 亿美元,自第六届缔约方大会以来显著增加,同时加热不燃烧产品也发展迅速。电子烟具有一定的健康风险,对青少年尤其具有吸引力。鉴于所涉及产品的多样性以及不断进化的产品种类,实施管制具有挑战性,一些缔约方将其视为烟草制品、医药产品、消费产品或其他类别产品进行管制,一些缔约方则对其进行全面禁止。大会决议要求各缔约方根据本国法律,采取禁止或限制的手段加强对电子烟生产、进口和销售的监管。决议内容基本延续了第六届缔约方大会关于电子烟的有关决议。

6) 涉及《烟草控制框架公约》的法律争端问题

《烟草控制框架公约》第 27 条规定了涉及《烟草控制框架公约》解释或适用的争端解决问题。秘书处根据上届缔约方大会的决议编写了相关报告。一些缔约方认为该报告仅是研究报告,不构成对第 27 条的解释;一些缔约方认为缔约方之间关于《烟草控制框架公约》解释适用的分歧是否构成争端,应由缔约方或仲裁机构确定;还有缔约方表示相关实践很少,没必要再进行研究。最终大会未就此作出决议。

7) 实施《烟草控制框架公约》有关的贸易投资问题

近年来,菲莫国际等跨国烟草集团在世贸组织争端解决机制中,援引国际投资贸易协定对多国政府的烟草控制措施提出法律挑战,起诉乌拉圭、澳大利亚等国激进的控烟措施。此次大会中,一些缔约方建议将烟草作为特殊产品,在国际贸易中对其采取特殊措施;另外一些缔约方则认为烟草是一种合法产品,应受到自由贸易措施保护,将烟草排除在自由贸易协定之外的建议超出《烟草控制框架公约》范畴,违反了自由贸易原则。最终大会没有通过将烟草排除在自由贸易协定之外的决议,仅要求各缔约方在贸易和投资协定谈判中酌情增加卫生和贸易/投资部门之间的协调和合作。

8）加强履约报告审议

第六届缔约方大会决定设立专家小组研究审查《烟草控制框架公约》确定的报告安排。专家小组建议设立《烟草控制框架公约》实施情况审查委员会，对缔约方履约报告进行审查，并向缔约方提供审查结果和建议。一些缔约方欢迎成立审查委员会，认为有助于执行《烟草控制框架公约》；一些缔约方则认为委员会职权范围草案还不够完善、需要继续研究；另外一些缔约方则表示担忧，认为这是成立了缔约方会议的附属机构，可能引发各种问题，包括合法性问题。因为无论从《烟草控制框架公约》还是《议事规则》角度，都缺乏成立审查委员会的法律基础。各方对此分歧很大，最终大会决定成立工作组继续研究，交第八届缔约方大会审议。

9）烟草种植替代

《烟草控制框架公约》第 17、18 条议题报告建议各国采取烟草种植替代，同时保护环境和相关人员健康。报告中肯定了我国在烟草种植替代方面所做的工作和取得的成果。大会通过决议要求《烟草控制框架公约》秘书处加强与各缔约方、国际组织的合作，加强数据库、工具包的建设和信息交流，支持各方开展试点项目，监测各缔约方执行此条款的进展情况并向第八届缔约方大会报告。

此外，本次缔约方会议还讨论了秘书处的有关工作计划和预算报告及方案、《烟草控制框架公约》缔约方会议议事规则修订、自愿评定分摊款、实施《烟草控制框架公约》的国际合作等议题。

大会最后闭幕时通过印度代表团提出的关于加强履约控烟和国际合作的"德里宣言"。因无缔约方提出举办申请，大会决定第八届缔约方大会于 2018 年第四季度在世界卫生组织总部所在地瑞士日内瓦举行，并选举印度官员为下次会议主席。

2. 中国代表团出席《烟草控制框架公约》第七次缔约方大会

2016 年 11 月，我国外交部条法司参赞郭晓梅率团出席在新德里召开的《烟草控制框架公约》第七次缔约方大会，《烟草控制框架公约》履约工作部际协调领导小组有关成员单位派代表参会。

大会围绕控烟履约相关问题展开讨论。郭晓梅参赞在一般性辩论中介绍了两年来中国控烟履约进展情况，强调中国政府高度重视公众健康和履行《烟草控制框架公约》义务，并提出了进一步做好控烟履约的倡议和主张。中国代表团还全面参与大会各项议题的讨论，同与会各方深入交流。

3. 国家烟草专卖局召开《烟草控制框架公约》第 7 次缔约方大会总结会

2017 年 2 月 19 日至 20 日，《烟草控制框架公约》第七次缔约方大会总结会在云南昆明召开。国家烟草专卖局副局长赵洪顺出席会议并致辞。

会议期间，来自外交部、工业和信息化部、国家卫生和计划生育委员会、海关总署、国家工商行政管理总局、国家质量监督检验检疫总局等单位的代表深入昆明市石林彝族自治县就土地整理、烟草替代种植、专业技术服务合作社建设、烟水工程、产业扶贫等工作进行调研，并考察了昆明市烟草公司物流中心、云南中烟红云红河烟草（集团）有限责任公司昆明卷烟厂生产经营及烟草制品跟踪和追溯系统。

赵洪顺在致辞中指出，国家烟草专卖局高度重视控烟履约工作，自 2006 年《烟草控制框架公约》对我国生效以来，按照"依法控烟、全面履约，政府主导、各界参与，多措并举、协调推进，突出重点、务求实效"的原则，严格依法行政、依法管理、依法组织生产经营、依法控烟履约。国家局将继续从党和国家的工作大局出发，提质增效减害、依法严格管控、保持打假打私高压态势、做好宣传教育、加强研究规划，进一步做好控烟履约各项工作，努力为人民健康、财政增收、社会需求服务。

4. 世界卫生组织严格审查参加缔约方会议代表

2016 年 11 月份，由世界卫生组织（WHO）组织召开的《烟草控制框架公约》缔约方会议将在印度召开。在此次会议召开之前，来自印度以及美国等国家和地区烟草业的人士一直要求能够有资格参加此次大会，然而，据 Reuters 的记者从世界卫生组织所获得的消息表明，世界卫生组织将会严格控制参加此次缔约方大会的代表团，印度政府卫生部门已经明确拒绝了来自该国烟草业代表要求参加此次会议的请求。

对此，有分析人士认为，在对此次参加缔约方会议的代表审查时，最有可能受到影响的是诸如亚洲一些实施烟草专卖制度的国家的代表，如越南等国的代表。

另据来自越南的消息表明，计划今年参加《烟草控制框架公约》各缔约方会议的 8 名越南代表团成员中，包括 2 名来自越南烟草协会的代表。

5. 菲律宾政府参加《烟草控制框架公约》缔约方会议代表团受质疑

2016 年 11 月份在印度举行的由世界卫生组织所组织并召开的《烟草控制框架公约》各缔约方会议结束之后，菲律宾政府代表团由于有涉及其他政府官员以及涉及电子烟产业方利益的人员参加此次会议而受到指责。

在此之前，世界卫生组织曾接到来自印度以及美国等国烟草业代表的请求，希望能够参加此次会议，但最后均被拒绝。在当天的各缔约方会议上，世界卫生组织《烟草控制框架公约》的秘书处再次提出要求，拒绝烟草行业的代表参加此次第七次各缔约方大会。

6. 电子烟行业关注世界卫生组织《烟草控制框架公约》各缔约方会议

由世界卫生组织召开的 2016 年《烟草控制框架公约》第 7 次会议已在印度结束。此次会议上，代表们讨论了各缔约方所取得的成果，并报告了自第 6 次缔约方会议召开以来的相关进展。

缔约方会议是由世界卫生组织《烟草控制框架公约》所有缔约方与会者代表共同参加的国际性会议。此次会议上，缔约方的与会者讨论了未来全球烟草业的政策以及烟草和烟碱产品的相关政策。对此，电子烟行业对此次会议非常关注，国际烟碱消费者网络组织(The International Network of Nicotine Consumer Organisations)称，应该将英国皇家医学院有关电子烟相对于普通烟草制品危害更小的研究报告提交此次大会。

7. 世界卫生组织拒绝多家非政府组织参加缔约方会议

2016 年 11 月份在印度召开的《烟草控制框架公约》各缔约方大会上，世界卫生组织拒绝了多家非政府组织申请参加此次会议的要求。世界卫生组织拒绝这些组织参加会议的理由主要是，认为其与烟草行业或与烟草相关的组织有利害关系。

这些部分被拒绝的非政府组织包括：印度比迪烟产业联合会、印度农民协会联合会、菲律宾烟草研究所有限公司、波兰癌症患者联合会、烟草电子烟协会、弗吉尼亚州烟农协会等。

3.2 世界卫生组织制定的国际性条约——《消除烟草制品非法贸易议定书》

一、2012 年世界卫生组织出台《消除烟草制品非法贸易议定书》

2012 年，世界卫生组织的官员披露，一份旨在消除全球范围内烟草制品非法贸易的国际条约在 2012 年年底出台。

世界卫生组织《烟草控制框架公约》秘书处表示，经过长达 4 年的磋商，由 130 多个缔约方政府代表组成的政府间谈判机构已就《消除烟草制品非法贸易议定书》草案文本达成一致，草稿提交 2012 年 11 月在韩国首尔举行的《烟草控制框架公约》第 5 次缔约方会议审议通过，成为世界卫生组织主持下世界各国达成的第二个公共卫生议题国际条约。

世界卫生组织此前表示，烟草制品的非法贸易对公共健康造成很大威胁，因为非法贸易使烟草制品更为廉价，引诱更多年轻人或弱势群体吸烟。议定书旨在制定全球统一的规则加强供应链监管以遏制烟草制品非法贸易。议定书确定了非法贸易的构成条件，并对国际联合执法做出了规定。根据议定书，缔约方还将建立全球烟草制品流动的监控体系。

二、《消除烟草制品非法贸易议定书》主要内容

2012 年 11 月，在韩国首尔，出席世界卫生组织《烟草控制框架公约》(FCTC)第五次缔约方大会的 176 个缔约方代表一致表决通过了《消除烟草制品非法贸易议定书》。这是《烟草控制框架公约》下通过的首份

行动议定书，包括世界卫生组织在内的5个政府间组织为此讨价还价了4年。

这份《消除烟草制品非法贸易议定书》将保持开放状态直至2014年1月9日，在此之前有志于此的国家和组织均可签字加入。签字仅代表具有执行该行动议定书的意愿，不附带法律义务，可以在未来任何时间批准其成为法律。所谓批准，亦仅限于表示某国或组织赞成《消除烟草制品非法贸易议定书》的内容，对是否在推行此项法律文书没有硬性要求。未在开放期限内签字的国家或组织不能成为《消除烟草制品非法贸易议定书》的批准方，但仍有机会成为其加盟方。《消除烟草制品非法贸易议定书》生效后，批准和加盟具有同等法律效力。

一旦《消除烟草制品非法贸易议定书》的批准方和加盟方满40个，90天之后它就会正式成为一部国际法。目前，《消除烟草制品非法贸易议定书》尚处于国内法范畴，各国可比照自身决定对条款要求的推行程度。

《消除烟草制品非法贸易议定书》内容十分丰富，其中具有实质内容的主要有几个方面，主要包括供应链控制、违法行为处理和国际合作等。

1. 填充物管理与运输规定

《消除烟草制品非法贸易议定书》的第三部分规定了各国政府为确保烟草制品供应链安全所应采取的措施，其中不乏措辞鲜明、态度明确的打击措施。整个供应链控制涵盖从半成品烟到烟机设备的广泛领域。

值得一提的是，尽管烟丝和醋酸纤维素（烟用丝束）等填充物是烟草制品和过滤嘴制假的必要元素，却未被纳入《消除烟草制品非法贸易议定书》。在整个谈判期间，是否应将烟草填充物管理排除在外，一直存有巨大争议。最终的结果也显示出一种谈判智慧。《消除烟草制品非法贸易议定书》假定，通常而言，各国政府在起草国内法律法规时已将烟草成分监管纳入在内。它要求：无论是烟草制造商还是烟草制品和机械设备的进出口商，都应具有资质；无论与供应链上何种级别的供应商建立合作关系，都需遵循“了解你的顾客”的商业原则。

为此，《消除烟草制品非法贸易议定书》明确规定了交易记录应保留的时长和确保资金支付的安全措施，并规定与烟草相关的互联网销售和免税销售都应符合《消除烟草制品非法贸易议定书》的所有要求。

在运输环节，针对烟草制品以集装箱形式装载并在自由贸易区内流动，特别是烟草制品与非烟草制品混合装载、企图蒙混过关的情况，《消除烟草制品非法贸易议定书》增加了相关条款，进行严格管理。虽然国际烟草业一直认为自由贸易区是问题高发地带，但这部分内容在早期讨论稿中并不存在，直到2008年缔约方大会期间才由非洲地区的成员提出并写进序言，并得到了欧盟、世界海关组织、经合组织等重量级成员的支持。到2010年缔约方大会时，有关国际运输和转运管理的条款也被补充进来，以确保各国政府能在此领域加大执法力度。

2. 追踪与追溯系统

各方争论的最大焦点是《消除烟草制品非法贸易议定书》第三部分第八条“追踪与追溯”。

《消除烟草制品非法贸易议定书》要求，在其作为国际法生效的5年内，全球烟草业应建立一套产品追踪与追溯系统，下含国家及(或)地区等多个子系统。同时，在《烟草控制框架公约》秘书处还将成立一个信息分享的中枢处，全球烟草制品流动的数据都将流经于此。各缔约方建立自己的追踪与追溯系统，并将数据分享给中枢处。整个信息分享系统就像一张由各缔约方节点织成的网，各方可以直接或通过链接方式访问全部数据，由此对烟草制品的合法状态、原产地以及可能的分销节点，即烟草制品在整个供应链中的流动状态，实现监控。

为确保系统内数据彼此兼容和可进入，《消除烟草制品非法贸易议定书》明确规定了各方追踪与追溯系统应包括的内容，其核心要求是应当在烟草制品的盒包装、条包装以及外包装上粘贴不可移动的唯一身份标识。按照规定，这种身份标识应包含以下几类信息：生产时间与地点，生产厂名称，生产用机械名称，制造班组名称与时间，与生产商不相关的第一客户的名称、发票、订单号以及支付记录，零售目标市场，产品描述，所有仓储和运输记录，任何已知的后进购买者的身份认证，既定运输线路、运输数据和目的地、出发地、收货人信息。

由此可看出，《消除烟草制品非法贸易议定书》对于产品向前追踪和向后追溯技术的探讨已相当深入。

除上述内容外，它还要求应在产品制造、客户流转和海关进出环节，唯一身份识别上应留有相应的纳税记录。

对卷烟产品而言，上述要求的完成时限是《消除烟草制品非法贸易议定书》生效后5年，其他烟草制品为10年。对《烟草控制框架公约》缔约方而言，《消除烟草制品非法贸易议定书》内容对国内生产和进口该国的产品都同样适用。这就要求，未来烟草制造商与其产品出口目的地国家之间还应建立亲密无间的合作，原因是两个国家的国内法之间可能存在差异。

3. 违法行为处理

《消除烟草制品非法贸易议定书》第四部分对与烟草贸易相关的违法犯罪行为进行了界定。条款涵盖赔偿、起诉、处罚等内容，电子监控被列入可允许的侦破手段之一。

同时，《消除烟草制品非法贸易议定书》还赋予监管部门拦截赃款的权力，鼓励其根据涉案生产商、分销商和进出口商所逃税额征收罚款。此外，它还要求各缔约方对截获的烟草及其制品或相关机械予以销毁处理。

4. 开展国际合作

《消除烟草制品非法贸易议定书》要求，《烟草控制框架公约》缔约方有义务为别国提供国际援助，在培训、科研、技术以及案件侦破和犯罪起诉等事项上开展合作。

国际合作是《消除烟草制品非法贸易议定书》的重要组成部分，诸如"与有关国际组织开展合作"之类的话语在文中多次出现。从这个角度说，缔约方大会拒绝了国际刑警组织的观察员身份申请便显得有些匪夷所思，尤其是在世界卫生组织和世界海关组织已经认可的情况下。国际刑警组织是世界领先的跨区域执法机构，《消除烟草制品非法贸易议定书》的相当一部分内容均在其职权管辖范围之内。

"我们是世界规模最大的国际警察机构。"国际刑警组织在其申请书中写道，"我们促进跨境合作，支持预防或打击国际犯罪，为所有以此为使命的组织、政府当局和服务机构提供援助。我们工作的基本内容之一就是与那些有组织的跨国违法分子做斗争。"该组织表示，由于《烟草控制框架公约》缔约方大多也加入了他们的组织，因此双方具有较好的协作基础。该组织同时也向联合国大会派驻了观察员。

不过，此次首尔《烟草控制框架公约》缔约方大会讨论的结果是，最终只有南方中心(South Center)——一家关注全球医疗和气候变化的非政府组织获准以观察员身份出席。

大会拒绝了国际刑警组织的请求，是基于其与烟草业之间存有经济联系的顾虑。该组织曾接受了菲莫国际一笔捐赠期为10年、总额为1500万美元的捐款，用于打击烟草制品非法贸易。据报道，国际上类似菲莫国际与国际刑警组织之间这样的联系并不鲜见，就连《烟草控制框架公约》谈判的重量级人物伊恩·沃尔顿一乔治所在的欧盟反欺诈办公室，也基于类似目的接受过四大烟草公司的捐赠。它们分别是：2007年，日烟国际为其捐赠了一笔为期15年、总额4亿美元的款项；2009年，菲莫国际决定分12年捐赠12.5亿美元；2010年，英美烟草捐赠了2亿美元，帝国烟草英国公司决定分20年捐赠3亿美元。

有评论家质疑，缺少国际刑警组织的支持，执法力度会不会大打折扣？尽管如此，《消除烟草制品非法贸易议定书》的出炉，使得《烟草控制框架公约》管辖范围不局限于以往维护烟草业知识产权和打击假冒产品，已延伸到扫荡走私和打击逃税等更广领域。它涉及烟草非法贸易的方方面面，并不仅仅考虑烟草品牌所有人的利益，也涉及许多因此蒙受巨额税收损失的政府。从这个角度说，《消除烟草制品非法贸易议定书》无疑是为国际力量打击非法烟草贸易搭建了一个强大的法律行动框架。

三、《消除烟草制品非法贸易议定书》签署和批准情况

《消除烟草制品非法贸易议定书》旨在落实世界卫生组织《烟草控制框架公约》第15条关于全面消除烟草制品非法贸易行为的规定，其核心是通过有效监管烟草制品供应链各环节、惩治有关违法犯罪行为、加强国际司法和行政合作等措施，打击烟草走私、非法生产和假冒等违法犯罪行为，以消除烟草制品非法贸易行为、保护公众健康和维护正常的烟草制品市场秩序。

《消除烟草制品非法贸易议定书》是继《烟草控制框架公约》之后烟草控制领域的第二份国际法律文书，旨在落实《烟草控制框架公约》第15条关于消除烟草制品非法贸易的规定。

《消除烟草制品非法贸易议定书》于 2012 年 11 月在第五届缔约方会议上通过，2013 年 1 月 10 日开放供签署。中国、法国、加蓬、利比亚、缅甸、尼加拉瓜、巴拿马、韩国、南非、叙利亚、土耳其和乌拉圭 12 个国家于 1 月 10 日当天签署。

2014 年，全球烟草制品非法贸易占比超过 10%，打击非法贸易是近年来烟草企业关注的重点问题。英国、意大利非法烟草制品下降较为明显，其他国家基本保持稳定。非法贸易减少是欧盟地区烟草销量降幅收窄的主要原因之一。

澳大利亚非法贸易有所增加，2013 年澳大利亚约消费 177 亿千克烟草制品，其中非法烟草制品约 24.5 亿千克，约占消费总量的 13.9%，同比增加 2.1 个百分点。受到加税提价、经济低迷等因素影响，烟草制品非法贸易有不断增加的内在动力，打击非法贸易力度需要不断加大，2015 年世界无烟日主题已确定为打击烟草制品非法贸易。

2015 年，全球已有 54 个国家或国际组织签署《消除烟草制品非法贸易议定书》，包括欧盟、英国、德国、法国、韩国、爱尔兰、挪威等。2013 年 12 月 20 日，尼加拉瓜第一个批准《消除烟草制品非法贸易议定书》。2014 年，共计 5 个国家批准《消除烟草制品非法贸易议定书》，分别为乌拉圭、加蓬、蒙古国、奥地利、西班牙。2015 年，共计 7 个国家批准《消除烟草制品非法贸易议定书》，分别为刚果、厄瓜多尔、法国、伊拉克、葡萄牙、沙特阿拉伯、土库曼斯坦。

2016 年 4 月底，批准国家增加 3 个，即斯里兰卡、拉脱维亚和布基纳法索，批准国家总数为 16 个。《消除烟草制品非法贸易议定书》将在第 40 个缔约方批准后的第 90 天生效。

截至 2016 年年底，全球有 54 个国家或国际组织签署《消除烟草制品非法贸易议定书》，包括欧盟、中国、英国、德国、法国、韩国和挪威等，有 25 个国家或国际组织批准了《消除烟草制品非法贸易议定书》。

四、《消除烟草制品非法贸易议定书》的执行情况

《消除烟草制品非法贸易议定书》旨在加强对烟草制品供应链各环节的监督，通过加强国际合作打击烟草制品非法贸易。

《消除烟草制品非法贸易议定书》于 2012 年 11 月在第五届缔约方会议上获得通过，截至 2016 年，已有 50 多个《烟草控制框架公约》缔约方签署，包括欧盟、法国、西班牙、葡萄牙、沙特阿拉伯等在内的 24 个国家和政府间国际组织批准。会议呼吁各国尽快批准《消除烟草制品非法贸易议定书》。

鉴于再有 16 个国家批准，《消除烟草制品非法贸易议定书》即可生效，大会重点讨论了《消除烟草制品非法贸易议定书》生效后第一届会议（MOP1）前的一些工作安排，决定成立一个由已经批准《消除烟草制品非法贸易议定书》的缔约方代表组成政府间工作组开展实质性筹备工作。此外会议还讨论了在实施《消除烟草制品非法贸易议定书》过程中，尤其是在建立烟草制品跟踪和追溯制度时的一些注意事项，敦促《烟草控制框架公约》秘书处为缔约方实施《消除烟草制品非法贸易议定书》提供机制和能力建设支持。

五、陈冯富珍呼吁尽快批准《消除烟草制品非法贸易议定书》

世界卫生组织总干事陈冯富珍 2015 年 2 月 27 日呼吁所有缔约方尽快批准《消除烟草制品非法贸易议定书》，尽快推动其成为国际法。

世界卫生组织当天举行了《烟草控制框架公约》生效十周年庆祝活动。陈冯富珍在致辞中说，《烟草控制框架公约》是保护公众健康的有力工具。自 2005 年生效以来，全球很多国家已通过了减少烟草需求的措施。她说，当前全球控烟事业面临 3 个主要挑战：一是烟草“控制疲劳”，二是缺乏有效执行措施，三是来自烟草制造商的干扰。

中国常驻联合国日内瓦办事处和瑞士其他国际组织代表吴海龙表示，中国正在积极制定《公共场所控制吸烟条例》，修订广告法，为执行《烟草控制框架公约》提供充分法律依据。中国政府愿与国际社会一道，继续推动控烟工作取得更大进步。

《烟草控制框架公约》于 2005 年 2 月正式生效，目前已有 180 多个世界卫生组织成员签署了该《烟草控

制框架公约》。2012 年 11 月,《烟草控制框架公约》第五次缔约方大会通过了《消除烟草制品非法贸易议定书》。中国政府于 2013 年 1 月签署了该议定书。

《消除烟草制品非法贸易议定书》旨在落实《烟草控制框架公约》第 15 条关于全面消除烟草制品非法贸易行为的规定,其核心是通过有效监管烟草制品供应链各环节、惩治有关违法犯罪行为、加强国际司法和行政合作等措施,打击烟草走私、非法生产和假冒等违法犯罪行为,以消除烟草制品非法贸易行为、保护公众健康和维护正常的烟草制品市场秩序。

六、欧盟被敦促批准《消除烟草制品非法贸易议定书》

欧洲委员会 2015 年 5 月份,建议欧盟加入一项国际协议。它认为,这项国际协议有一天将成为与烟草非法贸易斗争中的关键多边工具。

《消除烟草制品非法贸易议定书》于 2012 年 11 月在韩国首尔被通过,当前只有包括欧盟成员国西班牙、奥地利在内的 7 个国家批准。

这项提议为:在经过欧洲议会的同意后,欧洲委员会代表欧盟批准世界卫生组织《烟草控制框架公约》下的《消除烟草制品非法贸易议定书》。

之后,所有欧盟成员国批准或加入该贸易协定,成为缔约国。

一旦完成这个程序,《消除烟草制品非法贸易议定书》将有 29 个欧盟签约国。

该协定需要 40 个签约国的批准才能生效。

在 2012 年达成的《消除烟草制品非法贸易议定书》有 7 个签约国,即:奥地利、加蓬、蒙古、尼加拉瓜、西班牙、土库曼斯坦和乌拉圭。

欧盟于 2013 年 12 月 20 日签署了《消除烟草制品非法贸易议定书》,这是欧盟向成为该协定的缔约方迈出的第一步。

七、中国签署《消除烟草制品非法贸易议定书》

中国常驻联合国日内瓦办事处和瑞士其他国际组织代表刘振民 2013 年 1 月 10 日在日内瓦世界卫生组织总部代表中国政府签署了《消除烟草制品非法贸易议定书》。

刘振民表示,签署《消除烟草制品非法贸易议定书》对中国进一步加强对烟草制品供应链各环节监管,深入推进中国烟草制品打假打私、加强国际合作、维护公众健康具有重要意义。中国作为首批签署该协定的国家,表明中国政府支持国际社会推进烟草控制的积极态度和坚定决心。

世界卫生组织总干事陈冯富珍当天指出,议定书赋予世界打击烟草制品非法贸易的合法武器,有助于消除跨国烟草走私等犯罪活动对公众健康造成的严重损害。

《消除烟草制品非法贸易议定书》是继《烟草控制框架公约》之后烟草控制领域的第二份国际法律文书。该议定书谈判始于 2008 年 2 月,历经四年多,最终于 2012 年 11 月在韩国首尔召开的《烟草控制框架公约》第五次缔约方大会上获得通过,其出台标志着《烟草控制框架公约》朝着有效实施方向又迈出了重要一步。

八、俄总理要求签署《消除烟草制品非法贸易议定书》

俄罗斯政府新闻局 2013 年报道称,俄罗斯总理梅德韦杰夫命令俄罗斯签署被世界卫生组织《烟草控制框架公约》缔约方批准的《消除烟草制品非法贸易议定书》。

2008 年,俄罗斯加入了世界卫生组织《烟草控制框架公约》。在第五届缔约方会议于 2012 年 11 月 12 日至 17 日在首尔举行后,《消除烟草制品非法贸易议定书》开放签署。

该文件旨在通过控制供应链和国际合作打击烟草制品非法贸易。该文件希望建立国家级和(或)地区级系统和一个全球中心,促进信息共享并帮助识别烟草制品、生产商和用来制造烟草制品的设备,以及追踪配送路线。

政府新闻局称,该文件同时监管各执法部门旨在阻止烟草制品非法分销的合作,包括假冒产品,以及利用假冒消费印花税和假冒烟草制品的非法销售等。

九、全球打击非法烟草制品贸易情况

1. 欧盟成员国加入世界卫生组织有关打击非法烟草制品贸易协议

2015 年，欧盟委员会已经决定加入由世界卫生组织《烟草控制框架公约》所制定的有关打击非法烟草制品贸易的相关协议。欧盟各成员国批准或加入该协议后，将成为该协议的缔约方。在完成加入的有关程序之后，欧盟 29 个成员国将成为该协议的签约方。

世界卫生组织称，该协议需要有 40 个签约国政府的批准才能生效。到目前为止，世界卫生组织《烟草控制框架公约》各缔约方中，已经有奥地利、加蓬、蒙古、尼加拉瓜、西班牙、土库曼斯坦和乌拉圭等国批准了该打击非法烟草制品贸易的协议。

2. 欧盟与跨国烟草公司签订的打击非法烟草制品协议未能达到预期目标

欧盟的一项调查报告表明，近年来，欧盟各成员国与菲利普·莫里斯烟草国际公司、英美烟草公司、日本烟草国际公司以及帝国烟草公司所签订的打击非法制品的协议没有能够达到预期的目标。

分析人士认为，欧盟与这 4 大跨国烟草公司所签订的打击非法烟草制品的协议，其目的是为了弥补政府因非法烟草制品贸易冲击所造成的税收损失，但该协议签订后，并没有能够挽回政府在财政税收收入方面的损失。

事实上，跨国烟草公司很容易从他们与欧盟所签订的协议中找到所存在的一些法律方面的漏洞，因此即使该协议已经签订多年，也没能够达到打击非法烟草制品贸易的目标。

欧洲反欺诈办公室(European Anti Fraud Office)的数据表明，非法烟草制品给欧盟各成员国所带来的税收损失每年高达 100 亿欧元，但与欧盟所签订协议的跨国烟草公司每年所支付的因查获本公司非法产品所支付的金额仅有 830 万欧元，然而，烟草公司与欧盟所达成的打击走私烟草制品的协议并不能够弥补欧盟各成员国所造成的税收损失。

3. 帝国烟草公司协助拉脱维亚打击非法烟草制品贸易

帝国烟草公司向外界宣布，公司将与拉脱维亚政府签署一份合作协议，帮助该国政府税务及海关部门联合打击非法烟草制品的贸易行为，其原因是，近年来该国各类非法烟草制品贸易越来越猖獗，目前此类非法制品所占该国的市场份额已经达到了 30%，在欧盟各成员国中的比例最高。正是在这种情况下政府才决定与帝国烟草公司进行合作，以严厉打击此类产品的非法贸易行为。

数据显示，拉脱维亚政府每年因非法烟草制品贸易所造成的财政税收损失就高达 8000 万欧元(约合 9200 万美元)。

4. 印度烟草生产商要求政府严厉打击非法烟草制品

受各类非法的走私及假冒烟草制品的冲击，最近，印度的烟草生产商们称，他们希望政府部门能够采取更加严厉的措施，以有效打击非法烟草制品的贸易活动。

另据来自印度烟草协会一位名叫 Syed Mahmood Ahmad 的负责人称，尽管政府采取了严厉的措施打击非法烟草制品，但是由于政府不断提高卷烟税率，使得印度国内的生产商与贸易商们承受着巨大的压力，因为在政府不断提高税率的同时，导致印度国内卷烟产品零售价格不断提高，已促使消费者转而消费价格相对便宜的各类非法烟草制品。在这种情况下，为了保护自己的利益，烟草商们才向政府部门提出请求，要求进一步加大打击非法烟草制品贸易的力度。

5. 伊朗非法烟草制品走私情况严重

由于国内合法烟草制品的价格较高，促使非法走私者大量向伊朗国内走私各种类型的非法烟草制品。该国官方的统计数据显示，目前在该国国内的烟草市场上，各类非法烟草制品所占有的市场份额已经高达 25%。

伊朗政府官方的数据表明，近年来，每年大约有 240 亿支非法烟草制品被走私进入该国境内，多数为美国品牌的烟草制品，其中有 60 亿～70 亿支是万宝路牌卷烟，且是菲利普·莫里斯烟草美国公司生产的。

对此，伊朗政府工业与贸易部一位名叫 Mojtaba Khosro－Taj 的负责人称，政府将制定更加严厉的措施来打击非法烟草制品的贸易活动。

6. 保加利亚政府查获大量非法卷烟

2016 年 2 月份，保加利亚政府多个部门联合行动，在该国北部的 Lukovit 地区查获了大量的假冒烟草制品，同时还查获了许多与卷烟生产相关的烟草机械以及原辅材料，此次所查获的各种假冒烟草制品的数量高达 13 吨。

另据来自该国索非亚新闻通信社的消息表明，参与此次活动的政府部门包括保加利亚政府内政部、海关等多个部门。参与此次查获假冒烟草制品活动的一位官员在接受媒体记者采访时称，保加利亚国内有组织的犯罪集团与国外犯罪团伙合作，在该国进行假冒烟草制品的生产，这些假冒产品除了供应保加利亚市场外，还被非法出口到欧盟其他国家。

7. 非法烟草贸易影响俄罗斯烟草业的发展

国际知名咨询机构——欧睿国际的分析表明，在过去的几年时间里，俄罗斯非法烟草制品的贸易量增长了 10 余倍，从 2010 年到 2014 年，各类非法烟草制品所占俄罗斯国内的市场份额也增长了 10 余倍。

分析人士认为，尽管目前非法烟草制品在俄罗斯烟草制品市场上的占有率相对较低，但其增长速度过快值得政府高度关注。日本烟草国际公司的一份调查数据表明，仅在 2015 年第一季度，俄罗斯非法烟草市场的规模较 2014 年同期就增长了 40%左右。

为了阻止不断蔓延的非法烟草制品贸易，俄罗斯政府通过了一项新的打击走私烟草制品的法案，大幅度加大了处罚力度，增加了处罚金额，同时对卷烟走私行为进行刑事处罚，以减少非法贸易的可能性。

8. 非法烟草制品导致马来西亚政府损失严重

受政府提高烟草税率的影响，马来西亚卷烟零售价格持续上涨，进而已使各类非法走私及假冒烟草制品贸易量增加。来自欧睿国际的分析人士称，仅 2014 年，非法烟草制品贸易使得马来西亚政府所受到的税收损失高达 20 亿林吉特。

为了对非法烟草贸易进行严厉打击，马来西亚烟草商与该国皇家海关部门进行合作，在全国范围内展开多次打击非法烟草制品贸易的活动。对此，马来西亚海关部门的一位负责人在接受《马来西亚星报》记者采访时称，由于非法卷烟产品价格低廉，许多经济条件不好的消费者选择购买走私产品，使合法烟草商受损严重，同时也损害了政府的财政税收。

9. 菲律宾政府利用手机应用软件打击非法产品

为了打击非法烟草制品的泛滥，菲律宾政府财政部门与该国几家高科技信息公司进行合作，开发了一种手机用的 APP，帮助消费者来辨别非法走私及假冒的卷烟产品，以保护消费者以及政府的利益。

据介绍，菲律宾政府国家税收部门已经要求该国所有的烟草制品销售商在其销售的卷烟上粘贴政府印制的印花税票，这样，消费者利用手机上的应用软件就可以扫描验证该产品的真假。

数据显示，目前卷烟消费税已经占到了该国财政总收入的 80%左右，因此政府十分重视对非法烟草制品的打击。

10. 世界卫生组织强化打击非法烟草贸易《烟草控制框架公约》

欧盟委员会已经通过了一项联合打击非法烟草贸易的决议，该决议为欧盟批准打击非法烟草贸易的国际性条款做好了前期的准备工作，同时，欧盟委员会也指出，消除非法烟草制品贸易的议定书，同时也是世界卫生组织制定的《烟草控制框架公约》中的一项条款，且近年来，世界卫生组织也在强化该打击非法烟草贸易条款在各缔约方的实施，以期能够有效打击全球的非法烟草贸易活动。

对此，欧盟委员会一位名叫 Georgieva 的负责人指出，欧洲议会已经顺利批准了欧盟第一个联合打击非法烟草贸易的条约。同时这位负责人也指出，非法烟草贸易是一个世界性的难题，它严重危害着公共健康和政府财政收入，跨境非法烟草贸易必须进行多方面的协调，进行联合执法并实施有效打击。为此，世界卫生组织《烟草控制框架公约》中的相关打击非法烟草贸易的条款将发挥着重要作用。

11. 四大跨国烟草公司支持国际咨询机构对非法产品进行调查

2016 年，由菲利普・莫里斯烟草国际公司、帝国品牌公司、日本烟草国际公司以及英美烟草公司支持并提供咨询进而协助欧盟非法卷烟贸易的报告已经向媒体公布。

据介绍，这个由四大跨国烟草公司所赞助的、由毕马威(KPMG)具体进行调查的2015年度欧盟非法卷烟贸易报告已经出炉。该报告显示，仅在2015年，欧盟消费者所消费的非法卷烟总量就高达530亿支，这个数字已经超过了西班牙一个国家2015年度卷烟市场消费总量。

据介绍，近年来欧盟非法卷烟贸易报告一直由该公司进行调查并向外界发布，根据近年来的数据调查显示，尽管2015年欧盟非法卷烟的贸易量高达530亿支，但仍比2014年度有所下降。这表明，跨国烟草公司与欧盟各成员国政府之间所进行的打击非法卷烟贸易的合作已经初见成效。

12. 菲利普·莫里斯烟草国际公司与欧盟合作打击非法卷烟

2016年7月份，菲利普·莫里斯烟草国际公司在其官方网站上发表声明指出，自该公司与欧盟开展合作打击非法走私及假冒卷烟以来，公司在过去10余年内已经为此支付了高达11亿美元的费用。

菲利普·莫里斯烟草国际公司认为，通过与欧盟各成员国开展有效的合作，严厉打击了欧盟地区非法卷烟的贸易行为。但有部分欧盟成员国则认为，尽管菲利普·莫里斯烟草国际公司与欧盟在打击非法卷烟贸易方面有着密切的合作，但该公司一些未交税卷烟还是流入到了欧盟一些成员国的市场上，因此该公司与欧盟的合作也遭到了部分欧盟成员国的批评。

尽管菲利普·莫里斯烟草国际公司与欧盟在打击非法卷烟贸易方面的合作受到了一些批评，但英美烟草公司、帝国品牌公司以及日本烟草国际公司也就此与欧盟展开过合作。

13. 韩国政府严厉打击卷烟非法走私活动

自韩国政府2015年提高卷烟税率，导致其卷烟的市场零售价格大幅度增长之后，国内合法卷烟产品的销售量出现了下降的趋势，而非法走私以及假冒卷烟产品的交易量则出现了上涨的趋势，在这种情况下，政府加大了打击非法卷烟的力度。

数据显示，截至2016年6月份，政府监管部门共查获了239起假冒及走私烟草制品案件，所查获的非法烟草制品的价值达到了670亿韩元。

受政府提高卷烟税率以及加强控烟力度的影响，该国的吸烟率也进一步呈现出下降的趋势。数据显示，截至2016年5月份，韩国19岁以上成年人吸烟率已经从2014年度的43.1%下降到了39.3%，对此政府公共卫生健康部门的人士表明，尽管国内非法烟草制品的交易量有所增长，但政府在控烟方面所实施的措施仍取得了一定的成效。

14. 中美洲地区非法卷烟数量增加

中美洲地区一家名为哥斯达黎加——美洲商会(the Costa Rican－American Chamber of Commerce)的机构所发布的研究数据表明，近年来，中美洲地区非法卷烟产品的贸易量呈现逐年增长的趋势，同时，有组织的走私集团数量也在增加。

该机构的调查报告显示，目前在中美洲各个国家，巴拿马的消费者所消费的卷烟产品中，有大约超过三分之二的卷烟为非法卷烟产品，该国非法卷烟产品所占的市场份额最高。其次分别为占有31%市场份额的萨尔瓦多、占有21%市场份额的危地马拉、占有20%市场份额的洪都拉斯以及占有16%市场份额的在哥斯达黎加等。

对此，该商会的一位负责人地接受当地记者的采访时指出，在这些非法卷烟产品的走私集团当中，也包括萨尔瓦多的贩毒集团，他们除了进行毒品贩卖之外，还从事非法卷烟的不法贸易业务。

15. 欧盟非法烟草贸易数量增长

2017年，欧盟委员会向外界发布的一份调查报告显示，尽管欧盟各成员国已经采取了多种措施打击非法走私以及假冒烟草制品，但自2013年以来，欧盟各成员国非法烟草制品的交易数量依然呈现出增长的趋势。

事实上，早在前几年包括菲利普·莫里斯烟草国际公司在内的多家烟草公司均与欧盟签署过打击非法烟草制品贸易方面的合作协议。但此后欧盟终止了与烟草制品生产商所签署的打击非法烟草制品贸易的协议。正是在这种情况下，欧盟非法烟草制品的黑市贸易数量便出现了增长的趋势。

对此，欧盟委员会指出，各成员国别无选择，只能团结协作，实施有力的方法与措施打击非法走私与假冒烟草制品的贸易活动，原因是非法烟草制品对欧盟各成员国的公共卫生、政府财政以及国家安全均是十分有害的。

第四章 《烟草控制框架公约》相关条款及全球控烟履约的进展

由世界卫生组织所制定的《烟草控制框架公约》于2003年5月在瑞士日内瓦召开的第56届世界卫生大会上获得通过，2005年2月正式生效。

据介绍，该公约是由世界卫生组织主持并达成的全球第一个具有法律约束力的国际性公共卫生方面的条约。

2015年，《烟草控制框架公约》迎来生效10周年。10年来，已有80%的缔约方加强了控烟方面的立法，烟草制品价格均有所提高。同年没有新的国家加入《烟草控制框架公约》，缔约方总数为180个。

另外，越来越多的国家和地区出台了禁止在公共场所吸烟的条令、法律、措施等。世界各国各地区民众的控烟意识不断提高，控烟履约工作已经得到了深入推进，全球控烟运动出现了持续高涨的趋势。

2016年，没有新的国家政府批准并加入《烟草控制框架公约》，缔约方总数仍为180个。在其他的国家当中，美国、瑞士、阿根廷、古巴、摩洛哥、莫桑比克、海地7个国家已经签署了该公约，但尚未正式批准《烟草控制框架公约》。

印度尼西亚、马拉维、摩纳哥、索马里、南苏丹、安道尔、多米尼加和厄立特里亚8个世界卫生组织的会员国既未签署，也未加入《烟草控制框架公约》。

截至2016年，世界卫生组织195个成员中有180个成员已经加入《烟草控制框架公约》，覆盖全球90%以上的人口，成为联合国有史以来得到最大支持的国际性公约之一。

4.1 公约第Ⅱ部分：目标、指导原则和一般义务

一、公约第5条一般义务内容简介

(1) 每一缔约方应根据本《烟草控制框架公约》及其作为缔约方的议定书，制定、实施、定期更新和审查国家多部门综合烟草控制战略、计划和规划。

(2) 为此目的，每一缔约方应根据其能力：

①设立或加强并资助国家烟草控制协调机构或联络点；

②采取和实行有效的立法、实施、行政和/或其他措施并酌情与其他缔约方合作，以制定适当的政策，防止和减少烟草消费、烟碱成瘾和接触烟草烟雾。

(3) 在制定和实施烟草控制方面的公共卫生政策时，各缔约方应根据国家法律采取行动，防止这些政策受烟草业的商业和其他既得利益的影响。

(4) 各缔约方应开展合作，为实施本《烟草控制框架公约》及其作为缔约方的议定书制定提议的措施、程序和准则。

(5) 各缔约方应酌情同有关国际和区域政府间组织及其他机构合作，以实现本《烟草控制框架公约》及其作为缔约方的议定书的目标。

(6) 各缔约方应在其拥有的手段和资源范围内开展合作，通过双边和多边资助机制为本《烟草控制框架

公约》的有效实施筹集财政资源。

二、公约第5条履约情况

2015年9月，53个欧洲国家在立陶宛召开第65次区域大会。会议通过了加强执行《烟草控制框架公约》的行动路线图。

其路线图的目标是，至2025年，15岁及以上卷烟消费者的吸烟率最少降低30%。该路线图将有助于在2025年实现非传染性疾病(NCDs)过早死亡减少25%的全球目标。路线图建议的举措包括：实施无烟立法，尤其是在有儿童的环境；广泛禁止烟草广告、促销和赞助；提高公众意识，防止青少年吸烟。土耳其卫生部目前正在全国推行国家烟草控制计划。根据该计划，一系列宣传片将在电视台播出，以告知人们吸烟的危害。同时，卫生部将严厉打击网上销售电子烟的行为，监控诱导青少年吸烟的各种广告。

虽然大多数《烟草控制框架公约》缔约方都制定了烟草控制规划，但是仍然有少数缔约方没有制定，如印度2004年2月批准《烟草控制框架公约》，但至今未制定烟草控制规划来履行《烟草控制框架公约》。

截至2016年4月30日，133个缔约方向《烟草控制框架公约》秘书处提交了履约报告。另12个缔约方延迟至2016年10月31日前提交了履约报告。大多数缔约方报告称自上个报告周期以来，都已制定和实施新的战略或规划。其中，25个缔约方报告制定了全新的国家烟草控制规划或策略。

1. 组织机构建设

截至2016年，116个缔约方报告已在本国指定一个国家烟草控制联络点；87个缔约方已建立了烟草控制机构；102个缔约方报告烟草控制的国家协调机制已到位，这些协调机制一般是通过法律或其他行政措施来确定，往往涉及政府部门、机构和其他利益相关者。巴西成立了国家癌症研究所，主要负责实施国家烟草控制政策以及与26个州和联邦地区联络点的联系工作。韩国成立卫生促进部，主要负责国家烟草控制政策的制定和实施。斯里兰卡制定了多部门烟草控制规划，要求每个部门依据其职责实施烟草控制计划。密克罗尼西亚成立烟草控制顾问委员会，作为全国烟草控制协调机制，其职责与权限由总统批准。

2. 烟草控制法律制修订情况

虽然一些缔约方报告在制定新的烟草控制战略和法律及建立协调机制方面取得进展，但仍然有36个缔约方尚未通过或加强烟草控制法律。

9个缔约方报告通过烟草控制法案有延迟，有的延迟甚至超过5年。

然而，自前些年年冈比亚国内实施了控烟政策以来，近年来更进一步强化了国内的控烟工作，此后政府又修订了其控烟法案，实施了更加严格的公共场所吸烟禁令。

根据政府所发布的新的控烟法案，冈比亚国内所有的公共场所都将实施严格的禁烟措施，包括所有的政府办公场所，所有的工作场所，医院及保健公共设施内，公共汽车及商店等公共场所。

欧盟2014年新修订的《烟草制品指令》于2016年5月20日起在其28个成员国中全面实施。

欧盟烟草制品监管政策呈现以下10个新变化：

一是强制要求更大的图形健康警语，图形警语和文字警语的总面积占卷烟和手卷烟包装正反面的65%；

二是禁止出售具有特殊香味的卷烟和手卷烟；

三是烟包上采用“烟草烟雾包含超过70种已知致癌物质”的标签代替卷烟和手卷烟上印制“焦油、烟碱和一氧化碳含量”的标签；

四是禁止促销性或误导性的包装，如禁止出售低于20支装的卷烟；

五是通过标准化的电子格式平台强制要求烟草企业报告烟草制品成分；

六是制定电子烟安全和质量标准；

七是制定电子烟包装和标签规则；

八是监测和报告电子烟；

九是禁止跨国远程销售；

十是加强打击烟草制品非法贸易措施。

另外，在电子烟监管方面，欧盟烟草制品指令对于电子烟以及类似新型产品的商业宣传也做出了严格的规定，禁止以直接或间接的方式，并以促进电子烟以及电子烟液的销售为目的，通过社会信息服务、报刊或其他的印刷出版物进行商业宣传。但该指令并不禁止专门涉及电子烟产品以及电子烟液商业贸易的专供专业人士阅读的特定出版物。

另外，还禁止以直接或间接的方式通过商业电台等宣传途径对电子烟产品进行商业宣传和传播。禁止以直接或间接方式，并以促进电子烟产品销售为目的的任何形式的公共或个人赞助的广电节目的宣传活动。

尽管欧盟并没有计划对其已经出台的烟草制品指令进行重新修订，但欧盟委员会指出，它将继续对电子烟在欧盟各成员国的生产及消费情况进行实时的监管。

据介绍，世界卫生组织已经拒绝将电子烟产品作为普通烟草制品一种可选择的替代品的解决方案。在这种情况下，欧盟计划对电子烟产品实施较为严格的监管，并对其生产及消费情况进行监控，以有效对此类新产品进行管理。

在电子烟产品的税收方面，欧盟一些反烟团体向欧盟委员会提出建议，希望欧盟立法，专门针对电子烟进行征税。其实，欧盟委员会早有计划要对电子烟以及类似装置征税。对此，电子烟产业一些人士提出反对意见称，如果欧盟要求各成员国对电子烟征税，将损害到公众的利益。

事实上，目前欧盟大多数国家还没有考虑对电子烟以及类似装置征税，因为一旦征税，有可能会增加消费者的支出。尽管遭到电子烟产业的反对，欧盟委员会称，在不久的将来还是会对电子烟征税，但税率可能会比普通燃烧型烟草制品低一些。

瑞典为了加强购烟的年龄限制，修订烟草控制法规，规定市民有权监督检查零售网点是否遵守有关烟草和非处方医疗烟碱制品销售的规定。

在电子烟监管方面，瑞典政府卫生部门称，已计划对控烟法案进行修订，其主要修订内容是加强对电子烟等新型烟草制品的监管，以保护消费者的身体健康。

据介绍，政府计划修订的控烟法案规定，在瑞典，只有 18 岁以上的成年人才可以购买电子烟产品，原来政府规定的可以消费电子烟的公共场所，如餐厅，酒吧等也将全面实施电子烟禁令，其执行力度与普通卷烟产品同等。

据介绍，此前瑞典政府控烟法案中，禁烟的相关条款仅限于含有烟草的各类烟草制品，电子烟产品中虽然含有烟碱，却因为不含烟草而没有被列入政府的禁烟令之列。即将实施的控烟法案修订案，不仅将电子烟产品与其他普通类型的卷烟一视同仁，另外还将对瑞典国内所生产的以及进口的电子烟出台新的规定，进一步加强了对电子烟的进口管理。

南非宣布一系列严格的禁烟措施。这些措施包含采用卷烟“素面包装”；任何商场和售货亭不能将卷烟摆放在顾客看得见的地方；不再允许将公共场所 25%的地方列为吸烟区，而把公共场所变成 100%的无烟区；在机场等公共场所的出入口，更严格规定吸烟者远离非吸烟者的距离；通过立法，严格规范电子烟等卷烟替代品的使用，并严禁父母在载有未成年人的汽车里吸烟或将孩子带进封闭的吸烟区。塞浦路斯通过新的烟草控制法案，新法案提议禁止在公共场所、医院和学校(包括这些地方的露天场所)吸烟。

2017 年，在电子烟监管方面，南非医药监管委员会对该国一家名为 TWISP 的电子烟经销商提出警告称，该公司没有遵守政府的相关规定，在药店以外的零售商店内出售电子烟制品。

南非医药监管委员会称，TWISP 公司作为该国一家规模比较大的电子烟经销商，应该遵守政府所制定的药品管理法案，不应该在药店以外的商店出售电子烟制品。

据介绍，早已于 2012 年所出台的南非药品管理法案将烟碱归类为该委员会所监管的范围，所有经营电子烟制品的经销商，都应该到医药监管委员会进行注册，而且他们所经销的电子烟制品，只能够在政府所指定的药品零售商店内出售，但 TWISP 公司并没有遵守政府的相关规定，在药品零售店以外的普通商店内出售电子烟制品。

俄罗斯宣布正在制定 2016—2020 年降低烟草消费的新对策。新对策将分阶段出台，包括提高烟草消费税、禁止烟草使用各种添加剂、采用“素面包装”、在城市中严格限制吸烟区及严格控制电子烟等。

2016年底,俄罗斯政府计划修订其控烟法案,将吸烟人群的年龄从目前的18岁提高到21岁。

事实上,在此之前,已有公众建议政府修订控烟法案,禁止年龄不满21岁的公民购买烟草制品。对此,俄罗斯政府公共卫生健康部门十分重视,计划通过强化对烟草业的监管、提高烟草制品的税率、实施广告禁令和公共场所禁烟令等措施,以努力提高公众对控烟的满意程度。

政府的一项统计数据表明,目前该国的吸烟者人数已经在全球排名第4,有超过60%的成年男性和20%的成年女性经常吸烟。

2017年元月份,俄罗斯政府卫生部门向杜马提出建议指出,政府应该修订控烟法案,实施烟草制品素面包装的政策。

据介绍,俄罗斯政府卫生部门正在制定2016年至2020年降低烟草消费的新对策。新的对策将分阶段出台,包括提高烟草消费税、禁止烟草制品中使用各种添加剂、采用素面包装、在城市中严格限制吸烟区、严格控制电子烟等。

对此,政府卫生部门的一位负责人在接受媒体记者采访时指出,近年来,在俄罗斯已经没有烟草广告,也没有烟草促销。

4.2 公约第Ⅲ部分:减少烟草需求的措施

一、公约第6条　减少烟草需求的价格和税收措施内容简介

(1) 各缔约方承认价格和税收措施是减少各阶层人群特别是青少年烟草消费的有效和重要手段。

(2) 在不损害各缔约方决定和制定其税收政策的主权时,每一缔约方宜考虑其有关烟草控制的国家卫生目标,并酌情采取或维持可包括以下方面的措施:

①对烟草制品实施税收政策并在适宜时实施价格政策,以促进旨在减少烟草消费的卫生目标;

②酌情禁止或限制向国际旅行者销售和/或由其进口免除国内税和关税的烟草制品。

(3) 各缔约方应根据第21条在向缔约方会议提交的定期报告中提供烟草制品税率及烟草消费趋势。

二、公约第6条履约进展

世界卫生组织认为,提高烟草税收与价格,是一种有效的烟草控制措施。如果各缔约方充分、系统地实施《烟草控制框架公约》第6条要求,将有助于实现多项可持续发展目标。

1. 提高烟草利率

俄罗斯国家杜马2014年再次提高烟草制品的税率,政府希望此举能够进一步降低该国的吸烟率。

俄罗斯政府财政部门称,如果政府再一次提高烟草制品的税率,将会为国家财政额外带来2.25亿美元的税收收入。但也有分析人士认为,如果政府大幅度提高合法烟草制品的税率,将会进一步加剧非法烟草制品在黑市上的交易量。

俄罗斯政府决定调整烟草制品的税率,并实施新的税收政策以遏制烟草消费。2015年,为了抵制国内各类烟草制品消费量的增长,俄罗斯政府计划调整烟草制品的税率,并实施新的税收政策以遏制烟草消费。在增加烟税之后,每盒卷烟最低的平均零售价格将达到每盒120卢布(约合3.3美元)。

对于政府计划提高烟税的措施,反烟人士对此表示欢迎,他们认为,增加烟税是最有效的控烟方法,卷烟价格上涨会减少未成年人吸烟者的人数。

但也有分析人士认为,较高的税率会导致俄罗斯国内市场上假冒以及走私卷烟数量增加,目前俄罗斯政府还没有关于非法烟草制品所占该国市场份额的数据。但有咨询机构预测,目前俄罗斯国内烟草市场上,非法烟草制品所占的市场份额在12%左右。

自2015年1月份开始,法国政府再一次提高了烟草制品的税率,并在议会获得通过。目前在法国,每盒20支装的卷烟,其最便宜的市场零售价格也达到了6.50欧元。

2016年，法国政府财政部门一位名叫Christian Eckert的官员在接受媒体记者采访时称，政府为了进一步降低该国的吸烟率，减少卷烟产品的消费量，决定提高烟草制品的税率，此次增税涉及的产品也包括手工卷制的产品，其零售价格将会在原来的基础上再上调15%。

对此，分析人士指出，由于与普通的卷烟产品相比，手工卷制的产品其价格要相对低一些，因此更受到青年人的喜爱。对此，法国政府公共卫生部门的官员则称，政府此次调整烟草制品的税率，其目的就是为了保障公众尤其是青年人的身体健康，以较高的税率，较高的零售价格来进一步阻止更多的人尝试消费此类产品。

由于保加利亚政府没有像前几年那样，每年都要适当提高卷烟制品的税率，而是保持了卷烟制品税率的相对稳定，由此促使该国非法烟草制品贸易量处于下降的趋势。

保加利亚几家市场研制机构的统计数据表明，2012年，该国非法烟草制品的贸易量出现了持续下降的态势，非法烟草制品所占国内卷烟市场的份额已由2010年的34.0%下降到了2011年的23.3%，目前，非法烟草制品的销售所占保加利亚国内卷烟市场的份额则下降到了15.3%。

在近期保加利亚政府财政部门与海关部门所召开的联合会议上，海关部门的负责人Simeon Djankov与Vanyo Tanov称，保持卷烟税率稳定可以有效打击非法烟草制品贸易活动。

2015年11月12日，保加利亚议会通过了《消费税和税收仓库法案修正案》，并于2016年1月1日正式实施，计划在两年内逐步提高卷烟消费税。2016年1月1日起，每1000支卷烟的固定税降至70列弗(1列弗约合人民币3.46元)，从价税率增至38%；2017年1月1日起，从价税率增至40%；2018年1月1日起，从价税率增至42%。由于其他烟草制品的消费税单独设定，因此修正案只会影响卷烟价格。总的来说，提高卷烟消费税将在未来3年内为政府带来约1.19亿列弗的额外税收收入。

2015年11月，爱尔兰政府宣布再一次提高卷烟价格，每包20支装卷烟的税费增加了50欧分，从而使每包卷烟的价格首次提高到10欧元(1欧元约合人民币7.3元)以上，其他烟草制品也按比例增加。在过去的4个财政预算年度内，爱尔兰政府每年都要适当提高卷烟税率，而每次对于卷烟税率的调整，均会导致卷烟市场价格上涨。

2016年，爱尔兰政府财政税收部门向外界宣布，政府为了提高税收额，计划增加卷烟产品的税率，这是该国连续5年提高卷烟产品的税率。

另据来自当地媒体的消息表明，此次政府提高卷烟产品的税率之后，该国每盒20支装的卷烟产品，其市场零售价格将会在原来的基础上再增加0.5欧元，从而使其市场零售价格达到了每盒11欧元，约合12.14美元。

对此，爱尔兰政府卫生健康部门的一位官员在接受媒体记者采访时称，政府计划到2025年将该国成年人的吸烟率降低到5%以下，以保护公众，尤其是未成年人的身体健康。

2015年12月份，肯尼亚政府向外界宣布，为了抑制公众对卷烟的消费量，同时也为了提高政府的财政税收收入，政府决定提高包括烟草制品在内的多种消费品的税率。

对此肯尼亚政府财政部门的一位负责人在接受媒体记者采访时称，此次提高烟草制品的税率，预计可以为政府每年额外再增加250亿肯尼亚先令的财政收入。

另外，肯尼亚也有反烟人士指出，政府应该修订控烟法案，扩大吸烟有害健康警示图片的面积，并进一步加强控烟法案的执法力度，从而进一步提高公众对于吸烟有害健康的认知。

肯尼亚政府修订了已经实施多年的烟草制品消费税率，并通过了《2015消费税法案》。新修订的消费税法案规定，对出厂价每1000支在2751至3750肯尼亚先令(1肯尼亚先令约合人民币0.065元)的软盒包装卷烟产品，征税额调整为1200肯尼亚先令；对出厂价在每1000支3751至4750先令的卷烟，征税额调整为1800先令。

数据显示，截至2016年年底，超过100个缔约方制定了有助于促进减少烟草消费的烟草制品税收政策以及适用的价格政策。

2. 对新产品进行征税

事实上，早在2013年美国俄勒冈州立法机关的议会议员们就是否对电子烟制品进行征税展开讨论。

有的议会议员认为，政府不应该对电子烟制品进行征税，因为此类制品不含对人体健康有害的焦油等化学物质，而只是一些雾化器、电池等装置，但另外还有一些国会议员则认为，电子烟制品的烟仓中含有烟碱，应该对其进行征税。

目前在美国国内的市场上，由于电子烟制品在其生产中所使用的原料不含烟草，因此美国大多数的州政府并没有对其进行额外的征税。在此，该州税务部门一位名叫 Deanna Mack 的官员指出，即使政府决定对电子烟制品额外征税，目前还不清楚对它进行如何评估并征收税费。

2015 年 1 月份，欧盟委员会组成了一个高级别的工作组，专门就电子烟产品在欧盟各成员国的征税问题进行商讨。

据介绍，欧盟委员会秘书处已经就电子烟征税问题起草了一份比较详细的报告，其中所商讨的一项问题为：新型烟草制品及相关产品的征税议案，涉及电子烟产品以及其他一些新型烟草制品。特别工作组计划于 2015 年 2 月份就此事进行商讨，届时每一位工作组的代表都将发表他们的观点与看法，最后形成议案上交欧盟委员会。

2016 年，荷兰政府向外界宣布，为了保护消费者的身体健康，尤其是为了保护对于新产品有着强烈好奇心的年轻消费者的身体健康，政府计划对于电子烟以及类似吸烟装置进行征税。

在新的税率制定并实施之后，每 ml 电子烟液的税率为 0.30 欧元，这有可能导致此类产品的零售价格大幅度增长。目前荷兰政府只向外界公布了对于电子烟液的征税方案，对于其他相关产品，其征税方案还没有向外界公布。

目前在荷兰国内的烟草市场上，仅有不含烟碱的电子烟液有售，但预计到 2016 年年底，含有烟碱的电子烟烟液也将在市场上出售。对此，有分析人士指出，在含有烟碱的电子烟液在市场上出现之后，政府可能还会调整此类产品的税率。

2017 年，欧盟一些反烟团体向欧盟委员会提出建议，希望欧盟立法，专门针对电子烟进行征税。其实，欧盟委员会早有计划要对电子烟以及类似装置征税。对此，电子烟产业一些人士提出反对意见称，如果欧盟要求各成员国对电子烟征税，将损害到公众的利益。

事实上，目前欧盟大多数国家还没有考虑对电子烟以及类似装置征税，因为一旦征税，有可能会增加消费者的支出。尽管遭到电子烟产业的反对，欧盟委员会称，在不久的将来还是会对电子烟征税，但税率可能会比普通燃烧型烟草制品低一些。

阿联酋在提高烟草制品税率的同时还引入两个新税种——联邦增值税和企业所得税，使该国成为海湾国家第一个引入此类针对消费品税种的国家。

事实上，2016 年，阿联酋政府标准与计量管理部门制定了电子烟监管的相关措施，并提交世界贸易组织，计划规范该国电子烟的国际贸易与管理，以保护消费者的身体健康。

事实上，在此之前，阿联酋政府公共卫生部门已经出台了相关的措施，以限制电子烟产品以及类似的吸烟装置在该国的销售。对此，公共卫生部门的官员在接受当地媒体记者采访时称，政府之所以制定电子烟销售的限制性措施，是因为目前专家们还没有确定这些吸烟装置对消费者长期使用会带来什么样的影响。

2016 年，匈牙利政府表示，将对烟草生产商征收新的特殊税，卷烟产品每支需缴纳 4 福林（1 匈牙利福林约合人民币 0.023 元）的附加税。新税法于 2016 年 1 月生效，征收对象为细支卷烟和薄荷卷烟。以 19 支装卷烟为例，每包将缴纳 76 福林的附加税。如果对零售价格进行相应调整，购买 1 包 1000 福林的卷烟需要多花费 8%的费用。

早在 2015 年，匈牙利政府向外界宣布，为了抑制该国烟草制品消费量的持续上涨，政府计划提高烟草制品的税率，以促使卷烟零售价格上涨，从而降低消费者的消费量。

据了解，政府即将实施的新的征税方式为对烟草公司征收新的特别税，在新税率实施后，每支卷烟的税额将会在原来的基础上再增加 4 匈牙利福林（该国的货币单位）。

政府财政税务部门一位名叫 *Lázár* 的负责人在接受媒体记者采访时称，新的特别税将会于 2016 年 1 月份开始实施，最初所征收的烟草制品类别为细支卷烟和薄荷型卷烟，以后则有可能扩大到其他类别的产品。

2016 年统计数据显示，近年来，全球大约有 54 个缔约方提高了烟草制品的税率。其中，欧洲、西太平洋地区和美洲地区的缔约方在此方面较为积极。

非洲、东地中海、东南亚地区的缔约方举措相对较弱，两年来没有政策变动的比例相对较大。还有一些正在加入欧盟的缔约方将税率进行了调整，以与欧盟税收政策和税率保持一致。部分缔约方还对其税收制度进行了调整，包括增减税收种类、禁止或限制向国际旅行者销售、进口免除国内税和关税的烟草制品等。

2016 年，乌拉圭提高每包卷烟的税收至 52.22 新比索(1 新比索约合人民币 0.25 元)，每包烟叶的税收增至 23.26 新比索。税率提高后，单盒售价 100 新比索的卷烟价格将增加 15 新比索。

2016 年，新西兰继续执行 4 年提税系列措施，于 2016 年 1 月再次将卷烟消费税提升 10%。

随着政府不断提高国内烟草制品的税率，已导致新西兰国内非法烟草制品的黑市交易量大幅度增长。对此，新西兰海关人员称，目前越来越多的吸烟者开始尝试通过一切方式消费非法进口的烟草制品。

对此，新西兰第一大城市——奥克兰国际邮件中心的工作人员已经注意到，藏有各类烟草制品的包裹正在大量增加。该中心货运部门一位名叫 Bruce Berry 的负责人称，随着卷烟税率以及价格的不断上涨，人们想尽各种办法试图使其烟草制品能够通过海关的检查。

新西兰政府已经制定了到 2025 年使其成为一个无烟国家的目标。为此，政府每年都要提高烟草制品的税率，具体的增税方案为每年年初在上年的基础上再将烟税增加 10%。

2017 年新年伊始，新西兰政府再一次按计划提高了该国卷烟的税率，即在原来的税率基础上再增长 10%。

另据来自该国政府卫生监管部门的消息，作为政府控烟计划的一部分，新西兰政府计划到 2025 年将其吸烟率控制在 5%以内。且在未来的几年内，卷烟的税率在目前的基础上将再次大幅提高。

事实上，近年来该国政府已经以每年 10%的速度逐步增加卷烟的税率。据介绍，即使在目前的税率情况下，新西兰的卷烟零售价格已经很高，一盒 20 支装卷烟平均的市场零售价格为 20 新西兰元，约合每盒 13 美元。按照政府所公布的增税速度，到 2020 年，该国卷烟的市场零售价格将达到每盒 30 新西兰元，约 20 美元。

对此，新西兰政府卫生部门的官员认为，提高卷烟产品的消费税率可促使烟民戒烟，并减少公众因吸烟所导致的相关疾病。世界卫生组织也曾指出，提高烟草制品的市场价格是减少吸烟量的有效方法。

菲律宾《10351 号法令》强制每年对烟草消费税率进行调整。该法令于 2013 年开始实行，目的是到 2017 年，低价和高档卷烟品牌每盒都包含 30 比索(1 比索约合人民币 0.138 元)的统一税率。2016 年，菲律宾每盒净零售价格在 11.50 比索以下卷烟的消费税提升至每盒 25 比索，净零售价格超过 11.50 比索卷烟的消费税提升至每盒 29 比索。

由于菲律宾政府逐步提高了该国各类烟草制品的税率，导致烟草制品的零售价格增长，从而促使其吸烟率已经出现逐年下降的趋势。

对此，世界卫生组织的一项调查数据表明，自 2009 年以来，该国的吸烟率已经从当年的 29.8%下降到了 2015 年的 23.8%，下降幅度达到了 6 个百分点。

在这期间，菲律宾政府逐步提高了烟草制品的税率，2013 年，该国一盒 20 支装卷烟平均的市场价格为 24.9 菲律宾比索，但到了 2015 年，其平均的市场零售价格已经增长到了 48 菲律宾比索。对此，世界卫生组织的一位官员指出，烟草制品税率的提高已导致产品价格上涨，从而可以有效降低吸烟率，这是政府应该采取的一种比较有效的控烟措施。

三、公约第 8 条　防止接触烟草烟雾内容简介

(1) 各缔约方承认科学已明确证实接触烟草烟雾会造成死亡、疾病和功能丧失。

(2) 每一缔约方应在国家法律规定的现有国家管辖范围内采取和实行，并在其他司法管辖权限内积极促进采取和实行有效的立法、实施、行政和/或其他措施，以防止在室内工作场所、公共交通工具、室内公共场所，适当时，包括其他公共场所接触烟草烟雾。

四、公约第 8 条履约进行

《烟草控制框架公约》要求在室内工作场所、公共交通工具和室内公共场所防止接触烟草烟雾，并建议在“适当时”将禁烟范围扩大到其他公共场所。近年来，各缔约方在此方面的举措主要是进一步夯实现有法律法规基础、监督执行并适时强化已有无烟政策以及通过新的法律法规等。一些缔约方在原有基础上，开始研究建立更为广泛的无烟环境，如儿童户外游乐场、私家车内以及无烟烟草制品在传统禁烟场所的限制问题。

1. 禁烟政策的制定

《烟草控制框架公约》要求在室内工作场所、公共交通工具和室内公共场所防止接触烟草烟雾，并建议在“适当时”将禁烟范围扩大到其他公共场所。

2015 年，马来西亚、津巴布韦、韩国、捷克和澳大利亚等缔约方在公共场所禁烟问题上取得明显进展，无烟环境立法范围不断扩大、处罚日趋严厉。

2015 年，马来西亚政府卫生部门向外界宣布，政府将修订控烟法案，计划将合法购买烟草制品的年龄从原来的 18 周岁提高到 21 周岁，另外，还将禁止零售商在商店中展示自己所出售的烟草制品。

另据来自当地媒体的消息表明，政府目前的控烟法案不太严格，而且在执法的过程中对违反禁令的吸烟者的处罚力度也不够，对于遏制青少年吸烟仍未起到威慑性的效果，因此政府才计划修订控烟法案。新修订的控烟法案还将对水烟以及电子烟的消费做出进一步的限制。

马来西亚卫生部决定将所有的公园划为禁烟区，其中包括住宅区内的公园以及各城市乡镇的户外公园，只有公园内的露天停车场可以吸烟。

津巴布韦修订了控烟法规，执法人员对公共场所的违法吸烟者进行处罚。其《烟草控制法规》规定，在公共场所吸烟属于违法行为，将面临 500 美元罚款或不超过 6 个月的监禁。

从 2015 年 10 月起，韩国首尔地区的汝矣岛汉江公园、二村汉江公园和盘浦汉江公园等 11 个汉江公园将全部被列为禁烟区，在公园内吸烟一旦被发现将被处以 10 万韩元(1 韩元约合人民币 0.0056 元)的罚款。

2016 年，韩国政府向外界发布消息称，政府将修订其控烟法案。为了强化公众对于吸烟有害健康的认知，政府将在控烟法案中规定：烟草制品包装上要印制吸烟有害健康的警示图片，且此项规定的实施时间定为 2016 年 12 月份。

据了解，韩国政府目前已向社会上公布了 10 幅吸烟有害健康警示图片的示例，主要包括因吸烟导致病变的肺、因吸烟导致受损的咽喉等的图片。

另据介绍，使用素面包装(标准化包装)是世界卫生组织极力推荐的一种常规的控烟措施，最早使用该烟草素面包装的是澳大利亚，该国在 2012 年 12 月开始实施，随后全球有多个国家已开始效仿。

2016 年，澳大利亚政府加强了对违反控烟法案的执法力度，对于在维多利亚公共场所吸烟的违法者，每次处以高达 147 澳元(1 澳元约合人民币 4.71 元)的罚款。此外，政府还重点关注以下禁烟区，如学校、幼儿园、儿童保健中心、医院以及法院等公共场所，在此类场所吸烟将被重罚。

澳大利亚议会一位议员称，目前由于消费者有多种渠道可以购买到他们所需要的各类烟草制品，因此，已经影响到了该国控烟法案的更有效实施。

该国政府公共卫生部门对外宣称，目前对于澳大利亚政府计划实施的对于 2000 年之后所出生的人群，实现无烟一代的目标在法律上已经没有重大的障碍，但不同类别烟草制品多种多样的销售方式可能会影响到未成年人的身体健康。为此，澳大利亚议会一些议员向政府部门提出建议称，政府应该再次修订控烟法案，将合法购买烟草制品的年龄提高到 25 岁，因为有医学研究证明，人们在 25 岁之前其大脑还没有发育完全，因此他们才提出上述提高合法购买烟草制品年龄的建议。

截至 2016 年年底，123 个缔约方制定并实施了具有不同法律效力的公共场所禁烟规定。99 个缔约方建立了相应的执法机制。随着全球烟草控制的深入推进，绝大多数缔约方实现了在飞机、医疗场所和地面公共交通工具内完全禁烟。

2. 防止接触烟草烟雾。

2016年，加拿大魁北克省通过新法令，要求在露台、汽车内、16岁以下的人群、住宅公共区域、操场、野营地、体育场所以及托儿所、幼儿园、小学和中学等场所附近全面禁烟。同时餐厅和酒吧等的户外区域全面禁烟，初犯者将被罚款250～750美元(1美元约合人民币6.89元)不等，累犯罚款则高达500～1500美元。首次违规的商家将面临200～12500美元的罚金，屡次违规则将被处以1000～25000美元的罚款。

2017年，加拿大魁北克省已经通过了新的《烟草控制法案》(Tobacco Control Art)。新修订的控烟法案规定，吸烟者不能够在距离建筑物的门、窗，以及建筑物通风口9米的范围内吸烟，违者将被处以罚款。

政府希望通过此次严厉的控烟法案修订案减少该地区的吸烟率，尤其是降低青少年的吸烟数量，同时使公众免受二手烟的危害，并鼓励吸烟者尽早戒除吸烟习惯。

政府公共卫生部门的一位负责人在接受媒体记者采访时指出，此次政府出台的控烟法案修订案，增加了对于违反者的处罚金额，吸烟者每次的违法成本将高达1500加元。而对于公共场所的经营者，如果没有按规定执行该修订案，每次将可能面临高达10万加元的罚款。

虽然该地区的控烟法案目前只适用于魁北克地区，但加拿大联邦政府公共卫生部门的一位名叫Jane Philpott的负责人声称，加拿大全国均应推行魁北克地区的做法，以最大限度地降低吸烟率，减少各类烟草制品的消费量。

韩国首尔市从2016年5月1日起，将禁烟区范围扩大至所有地铁站出入口半径10米内区域。违规吸烟者将被处10万韩元(1韩元约合人民币0.0061元)以下罚款。

2017年，韩国政府已经修订了原来制定的控烟法案，要求烟草商从2016年12月份开始，在国内销售的卷烟包装上印制吸烟有害健康的警示图片。

据介绍，新修订的控烟法案规定，卷烟生产商必须在其包装上用65%的面积印制吸烟有害健康的警示图片。

为此，韩国政府卫生部门公布了10幅吸烟有害健康的警示图片供卷烟生产商选择。这些图片包括以下与吸烟所导致疾病相关的图片：肺癌、喉癌、口腔癌、心脏病、中风、二手烟、性功能障碍、皮肤老化等。

同时，政府卫生部门要求，卷烟生产商需要每两年更换一次警示图片。对此，政府卫生部门的负责人指出，实施新的法案的目的是降低韩国的吸烟率。同时他们希望新的包装可以改变消费者对烟草制品的看法，引导那些想尝试吸烟的人不再进行尝试。

新加坡公共场所禁烟范围进一步扩大，从2016年6月1日起，公众将不能在超过400个公园吸烟。违规吸烟初犯者将被罚款200新加坡元(1新加坡元约合人民币4.94元)，重犯者罚款高达1000新加坡元。柬埔寨通过一个次级法令，禁止在封闭的公共场所吸烟和使用烟草，违反规定的个人将面临2万瑞尔(1瑞尔约合人民币0.0017元)的罚款，如果商业机构没有设置禁止吸烟的指示牌或者被发现给顾客提供烟灰缸，将面临5万瑞尔的罚款。

新加坡政府已经于2015年12月份重新修订了控烟法案，该法案规定：从2015年12月15日起，全面禁止电子烟产品以及电子烟液等相关配套装置。

从2016年8月份开始，将进一步禁止包括鼻烟和东南亚特有的gutkha烟(一种嚼烟)在内的其他一些烟草制品。

对此，新加坡政府卫生监管部门的一位负责人称，这么做的目的是为了保护消费者的利益，同时也是为了杜绝此类产品在该国零售市场上出现，进而使公众尤其是未成年人免受新型烟草制品对其身体健康所造成的危害。

罗马尼亚封闭公共场所禁止吸烟法从2016年3月17日开始生效。法规规定，禁止吸烟区域包括公共场所、劳动场所、卫生教育文化艺术机构、体育运动娱乐、儿童保护和援助单位、公共交通工具以及封闭的阳台等，监狱和国际机场的专门吸烟场所不适用该法。对于违反这项法律规定的自然人，将处以100～500列伊(1列伊约合人民币1.66元)的罚款，雇员还将面临降低工资或解除劳动合同的处罚；对于法人，在罚款基础上，严重的甚至可能停止营业。

罗马尼亚早已于2006年4月份就已经正式签署了由世界卫生组织制定的《烟草控制框架公约》，之后便出台了相关的公共场所禁烟令。为了进一步强化该国的控烟工作，政府又于2016年8月份再一次修订了其控烟法案，新修订的公共场所禁烟法案规定：

（1）所有室内公共场所，包括商店、餐厅、游乐场、宾馆、影院、医院、学校、办公室等这些公共场所一律禁止消费者吸烟；

（2）对于消费者个人违反公共场所禁烟令者，每次将被处以100至500罗马尼亚列伊的罚款；对于经营者，第一次违法将受到5000至10000罗马尼亚列伊的罚款，并对其进行停业处罚，如果再次违反公共场所禁烟令，其经营场所将被关闭。

在新的禁烟法案实施后，在罗马尼亚餐厅外面，总能看到一些吸烟者在户外吸烟。对此，一些烟草消费者则提出质疑，凭什么吸烟者就不能进入餐厅，吸烟者的权益难道不应该受到法律的保护吗？

另外，罗马尼亚首都布加勒斯特一家餐厅的经营者在接受媒体记者采访时称，政府新的公共场所禁烟令出台之后，其经营受到了很大的影响。对此，一些酒吧的经营者也有同感。

在政府出台更严格的控烟法案的同时，罗马尼亚政府也适当调整了其烟草制品的税率，以配合政府的控烟活动。目前该国卷烟产品平均每盒的价格为14.5罗马尼亚列伊，烟草制品的综合税率已经达到了占其产品市场零售价格的75%，超过了世界卫生组织制定的相关税率标准。

五、公约第9条烟草制品成分管制及第10条烟草制品披露的规定内容简介

缔约方会议应与有关国际机构协商提出检测和测量烟草制品成分和燃烧释放物的指南以及对这些成分和释放物的管制指南。经有关国家当局批准，每一缔约方应对此类检测和测量以及此类管制采取和实行有效的立法、实施和行政或其他措施。

每一缔约方应根据其国家法律采取和实行有效的立法、实施、行政或其他措施，要求烟草制品生产商和进口商向政府当局披露烟草制品成分和释放物的信息。每一缔约方应进一步采取和实行有效措施以公开披露烟草制品有毒成分和它们可能产生的释放物的信息。

六、公约第9条及第10条履约情况

2015年2月5日，欧盟委员会发布《欧盟新烟草法令（2014/40/EU）》在2016年之前的实施计划，包括修订烟草制品组成成分和释放物报告格式、添加剂优先清单、成立独立咨询委员会、测定特征增香剂的统一方案、可装填的电子烟可能的健康风险、装填机制技术标准和报告格式等。

2015年，美国食品与药品管理局对美国多家烟草生产商在对其生产的烟草制品进行宣传时，使用诸如天然或无任何添加剂等词语的行为发出警示。

据介绍，这是美国食品与药品管理局针对雷诺美国烟草公司下属子公司——Santa Fe Natural Tobacco of the Reynolds American 在其品牌宣传中使用此类词语所发出的警示。同时，这也是该局根据美国政府在2009年制定的《家庭吸烟预防及烟草控制法案》所赋予的权利，对宣传无添加剂以及天然烟草制品提出的警告。

美国食品与药品管理局认为，将本公司生产的烟草制品作为无添加剂以及天然的烟草制品进行销售，并表示此类产品向消费者提供了一种风险降低型产品的信息，但又没有得到政府许可，这就是一种违法的行为。

2015年，日本烟草公司向外界宣布，公司计划向市场上推出新品骆驼牌卷烟——Camel Natural Box 以及 Camel Natural Lights Box，两者均为硬盒装卷烟，但后者的味道更淡一些。

据介绍，公司新推出的这两个新品卷烟均为不含添加剂的产品，预计将于2014年12月中旬首先在日本的东京、神奈川、大阪等一些地方的零售商店销售。目前，骆驼牌卷烟是日本烟草公司的主导品牌之一，在全球100多个国家的市场均有销售。

2015年7月15日，欧盟科学委员会发布了《烟草制品中使用的添加剂（意见稿1）》对公众征询意见。报告中详细介绍了制定优先添加剂名单的步骤、初步筛选出的优先添加剂名单，以及依据化合物性质、毒性数

据、有关吸引力和致瘾性的信息、热裂解产物及其毒性等排序后的23种/组的添加剂优先名单。加拿大2015年4月6日就增修2009年出台的烟草法修正案开展公众咨询，进一步限制在大多数类型的雪茄中使用添加剂，该计划中不包括薄荷醇。

2017年，加拿大政府卫生部门于2017年4月份向外界宣布，他们已经完成了该国烟草法案的修正案，禁止在加拿大国内的市场上销售的卷烟以及雪茄烟中使用薄荷醇这一添加剂。也就是说，多年前已在讨论的对于薄荷烟的禁令目前在该国已经扫清法律方面的障碍。

加拿大政府卫生部门最近的一项抽样调查显示，有将近50%的未成年学生，在过去一个月的时间内，曾经尝试吸食过薄荷类烟草制品。

据介绍，之前加拿大政府曾出台烟草法案的修订案，禁止在卷烟以及雪茄烟中使用类似巧克力和泡泡糖味道的添加剂，以降低其对于青少年的吸引力。

2015年12月，“世界卫生组织烟草制品管制研究小组”（TobReg）第八次会议在巴西里约热内卢召开，会议讨论了向第七届缔约方大会提交审议的六个方面的报告：关于将卷烟成分和释放物三项SOP（烟丝烟碱、烟气TSNAs和B[a]P）应用于水烟、无烟烟草和电子烟的报告；关于卷烟设计特性的报告，包括细/超细、滤嘴通风、新型滤嘴设计特性，如胶囊型香味物质传输机制；关于水烟和无烟烟草有毒成分和释放物的报告；关于控制水烟使用的政策措施的报告；关于电子烟验证的报告；关于电子烟及不含烟碱的电子烟烟液和气溶胶中有害化学物质的报告。

欧盟烟草制品指令相关条款规定，各成员国应要求电子烟生产商及贸易商建立一个用于收集此类产品所有可能的对人类健康产生的不良影响的信息收集系统，并进行系统的日常维护。

如果有任何经营者认为他们即将投放市场的产品或已经投放市场的产品不安全或质量不好，或与烟草制品指令不相符，那么，经营者就需要根据烟草制品指令进行修正，或者撤销并召回相关的产品。

2017年2月份，欧盟一位意大利籍议员Giulia Moi向欧盟委员会提出建议，他认为，各成员国应该谨慎对待加热不燃烧产品，目前一些跨国烟草商们所研制并向市场上推出的加热不燃烧产品应该受到欧盟的关注。

分析人士认为，这种加热烟草后释放烟碱的加热不燃烧装置，可以有效降低烟草对人体健康的危害。与普通的卷烟产品相比，其潜在的危害性可以有效降低90%。但该研究只是由这些烟草商们研究后所得出的结论，因此，欧盟应该对此进行独立的研究，以确定此类产品是否对消费者的身体健康产生影响。

这位议员指出，在目前欧盟独立的研究结论还没有向外界公布之前，政府应该向消费者发出警示，谨慎对待此类产品的消费。

在产品宣传方面，欧盟烟草制品指令对于电子烟以及类似新型产品的商业宣传也做出了严格的规定，禁止以直接或间接的方式，并以促进电子烟以及电子烟液的销售为目的，通过社会信息服务、报刊或其他的印刷出版物进行商业宣传。但该指令并不禁止专门涉及电子烟产品以及电子烟液商业贸易的专供专业人士阅读的特定出版物。

另外，还禁止以直接或间接的方式通过商业电台等宣传途径对电子烟产品进行商业宣传和传播。禁止以直接或间接方式，并以促进电子烟产品销售为目的的任何形式的公共或个人赞助的广电节目的宣传活动。

七、第11条烟草制品的包装和标签内容简介

(1) 每一缔约方应在本《烟草控制框架公约》对该缔约方生效后三年内，根据其国家法律采取和实行有效措施以确保以下几点。

①烟草制品包装和标签不得以任何虚假、误导、欺骗或可能对其特性、健康影响、危害或释放物产生错误印象的手段推销一种烟草制品，包括直接或间接产生某一烟草制品比其他烟草制品危害小的虚假印象的任何词语、描述、商标、图形或任何其他标志。

②在烟草制品的每盒和单位包装及这类制品的任何外部包装和标签上带有说明烟草使用有害后果的健康警语，并可包括其他适宜信息。这些警语和信息：

a. 应经国家主管当局批准；

b. 应轮换使用；

c. 应是大而明确、醒目和清晰的；

d. 宜占据主要可见部分的 50%或以上，但不应少于 30%；

e. 可采取或包括图片或象形图的形式。

(2) 除本条第 1(b)款规定的警语外，在烟草制品的每盒和单位包装及这类制品的任何外部包装和标签上，还应包含国家当局所规定的有关烟草制品成分和释放物的信息。

(3) 每一缔约方应规定，本条第 1(b)款以及第 2 款规定的警语和其他文字信息，应以其一种或多种主要语言出现在烟草制品每盒和单位包装及这类制品的任何外部包装和标签上。

(4) 就本条而言，与烟草制品有关的“外部包装和标签”一词，适用于烟草制品零售中使用的任何包装和标签。

八、公约第 11 条履约情况

1. 烟草的包装与标签

2014 年，加拿大防癌协会发布了关于国际卷烟包装健康警示情况的研究报告，在其统计的 198 个国家和地区中，卷烟包装使用图形警示的共计 71 个，其中缔约方 61 个，占缔约方总数的 34%。在这一数据基础上，2015—2016 年，更多缔约方聚焦提升卷烟包装警示作用，进一步扩大警语面积，并开始使用图形警语。据统计，截至 2016 年年底，卷烟包装使用图形警语的缔约方已达到 92 个。

2014 年尼泊尔政府发布的关于增加警语面积的指令于 2015 年 10 月生效，在该国销售的卷烟警语面积从正面和背面面积的 70%增加到 90%。尼泊尔已经超过澳大利亚成为全世界健康警语面积最大的国家。

2015 年 3—4 月，3 个非洲国家——乍得、纳米比亚和布基纳法索通过了烟草包装图形警示法令。乍得卫生部宣布实施图形健康警示法令，警示将覆盖主要可见部分的 70%。在非洲，乍得的健康警语面积将超过毛里求斯保持的记录。

从 2016 年 3 月 19 日起，孟加拉国销售的烟草制品将必须有图片健康警语。根据其《吸烟和烟草制品使用》的规定，烟草制品上的图片健康警语应当至少覆盖包装面积的 50%。

印度政府修订控烟法案，要求卷烟外包装上吸烟有害健康警示图片以及警示语的面积将在原来占比 40%的基础上提高到 85%。该法案本应于 2015 年实施，但由于受多种因素影响，新的有关包装的条款被推迟到 2016 年 4 月份才正式实施。

2016 年 9 月份，新西兰议会最终以投票表决的方式，以 108 票赞成，13 票反对的结果通过了新的控烟法案修订案，此次所修订的主要条款为实施烟草制品的素面包装。

另据来自该国首都奥克兰的报道，政府在通过了此项新修订的控烟法案之后，预计 2017 年新西兰政府将会实施烟草制品素面包装的具体条款，届时，普通的烟草制品包装将会在该国市场上消失。

然而，该国卫生健康部门的一位官员指出，在政府计划出台卷烟素面包装议案时，也曾面临着许多阻力，因为政府所实施的烟草制品的素面包装，意味着要对烟草制品的包装实施统一的色彩以及 LOGO 的标准化管理，这将影响到烟草生产商以及贸易商的利益。在此之前，澳大利亚政府曾实施了严格的烟草制品素面包装法案，之后菲利普·莫里斯烟草国际公司以侵犯该公司知识产权为由对该国政府提起了法律诉讼，但最终还是澳大利亚政府获得此次诉讼案的胜利，因此新西兰政府对于此次实施烟草制品素面包装法案表现得很有信心。

2016 年，爱尔兰政府公共卫生健康监管部门向外界宣布，政府将修订原来所制定并实施的控烟法案，即对烟草制品实施标准化的素面包装政策，预计新的方案将会于 2017 年 5 月份正式实施。

另据来自当地反烟人士的消息称，政府一直坚持仿效澳大利亚政府早在 2012 年的做法，对烟草制品实施标准化的素面包装，其目的就是为了进一步减少烟草制品对于消费者，尤其是未成年人的吸引力，降低烟草制品的消费量。

然而，对政府的此项计划，帝国烟草公司的一位负责人指出，一旦爱尔兰政府于2017年实施该严格的控烟方案，该公司将关闭位于爱尔兰 Mullingar 地区的卷烟厂，由此可能导致目前在该厂工作的数百名工人失去工作。

2017年元月份，俄罗斯政府卫生部门向杜马提出建议指出，政府应该修订控烟法案，实施烟草制品素面包装的政策。

据介绍，俄罗斯政府卫生部门正在制定2016年至2020年降低烟草消费的新对策。新的对策将分阶段出台，包括提高烟草消费税、禁止烟草制品中使用各种添加剂、采用素面包装、在城市中严格限制吸烟区、严格控制电子烟等。

对此，政府卫生部门的一位负责人在接受媒体记者采访时指出，近年来，在俄罗斯已经没有烟草广告，也没有烟草促销。

2016年5月，瓦努阿图立法要求警语覆盖烟草包装正面和背面主要面积的90%（30%正文和60%图形）。这是太平洋岛国中图形健康警语面积最大的。

英国通过严格监管烟草包装、尺寸和电子烟的新规定，要求卷烟产品最小包装为20支，自制卷烟最小重量为30克，图形健康警语覆盖包装正反面的65%，自2016年11月开始要求电子烟有健康警语。

韩国从2016年12月23日开始要求在国内销售的卷烟包装上印制图形健康警语。缅甸要求卷烟包装上要展示图形和文本健康警语，且面积要达到75%，这项法令自2016年9月1日开始生效，生产商有6个月的过渡期。

2. 烟草素面包装政策

澳大利亚卷烟素面包装法案于2012年12月1日起生效。该法案从制定到实施在全球范围内引发了众多争议。

2015年6月，洪都拉斯、多米尼加、古巴、印尼在世界贸易组织（WTO）起诉澳大利亚烟草素面包装措施案专家组第一次听证会在 WTO 总部举行。专家组听取了第三方的口头陈述，并向第三方提出若干问题。4起案件的35个第三方（包括中国、美国、欧盟、日本、加拿大、巴西、新西兰、新加坡等）出席了会议。此后，专家组安排了仅当事双方参与的第二次听证会。目前，该案还处于诉讼审理过程之中，预计专家组将在2016年下半年做出判决。当事双方可就判决内容向 WTO 上诉法庭提起上诉。

此后，日本烟草在爱尔兰高等法院对政府计划实施的卷烟素面包装法案提起法律诉讼。爱尔兰政府认为此诉讼与菲莫国际和英美烟草在英格兰和威尔士向高等法院发起的素面包装挑战类似，因此，希望将此诉讼提交到欧洲高等法院。日本烟草对此表示反对。

澳大利亚《2011年烟草素面包装法》于2012年12月1日起生效。素面包装政策要求烟草制品使用统一的长方形翻盖硬盒，包装上的图片和文字健康警语面积应当占据烟盒正面的75%和背面的90%，警语区域底色为无光泽深橄榄棕色，内衬纸也使用深橄榄棕色，并在烟盒指定的位置用指定的字体和格式印刷品牌名称和规格；禁止使用任何企业标识和产品商标，禁止在烟支上印刷任何品牌名称和图形设计等。该法案一公布即引发了众多争议，洪都拉斯、多米尼加、古巴、印尼等国家在世界贸易组织（WTO）起诉澳大利亚烟草素面包装措施。该诉讼案原定于2016年做出判决，但是由于案件的复杂性，目前该案仍处于密集审理的过程中。

2017年2月份，斯洛文尼亚议会一致通过了该国新的控烟法案的修订案。新的修订案规定，政府将逐步强化其控烟法案的执行力度，并计划未来将实施烟草制品素面包装的法案。

该国政府统计部门的一项统计数据显示，目前该国15～64岁的人群当中，有大约25%的人经常吸烟。然而，政府卫生健康部门称，为了保护公众尤其是未成年人的身体健康，政府计划将其成年人的吸烟率最终降低到5%左右。因此，政府决定根据议会新通过的控烟法案的修订案，有步骤地实施烟草制品素面包装的法案，并仿效澳大利亚政府的做法，对不同品牌烟草制品实施标准化的素面包装政策，以进一步降低该国的吸烟率。

2017年，挪威政府卫生部部长 Bent Høie 向外界宣布，该国政府已经修订了其控烟法案中的部分条款，计划于2017年7月份开始正式实施烟草制品素面包装的法案。

据介绍，此次挪威政府所实施的素面包装的法案规定，在该国市场上生产及出售的卷烟产品以及雪茄烟产品，其外包装必须使用统一的绿褐色包装，以仿效之前澳大利亚以及英国政府的做法，进一步降低烟草制品包装对于消费者的吸引力。

另外，对于电子烟以及蒸汽烟产品，政府在此次的控烟法案修订案中也做出了严格的规定，即从今年7月份开始，禁止消费者在公共场所消费电子烟产品以及类似的吸烟装置。

在澳大利亚素面包装法案遭受质疑的同时，也在全球产生了素面包装政策的骨牌效应，越来越多的缔约方开始认同或尝试实施这一政策。截至目前，法国、匈牙利、爱尔兰和英国已通过素面包装立法；比利时、加拿大、新西兰和欧盟(可在各国自愿的基础上)等开始加速推进素面包装立法进程。

九、公约第12条　教育、交流、培训和公众意识内容简介

每一缔约方应酌情利用现有一切交流手段，促进和加强公众对烟草控制问题的认识。为此目的，每一缔约方应采取和实行有效的立法、实施、行政或其他措施以促进：

(1) 广泛获得有关烟草消费和接触烟草烟雾对健康危害，包括成瘾性的有效综合的教育和公众意识规划；

(2) 有关烟草消费和接触烟草烟雾对健康的危害，以及第14.2条所述的戒烟和无烟生活方式的益处的公众意识；

(3) 公众根据国家法律获得与本《烟草控制框架公约》目标有关的关于烟草业的广泛信息；

(4) 针对诸如卫生工作者、社区工作者、社会工作者、媒体工作者、教育工作者、决策者、行政管理人员和其他有关人员的有关烟草控制的有效适宜的培训或宣传和情况介绍规划；

(5) 与烟草业无隶属关系的公立和私立机构以及非政府组织在制定和实施部门间烟草控制规划和战略方面的意识和参与；

(6) 有关烟草生产和消费对健康、经济和环境的不利后果信息的公众意识和获得。

十、公约第12条履约情况

《烟草控制框架公约》第12条要求各缔约方通过各种传媒工具和教育、培训项目来加强公众的控烟意识，减少烟草使用，增加戒烟尝试，减少二手烟暴露。

2015年，柬埔寨卫生部和世界卫生组织启动一项新的无烟行动，警告柬埔寨人吸烟的危险性。在被称为“烟草致儿童死亡”行动的启动会上，柬埔寨卫生部呼吁要采取“更有效的措施”，防止非吸烟者受到二手烟的影响，鼓励吸烟者戒烟。这项行动包括在车上印制广告、播放电视短片等。

2015年，印度米佐拉姆邦一位名叫Lal Thanhawla的负责人称，该邦已经推出了无烟米佐拉姆方案，旨在使该地区的公众免受烟草制品的危害。

据介绍，该地区所推出的无烟计划还包括强化公众的控烟意识及禁烟方面的宣传活动，并与当地政府部门的空气质量监测机构相结合，有效推进该措施在当地的实施。

2015年开始，俄罗斯发起一项大型户外禁烟运动，展示了1000张广告牌和3000份街头海报，并且进行视频录制。2015年5月31日，阿联酋主要城市迪拜为响应世界卫生组织“世界无烟日”的活动，举行了24小时停售卷烟活动。

2015年，世界卫生组织欧盟地区的50余个成员国联合发表声明，称他们已签署了一个前所未有的未来10年内“让吸烟成为过去的事情”的路线图。

据介绍，这些国家计划实施一系列的控烟措施，禁止一切形式的烟草广告、促销和赞助，以及实施新的控烟教育措施，以此来实现无烟国家的目标。

目前，英国的苏格兰地区和芬兰政府计划的无烟目标时间表分别为2034年和2040年。另外，世界卫生组织一位名叫Zsuzsanna Jakab的负责人称，新一代的未成年人无法理解人们在公共汽车等候区、餐馆等公共场所吸烟的行为。

截至2016年，全球116个缔约方已经制定教育和公共意识规划，67个缔约方在制定规划时进行了预先检验、监督和评估，并以研究成果作为制定、管理和实施规划的依据，确保了规划的科学、合理和可操作性。

在规划内容方面，大多数缔约方注重以儿童和青少年、女性为对象人群；以烟草消费、接触烟草烟雾对健康的危害、戒烟和无烟草生活方式的益处为主要宣传内容。在规划制定和实施方面，社会公共机构、非政府组织的参与度不断提高。同时，规划宣传培训的主要对象依旧聚焦卫生工作者和教育工作者，然后是社区工作者和决策者，部分缔约方还包括宗教人员和警察等。

2016年，朝鲜大力开展禁烟宣传活动，在各道首府和主要城市设禁烟普及基地，不仅向民众提供禁烟咨询，而且向人们提供戒烟用品，朝鲜媒体也相继刊登多篇文章，宣传禁烟的好处。俄罗斯在莫斯科地铁中播放烟草控制相关语音消息，并给旅行者发送相关短信。英国在社交媒体上开展禁烟教育活动。

2016年9月份，日本政府公共卫生部门的一位负责人在接受媒体记者采访时称，希望在2020年东京奥运会之前能够实施完全的公共场所禁烟目标，以良好无烟环境展示日本的形象。

事实上，近日日本健康、劳动与福利省所发布的一项研究报告指出，目前在日本的公民中，许多疾病均与被动吸烟相关，因此，政府计划实施更加严格的公共场所禁烟政策，力争在奥运会之前完成这一任务。

同时，为了强化公众对于被动吸烟危害性的认识，日本公共卫生部门将被动吸烟引起的相关疾病列入1级最高风险水平。

自巴拿马政府于2005年2月份正式签署由世界卫生组织制定的《烟草控制框架公约》之后，该国就实行了较为严格的控烟法案，并于2016年10月份又一次修订了政府之前制定的公共场所禁烟法案，出台了更加严格的公共场所禁烟条例。

据介绍，巴拿马政府在对烟草销售、消费、广告等方面实行全面管制，已经成为拉丁美洲第三个公共场所全面禁烟的国家。

根据政府所制定的公共场所禁烟法案，任何人不得在巴拿马境内的宾馆、餐厅等封闭的公共场所吸烟；烟草广告也将被全面禁止；烟草公司不能进行直接或间接的推广和赞助活动；禁止向未成年人出售各类烟草制品。

另外，政府不仅对国内的烟草广告进行了严格的限制，而且对来自国际媒体的烟草品牌标识以及体育赞助活动也做出了限制性的规定。

尽管政府对于烟草消费与广告宣传做出了严格的限制，然而，政府在烟草制品的税收方面并没有达到世界卫生组织的要求。目前该国对于烟草制品的综合税率为57%，距离世界卫生组织要求的占有零售价格的70%还有一定的差距。

十一、公约第13条　烟草广告、促销和赞助内容简介

(1) 各缔约方认识到广泛禁止广告、促销和赞助将减少烟草制品的消费。

(2) 每一缔约方应根据其宪法或宪法原则广泛禁止所有的烟草广告、促销和赞助。根据该缔约方现有的法律环境和技术手段，其中应包括广泛禁止源自本国领土的跨国广告、促销和赞助。就此，每一缔约方在《烟草控制框架公约》对其生效后的五年内，应采取适宜的立法、实施、行政和/或其他措施，并应按第21条的规定相应地进行报告。

(3) 因其宪法或宪法原则而不能采取广泛禁止措施的缔约方，应限制所有的烟草广告、促销和赞助。根据该缔约方目前的法律环境和技术手段，应包括限制或广泛禁止源自其领土并具有跨国影响的广告、促销和赞助。就此，每一缔约方应采取适宜的立法、实施、行政和/或其他措施并按第21条的规定相应地进行报告。

(4) 根据其宪法或宪法原则，每一缔约方至少应：

①禁止采用任何虚假、误导或欺骗或可能对其特性、健康影响、危害或释放物产生错误印象的手段，推销烟草制品的所有形式的烟草广告、促销和赞助；

②要求所有烟草广告，并在适当时包括促销和赞助带有健康或其他适宜的警语或信息；

③限制采用鼓励公众购买烟草制品的直接或间接奖励手段；

④对于尚未采取广泛禁止措施的缔约方，要求烟草业向有关政府当局披露用于尚未被禁止的广告、促销和赞助的开支。根据国家法律，这些政府当局可决定向公众公开并根据第 21 条向缔约方会议提供这些数字；

⑤在五年之内，在广播、电视、印刷媒介和酌情在其他媒体如因特网上广泛禁止烟草广告、促销和赞助，如某一缔约方因其宪法或宪法原则而不能采取广泛禁止的措施，则应在上述期限内和上述媒体中限制烟草广告、促销和赞助；

⑥禁止对国际事件、活动和/或其参加者的烟草赞助；若缔约方因其宪法或宪法原则而不能采取禁止措施，则应限制对国际事件、活动和/或其参加者的烟草赞助。

(5) 鼓励缔约方实施第 4 款所规定义务之外的措施。

(6) 各缔约方应合作发展和促进消除跨国界广告的必要技术和其他手段。

(7) 已实施禁止某些形式的烟草广告、促销和赞助的缔约方有权根据其国家法律禁止进入其领土的此类跨国界烟草广告、促销和赞助，并实施与源自其领土的国内广告、促销和赞助所适用的相同处罚。本款并不构成对任何特定处罚的认可或赞成。

(8) 各缔约方应考虑制定一项议定书，确定需要国际合作的广泛禁止跨国界广告、促销和赞助的适当措施。

十二、公约第 13 条履约情况

《烟草控制框架公约》第 13 条要求广泛禁止烟草广告、促销和赞助。越来越多的缔约方出台了更加严格的控烟法案，禁止烟草生产企业及销售企业发布各种形式的烟草广告，并对其促销及赞助活动也进行了严格的限制。

2015 年 5 月 12 日，尼日利亚参议院通过了《烟草控制法案》，对烟草或烟草制品的广告、促销和赞助进行监管。新立法的目的是确保尼日利亚有一个全面的烟草法律，对尼日利亚的烟草和烟草制品的生产、制造、销售、标签、广告、促销和赞助进行有效监管和控制。

2016 年，尼日利亚政府已经通过并实施了国家烟草控制法案，对此，无烟儿童行动组织非洲地区的一位名叫 Josuah Kyallo 的负责人指出，此项控烟法案的通过，将有利于保护尼日利亚公民，尤其是青少年的身体健康。

但该法案实施后不久，由于其执行力度不够，没有得到应有的效果。对此，尼日利亚副总统 Yemi Osinbajo 在接受媒体记者采访时指出，政府将强化国家烟草控制法案的执行力度，争取减少各类烟草制品在该国的销售量以及消费量。同时，政府公共卫生部门还要加强吸烟有害健康的宣传，与控烟机构以及非政府组织进行有效的合作，进一步降低该国的吸烟率。

德国拟在 2020 年前禁止户外烟草广告，例如，禁止在公交站台以及广告橱窗做烟草广告。同时，烟草广告也不允许出现在 18 岁以下观众观看的电影屏幕上。

2015 年，德国食品、农业和消费者保护部向外界发布声明称，未来德国将完全禁止各种类型的烟草广告，尤其是将严格禁止烟草商在公共交通等候站所发布的烟草广告。另外，政府也将修订控烟法案以及广告法案，禁止烟草广告出现在 18 岁以下人群所观看的影视屏幕上。

德国政府称，为了配合 2016 年生效的新的烟草制品指令，政府新修订的控烟法案以及广告法案将对烟草包装上吸烟有害健康的警示图片以及警示语做出严格的规定，将强制卷烟生产商们在其卷烟包装上用三分之二的面积来印制肺部疾病或癌症的相关图片。

韩国政府修订《卷烟项目法施行令》，禁止便利店在 LED 广告板、结算柜台上放置卷烟广告或卷烟模型。根据韩国《国民健康促进法案》，不允许零售商在店外设立卷烟广告。烟草公司不能赞助那些针对妇女或者孩子的活动。违法者面临一年的监禁或者 1000 万韩元的罚款。10 月，韩国政府表示，将进一步修订该法案，禁止 20 支以下包装卷烟的销售和广告。

韩国政府已经修订了原来制定的控烟法案，要求烟草商从2016年12月份开始，在国内销售的卷烟包装上印制吸烟有害健康的警示图片。

据介绍，新修订的控烟法案规定，卷烟生产商必须在其包装上用65%的面积印制吸烟有害健康的警示图片。

为此，韩国政府卫生部门公布了10幅吸烟有害健康的警示图片供卷烟生产商选择。这些图片包括以下与吸烟所导致疾病相关的图片：肺癌、喉癌、口腔癌、心脏病、中风、二手烟、性功能障碍、皮肤老化等。

同时，政府卫生部门要求，卷烟生产商需要每两年更换一次警示图片。对此，政府卫生部门的负责人指出，实施新的法案的目的是降低韩国的吸烟率。同时他们也希望新的包装可以改变消费者对烟草制品的看法，引导那些想尝试吸烟的人不再进行尝试。

2016年统计数据显示，96个缔约方对烟草广告、促销和赞助实现广泛禁止。其中，各缔约方禁止性规定最常见的涵盖领域为植入式广告和媒体中的烟草使用描述等。

2016年12月，阿塞拜疆立法要求全面禁止烟草推广活动。所有烟草广告，有关烟草、烟草制品的促销，包括斗烟、水烟、电子烟、卷烟纸和打火机都被禁止。

2017年5月份，阿塞拜疆政府议会以投票表决的方式通过了新修订的烟草控制法案。新出台的控烟法案共计包括三章17个条款，同时也向社会公布了详细的禁止吸烟的公共场所列表。

对此，该国议会劳动与社会政策委员会一位名叫 Milli Majlis 的负责人在接受媒体记者采访时指出，该控烟法案修订案的出台完全符合公众与社会各界的要求。

但就在政府出台较为严格的公共场所禁烟令的同时，阿塞拜疆向国外出口的烟叶出现了增长的趋势。对此议会劳动与社会政策委员会这位负责人指出，政府也不完全是对烟草业的发展持反对态度的，新的控烟法案的出台，并不意味着政府今后会削减该国的烟叶生产，政府还是会鼓励烟草业出口的。

乌兹别克斯坦《限制酒精和烟草制品传播和使用法》禁止烟酒产品做广告，也禁止对这些产品的消费进行宣传，违者将被追究责任。沙特阿拉伯新控烟条例于2016年6月7日起执行。条例规定限制烟草广告宣传和促销活动、限制卷烟的展示和销售方式。

事实上，早在2012年，乌兹别克斯坦政府对外宣称，该国已正式批准由世界卫生组织(WHO)所制定的《烟草控制框架公约》，它将遵守《烟草控制框架公约》所规定的各项内容，以加强该国的控烟工作。

据介绍，在2012年3月份的立法会议上，乌兹别克斯坦议会下院通过并批准《烟草控制框架公约》的相关法案，之后得到参议院的批准，在报请总统签署之后生效。

阿曼通过新法律，所有电台、电视台、报纸和网络出版社均禁止刊登任何形式的烟草广告。

新加坡通过《烟草广告与销售控制修正法案》，禁止零售商公开展示烟草制品，也不能通过大众媒体包括互联网，进行促销或刊登任何广告。在修正的法案下，零售商须把烟草制品放在店内一个不透明的闭合式储藏空间里。当顾客询问价格时，零售商可以出示一份仅有文字、没有图形的价格表。零售商有12个月的时间来适应，法令于2017年正式生效。巴基斯坦由于被提出异议，提议的广告法尚未实施。

2017年，新加坡政府修订了其控烟法案，将合法购买烟草制品以及消费烟草制品的最低年龄从18岁上调到21岁。政府卫生部门未来将加强监管，以落实这项新条例的实施。

新加坡政府的一项抽样调查表明，当地45%的吸烟者在18～20岁之间开始吸烟。但一份国际卫生组织的研究报告指出，消费者在21岁之前没有接触烟草制品的其未来吸烟的概率将非常低。

事实上，为了使提高合法购买烟草制品年龄限制的做法征得公众的支持，从2015年开始，新加坡政府公共卫生部门就展开了吸烟管制措施的公共咨询活动。正是有了前期基础，新加坡政府才将合法吸烟年龄从原来的18岁上调至21岁，以避免年轻人在21岁之前开始吸烟。

另外，新加坡政府公共卫生部门也在考虑仿效澳大利亚等西方发达国家的做法，实施烟草制品素面包装的政策，以期能够有效降低该国的吸烟率。对此，政府卫生监管部门认为，通过实施烟草制品素面包装的措施，统一烟盒颜色，以此来有效降低烟草制品对于消费者，尤其是青少年的吸引力。

十三、公约第 14 条与烟草依赖和戒烟有关的降低烟草需求的措施内容简介

(1) 每一缔约方应考虑到国家现状和重点，制定和传播以科学证据和最佳实践为基础的适宜、综合和配套的指南，并应采取有效措施以促进戒烟和对烟草依赖的适当治疗。

(2) 为此目的，每一缔约方应努力：

①制定和实施旨在促进戒烟的有效的规划，诸如在教育机构、卫生保健设施、工作场所和体育环境等地点的规划；

②酌情在卫生工作者、社区工作者和社会工作者的参与下，将诊断和治疗烟草依赖及对戒烟提供的咨询服务纳入国家卫生和教育规划、计划和战略；

③在卫生保健设施和康复中心建立烟草依赖诊断、咨询、预防和治疗的规划；

④依照第 22 条的规定，与其他缔约方合作促进获得可负担得起的对烟草依赖的治疗，包括药物制品。此类制品及其成分适当时可包括药品、给药所用的产品和诊断制剂。

《烟草控制框架公约》第 14 条要求为降低烟草依赖和戒烟提供支持服务。统计数据显示，92 个缔约方已经将对烟草依赖的诊断和治疗以及戒烟咨询服务纳入国家烟草控制战略、卫生战略以及保健系统中。约 80 个缔约方制定了综合性配套戒烟指南。

十四、公约第 14 条履约情况

近年来，被广泛适用的具有成本效益的戒烟和烟草依赖治疗干预措施主要有以下几种。

一是在初级卫生保健系统进行戒烟建议，由医生和其他卫生保健人员提供的简短建议提高戒烟率。

二是戒烟热线，提供广泛的戒烟建议和咨询。

据介绍，在 2012 年新西兰政府提高了卷烟制品的价格，每盒卷烟的市场零售价格已达到 15 美元。在这种情况下，新西兰想戒烟的人数便大大增加。新西兰戒烟热线一位名叫 Bruce Bassett 的负责人称，2011 年政府两次提高卷烟税率及市场零售价格已使其戒烟热线的服务量增长了 93%，此次卷烟价格提高之后，戒烟热线的咨询量还将会增加。

Bruce Bassett 在接受媒体记者采访时称，政府的控烟措施已取得成效。他认为，卷烟制品存在着价格门槛，当卷烟的零售价格达到某一高值时，消费者就会意识到该戒烟了。

另外，自 2012 年澳大利亚政府实施了卷烟素面包装的措施之后，该国的戒烟热线比实施该措施之前增长了 78%。另据来自澳大利亚新南威尔士癌症研究所的分析表明，希望能够早日成功戒烟是烟民拨打戒烟热线的一个重要因素。

三是药物治疗，药物治疗单独使用或与其他处方戒烟药物组合使用，可以提高戒烟率。2010—2015 年，全球共有 5 亿多人获得戒烟方面的服务。

从 2000 年起，马来西亚一直将戒烟服务作为初级保健医疗卫生项目的一部分。其国内 900 多所健康诊所中的 80%均可提供戒烟服务，马来西亚计划进一步改善戒烟服务计划，扩展其烟草控制工作的影响。

在戒烟服务场所方面，97 个缔约方在卫生保健机构开展戒烟项目，60 个缔约方在教育机构、工作场所开展工作。一些缔约方还在军事、政府机构、民间组织、监狱文化中心等场所提供戒烟服务。戒烟服务主要由内科医生提供。

在戒烟药物方面，有 74 个缔约方可提供烟碱替代疗法，丁胺苯丙酮、瓦伦尼克林也被较多的缔约方使用。

2016 年，在新西兰国内，只有经过政府卫生部门批准的烟碱替代品——烟碱贴片和烟碱口香糖才可以出售。然而，新西兰一位名叫 Marewa Glover 的卫生健康界研究人员称，某些电子烟产品中所含有的烟碱并不比合法出售的戒烟替代品中所含有的烟碱量大。

另外，近年来，全球电子烟的年销售额已经远远超过了非处方类烟碱替代品的销售额，同年全球烟碱替代品的销售额为 24 亿美元(约合 17 亿欧元)。

4.3 第Ⅳ部分：减少烟草供应的措施内容及履约情况

一、公约第15条烟草制品非法贸易内容简介

(1) 各缔约方认识到消除一切形式的烟草制品非法贸易，包括走私、非法生产和假冒，以及制定和实施除次区域、区域和全球协定之外的有关国家法律，是烟草控制的基本组成部分。

(2) 每一缔约方应采取和执行有效的立法、实施、行政或其他措施，以确保所有烟草制品每盒和单位包装以及此类制品的任何外包装有标志以协助各缔约方确定烟草制品的来源，并且根据国家法律和有关的双边或多边协定协助各缔约方确定转移地点并监测、记录和控制烟草制品的流通及其法律地位。此外，每一缔约方应：

①要求在其国内市场用于零售和批发的烟草制品的每盒和单位包装带有一项声明："只允许在(插入国家、地方、区域或联邦的地域名称)销售"，或含有说明最终目的地或能帮助当局确定该产品是否可在国内市场合法销售的任何其他有效标志；

②酌情考虑发展实用的跟踪和追踪制度以进一步保护销售系统并协助调查非法贸易。

(3) 每一缔约方应要求以清晰的形式和/或以本国一种或多种主要语言提供本条第2款中规定的包装信息或标志。

(4) 为消除烟草制品非法贸易，每一缔约方应：

①监测和收集关于烟草制品跨国界贸易，包括非法贸易的数据，并根据国家法律和适用的有关双边或多边协定在海关、税务和其他有关部门之间交换信息；

②制定或加强立法，通过适当的处罚和补救措施，打击包括假冒和走私卷烟在内的烟草制品非法贸易；

③采取适当措施，确保在可行的情况下采用有益于环境的方法，销毁或根据国家法律处理没收的所有生产设备、假冒和走私卷烟及其他烟草制品；

④采取和实施措施，以监测、记录和控制在其管辖范围内持有或运送的免除国内税或关税的烟草制品的存放和销售；

⑤酌情采取措施，使之能没收烟草制品非法贸易所得。

(5) 根据第21条的规定，各缔约方应在给缔约方会议的定期报告中酌情以汇总形式提供依照本条第(4)款中的①和④项收集的信息。

(6) 各缔约方应酌情并根据国家法律促进国家机构以及有关区域和国际政府间组织之间在调查、起诉和诉讼程序方面的合作，以便消除烟草制品非法贸易。应特别重视区域和次区域级在打击烟草制品非法贸易方面的合作。

(7) 每一缔约方应努力采取和实施进一步措施，适宜时，包括颁发许可证，以控制或管制烟草制品的生产和销售，从而防止非法贸易。

二、公约第15条履约情况

近年来，非法烟草贸易每年提供约6000亿支卷烟，约占全球卷烟消费市场总供应量的10%。

据欧盟委员会的估计，卷烟非法贸易使欧盟及其成员国每年损失约100亿欧元的税收和海关收入。全世界几乎所有国家都存在某种形式的烟草制品非法贸易。烟草制品非法贸易逐渐成为全球关注的烟草控制综合治理课题。

2017年，2017年，欧盟委员会向外界发布的一份调查报告显示，尽管欧盟各成员国已经采取了多种措施打击非法走私以及假冒烟草制品，但自2013年以来，欧盟各成员国非法烟草制品的交易数量依然呈现出增长的趋势。

事实上，早在前几年包括菲利普·莫里斯烟草国际公司在内的多家烟草公司均与欧盟签署过打击非法

烟草制品贸易方面的合作协议。但此后欧盟终止了与烟草制品生产商所签署的打击非法烟草制品贸易的协议。正是在这种情况下，欧盟非法烟草制品的黑市贸易数量便出现了增长的趋势。

对此，欧盟委员会指出，各成员国别无选择，只能团结协作，实施有力的方法与措施打击非法走私与假冒烟草制品的贸易活动，原因是非法烟草制品对欧盟各成员国的公共卫生、政府财政以及国家安全均是十分有害的。

2017 年，印度工商业联合会的一份研究数据表明，在过去的 10 余年时间内，该国非法卷烟产品的消费量增长了 90%。另外，印度烟草研究所也认为，印度高额的卷烟税费已经导致一些卷烟消费者转向更加便宜的非法烟草制品。对此，有分析人士认为，不断增长的税率已经使印度合法卷烟市场无法应对非法卷烟。

该研究所的一项研究表明，因为政府增税，使得合法卷烟的价格更高，有高达 74%的吸烟者现在愿意转向购买非法产品。

这种情形已经将印度合法烟草业置于极为不利的地位。消费者可以在普通的嚼烟店和遍布全国的小摊上买到非法卷烟，而小摊贩也喜欢囤积这些非法卷烟，并在低价销售的同时获取较高利润。

仅在中国香港地区，2013 年 1 至 11 月份，政府海关部门共缴获了 3800 万支非法卷烟，与 2012 年同期相比有较大幅度的增长。另据来自香港当地媒体的消息表明，政府海关部门所查获的 3800 万支非法卷烟，仅是所有走私及假冒非法烟草制品的一部分。香港一家名为联合反对非法烟草制品组织的负责人指出，政府海关部门所查获的非法烟草制品，仅占香港地区 2013 年同期假冒及走私非法烟草制品的 41%。

2015 年 5 月 31 日，世界卫生组织在“世界无烟日”——“制止烟草制品非法贸易”这一主题下，呼吁所有《烟草控制框架公约》的缔约方尽快批准《消除烟草制品非法贸易议定书》，以落实《烟草控制框架公约》第 15 条关于全面消除烟草制品非法贸易行为的规定。其核心是通过有效监管烟草制品供应链各环节，惩治有关违法犯罪行为；同时加强国际司法和行政合作，打击烟草走私、非法生产和假冒等违法犯罪，以消除烟草制品非法贸易行为、保护公众健康和维护正常的烟草制品市场秩序。

2016 年，欧盟委员会已经通过了一项联合打击非法烟草贸易的决议，该决议为欧盟批准打击非法烟草贸易的国际性条款做好了前期的准备工作，同时，欧盟委员会也指出，消除非法烟草制品贸易的议定书，同时也是世界卫生组织制定的《烟草控制框架公约》中的一项条款，且近年来，世界卫生组织也在强化该打击非法烟草贸易条款在各缔约方的实施，以期能够有效打击全球的非法烟草贸易活动。

对此，欧盟委员会一位名叫 Georgieva 的负责人指出，欧洲议会已经顺利批准了欧盟第一个联合打击非法烟草贸易的条约。同时这位负责人也指出，非法烟草贸易是一个世界性的难题，它严重危害着公共健康和政府财政收入，跨境非法烟草贸易必须进行多方面的协调，进行联合执法并实施有效打击。为此，世界卫生组织《烟草控制框架公约》中的相关打击非法烟草贸易的条款将发挥着重要作用。

自韩国政府 2015 年提高卷烟税率，导致其卷烟的市场零售价格大幅度增长之后，国内合法卷烟产品的销售量出现了下降的趋势，而非法走私以及假冒卷烟产品的交易量则出现了上涨的趋势，在这种情况下，政府加大了打击非法卷烟的力度。

数据显示，截至 2016 年 6 月份，政府监管部门共查获了 239 起假冒及走私烟草制品案件，所查获的非法烟草制品的价值达到了 670 亿韩元。

受政府提高卷烟税率以及加强控烟力度的影响，该国的吸烟率也进一步呈现出下降的趋势。数据显示，截至 2016 年 5 月份，韩国 19 岁以上成年人吸烟率已经从 2014 年度的 43.1%下降到了 39.3%，对此政府公共卫生健康部门的人士表明，尽管国内非法烟草制品的交易量有所增长，但政府在控烟方面所实施的措施仍取得了一定的成效。

2016 年 5 月份，波兰警方在首都华沙附近查获了大量的非法烟草制品，警方的一位负责人介绍称，他们在正常执勤时发现了一处非法生产假冒烟草制品的工厂，且在该厂查获了 3000 千克烟丝以及 700 万支已经卷制好的烟支。

在此次的打击假冒卷烟生产的行动中，他们在该非法加工厂抓获的制假人员除了波兰当地人员外，还抓获了两名俄罗斯人和一名乌克兰人，这是波兰政府近来在国内所查获的生产假冒烟草制品规模最大的一次。

2016 年，为了打击非法烟草制品的泛滥，菲律宾政府财政部门与该国几家高科技信息公司进行合作，开发了一种手机用的 APP，帮助消费者来辨别非法走私及假冒的卷烟产品，以保护消费者以及政府的利益。

据介绍，菲律宾政府国家税收部门已经要求该国所有的烟草制品销售商在其销售的卷烟上粘贴政府印制的印花税票，这样，消费者利用手机上的应用软件就可以扫描验证该产品的真假。

数据显示，目前卷烟消费税已经占到了该国财政总收入的 80%左右，因此政府十分重视对非法烟草制品的打击。

事实上，随着越来越多的国家签署、批准《消除烟草制品非法贸易议定书》，更多缔约方不断加大力度打击烟草制品非法贸易。

三、公约第 16 条向未成年人销售和由未成年人销售内容简介

(1) 每一缔约方应在适当的政府级别采取和实行有效的立法、实施、行政或其他措施禁止向低于国内法律、国家法律规定的年龄或 18 岁以下者出售烟草制品。这些措施可包括：

①要求所有烟草制品销售者在其销售点内设置关于禁止向未成年人出售烟草的清晰醒目告示，并且当有怀疑时，要求每一购买烟草者提供适当证据证明已达到法定年龄；

②禁止以可直接选取烟草制品的任何方式，例如售货架等出售此类产品；

③禁止生产和销售对未成年人具有吸引力的烟草制品形状的糖果、点心、玩具或任何其他实物；

④确保其管辖范围内的自动售烟机不能被未成年人所使用，且不向未成年人促销烟草制品。

(2) 每一缔约方应禁止或促使禁止向公众尤其是未成年人免费分发烟草制品。

(3) 每一缔约方应努力禁止分支或小包装销售卷烟，因这种销售会提高未成年人对此类制品的购买能力。

(4) 各缔约方认识到，防止向未成年人销售烟草制品的措施宜酌情与本《烟草控制框架公约》中所包含的其他规定一并实施，以提高其有效性。

(5) 当签署、批准、接受、核准或加入本《烟草控制框架公约》时，或在其后的任何时候，缔约方可通过有约束力的书面声明表明承诺在其管辖范围内禁止使用自动售烟机，或在适宜时完全禁止自动售烟机。依据本条所作的声明应由保存人周知本《烟草控制框架公约》所有缔约方。

(6) 每一缔约方应采取和实行有效的立法、实施、行政或其他措施，包括对销售商和批发商实行处罚，以确保遵守本条第 1 款至第 5 款中包含的义务。

(7) 每一缔约方宜酌情采取和实行有效的立法、实施、行政或其他措施，禁止由低于国内法律、国家法律规定的年龄或 18 岁以下者销售烟草制品。

四、公约第 16 条履约情况

2015 年，马来西亚政府均将最低购烟年龄从 18 岁提升至 21 岁。

2015 年，俄罗斯政府计划修订其控烟法案，将吸烟人群的年龄从目前的 18 岁提高到 21 岁。

事实上，在此之前，已有公众建议政府修订控烟法案，禁止年龄不满 21 岁的公民购买烟草制品。对此，俄罗斯政府公共卫生健康部门十分重视，计划通过强化对烟草业的监管、提高烟草制品的税率、实施广告禁令和公共场所禁烟令等措施，以努力提高公众对控烟的满意程度。

政府的一项统计数据表明，目前该国的吸烟者人数已经在全球排名第 4，有超过 60%的成年男性和 20%的成年女性经常吸烟。

澳大利亚塔斯马尼亚州上议院全票通过一项动议，即从 2018 年开始，全面禁止向 2000 年以后出生者出售香烟，希望对这一代人实现全面禁烟。这将会成为世界首例以年龄为标准的禁烟令。

为了减少烟民人数，降低吸烟率，泰国政府 2015 年做出决定，修订其控烟法案，提高购买烟草制品的最低合法年龄。

另据来自《曼谷邮报》的消息表明，在政府计划修订控烟法案的草案向外界公布后，一些反烟人士同时

又提出了更加严格的控烟法案修订案，建议政府部门出台相关的措施以禁止烟草生产商以及贸易商们的各种宣传活动。泰国反烟协会的一项统计数据表明，近年来，泰国青少年吸烟者的数量逐年增长，在这种情况下，政府才决定修订控烟法案，提高购买烟草制品的最低合法年龄。

约旦卫生部通过一项新规定：从2015年10月1日起，在距离约旦学校和健康机构250米之内出售烟草制品将是违法的。

2016年，荷兰政府计划修订已经实行多年的控烟法案，将合法购买电子烟产品以及类似吸烟装置的最低年龄限定在18岁以上，以此来限止青少年尝试吸食电子烟产品。

另外，政府在此次的控烟法案修订案中还规定，对于电子烟产品的宣传以及营销活动，未来将会与普通的烟草制品同等对待。对此，荷兰政府公共卫生健康监管部门的一位负责人在接受媒体记者采访时称，他们的研究表明，电子烟产品可能比公众预期的对消费者的健康更有害，为此荷兰政府才决定修订控烟法案。在新修订的法案出台之后，电子烟产品的外包装上也必须印制吸烟有害健康的警示标志。

印度政府拟定法案，禁止在距学校500米范围内销售烟草，旨在阻止18岁以下的未成年人接近烟草制品。目前，该国《卷烟以及其他烟草制品法案》规定禁止在学校100米范围内出售烟草。

2016年，澳大利亚塔斯马尼亚政府在其五年战略计划草案中将最低合法吸烟年龄从18岁提高到21岁。

泰国议会经过审议，于2016年3月份通过了新的控烟法案修订案。新出台的法案规定，购买卷烟者的最低年龄从18岁提高至20岁，零售商如果向20岁以下的人销售卷烟即构成违法行为，每次将被处以3万泰铢罚款，或者不超过3个月的监禁。

该修订案还规定：卷烟必须整盒销售，不得拆盒出售单支卷烟，否则将被处以4万泰铢罚款；禁止开展包括网络在内的任何形式的烟草广告宣传活动等。

另外，政府还调整了烟草制品的税率，将烟草税从原来的87%上调至90%，使卷烟价格再次上升。对此，该国财政部门指出，增税措施将使泰国烟草税收从原来的每年120亿泰铢增加到150亿泰铢。

2017年，新加坡政府修订了其控烟法案，将合法购买烟草制品以及消费烟草制品的最低年龄从18岁上调到21岁。政府卫生部门未来将加强监管，以落实这项新条例的实施。

新加坡政府的一项抽样调查表明，当地45%的吸烟者在18至20岁之间开始吸烟。但一份国际卫生组织的研究报告指出，消费者在21岁之前没有接触烟草制品的其未来吸烟的概率将非常低。

事实上，为了使提高合法购买烟草制品年龄限制的做法征得公众的支持，从2015年开始，新加坡政府公共卫生部门就展开了吸烟管制措施的公共咨询活动。正是有了前期基础，新加坡政府才将合法吸烟年龄从原来的18岁上调至21岁，以避免年轻人在21岁之前开始吸烟。

另外，新加坡政府公共卫生部门也在考虑仿效澳大利亚等西方发达国家的做法，实施烟草制品素面包装的政策，以期能够有效降低该国的吸烟率。对此，政府卫生监管部门认为，通过实施烟草制品素面包装的措施，统一烟盒颜色，以此来有效降低烟草制品对于消费者，尤其是青少年的吸引力。

五、第17条对经济上切实可行的替代活动提供支持及第18条保护环境和人员健康内容简介

各缔约方应相互合作并与有关国际和区域政府间组织合作，为烟草工人、种植者，以及在某些情况下对个体销售者酌情促进经济上切实可行的替代生计。

各缔约方同意在履行本《烟草控制框架公约》之下的义务时，在本国领土内的烟草种植和生产方面对保护环境和与环境有关的人员健康给予应有的注意。

六、公约第17条及第18条履约情况

近年来，各缔约方在履行《烟草控制框架公约》第17条“对经济上切实可行的替代活动提供支持”及第18条“保护环境和人员健康”也做出了不懈的努力。

意大利要求10%种植烟草的土地应保留植树，要求保护烟草种植者和产业工人。

为了将化学残留降低到不超过标准水平和禁止使用农药，泰国财政部采纳烟草种植和生产的良好农业实践。

巴基斯坦采取了以下措施：经济上可行的替代作物周期研究；新作物的营销机制；补贴农民种植替代作物；农民种植新作物的能力建设；通过媒体/信息运动培训农民。巴基斯坦烟草委员会一直与不同的利益相关者合作，包括培训农民安全使用农药和使用专门调制的肥料；烟草控制组织计划与巴基斯坦烟草局合作，加强对烟草种植者的健康保护。

在帮助烟农们种植可替代作物方面，一些国家也做出了努力与经济利益方面的牺牲。

印度在实施控烟措施的同时，实施了逐步减少烟草种植面积的做法。数据显示，目前印度大约有3600万人的生产与生活主要依靠烟草的生产、加工与销售，这些人一旦停止烟草生产，将会使其生活受到很大的影响。因此，政府为了保证逐步控烟政策的实施，印度中央烟草研究机构向政府商业部门提出了为烟农们推荐不同替代农作物的做法。研究机构的研究人员称，烟农们将必须种植两季作物而不是一季，以补偿他们因停止烟草种植而可能受到的损失。另外，他们还根据地理位置的不同，向烟农们推荐了烟草种植的替代品如小麦、马铃薯、高粱、向日葵、香蕉等。

巴基斯坦烟叶主产区的烟农向政府部门提出请求称，希望当地政府部门在烟叶替代品种植与生产方面，给他们提供适当的支持与帮助。因为政府在计划减少烟叶生产规模的同时，他们的利益有可能会受到损害。据介绍，巴基斯坦政府已签署并批准了由世界卫生组织所制定的《烟草控制框架公约》，因此，政府不得不采取可持续的替代烟草作物的发展战略。

另外2015年在莫斯科举办的《烟草控制框架公约》第6次缔约方会议上，与会者讨论修订了《烟草控制框架公约》第17条以及第18条的内容。

会上分别就烟草种植的替代经济作物以及保护环境等提出了意见和建议。代表们认为，各缔约方应根据本国的国情，采取措施帮助烟草种植者寻求可以替代烟叶种植的农业经济作物，同时还要保护好环境。

4.4 第Ⅵ部分：责任有关的问题内容简介及履约情况

一、公约第19条责任内容简介

(1) 为烟草控制的目的，必要时，各缔约方应考虑采取立法行动或促进其现有法律，以处理刑事和民事责任，适当时包括赔偿。

(2) 根据第21条的规定，各缔约方应相互合作，通过缔约方会议交换信息，包括：

①根据第20.3(a)条有关烟草制品消费和接触烟草烟雾对健康影响的信息；

②已生效的立法、法规以及相关判例的信息。

(3) 各缔约方在适当时并经相互同意，在其国家立法、政策、法律惯例和可适用的现有条约安排的限度内，就本《烟草控制框架公约》涉及的民事和刑事责任的诉讼相互提供协助。

(4) 本《烟草控制框架公约》应不以任何方式影响或限制缔约方已有的、相互利用对方法院的任何权力。

(5) 如可能，缔约方会议可在初期阶段，结合有关国际论坛正在开展的工作，审议与责任有关的事项，包括适宜的关于这些事项的国际方式和适宜的手段，以便应缔约方的要求支持其根据本条进行立法和其他活动。

二、公约第19条履约情况

2015年5月份，以色列高等法院对一起有关在公共场所受到二手烟危害的集体诉讼案进行了裁决，高院维持了地方法案的判决，原告方获胜。在此次判决中，高院的一位法官认为，在公共场所受到二手烟危害的个人可以对公共场所的管理者以及娱乐场所的经营者提起法律诉讼，同时，他们有权代表受到二手烟危害的其他人员对管理者以及经营者提起集体诉讼案，以保护公众的身体健康。

2014 年 4 月 10 日，韩国的最高法院就 30 名吸烟受害者向国家和 KT&G 公司索赔一案做出了终审判决，对原告的赔偿要求维持原判，原告被判败诉。至此，韩国国内提出的 4 例吸烟诉讼中，除了 1 例高等法院未做出判决外，3 例均以原告（烟民）败诉告终。

2015 年 6 月份，加拿大三家烟草公司遭到了高达 150 亿加元（约合 110 亿美元）的巨额诉讼案。

据介绍，2015 年 6 月 1 日，加拿大魁北克一家法院对帝国烟草公司、乐富门公司，Benson & Hedges 烟草公司以及日本烟草公司下属的 JTI－Macdonald 烟草公司做出了向该国受害的烟民赔偿 150 亿加元的判决。分析人士称，这是加拿大有史以来对烟草公司所做出的最大一笔巨额诉讼案。

但三家烟草公司并不服此次判决，认为法官在做出判决时并没有考虑到吸烟者自己的责任，同时他们有证据表明，吸烟者在吸烟时已经意识到吸烟可能对自己身体健康所带来的风险，因此三家烟草公司均表示要上诉。

2015 年，加拿大魁北克高级法院审理了一件有关对于烟草公司高达 200 亿加元（约合 140 亿欧元）的诉讼案。

据介绍，该诉讼案开始于 2012 年 3 月份，该案的原告涉及 100 余万魁北克地区的吸烟者，他们起诉的原因在于他们消费的烟草制品对他们的身体健康造成了一定的危害，而生产这些烟草制品的公司：包括帝国烟草公司以及日本烟草国际公司在内的三家公司对此负有一定的责任，因为原告称，这三家烟草公司隐瞒了部分吸烟危害健康的事实真相。

2016 年，美国 R.J.雷诺士烟草公司又遭到了因吸烟造成死亡的巨额诉讼案件，此次的诉讼中，法院判决对于可能因吸烟导致的死亡者——Alan Konzelman 的妻子——Elaine Konzelman 的赔偿金合计可能高达 2900 万美元。

4.5 第Ⅶ部分：科学和技术合作与信息通报内容及履约情况

一、公约第 20 条研究、监测和信息交换内容简介

(1) 各缔约方承诺开展和促进烟草控制领域的国家级的研究，并在区域和国际层面内协调研究规划。为此目的，每一缔约方应：

①直接或通过有关国际和区域政府间组织及其他机构，启动研究和科学评估并在该方面进行合作，以促进和鼓励有关烟草消费和接触烟草烟雾的影响因素和后果的研究及确定替代作物的研究；

②在相关国际和区域政府间组织及其他机构的支持下，促进和加强对所有从事烟草控制活动，包括从事研究、实施和评价人员的培训和支持。

(2) 各缔约方应酌情制定烟草消费和接触烟草烟雾的流行规模、模式、影响因素和后果的国家、区域和全球的监测规划。为此，缔约方应将烟草监测规划纳入国家、区域和全球健康监测规划，使数据具有可比性，并在适当时在区域和国际层面进行分析。

(3) 各缔约方认识到国际和区域政府间组织及其他机构提供的财政和技术援助的重要性。各缔约方应努力：

①逐步建立烟草消费和有关社会、经济及健康指标的国家级的流行病学监测体系；

②在区域和全球烟草监测，以及关于第(3)条第①款所规定指标的信息交换方面与相关的国际和区域政府间组织及其他机构合作，包括政府机构和非政府机构；

③与世界卫生组织合作，针对烟草相关监测资料的收集、分析和传播制定一般的指导原则或工作程序。

(4) 各缔约方应根据国家法律促进和便利可公开获得的与本《烟草控制框架公约》有关的科学、技术、社会经济、商业和法律资料以及有关烟草业业务和烟草种植的信息交换，同时这种做法应考虑并注意到发展中国家及经济转轨国家缔约方的特殊需求。每一缔约方应努力：

①逐步建立和保持更新的烟草控制法律和法规，及适当的执法情况和相关判例数据库，并合作制定区域和全球烟草控制规划；

②根据第(3)条第①款逐步建立和保持国家监测规划的更新数据；

③与有关国际组织合作，逐步建立并保持全球系统，定期收集和传播烟草生产、加工和对本《烟草控制框架公约》或国家烟草控制活动有影响的烟草业有关活动的信息。

(5) 各缔约方宜在其为成员的区域和国际政府间组织，以及金融和开发机构中进行合作，促进和鼓励向本《烟草控制框架公约》秘书处提供技术和财务资源，以协助发展中国家缔约方及经济转轨国家缔约方履行其关于研究、监测和信息交换的承诺。

二、公约第 20 条履约情况

近年来，缔约方承诺促进烟草控制活动在国家层面的研究与国际层面的协调研究，并加强监督烟草控制和促进相关领域的信息交流。

具体研究内容包括烟草消费影响、接触烟草烟雾影响、替代生计、妇女使用烟草、健康警语、停止使用烟草、监控烟草工业等烟草控制领域。

瑞典政府委托机构对青少年使用水烟的文化、患病率和风险评估进行研究。

韩国这几年在国家财政健康促进基金的支持下，对与电子烟相关的政策、青年人戒烟的激励计划以及有效实施 5.3 条进行大量研究。

芬兰加强国家健康与福利研究所和地区国家行政机关之间的合作，以提高地区法院和地方当局对烟草控制的认识。

尽管电子烟产品近年来在西方发达国家的销售量呈现逐年增长的趋势，但政府对其广告宣传活动并没有放松监管。目前在美国和英国，政府对于电子烟产品的广告宣传活动有着严格的限制性措施，政府规定不允许电子烟生产商以及销售商在对其产品进行宣传时，声称是普通烟草制品的一种健康替代品，也不允许他们将电子烟产品宣传为一种潜在的可以帮助戒烟的产品。

目前在加拿大国内，政府对于电子烟产品的营销也有严格的规定，不允许电子烟生产商以及贸易商利用传统的媒体进行广告宣传活动，但允许零售商在其零售网点对其产品进行适当的宣传与促销活动。

于 2016 年实施的欧盟新修订的烟草制品指令，对于电子烟类产品的广告宣传进行了严格的限制，其主要的内容包括：①宣传营销的对象不应该只针对 18 岁以下的人群，因此其宣传广告不应该出现在仅供 18 岁以下人群收看的媒体上；②电子烟生产商与贸易商的宣传广告中，不应该以各种形式来鼓励不吸烟者尝试使用电子烟产品；③电子烟的广告宣传中需要明确：其产品就是电子烟，而不是一种烟草制品(注：该用语仅指在做电子烟广告宣传时使用，其目的在于暂时可以允许电子烟做广告宣传，而不是指电子烟不属于烟草制品)。

2016 年，加拿大政府向外界宣布，政府计划出台更加严格的措施对于电子烟产品的相关信息宣传进行监管。具体而言，政府有可能对于电子烟产品一些相关的研究数据以及与普通烟草制品相比较一些危害性较低的信息及数据的发布进行监管。

据介绍，加拿大政府计划对在该国一家科学期刊上发表的一篇电子烟产品的同行评审期刊论文进行处罚，该期刊有可能遭到政府高达 50 万加元的罚款。

然而，对此加拿大也有学者指出，政府此举涉嫌违反了加拿大宪法所赋予公众言论自由的权力。该学者指出，事实上，早在 2015 年英国一家独立的卫生机构所做的一项研究表明，电子烟产品与普通烟草制品相比，前者对于消费者所造成的潜在健康风险低了 95%。

4.6 世界卫生组织对于“新型烟草制品”的监管情况

目前，全球大部分缔约方国内市场都存在无烟烟草制品、水烟、电子烟碱传送系统(电子烟)和电子非烟碱传送系统，近年来，许多缔约方加强了对新型烟草制品的调查和监管政策研究。

一、无烟烟草制品

各缔约方针对无烟烟草制品（包括嚼烟和鼻烟等）的监管政策各不相同。欧盟大部分国家、澳大利亚、巴林、伊朗和新西兰禁止生产和销售无烟烟草制品。

2015 年，美国食品与药品管理局（FDA）烟草制品科学顾问委员会没有批准瑞典火柴公司新产品的上市申请，同时也不允许该公司对其计划新推出的口含烟产品进行减害方面的宣传，不允许在其包装上印制减害标签。烟草制品科学顾问委员会认为，瑞典火柴公司所提供的健康警示说明，并没有充分传达出他们所申请的这种口含烟产品对消费者健康的危害性。

对此，美国食品与药品管理局烟草制品科学顾问委员会还要进行深入研究，以确定如何来宣传口含烟产品的危害性。

2016 年，新西兰政府原则上已经同意在适当的监管情况下，含有烟碱的电子烟产品可以在该国市场上合法出售。

据介绍，目前在新西兰，消费者如果想使用电子烟产品，只能消费进口的此类产品，对于那些希望能够通过使用电子烟帮助自己戒烟的消费者已经形成了很大的障碍。

新西兰一个民间戒烟组织的负责人在接受媒体记者采访时称，政府的公共卫生部门在倾听了公众以及吸烟者的声音之后，已经转变了他们对于电子烟产品的态度。

对此，新西兰政府公共卫生部门也在其官方网站上发布了通知，该通知称，目前尽管消费电子烟产品以及类似吸烟装置所带来的风险以及益处还不确定，但有证据表明使用电子烟产品以及类似的吸烟装置可以帮助那些希望戒烟的烟民戒除吸烟这一习惯。

2017 年，英国一家名为新烟碱联盟的组织向英国的一家法院提出诉讼请求，要求在英国推翻欧盟之前所制定的新的烟草制品指令中有关无烟气烟草制品的含烟禁令之规定，同时他们认为含烟产品比普通的燃烧类烟草制品更加安全。

据介绍，这家新烟碱联盟组织已经与瑞典火柴公司进行合作，并将此诉讼案已经提交到了欧洲法院。

然而，英国的一位反烟人士则指责称，英国的控烟法案也是基于欧盟的烟草制品指令的，应该对无烟气烟草制品实施更加严格的管控。

二、水烟产品

虽然水烟在一些缔约方是非法产品，但是市场上仍然存在从黑市购买或私人携带的水烟。东地中海地区的水烟市场正快速扩张，有水果水烟和电子水烟等。挪威和毛里求斯禁止水烟。

2014 年，新加坡政府卫生部门对外宣布，政府将修订其控烟法案，出台水烟产品的禁令，以保护公众的身体健康。因为世界卫生组织的一份报告指出，水烟对青年消费者非常有吸引力。

据介绍，为了配合政府卫生部门所实施的水烟禁令，新加坡政府贸易部门将首先出台措施以禁止水烟产品对该国的出口与分销，从根本上限制新加坡国内烟草市场上出现此类产品。

政府卫生部门的一位负责人在接受媒体记者采访时称，预计新修订的控烟法案将于 2014 年 11 月底出台，在 2015 年 7 月 31 日前为水烟产品市场零售与消费的过渡期，在此期间，有存货的零售商可以继续出售此类产品，但在政府所规定的日期之后，再出售此类产品将会受到严厉的处罚。

孟买高等法院对该地区地方政府此前出台的水烟禁令做出判决，认定地方政府出台的水烟禁令与印度政府出台的控烟法案不符。

印度政府出台的控烟法案规定，禁止消费者在诸如教育机构、医院等公共场所消费烟草制品，因此该法院裁决印度孟买当地政府出台的水烟禁令无效。

2016 年 11 月份在印度召开的《烟草控制框架公约》第七届缔约方大会上，与会代表认为，世界卫生组织应该加大对水烟、hookah pipes 等其他类别烟草制品的管控力度，以保护公众的身体健康。

在此次的各缔约方大会上，世界卫生组织对于水烟等烟草制品初步制定了如下控制措施：

(1) 对此类产品进行成分管制；

(2) 禁止对此类产品进行诸如适用消费者消费的宣传，也不得再在此类产品中添加诸如甜味剂、香料和草药等；

(3) 禁止对此类产品过度包装以吸引消费者；

(4) 禁止对于此类产品的有关“能量”与“活力”等的宣传。

为了保护消费者，尤其是青少年的身体健康，2017 年 2 月份，巴基斯坦政府卫生部门向外宣布，政府将逐步禁止水烟产品在该国的商业化运作，未来将在该国禁止水烟产品的生产与销售，届时政府也将禁止水烟产品在公共场所的消费。

事实上，早在几年前，巴基斯坦政府就已经制定了公共场所禁烟以及保护不吸烟者身体健康的相关条例，但由于控烟法案的执行力度不够，因此该国禁烟令并没有得到有效执行。

然而，在此次政府计划向水烟产品发出禁令之后，当地特有的 shisha 烟以及水烟在一些封闭的公共场所，如酒吧、咖啡馆和公共休息室内将禁止使用，而对于违反者，政府也将会加大其执法与处罚的力度。

三、电子烟碱传送系统和电子非烟碱传送系统。

针对电子烟碱传送系统（电子烟）和电子非烟碱传送系统产品的多样性以及不断进化的产品种类，各缔约方采取不同措施进行监管，如对其进行全面禁止，或视同烟草制品、食品、药品或一般消费品进行监管。

2014 年 2 月下旬，美国洛杉矶部分议员向美国食品与药品管理局提出建议指出，联邦政府应该出台电子烟产品的监管措施，原因在于有些消费者认为，电子烟中含有对人体健康有害的物质。

另外，洛杉矶市政府部门一名官员称，由于电子烟中还含有一些不为公众所知的成分，可能会对消费者的身体健康带来潜在的危害，因此政府应该对其进行监管。同时，在近年来电子烟越来越流行的情况下，政府监管部门应该首先出台限制向未成年人出售电子烟的监管措施，以保护未成年人的利益不受损害。

美国食品与药品管理局对外宣布，该局计划出台电子烟产品的监管法案，根据该局发言人对外发布的消息，即将出台的电子烟监管法案有可能改变美国电子烟产业的格局。

据介绍，美国食品与药品管理局所出台的监管法案，有可能禁止电子烟零售商向 18 岁以下的青少年出售此类产品，同时也将要求电子烟生产商向公众披露其电子烟液的成分，并在电子烟的外包装上印制吸烟有害健康的警示语，对于电子烟商们的广告宣传及网络销售等，美国食品与药品管理局都将做出严格的规定。

美国国会部分议员向政府提出建议指出，应该尽快制定电子烟的相关监管措施，尤其是要制定措施禁止通过网络销售电子烟产品，以避免青少年通过网络购买电子烟。另外，他们还建议，政府应对水果香味的电子烟液进行严格的监管，以避免此类电子烟产品吸引未成年人尝试吸食。

对此，美国食品与药品管理局回应称，该局已经向外界公布了对电子烟以及原来没有纳入该局监管的其他类别烟草制品的相关监管措施，公众对此可以发表评论并提出意见。

美国参议院卫生、教育、劳工及退休管理部门一位名叫 Tom Harkin 的负责人指出，政府应该出台措施禁止向未成年人出售电子烟产品，并出台更加严格的针对电子烟广告宣传的相关法案，禁止此类产品通过名人代言等形式进行电视广告和宣传活动。对于美国部分议员所提出的建议，美国食品与药品管理局负责人 Margaret Hamburg 称，该局将接受议员们的建议，在充分听取公众意见的基础上，尽快制定电子烟监管措施。

世界卫生组织召开的《烟草控制框架公约》第六次缔约方会议上，与会者讨论了世界卫生组织关于电子烟的相关研究报告。

世界卫生组织的研究报告认为，近年来，电子烟发展十分迅速，而且电子烟的品牌也在不断增加。国际知名咨询公司——欧睿国际的数据显示，2013 年全球约有 466 个电子烟品牌。

世界卫生组织认为，目前不同缔约方政府对电子烟采取了不同的监管措施。因此，世界卫生组织建议将电子烟议题作为讨论的重点，然而，与会各方对电子烟的监管仍存在有较大的意见分歧。

美国法律界专门研究控烟方面的专家建议，政府应该出台措施对电子烟产品进行有效监管，同时，专家们也正在进行法律细则方面的研究，以帮助政府出台更加合理的监管措施，以平衡各方利益。

美国控烟研究方面一位名叫 Eric N. Lindblom 的研究人员在接受媒体记者采访时称，尽管电子烟产品可能会对公众的健康带来一定的影响，然而，目前电子烟也是吸烟者减少普通烟草制品消费量一个比较有效的途径，因此，政府在出台监管措施时，应该倾听公共卫生界、电子烟行业以及消费者的意见。

随着电子烟产品在美国市场上销售量以及消费量的不断增长，许多未成年人也尝试消费电子烟产品，在这种情况下，美国多家民间公共卫生健康组织要求政府部门尽快制定电子烟产品以及类似吸烟装置的监管法案，以阻止此类产品销售量的增长。

事实上，早在 2014 年，美国食品与药品管理局就曾计划制定电子烟监管的相关法案，其内容包括：禁止向未成年人出售电子烟产品以及类似的吸烟装置。

对此，美国无烟青少年组织一位名叫 Vince Willmore 的负责人称，电子烟产品市场营销活动是造成青少年电子烟消费者增长的主要因素，因此政府应该制定监管法案，以规范此类产品的市场营销活动。

于 2016 年实施的欧盟新修订的烟草制品指令中，对电子烟产业的监管做出了进一步的规范，其主要内容包括：

(1) 对于电子烟液中烟碱量超过 20mg/ml 的产品进行限制；

(2) 对于各种类型的电子烟产品，其烟仓的电子烟液的容量不能超 10ml；

(3) 装有电子烟液的装置应该有儿童安全保护设施；

(4) 电子烟的外包装上必须印制警示标识，并印制不建议不吸烟者使用等字样。另外还必须印制该产品可能使消费者上瘾的信息等。

2015 年，匈牙利政府卫生健康部门向外界发布声明指出，政府将修订控烟法案，拟重点修订该法案中有关电子烟监管的相关条款。

新修订的条款规定，电子烟商必须在 2016 年 12 月 20 日前，注册他们需要在 2016 年 5 月 19 日之前上市场销售的相关电子烟产品。新法案规定，电子烟生产商与贸易商如果违反新修订的控烟法案，将有可能受到高额罚款。

另外，新修订的法案规定，与消费普通的烟草制品一样，禁止消费者在公共场所消费任何类型的电子烟以及类似的吸烟装置，电子烟产品的广告宣传也在被禁之列。

2015 年 12 月份，印度 Tamil Nadu 邦(泰米尔纳德邦)政府修订了当地的控烟法案，计划将电子烟产品作为药品进行监管。为此，该邦的药品监管部门通知电子烟生产商，要求他们必须按照当地政府出台的药品与化妆品法案生产并销售电子烟产品，违者将会受到处罚。

事实上，在此之前，印度泰米尔纳德邦当地一家名为 Steamz Agro 的电子烟供应商因违反当地的药品监管法案曾受到过处罚。

全球控烟履约趋势分析如下。

随着全球越来越多的国家和地区签署、批准《消除烟草制品非法贸易议定书》《烟草控制框架公约》相关实施指南的陆续通过、出台，《烟草控制框架公约》的影响日益深远。近年来，各国各地区政府出台了越来越多的、越来越严厉的公共场所控烟政策，全球控烟运动持续高涨，同时公众对吸烟有害健康的意识也逐渐加强，这更加有利于全球控烟活动的开展。

控烟措施的日趋严厉，同时也随着世界卫生组织逐步扩大其在全球的影响力，各缔约方控烟履约的工作进一步深入，各国各地区新出台的控烟法案覆盖的领域更加广泛，政府对于烟草业的监管也更加严厉，甚至超出了《烟草控制框架公约》明确规定的责任和义务。

打击非法贸易力度持续加强。伴随着全球控烟履约工作的深入发展，合法卷烟产品的生产、销售成本日益提升，促使非法卷烟的消费需求急剧增加，非法贸易不断扩张。然而，加强立法是任何政府解决这个问题综合策略的一部分。此外，还需要投入更多的资金和人力协助打击有组织犯罪和烟草黑市。同时，烟草行业需要进一步提高透明度，与执法部门共享情报。尽管政府的积极态度受到烟草行业的欢迎，但也要确保过度的法规和措施不会对非法贸易问题推波助澜。最后，还是回到公众关注。打击非法烟草贸易依赖于公众意识的觉醒。只有这样，烟草行业面向消费者所做的努力才能及时传递，并且最终切实的改变才会发生

对于新型烟草制品的监管，近年来，新型烟草制品市场正处在群雄逐鹿的阶段，快速发展的市场规模需要资金、产品、技术快速优化整合。在这一领域，既有跨国烟草公司，也有规模较小的公司，还有专注于技术研发的公司，公司之间并购重组的概率很大。与此同时，随着市场规模不断扩大，产品类型不断丰富，因此，政府对新型烟草制品的立法监管将趋于严格，税收政策也会逐渐完善。

第五章　中国控烟法规及各地控烟条例

5.1　吉林省城市公共场所禁止吸烟规定

资料属性:地方性法规规章
制定机关:吉林省人民政府
颁布文号:吉林省人民政府令第46号
颁布日期:1996年05月23日　　**施行日期**:1996年05月31日
时效性:有效

第一条　为了减少吸烟的危害,保护城市公共场所的卫生环境,保障公民身体健康,根据有关法律、法规,结合本省实际情况,制定本规定。

第二条　县级以上人民政府所在地的城市下列场所中公众活动部分的场所为禁止吸烟场所(以下简称禁烟场所):

(一)公共文化娱乐场所;
(二)公共体育馆;
(三)图书馆、博物馆;
(四)非本单位自用的会场;
(五)商店(含室内市场)、粮食供应店(所)、银行、储蓄所;
(六)在城市内行驶的公共交通工具,候车(机、船)室;
(七)医疗单位;
(八)学校、托幼单位;
(九)法律、法规、规章规定的其他禁止吸烟场所。

第三条　县级以上爱国卫生工作机构负责在本行政区域内组织本规定的实施。

县级以上爱国卫生工作机构可以委托有关组织实施禁止吸烟的监督管理工作。

第四条　文化、教育、卫生、环境保护以及新闻出版等部门应当积极开展吸烟有害的社会宣传。

第五条　禁烟场所的所在单位应当做好禁止吸烟的宣传教育工作。有条件的禁烟场所所在单位应当为吸烟者提供有通风装置的吸烟室(区),并设置明显标志。

第六条　禁烟场所的所在单位必须履行下列职责:

(一)在禁烟场所设置醒目的禁止吸烟标志;
(二)不在禁烟场所内设置吸烟器具;
(三)及时劝阻吸烟者在禁烟场所吸烟。

第七条　吸烟者不得在设有禁烟标志的公共场所吸烟。

第八条 非吸烟者具有下列权利：

（一）要求吸烟者在禁烟场所停止吸烟；

（二）要求禁烟场所的所在单位履行本规定第六条规定的各项职责；

（三）向县级以上爱国卫生工作机构或其委托的组织举报违反本规定的单位和个人。

第九条 对违反本规定的禁烟场所所在单位和吸烟者，由县级以上爱国卫生工作机构或其委托的组织按下列规定予以处罚：

（一）对违反本规定第六条第一项或者第二项规定的，责令立即改正或者限期改正，并处以 50 元以上 200 元以下罚款；

（二）对违反本规定第六条第三项规定的，处以 100 元以上 300 元以下罚款；

（三）对违反本规定第七条规定的，处以 1 元以上 5 元以下罚款。

第十条 在禁烟场所吸烟造成公私财产损害的，负有依法赔偿的责任。

第十一条 收缴罚款必须出具财政部门统一印制的罚款收据，罚款上缴同级财政。

第十二条 当事人对行政处罚决定不服的，可以依法申请行政复议或者提起行政诉讼。逾期不申请复议、不起诉，又不履行处罚决定的，做出处罚决定的机关可以申请人民法院强制执行。

第十三条 非禁烟场所的所在单位应当根据具体情况确定本单位的禁止吸烟场所，制定制度，做好控制吸烟工作。

第十四条 本规定自 1996 年 5 月 31 日起施行。

5.2 北京市控制吸烟条例

资料属性：地方性法规规章

制定机关：北京市人民代表大会常务委员会

颁布文号：北京市人民代表大会常务委员会公告第 8 号

颁布日期：2014 **年** 11 **月** 28 **日**　**施行日期：**2015 **年** 06 **月** 01 **日**

时 效 性：有效

《北京市控制吸烟条例》已由北京市第十四届人民代表大会常务委员会第十五次会议于 2014 年 11 月 28 日通过，现予公布，自 2015 年 6 月 1 日起施行。

北京市第十四届人民代表大会常务委员会

第一条 为了减少吸烟造成的危害，维护公众健康权益，创造良好公共环境，提高城市文明水平，根据有关法律、行政法规，结合本市实际情况，制定本条例。

第二条 本条例适用于本市行政区域内控制吸烟工作。

对吸烟可能危害公共安全的，按照相关法律法规执行。

第三条 本市控制吸烟工作坚持政府与社会共同治理、管理与自律相互结合，实行政府管理、单位负责、个人守法、社会监督的原则。

第四条 市和区、县人民政府加强对控制吸烟工作的领导，将控制吸烟工作纳入国民经济和社会发展规划，保障控制吸烟工作的财政投入，推进控制吸烟工作体系建设。

第五条 本市各级爱国卫生运动委员会在本级人民政府领导下，负责组织、协调、指导相关行政部门的控制吸烟工作，组织社会组织和个人开展社会监督，开展控制吸烟工作的宣传教育培训，监测、评估单位的控制吸烟工作并定期向社会公布，对在控制吸烟工作中做出突出贡献的单位和个人给予表彰、奖励。

第六条 市和区、县卫生计生行政部门是控制吸烟工作的主管部门，负责组织制定控制吸烟的政策、措施，开展控制吸烟的卫生监督管理，受理违法吸烟的举报投诉，依法查处违法行为，并定期向社会公示查处情况。

教育、文化、体育、旅游、交通、工商、公安、园林绿化、食品药品监督、市政市容、城市管理综合执法、烟草专卖等相关行政部门按照各自职责，对本行业或者领域内的控制吸烟工作进行监督管理，制定管理制度，开展宣传培训，组织监督检查。

第七条　乡镇人民政府和街道办事处按照属地管理原则，做好本辖区内的控制吸烟工作。

第八条　本市将控制吸烟工作纳入全市群众性精神文明创建活动。

广播、电视、报纸、网络等新闻媒体应当开展控制吸烟的公益宣传，加强舆论监督。

第九条　公共场所、工作场所的室内区域以及公共交通工具内禁止吸烟。

第十条　下列公共场所、工作场所的室外区域禁止吸烟：

（一）幼儿园、中小学校、少年宫、儿童福利机构等以未成年人为主要活动人群的场所；

（二）对社会开放的文物保护单位；

（三）体育场、健身场的比赛区和座席区；

（四）妇幼保健机构、儿童医院。

市人民政府可以根据举办大型活动的需要，临时划定禁止吸烟的室外区域。

第十一条　除本条例第十条规定以外的其他公共场所、工作场所的室外区域，可以划定吸烟区。

吸烟区的划定应当遵守下列规定：

（一）设置明显的指示标志和吸烟有害健康的警示标识；

（二）远离人员密集区域和行人必经的主要通道；

（三）符合消防安全要求。

第十二条　国家机关、企事业单位、社会团体和其他社会组织应当将控制吸烟工作纳入本单位日常管理，依法划定禁止吸烟区域，制止违法吸烟和不文明吸烟行为；其法定代表人或者主要负责人负责本单位的控制吸烟工作。

鼓励国家机关、企事业单位、社会团体和其他社会组织自行实施全面禁烟。

第十三条　禁止吸烟场所的经营者、管理者负有下列责任：

（一）建立禁止吸烟管理制度，做好宣传教育工作；

（二）在禁止吸烟场所设置明显的禁止吸烟标志和举报投诉电话号码标识；

（三）不得在禁止吸烟场所提供烟具和附有烟草广告的物品；

（四）开展禁止吸烟检查工作，制作并留存相关记录；

（五）对在禁止吸烟场所内的吸烟者予以劝阻，对不听劝阻的要求其离开；对不听劝阻且不离开的，向卫生计生行政部门投诉举报。

禁止吸烟场所的经营者、管理者可以利用烟雾报警、浓度监测、视频图像采集等技术手段监控吸烟行为，加强对禁止吸烟场所的管理。

第十四条　个人应当遵守法律法规的规定，不得在禁止吸烟场所和排队等候队伍中吸烟；在非禁止吸烟场所吸烟的，应当合理避让不吸烟者，不乱弹烟灰，不乱扔烟头。

第十五条　个人在禁止吸烟场所内发现吸烟行为的，可以行使下列权利：

（一）劝阻吸烟者停止吸烟；

（二）要求该场所的经营者、管理者劝阻吸烟者停止吸烟；

（三）向卫生计生行政部门投诉举报。

第十六条　市卫生计生行政部门应当公布吸烟违法行为投诉举报电话；对投诉举报的违法行为，市或者区、县卫生计生行政部门应当及时处理，建立投诉举报及处理情况登记。

第十七条　本市提倡减少和戒除吸烟行为。市和区、县卫生计生行政部门应当组织开展对吸烟行为的干预工作，设立咨询热线，开展控制吸烟咨询服务，指导医疗卫生机构开展戒烟服务。

第十八条　全社会都应当支持控制吸烟工作。

鼓励、支持志愿者组织、其他社会组织和个人开展控制吸烟宣传教育、劝阻违法吸烟行为、监督场所的经营者和管理者开展控制吸烟工作、提供戒烟服务等活动。

第十九条 学校应当采取措施预防学生吸烟，对学生开展吸烟有害健康的宣传教育，帮助吸烟的学生戒烟。

教师不得在中小学生面前吸烟。

第二十条 烟草制品销售者应当在销售场所的显著位置设置吸烟有害健康和不向未成年人出售烟草制品的明显标识。

禁止烟草制品销售者从事下列行为：

（一）向未成年人出售烟草制品；

（二）在幼儿园、中小学校、少年宫及其周边100米内销售烟草制品；

（三）通过自动售货机或者移动通信、互联网等信息网络非法销售烟草制品。

第二十一条 禁止从事下列行为：

（一）利用广播、电影、电视、报纸、期刊、图书、音像制品、电子出版物、移动通信、互联网等大众传播媒介发布或者变相发布烟草广告；

（二）在公共场所和公共交通工具设置烟草广告；

（三）设置户外烟草广告；

（四）各种形式的烟草促销、冠名赞助活动。

第二十二条 市和区、县卫生计生行政部门依法开展控制吸烟卫生监督管理工作，有权进入相关场所并向有关单位和个人进行调查核实，有权查看相关场所的监控、监测、公共安全图像信息等证据材料。有关单位和个人应当协助配合并如实反映情况。

第二十三条 场所的经营者、管理者违反本条例第十一条第二款规定的，按照下列规定处罚：

（一）违反本条例第十一条第二款第一项、第二项规定的，由市或者区、县卫生计生行政部门责令限期改正。

（二）违反本条例第十一条第二款第三项规定的，由公安机关消防机构依法查处。

第二十四条 场所的经营者、管理者违反本条例第十三条第一款规定的，按照下列规定处罚：

（一）违反本条例第十三条第一款第一项至第四项规定的，由市或者区、县卫生计生行政部门责令限期改正；拒不改正的，处2000元以上5000元以下罚款。

（二）违反本条例第十三条第一款第五项规定的，由市或者区、县卫生计生行政部门处5000元以上1万元以下罚款。

第二十五条 个人违反本条例第十四条规定，在禁止吸烟场所或者排队等候队伍中吸烟的，由市或者区、县卫生计生行政部门责令改正，可以处50元罚款；拒不改正的，处200元罚款。

个人违反本条例第十四条规定，乱扔烟头的，由城市管理综合执法部门按照市容环境管理的相关法规予以处罚。

第二十六条 烟草制品销售者违反本条例第二十条第一款规定的，由烟草专卖部门责令改正；拒不改正的，处5000元以上1万元以下罚款。

烟草制品销售者违反本条例第二十条第二款第一项规定的，由烟草专卖部门处1万元以上3万元以下罚款。

烟草制品销售者违反本条例第二十条第二款第二项规定的，由工商行政管理部门依照烟草专卖的相关法律法规予以处罚。

烟草制品销售者违反本条例第二十条第二款第三项规定，通过自动售货机销售烟草制品的，由工商行政管理部门责令改正，并处2万元以上5万元以下罚款；通过信息网络非法销售烟草制品的，由工商行政管理部门责令改正，并处5万元以上20万元以下罚款。

第二十七条 违反本条例第二十一条第一项至第三项规定的，由工商行政管理部门依照广告管理的相关法律法规予以处罚。

违反本条例第二十一条第四项规定的，由工商行政管理部门责令停止违法行为，并处5万元以上10万元以下罚款。

第二十八条　在禁止吸烟场所吸烟不听劝阻，构成扰乱社会秩序或者阻碍有关部门依法执行职务等违反治安管理行为的，由公安部门依法予以处罚；构成犯罪的，依法追究刑事责任。

第二十九条　政府有关部门及其工作人员不依法履行控制吸烟职责，或者滥用职权、谋取私利的，由其上级机关或者监察机关依法追究直接负责的主管人员和其他直接责任人员的行政责任；构成犯罪的，依法追究刑事责任。

第三十条　本条例自2015年6月1日起施行。1995年12月21日北京市第十届人民代表大会常务委员会第二十三次会议通过的《北京市公共场所禁止吸烟的规定》同时废止。

5.3　上海市人民代表大会常务委员会关于修改《上海市公共场所控制吸烟条例》的决定

资料属性：地方性法规规章

制定机关：上海市人民代表大会常务委员会

颁布文号：上海市人民代表大会常务委员会公告第47号

颁布日期：2016年11月11日　　**施行日期：**2017年03月01日

时 效 性：有效

《上海市人民代表大会常务委员会关于修改〈上海市公共场所控制吸烟条例〉的决定》已由上海市第十四届人民代表大会常务委员会第三十三次会议于2016年11月11日通过，现予公布，自2017年3月1日起施行。

上海市人民代表大会常务委员会
2016年11月11日

上海市第十四届人民代表大会常务委员会第三十三次会议决定对《上海市公共场所控制吸烟条例》作如下修改：

一、将第三条修改为：

本市控烟工作实行“限定场所、分类管理、单位负责、公众参与、综合治理”的原则。

二、第四条增加一款，作为第二款：

卫生计生行政部门是本市公共场所控烟工作的主管部门。

将第二款改为第三款，修改为：

教育、文广影视、体育、旅游、食品药品监督、交通、商务、公安、住房城乡建设、文化综合执法等行政管理部门按照本条例和其他相关规定，做好控烟监督管理工作。

三、将第五条第三款改为：

广播、影视、报刊、通信、网站等媒体应当开展吸烟和被动吸烟有害健康的公益宣传活动。

四、删除第六条、第七条、第八条、第九条、第十条、第十一条。

五、增加一条，作为第六条：

室内公共场所、室内工作场所、公共交通工具内禁止吸烟。

六、增加一条，作为第七条：

下列公共场所的室外区域禁止吸烟：

（一）托儿所、幼儿园、中小学校、少年宫、青少年活动中心、教育培训机构以及儿童福利院等以未成年人为主要活动人群的公共场所；

（二）妇幼保健院（所）、儿童医院；

（三）体育场馆、演出场所的观众座席和比赛、演出区域；

（四）对社会开放的文物保护单位；

（五）人群聚集的公共交通工具等候区域；

（六）法律、法规、规章规定的其他公共场所。

市和区人民政府可以根据大型活动的需要，将其他公共场所的室外区域设立为临时禁止吸烟区域。

七、增加一条，作为第八条：

除本条例第六条、第七条规定以外的其他公共场所、工作场所的室外区域，有条件的可以设立吸烟点。

吸烟点的设定应当遵守下列规定：

（一）远离人员聚集区域和行人必经的主要通道；

（二）设置吸烟点标识、引导标识，并在吸烟点设置吸烟危害健康的警示标识；

（三）放置收集烟灰、烟蒂等的器具；

（四）符合消防安全要求。

八、将第十二条改为第九条，修改为：

禁止吸烟场所所在单位应当履行下列义务：

（一）落实劝阻吸烟人员或者组织劝阻吸烟的志愿者；

（二）做好禁烟宣传教育工作；

（三）在醒目位置设置统一的禁止吸烟标识和监管电话；

（四）不设置任何与吸烟有关的器具；

（五）对吸烟者进行劝阻；

（六）对不听劝阻也不愿离开禁止吸烟场所的吸烟者，向监管部门举报。

九、增加一条，作为第十一条：

国家机关、事业单位及其工作人员应当遵守控烟有关规定，带头履行控制吸烟义务。市和区健康促进委员会应当定期开展控烟检查，通报控烟情况。

卫生计生、教育、文广影视、体育、旅游、食品药品监督、交通、商务等有关行政管理部门以及相关行业协会应当将控烟工作纳入本系统、本行业日常管理。

十、将第十六条改为第十四条，修改为：

全社会都应当参与控烟工作。

鼓励控烟志愿者组织、其他社会组织和个人开展控烟宣传教育活动，组织开展社会监督，为吸烟者提供戒烟帮助，对控烟工作提出意见和建议。

鼓励单位和个人通过“12345”市民服务热线或者相关行业监管热线，对违反本条例规定的行为进行举报。

十一、将第十八条改为第十六条，第二项修改为：

文化综合执法机构负责对文化、体育、娱乐场所、旅馆以及向社会开放的文物保护单位的控烟工作进行监督执法。

十二、将第二十条改为第十八条，修改为：

禁止吸烟场所所在单位违反本条例第九条规定的，由本条例第十六条规定的有关部门责令限期改正，可处以两千元以上一万元以下的罚款；情节严重的，处以一万元以上三万元以下的罚款。

十三、将第二十一条改为第十九条，修改为：

个人在禁止吸烟场所吸烟且不听劝阻的，由本条例第十六条规定的有关部门责令改正，并处以五十元以上两百元以下的罚款。

十四、增加一条，作为第二十二条：

因特殊情况设置的室内吸烟室的具体要求，由市人民政府作出规定。

此外，将条例中的“卫生行政部门”统一修改为“卫生计生行政部门”、“市和区、县”统一修改为“市和区”，将第十三条中的“职责”修改为“义务”，将第十八条第四项中的“食品药品监督管理部门”修改为“食品药品监督管理部门(市场监督管理部门)”,将第十八条第六项中的“房屋行政部门”修改为“住房城乡建设部门”,将第十八条第七项中的“本条例规定的其他公共场所的控烟工作”修改为“本条第一项至第六项以外的其他公共场所、工作场所的控烟工作”,并对部分条文的顺序作相应调整。

本修正案自2017年3月1日起施行。《上海市公共场所控制吸烟条例》根据本修正案作相应修正后重新公布。

5.4　上海市公共场所控制吸烟条例

(2009年12月10日上海市第十三届人民代表大会常务委员会第十五次会议通过根据2016年11月11日上海市第十四届人民代表大会常务委员会第三十三次会议《关于修改〈上海市公共场所控制吸烟条例〉的决定》第一次修正)

第一条　为了消除和减少烟草烟雾的危害,保障公众身体健康,创造良好的公共场所卫生环境,提高城市文明水平,根据有关法律、行政法规,结合本市实际,制定本条例。

第二条　本市公共场所的控制吸烟工作(以下简称控烟工作)适用本条例。

前款所称控烟工作,是指采取有效措施,禁止在本条例规定的禁烟场所吸烟。

第三条　本市控烟工作实行“限定场所、分类管理、单位负责、公众参与、综合治理”的原则。

第四条　市和区健康促进委员会在本级人民政府领导下,负责本行政区域内控烟工作的组织和协调,指导、监督各部门、各行业的控烟工作,组织开展控烟工作宣传教育活动。健康促进委员会的日常办事机构设在同级卫生计生行政部门。

卫生计生行政部门是本市公共场所控烟工作的主管部门。

教育、文广影视、体育、旅游、食品药品监督、交通、商务、公安、住房城乡建设、文化综合执法等行政管理部门按照本条例和其他相关规定,做好控烟监督管理工作。

第五条　市健康促进委员会应当组织开展多种形式的控烟宣传教育工作,使公众了解烟草烟雾的危害,增强全社会营造无烟环境的意识。

有关行政管理部门、人民团体以及学校、医院等单位应当定期开展烟草烟雾危害和控烟的宣传教育活动。

广播、影视、报刊、通信、网站等媒体应当开展吸烟和被动吸烟有害健康的公益宣传活动。

第六条　室内公共场所、室内工作场所、公共交通工具内禁止吸烟。

第七条　下列公共场所的室外区域禁止吸烟:

(一)托儿所、幼儿园、中小学校、少年宫、青少年活动中心、教育培训机构以及儿童福利院等以未成年人为主要活动人群的公共场所;

(二)妇幼保健院(所)、儿童医院;

(三)体育场馆、演出场所的观众座席和比赛、演出区域;

(四)对社会开放的文物保护单位;

(五)人群聚集的公共交通工具等候区域;

(六)法律、法规、规章规定的其他公共场所。

市和区人民政府可以根据大型活动的需要,将其他公共场所的室外区域设立为临时禁止吸烟区域。

第八条　除本条例第六条、第七条规定以外的其他公共场所、工作场所的室外区域,有条件的可以设立吸烟点。

吸烟点的设定应当遵守下列规定:

(一)远离人员聚集区域和行人必经的主要通道;

(二)设置吸烟点标识、引导标识,并在吸烟点设置吸烟危害健康的警示标识;

（三）放置收集烟灰、烟蒂等的器具；

（四）符合消防安全要求。

第九条 禁止吸烟场所所在单位应当履行下列义务：

（一）落实劝阻吸烟人员或者组织劝阻吸烟的志愿者；

（二）做好禁烟宣传教育工作；

（三）在醒目位置设置统一的禁止吸烟标识和监管电话；

（四）不设置任何与吸烟有关的器具；

（五）对吸烟者进行劝阻；

（六）对不听劝阻也不愿离开禁止吸烟场所的吸烟者，向监管部门举报。

第十条 任何个人可以要求吸烟者停止在禁止吸烟场所内吸烟；要求禁止吸烟场所所在单位履行禁止吸烟义务，并可以对不履行禁烟义务的单位，向监管部门举报。

第十一条 国家机关、事业单位及其工作人员应当遵守控烟有关规定，带头履行控制吸烟义务。市和区健康促进委员会应当定期开展控烟检查，通报控烟情况。

卫生计生、教育、文广影视、体育、旅游、食品药品监督、交通、商务等有关行政管理部门以及相关行业协会应当将控烟工作纳入本系统、本行业日常管理。

第十二条 市和区健康促进委员会应当组织有关部门，加强对控烟工作的监测和评估。

市健康促进委员会应当每年向社会公布本市控烟工作情况。

第十三条 卫生计生行政部门应当组织开展对吸烟行为的干预工作，设立咨询热线，开展控烟咨询服务。

医疗机构应当为吸烟者提供戒烟指导和帮助。

第十四条 全社会都应当参与控烟工作。

鼓励控烟志愿者组织、其他社会组织和个人开展控烟宣传教育活动，组织开展社会监督，为吸烟者提供戒烟帮助，对控烟工作提出意见和建议。

鼓励单位和个人通过“12345”市民服务热线或者相关行业监管热线，对违反本条例规定的行为进行举报。

第十五条 控烟工作应当作为本市文明单位评比的内容之一。

第十六条 控烟工作的监督执法按照以下规定实施：

（一）教育行政部门负责对各级各类学校的控烟工作进行监督执法；

（二）文化综合执法机构负责对文化、体育、娱乐场所、旅馆以及向社会开放的文物保护单位的控烟工作进行监督执法；

（三）承担机场、铁路执法工作的机构以及交通行政执法机构、轨道交通线路运营单位按照各自职责，对公共交通工具及其有关公共场所的控烟工作进行监督执法；

（四）食品药品监督管理部门（市场监督管理部门）负责对餐饮业经营场所的控烟工作进行监督执法；

（五）公安部门负责对网吧等互联网上网服务营业场所的控烟工作进行监督执法；

（六）住房城乡建设部门负责对物业管理区域内的公共电梯的控烟工作进行监督执法；

（七）卫生计生行政部门负责对各级各类医疗卫生机构以及本条第一项至第六项以外的其他公共场所、工作场所的控烟工作进行监督执法。

第十七条 市和区人民政府应当对控烟监测及评估、科学研究、宣传教育、行为干预、人员培训、监督管理等控烟工作所需经费予以保障。

第十八条 禁止吸烟场所所在单位违反本条例第九条规定的，由本条例第十六条规定的有关部门责令限期改正，可处以两千元以上一万元以下的罚款；情节严重的，处以一万元以上三万元以下的罚款。

第十九条 个人在禁止吸烟场所吸烟且不听劝阻的，由本条例第十六条规定的有关部门责令改正，并处以五十元以上两百元以下的罚款。

第二十条 对在禁止吸烟场所内吸烟，不听劝阻且扰乱社会秩序，或者阻碍有关部门依法执行职务，违反《中华人民共和国治安管理处罚法》的，由公安部门予以处罚；构成犯罪的，依法追究刑事责任。

第二十一条　控烟行政管理部门、监督执法机构及其工作人员在控烟工作中，不依法履行职责或者徇私舞弊的，对直接负责的主管人员和其他直接责任人员依法给予行政处分；构成犯罪的，依法追究刑事责任。

第二十二条　因特殊情况设置的室内吸烟室的具体要求，由市人民政府作出规定。

第二十三条　本条例自2010年3月1日起施行。

5.5　天津市控制吸烟条例

资料属性:地方性法规规章

制定机关:天津市人大常委会

颁布文号:天津市人民代表大会常务委员会公告第三十八号

颁布日期:2012 **年** 03 **月** 28 **日**　　**施行日期:**2012 **年** 05 **月** 31 **日**

时 效 性:有效

《天津市控制吸烟条例》已由天津市第十五届人民代表大会常务委员会第三十一次会议于 2012 **年** 3 **月** 28 **日通过，现予公布，自** 2012 **年** 5 **月** 31 **日起施行。**

天津市人民代表大会常务委员会

2012 **年** 3 **月** 28 **日**

第一条　为了控制吸烟，减少烟草烟雾危害，保障公众健康，提高城市文明水平，根据有关法律、法规的规定，结合本市实际情况，制定本条例。

第二条　本市行政区域内公共场所、工作场所、公共交通工具控制吸烟工作，适用本条例。

本条例所称吸烟，包括携带燃着的卷烟、雪茄烟、烟斗。

第三条　本市控制吸烟工作实行积极引导、公众参与、单位负责、依法监管的原则。

第四条　市和区、县人民政府设立的健康促进委员会，负责组织、协调、监督本行政区域内的控制吸烟工作，具体履行下列职责：

（一）研究拟定控制吸烟工作的政策措施；

（二）指导、组织、协调各部门、各单位的控制吸烟工作，审核有关行政管理部门控制吸烟工作年度报告，监督检查控制吸烟工作各项措施落实；

（三）定期召开会议，研究、解决控制吸烟工作中的重大问题；

（四）向社会公布本行政区域的控制吸烟情况。

健康促进委员会的日常办事机构设在同级卫生行政管理部门。

第五条　市和区、县卫生行政管理部门对本行政区域内控制吸烟工作实施统一监督管理。

教育、文化广播影视、体育、交通港口、公安、民政、人力社保等行政管理部门以及管理机关事务工作的机构，按照本条例和其他相关规定做好有关控制吸烟工作。

负责控制吸烟工作监督执法的行政管理部门或者机构，应当明确执法机构和人员，履行控制吸烟工作的监督执法职责。

第六条　禁止在下列场所吸烟：

（一）托幼机构、少年宫、中小学校及中等职业学校等场所的室内外区域，其他各级各类学校、培训机构的室内区域；

（二）妇幼保健机构、儿童医院的室内外区域，其他各级各类医疗卫生机构的室内区域；

（三）儿童福利院的室内外区域，其他社会福利机构的室内区域；

（四）图书馆（室）、档案馆、博物馆、纪念馆、科技馆（宫）、美术馆、展览馆、影剧院、音乐厅、文化馆（宫）、青年宫及其他科教、文化、艺术场所的室内区域；

（五）录像厅（室）、游艺厅（室）等娱乐场所和互联网上网服务营业场所的室内区域；

（六）商场（店）、超市、书店等购物场所的室内营业区域；

（七）公共体育场馆、运动健身场所的室内区域及室外的观众区、比赛区；

（八）文物保护单位、公园等场所的室内区域；

（九）宾馆、旅店等提供住宿服务场所的室内公共区域和无烟客房；

（十）机关、团体的室内区域；

（十一）本条前十项以外的单位和组织的办公室、会议室、餐厅，以及向公众提供金融、邮政、电信和其他公共服务的室内区域；

（十二）客运公共汽车、长途汽车、电车、出租汽车、城市轨道交通车辆、船舶、飞机、火车等公共交通工具内，以及售票厅、等候室、室内站台等室内区域；

（十三）法律、法规和规章确定的其他禁止吸烟的场所及区域。

第七条 餐饮场所、歌（舞）厅、公共浴室设置吸烟室的，吸烟室应当具备独立空间、独立有效的通风换气装置，设置明显标志；吸烟室以外的室内区域禁止吸烟。未设置吸烟室的餐饮场所、歌（舞）厅、公共浴室，禁止吸烟。

前款规定场所的经营者和管理者，应当采取措施逐步实现本单位的全面禁止吸烟。

第八条 市和区、县人民政府可以依照本条例的规定，根据实际需要，临时划定或者增设禁止吸烟的范围。

第九条 在各类公务和大型公共活动中不吸烟、不备烟、不敬烟。

第十条 托幼机构、少年宫、中小学校及中等职业学校等场所，医疗卫生机构，社会福利机构和图书馆（室）、科技馆（宫）、美术馆等场所内设置的商店、小卖部、自动售卖机，不得销售卷烟等烟草制品。

第十一条 禁止吸烟场所所在单位的法定代表人或者非法人单位的主要负责人是本单位控制吸烟工作的第一责任人，全面负责本单位控制吸烟工作。

禁止吸烟场所的所在单位应当履行下列职责：

（一）建立禁止吸烟管理制度，设置禁止吸烟检查员，并做好禁止吸烟宣传教育工作；

（二）在禁止吸烟区域设置醒目的禁止吸烟标志，公布监管电话号码；

（三）在禁止吸烟区域内不得设置烟缸等与吸烟有关的器具；

（四）对在禁止吸烟区域内吸烟者予以劝阻，对不听劝阻的，向有关行政管理部门报告。

第十二条 禁止吸烟场所所在单位及其工作人员对在禁止吸烟区域内不听劝阻的吸烟者，有权令其离开或者拒绝为其提供服务；法律、法规对提供服务另有规定的除外。

第十三条 在禁止吸烟场所内，任何人有权要求吸烟者停止吸烟，有权要求该场所的所在单位履行本条例第十一条规定的职责，有权向有关行政管理部门举报。

第十四条 健康促进委员会应当组织开展多种形式的控制吸烟宣传教育活动，使公众了解吸烟和被动吸烟的危害，增强全社会营造无烟环境的意识。

机关、团体、学校、医院等单位，应当开展控制吸烟的宣传教育活动，宣传吸烟和被动吸烟的有关危害。

报刊、广播、电视、通信、网络等传播媒体和有关单位应当定期免费积极开展吸烟和被动吸烟有害健康的公益宣传活动，适时发布禁止吸烟的公益广告。

第十五条 提倡和鼓励创建无烟单位。

鼓励单位制定内部控制吸烟奖惩制度。鼓励行业协会、商会制定和组织实施控制吸烟准则。

控制吸烟工作应当作为文明单位评比的内容之一。

第十六条 鼓励志愿者组织、其他组织和个人通过各种形式，参与控制吸烟工作或者为控制吸烟工作提供支持。

第十七条 每年5月31日的“世界无烟日”，集中开展控制吸烟宣传，并倡导烟草制品销售者停止售烟一天、吸烟者停止吸烟一天。

第十八条 卫生行政管理部门应当组织和推动医疗卫生机构设立戒烟服务门诊，为吸烟者提供戒烟指导和帮助。

第十九条 市和区、县人民政府的有关行政管理部门按照以下规定实施控制吸烟工作的监督执法：

（一）教育、人力社保行政管理部门按照职责分工负责各级各类学校及培训机构的监督执法；

（二）文化市场行政执法机构负责文化、艺术、娱乐场所以及文物保护单位的监督执法；

（三）体育行政管理部门负责公共体育场馆的监督执法；

（四）公安机关负责互联网上网服务营业场所，商场（店）、超市、书店等购物场所的室内营业区域，宾馆、旅店等提供住宿服务场所的室内公共区域的监督执法；

（五）交通港口行政管理部门负责客运公共汽车、长途汽车、电车、出租汽车、城市轨道交通车辆、船舶等公共交通工具内，以及售票厅、等候室、室内站台等室内区域的监督执法；

（六）城市管理综合行政执法机构负责公园的监督执法；

（七）民政行政管理部门负责社会福利机构的监督执法；

（八）卫生行政管理部门负责各级各类医疗卫生机构，机关、团体，本条例第六条第十一项规定的区域，科技馆（宫）等科教场所，少年宫、档案馆、青年宫、运动健身场所、公共浴室、餐饮等场所或者区域的监督执法；

（九）民航、铁路管理部门依照国家有关规定负责相关交通工具和售票厅、等候室、室内站台等室内区域的监督执法。

管理机关事务工作的机构负责机关及其提供公共服务的室内区域控制吸烟工作的日常监督管理。

市人民政府根据控制吸烟工作实际需要，可以对有关行政管理部门履行控制吸烟的管理职责予以调整，并向市人民代表大会常务委员会备案。

第二十条 负责控制吸烟工作监督执法的行政管理部门应当建立举报投诉制度，并对举报和投诉情况及时予以处理。受理举报投诉的机构名称、受理方式应当向社会公开。

负责控制吸烟工作监督执法的行政管理部门，应当确定控制吸烟流动巡查执法人员，负责巡查管辖的禁止吸烟场所，并对违反本条例规定的吸烟行为依法予以处罚。

第二十一条 市和区、县人民政府对控制吸烟工作监测评估、科学研究、宣传教育、行为干预、人员培训、监督管理等工作所需经费应当予以保障。

第二十二条 违反本条例规定，禁止吸烟场所有下列行为之一的，由有关行政管理部门责令限期改正，逾期不改正的，对单位处五千元罚款，并对单位的法定代表人或者非法人单位的主要负责人处五百元罚款：

（一）不建立禁止吸烟管理制度，不设置禁止吸烟检查员，不开展禁止吸烟宣传教育工作；

（二）在禁止吸烟区域不设置醒目禁止吸烟标志；

（三）在禁止吸烟区域内设置烟缸等与吸烟有关的器具；

（四）对在禁止吸烟场所、区域内吸烟者不予以劝阻。

第二十三条 违反本条例规定，餐饮场所、歌（舞）厅、公共浴室不设置吸烟室又不禁止吸烟的，由有关行政管理部门责令限期改正，逾期不改正的，处五千元罚款。

第二十四条 违反本条例规定，个人在禁止吸烟场所或者区域吸烟且不听劝阻的，由有关行政管理部门责令改正，并可处五十元以上二百元以下的罚款。

第二十五条 违反本条例规定，有下列行为之一的，由公安机关依法给予治安管理处罚，构成犯罪的，依法追究刑事责任：

（一）阻碍控制吸烟执法人员依法执行职务；

（二）侮辱、诽谤、威胁、殴打控制吸烟执法人员、禁止吸烟检查员、劝阻吸烟的人员；

（三）违反治安管理规定的其他行为。

第二十六条 负责控制吸烟工作监督执法的行政管理部门及其工作人员在控制吸烟工作中，不依法履行职责或者滥用职权、徇私舞弊的，对直接负责的主管人员和直接责任人员给予批评教育；情节严重的，依法给予处分。

第二十七条 本条例自2012年5月31日起施行。1996年7月10日天津市第十二届人民代表大会常务委员会第二十五次会议通过的《天津市公共场所禁止吸烟条例》同时废止。

5.6 成都市公共场所禁止吸烟规定

资料属性:地方性法规规章
制定机关:成都市人大常委会
颁布文号:
颁布日期:1996**年**10**月**14**日** **施行日期:**1997**年**01**月**01**日**
时效性:有效

(1996**年**9**月**26**日四川省成都市第十二届人民代表大会常务委员会第二十次会议通过**1996**年**10**月**14**日四川省第八届人民代表大会常务委员会第二十三次会议批准**1997**年**1**月**1**日起施行)**

第一条 为保障人民身体健康,保护环境,减少吸烟造成的危害,根据有关法律、法规的规定,结合成都市实际,制定本规定。

第二条 本市行政区域内的公共场所禁止吸烟工作实行限定场所、单位负责、社会监督、依法管理的原则。

第三条 市和区(市)县爱国卫生运动委员会(以下简称爱卫会)负责本行政区域内的公共场所禁止吸烟工作的监督管理;市和区(市)县爱国卫生运动委员会办公室负责日常具体工作。

爱卫会可以在禁止吸烟的公共场所的所在单位聘任监督员。

第四条 本市行政区域内的下列公共场所禁止吸烟:

(一) 托儿所、幼儿园及青少年活动基地;
(二) 医疗机构的候诊区、诊疗区和病房区;
(三) 各类学校的教室、实验室、图书阅览室及师生集中活动的场所;
(四) 会议室;
(五) 影剧院、歌舞娱乐厅、录像放映厅、游艺厅(室);
(六) 室内体育训练、比赛、经营场所;
(七) 图书馆的阅览室,档案馆的查阅室,博物馆、美术馆、展览馆、科技馆的展示厅;
(八) 邮电、金融机构、大中型商店(场)、书店的营业场所;
(九) 市内公共汽车,民航、铁路、长途客运的售票厅、等候室;
(十) 市人民政府确定禁止吸烟的其他公共场所。

本条第(五)、(六)、(七)、(八)项所列公共场所及第(九)项规定的等候室,可以设置有明显标志的吸烟室(区),并报爱卫办备案。

第五条 全社会都应当支持公共场所禁止吸烟工作。

政府各部门、机关、企事业单位和社会团体都应当开展吸烟有害健康和公共场所禁止吸烟的宣传教育。

第六条 禁止吸烟的公共场所的所在单位应当履行下列职责:

(一) 制定并执行本单位禁止吸烟的管理制度;
(二) 做好公共场所禁止吸烟的宣传教育工作;
(三) 在本单位禁止吸烟场所,设置统一、醒目的“禁止吸烟”标志;
(四) 在本单位禁止吸烟场所内,不得摆放吸烟器具,不得摆放附有烟草广告的标志或物品;
(五) 对在本单位禁止吸烟场所内的吸烟者,应劝其停止吸烟。

第七条 公民有权要求在禁止吸烟公共场所内的吸烟者停止吸烟。

公民有权要求禁止吸烟公共场所的所在单位履行本规定第六条第(三)、(四)、(五)项规定的职责。

公民有权向市或区(市)县爱卫会举报违反本规定的行为。

第八条　违反本规定第六条第(三)项或第(四)项规定的,由市或区(市)县爱卫会责令该单位限期改正;逾期不改正的,处以1000元以上5000元以下的罚款。

第九条　违反本规定第六条第(五)项,对在禁止吸烟场所内的吸烟者不予劝阻的,由市或区(市)县爱卫会对该单位处50元以上500元以下罚款。

禁止吸烟场所内的吸烟者不听劝阻的,由爱卫会所聘任的监督员处以5元以上10元以下罚款。监督员在执法时应出示执法证件。

第十条　市和区(市)县爱卫会对公共场所禁止吸烟工作中做出显著成绩的单位和工作人员,给予表彰和奖励。

第十一条　拒绝、阻碍执法人员依法执行公务的,由公安机关依照《中华人民共和国治安管理处罚条例》予以处罚;构成犯罪的,由司法机关依法追究刑事责任。

第十二条　作出行政处罚时,应当出具行政处罚决定书。罚款按有关法律、法规规定,上缴同级财政。

第十三条　当事人对行政处罚决定不服的,有权依法申诉行政复议或提起行政诉讼。当事人逾期不申请复议或不提起诉讼,又不履行处罚决定的,由作出行政处罚决定的机关依法申请人民法院强制执行。

第十四条　执法人员应当认真履行职责、秉公执法、文明执法。对不履行职责、玩忽职守的,由其所在单位或上级主管机关给予批评教育或者行政处分。构成犯罪的,由司法机关依法追究刑事责任。

第十五条　机关、团体、企事业单位,可根据实际情况,确定除第四条规定以外的单位内部的禁止吸烟场所,并参照本规定做好自身的管理工作。

第十六条　本规定具体应用中的问题,由成都市人民政府负责解释。

第十七条　本规定自1997年1月1日起施行。

5.7　福州市公共场所控制吸烟条例

资料属性:地方性法规规章

制定机关:福建省人民代表大会常务委员会

颁布文号:

通过日期:2015年04月30日　　**施行日期:**2015年08月01日

时效性:有效

(2015年4月30日福州市第十四届人民代表大会常务委员会第二十八次会议通过,2015年5月28日福建省第十二届人民代表大会常务委员会第十五次会议批准)

第一条　为了减少烟草烟雾的危害,保障公众身体健康,创造良好公共环境,提升城市文明水平,根据有关法律、法规,结合本市实际,制定本条例。

第二条　本条例适用于本市行政区域内公共场所控制吸烟工作。

第三条　本市控制吸烟工作遵循政府主导、部门监管、单位负责、公众参与的原则。

第四条　各级人民政府应当加强对本行政区域内控制吸烟工作的领导。市、县(市、区)人民政府应当将控制吸烟工作所需经费列入本级财政预算予以保障。

第五条　市、县(市、区)人民政府确定的控制吸烟主管部门履行下列职责:

(一) 研究拟定控制吸烟工作的措施和办法;

(二) 组织、协调和指导本行政区域内的控制吸烟工作;

(三) 研究、解决控制吸烟工作中的重大问题;

（四）组织相关主管部门开展控制吸烟工作联合执法；

（五）研究、处理有关控制吸烟工作其他事项。

第六条 市、县（市、区）人民政府的相关主管部门按照下列规定负责控制吸烟工作的监督执法：

（一）卫生主管部门负责对各类医疗卫生机构的监督执法；

（二）教育主管部门负责对各类教育机构的监督执法；

（三）交通运输主管部门负责对公共交通工具及其室内等候场所的监督执法；

（四）文化主管部门负责对文化、艺术、娱乐场所的监督执法；

（五）体育主管部门负责对各类体育场馆、运动健身场所的监督执法；

（六）旅游主管部门负责对旅游景点等相关场所的监督执法；

（七）市场监督管理主管部门负责对商场（店）、超市等零售业场所以及餐饮场所、药品和医疗器械经营场所的监督执法；

（八）商务主管部门负责对专业批发市场及农贸市场等相关场所的监督执法；

（九）公安机关负责对旅馆、宾馆、酒店、洗浴场所等特种行业场所及互联网上网服务营业场所的监督执法；

（十）民政主管部门负责对社会福利机构的监督执法；

（十一）园林绿化主管部门负责对公园、风景名胜区等相关场所的监督执法；

（十二）其他相关主管部门按照各自职责，做好控制吸烟工作的监督执法。上述公共场所分属两个以上部门监督执法的，由市、县（市、区）人民政府确定一个部门进行监督执法。市人民政府根据控制吸烟工作实际需要，可以对相关主管部门履行控制吸烟工作的监督执法职责予以调整，并向社会公布。

第七条 机关、团体、企事业单位负责对本单位控制吸烟工作的日常监督管理。

第八条 下列公共场所禁止吸烟：

（一）为孕妇、儿童提供专门服务的医疗卫生机构、社会福利机构的室内外场所，其他医疗卫生机构、社会福利机构的室内场所；

（二）学前教育机构、中小学、少年宫及青少年活动中心的室内外场所，其他各类学校及未成年人集中的室内场所；

（三）影剧院、音乐厅、档案馆、图书馆、博物馆（院）、美术馆、画院、陈列馆、展览馆、科技馆和文化馆（站）等各类公共科教文化场馆的室内场所；

（四）商场（店）、超市、专业批发市场、农贸市场及金融、邮政、通信企业的室内营业场所；

（五）客运公共汽车、城市轨道交通、出租汽车、客渡轮等公共交通工具内；

（六）机关、团体、事业单位的室内公共办公场所、会议厅（室）、办事厅、礼（会）堂、食堂、电梯等公共场所；

（七）各类体育场馆、运动健身场所；

（八）互联网上网服务营业场所；

（九）药品、医疗器械经营场所；

（十）文物保护单位、风景名胜区、旅游景点、公园的室内场所；

（十一）市、县（市、区）人民政府根据举办大型活动的需要，临时增设的禁止吸烟场所；

（十二）法律、法规规定的其他禁止吸烟的场所。

第九条 下列公共场所，可以设置固定的吸烟点，吸烟点以外的室内区域禁止吸烟，没有设置吸烟点的，属于全面禁止吸烟场所：

（一）经营场所使用面积在一百五十平方米以上或者餐位在七十五座以上的餐饮场所；

（二）营业性歌舞、游艺等娱乐场所；

（三）各类酒店、旅馆、洗浴场所的室内公共活动区域；

（四）公共交通工具的室内等候场所；

（五）法律、法规规定的其他场所。

第十条　公共场所设置的固定吸烟点，应当符合下列规定：

（一）符合消防安全要求；

（二）设置明显标识，放置盛放烟灰、烟蒂等的器具；

（三）具有良好的通风、排气效果；

（四）远（隔）离人员密集区域和行人必经的主要通道。

第十一条　市人民政府可以根据经济社会发展的实际需要，逐步增设禁止吸烟的场所。

第十二条　市、县（市、区）人民政府应当在每年5月31日“世界无烟日”集中开展控制吸烟宣传，并倡导停止售烟、吸烟。

第十三条　全社会应当支持公共场所控制吸烟工作。鼓励创建无吸烟单位。广播、电视、报刊、网络等媒体应当积极开展吸烟有害健康、公共场所控制吸烟的公益宣传教育工作，提高全社会营造无烟环境的意识。国家机关工作人员应当带头控制吸烟，不在公务活动中吸烟。鼓励其他社会组织和个人积极参与控制吸烟工作。

第十四条　有条件的二级以上医疗机构应当设立戒烟门诊，为吸烟者提供戒烟咨询、指导和治疗。

第十五条　控制吸烟场所的管理者和经营者应当履行下列职责：

（一）建立健全控制吸烟的管理制度，配备控制吸烟劝导员，做好控制吸烟劝导、宣传教育工作；

（二）在场所的出入口处及其他明显位置设置禁止吸烟标识，公布举报、投诉方式；

（三）在禁止吸烟区域不得放置与吸烟有关的器具，不得张贴、悬挂、放置附有烟草广告的标识和物品；

（四）对在禁止吸烟区域吸烟的，予以劝导、制止；对不服从劝导、制止的，劝其离开；对不服从劝阻且不离开该场所的，向相关主管部门报告。

第十六条　任何单位和个人有权要求禁止吸烟区域的吸烟者立即停止吸烟，有权要求控制吸烟场所的经营者和管理者履行禁止吸烟管理职责，对不履行管理职责的，可以向相关主管部门举报和投诉。

第十七条　违反本条例规定，在禁止吸烟的区域吸烟的，由相关主管部门责令改正，并处以二十元罚款；情节严重的，处以一百元以上五百元以下罚款。

第十八条　违反本条例第十五条第一项至第三项规定的，由相关主管部门责令管理者和经营者限期改正，逾期不改正的，处以二千元以上五千元以下罚款。违反本条例第十五条＞第四项规定的，由相关主管部门责令管理者和经营者改正，并处以五千元以上一万元以下罚款。法律、法规另有规定的，从其规定。

第十九条　不听劝阻且扰乱公共秩序，或者阻碍有关行政管理人员依法执行职务的，由公安机关依照《中华人民共和国治安管理处罚法》予以处罚；构成犯罪的，依法追究刑事责任。

第二十条　监督执法部门及其工作人员滥用职权、玩忽职守、徇私舞弊的，依法给予处分；构成犯罪的，依法追究刑事责任。

第二十一条　本条例自2015年8月1日起施行。

5.8　广州市控制吸烟条例

资料属性：地方性法规规章

制定机关：广州市人民代表大会常务委员会

颁布文号：

颁布日期：2015 **年** 12 **月** 03 **日**　　**施行日期：**2015 **年** 12 **月** 03 **日**

时 效 性：有效

（2010年4月28日广州市第十三届人民代表大会常务委员会第三十次会议通过，2010年6月2日广东省第十一届人民代表大会常务委员会第十九次会议批准，根据2012年6月19日广州市第十四届人民代表大会常务委员会第三次会议通过，并经2012年7月26日广东省第十一届人民代表大会常务委员会第三十五次会议批准的《广州市人民代表大会常务委员会关于修改〈广州市控制吸烟条例〉的决定》第一次修正，根

据2015年5月20日广州市第十四届人民代表大会常务委员会第三十九次会议通过 并经2015年12月3日广东省第十二届人民代表大会常务委员会第二十一次会议批准的《广州市人民代表大会常务委员会关于因行政区划调整修改〈广州市建筑条例〉等六十六件地方性法规的决定》第二次修正)

第一条 为了控制和减少吸烟造成的危害,净化卫生环境,保障公众的身体健康,提高城市文明水平,结合本市实际,制定本条例。

第二条 本条例适用于本市行政区域内对吸烟的控制。

第三条 市、区爱国卫生运动委员会在本级人民政府领导下,负责组织本行政区域内的控制吸烟工作和宣传教育活动,指导、协调和监督政府相关行政管理部门按照本条例规定的职责开展控制吸烟工作,定期向社会公布本市控制吸烟工作情况。

市、区人民政府的相关行政管理部门按照以下规定,负责下列场所控制吸烟工作的宣传教育、日常管理和监督,并对违反本条例规定的行为进行处罚:

(一) 卫生行政管理部门负责各类医疗卫生机构,以及国家机关、企事业单位、社会团体和其他组织工作场所的控制吸烟工作;

(二) 教育、人力资源和社会保障行政管理部门分别负责各自管辖学校的控制吸烟工作;

(三) 文化、体育、旅游、经济贸易行政管理部门分别负责文化、娱乐、体育场所以及旅馆业的控制吸烟工作;

(四) 交通、港务行政管理部门按照各自职责,分别负责其管辖范围内公共交通工具及其相关公共场所的控制吸烟工作;

(五) 食品药品监督管理部门负责餐饮服务经营场所的控制吸烟工作;

(六) 工商行政管理部门负责商场的控制吸烟工作以及对烟草制品广告的监督管理。

爱国卫生运动委员会成员单位的其他部门,负责各自管辖范围的控制吸烟工作。

相关行政管理部门控制吸烟工作的具体职责分工,由市人民政府根据前款规定予以明确后向社会公布。

城市轨道交通经营单位负责对城市轨道交通列车及其相关公共场所的控制吸烟进行监督管理。机场、铁路的管理机构依照国家有关规定对机场、铁路及其相关公共场所的控制吸烟进行监督管理。

第四条 本市广播、电视、报纸、期刊等媒体以及社区公共宣传栏应当积极开展多种形式的吸烟和被动吸烟有害健康的宣传教育活动,增强全社会营造无烟环境的意识。

学校应当对学生开展防止烟草烟雾危害教育,开展控制吸烟宣传活动。

第五条 下列公共场所禁止吸烟:

(一) 国家机关、事业单位提供公共服务的室内办事区域;

(二) 妇幼保健院、儿童医院范围的室内外区域和其他各类医疗卫生机构的室内区域;

(三) 托儿所、幼儿园、中小学校、少年宫、少年儿童活动中心范围的室内外区域;

(四) 本款第三项以外的各类教育、培训机构以及其他青少年活动场所的室内区域;

(五) 影剧院、音乐厅、图书馆、展览馆、科技馆、文化馆、博物馆、美术馆、纪念馆、档案馆等各类公共文化场馆的室内区域;

(六) 商场、书店;

(七) 金融、邮政、电信等企业的室内营业区域;

(八) 公共汽车电车、出租车、长途客运汽车、城市轨道交通列车、客渡轮等公共交通工具内部及其售票厅和设置在室内的站台;

(九) 体育场馆的观众区、竞赛区、运动员区以及乒乓球馆、羽毛球馆、保龄球馆、桌球馆(室)、健身房等室内健身场所;

(十) 旅馆、宾馆、酒店、招待所、培训中心、度假村等提供住宿休息服务的经营场所的大堂以及其他室内公共区域;

(十一) 电梯内部及其室内等候区域;

（十二）法律、法规、规章规定的其他禁止吸烟场所。

市人民政府可以根据经济社会发展的实际需要，逐步增设禁止吸烟的场所。

第六条　下列室内公共场所限制吸烟，除经营者或者管理者自行规定全面禁烟外，应当设置吸烟室或者划定吸烟区，吸烟室或者吸烟区以外的其他室内区域禁止吸烟：

（一）经营场所使用面积在 150 平方米以上或者餐位在 75 位以上的餐饮场所；

（二）歌舞娱乐、游戏休闲场所；

（三）公共汽车电车、出租车、长途客运汽车、城市轨道交通列车、客渡轮、火车、飞机等公共交通工具的等候区域；

（四）法律、法规、规章规定的其他限制吸烟场所。

旅馆、宾馆、酒店、招待所、培训中心、度假村等提供住宿休息服务的经营场所，应当设置无烟客房或者无烟楼层，无烟客房或者无烟楼层禁止吸烟。

第七条　室内工作场所限制吸烟。

国家机关、企事业单位、社会团体和其他组织的办公室、会议室、礼堂、公共走廊、电梯以及本单位的餐厅、咖啡厅禁止吸烟，其他区域可以设置吸烟室或者划定吸烟区。

第八条　设置吸烟室或者划定吸烟区，应当遵守下列规定：

（一）符合消防安全要求；

（二）设置明显的标志；

（三）与非吸烟室、非吸烟区有效分隔；

（四）远离人员密集区域和行人必经的主要通道；

（五）安装独立有效的通风换气装置；

（六）配置烟灰缸（盒）并放置“吸烟有害健康”的标牌。

第九条　禁止吸烟场所和限制吸烟场所的经营者或者管理者应当履行下列职责：

（一）建立禁止吸烟或者限制吸烟的管理制度；

（二）在禁止吸烟场所或者区域设置明显的禁止吸烟标志和举报投诉电话号码标牌，并保持标志和标牌完整、清晰；

（三）不得在禁止吸烟场所或者区域放置烟具和附烟草广告的物品；

（四）对在禁止吸烟场所或者区域的吸烟者予以劝导，对不听劝导的，向本条例第三条第二款规定的相关行政管理部门报告。

禁止吸烟场所的经营者或者管理者可以设禁止吸烟检查员，负责履行前款第四项所列职责。

第十条　设置吸烟室或者划定吸烟区的场所的经营者或者管理者应当加强禁止吸烟的宣传，采取有效措施，逐步取消吸烟室或者吸烟区。

第十一条　任何人不得在禁止吸烟场所或者区域内吸烟或者携带燃着的卷烟、雪茄烟、烟斗。

第十二条　公民在本市禁止吸烟场所或者区域内发现吸烟违法行为的，可以行使下列权利：

（一）要求吸烟者立即停止吸烟；

（二）向该场所的经营者或者管理者投诉，要求该场所的经营者或者管理者劝导吸烟者停止吸烟；

（三）对不履行控制吸烟职责的经营者或者管理者，向市爱国卫生运动委员会举报和投诉。

第十三条　市爱国卫生运动委员会应当设置并且公开全市统一的举报和投诉电话，方便单位或者个人对违反本条例规定的违法行为或者不依法履行职责的行为进行举报和投诉。市爱国卫生运动委员会接到单位或者个人的举报和投诉后，应当要求相关行政管理部门或者本条例第三条第五款规定的单位、机构及时处理。

第十四条　市爱国卫生运动委员会可以根据控制吸烟工作的需要，组织多部门联合执法以及对国家机关执行本条例的情况进行检查，相关行政管理部门或者本条例第三条第五款规定的单位、机构应当参与。

第十五条　相关行政管理部门的行政执法人员在执法时，应当向当事人出示行政执法证件。

第十六条　禁止吸烟标志、警示标识的制作标准以及张贴规范由市爱国卫生运动委员会统一规定。市爱国卫生运动委员会应当向国家机关、企事业单位、社会团体和其他组织免费发放禁止吸烟标志、警示标识和举报投诉电话号码标牌。

第十七条 在各类公务和大型公共活动中不吸烟、不备烟、不敬烟。

第十八条 烟草制品销售者(含个体摊档)应当在每年5月31日"世界无烟日"停止售烟一天。

工商行政管理部门应当开展对"世界无烟日"停止售烟的宣传,并且加强对烟草制品销售者在"世界无烟日"停止售烟的监督。

第十九条 烟草制品销售者应当在出售场所的显著位置设置吸烟有害健康和不向未成年人出售烟草制品的标志。

烟草制品销售者不得向未成年人和孕妇出售烟草制品,对难以判明是否已成年的,应当要求其出示身份证件。

第二十条 禁止利用广播、电视、互联网、报纸、期刊等媒体发布烟草广告。

禁止在户外和公共场所设置烟草广告。

禁止烟草制品生产者、经营者派赠烟草制品。

第二十一条 鼓励各类医疗卫生机构设立戒烟服务门诊,为吸烟者提供戒烟指导和帮助。

第二十二条 鼓励创建无吸烟单位。市人民政府对无吸烟单位以及在控制吸烟工作中表现突出的单位予以表彰或者奖励。表彰或者奖励的办法由市人民政府另行制定。

第二十三条 鼓励控制吸烟协会等社会组织通过各种形式,参与控制吸烟工作或者为控制吸烟工作提供支持。

政府相关行政管理部门开展控制吸烟工作可以采用志愿服务或者政府购买服务等方式。

第二十四条 违反本条例第六条规定,由本条例第三条第二款规定的相关行政管理部门或者本条例第三条第五款规定的单位按照下列规定对该场所的经营者或者管理者实施行政处罚:

(一)应当设置吸烟室或者划定吸烟区而没有设置或者划定的,责令限期改正;拒不改正的,处以一万元以上三万元以下罚款;

(二)应当设置无烟客房或者无烟楼层而没有设置的,责令限期改正;拒不改正的,处以一万元以上三万元以下罚款。

第二十五条 违反本条例第九条第一款规定,经营者或者管理者不履行职责的,由本条例第三条第二款规定的相关行政管理部门对其予以警告,责令限期改正;拒不改正的,处以三千元以上五千元以下的罚款。

互联网上网服务营业场所经营单位在其经营场所发现吸烟不予制止,或者未悬挂禁止吸烟标志的,由公安机关、文化行政管理部门依照《互联网上网服务营业场所管理条例》的相关规定处理。

第二十六条 违反本条例第十一条规定,由本条例第三条第二款规定的相关行政管理部门或者本条例第三条第五款规定的单位对违法吸烟者责令立即改正,并处以五十元的罚款。

第二十七条 违反本条例第十九条规定,未在显著位置设置不向未成年人出售烟草制品标志或者向未成年人出售烟草制品的,由工商行政管理部门按照《中华人民共和国未成年人保护法》的规定予以行政处罚。

第二十八条 违反本条例第二十条第一款规定,利用广播、电视、报纸、期刊发布烟草广告或者违反本条例第二十条第二款规定,在公共场所设置烟草广告的,由工商行政管理部门按照《中华人民共和国广告法》的规定予以行政处罚。

违反本条例第二十条第二款规定,在户外设置烟草广告的,由工商行政管理部门责令负有责任的广告主、广告经营者、广告发布者停止发布,没收广告费用,可以并处广告费用1倍以上5倍以下的罚款。

违反本条例第二十条第三款规定,派赠烟草制品的,由工商行政管理部门责令停止派赠行为,并对派赠单位处以十万元的罚款。

第二十九条 有下列行为之一的,由公安机关依照《中华人民共和国治安管理处罚法》予以处罚;构成犯罪的,依法追究其刑事责任:

(一)阻碍禁止吸烟场所或者区域的经营者或者管理者、禁止吸烟检查员履行职责,并且扰乱公共秩序或者侵犯人身权利、财产权利的;

（二）阻碍行政执法人员执行公务的。

第三十条　爱国卫生运动委员会和本条例第三条第二款规定的相关行政管理部门及其工作人员不依法履行控制吸烟职责，或者滥用职权、谋取私利的，对负有责任的主管人员和其他直接责任人员，由任免机关或者监察机关按照管理权限给予处分；构成犯罪的，依法追究刑事责任。

第三十一条　本条例自2010年9月1日起施行。

5.9　贵阳市人民政府关于修改部分规章的决定1

资料属性：地方性法规规章

制定机关：贵阳市人民政府

颁布文号：贵阳市人民政府令2014年第19号

颁布日期：2014年01月21日　　施行日期：2014年01月21日

时效性：有效

《贵阳市人民政府关于修改部分规章的决定》已经2014年1月8日市人民政府常务会议通过，现予公布，自公布之日起施行。

2014年1月21日

为适应本市生态文明建设和行政管理工作的需要，维护法制统一，确保政令畅通，推进依法行政，根据国务院《规章制定程序条例》，经对本市现行政府规章进行集中清理，市人民政府决定修改下列规章的相关条款内容：

三十八、《贵阳市公共场所禁止吸烟暂行规定》

（一）第八条修改为"卫生、文化、教育、交通运输、体育、商务等主管部门应切实对所属单位禁止吸烟场所实施监督，社区服务管理机构、乡（镇）人民政府对所管辖区域的公共场所进行监督。"

（二）删除第十六条。

5.10　贵阳市人民政府关于修改部分规章的决定2

资料属性：地方性法规规章

制定机关：贵阳市人民政府

颁布文号：贵阳市人民政府令2013年第2号

颁布日期：2013年03月21日　　施行日期：2013年03月21日

时效性：有效

《贵阳市人民政府关于修改部分规章的决定》已经2013年2月25日市人民政府常务会议通过，现予公布，自公布之日起施行。

2013年3月21日

为适应本市城市基层体制改革的需要，维护法制统一，确保政令畅通，推进依法行政，根据国务院《规章制定程序条例》，经对本市现行政府规章进行集中清理，市人民政府决定修改下列政府规章的条款内容：

二十五、《贵阳市公共场所禁止吸烟暂行规定》

第七条修改为："卫生、文化、教育、交通、体育、商业等行政主管部门应切实对所属单位禁止吸烟场所实施监督，社区服务管理机构、乡（镇）人民政府对所辖区域的公共场所进行监督。"

5.11 贵阳市公共场所禁止吸烟暂行规定

资料属性:地方性法规规章
制定机关:贵阳市人民政府
颁布文号:市人大字 43 **号**
颁布日期:1998 **年** 06 **月** 17 **日**　　**施行日期:**1998 **年** 06 **月** 17 **日**
时 效 性:有效

第一条　为了有效地控制吸烟危害,保障人民群众身体健康,减少火灾隐患,净化环境,根据国务院《公共场所卫生管理条例》、《贵阳市市容环境卫生管理办法》的规定,制定本规定。

第二条　贵阳市卫生局负责本市公共场所禁止吸烟工作的监督和管理。

第三条　下列公共场所禁止吸烟:

(一) 机关、团体、企(事)业单位的公共办公场所、会议室、会场;

(二) 影剧院、音乐厅、歌(舞)厅、游艺厅、录像放映厅(室)等娱乐场所;

(三) 青少年宫、文化宫、室内体育馆的观众厅和比赛厅;

(四) 图书馆、博物馆、美术馆、展览馆、档案馆的展示厅;

(五) 车、船、飞机等公共交通工具内及其等候室;

(六) 大中专院校、中小学校、托幼机构的教室、寝室、实验室和会议室;

(七) 医疗机构的候诊室、诊疗室和病房;

(八) 商场(店)、书店以及邮电、金融、证券的营业场所;

(九) 公共浴室、理发店、美容院;

(十) 市卫生局规定的其他公共场所。

第四条　禁止吸烟的公共场所,可设置与公共场所隔离、有抽风排烟装置的吸烟室。

第五条　禁止吸烟场所所属单位必须履行下列职责:

(一) 有禁止吸烟的制度;

(二) 在禁止吸烟的场所内,设置醒目的禁止吸烟标志;

(三) 在禁止吸烟的场所内不得放置吸烟器具。

第六条　被动吸烟者有下列权利:

(一) 在禁止吸烟场所内有权要求在该场所内的吸烟者停止吸烟;

(二) 监督公共场所所属单位履行其所制定的禁止吸烟制度;

(三) 对违反本规定的行为进行举报。

第七条　卫生、文化、教育、交通、体育、商业等主管部门应切实对所属单位禁止吸烟场所实施监督,街道办事处、乡(镇)人民政府对所管辖区域的公共场所进行监督。

第八条　健康教育所、报社、电台、电视台当开展吸烟有害健康的宣传活动。

开展全市无吸烟单位评选工作,市健康教育所负责对申报的无吸烟单位进行审查考核。

第九条　任何单位和个人不得违反国家规定进行烟草广告宣传。

第十条　违反本规定在禁止吸烟场所内吸烟的,责令立即改正,并可处以 10 元罚款。

第十一条　违反本规定第五条规定的,责令限期改正;逾期不改的,处以 100 元以上 1000 元以下罚款。

第十二条　对违反本规定的行为,市卫生局可以依法委托公共管理事业组织按照管理范围实施行政处罚。

第十三条　对拒绝、阻碍执法人员依法执行公务的,由公安机关按照《中华人民共和国治安管理处罚条例》处罚;构成犯罪的,依法追究刑事责任。

第十四条 当事人对行政处罚决定不服的，可依法申请行政复议或者是向人民法院起诉；逾期不申请复议，不起诉，又不履行行政处罚的，做出处罚决定的机关可以申请人民法院强制执行。

第十五条 禁止吸烟管理工作人员玩忽职守、滥用职权、徇私舞弊的，由其所在单位或上级主管机关给予行政处分。

第十六条 本规定具体应用中的问题，由市政府法制局负责解释。

第十七条 本规定自公布之日起施行。

5.12 哈尔滨市防止二手烟草烟雾危害条例

资料属性：地方性法规规章

制定机关：哈尔滨市人大常委会

颁布文号：哈尔滨市第十三届人民代表大会常务委员会公告第 11 号

颁布日期：2011 年 09 月 05 日　　施行日期：2012 年 05 月 31 日

时 效 性：有效

（2011 年 5 月 26 日哈尔滨市第十三届人民代表大会常务委员会第二十九次会议通过，2011 年 8 月 12 日黑龙江省第十一届人民代表大会常务委员会第二十六次会议批准）

《哈尔滨市防止二手烟草烟雾危害条例》业经哈尔滨市第十三届人民代表大会常务委员会第二十九次会议于 2011 年 5 月 26 日通过，黑龙江省第十一届人民代表大会常务委员会第二十六次会议于 2011 年 8 月 12 日批准，现予公布，自 2012 年 5 月 31 日起施行。

哈尔滨市人民代表大会常务委员会

2011 年 9 月 5 日

第一条 为了防止二手烟草烟雾危害，保障公众健康，提高城市文明程度，根据有关法律、法规，结合本市实际，制定本条例。

第二条 本条例适用于本市市区内防止二手烟草烟雾危害。

第三条 本条例所称二手烟草烟雾（以下简称二手烟），是指从卷烟或者其他烟草制品燃烧端散发的及由吸烟者呼出的烟草烟雾。

本条例所称二手烟危害，是指已经科学明确证实因被动接触二手烟造成的人体死亡、疾病和功能丧失。

第四条 防止二手烟危害工作，实行分类管理、各负其责、公众监督、有效保护的原则。

第五条 市、区人民政府负责本条例的组织实施。

市、区卫生行政管理部门负责防止二手烟危害的日常工作。

第六条 市、区人民政府的相关行政管理部门按照以下规定，负责防止二手烟危害工作：

（一）教育行政管理部门负责学校及学前教育机构的防止二手烟危害工作；

（二）文化新闻出版、体育、旅游、民政等行政管理部门分别负责文化、娱乐、体育场所、旅游景点和社会福利机构的防止二手烟危害工作；

（三）交通运输行政管理部门负责公共交通工具及其有关场所的防止二手烟危害工作；

（四）食品药品监督行政管理部门负责餐饮业和药品批发、零售业经营场所的防止二手烟危害工作；

（五）公安网络监督机构、治安管理机构分别负责互联网上网服务营业场所、洗浴营业场所以及旅馆的防止二手烟危害工作；公安消防机构负责商品批发、零售营业场所的禁烟工作；

（六）管理机关事务工作的部门负责所管理的机关室内场所的防止二手烟危害工作；

（七）卫生行政管理部门负责医疗卫生机构防止二手烟危害工作；

（八）本条例规定的其他场所的防止二手烟危害工作由市、区人民政府指定的行政管理部门负责。

金融、邮政、通信、供电、机场、铁路的管理部门负责本行业相关场所的防止二手烟危害工作。

本条第一款规定的行政管理部门应当指定相应的防止二手烟危害执法机构及其责任人，负责防止二手烟危害的执法工作。

第七条 禁止在下列场所吸烟或者携带点燃的卷烟、雪茄、烟斗：

（一）学前教育机构、中小学和其他未成年人集中的室内外场所；

（二）大中专院校的室内场所；

（三）妇幼保健院（所）、儿童医院、儿童福利院的室内外场所及其他医疗卫生机构和养老院（老年公寓）、疗养院的室内场所；

（四）体育、健身场馆的室内场所及室外的观众座席、比赛赛场区域；

（五）图书馆、影剧院、音乐厅、展览馆、博物馆、美术馆、纪念馆、科技馆、档案馆等各类公共文化场馆的室内场所；

（六）国家机关、企事业单位、社会团体的室内场所；

（七）商品批发、零售营业场所的室内场所；

（八）金融、邮政、电信、股票交易等企业营业场所的室内场所；

（九）旅游景区（点）的室内场所；

（十）公共电汽车、出租汽车、轨道交通车辆、客渡轮、火车、飞机等公共交通工具内及其售票室、等候室；

（十一）录像厅（室）、歌（舞）厅、游艺厅（室）、美容（发）室、网吧、彩票销售网点等室内场所；

（十二）法律、法规规定的其他禁止吸烟的公共场所。

在本条例施行后，旅馆、餐饮的室内场所可以在一定期限内划定吸烟的楼层、包房，期满后全面禁止吸烟。具体期限和范围，由市人民政府确定。

第八条 在禁止吸烟场所，不得设置吸烟室或者划定吸烟区。

在禁止吸烟场所以外区域设置吸烟室或者划定吸烟区，应当遵守下列规定：

（一）符合消防安全要求；

（二）设置明显标识；

（三）与禁止吸烟场所有效分隔；

（四）远离人员密集区域和行人必经的通道。

第九条 禁止吸烟场所的经营者或者管理者应当履行下列职责：

（一）建立禁止吸烟管理制度，并在醒目位置设置统一的禁止吸烟标识和有关行政管理部门举报、投诉电话；

（二）禁止吸烟场所内不设置与吸烟有关的器具；

（三）对在禁止吸烟的场所内吸烟的，劝其停止吸烟；对不听劝阻的，要求其离开该场所；对不听劝阻且不离开该场所的，向有关行政管理部门举报、投诉；对不听劝阻并影响公共秩序的，向公安机关报案。

禁止吸烟场所的经营者或者管理者应当指定人员，负责履行前款第（三）项规定职责。

第十条 在禁止吸烟场所，任何人可以行使以下权利：

（一）劝阻吸烟者停止吸烟；

（二）告知禁止吸烟场所的经营者或者管理者，履行制止吸烟职责；

（三）对不履行制止吸烟职责的经营者或者管理者，有权向有关行政管理部门举报、投诉。

第十一条 有关行政管理部门接到举报、投诉后，应当派执法人员及时到达禁止吸烟场所进行处理。执法人员在执法过程中不得妨碍禁止吸烟场所的正常工作和生产、经营活动。

禁止吸烟场所的经营者或者管理者不得阻碍行政管理部门的执法人员进入该场所履行本条例规定的职责。

第十二条 市、区卫生行政管理部门应当设置并公开监督电话，方便单位或者个人对有关行政管理部门不依法履行职责的行为进行监督。市、区卫生行政管理部门接到举报或者投诉后，应当要求相关行政管理部门限期履行职责。

第十三条　市、区人民政府绩效考核机构应当定期对有关行政管理部门的防止二手烟危害工作进行检查。检查结果应当向社会公布，并作为该单位目标责任考核或者绩效评估的依据之一。

市、区卫生行政管理部门可以根据防止二手烟危害工作需要，组织多部门联合执法以及对国家机关、驻哈机构执行本条例的情况进行检查。

第十四条　卫生行政管理部门应当组织开展对产生二手烟危害行为的干预工作，设立咨询热线，开展咨询服务。

鼓励医疗卫生机构设立戒烟门诊，为吸烟者提供戒烟指导和治疗。

第十五条　广播、电视、报刊、网络等媒体应当经常进行吸烟和被动吸烟有害健康的公益宣传教育。

学校应当有计划地开展防止二手烟危害教育。

第十六条　市、区人民政府应当鼓励社会组织通过各种形式，参与和支持防止二手烟危害工作。

政府相关行政管理部门开展防止二手烟危害工作可以采用志愿服务或者政府购买服务等方式。

第十七条　市、区人民政府应当鼓励创建无吸烟单位，对无吸烟单位以及在防止二手烟危害工作中表现突出的单位予以表彰、奖励。

单位应当将创建无烟环境纳入本单位的日常管理工作，并作为员工考核制度的内容。

第十八条　市、区人民政府应当对控烟监测及评估、科学研究、宣传教育、人员培训、行为干预等防止二手烟危害工作所需经费予以保障。

第十九条　市、区卫生行政管理部门应当定期对本条例规定禁止吸烟的场所或者区域的二手烟残余进行监测，并将监测的数据予以公开。媒体可以参与监测工作并公开报道监测结果。

第二十条　二手烟残余检测不合格的单位，由卫生行政管理部门责令其整改，经整改仍不达标的，不得申请参加文明单位评比；已经被评为文明单位的，由人民政府建议有关部门取消该单位的文明单位称号。

第二十一条　出租车、公共电汽车、轮渡船等公共交通工具驾驶员在车船内吸烟的，乘客有权劝阻，对不听劝阻的，乘客有权向交通运输行政管理部门投诉、终止乘车船、免付车船费。

乘客在出租车、公共电汽车、轮渡船等公共交通工具内吸烟的，驾驶员和其他乘客有权劝阻，对不听劝阻的，有权要求其离开；已经乘车船未付车船费的，不得拒绝付费。

第二十二条　在禁止吸烟的经营场所内吸烟，因不听从劝阻而被要求其离开该场所的，不得向经营者索回已经花销的费用；已接受服务但未付费的，不得拒绝付费。

第二十三条　在禁止吸烟场所吸烟且不听从经营者或者管理者劝阻的，由有关行政管理部门处以二百元罚款，并责令其停止吸烟或者离开禁止吸烟场所。

第二十四条　禁止吸烟场所的经营者本条例第九条、第十一条第二款规定的，由有关行政管理部门予以警告，并责令限期改正；逾期不改正的，处以二千元以上一万元以下罚款；情节严重的，处以一万元以上三万元以下罚款。

第二十五条　有关行政管理部门及其工作人员在防止二手烟危害工作中，不依法履行职责或者徇私舞弊的，对主要责任人员和其他直接责任人员依法给予行政处分。

第二十六条　违反本条例其他规定的，由有关行政管理部门依法予以处罚。

第二十七条　县(市)防止二手烟危害工作可以参照本条例执行。

第二十八条　本条例自2012年5月31日起施行。1996年12月28日市人大常委会公布的《哈尔滨市公共场所禁止吸烟规定》同时废止。

5.13　杭州市公共场所控制吸烟条例

资料属性：地方性法规规章

制定机关：浙江省人民代表大会常务委员会

颁布文号:杭州市第十一届人民代表大会常务委员会公告第23号
颁布日期:2009年11月27日　施行日期:2010年03月01日
时 效 性:有效

(2009年8月26日杭州市第十一届人民代表大会常务委员会第十七次会议通过,2009年11月27日浙江省第十一届人民代表大会常务委员会第十四次会议批准)

2009年8月26日杭州市第十一届人民代表大会常务委员会第十七次会议审议通过的《杭州市公共场所控制吸烟条例》,已经2009年11月27日浙江省第十一届人民代表大会常务委员会第十四次会议批准,现予公布,自2010年3月1日起施行。

2009年11月27日

第一条　为减少吸烟造成的危害,保障公民健康,创造良好的公共场所卫生环境,根据有关法律、法规的规定,结合本市实际,制定本条例。

第二条　杭州市市区和各县(市)政府所在地城镇范围内的公共场所控制吸烟监督管理活动,适用本条例。

第三条　本市公共场所控制吸烟监督管理活动遵循加强引导、限定场所、单位负责、严格管理的原则。

第四条　市卫生行政部门主管全市公共场所控制吸烟监督管理工作。

各区、县(市)卫生行政部门负责本辖区内公共场所控制吸烟监督管理工作。

工商、烟草专卖、教育、文化、广播影视、新闻出版、交通、旅游、体育、公安、城市管理等部门和有关社会团体在各自职责范围内协助卫生行政部门做好公共场所控制吸烟监督管理工作。

第五条　下列公共场所禁止吸烟:

(一)医疗机构的医疗活动场所;

(二)托儿所、幼儿园;

(三)各类学校、教育培训机构的室内教学活动场所、食堂、学生宿舍及青少年活动场所的室内活动区域;

(四)影剧院、音乐厅、档案馆、图书馆、博物馆(院)、美术馆、陈列馆、展览馆、科技馆等科教、文化、艺术场所的室内区域;

(五)体育场馆及非经营性运动健身场所的观众区、比赛区或运动区;

(六)对社会开放的文物保护单位;

(七)会议室;

(八)公共汽(电)车、出租车、轨道交通、船舶等公共交通工具内部;

(九)公共电梯内部和地下人行通道;

(十)法律、法规、规章规定的其他禁止吸烟场所。公园、广场举行集会等重大活动时禁止吸烟。

第六条　下列公共场所室内区域可按本条例第七条规定的要求划定吸烟区或者设置专用吸烟室,吸烟区或者专用吸烟室以外的区域禁止吸烟:

(一)经营性洗浴中心(含浴室)、足浴、按摩保健、美容美发场所的服务区域;

(二)歌舞、游艺娱乐场所的服务区域;

(三)商店(场)、超市、商品交易市场的营业区域;

(四)录像厅、互联网上网服务营业场所的营业区域;

(五)体育场馆及非经营性运动健身场所除观众区、比赛区或运动区以外的其他区域;

(六)公共汽(电)车、出租车、轨道交通、船舶、飞机、火车等公共交通工具的等候区域或售票区域;

(七)机关、社会团体、事业单位的办公室;

(八)单位的办事大厅、营业厅、礼堂、食堂等场所,但第五条规定的禁止吸烟场所除外;

（九）法律、法规、规章规定的其他控制吸烟场所。

经营性住宿场所应当设置无烟楼层或者无烟客房。

拥有五十个以上餐位的经营性餐饮场所和对社会开放的棋牌房应当设置无烟包厢。

第七条　本条例第六条第一款规定的公共场所划定吸烟区或者设置专用吸烟室的，应当遵守下列规定：

（一）具备独立的通向户外的通风设施；

（二）与非吸烟区、非吸烟室有效隔离；

（三）远离人群密集区域和行人必经的主要通道；

（四）设置明显的标识；

（五）按照卫生行政部门的要求设置统一的控制吸烟宣传标识。

第八条　在本条例规定的禁止吸烟场所或者区域内，任何人不得吸烟或者携带燃烧的卷烟、雪茄烟或者烟斗。

第九条　禁止吸烟场所和控制吸烟场所的经营者或管理者应当履行下列职责：

（一）建立禁止吸烟或者控制吸烟的管理制度；

（二）在本单位禁止吸烟场所或者区域设置明显的禁止吸烟标识；

（三）不在本单位禁止吸烟场所或者区域内设置吸烟器具；

（四）不在本单位设置附有烟草广告的标识和物品；

（五）对在本单位禁止吸烟场所或者区域内的吸烟者，劝其停止吸烟或者离开该场所、区域；对不听劝阻者，报告卫生行政部门处理。

第十条　划定吸烟区或者设置专用吸烟室的公共场所的经营者或管理者应当加强禁止吸烟的宣传，采取有效措施，逐步取消吸烟区或者专用吸烟室。鼓励创建无烟单位。

第十一条　禁止吸烟场所或者区域内的任何人可以行使以下权利：

（一）要求吸烟者立即停止吸烟；

（二）要求该场所经营者或管理者劝阻吸烟者吸烟或者劝其离开该场所、区域；

（三）向卫生行政部门举报违反本条例规定的行为。

第十二条　禁止在公共场所设置烟草广告，禁止利用广播、电影、电视、网络、报纸、期刊等媒体发布烟草广告。

第十三条　全社会都应当支持公共场所控制吸烟工作。公务员、医务工作者、教育工作者等应当积极参与公共场所控制吸烟工作。报纸、广播、电视、网络等媒体和卫生、工商、烟草专卖、教育、文化、广播影视、新闻出版、交通、旅游、体育、公安、城市管理等部门应当积极开展有关吸烟有害健康、控制吸烟的社会宣传。

第十四条　机关、社会团体、企事业单位等可以根据实际情况，确定本条例规定以外的本单位工作、休息等场所为禁止吸烟区域，明确责任人，并做好相关管理工作。

第十五条　机关、社会团体、企事业单位等应当在本单位内部设立控烟监督员，对在本单位禁止吸烟的公共场所吸烟的行为予以制止。

第十六条　每年5月31日的“世界无烟日”，烟草制品经营者停止销售卷烟、雪茄烟和烟丝一天。鼓励吸烟者在“世界无烟日”停止吸烟一天。

第十七条　禁止未成年人吸烟。禁止向未成年人出售卷烟、雪茄烟和烟丝。对难以判明是否已成年的，经营者应当要求其出示身份证件。经营者应当在营业场所显著位置设置不向未成年人出售卷烟、雪茄烟和烟丝的标志。

第十八条　对违反本条例第八条规定的个人，由卫生行政部门责令其立即改正，拒不改正的，处以五十元的罚款。

第十九条　对违反本条例的公共场所经营者或管理者，由卫生行政部门按下列规定予以处罚：

（一）违反本条例第七条第（一）、（二）、（三）项或者第九条第（三）、（四）项规定的，处以警告，并责令其限期改正，逾期不改正的，处以五百元以上二千元以下的罚款；

（二）违反本条例第七条第（四）、（五）项或者第九条第（一）、（二）项规定的，处以警告，并责令其限期改正，逾期不改正的，处以五百元的罚款；

（三）违反本条例第九条第（五）项规定的，处以警告，并可处以五百元以上二千元以下的罚款。

第二十条 对违反本条例第十六条第一款、第十七条第二款、第三款规定的经营者，由卫生行政部门责令其改正，并可处以五百元以上二千元以下的罚款。

对违反本条例第十七条第一款的未成年人，由其所在的学校或卫生行政管理部门向该未成年人的监护人进行通报，予以教育。

第二十一条 卫生行政部门可以委托符合《中华人民共和国行政处罚法》规定条件的组织实施本条例规定的行政处罚。

第二十二条 对违反本条例规定的行为，其他法律、法规已有规定的，由相关部门依照有关法律、法规予以处罚。

第二十三条 对拒绝、阻碍有关执法人员或者管理人员依法执行职务的，由公安机关按照《中华人民共和国治安管理处罚法》处理；构成犯罪的，依法追究其刑事责任。

第二十四条 卫生行政部门工作人员和其他部门工作人员应当切实履行控制吸烟监督管理职责，滥用职权、徇私舞弊或者玩忽职守的，由有关部门依法给予行政处分；构成犯罪的，依法追究其刑事责任。

第二十五条 本条例自2010年3月1日起施行。

5.14 合肥市公共场所禁止吸烟规定

资料属性：地方性法规规章

制定机关：安徽省合肥市人民政府

颁布文号：合肥市人民政府令第41号

颁布日期：1995年12月15日　　施行日期：1996年01月01日

时 效 性：有效

第一条 为了搞好公共场所的卫生管理，保障公民身心健康，根据国务院《公共场所卫生管理条例》和有关法律、法规，结合本市实际情况，制定本规定。

第二条 本市行政区域内公共场所禁止吸烟的管理工作，适用本规定。

第三条 市、县（区）卫生行政主管部门主管本行政区域内公共场所禁止吸烟的管理工作。各级卫生监督部门对本辖区内各单位公共场所禁止吸烟的管理工作进行监督和检查。

国家机关、企事业单位、社会团体应按照本规定做好本单位公共场所禁止吸烟的管理工作。

第四条 市、县（区）爱国卫生运动委员会应积极开展吸烟危害健康宣传教育和创建无烟先进单位。

第五条 本市禁止吸烟管理工作，实行统一领导与分级管理相结合、强制与自愿相结合的原则。

第六条 下列公共场所内禁止吸烟：

（一）影剧院、歌舞厅、游艺厅（室）、录像厅（室）、音乐茶座等文化娱乐场所；

（二）体育馆（场）、图书馆、博物馆、美术馆和展览馆、科技馆、档案馆（室）、少年宫；

（三）营业面积在二百平方米以上的商店（场）、书店及邮电业、金融业、证券业的对外营业场所；

（四）车站、码头、飞机场的等候室售票厅；

（五）城市公共汽车、轮船、飞机等公共交通工具；

（六）医疗机构的候诊区、诊疗区和病房区；

（七）各类学校、幼儿园、托儿所的教育和活动场所；

（八）县级以上国家机关的会议室、内外宾接待场所；

（九）县级以上人民政府确定为内外宾接待的窗口单位所管理的公共场所。

公共场所的主管单位有权在前款所列范围以外另行确定本单位禁止吸烟的公共场所。

第七条 列为本市强制禁止吸烟公共场所的主管单位应在禁止吸烟场所内醒目位置设置禁止吸烟标志，并应确定专人负责本单位公共场所禁止吸烟的日常管理工作。

禁止吸烟标志由市、县爱国卫生运动委员会统一印制。

第八条 任何公民不得在禁止吸烟的公共场所内吸烟。违者，公共场所主管单位的管理人员应责令其立即停止吸烟或者责令其离开该场所。

第九条 公共场所的主管单位未按本规定做好本单位公共场所禁止吸烟的管理工作，由卫生监督部门依照国务院《公共场所卫生管理条例》第十四条和卫生部《公共场所卫生管理条例实施细则》第二十三条的规定给予处罚。

第十条 以暴力、威胁等方法拒绝、阻碍卫生监督部门管理人员依法执行公务，构成犯罪的，依法追究其刑事责任；未构成犯罪的，由公安机关依照《中华人民共和国治安管理处罚条例》第十九条的规定给予处罚。

第十一条 本规定由合肥市卫生局负责解释。

第十二条 本规定自1996年1月1日起施行。

5.15 呼和浩特市人民政府关于修改《呼和浩特市公共场所禁止吸烟规定》的决定

资料属性:地方性法规规章

制定机关:呼和浩特市人民政府

颁布文号:呼和浩特市人民政府令第6号

颁布日期:2008年11月19日　施行日期:2009年01月01日

时 效 性:有效

(2008年11月4日呼和浩特市人民政府第8次常务会议审议通过 2008年11月19日呼和浩特市人民政府令第6号公布 自2009年1月1日起施行)

呼和浩特市人民政府决定对《呼和浩特市公共场所禁止吸烟规定》作如下修改：

一、第一条修改为："为了控制吸烟的危害，保障人民身体健康，创造良好的生活环境，结合本市的实际，制定本规定。"

二、第二条修改为：下列公共场所禁止吸烟，应设置明显禁烟标示：

(一) 图书阅览室、实验室；

(二) 表演厅、礼堂、陈列室、会议室；

(三) 室内体育馆及游泳池；

(四) 民用航空器、客运汽车、缆车、出租车、电梯间、密闭式铁路列车及其他各种密闭式公共运输工具内；

(五) 托儿所、幼儿园；

(六) 医疗机构、其他医事机构及残障福利机构；

(七) 学校、博物馆、美术馆、文物馆、展览馆、科技馆、少年宫；

(八) 金融机构、邮局及电信局等营业场所；

(九) 制造、储存或销售易燃易爆物品的场所；

(十) 法律、法规、规章确定的其他禁止吸烟的公共场所。

三、新增一条作为第三条："下列场所可以设置有通风设备的吸烟区(室)，吸烟区(室)应有明显的区隔及标示。除吸烟区(室)外，不得吸烟：

（一）影剧院、音乐厅、录像厅（室）、游艺厅（室）、歌舞厅（室）、音乐茶座（室）；

（二）酒店、宾馆、二百平方米以上的商店（场）；

（三）非密闭式的铁路列车及轮船；

（四）车站、机场的售票厅及旅客等候室；

（五）其他可以设置吸烟区（室）的公共场所。”

四、修改第五条为第六条：“本规定第二条、第三条所列举的单位应当履行下列职责：

（一）制定禁止吸烟的规章制度；

（二）开展在公共场所禁止吸烟的宣传；

（三）在禁止吸烟的公共场所或区域设置统一的禁烟标志；

（四）在禁止吸烟的公共场所或区域不得放置有烟草广告的标志、物品和吸烟器具；

（五）配备专、兼职人员负责相关工作。”

五、修改第六条为第七条：“公民在禁止吸烟的公共场所或区域有权要求吸烟者停止吸烟，并有权要求相关单位执行本规定第六条规定的职责。任何人都有权向卫生行政部门举报违反规定的单位。”

六、修改第七条为第八条：“对于违反本规定的单位由卫生行政部门按下列规定予以处罚：

（一）对违反本规定第六条第一项或第二项的，处以警告并责令限期改正；

（二）对违反本规定第六条第三项、第四项、第五项规定的，可处以500元以下罚款；屡教不改的，可责令停业整顿；

（三）对吸烟者不予制止的，处500元罚款。”

七、删除第十一条。

本决定自2009年1月1日起施行。

《呼和浩特市公共场所禁止吸烟规定》根据本决定作相应修正，重新发布。

5.16 呼和浩特市公共场所禁止吸烟规定（2008年修正本）

（1998年5月22日市人民政府令第34号发布，根据2008年11月4日呼和浩特市人民政府第8次常务会议审议通过，2008年11月19日呼和浩特市人民政府令第6号公布，自2009年1月1日起施行的《呼和浩特市人民政府关于修改〈呼和浩特市公共场所禁止吸烟规定〉的决定》修正）

第一条 为了控制吸烟的危害，保障人民身体健康，创造良好的生活环境，结合本市的实际，制定本规定。

第二条 下列公共场所禁止吸烟，应设置明显禁烟标示：

（一）图书阅览室、实验室；

（二）表演厅、礼堂、陈列室、会议室；

（三）室内体育馆及游泳池；

（四）民用航空器、客运汽车、缆车、出租车、电梯间、密闭式铁路列车及其他各种密闭式公共运输工具内；

（五）托儿所、幼儿园；

（六）医疗机构、其他医事机构及残障福利机构；

（七）学校、博物馆、美术馆、文物馆、展览馆、科技馆、少年宫；

（八）金融机构、邮局及电信局等营业场所；

（九）制造、储存或销售易燃易爆物品的场所；

（十）法律、法规、规章确定的其他禁止吸烟的公共场所。

第三条 下列场所可以设置有通风设备的吸烟区（室），吸烟区（室）应有明显的区隔及标示。除吸烟区

(室)外,不得吸烟:

(一) 影剧院、音乐厅、录像厅(室)、游艺厅(室)、歌舞厅(室)、音乐茶座(室);

(二) 酒店、宾馆、二百平方米以上的商店(场);

(三) 非密闭式的铁路列车及轮船;

(四) 车站、机场的售票厅及旅客等候室;

(五) 其他可以设置吸烟区(室)的公共场所。

第四条　市卫生行政部门是本市公共场所禁止吸烟工作的主管机关,旗县区卫生行政部门负责本区域内公共场所禁止吸烟工作的监督和管理。

第五条　教育、文化、卫生等部门以及广播、电视、报刊等新闻媒体,应积极开展多种形式的控烟宣传,宣传吸烟的危害;工商部门加强对烟草制品和烟草广告的管理,为全社会禁止吸烟创造一个良好的环境。

第六条　本规定第二条、第三条所列举的单位应当履行下列职责:

(一) 制定禁止吸烟的规章制度;

(二) 开展在公共场所禁止吸烟的宣传;

(三) 在禁止吸烟的公共场所或区域设置统一的禁烟标志;

(四) 在禁止吸烟的公共场所或区域不得放置有烟草广告的标志、物品和吸烟器具;

(五) 配备专、兼职人员负责相关工作。

第七条　公民在禁止吸烟的公共场所或区域有权要求吸烟者停止吸烟,并有权要求相关单位执行本规定第六条规定的职责。任何人都有权向卫生行政部门举报违反规定的单位。

第八条　对于违反本规定的单位由卫生行政部门按下列规定予以处罚:

(一) 对违反本规定第六条第一项或第二项的,处以警告并责令限期改正;

(二) 对违反本规定第六条第三项、第四项、第五项规定的,可处以500元以下罚款;屡教不改的,可责令停业整顿;

(三) 对吸烟者不予制止的,处500元罚款。

第九条　拒绝、阻碍管理人员执行公务的,依法追究法律责任。

第十条　当事人对行政处罚决定不服的,可申请行政复议或者提起行政诉讼;逾期不申请行政复议、不提起行政诉讼又不履行处罚决定的,由作出行政处罚决定的部门依法申请人民法院强制执行。

第十一条　机关、团体、部队、企业、事业单位和其他组织,可依照本规定确定本单位内部禁止吸烟场所,并制定相关规定。

第十二条　本规定自发布之日起施行。

5.17　济南市公共场所禁止吸烟的规定

资料属性:地方性法规规章

制定机关:济南市人民代表大会常务委员会

颁布文号:

颁布日期:2010 **年** 11 **月** 25 **日**　**施行日期:**2010 **年** 11 **月** 25 **日**

时 效 性:有效

(1996 年 3 月 29 日济南市第十一届人民代表大会常务委员会第二十次会议通过,1996 年 4 月 17 日山东省第八届人民代表大会常务委员会第二十一次会议批准,2001 年 5 月 18 日济南市第十二届人民代表大会常务委员会第二十次会议修改,2001 年 6 月 15 日山东省第九届人民代表大会常务委员会第二十一次会议批准修改,根据 2010 年 10 月 27 日济南市第十四届人民代表大会常务委员会第二十四次会议通过,2010 年 11 月 25 日山东省第十一届人民代表大会常务委员会第二十次会议批准的《济南市人民代表大会常务委

员会关于修改<济南市城镇企业职工基本养老保险条例>等二十三件地方性法规的决定》修改）

第一条 为了保障人民身体健康，保护公共环境，减少吸烟造成的危害，根据有关法律、法规，结合本市实际，制定本规定。

第二条 本规定适用于历下区、市中区、槐荫区、天桥区及历城区的洪家楼镇、华山镇、王舍人镇、十六里河镇、党家庄镇、遥墙镇的辖区。

前款所列区、镇远离市区的农村，可暂不适用本规定，具体范围由市卫生行政管理部门会同有关区人民政府划定。

第三条 下列公共场所禁止吸烟：

（一）体育馆、影剧院、歌舞厅、音乐厅、录像放映厅、游艺厅（室）；

（二）会议厅（室）、礼（会）堂；

（三）图书馆、档案馆、科技馆、博物馆、美术馆、展览馆、文化馆、文化宫、少年宫的室内活动场所；

（四）托儿所、幼儿园；

（五）中小学的教室、寝室、活动室、其他各类学校的室内教学、活动场所；

（六）商店、书店、邮电业、金融业的营业（交易）厅；

（七）医疗机构的挂号区、候诊区、诊疗区和病房区；

（八）电梯间和公共交通工具内，汽车站、火车站、飞机场的候车（机）厅（室）、售票厅；

（九）市人民政府确定的其他公共场所。

禁止吸烟的公共场所的管理单位，有条件的可以设立吸烟室（区）。

第四条 市卫生行政管理部门是本行政区域内公共场所禁止吸烟的主管部门，负责本规定的组织实施和监督检查。

宣传、教育、文化、新闻等部门应当开展吸烟有害健康和公共场所禁止吸烟的宣传教育。

第五条 机关、团体、企事业单位可以在本单位内部确定除本规定以外的禁止吸烟的场所。

鼓励创建无吸烟单位。

第六条 禁止吸烟的公共场所的管理单位应当履行下列职责：

（一）制定本单位禁止吸烟的制度和措施；

（二）在禁止吸烟的公共场所设置统一的禁止吸烟标志；

（三）在禁止吸烟的公共场所不得设置吸烟器具和附有烟草广告的标志。

禁止吸烟的公共场所的管理单位应当配备检查人员。

第七条 在禁止吸烟的公共场所，公民有权要求吸烟者停止吸烟；有权要求禁止吸烟的公共场所的管理单位履行本规定规定的职责；有权向卫生行政管理部门举报违反本规定的行为。

第八条 检查人员对在本单位范围内禁止吸烟的公共场所吸烟者，应当予以制止，并可处以十元罚款。

检查人员对吸烟者作出行政处罚决定时，应当向当事人出示由市人民政府统一印制的执法身份证件，填写预定格式、编有号码的行政处罚决定书，当场交付当事人。

第九条 禁止吸烟的公共场所的管理单位违反本规定第六条规定的，由卫生行政管理部门予以警告，责令限期改正；对逾期不改正的，处以五百元以上三千元以下罚款。

卫生行政管理部门对禁止吸烟的公共场所的管理单位进行处罚，应当按照国家行政处罚的有关规定执行。

第十条 罚款收入应当按照国家行政处罚的有关规定上缴财政。

第十一条 当事人对行政处罚决定不服的，可以依法申请行政复议或者提起行政诉讼。逾期不申请复议也不向人民法院起诉又不履行处罚决定的，由做出处罚决定的机关申请人民法院强制执行。

第十二条 对拒绝、阻碍检查人员依法执行公务违反治安管理规定的，由公安机关依照《中华人民共和国治安管理处罚法》的规定给予处罚；构成犯罪的，依法追究刑事责任。

第十三条 检查人员应当严格履行职责，依法进行管理。对玩忽职守、滥用职权、徇私舞弊的，给以行政处分；构成犯罪的，依法追究刑事责任。

第十四条　各县(市)及历城区的其他乡镇可参照本规定执行。

第十五条　本规定自一九九六年五月三十一日起施行。

5.18　昆明市公共场所禁止吸烟管理办法

资料属性：地方性法规规章

制定机关：昆明市人民政府

颁布文号：昆明市人民政府令第 36 号

颁布日期：2002 年 08 月 13 日　　施行日期：2002 年 09 月 10 日

时 效 性：有效

(2002 年 8 月 7 日昆明市人民政府第 22 次常务会议审议通过，2002 年 8 月 13 日昆明市人民政府令第 36 号公布)

第一条　为了做好本市爱国卫生工作，保障公民身体健康，减少吸烟造成的危害，根据《昆明市爱国卫生工作管理条例》，结合本市实际，制定本办法。

第二条　本市公共场所禁止吸烟工作实行“限定场所、单位负责、加强引导、严格管理、社会监督”的原则。

第三条　本市公共场所禁止吸烟的监督管理工作，由市、县(市)区爱国卫生运动委员会办公室(以下简称爱卫办)负责，具体职责如下：

(一) 制定控制吸烟规划并组织实施；

(二) 组织吸烟危害健康的宣传教育活动；

(三) 组织协调有关部门、社会团体和行业协会开展控制吸烟活动；

(四) 对违反本办法规定的行为进行监督、检查。

第四条　本市行政区域内的下列公共场所禁止吸烟：

(一) 托儿所、幼儿园；

(二) 医疗机构的候诊区、诊疗区和病房区；

(三) 各类学校的教室、实验室、图书阅览室、会议室等室内；

(四) 单位的礼堂、会议厅(室)、各种专门培训的教室；

(五) 影剧院、歌舞娱乐厅(室)、影像放映厅、电脑屋；

(六) 图书馆、档案馆的阅览室及纪念馆、博物馆、美术馆、书画院、展览馆等的展厅和重点文物建筑内；

(七) 室内体育馆(场)的观众厅、比赛厅；

(八) 200 平方米以上的各类商场；

(九) 电梯内，公共汽车、出租车、中巴车、旅游车等公共交通工具内及其等候室、售票厅；

(十) 单位自行确定禁止吸烟的其他公共场所。

上述禁止吸烟的场所，可设置隔离的吸烟室。

第五条　有禁烟区域的经营或管理单位，应当履行下列职责：

(一) 制定并执行本单位禁止吸烟的管理制度；

(二) 做好本单位禁烟区禁止吸烟的宣传教育工作；

(三) 在禁止吸烟场所设置统一、醒目的“禁止吸烟”或者“请勿吸烟”标志；

(四) 不得在本单位禁烟区内摆放烟具或设置有烟草广告的标志或物品；

(五) 设立专(兼)职检查员，管理本单位的禁烟区。

（六）对在本单位禁烟区内的吸烟者，应当劝其停止吸烟或者退出禁烟区。

第六条 全社会都应支持公共场所禁止吸烟工作。

教育、文化、卫生、宣传、新闻媒体等部门应当配合主管部门做好吸烟有害健康和公共场所禁止吸烟的宣传教育和管理工作。

鼓励各单位办公室禁止吸烟，鼓励创建无吸烟先进单位。

第七条 被动吸烟者有权要求在禁烟区内的吸烟者停止吸烟。

被动吸烟者有权要求禁烟区的所在单位履行本办法规定的职责，并有权向市、县（市）区爱国卫生运动委员会办公室举报违反本办法规定的行为。

第八条 对在公共场所禁止吸烟工作中做出显著成绩的单位，由市、县（市）区爱国卫生运动委员会给予表彰和奖励。

第九条 对在公共场所禁止吸烟工作中做得较差的单位，由市、县（市）区爱国卫生运动委员会予以通报批评，并不得评选为文明单位或卫生红旗单位。

第十条 监督检查人员应当秉公执法、文明执法。执法时必须佩戴或出示执法证件，对不依法履行职责的，由其所在单位或上级主管部门给予批评教育或者行政处分。

第十一条 本办法自2002年9月10日起施行。

5.19 兰州市公共场所控制吸烟条例

资料属性：地方性法规规章

制定机关：兰州市人民代表大会常务委员会

颁布文号：

颁布日期：2013年07月26日　**施行日期：**2014年01月01日

时 效 性：有效

（2013年4月27日兰州市第十五届人大常委会第十一次会议通过，2013年7月26日甘肃省第十二届人民代表大会常务委员会第四次会议批准）

第一章 总则

第一条 为了控制吸烟，减少烟草烟雾危害，保障公众身体健康，维护公共卫生环境，提升城市文明水平，根据有关法律、法规的规定，结合本市实际，制定本条例。

第二条 本市行政区域内公共场所控制吸烟工作（以下简称“控烟工作”），适用本条例。

第三条 本市控烟工作遵循政府主导、部门监管、场所负责、公众参与的原则。

第四条 市、县（区）人民政府应当加强对本行政区域内控烟工作的领导，负责本条例的组织实施。

控烟工作所需经费列入本级财政预算予以保障。

第五条 市、县（区）人民政府卫生行政主管部门管理本行政区域内的控烟工作，其具体职责包括：

（一）研究拟定控烟工作的配套政策；

（二）指导、检查相关部门、行业的控烟工作；

（三）组织本条例第六条规定的相关部门开展控烟工作联合执法，并定期通报控烟法规执行情况；

（四）组织开展控烟工作宣传教育活动；

（五）负责设计并发布统一的禁止吸烟标识；

（六）设置统一的控烟工作举报、投诉电话、邮箱等信息平台，建立相应处理机制；

（七）处理控烟工作日常事务，协调解决控烟工作相关问题。

第六条 市、县(区)有关部门应当按照下列职责做好控烟工作:

(一) 卫生和计划生育行政主管部门负责对各级各类医疗卫生机构、计划生育技术服务机构的控烟工作进行监督管理;

(二) 教育行政主管部门负责对所属各级各类学校、托幼机构和其他教育机构的控烟工作进行监督管理,并加强烟草烟雾危害健康教育;

(三) 机关单位负责对本机关以及所属单位工作场所的控烟工作进行监督管理;

(四) 交通运输行政主管部门负责对公共交通工具及其有关工作场所和公共场所的控烟工作进行监督管理;

(五) 文化、公安、体育、旅游行政主管部门分别负责对文化娱乐场所、宾馆、体育场和旅游景点的控烟工作进行监督管理;

(六) 工商行政管理部门负责对商场(店)的控烟工作以及各种形式的烟草广告进行监督管理;

(七) 食品药品监督管理行政主管部门负责对餐饮场所、药品和医疗器械经营场所的控烟工作进行监督管理;

(八) 县(区)人民政府的街道办事处、乡(镇)人民政府负责对本辖区内的中央在兰、省在兰和外地驻兰单位以及设在社区的棋牌娱乐、老年活动等公共场所的控烟工作进行监督管理;

(九) 其他有关行政主管部门和行业部门及企事业单位应当做好其管辖区域内控烟工作的监督管理。

第七条 市、县(区)人民政府对在控烟工作中表现突出的单位和个人,应当予以表彰、奖励。

鼓励其他社会组织和个人参与控烟工作。

第二章 控制吸烟场所

第八条 本市行政区域内控制吸烟场所分为禁止吸烟场所和限制吸烟场所。

禁止吸烟场所实行全面禁烟,不允许设置吸烟室或者划定吸烟区。

限制吸烟场所可以设置固定的吸烟室或者划定固定的吸烟区,场所内其他区域禁止吸烟。

第九条 禁止吸烟场所包括:

(一) 各级各类医疗卫生机构、计划生育技术服务机构、福利院、养老院、疗养院的室内区域;

(二) 托幼机构、中小学、中等职业学校、少年宫等供未成年人教育或者活动的室内外区域;除本项所述场所之外的其他供成年人学习、教育和培训机构的室内区域和室外教学区域;

(三) 金融、邮政、通信企业的室内营业场所和书店、商场(店)、超市的室内区域;

(四) 影剧院、音乐厅、档案馆、图书馆、博物馆(院)、美术馆、陈列馆、展览馆、科技馆、互联网上网服务营业场所和老年文体娱乐活动场所的室内区域;

(五) 各类体育场馆、运动健身场所的室内区域和室外的观众座席、比赛赛场区域;

(六) 各种公共场所电梯内区域;

(七) 客运公共汽车、长途汽车、电瓶车、出租汽车、轨道交通车辆、轮渡船、火车及其等候和售票的室内区域;

(八) 国家机关、企事业单位、社会团体的室内区域;(九)法律、法规、规章规定的其他禁止吸烟的场所。

第十条 限制吸烟场所包括:

(一) 各类餐厅、酒吧、咖啡厅、茶楼等餐饮服务的室内区域;(二)各类宾馆、酒店、旅馆、度假村等提供住宿休息服务场所的室内区域;

(三) 歌(舞)厅、洗浴场所、棋牌娱乐等公众休闲娱乐场所的室内区域;

(四) 机场的室内区域。

鼓励在限制吸烟场所设置无烟餐厅包厢、无烟客房、无烟楼层等无烟场所。

上述限制吸烟场所设置的吸烟室或者划定的吸烟区在期限届满后应当取消,该场所控制吸烟由限制吸烟转为禁止吸烟。具体期限和范围由市人民政府确定。

第十一条 限制吸烟场所设置的固定吸烟室或者划定的固定吸烟区,应当遵守下列规定:

(一) 符合消防安全要求;

(二) 设置有关吸烟设施和明显标识;

(三) 与禁止吸烟场所有效分隔,并安装单独的通风、排风设施;

(四) 远离人员密集区域和行人必经通道。

第十二条 市人民政府可以根据社会发展实际,增设临时或者永久禁止吸烟区域。

第十三条 鼓励本条例规定以外的公共场所和工作场所禁止吸烟。

第三章 控制吸烟规定

第十四条 控制吸烟场所所在单位的法定代表人或者非法人单位的主要负责人全面负责本单位控烟工作。控制吸烟场所的管理者和经营者应当履行下列管理义务:

(一) 建立控制吸烟的管理制度,设立控制吸烟劝导员,做好控制吸烟劝导、宣传教育;

(二) 在控制吸烟场所的出入口处及其他明显位置设置统一发布的禁止吸烟标识和举报、投诉方式;

(三) 在禁止吸烟场所不得放置与吸烟有关的器具,不得张贴、悬挂、放置附有烟草广告的标识和物品;

(四) 对在禁止吸烟场所和限制吸烟场所的非吸烟室或者非划定吸烟区吸烟的,应劝其停止吸烟或者离开该场所;对不听劝阻者,应当进行举报和投诉。

第十五条 任何单位和个人有权要求在禁止吸烟场所和限制吸烟场所的非吸烟室或者非划定吸烟区的吸烟者立即停止吸烟,有权要求控制吸烟场所的经营者或者管理者履行禁止吸烟管理职责,对不履行管理职责的,可以举报和投诉。

第十六条 烟草制品销售者应当在营业场所显著位置设置吸烟有害健康和禁止向未成年人出售烟草制品的明显标识。

禁止向未成年人出售烟草制品,对难以判断购买者年龄的,烟草制品销售者应当要求其出示身份证件。

第十七条 每年5月31日"世界无烟日",鼓励烟草制品销售者停售一天。鼓励吸烟者停止吸烟一天。

第十八条 广播、影视、网络、报刊等新闻媒体应当积极开展烟草烟雾有害健康的公益性宣传活动。

第十九条 市、县(区)卫生行政主管部门应当组织开展控烟咨询服务。

鼓励各级各类卫生医疗机构设立戒烟门诊,为吸烟者提供戒烟指导和治疗。

第二十条 市、县(区)卫生行政主管部门应当对禁止吸烟场所的烟草烟雾浓度进行监测,并将监测的结果向社会公布,监测结果作为其文明单位评比的重要依据之一。

第二十一条 法律、法规对控烟工作另有规定的,从其规定。

第四章 法律责任

第二十二条 违反本条例规定,在禁止吸烟场所和限制吸烟场所的非吸烟室或者非划定吸烟区吸烟的,由本条例第六条规定的相关监管部门予以警告,责令改正;拒不改正的,处以五十元以上二百元以下罚款。

第二十三条 违反本条例规定,在禁止吸烟场所内和限制吸烟场所的非吸烟室或者非划定吸烟区吸烟,不听劝阻且扰乱社会秩序,或者阻碍有关行政管理人员依法执行职务的,由公安机关依照《中华人民共和国治安管理处罚法》予以处罚;构成犯罪的,依法追究刑事责任。

第二十四条 违反本条例规定,对不履行控制吸烟责任的场所管理者和经营者,由相关监管部门予以警告,责令限期改正;逾期不改正的,处以二千元以上一万元以下罚款。

第二十五条 违反本条例规定,在限制吸烟场所不设置吸烟室或者划定吸烟区又不禁止吸烟的,由相关监管部门予以警告,责令限期改正;逾期不改正的,处以二千元以上一万元以下罚款。

第二十六条 烟草制品销售者未在售烟场所的明显位置设置吸烟有害健康和禁止向未成年人出售烟草制品的标识的,由相关监管部门予以警告,责令限期改正;逾期不改正的,处以二百元以上二千元以下的罚款。

烟草制品销售者向未成年人出售烟草制品的，由相关监管部门责令改正，予以警告，并处五百元以上五千元以下的罚款。

第二十七条　烟草烟雾浓度监测结果不合格的单位，由卫生行政主管部门负责通报，由不合格单位控烟工作的责任人负责整改，拒不改正或者整改不合格的，处以二千元以上一万元以下的罚款。

第二十八条　本条例规定的相关监管部门及其工作人员在控烟工作中，有违反本条例规定行为的，由市、县(区)人民政府责令限期改正，在监督管理工作中有滥用职权、徇私舞弊或者玩忽职守行为的，由有关部门依法给予行政处分；构成犯罪的，依法追究刑事责任。

第五章　附则

第二十九条　本条例自2014年1月1日起施行。1996年1月13日兰州市第十一届人大常委会第二十五次会议上通过的《兰州市人民代表大会常务委员会〈关于在公共场所禁止吸烟的决定〉》同时废止。

5.20　南昌市公共场所禁止吸烟暂行规定

资料属性：地方性法规规章
制定机关：南昌市人民政府
颁布文号：南昌市人民政府令第57号
颁布日期：1995年8月29日　　**施行日期：1995年10月01日**
时 效 性：有效

(1995年8月29日南昌市人民政府令第31号发布，自1995年10月1日起施行，根据1997年12月10日市人民政府令第57号修正)

第一条　为了控制吸烟的危害，保障公民健康，保护环境，根据国家有关规定，结合本市实际，制定本规定。

第二条　市卫生局是本市行政区域内公共场所禁止吸烟工作的主管部门。

各县(区)卫生局负责本行政区域内公共场所禁止吸烟工作的监督和管理。

民航、铁路等部门的卫生防疫机构对管辖范围内禁止吸烟工作实施监督和管理。

第三条　在本市行政区域内下列公共场所禁止吸烟：

(一) 影剧院和音乐厅的观众厅、录像厅(室)、游艺厅(室)、歌(舞)厅、卡拉OK厅及音乐茶座(室)；

(二) 室内体育馆(场)的观众厅和比赛厅；

(三) 图书馆的阅览室，书店，博物馆、美术馆和展览馆的展示厅；

(四) 200平方米以上的商店(场)的经营场所；

(五) 公共交通工具内及其等候室；

(六) 医疗机构的候诊室、诊疗室、病房；

(七) 学校的教室、实验室等室内教育活动场所，托幼机构的幼儿活动场所；

(八) 根据实际需要，市卫生局确定的其他公共场所。

第四条　禁止吸烟的公共场所的所在单位可以设置吸烟室。

第五条　卫生、文化、教育、环境保护等部门及新闻单位应当积极开展吸烟有害健康、公共场所禁止吸烟的社会宣传。

第六条　禁止吸烟的公共场所的所在单位应当履行下列职责：

(一) 在禁止吸烟的公共场所内设置醒目的禁止吸烟标志；

（二）制定本单位公共场所禁止吸烟的制度；

（三）对在禁止吸烟的公共场所内的吸烟者予以劝阻。

第七条 在禁止吸烟的公共场所内的被动吸烟者享有下列权利：

（一）要求吸烟者停止吸烟；

（二）要求禁止吸烟的公共场所的所在单位履行本规定第六条规定的职责；

（三）向市或者县（区）卫生局举报违反本规定的行为。

第八条 禁止吸烟的公共场所的所在单位违反本规定，有下列行为之一的，由市或者县（区）卫生局给予警告，并可处以200元至500元罚款：

（一）未在禁止吸烟的公共场所内设置醒目的禁止吸烟标志；

（二）对在禁止吸烟的公共场所内的吸烟者不予以劝阻。

第九条 对拒绝、阻碍卫生管理人员依法执行职务的，由公安机关依照《中华人民共和国管理处罚条例》处罚；构成犯罪的，依法追究刑事责任。

第十条 当事人对行政处罚决定不服，可以申请复议或者提起诉讼。逾期不申请复议、不提起诉讼、又不履行处罚决定的，做出处罚决定的部门可以申请人民法院强制执行。

第十一条 卫生管理人员应当秉公执法，对徇私舞弊、滥用职权、索贿受贿的，由所在单位或者上级机关给予行政处分；构成犯罪的，依法追究刑事责任。

第十二条 国家机关、企事业单位、社会团体以及其他组织可以将其内部的会议室、图书馆、车间、非营业性娱乐室等场所设定为禁止吸烟场所，并做好监督和管理工作。

第十三条 本规定具体应用中的问题，由卫生局负责解释。

第十四条 本规定自1995年10月1日起施行。

5.21 南京市公共场所禁止吸烟暂行规定（2010年修正本）

资料属性：地方性法规规章

制定机关：南京市人民政府

颁布文号：南京市人民政府令第46号

颁布日期：2010年12月01日　　施行日期：2010年12月01日

时 效 性：有效

（1995年9月20日南京市人民政府令第46号发布，根据2010年11月29日南京市人民政府常务会议审议通过，2010年12月1日南京市人民政府令第275号公布，自公布之日起施行的《南京市人民政府关于修改废止部分政府规章的决定》修正）

第一条 为了控制吸烟的危害，保障公民健康，保护环境，特制定本规定。

第二条 南京市爱国卫生运动委员会办公室（以下简称爱卫办）是本市公共场所禁止吸烟工作的主管机关。

本市各区、县爱卫办负责本区域内公共场所禁止吸烟的监督和管理。

第三条 在本市行政区域内的下列场所禁止吸烟：

（一）影剧院和音乐厅的观众厅、录像厅（室）、游艺厅（室）、歌（舞）厅、音乐茶座室；

（二）室内体育馆（场）的观众厅和比赛厅；

（三）图书馆的阅览室，博物馆、美术馆和展览馆的展示厅；

（四）二百平方米以上的商店（场）的经营场所；

（五）市内公共交通工具及其等候室；

（六）医疗机构的候诊室、诊疗室、病房；

（七）学校的教室、实验室等室内教育活动场所，托幼机构的幼儿活动场所；

（八）根据实际需要，由市政府确定的其他禁止吸烟场所。

以上公共场所专设的吸烟室除外。

第四条　国家机关、企业事业单位、社会团体以及其他组织，可以对其内部的会议室、图书馆、车间、餐厅、非营业性娱乐室等场所，设定为禁止吸烟的场所，并做好监督管理工作。

第五条　教育、文化、卫生、环境保护以及新闻等部门，应当积极开展吸烟有害健康、劝阻吸烟的社会宣传。

第六条　禁止吸烟场所的所在单位应当履行下列职责：

（一）制定本单位禁止吸烟的制度和对违反规定的吸烟者进行适当处罚的措施；

（二）做好禁止吸烟的宣传教育工作；

（三）在禁止吸烟场所内设置醒目的禁止吸烟标志；

（四）在禁止吸烟场所内不设置吸烟器具，不设置附有烟草广告的标志和物品；

（五）对在禁止吸烟场所内的吸烟者，劝其停止吸烟或离开该场所；对不听劝阻者，按本单位的规定予以处罚。

第七条　在禁止吸烟场所内，被动吸烟者有权要求该场所内的吸烟者停止吸烟。

被动吸烟者有权要求禁止吸烟场所的所在单位履行本规定第六条第三项、第四项和第五项的职责。

被动吸烟者有权向市或区、县爱卫办举报违反本规定的行为。

第八条　对违反本规定的禁止吸烟场所的所在单位，由市或区、县爱卫办按下列规定予以处罚：

（一）对违反本规定第六条第一项或第二项的，处以警告并责令限期改正。

（二）对违反本规定第六条第三项或第四项的，处以五百元至一千元罚款；屡教不改的，可并处责令停业整顿。

（三）对违反本规定第六条第五项的，处以一千元至二千元罚款；屡教不改的，可并处责令停业整顿。

第九条　禁止吸烟场所的所在单位，可以根据本单位制定的禁止吸烟制度，对违反规定者给予处罚。

第十条　市或区、县爱卫办作出行政处罚时，应当出具行政处罚决定书。收缴罚款时，应当出具省财政主管部门统一制发的罚款收据。

第十一条　对拒绝、阻碍卫生管理人员依法执行职务，未使用暴力、威胁方法的，由公安部门按照《中华人民共和国治安管理处罚法》处理；对构成犯罪的，依法追究其刑事责任。

第十二条　当事人对行政处罚不服的，可根据《中华人民共和国行政复议法》和《中华人民共和国行政诉讼法》的规定，申请行政复议或者提起行政诉讼。

逾期不申请行政复议、不提起行政诉讼又不履行行政处罚决定的，作出行政处罚决定的部门可以申请人民法院强制执行。

第十三条　卫生管理人员应当严格遵守法纪、秉公执法。对徇私舞弊、索贿受贿、玩忽职守的，给予行政处分；构成犯罪的，依法追究其刑事责任。

第十四条　本规定自发布之日起施行。

5.22　南宁市控制吸烟规定

资料属性：地方性法规规章

制定机关：南宁市人民政府

颁布文号：南宁市人民政府令第25号

颁布日期：2014年05月29日　　**施行日期：**2014年07月01日

时 效 性：有效

《南宁市控制吸烟规定》已经2014年2月8日市十三届人民政府第62次常务会议审议通过，现予公布，自2014年7月1日起施行。

2014年5月29日

第一条 为了减少烟草烟雾危害，净化公共场所和工作场所卫生环境，保障公众的身体健康，提高城市文明水平，根据《南宁市爱国卫生条例》等有关规定，结合本市实际，制定本规定。

第二条 本市行政区域内的控制吸烟工作适用本规定。

第三条 本市控制吸烟工作实行政府引导、分类管理、公众参与的原则。

第四条 市爱国卫生运动委员会负责组织本规定的实施，指导、协调和监督各县、城区爱国卫生运动委员会及有关部门开展控制吸烟工作。

县、城区爱国卫生运动委员会负责组织本辖区范围内的控制吸烟工作。

第五条 各行政管理部门按照分级管理原则和以下职责分工，负责相关场所控制吸烟工作的日常监督管理，并对违反本规定的行为进行处罚：

（一）教育、人力资源和社会保障行政管理部门分别负责各自管辖的教育机构、培训机构的控制吸烟工作；

（二）公安机关负责互联网上网服务营业场所和提供住宿服务的场所的控制吸烟工作；

（三）民政行政管理部门负责社会福利机构的控制吸烟工作；

（四）交通运输行政管理部门负责城市公共交通工具及其相关公共场所的控制吸烟工作；

（五）工商行政管理部门负责商场、超市的控制吸烟工作；

（六）食品药品监督管理部门负责餐饮服务经营场所的控制吸烟工作；

（七）文化、科技、体育行政管理部门分别负责文化、艺术、娱乐场所，科技场馆、体育场馆的控制吸烟工作；

（八）卫生行政管理部门负责医疗卫生机构，以及国家机关、社会团体及其他社会组织工作场所和本条第一项至第七项规定以外其他公共场所的控制吸烟工作。

市、县人民政府根据控制吸烟工作的实际需要，可以对有关部门控制吸烟工作的职责进行调整。

第六条 下列公共场所的室内外场所禁止吸烟：

（一）托儿所、幼儿园、儿童福利院，中小学校、中等职业学校以及少年宫、青少年活动中心等未成年人集中活动场所；

（二）妇幼保健医疗机构、儿童医院。

第七条 下列公共场所的室内场所禁止吸烟：

（一）高等学校及其他教育、培训机构的教学区、食堂等；

（二）社会福利机构；

（三）互联网上网服务营业场所；

（四）公共汽车、出租汽车、城市轨道交通车辆、客运渡船等公共交通工具及其售票厅、等候室等相关场所；

（五）商场、超市；

（六）酒店、饭馆等餐饮服务经营场所；

（七）图书馆、博物馆、科技馆、展览馆、影剧院、音乐厅、美术馆等科学技术、文化、艺术场馆；

（八）体育馆、健身馆等运动场馆；

（九）歌（舞）厅、游艺厅（室）等公共娱乐场所；

（十）医疗卫生机构。

第八条 国家机关、企事业单位、社会团体和其他社会组织等单位的室内工作场所禁止吸烟。

第九条 在本规定确定的禁止吸烟场所以外的其他室内公共场所和工作场所内，经营者或者管理者可以实行全面禁止吸烟；不实行全面禁止吸烟的，应当划定禁止吸烟的区域。

第十条 在禁止吸烟的场所或者区域外可以设置吸烟区。设置吸烟区应当遵守下列规定：

（一）符合消防安全和保障人身安全要求；

（二）远离人员密集区域和行人必经通道；

（三）设置醒目的吸烟区标识和路径指引标志；

（四）设置烟灰缸等与吸烟有关的器具，并保持环境清洁卫生；

（五）不得与非吸烟区使用同一空调系统和换气系统。

设定的吸烟区不符合规定的本规定第五条规定的行政管理部门应当指导经营者或者管理者予以改正。

设定吸烟区的公共场所的经营者或者管理者，应当加强吸烟和烟草烟雾有害健康的宣传，逐步减少和取消吸烟区。

第十一条 公共场所和工作场所的经营者或者管理者，全面负责本场所的控制吸烟工作，并履行以下职责：

（一）在禁止吸烟场所或者区域的显著位置张贴禁止吸烟的警语和标志；

（二）在禁止吸烟场所或者区域内不设置与吸烟有关的器具；

（三）对在禁止吸烟场所或者区域内吸烟的人员予以劝阻、制止或者请其离开该场所；对不听劝阻的，向本规定第五条规定的行政管理部门报告；

（四）建立健全控制吸烟管理制度，对工作人员进行控制吸烟工作的培训。

第十二条 任何人都有权要求在禁止吸烟场所内吸烟的人员停止吸烟，有权要求该场所的管理人员劝阻、制止吸烟行为。任何人都有权向相关行政管理部门举报违反本规定的行为。

第十三条 鼓励全社会参与和支持控制吸烟工作。

推进创建无烟单位，鼓励单位制定和实施内部控制吸烟制度。

市人民政府对在控制吸烟工作中表现突出的单位予以表彰或者奖励。表彰或者奖励的办法由市人民政府另行制定。

第十四条 市、县爱国卫生运动委员会应当建立举报、投诉制度，并将举报、投诉方式向社会公布。

第十五条 爱国卫生运动委员会应当组织国家机关、企事业单位、社会团体以及其他社会组织开展控制吸烟工作的宣传活动，使公众了解吸烟和烟草烟雾的危害，提高全社会营造无烟环境的意识。

广播、电视、报纸、期刊、网站等媒体，应当进行烟草烟雾危害、吸烟有害健康和公共场所禁止吸烟的宣传。

第十六条 高等学校、中等职业学校、中小学校和幼儿园应当将控制吸烟宣传教育纳入学校健康教育计划，通过多种形式向学生传授吸烟和烟草烟雾危害健康的知识以及拒绝烟草烟雾危害的技能。

第十七条 禁止利用广播、电视、报纸、期刊、网站等媒体发布烟草广告或者变相的烟草广告。

第十八条 烟草制品销售者应当在烟草制品销售场所的显著位置设置“吸烟有害健康”和“不向未成年人出售烟草制品”的标志，并不得向未成年人出售烟草制品。

第十九条 鼓励吸烟者戒烟，医疗卫生机构应当为吸烟者戒烟提供指导和帮助。

第二十条 违反本规定第十一条规定，禁止吸烟场所或者区域有下列情形之一的，由本规定第五条规定的行政管理部门责令限期改正，逾期不改正的，对该场所的经营者或者管理者处1000元以上5000元以下的罚款：

（一）未在禁止吸烟场所或者区域的显著位置张贴禁止吸烟的警语和标志的；

（二）在禁止吸烟场所或者区域内设置与吸烟有关的器具的；

（三）对在禁止吸烟场所或者区域内吸烟的人员不予以劝阻、制止的。

法律、法规对前款规定情形另有规定的从其规定。

第二十一条 违反本规定第十七条规定，在广播、电视、报纸、期刊、网站等媒体上发布烟草广告或者变相的烟草广告的，由工商行政管理部门责令限期改正，并依照有关法律法规的规定处罚。

第二十二条 烟草制品销售者未按规定设置“不向未成年人出售烟草制品”的标志，或者向未成年人出售烟草制品的，由有关行政管理部门按照《中华人民共和国未成年人保护法》等有关规定予以处罚。

第二十三条 在禁止吸烟场所或者区域吸烟，不听劝阻的，由本规定第五条规定的行政管理部门责令其停止吸烟或者离开禁止吸烟场所，并处 50 元以上 200 元以下罚款。

第二十四条 在禁止吸烟场所或者区域内吸烟，不听劝阻且扰乱公共秩序，或者阻碍执法人员依法执行公务的，由公安机关依照《中华人民共和国治安管理处罚法》予以处罚；构成犯罪的，依法追究刑事责任。

第二十五条 负责对控制吸烟工作进行监督管理的行政管理部门不依法履行职责的，由监察机关对单位负责人、直接负责的主管人员给予通报批评，或者依法给予行政处分；行政管理部门的工作人员在控制吸烟工作中不依法履行职责或者滥用职权、徇私舞弊，情节严重的，依法给予行政处分。

第二十六条 本规定中下列用语的含义：

控制吸烟是指为了减少烟草烟雾危害，确定禁止吸烟的场所或者区域，在禁止吸烟的场所或者区域内，禁止吸烟；限制烟草广告宣传和烟草制品销售。

吸烟是指吸食或者携带点燃的卷烟、雪茄烟、烟丝、烟叶等烟草制品，以及电子香烟等烟草替代品。

公共场所是指公众可以进入的场所或者供集体使用的场所。

室内是指顶部有遮蔽，侧面有一处或者一处以上遮蔽或者环绕遮蔽的任何空间。

工作场所是指公众在其就业或者工作期间使用的场所，包括公共办公场所、生产场所、会议室、传达室、休息室、食堂、走廊、楼道、电梯、洗手间等。

第二十七条 本规定自 2014 年 7 月 1 日起施行。1995 年 9 月 22 日南宁市人民政府公布实施的《南宁市公共场所禁止吸烟暂行规定》同时废止。

5.23 沈阳市公共场所禁止吸烟暂行规定

资料属性：地方性法规规章
制定机关：沈阳市人民政府
颁布文号：沈阳市人民政府令 1995 年第 8 号
颁布日期：1995 年 07 月 24 日　　**施行日期：1995 年 07 月 24 日**
时 效 性：有效

第一条 为提高我市市民的健康水平，保持公共场所卫生整洁及空气清新，防止火灾事故的发生，根据国务院《公共场所卫生管理条例》制定本规定。

第二条 本市行政区域内的下列公共场所禁止吸烟：

（一）旅客列车、公共汽（电）车、飞机等公共交通工具内及旅客待候室；

（二）大中专院校和中小学校的教室、宿舍及其他学生集中活动的室内场所；

（三）幼儿园、托儿所园区；

（四）医院的门诊、病房区；

（五）图书馆、博物馆、展览馆、美术馆、体育馆、影剧院、录像厅、舞厅、游艺厅和音乐茶座室等文化娱乐场所；

（六）商店（场）、书店、邮电局、储蓄所和银行等营业场所；

（七）二十人以上会议室（厅）；

（八）其他需要禁止吸烟的公共场所。

第三条 每年五月三十一日是国家规定的不吸烟日，任何单位或个人不得在该日销售烟草及烟草制品。

第四条 市爱国卫生运动委员会（以下简称爱卫会），负责组织本规定的实施。消防监督部门依据本规定有权对违反本规定行为进行监督、处罚。

第五条 市爱卫会根据禁烟工作需要聘任禁烟监督员。其职责是：

（一）宣传吸烟危害健康的知识；

（二）检查指导本地区、本单位开展公共场所禁烟活动；

（三）对违反本规定的单位和个人进行处理。

我市现有的卫生监督员、卫生检查员行使禁烟监督员的职能。

第六条 禁止吸烟场所的单位，应在禁止吸烟场所的醒目位置设置由市主管部门统一设计的标志，并指定专（兼）职人员负责禁烟的宣传监管工作。

第七条 公民有权在禁止吸烟的场所制止吸烟行为，有权要求禁止吸烟场所所在单位履行禁烟职责，并有权向各级爱卫会举报违反本规定的行为。

第八条 各级宣传、新闻、文化、教育、卫生部门和工、青、妇等群众团体，应大力宣传普及吸烟危害健康的科学知识。各机关、企事业单位和城市的居（村）民委员会。应积极开展群众性的戒烟活动，鼓励创建各种无烟场所。

第九条 对违反本规定第二条的，由禁烟监督员给予警告或处以二至五元罚款。

第十条 对违反本规定第三条的，由市或区、县（市）爱卫会没收现场销售的烟草或烟草制品并处以三百元以上、五百元以下罚款。区、县（市）爱卫会实施的处罚须报市爱卫会备案。

第十一条 对违反本规定第六条的，由市或区、县（市）爱卫会责令限期改正，对逾期不改者，对单位处以五元以上、一百元以下罚款，并对单位主管领导按其基本工资的10%处以罚款。由区、县（市）爱卫会实施的处罚须报市爱卫会备案。

第十二条 实施罚没须出示执法证件，使用市财政部门统一制发的罚没票据。罚没收入上缴同级财政。

第十三条 对拒绝、阻碍禁烟执法人员依法执行本规定的，由公安部门按《中华人民共和国治安管理处罚条例》进行处罚；对触犯刑律的，依法追究其刑事责任。

第十四条 单位或个人对行政处罚不服的，可按规定提出行政复议或向人民法院起诉。

第十五条 本规定由市爱卫会负责解释。

第十六条 本规定自发布之日起施行。

5.24 石家庄市公共场所禁止吸烟的规定(2010年修订)

资料属性：地方性法规规章

制定机关：石家庄市人大常委会

颁布文号：

颁布日期：2010年10月14日　　**施行日期：**2010年10月14日

时 效 性：有效

（1996年12月26日石家庄市第九届人民代表大会常务委员会第二十二次会议通过，1997年1月22日河北省第八届人民代表大会常务委员会第二十五次会议批准，2010年8月26日石家庄市第十二届人民代表大会常务委员会第二十一次会议通过修改部分法规的决定，2010年9月29日河北省第十一届人民代表大会常务委员会第十九次会议批准，2010年10月14日石家庄市人民代表大会常务委员会公告公布，自公布之日起施行）

第一条 为弘扬社会公德，减少吸烟造成的危害，保障公民身体健康，提高生存环境的质量，根据有关法律法规的规定，结合本市实际，制定本规定。

第二条 本市公共场所禁止吸烟工作，实行“限定场所、单位负责、加强引导、严格管理”的原则。

鼓励创建无吸烟单位。

第三条 市、县（市）区爱国卫生运动委员会办公室负责本行政区域内的禁止吸烟的监督管理。

第四条 全社会都应当支持公共场所禁止吸烟工作。教育、文化、卫生、新闻等单位应当开展公共场所禁止吸烟的宣传教育活动。

第五条 城市市区和县城内的下列场所禁止吸烟：

（一）医疗、保健机构的挂号室、候诊室、诊疗室、病房、走廊；

（二）托儿所、幼儿园；

（三）各类学校的室内教学场所；

（四）会堂、会议室（厅）；

（五）影剧院、音乐厅、录像厅（室）、歌舞厅、宾馆的大厅、电子游艺厅，体育馆、博物馆、展览馆、美术馆、图书馆、档案馆、科技馆、文化宫、少年宫等的公共活动区域；

（六）公共交通运输工具内及车站、机场的候车（机）室、售票厅（室）；

（七）商业、金融业、邮电业的营业场所；

（八）市人民政府确定的其他禁止吸烟的公共场所。

前款第（四）、（五）、（七）项及第（六）项中的候车（机）室、售票厅（室）应当设定有明显标志的吸烟室（区）。

第六条 禁止吸烟场所的所在单位，应当履行下列职责：

（一）建立健全本单位禁止吸烟的管理制度，开展禁止吸烟的宣传教育活动；

（二）在禁止吸烟的公共场所设置由市爱国卫生运动委员会统一制作的禁止吸烟标志；

（三）设立检查监督员，负责制止和处理本单位禁止吸烟场所的吸烟行为。

第七条 进入禁止吸烟的公共场所的公民享有下列权利：

（一）要求吸烟者停止吸烟；

（二）要求公共场所的所在单位履行禁烟的职责；

（三）向各级爱国卫生运动委员会办公室举报违反本规定的行为。

第八条 违反第五条规定而吸烟的，应当予以制止，并处以10元罚款；违反第六条第（一）项规定的，给予批评教育；违反第六条第（二）、（三）项规定的，责令限期改正，逾期不改的，处以500元以上3000元以下罚款。

第九条 市、县（市）区爱国卫生运动委员会对在公共场所禁止吸烟工作中做出显著成绩的单位和个人，应当给予表彰和奖励。

第十条 对拒绝、阻碍行政执法人员依法执行本规定的，由公安机关依照《中华人民共和国治安管理处罚条例》的规定予以处罚；构成犯罪的，依法追究刑事责任。

第十一条 当事人对行政处罚决定不服的，可以依法申请复议或向人民法院起诉。逾期不申请复议，也不向人民法院起诉，又不履行行政处罚决定的，作出行政处罚决定的机关可以申请人民法院强制执行。

第十二条 执法人员在执法过程中应当主动出示执法身份证件，秉公执法，文明执法。对不履行职责的，由其所在单位或上级主管部门给予批评教育或行政处分；对玩忽职守、滥用职权、徇私舞弊构成犯罪的，依法追究刑事责任。

第十三条 各县（市）、矿区可参照本规定执行。

第十四条 本规定自1997年5月1日起施行。

5.25 太原市公共场所禁止吸烟规定

资料属性：地方性法规规章

制定机关：太原市人民政府

颁布文号：太原市人民政府办公厅并政发〔1995〕105号

颁布日期：1995年8月18日　　**施行日期：**1995年10月01日

时 效 性：有效

第一条　为了控制吸烟危害，维护公民健康，保护社会公共卫生环境，依据国家有关法律法规，制定本规定。

第二条　本规定适用于本市行政区域内的所有单位和个人。

第三条　市爱国卫生运动委员会是会市公共场所禁止吸烟工作的主管部门。

各县(市)、区爱国卫生运动委员会对本辖区内执行本规定的情况进行监督和管理。

交通、铁道、民航及驻普部队的爱国卫生运动委员会机构，负责对所辖范围内执行本规定的情况进行监督和管理。

第四条　下列公共场所禁止吸烟：

(一) 录像放映厅(室)、卡拉 OK 厅、游艺厅(室)、音乐茶座室；

(二) 室内体育馆(场)的观众厅和比赛厅；

(三) 图书馆的阅览室、博物馆、美术馆和展览馆的展示厅；

(四) 学校、少年宫、青年宫的室内教育、活动场所，托幼园、所的幼儿活动场所；

(五) 医疗、防疫、妇幼保健机构的候诊室、诊疗室、病房(含走廊)；

(六) 根据实际需要，市爱国卫生运动委员会确定的其他场所。

第五条　下列场所为“无烟区”：

(一) 公共汽车、电车内，列车车厢、飞机机舱；

(二) 车站、机场的候车(机)室；

(三) 会议厅(室)、歌舞厅、影剧院；

(四) 商场(店)、书店、邮政电信及金融证券部门的对外营业场所。

第六条　宣传、教育、文化、卫生、环境保护、新闻等单位以及社会各界，应加强对吸烟危害健康的宣传教育，劝阻青少年吸烟，禁止中小学生吸烟。

第七条　禁止吸烟的公共场所及设“无烟区”的单位应当履行下列职责：

(一) 制定本单位禁止吸烟的制度，做好禁止吸烟的宣传教育工作；

(二) 不在禁止吸烟场所设置与吸烟有关的器具，不设置附有烟草广告的标志和物品；

(三) 在禁止吸烟场所内设置醒目的“禁止吸烟”标志；

(四) 制止、劝阻在禁止吸烟场所吸烟的行为，对不听劝阻者，按本单位的规定予以处罚。

第八条　在禁止吸烟场所内被动吸烟者有下列权利：

(一) 要求吸烟者停止吸烟；

(二) 要求禁止吸烟单位对吸烟者处罚；

(三) 向市或县(市)、区爱国卫生运动委员会举报违反本规定的行为。

第九条　对违反本规定的单位，由所在地爱国卫生管理部门按下列规定予以处罚：

(一) 违反本规定第七条第一项的，给予批评教育并限期改正；

(二) 违反本规定第七条第二项或第三项的，责令其改正，限期不改的处以 200 至 500 元罚款；

(三) 违反本规定第七条第四项的，处以 500 元至 1000 元罚款；屡教不改的，责令停业整顿。

第十条　各级爱国卫生监督管理人员对违反本规定行为做出处罚时，应出具行政处罚决定书，收缴罚款要使用财政部门统一印制的罚款收据，罚款按规定全额上缴同级财政。

第十一条　凡拒绝、干扰、阻碍爱国卫生监督管理人员执行公务的，由公安机关依据《中华人民共和国治安管理条例》予以处罚，构成犯罪的，由司法机关依法追究刑事责任。

第十二条　当事人对爱国卫生运动委员会做出具体行政行为不服的，可在接到处罚决定书之日起十五日内，向做出处罚决定部门的本级人民政府申请复议或依法直接向人民法院起诉。

当事人逾期不执行处罚决定，又不申请复议或提起诉讼的，爱国卫生管理部门可申请人民法院强制执行。

第十三条　各级爱国卫生监督管理人员，必须严守法纪，秉公执法，不得徇私舞弊，贪赃枉法。凡违反本规定，违法乱纪者，由所在单位给予行政处分；构成犯罪的，由司法机关依法追究刑事责任。

第十四条 国家机关、社会团体、企事业单位、部队及其他组织，可自行确定单位内部的其他禁止吸烟场所，参照本规定进行管理。

第十五条 本规定由太原市爱国卫生运动委员会负责解释。

第十六条 本规定自1995年10月1日起施行。

5.26 乌鲁木齐市公共场所禁止吸烟规定

资料属性:地方性法规规章

制定机关:乌鲁木齐市人大常委会

颁布文号:

颁布日期:1998年01月06日　　施行日期:1998年03月01日

时 效 性:有效

(1997年11月14日乌鲁木齐市十一届人大常委会第35次会议通过,1998年1月6日新疆维吾尔自治区第八届人大常委会第三十一次会议审议通过)

第一条 为了保障公民身体健康，提倡社会公德，减少吸烟造成的危害，依据有关法律、行政法规的规定，结合本市实际，制定本规定。

第二条 本市公共场所禁止吸烟工作实行“限定场所，单位负责，加强引导，严格管理”的原则。

第三条 本市行政区域内禁止吸烟的公共场所：

(一) 公共交通工具及等候、售票厅(室)；

(二) 医疗机构的室内候诊区、诊疗区、病房区；

(三) 影剧院、歌舞厅、录像放映厅(室)、游艺厅(室)；

(四) 室内体育活动场所；

(五) 图书馆、博物馆、展览馆、科技馆、美术馆、档案馆、青少年宫的室内公众活动场所；

(六) 各类商场(店)室内营业场所，邮电、金融机构营业厅；

(七) 教室、实验室、阅览室等室内教育活动场所，幼儿园和托儿所；

(八) 会议室(厅)；

(九) 市人民政府确定的其他禁止吸烟的公共场所。

在上述禁止吸烟的公共场所，可设置隔离的吸烟室。

第四条 市和区(县)卫生行政机关负责本行政区域内的公共场所禁止吸烟工作。

爱卫会、教育、文化、公安、交通、商业等有关单位，应按照各自的职责协同卫生行政主管机关做好公共场所禁止吸烟的工作。

第五条 禁止吸烟公共场所的经营、管理单位应当履行下列职责：

(一) 制定禁止吸烟的公共场所的管理制度；

(二) 做好公共场所禁止吸烟的宣传教育工作；

(三) 在禁止吸烟的公共场所设置醒目的禁止吸烟标志，不设置吸烟器具；

(四) 制止在禁止吸烟的公共场所的吸烟行为。

第六条 在禁止吸烟的公共场所，公民有权要求吸烟者停止吸烟，有权举报违反本规定的行为。

第七条 违反本规定在禁止吸烟的公共场所吸烟的，由卫生行政主管机关的卫生监督员处以5—10元的罚款。

禁止吸烟公共场所的经营、管理单位应配备卫生检查员，可以受卫生行政主管机关的委托，对在本单位禁止吸烟的公共场所的吸烟者处以罚款。

第八条　禁止吸烟公共场所的经营、管理单位违反本规定第五条的，由卫生行政主管机关给予警告，责令限期改正；逾期不改正的，处以 500 元以上 2000 元以下的罚款。

第九条　卫生行政主管机关对禁止吸烟公共场所的经营、管理单位做出行政处罚时，应出具统一制作的行政处罚决定书。卫生监督员及受卫生行政主管机关委托的卫生检查员依据本规定对在禁止吸烟的公共场所的吸烟者处罚时，应出具执法证件，并使用统一印制的罚款单据。

第十条　对拒绝、阻碍卫生行政机关及卫生监督员和受卫生行政主管机关委托的卫生检查员依法执行公务违反治安管理的，依照《中华人民共和国治安管理处罚条例》处罚。构成犯罪的，依法追究刑事责任。

第十一条　卫生监督员及受卫生行政主管机关委托的卫生检查员应遵纪守法，秉公执法，对滥用职权，徇私舞弊者，由主管部门给予行政处分。构成犯罪的，依法追究刑事责任。

第十二条　当事人对行政处罚不服的，可依照《行政复议条例》和《中华人民共和国行政诉讼法》申请行政复议或提起行政诉讼。

第十三条　本规定施行中的具体问题由市人民政府负责解释。

第十四条　本规定自一九九八年三月一日起施行。

5.27　武汉市人民政府关于修改《武汉市公共场所禁止吸烟暂行规定》的决定

资料属性：地方性法规规章

制定机关：武汉市人民政府

颁布文号：武汉市人民政府令第 166 号

颁布日期：2005 年 11 月 09 日　　**施行日期：2006 年 01 月 01 日**

时 效 性：有效

（2005 年 10 月 24 日武汉市人民政府第 34 次常务会议审议通过，2005 年 11 月 9 日武汉市人民政府令第 166 号公布，自 2006 年 1 月 1 日起施行）

市人民政府决定对《武汉市公共场所禁止吸烟暂行规定》作如下修改：

一、统一修改文中下列名称

（一）“各自辖区”修改为“本行政区域”。

（二）“卫生局”“卫生部门”修改为“卫生行政部门”。

二、删除下列条款和文字

（一）标题中的“暂行”。

（二）文中表示行政区划的“县”。

（三）第七条、第十一条。

三、修改下列内容

（一）第二条修改为：“在本市行政区域内的下列公共场所禁止吸烟：（一）影剧院、歌舞厅、卡拉 OK 厅、互联网上网服务营业场所等室内文化娱乐场所；（二）室内体育馆（场）的观众厅和比赛厅；（三）图书馆、档案馆的查阅室，博物馆、美术馆、展览馆、纪念馆、科技馆的展示厅；（四）学校的教室、实验室等室内教学场所，托幼机构的幼儿活动场所；（五）医疗机构的候诊区、诊疗区和病房区；（六）火车、公共汽车、长途汽车、出租汽车、轮（渡）船、城市轨道交通工具、旅游船、飞机及其等候室、售票厅；（七）商场、书店、邮政局和金融、证券机构的对外营业场所；（八）宾馆、饭店和各类机关会议室。”“前款第（一）项规定的禁止吸烟的公共场所和第（六）项的等候室可以设置有明显标志和通风设备的吸烟室（区）。”“机关、团体、企业、事业单位可以根据实际情况，确定除本条第一款规定以外的单位内部的禁止吸烟场所，并做好监督管理工作。”

（二）第四条第（四）项修改为："在禁止吸烟的公共场所内不得放置有烟草广告的标志、物品和吸烟器具"。

（三）第四条第（五）项修改为："负责禁止吸烟公共场所的日常监督管理工作"。

（四）第五条修改为："公民在禁止吸烟的公共场所内有权要求吸烟者停止吸烟，有权要求禁止吸烟的公共场所的所在单位执行本规定第五条第（三）项、第（四）项的规定和对吸烟者依照本规定采取相应的处理措施。""公民、法人和其他组织对违反本规定的行为，有权向卫生行政部门举报或者投诉。""卫生行政部门应当加强对禁止吸烟公共场所的监督检查并公布受理举报、投诉电话，对受理的举报、投诉事项应当及时调查处理。"

（五）第六条修改为："禁止吸烟公共场所所在单位不执行本规定第五条第（三）项、第（四）项规定的，由卫生行政部门予以警告，并责令限期改正；逾期不改正的，可处以 500 元以上 1000 元以下罚款，并建议市或者区爱国卫生运动委员会取消其当年和次年参加卫生先进单位评比资格。"

（六）第八条修改为："拒绝、阻碍卫生行政部门和禁止吸烟的公共场所所在单位工作人员执行本规定，构成违反治安管理行为的，由公安机关按照治安管理处罚的有关规定予以处理；构成犯罪的，提请司法机关依法追究刑事责任。"

（七）第九条修改为："当事人不服卫生行政部门做出的具体行政行为，可依法申请行政复议或者提起行政诉讼"。

（八）第十三条修改为："本规定自 2006 年 1 月 1 日起施行。"

（九）对文中其他个别文字作相应修改。

四、增加下列内容

（一）第一条后增加一条："本市公共场所禁止吸烟工作应当遵循限定场所、单位负责、加强引导、严格管理的原则"；"本市鼓励单位创建无吸烟单位"。

（二）第七条后增加一条："在单位禁止吸烟的公共场所内吸烟的，所在单位应当劝其停止吸烟，或者责令其离开该场所。"

《武汉市公共场所禁止吸烟暂行规定》根据本决定修改，并对条、款、项的序号进行调整后重新予以公布。

附：武汉市公共场所禁止吸烟规定（2005 年修正本）

（1995 年 1 月 10 日武汉市人民政府令第 77 号公布实施，1998 年 2 月 26 日武汉市人民政府令第 97 号修订，2005 年 11 月 9 日武汉市人民政府令第 166 号再次修订）

第一条 为了控制吸烟危害，保障公民健康，保护环境，制定本规定。

第二条 本市公共场所禁止吸烟工作应当遵循"限定场所、单位负责、加强引导、严格管理"的原则。

本市鼓励单位创建无吸烟单位。

第三条 在本市行政区域内的下列公共场所禁止吸烟：

（一）影剧院、歌舞厅、卡拉 OK 厅、互联网上网服务营业场所等室内文化娱乐场所；

（二）室内体育馆（场）的观众厅和比赛厅；

（三）图书馆、档案馆的查阅室，博物馆、美术馆、展览馆、纪念馆、科技馆的展示厅；

（四）学校的教室、实验室等室内教学场所，托幼机构的幼儿活动场所；

（五）医疗机构的候诊区、诊疗区和病房区；

（六）火车、公共汽车、长途汽车、出租汽车、轮（渡）船、城市轨道交通工具、旅游船、飞机及其等候室、售票厅；

（七）商场、书店、邮政局和金融、证券机构的对外营业场所；

（八）宾馆、饭店和各类机关会议室。

前款第(一)项规定的禁止吸烟的公共场所和第(六)项的等候室可以设置有明显标志和通风设备的吸烟室(区)。

机关、团体、部队、企业、事业单位可以根据实际情况，确定除本条第一款规定以外的单位内部的禁止吸烟场所，并做好监督管理工作。

第四条 市、区卫生行政部门是本行政区域内公共场所禁止吸烟工作的行政主管部门。

机关、团体、部队、企业、事业单位应当负责做好在本单位禁止吸烟公共场所内具体实施本规定的工作。

教育、文化、环境保护等部门以及新闻单位应当协助卫生行政部门积极开展吸烟有害健康的宣传，劝阻吸烟者在禁止吸烟公共场所吸烟。

第五条 禁止吸烟公共场所的所在单位应当认真做好下列工作：

(一) 制定禁止在公共场所吸烟和对违反规定吸烟者处理的制度；

(二) 开展禁止在公共场所吸烟的宣传；

(三) 在禁止吸烟的公共场所设置醒目的禁止吸烟的标志；

(四) 在禁止吸烟的公共场所内不得放置有烟草广告的标志、物品和吸烟器具；

(五) 负责禁止吸烟的公共场所的日常监督管理工作。

第六条 公民在禁止吸烟的公共场所内有权要求吸烟者停止吸烟，有权要求禁止吸烟公共场所的所在单位执行本规定第五条第(三)项、第(四)项的规定和对吸烟者依照本规定采取相应的处理措施。

公民、法人和其他组织对违反本规定的行为，有权向卫生行政部门举报或者投诉。

卫生行政部门应当加强对禁止吸烟公共场所的监督检查并公布受理举报、投诉电话，对受理的举报、投诉事项应当及时调查处理。

第七条 禁止吸烟公共场所所在单位不执行本规定第五条第(三)项、第(四)项规定的，由卫生行政部门予以警告，并责令限期改正；逾期不改正的，可处以500元以上1000元以下罚款，并建议市或者区爱国卫生运动委员会取消其当年和次年参加卫生先进单位评比资格。

第八条 在单位禁止吸烟的公共场所内吸烟的，所在单位应当劝其停止吸烟，或者责令其离开该场所。

第九条 拒绝、阻碍卫生行政部门和禁止吸烟的公共场所所在单位工作人员执行本规定，构成违反治安管理行为的，由公安机关按照治安管理处罚的有关规定予以处理；构成犯罪的，提请司法机关依法追究刑事责任。

第十条 当事人不服卫生行政部门做出的具体行政行为的，可依法申请行政复议或者提起行政诉讼。

第十一条 卫生行政部门工作人员应当严格执行本规定；徇私舞弊、索贿受贿、玩忽职守的，由所在单位或者上级主管部门给予行政处分；构成犯罪的，提请司法机关依法追究刑事责任。

第十二条 本规定的具体应用问题，由市卫生行政部门负责解释。

第十三条 本规定自2006年1月1日起施行。

5.28 西安市公共场所禁止吸烟暂行规定

资料属性:地方性法规规章

制定机关:西安市人民政府

颁布文号:

颁布日期:1998 年 09 月 01 日　　**施行日期:**1998 年 09 月 01 日

时 效 性:有效

第一条 为了控制吸烟危害，保障人体健康，保护环境，根据国务院《公共场所卫生管理条例》等有关规定，结合本市实际，制定本规定。

第二条 本规定适用于本市行政区域内公共场所禁止吸烟的监督管理。

第三条 本市公共场所禁止吸烟，实行本单位自管与社会监督、主管部门监督管理相结合的管理原则。

市卫生行政管理部门是本市公共场所禁止吸烟的主管部门，负责公共场所禁止吸烟的监督和管理工作。区、县卫生行政管理部门应做好本辖区内公共场所禁止吸烟的监督和管理工作。

禁止吸烟的公共场所的单位，应认真做好禁止吸烟的自管工作。

鼓励和支持社会组织、公民对禁止吸烟公共场所的吸烟者进行监督和制止。

第四条 教育、文化、卫生、环境保护以及新闻等行政管理部门应当积极开展吸烟有害健康、劝阻吸烟的社会宣传。

第五条 在本市行政区域内的下列公共场所禁止吸烟：

(一) 影剧院、录像厅(室)、游艺厅(室)、室内游泳池(馆)等公共娱乐场所；

(二) 图书馆、阅览室、博物馆、美术馆和展览馆的展示厅、文物展示馆(室)；

(三) 医疗机构的候诊室、诊疗室、病房；

(四) 学校的教室、实验室等室内教育活动场所，托儿所和幼儿园的幼儿活动、休息场所；

(五) 公共交通工具及其等候室、售票厅(室)；

(六) 书店、邮电局和金融、证券机构的对外营业场所以及经营面积在一百平方米以上的商店；

(七) 室内体育馆(场)的观众厅和比赛厅。

第六条 禁止吸烟公共场所的单位，应当履行下列职责：

(一) 制定禁止吸烟的制度；

(二) 做好禁止吸烟的宣传教育工作；

(三) 在禁止吸烟的公共场所设置醒目的禁止吸烟的标志；

(四) 在禁止吸烟的场所内，不得设置吸烟器具和烟草广告标志；

(五) 设置卫生检查员，对禁止吸烟场所进行监督管理，劝阻和制止在禁止吸烟公共场所内的吸烟者。对不听劝阻者责令其离开该场所。

禁止吸烟的公共场所有条件的应设立专用吸烟室，吸烟室应安装换气设施。

第七条 在公共场所的不吸烟者有下列权利：

(一) 要求吸烟者停止吸烟；

(二) 要求禁止吸烟场所的单位执行本规定。

(三) 向市或区、县卫生行政管理部门举报违反本规定的行为。

第八条 对违反本规定的禁止吸烟场所的单位，由市或区、县卫生行政管理部门按下列规定予以处罚：

(一) 违反本规定第六条第一项或第二项规定的，处以警告并责令限期改正；

(二) 违反本规定第六条第三项或第四项规定的，处以一千元以上二千元以下罚款；

(三) 违反本规定第六条第五项规定的，处以二千元以上五千元以下罚款。

第九条 市和区、县卫生行政管理部门对在禁止吸烟的公共场所吸烟的个人，给予警告并处以十元罚款。

第十条 市或区、县卫生行政管理部门作出行政处罚收缴罚款时，应当出具财政部门统一印制的罚款收据，罚款按规定上缴国库。

第十一条 拒绝、阻碍卫生管理人员执行本办法，违反治安管理处罚条例的，由公安机关按照《中华人民共和国治安管理处罚条例》的规定处罚；构成犯罪的，依法追究刑事责任。

第十二条 当事人对行政处罚决定不服的，可根据行政复议条例和《中华人民共和国行政诉讼法》的规定，申请复议或者提起行政诉讼。逾期不申请行政复议、不提起行政诉讼，又不履行行政处罚决定的，作出行政处罚的机关可依法申请人民法院强制执行。

第十三条 卫生行政管理部门的执法人员应当严格执行本规定，徇私舞弊、索贿、受贿、玩忽职守的，由所在单位或上级主管部门给予行政处分；构成犯罪的，依法追究刑事责任。

第十四条 国家机关、企业、事业单位、社会团体以及其他组织可自行设定单位内部禁止吸烟场所，并参照本规定第六条的规定进行管理。

第十五条　本规定具体应用中的问题，由西安市卫生局负责解释。

第十六条　本规定自发布之日起施行。

5.29　西宁市公共场所禁止吸烟规定

资料属性：地方性法规规章

制定机关：西宁市人民政府

颁布文号：西宁市人民政府令第13号

颁布日期：1998年07月24日　　**施行日期：**1998年07月24日

时 效 性：有效

第一条　为了控制吸烟的危害，保障公民身体健康，保护环境，促进文明城市建设，依据国家有关法律法规的规定，结合本市实际，制定本规定。

第二条　本市公共场所禁止吸烟实行"限定场所、单位负责、加强引导、全民参与、严格管理"的原则。

第三条　西宁市市容环卫主管部门负责全市公共场所禁止吸烟的管理工作。

区、县市容环卫主管部门负责本行政区域内公共场所禁止吸烟的管理工作。

民航、铁路、交通部门负责其管辖范围内公共场所禁止吸烟的监督管理。

第四条　禁止在公共场所吸烟是全社会共同的责任，公民、法人和其他组织应当支持并参与此项工作。

市容环卫、教育、文化、卫生、新闻等有关部门，应当开展吸烟有害健康、劝阻吸烟和禁止在公共场所吸烟的宣传教育。

第五条　本市行政区域内下列公共场所禁止吸烟：

（一）医疗机构的候诊区、诊疗区、病房区；

（二）托儿所、保育院、幼儿园；

（三）学校的教学场所；

（四）图书馆（室）、档案馆、博物馆、纪念馆、科技馆（宫）、美术馆、展览馆、体育馆、文化宫、少年宫等公众活动的室内场所；

（五）影剧院、录像厅（室）、歌舞厅、游艺厅（室）；

（六）商场（店）、书店和邮电、金融、证券业的营业厅；

（七）公共交通工具内及售票厅、等候室；

（八）会议厅（室）；

（九）市人民政府规定的其他禁止吸烟的公共场所。

前款第（四）项、第（五）项、第（六）项、第（七）项规定的禁止吸烟的公共场所，可以设置吸烟室（区）。

第六条　禁止吸烟场所的经营或管理单位应履行下列职责：

（一）做好禁止吸烟的宣传教育工作；

（二）制定监督管理禁止吸烟的制度和措施；

（三）设置醒目的禁止吸烟标志，设置吸烟室（区）的，还应当设置明显的吸烟室（区）标志；

（四）在禁止吸烟场所内不得放置吸烟器具；

（五）设立禁止吸烟检查员，负责对公共场所内吸烟者予以劝阻、制止或者令其退场。

第七条　在禁止吸烟公共场所内，公民有权要求吸烟者停止吸烟，有权要求该场所的经营或管理单位履行本规定第六条规定的职责。

第八条　对违反本规定第五条的个人，由市容环卫主管部门依法聘任的禁止吸烟监督员对其进行批评教育，责令停止吸烟，可并处以5元的罚款。

第九条　禁止吸烟场所的经营或管理单位违反本规定第六条第（一）项、第（二）项规定的，由市容环卫主管部门予以警告，并责令改正。

违反本规定第六条第（三）项、第（四）项、第（五）项规定的，由市容环卫主管部门责令改正，根据情节轻重可并处以200元以上1000以下的罚款。

第十条 执法人员做出处罚决定时，应当向当事人出示执法证件，填写预定格式、编有号码的行政处罚决定书，并当场交付当事人。

罚款必须使用省财政部门统一监制的专用票据。

第十一条 使用暴力拒绝、阻碍市容环卫主管部门的禁止吸烟管理人员、禁止吸烟监督员依法执行公务的，由公安部门依照《中华人民共和国治安管理处罚条例》处理；构成犯罪的，提请司法机关依法追究刑事责任。

第十二条 当事人对行政处罚不服的，可依法申请行政复议或提起行政诉讼。逾期不申请复议或不提起行政诉讼，又不履行行政处罚决定的，由做出处罚决定的机关申请人民法院强制执行。

第十三条 公共场所禁止吸烟执法人员不认真履行职责的，由其所在单位或者上级主管部门给予批评教育或行政处分。

第十四条 本规定由西宁市市容环卫局负责解释。

第十五条 本规定自发布之日起施行。

5.30 西宁市控制吸烟条例

资料属性：地方性法规规章

制定机关：西宁市人民代表大会常务委员会

颁布文号：

颁布日期：2014年11月27日　　**施行日期：**2015年05月01日

时 效 性：有效

（2014年10月30日西宁市第十五届人民代表大会常务委员会第二十二次会议通过，2014年11月27日青海省第十二届人民代表大会常务委员会第十四次会议批准）

《西宁市控制吸烟条例》于2014年10月30日西宁市第十五届人民代表大会常务委员会第二十二次会议通过，2014年11月27日青海省第十二届人民代表大会常务委员会第十四次会议批准，现予公布，自2015年5月1日起施行。

西宁市人大常委会

2014年12月10日

第一条 为保障公众健康，创建良好的公共卫生环境，减少和消除烟草烟雾危害，根据有关法律、法规，结合本市实际，制定本条例。

第二条 本市行政区域内的控制吸烟工作适用本条例。

第三条 本市控制吸烟工作实行政府主导、单位负责、公众参与、社会监督、共同治理的原则。

第四条 市、区（县）人民政府负责公共场所的控制吸烟工作，保障控制吸烟工作的经费投入，将控制吸烟工作纳入城市社会管理事务并实行目标责任考核。

市、区（县）爱国卫生运动委员会具体负责协调、指导和监督政府相关行政主管部门按照本条例规定的职责开展控制吸烟工作，组织开展控制吸烟工作的宣传、教育和实施的监测评估，定期向社会公布本市控制吸烟执行情况。

第五条 市、区（县）人民政府有关行政主管部门按照以下规定，负责下列场所的宣传教育和监督管理，并对违反本条例规定的行为进行处罚：

(一) 卫生计生行政主管部门负责各类医疗卫生机构，以及各级机关、企事业单位和其他社会组织的控制吸烟工作；

(二) 教育行政主管部门负责各类学校及教育机构的控制吸烟工作；

(三) 交通行政主管部门负责公共交通工具及其有关场所的控制吸烟工作；

(四) 食品药品监督行政主管部门负责餐饮业和药品批发、零售业经营场所的控制吸烟工作；

(五) 工商行政主管部门负责各类市场、商品批发、零售营业场所的控制吸烟工作和对禁止烟草制品广告的监督管理；

(六) 商务行政主管部门负责大型商场、超市经营场所的控制吸烟工作；

(七) 公安、文化、体育、旅游、园林、民政等部门分别负责宾馆、互联网服务营业场所、娱乐、文化、体育场所、旅游景点和社会福利机构的控制吸烟工作；

(八) 其他场所控制吸烟工作由市、区(县)人民政府指定的行政主管部门负责。

相关行政管理部门控制吸烟工作的具体职责分工，由市人民政府根据前款规定予以明确并公布。

机场、铁路的管理机构根据国家规定负责本行业相关场所的控制吸烟工作。

第六条　市、区(县)人民政府和各有关部门应当经常组织开展控烟公益宣传教育，倡导健康文明的生活方式，形成良好的控烟环境。

市、区(县)广播、电视、报刊、网络等媒体应当积极开展吸烟有害健康的公益宣传，主动发挥舆论引导和监督作用。

学校应当将控制吸烟的宣传教育纳入学校健康教育计划，开展多种形式的控制吸烟宣传活动。

控制吸烟宣传教育中应当包含倡导家庭无烟的内容。

每年5月31日(世界无烟日)所在的星期为本市控制吸烟宣传周，集中开展控制吸烟宣传活动。倡导烟草制品销售者在5月31日停止售烟一天。

第七条　市、区(县)人民政府应当鼓励创建无烟单位，对无烟以及在控制吸烟工作中表现突出的单位和个人予以表彰。

各单位应当将创建无烟环境纳入日常管理工作。

鼓励单位、社会组织、志愿者组织和个人通过各种形式，参与和支持控制吸烟工作。

国家机关工作人员、教师、医务人员应当带头控制吸烟。

第八条　本市行政区域内的室内工作场所、室内公共场所、公共交通工具内禁止吸烟，但本条例第九条规定的除外。

下列室外场所禁止吸烟：

(一) 学前教育机构、中小学、未成年人培训机构等为未成年人提供教育、教学、活动服务的教育或活动场所的室外区域；

(二) 第(一)项规定以外的学校、培训机构的室外教学区域；

(三) 为孕妇、儿童提供服务的医疗卫生机构、社会福利机构的室外区域；

(四) 体育场馆、运动健身场所的室外观众座席、比赛赛场区域；

(五) 政府根据举办大型活动的需要，临时增设的禁止吸烟场所；

(六) 法律、法规、规章规定的其他禁止吸烟场所。

第九条　下列场所限制吸烟，应当设置吸烟室或划定吸烟区：

(一) 各类餐饮服务场所的室内区域；

(二) 酒吧、歌舞厅、夜总会等娱乐服务场所的室内区域；

(三) 棋牌、按摩、洗浴、游艺等休闲服务场所的室内区域；

(四) 宾馆、招待所、度假村等提供住宿休息服务的经营场所的室内区域。

鼓励限制吸烟场所自行规定禁止吸烟或设置无烟餐厅包厢、无烟客房、无烟楼层等无烟场所。

上述限制吸烟场所应当逐步实行全面禁烟，具体期限和范围由市人民政府确定并公布。

第十条 禁止吸烟场所的经营者或者管理者应当将禁止吸烟工作纳入本单位的日常管理，具体履行下列职责：

（一）建立禁止吸烟管理制度；

（二）在禁止吸烟场所或者区域内设置明显的禁止吸烟标识和有关行政管理部门举报、投诉电话标牌；

（三）配备专兼职人员负责禁止吸烟工作，开展经常性检查；

（四）劝阻吸烟者停止吸烟；不听劝阻的，要求其离开该场所；对不听劝阻且不离开的，向有关行政主管部门举报。

鼓励场所经营者、管理者采用烟雾报警、浓度监测等技术手段，加强对本场所禁烟的管理。

第十一条 在禁止吸烟的经营场所内吸烟，因不听劝阻而被要求其离开该场所的，不得向经营者索回已经花销的费用；已经接受服务但未付费的，不得拒绝付费。

第十二条 限制吸烟场所设置吸烟室或者吸烟区，应当遵守下列规定：

（一）吸烟室或吸烟区面积不得超过营业面积的20%；

（二）符合消防安全要求；

（三）设置明显的吸烟区标识和引导标识；

（四）与控制吸烟场所有效分隔，并安装单独的通风、排风设施；

（五）远离人员密集区域和行人必经的主要通道；

（六）配置烟具并在显著位置设置吸烟有害健康的警示标识。

第十三条 本市行政区域内严禁一切形式的烟草广告、促销及赞助活动。

第十四条 烟草制品销售者应当在销售场所的显著位置设置吸烟有害健康和禁止向未成年人出售烟草制品的明显标识。

烟草制品销售者不得向未成年人出售烟草制品，对难以判断其是否成年的，应当要求其出示身份证件；对不能出示身份证件的，不得向其出售烟草制品。

不得使用自动售卖设备销售烟草制品。

第十五条 市、区（县）爱国卫生运动委员会应当设置并公开全市统一的控制吸烟工作投诉举报电话，建立投诉举报处理渠道。有关行政主管部门接到投诉举报后应当受理。对实名投诉的，应当自受理之日起15个工作日内将处理结果告知投诉人。

第十六条 任何单位和个人都有权劝阻吸烟者停止在禁止吸烟场所或区域内吸烟，要求场所或区域的经营者或者管理者，履行制止吸烟职责；对不履行制止吸烟职责的经营者或者管理者，有权举报和投诉。

第十七条 卫生计生行政主管部门应当组织医疗机构开展对吸烟有害健康的干预工作，设立咨询热线，开展咨询服务。鼓励医疗卫生机构设立戒烟门诊，为吸烟者提供戒烟指导和治疗。

第十八条 违反本条例规定，在禁止吸烟场所吸烟且不听场所经营者、管理者劝阻的，由本条例第五条规定的有关行政主管部门按照职责范围责令终止吸烟行为，处以五十元罚款；拒不终止的，处以二百元罚款。

第十九条 控制吸烟场所的经营者或者管理者违反本条例第九条、第十条、第十二条规定的，由本条例第五条规定的有关行政主管部门予以警告，并责令限期改正；逾期不改正的，处以一千元以上三万元以下的罚款。

第二十条 违反本条例第十三条的规定，由工商行政管理部门责令改正，并处以广告、促销及赞助费用一倍以上五倍以下的罚款。

第二十一条 违反本条例第十四条的规定，由工商行政管理部门予以警告，责令改正；拒不改正的，处以一千元以上一万元以下的罚款。

第二十二条 违反本条例规定，阻碍有关行政主管部门依法执行职务或者扰乱社会秩序，情节严重的，由公安部门依据《中华人民共和国治安管理处罚法》予以处罚；构成犯罪的，依法追究刑事责任。

第二十三条 有关行政主管部门及其工作人员在控烟工作中，不履行职责或者不正确履行职责的，依法追究行政责任；构成犯罪的，依法追究刑事责任。

第二十四条 法律、法规对控制吸烟工作另有规定的，从其规定。

第二十五条　本条例应用中的具体问题由西宁市人民政府负责解释。

第二十六条　本条例自 2015 年 5 月 1 日起施行。

5.31　银川市公共场所控制吸烟条例

资料属性:地方性法规规章

制定机关:银川市人大常委会

颁布文号:

颁布日期:2009 **年** 04 **月** 08 **日**　　**施行日期:**2009 **年** 06 **月** 01 **日**

时 效 性:有效

《银川市公共场所控制吸烟条例》,于 2008 **年** 12 **月** 24 **日银川市第十三届人民代表大会常务委员会第八次会议通过。**2009 **年** 4 **月** 2 **日宁夏回族自治区第十届人民代表大会常务委员会第九次会议批准。现予公布,自** 2009 **年** 6 **月** 1 **日起施行。**

银川市人民代表大会常务委员会

2009 **年** 4 **月** 8 **日**

第一条　为了控制吸烟危害,保障公民身体健康,促进文明城市建设,依据有关法律、法规,结合本市实际,制定本条例。

第二条　本市公共场所控制吸烟工作实行"限定场所、单位负责、加强引导、严格管理"的原则。

第三条　市、县(区、市)爱国卫生运动委员会(简称爱卫会)在本级人民政府领导下,负责组织协调本行政区域内的控制吸烟工作。

市、县(区、市)卫生行政部门负责本辖区内公共场所控制吸烟的监督和管理工作。

民航、铁路部门负责卫生防疫的机构,对管辖范围内的控制吸烟工作实施监督和管理。

第四条　下列公共场所禁止吸烟:

(一)医疗机构的室内区域;

(二)幼儿园、托儿所、小学;

(三)中学、中等职业学校、高等院校和其他教育、培训机构的教学区域和学生寝室;

(四)影剧院、音乐厅、展览馆、博物馆、美术馆、图书馆、科技馆、档案馆、少年宫等科教、文化、艺术场所;

(五)商业、金融业、邮政业、电信业等行业的室内营业场所;

(六)公共汽车、出租车等公共交通工具内;

(七)文物保护单位;

(八)体育馆、健身馆(场)、儿童游乐场;

(九)体育场的比赛区和座席区;

(十)机关、团体、企业、事业单位的会议室、食堂、通道和电梯等。

在公园、广场人群密集区域和举行集会、重大活动时禁止吸烟。

第五条　本条例第四条规定以外的下列场所,可以设置吸烟室或者划定吸烟区,吸烟室或者吸烟区以外的区域禁止吸烟:

(一)飞机、火车、长途汽车等公共交通工具的等候室;

(二)机关、团体、企业、事业单位内;

(三)互联网上网服务营业场所的服务区域;

(四)风景名胜区。

第六条　宾馆、旅店、招待所、培训中心、度假村等提供住宿休息服务的经营场所，应当设置固定的无烟客房或者无烟楼层。

餐饮、娱乐等经营场所的服务区域应当设置非吸烟室或者划定非吸烟区域。

第七条 按照本条例第五条规定设置吸烟室或者划定吸烟区的，应当遵守下列规定：

（一）符合消防安全要求；

（二）设置明显的标识；

（三）与非吸烟室、非吸烟区隔离；

（四）远离人员密集区域和行人必经的主要通道。

设置吸烟室或者划定吸烟区的公共场所所在单位，应当加强禁止吸烟的宣传教育，采取有效措施，逐步取消吸烟室或者吸烟区。

第八条 本市行政区域内，禁止设置烟草广告（含隐性烟草广告）。

第九条 全社会都应当支持公共场所控制吸烟工作。

公安、城管、工商、教育、文化、

新闻等部门和有关社会团体、行业协会，应当协助卫生行政部门开展控制吸烟工作。

广播、电视、报刊等媒体应当开展烟草危害、吸烟有害健康和公共场所控制吸烟的宣传教育。

鼓励机关、团体、企业、事业单位在单位内部禁止吸烟，提倡创建无烟单位。

第十条 禁止吸烟场所的所在单位应当履行下列职责：

（一）建立健全公共场所禁止吸烟的管理责任制度；

（二）做好公共场所禁止吸烟的宣传教育工作；

（三）在禁止吸烟场所内设置醒目的禁止吸烟标志；

（四）在禁止吸烟场所内不设置吸烟器具，不设置附有烟草广告（含隐性烟草广告）的标志和物品；

（五）负责公共场所禁止吸烟的日常管理工作。

第十一条 在禁止吸烟场所内，被动吸烟者有权要求该场所内

的吸烟者停止吸烟。

被动吸烟者有权要求禁止吸烟场所的所在单位履行本条例规定的职责。

被动吸烟者有权向市、县（区、市）卫生行政部门举报违反本条例的行为。

第十二条 禁止吸烟的公共场所所在单位应当设立检查员。

检查员对在本单位范围内禁止吸烟的公共场所的吸烟行为有权予以制止。

第十三条 卫生行政部门或受委托监督管理的组织有权对公共场所吸烟情况进行监督和管理，对下列行为进行处罚：

（一）禁止吸烟公共场所的所在单位不履行第十条规定职责的，予以警告、限期改正；对逾期不改正的，处以一千元以上五千元以下罚款。

（二）在禁止吸烟的公共场所吸烟经劝阻拒不改正的处以五十元罚款。

第十四条 卫生行政执法人员滥用职权，徇私舞弊、玩忽职守的，依法给予行政处分；构成犯罪的，依法追究刑事责任。

第十五条 本条例自 2009 年 6 月 1 日起施行。

5.32 长春市防止烟草烟雾危害办法

资料属性：地方性法规规章

制定机关：长春市人民政府

颁布文号：长春市人民政府令第 48 号

颁布日期：2013 年 12 月 11 日　　**施行日期：**2014 年 03 月 01 日

时 效 性：有效

《长春市防止烟草烟雾危害办法》已经 2013 年 12 月 11 日市政府第 11 次常务会议审议通过，现予发布，自 2014 年 3 月 1 日起施行。

二〇一三年十二月十一日

第一条　为了减少烟草烟雾对公众健康和生活环境造成的危害，根据有关法律、法规的规定，结合本市实际，制定本办法。

第二条　本办法适用于本市行政区域内防止烟草烟雾危害工作。

第三条　本办法所称烟草烟雾，是指从卷烟或者其他烟草制品燃烧端散发的及由吸烟者呼出的烟草烟雾。

第四条　防止烟草烟雾危害，实行以下原则：

（一）政府领导、部门负责、公众参与、依法监督；

（二）宣传教育和处罚相结合；

（三）重点保护妇女、儿童、老年人免受烟草烟雾危害。

第五条　市、县（市）区人民政府领导和组织实施防止烟草烟雾危害工作。

第六条　市、县（市）区卫生部门负责本辖区内防止烟草烟雾危害工作。

市、县（市）区卫生监督机构负责各类禁止吸烟场所的监督、检查工作。

市、县（市）区健康教育机构负责防止烟草烟雾危害的宣传、评估工作。

第七条　教育部门应当将烟草烟雾有害健康纳入学校健康教育计划，对学生开展烟草烟雾有害健康知识教育。

第八条　广播、电视、报纸、网络等公共媒体，应当开展烟草烟雾有害健康的宣传。

提倡和支持各类组织和个人开展烟草烟雾危害健康知识的公益宣传。

第九条　防止烟草烟雾危害执法工作所需资金，由市、县（市）区财政部门予以保障。

第十条　每年 5 月 31 日（世界无烟日）所在的星期，为本市防止烟草烟雾危害宣传周，在全市集中开展烟草烟雾有害健康宣传活动。

倡导烟草制品销售者在 5 月 31 日停止售烟一天，吸烟者停止吸烟一天。

第十一条　任何会议、公务活动中不得发放、提供烟草制品和摆放烟具。

公务员应当在防止烟草烟雾危害工作中做出表率，不在公共场所和公众面前吸烟。

医生不在患者面前吸烟；教师不在学生面前吸烟；家长不在孩子面前吸烟。

第十二条　禁止在下列场所吸烟或者携带点燃的卷烟、雪茄、烟斗：

（一）学前教育机构、中小学、职业中学和其他未成年人集中的室内外场所；

（二）大专院校的室内场所；

（三）妇幼保健院（所）、儿童医院、儿童福利院的室内外场所和养老院、老年公寓、疗养院及其他医疗卫生机构的室内场所；

（四）体育、健身场馆的室内场所及室外的观众座席、比赛赛场区域；

（五）图书馆、影剧院、音乐厅、展览馆、博物馆、美术馆、纪念馆、科技馆、档案馆等各类公共文化场馆的室内场所；

（六）国家机关、企事业单位、社会团体的室内场所；

（七）商品批发、零售单位的室内场所；

（八）金融、邮政、电信、股票交易等单位的室内场所；

（九）旅游景区（点）的室内场所；

（十）公共电汽车、出租汽车、轨道交通车辆、客渡轮、火车、飞机等公共交通工具内及其售票室、等候室；

（十一）宾馆、旅店和餐饮服务单位的室内场所；

（十二）录像厅（室）、歌（舞）厅、游艺厅（室）、美容（发）室、网吧、彩票销售网点等室内场所；

（十三）法律、法规规定的其他禁止吸烟的场所。

市政府根据大型集会活动的需要，可以临时确定禁烟场所的范围。

第十三条 妇女、儿童、老年人集中活动的区域，禁止吸烟。

第十四条 在非禁止吸烟场所划定室外吸烟区域，应当遵守下列规定：

（一）符合消防安全要求；

（二）设置明显标识和设施；

（三）与禁止吸烟场所有效分隔；

（四）远离人员密集区域和行人通道。

第十五条 禁止吸烟场所的管理，实行“谁主管谁负责，谁使用谁管理”的原则。

市、县（市）区人民政府所属工作部门应当对本部门负责管理、监督的公共场所，履行防止烟草烟雾危害工作职责。

民航、铁路、公共交通、邮政、通信、金融、保险、证券等单位和供电、水务、燃气、供热等从事公共服务的单位负责本系统、本单位工作场所的防止烟草烟雾危害管理工作。

各部门、单位应当按照本办法的规定履行责任，并接受公众和舆论监督。

第十六条 禁止吸烟场所的管理者、经营者，应当履行下列职责：

（一）遵守有关法律、法规和规章的规定，完善管理制度，开展烟草危害宣传；

（二）在场所内设置明显的禁止吸烟标识和投诉电话号码；

（三）设立防止烟草烟雾危害检查员，负责对本场所内吸烟者进行劝阻。对不听劝阻的，可以向卫生监督机构报告；

（四）不提供室内吸烟场所、烟具，不进行烟草广告宣传。

第十七条 在禁止吸烟场所内，任何人均可以行使以下权利：

（一）劝阻吸烟者停止吸烟；

（二）要求场所的管理者、经营者履行禁止吸烟的管理职责；

（三）对管理者、经营者不履行本办法第十六条规定职责的，有权向卫生监督机构或者有关管理部门投诉。

第十八条 有关管理部门接到投诉后，应当及时进行调查处理。

场所管理者、经营者不得阻碍卫生监督机构或者有关管理部门的工作人员进入该场所履行禁止吸烟的管理职责。

第十九条 烟草制品销售者应当在经营场所显著位置设置吸烟有害健康和不得向未成年人出售烟草制品的标识。

禁止向未成年人出售烟草制品。必要时，销售者可以要求购烟者出示居民身份证。

第二十条 烟草经营单位禁止下列行为：

（一）设置自动售烟机或者利用自动售卖机销售烟草制品；

（二）在医疗卫生机构内和中小学校、儿童娱乐场所等未成年人集中活动的场所销售烟草制品；

（三）发布或者变相发布烟草广告；

（四）以支持慈善、公益、环境保护、体育事业等名义，或者以“品牌延伸”、“品牌共享”等方式促进烟草销售；

（五）开展烟草企业冠名赞助活动；

（六）采用直接或者间接的奖励手段鼓励购买烟草制品。

第二十一条 市、县（市）区卫生部门应当定期或者根据举报频次情况，对禁止吸烟场所烟草烟雾残余进行监测，将监测数据通报场所相关管理部门，并向社会公布。

第二十二条 市、县（市）区卫生部门应当定期组织相关管理部门，对各类禁止吸烟场所进行监督检查，对防止烟草烟雾危害情况进行评价，并将监督检查结果报告同级人民政府。

市、县（市）区人民政府将防止烟草烟雾危害工作情况，作为对相关管理部门绩效考核的依据。

市、县（市）区爱国卫生运动委员会应当将防止烟草烟雾危害纳入检查工作范围，作为考核、评比内容。

第二十三条 市、县(市)区人民政府鼓励创建无吸烟单位。

各单位应当将创建无烟环境纳入本单位的日常管理工作。

第二十四条 卫生部门应当支持医疗卫生机构设立戒烟门诊,为吸烟者提供戒烟指导和治疗。

倡导社会组织和个人参与、支持戒烟指导活动。

第二十五条 在禁止吸烟场所或者区域吸烟,且不听劝阻的,由卫生部门处以一百元以下罚款。

第二十六条 禁止吸烟场所的管理者、经营者不履行防止烟草烟雾危害职责的,由卫生部门予以警告,责令改正。仍不改正的,处以五百元以上一千元以下罚款。

第二十七条 向未成年人销售烟草制品的,由卫生部门没收违法所得,并处以三万元以下的罚款。

第二十八条 禁止吸烟场所被监测的烟雾残留等卫生指标超过国家标准的,由卫生部门对管理者或者经营者处以五百元以上一千元以下罚款。

第二十九条 对在禁止吸烟场所或者区域依法劝阻、制止吸烟行为的人员进行侮辱、威胁或者殴打,构成治安管理处罚的,由公安机关依法给予处罚;构成犯罪的,依法追究刑事责任。

第三十条 卫生部门及其他管理部门的工作人员在防止烟草烟雾危害工作中,不依法履行职责的,由有关部门对直接责任人员依法予以处理。

第三十一条 本办法自2014年3月1日起施行。1996年8月9日起施行的《长春市公共场所禁止吸烟暂行规定》同时废止。

5.33 郑州市公共场所禁止吸烟条例

资料属性: 地方性法规规章
制定机关: 郑州市人民代表大会常务委员会
颁布文号:
颁布日期: 2010年11月25日　　**施行日期:** 2010年11月25日
时 效 性: 有效

(1997年8月22日郑州市第十届人民代表大会常务委员会第三十二次会议通过,1998年7月24日河南省第九届人民代表大会常务委员会第四次会议批准,2010年8月27日郑州市第十三届人民代表大会常务委员会第十三次会议修正 2010年9月29日河南省第十一届人民代表大会常务委员会第十七次会议批准的《郑州市人民代表大会常务委员会关于修改部分地方性法规的决定》修正)

第一条 为了保障公民身体健康,促进文明、卫生城市建设,根据有关法律、法规规定,结合本市实际,制定本条例。

第二条 本市公共场所禁止吸烟实行“限定场所、单位负责、加强教育、严格管理”的原则。

第三条 本市市区、旅游区、飞机场的下列公共场所禁止吸烟:

(一) 医疗机构的候诊室、诊疗室和病房;

(二) 托儿所、幼儿园;

(三) 中、小学校的教室、学生宿舍、活动室,其他学校的室内教学和科研场所;

(四) 会议室(厅)、会堂、礼堂;

(五) 商场、金融业、邮电业的营业厅;

(六) 影剧院、录像厅、体育馆的观众厅,展览馆、博物馆、美术馆、图书馆(室)、阅览室、科技馆、档案馆;

(七) 市区各类公共交通工具、电梯间及火车站、长途汽车站、飞机场的等候室、售票厅;

(八) 法律、法规规定和市人民政府确定的其他场所。

第四条 机关、团体、企业、事业单位可根据实际情况确定本条例第三条规定以外的内部场所禁止吸烟。

提倡创建无烟单位。

第五条 市、区爱国卫生工作管理机构负责本行政区域内公共场所禁止吸烟的监督管理工作。

第六条 全社会都应当支持公共场所禁止吸烟工作。教育、文化、卫生、新闻、广播电视等部门应当开展吸烟有害健康和公共场所禁止吸烟的宣传教育。

第七条 禁止吸烟的公共场所的所在单位应当遵守下列规定：

（一）建立健全禁止吸烟的管理责任制度；

（二）在禁止吸烟的公共场所设置明显的禁止吸烟标志，不得摆放烟具；

（三）禁止在公共场所设置烟草广告；

（四）做好公共场所禁止吸烟和吸烟有害健康的宣传教育工作。

前款第（三）项规定的公共场所不包括商场。

第八条 火车站、长途汽车站、飞机场的等候室和影剧院、体育馆、大型商场应设置有明显标志的吸烟室（区）。

第九条 市爱国卫生工作管理机构在禁止吸烟的公共场所的所在单位应当设立检查员。检查员由市爱国卫生工作管理机构统一管理，并配发检查证件。

第十条 公民有权制止在禁止吸烟的公共场所的吸烟者吸烟。

公民有权要求禁止吸烟的公共场所的所在单位履行本条例规定的职责，并有权向市、区爱国卫生工作管理机构举报违反本条例的行为。

第十一条 市、区爱国卫生工作管理机构对禁止吸烟的公共场所的所在单位违反本条例第七条规定，造成该公共场所多次发生吸烟行为的，予以警告、责令限期改正；对逾期不改正的，处以一千元以上三千元以下罚款。

检查员对违反本条例规定在禁止吸烟的公共场所吸烟的，责令改正，并可处以五元罚款。

第十二条 法律、法规、规章规定的对公共场所吸烟的违法行为，具有行政处罚权的行政执法部门，按照各自职权依法行使处罚权。

对当事人罚款时，必须出具省财政部门统一制发的罚款收据。

第十三条 拒绝、阻碍爱国卫生工作管理机构执法人员、检查员依法执行公务的，由公安机关依照《中华人民共和国治安管理处罚法》处罚；构成犯罪的，依法追究刑事责任。

第十四条 爱国卫生工作管理机构执法人员不履行职责或者徇私舞弊的，由有关单位给予批评教育，情节严重的给予行政处分；构成犯罪的，依法追究刑事责任；检查员不履行职责，情节严重的，由爱国卫生工作管理机构取消检查员资格，收回检查证件。

第十五条 当事人对行政处罚决定不服的，可以根据《中华人民共和国行政复议法》和《中华人民共和国行政诉讼法》的规定，申请行政复议或者提起行政诉讼。

逾期不申请复议，不提起行政诉讼又不履行处罚决定的，作出行政处罚决定的机关可以申请人民法院强制执行。

第十六条 县（市）公共场所禁止吸烟工作，可以参照本条例执行。

第十七条 本条例自 1998 年 9 月 1 日起施行。

5.34 鞍山市公共场所控制吸烟规定

资料属性：地方性法规规章

制定机关：鞍山市人民政府

颁布文号：鞍山市人民政府令第 178 号

颁布日期：2012 年 11 月 08 日　　**施行日期：**2013 年 01 月 01 日

时 效 性：有效

《鞍山市公共场所控制吸烟规定》已经2012年9月17日鞍山市第14届人民政府第152次常务会议审议通过，现予发布，自2013年1月1日起施行。

2012年11月8日

第一条　为了控制和减少烟草烟雾的危害，保障公众身体健康，提高城市文明水平，根据国家、省、市有关法律、法规、规章和国际公约的规定，结合本市实际，制定本规定。

第二条　本市市区公共场所控制吸烟工作(以下简称控烟工作)适用本规定。

第三条　本市公共场所控烟工作实行限定场所、分类管理、单位负责、公众参与的原则。

第四条　鞍山市爱国卫生运动委员会是本市公共场所控烟工作的领导、决策和议事机构。

市卫生行政主管部门负责全市公共场所控烟工作。市爱国卫生运动委员会办公室、市健康教育所负责具体工作。

区卫生行政主管部门按照管理权限负责辖区内公共场所控烟工作。

教育、文化、体育、交通、食品药品监督、公安、房产、工商、城市管理综合行政执法等部门按照本规定和其他相关规定，开展公共场所控烟监督管理工作。

第五条　禁止在下列场所吸烟。

(一) 托儿所、幼儿园、中小学校的室内外区域及其他各级各类学校的教学场所、学生宿舍、餐厅等室内区域；

(二) 妇幼保健院(所)、儿童医院、儿童福利院的室内外区域及其他各级各类医疗卫生机构的室内区域；

(三) 体育场馆的室内区域及室外的观众座席、比赛赛场区域；

(四) 图书馆、影剧院、展览馆、博物馆、美术馆、纪念馆、科技馆、档案馆、少年宫、青少年活动中心等各类公共文化场馆的室内区域；

(五) 旅游景区(点)的室内区域；

(六) 邮政、电信、股票交易、金融机构的室内区域；

(七) 商场、超市等商业场所的室内区域；

(八) 电梯及其等候区域；

(九) 国家机关、企业、事业单位、社会团体的室内区域；

(十) 公共交通工具内及其售票厅、等候室和设置在室内的站台；

(十一) 宾馆、饭店、录像厅、游艺厅(室)、洗浴场所的室内区域；

(十二) 网吧等互联网上网服务场所的室内区域；

(十三) 国家法律、法规、规章规定的其他禁止吸烟场所。

第六条　需要设置吸烟室或者划定吸烟区的，公共场所所在单位应当遵守下列规定。

(一) 符合消防安全要求；

(二) 设置明显标识；

(三) 与禁止吸烟场所有效分隔；

(四) 远离人员密集区域和行人必经的通道。

禁止吸烟场所以外的其他公共场所，可以根据实际情况，参照本规定，设立禁止吸烟区域，并做好相关的管理工作。

第七条　市政府可以根据本规定，结合实际情况或者根据举办临时性大型活动等的需要，调整禁止吸烟场所的范围。

第八条　禁止吸烟场所所在单位应当履行下列职责。

(一) 建立健全公共场所禁止吸烟的管理责任制，做好禁止吸烟的宣传教育工作；

(二) 在禁止吸烟区域的醒目位置设置统一的禁止吸烟标识和有关行政管理部门举报、投诉电话；

(三) 在禁止吸烟区域内不设置与吸烟有关的售烟机、器具和烟草广告；

(四) 对在禁止吸烟区域内的吸烟者，劝其停止吸烟；对不听劝阻的，要求其离开该场所；对不听劝阻且不离开该场所的，向有关行政管理部门举报、投诉；对不听劝阻并影响公共秩序的，向公安机关报案。

第九条 任何人均有权要求吸烟者在禁止吸烟场所内停止吸烟；有权要求禁止吸烟场所所在单位及其监督管理人员劝阻、制止吸烟行为；有权举报违反本规定的行为。

第十条 教育、文化、卫生等部门和新闻单位应当经常开展吸烟有害健康的社会宣传，并对违反本规定的单位和个人予以曝光。

每年 5 月 31 日的世界无烟日，烟草制品经营者停止售烟 1 天。各单位要积极开展宣传工作。

第十一条 控烟工作的监督管理按照以下规定实施。

（一）教育行政部门负责对各级各类学校的控烟工作进行监督管理；

（二）文化、体育等行政部门和风景区管理机构负责对文化、娱乐、体育场所、旅游景区（点）的控烟工作进行监督管理；

（三）承担机场、铁路卫生监督工作的机构以及交通行政执法部门按照各自职责，对公共交通工具及其有关的公共场所的控烟工作进行监督管理；

（四）食品药品监督管理行政部门负责协调餐饮业经营场所的控烟工作进行监督管理；

（五）公安部门负责对网吧等互联网上网服务场所、洗浴场所、宾馆的控烟工作进行监督管理；

（六）房产行政主管部门负责对物业管理区域内的公共电梯的控烟工作进行监督管理；

（七）工商、城市管理综合行政执法等部门应当认真查处公共场所设置烟草广告的违法行为；

（八）卫生行政主管部门负责对各级各类医疗卫生机构的控烟工作进行监督管理，并对本规定规定的其他公共场所的控烟工作进行监督管理。

第十二条 市和区人民政府应当对控烟监测及评价、科学研究、宣传教育、行为干预、人员培训、监督管理、表彰奖励等控烟工作所需经费予以保障。

第十三条 对违反本规定的单位和个人，由具有监督管理职责的相关部门按照本规定第十一条规定的权限予以劝阻或者责令改正，不听劝阻或者拒不改正的，由卫生行政主管部门按照下列规定予以处罚。

（一）对违反本规定第五条，在禁止吸烟场所吸烟且不听劝阻的，处以 50 元罚款，并责令其停止吸烟或者离开该场所；

（二）对违反本规定第八条第（一）、（二）项的，给予警告并责令限期改正；

（三）对违反本规定第八条第（三）、（四）项的，处以 500 元以上 1000 元以下罚款；

（四）对违反本规定第十条第二款，在“世界无烟日”售烟者，处以 1000 元以上 2000 元以下罚款。

第十四条 对在禁止吸烟场所内吸烟，不听劝阻，扰乱正常的经营、工作秩序，或者阻碍有关部门依法执行职务，违反《中华人民共和国治安管理处罚法》的，由公安部门予以处罚；构成犯罪的，依法追究刑事责任。

第十五条 控烟行政管理部门、监督管理机构及其工作人员在控烟工作中，不依法履行职责或者徇私舞弊的，对直接负责的主管人员和其他直接责任人依法给予行政处分；构成犯罪的，依法追究刑事责任。

第十六条 本规定所称公共场所是指公众可以进入的或者供集体使用的所有场所，无论其所有权或者进入权如何。

本规定所称吸烟是指吸入、呼出烟草烟雾或者携带、拥有点燃的烟草制品的行为。

第十七条 海城市、台安县、岫岩满族自治县的公共场所控制吸烟工作可以参照本办法执行。

第十八条 本规定自 2013 年 1 月 1 日起施行。《鞍山市公共场所禁止吸烟暂行规定》（市政府令第 68 号）同时废止。

5.35 本溪市公共场所禁止吸烟规定

资料属性：地方性法规规章

制定机关：本溪市人大常委会

颁布文号：

颁布日期：1997 年 04 月 11 日　**施行日期：**1997 年 05 月 31 日

时 效 性：有效

（1997 年 3 月 26 日辽宁省本溪市第十一届人民代表大会常务委员会第三十一次会议通过，1997 年 4 月 11 日辽宁省第八届人民代表大会常务委员会第二十七次会议批准，1997 年 5 月 31 日起施行）

第一条　为减轻公共场所吸烟危害，保障人体健康，保持公共场所环境卫生，预防火灾，根据《辽宁省爱国卫生管理条例》，结合本市实际制定本规定。

第二条　本规定所指公共场所是指下列场所：

（一）影剧院（俱乐部）的观众厅，录像厅（室）、游艺厅（室）、歌舞厅（室）、音乐茶座（室）；

（二）室内体育馆（场）的观众厅和比赛厅；

（三）图书馆的阅览室，博物馆、美术馆和展览馆的展示厅；

（四）会议室（厅）；

（五）大、中、小学校的教室、宿舍及其他未成年人集中活动的室内场所；

（六）幼儿园、托儿所园区；

（七）医疗单位的候诊室、诊疗室、病房区；

（八）车站的候车厅（室）、售票厅（室）及公共汽（电）车等公共交通工具内；

（九）商店（场）、书店、邮电局和银行的营业场所；

（十）法律、法规规定不准吸烟的其他公共场所。

第三条　市、自治县（区）爱国卫生运动委员会（以下简称爱卫会）是本行政区域内公共场所禁止吸烟工作的主管部门。其设立的爱卫会办公室负责日常监督检查工作。

第四条　禁止吸烟实行专业监督和群众监督相结合的社会监督制度。禁烟公共场所由自治县（区）以上爱卫会聘任禁烟监督员，负责监督检查工作。公民对违反本规定者有权劝止和举报。

第五条　各级宣传、新闻、文化、教育、卫生、环保部门和工会、共青团、妇联等群众团体，应大力普及吸烟危害健康的科学知识。各机关、企业、事业单位应积极开展群众性戒烟活动，鼓励创建各种无烟场所。

第六条　在每年五月三十一日世界无烟日，禁止售烟，各单位要积极开展宣传活动。

第七条　禁止吸烟场所的所在单位应履行下列职责：

（一）做好禁止吸烟宣传教育工作；

（二）在禁止吸烟的场所内（外）设置醒目的禁止吸烟标志；

（三）在禁止吸烟场所内不得设置吸烟器具和附有烟草广告的标志或物品；

（四）劝阻、制止吸烟行为。

第八条　对违反本规定的单位和个人，按下列规定予以处罚：

（一）在本规定第二条所列公共场所吸烟的，由禁烟监督员现场处以 5 元罚款；

（二）违反第六条规定售烟的，由自治县（区）以上爱卫会办公室对单位处以 500 元以上 1000 元以下罚款，对个体处以 30 元以上 50 元以下罚款；

（三）违反第七条第（二）项、第（三）项规定之一的，由自治县（区）以上爱卫会办公室对单位处以 300 元以上 500 元以下罚款，并对单位负责人处以 100 元罚款；

（四）违反第七条第（四）项规定的，由自治县（区）以上爱卫会办公室对单位予以通报批评，处以 500 元以上 1000 元以下罚款，并对单位负责人处以 100 元罚款。

第九条　禁烟监督员执行公务时应佩戴标志。对当事人实施处罚须出示执法证件，罚款应使用财政部门统一印制的罚款票据。罚没收入上缴同级财政。

第十条　对拒绝、阻碍禁烟监督人员依法执行公务和对公民劝止、举报进行打击报复情节严重的，由公安机关依照《中华人民共和国治安管理处罚条例》进行处罚；构成犯罪的，依法追究其刑事责任。

第十一条　当事人对行政处罚不服的,可依法申请行政复议或提起行政诉讼。

第十二条　本规定应用中的具体问题由市人民政府负责解释。

第十三条　本规定自1997年5月31日起施行。

5.36　大连市公共场所禁止吸烟暂行规定(修正)

资料属性:地方性法规规章

制定机关:大连市人民政府

颁布文号:

颁布日期:2008年03月31日　　**施行日期**:2008年03月31日

时效性:有效

(1995年8月13日大连市人民政府大政发〔1995〕71号文件公布;1997年12月31日大政发〔1997〕111号文件《大连市人民政府关于修改二十六个市政府规章的决定》修正;根据2008年3月31日《大连市人民政府关于修改14件市政府规章的决定》第二次修正)

第一条　为控制吸烟危害,保障公民健康,保护环境,预防火灾,特制定本规定。

第二条　大连市承担爱国卫生运动委员会日常工作的部门为本市场所禁止吸烟的主管机关。

各县(市)区承担爱国卫生运动委员会日常工作的部门负责管辖区域内公共场所禁止吸烟的监督和管理。

教育、商业、体育、交通、文化、城建、公安等部门和民航、铁路、海港等单位应对本系统或管理范围内公共场所的禁止吸烟工作实施监督和管理。

第三条　下列场所禁止吸烟:

(一) 影剧院和音乐厅的观众厅、俱乐部、会场、礼堂、录像厅(室)、游艺厅(室)、网吧、歌(舞)厅、音乐茶座(室);

(二) 室内体育馆(场)、游泳馆的观众厅和比赛厅;

(三) 图书馆的阅览室,博物馆、美术馆和展览馆等的展示厅;

(四) 200平方米以上的商店、书店;

(五) 公共交通工具的船舱、机舱和车厢内及车站、码头、民航站的候车(船、机)厅、售票厅等;

(六) 卫生、医疗单位的候诊室、诊疗室、病房等;

(七) 各级各类学校的教室、走廊等室内活动场所,托幼机构的幼儿活动场所;

(八) 国家法律、法规规定不准吸烟的其他公共场所。

第四条　禁止吸烟场所的所在单位应当履行下列职责:

(一) 制定本单位禁止吸烟的制度和对违反本规定有关条款者进行监督的相应措施;

(二) 结合本单位具体实际,做好禁止吸烟的宣传教育工作;

(三) 在禁止吸烟的各类场所内设置醒目的禁止吸烟标志;

(四) 在禁止吸烟场所内不得设置吸烟器具和附有烟草广告的标志或物品;

(五) 凡有条件的禁止吸烟场所,要为吸烟者提供有通风装置的吸烟室(区),并设有明显标志。

第五条　国家机关、企事业单位、社会团体以及其他组织,可以对其内部的会议室、图书馆、车间、餐厅等集体活动场所,设定为禁止吸烟的场所,并参照本规定的要求,自定制度,做好监督管理工作。

第六条　教育、文化、卫生、环保等部门和新闻单位要经常开展吸烟有害健康的社会宣传。

每年5月31日为世界无烟日,除停止售烟一天外,凡具有宣传能力和宣传工具的单位,要积极地宣传控制吸烟工作。

工商等部门要严格按照《中华人民共和国广告法》，对烟草广告加强监督管理，查处在公共场所设置烟草广告的违法行为。

第七条 在禁止吸烟场所，被动吸烟者有权要求吸烟者停止吸烟；有权要求所在单位履行本规定第四条的第（三）、（四）、（五）项的职责；有权对执行不力的单位向所在县（市）、区爱国卫生运动委员会举报其违反本规定的行为。

第八条 对违反本规定的单位或个人，按下列规定予以处罚：

（一）对违反本规定第三条，在禁止吸烟公共场所吸烟的，责令改正，拒不改正的，处以二十元罚款。

（二）对违反本规定第四条第（一）项或第（二）项的，给予警告并责令限期改正。

（三）对违反本规定第四条第（四）项、第（五）项之一的，处以五百元至一千元罚款。

（四）对违反本规定第六条第二款在"世界无烟日"售烟者，处以一千元至五千元罚款。

第九条 对违反本规定的行政处罚，由承担爱国卫生运动委员会日常工作的部门实施。对处以二十元罚款的，可以当场作出行政处罚决定并收缴罚款。

第十条 本规定自1995年10月1日起施行。

5.37 淮南市公共场所禁止吸烟暂行规定

资料属性：地方性法规规章

制定机关：淮南市人民政府

颁布文号：淮南市人民政府令第55号

颁布日期：1996**年**01**月**29**日**　　**施行日期：**1996**年**01**月**29**日**

时 效 性：有效

第一条 为减少吸烟的危害，保障公民健康，根据《中华人民共和国烟草专卖法》等有关法律、法规，结合我市实际，制定本规定。

第二条 市卫生局是本市公共场所禁止吸烟工作的主管部门。

各县、区卫生行政部门具体负责本地区禁止吸烟场所的监督管理工作。

第三条 在本市市区内的下列场所禁止吸烟：

（一）大、中型会议场所、空调会议室；

（二）影剧院和音乐厅的观众厅、录像厅（室）、游艺厅（室）、歌（舞）厅、音乐茶座室；

（三）室内体育馆（场）的观众厅和比赛厅；

（四）图书馆的阅览室，博物馆、展览馆的展示厅等；

（五）各类大、中型营业厅；

（六）公共交通工具内及其等候室；

（七）医疗机构的候诊室、诊疗室、病房；

（八）学校的教室、实验室等室内教育活动场所、托幼机构的幼儿活动场所；

（九）通风不好的集体作业场所；

（十）由市卫生行政部门确定的其他禁止吸烟场所。

第四条 有关单位应当根据本规定第三条，确定本单位的禁止吸烟场所，并履行下列职责：

（一）按照当地卫生行政部门的要求，指定专门卫生管理员，受其委托，在指定区域内，依据本规定行使管理职责，并接受卫生行政部门的监督；

（二）做好禁止吸烟的宣传教育工作；

（三）在禁止吸烟场所内设置醒目的禁止吸烟标志；

（四）在禁止吸烟场所内不设置吸烟器具，不设置附有烟草广告的标志和物品；

（五）可以根据需要，在禁止吸烟场所内设置与禁止吸烟场所隔离的吸烟室。

第五条 教育、文化、卫生、环境保护以及新闻等部门应当积极开展吸烟有害健康、劝阻吸烟的社会宣传。

第六条 在禁止吸烟场所内，被动吸烟者有权要求该场所内的吸烟者停止吸烟，有权向卫生行政部门举报。

第七条 对违反本规定的单位，由卫生行政部门处以200元至500元的罚款。情节严重的，可责令其停业整顿。

第八条 对违反本规定在禁止吸烟场所吸烟者，卫生管理人员应当制止或劝其离开，并可对其处以5至10元的罚款。

第九条 依据本规定第七条作出行政处罚时，应当出具行政处罚决定书。收缴罚款时，应当使用市财政局统一印制的罚款收据。

收缴的罚款，按规定上缴同级财政。

第十条 拒绝、阻碍卫生管理人员依法执行职务，情节严重的，由公安部门按照《中华人民共和国治安管理处罚条例》处理；构成犯罪的，依法追究其刑事责任。

第十一条 卫生管理人员应当坚持教育、制止和实施处罚相结合的原则，严格遵守本规定，秉公执法。对徇私舞弊、滥用职权者，由其所在单位取消其卫生管理员资格；情节严重的，给予必要的行政处分。

第十二条 本规定由市卫生局负责解释。

第十三条 本规定自发布之日起施行。

5.38 洛阳市公共场所禁止吸烟规定(2010年修正本)

资料属性：地方性法规规章
制定机关：洛阳市人民政府
颁布文号：洛阳市人民政府令第110号
颁布日期：2010年12月03日　　施行日期：2010年12月03日
时 效 性：有效

(1996年9月8日洛阳市人民政府第23号令发布，根据2010年11月12日洛阳市人民政府第32次常务会议审议通过，2010年12月3日洛阳市人民政府令第110号公布，自公布之日起施行的《洛阳市人民政府关于修改〈洛阳市公共场所禁止吸烟规定〉等18件规章的决定》修正)

第一条 为了控制吸烟危害，保障公民健康，保护环境，根据国家有关法律、法规，结合本市实际，制定本规定。

第二条 市卫生局是本市公共场所禁止吸烟工作的主管机关。

各县(市)、区卫生行政部门负责本区域内公共场所禁止吸烟工作。

机关、团体、部队、学校、医院、企业、事业单位和民航、铁路、交通等部门，负责做好本系统、本单位公共场所禁止吸烟的实施工作。

新闻、教育、文化、环保、公安等部门根据各自的职责，协助卫生行政部门做好吸烟有害健康的宣传教育工作。

第三条 本市行政区域内的下列公共场所禁止吸烟：

(一) 医疗机构的诊疗区；

(二) 学校的教学区、托儿所、幼儿园；

(三) 各级机关的办公室、会议室，企业、事业单位的会议室；

(四) 影剧院的观众厅，录像厅、游艺厅、歌舞厅、音乐茶座；

（五）体育场馆的观众厅、比赛厅；

（六）博物馆、图书馆、文化馆、展览馆、阅览室；

（七）商店、书店和邮电、金融系统的经营场所；

（八）公共交通工具内及其等候室；

（九）市卫生行政部门确定的其他禁止吸烟场所。

第四条　禁止吸烟公共场所的所在单位应当做好下列工作：

（一）制定本单位公共场所禁止吸烟制度并组织实施；

（二）做好公共场所禁止吸烟的宣传；

（三）在禁止吸烟公共场所设置醒目的禁止吸烟标志；

（四）在禁止吸烟公共场所，除销售专柜外，严禁摆放烟草及烟具，不准设置附有烟草广告的标志和物品；

（五）可在禁止吸烟公共场所设置吸烟室或指定吸烟区；

（六）对在禁止吸烟公共场所吸烟者，劝其停止吸烟或离开该场所。

第五条　禁止吸烟公共场所的被动吸烟者享有下列权利：

（一）要求吸烟者到指定的吸烟室（区）吸烟或停止吸烟；

（二）要求禁止吸烟公共场所的所在单位执行本规定；

（三）向卫生行政部门举报违反本规定的行为。

第六条　禁止吸烟公共场所所在单位违反本规定第四条的，由卫生行政部门责令其限期改正，可处警告或 1000 元以下罚款。

第七条　在禁止吸烟公共场所吸烟者，由卫生行政部门或受其委托者处 10 元罚款。

第八条　行政处罚的决定和执行，按照《行政处罚法》的规定实施。

行政执法人员执行公务时，应当佩戴执法标志，并向当事人出示市政府统一颁发的执法证件，否则，当事人有权拒绝。

第九条　对拒绝、阻碍行政执法人员依法执行公务的，由公安部门按照《治安管理处罚法》处理；构成犯罪的，依法追究其刑事责任。

第十条　当事人对行政处罚不服的，可根据《行政复议法》和《行政诉讼法》的规定，申请行政复议或者提起行政诉讼。

第十一条　行政执法人员应遵守法纪，秉公执法，对徇私舞弊、索贿受贿者，给予行政处分；构成犯罪的，依法追究其刑事责任。

第十二条　机关、团体、部队、学校、医院、企业、事业单位和其他组织，可在本规定第三条划定的范围之外，确定本单位内部禁止吸烟场所，并参照本规定第四条管理。

第十三条　本规定由市卫生局负责解释。

第十四条　本规定自 1996 年 10 月 1 日起施行。

5.39　青岛市控制吸烟条例

资料属性：地方性法规规章

制定机关：青岛市人民代表大会常务委员会

颁布文号：

颁布日期：2013 年 08 月 02 日　　**施行日期：**2013 年 09 月 01 日

时 效 性：有效

（2013 年 6 月 27 日青岛市第十五届人民代表大会常务委员会第十二次会议通过）

第一条 为了减少吸烟造成的危害，保障公众健康，创造良好的公共环境，根据有关法律、法规的规定，结合本市实际，制定本条例。

第二条 本市行政区域内控制吸烟工作适用本条例。

本条例所称吸烟是指吸食或者携带点燃的卷烟、雪茄烟、烟丝、烟叶等烟草制品。

第三条 市、区（市）爱国卫生运动委员会在本级人民政府领导下，组织、指导和协调本行政区域内的控制吸烟工作，日常工作由爱国卫生运动委员会办公室负责。

第四条 爱国卫生运动委员会、政府相关部门和群众团体应当积极开展控制吸烟的宣传教育活动。

报刊、广播、电视、电信、网络等应当经常性地开展控制吸烟的公益宣传。

教育行政部门应当将控制吸烟的宣传教育纳入学校的健康教育计划。学校应当通过多种形式，向学生宣传烟草烟雾危害，传授控制吸烟知识。

每年5月31日（世界无烟日）所在的星期为本市控制吸烟宣传周，集中开展控制吸烟宣传活动。倡导烟草制品销售者在5月31日停止售烟一天。

第五条 市爱国卫生运动委员会应当组织对全市控制吸烟工作进行监测和评估，并定期向社会公布。

卫生行政部门应当组织开展对吸烟行为的干预工作，为公众提供控制吸烟健康教育服务，推动医疗卫生机构设立戒烟服务门诊，为吸烟者提供戒烟指导和帮助。

第六条 禁止在下列场所吸烟：

（一）供公众进行社会活动或者提供购物、餐饮、住宿、医疗卫生、教育培训、休闲娱乐健身等服务的室内公共场所；

（二）机关、企业事业单位、社会团体和其他组织的室内工作场所以及电梯、楼道、餐厅等公共区域；

（三）从事旅客运输的各种公共汽车、出租汽车、火车、地铁、轻轨、船舶、民用航空器等公共交通工具内以及室内外等候区域、站台；

（四）幼儿园、中小学校、妇幼保健机构、儿童医院、儿童福利院以及其他主要供未成年人活动或者为未成年人提供服务的场所的室内外区域；

（五）文化、体育活动场所的室内区域和室外观众席以及演艺、比赛区域；

（六）法律、法规规定的其他禁止吸烟场所。

市、区（市）人民政府可以根据需要，划定临时性禁止吸烟场所。

居民公约、业主公约约定本居住区的电梯、楼道等公共区域禁止吸烟的，居民、业主应当遵守。

第七条 禁止吸烟场所不得设置吸烟室或者划定吸烟区。

单位根据需要在本单位非禁止吸烟场所划定吸烟区的，吸烟区应当远离人员密集区域和行人必经的主要通道，并应当设置明显的指引标识以及吸烟有害健康的警示。

第八条 禁止吸烟场所的经营者或者管理者负责该场所的控制吸烟工作，并应当履行下列职责：

（一）建立禁止吸烟管理制度；

（二）在禁止吸烟场所的醒目位置设置符合市爱国卫生运动委员会规定和要求的禁止吸烟标识，禁止吸烟标识应当包含监督管理部门以及投诉举报电话；

（三）在禁止吸烟场所不得放置烟具和附有烟草广告的物品；

（四）对禁止吸烟场所内的吸烟者予以劝阻；不听劝阻的，要求其离开或者拒绝为其提供服务（法律、法规对提供服务另有规定的除外），或者向有关监督管理部门报告。

禁止吸烟场所内有承包单位、承租单位的，禁止吸烟场所的经营者或者管理者应当对承包单位、承租单位的控制吸烟工作统一管理。

鼓励相关经营者或者管理者采用烟雾报警、视频图像采集等技术手段，加强对禁止吸烟场所的管理。

第九条 在禁止吸烟场所内，任何人有权要求吸烟者停止吸烟，或者要求该场所的经营者、管理者予以劝阻。

吸烟者不听劝阻或者禁止吸烟场所的经营者、管理者不履行劝阻职责的，任何人有权向有关部门投诉举报。

第十条　大型群众性活动和国家机关、群众团体、国有及国有控股企业、事业单位的公务活动中，不得提供烟草制品，不得放置烟具和附有烟草广告的物品。

第十一条　有关监督管理部门按照以下分工负责对控制吸烟工作的监督和违反本条例行为的处理：

（一）工商行政管理部门负责对商场、超市等购物场所的监督管理；

（二）食品药品监管部门负责对餐饮服务场所和药品批发、零售经营场所的监督管理；

（三）公安机关负责对提供住宿、洗浴、美容美发、休闲娱乐等服务的场所和互联网上网服务营业场所的监督管理；

（四）文化市场行政执法部门负责对各类文化、艺术场所的监督管理；

（五）教育、人力资源和社会保障行政部门按照职责负责对教育机构、培训机构的监督管理；

（六）民政部门负责对社会福利机构的监督管理；

（七）体育行政部门负责对体育场馆、健身场所的监督管理；

（八）民用航空、铁路主管部门负责对其职责范围内公共交通工具以及室内外等候区域、站台等的监督管理；交通运输部门负责对除民用航空器、火车外的公共交通工具以及室内外等候区域、站台等的监督管理；

（九）卫生行政部门负责对第一项至第八项规定以外的其他禁止吸烟场所的监督管理。

单体建筑内有若干禁止吸烟场所且按照前款规定分属两个以上部门监督管理的，由按照该建筑经营者或者管理者主要从事的经营、服务活动确定的部门进行监督管理。主要经营、服务活动难以确定的，由市、区（市）人民政府确定一个部门进行监督管理。

第十二条　控制吸烟监督管理部门应当按照职责对禁止吸烟场所进行巡查，并对违反本条例规定的行为依法予以处理。

控制吸烟监督管理部门应当建立投诉举报制度，对受理的投诉举报及时进行调查处理并反馈投诉举报人。

禁止吸烟场所的经营者或者管理者不得阻碍执法人员进入禁止吸烟场所履行法定职责。

第十三条　市、区（市）人民政府应当对控制吸烟的行为干预、戒烟服务、宣传教育、人员培训等工作所需经费予以保障。

鼓励社会组织、个人通过捐助、捐赠、志愿服务等形式，支持、参与控制吸烟工作。

第十四条　市、区（市）人民政府应当鼓励创建无烟单位和无烟环境，并将控制吸烟工作作为文明单位评价考核的内容之一。

第十五条　禁止吸烟场所的经营者或者管理者违反本条例第七条、第八条规定的，由控制吸烟监督管理部门责令限期改正，给予警告；逾期不改正的，处一千元以上一万元以下罚款；情节严重的，处一万元以上三万元以下罚款。

违反本条例规定，在禁止吸烟场所吸烟不听劝阻的，由控制吸烟监督管理部门责令改正，处二百元的罚款。

违反本条例其他规定，法律、法规已有行政处罚规定的，从其规定。

第十六条　本条例自2013年9月1日起施行。1995年12月14日青岛市人民代表大会常务委员会公布的《青岛市市区公共场所禁止吸烟规定》同时废止。

5.40　厦门市公共场所禁止吸烟规定(1997年修正本)

资料属性：地方性法规规章

制定机关：厦门市人民代表大会常务委员会

颁布文号：厦门市人民政府令第69号

颁布日期：1997年12月29日　　**施行日期：**1998年01月01日

时 效 性：有效

(1996 年 9 月 24 日厦门市人民政府令第 34 号发布，自发布之日起施行，根据 1997 年 12 月 29 日厦门市人民政府令第 69 号发布，自 1998 年 1 月 1 日起施行的《厦门市人民政府关于修订部分规章的决定》修正)

第一条 为了控制吸烟危害，保障公民健康，保护环境，预防火灾，根据国家有关公共场所卫生管理的规定，结合厦门实际，制定本规定。

第二条 在本市辖区内的下列公共场所禁止吸烟：

(一) 各级机关、社会团体、企事业单位的会议室和会场；

(二) 影剧院、音乐厅、歌(舞)厅、录像放映厅(室)等娱乐场所；

(三) 室内体育馆(场)的观众厅和比赛厅；

(四) 图书馆、博物馆、美术馆和展览馆的展示厅；

(五) 车、船、飞机等公共交通工具内及其等候室和电梯间；

(六) 大中专院校的教室、实验室等室内教育场所，托儿所、幼儿园及中小学校园；

(七) 医疗机构的候诊室、诊疗室和病房；

(八) 商场(店)、书店、邮电、金融、证券的营业场所。

进入林区、林地，一律禁止吸烟。

第三条 禁止吸烟的公共场所中，除电梯间等不具备条件的场所外，须设置有通风设备的吸烟室(区)。

第四条 禁止吸烟场所的所在单位应履行下列职责：

(一) 制定禁止吸烟的制度；

(二) 做好禁止吸烟的宣传教育工作；

(三) 在禁止吸烟的场所内设置醒目的禁止吸烟标志；

(四) 在禁止吸烟的场所内不得放置吸烟器具和不得设置烟草广告。

第五条 被动吸烟者有下列权利：

(一) 在禁止吸烟场所内，有权要求在该场所内的吸烟者停止吸烟；

(二) 有权要求禁止吸烟场所的所在单位履行本规定第四条第三项、第四项和第八条规定的职责；

(三) 向市或区、县卫生局举报违反本规定的行为。

第六条 厦门市卫生局和区、县卫生局是其辖区内公共场所禁止吸烟的行政主管部门。

第七条 教育、文化、环境保护等部门以及新闻单位应当开展吸烟有害健康的宣传劝导活动。

第八条 对在禁止吸烟场所内的吸烟者，场所所在单位应劝其立即停止吸烟或离开该场所。

第九条 有下列情形之一的，由市卫生局或区、县卫生局予以处罚：

(一) 违反本规定第二条规定的，予以警告，并可处以 10 元罚款；

(二) 违反本规定第四条第一项规定的，责令限期改正，予以警告；

(三) 违反本规定第四条第三项、第四项或第八条规定的，责令改正，可处以 200 元以上 1000 元以下罚款。

第十条 机关、团体、企业、事业单位和其他组织，可参照本规定的要求，自行确定单位内部禁止吸烟的场所。

第十一条 本规定自颁布之日起施行。厦门市人民政府一九九五年五月十七日颁发的《厦门市公共场所禁止吸烟暂行规定》同时废止。

5.41 深圳经济特区控制吸烟条例

资料属性：地方性法规规章

制定机关：深圳市人民代表大会常务委员会

颁布文号：深圳市第五届人民代表大会常务委员会公告第一三八号

颁布日期：2013 年 11 月 15 日　　**施行日期：**2014 年 03 月 01 日
时 效 性：有效

（1998 年 8 月 28 日深圳市第二届人民代表大会常务委员会第二十五次会议通过，2013 年 10 月 29 日深圳市第五届人民代表大会常务委员会第二十五次会议修订）

《深圳经济特区控制吸烟条例》经深圳市第五届人民代表大会常务委员会第二十五次会议于 2013 年 10 月 29 日通过，现予公布，自 2014 年 3 月 1 日起施行。

深圳市人民代表大会常务委员会
2013 年 11 月 15 日

第一章　总则

第一条　为减少与防止烟草烟雾的危害，保障公众健康，创造良好的工作和生活环境，提高城市文明水平，根据有关法律、行政法规的基本原则，结合深圳经济特区（以下简称特区）实际，制定本条例。

第二条　特区内控制吸烟（以下简称控烟）工作适用本条例。

第三条　控烟工作实行政府主导、分类管理、场所负责、公众参与、社会监督的原则。

第四条　市、区人民政府（以下简称市、区政府）负责组织协调本行政区域内的控烟工作，将控烟工作纳入城市发展规划，并作为政府绩效考核的内容。

卫生行政部门是控烟工作的主管部门。

教育、文体旅游、市场监督、交通运输、城管、公安、口岸、监察等相关部门按规定职责，做好控烟监督管理工作。

第五条　市、区政府应当组织开展多种形式的控烟宣传教育工作，使公众了解烟草烟雾的危害，倡导不吸烟的文明意识，积极营造无烟环境。

第六条　市、区政府应当对控烟的宣传教育、监督管理、行为干预、人员培训、科学研究、监测评估等工作所需经费予以保障。

第七条　鼓励、支持深圳市控制吸烟协会等社会组织、志愿者组织和个人通过各种形式，参与控烟工作或为控烟工作提供帮助和支持。

有关行政部门可以通过志愿者服务或者购买服务等方式开展控烟工作。

第二章　控烟场所

第八条　室内工作场所、室内公共场所和公共交通工具内禁止吸烟，但本条例第九条规定的除外。

下列室外场所禁止吸烟：

（一）主要为未成年人提供教育、教学、活动服务的教育或活动场所的室外区域；

（二）第（一）项规定以外的学校、培训机构的室外教学区域；

（三）主要为孕妇、儿童提供服务的公园、医疗卫生机构、社会福利机构的室外区域；

（四）第（三）项规定以外的医疗卫生机构、文物保护单位、公园、旅游景点等场所非吸烟点的其他室外区域。

（五）体育场馆、运动健身场所的室外观众座席、比赛赛场区域；

（六）政府根据举办大型活动的需要，临时增设的禁止吸烟场所；

（七）法律、法规、规章规定的其他禁止吸烟场所。

第九条　下列场所在 2016 年 12 月 31 日之前为限制吸烟场所：

（一）酒吧、歌舞厅等歌舞娱乐场所；

（二）茶艺馆、按摩、洗浴（包括桑拿、水疗、水会、足浴）等休闲服务场所。

限制吸烟场所的经营者或者管理者应当在显著位置设置吸烟有害健康的警示标识。

限制吸烟场所的经营者或者管理者应当划定或设置非吸烟区(室),并设置非吸烟区(室)的标识。

第十条 限制吸烟场所期限届满后禁止吸烟,并由市卫生行政部门向社会公告。

鼓励限制吸烟场所的经营者或者管理者在期限届满前自行禁止吸烟。

第十一条 场所经营者或者管理者设置吸烟点应当符合下列条件:

(一) 室外区域;

(二) 不得靠近人群密集区域和行人必经的主要通道;

(三) 符合消防安全要求;

(四) 设置明显的指引标识;

(五) 配置烟灰缸等盛放烟灰的器具,并设置吸烟有害健康的警示标识。

第十二条 市卫生行政部门应当根据本条例的规定,向社会公布禁止吸烟场所和限制吸烟场所的具体范围。

第三章 控烟措施

第十三条 禁止吸烟场所的经营者和管理者应当履行下列职责:

(一) 建立禁止吸烟的管理制度,开展控烟宣传教育,并配备控烟检查员;

(二) 不得配置与吸烟有关的器具或者附有烟草广告的物品;

(三) 在禁止吸烟场所的入口及其他显著位置设置禁止吸烟标识和监督投诉电话;

(四) 对在禁止吸烟场所吸烟的,场所工作人员应当要求其熄灭点燃的烟草制品;不熄灭的,应当劝其离开;不服从劝阻且不离开该场所的,应当向有关部门报告。

第十四条 在禁止吸烟的经营场所内吸烟,因不听劝阻而被要求其离开该场所的,不得向经营者索回已经花销的费用;已经接受服务但未付费的,不得拒绝付费。

第十五条 任何个人或者单位有权要求吸烟者停止在禁止吸烟场所吸烟,有权要求禁止吸烟场所的经营者、管理者履行控烟职责,并向有关部门投诉。有关部门应当对被投诉的禁止吸烟场所进行调查、核实。

第十六条 烟草制品销售者应当在其售烟场所的明显位置设置吸烟有害健康和禁止向未成年人出售烟草制品的标识。

烟草制品销售者不得向未成年人出售烟草制品。对难以判明是否已成年的,应当要求其出示身份证件;对不能出示身份证件的,不得向其出售烟草制品。

第十七条 医疗卫生机构、未成年人教育或者活动场所、专门为未成年人服务的社会福利机构等场所内不得销售烟草制品。

第十八条 禁止下列行为:

(一) 使用自动售卖设备销售烟草制品;

(二) 发布或者变相发布烟草广告;

(三) 以慈善、公益、环保事业的名义,或者以“品牌延伸”、“品牌共享”等其他方式进行烟草促销;

(四) 烟草企业冠名赞助活动;

(五) 派发、赠予烟草制品;

(六) 以派发、赠予烟草宣传品等直接或间接的手段鼓励、诱导购买烟草制品。

第十九条 禁止通过互联网、移动通信等信息网络向公众销售烟草制品。

互联网、移动通信等信息服务提供者发现有利用其平台向公众销售烟草制品的,应当采取措施删除违法信息,保存相关记录,并向有关部门报告。

第二十条 在各类公务和大型公共活动中不得提供、使用或者赠予烟草制品。不得使用财政性资金购买烟草制品。

第二十一条 医疗卫生机构应当按规定开展戒烟医疗服务,为吸烟者提供戒烟咨询和指导。

第二十二条　鼓励场所经营者或者管理者制定本单位的内部控烟制度。鼓励行业协会和其他社会组织制定、实施本行业、本系统的控烟准则。

国家机关、事业单位应当模范遵守控烟有关规定，积极开展控烟工作。机关事务管理机构应当对其所管理的办公及公共服务场所加强控烟宣传、教育和管理工作。

第二十三条　场所经营者、管理者或者烟草制品销售者应当按照规定设置符合标准的控烟标识。

控烟标识的制作标准以及设置规范由市卫生行政部门统一规定，并向社会公布。

鼓励国家机关、企事业单位、社会团体和其他社会组织自行制作符合规定的控烟标识。

第四章　宣传教育

第二十四条　卫生行政部门应当每年制定控烟宣传教育计划，采取多种形式开展控烟宣传教育和培训活动。

第二十五条　教育行政部门和各类教育机构应当将控烟教育纳入教育、教学内容，培养学生、学员的文明意识。

第二十六条　国家机关、企事业单位、社会组织应当将控烟规范纳入本单位职业规范要求，并将控烟宣传纳入本单位入职培训、岗位培训的内容。

第二十七条　报刊、广播、电视、通信、网络等有关媒体单位应当主动发挥舆论引导和监督作用，按照规定免费开展控烟公益宣传活动，发布控烟公益广告。

第二十八条　工会、共青团、妇联、科协等团体应当结合各自工作对象的特点，组织开展控烟宣传教育。居民委员会、社区工作站等组织及物业服务企业应当协助有关部门在其服务区域内开展控烟宣传教育。

第二十九条　鼓励、支持志愿者组织等社会组织及志愿者开展下列活动：

（一）组织开展控烟宣传教育；

（二）劝阻吸烟行为，对不听劝阻的，可以向有关部门报告；

（三）对本市控烟工作提出意见和合理化建议；

（四）协助场所经营者、管理者开展控烟工作；

（五）为个人戒烟提供帮助。

第三十条　卫生行政部门和相关行政部门可以聘请志愿者组织等社会组织及个人担任控烟监督员，对控烟标识、吸烟点的设置等情况进行监督检查，有关场所经营者、管理者或者烟草制品销售者应当给予配合。发现问题的，可以向卫生行政部门和相关行政部门报告。

卫生行政部门和相关行政部门应当为志愿者组织及志愿者开展控烟监督检查活动予以指导和支持。

第三十一条　市、区政府应当在每年5月31日“世界无烟日”集中开展控烟宣传，并倡导停止售烟、吸烟。

第五章　监督管理

第三十二条　市政府建立控烟工作联席会议制度。联席会议由市政府召集组织。主要履行下列职责：

（一）研究、审议控烟工作的规划、政策、方案；

（二）协调解决控烟工作中的问题；

（三）督促、检查、评估有关控烟工作开展情况；

（四）有关控烟工作其他事项。

控烟工作联席会议由市宣传、发改、财政、卫生、教育、监察、人力资源和社会保障、交通运输、文体旅游、市场监督、民政、公安、城市管理、经济贸易和信息、科技创新、住房建设、口岸、法制、机关事务管理、总工会、团市委、妇联等有关部门组成。

控烟工作联席会议的具体办事机构设在市卫生行政部门，负责有关日常工作。

第三十三条　建立联席会议工作例会制度，控烟工作联席会议至少每年召开一次工作会议。联席会议议定的事项，各成员单位应当组织实施。

联席会议各成员单位，应当根据实际情况，制定本行业、本系统的控烟工作制度，组织实施本行业、本系统的控烟工作。

第三十四条 卫生行政部门应当依法履行下列职责：

（一）拟定并组织实施控烟工作规划；

（二）统一组织、协调、指导、监测和评估控烟工作；

（三）负责指导、协调、部署、组织开展控烟宣传和烟草危害的健康教育；

（四）组织医疗卫生机构开展戒烟医疗服务、提供戒烟咨询和指导；

（五）按规定履行控烟监督管理与行政执法职责，但本条例第三十五条规定的除外；

（六）法律、法规、规章规定的其他职责。

第三十五条 下列各部门应当按照本条例规定负责控烟工作的宣传教育、日常管理和监督，并对违反本条例规定的行为进行处罚：

（一）交通运输行政部门负责除民用航空器、火车外的公共交通工具及其相关公共场所、工作场所的控烟工作；

（二）民航、铁路管理部门依照国家有关规定，负责民用航空器、火车等公共交通工具及其等候场所等公共场所、工作场所的控烟工作；

（三）文体旅游行政部门负责文化场所、体育场所、旅游景点及其所管辖范围内的公共场所、工作场所的控烟工作；

（四）市场监督行政部门负责餐饮服务场所、商品批发零售场所及其工作场所的控烟工作；

（五）公安部门负责校车、互联网上网服务营业场所、宾馆、旅馆、酒店、游艺场所、歌舞厅、按摩、洗浴等场所及其工作场所的控烟工作；

（六）城市管理行政部门负责公园、地铁及其管辖范围内公共场所、工作场所的控烟工作；

其他有关部门应当协助主管部门做好控烟的宣传教育和监督管理工作。

第三十六条 卫生行政部门及各有关行政部门应当建立控烟日常巡查及投诉处理等制度，并向社会公布监管情况。

第三十七条 卫生行政部门应当对控烟工作进行监测和评估，并定期向社会公布。

监测和评估工作可以委托第三方组织或者机构进行。

第三十八条 市政府设立12345公开电话为全市统一的控烟投诉电话。有关部门接到投诉的，应当受理。对实名投诉的，应当自受理之日起十五个工作日内将处理结果告知投诉人。

第六章　法律责任

第三十九条 违反本条例规定，在禁止吸烟场所吸烟且不听场所经营者、管理者劝阻的，由卫生行政部门、本条例第三十五条规定的有关部门按照职责范围责令改正，处以五十元罚款并当场收缴；拒不改正的，处以二百元罚款；有阻碍执法等情形的，处以五百元罚款。

未成年人有前款规定情形的，由卫生行政部门、本条例第三十五条规定的有关部门按照职责范围予以训诫教育并责令改正。

第四十条 违反本条例第九条第二、三款规定的，由本条例第三十五条规定的有关部门按照职责范围予以警告，并责令限期改正；逾期不改正的，处于二万元罚款。

第四十一条 设置吸烟点不符合本条例第十一条第（一）、（二）、（四）、（五）项规定的，由卫生行政部门、本条例第三十五条规定的有关部门按照职责范围予以警告，并责令限期改正；逾期不改正的，处以二万元罚款。

吸烟点设置不符合消防安全要求的，由公安机关消防机构依照有关法律、法规予以处罚。

第四十二条 禁止吸烟场所经营者或者管理者未履行本条例第十三条规定职责之一的，由卫生行政部门、本条例第三十五条规定的有关部门按照职责范围予以警告，并责令限期改正；逾期不改正的，处以三万元罚款。

第四十三条　违反本条例第十六条第一款规定的，由市场监督行政部门予以警告，并责令限期改正；逾期不改正的，处以一万元罚款。

违反本条例第十六条第二款、第十七条、第十八条第(一)项规定的，由市场监督行政部门责令改正，并处以三万元罚款。

第四十四条　违反本条例第十八条第(二)、(三)、(四)项规定的，由市场监督行政部门责令广告主停止发布，并处以广告或者赞助费用五倍的罚款；对负有责任的广告经营者、广告发布者没收广告费用，并处以广告费用三倍的罚款。

违反本条例第十八条第(五)、(六)项规定的，由市场监督行政部门责令停止派发、赠予行为，并对派发、赠予单位处以十万元罚款。

第四十五条　互联网、移动通信等信息服务提供者违反本条例第十九条规定的，由市场监督行政部门责令改正；拒不改正的，处以三万元罚款，并由通信管理部门依法关闭网站并吊销经营许可证或者注销备案。

对非本地注册的信息服务提供者，由通信管理部门提请注册地通信管理部门依法处理。

第四十六条　违反本条例规定，阻碍有关部门依法执行职务或者扰乱社会秩序，情节严重的，由公安部门依据《中华人民共和国治安管理处罚法》予以行政拘留；涉嫌犯罪的，依法移送司法机关处理。

第四十七条　相关行政部门及其工作人员在控烟工作中，不履行职责或者不正确履行职责的，依法追究行政责任；涉嫌犯罪的，依法移送司法机关处理。

第七章　附则

第四十八条　本条例所称区政府，包括新区管理机构。

第四十九条　本条例所称吸烟是指持有点燃的烟草制品。

第五十条　本条例所称室内是指有顶部遮蔽且四周封闭总面积达百分之五十以上的建筑物、构筑物内的所有空间。

第五十一条　本条例自2014年3月1日起施行。

5.42　唐山市防止二手烟草烟雾危害管理办法

资料属性：地方性法规规章

制定机关：唐山市人民政府

颁布文号：唐山市人民政府令〔2013〕3号

颁布日期：2013年10月18日　　**施行日期：**2014年05月01日

时 效 性：有效

《唐山市防止二手烟草烟雾危害管理办法》已经2013年10月15日唐山市人民政府第5次常务会议通过，现予公布，自2014年5月1日起施行。

2013年10月18日

第一条　为防止二手烟草烟雾危害，保障公众健康，提高城市文明水平，根据有关法律、法规，结合本市实际，制定本办法。

第二条　本办法适用于本市行政区域内的公共场所、工作场所和公共交通工具。

第三条　本办法所称二手烟草烟雾(以下简称二手烟)，指从卷烟或者其他烟草制品燃烧端散发的烟雾以及由吸烟者呼出的烟雾。

第四条 防止二手烟危害工作，实行政府主导、部门协作、单位负责、公众参与、依法监管的原则。

第五条 市、各县(市)区人民政府爱国卫生行政管理部门负责防止二手烟危害的监督管理工作。

市健康教育机构可以作为本级爱国卫生行政管理部门防止二手烟危害工作的执行机构，依照本办法行使具体监督职责，并负责提供防止二手烟危害的技术支持及业务指导。

第六条 各相关行政管理部门按照下列规定，共同做好防止二手烟危害的宣传教育、检查指导等工作：

(一) 教育、人力资源和社会保障行政管理部门分别负责教育机构、培训机构的防止二手烟危害工作；

(二) 卫生行政管理部门负责医疗卫生机构、住宿、洗浴和美容美发营业场所的防止二手烟危害工作；

(三) 文化广播电视新闻出版、体育行政管理部门分别负责文化、艺术场所和体育场馆的防止二手烟危害工作；

(四) 公安行政管理部门负责文化娱乐、互联网服务营业场所的防止二手烟危害工作；

(五) 商务行政管理部门负责超市、商场等购物场所的防止二手烟危害工作；

(六) 食品药品监督行政管理部门负责餐饮业和药品批发、零售业经营场所的防止二手烟危害工作；

(七) 交通运输、城市管理行政管理部门负责公共交通工具及其有关场所的防止二手烟危害工作；

(八) 城市管理、旅游行政管理部门分别负责公园、旅游景区(点)的防止二手烟危害工作；

(九) 民政行政管理部门负责社会福利机构的防止二手烟危害工作；

(十) 安全生产行政监督管理部门负责工矿企业的防止二手烟危害工作；

(十一) 管理国家机关事务工作的机构负责机关室内场所的防止二手烟危害工作；

(十二) 金融、保险、邮政、通信、供电、民航、铁路的管理部门负责本行业相关场所的防止二手烟危害工作。

本办法规定的其他场所防止二手烟危害工作由市、各县(市)区人民政府指定的行政管理部门负责。

市人民政府根据防止二手烟危害工作实际需要，可以对前款规定予以调整。

第七条 禁止在下列场所吸烟：

(一) 学前教育机构、中小学、中等职业学校以及其他未成年人集中的室内和室外场所，高等院校、培训机构的室内场所；

(二) 妇幼保健院(所)、儿童医院、儿童福利院的室内和室外场所及其他医疗卫生机构的室内场所，养老院(老年公寓)、疗养院的室内公共场所；

(三) 文化体育活动场所的室内区域、室外观众席以及演艺、比赛区域；

(四) 供公众进行社会活动或提供购物、餐饮、住宿、教育培训、休闲娱乐健身等服务的室内公共场所；

(五) 公共汽车、出租汽车、客渡轮船、火车、飞机等公共交通工具及其售票室、等候室；

(六) 公园、旅游景区(点)吸烟区以外的场所；

(七) 国家机关、企事业单位、社会团体的室内场所；

(八) 金融、保险、邮政、电信、股票交易等企业营业场所的室内场所；

(九) 其他禁止吸烟的场所。市、各县(市)区人民政府可以依照本办法的规定，根据实际需要，临时划定或者增设禁止吸烟区域。

第八条 第七条第(一)、(二)、(三)项规定的场所，不得销售烟草制品。

第九条 在各类公务和大型公共活动中不吸烟、不备烟、不敬烟。

第十条 在禁止吸烟场所，不得设置吸烟室或吸烟区。

在非禁止吸烟场所设置吸烟室或吸烟区的，应当与禁止吸烟场所有效分隔，远离人员密集区域和行人必经的通道，并设置明显标识。

第十一条 在禁止吸烟场所，其经营者或管理者应当履行下列职责：

(一) 建立禁止吸烟管理制度，设置明显的禁止吸烟标识和举报、投诉电话；

(二) 禁止设置与吸烟有关的器具；

(三) 开展防止二手烟危害的宣传教育活动。

第十二条 在禁止吸烟的场所内吸烟的，该场所的经营者、管理者及其工作人员对吸烟者应当劝阻。

对不听劝阻的，经营者、管理者有权要求其离开该场所；对不听劝阻且不离开该场所的，应当进行举报、投诉。

第十三条　在禁止吸烟场所，任何人均有权要求吸烟者停止吸烟，或要求该场所的经营者、管理者予以劝阻。

吸烟者不听劝阻或禁止吸烟场所的经营者、管理者不履行劝阻职责的，任何人均有权举报、投诉。

第十四条　市、各县（市）区人民政府应当对防止二手烟危害工作的科学研究、宣传教育、行为干预、监测评估、人员培训等所需经费给予保障。

鼓励志愿者组织、其他社会组织和个人，通过捐赠、志愿服务等形式参与防止二手烟危害工作。

第十五条　市、各县（市）区人民政府应当鼓励创建无吸烟单位，对无吸烟单位以及在防止二手烟危害工作中表现突出的单位和个人予以表彰、奖励。

在禁止吸烟场所，各单位应当将创建无烟环境纳入本单位的日常管理。本单位法定代表人或负责人是防止二手烟危害工作的第一责任人。

第十六条　市、各县（市）区人民政府爱国卫生行政管理部门应当设置并公开举报电话，对受理的举报、投诉应当及时进行调查处理。

第十七条　市、各县（市）区人民政府卫生行政管理部门应当组织开展二手烟危害的宣传教育和行为干预工作，为公众提供防止二手烟危害的健康教育服务。

有条件的二级以上医疗卫生机构应当设立戒烟门诊，为吸烟者提供戒烟指导和治疗。

第十八条　市、各县（市）区人民政府爱国卫生行政管理部门应当定期对禁止吸烟场所的二手烟残余进行监测，并向社会公布。

第十九条　报刊、广播、电视、通信、网络等媒体应当定期免费开展吸烟和被动吸烟有害健康的公益宣传活动。

第二十条　每年5月31日的“世界无烟日”，集中开展防止二手烟危害宣传，并倡导烟草制品销售者停止售烟一天、吸烟者停止吸烟一天。

第二十一条　在禁止吸烟场所吸烟，经劝阻不改正的，由爱国卫生行政管理部门处以十元罚款，并责令其停止吸烟或者离开禁止吸烟场所。法律法规另有规定的，从其规定。

第二十二条　对违反本办法第十一条规定的，由爱国卫生行政管理部门对经营者或者管理者予以警告，并责令限期改正；逾期不改正的，可处以五十元以上五百元以下罚款。

第二十三条　对违反本办法第十条、第十二条规定的，由爱国卫生行政管理部门对经营者或管理者予以警告，并可处以五百元以上一千元以下罚款。

第二十四条　爱国卫生行政管理部门及其工作人员在防止二手烟危害工作中不依法履行职责或滥用职权、徇私舞弊的，对直接负责的主管人员和直接责任人员，予以批评教育；情节严重的，依法给予行政处分；涉嫌犯罪的，移送司法机关处理。

第二十五条　各开发区（管理区）防止二手烟危害工作按照本办法执行。

第二十六条　本办法自2014年5月1日起施行。

5.43　无锡市公共场所禁止吸烟暂行规定

资料属性：地方性法规规章

制定机关：无锡市人民政府

颁布文号：无锡市人民政府1995年第19号令

颁布日期：1995年02月06日　　**施行日期：**1995年04月01日

第一条　为了控制吸烟危害，保障公民健康，保护环境，根据国务院《公共场所卫生管理条例》等有关规定，结合本市实际，制定本规定。

第二条 在本市区域内的下列公共场所禁止吸烟：

（一）火车站、长途汽车站、机场、港口的候车（机、船）室以及公共交通工具内；

（二）二百平方米以上的商店（场）经营场所，医院候诊室，诊疗室和病区内；

（三）影剧院、录像厅（室）、游艺厅（室）、歌（舞）厅等公共娱乐活动场所；

（四）书店、图书馆的阅览室，博物馆、美术馆、展览馆、体育馆、游泳馆的观众厅（室）；

（五）学校的教室、实验室等室内教育活动场所，托幼机构的幼儿活动场所；

（六）根据实际需要，由市或县（市）卫生行政部门确定的其他禁止吸烟场所。

第三条 国家机关、企业事业单位、社会团体及其他组织，须对其内部的会议室、图书室、非营业性的娱乐室、餐厅等场所，设定为禁烟场所，并做好监督管理工作。

第四条 教育、文化、卫生、环境保护等部门以及新闻单位应当积极开展吸烟有害健康，劝阻吸烟的社会宣传，建立禁止吸烟制度和制定对违反规定的吸烟者进行处罚的规定，张贴统一制作的禁烟标志，在禁止吸烟场所内不设置烟具，并要有管理人员对吸烟者进行劝阻、教育、制止。

第五条 禁止吸烟场所的单位应当履行下列职责：

（一）制定本单位禁止吸烟的制度和对违反规定的吸烟者进行处罚的措施；

（二）做好禁止吸烟的宣传教育工作；

（三）在禁止吸烟场所内设置醒目的禁止吸烟标志；

（四）在禁止吸烟场所内不设置吸烟器具，不设置附有烟草广告的标志和物品；

（五）对在禁止吸烟场所内的吸烟者，劝其停止吸烟或离开该场所；对不听劝阻者，按本单位的规定予以处罚。

第六条 在禁止吸烟的场所内，被动吸烟者有权要求该场所内的吸烟者停止吸烟；有权要求禁止吸烟场所的所在单位履行禁止吸烟的职责。

第七条 对违反本规定的禁烟场所的所在单位，由市或县（市）、区卫生行政部门责令其改正，并视情节轻重给予警告、五百元至二千元罚款、停业整顿的处罚。

第八条 对违反本规定在公共场所吸烟者，由公共场所的管理人员劝其停止吸烟或离开公共场所；对不听劝阻者，每次罚款五元，由卫生行政部门委托公共场所所在单位执行。

第九条 市或县（市）、区卫生行政部门作出行政处罚时，应当出具行政处罚决定书。收缴罚款时，应当出具财政部门统一印制的收据。

第十条 对以暴力、威胁方法拒绝、阻碍卫生管理人员依法执行公务的，由公安部门按照《中华人民共和国治安管理处罚条例》处理；构成犯罪的，依法追究其刑事责任。

第十一条 当事人对行政处罚不服的，可根据《行政复议条例》和《中华人民共和国行政诉讼法》规定，申请行政复议或者提起行政诉讼。逾期不申请行政复议、不提起行政诉讼又不履行处罚决定的，作出行政处罚的部门根据《中华人民共和国行政诉讼法》的有关规定，可以申请人民法院强制执行。

第十二条 卫生管理人员应当严格遵守法纪，秉公执法。对徇私舞弊、索贿受贿、枉法执行者，由其所在单位给予行政处分；构成犯罪的，依法追究其刑事责任。

第十三条 本规定由无锡市卫生局负责解释。

第十四条 本规定自 1995 年 4 月 1 日起施行。

5.44 淄博市公共场所禁止吸烟的规定

资料属性：地方性法规规章

制定机关：淄博市人大常委会

颁布文号：

颁布日期:1995年06月14日　　**施行日期:**1995年08月01日
时效性:有效

(1995年5月26日山东省淄博市第十届人民代表大会常务委员会第十八次会议通过,1995年6月14日山东省第八届人民代表大会常务委员会第十五次会议批准,1995年8月1日起施行)

第一条　为了控制吸烟的危害,保障公民身体健康,创造良好的公共场所环境条件,根据有关法律、法规的规定,结合本市实际,制定本规定。

第二条　在本市行政区域内的下列场所禁止吸烟:

(一)影剧院、音乐厅、歌舞厅、录像厅(室)、游艺厅(室),各类营业性的会堂、会议厅(室);

(二)体育馆的观众厅和比赛厅,图书馆的阅览室,博物馆、美术馆和展览馆的展示厅;

(三)书店和二百平方米以上的商店(场)的经营场所;

(四)客运火车、汽车等公共交通工具内及其候车室;

(五)医疗机构的候诊室、诊疗室、病房;

(六)学校的教室、实验室、阅览室、游艺室等教育活动场所,托幼机构的幼儿活动场所。

第三条　本行政区域内的地方国家机关、企业事业单位、社会团体以及其他组织,可以对其内部的会议室、图书室、非营业性娱乐场所等,设定为禁止吸烟的场所,并做好监督管理工作。

第四条　市及各区(县)卫生行政管理部门是本行政区内公共场所禁止吸烟的主管机关,负责公共场所禁止吸烟的监督和管理。

第五条　公安、教育、文化、体育、环保、宣传、新闻等部门和各社会团体,应当协助卫生行政管理部门实施本规定,并积极开展吸烟有害健康的宣传教育。

禁止各种形式的香烟广告。

第六条　禁止吸烟场所的所在单位应当履行下列职责:

(一)制定本单位禁止吸烟的制度和措施,并以文字形式明示,做好禁止吸烟的宣传教育工作;

(二)在禁止吸烟场所内应当设置醒目的禁止吸烟标志,不得设置吸烟器具和附有烟草广告的标志和物品;

(三)对在禁止吸烟场所的吸烟者,按有关规定处理。

第七条　在禁止吸烟场所内,被动吸烟者有权要求该场所内吸烟者停止吸烟。

被动吸烟者有权要求禁止吸烟场所的所在单位履行本规定的职责,并有权向市、区(县)卫生行政管理部门举报违反本规定的行为。

第八条　对不履行本规定的禁止吸烟场所的所在单位,由市、区(县)卫生行政管理部门按下列规定予以处罚:

(一)对不履行本规定第六条第(一)项规定职责的,处以警告并限期改正。

(二)对不履行本规定第六条第(二)项规定职责的,处以五百元至一千元罚款。

(三)对不履行本规定第六条第(三)项规定职责的,处以一千元至二千元罚款。

第九条　市、区(县)卫生行政管理部门作出行政处罚时,应当出具行政处罚决定书。

收缴罚款时,应当出具市财政局统一印制的罚款收据。卫生行政管理部门收缴的罚款,按规定上缴国库。

第十条　市、区(县)卫生行政管理部门有权对禁止吸烟的公共场所进行现场检查。任何单位和个人不得拒绝和阻碍。

拒绝、阻碍卫生行政管理人员依法执行公务的,由公安机关按照《中华人民共和国治安管理处罚条例》处罚;构成犯罪的,依法追究刑事责任。

第十一条　当事人对行政处罚不服的,可以根据《行政复议条例》和《中华人民共和国行政诉讼法》的规定,申请行政复议或者提起行政诉讼。

逾期不申请行政复议，不提起行政诉讼又不履行处罚决定的，作出行政处罚决定的机关可以申请人民法院强制执行。

第十二条 卫生监督管理人员应当严格遵守法纪，秉公执法。对利用职权徇私舞弊、索贿受贿的，给予行政处分；构成犯罪的，依法追究刑事责任。

第十三条 本规定自1995年8月1日起施行。

第六章　部分国家和地区与烟草监管相关法案

6.1　亚洲

阿富汗

2007 年 7 月份，政府制定公共场所禁止吸烟以及使用烟草产品的条例；

2015 年 2 月份，政府制定烟草控制法案；

2016 年 2 月份，政府发布吸烟有害健康的警示图片以及警示标签；

亚美尼亚

1996 年 6 月份，政府制定关于烟草商支付相关健康费用的法案；

2000 年 3 月份，政府制定亚美尼亚共和国有关限制烟草产品的销售、消费的相关规定；

2000 年 10 月份，政府发布烟草及其产品技术管制规定；

2005 年 3 月份，政府卫生部发布烟草产品对公众健康影响的警告文本；

2005 年 5 月份，政府制定烟草制品技术规范；

2005 年 12 月份，政府出台新的烟草制品监管法案；

2014 年 7 月份，政府出台并发布亚美尼亚共和国广告法；

2015 年 1 月份，政府出台关税联盟技术规范及实施办法；

2016 年 3 月份，政府决定参加欧亚经济委员会理事会。

阿塞拜疆

1997 年 10 月份，政府出台烟草制品进口关税规定；

2000 年 7 月份，政府制定并实施电视和广播等媒体相关法案；

2000 年 7 月份，政府出台烟草和烟草制品第 138 号法案；

2001 年 4 月份，政府出台烟草制品包装及标签的相关规定；

2001 年 6 月份，政府出台公路运输旅客行李中有关烟草产品携带的相关规定；

2009 年 4 月份，政府出台联邦烟草法案——第 43 号；

2009 年 9 月份，政府发布烟草产品中焦油以及烟碱量的规定。

巴林

2006 年 7 月份，政府成立全国控烟委员会；

2009 年 12 月份，政府出台关于烟草产品广告和促销的监管第 3 号决议案；

2010 年 3 月份，政府决定采用标准化的海湾技术规范，对烟草产品包装进行规范管理；

2011 年 8 月份，政府制定商业市场公共卫生健康保护规定；

2011 年 8 月份，政府出台关于禁止进口、分销及零售电子烟的第 38 号法案；

2012 年 2 月份，政府制定监狱的公共场所禁烟规定；

2013 年 5 月份，政府出台影剧院等公共场所禁烟相关规定。

孟加拉国

1999 年 2 月份，政府发布禁止青少年吸烟法案修订案；

2013 年 5 月份，政府出台吸用烟草制品监管法案——2013 年第 16 号；

2015 年 3 月份，政府出台吸用烟草制品部分限制性消费的规定；

2015 年 3 月份，政府出台吸烟有害健康警示图片以及警示语的规定，并对 2013 年的控烟法案进行修订；

2016 年 3 月份，政府卫生部门发布公共场所禁烟的规定。

不丹

2010 年 6 月份，政府发布成立烟草控制委员会的公告；

2011 年 6 月份，政府发布第 7345 号通知说明烟草控制法案的部分条款；

2012 年 1 月份，政府制定烟草控制法案修订案；

2012 年 2 月份，政府出台公共场所烟草控制条例；

2013 年 1 月份，政府出台公共场所卫生条例对烟草制品实施监管。

文莱

2008 年 4 月份，政府修订教育法案中有关禁烟的规定；

2008 年 6 月份，政府出台烟草制品销售规定；

2008 年 12 月份，政府出台在一些公共场所禁止吸烟的规定；

2012 年 3 月份，政府制定烟草商标法案修订案；

2012 年 9 月份，政府制定烟草制品控制法案。

柬埔寨

2011 年 4 月份，政府出台禁止烟草产品进行宣传广告的措施；

2012 年 4 月份，政府出台规定，禁止在吴哥遗址内吸烟；

2014 年 2 月份，政府出台法案禁止进口并销售电子烟产品的监管措施；

2015 年 4 月份，政府出台控烟法案；

2015 年 10 月份，政府用高棉语出台法案，要求在烟草外包装上印制吸烟有害健康的警示语和警示图片；

2016 年 3 月份，政府制定在工作场所和公共场所禁止吸烟的法案。

塞浦路斯

2017 年 2 月份，政府制定电子烟及用于吸烟的草药产品的监管法案。

印度

1990 年 7 月份，政府制定铁路法案对火车上吸烟做出限制性规定；

2004 年 5 月份，政府制定烟草和其他类别烟草制品生产与销售的监管法案；

2013 年 4 月份，政府卫生与家庭福利部发布吸烟危害健康的警示；

2015 年 12 月份，政府制定保护青少年儿童法案；

2016 年 4 月份，政府卫生与家庭福利部发布吸烟危害健康的通告。

印度尼西亚

2011 年 2 月份，政府卫生部与其他部门合作，联合发布关于实施无烟公共场所的指导意见；

2012 年 12 月份，政府出台规定，对烟草制品中的成瘾物质进行监管；

2013 年 4 月份，政府卫生部发布要求烟草生产商公布其烟草产品有害成分信息的法案；

2013 年 6 月份，政府食品与药品监督管理机构发布吸烟有害健康警示标识的第 41 号条例；

2015 年 12 月份，政府制定并发布无烟校园环境的法案。

伊朗

2007 年 10 月份，政府出台在多种媒体上限制烟草广告的法案；

2008 年 4 月份，政府卫生部发布吸烟有害健康的监管条例；

2012 年 3 月份，政府出台要求生产商公布其烟草生产所用原料的法案；

2014 年 4 月份，政府制定在烟草外包装上印制吸烟有害健康的警示措施。

以色列

1983 年 7 月份，政府制定公共场所限制吸烟的法案；

1984 年 2 月份，政府制定第 5763 烟草制品的监管法案；

2002 年 12 月份，政府出台规定对烟草制品的广告和促销做出限制性规定；

2004 年 2 月份，政府出台消费者保护法案；

2012 年 2 月份，政府出台法案禁止在医院和诊所内吸烟。

科威特

1995 年 5 月份，政府制定第 15 号控烟法案修订案；

2012 年 2 月份，政府制定第 23 号无烟场所法令；

2012 年 5 月份，政府出台第 118 号《关于执行烟草包装的海湾统一技术规范条例》，并将其作为国家的控烟法案；

2014 年 7 月份，政府制定第 42 号环境保护法案，内容涉及烟草业。

吉尔吉斯斯坦

2008 年 8 月份，政府出台法案要求生产商列出烟草产品相关信息；

2015 年 5 月份，政府通过关税同盟技术条例细则，内容涉及烟草关税；

2016 年 3 月份，政府通过欧亚经济委员会理事会第 18 号决议案，内容涉及控烟法案的执行。

老挝

2013 年 5 月份，政府出台第 155 号控烟法案的修订案；

2014 年 4 月份，政府出台在烟草外包装上印制吸烟有害健康警示标准的议案；

2016 年 6 月份，政府制定关于保护公民免受烟草危害的第 175 号法案。

黎巴嫩

2012 年 7 月份，政府出台禁止进口电子烟及电子烟相关配件的法案；

2013 年 10 月份，政府出台综合行政执法准则，内容涉及公共场所禁烟；

2013 年 12 月份，政府出台新的广告法案，内容涉及对于烟草广告及宣传的限制性措施。

马来西亚

2015 年 7 月份，政府出台控烟法案修订案，强化公共场所控烟执法；

2017 年 2 月份，政府出台烟草制品管制条例（修订案）。

马尔代夫

2010 年 8 月份，政府制定《烟草管制法案》15/2010 号；

2013 年 1 月份，政府制定禁止在公共场所消费烟草制品的条例。

蒙古

2008 年 2 月份，政府制定普通卷烟生产技术规范；

2013 年 4 月份，政府发布斗烟生产技术规范。

缅甸

2011 年 6 月份，政府出台无烟办公室规定；

2014 年 3 月份，政府出台严格的控烟规定，对“禁止吸烟区”进行标识；

2016 年 9 月份，政府修订控烟法案，主要内容涉及在烟草制品外包装上印制吸烟有害健康的警示图片以及警示信息。

尼泊尔

2012 年 5 月份，政府制定烟草产品监管措施；

2015 年 5 月份，政府出台控烟规定，发布关于在烟草产品的外包装上印制吸烟有害健康的警示信息；

巴基斯坦

2011 年 5 月份，政府出台烟草制品有害健康的图片及健康警告标识；

2011 年 10 月份，政府出台烟草制品的限制性销售法案，禁止向未成年人出售各类烟草产品；

菲律宾

2013 年 5 月份，政府卫生部发布有关吸烟有害健康的多部门联合备忘录；

2015 年 3 月份，政府卫生部通过 0037 号决议案，实施吸烟有害健康警示标识准则。

卡塔尔

2012 年 5 月份，政府制定《烟草产品包装标签技术条例》，并发布实施细则；

2013 年 1 月份，政府出台规定，禁止电子烟进口贸易。

新加坡

2010 年 11 月份，政府出台新加坡通用航空规范。

越南

2013 年 7 月份，政府决定成立越南烟草控制基金委员会；

2013 年 12 月份，政府出台航空运输工具禁烟的措施；

2016 年 1 月份，政府制定烟草产品最低零售价格的措施。

6.2　欧洲

阿尔巴尼亚

2006 年 11 月份，政府制定控制烟草制品消费以及健康保护法案修订案；

2008 年 2 月份，政府制定关于强制实行吸烟有害健康警示语的决定；

2011 年 8 月份，政府成立保护公众健康工作组，主要针对烟草消费以及酒精用品的滥用；

2013 年 3 月份，政府制定 939 号控烟法案修正案；

2014 年 8 月份，政府制定第 963 号控烟法案修正案。

安道尔

2004 年 6 月份，政府对该国烟草制品的销售和消费做出限制性规定；

2012 年 5 月份，政府出台公共场所禁烟条例，使公众不受二手烟的危害。

奥地利

1995 年 6 月份，政府出台烟草法案修订案——BGBl 74 号；

1995 年 6 月份，政府出台媒体烟草广告限制性条款；

1996 年 12 月份，政府出台烟草法修正案——BGBl 116 号；

2001 年 8 月份，政府出台烟草法修正案——BGBl 120 号；

2003 年 8 月份，政府发布公共场所禁止吸烟的标志，并出台相关规定；

2004 年 12 月份，政府出台卫生健康条例，对烟草制品的成分进行官方收集；

2008 年 8 月份，政府对联邦部分有关烟草的法案进行修订；

2008 年 11 月份，政府对 1998 年控烟法案修订案进行修订；

2010 年 1 月份，政府制定 1998 年所制定的所得税法案、1998 年公司税法案、1993 年劳动检查法案的修订案。

白俄罗斯

2008 年 6 月份，政府出台关于烟草制品的一般技术规范修订案；

2010 年 3 月份，政府出台关于烟草产品价格的第 61 号决议案；

2010 年 6 月份，政府卫生部门就该国的卫生健康法案出台相关的补充和修订意见；

2010 年 9 月份，政府为加入欧亚经济委员会制定并出台烟草制品技术相关规范；

2011 年 11 月份，政府出台有关烟草制品监管的法案；

2015 年 1 月份，政府发布关税联盟技术规范与实施相关规定；

2015 年 5 月份，政府就加入欧亚经济委员会理事会通过第 53 号决议；

2015 年 10 月份，政府修订白俄罗斯共和国广告法中有关烟草的相关条款；

2016 年 3 月份，政府计划就烟草业发展问题加入欧亚经济委员会理事会。

比利时

1991 年 12 月份，政府出台类似烟草制品商品的生产与销售监管法案；

2003 年 8 月份，政府卫生部出台在烟草产品包装上要求印制吸烟有害健康警示的相关措施 2005 年 1 月份，政府制定公共场所和工作场所禁烟的法案；

2009 年 5 月份，政府出台关于电子烟产品生产与销售的监管法案；

2016 年 2 月份，政府发布新的吸烟有害健康警告标签使用说明；

2016 年 2 月份，政府出台卷烟产品一般性技术规范。

波斯尼亚和黑塞哥维那

2004 年 4 月份，政府制定关于禁止烟草制品广告的相关法案；

2004 年 4 月份，政府出台公共场禁烟的法案；

2005 年 10 月份，政府制定控烟法案修订案；

2011 年 8 月份，政府制定关于烟草制品包装的规定；

2011 年 9 月份，政府出台有关烟草制品的税收改革法案。

保加利亚

1988 年 11 月份，政府制定广播电视法案

2004 年 12 月份，政府制定室内公共场所禁止吸烟条例；

2005 年 1 月份，政府出台烟草制品中焦油、烟碱及一氧化碳评估标准修订案；

2009 年 6 月份，政府出台公共卫生健康法案；

2012 年 6 月份，政府出台烟草与烟草制品监管修订案；

2012 年 6 月份，政府出台国家卫生健康修订法案；

2013 年 10 月份，政府颁布烟草制品标识及标签的法案；

2013 年 10 月份，政府出台公开烟草中有害成分法案；

2016 年 4 月份，政府出台关于修改和补充烟草和烟草制品的 89 号法案。

克罗地亚

2012 年 9 月份，政府制定电子媒体禁止烟草广告的法案；

2013 年 7 月份，政府制定控制烟草消费的措施。

捷克

1995 年 2 月份，政府制定广告法案修订案；

2008 年 12 月份，政府出台防止烟草制品以及酒类产品成瘾相关监管措施；

2008 年 12 月份，政府发布关于吸烟有害健康的警告标签措施；

2010 年 4 月份，政府出台广播电台烟草广告监管法案；

2016 年 7 月份，政府出台烟草制品监管第 26 号法案。

丹麦

2011 年 5 月份，政府调整烟草及酒类产品税率并出台相关法案；

2011 年 12 月份，政府出台无烟环境法案；

2012 年 6 月份，政府修订控烟法案，禁止向 18 岁以下未成年人出售烟草制品以及酒类产品；

2013 年 3 月份，政府发布第 541 号政府令，对烟草制品的生产、销售进行监管；

2016 年 5 月份，政府对电子烟以及电子烟液发布相关标准；

2016 年 6 月份，政府出台规定，对于烟草制品特定添加剂、烟草包装及标签实施严格的监管措施；

2016 年 6 月份，政府发布区别烟草制品以及类似产品的声明。

英国

2007 年 7 月份，政府制定烟草制品生产、展示与销售方面的监管法案；

2011 年 10 月份，政府出台健康法案；

2011 年 10 月份，政府出台自动售货机销售烟草制品的监管法案；

2012 年 10 月份，政府无烟标识条例；

2013 年 10 月份，政府制定关于支持烟草行业的海外投资指导意见；

2015 年 4 月份，政府制定烟草广告和促销监管法案；

2015 年 10 月份，政府制定无烟交通工具法案；

2016 年 5 月份，英国政府制定烟草制品标准化包装法案；

2016 年 5 月份，政府制定烟草和相关产品监管条例。

爱沙尼亚

2005 年 6 月份，政府制定广告法案；

2008 年 3 月份，政府制定媒体服务与监管法案；

2010 年 12 月份，政府出台调整烟草消费税法案。

欧盟

2001 年 6 月份，欧盟委员会通过 Directive 2001/37/EU 号烟草产品指令；

2003 年 5 月份，欧盟委员会通过关于对烟草产品广告与赞助的 2003/33/EU 号法案；

2003 年 9 月份，欧盟委员会通过决定在烟草产品外包装上印制彩色健康警示语的议案；

2010 年 3 月份，欧盟通过视听媒体服务 2010/13/EU 号议案；

2011 年 6 月份，欧盟委员会通过关于烟草制品税率的 2011/64/EU 号议案；

2014 年 4 月份，欧盟委员会通过 2014/40/EU 号烟草产品指令修正案；

2014 年 10 月份，欧盟委员会通过 2014/109/EU 号决议案对建立欧盟吸烟有害健康警示图片库做出规定；

2015 年 9 月份，欧盟委员会通过 2015/1735/EU 号决议案，对自卷烟产品作出规定；

2015 年 10 月份，欧盟委员会执行决定 2015/2186/EU 决议案，规定烟草商们提供烟草产品信息的详细格式；

2015 年 10 月份，欧盟委员会通过 2015/1842/EU 号决议案，对烟草产品有关吸烟有害健康的警示做出详细的技术规范；

2015 年 11 月份，欧盟委员会通过 2016/787/EU 号决议案，将卷烟产品的添加剂放在优先清单上，并让生产商们强化其信息发布；

2015 年 11 月份，欧盟委员会通过 2016/586/EU 号决议案，就电子烟技术标准做出补充的规定；

2015 年 11 月份，欧盟委员会通过电子烟以及电子烟液相关规定的 2015/2183/EU 号决议案；

2016 年 5 月份，欧盟委员会通过 2016/779/EU 号决议案，对欧盟成员国的一些特色烟叶生产制定统一的监管规定。

芬兰

2002 年 7 月份，政府出台第 641 号法案，对烟草制品单位包装、标签、有害物质的检测方法做出规定；

2006 年 11 月份，政府出台禁止在餐馆和其他餐饮场所吸烟的法案；

2008 年 12 月份，政府发布卷烟防火安全法案；

2016 年 6 月份，政府出台第 591 号法案，关于在烟草制品和类似烟草制品的外包装上印制警告标签的法案；

2016 年 6 月份，政府发布对类似烟草制品的产品进行监管的通知；

2016 年 6 月份，政府制定 549 号烟草法案。

法国

2008 年 9 月份，政府出台关于在公共场所禁止吸烟的规定；

2010 年 4 月份，政府出台烟草制品的税率调整法案；

2010 年 4 月份，政府出台关于在烟草制品外包装上印制吸烟有害健康警示的讨论稿；

2010 年 5 月份，政府修订控烟法案禁止向未成年人出售烟草制品；

2010 年 12 月份，政府发布第 3511－6 号公共卫生健康法案；

2011 年 8 月份，政府对医疗机构严格遵守政府的烟草控制措施发布通告；

2014 年 9 月份，政府出台电子烟产品的管理规定；

2015 年 1 月份，政府发布有关遵守欧盟委员会对烟草产品警示图片修订的规定；

2016 年 5 月份，政府对烟草产品的中性标准化包装发布行政令；

2016 年 5 月份，政府对含烟碱的蒸汽产品做出规定；

2016 年 8 月份，政府就烟草制品的展示发布行政令；

2016 年 9 月份，政府对烟草零售商店的标识牌发布相关的行政令；

2017 年 1 月份，政府对涉及不同类别烟草制品包装上印制吸烟有害健康的警示标识发布公告。

德国

2002 年 11 月份，政府制定烟草产品管理条例；

2003 年 4 月份，政府制定青少年保护法案；

2003 年 6 月份，政府发布关于遵守欧洲议会和欧盟委员会关于禁止烟草产品广告和赞助的法案；

2004 年 8 月份，政府制定工作场所禁止吸烟的条例；

2006 年 12 月份，政府制定烟草消费税改革法案；

2007 年 9 月份，政府制定保护不吸烟者法案。

希腊

2005 年 7 月份，政府制定相关措施，决定按照欧洲议会和欧盟委员会做出的规定，对烟草产品的广告和赞助行为进行监管；

2008 年 12 月份，政府制定控烟法案修订案，内容涉及保护未成年人免受烟草产品以及酒类产品的危害；

2009 年 6 月份，政府制定 3730 号有关公共场所禁烟的法案；
2010 年 8 月份，政府出台 3868 号有关控烟法案的修订案；
2010 年 9 月份，政府制定关于禁止烟草广告、促销与赞助法案。

匈牙利

1995 年 12 月份，政府对广播与电视节目中的烟草广告做出限制性措施；
2003 年 12 月份，政府调整烟草产品的消费税并出台相关法案；
2008 年 9 月份，政府对烟草商们的商业广告活动做出限制性规定；
2011 年 12 月份，政府颁布烟草产品标签监管条例；
2013 年 2 月份，政府对烟草业出台第 39 号监管法案；
2016 年 5 月份，政府对在该国生产与销售的烟草制品的焦油、烟碱和一氧化碳释放量作出规定。

冰岛

2003 年 3 月份，政府制定控烟法案；
2007 年 4 月份，政府制定发布第 325 号有关规范烟草产品零售的规定；
2007 年 4 月份，政府发布有关公共场所限制吸烟的规定；
2011 年 12 月份，政府规定要求烟草商们公布其烟草产品中有害物质的相关信息；
2013 年 7 月份，政府发布新的吸烟有害健康警示标识。

爱尔兰

2011 年 5 月份，政府就对烟草制品的监管出台公共卫生法案修订案；
2013 年 2 月份，政府出台儿童健康保护法案，禁止在有儿童乘坐的汽车内吸烟；
2013 年 12 月份，政府发布烟草标准化包装方案讨论稿；
2013 年 12 月份，政府出台措施执行欧盟委员会关于烟草产品在销售点禁止展示的方案；
2016 年 1 月份，政府出台综合性控烟条例讨论稿；
2016 年 1 月份，政府出台 Promulgating the Anti－Smoking Law 反吸烟法案；
2016 年 5 月份，政府出台综合性控烟条例。

意大利

2010 年 6 月份，政府颁布法案要求执行 2012/9/EU 号欧盟烟草产品指令；
2012 年 12 月份，政府出台规定禁止向未满 18 岁的人出售电子烟产品；
2013 年 4 月份，政府出台规定要求强化教育机构禁烟的执法力度并采取紧急措施；
2013 年 11 月份，政府颁布法案要求执行 2014/40/EU 号欧盟烟草产品指令；
2016 年 5 月份，政府出台禁止烟草广告的修订案。

拉脱维亚

2009 年 4 月份，政府出台烟草制品、酒类产品税率调整方案；
2013 年 8 月份，政府制定关于在烟草外包装上印制吸烟有害健康的警示信息；
2016 年 7 月份，政府出台新型烟草制品监管法案草案。

卢森堡

2010 年 12 月份，政府出台公共场所禁烟条例，并对酒吧等公共场所作了具体的规定；

2016 年 5 月份,政府制定 1143 号控烟法案的修订案。

马其顿

2009 年 11 月份,政府制定在烟草外包装上印制吸烟有害健康警语的修订案;

2010 年 12 月份,政府出台公共场所禁止吸烟法案草案。

荷兰

2014 年 3 月份,政府制定关于烟草制品标签的法令;

2014 年 3 月份,政府出台措施,对烟草产品中焦油、烟碱以及一氧化碳含量作出规定;

2014 年 9 月份,政府出台公众健康保险法案。

挪威

1996 年 10 月份,政府修订广告法案,内容涉及禁止烟草广告;

2010 年 1 月份,政府修订控烟法案,内容涉及烟草产品标签标准。

葡萄牙

2015 年 8 月份,政府出台严格规定,执行欧盟烟草产品指令对于交通工具内吸烟做出严格的禁止性规定。

俄罗斯

2011 年 2 月份,政府对烟草广告与赞助做出限制性规定;

2013 年 3 月份,政府对烟草产品的标签作出规定;

2014 年 3 月份,政府卫生部出台规定,对禁止吸烟区域的标志安置作出规定;

2014 年 11 月份,政府出台禁止烟草广告执行条款的条例细则;

2015 年 1 月份,政府制定关税联盟技术规范;

2016 年 3 月份,政府发布欧亚经济委员会理事会决定,内容涉及烟草控制。

6.3 美洲

美国

2011 年 7 月份,政府制定烟草产品法规;

2012 年 4 月份,政府食品与药品管理局出台规定,要求烟草商们公布其烟草产品中潜在有害成分;

2014 年 6 月份,政府发布邮政服务出版物条例;

2014 年 7 月份,政府发布国际邮件手册,内容涉及烟草产品的邮递业务;

2014 年 7 月份,政府发布美国国内邮件手册,涉及烟草邮递;

2016 年 5 月份,政府修订家庭吸烟预防与烟草控制法案,联邦食品、药品与化妆品法案,内容均涉及烟草产品。

安提瓜和巴布达

2010 年 3 月份,议会通过关于公共场所实施无烟政策的措施,政府此后批准并实施该公共场所禁烟法案；

2014 年 3 月份，议会通过控烟法案修订案。

阿根廷

2007 年 4 月份，政府发布工作场所保护健康的安全法案；

2009 年 1 月份，政府制定并实施有关抑制烟草消费的经济方面的处罚措施；

2011 年 5 月份，政府出台禁止销售及使用烟碱递送装置的相关法案；

2012 年 6 月份，议会通过在烟草制品外包装上印制吸烟有害健康警示图片的措施，政府此后发布具体的实施方案；

2013 年 5 月份，政府制定出台 687 号有关烟草产品广告、促销与消费监管的法案；

2014 年 4 月份，政府出台 494/2014 号控烟法案修订案。

巴哈马群岛

1977 年 1 月份，政府出台广播法案(Broadcasting Act)；

1984 年 9 月份，政府出台民用航器安全规定；

1993 年 12 月份，政府制定行政犯罪相关代码；

1993 年 12 月份，政府制定广告法修订案；

2001 年 4 月份，政府制定税法修订案。

巴巴多斯

2009 年 12 月份，政府制定公共卫生健康服务法案修正案；

2010 年 1 月份，政府制定保护未成年人免受烟草危害的条例；

2010 年 7 月份，政府出台禁止在公共场所吸烟的规定。

玻利维亚

2007 年 12 月份，政府出台关于烟草控制条例的决议案；

2011 年 5 月份，政府卫生和体育部发布吸烟影响公众健康的警示报告；

2012 年 1 月份，政府出台吸烟有害健康图片警示的第 0508 号决议；

2015 年 6 月份，政府发布新的吸烟有害健康警示图片及警示语相关信息。

巴西

2006 年 7 月份，政府制定消费者权利保护法案；

2009 年 8 月份，政府制定关于禁止进口与销售电子烟产品的规定；

2012 年 3 月份，政府出台政府行政法规第 713 条修订案；

2014 年 6 月份，政府制定税收法案修订案第 14 号决议；

2015 年 4 月份，政府对有关烟草关税法案进行修订。

加拿大

1989 年 12 月份，政府出台保护不吸烟者的卫生健康条例；

1997 年 4 月份，政府出台烟草法案修订案；

2005 年 6 月份，政府出台低燃点卷烟产品的规定；

2008 年 5 月份，政府卫生部门与教育部门联合出台二手烟影响健康的法案；

2011 年 9 月份，政府对普通卷烟以及小雪茄的标签做出规定；
2011 年 9 月份，政府出台烟草制品信息公开条例；
2011 年 9 月份，政府出台禁止烟草制品进行促销的相关条例；
2014 年 11 月份，政府出台打击走私烟草制品的法案。

开曼群岛

2000 年 10 月份，政府发布控烟法案讨论稿；
2009 年 11 月份，政府出台烟草法案；
2010 年 6 月份，政府出台劝阻和限制烟草消费的条例。

智利

2011 年 6 月份，政府烟草制品的零售做出规定；
2012 年 3 月份，政府制定烟草控制法案实施手册；
2013 年 7 月份，政府出台无烟环境修订案；
2016 年 5 月份，政府出台在烟草制品包装上印制健康警示的法案。

哥伦比亚

1986 年 1 月份，政府出台限制烟草消费的法案；
2006 年 12 月份，政府调整进口烟草制品的关税；
2011 年 7 月份，政府发布吸烟有害健康警示；
2012 年 1 月份，政府工业与贸易部发布有关烟草制品的决议案；
2012 年 7 月份，政府发布吸烟有害健康警示的 3961 号决议案。

哥斯达黎加

2008 年 7 月份，政府制定消费者保护法案；
2012 年 6 月份，政府出台控烟总体法案；
2014 年 9 月份，政府制定对烟草制品及烟草衍生品的标签规定；
2014 年 9 月份，政府卫生部发布吸烟有害健康警示内容。

古巴

1999 年 6 月份，政府出台实施健康教育无烟学校措施；
2000 年 10 月份，政府发布国家卫生健康计划；
2003 年 12 月份，政府卫生门部发布有关监管烟草制品的第 275 号决议；
2005 年 11 月份，政府卫生部门发布关于禁止在政府办公场所吸烟的条例；
2005 年 12 月份，政府财政部门发布调整烟草税率的法案；
2008 年 4 月份，政府卫生部门发布公共场所限制吸烟的条例；
2014 年 7 月份，政府卫生部门发布吸烟有害健康警示。

多米尼加

2005 年 1 月份，政府制定禁止在教育场所吸烟的法案；
2005 年 12 月份，政府制定烟草业税制改革 557 号决议案；
2012 年 5 月份，政府出台烟叶生产监管法案；

2012 年 9 月份，政府出台烟草法案；

2014 年 6 月份，政府制定控烟法案修订案。

厄瓜多尔

2008 年 2 月份，政府制定发布吸烟有害健康警告标签；

2008 年 5 月份，政府出台调整烟草税率法案；

2012 年 2 月份，政府制定并发布烟草管制和控烟第 1047 号议案；

2012 年 12 月份，政府公布在烟草包装上印制警示标识的手册；

2015 年 7 月份，政府卫生部门发布吸烟有害健康第 5239 号警示令。

危地马拉

1998 年 2 月份，政府制定危地马拉共和国卫生健康法典；

2000 年 8 月份，政府出台卫生法案的修订案；

2001 年 10 月份，政府出台第 426 号法案，对与烟草相关的产品实施监管；

2007 年 3 月份，政府成立专家委员会，规范烟草广告；

2009 年 2 月份，政府制定实施无烟环境的第 74－08 号法案；

2009 年 6 月份，政府就对烟草业的监管出台相关法案。

圭亚那

2008 年 6 月份，政府发布卷烟外包装及标签的规定；

2009 年 4 月份，政府制定未成年儿童保护法案。

洪都拉斯

2009 年 9 月份，政府出台对违反政府公共场所禁烟条例的处罚措施；

2011 年 2 月份，政府制定 Special Tobacco Control Law 特别烟草控制法案；

2011 年 7 月份，政府发布吸烟有害健康标识法案；

2011 年 12 月份，政府制定烟草控制法案。

牙买加

2002 年 5 月份，政府制定国家健康基金法案；

2003 年 4 月份，政府制定未成年儿童保护法案；

2004 年 3 月份，政府制定消费者保护法；

2013 年 7 月份，政府制定公共卫生条例；

2014 年 8 月份，政府制定第 165 号禁止烟草广告法案修订案。

墨西哥

2009 年 6 月份，政府制定控烟条例，并发布实施细则；

2016 年 3 月份，政府卫生部出台法案，要求生产商们在其烟草产品的外包装上印制吸烟有害健康的警示图片与警示信息。

巴拿马

2012 年 8 月份，政府成立国家烟草研究委员会；

2016 年 3 月份，政府通过卫生部第 0405 号决议案，对控烟法案进行修订。

萨尔瓦多

2006 年 2 月份，政府制定保护未成年人法案，主要是禁止向未成年人出售烟草制品；
2007 年 5 月份，政府发布第 334 号实施无烟公共场所的法案；
2009 年 12 月份，政府制定关于调整烟草产品税率的法案；
2011 年 8 月份，政府发布关于在烟草外包装上印制吸烟有害健康警示的技术指导意见；
2011 年 12 月份，政府制定并发布 914 号烟草控制法案。

6.4 大洋洲

澳大利亚

1987 年 1 月份，政府制定并实施烟草产品广告禁令；
1992 年 7 月份，政府出台机场限制性措施及条例；
1992 年 12 月份，政府制定烟草产品贸易中产品标准信息实施条例；
1993 年 7 月份，政府出台在国际贸易中实施减少火灾风险烟草产品的规定修订案；
1997 年 5 月份，政府出台商品消费法案；
2004 年 9 月份，政府出台有关烟草产品贸易中实施素面包装的措施；
2008 年 9 月份，政府出台竞争与烟草消费信息方面的标准——Competition and Consumer(Tobacco) Information Standard；
2011 年 1 月份，政府出台烟草产品素面包装法案最初议案；
2011 年 12 月份，政府出台烟草产品素面包装法案(Tobacco Plain Packaging Act 2011)；
2012 年 1 月份，政府发布有关烟草标准的修订案；
2012 年 10 月份，政府发布烟草消费相关信息；
2012 年 10 月份，政府发布吸烟有害健康警示图片及警示语轮换使用标准。

库克群岛

2008 年 6 月份，政府出台公共场所控烟条例；
2008 年 6 月份，政府出台烟草制品控制法案。

新西兰

2005 年 12 月份，政府制定货物及产品服务税法案，内容涉及烟草业；
2015 年 3 月份，政府制定无烟环境法案。

斐济

1998 年 11 月份，政府出台烟草控制法案第 47 号令；
2013 年 2 月份，政府出台烟草控制条例；
2014 年 7 月份，政府制定 2014 烟草控制法案修订案。

6.5 非洲

阿尔及利亚

1985年2月份，政府制定并出台第05号保护公民健康法案；

1999年7月份，政府部门主导成立国家烟草控制委员会；

2001年9月份，政府出台禁止公共场所消费烟草的条例；

2001年12月份，政府出台397号行政令——保证生产用烟叶的进口质量；

2001年12月份，政府制定并通过396号条例——关于实施在国内烟草生产和销售活动方面的管理条例；

2002年9月份，政府制定并出台体育场所控烟的行政令；

2003年4月份，政府出台文化场所限制烟草消费的规定；

2004年10月份，政府出台有关涉及烟草及其制品生产、进出口以及销售的管理条例；

2006年3月份，发布总统令第120号——关于批准并实施烟草控制框架公约意见；

2007年5月份，政府出台公共场所控烟行政令；

2007年6月份，政府制定01－285号公共场所控烟实施条例；

2014年12月份，政府出台室内禁烟令并明确无烟医院措施。

贝宁

2009年12月份，政府出台烟草制品广告限制性法案；

2011年5月份，政府制定有关烟草产品广告宣传的相关法案；

2011年5月份，政府出台有关烟草制品和类似产品的生产与销售监管法案修订案。

博茨瓦纳

1992年6月份，政府出台公共场所禁止吸烟法案的讨论稿；

1993年7月份，政府出台公共场所禁止吸烟法案；

2008年4月份，政府制定关于烟草制品限制使用相关法案。

布吉纳法索

2001年10月份，政府出台广告法案；

2011年12月份，政府制定关于烟草制品包装和标签规定的法案；

2011年12月份，政府制定关于禁止在公共场所和公共交通工具上吸烟的法案；

2011年12月份，政府成立全国烟草控制委员会；

2012年10月份，政府制定关于教育场所禁烟令的第926号法案。

布隆迪

2011年10月份，政府制定禁止向未成年人出售烟草制品的条例。

喀麦隆

2007年6月份，政府卫生部和商务部出台第967号规定，决定在烟草外包装上印制吸烟有害健康的警示；

2007 年 9 月份，政府出台规定，规定中小学校为无烟区，并成立反烟俱乐部；

2012 年 6 月份，政府出台特殊场所禁烟的法案，规定在高等教育部门、大学的公共场所禁止吸烟。

佛得角

1995 年 2 月份，政府制定烟草制品监管法案。

中非共和国

2003 年 1 月份，政府制定公共卫生健康 304 号法案；

2009 年 6 月份，政府制定有关烟草监管的金融法案。

乍得

2000 年 1 月份，政府对烟草制品的进口关税进行调整；

2005 年 1 月份，政府制定烟草消费税税率相关法案；

2010 年 6 月份，政府制定烟草控制法案；

2015 年 11 月份，政府出台有关监管烟草制品外包装及标签的法案。

科摩罗

2010 年 5 月份，政府出台法案禁止在所有公共交通工具上吸烟，同时也出台禁止烟草广告的规定；

2011 年 3 月份，政府控烟法案讨论稿；

2011 年 7 月份，政府出台 140 号有关控烟的法案；

2013 年 4 月份，政府发布烟草制品销售监管条例第 019 号行政令；

2013 年 4 月份，政府出台关于控制烟草消费实施规定；

2013 年 4 月份，政府不同部门成立烟草控制委员会，并公布组成人员及其职能。

刚果

2006 年 10 月份，政府卫生部门出台有关烟草广告宣传的规定；

2012 年 7 月份，政府出台烟草控制法案。

刚果民主共和国

2002 年 10 月份，政府出台办公场所限制吸烟的法案；

2007 年 7 月份，政府制定烟草以及酒类产品广告监管法案；

2007 年 12 月份，政府制定烟草制品以及烟草产品衍生品的监管法案。

吉布提

2007 年 10 月份，政府制定消费者健康保护法案；

2007 年 12 月份，政府出台公共场所限制吸烟的法案；

2008 年 3 月份，政府出台在烟草产品外包装印制吸烟有害健康警示标志的措施；

2008 年 7 月份，政府制定控烟法案计划实施无烟环境；

2008 年 7 月份，政府出台烟草制品生产与销售方面的监管规定。

埃及

2008 年 11 月份，政府制定并发布卫生与人口管理条例第 443 号议案；

2010 年 4 月份，政府制定并发布吸烟有害健康的警告标签；

2010 年 6 月份，政府出台关于防止吸烟危害的法案。

赤道几内亚

2001 年 10 月份，政府出台烟草控制法案；

2004 年 8 月份，政府制定公共场所禁烟法案，并禁止未成年人吸烟。

埃塞俄比亚

1999 年 11 月份，政府发布广播服务媒体监管法案；

2011 年 8 月份，政府成立食品、药品和卫生保健品管理委员会；

2015 年 4 月份，政府制定烟草控制法案；

2016 年 6 月份，政府制定烟草控制法案修订案。

加蓬

1998 年 9 月份，政府发布关于在卷烟外包装上印制警示语的法案；

2014 年 8 月份，政府制定烟草控制法案；

2016 年 4 月份，政府出台关于防止烟草业干涉加蓬共和国卫生健康法案的措施；

2016 年 6 月份，政府制定关于禁止烟草产品广告及促销和赞助的法案；

2016 年 6 月份，政府成立烟草控制委员会；

2016 年 9 月份，政府出台禁止在公共场所吸烟的第 2807 号行政令。

冈比亚

1998 年 9 月份，政府禁止在公共场所吸烟的法案；

2003 年 11 月份，政府出台禁止烟草广告的法案；

2009 年 4 月份，政府卫生与社会福利部发布关于吸烟影响健康的警示公告；

2016 年 12 月份，政府制定并发布烟草控制法案。

加纳

2007 年 6 月份，政府对卷烟规格发布相关标准；

2012 年 10 月份，政府制定第 851 号公共卫生健康法案；

2013 年 3 月份，政府食品与药品管理局发布关于管理烟草产品标签的议案；

2017 年 1 月份，政府制定烟草控制法案。

几内亚

2004 年 2 月份，政府出台限制在公共场所吸烟的措施；

2004 年 4 月份，政府出台烟草广告监管法案；

2012 年 11 月份，政府制定公共场所和工作场所禁止吸烟的规定。

科特迪瓦

1995 年 9 月份，政府出台自愿禁止做烟草广告的法案；
2002 年 10 月份，政府出台调整烟草税率的法案；
2012 年 10 月份，政府出台禁止在公共场所和公共交通上吸烟的法案。

马拉维

2003 年 11 月份，政府制定消费者保护法案，内容涉及控烟法案的修订。

毛里求斯

2005 年 10 月份，政府制定消费者保护法案；
2009 年 9 月份，政府制定公共卫生法案，对烟草制品的生产与销售制定限制性措施。

南非

2001 年 1 月份，政府出台规定，对烟草产品中焦油、烟碱和其他成分的最大量做出限制；
2011 年 5 月份，政府制定低引燃烟草产品的规定；
2013 年 2 月份，政府出台规定，禁止烟草销售商们在其销售中展示烟草产品的规定。

津巴布韦

2002 年 10 月份，政府制定《公共卫生条例》，内容涉及烟草控制；
2005 年 1 月份，政府对《公共卫生条例》进行修订。

第七章 严格控烟环境下烟草制品的发展及控烟分析

7.1 控烟及烟草业发展简介

由世界卫生组织制定的《烟草控制框架公约》自2005年2月27日正式生效后，在全球范围内，愈演愈烈的控烟运动在各个国家和地区相继展开。2009年6月份，美国总统奥巴马签署了最新出台的《家庭吸烟预防和烟草控制法案》，并赋予了美国食品与药品管理局(FDA)管制烟草业的权力。此后，美国食品与药品管理局出台了对烟草制品的新规定：从2009年9月22日起，在美国境内，各大烟草制品生产商所生产和销售的烟草制品中，不得加入香味添加剂，也就是说，要禁止香味卷烟的生产和销售，但同时该局又指出，薄荷型卷烟产品暂时不在被禁之列。

尽管全球的控烟运动风起云涌，然而，在全球的各个国家和地区，吸烟的人口却一直整体上处于增长的趋势，这也是带动全球烟草市场各类烟草制品的需求量始终保持持续增长的一个重要原因。据来自美国烟草网的数据表明，自烟草业有规模发展以来，虽然一些发达国家在一定阶段出现了烟草消费者数量下降及烟草制品消费量不断减少的趋势，但从全球的整体情况分析，在20世纪，烟草制品的生产与销售始终处于不断增长的状态。

从消费量最大的烟草制品——卷烟这一最主要的烟草消费品种来分析：1970年全球的卷烟产量为31119亿支，到了1980年，则增加到了43896亿支，1990年增加到54339亿支，2000年则达到了55820亿支。由此可以看出，在20世纪，全球的卷烟产量是处于不断增长的趋势中。

然而，尽管全球的卷烟产量及销售量在20世纪处于增长的趋势，但由于控烟运动在世界各地的日益高涨，近年来，在部分西方发达国家和地区，人们通常所消费的卷烟产品的销售量却出现了日益下降的态势，因此，全球各大烟草公司已把其重点逐渐放到了无烟烟草制及减害类烟草制品方面。

欧洲国际监察的专家预测称，从2009年至2014年，瑞典式无烟烟草制品的销售量增长22%左右，减害类卷烟产品的销售量也将有一定的增长，但与此同时，全球卷烟产品的产量与销售量却处于下降的趋势。统计数据表明，2009年，全球的卷烟产品销售量与上年相比，下降了0.2%。

7.2 受控烟公共政策影响下减害烟草制品发展

一、全球控烟及减害产品发展概况

PREP(potentially reduced exposure products)即：潜在低暴露烟草制品，也可称为低危害产品或减害产品类烟草制品可能会引诱未成年人尝试吸烟这一行为。但烟草业业内人士则反驳称，如果烟草业不研制减害卷烟，对那些继续选择吸烟的人是不公平的，会对他们造成更大的伤害。减害卷烟也并非是鼓励不吸烟者吸烟，而是为了保护那些继续选择吸烟这一行为人们的健康，使他们尽可能少受到伤害。

虽然潜在低暴露烟草制品(PREP)的概念至少在21世纪初以来已经提出，但是迄今为止，还没有国家或国际组织正式确认对它合理的定义。然而，最接近于对其所下的定义，是由美国医学研究所(IOM)被要求对减害烟草制品进行评价时，在其题为《清除烟气：烟草减害科学基础的评价》这一报告中对PREP所设定的标准。但分析人士认为，这一标准不能作为一种法规依据，用来与消费者明确而且准确地沟通关于PREP类烟草制品的相关信息。

2010年3月份，英美烟草公司在南安普敦新建了研发中心，其核心就是要加强公司高技术的研究与开发。英美烟草公司称，早在2001年当美国医学研究所发表了减害卷烟的相关科学研究报告之后，该公司就一直在这方面做着努力，研制与开发PREP类烟草制品。

随着《烟草控制框架公约》在各签约国的深入人心，烟草业受到的限制也越来越多，越来越高的卷烟税率不公平地加重了消费者的负担，同时也加重了烟草生产企业的负担，政府的法律还规定在什么场合，甚至什么时间人们可以抽烟，所有这一切都被反吸烟运动者推波助澜，他们的目的就是要效仿亚洲小国——不丹，建立一个理想中的无烟社会。

2010年6月份，不丹政府部门再次强调，在该国境内禁止销售各类烟草制品，一切销售与购买烟草制品的行为都是违法行为。根据不丹政府新近出台的相关法规，到不丹旅行的游客，如果是吸烟者，则可以在获得政府海关部门许可的情况下，携带少量供本人吸食的烟草制品进入到该国。而对于违反政府禁令者，最高可能被判处5年的监禁。

2017年4月份，土库曼斯坦政府已经制定了一项较为长远的控烟计划，即到2025年将土库曼斯坦这个中亚国家变为一个无烟国家，届时该国计划将实现完全禁烟。另据来自该国国内媒体——Neitralny Turkmenistan的消息，政府卫生健康部门表示，该国未来5年将采取相关的控烟措施，但具体的控烟条款及细节并没有向外界透漏更多，也未向外界说明到2025年实现无烟的目标，是否在国内完全禁止各类烟草制品的销售。

2017年，菲律宾总统Rodrigo Duterte在接受媒体记者采访时指出，政府除了要严厉打击毒犯，还要实施更加严格的公共场所禁令烟，即这位新上任的总统计划在该国的公共场所实施全面的控烟措施。据介绍，这位总统之前在该国南部的城市任市长时，就曾在当地实施了严格的公共场所禁烟令。对此，菲律宾政府卫生部的一位负责人表示，在全国公共场所实施全面的控烟令已经提交Rodrigo Duterte总统。总统一旦签署该新的控烟令，在全国所有的公共场所，包括室内、室外公共场所都将成为无烟区。预计新的控烟令很快就会在全国范围内实施。

罗马尼亚早已于2006年4月份就已经正式签署了由世界卫生组织制定的《烟草控制框架公约》，之后便出台了相关的公共场所禁烟令。为了进一步强化该国的控烟工作，政府又于2016年8月份再一次修订了其控烟法案，新修订的公共场所禁烟法案规定：①所有室内公共场所，包括商店、餐厅、游乐场、宾馆、影院、医院、学校、办公室等这些公共场所一律禁止消费者吸烟。②对于消费者个人违反公共场所禁烟令者，每次将被处以100至500罗马尼亚列伊的罚款；对于经营者，第一次违法将受到5000至10000罗马尼亚列伊的罚款，并对其进行停业处罚，如果再次违反公共场所禁烟令，其经营场所将被关闭。在新的禁烟法案实施后，在罗马尼亚餐厅外面，总能看到一些吸烟者在户外吸烟。对此，一些烟草消费者则提出质疑，凭什么吸烟者就不能进入餐厅，吸烟者的权益难道不应该受到法律的保护吗？另外，罗马尼亚首都布加勒斯特一家餐厅的经营者在接受媒体记者采访时称，政府新的公共场所禁烟令出台之后，其经营受到了很大的影响。对此，一些酒吧的经营者也有同感。在政府出台更严格的控烟法案的同时，罗马尼亚政府也适当调整了其烟草制品的税率，以配合政府的控烟活动。目前该国卷烟产品平均每盒的价格为14.5罗马尼亚列伊，烟草制品的综合税率已经达到了占其产品市场零售价格的75%，超过了世界卫生组织制定的相关税率标准。

对于烟草及其制品的问题，有专家指出，目前有以下几种途径可供选择。

(1) 完全禁止烟草及其制品的生产、流通与消费。但是，从中国古代及美国20世纪20年代的禁酒令来看，完全禁烟是行不通的，因为就美国禁酒令的效果来看，其最终换来的只是地下黑市交易及新一轮犯罪率上升的事实。有人曾戏言，如果全球完全禁烟，难保不像1920年美国实施禁酒令后那样，本应属于国家财政的税收，结果却流进了卷烟走私者的手中。

(2) 开发一种可供消费者吸(食)的、并能为政府部门及非吸烟者所接受的减害卷烟产品，也就是目前人们所知的 PREP 类烟草制品。

(3) 加热不燃烧产品。

2016 年，富国证券(Wells Fargo Securities)的一位市场分析人士称，菲利普·莫里斯烟草国际公司的加热不燃烧技术，将彻底改变烟草行业，同时他也认为，该公司的 IQOS 将会是吸烟的一场革命。据介绍，早在 2015 年，菲利普·莫里斯烟草国际公司先后在日本以及意大利的卷烟市场上推出了公司的新一代加热不燃烧产品——IQOS，公司未来将继续在不同的国际市场上推出该产品以及万宝路品牌的卷烟加热棒。对此，富国证券的这位分析人士称，该产品有可能改变消费者吸烟的习惯，而对于吸烟的风险与政府监管，消费者和政府也会有不同的意见。据该公司预测，到 2025 年此类产品有可能取代原来普通燃烧型烟草产品 30% 的份额。

自菲利普·莫里斯烟草国际公司于 2016 年 4 月份在日本国内市场上推出新型加热不燃烧产品之后，此类产品在该国的市场便出现了供不应求的局面。据介绍，这款加热不燃烧产品 4 月份在日本市场上出现之后，其零售价格为 9980 日元(约合 100 美元)，在所零售的各大便利店销售形势非常好，目前在日本东京的烟草制品市场上，此类加热不燃烧产品(IQOS)已经占有传统的卷烟市场 5%的份额。

2017 年，由于 Voke 牌烟碱吸入装置的上市时间已拖延了很长一段时间，为此，英美烟草公司终止了该产品的运作。英美烟草公司称，未来将更加专注于发展加热不燃烧产品以及蒸汽产品，也就是英美烟草公司所认为的下一代产品。事实上，早在 2014 年，Voke 装置就已经取得了由英国药品监督管理局颁发的药用许可证，这也是英美烟草公司的产品首次获得政府医药监管部门颁发的许可证。然而，由于该装置在 2016 年底之前还未推出，也没有进行商业化的生产与销售，因此，英美烟草公司将放弃该产品，着重发展下一代新产品。

2017 年 2 月份，欧盟一位意大利籍议员 Giulia Moi 向欧盟委员会提出建议，他认为，各成员国应该谨慎对待加热不燃烧产品，目前一些跨国烟草商们所研制并向市场上推出的加热不燃烧产品应该受到欧盟的关注。分析人士认为，这种加热烟草后释放烟碱的加热不燃烧装置，可以有效降低烟草对人体健康的危害。与普通的卷烟产品相比，其潜在的危害性可以有效降低 90%。但该研究只是由这些烟草商们研究后所得出的结论，因此，欧盟应该对此进行独立的研究，以确定此类产品是否对消费者的身体健康产生影响。这位议员指出，在目前欧盟独立的研究结论还没有向外界公布之前，政府应该向消费者发出警示，谨慎对待此类产品的消费。

二、《烟草控制框架公约》使全球烟草业面临诸多压力

随着《烟草控制框架公约》的逐渐深入人心，在全球范围内，各国政府都对烟草的广告宣传、市场营销进行了严格的限制，烟草广告的自由度由此而不断衰减。由于上述原因，给烟草业带来的压力也越来越大。

俄罗斯政府已经承诺，从 2010 年开始，该国将全面执行由世界卫生组织所制定的《烟草控制框架公约》的相关条款，同时，俄罗斯政府将大幅度提高烟草制品的税率，出台新的控烟措施进一步限制吸烟。

俄罗斯国家杜马的官员表示，政府将完全遵守世界卫生组织所制定的《烟草控制框架公约》的相关内容及各项条款。

《烟草控制框架公约》生效后，缔约方将必须严格遵守文件规定的各项条款：提高烟草制品的税率和价格，禁止烟草广告，禁止或限制烟草商进行赞助活动，打击烟草走私，禁止向未成年人出售卷烟，在卷烟烟盒上标明“吸烟危害健康”的警示语及警示图片，并采取措施减少公共场所被动吸烟等。

2014 年，2014 年 10 月份在莫斯科举办的世界卫生组织《烟草控制框架公约》第六次各缔约方会议上，与会代表除了通过对烟草产品税率条款修订案以及电子烟监管的修订案之外，还通过了对该公约其他条款的修订案。与会代表建议，对无烟气烟草制品以及水烟产品，各缔约方政府部门应该出台相应的监管措施，同时，各缔约方政府间应该加强合作，严厉打击各类非法烟草制品的走私及假冒行为；另外，对于《烟草控制框架公约》第 17 与 18 条涉及烟草可替代作物问题以及第 19 条涉及烟草公司的社会责任问题等均进行了修订。参加此次会议的各缔约方代表认为，在世界卫生组织制定的《烟草控制框架公约》实施多年以来，应该

就该公约对烟草消费的影响进行评估。

由世界卫生组织召开的2016年《烟草控制框架公约》第7次会议已在印度结束。此次会议上，代表们讨论了各缔约方所取得的成果，并报告了自第6次缔约方会议召开以来的相关进展。缔约方会议是由世界卫生组织《烟草控制框架公约》所有缔约方与会者代表共同参加的国际性会议。此次会议上，缔约方的与会者讨论了未来全球烟草业的政策以及烟草和烟碱产品的相关政策。对此，电子烟行业对此次会议非常关注，国际烟碱消费者网络组织称，应该将英国皇家医学院有关电子烟相对于普通烟草制品危害更小的研究报告提交此次大会。

综上所述，全球烟草行业的生存环境越来越严酷。但是，西方分析家仍然对烟草行业的发展前景看好，而看好烟草业发展的关键之所在就是烟草业目前所致力于开发的减害卷烟产品。

三、烟草业为烟草减害不懈努力

事实上，早在20世纪，全球的烟草业已取得了两大革新成果：滤嘴卷烟及低焦油卷烟。但是，由于烟草与健康问题仍然是各国立法讨论的主要议题，因此，烟草公司在推销自己合法卷烟产品的同时，仍遭遇到诸多的障碍。于是，西方一些烟草公司将其目光瞄准了烟草科技的创新，期待研制出一种能替代目前我们所熟知的卷烟产品的新产品。

四、全球烟草业致力于减害产品的研发

对于这种新产品，目前国际上已基本认可的名称就是PREP——潜在减少风险的产品，也即减害产品，它已引起了那些计划满足该类产品预期要求的烟草生产商的关注。

在美国，一些烟草消费者期待着PREP产品的早日研发。有关人士分析预测，尽管美国最有可能率先推出PREP类产品，但欧洲与日本的生产商们紧跟其后的时间也不会太长。

多年来，研制更加安全的卷烟，一直是各大烟草公司不懈追求的目标。由于吸烟因其潜在的健康危害性，受到了反烟运动者们越来越多的攻击，全球一些知名的大烟草公司都非常认真地对待这个挑战，尤其是菲利普·莫里斯烟草公司、英美烟草公司以及雷诺美国烟草公司等，它们已经投资了数千万美元，用于探索并研制更加安全的卷烟，有些参与该研究课题的科研人员曾预言，一种新产品将替代目前我们所熟知的“卷烟”这一概念。

毫无疑问，已于2005年2月27日通过的《烟草控制框架公约》将起到一个催化剂的作用。2010年，美国摩根·史丹利公司的调查发现，90%以上的吸烟者愿意尝试更加安全的卷烟，而85%的人则称，如果一种新的烟草制品能够大大降低对其健康的危害，他们愿意更换目前所消费的卷烟品牌。

美国菲利普·莫里斯烟草公司认为，目前，对于烟草制品，人们对其态度不外乎两种：要么认为其合法，要么认为其非法。尽管有些反烟人士费尽心思地想要彻底禁烟，但是，总有人要吸烟，因此，烟草业应该设法让吸烟者少受危害，并尽力帮助烟草消费者戒烟。而对于那些想戒烟而又戒不掉的烟草消费者，或者干脆就不想戒烟的烟草消费者，应该保证他们可以获得适当的烟草制品，为此烟草业本身也需要一部法律，来消除那些虚假或误导性的吸烟有害健康的声明。然而，很遗憾的是，《烟草控制框架公约》却完全遗漏了这方面的内容。在意识到这个问题之后，菲利普·莫里斯烟草公司已向世界卫生组织、欧盟部分国家及新西兰等国提交了一份报告，希望它们能关注并解决这一问题。也就是说，世界卫生组织应该就PREP类产品尽快立法，而在此，烟草业也应该成为一个主要的参与者，最起码，烟草业应该有其相应的知情权。

因此，西方有分析家认为，烟草制品在可预见的将来，肯定不会从我们的生活中消失，一些反烟人士所倡导的在全球建立一个无烟社会，只是一个美丽的梦想。反烟运动者们只能要求全球的各大烟草商们进一步降低烟草制品中的有害物质成分，使卷烟的生产、设计、包装更加规范。

同时，一些专家认为，从投资的角度来看，对于全球的烟草业而言，PREP类烟草制品的研发是一个天赐良机。烟草业的投入产出比是有目共睹的，它是一个能够为投资者带来高额回报的行业，同时也能为政府带来高额的税收收益。如果某一家烟草公司能够率先研制出符合未来需求的有害物质含量低的卷烟产品，

它就一定能够领先一步，抢得先机，从而赢得消费者的认可，赢得市场。

五、PREP类烟草制品的研发进展

美国国家药品滥用研究所及癌症研究机构已制定了一项联合攻关计划，决定向那些研制出有效的减害卷烟产品（包括无烟的减害烟草制品）的研究人员给予一定的奖励。根据这两家机构所发出的奖励声明，该项研究的目标定位在研究人员所研制出的烟草制品——它是否能够潜在减少了烟气中的有害成分，或者是一种可以替代传统烟草及其制品的减害烟草制品，它可以满足烟草消费者的需求，同时对烟草消费者及周围的非吸烟者无害。

摩根·史丹利公司的统计数据表明，在过去的50年时间，全球减味型卷烟得到了长足的进展，其中，烟草业所投入的巨额研发资金、研发队伍的不断壮大起到了至关重要的作用。

统计表明，仅在过去的5年时间内，包括美国菲利普·莫里斯烟草公司及雷诺美国公司在内的全球烟草业，用于低危害卷烟的研发费用就高达30亿美元，而上述两家公司则是此类烟草制品研发中的领军人物，这两家公司用于此方面的研发资金投入就占到了美国市场90%左右的份额。

1. 美国新世纪烟草集团向市场投放FACT牌减害卷烟

新世纪烟草集团于2006年4月27日宣布向美国市场投放Fact牌卷烟。该卷烟由在美国种植的优质烤烟精制而成，属潜在减害产品（即PREP）。其过滤嘴采用了“相对低风险”技术，即公司对该产品的潜在毒性和烟碱含量都经过了严格的科学监测。该集团首席执行官Alex de la Cruz说：“我相信，消费者应当有能力比较出一种烟草产品与另一种产品（不管是不是PREP）所释放潜在有害物质的不同。”另外，Fact牌卷烟也已向西班牙和中美洲一些选定市场投放。

2. 布朗·威廉姆森公司推出“前进”牌卷烟

美国第三大卷烟制造商布朗·威廉姆森烟草公司已开始对其减害、淡味“前进”品牌卷烟进行试销，这是一种高价淡味卷烟，不过与其他淡味卷烟相比，危害性更低。该公司的研究人员称，该淡味卷烟品牌的开发和推出，反映了公司在维持消费者满意程度的同时，致力于开发减少烟草危害新技术方面的努力。同时，公司也正在努力寻求减少烟草毒性和消费者可以接受满意程度之间的平衡。“前进”牌卷烟代表着卷烟技术的突破。该品牌卷烟利用两个重要的新技术，能释放出柔和的、丰富的烟味，同时也减少了许多有害物质。与传统卷烟相比，“前进”牌卷烟降低了许多主要有害物质的含量。另外，“前进”牌卷烟有着很强的技术支撑：所用技术包括特殊的三段式Trionic滤嘴和创新的烟草烘烤加工技术。这种Trionic过滤嘴分为3个部分：醋酸纤维束，含活性炭过滤材料及离子交换树脂。每一部分都与不同的化合物相互作用。这种设计降低了卷烟烟雾中所含的许多有害物质的含量，而不会影响到烟草的味道。另外，“前进”牌卷烟中还利用了先进的烟草加工专利技术。这种新的烟草加工技术利用了高温高速气流的共同作用，抑制了烟草特有亚硝胺的形成。

3. 日本烟草公司推出6种减害卷烟

2005年1月份，日本烟草公司向日本国内的卷烟市场上推出了6种新的减害卷烟产品，这是继上个财政年度向市场上推出减害卷烟以来，首次推出的新牌号减害卷烟，使该公司在国内的卷烟市场上推出的减害卷烟产品已达到18个。日本烟草公司此举的目的是为了夺回其日渐萎缩的国内卷烟市场份额。事实上，自2002年以来，日本烟草公司就已研制开发了一系列的减害卷烟产品。2002年向市场上投放的数量仅为4个，但到了2005年年初，减害卷烟产品的数量就已达到了18个。日本烟草公司副总裁Yasumasa Matsunaga在接受媒体采访时称，公司目前在日本国内的卷烟市场上有60余个畅销的卷烟品牌，但每年都会有新的品牌推出。另外，日本烟草公司为了占有俄罗斯更大的卷烟市场份额，向俄罗斯首都莫斯科的卷烟市场上推出了其新研制的减害、低异味卷烟——LUCIA牌卷烟，公司希望以低异味为卖点，吸引更多的莫斯科烟草消费者。

4. 星科公司推出减害制品

美国星科公司在2010年完成减害制品的配方和试验后，其产品得到了美国食品和药品管理局的批准并上市。

该公司称，这种可溶的无烟气烟制品是用一种专利方法栽培、调制、加工的烟叶制作的。据称这种新调制方法可以使烟叶中的烟草特有亚硝胺含量远低于此前的“STAR CURED”，其有害成分低于全世界任何地方所生产的烟叶。为此，美国星科公司已提出申请，要求美国食品与药品管理局按照《家庭预防吸烟和烟草控制法案》的相关规定批准减害烟草制品上市。事实上，早在2010年2月19日，美国星科公司就已向食品与药品管理局烟草制品中心提出申请，要求该局批准公司新研制的减害卷烟ARIVA－BDL上市。据介绍，该产品的烟草特有亚硝胺含量低于按现行标准检测方法所得的测定值。

5. 菲利普·莫里斯烟草公司在亚特兰大市试销“超减味万宝路”

2005年年初，美国的菲利普·莫里斯烟草公司就在该国的亚特兰大市、佛罗里达州的坦巴市及盐湖城试销了公司的新产品——“超减味万宝路”牌卷烟，该烟分为3个规格，每一个规格都包含有公司的SCOR新技术。

菲利普·莫里斯烟草公司的研究人员强调称，此项测试只在试验该产品在消费者心目中的接受程度，并非测试该产品的“健康程度”。该产品同时也使用了公司的一种新型含炭滤嘴，它可以过滤烟气中大量的有害化学成分。在向市场上推出新产品的同时，菲利普·莫里斯烟草公司的高管人员不愿意就该公司所研制的减害卷烟与健康风险的降低发表任何声明，因为他们还没有就该类使用新型滤嘴的卷烟产品给人体所带来的健康风险进行评估。目前，菲利普·莫里斯烟草公司所做的努力就是：向消费者传递这样一种信息——这些加装有新的含炭滤嘴卷烟可以降低烟气中某些有害成分。

6. 潜在减害产品尚未得到美国政府部门的认可

目前，在全球烟草业面临越来越多挑战的情况下，各大烟草公司，尤其是一些大型跨国烟草公司都在积极参与潜在减害产品的研发工作。在过去几年间，各大烟草公司向市场上推出过此类潜在减害产品，但并没有得到大多数消费者的认可。

(1) 此前烟草商们向市场上所推出的减害产品，大都被称为“低释放量”的卷烟，虽然没有得到大多数消费者的认可，但还是在一些国家的卷烟市场上占有一定的市场，尽管如此，也没有能够得到政府卫生健康部门的关注与认可。

(2) 早期烟草生产商所推出的减害卷烟产品，大都有涉嫌欺骗消费者的行为，如上个世纪烟草生产商所推出的淡味、超淡味、极低淡味的卷烟产品等，有些消费者把烟草商告上法庭，称烟草生产商是在玩文字游戏来欺骗消费者；也有些消费者指控称，卷烟生产商们在降低卷烟的焦油及烟碱量的同时，诱使消费者去消费更多的卷烟产品，从而给消费者的身体造成伤害。

(3) 烟草商在推出减害卷烟时，没有进行上市前减害效果的评估工作，这也是造成其得不到政府卫生健康部门关注与认可的重要原因。

(4) 美国烟草生产商所推出的减害卷烟产品最多，如ACCORD；ADVANCETM；AEROS；ECLIPSE；QUEST等，欧洲的烟草生产商所推出的减害产品为NICSTIC。

7. 英美烟草公司建立减害产品的研发中心

2010年3月，英美烟草公司在南安普敦新建了研发中心，其核心就是要加强公司高技术的研究与开发。英美烟草公司称，早在2001年当美国医学研究所发表了减害卷烟的相关科学研究报告之后，该公司就一直努力研究开发PREP类烟草制品。

经过多年的努力，英美烟草公司希望在2010年第三季度向社会公布该公司所研制的减害卷烟产品，下一阶段，公司将选择1000名烟草消费者参与公司新的减害卷烟产品的测试，并开始临床方面的试验与研究。据介绍，此类减害烟草制品的焦油量低于10mg/支。

英美烟草公司称，目前绝大多数消费者吸食卷烟，因此，在这种情况下，应该为他们提供降低危害的卷烟，但在全球反烟浪潮愈演愈烈的情况之下，各个国家和地区及国际性组织相继出台了越来越多的控烟法规，这也严重阻碍了减害类新产品的开发。为此，英美烟草公司阐明了对于潜在减少危害的卷烟产品(PREP类烟草制品)的观点及公司开发此类烟草制品的进展情况。

8. 英美烟草公司及菲利普·莫里斯烟草公司所生产的减害产品

英美烟草公司致力于能大大减少烟草特有亚硝胺的先进烘烤技术、能减少卷烟烟气中的焦油和半挥发性物质的三段复合滤嘴技术，以减少吸烟对人体的危害。据称，英美烟草公司所研制的这种减害卷烟产品，可以减少烟气中大多数的有害物质。英美烟草公司希望在今后的5至10年内，使卷烟中的有害物质含量减少更多。

菲利普·莫里斯烟草公司则将其减害卷烟的研发重点放在降低卷烟燃烧的温度方面，以期寻找通过加热，而不是通过燃烧的方法使烟草释放出香味，从而赢得消费者的青睐。此前，该公司研制的ACCORD装置，就是用电加热烟草，使烟草在吸食时，能够达到一定的温度来满足消费者的生理需求，又不会影响到其周围的其他人。2007年年底，菲利普·莫里斯烟草公司向澳大利亚的卷烟市场上推出了一款名为HEAT-BAR的电子烟草制品

9. 跨国烟草公司争相投巨资研制减害卷烟产品

由于全球烟草消费者对吸烟与健康关注的日益加剧，产生了对减害卷烟产品的迫切需求，因此，许多卷烟生产商，尤其是跨国烟草公司，希望通过先进的科学技术研究，开发出更加安全的卷烟产品。菲利普·莫里斯烟草公司、英美烟草公司和雷诺美国烟草公司等，都已投资了数千万美元来研究更加安全的减害卷烟产品。

2006年4月25日，位于美国北卡罗来纳州云斯顿——沙龙的雷诺美国烟草公司，斥资35亿美元，通过收购生产Kodiak牌鼻烟和LeviGarrett牌嚼烟的无烟烟草公司——康伍德公司，进军美国的无烟烟草市场。雷诺士美国烟草公司的一位负责人称，这次收购对公司的意义非常重大。因为从目前的发展形势来看，美国的卷烟市场正在走下坡路，这是雷诺美国烟草公司对进入无烟烟草制品市场感兴趣的重要原因之一。据报道，雷诺美国烟草公司还在美国的无烟烟草市场上推出了一种被称之为CamelSnus(骆驼牌鼻烟)的无烟烟草制品。

同年7月份，菲利普·莫里斯烟草公司也在美国的Indianapolis地区对其新推出的Taboka无烟烟草制品进行试销。据称，该无烟烟草制品的每包中装有12小袋，零售价格与普通的万宝路牌卷烟相当。2006年9月7日，菲利普·莫里斯烟草美国公司首席执行官密歇尔·E.斯兹曼斯科在波士顿所举办的消费者咨询会议上称，对于开发减害卷烟产品的菲利普·莫里斯烟草公司而言，一个重要的课题就是要对烟草制品进行减害，最终的目标是要降低吸烟对人体健康所造成的危害。

密歇尔先生称，在过去的多年时间里，公司在减害卷烟的研究和产品开发方面进行了较大的投资，同时公司也希望产品的商业化能达到预期的目标。同时，菲利普·莫里斯烟草公司希望美国食品和药品管理局对减害烟草制品进行管理，部分原因在于，公司认为联邦政府应当建立潜在减少因吸烟所导致危害的减害卷烟的产品标准，并适当疏通传达这些产品信息的途径。密歇尔先生也承认，目前，菲利普·莫里斯烟草公司在美国未来收益的增长能力受到了多方面限制，竞争激烈的环境以及各州消费税的提高，都直接影响到公司产品的销售。美国的烟草业已处于低谷，其发展受到了很大的限制，如公司对未来的预期一样，需要找到超越核心业务的一种新业务。为此，菲利普·莫里斯烟草公司认为，公司能在以下的两个方面进行扩张：一是通过内部协调机制进行发展，二是通过收购的方式进行扩张。这两种方式都代表着菲利普·莫里斯烟草公司未来的发展方向。

为了增强公司新产品的研发能力，菲利普·莫里斯烟草公司已经在弗吉尼亚州的里士满设立了一个新的研究和技术中心。公司总裁称，这个新的研究中心已于2007年中期完成，此举能大大提高公司新产品的研发能力。

目前在美国，以消费鼻烟等无烟烟草制品为主的烟草消费者有600万左右。尽管无烟烟草制品的消费者数量不大，但公司还是决定进军无烟烟草制品市场。

10. FILLIGENT公司推出减害滤嘴

FILLIGENT推出了一种可降低烟气中有害成分的减害滤嘴。该公司研究人员称，MICROBLUE GEN 4滤嘴能减少引起肺癌的DNA损伤，而不影响传统卷烟的烟碱水平、吸味、吸阻、气味和外观等。

已获得专利的这一减害技术采用了一种新型材料，这种材料能选择性地吸附和转化烟气中大量致癌

物。这种材料的清除效应来自于它与烟气中的多环芳烃及其他致癌物的亲和性，其选择性过滤使它不影响烟气中的烟碱和其他吸味成分。据该公司称，消费者吸食加装了这种滤嘴的卷烟产品，患肺癌的风险就会大降低，因为这种滤嘴可以减少对人体 DNA 的损伤。

11. 英美烟草公司关注减害产品的研发

2014 年，英美烟草公司一名研究人员在接受媒体记者采访时称，英美烟草公司的研究人员非常关注减害卷烟产品的发展。据介绍，英美烟草公司旨在减少卷烟制品烟气中有害成分的技术还在研发之中，公司希望在不久的将来可以研制出有害成分释放量低的烟草产品(PREP)，以维护消费者的健康。对于卷烟生产中所使用添加剂这一问题，该烟草公司的人认为，公司在研发卷烟制品的减害技术时，会使用的一些必要的添加剂，同时也会过滤掉其中的一些有害成分。

同时，英美烟草公司(BAT)成立了一个创新型的公司——NICOVENTURES，专门从事创新研究。据介绍，该公司是经过监管部门批准的烟碱制品的开发和商业化公司，公司在其网站上称，NICOVENTURES 是一个独立的公司，将和英美烟草公司集团的烟草业务分开管理，专注于向成年的吸烟者提供一系列目前市场上没有的替代产品。这类产品将为吸烟者提供他们期望从卷烟中所得到的感受，但是没有健康风险。

英美烟草公司的研究人员发表他们的研究报告，提议用新的科学框架来评估减害(减小风险)烟草产品。

对此，英美烟草公司的研究人员称，他们所研究的新的评估框架共分为 4 个步骤，分别为：基于实验室的实验数据、与临床测试结合、实际观察消费者个体、评估消费群体的感受以及使用情况。

对此，英美烟草公司负责此项目的一位名叫 James Murphy 的负责人认为，他们提出的这个科学评估框架，将帮助建立证据基础，并以此来证明新型烟草产品以及含有烟碱的产品相对于吸食普通的卷烟产品，可能会改进消费者的健康。对此，英美烟草公司称，以此框架进行评估后，该公司生产的风险改良烟草制品的有害物质水平已大大降低。

早在该公司 2016 年向外界所发布的企业年度发展报告中，公司就向外界宣布，他们公司多年来一直致力于烟草产品的减害研究，并关注可持续的烟草农业发展，同时更加关注企业的社会责任。

英美烟草公司在其减害产品的研究报告中指出，烟草产品减害研究是未来发展的需要，公司的目的在于努力使烟草消费对健康的影响最小化，将其对于消费者身体健康的负面影响降到最低。

对此，公司首席执行官 Nicandro Durante 先生在接受媒体记者采访时指出，公司发展减害产品研究的目的在于向消费者提供一系列可以减少吸烟潜在风险的产品，在尽可能减少对消费者影响的前提下，满足他们对于烟草的需求。

多年以来，在传统烟草制品销售量下降的影响下，英美烟草公司开展了下一代减害产品的研究工作。公司在开展这方面的科研工作中，加大了与其他行业的合作，并提高了公司科研的透明度。

在与其他行业的合作研究方面，公司甚至还邀请政府的监管机构与其他行业的研究人员参观公司位于英国的研究机构以及相关的实验室。目前，英美烟草公司的科学家团队涉及许多不同的学科，公司已经在包括美国、加拿大、西班牙以及德国和俄罗斯等国家开展减害产品的科学研究。

英美烟草公司的研究人员认为，尽管目前烟草减害仍然是一个有争议的话题，甚至有些反烟人士还怀疑烟草商研究减害产品的动机，但英美烟草公司还是坚持为消费者开发风险更低的产品，以满足他们的需求。

12. 菲利普·莫里斯烟草公司关注减害产品研发

尽管 2014 年第三季度菲利普·莫里斯烟草国际公司的卷烟销售量出现了下降趋势，然而，公司在可能减少风险产品的发展方面取得了一定的进展，公司已经向市场上推出了其减害产品——IQOS。据介绍，该减害产品是公司推出的创新型产品，公司总裁 André Calantzopoulos 在接受媒体采访时指出，该减害产品推出之后，将会给公司未来的发展带来新的机会，对公司未来业绩的增长具有历史性的重要意义。

2014 年 10 月 12 日，菲利普·莫里斯烟草国际公司对外宣布，公司第一家实验性质的具有降低风险潜力产品的减害烟草产品生产厂已在意大利 Bologna 市开始进入试生产阶段。

与此同时，公司预计投资高达 5 亿欧元的减害烟草产品生产厂也在该市进入筹建阶段。对此，菲利普·莫里斯烟草国际公司在其官方网店上发表声明指出，预计该厂将于 2016 年建成并投入使用，届时将雇用员工 600 人左右，年产减害卷烟产品 300 亿支。

公司总裁 André Calantzopoulos 先生在接受媒体记者采访时称，公司在意大利生产减害卷烟产品，表明公司将利用新的创新技术来转变公共卫生界对烟草行业的负面印象，同时也是为了广大的成年烟草消费者。

2015 年 5 月份，菲利普·莫里斯烟草国际公司总裁 Andre Calantzopoulos 在接受媒体记者采访时称，公司鼓励全球 13 亿吸烟者选用他们公司生产的减少吸烟风险的制品。

据介绍，菲利普·莫里斯烟草国际公司称这种减少吸烟风险的产品为加热不燃烧产品，它有别于普通的电子烟产品，因为电子烟中含有烟碱电子烟液，但菲利普·莫里斯烟草国际公司所生产的加热不燃烧产品中含有烟草，然而，它们又不像普通卷烟那样燃烧，因此该公司未来将着重发展此类减少风险的产品。

对此，菲利普·莫里斯烟草国际公司的研究人员称，如果一位成年人开始吸烟，建议他一开始就尝试加热不燃烧的减害制品，但公司未来发展的目标群体是现有的吸烟者。公司计划在未来的 5 至 10 年间，将此类减害产品的产量提高到占公司总产量的 15%左右。

13. 雷诺美国烟草公司关注减害产品研发

2017 年 4 月份，雷诺美国烟草公司向美国食品与药品管理局提交了减害烟草产品的相关申请，涉及该公司的 6 款骆驼牌含烟产品。据介绍，该骆驼牌含烟品牌是雷诺美国烟草公司于 2006 年推出的优质袋装无烟气烟草制品，目前仅在美国国内的烟草市场上出售。

据介绍，雷诺美国烟草公司向美国食品与药品管理局提交了超过 45 万页的文件来证明公司对此所做的研究，并希望能够通过上述申请。

14. 美国 22 世纪集团公司向印度市场推出减害卷烟制品

2012 年，美国一家名为 22 世纪集团公司的生产商称，他们是一家致力于生产减害烟草制品的企业，公司旗下的子公司 GOODRICH 公司已生产出了不含烟碱的卷烟制品，计划向美国之外经过授权的经销商和分销商出口此类产品。

据介绍，22 世纪集团公司下属的 GOODRICH 公司所生产的两种不含烟碱的卷烟制品分别为——MAGIC® EXPORT 及 MOONLIGHT™，该公司介绍称，MAGIC® EXPORT 是目前全球唯一一种几乎不含烟碱的烟草制品；而 MOONLIGHT™ 则是一种烟碱及焦油量极低的卷烟制品。为了保护公司的权益，22 世纪集团公司已与印度的经销商签署了秘密合作意向书，计划在印度推出这两种减害卷烟。

22 世纪集团公司是美国一家致力于减少危害的烟草制品研究与生产烟草企业，该公司宣布，他们依据美国食品与药品管理局于 2012 年 3 月底向外界所发布的减害卷烟制品申请指南，已向美国食品与药品管理局提交两种公司所研制的减害烟草制品的申请。

另外，该公司还就美国食品与药品管理局所发布的申请指南，进行了相关的评论，这些评论包括 22 世纪集团公司对减害烟草制品的研究与生产所持的态度，该公司认为，减害烟草制品的研制与生产，目的是为了向消费者提供一种危害相对较小的烟草制品，并努力阻止初吸者开始使用烟草制品，同时鼓励烟民戒掉吸烟这一习惯。

美国一家名为 22 世纪集团公司的生产商称，他们是一家致力于生产减害烟草制品的企业，公司旗下的子公司 GOODRICH 公司已生产出了不含烟碱的卷烟制品，计划向美国之外经过授权的经销商和分销商出口此类产品。

据介绍，22 世纪集团公司下属的 GOODRICH 公司所生产的两种不含烟碱的卷烟制品分别为——MAGIC® EXPORT 及 MOONLIGHT™，该公司介绍称，MAGIC® EXPORT 是目前全球唯一一种几乎不含烟碱的烟草制品；而 MOONLIGHT™ 则是一种烟碱及焦油量极低的卷烟制品。为了保护公司的权益，22 世纪集团公司已与印度的经销商签署了秘密合作意向书，计划在印度推出这两种减害卷烟。

美国 22 世纪集团公司在研制减害卷烟的过程中，已在全球的多个国家申请了相关的专利技术。这些国家包括美国、中国、日本、俄罗斯、德国、西班牙、英国、意大利、法国、印度尼西亚、韩国和巴西等全球主要的卷烟生产与消费国。数据显示，近年来，22 世纪集团公司已将其减害卷烟产品的销售拓展到美国以外的卷烟市场，年均销售量高达 60000 亿支卷烟。该公司总裁在接受媒体记者采访时称，他们的减害卷烟制品对寻求普通卷烟制品替代品的消费者有一定的吸引力。

15. 美国食品与药品管理局对减害烟草制品进行评估

美国政府制定的《家庭吸烟预防及烟草控制法案》明确规定，美国食品与药品管理局应该对减害烟草制品进行评估，把烟草生产商们所研制的减害烟草制品与一流品牌相比较，以评估其是否为减害烟草制品（或为潜在的安全——SAFER 及低危害制品）。在美国食品与药品管理局证明此类产品确实有公众能够接受的证据可以证明它减少了对消费者健康的危害，并证实会使消费者的发病率和死亡率降低之后，那么，此类减害烟草制品的优势才可以向公众进行宣传，但必须依照美国控烟法案的相关条款，向社会及公众进行适当宣传。

美国食品与药品管理局对在美国市场上所销售的减害卷烟制品提出了指导性意见，并已向公众发布。据介绍，该局所发布的指导性意见内容包括，烟草制品和烟气烟雾所含的有害化学物质的相关信息，以及有潜在危害性相对较小的减害烟草制品的相关信息。该局所发布的第一份文件是针对烟草生产商的，对他们就向公众公开烟草制品潜在有害化学物质的信息提出了指导性的意见及要求；第二份文件则对烟草生产商如何就减害烟草制品进行市场宣传提出了指导性意见。

美国食品与药品管理局称，到目前为止，在烟草制品及烟气烟雾中，已发现了 7000 余种化学物质。

美国食品与药品管理局对有关减害烟草制品所制定的指导性草案，其内容及标准非常严格。

分析人士认为，卷烟生产商如果按照该指导草案进行研制，那么它很可能永远也不会进入市场（NO SUCH PRODUCTS ARE EVER LIKELY TO REACH THE MARKETPLACE）与消费者见面。

此后，美国科学与健康委员会在其日常的信息报道中也指出，美国食品与药品管理局认为，减害卷烟制品并没有减少危害。

该局认为，此前获得批准进入卷烟市场的此类减害卷烟制品，也会使消费者患上与吸烟有关的疾病，就此，分析人士认为，美国食品与药品管理局对减害卷烟制品所制定的标准太高，从而使得新的减害烟草制品的研发和销售（DIFFICULT FOR NEW MRTPS TO BE DEVELOPED AND MARKETED）变得极为艰难。

美国食品与药品管理局（FDA）烟草产品科学顾问委员会没有批准瑞典火柴公司新产品的上市申请，同时也不允许该公司对其计划新推出的口含烟产品进行减害方面的宣传，不允许在其包装上印制减害标签。烟草产品科学顾问委员会认为，瑞典火柴公司所提供的健康警示说明，并没有充分传达出他们所申请的这种口含烟产品对消费者健康的危害性。

对此，美国食品与药品管理局烟草制品科学顾问委员会还要进行深入研究，以确定如何来宣传口含烟产品的危害性。

16. 多家机构对减害产品开展研究工作

英国一家研究机构对减害烟草制品及电子烟进行相关研究，并建议设置一个相对统一的课题对此开展研究。他们认为，从某种意义上讲，政府在进行控烟时，经常使用的措施便是广告限制及增加税收等，其最终的目的就是要实施其完全的禁烟战略。

然而，在政府控烟的过程中，对于烟草减害也是公众十分关注的话题，而电子烟制品正迎合了公众对于减害烟草制品的心态。对此，英国癌症研究中心的分析人士认为，各方在关注并发展电子烟的同时，对消费者而言，也存在着机会及潜在的威胁，因为电子烟使消费者上瘾的可能性大大降低，但它同时也会对消费者的健康带来潜在的风险，因此，英国的一些研究机构开始关注减害烟草制品及电子烟的相关研究。

2017 年，美国加利福尼亚州旧金山大学烟草控制研究与教育中心一位名叫 Stanton A. Glantz 的研究人员撰写了一篇分析文章，并向美国食品与药品管理局就减害烟草制品提出建议。

这位研究人员称，风险改良烟草制品（Modified Risk Tobacco Product，MRTP）是今后烟草生产商们努力的方向与目标。因此，政府应该鼓励此类产品的发展与销售，同时，烟草商们在研制此类减害制品时，要尽可能降低从来不吸烟者尝试吸烟的风险，同时也要降低消费者在使用此类产品一段时间后复吸传统卷烟的风险，同时这位研究人员也指出，完全戒烟才是避免烟草风险最好的方法。

多数跨国烟草公司在开发减害烟草制品方面投入了巨额的资金及研发力量，菲利普·莫里斯烟草国际公司对外宣布，公司已与杜克大学进行合作，共同开发减害烟草制品。据介绍，菲利普·莫里斯烟草国际公司在与杜克大学的合作中，购买了该大学一位名叫 JED ROSE 的研究人员所申请的一项发明专利，此项专利涉及一种可生产含有烟碱气雾剂的独特技术。

六、PREP 类烟草制品的发展促进减害烟叶的发展

在 2009 年 5 月 17 日所召开的美国烟草商协会第 94 届年会上，该协会主席 Jim Starkey 称，随着 PREP 类烟草制品的发展，人类对减害类烟草制品的需求也越来越高，促使烟草科研人员及烟草种植者生产减害类烟叶，从而使得此类烟叶的生产得到了发展。

虽然潜在低暴露烟草制品（PREP）的概念至少在 20 世纪初以来已经提出，但是迄今为止，还没有国家或国际组织正式承认对它合理的定义。然而，最接近于对其所下的定义，是由美国医学研究所（IOM）被要求对减害烟制品进行评价时，在其题为《清除烟气：烟草减害科学基础的评价》这一报告中对 PREP 所设定的标准。但分析人士认为，这一标准不能作为一种法规依据，用来与消费者明确而且准确地沟通关于 PREP 类烟草制品的相关信息。

七、PREP 类烟草制品的检测

当西方的烟草生产商及卫生健康部门倡导研制潜在减少有害成分的卷烟产品时，对于此类烟草制品的争论仍在继续，卷烟生产商们在不断努力探索生产此类烟草制品可能性的同时，卫生健康界的研究人员也在寻找检测这些产品的方法和途径。

在蒙特利尔召开的会议上，来自美国马里兰州 Bethesda 生命科学研究所的研究人员就评估潜在降低风险的烟草制品这一课题进行了交流。研究人员的研究报告显示，对于目前可以利用的测试方法而言，其科学评价方法还不是很一致。据称，该研究所科研人员的研究重点在于测试风险降低的低害烟草制品，与卫生界科研人员所强调的降低有害物质释放量的概念并不一致。

7.3　减害烟草制品规则制定

一、美国各方对减害产品展开研究

1. 研究人员对减害产品进行研究

美国的研究人员认为，减害实际上是一个旨在减少及干预有问题行为的总称，虽然初期的减害技术研究与药物使用有关系，但随着减害技术的发展，科研人员越来越多地关注减害与行为病症之间的关系研究。

美国华盛顿大学的研究人员对近年来青年学生及一些成年人酗酒的情况进行了研究，另外还对烟碱替代品进行了相关的研究，以期找到减少对人体危害的方法。

2. 美国加州对减害产品的消费进行调查

2005 年 2 月份，美国加利福尼亚州立大学的一项调查表明，大多数的青年烟草消费者认为，烟草公司所推出的减害卷烟对吸烟者身体的危害较小。该大学两位名叫 Rhonda Y. Kropp 及 Bonnie L. Halpern－Felsher 的研究人员通过对 267 名青年男女烟草消费者的抽样调查后发现，绝大多数的青年烟草消费者认为吸食低焦油、减害卷烟，对其身体的危害较普通的卷烟要小。这些被调查者认为，吸食此类卷烟，患肺癌、心脏病及其他与吸烟有关疾病的概率较小，此类卷烟比普通的卷烟较安全。同时他们也认为，吸食此类卷烟不容易使他们因吸烟而成瘾。

2017 年，根据新英格兰医学杂志发表的一篇调查报告，研究人员对美国 46000 名成年人的调查表明，在每 4 个成年人当中，就有一名成年人消费某种烟草制品。该项研究的结果显示，随着新型烟草制品在美国市场上销售量的不断增长，非卷烟类别的产品发展十分迅速。研究人员认为，他们的研究结果未来将成为研究烟草消费的基础数据。

2017年2月份，英国一家咨询机构对该国电子烟以及类似的蒸汽烟装置的消费群体进行了抽样调查。结果表明，此类产品的消费群体中，40岁以上的人群占了此类产品消费者的三分之二。

而对于此次的调查结果，英国最大的网上零售商——SmokShop.com的一位负责人指出，他们对于对此的调查结果感到非常意外。这位负责人指出，电子烟以及类似的蒸汽烟装置的销售目标实质上是针对20至30岁的人群。但此次抽样调查的详细数据显示：在30岁以下的烟草消费者当中，仅有15.5%的人消费电子烟以及类似的蒸汽烟装置；而超过40岁的人群当中，有高达66.6%消费者经常使用电子烟产品以及类似的蒸汽烟装置；超过50岁的人群当中，有39.3%的消费者经常使用此类新产品；而在60岁以上的烟草消费者当中，也有15.7%的人经常使用此类新产品。

3. 烟草业减害工作取得进展

由于烟草消费者对吸烟与健康的关注，产生了对减害卷烟的需求，这就促使卷烟生产商们努力开发此类产品，事实上，对于减害卷烟产品的研发工作，国外烟草生产商们早在10余年前就开始着手进行研究。随着近年来全球跨国烟草公司——英美烟草公司、菲利普·莫里斯烟草公司及雷诺美国烟草公司涉足无烟烟草制品市场，全球的烟草工业界正在努力改善与政府卫生健康部门之间的关系，这种努力已逐渐得到回报。

二、公众对减害产品认识的误区

在谈及减害卷烟时，人们常常可能会陷入这样一种误区，因为对于卷烟减害这个话题，一直是全球烟草工业界、烟草消费者乃至普通大众所关注的一个热门话题，对这个问题的提问永远多于答案。

从一开始，人们对减害卷烟都存有这样的疑问：什么是减害卷烟？减害卷烟是如何设计的？什么原因使得烟草制品对人体健康有害？重要问题是：政府的哪个部门可以对减害卷烟产品进行指导与管理，并对其制定明晰的认定标准；什么样的评价标准对于减害卷烟产品是比较合适的，对于减害卷烟产品而言，烟草商们所减少的危害应是如何进行量化的等。

随着时间的推移，这些问题仍然没有一个明确的答案。对于卷烟生产商而言，不管其规模是大还是小，都希望进行产品结构调整，争取在政府出台有关政策之前，能够研制出减害卷烟产品。事实上，在过去的几年间，各大烟草公司减害卷烟的研发工作始终都没有间断过，从形似卷烟的吸烟装置到加装有特殊滤嘴的减害卷烟产品，都在市场上进行过试销，但结果并不尽如人意。

由于这些减害卷烟产品并没有得到消费者的认同，因此，烟草生产商们又把其目光瞄向了不燃烧的无烟气烟草制品，2006年，雷诺美国烟草公司和菲利普·莫里斯烟草公司，是继英美烟草公司之后涉足无烟烟草制品市场上的另外两大烟草生产商。

三、多数消费者愿意尝试减害产品

美国摩根公司的一项调查研究发现，90%以上的吸烟者愿意尝试更加安全的低害卷烟产品，其他绝大多数的吸烟者称，如果一种新的卷烟能够大大降低吸烟的健康风险，他们愿意选择尝试那些低害的卷烟产品。

然而，从近年来几大跨国烟草公司所研究的减害卷烟产品的销售情况来看，其销售情况并不尽如人意。因此，大多数烟草生产商又把其研究的方向转向了无烟烟草产品。

如英美烟草公司早在前几年就在南非及瑞典的烟草市场上推出了自己的无烟烟草制品。然而，令烟草巨头们始料不及的是，世界卫生组织又警告称，任何形式的烟草制品，包括卷烟、嚼烟、鼻烟或其他无烟烟草制品，对人体健康都是有害的。烟草业似乎又陷入很深的困境。在这种形势下，烟草行业要想发展，就必须研究减害、甚至无害的烟草制品，以满足广大烟草消费者的需求。

2014年，法国控烟部门一位名叫BERTRAND DAUTZENBERG的负责人称，目前在法国，电子烟越来越受到消费者的青睐，数据显示，目前法国有大约30%的烟民曾经尝试消费过电子烟产品。另外，法国控烟部门的调查还发现，青年消费者更加偏爱消费电子烟产品，在他们所进行抽样调查的13000名法国青年人当中，有90%普通烟草制品的消费者以及23%的不吸烟者均尝试消费过电子烟产品。分析人士认为，青年人选择消费电子烟的另外一个原因在于其相对较低的价格。

事实上，在全球范围内，有数以百万计的烟民为了戒烟，转而消费电子烟制品，因此，有分析人士称，电子烟对他们而言可能是一种健康的选择。

以英国为例，对于烟草消费者而言，在公共场所严格禁烟的情况下，他们目前只能有两种选择，一是在公共场所不吸烟。但事实证明，政府实施公共场所禁烟令 6 年以来，英国仍然有 20%的成年人违反禁令在公共场所吸烟。在这种情况下，吸烟者还有第二种选择，吸食电子烟制品，目前英国的控烟法规还没有出台在公共场所禁止消费电子烟的法案。英国的一项抽样调查表明，在最近两年的时间内，全球范围内约有 1 亿左右的吸烟者曾经尝试过消费电子烟制品。

四、烟草生产商开发减害卷烟遇到诸多难题

到目前为止，即使在西方发达国家，还没有一个专门的机构来管理减害类卷烟产品，同时也没有这方面的立法。于是，卷烟生产商们在进行此类卷烟产品研发时遇到了一些新的问题：他们不能对此类产品进行必要的介绍，因此，对于减害卷烟产品，烟草消费者可能会产生误解，这就使得卷烟生产商们在一开始就处于一种十分尴尬的境地。

另外，减害卷烟产品也涉及一个道德层面的问题，因为政府的卫生健康部门根本不愿意告知公众减害卷烟的真实情况。因此，一旦有关此类卷烟产品的立法问题得以解决，有关专家预测，它将引导消费者进行理性消费，从而促使卷烟消费量的增长，因为那些正在试图进行戒烟的烟草消费者，很可能会尝试消费此类减害卷烟产品。

为了解决上述问题，政府的卫生健康部门应该与烟草工业界进行对话与协商。然而，到目前为止，在全球的各个国家和地区，仅有加拿大、欧盟和美国关注到减害卷烟的问题。在这些国家和地区，仅有美国的食品与药品管理局明确表示对其进行监管。

五、世界卫生组织工作组与 ISO 就减害产品进行磋商

2006 年初，美国烟草商协会建议，就减害卷烟而言，政府卫生健康机构应该与烟草界进行一场对话。但是，在 2006 年世界无烟日的活动中，世界卫生组织重申了该组织的立场：希望将来在全球建立一个无烟社会。2006 年世界无烟日的主题为："烟草吞噬生命"。为此，该组织敦促各国政府要"强化控烟力度，努力阻止各类烟草制品及无烟烟草制品的流行与蔓延。"

尽管如此，由世界卫生组织所制定的《烟草控制框架公约》，仍然是有关减害卷烟产品的唯一可以依据的法规。该公约第 9 款规定："缔约会议应与有关国际机构协商提出检测和测量烟草制品成分和燃烧释放物的指南以及对这些成分和释放物的管制指南。经有关国家当局批准，每一缔约方应对此类检测和测量以及此类管制采取和实行有效的立法或采取其他措施。"

世界卫生组织工作组早在 2006 年 2 月份就提议协商制定一个涉及减害卷烟产品的非强制性标准。然而，即使在这种情况下，该组织仍不允许烟草界人士参加此次会议。目前，世界卫生组织下属的工作组正在与国际标准化组织(ISO)进行工作会议。尽管工作组与 ISO 所探讨的仅仅是技术方面的问题，但是，卷烟生产商们还是希望能在非政府组织指导下，此次协商能够对世界卫生组织有关减害卷烟规则的制定产生某些影响。烟草商们坚信，在某些关键问题上，世界卫生组织应该与烟草界进行对话与磋商。

菲利普·莫里斯烟草公司有关人士称，不管最后由政府的哪个部门对减害卷烟产品进行管理，都需要有一个机构对减害卷烟产品的减害效果进行评价，并且还应该有一定的深度。

美国食品与药品管理局自 2009 年以来一直在执行政府所制定的《家庭吸烟预防与控烟法案》，该法案也赋予食品与药品管理局对烟草的生产、营销、市场零售等环节实施监管的权力。

另外，该局还监管着美国市场上自卷烟及无烟烟草产品生产与销售。然而，随着电子烟的出现，美国《家庭吸烟预防与控烟法案》出现了部分产品的监管真空地带，为此，美国食品与药品管理局计划对诸如电子烟及水烟等也一同实施监管，并制定相关标准。

早在2014年，美国食品与药品管理局欲实施更加严格的标准对诸如电子烟以及其他的烟碱递送装置等新型烟草产品进行管制，以最大限度地保护公众的健康，避免该局在法律上受到更多的挑战。美国食品与药品管理局烟草产品中心负责人ZELLER先生表示，目前他们正在就电子烟及一些烟碱递送装置的标准，如致瘾性、产品对消费者的吸引性等问题进行研究，以期尽快出台相关的标准并获得美国食品与药品管理局的认可。

2017年，英国标准学会与英国政府医疗与健康产品管理局合作，计划推出电子烟的相关标准。据介绍，有关产品的质量标准，目前已经有国际标准如ISO9001，食品方面的标准以及药品方面的标准等，这均可以适用于电子烟产品。然而，英国标准学会认为，目前全球的电子烟产业面临着独特的机遇与挑战，由于其独特性，因此该行业应该有自己的产品标准，以便更好地规范电子烟生产商的生产活动。

英国标准学会向外界宣布称，他们将与英国电子烟产业贸易委员会进行合作，以制定电子烟产品的相关标准。据介绍，该协会目前正在制定的标准名称为——PAS 54115 Vaping products，其内容涉及电子烟、电子烟液、电子水烟以及相关产品生产、测试以及贸易方面的标准，以期能够规范该行业未来的发展。

英国标准学会一位名叫Anne Hayes的负责人在接受媒体记者采访时称，近年来，电子烟产品以及类似的吸烟装置在英国以及欧盟其他国家的销售量以及消费量的增长都很快，许多消费者将此类产品作为其普通烟草制品的替代品，因此，应该出台此类产品的标准，以保护消费者的利益。

六、美国烟草商协会召集各方就减害卷烟进行探讨

美国的烟草消费者及普通的大众对减害卷烟这个话题相当感兴趣，然而，烟草消费者也相信，对此类减害卷烟的管理和立法，同样需要一个过程，在2006年5月份由美国烟草商协会组织举办的一次烟草界、卫生健康部门及科研机构专家们之间的一场对话，使人们看到了一线曙光。

这次会议是由美国烟草商协会组织并发起，在弗吉尼亚州的威廉斯堡召开。会议组织者称，由烟草界代表与公共卫生部门官员之间进行直接的对话，这在美国还是首次。在这次直接对话中，与会者所关注的焦点就是减害卷烟产品，这预示着，就烟草问题态度截然相反的双方——烟草界与公共卫生界之间的冰峰开始慢慢融化。美国烟草商协会主席先生称，把双方召集到一起坐下来进行对话实在是一件十分困难的事。但是，做出这样的努力是十分值得的。双方在对话中都承认，在烟草业不断发展的今天，是该坐下来认真讨论减害卷烟这一关键问题了，应该对减害卷烟进行评价并制定可行的规范。

1. 对减害卷烟产品应该实施第三方监控

美国弗吉尼亚州立大学的Thomas Eissenberg博士认为，通过实验，可以对减害卷烟及其与烟草消费相关的疾病做出预测，随着各大烟草公司相继推出减害卷烟产品，应该在实验室条件下，对此类减害卷烟产品进行综合、严格及客观的评价。

但在此之前，从来没有任何第三方机构对此类烟草制品进行测试，这对烟草界及公共卫生机构乃至烟草消费者都是不利的，由此也引发了双方的互不信任感，从而使得公众对烟草商们所推出的各类低焦油卷烟产品及减害卷烟产品也产生了怀疑。因此，各烟草商应该联合起来，实现减害卷烟产品的数据共享，同时，也应当尽可能避免烟草商们就减害卷烟对大学试验室及科研机构进行直接的资金支持。

对于减害卷烟，需要进行投放市场前的测试及投放市场后的第三方监控。专家认为，第三方的监控应该是由不受烟草界及公共卫生界所控制的机构独立完成，该机构同时还需要配备先进的测试设备及一流的研究人员。

事实上，一项全面的减害卷烟评价体系应该包括临床前的试验、烟气化学方面的测试及动物试验等。如果临床试验可以确定所试验的减害卷烟产品确实有减害的效果，那就需要健康方面的临床评价及使用方式的临床评估。同时，也需要与消费者进行沟通，向他们说明减害卷烟的效果。

对减害卷烟产品进行评价以及制定相关规则，就意味着在产品进入市场之前，就应该进行前期的各项准备工作，一些产品可能被通过，而另外一些产品则可能得不到公共卫生健康机构的认可，最终被取消进入市场的资格。因为消费者最后所认可的商品，是那些危害性相对小的减害卷烟产品。

美国卫生健康、经济与农业发展筹划指导委员会也对减害卷烟的发展非常关注，该委员会一位负责人指出，应该就减害卷烟的发展建立与公众进行协调沟通的机制。这位负责人称，减害，最首要的问题是此类产品是否可以减少对消费者及其周围人健康的危害，因此，这就需要烟草工业界有较强的责任心、透明的科学研究体系，而不是对此类产品进行院外的游说活动。

在减害卷烟的研发过程中，烟叶种植起着至关重要的作用。这位负责人指出，卷烟产品的减害，首先应该从烟叶种植入手，从种子的选育、烟叶生长、种植技术以至到最后至关重要的烟叶初加工等，都可能影响到烟叶化学成分的变化及其质量的改变。

在烟草生产商们向市场上推出减害卷烟的同时，消费者要仔细审视新上市的各类烟草制品：从可燃烧的烟草制品到不燃烧的烟草制品、从危害性较高的卷烟产品到减害卷烟新产品。同时，消费者也应该注意政府有关部门所公布的各类烟草制品的风险预警。

参加此次会议的美国烟草与公共卫生政策方面的顾问 BALLIN 先生称，美国食品与药品管理局应该作为一家独立的机构来管理烟草业，所有烟草生产商的生产及销售活动都应该纳入该局的监控范围之内。这位专家认为，市场竞争与游戏规则是环环相扣的，只有制定公正合理的规则，才可以为竞争者们创造一个公平的竞争环境。

2. 无烟烟草制品——一种可能的选择

美国肯塔基州路易斯维尔大学医学系 Brad Rodu 博士在谈及减害卷烟时，着重提及了烟碱在减害卷烟中的作用。他认为，尽管反烟运动在美国已经持续了 40 多年，但是，目前美国仍然有 4600 万人保持着吸烟这一习惯。迄今为止，激进的反烟主义者仍然坚持这一观点：完全戒除吸烟这一习惯，远离烟草。但事实情况确是：绝大多数的吸烟者很难真正戒烟。Rodu 博士指出，烟碱与咖啡因相比，前者可以通过一种更加安全的方式来使用，如无烟烟草制品等，但目前人们选错了烟碱的使用途径，即通过燃吸烟草制品来获取烟碱，也就是人们通常所说的“吸烟”。

Rodu 博士建议，应该为希望戒烟的烟草消费者提供另外一种获得烟碱的途径，无烟烟草制品应该是一种不错的选择，因为目前它已经被一部分烟草消费者所接受。例如在瑞典，大多数的烟草消费者都放弃了吸食可燃烧性卷烟，转而选择消费湿鼻烟及鼻烟产品，使瑞典成为欧洲吸烟率最低的国家，从而也使该国成为与吸烟有关疾病的发病率最低的国家之一。

Rodu 博士指出，通过行为治疗来戒除人们的烟瘾是非常困难的，大家通常认为，利用烟碱贴片可以帮助人们戒除烟瘾，但实际效果并不理想，因为烟碱贴片中的烟碱剂量对于普通的烟草消费者而言，不能满足他们的要求。而通过此种方法进行戒烟的，仅有 7%左右的人通获得了成功。

目前在美国，有 23 个州的鼻烟税率要比卷烟的税率高，抑制了无烟烟草制品的消费，但在瑞典，鼻烟的税率较低，从而能正确引导烟草消费者从吸食可燃烧性卷烟产品转向消费鼻烟及湿鼻烟等无烟烟草制品。

然而，有专家指出，瑞典模式并不能在全球各个国家和地区进行简单的复制。英美烟草公司的 Adrian Payne 博士称，2005 年 5 月份，公司在南非的卷烟市场上推出了一种新的鼻烟制品，但对这种无烟烟草制品类型，以前消费者从来没有接触过，为了向市场上推出该无烟烟草制品，同时还要遵守南非的烟草法规，英美烟草公司就依照在普通卷烟上印制吸烟有害健康的警示语那样，在该无烟烟草制品的外包装上印制了“可致癌”(Causes Cancer)的警示语，但这在烟草消费者中引起了不小的误解，一些试图从吸食普通卷烟转而消费无烟烟草制品的烟草消费者则误认为，此类无烟烟草制品比卷烟更有风险。

这个案例说明，要想改变消费者的消费习惯，需要给他们及时传递正确的信息。目前，就无烟烟草制品而言，除了瑞典的烟草消费者之外，其他国家的烟草消费者并不能正确判断普通卷烟与无烟烟草制品之间的关系，因此，世界卫生组织应该及时修订《烟草控制框架公约》，对其相应的条款进行修订、补充和完善。

由无烟气烟草制品延伸到减害卷烟，它对烟草业的发展是至关重要的，因为随着烟草消费者对健康的关注及社会公众对吸烟与健康认识的进一步加强，都促使烟草行业要开发一种新的减害乃至无害的烟草制品。减害是烟草业持续发展的原动力。

由美国烟草商协会所举办的这次讨论，对减害卷烟的发展是一个良好开端，它需要烟草界与公共卫生界来共同来制定一个双方都可以接受的解决方案——既能符合公共卫生健康机构的要求，又能使烟草业持续发展。减害卷烟的发展，减弱了公共卫生机构及社会公众对烟草业的不满情绪，在给予烟草业一定发展空间的同时，也满足了数以亿计烟草消费者对烟草这一特殊商品的需求。

2014年，在美国国内的烟草市场上，普通卷烟的销售量处于下降的趋势，然而，这并不意味着所有类别烟草产品销售的下降，无烟烟草产品的销售量处于增长的趋势。随着美国越来越多的公共场所卷烟消费禁令，鼻烟的销售量则一直处于增长的趋势。

美国联邦贸易委员会的数据显示，在过去的5年时间内，美国各类无烟烟草产品的销售量增长了210%。

七、美国有关减害卷烟产品的条款可能抑制此类卷烟的发展

在美国的卷烟市场上，减害卷烟产品要获得批准必须符合以下相关条件：①减害制品必须能够显著地降低此类制品使消费者受到与烟草相关疾病的危害和风险；②有利于所有人的身体健康，包括使用烟草制品的人和不使用烟草制品的人。

从表面上看，这些规定是合理的，实际上这是扼杀了减害烟草制品的研发工作。因为要达到这一标准，需要有吸烟者长达15～20年的流行病学证据，何况，就减害烟草制品的研制与开发工作，还不能做宣传，因此，即使有了减害烟草制品，消费者也不会知道。所以，这样的条款只会抑制此类卷烟的生产与消费。

八、政府参与卷烟减害是解决问题的关键

在英国卫生健康部门的官员及反烟人士提出对卷烟产品实施素面包装的提议之后，英国政府也开始了对公众反馈意见的收集与整理工作。

事实上，英国政府在制定控烟政策的同时，也考虑到了烟草消费者的利益，对于那些在政府指导下进行过戒烟，然而却戒不掉吸烟这一习惯的烟草消费者，将为他们提供减少危害的卷烟产品及其替代品。政府在对烟草消费者的普及教育中也告知烟草消费者，烟草中的烟碱对人体健康影响不大，吸烟对人体健康最大的危害是烟气中的焦油和一氧化碳，因此，政府将最大限度地为那些无法戒烟的烟草消费者提供低害卷烟产品及烟碱的替代品。

最近，欧盟委员会就瑞典的鼻烟产品进行了讨论与磋商，与会者认为，对于那些不能戒烟的烟草消费者而言，使用鼻烟应该是减少吸烟带来危害的一种不错的选择。有关分析人士认为，政府开始参与卷烟产品减害，是一个积极的起步。

7.4 多数国家和地区实施图片警示措施

一、世界卫生组织推动控烟进程

2010年，在世界卫生组织的倡导下，全球各个国家及地区都实施了较为严格的禁烟令，其中，对卷烟产品包装的规定则更为严格。

今年2月份，世界卫生组织在新西兰召开了控烟会议，此次会议的主题集中于鼓励和支持烟草消费者戒烟，为他们提供最佳的戒烟方法与手段，并研究具有科学依据的指导性原则。3月份，部分国家和地区的政府官员及非政府组织的代表在东南亚召开了相关的控烟会议，与会者提出了控烟的几项主要战略，它包括：实施较高的烟草税率、实施卷烟产品包装的图片警示措施、实施烟草制品的广告禁令、实施公共健康教育计划等，来推动全球的控烟进程。

在巴西，新的图片警告采用后，73%的吸烟者表示赞同，54%的人认为改变了他们对吸烟健康后果的看法，67%的人称新的警示使他们想戒烟。这些效果在教育程度低和收入低的人群中尤其明显。

世界卫生组织在每年的5月31日，就要发布世界无烟日的主题，说明与烟草使用相关的健康及其他相

关风险，并建议各国、各地区政府采取有效的措施以减少烟草消费对公众的危害。

2017年世界无烟日的主题是：烟草——对发展的威胁。

为此，世界卫生组织还开展了相关的活动：(1)说明烟草业对所有国家和地区的可持续发展、包括对公众健康与经济所造成的威胁；(2)为政府和公众提供有效的建议与措施，通过应对全球烟草业所带来的危机，以促进社会经济的健康与发展；(3)通过一系列的控烟活动，支持社会的健康与发展。

另外，世界卫生组织呼吁各国响应"2030年可持续发展议程"，优先重视并加快各国各地区的控烟工作。世界卫生组织认为，所有国家都可从成功地从控烟活动中获得益处，尤其能保护公民免受烟草消费所带来的健康风险，同时也可以减少给国民经济所造成的损失。

事实上，世界卫生组织已经将控烟纳入可持续发展议程，并被视为帮助实现可持续发展目标下具体有效的手段之一。据介绍，这项具体目标旨在到2030年，将全球包括心血管疾病、癌症和慢性阻塞性肺病在内的非传染性疾病导致的过早死亡减少三分之一。

在2017年的世界无烟日，该组织开展了多种控烟活动，同时，世界卫生组织还认为，控烟有助于国家及个人其他目标的实现。

世界卫生组织的一些研究人员认为，控烟除了挽救生命和减少健康风险之外，全面控烟还可有效抑制烟草种植、加工、贸易和消费对环境所带来的不利影响。同时，分析人士也认为，控烟可以打破贫困的状况，有助于消除贫困，促进可持续的农业和经济的发展与增长，并可以对抗气候变化。另外，对烟草制品增加的税收，也可用于资助全民健康计划，同时也可以有效覆盖政府所倡导的其他发展与规划。世界卫生组织认为，不仅政府可以加强控烟工作，公众也可以从个人角度在控烟方面做出努力，促进实现一个可持续的无烟世界。

二、世界卫生组织认为图片警示是政府控烟最有效的方式

自2009年以来，世界卫生组织就已在倡导卷烟产品的图片警示措施，世界卫生组织的官员认为，在各类烟草制品的外包装上印制吸烟有害健康的警示图片，是政府推动禁烟运动，向公众传达健康信息及健康生活方式的最有效的方式之一。

世界卫生组织的官员认为，与传统的文字警示相比较，在烟盒上所印制的图片警示更加能够引起消费者的重视，因此，具有冲击力的反映吸烟有害健康的警示图片比原来单独的文字警示有更加有效。

另外，世界卫生组织还指出，在公众识字率不太高的不发达国家和地区，在卷烟烟盒上印制吸烟有害健康的警示图片就显得更加重要。同时，这些警示图片应该印制在卷烟包装的正反两面，这样就显得更加明显，更能发挥其应有的效果。

事实上，自澳大利亚政府2012年12月份出台修订的控烟法案——烟草制品素面包装法案之后，全球部分国家也分别修订了其相关的控烟法案，扩大了烟草包装上吸烟有害健康警示图片的面积。

乌拉圭政府出台了相关控烟措施，规定卷烟生产商所生产的卷烟，在其外包装的正反两面，均要用80%的面积来印制吸烟有害健康的警示图片；加拿大政府以及亚洲的文莱政府规定，在烟草制品外包装的正反两面，要用75%的面积印制吸烟有害健康的警示图片；墨西哥政府及巴西政府规定，在烟草制品包装的正面，要用100%的面积印制吸烟有害健康的警示图片。

2015年4月初，印度政府卫生部门一位官员在接受当地媒体记者采访时称，政府计划推迟实施有关扩大吸烟有害健康图片警示面积的措施，以尽可能地减少对烟叶生产带来的负面影响。

据介绍，印度政府早在2014年就已经修订其控烟法案，计划将该国吸烟有害健康警示图片以及警示语的面积由原来的40%增加到85%。但在计划实施过程中，考虑到印度烟草业的实际情况以及大部分烟民文化程度不高等问题，政府决定暂时推迟实施该更加严格的控烟法案。

南太平洋岛国瓦努阿图政府修订了其控烟法案。新修订的控烟法案规定，在2016年世界无烟日之后，在该国出售的卷烟产品外包装上必须印制吸烟有害健康的警示语，这些警示语必须以英语、法语以及当地Bislama语的形式印制在卷烟的外包装上，以此来提醒消费者吸烟的危害。

同时，政府也给予烟草商以宽限期，规定从2017年1月份开始，在该国所出售的卷烟产品外包装上必须印制吸烟有害健康的警示图片。

2017年，日本一家癌症研究机构向外界发表他们的抽样调查报告表明，大多数的日本公众支持政府采取在烟盒上印制吸烟有害健康警示图片的控烟措施。

据介绍，目前在日本国内所销售的卷烟产品外包装上，仅有吸烟有害健康的文字警示，并没有图片警示。另外，日本政府卫生部门的数据表明，自1995年以来，该国的吸烟率一直呈现出下降的趋势，但自2010年之后，这种下降的趋势放缓，为了迎接2020年东京奥运会，日本政府计划强化其控烟措施，以进一步降低该国的吸烟率，为奥运会在日本的举行创造更好的外部环境。

三、多数国家和地区吸烟有害健康图片警示措施

与其他的消费品一样，卷烟包装既提供对产品的保护与保存，又展示了品牌形象和其他消费信息。在全世界任何烟草市场，品牌之间竞争都是非常激烈的，成功的品牌对拥有这一品牌的公司来讲是非常宝贵的。

包装规则所涉及的范围通常指标明“吸烟有害健康”的警语及其他相关的消费信息，如焦油量和烟碱量。目前，在世界卫生组织所推动的烟草控制框架公约的影响下，在卷烟包装立法方面，各国都趋向于用较大的、对比度强的字体和更多样的形式标明“吸烟有害健康”，有些国家已经使用了图片警示。

事实上，所有的国家对卷烟包装上标明“吸烟有害健康”等警示语及警示图片都有立法。而那些较小的烟草公司也自愿地在卷烟包装盒上标出“吸烟有害健康”之类的警语，但这些警语的字号大小和说法不一致。烟盒上“吸烟有害健康”的标出，不是吸烟有害的最初消费信息，各国政府都有“吸烟有害健康”的公众教育，即使在一些发展中国家，大多数人也都知道“吸烟有害健康”。然而每当吸烟者吸烟的时候，烟盒上的“吸烟有害健康”警语的告诫确实起到一定的作用，大多数国家也希望包装盒上有这样的警语。

令人惊奇的是，有的国家烟盒上已有很大字号的警语，但仍然提倡更大字号的告诫。对加拿大和美国的警语进行比较是很有趣的，多年前加拿大就要求在烟盒的正反两面都印出较大字号的警语，如“吸烟上瘾”、“吸烟杀人”等，而美国在烟盒的两面都有较小字号的告诫。在这两个国家，公众对“吸烟有害健康”有着非常清醒的认识。加拿大人认为，他们的警语还不够充分，并在烟盒上印制图片告诫，如加印肺部受害图。在过去的两年中，虽然美国的告诫字号较小，但美国的卷烟消费量下降了；而加拿大采用较大字号的告诫，其卷烟消费水平仍然保持稳定。这个问题应该值得人们的关注。

对“吸烟有害健康”告诫的长期效果的研究是比较困难的，因为吸烟的数量受许多因素的影响。规则需要一个关键的平衡，那就是告诫内容既要告知“吸烟有害健康”，又要积极地阻止吸烟。这一措施在其他产品的消费上应用很多，如，生动的交通事故照片，在酒产品包装上印制肝病照片；在多脂肪食品上贴上肥胖人和心脏病照片。大多数人认为，这是无用的。有趣的是，欧盟在2000年6月对是否在包装上印制图片告诫问题进行了辩论，辩论结果并不认为对在包装上印上图片告诫进行立法是明智的。

有些地区规定了每盒烟中的最少包装支数。如新西兰对每盒烟中最少包装20支卷烟的数量进行了立法，他们认为这样的包装数量对于未成年人来说是昂贵的，可以限制未成年人购买。英国国家卫生部的秘书在2000年初议会进行调查之前，提出了一项证据，即10支包装的卷烟促使成年人更适度地吸烟的说法是不明智的。

美国政府规定，雪茄的外包装上要添加健康警语标识。

香港规定卷烟包装上须注明焦油量和烟碱量，健康警语须以白底黑字印于卷烟盒包的顶部。

加拿大要求烟盒上必须标明香烟燃烧时释放出的有毒物质的含量，还要在烟盒正面的50%印上新的警语和图片。

FCTC和TFI推动着越来越多的国家政府制定控烟或禁烟的政策。同时世界卫生组织在《世界烟草控制框架公约》的谈判过程中，也在考虑如何让非政府性质的反烟组织、卫生组织、医疗组织参与到谈判机构的工作中发挥作用。因为这些非政府组织都在强烈谴责烟草行业，且相当拥护世界卫生组织制定强有力的

控烟框架公约。很多非政府组织都要求禁止烟草广告和促销、向烟草施行高额税收、令烟草赔偿与烟草流行病有关的高额医疗费用等。一些国家也制定了与此相关的政策措施。

四、部分发达国家加紧制定图片警示措施

1. 法国政府要求在卷烟包装上印制警示图片

最近，法国政府卫生部部长 Roselyne Bachelot 已签署了一项法令，要求在新的健康警语变为强制性要求之后，吸烟有害健康的图片警示也将从 2011 年开始实施。警示图片共有 14 幅左右，将轮换使用，警示图片所占面积的大小为烟盒面积的 40%，并配有包括吸烟者早亡，吸烟引起致命肺癌等警示语。同时，该法令也规定，法国的烟草制品生产商与烟草零售商将用一年的时间处理完现有的卷烟产品。

据介绍，法国政府之所以推出此项法令，原因在于政府卫生部门的官员相信，具有震撼力的吸烟有害健康的警示图片将会比简单的警示文字起到更好的效果。卫生部门的官员指出，从 2011 年起，没有印制政府所规定的警示图片的卷烟产品将不允许在法国的卷烟市场上销售。

法国的烟草制造商与烟草零售商将用一年的时间销售现有的卷烟制品。据介绍，法国政府之所以推出此项法令，原因在于政府卫生部门的官员相信，具有震撼力的吸烟有害健康的警示图片将会比简单的警示文字起到更好的效果。

2. 澳大利亚计划从 2012 实施卷烟图片警示措施

澳大利亚政府规定，从 2012 年 7 月 1 日起，将全面禁止卷烟生产商及经销商利用卷烟包装进行卷烟品牌标识的宣传及其他的市场营销活动。同时，政府还将烟草制品的税率上调 25%，以阻止烟草制品消费量的增长。根据新的规定，从 2012 年开始，在澳大利亚卷烟市场所出售的烟草制品，其包装上将禁止出现生产商的名称，而烟草制品的商标标识只能以很小的、色彩很淡的字样印制在烟盒的底部，而由政府公共卫生健康部门所制定的吸烟有害健康的警示图片及警示语则应该印制在卷烟包装的明显位置。

从 2012 年 7 月份开始，任何一位消费者在澳大利亚的卷烟市场上，将再也看不到目前在市场上所能购买到的卷烟产品，诸如：红白相间的万宝路、金色和蓝色组合的 555、淡蓝色的 Mild Seven 卷烟等，也就是说，这些五颜六色的卷烟包装以后将会淡出人们的视线。澳大利亚政府卫生部门的官员相信，此举将会大大降低卷烟产品包装的吸引力，减少它对青年人的诱惑。西方一些分析人士认为，澳大利亚此举可能会在一些发达国家产生连锁反应，对烟草业的发展产生很大的不利影响。

但澳大利亚新的控烟计划遭到卷烟生产商抗议，在澳大利亚卷烟市场上销售量最大的公司——英美烟草公司的发言人称，政府将于 2012 年所推出的新的卷烟产品的简单包装提议，根本经不起市场贸易的实践检验。同时，英美烟草公司也认为，澳大利亚政府此举也违反了商标法，公司将会利用法律条款来抵制澳大利亚政府的控烟行为。另外，澳大利亚知识产权部门的相关人士也表明了他们的担忧之处：烟草生产商的烟标及其展示和推广，应该属于知识产权的范畴，根据澳大利亚的宪法规定，政府如果剥夺了烟草商们相应的权力，或采取某些措施而使这些品牌遭到贬值，那么，政府应该对此进行赔偿。澳大利亚知识产权方面的专业人士认为，如果政府在 2012 年实施了所计划的较为严厉的控烟措施，那么，澳大利亚的纳税人将会为大约 30 亿澳元的与烟草制品有关的知识产权损失而买单。

对此，澳大利亚卫生部部长 NICOLA ROXON 则表示，为迎接来自诸如英美烟草公司等烟草商们的挑战，政府会在此类控烟的立法方面更加小心谨慎。

3. 欧盟委员会建议扩大烟盒上吸烟有害健康警示的面积

欧盟委员会公共卫生健康与消费机构的负责人建议称，为了进一步降低欧盟地区的卷烟消费量，卷烟生产商应该扩大烟盒上吸烟有害健康警示语及警示图片所占的面积，他建议把这个比例提高到 75%。同时这位负责人还建议政府应该尽可能早地出台措施，实施卷烟产品的素面包装。

欧盟的一项研究表明，在烟草制品包装上印制大面积吸烟有害健康的警示图片及警示语，可以有效降低吸烟率。

截至 2014 年，欧盟各成员国所规定的吸烟有害健康的警示图片，均已超过烟草制品外包装面积的

50%,其中,英国、法国和德国政府所规定的警示图片所占整个外包装的面积为52%~56%;爱尔兰、马耳他、芬兰、卢森堡等国政府所规定的面积为57%~68%;比利时、荷兰等国政府所规定的面积大一些,为63%~68%。

欧盟委员会公共卫生部门向各成员国公布了将来要在卷烟包装上使用的42种吸烟有害健康的警示图片。

据介绍,这些吸烟有害健康的警示图片及警示文字将被分为三组,卷烟生产商们应该遵守欧盟新的烟草产品指令,每年循环使用这些警示图片及警示文字。

预计新的烟草产品指令将于2016年5月20日正式生效,届时卷烟生产商及贸易商们必须遵守该指令中的相关条款,在卷烟外包装上印制欧盟规定的警示内容。

欧盟的这项研究表明,利用烟草制品外包装75%的面积来印制吸烟有害健康的警示图片,比利用50%的面积效果要好得多,在烟草制品外包装的正反两面印制,它向消费者所发出的警示效果则更好,尤其是对于年轻人而言,吸烟有害健康的警示图片比警示语更为有效。事实证明,在部分国家实施烟草制品警示图片之后,其吸烟率下降幅度明显。

4. 美国食品与药品管理局发布最终定稿的警示图片

2012年,美国食品与药品管理局烟草制品中心对外宣称,该中心在一家网站上发布了吸烟有害健康的"最终"图片警示信息。此后,所有在美国国内卷烟市场上销售的卷烟制品,必须符合这些警示图片信息的要求。据介绍,所有这些警示图片及信息均可供公众从该网站下载。

5. 日本发布吸烟有害健康警示图片

2016年,日本一家癌症研究机构向外界发表他们的抽样调查报告表明,大多数的日本公众支持政府采取在烟盒上印制吸烟有害健康警示图片的控烟措施。

据介绍,目前在日本国内所销售的卷烟产品外包装上,仅有吸烟有害健康的文字警示,并没有图片警示。另外,日本政府卫生部门的数据表明,自1995年以来,该国的吸烟率一直呈现出下降的趋势,但自2010年之后,这种下降的趋势放缓,为了迎接2020年东京奥运会,日本政府计划强化其控烟措施,以进一步降低该国的吸烟率,为奥运会在日本的举行创造更好的外部环境。

五、亚洲部分国家和地区逐步实施图片警示措施

1. 印度将采用吸烟有害健康的图片警示

印度前卫生部长称,卫生部门屈服于烟草行业的压力,并淡化了要求采用新的图片警示的法律。但最高法院检查了相关的会议记录,称未发现烟草行业所指控的内容有问题,这为印度实施在卷烟包装上印制吸烟有害健康的图片警示扫清了障碍。

对印度不同烟草消费者所进行的研究显示,在印度不同的地区,人们对吸烟健康风险的认知程度差异很大。如,在新德里地区,80%的来自低收入家庭的未成年者知道吸烟有害健康;但在古吉拉特邦,仅有不到一半的学生知道吸烟和口嚼烟草与口腔癌密切相关。在印度的农村地区,58%的嚼烟消费者并没有意识到这样做对健康所造成的危害,而且仅有25%的人知道吸烟可导致健康风险。

印度可能会修改其在烟草制品上所使用的健康警示图片,并撤销在烟盒上使用骷髅和十字骨头图片的措施。

据介绍,这种图片在一开始就遭到人们的反对,有人指出该类图片通常是用在几乎可能直接导致死亡的产品上,把其用于烟草制品的警示图片,会削弱该类图片的警示作用。比迪烟行业对警示图片的尺寸、颜色等内容也提出了相关意见,因为该行业所雇用的大量雇员来自印度的贫困阶层。

2011年,效力于英国切尔西球队的足球运动员JOHN TERRY警告印度政府称,他将采取法律行动起诉政府相关部门,因为政府所批准在卷烟外包装上的吸烟有害健康的警示图片中使用了经过处理的这位球员的照片,侵犯了其肖像权。

2015年4月初,印度政府卫生部门一位官员在接受当地媒体记者采访时称,政府计划推迟实施有关扩

大吸烟有害健康图片警示面积的措施，以尽可能地减少对烟叶生产带来的负面影响。

据介绍，印度政府早在 2014 年就已经修订其控烟法案，计划将该国吸烟有害健康警示图片以及警示语的面积由原来的 40%增加到 85%。但在计划实施过程中，考虑到印度烟草业的实际情况以及大部分烟民文化程度不高等问题，政府决定暂时推迟实施该更加严格的控烟法案。

2017 年，印度政府卫生监管部门向外界宣布，政府已经修订了其控烟法案中的部分条款，吸烟有害健康的警示图片适用范围已经扩大至当地特有的比迪烟产品。

据介绍，此次政府发布的控烟法案新的修订案明确规定，包括原来所规定的卷烟产品在内，比迪烟产品在其外包装上也必须印制政府所规定的吸烟有害健康的警示图片，而且这些图片所占烟盒的面积不得小于 85%。另外，政府向社会上公布了几组不同的吸烟有害健康的警示图片，并要求生产商必须每 24 个月轮换使用不同的警示图片。

2. 土耳其将于 2010 年实施图片警示措施

为了加大控烟力度，降低民众的吸烟率，土耳其政府决定，从 2010 年起再次修订其控烟法案，正式实施在卷烟包装上印制吸烟有害健康的警示图片及警示语的法案。土耳其烟草制品及酒类市场管理委员会负责人 MEHMET KUCUK 在接受当地媒体记者采访时称，在 2010 年 6 月 30 日以前这个过渡期内，卷烟零售商还可以销售以前在卷烟包装上没有印制警示图片及警示语的卷烟产品，但过渡期之后，在土耳其国内销售的所有卷烟产品，其包装上必须带有吸烟有害健康的警示语及警示图片。

3. 马来西亚将禁止无警示图片的卷烟上市销售

为了保护公众的健康，同时也为了迎合国内各界对控烟工作的要求，马来西亚政府对其控烟政策进行了更加严格的修订，修订后的控烟法案规定：卷烟生产商们必须在其所生产的卷烟外包装上印制吸烟有害健康的警示图片，为此，马来西亚的吸烟者将不得不面对吸烟引起相关疾病的警示图片。政府还规定，从 2009 年起没有印制此类警示图片的卷烟产品将被清除出该国的卷烟市场，不得再上市进行销售。

4. 巴基斯坦将实施卷烟图片警示措施

巴基斯坦卫生部部长对外宣布，2009 年 9 月份，政府出台在卷烟包装上实施图片警示的措施，它包括在卷烟产品的外包装上印制吸烟有害健康的警示语及警示图片。在政府出台该措施之后，各烟草生产商及烟草贸易商有 6 个月的宽限期，但在宽限期过后，必须执行政府的相关措施。该措施已于 2010 年 2 月份起正式实施。

5. 柬埔寨将实施禁烟警示图片

柬埔寨政府卫生部官员建议政府应该出台更加严格的控烟措施——在国内所出售的卷烟产品上，需印制吸烟有害健康的警示图片。卫生部的官员在其建议中还指出，在印制吸烟有害健康警示的同时，也应该保留文字警示语，政府部门正在讨论该提案，但具体出台及实施的时间还没有对外公布。政府统计部门的统计数据表明，目前该国有 54%的成年人经常吸烟，在 10 至 14 岁的青少年当中，吸烟者的比例高达 10%左右。

6. 阿联酋加速实施新的健康警示

由于世界卫生组织出台相关措施的干预，阿联酋政府正在加速实施新的烟制品健康警示措施。世界卫生组织曾警告海湾合作理事会(GCC)国家，应该尽快在其烟盒上采用吸烟有害健康的图片警示，面积占主要展示面 50%。阿联酋标准化和计量部门已就新的警示图片措施征求有关各方面的意见。当地消息报道称，阿联酋要求对烟草制品进行检测，以确保制造商所标示的焦油、烟碱量数值准确。

7. 马耳他将实施吸烟有害健康的图片警示

马耳他政府做出决定，将从 2011 年 7 月份开始，在该国实施新的控烟措施。届时，该国国内销售的所有类型的烟草制品，在其外包装上必须印制吸烟有害健康的警示图片，没有印制政府所规定警示图片的烟草制品不得在市场上出售。

8. 菲律宾准备实施卷烟制品图片警示

2011 年，菲律宾卫生部正在拟定一项行政命令，要求在卷烟盒上印刷图片警示。政府卫生部一位官员称，该行政命令和世界卫生组织所制定的《烟草控制框架公约》要求是一致的。菲律宾议会已经批准了该控烟协议。

9. 泰国实施烟草制品图片警示措施

泰国政府卫生部部长在接受媒体记者采访时称，泰国政府将于2013年10月份开始，实施烟草制品的图片警示措施，而该国所实施的该项控烟措施也是最严格的，吸烟有害健康的警示图片及警示语所占的面积高达85%，远远高于目前全球平均55%的水平。另外，政府已经准备了10幅不同的警示图片，供烟草商们在其包装上印制使用。

10. 瓦努阿图将实施严格的吸烟有害健康图片警示

南太平洋岛国瓦努阿图政府修订了其控烟法案。新修订的控烟法案规定，在2016年世界无烟日之后，在该国出售的卷烟产品外包装上必须印制吸烟有害健康的警示语，这些警示语必须以英语、法语以及当地Bislama语的形式印制在卷烟的外包装上，以此来提醒消费者吸烟的危害。

同时，政府也给予烟草商以宽限期，规定从2017年1月份开始，在该国所出售的卷烟产品外包装上必须印制吸烟有害健康的警示图片。

11. 朝鲜发布吸烟与健康警示图片

2016年，朝鲜政府卫生与福利部向外界发布了10幅吸烟导致疾病的图片及吸烟有害健康的警示语，预计将会于2016年6月份获得通过。

政府卫生部门的一位官员称，在政府公布了吸烟有害健康的警示图片以及警示语之后，卷烟生产商有6个月的宽限期，从2016年12月23日开始，在朝鲜市场上出售的卷烟，其外包装上必须印制政府规定的吸烟有害健康的警示图片和警示语，并且警示图片必须每一年半更换一次，警示图片所占烟盒面积不得小于30%。

12. 全球已经有105个国家要求烟草制品包装上印制警示图片

2016年世界卫生组织烟草控制框架公约各缔约方会议在印度召开之际，加拿大癌症协会所发布的一份调查报告表明，目前全球已经有100多个国家和地区对烟草制品包装实施了更严格的管制措施，部分还强制烟草生产商实施素面包装的政策。同时该报告指出，全球将出现政府实施卷烟素面包装措施的趋势。对此，有分析人士认为，该举措有利于降低吸烟率。

对此，印度控烟委员会一位名叫Seema Gupta的负责人在接受媒体记者采访时称，在烟草包装上印制健康警示，其作用在于增强人们对于吸烟有害健康的意识，是减少消费量一个既经济又高效的办法，图片警示比文字警语的影响力更大。

该报告还表明，目前尼泊尔政府所制定的吸烟有害健康图片警示面积为全球之首，占包装正反两面90%的面积。瓦努阿图2017年也将要求图片警语面积达到卷烟包装的90%。印度和泰国烟草包装的图片警语面积为85%，仅次于尼泊尔。

7.5 全球控烟政策与烟草制品未来发展

一、全球烟草制品未来的发展趋势

1. 研制并向市场上推出高技术减害烟草产品

由于全球控烟运动日益高涨，各大烟草生产商将会在烟草制品的创新方面进行不懈的努力，争取研制并开发低害烟草制品，以满足烟民对此类烟草制品的需求。这其中，PREP类烟草制品应该是其未来的努力与发展方向；

2. 发展普通白色卷烟制品的替代品，以满足部分烟民的需求

近年来在西方一些发达国家雪茄烟及自卷烟类制品消费量不断增长便是一个很好的例证，为此，一些跨国烟草公司已将其发展重点进行了部分转移，在以卷烟为主业的同时，兼顾到此类替代产品的发展。

3. 拓展无烟烟草制品及电子烟的发展空间

尽管目前在欧盟部分成员国内，以瑞典湿鼻烟为代表的无烟烟草类制品仍处于被禁的行列，但无烟烟

草制品与普通卷烟制品相比，对人体健康所造成的危害较小已是一个不争的事实，为此，瑞典政府仍在一直不断地游说欧盟委员会的官员，希望欧盟这个全球较大的经济实体能够对无烟烟草制品网开一面，拓展其发展空间。而近来电子烟的代表——"如烟"公司的更名，可能是这家电子烟生产商重生的标志，同时该公司在美国、欧盟等地的专利申请也已得到受理，这表明电子烟的发展可能会获得新的机遇。

4. 创新卷烟产品的包装形式，吸引广大烟民的注意力

创新卷烟制品的包装形式，它既是在新的形势下，为适应由世界卫生组织所制定的《烟草控制框架公约》中某些条款的需要，也是烟草生产商们在目前全球控烟形势越来越严峻的情况下，利用卷烟包装这一与广大消费者最便捷的交流平台，宣传与推广本公司卷烟品牌最重要的手段，为此，一些跨国烟草公司也正在与包装设备生产商们进行合作，加快卷烟制品包装创新的步伐。

5. 系列化发展国际知名卷烟品牌

在目前全球烟草业发展面临诸多挑战的情况下，各大烟草公司又同时面对席卷全球的金融危机和《烟草控制框架公约》中诸多条款所带来的多重压力，在这些纷繁复杂的不利形势下，一些跨国烟草公司利用自身拥有国际知名品牌卷烟的优势，进行系列化生产，扩大产品的适合消费群，以此来吸引更多的潜在消费者。如国际知名的菲利普·莫里斯烟草公司近年来先后研制并开发出"万宝路"系列产品，类型涉及薄荷烟、丁香烟、湿鼻烟等，在创新与发展中丰富和完善"万宝路"品牌系列，利用"万宝路"卷烟的品牌效应，将一部分原来吸食其他品牌的薄荷烟消费者、丁香烟消费者、湿鼻烟消费者拉回到了消费"万宝路"品牌系列的大军中，进一步扩大了公司的产品销售规模，提高了产品的整体市场占有率。

6. 烟草商培育重点品牌，发展核心品牌

在经历了多年的多元化发展之后，特别是在近年来全球金融危机的大背景下，以菲利普·莫里斯烟草公司为代表的几大跨国烟草公司，都对其业务范围进行了调整，回归主业，无一例外地把培育主导品牌放在了首要的发展地位。由此我们可以推测，在未来全球的卷烟市场竞争中，将主要围绕跨国烟草公司的全球化国际大品牌与部分区域性主导品牌展开竞争，这些品牌分别为：菲利普·莫里斯国际公司的 Marlboro 及 L&M；英美烟草公司的 Kent、Pall Mall、Lucky Strike 及 Dunhill；日本烟草公司的 Winston、Camel、Mild Seven；帝国烟草公司的 Davidoff、West 等。当然，包括越南烟草公司、土耳其烟草公司等一些区域性烟草公司，他们所生产适合当地烟民的卷烟产品，并会在区域市场上占据有利的位。

二、未来全球控烟的发展趋势

在全球烟草业的发展过程中，反对烟草的呼声似乎从来就没有中断过，此起彼伏，从未消停。在这之中，世界卫生组织的官员曾经明确表明，要努力实现这样一个目标——建立一个无吸烟人口的世界。

在这种大背景下，延续往年控烟政策的发展，世界上不同国家和地区的政府普遍对烟草业实行了更加严格的管制措施，包括出台严格的禁烟令、确立卷烟制品的相关条款、限制烟草商们的市场行为，这包括禁止烟草商做各种形式的烟草广告、促销和赞助活动，禁止烟草商在零售商店内展示卷烟制品，禁止通过网络进行卷烟制品的交易，禁止邮寄卷烟制品，迫使烟草生产商改变卷烟包装，并在外包装上印制吸烟有害健康的图片及警示语等。所有这些都表明，政府对于烟草业的管制措施会越来越多、力度也会越来越大。

1. 全面禁烟正在被一些国家和地区政府所仿效

自亚洲的不丹政府早在几年前就实施全国完全禁烟的措施之后，一些国家和地区也意欲效仿，目前，伊朗和土耳其已通过了完全禁烟的相关法案，只待时及成熟就会立即实施，因此，我们可以预见，在不久的将来，会有越来越多的国家和地区加入到全面禁烟的大军，为此，烟草业要做好准备。

2. 禁烟向更深层次发展

即使由世界卫生组织所制定的《烟草控制框架公约》，也没有对私人领地的控烟措施做出过明确的规定，然而，近年来一些国家和地区政府把他们控烟的目标向更深层次发展。加拿大、爱尔兰、澳大利亚、英国等西方发达国家的部分地区政府就出台过类似的法律，禁止在私家车内吸烟，这说明，全球的控烟形势已向更高、更深层次发展。可以预见，在不远的将来，还会有更多、更严的禁烟法案相继出台，届时，在自己的家

里吸烟也可能遭到举报，收到罚单。

3. 有关烟草业的诉讼案件向发展中国家蔓延

自美国的各大烟草公司与46个州共同签署了大和解协议以来，美国有关烟草业的集体诉讼案件有了明显的下降，但就在2009年，在美洲的巴西，共有312起针对英美烟草公司的产品责任诉讼案件，这些诉讼案件不但使烟草公司可能为此要支付巨额诉讼费及赔偿金，而且也会对其未来的发展产生相当大的负面影响。

1）以色列：可对公共场所吸烟提出集体诉讼

2015年，以色列法院已经维持了下级法院的裁决，人们在公共场所发现吸烟现象可以提起集体诉讼。《耶路撒冷邮报》认为，对那些没有执行禁烟法律的业主的指控，每个案子可能会达到数百万谢克尔（以色列货币单位），因为每个起诉者有权向违法者提起1000新谢克尔的"罚款"。以色列癌症协会（ICA）律师代表Amos Hausner以朋友的身份参加Efrati针对Espresso酒吧的案件。地方法院已经裁决，因为个人可以对企业、娱乐场所或者宴会上的吸烟行为进行起诉，因此它排除了集体诉讼。但是根据最高法院，任何抱怨暴露在二手烟里的人们可以以其他受害者的名义进行起诉。以色列癌症协会对该裁决表示欢迎。它在一份声明中表示，"协会鼓励个人起诉，并且鼓励法律专业的学生协助个人开展起诉。当个人诉讼的成功只是一部分的时候，集体诉讼已经成为强化公共场所禁烟的一个重要部分，很不幸的是，这点被许多业主忽略了……"

2）加拿大魁北克集体诉讼案相关烟草公司被判无须支付预付款

2015年，当烟草公司对赔偿魁北克烟民150亿加元的案子提出上述后，一家加拿大上诉法院7月23日裁定，3家主要的烟草公司不需要支付11.3亿加元(8.6亿美元)的预付款。帝国烟草加拿大公司（英美烟草公司子公司）、日烟国际-麦克唐纳公司（日本烟草公司子公司）和乐富门金边臣公司（菲莫国际子公司）——最初被一家下级法院法官责令它们的律师支付保证金。

作为历史性的6月1日判决的一部分，这几家公司被责令对两起相关的魁北克吸烟集体诉讼案做出赔偿。但魁北克上诉法院推翻了下级法院法官判决做出临时支付的决定，认为即使在该案的特殊情况下也不需要这么做。

3）美国环境健康中心称将对部分电子烟生产商提起法律诉讼

2015年，美国环境健康研究中心的一位研究人员在接受媒体记者采访时称，目前在美国市场上出售的电子烟产品以及类似的吸烟装置，对消费者的身体健康是有害的。该研究中心在对美国市场上出售的97种电子烟产品进行测试后发现，部分电子烟含有较高的可能引发癌症的化学物质，因此美国环境健康中心称，他们将以该测试结果为依据，决定对部分电子烟生产商提起法律诉讼。

2016年4月22日，韩国国民健康保险公司就国家和国民因吸烟问题而遭受损失向菲莫国际、英美烟草和韩国KT&G三家烟草公司提起寻求537亿韩元（约合人民币3亿元）的赔偿诉讼展开第8次辩论，此次辩论的焦点是吸烟的上瘾性问题。韩国此前出现过4起有关吸烟的诉讼，都是吸烟受害者及其家人要求对方赔偿损失。除了1例高等法院未做出判决外，3例均以原告（吸烟者）败诉告终。虽然一直以来，医学界不停地发布有关吸烟过多会诱发癌症的研究结果和数据，但是，法院仍然要求原告方提出明确证据来证明吸烟的上瘾性及吸烟与患各种癌症的概率关系的具体数据。

4）美国R.J.雷诺士烟草公司又遭巨额诉讼案

2016年，美国R.J.雷诺士烟草公司又遭到了因吸烟造成死亡的巨额诉讼案件，此次的诉讼中，法院判决对于可能因吸烟导致的死亡者Alan Konzelman的妻子Elaine Konzelman的赔偿金合计可能高达2900万美元。

再以中国为例，早在2001年，武汉一位少年烟民曾向北京宣武区（现西城区）人民法院提起诉讼，状告中国国家烟草专卖局，这是中国国内出现的首例烟草诉讼案件，此后几年，中国又出现了多起有关烟草产品责任的诉讼案件。因此，我们可以预测，在未来烟草业的发展中，有关烟草制品的产品责任诉讼案，将会由发达国家向发展中国家蔓延。

5）卷烟制品包装将向素面包装发展，吸烟有害健康的警示图片会越来越大

自《烟草控制框架公约》于2005年2月份生效后，全球范围内的控烟运动再次出现高潮。在当前控烟呼

声迅速高涨的大环境中，烟草业在禁锢中艰难前行，其中对于卷烟制品的素面包装将会是烟草行业所面临的巨大挑战。

2010 年 4 月份，澳大利亚政府表示，该国将在两年后在全国境内推行卷烟制品的素面包装，也就是说，到那时，你在澳大利亚的卷烟市场上所购买的任何类别的卷烟制品，在其外包装上看不到任何品牌标识和营销图案。这也就意味着，消费者所购买到的卷烟制品，不管是什么品牌，都将拥有同一的包装——素面朝天。然而，按照澳大利亚政府的要求，会强令烟草商们在包装上辅以醒目而又恐怖的吸烟有害健康的警示图片和警示语，而且这些警示图片所占的面积将会越来越大，不断压缩着烟草商们与消费者未来最关键的沟通平台——卷烟外包装。

综上所述，全球的烟草业将会在禁锢中艰难前行，尽管道路是曲折的，但前景也并非暗淡，虽然有些人总认为烟草行业为“夕阳产业（sunset industry）”。夕阳产业一个最明显的标志就是该产业的产品销售数量在持续的时间内绝对下降，或增长出现有规则下降的产业。显然，目前全球烟草行业整体上并没有夕阳产业的特征，各类烟草制品在全球的平均销售量还处于增长的趋势，因此，烟草行业要在全球控烟的大环境下，努力研制开发低害、甚至是无害的烟草制品，使烟草消费者们能够在和谐的环境中满足自身的需求。

三、烟草业对政府烟草公共政策的一些观点

1. 烟草业及世界卫生组织就图片警示的实施时间展开争论

早在 2012 年，烟草公司认为，他们需要更多的时间来执行图片警示制度。世界卫生组织在经过调查后确认，在相关警示图片制度出台后，执行图片警示的时间通常只需要 9 个月至 1 年的时间。烟草公司可以在 6 个月的时间内，就可以将图片警示印制在烟草包装上，这已得到实践经验的证实。在加拿大，相关法规于 2000 年 1 月 26 日出台，要求烟草公司在 2000 年 12 月 23 日前就必须开始在主要烟草品牌的包装上印上图片警示。烟草公司确实做到了。加拿大这方面的经验其他国家和地区应该仿效。

2. 研究表明公众并不喜欢图片警示

2017 年，美国的一项研究表明，一些公众并不喜欢政府控烟条款中所规定的在烟盒上印制吸烟有害健康的警示图片，这使得消费者有一种被政府操纵的感觉，而这种抵触情绪，则有可能激起一些消费者的逆反心理，从而对政府的控烟活动可能会起到相反的效果。在一些图片警示的抽样调查中，研究人员发现，一些参与者并不喜欢这些吸烟有害健康的警示图片。因此，研究人员认为，政府所采取的这些较为激进的控烟手段，可能使控烟行为起不到其应有的效果，而且对于某些消费者而言，图片警示的效果本来就等于零。

第八章　西方主要国家和地区控烟法案

8.1　美国《家庭吸烟预防与烟草控制法》

一、《家庭吸烟预防与烟草控制法》出台背景

2009年2月份，白宫发言人吉布斯(Robert Gibbs)在一次新闻发布会上说，总统奥巴马尽管工作压力很大，但自任总统以来一直努力戒烟。吉布斯表示他大概已经有九个月的时间没有看到过奥巴马抽烟了，这个花絮新闻曾引起媒体的广泛报道。作为总统，烟民这个头衔对奥巴马来说不是什么光彩的事，而他的妻子米歇尔早就对此很有意见，在奥巴马决意竞选总统时，米歇尔表示支持的条件之一就是奥巴马保证戒烟。

奥巴马与许多年轻人一样，在十几岁时就吸烟并且上瘾，有关他戒烟的新闻一直是媒体关心的话题，早在他竞选总统成功将要入主白宫前，就有记者问他如果去白宫上班，抽烟问题如何解决？因为白宫内是禁止吸烟的，当时奥巴马表示他已经基本戒烟，只是偶然会抽几口，但决不会违反白宫的禁烟规定。现在看来，奥巴马的戒烟努力虽然不是一帆风顺但还是有进展的。

当时，美国国会并没有制定任何全国性的禁烟法规，因此，禁烟的规定完全由各个州自由规定，不过，联邦制定的有关职业安全及健康的法律会影响到禁烟规定。2009年，全美已经有27个州实行严厉的公共场所禁烟令，禁止在任何公众场所，包括酒吧和餐馆吸烟(不过在有些公共场所也会有一些例外，如设立吸烟区等)；其余的州视情况不同采取不同的禁烟规定，主要是对酒吧、赌场以及旅馆等地的禁烟力度不同。

对于美国联邦政府机构来说，全面禁烟是在克林顿担任总统时期实现的。1997年8月，克林顿发布总统行政命令(EXECUTIVE ORDER 13058)，规定联邦政府的所有办公楼全面禁烟，包括办公楼外进气管道区域。

在此，需要指出的是，无论是美国联邦政府还是地方政府，当时都没有制定法规，对户外吸烟加以限制，但许多机构会根据健康理由制定一些特别的规定。比如有些工作机构规定，员工在政府楼外吸烟时，必须远离大门，以免进出大门的人吸到二手烟。奥巴马在白宫犯烟瘾时，很可能就是到户外吸上几口烟。

奥巴马深知吸烟的害处，尤其是对青少年身心健康的危害，他自己就有亲身体会，他吸烟二三十年，要想戒除不易，按照白宫发言人吉布斯的说法，奥巴马时常靠嚼口香糖来抵抗烟瘾。所以奥巴马担任总统后不久，就迅速签署了国会通过的《家庭吸烟预防与烟草控制法》，该法案使食品和药物管理局在监管烟草行业方面获得前所未有的权力，可以说是反对吸烟团体的重大胜利。

根据这项法案，食品和药物管理局有权要求卷烟制造商降低烟碱含量；有权禁止将烟碱口香糖推销给年轻人；烟草公司也被要求在烟盒上贴上“吸烟有害”等字样。

这项名为《家庭吸烟预防与烟草控制法》的法案的简要内容为：

禁止在离学校和游乐场所305米范围内以及一切儿童户外活动场所张贴烟草广告；

全面禁止烟草商赞助体育和文艺活动；

禁止在拥有大量未成年人读者的出版物上刊登烟草广告；

烟草广告只能包含黑白文字；

卷烟自动贩卖机只能装在只允许成人进入的场所内；

卷烟烟盒上的健康警告文字必须占据盒子正反面的三分之一以上等。

这一法案得到了美国1000多个公共卫生组织和公益团体的支持。

据有关统计，当年美国每年约有40万人死于与烟草有关的疾病，每天有超过1000个美国孩子开始吸烟。

二、《家庭吸烟预防与烟草控制法》立法目的及主要内容

在《家庭吸烟预防与烟草控制法》实施之前，美国有一些有关烟草销售的法规，但没有《家庭吸烟预防与烟草控制法》严格。

另外，美国有些法律以州立法的形式存在。例如，关于低引燃倾向卷烟的要求，美国所有的州都有立法规定，但国会有一个统一的法律法规。以前，虽然有些烟草公司的标识和促销方式被指控非法而受到起诉，但这并非是真正对烟草制品控制的有效办法，于是，催生了《家庭吸烟预防与烟草控制法》的诞生。

《家庭吸烟预防与烟草控制法》的立法目的是为了预防儿童和青少年使用烟草和降低对公众健康的危害。为了实现该立法目的，通过修改《联邦食品、药品和化妆品法》授权美国食品药品管理局对烟草制品的生产、销售和分销实施监管。

《家庭吸烟预防与烟草控制法》主要内容如下。

第一，赋予食品药品管理局对烟草制品的生产、销售和分销实施监管的权力。授权食品药品管理局建立相关国家标准，控制烟草制品的生产、监管烟草制品的辨别、公共信息和成分含量的披露。

赋予食品药品管理局监管烟草制品中的焦油、烟碱和其他有害物质的含量。食品药品管理局有权要求对当前或者未来的烟草制品进行调整，如减少和消除有害成分、添加剂和组分。食品药品管理局不得禁止所有卷烟、无烟烟草、小雪茄、小雪茄以外的所有雪茄烟、斗烟丝以及手工卷制烟草制品的生产和销售，且禁止食品药品管理局要求烟草生产商将烟草制品中烟碱的含量降至为零。

为了保证消费者的知情权，要求烟草制品生产商披露未曾公开的和将要开展的有关烟草制品的对健康、安全和烟草依赖性的研究。

授权食品药品管理局处理青少年对烟草的使用和依赖问题。继续允许烟草销售商向成年人销售烟草制品，同时要求烟草销售商应采取措施确保不向未成年人销售烟草制品并预防未成年接触烟草制品。禁止向未满十八周岁的未成年人销售烟草。禁止销售少于20支的盒装卷烟。除特殊情况外，禁止通过自动售货机、自助服务器或其他终端服务方式销售烟草制品。禁止发放卷烟免费样品，限制分发无烟烟草。

在卷烟生产中卷烟及其组成部分（烟丝、滤嘴和卷烟纸）中除烟草香味和薄荷香味外，禁止含有或添加任何天然或人工合成的香味，以及以下列物质为主要表现特征的烟草制品或烟气成分：草莓、葡萄、橘子、丁香、肉桂、菠萝、香草、椰子、甘草、可可、巧克力、樱桃或咖啡。

禁止在学校和运动场周边1 000英尺（约305米）范围内做烟草广告。禁止烟草生产商赞助体育赛事、音乐或者其他社会文化活动。禁止在购买烟草制品时提供礼品或者其他物品。要求烟草制品的音频广告仅允许使用言语，不允许带有音乐或者声响效果。在出售、营销的帽子和T恤衫等物品上禁止带有烟草商标或标识。

到2011年，所有烟盒正反面的上半部都将包括健康警语。烟草制品上的健康警语标签内容及烟草危害图形的比例、尺寸占整个包装的50%以上。

烟草标签、标识或广告中不得使用“淡味”“柔和”或者“低”等类似描述性语言。

任何新上市的烟草制品（即2007年2月15日以后在美国卷烟市场上推出的烟草制品）需重新获得由食品药品管理局颁发的市场准入许可证。

任何人违反本法有关烟草制品管理规定，将被处一定金额的民事罚款。

第二，要求烟草制品使用健康警语；要求向公众披露烟草成分和烟气成分。在美国生产、包装、销售、许诺销售、分销、为进口销售或者为进口分销的卷烟，卷烟标签必须带有下列健康警语之一。健康警语有：吸

烟会使人上瘾;烟草烟雾会损害你的孩子;吸烟会导致致命的肺部疾病;吸烟会导致癌症;吸烟引起中风和心脏病;怀孕期间吸烟会对您的宝宝有伤害;吸烟可以杀死你;烟草烟雾会造成不吸烟者肺部致命疾病;现在戒烟可大大减少对健康的严重危害。

烟草制品的生产商、进口商、分销商、零售商为卷烟做广告或拟在美国境内做卷烟广告,其标签必须带有健康警语。烟草广告中的健康警语标签至少占整个广告的20%。

要求烟草生产商披露所有卷烟或其他烟草制品的成分(含烟气成分)。要求烟草制造商必须提交卷烟及其烟气中有害和潜在有害成分的清单。卷烟所有成分的清单应包括烟草烟丝、卷烟纸、滤嘴或其他烟草制品组成部分中烟草、单体物质、化合物以及添加剂的成分名单。要求烟草生产商披露现有或未来烟草制品及其成分(含烟气成分)对健康、毒理学、人体行为以及生理影响的所有文件。

第三,防止烟草制品非法贸易。在美国州际间贸易的烟草的标签、包装袋、集装箱上要标明"仅限在美国销售"。

建立和保持关于烟草制品生产、加工、运输、分销、接收、包装、持有、进口、出口等过程中全程跟踪记录。如果有理由相信存在潜在的有关烟草制品的非法贸易、走私或冒牌商品,可以查阅或复印的方式调查所有有关烟草制品的生产、加工、运输、分销、接收、船运、包装、出口、进口等过程中全程跟踪记录(包括财务记录),来协助调查潜在的非法贸易、走私或冒牌商品。

总体来看,该法案的主要内容包括:

在美国食品与药品管理局建立烟草制品相关研究机构,赋予该局管理烟草制品的销售、营销及广告宣传等方面的权力,以保护公众的身体健康;

要求所有的烟草制品生产商必须到食品与药品管理局进行重新登记备案,以达到新的控烟法案所规定的要求,同时烟草生产商要向该局提供其所有目前生产卷烟制品的成分清单;

禁止在卷烟生产中使用含有糖果味、水果香味的天然及人工合成香料,但薄荷香味除外;

禁止以控烟的名义要求卷烟生产商把其所生产的烟草制品中的烟碱量降到最低甚至为零;

要求所有近年上市的卷烟制品(即2007年2月15日以后在美国卷烟市场上所推出的卷烟制品,此前上市的卷烟制品不在此列)需重新获得由美国食品与药品管理局所颁发的市场准入许可证;

制定有关减害卷烟制品的相关法规条款及市场准入制度;

增强吸烟有害健康警示图片的使用,要求卷烟生产商使用彩色的警示图片。

三、美国食品与药品管理局根据法案对烟草业实施监管

1. 对减害烟草制品提出指导性意见

2012年,美国食品与药品管理局对在美国市场上所销售的减害卷烟制品提出了指导性意见,并已向公众发布。

据介绍,该局所发布的指导性意见内容包括,烟草制品和烟气烟雾所含的有害化学物质的相关信息,以及有潜在危害性相对较小的减害烟草制品的相关信息。

该局所发布的第一份文件是针对烟草生产商的,对他们就向公众公开烟草制品潜在有害化学物质的信息提出了指导性的意见及要求;第二份文件则对烟草生产商如何就减害烟草制品进行市场宣传提出了指导性意见。

美国食品与药品管理局称,到目前为止,在烟草制品及烟气烟雾中,已发现了7000余种化学物质。

美国食品与药品管理局烟草制品科学咨询委员会十分关注口含烟制品问题,并对此进行了相关的讨论,其内容包括口含烟制品的成分和特性、口含烟制品的使用、对消费者潜在的健康影响以及此类产品的营销方式等。

美国政府制定的《家庭吸烟预防及烟草控制法案》明确规定,美国食品与药品管理局应该对减害烟草制品进行评估,把烟草生产商们所研制的减害烟草制品与一流品牌相比较,以评估其是否为减害烟草制品。

在美国食品与药品管理局需证明此类产品确实有公众能够接受的证据可以证明它减少了对消费者健

康的危害，并证实会使消费者的发病率和死亡率降低之后，那么，此类减害烟草制品的优势才可以向公众进行宣传，但必须依照美国控烟法案的相关条款，向社会及公众进行适当宣传。

2. 美国食品与药品管理局计划制定电子烟相关标准

美国食品与药品管理局自2009年以来一直在执行政府所制定的《家庭吸烟预防与控烟法案》，该法案也赋予食品与药品管理局对烟草的生产、营销、市场零售等环节实施监管的权力。

另外，该局还监管着美国市场上自卷烟及无烟烟草产品的生产与销售。然而，随着电子烟的出现，美国《家庭吸烟预防与控烟法案》出现了部分产品的监管真空地带，为此，美国食品与药品管理局计划对诸如电子烟及水烟等也一同实施监管，并制定相关标准。

对此，路透社一位记者称，美国食品与药品管理局欲实施更加严格的标准对诸如电子烟以及其他的烟碱递送装置等新型烟草产品进行管制，以最大限度地保护公众的健康，避免该局在法律上受到更多的挑战。

美国食品与药品管理局烟草产品中心负责人表示，目前他们正在就电子烟及一些烟碱递送装置的标准，如致瘾性、产品对消费者的吸引性等问题进行研究，以期尽快出台相关的标准并获得美国食品与药品管理局的认可。

在国际呼吸病协会召开的大会上，美国一家民间肺癌组织的研究人员向外界发表声明称，他们反对电子烟的生产与销售，并呼吁政府部门出台措施，禁止或限制电子烟的使用，以保护公众的身体健康，美国胸科医师学会的研究人员也发表了同样的观点。

对于上述团体一些研究人员所发表的反对电子烟的言论，美国波士顿大学公共卫生学院一位名叫Michael Siegel的研究人员指出，他的观点与其他反对电子烟人士的观点完全相反，原因是，到目前为止还没有听说过电子烟致人死亡的相关报道。

四、世界卫生组织的《烟草控制框架公约》与美国《家庭吸烟预防与烟草控制法》

《烟草控制框架公约》属于国际法范畴，主要从原则性着手为全球各国提供一个控烟的基本框架，对于具体的规定留给各缔约国作具体规定，而《家庭吸烟预防与烟草控制法》是一部国家法，其规定的针对性更强、更具体。

《家庭吸烟预防与烟草控制法》是对《烟草控制框架公约》的吸收和借鉴。《家庭吸烟预防与烟草控制法》吸收了《烟草控制框架公约》的大量内容：通过多种措施针对烟草的流行问题，对烟草制品从其生产、销售环节对其进行控制；坚持从减少需求和供应性着手来实现对烟草制品的控制；要求烟草制品使用健康警语，向公众披露烟草成分和烟气成分；关注未成年人使用烟草的问题，预防未成年人使用和接触烟草制品；对成年人是否使用烟草由成年人自己做出选择；打击有关烟草制品的非法贸易；没有采取完全禁止烟草制品的极端措施，而是有针对性地控制烟草流行等。

《家庭吸烟预防与烟草控制法》在以下几个方面超越了《烟草控制框架公约》规定：

第一，《家庭吸烟预防与烟草控制法》不仅强调对烟草的控制，还关注家庭吸烟预防问题，家庭吸烟预防的规定是《烟草控制框架公约》没有具体涉及的内容；

第二，《家庭吸烟预防与烟草控制法》增加了法律的可操作性，如没有采取“一刀切”的立法方法，而是针对不同法律规范规定了分三个月、六个月、一年、一年三个月、一年半、一年九个月、两年、三年等不同期间实施的最后时间；

第三，《家庭吸烟预防与烟草控制法》对预防未成年使用烟草问题进行了具体的细化；

第四，《家庭吸烟预防与烟草控制法》具体规定了违背法律条款的民事罚款数额；

其五，《家庭吸烟预防与烟草控制法》中部分条款规定还严于《烟草控制框架公约》的规定，如《烟草控制框架公约》规定，在烟草制品的每盒和单位包装及这类制品的任何外部包装和标签上的健康警语和信息宜占据主要可见部分的50%或以上，但不应少于30%；而《家庭吸烟预防与烟草控制法》规定，烟草制品上的健康警语标签内容及烟草危害图形的比例、尺寸占整个包装的50%以上等。

从以上分析可知，尽管美国至今还没有批准《烟草控制框架公约》，但是其制定的《家庭吸烟预防与烟草控制法》却吸收了《烟草控制框架公约》的基本内容。

烟草流行受到多种因素的影响，控烟必然是一个长期和复杂的过程。《家庭吸烟预防与烟草控制法》结合美国的具体情况对家庭吸烟预防和烟草控制问题做出了全面的、具体的、可行的规定。使用烟草是一种嗜好，成年人吸烟是其自己做出的一种选择。国家对烟草制品的控制既要尊重个人的选择权，又要让多数人能够生活在清洁的无烟环境之中。

五、美国家庭吸烟预防与烟草控制法案所引起的诉讼官司

1. 美国多家烟草公司向哥伦比亚特区地方法院提出上诉

2009 年 6 月 22 日，美国总统奥巴马签署了《家庭吸烟预防和烟草控制法》，对烟草制品的包装标识进行更全面的管制。2010 年 11 月 12 日，美国食品与药品管理局根据烟草控制法要求提交了《卷烟包装和广告警示要求条例》草案。

在美国食品与药品管理局发布了最终的《卷烟包装和广告警示要求条例》后，2011 年 8 月 16 日，包括 R·J·雷诺烟草公司在内的几家烟草公司集体向哥伦比亚特区地方法院提起法律诉讼。

原告起诉的主要理由包括：新的图片警示远远超出以往要求；美国食品与药品管理局选用这些图片警示的目的不是向消费者提供符合事实和无争议的信息及促使其对是否吸烟做出明智的决定，而在于倡导反烟，超越界限成为政府的反烟倡议；美国食品与药品管理局要求的这些警示是前所未有的，之前美国从来没有哪个合法产品制造商被要求用他们自己的包装和广告来传达涉嫌情绪化的政府信息，敦促消费者不要购买他们的产品。这种要求是强迫原告不要传递纯粹符合事实和无争议的、有关吸烟风险的信息，而是成为政府情绪化反烟信息的传声筒；图片警示属于宪法第一修正案中明令禁止的"强加性言论"；新出台的条例强迫原告站在政府立场上参与反烟倡议，政府应该接受严格审查，而且可能无法通过审查；新出台的条例违反了行政程序法案的核心要求。

基于以上理由，这几家烟草公司提请法院永久禁止美国食品与药品管理局实施该条例。

在美国，只要确定违宪，那就无须进行是否合乎行政程序法的审查，所以本案法官直接集中分析了被告是否违反了宪法第一修正案。

通过分析、审查和评判，哥伦比亚特区地方法院认为：

原告极有可能依据事实胜诉。首先，法院对适用的审查水平进行判定。宪法第一修正案既保护自由发言的权利，也保护不发言的权利。如果法案强制发言者说不想说的话，那么该法案必将改变言论内容，而这种强加的言论是可推定为违宪的。在本案中，图片设计用来激发情绪反应，是有意激发观看者戒掉或从不开始吸烟，这个目标完全脱离了传播属实的和无争议的信息。其次，法院按照严格审查进行分析。要经受严格审查，政府就有举证责任说明条例是以限制最小的方式来达到令人信服的政府目的，但政府没有做到这一点。这种根本性失误和政府强调图片激发情绪的功能，都强烈表明政府真实目的不是提供信息，而是倡导改变消费行为。因此，原告可能获胜，这个因素支持授予禁令救济。

如果没有禁令救济烟草公司会遭受不可弥补的损失。

禁令救济不会实际损害其他利益方，包括公众和政府。

因此，法院必须做出反应，依法要求维持现状，直到能评估这些图片强加的商业言论是否合乎《宪法》。基于以上原因，法院认为原告展示了：依据事实他们胜诉很大的可能性；如果没有禁令救济他们将遭受不可弥补的损失；政府和公众不会受到相当的损害；公众在反对违宪强制言论的第一修正案保护方面的利益将会得到促进。因此，原告要求初步禁止实施条例的建议应得到支持。2011 年 11 月 7 日，哥伦比亚特区地方法院做出判决，认定被告违反了美国《宪法》第一修正案，损害了烟草公司言论自由权利，支持原告诉讼请求，并最终做出判决，对《卷烟包装和广告警示要求条例》实行临时禁令，图片警示等规定暂缓实施。

2. 美国食品与药品管理局向哥伦比亚特区巡回区上诉法院提起上诉

2011 年 11 月 29 日，美国食品与药品管理局对哥伦比亚特区地方法院做出的判决不服，上诉至负责哥伦比亚特区巡回区的上诉法院。2012 年 4 月 10 日，原被告双方进行口头辩论。

此次诉讼的唯一争论点在于：美国食品与药品管理局颁布的带文字、相应图片和戒烟热线的图片警示标签规定是否违反第一宪法修正案。对此，哥伦比亚特区巡回区上诉法院对政府开展了违宪审查。

哥伦比亚特区巡回区上诉法院就双方在审查标准上的争议进行了辨别。

一是 Zauderer 案中确立的合理性基础检验审查标准是否适用本案？

争论点之一：卷烟包装信息是否存在误导性以及是否应该披露？

只有政府证明，如果缺少警告，产品就会有不证自明或真正存在的潜在危险，那么这类广告就会误导消费者，此时才应该有合适的披露要求。在本案中，草案条例提及的披露要求不仅要应用于卷烟广告，还要应用于卷烟包装。上诉法院认为，根据《家庭吸烟预防和烟草控制法》已经对卷烟包装做出的限制，以及根据卷烟包装本身不具备政府认为的对消费者的误导性，合理性基础检验审查标准不适用于判定图片警示。

争论点之二：图片警示是否是误导性信息的矫正措施？

美国食品与药品管理局的反对意见指出，卷烟包装和广告未能突出展示吸烟带来的负面健康结果，这会误导消费者，应当矫正。然而值得注意的是，烟草公司从未指出不披露信息的要求是合理的，烟草公司只是反对美国食品与药品管理局提出的信息披露形式和对内容的特殊要求。事实上，烟草公司一直严格履行政府之前的披露要求，美国食品与药品管理局之前也确实未就此提出异议。上诉法院认为，合理性基础检验审查标准不适用于判定图片警示。

争论点之三：图片警示中传递的信息是否是“纯事实或无争议的”或“精准陈述的”信息？

合理性基础检验审查标准下要求披露信息的语句都是清晰准确且不会引起消费者误解的。然而美国食品与药品管理局所提出的图片警示与以上两个案件完全不同。上诉法院认为，图片并未传递“纯事实或无争议的”或“精准陈述的”的信息，所以合理性基础检验审查标准不适用于判定图片警示。

基于以上三点，上诉法院认为该案不适用 Zauderer 案确立的合理性基础审查标准。

二是 Central Hudson 案的审查标准是否适用本案？

地方法院判定，超出合理性基础检验审查标准框架外的强制言论均需受到严格审查。但政府认为法院更应该将图片警示视为对商业言论的要求，应采用 Central Hudson 案的审查标准。

三是在中度审查标准下评析图片警示的政府利益到底是什么？

上诉法院首先对美国食品与药品管理局所主张的利益到底是什么进行了确定。

首先，关于美国食品与药品管理局发布条例的最重要利益是降低吸烟率。

上诉法院认为，美国食品与药品管理局选用了很多“国际共识”来描述图片警示的作用，但是并未有证据表明任何国家在落实图片警示要求后直接造成了该国吸烟率的下降。对于美国食品与药品管理局在研究报告中提到的“国际共识”，上诉法院进行了详细分析和评判。

其次，关于美国食品与药品管理局发布条例的最重要利益是有效传递健康信息。

在法院认为美国食品与药品管理局无法证明图片警示会直接降低吸烟率这一利益后，美国食品与药品管理局又声称其发布条例想要获得的最重要政府利益是基于卷烟的负面影响而“有效传递健康信息”。但同时美国食品与药品管理局又承认，他们声明的这一“利益”所阐述的仅仅是美国食品与药品管理局想要降低吸烟率的一种方法：有效传递卷烟健康风险的这一目标与图片导致观众决定戒烟和拒绝吸烟相关。由此看出，政府企图把图片警示的重大利益调整为纯信息传递是不可信的，因为将利益定义为“有效传递”太模糊，是站不住脚的。据此，上诉法院认定，美国食品与药品管理局声称的“有效传递健康信息”的利益完全是其想要实现降低吸烟率目标的手段，并不能作为一个独立的维护条例的重大利益。

在对上述三个问题进行分析、辨识和评判的基础上，上诉法院认为，美国食品与药品管理局《卷烟包装和广告警示要求条例》中所要求的图片警示，不仅限制了烟草公司的广告能力，而且还强迫烟草公司承担传播禁烟信息的成本。最高法院曾明确表示：如果政府认为某一言论表述非常具有说服力，那么不允许这一言论向其传播者施压。第一宪法修正案也要求政府不仅要证明其陈述的重要利益要求对商业言论限制是合法的，还要证明这一限制能支持其获得重要利益。然而，美国食品与药品管理局并没有展示出任何数据表明实施图片警示规定会达到他们所声称的降低吸烟率的目标。

2012 年 8 月 24 日，哥伦比亚特区巡回区上诉法院对此案进行了宣判，根据 Central Hudson 案的审查标准，美国食品与药品管理局发布的《卷烟包装和广告警示要求条例》违宪，该条例无效。

3. 美国上诉法院收到政府重审申请及烟草公司反对重审的申请

2012年10月9日，美国食品与药品管理局的律师团认为法院陪审团在此案审理过程中出现了严重的问题，错误地评判了此案，违背了第六巡回法院在Discount Tobacco案中对图片的评估标准，要求哥伦比亚特区巡回区上诉法院重审此案。在重审申请中，美国食品与药品管理局认为：

第一，在卷烟外包装上使用图片警示符合国际共识。

第二，图片警示传递的是精确的文字警语的信息。

针对上诉法院的判决，美国食品与药品管理局提出以下异议，作为重审此案的理由：

一是对多国使用图片警示的研究成果证明，卷烟包装警示中使用图片能够直接地促进政府重要利益，即对市场，尤其是对儿童和青少年消费者有效传递一种高致瘾和高致死率产品的健康风险信息。此外，美国食品与药品管理局使用的新的健康警示的文字内容是绝对精准的。

二是陪审团在分析加拿大和澳大利亚研究报告时偏离了该案讨论的核心。陪审团认为，美国食品与药品管理局提供的加拿大和澳大利亚研究报告只能表明大幅图片警示可能会促使吸烟者减少消费，或是帮助戒烟者保持戒烟状态，但是未能证明任一国家在落实图片警示要求后能直接导致该国吸烟率的实质性下降，这一分析偏离了该案讨论的核心。美国食品与药品管理局选择了与警示文字相匹配的图片是要达到“在卷烟外包装和广告中有效传递吸烟引起的健康危害”这一“基本目标”，然而陪审团却宣称该案要认定的是：当政府强迫产品制造商在其产品中传递政府自身的观点，即消费者是否应该拒绝使用合法但不受人们喜爱的产品。

三是陪审团对特定图片的有限讨论恰好反映了其推理上的错误。

在美国食品与药品管理局向美国哥伦比亚特区巡回区上诉法院提交重审申请后，这几家烟草公司在2012年10月29日提交了反对重审的申请。

这几家烟草公司认为，在巡回区上诉法院的审理中，陪审团已经判定，图片警示的核心目标在于劝阻潜在客户购买一个合法的产品。由于这一做法迫使产品制造商让每一个烟草包装都成为政府传递反烟信息的“迷你海报宣传画”，让制造商提出超越纯事实和准确商业披露的要求，因此违背了第一宪法修正案。由于美国食品与药品管理局选择的图片未向也并无意让消费者获得更多信息，只是为了让观众感到“沮丧、不愿意和害怕”，并加之戒烟热线来规劝消费者“马上戒烟”。所以法院判定，不能将这些极具煽动性的图片以及充满挑拨性的热线电话合理地视为一种纯粹只想向消费者传递信息的手段，这一手段是在试图刺激感官然后恐吓消费者戒烟。也正因为如此，法院认为该案并不适用Zauderer案合理性基础检验的审查标准。

因为包括美国食品与药品管理局本身提交的研究结果在内的大量报告表明：图片警示展示的健康危害是消费者早已熟知的，并不能增加消费者对这些健康危害的了解，这是一种将政府意志强加于消费者的做法，完全侵犯了市场中合法产品的商业言论自由。

对于美国食品与药品管理局在该案中提出的“国际共识”，这几家烟草公司提出以下观点：

首先，消费者已经明确了解到警示想要传递的健康危害。

其次，告知民众已知的信息并不会对其行为产生影响。1994年卫生部拒绝了“可以通过向年轻人展示健康风险的方式来引起年轻人对相关信息缺乏的关注”这一提议，并且表示“根据信息缺失来进行禁烟活动的做法是无效的”。一项来自27个国家连续14年的研究表明，图片警示并未在统计上显著地直接影响合法烟草消费。这就是法院指出的，美国食品与药品管理局预计新警示对吸烟率的影响“在统计学上与零并无差别”。

再者，政府及其他国家的研究预测，图片警示作为更有效地传递吸烟的负面健康信息方式，可能会降低吸烟率，但这些研究都未证明图片警示在传递事实性和非争议性信息时会更有效。

最后，条例除了要求披露产品之外还有别的目的。美国食品与药品管理局并非意图告知消费者如何正确使用烟草产品，而是要鼓励消费者不用或是不尝试使用。可以明显看出，美国食品与药品管理局在选择图片时，并没有基于他们所宣称的向消费者有效传递健康风险这一原则，而是基于图片是否能“凸显”内容，让警示立刻引起观众的情绪反应并最终戒烟。

这几家烟草公司认为,政府不可以强迫私人组织违背他们本身意愿说话。最高法院也指出,国家不能为了消除一个在市场上受欢迎但不健康的商品而进行言论管制。实施图片警示是在强制要求烟草公司违背自身意愿进行产品表达,同时也是在强制消费者不购买合法产品,这在第一宪法修正案的审查下必然失效。

多家烟草公司认为陪审团的两条结论都是清晰正确的,此案并不需要重审,理由如下:

一是图片警示所传递的健康危害并未增加美国民众认知度;

二是在 Central Hudson 案的审查标准下,图片警示并不满足政府降低吸烟率的利益;

三是美国食品与药品管理局要求重审的申请是无价值的。

收到美国食品与药品管理局的重审申请和这几家烟草公司反对重审的申请之后,哥伦比亚巡回区上诉法院采纳了烟草公司的申请,没有对此案进行重审。此后,美国食品与药品管理局也表示,将不再寻求法院对此规定的复审,但会继续执行《家庭吸烟预防和烟草控制法》,并承诺将通过执行以科学为基础的规定,对烟草制品的制造、市场投放和分销进行管控,以减少由于烟草使用而造成的死亡和疾病。

历时两年多,美国卷烟包装图片警示案最后以烟草公司胜诉告终。法院判决不得执行美国食品与药品管理局发布的《卷烟包装和广告警示条例》。目前美国没有在卷烟外包装和广告中使用图片警示,在可预期的未来也不会在卷烟外包装和广告中使用图片警示。法院之所以做出这一判决,核心证据有两点:一是图片警示不是在传递符合事实和没有争议的信息,也不能够直接实现政府所宣称的降低吸烟率的利益或其他利益;二是图片警示主要是为了让消费者感到惊讶、恶心和恐惧,使卷烟包装成为政府表达控烟意愿的“公告牌”,无异于是在强迫烟草公司用其合法产品来传达涉嫌情绪化的政府意愿,并敦促消费者不要购买他们的合法产品,违反了宪法第一修正案关于保护言论自由的权利。

2013 年 3 月 15 日,美国司法部长埃里克·霍尔德(Eric·H· Holder)在写给白宫发言人约翰·博纳(John Boehner)的信中做了如下解释:虽然法院指出,美国食品与药品管理局依赖“图片警示的‘国际共识’”,但判定美国食品与药品管理局不能提供证据,证明这种警示应用已经“在任何规定图片警示的国家都直接引起吸烟率的显著下降”,法院还拒绝了政府在向消费者“有效传递关于吸烟负面健康后果的信息”方面的利益,认为这种利益太过模糊。法院因此废除了条例中的图片警示规定,发还给美国食品与药品管理局重新审议。美国食品与药品管理局继续保留按照控烟法实施制定新条例的程序,目前条件下不寻求联邦最高法院进行第一修正案审查。如果上诉法院以后搁置美国食品与药品管理局发布的新条例,美国食品与药品管理局那时将有机会寻求最高法院的完全审查。

六、美国的控烟新政策或限制美国烟草业发展

2009 年美国实施的《家庭吸烟预防与烟草控制法》,使得美国食品与药品管理局有权监管卷烟、卷烟用烟草、自卷烟以及无烟气烟草制品等产品。而此后美国食品与药品管理局公布的新监管政策让美国烟草业感受到了更大压力。

最新的监管政策进一步扩大了监管范围,电子烟碱传输系统(如电子烟)以及斗烟丝、水烟、可溶性产品,甚至未来出现的一些烟草制品都被纳入监管范围。早已应用于卷烟、自卷烟和无烟气烟草制品的条款将同样适用于最新被纳入监管的产品。

食品与药品管理局还将在预防青少年接触烟草制品方面采取强有力的措施:最新列入监管范围的产品将不得向 18 岁以下的人群销售,也不可在自动售货机中出售(除非该售货机放置在仅向成年人开放的区域)。此外,监管条款还要求产品带有充分的健康警示。

雪茄业也面临严峻挑战。新规定中,美国食品与药品管理局给予 2007 年 2 月之前市面上销售的优质雪茄免于审查的特权。所有在 2007 年 2 月 15 日至 2016 年 8 月 8 日销售的雪茄必须经过大量同等效力的审查后,才能决定是否可以继续在市场上销售。

对电子烟行业来说,产品审批同样比较麻烦。许多电子烟公司称,他们很难应对食品与药品管理局那昂贵且耗时漫长的产品审批程序。富国银行称,一个“上市前烟草产品申请”平均需要 1500 小时左右才能完

成。美国电子烟协会主席格雷戈里·康利称:“这个产业链上有数千个小企业,以及数万个工作岗位。他们都将受到影响。”

富国银行认为,新的监管政策对小型烟草制造商来说无疑是沉重的负担,这会使进入美国烟草市场的门槛大幅提升。与此同时,新的监管政策会对新型烟草制品的创新工作带来一定阻力。

总体来看,无论对传统卷烟,还是对新型烟草制品,新的监管政策都意味着美国烟草市场未来的发展并非一帆风顺。

8.2 欧盟烟草产品指令制定历程及实施后影响分析

一、欧盟烟草产品指令

2013 年 10 月初,欧洲议会通过了新修订的烟草产品指令,待欧盟 28 个成员国批准同意后,新法案于 2015 年正式实施。

1. 烟草产品指令主要内容

新修订的主要内容包括:取缔小包装烟草制品,10 支装卷烟的销售于 2016 年被完全禁止。薄荷烟禁令延迟实施,对于薄荷烟禁令推迟实施的条款,欧盟一家癌症协会称这是烟草业和游说者的胜利。实施更大的图片警示,并促使烟草制品包装标准化。

另外,在欧盟新修订的烟草产品指令中,对新型烟草制品做出了规定,在该指令的解释中,新型烟草产品是指含有烟草的但不属于诸如卷烟、自卷烟、斗烟、水烟、雪茄、小雪茄、嚼烟、鼻烟以及口含烟草制品的其他类别的烟草制品。

在 2014 年 2 月 26 日欧洲议会通过的烟草产品指令中,修订的主要条款包括电子烟监管、特有香味添加剂以及吸烟有害健康警示图片所占面积应该扩大等内容。

据介绍,此次新修订的烟草产品指令,已经过多轮的讨论,最终将电子烟的监管纳入新修订的条款中,规定:如果电子烟是作为一种戒烟工具出现,可以将电子烟作为药品进行监管;如果不是戒烟工具,则作为烟草产品来对待,但在作为烟草产品时,其生产与消费应该以保护公众健康,尤其是儿童健康为出发点,并要在其外包装上印制健康警示图片,与普通的烟草产品一样,受到广告宣传的限制。

另外,新修订的烟草产品指令也禁止添加对消费者有吸引力的添加剂,诸如薄荷醇等,受波兰的影响,欧盟决定推迟到 2020 年出台对薄荷烟的禁令。

目前欧盟对于卷烟外包装上吸烟有害健康面积的立法要求是至少占到 30%～40%,新修订的条款规定,至少要占到 65%,以最大限度提醒消费者吸烟对健康的危害。

总体而言,规定的主要内容包括:

在每个卷烟包装盒的正反面印警示图片,在包装盒的上方也有警示;

禁止针对女性的唇膏模式包装,所有包装必须能装足 20 支卷烟,并具有足够的健康警示图片以及警示语面积;

手卷烟丝包装含有类似图片警示;

禁止促销元素,不得使用“不含添加剂”或者称比其他品牌更健康;

禁止增香,比如薄荷醇、水果和香草味卷烟;

规定电子卷烟的烟碱最高浓度;

建立欧盟范围内的溯源体系以打击卷烟非法贸易。

2. 新规对于薄荷烟产品给予宽限期

欧盟新修订的烟草产品指令规定,在新修订的指令生效后,烟草生产商才可以向市场上推出新型烟草制品,这些新型烟草制品还必须符合烟草产品指令的相关条款,诸如商标标签及成分等,以确保公平的市场竞争环境。

新修订的烟草产品指令规定，薄荷烟在新的烟草产品指令生效5年后禁止上市销售，允许烟草零售商继续出售电子烟，但禁止向未成年人出售电子烟，并禁止任何关于电子烟的广告宣传。

在2013年12月中旬欧盟各成员国在新烟草产品指令修订意见的协商中，对于薄荷烟制品，与会的欧盟各成员国代表给予了此类别制品4年的宽限期，同时，欧盟各成员国代表一致同意，在新修订烟草产品指令实施4年之后，政府应该对其实施禁令。

另外，在欧盟新烟草产品指令正式实施18个月后，薄荷烟生产商将不得再生产该类别的烟草制品，违者将对其实施处罚。

3. 关注电子烟产品

2014年年初，欧盟各成员国就欧盟新修订的烟草产品指令又进行了多方商谈，对于以前不受监管的电子烟，成员国各方代表都对其给予了高度的关注。

据介绍，在新修订的烟草产品指令中，欧盟委员会建议要对可以重复使用的烟仓出台禁令，另外，对于外形及味道均类似于传统卷烟产品的电子烟，以及烟碱量每毫升高于20毫克的电子烟均要实施严格的禁令。意大利代表还提出建议，对于烟碱量高的电子烟，政府应该按药品来进行管制。

4. 对于添加剂的规定

欧盟新修订的烟草产品指令对电子烟添加剂提出建议，要求生产商所使用的添加剂不能以吸引年轻烟民及不吸烟者为目的，目前在欧盟允许的范围内，所涉及的用于电子烟生产的添加剂包括薄荷味和柠檬味添加剂等。

5. 对于广告宣传的规定

2016年实施的欧盟新修订的烟草产品指令，对于电子烟类产品的广告宣传进行了严格的限制，其主要的内容包括：(1)宣传营销的对象不应该只针对18岁以下的人群，因此其宣传广告不应该出现在仅供18岁以下人群收看的媒体上；(2)电子烟生产商与贸易商的宣传广告中，不应该以各种形式来鼓励不吸烟者尝试使用电子烟产品；(3)电子烟的广告宣传中需要明确：其产品就是电子烟，而不是一种烟草制品(注：该用语仅指在做电子烟广告宣传时使用，其目的在于暂时可以允许电子烟做广告宣传，而不是指电子烟不属于烟草制品)。

6. 最终批准烟草产品指令修订案

2014年2月26日，欧洲议会原则上批准了新修订的烟草产品指令，欧洲议会部长级会议于2014年3月14日正式召开，在通过该修订案之后可生效。

据介绍，自2013年12月份以来，欧洲议会及欧盟委员会召开了数次会议对烟草产品指令的修订案进行讨论，最终以514票支持、66票反对，58票弃权获得通过。

7. 欧盟烟草产品指令受质疑

在欧盟出台新修订的烟草产品指令之后，已受到了来自多家烟草公司的质疑。近日，菲利普·莫里斯烟草国际公司已计划通过诉讼的手段，以法律的途径寻求对该指令进行重新审查。

菲利普·莫里斯烟草国际公司一位名叫Marc Firestone的负责人指出，欧盟于2016年5月20日起实施的新的烟草产品指令，已经破坏了欧盟条约的相关条款。新的烟草产品指令一旦付诸实施，将会在欧盟成员国内部引发严重的问题，同时也破坏了商品的自由流通与公平竞争。

在菲利普·莫里斯烟草国际公司就此事计划提起法律诉讼的同时，也有部分烟草公司进行了院外游说活动，英国巴斯大学和牛津大学医学院的研究人员称，各大烟草公司的努力可能会对欧盟计划实施的烟草产品指令产生一定的影响。

同时，也有研究人员指出，欧盟在制定新的烟草产品指令的同时，也应该以世界卫生组织所制定的《烟草控制框架公约》为依据，以避免政府在制定政策时对烟草行业进行过度干预。

全球排名靠前的几家大型跨国烟草公司——菲利普·莫里斯烟草国际公司、英美烟草公司以及帝国烟草公司等对欧盟新修订的烟草产品指令提出挑战，并向欧盟高等法院提起诉讼，强烈反对欧盟烟草产品指令中有关烟草产品包装的新规定。

在此之前，欧盟成员国内的一些烟草商对欧盟新修订的烟草产品指令曾提出质疑，烟草界人士认为，欧盟委员会新的烟草产品指令的某些条款，诸如增加吸烟有害健康警示图片及警示语的面积、禁止薄荷烟在欧盟成员国的生产与销售等，均超越了欧盟的立法权力范围，是对合法商品在欧盟成员国贸易权的侵犯。

8. 欧盟多个国家未能执行新的烟草产品指令

在2016年5月20日欧盟新修订的烟草产品指令开始实行之日，欧盟的28个成员国内，仅有11个国家按照欧盟的要求开始实行新的烟草产品指令中的条款，另外17个国家没有能够按时执行新的烟草产品指令。

据介绍，欧盟委员会发言人Alexander Winterstein在接受媒体记者采访时称，对于没有能够按时执行新烟草产品指令的国家，欧盟将给予这些国家2个月的宽限期，即到2016年7月20日，所有的欧盟成员国均必须实施欧盟早在2年前就已经修订的新的烟草产品指令。

德国议会向外界宣布，德国将会严格执行欧盟制定的烟草产品指令。另外，德国政府已经拒绝了烟草商们要求延期至2016年5月份起执行新的烟草包装指令的建议。

然而，对于德国政府严格执行烟草产品指令的行为，帝国烟草公司的一位负责人在接受媒体记者采访时称，政府在执行新的烟草产品指令中有关烟草包装的措施时，并没有给烟草商们留下足够的时间使他们能够生产出新的符合政府要求的包装材料，并对拒绝他们提出的延期要求进行说明。对于烟草商们要求延期的建议，德国政府卫生监管部门的一位负责人称，延期有可能会造成市场的混乱，因此政府不会采取延期的建议。

9. 欧盟商标保护组织对欧盟控烟措施提出抗议

欧盟商标保护组织近日向外界发表声明指出，他们反对欧盟所修订的烟草产品指令，并批评称，欧盟计划实施的卷烟素面包装政策侵犯了卷烟生产商及贸易商的知识产权及相关利益。

据介绍，自2012年澳大利亚政府实施卷烟素面包装法案后，爱尔兰已经效仿澳大利亚的做法。对此，欧盟商标保护组织表示强烈反对，为此，他们还联合了总部位于巴黎的国际商会下属的商标协会、捷克品牌与商标协会等机构向欧盟提出了抗议。

二、欧盟烟草产品指令对烟草产品包装的影响

根据欧盟烟草产品指令，欧盟的卷烟生产商已经将"全味""淡型"和"柔和型"等修饰词从卷烟包装上去除。这样，卷烟生产商在遵守新规定方面也有自己的忧虑。它们必须重新设计自己的包装，以便适应新的面积更大的健康警告，还要想办法重新命名自己的产品并充分与自己的客户进行沟通。

1. 使用色彩

据专门提供品牌建议和开发包装设计的欧盟一家品牌公司产品顾问公司称，有两种以图像表示卷烟品牌类型区别的方式。

第一种是使用比原始设计部件较小号的款式——例如，菲利普·莫里斯烟草公司能够以缩小的万宝路烟盒顶部设计来表示一种较淡型的卷烟。

第二种方式是使用较浅的颜色。

对此，这家公司的品牌负责人指出，转变颜色看来是在货架上区别产品最显而易见的方式。在那里阅读指示很困难，在转变颜色的同时，品牌的主要形状可以得到保留，而且品牌展示的辨认价值也得到保留。

许多卷烟生产商采用了颜色方式，强调烟盒的颜色。某些品牌试图使用颜色引导消费者。例如，由于柔和型、淡型等修饰词被禁止使用，骆驼中味品牌已经被重新命名为骆驼橘黄色。惠特兹认为，其他像万宝路一类的品牌只是将淡型一词取消，而是用颜色来进行区分。消费者只能利用焦油、烟碱指示来辨识区别。

2. 使用非图像方式改变名称。

然而，颜色对不同文化背景的不同人士可能意味着不同的意思。因此，国际品牌生产商必须密切注意颜色的变化。

颜色选择之所以如此重要，是因为不同颜色促成的情绪及生理反应不同。每种颜色对人都会产生特定的影响。例如，红色令人充满活力和能量。这一点有科学依据。当你把一个人放在一间红色房间时，他的

心跳速度会加快，而且他的血压和肾上腺素量都会升高。红色是给人体补充能量产品的典型颜色，例如可乐(可口可乐具有红色的外包装)、咖啡(在荷兰市场，大多数咖啡品牌具有红色的外包装)，以及全味卷烟(在西方文化中)。

蓝色在另一方面，则是一种平静的颜色，人们对蓝色的反应与对红色的反应相反。把一个人放在一间蓝色的房间内，他的心跳速度会减慢，而且其血压和肾上腺素量也会降低。

包装设计人员还必须注意，不同的文化背景会将不同颜色与不同意思联系在一起。颜色的含义受到文化的影响。例如，黑色在西方文化中是悲哀的颜色；而在亚洲，白色才是悲哀的颜色。在包装设计中使用颜色时，设计人员应当留意这些区别。一旦某种颜色被用来认定某种产品后，如果它发生改变，消费者便会产生不同的反应。

3. 消费者的反应

鉴于各种广告和市场推销限制，生产商应尽最大努力向客户传送有关产品名称变化的信息。

转化对于零售商来说尤其困难。产品指示的消失给零售商带来了更多的问题。与消费者不同的是，他们需要找寻的品牌不止一种。每一位消费者都要求具有另一种外观的品牌，零售商必须更加频繁地寻找消费者需要的品种。

公司产品顾问认为，使用颜色的趋势将会延续下去。消费者已经习惯于用颜色作为品种指示，因为他们已经熟悉不同颜色的意思。对于新品牌，采纳大多数品牌已经使用而且消费者马上就能明白的颜色密码要容易得多。

4. 进行大面积遮盖

在欧盟国家，巨型黑白健康警告目前几乎覆盖了卷烟包装将近一半的面积。自从警告令实施以来，购买烟盒外套和标签来遮盖健康警告成为一种十分流行的趋势。

消费者在经历了最初的震惊之后，许多人感到愤怒或是可笑，并决定自行遮盖警告。

目前，装饰外套可以在烟草销售亭和烟草店买到，标签也可以免费从互联网上下载。

这些覆盖材料多种多样，其中包括被称为卷烟"第二层皮肤"的新潮艺术品以及看似欧盟警告，但能给人带来愉悦感而不是谴责的黑白标签。

有人认为，遮盖只是一种流行趋势而已：人们遮盖卷烟盒是一种新潮，它显示了人们对法规的厌恶。但是，他们最终将习惯警告，并且停止购买遮盖材料。

三、欧盟新烟草产品指令对欧盟部分国家和地区薄荷烟市场的影响

欧盟所出台的薄荷卷烟新规使波兰、芬兰以及德国等国的薄荷卷烟市场受到冲击。

由于文化和历史发展不同，薄荷卷烟的流行程度在各个欧盟成员国中存在很大差异。过去的数年间，整个欧盟的传统薄荷卷烟消费量已经下降，然而在个别市场，由于添加胶囊，薄荷卷烟又变得流行起来。

1. 对欧盟部分成员国市场的影响

波兰和芬兰是传统薄荷卷烟两个重要的消费市场。2014 年，两个国家的薄荷卷烟市场份额分别为 19.5%和 19.1%(波兰市场上传统薄荷卷烟的份额基本保持稳定；芬兰国内薄荷卷烟市场份额出现了下降，2012 年其占比超过 20%)。同期，两个市场上胶囊薄荷卷烟的消费量分别从 2.6%和 2.2%增长到 4.5%和 2.9%。

在其他欧盟国家，传统薄荷卷烟早已不太流行，市场份额也在不断减少：瑞典市场份额为 9.9%，英国为 8.6%，而西班牙、意大利和爱尔兰市场份额为 0.1%。

薄荷卷烟的发展空间在逐渐缩小，而最近欧盟颁布的一项规定无疑让这类卷烟的发展更加举步维艰。有人用"能够消费的时日已经屈指可数"来形容薄荷卷烟的未来。欧盟修订的《烟草产品指令》于 2016 年 5 月开始生效。这个指令对薄荷卷烟的监管将更加严格。

由于市场份额较小，薄荷卷烟市场的变动对大多数欧盟成员国、普通消费者和诸多烟草公司来说似乎并没有什么影响。但菲莫国际(菲利普·莫里斯国际集团公司的简称)在英国的子公司指出，薄荷卷烟能够

带来一笔较可观的税费收入。

对薄荷卷烟消费者来说，如果规定生效，他们要么适应非薄荷味卷烟，要么转向可自行添加薄荷的卷烟。

然而，卷烟制造商认为卷烟走私分子将是最大的受益者。如帝国烟草一位部门负责人指出，禁止薄荷卷烟的销售将导致卷烟非法交易增多，这对公司的业务是一个威胁。帝国烟草的薄荷和爆珠卷烟在欧盟市场的份额为15%～20%，在英国、法国和波兰则能占到本土卷烟市场大约75%的份额。

这位负责人指出，认为薄荷卷烟消费者因此会转向非薄荷类卷烟是把问题想得太过简单了。薄荷卷烟消费者仍然希望能购买到他们喜欢的卷烟。如果需求得不到满足，反而会给犯罪分子提供一个赚取利润的机会——他们可以从欧盟以外的国家和地区走私薄荷卷烟。

2. 波兰消费者不希望新规生效

新的规定会给波兰和德国这两个国家带来较为严重的打击。据《华尔街日报》报道，与欧盟其他一些国家每年人均卷烟消费量逐年下降的发展趋势不同，波兰仍然是一个卷烟消费量较大的国家。

薄荷卷烟于1953年在该国上市，自那以后，很多波兰消费者已经养成了吸食薄荷卷烟的习惯。波兰甚至考虑要将薄荷卷烟作为一种传统产品，就像瑞典鼻烟，以免除更为严格的管控。

波兰曾就欧盟对烟草产品的相关规定提出呼吁，认为相关规定会对本国经济发展造成很大影响。波兰不仅是一个卷烟消费国，也是一个烟叶和烟草制品重要的生产国。据英国路透社报道，波兰是欧盟第二大烟叶生产国，从事烟草种植的人超过6万人。

此外，波兰拥有多个卷烟工厂，所产卷烟超过70%用于出口，其中50%出口到其他欧盟国家。据波兰某烟草行业协会报告称，禁止销售薄荷卷烟将导致3万个烟草种植、卷烟生产和卷烟销售方面工作岗位的丢失，每年为国家造成估计21亿欧元的税费损失，因为薄荷卷烟消费者很可能会转向非法烟草制品。2013年由菲莫国际委托进行的一项研究报告证实了这种假设：如果合法商店里没有薄荷卷烟出售，街头商贩非法销售的薄荷卷烟量会增长250%。

日烟国际支持波兰提交相关法律诉讼。该公司一位代表称，波兰提出法律诉讼的决定可促使相关机构对《烟草产品指令》的一些规定进行全面审查和回顾。我们不对结果进行预测，我们期待最后的裁决。

3. 对德国市场的影响

2015年7月，德国农业部宣布国家计划于2016年5月全面禁止薄荷卷烟的销售——这个时间比欧盟规定的最后期限提前了4年。

对此，德国卷烟协会一位负责人认为，欧盟对薄荷卷烟的严格限制是对市场的严重干涉，过早推行薄荷卷烟禁令违反了欧盟《烟草产品指令》的相关规定，而且也打破了德国执政党之间的联合协议。

薄荷卷烟在德国市场占相对较小的市场份额，仅为2.4%。但德国是卷烟出口大国，过早禁止薄荷卷烟不仅会导致18亿欧元的税费损失，而且意味着任何薄荷卷烟都不能在德国进行生产。这个计划的实施将威胁成千上万人的工作岗位，因为德国生产的卷烟有70%都是用于出口。

德国某些政府工作人员意识到，与波兰可能出现的情况一样，德国提前禁止薄荷卷烟加工销售也会导致非法薄荷卷烟贸易的增长。他们建议讨论修改相关法律草案以迎合不同党派要求。农业部目前已经接受这一提议，并对其进行审议。

四、欧盟烟草产品指令对经济发展的影响及烟草商们的反应

1. 欧盟修订烟草产品指令将影响经济发展

欧洲经济与社会委员会一位负责人在接受媒体记者采访时称，欧盟修订烟草产品指令的做法，将会对欧盟各成员国的经济产生严重的负面影响，同时也将影响到欧盟的就业及税收等问题。

这位负责人指出，目前在欧盟各成员国，烟草业的从业人员高达150万左右，烟草业在促进农业经济发展、稳定出口创汇等方面起着重要的作用，因此，该委员会对欧盟修订烟草产品指令表示关注。同时，该委员会也认为，对于烟草业而言，政府在制定公共政策，考虑公众健康的同时，也要考虑经济的发展。

2. 法国部分公众反对欧洲新修订的烟草产品指令

2013年10月8日，欧洲议会对是否将电子烟列为药品的新修订的烟草产品指令进行复议。为此，很多

欧洲民众来到位于法国斯特拉斯堡的欧洲议会大楼前举行示威，并抗议这一指令。

事实上，在2013年10月7日，10位法国专科医生发表了一篇名为《医学承认电子烟呼吁书》的文章，明确反对将电子烟制品归类为药品，他们认为，电子烟可以帮助众多吸烟者戒烟。

数据显示，目前欧美地区大约有100万烟民经常消费电子烟制品。英国的电子烟消费者从2010年的9%增长至2012年的22%；美国的电子烟制品近3年来销售额逐年成倍增长。

3. 菲利普·莫里斯烟草国际公司对欧盟新烟草产品指令表示担忧

2014年2月份，菲利普·莫里斯烟草国际公司的一位负责人在接受媒体记者采访时称，他们对欧盟新修订的烟草产品指令表示担忧。这位负责人称，新修订的烟草产品指令将会导致多个成员国相关行业员工失业率上升。

另外，欧盟新修订的烟草产品指令，将进一步削弱烟草商们的知识产权，并破坏欧盟宪章所赋予并受到保护的这些权利。

菲利普·莫里斯烟草国际公司欧盟地区负责人则十分悲观地认为，欧盟新修订的烟草产品指令，是送给欧盟非法烟草市场不法分子的一件礼物。

4. 欧共体烟草制品生产商联合会对烟草产品指令表示不满

在2014年2月26日欧洲议会通过欧盟新修订的烟草产品指令之后，欧共体烟草制品生产商联合会立即发表声明指出，对该指令的修订表示不满。

该委员会负责人在接受媒体记者采访时指出，他们支持欧盟委员会规范烟草制品及其市场发展的行为，因为最终的目的是为了保护公众的身体健康，然而，不幸的是，欧盟新修订的烟草产品指令中一些条款是不太合理的，部分条款所制定的目标则难以实现，并有可能导致非法走私及假冒烟草制品犯罪活动的进一步增长。

同时，这位负责人指出，在新修订的烟草产品指令出台之后，应该给予烟草生产商、包装生产商、机械制造商、烟草贸易商及零售商们足够的时间以适应新烟草产品指令的实施。

5. 烟草产品指令影响欧洲经济

欧盟新修订的烟草产品指令，不仅影响欧盟的烟草业，还将影响欧洲的经济。新的烟草产品指令一旦实施，欧盟非法烟草贸易量可能会增加25%～35%，非法卷烟的销售量可能增加到840亿支。

即将于2014年5月20日生效的欧盟新烟草产品指令，会使多家在欧盟各成员国有烟草经营业务的烟草公司利润受到影响。

数据显示，新的烟草产品指令实施后，预计将会使英美烟草公司损失高达1亿～2亿欧元的巨额利润。

原因在于欧盟新烟草产品指令对各类烟草产品包装所出台的新要求，迫使各烟草商不得不在未来的两年时间内更新其包装设备。对于不符合新烟草产品指令的产品，欧盟允许在2016年5月20日前仍可销售。

6. 部分跨国烟草公司对欧盟烟草产品指令提出挑战

全球排名靠前的几家大型跨国烟草公司——菲利普·莫里斯烟草国际公司、英美烟草公司以及帝国烟草公司等对欧盟新修订的烟草产品指令提出挑战，并向欧盟高等法院提起诉讼，强烈反对欧盟烟草产品指令中有关烟草产品包装的新规定。

在此之前，欧盟成员国内的一些烟草商对欧盟新修订的烟草产品指令曾提出质疑，烟草界人士认为，欧盟委员会新的烟草产品指令的某些条款，诸如增加吸烟有害健康警示图片及警示语的面积、禁止薄荷烟在欧盟成员国的生产与销售等，均超越了欧盟的立法权力范围，是对合法商品在欧盟成员国贸易权的侵犯。

8.3　澳大利亚卷烟素面包装法案制定历程及实施后的影响

一、澳大利亚卷烟素面包装法案立法进程

1. 卷烟素面包装法案实施进程

实施素面包装法案：

2012 年 12 月，澳大利亚正式实施卷烟素面包装，成为目前唯一全面实行卷烟素面包装的国家。

澳大利亚卷烟素面包装法案规定，所有烟草制品必须使用深褐色、印有大幅健康警示图片的标准化包装；产品名称只能以很小的字体出现；公司标志、品牌形象等都禁止出现在包装上。

素面包装法案的实施进程：

2011 年 11 月，澳大利亚制定烟草制品素面包装法案。

2012 年 12 月，澳大利亚正式实施卷烟素面包装。

2013 年 10 月，苏格兰政府拟推行卷烟素面包装。

2014 年 2 月，爱尔兰政府批准了存在争议的卷烟素面包装计划。

2014 年 9 月，欧盟 9 个国家对爱尔兰计划实施卷烟素面包装提出反对意见。

2015 年 3 月，英国下议院通过投票赞成实施卷烟素面包装。

2015 年 4 月，法国议会通过了一项更加严格的控烟修订案，并计划从 2016 年 5 月开始实施卷烟素面包装。

2015 年 5 月，乌克兰重新明确政府对卷烟素面包装的态度。

2015 年 6 月，挪威医疗保障服务部强制要求所有烟草制品必须使用素面包装。

2016 年 5 月，英国、法国或正式实施卷烟素面包装。

2016 年 5 月份，挪威：计划实施卷烟素面包装法案。

2016 年 6 月初，世贸组织在其网站上发表通告称，挪威医疗保障服务部已提出强制性要求——所有烟草制品必须使用素面包装。该措施何时被批准及何时生效尚无定论。

通告显示，挪威政府计划实施的素面包装法案要求，所有烟草制品必须使用统一设计的包装，并禁止生产商印制自己的标识、商标、图像、颜色或其他任何形式的广告。包装只能有一种颜色，一部分产品必须使用特定的包装材料。品牌名称和产品系列名称，以及制造商信息都将使用相同的标准化颜色、布局、字体和大小来印刷。挪威医疗保障服务部还提出了如条形码、包装材料等其他元素的统一标准。按照现行法律规定，包装还要保留健康警语和其他相关信息。

早在 2016 年 1 月，挪威政府就向外界宣布，计划仿效澳大利亚政府的做法，对烟草制品实施素面包装。

由于挪威政府此项法案尚在计划之中，世贸组织对此未发表任何评论。

2016 年 4 月份，日本烟草：抗议爱尔兰素面包装法案。

2016 年 5 月下旬，欧盟就日烟国际反对爱尔兰烟草制品素面包装一案举行了听证会。

2016 年 12 月份，法国政府通过了一项旨在降低该国吸烟率的法案，并对原来的控烟法案进行了新的修订——实施烟草产品的素面包装法案。

2017 年 2 月，斯洛文尼亚议会一致通过了该国新的控烟法案的修订案，有步骤地实施烟草产品素面包装的法案，对不同品牌烟草产品实施标准化的素面包装政策，以进一步降低该国的吸烟率。

2017 年 3 月 29 日，爱尔兰卫生部长宣布，该国烟草素面包装立法将于 9 月生效，这意味着从 2017 年 9 月起在爱尔兰制造的所有烟草制品必须采用素面零售包装。

2017 年 3 月 31 日，挪威政府宣布从 2017 年 7 月 1 日起执行对烟草制品采取素面包装的规定，希望以此防范青少年养成吸烟习惯。

作为欧洲重要经济大国的英国，也在 2017 年 5 月正式实行素面包装法案。其实严格地说，英国的素面包装法案已于 2016 年 5 月 20 日生效，但由于烟草公司有 12 个月的宽限期来出售旧包装的卷烟以及引进平装卷烟。所以，素面包装法案从 2017 年 5 月开始才算正式实施。

其实，自 2011 年澳大利亚制定烟草制品素面包装法案以来，烟草制品的素面包装在全球产生了一定效应，越来越多的国家开始认同或尝试实施这一政策。

截至 2017 年，澳大利亚、英国、爱尔兰、法国和匈牙利已确认通过平装法案。智利、冰岛、挪威、新西兰等国将于今年通过议会立法，加拿大、芬兰、土耳其、南非、立陶宛等则计划在 2018 年进行议会立法。

实行素面包装后，卷烟品牌名称将以标准字体、大小和位置出现在包装上，健康警告将出现在包装的正面、背面以及顶部，占据烟盒 65%的面积。

针对素面包装法案，全球四大烟草公司（菲莫国际、英美烟草、帝国烟草和日烟国际）一直在进行不懈的法律争辩，他们声称新规定违反了英国和欧盟的几项法律，会损害财产权，因为该法律使彼此产品的差异性变小，并且还声称没有证据表明素面包装会降低吸烟率。

2. 多家机构对澳大利亚素面包装提出抗议

早在澳大利亚素面包装正式实施前的2009年，澳大利亚一个组织机构试图通过多种努力推动澳大利亚成为世界上第一个实施卷烟素面包装的国家。对此，英美烟草澳大利亚公司与菲莫国际、日烟国际和美国商会联合提出抗议。英美烟草澳大利亚公司表示，禁止在烟盒上印制商标的建议是对澳大利亚法律和相关国际法的破坏。英美烟草表示，如果澳大利亚政府采纳反吸烟人士提出的雄心勃勃的控烟计划，公司将向澳大利亚高等法院提起诉讼。菲莫国际认为，素面包装是对商标、品牌标识和包装设计等宝贵财产的剥夺，公司要求澳大利亚政府赔偿由此带来的损失。

2014年4月，世贸组织接到来自乌克兰、古巴和多米尼加等国家的诉讼。同年5月，菲莫国际再次对澳大利亚政府实施卷烟素面包装一案提起诉讼。诉讼称，菲莫国际亚洲公司曾与澳大利亚政府签署过双边投资贸易协定，澳大利亚政府实施的卷烟素面包装政策显然违背了双方的协定。因此，菲莫国际要求根据相关国际法进行裁决。

很多反对实施卷烟素面包装的组织和机构认为，素面包装违反了商标法，是对烟草公司知识产权的侵害。2010年6月，美国联合商业协会负责人指出，澳大利亚政府违反了国际贸易准则；包装关系到知识产权，也涉及商标法，希望澳大利亚政府能慎重对待此事。这样的呼声一直到现在仍然存在。今年5月，国际商标协会的一位负责人称，该协会反对政府实施素面包装，并呼吁废除澳大利亚政府出台的相关规定，因为这违反了国际上关于商标问题的协定，受法律保护的烟草商的知识产权也遭到了侵害。

澳大利亚卷烟素面包装法案实施以来，其最初追求的吸烟人数下降、公众健康水平提升的目标是否实现，依然没有最终定论。

2014年2月，据欧洲一家知名咨询机构伦敦经济国际的一份报告显示，尽管去除了商标、更新了健康警示内容、扩大了警示内容在烟盒上的面积，但这些举措并未让澳大利亚卷烟消费量产生明显变化。来自另外一家国际知名咨询机构毕马威公司调查数据表明，2014年，各类非法烟草制品占整个澳大利亚国内烟草制品市场份额的14.5%，创历史最高，这让澳大利亚政府遭受了约13.5亿美元的损失。今年5月，《烟草控制》杂志有文章称，澳大利亚政府实施的卷烟素面包装政策效果并不明显，该项政策并未降低走私及假冒烟草制品的销量，反而刺激了非法烟草制品贸易的进一步增长。

事实上，澳大利亚政府实施卷烟素面包装，对烟草公司，尤其是四大跨国烟草公司的发展造成了一些消极影响。在澳大利亚卷烟素面包装实施前后，跨国烟草公司始终没有放弃维护自己的利益。

3. 素面包装可能导致非法产品数量增长

2014年10月，《英国医学杂志》一份研究报告表明，卷烟素面包装法案没有增加非法卷烟的使用量，也没有迹象表明该法案的实施会导致大量廉价非法卷烟涌入市场。此研究是访问了2000多名消费者后得出的结论，但该调查只涉及澳大利亚一个州。2017年4月，澳大利亚一位研究人员的研究表明，素面包装可以降低烟草制品的吸引力，也可以提高“吸烟有害健康”警示的有效性，同时还会给将来计划实行素面包装的国家带来信心。2017年5月，澳大利亚一家癌症研究机构的研究表明，引入素面包装尚未引发非法烟草制品消费的显著增长，卷烟包装的改变也没有损害卷烟零售商的利益。

卷烟素面包装是否会增加非法卷烟销量，是否真能起到控烟效果，目前仍无定论。单从法律层面来讲，因实施卷烟素面包装，澳大利亚政府的麻烦一直就没有间断。这些麻烦不仅有来自本国民众的质疑，还有来自跨国烟草公司的联合诉讼，以及来自美国相关贸易机构的声讨。

二、2016年世界无烟日主题——素面包装

2016年5月31日是“世界无烟日”，这一天的话题自然是全球范围的“控烟履约”。

控烟——扎实稳步推进烟草控制。

履约——履行《烟草控制框架公约》。

提起“控烟履约”，其内涵远没有字面上看起来那么简单。

1. 2016 年世界无烟日的主题是“为素面包装做好准备”

“烟草素面包装”，亦称“烟草标准包装”，是指对烟草产品采取统一、标准化和高度相似的包装，要求生产商去除烟草产品包装上的所有品牌标识(包括色彩、图形、公司标志和商标等)，只允许在包装上除警示图片及其他诸如有毒物质含量标注信息和税票以外的区域，按照强制规定，用统一的尺寸、字体字号，在固定的位置印制品牌名称。

2012 年 12 月，澳大利亚政府不顾业界内外反对，强行实施烟草素面包装政策，投石入水，引起轩然大波。时至今日，国际社会关于烟草素面包装的争议仍然存在。

2. 澳大利亚的激进措施受到争议

澳大利亚烟草素面包装法案实施后，各方密切关注实际效果。2014 年年初，欧洲知名公共经济政策咨询机构伦敦经济国际公布了一份调查报告：实施烟草素面包装法规后 3 个月，澳大利亚吸烟率确实出现了微小幅度的下降；法规实施 4～8 个月间又开始出现反弹。尽管反弹幅度不大，但考虑到季节变化、加税等外在因素，卷烟素面包装对于吸烟率变化带来的影响几近于零。

澳大利亚便利店协会一位负责人认为，烟草素面包装导致店员因翻找货物服务顾客的时间减少，所有烟盒的包装看起来都很相似，更别提店主们错拿商品给买家了，因为相似的包装形式和色彩让人很难区分不同的产品。这也催生了新的问题：非法卷烟市场份额增加。

3. 是否跟进态度不一

继澳大利亚之后，爱尔兰在烟草素面包装立法方面也有举措。2012 年 6 月，爱尔兰宣布正在考虑通过立法成为欧盟第一个引入烟草素面包装的国家。2014 年 6 月 10 日，爱尔兰公布了有关细节。对此，跨国烟草公司齐声反对，认为爱尔兰单方面引入烟草素面包装措施，阻碍了欧盟成员国之间的贸易。

其间，欧盟曾就日烟国际反对爱尔兰政府计划出台的烟草素面包装措施征求成员国意见。保加利亚、捷克、希腊、波兰、葡萄牙、罗马尼亚、斯洛伐克、西班牙、意大利等国提出了反对意见，认为爱尔兰实行烟草素面包装将会对成员国之间商品自由流通、开展自由服务贸易等产生负面影响。美国国会议员们也致信爱尔兰总理，认为烟草素面包装是严格保护知识产权国家“麻烦趋势的开始”。如今，爱尔兰仍未能如期实行烟草素面包装法案。

2014 年 2 月，欧洲议会颁布修订后的《烟草产品指令》，允许成员国自行决定是否实行烟草素面包装政策。尽管欧盟对烟草素面包装政策开了绿灯，但在欧盟的 28 个成员国中，除了英国(未将雪茄、斗烟等烟草产品列入)、法国和爱尔兰三国确定实行烟草素面包装政策外，仅有芬兰、瑞典、匈牙利、斯洛文尼亚和比利时 5 个国家表示正在考虑。

在东盟内部，印度尼西亚和马来西亚卫生部门准备在烟草素面包装政策上效仿澳大利亚，但引发了国内民间人士和政府部门之间的激烈辩论。2017 年 3 月 22 日，印尼贸易部部长称，澳大利亚对卷烟实行素面包装非常不当，印尼是世界第二大烟草产品出口国，烟草产品涉及国家利益。据统计，烟草产业占印尼国内生产总值的 1.66%，年出口额达 7 亿美元；该国直接和间接从事烟草产业的人数为 610 万人，另有 180 万农民从事烟草和丁香(用于生产丁香烟)种植。这些靠体力吃饭的劳动者的利益谁来关注呢？

4. 素面包装引起烟草商的不满

对于澳大利亚和部分欧盟国家强行实施烟草素面包装政策，菲莫国际、英美烟草、日烟国际、帝国烟草纷纷利用国家法律、双边和多边贸易协定提起诉讼和仲裁，维护自己的权益。

在国家层面，2011 年 12 月，菲莫国际、英美烟草、日烟国际和帝国烟草分别向澳大利亚高等法院提起针对澳大利亚政府的诉讼，称烟草素面包装法案违宪，理由是该法案在无正当条件的情况下获取了这些公司的知识产权和商誉。此外，四大跨国烟草公司还共同起诉英国政府。虽然 2016 年 5 月 19 日该诉讼由英国高等法院格林大法官判决予以驳回，但菲莫国际和日烟国际表示不服判决，决定继续上诉。

5. 素面包装使双边贸易摩擦不断

在双边贸易协定层面，2011 年 7 月，菲莫国际基于中国香港和澳大利亚之间的投资保护协定，向澳大利亚提交“争端通知”。2011年11月，又依据联合国国际贸易法委员会仲裁规则向澳方提交“仲裁通知”，启动仲裁程序，由国际常设仲裁院提供行政支持。2011年12月，澳大利亚表示将提出管辖权异议，要求将管辖权作为初步问题先予审理。

2015年12月17日，仲裁庭以无管辖权为由驳回了菲莫国际的诉讼请求。菲莫国际回应称，该裁决完全基于程序性问题，而未触及素面包装措施是否合法的实际问题。鉴于本案仲裁地为新加坡，目前尚不能排除菲莫国际向新加坡法院提出申请，要求撤销仲裁庭裁决的可能性。

在世贸组织内，乌克兰、洪都拉斯、多米尼加、古巴和印尼先后起诉了澳大利亚的烟草素面包装政策。其间，乌克兰退出，目前该案仍在审理过程中。案件中，起诉方认为烟草素面包装措施违反了WTO《与贸易有关的知识产权协定》《技术性贸易壁垒协定》《1994年关贸总协定》的有关条款。2015年6月，WTO就该案进行了未对公众开放的听证。

三、素面包装可能不利于控烟

最近几年，关于烟草素面包装的争论四起。控辩双方一边是跨国烟草巨头拼死守护自己的品牌资产，一边是少数国家政府扛着控烟的大旗“替天行道”。这种情形让人十分担忧。

菲莫国际副总裁认为，公司尊重政府在涉及公共利益的领域进行管理的权威，只是直接抹掉我们的商标做得过头了。实践表明，有效控烟与尊重消费者自由和私有财产可以兼顾。

这种“兼顾”，体现的是一种持中守正的态度。而持中守正，本就是一种理性，本就是一种国家治理智慧。近年来，在烟草控制方面，理性的声音越来越少，激进的举措越来越多，这对烟草业固然不利，但对切身利益系于政府一念的社会公众来说，恐怕也非福音。

1. 素面包装并不经济

从经济角度来看，烟草素面包装违反市场规律，有悖于控烟目的。目前，已经实行和考虑实行烟草素面包装的国家其基本的立法逻辑是：烟草素面包装可以减少包装对烟民的吸引力。这种判断有失偏颇而且不够全面。首先，带有商标的烟草包装称得上是世界上防伪能力仅次于纸币的一种高技术印刷品，推行烟草素面包装可谓在打击非法烟草贸易方面“自废武功”。通过强力的行政干预，给合法烟草产品的合法营销泼冷水，为非法烟草产品的贸易添把柴，这种做法本身就自相矛盾。其次，烟草素面包装弱化了品牌差异，一方面容易导致高价值品牌向低价值品牌滑落，拉低烟草产品整体价格，减弱提税提价控烟的成果；另一方面弱化了烟草品牌之间的竞争，不利于产品技术进步和品质提升(其中包括减害)。

2. 烟草素面包装引发其他行业素面包装思考

素面包装，是个潘多拉魔盒，深受其害的绝不会只有烟草行业一个。目前，关于糖果和酒水素面包装的讨论也渐渐热了起来。然而，很少有人反思：商品的核心价值岂可素面包装。

1989年，新西兰卫生部毒物委员会首次提出卷烟应该只能装在白底黑字无色彩或者标识的烟盒里销售。

20世纪90年代，加拿大的公共卫生官员提出应该对所有烟草产品实行素面包装。国会的一个委员会提议应由政府资助对素面包装的效果进行研究，如果奏效就可以实施。不久，由于加拿大烟草行业反对，以及政府部长职务变动，这个建议未被采纳。

2011年澳大利亚《烟草素面包装法案》通过，成为世界上第一个要求烟草产品必须素面包装销售的国家。自2012年10月生产的烟草产品，以及2012年12月1日后所有在销的烟草产品必须采取素面包装。

2016年5月20日，英国高等法院驳回跨国烟草公司的诉讼后，英国正式实施烟草素面包装法案，但菲莫国际和日烟国际不服判决，决定继续上诉。当日，法国也正式实施烟草素面包装法令，自当日起生产的所有卷烟必须采取素面包装。但其法国西塔烟草公司决定就此向法国高院提起诉讼。

3. 各方对于素面包装的观点

法国前总统尼古拉·萨科齐对于烟草素面包装指出：将来可能有消费者会要求红酒也要素面包装。然后，就是奶酪。

多米尼加一分析人士认为，烟草素面包装是不道德的，是错误的，在政治层面也是具有破坏性的。

法国西塔烟草公司的全球公司事务负责人说，法国的烟草素面包装法令侵害了法国知识产权法律赋予一个品牌的五项独特元素中的四项，剥夺了法国宪法赋予企业主的权利。如果真要解决吸烟问题，首先要做的应该是打击走私烟，而不是出台更多的走私烟生产商不会遵循的管制措施。

对于烟草素面包装政策，马来西亚烟草业一位负责人认为，解决吸烟问题有很多途径，不应该采取那些严重影响店铺经营的措施。公众健康利益的存在并不能为素面包装辩护提供支持，也不能赋予国务大臣不给补偿剥夺所有者的利益的权力。

对于澳大利亚卷烟素面包装的法案，马来西亚工商协会一位负责人指出，这种强力措施将损害马来西亚在保护知识产权方面的声誉，向商界发出负面讯息。

四、素面包装法规未达到预期目的

烟草消费对公众健康有着显著影响。有鉴于此，世界不少国家纷纷通过立法采取经济、管制和其他政策措施影响消费者行为，以期减少烟草消费的短期或长期影响。一些国家采取的一项措施走得更远：要求去除烟草包装上的品牌形象，致使卷烟以素面示人。

2012 年 11 月，澳大利亚政府为了完成所谓的减少吸烟、提高公众健康水平的目标，实施烟草素面包装法规。同时，该国还特别将卷烟包装正面的警示面积扩大了一倍多，从之前的 30%到 75%。由于澳大利亚立法实行烟草素面包装的首要目的在于通过减少吸烟来提升公众健康水平，在此着重分析研究了法规实行后澳大利亚居民的吸烟流行性是否发生了变化。

1. 消费者比例没有太大变化

按时间段开展调查分析得到的数据显示，烟草素面包装法规实施后，澳大利亚的吸烟流行性并未出现任何(显著意义的)变化。通过周密调查我们得到了下列数据：在法规实施前，有 20.4%的澳大利亚成年人每天都吸食烟草制品，而每周吸食烟草制品的成年人所占比例为 2.1%，有 2.3%的成年人的吸烟频率不到每周一次。以前吸过烟的成年人占 29.6%，从来不吸烟的成年人所占比例为 45.6%。

这项调查的结果表明，烟草素面包装法规实施后，每天吸烟和吸烟频率低于每周一次的人比例有所降低，而每周吸烟的人数则经历了先下降后回升至法规实施前水平的变化。此外，声称从未吸烟的人有所增多，但是声称自己过去吸过烟的人数减少。然而，从数据角度来看，这些变化几近于零。

进一步看，烟草素面包装法规实施三个月后，澳大利亚每天吸烟的成年人所占比例下降了 0.9%(至 19.5%)，而吸烟频率为每周一次和不到每周一次的成年人所占的比例分别降低了 0.1%和 0.4%。成年受访者吸烟比例从 24.8%降低至 23.4%。

法规实施第四个月至第八个月期间，上述下行数据开始反弹。声称自己每天吸烟的受访者所占比例增长了 0.5%(至 20%)，声称吸烟频率为每周一次和不到每周一次的受访者所占比例分别增长了 0.1%(至 2.1%)和 0.3%(至 2.2%)。换句话说，烟民在受访者中所占比例增长了 0.9 个百分点(从 23.4%增长至 24.3%)。

2. 消费者不太关注素面包装

现在，来分析健康警示内容的关注度变化。调查数据表明，"经常"或者"很经常"注意到健康警示内容的烟民比例较高。具体来说，烟草素面包装法规实施前两者所占比例为 42.9%；烟草素面包装法规实施后三个月内，这一比例显著提高至 60.5%。但是，烟草素面包装法规实施四至八个月内，这一数据下降至 56.3%，而表示对健康警示内容"很少关注"的烟草消费者所占比例从法规实施之初的 12%增长至 15.1%。

尚不清楚这一变化是由移除品牌标志、增加警示面积或其他因素造成的。因为，像季节变化、税收增加、先前就存在的吸烟率下降趋势等，都会造成这一现象。

通过调查分析，不难看出，尽管去除了烟草商标、更新了健康警示内容、增大了警示内容在烟盒上所占的面积，但是，这些举措并未使澳大利亚的吸烟流行性产生显著的数据变化。

3. 素面包装对跨国烟草公司影响不大

澳大利亚自 2012 年 12 月引入卷烟素面包装后，成为辩论的中心。这项辩论的中心是法律规定删除所有公司品牌推广并增加图片健康警语的做法是否可以减少吸烟。烟草公司声称这些规则并无效果，并认为新规侵犯了他们的知识产权。

关于卷烟素面包装，澳大利亚首都堪培拉在常设仲裁法院(PCA)——一个国际投资法庭——面临来自烟草行业的法律挑战。多个烟草生产国分别在世界贸易组织采取法律行动。

考虑到目前可靠、及时的数据稀缺，评估卷烟素面包装法规的有效性十分困难。

菲莫国际、英美烟草、帝国烟草三大烟草公司近期表示，他们在澳大利亚的联合销售量增加了 5900 万支，或与 2013 年持平。

这一说法受到控烟支持者和经济学家的质疑。控烟支持者以 2017 年 7 月 17 日公布的最新调查数据为证据，证明素面包装在降低吸烟率方面正在发挥作用。

帝国烟草公司则表示，调查中没有任何迹象显示卷烟流行度的下降与卷烟素面包装法案相关。

4. 卷烟素面包装没有达到预期目标

在华盛顿和伦敦均有分设机构的研究所一位分析人士发表文章称："无论学院、个人，还是政府的研究数据都表明，澳大利亚实施卷烟素面包装的尝试并没有降低吸烟率。事实上，这一举措还损害了零售商的利益，同时提高了非法烟草贸易量。"

该文作者帕特里克·巴沙姆已经出版了两本与卷烟素面包装相关的书——《素面的真相：包装真的能影响吸烟率吗?》(2012 年)和《取消知识产权：普通消费品采用素面包装及其对商标权的影响》(2011 年)。他说："澳大利亚素面包装的失败应该成为一个深刻的教训。"

巴沙姆的结论是："对澳大利亚实施卷烟素面包装的各种评价犹如一个信息泥潭，在这个时候，盲目推进卷烟素面包装其实是不明智的。"

巴沙姆在文章中提到以下内容：

素面包装并未对吸烟率产生影响。相反，数据显示，自实施素面包装以来，个别州的吸烟率提高了。

自 2012 年年底，澳大利亚卷烟消费量有所提升。

低于法定年龄的吸烟者数量上升。

卷烟素面包装没有让消费者放弃吸烟，相反，很多消费者转向消费更廉价的卷烟。

戒烟人数呈下降趋势，很多戒烟者重新开始消费廉价卷烟。

素面包装刺激了非法烟草贸易量的增长，因为非法卷烟很容易就能进入澳大利亚市场。

"卷烟素面包装没有达到预期目标，在决策者看来，这并不奇怪。"巴沙姆在文章中称，在 2011 年素面包装法案提出以前，决策者已经对法案实施后可能出现的问题进行了预测。盲目相信卷烟素面包装能对控烟起到积极作用已经让澳大利亚政府损失了数十亿美元的财政收入。

五、卷烟素面包装法案带来负面影响

在澳大利亚实施卷烟素面包装法案近两年后，其追求的减少吸烟人数、提高公众健康水平的目标是否达成，依然有待观察。

1. 法案支持者认为有助于降低吸烟率

争论的一方认为，卷烟素面包装有助于降低吸烟者的数量。持这种观点的人来自政府官员及控烟支持者，他们引用来自澳大利亚统计局的数据表明，自 2001 年以来澳大利亚的吸烟人口一直在下降。然而，这一显示"下行趋势"的数据实际上包括了推出卷烟素面包装法案之前的很长一段时间，因此并无较强的说服力。

2. 烟草商认为素面包装不会减少吸烟者数量

较量的另一方是各大跨国烟草公司。在他们看来，素面包装并未减少吸烟人口。菲莫国际和英美烟草的数据显示，素面包装实际上"带来了相反的效果"。英美烟草澳大利亚公司发言人斯科特·麦金泰尔说，从 2008 年至 2012 年，澳大利亚吸烟人口以年均 3.3%的速度减少，而推出卷烟素面包装法案以来，这一数据下降为 1.4%。毕马威的数据也显示，2013 年澳大利亚的烟草消费总量(包括非法烟草制品)增加了。

"在引入素面包装之前的 5 年中，澳大利亚烟草制品销量以平均 4.1%的速度下降。而 2012 年 12 月 1

日法案生效以来，销量却首次出现了 0.3%的增长。"麦金泰尔说，"合法卷烟的销量在经过多年下降之后又出现了增长趋势，卷烟和其他类别烟草制品（折合为普通卷烟后的数量）的年销量增长了 5900 万支。"

菲莫国际的公司事务总监克里斯·阿金特说："独立公司 InfoView 的数据显示，实施卷烟素面包装法案以来澳大利亚合法烟草产品呈现了加速下降趋势。唯一增长的细分市场是'高折扣'类别，2013 年增长了近 90%，并在今年继续增长。此外，越来越多的消费者倾向于选择自卷烟产品，该类型产品 2013 年的销量增长了 3%，并使烟草制品销售总量小幅增加。"

在合法烟草制品销量增长的同时，澳大利亚非法烟草制品的交易量也出现了大幅增长，年增长率高达 20%，其中包括走私烟草制品及假冒烟草制品，已给该国政府造成每年 10 亿澳元的巨额财政损失。由于包装更容易伪造，使不法分子可以轻易制造出非法卷烟——任何品牌都可以很容易地被复制，素面包装实际上为造假者如何假冒卷烟提供了"技术指导"。据毕马威的数据，非法烟草制品——无论是走私还是假冒产品，在澳大利亚烟草市场所占份额已从 2012 年 6 月的 11.8%跃升至 2013 年 6 月的 13.3%。

"廉价非法卷烟大行其道，使消费者可以更轻易地接触和购买它们，因此实际上烟草消费量比以前更多了。不幸的是，这种现象背后是非法烟草贸易的逐渐泛滥。"麦金泰尔说。

此外，澳大利亚零售商也受到法案的负面影响。尽管销售了同样数量的烟草制品，但是零售利润下降了。澳大利亚便利店协会数据显示，澳大利亚便利店烟草制品的销量是稳定的，但需要负担更多的额外成本，包括员工培训、库存管理及客户服务等。

影响不仅来自本土，卷烟素面包装法案也为澳大利亚引来了国际麻烦。除菲莫国际等跨国烟草巨头外，乌克兰、洪都拉斯、多米尼加、古巴及印度尼西亚等国也因为该法案对自己造成的经济威胁向世界贸易组织提起了诉讼。世贸组织将成立专门的仲裁小组来处理相关的诉讼案，组织专家评估澳大利亚政府是否违反了国际贸易的相关协议。世贸组织争端解决谅解机构（DSU）自 1995 年成立以来，已接受了约 500 起案件，在涉及烟草控制法规的单起案件——印尼起诉美国控制丁香烟销售案件中，DSU 裁定支持印尼，明确表明美国的措施有"歧视性意图"。这增加了澳大利亚面临败诉的风险。

3. 素面包装导致多个国家对澳大利亚实施贸易报复

值得注意的是，卷烟素面包装法案已经开始影响到一些国家对待澳大利亚其他产品的方式。印尼贸易部长吉达表示，作为一种"报复"，印尼应该对进口自澳大利亚的葡萄酒采取素面包装。

目前，澳大利亚卷烟素面包装法案正受到包括英国在内的其他一些国家的密切关注，他们希望实施类似措施，但尚未做出最终决定。当被问及素面包装成为法律对英国烟草业的影响时，英国烟草制造商协会总干事贾尔斯·罗卡说："它会伤害到英国的烟草贸易。知识产权、品牌商标等带来的困扰，将会影响到所有为英国创造财富的行业和业务。这就是为什么英国工业联合会等一些机构也反对实施素面包装法案。"就此项控烟政策，英美烟草公司在英国进行的一项抽样调查表明，有高达 64%的公众反对政府仿效澳大利亚政府的做法。

澳大利亚政府准备于 2017 年 12 月对卷烟素面包装法案进行自我审查。"简而言之，没有可靠数据表明，作为一项公共卫生措施，实施卷烟素面包装法案达到了预期目的。"麦金泰尔说，"相反地，它还刺激了烟草黑市，并让澳大利亚面临潜在的贸易制裁风险。"

六、卷烟素面包装是否会导致非法卷烟销量增长引争议

1. 素面包装改变消费者消费行为

澳大利亚一有关吸烟者的研究称，目前没有证据表明卷烟素面包装法案改变了人们购买卷烟的方式。

《英国医学杂志》的研究者称，卷烟素面包装法案没有增加非法卷烟的使用量，并且也没有迹象表明该法案的实施导致大量廉价卷烟制品涌入烟草市场。

此研究于卷烟素面包装法案实施前后持续访问了 2000 多名吸烟者，但各烟草公司认为此次调查的数据并不完整，且具有局限性。

墨尔本癌症行为研究中心也发现卷烟包装的改变并没有损害卷烟零售商，例如报亭、便利店和街头小

店的利益。然而，澳大利亚和英国卷烟素面包装的反对者，在此之前预测了相反结果。

卷烟素面包装，又称卷烟标准化包装，于 2012 年 12 月在澳大利亚开始实施。

自该法案实施以来，所有烟草制品售出时必须使用深褐色标准化的印有大幅健康警示图片的包装。与此同时，烟草公司标志、品牌形象或促销标语等都禁止出现在包装上。卷烟商标以及产品名称应以小型文字形式印于包装上。

此项研究要求来自澳大利亚维多利亚州的被调查者参与成人年度健康调查。参与者分别于 2011 年、2012 年以及 2013 年年末通过电话访问形式回答关于其购买卷烟习惯的问题。三年中，吸烟者中购买亚洲廉价卷烟品牌的比例极低（低于 2%）。2011 年至 2013 年期间，此比例并没有显著变化。

调查显示，过去十二个月中，吸烟者购买无品牌非法卷烟制品的百分比为 4%～5%，并且三年内此百分比没有显著变化。

2013 年，2.6%的参与者称他们在过去三个月里至少买过一包卷烟素面包装法案所规定的素面包装卷烟。但是调查表明，在过去三个月里购买走私卷烟的吸烟者过少以至于无法统计其百分比。

吸烟者组织“森林”（Forest）的负责人同时也是“Hands off Our Packs Campaign”（别碰我们的包装运动）的发起者西蒙·克拉克，对此持不同意见并且表明有报告得出了相反结论。

“一份来自毕马威的报告有明确证据表明自澳大利亚卷烟素面包装法案实施以来，卷烟的非法交易明显增加。这份报告有硬数据而非捕风捉影的证据作为支撑。”西蒙·克拉克说。

近日，一家英国国内报纸发起的调查称，一旦卷烟素面包装法在英国实施，远东地区的犯罪团伙将从假烟销售中获取巨大利润。

毕马威的报告受英美烟草、帝国烟草以及菲莫国际的委托来估测澳大利亚非法烟草制品的销量。烟草制造商协会的一位发言人也提到了这份报告：“这份翔实的报告于今年年初发布，详细指出自从澳大利亚卷烟素面包装法案实施以来非法烟草交易有显著增长，并已经给澳大利亚财政部带来了十亿美元的税收损失。”

相比而言，《英国医学杂志》发布的电话调查只涉及澳大利亚的一个州，并且没有提供健全的统计数据。

2. 素面包装对英国市场的影响

正如有些人期待的那样，2015 年 3 月，英国政府已经在下议院通过了一项于 2016 年在英国实施卷烟素面包装的法案。该法案随后被提交至上议院等候最终批准。

狭义地讲，这一变化会对跨国公司的知名品牌产生影响。事实上，从更广泛层面来说，素面包装的扩大化将对整个烟草业产生极大的负面影响。如果素面包装被拓展应用到其他类型的市场当中，如食品包装，分析师们可能要对全球的一些公司进行重新评估。

在政府方面的政策更加明晰之前，晨星公司将继续对一些烟草跨国公司的发展趋势进行评级。经过约两年时间的研究，在去年的一份报告中，晨星公司得出结论，即引入素面包装会对吸烟率产生影响。英国政府便将素面包装法案提交到了议会。尽管在执政联盟中出现了某些反对的声音——113 名下议院议员投了反对票，鉴于该法案的吸引力，该法案在上议院的最终结果不会与下议院的结果有本质性差别。卷烟素面包装会于 2016 年 5 月份在英国变成现实。

素面包装对烟草业的发展来说是一个威胁，因为这种包装会使品牌在面对价格更低的产品时失去合理定价的权利。这将促使那些对品牌不太在意的消费者去购买更加廉价的产品。

作为唯一全面实行卷烟素面包装的国家，澳大利亚实施卷烟素面包装以后面临很多挑战。零售超市的销售数据显示，与去年同期相比，2013 年，澳大利亚市场上全球知名卷烟品牌销量下降了 8%～9%，而经济型卷烟品牌销量上升了 12.9%。同时，数据还表明，消费者购买的卷烟档次出现普遍降低的趋势。

在英国，很多烟草制造商已经很好地对品牌进行了阶梯式划分，如果降低购买档次的情况持续存在，制造商要确保自己能有一定量的低价产品，以满足市场需求。然而，消费者选择更低价格的产品意味着将来会出现这样的局面，即低价产品将占据卷烟市场绝大部分的份额。

在英国，帝国烟草是该市场的领导者，占有约 45%的市场份额。该公司既有像大卫杜夫这样的高端品牌，也有像兰伯特巴特勒和 JPS 这样的低端品牌。目前，日烟国际在英国占有约 40%的市场份额，但也是最有可能丢掉这一市场的公司，因为其在英国市场的发展主要依赖高端高价卷烟。英美烟草和菲莫国际在英国的市场份额相比较小，受到的影响会小些。然而，万宝路品牌在英国市场占有相当比重，菲莫国际有可能会因英国实施卷烟素面包装遭受一定损失。

3. 英美烟草公司就素面包装对政府提起法律诉讼

2013 年 7 月，英国政府曾声明，根据英国法律，政府不会"在澳大利亚素面包装产生的影响被充分评估"之前做出决定。尽管英国政府在其影响评估报告中承认澳大利亚的案例尚不足以信赖，但最终，英国政府并未遵循这一前提。

英国政府最终的评估报告和税务海关总署的评估报告都清楚地提到，素面包装法案会增加英国非法卷烟的数量，尤其是年轻人会"转向不受监管的非法烟草"。报告指出，素面包装法案的推行会造成非法烟草制品消费的增加，政府每年会遭受约 3.4 亿英镑的损失。不过，从澳大利亚的经验来看，真正的损失会远高于预期。

产权问题貌似是一个直截了当的议题，其实并不尽然。英美烟草准备起诉之后不久，一位法律专家在伦敦一所大学的一次演讲中称，烟草行业宣称素面包装侵害其商标使用权的说法并不能令人信服。在《对话》杂志上，一位名为恩里克·博纳迪奥的人说，虽然使用标准字体，但烟草制造商依然可以在包装盒上印上品牌名称，这样他们的产品还是能够和竞争者区别开来。他还指出，商标注册提供给持有者的是一种保护商标免受造假者山寨的"消极权利"，这意味着出于公共利益的考虑，政府可以推行一些措施，如素面包装法案，来禁止或限制持有者对商标的使用。

欧盟委员会部分同意这一观点。此前，爱尔兰政府推行了素面包装法案，并因此被起诉。在给来自爱尔兰的欧洲议会议员内萨·奇尔德斯的回信中，欧盟委员会写道，素面包装立法并没有构成对知识产权的获取，但是"它确实影响了知识产权的执行，尤其是商标使用权。商标使用权明确规定商标必须展示在烟草产品的包装盒上"。

素面包装立法必须遵守法律所包含的基本原则。不过，欧盟法律同样认为，出于公众利益的考虑，可以对财产权和经商权进行限制。这样一来，对卷烟包装进行监管也能得到相关法律支持。

对此，曾关注过澳大利亚素面包装实施的人，都会有一种似曾相识的感觉。在英美烟草发布的报道中包含这样的信息：其在澳大利亚高等法庭起诉素面包装立法时，法官裁决认为，品牌和商标是一种财产，而在推行素面包装时，这种财产确实被剥夺了。英美烟草没有胜诉是因为澳大利亚宪法的一项特殊规定——只有证明澳大利亚政府在推行这项政策中获益，英美烟草才能胜诉。

2012 年，英美烟草的卷烟销量为 6670 亿支，与 2013 年的 6760 亿支相比有所下降，相比其他烟草公司，这个表现还算不错。其在东欧、中东和非洲地区的销量从 2260 亿支增加到了 2270 亿支；在亚太地区的销量保持不变；在美洲地区和西欧地区的销量均有所下降。如果把英美烟草销售的其他烟草制品也折算成卷烟的话，总销量为 6940 亿支，同比下降 1.3%。与总体销量下降相比，英美烟草最有价值的资产——五大全球主导品牌：登喜路、健牌、好彩、波迈、乐富门——销量同比增加了 5.8%。

在通报 2014 年业绩时，英美烟草首席执行官尼坎德罗·杜兰特强调了品牌的重要性。"这一时期，公司在国际烟草市场上的份额有所提高，全球主导品牌和某些重要产品的份额增速较快。"他说，"我们应客户需求生产不同品牌的产品，各种创新型产品已占据全球主导品牌销量的 50%。"

我们确实应该同情英美烟草和其他在英国出售烟草制品的公司，因为英国政府对这件事的处理方式十分蹊跷。英国政府先是就卷烟素面包装实施问题组织了一场公众听证会，之后似乎完全忽视了听证会的结果，便急匆匆地赶在大选前、国会未解散的时候，以非常规的速度通过了立法。即使英美烟草质疑其立法程序的合法性，英国政府仍毫无忌惮。

或许英国政府真的在这个问题上发现了一些政治资本。据英国一家机构开展的一项民意调查显示，大约 72% 的英国公众支持卷烟素面包装。

这场纷争极具戏剧性。这项法案还没有在英国下议院通过时，英美烟草在其网站上发布了一篇报道，其中公司法律事务总监杰罗姆·阿贝尔曼认为，英国政府的立法无异于直接从英美烟草拿走其合法财产，"不管是按照英国还是欧盟的法律，这都是违法的"。

七、国际机构对素面包装引发贸易案的仲裁

澳大利亚坚持卷烟必须装在带有警示图片的素面包装内销售，在全球公共健康领域开创了先例。由于此举可能带来烟民数量的下滑，法国、爱尔兰和英国摆出了紧随澳大利亚之后的姿态。

然而，澳大利亚2011年卷烟素面包装法案的影响已经远远超出公共健康范畴，在世界更广的领域里产生激荡。其引燃的“烽火”已经蔓延到全球贸易和投资领域。

澳大利亚国会通过这一法案不久，烟草业就开始对澳大利亚政府拿起了法律武器，这种战斗延续至今。卷烟制造商提起诉讼称，澳大利亚控烟新法违宪。印度尼西亚和乌克兰等国与烟草业并肩作战，通过世界贸易组织抨击澳大利亚违反了全球贸易准则。

2011年，澳大利亚控烟新法通过不久，烟草业采取了第二波行动。菲莫国际援引中国香港和澳大利亚于1993年签署的投资协议中的争议解决条款指出，除非能找到“友好的解决办法”，否则它将绕过澳大利亚法律体系，转而以侵害其知识产权为由向国际仲裁机构寻求澳大利亚政府给予补偿。因为，澳大利亚政府通过抹除烟盒上的品牌名称，破坏了其在澳大利亚投资的价值。“诉诸法律并不是我们可以轻率选择的途径。”菲莫国际声称，“不幸的是，澳大利亚政府并未给我们留下其他选项。”

双方的争端迄今仍未解决。但是，在甚嚣尘上的关于国际仲裁机构应在解决国与国以及跨国公司之间投资争议时扮演何种角色的争论中，过去三年，澳大利亚卷烟素面包装法案引发的投资争端日益激烈。

1. 投资争端解决机制被滥用

商业集团坚持认为，国际仲裁体系业已存在超过半个世纪，且由4000多个双边投资协定组成，为外国投资者提供了合法权益的保障。如果没有这一体系，外国投资者在各国法律体系和政府一时心血来潮面前将十分脆弱。

然而，越来越多的批评者指出，过去十年间涌现出的案例表明，国际仲裁体系已经由外国投资者对抗极端不公正的合法途径，变为威胁、影响政府管制和政策的武器。2013年，印尼和南非这两个投资者仲裁案的“被告”甚至声称，将结束含有争议解决条款的双边投资协定，或者等这类双边投资协定到期时不再续约。

随着美国、欧盟、日本以及其他大的经济体寻求缔结含有保护投资者内容的整套贸易协议，有关争论产生的威胁随之而来。目前，关于欧盟与美国之间展开的谈判的争论空前激烈，这种争论也为欧盟与中国之间的投资谈判蒙上了阴影。

这种争论在欧洲最为活跃。欧盟委员会正在超过15万条意见中艰难抉择。这15万条意见来自于一项公众咨询。这项公众咨询的中心议题是：欧盟委员会计划把从技术上说属于投资者与国家之间争议的解决条款写进欧美贸易协议。对此，德国已声明，应从欧盟与加拿大谈判已近结束的贸易协定，以及正在与美国进行谈判的贸易协定中，剥离外国投资者寻求国际仲裁的权利。

美国官员仍深信有必要在任何跨大西洋条约中写进投资保护条款。他们坚持认为，双方的目标在于堵塞现存双边贸易中存在的漏洞，为未来的贸易协定设立更高标准。

美国国际商会下属投资政策委员会的负责人詹姆斯·巴克科斯说，投资争端解决机制运行得比批评者所能容忍的要好。反对者抓住类似于菲莫国际诉讼澳大利亚政府的例子不放，而事实上多数这种情况并不会成功。“律师们很容易为提起诉讼寻找理由，但是要赢得诉讼并不容易。”他说，更为重要的是，与中国的投资谈判迫在眉睫，不管欧洲还是美国都需要坚持原则到底。“如果自己都不愿意用投资规则将自己捆绑起来，美国和欧洲怎能指望世界其他国家如此做呢?”他说。

澳大利亚卷烟素面包装法案出台前，美国商会曾向政府游说：指出卷烟素面包装销售的做法违反国际贸易法则，会破坏外国投资者对澳大利亚的商业信心。美国商会高级副总裁麦伦·布里里恩曾公开表示，素面包装提议忽视了国际知识产权规范，尤其是与商标法有关的知识产权规范。

2. 争端解决机制成为商业集团的武器

在过去60年中，欧盟成员国签署了超过1400份双边投资条约，其中的绝大多数允许投资者把争议诉诸国际仲裁。欧盟内部的企业占使用国际投资争端仲裁机制的大多数。据联合国贸易与发展会议统计，2013

年共有 568 个投资仲裁案涉及 98 个国家，而欧盟成员国的公司占比过半。

然而，国际仲裁体系并不透明，其成功和失败比率被掩盖起来。听证、文件和判例经常不为人知。由于在现存诸多条约中的争议解决条款存有模糊地带，这便有了被滥用的空间。这一体系为外国投资者寻求补偿提供了松散的投资争端定义基础。

2009 年开始负责欧盟投资政策的欧盟委员会称，它正准备用新的协议来清除这种混乱的局面。欧盟委员会与加拿大谈判的第一个争端解决机制长达 22 页，要求把所有听证材料和文件公之于众。

“所有那些协议的棘手之处在于，它们对什么是投资的观点相去甚远。”投资保护条款的主要批评者之一、澳大利亚国立大学法学教授马修·里默说。批评者们认为，这会导致“管制冻结”，也就是政府担心被诉，不再引入新的管制或者出台新的法规。

这种担心为欧洲的反对之声火上浇油。在德国，多数对于争议解决条款的反对因瑞典大瀑布电力公司滥用条款挑战柏林在 2011 年日本福岛核电站事故之后调整有关能源政策而起。在法国，环境保护主义者担心美国石油公司会利用争议解决条款推翻将来对使用液压破碎法采集页岩气或石油的禁令。在英国，人们担心这类条款会提前透支政府对于保持低药价等公共健康措施所做的努力。

商业集团及其支持者所面临的问题是反对方越来越有组织，并在一些让人出乎意料的意识形态方面越走越近。自由经济学家如诺贝尔经济学奖获得者约瑟夫·斯蒂格利茨、保罗·克鲁格曼等人认为，投资争端解决机制侵蚀国家主权基础。奉行自由主义经济政策的卡托研究所也赞成从欧美条约中剔除投资者保护条款。该智库贸易政策研究中心副主任丹尼尔·易金森说，双边条约和贸易协定方面的投资者保护条款已成为公司的“福利”，鼓励他们将美国的工作岗位任意迁到国外。

还有个立法方面的问题：究竟投资协定在吸引外国投资者方面能起多大的作用？巴西和中国都没有很多这类协定，但它们都能吸引到巨大的外商直接投资。联合国的研究表明，投资协定“不能代替明智的国内政策”。

国际金融危机六年之后，很少有哪国政府不在吸引外商直接投资。甚至关于如何吸引投资者以及向他们提供何种保护的辩论都仅仅刚开场而已。

八、素面包装法案受到多国法律挑战

澳大利亚卷烟素面包装法案于 2012 年 12 月 1 日起生效。该法案从制定到实施在全球范围内引发了众多争议。2015 年 6 月，洪都拉斯、多米尼加、古巴、印尼在世界贸易组织（WTO）起诉澳大利亚烟草素面包装措施案（DS435/DS441/DS458/DS467）专家组第一次听证会在 WTO 总部举行。由 Alexander Erwin、Franois Dessemonte 和 Billie Miller 组成的专家组听取了第三方的口头陈述，并向第三方提出若干问题。4 起案件的 35 个第三方（包括中国、美国、欧盟、日本、加拿大、巴西、新西兰、新加坡等）出席了会议。此后，专家组安排了仅当事双方参与的第二次听证会。

之后，日本烟草在爱尔兰高等法院对政府计划实施的卷烟素面包装法案提起法律诉讼。爱尔兰政府认为此诉讼与菲莫国际和英美烟草在英格兰和威尔士向高等法院发起的素面包装挑战类似，因此，希望将此诉讼提交到欧洲高等法院。日本烟草对此表示反对。

1. 卷烟制品素面包装并非一个健康的选择

西方有学者撰文指出，部分国家政府计划推出的控烟措施——卷烟制品素面包装并非是一个健康的选择。作者指出，对于卷烟制品实施素面包装，只是反烟主义者利用政府控烟的名义所采取的一种极端的做法。尽管目前这种极端的做法还没有付诸实施，造假者已感到欢欣鼓舞，但民间组织所进行的抽样调查表明，公众不相信政府实施卷烟制品素面包装之后会有效降低吸烟率。

卷烟制品素面包装，给烟草生产商及贸易商的商品与品牌带来了沉重的打击，对此，有反烟人士反驳称，素面包装并非是为了降低目前公众的吸烟率，而是从下一代开始，大大降低其看到烟草制品包装的概率，从而可以有效地防止他们尝试吸烟。

2. 英国一家在线期刊反对卷烟素面包装

2012 年，英国一家知名的在线期刊明确表示，他们反对政府计划实施的卷烟制品素面包装的政策。该期刊认为，卷烟制品包装涉及言论自由这一问题，而政府在对待这一问题上，实行了比较强硬的措施，这只会引起公众的不满。

3. 英国API集团首席执行官对政府素面包装提出批评

2012年，英国一家名为API的包装公司首席执行官Andrew Turner，对英国政府计划出台的卷烟制品素面包装政策提出批评。

Andrew Turner先生认为，API集团作为英国一家包装公司，目前有员工350人左右，政府一旦对烟草制品实施素面包装政策，减少了卷烟包装的个性化特征，会给假冒烟草制品带来更多的机会，同时也会对英国的包装行业产生一定的负面影响，导致该行业出现失业情况。另外，在政府对烟草制品实施素面包装之后，很可能会扩展到其他类似产品——如对人体健康同样有害的酒类制品等。

4. 多个国家政府反对澳大利亚卷烟制品素面包装计划

在多个国家政府对澳大利亚政府欲实施卷烟制品素面包装的计划提出反对意见之后，近日，多米尼加共和国也加入到反对澳大利亚实施卷烟素面包装计划的国外政府名单之列。

据介绍，多米尼加政府在向总部设在日内瓦的世界贸易组织总部提出本国反对该计划的理由时认为，他们希望与澳大利亚政府就涉及商标及其他相关事宜举行会谈。

世界贸易组织的有关人员透露称，多米尼加共和国政府是在继乌克兰和洪都拉斯政府提出类似请求后，才做出这一决定的。

5. 英美烟草公司关注英国政府对素面包装的态度

英美烟草公司十分关注英国政府对卷烟制品素面包装的态度，因为在澳大利亚政府实施了该控烟措施之后，对在该国有烟草业务经营的各大烟草公司已经产生了很大的影响。

据介绍，英国政府计划推出卷烟制品素面包装的相关法律，但该国政府部门的官员认为，为了避免澳大利亚政府在实施该法律过程中所遇到的问题，应该首先解决在法律方面所面临的挑战。

6. 摩根·士丹利对澳大利亚政府素面包装措施进行预测

摩根·士丹利公司的分析师对澳大利亚政府实施的卷烟制品素面包装进行了分析预测。

该公司的分析人士认为，全球的资本市场一直十分关注澳大利亚政府所极力推行的卷烟制品素面包装措施，他们认为，这一措施实施之后，将会给已经高度全球商品化的烟草制品市场带来非常严重的打击，而最直接的打击则是极大地削弱了烟草制品的品牌价值，并降低了烟草制造商们对产品的定价能力。

有分析人士称，该措施实施之后，将肯定会促使烟草制品非法市场的进一步泛滥，但也有分析师认为，根据澳大利亚独特的地理位置，政府有能力很好地控制非法烟草制品的非法贸易。

7. 英国10万余公众反对政府计划实施的卷烟素面包装政策

2014年，在英国一家名为Forest的维护吸烟者权力组织的倡导下，有10余万公众联合向政府部门提出建议，反对政府计划实施的卷烟素面包装政策，同时，还有5万余名吸烟者以个人的名义向政府卫生健康部门致信表达他们反对此项措施的观点。

据介绍，英国政府计划实施的卷烟素面包装政策草案，已经过了最后向公众征求意见的阶段，在这种情况下，英国部分烟民才向政府提出抗议。

英国维护吸烟者权力组织一位名叫Simon Clark的负责人表示，有这么多公众的反对，说明政府计划实施的这项措施考虑并不周全，因此他们建议政府对此项控烟措施的实施应进行慎重考虑。

同时也有分析人士指出，到目前为止，还没有有力的证据可以证明卷烟素面包装对消费者有任何的益处，政府立法者在制定此项政策时并没有基于一定的事实依据，因此，他们建议政府卫生健康部门不要急于立法。另外，一旦政府实施了此项卷烟素面包装的措施，那么，同样的立法也可能对人体健康有害的酒类产品以及含糖饮料等适用。

8. 澳大利亚卷烟素面包装政策没有达到预期目标

2014年，英美烟草公司在澳大利亚进行的抽样调查表明，澳大利亚政府近年来实施的卷烟素面包装政策并没有达到预期的目标。

数据显示，自澳大利亚政府于2012年12月份实施卷烟素面包装政策以来，该国合法卷烟的销售量在经过多年的下降之后又出现了增长的趋势，卷烟和其他类别的烟草制品（折合为普通卷烟后的数量）的年销售量增长了 5900 万支。

在合法烟草产品销售量增长的同时，该国黑市非法烟草制品的交易量也出现大幅度的增长，年增长率高达 20%，其中包括非法走私烟草制品及假冒烟草制品，已给该国政府的财政税收造成年 10 亿澳元的巨额损失。

就此项控烟政策，英美烟草公司在英国进行的另一项抽样调查表明，有高达 64%的公众反对政府仿效澳大利亚政府的做法，实施卷烟素面包装政策。

9. 英国计划实施的卷烟素面包装政策受批评

英国政府计划实施卷烟素面包装的政策受到了来自多个国家政府的批评。

近日，古巴政府给世界贸易组织贸易技术壁垒委员会致信，对英国政府计划出台的控烟措施提出了强烈的批评，并指责英国对卷烟及雪茄烟产品计划实施的标准化素面包装政策是对自由贸易行为的一种威胁。

同时，古巴政府在给世界贸易组织的信中也承认，英国政府有权采取措施来保护公众的身体健康，烟草及其制品虽然对人体健康有害，但在国际贸易中它仍然是一种合法的商品，英国政府计划实施的卷烟素面包装政策，既限制了产品的个性化商标及包装，同时也会导致非法烟草产品的进一步猖獗。

10. 英国反烟人士对卷烟素面包装持怀疑态度

2014 年 3 月 31 日，英国一家民间反烟团体的负责人称，政府所实施的卷烟素面包装有可能会导致非法烟草制品贸易量的增长，为此，他们对政府所实施的这项较为严格的控烟措施开始持怀疑态度。

事实上，2014 年 3 月份发表在英国杂志上的相关文章也证实了反烟人士的这一观点。

英国控烟研究小组一位研究人员认为，在政府实施烟草制品素面包装措施之后，非法走私及假冒烟草制品的贸易量确实有增长的趋势。

11. 三大烟草公司对英国计划实施的卷烟素面包装政策提出巨额索赔

继 2015 年 5 月份菲利普·莫里斯烟草公司以及英美烟草公司就英国政府计划实施烟草制品素面包装的政策向该国政府提起法律诉讼之后，日本烟草公司也对英国政府提起法律诉讼。

在此次的诉讼案中，菲利普·莫里斯烟草国际公司认为，英国政府计划出台的此项更加严格的规定，已经非法剥夺了该公司的商标权，因此该公司认为英国政府不应该出台此项规定。英美烟草公司也认为，英国政府计划出台此项法案，让他们别无选择，只有通过法律途径向政府寻求补偿。日本烟草国际公司也表示，他们将对英国政府实施的此项烟草制品素面包装的法案发出挑战。

与此同时，这三家跨国烟草公司也正在寻求经济方面的赔偿，预计总金额将高达数十亿美元。

12. 澳大利亚研究人员认为政府应该为素面包装政策失败负责

澳大利亚研究人员 Patrick Basham 认为，尽管澳大利亚政府自 2012 年起就实施了严格的烟草制品素面包装政策，然而，该严厉的控烟法案并没有起到政府所期望的效果。

事实上，在政府实施该控烟法案之前，有些研究人员就已经警告政府，认为该政策的实施可能会带来负面影响，不仅损害了公共卫生健康利益，同时也使澳大利亚政府损失了高达数 10 亿澳元巨额损失，因此，政府应该为该控烟政策失败负责。

13. 澳大利亚因实施素面包装使政府税收损失严重

自 2012 年澳大利亚政府实施了较为严格的烟草制品素面包装法案以来，受非法走私以及假冒烟草制品的冲击，该国政府财政从烟草业所获得的税收额持续下降，这已经严重影响到了该国的财政收入。

世界知名的咨询公司毕马威的一项研究报告显示，仅在 2014 年，受上述因素影响，澳大利亚政府从烟草业所获得的税收额与上年相比估计减少了 13.5 亿美元。

对此，在澳大利亚有烟草经营业务的菲利普·莫里斯烟草国际公司、英美烟草公司以及帝国烟草澳大利亚公司均表示，他们在该国的销售受到了很大的影响。统计数据表明，2014 年各类非法烟草制品所占澳大利亚烟草市场的份额已经达到了 14.5%，在政府财政深受影响的情况下，经营者的利益也受到了巨大的冲击。

第九章 全球部分国家和地区烟草公共政策

9.1 亚洲

一、东亚地区

1. 朝鲜

1）朝鲜男性吸烟者比例下降

朝鲜政府卫生健康部门一位名叫 Choi Hyun－sook 的负责人在接受媒体记者采访时称，朝鲜政府禁止外国产烟草制品在该国的销售，其目的是为了降低该国的吸烟率。另外，朝鲜政府还禁止消费者使用电子烟以及其他的无烟气烟草制品。

为了创造良好的无烟环境，朝鲜政府规定严禁消费者在教育机构、医疗机构等公共场所吸烟，同时政府还组织了健康宣传与教育活动。在政府多种控烟措施的影响下，朝鲜男性的吸烟率已经从 2009 年的50.3％下降到了 2014 年的 43.9％，据称朝鲜没有女性吸烟者。

2）朝鲜发布吸烟与健康警示图片

朝鲜政府卫生与福利部向外界发布了 10 幅吸烟导致疾病的图片及吸烟有害健康的警示语，并在 2016 年 6 月份获得通过。

政府卫生部门的一位官员称，在政府公布了吸烟有害健康的警示图片以及警示语之后，卷烟生产商有 6 个月的宽限期，从 2016 年 12 月 23 日开始，在朝鲜市场上出售的卷烟，其外包装上必须印制政府规定的吸烟有害健康的警示图片和警示语，并且警示图片必须每一年半更换一次，警示图片所占烟盒面积不得小于 30％。

3）朝鲜 Kumsugangsan 牌卷烟突然停产

2017 年 3 月份，朝鲜一个比较流行的卷烟品牌——Kumsugangsan 突然停产，目前该品牌卷烟在朝鲜国内的烟草市场上已经消失。

多年以来，朝鲜的每一家卷烟生产厂，他们每年的生产量均是根据其年度目标进行计划生产的。

2. 韩国

1）韩国便利店卷烟销售下降

韩国烟草业业内的统计数据表明，受经济不景气及控烟运动的影响，韩国 2012 年的卷烟销售量呈现出下降的趋势，主要表现为：在各类便利店，卷烟零售量下降幅度较大。

数据显示，2012 年，全球知名的 7－ELEVEN 便利店，在韩国国内的卷烟销售量与 2011 年同期相比下降了 4.3％；韩国国内知名的 GS25 连锁店内，卷烟制品的零售情况也不容乐观，销售量比上年度也下降了 2.2％。

在所有类别的卷烟销售中，韩国国产卷烟的销售量下降幅度相对较小，而进口卷烟的销售量下降幅度则较大，仅从 7－ELEVEN 便利店的数据来看，2012 年进口卷烟的销售量同比则大幅度下降了 11.3％。

据当地媒体介绍，近年来在韩国国内的卷烟市场上，近50%的卷烟制品是通过便利店在市场上出售的。

2）韩国将扩大烟草产品征税范围

韩国政府计划扩大烟草产品的征税范围，从7月21日开始对诸如鼻烟和水烟等非传统烟草产品进行征税，所实施的税率与目前韩国普通卷烟产品每盒2500韩元的税率相同。在此之前，上述两类烟草产品均不是韩国财政税收部门对烟草业的征税主体。

3）韩国政府关税部门查获大量非法回流卷烟

韩国政府海关部门已查获了大量由韩国烟草贸易商出口后又回流到本国市场的非法卷烟产品。

政府海关部门的数据显示，2014年1至8月份，他们查获了此类回流的非法卷烟产品案值高达975万美元（约合1000亿韩元），这些回流的低价非法卷烟产品主要销售到韩国的酒吧以及其他的娱乐场所。

海关部门近年来的统计数据显示，仅此类非法回流的卷烟，其走私量已经呈现出逐年增长的趋势。2012年此类卷烟的非法走私额为31亿韩元，2013年则猛增到400亿韩元，2014年1至8月份则已经增长到了1000亿韩元。

事实上，出口免税卷烟与国内同类卷烟产品之间价格差异很大，一盒20支装的同品牌韩国产用于出口的卷烟，其价格比国内的市场零售价格低1560韩元。

4）韩国拟推行吸烟有害健康的警示图片

韩国于2014年上半年推出吸烟有害健康的警示图片。政府卫生部门希望能够修订国家卫生促进法案，以遏制公众的吸烟率。卫生部官员以加拿大为例指出，加拿大在2000年采用图片警示时吸烟率为24%，两年之后的2002年降到了22%，而且还在继续下降。加拿大卫生部门所进行的调查发现，图片警示可以使一小部分烟民尝试戒烟。

5）韩国卫生部门建议政府增加烟草税率

韩国政府卫生部门建议指出，政府应该增加对烟草制品的税率，以弥补卫生部门在公共健康保护方面的支出。

数据显示，韩国2012年用于与吸烟相关疾病治疗方面的支出就高达15亿美元，在这种情况下，政府卫生部门才提出增加烟税的建议。

6）韩国政府卫生健康部门将对KT&G公司提起法律诉讼

2014年1月中旬，韩国国民健康保险服务局对外宣称，该局将会对韩国烟草与人参公司（KT&G）以及其他在韩国有烟草经营业务的跨国烟草公司提起法律诉讼，要求他们对公众因吸烟而引发的相关疾病负责，并要求他们向国民健康保险服务局做出巨额经济赔偿。

7）韩国吸烟率下降饮酒人数增长

2014年4月份，韩国的一项调查表明，近年来，由于韩国政府实施了较为严格的控烟措施，使得该国成年人的吸烟率逐年下降，然而，在吸烟率下降的同时，经常饮酒的成年人数量处于增长的趋势。

事实上，韩国疾病预防控制中心早在2013所做的一项社区抽样调查表明，成年人的吸烟率已由2012年的24.5%下降到了2013年的24.2%。同期，成年男性的吸烟率也由46.4%下降到了45.8%。与此同时，韩国成年人的饮酒频率及饮酒人数却处于增长的趋势，数据显示，成年男性每周的饮酒次数达到了5次之多，而成年女性每周饮酒的次数也达到了2次。

另外，韩国疾病预防控制中心除了对吸烟与饮酒等不良习惯进行抽样调查之外，还就运动、安全、食品、肥胖、心理健康等问题对22000名韩国18岁以上的成年人进行了抽样调查。

8）韩国青年及未成年人电子烟消费情况调查

韩国的研究人员对近年来该国青年人及未成年人电子烟消费情况进行了抽样调查，所采取的调查方式为网络调查与实地发放调查问卷相结合的形式。

他们抽样调查了韩国13岁至18岁的共75643名在校初中生及高中生。结果表明，在过去的30天时间内，此类人群中有9.4%的人消费过电子烟，在这9.4%消费过电子烟的人群当中，有8%的人同时使用电子烟和普通的卷烟产品，其中1.4%的人只使用电子烟。

9）韩国成年男性吸烟率偏高

近日，韩国《经济日报》的一项调查数据表明，目前韩国成年男性烟民的吸烟率仍然偏高，为 37.6%，仅次于希腊成年男性 43.7%的水平，在经济合作与发展组织(OECD——经合组织)的各成员方中，韩国成年人整体的吸烟率也是较高的。

目前韩国成年人的综合吸烟率仍然高达 24.9%，分析人士指出，多种因素导致韩国成年人吸烟率居高不下。2014 年韩国公共卫生与福利部门的一项数据表明，韩国人的自杀率在经合组织各成员方中也是偏高的。

10）韩国政府公共卫生部门建议政府提高卷烟价格

近日，韩国政府卫生部门一位名叫 Moon Hyung－pyo 的负责人提出建议称，政府财税部门应该提高卷烟税率，促使零售价格的提高，从而有效降低吸烟率。

数据显示，目前在韩国国内的卷烟市场上，每盒 20 支装卷烟的平均市场零售价格为 3300 韩元(约合 3.24美元)，而经合组织各成员方平均的卷烟市场零售价格为 6.40 美元，远远高于目前韩国的卷烟零售价格。

Moon Hyung－pyo 在接受韩国当地媒体记者的采访时称，自政府上一次大幅度提高卷烟税率，导致卷烟的平均市场零售价格上涨 500 韩元之后，韩国成年人的总吸烟率出现了较大幅度的下降。事实上，世界卫生组织已向韩国政府提出建议，要求提高各类烟草产制品的税率，争取将韩国的卷烟零售价格在目前的基础上再提高 50%，以降低吸烟者的消费量。

11）韩国对吸烟者就卷烟零售价格进行调查

由于韩国政府卫生部门一位名叫 Moon Hyung－Pyo 的负责人提出建议要求政府在提高烟草产品税率的同时，也要大幅度提高其卷烟的市场零售价格，这引发了部分卷烟消费者的担忧。

数据显示，目前韩国卷烟市场的平均零售价格为 3300 韩元(每盒 20 支装)，随着政府不断提高卷烟产品的税率，预计到 2020 年其卷烟的市场零售价格将会达到 4500 韩元。

韩国一家民间机构就卷烟零售价格的不断提高对部分消费者进行了抽样调查。在参与调查的消费者当中，有 64.5%的人支持政府不断提高卷烟的市场零售价格，35.5%的人不赞成政府提高卷烟零售价格。

在这些被调查者当中，有 32.2%的人认为，如果卷烟零售价格达到每盒 4500 韩元，他们将放弃吸烟这一习惯，而有高达 51.6%的人认为，即使卷烟价格大幅度提高，他们也不会放弃吸烟这一习惯。

12）韩国高中学生吸烟率调查

2014 年，韩国政府教育与卫生部门组织了对该国 80000 余名在校高中学生进行吸烟率调查，并发布了调查结果：在校的高中学生中男生的吸烟率较高。

早在 2006 年，该国高中学生中，其吸烟比例为 27%，尽管政府近年来实施了较为严格的控烟法案，但 2014 年的调查数据显示，高中学生吸烟比例仍高达 24.5%。高中女生的吸烟率总体较低，已由 2005 年的 8.9%下降到了 2014 年的 4%。

此次的调查显示，好奇心是导致大多数高中学生尝试吸食第一支烟的主要原因，其比例占被调查吸烟者的 54.4%。对此，韩国政府计划再次提高卷烟产品的税率及市场零售价格，即从 2015 年开始将卷烟平均零售价格提高到每盒 4500 韩元，以降低未成年人的吸烟率。

13）韩国烟草增税为政府增加公共福利提供资金

2014 年 5 月份，韩国一些经济界分析人士指出，政府于 2014 年 1 月份大幅度提高烟草制品税率的措施，表面上是为了进一步减少韩国烟草消费者数量，保护公众身体健康，但实质上是政府财政已经不足以支付越来越庞大的公共福利资金支出，其原因是目前韩国经济正处于复苏阶段，因此，在政府没有能力支付公共福利资金的情况下，不得不以保护公众健康的名义来提高烟草税率，以烟草税来弥补政府财政方面的不足。

14）韩国政府对跨国烟草公司涉税案进行调查

韩国政府税务稽查部门近日向外界宣布，受政府 2015 年元月份大幅度提高卷烟产品税率的影响，该国国内的卷烟销售量一度出现了下降趋势，政府的税收也受到了一定的影响。

然而，他们的调查表明，在政府提高卷烟税率之后，在该国有烟草经营业务的两家跨国烟草公司——菲利普·莫里斯烟草国际公司以及英美烟草公司可能涉嫌利用他们库存的原批发价产品避税，从而使韩国政府损失了大量的税收收入。

据介绍，2015 年元月份，在韩国政府大幅度提高卷烟税率之后，该国卷烟市场上的产品零售价格曾一度每盒大幅度增加了 2000 韩元，上述两家跨国公司将其原来库存的产品按高价出售，但并没有向政府补交相关的税款。

15）韩国政府提高烟税后政府财政税收额增长

自 2015 年韩国政府大幅度提高卷烟税率之后，该国政府从烟草业所获得的财税收入顺势增长。

数据显示，自 2015 年 1 月份政府增加卷烟税率之后，该国卷烟产品的市场零售价格在原来的基础上又增加了 2000 韩元，原来每盒 20 支装的卷烟，其零售价格由 2500 韩元增长到了 4500 韩元。

在税率增加之后，随之而来的是韩国政府从烟草业所获得的税收额有较大幅度的增长。数据显示，2014 年，韩国政府从烟草业所获得的税收额为 6.99 万亿韩元，但 2015 年增税之后，其税收额则大幅度增长至 10.5 万亿韩元，2016 年政府从烟草业所获得的税收额达到 13.17 万亿韩元。

16）韩国政府提高卷烟税率对消费没有太大影响

在经过了长时间的卷烟销售量下降之后，韩国国内的卷烟销售出现了增长的趋势。

韩国烟草与人参公司的统计数据表明，2016 年 1 至 9 月份，该国国内的卷烟销售量为 27.6 亿盒，与 2015 年同期相比增长了 13.3%。

另据来自当地媒体的消息表明，自 2015 年韩国政府大幅度提高卷烟产品的税率，导致其国内的卷烟零售价格大幅度提高之后，该国的卷烟销售量一度出现了大幅度下降的局面。然而，在经过了一年多的时间之后，该国国内的卷烟销售量开始回升。对此，有分析人士认为，从总体上看政府提高卷烟价格的措施对消费没有太大的影响。

17）韩国总统候选人 Hong Joon－pyo 表示如果当选将降低烟税

在近期韩国的总统大选期间，保守派候选人 Hong Joon－pyo（洪准杓）在接受媒体记者采访时指出，如果他当选总统，将调低烟税，从而降低早在几年前已大幅度提高的卷烟零售价格。同时他明确表明，将目前的卷烟零售价格由每盒 4500 韩元降低至 2500 韩元。

对此，韩国首尔大学卫生健康与公共管理学院一位名叫 Khang Young－ho 的研究人员指出，此前政府在上调卷烟产品税率时曾遭到低收入者的反对，因为政府上调烟税所导致的卷烟价格上涨会给经济条件不好的消费者带来额外的经济负担。同时该学院的一项研究表明，与经济条件较好的人士相比，经济条件较差的人更容易吸烟。

18）韩国一些议员建议政府对新型烟草制品增税

韩国一些议员建议政府应该增加新型烟草制品的税收幅度，有些议员则建议对于新型加热不燃烧产品，其利率应该与普通的卷烟产品相同。

对此，有分析人士认为，一些议员试图对加热不燃烧烟草制品征收与可燃烧类别卷烟产品相同的税率，是因为他们已经意识到，必须对所有有害的烟草制品实施同样的监管措施。

据介绍，由菲利普·莫里斯烟草国际公司所生产的 IQOS 装置，他们在其宣传中指出，此类产品与普通的卷烟产品相比释放的有害物质更少，因为它没有燃烧的过程。然而目前韩国国内的烟草市场上，加热不燃烧产品税率仅为普通卷烟产品税率的 50%。

19）韩国政府计划提高加热不燃烧产品税率

韩国政府计划提高加热不燃烧产品的税率，这些产品包括菲利普·莫里斯烟草国际公司在韩国市场上推出的 IQOS 加热不燃烧装置以及英美烟草公司计划不久将要在该国市场上推出的加热不燃烧装置 GLO。

对此，韩国政府部门的一位负责人在接受媒体记者采访时指出，加热不燃烧产品应该被归类为传统的卷烟产品，因为它们与普通卷烟产品一样，使用相同的烟草。但韩国政府目前对每个加热棒仅征收 1,588 韩元（约 1.42 美元）的税率，这与普通卷烟产品的税率相比显然要低得多。

然而，菲利普·莫里斯烟草国际公司则认为，IQOS 所产生的烟雾比常规燃烧型产品产生烟雾中的有害物质降低很多。

20）韩国成立专门研究机构研究吸烟对健康的影响

2015 年 4 月份，韩国政府卫生部门向外界宣布，政府将建立一个专门的研究机构，致力于研究吸烟对人体健康的影响。

据介绍，新成立的研究机构将由韩国疾病控制和预防中心进行管理，新机构成立后，将会与美国疾病控制与预防中心进行合作，前期的工作将涉及对韩国各类烟草制品消费者进行抽样调查。

韩国政府卫生部门一位负责人称，政府已经为此提供了 40 亿韩元(约合 3500 万美元)的资金以支持该项研究。

21）韩国吸烟率下降但饮酒及肥胖率提高

随着近年来韩国控烟力度的加大，该国吸烟者数量呈现出逐年下降的趋势，数据显示，2014 年该国成年人的吸烟率与 2013 年相比又有所下降，只有 24%，但在吸烟率下降的同时，该国饮酒及肥胖人数却处于增长趋势。

数据显示，每月至少饮酒两次的成年人已经从 2013 年的 59%增长到了 2014 年的 61%，而韩国公众的肥胖率也从 2013 年的 24.5%增长到了 2014 年的 25.3%，经常锻炼的人数也呈现出下降趋势。

22）韩国卫生健康机构对电子烟的消费情况进行调查

韩国一家卫生健康机构对该国电子烟的消费情况进行了抽样调查，并于 2015 年 3 月份召开了相关的会议，在这次会议上，卫生健康界的研究人员以及消费者代表参加了此次会议。

在此次会议上，该机构公布了他们的调查结果。数据显示，在被调查的 33 名卫生健康专家以及 1000 名公民(其中 50%为吸烟者)当中，分别有 97%的专家和 71.6%的公民认为电子烟有害。

尽管绝大多数的专家认为电子烟有害，但在这些承认电子烟有害的专家中，还有 87%的专家认为电子烟对普通烟草制品消费者戒烟是有好处的，有 30.3%的公众认为电子烟帮助吸烟者戒烟是有效果的。

23）韩国就是否对烟草业进行严格监管进行辩论

2015 年 5 月份，韩国高等法院裁定，该国的烟草业经营行为并没有违背宪法，也没有证据证明吸烟可以导致肺癌的发生。

对此，韩国各政党之间进行了一场激烈的辩论，各方的说法不一，有些人认为吸烟这一行为是一个严重影响到公共卫生健康的大问题，但另外一些支持烟草业发展的人则认为，吸烟这一行为是个人权利的问题，它并不违反宪法。

然而，尽管没有证据证明吸烟可能导致肺癌的发生，但政府部门出于公共健康的考虑，仍在其控烟法案中强制要求烟草生产商们在其包装上印制吸烟有害健康的警示图片以及警示语。

24）韩国政府召回部分有问题的电子烟产品

2015 年 5 月 18 日，韩国政府贸易部门向外界宣布，他们将召回部分从国外进口的有问题的电子烟产品。

据介绍，此次召回的电子烟有 10 余个品牌，韩国贸易与能源部称，召回的原因是这些电子烟产品在消费过程中有可能会引发火灾事故。另外，政府还对一些从国外进口的电子烟液储存装置可能带来的危险性发出了警告。

政府部门的一位负责人指出，有些电子烟液储存装置没有安全警示语，部分产品甚至还没有防止儿童误开启的安全瓶盖，因此，韩国政府将加强对电子烟产品的严格监管。

25）韩国修订控烟法案

韩国国民议会通过了控烟法案中有关吸烟有害健康警示图片以及警示语所占烟盒面积的一项修订案。

新的修订案规定，吸烟有害健康的警示图片必须占到烟盒面积的 30%以上，再加上吸烟有害健康的警示语所占的面积，两者合计所占的面积必须超过 50%。但考虑到烟草生产商与贸易商们的实际情况，在该修订案通过后，对于在该国销售的各类烟草制品，对其实施包装新要求的宽限期为 18 个月。

26）韩国将加强对电子烟的规范管

韩国政府卫生健康部门提出建议称，政府应该强化对电子烟产品的管理。韩国政府其他的管理部门也表示支持这一建议，并提出要建立一套完善的电子烟管理规范，修订控烟法案，严禁电子烟商们为其产品进行广告宣传活动。

另外，韩国议会一位议员在接受媒体记者采访时称，根据政府所制定的福利与健康法案，烟草制品包括其他新型烟草制品，如电子烟产品等，只允许在政府所授权的零售商店内进行宣传活动，但一些电子烟商则明显违反了政府的规定，在零售商店外的市场上进行广告宣传活动，这显然是违法的行为，因此，政府应该强化对电子烟产品营销活动的规范管理。

27）韩国对控烟相关问题进行研究

韩国政府卫生健康部门向外界宣布，政府将对该国的控烟活动中相关问题进行研究，并成立了一家相关的研究机构，将研究在烟草中发现的成分，并就吸烟对消费者健康的影响进行相关的评估。

韩国疾病控制与预防中心的消息称，成立对控烟相关问题进行研究的机构，其主要任务是分析目前在韩国所销售卷烟的组分及添加剂组分以及卷烟烟气的成分，同时，该机构还将评估二手烟对公众的影响。

28）韩国女性吸烟率上升

尽管近年来韩国政府实施了较为严格的控烟措施，并进一步加大了违反禁烟令的处罚力度，但是，该国成年女性的吸烟率仍然处于上升的趋势。

韩国烟草与人参公司的调查数据显示，目前在韩国成年女性烟民中，有10%的人位于20～30岁年龄段内。对此，有分析人士认为，多年来韩国的妇女女权运动是导致成年女性吸烟率上升的主要因素。

29）韩国政府禁止出售小包装卷烟

韩国政府卫生部门向外界宣布，政府计划修订控烟法案，禁止卷烟生产商生产并销售20支以下包装的卷烟产品，同时也将禁止进口商以及贸易商进口此类产品，零售商则不准出售小盒包装的卷烟产品。

分析人士认为，政府此举是为了预防未成年人购买比较便宜的卷烟产品，因为小包装的卷烟产品要比普通包装的卷烟在零售价格上低一些，这会诱使未成年人购买此类产品。

据介绍，目前在韩国国内的卷烟市场上，英美烟草公司和日本烟草公司正在生产并销售14支装的小包装细支卷烟产品。

30）韩国卷烟价格上涨促使青年烟民戒烟

近年来，由于韩国政府实施了较为严格的控烟法案，同时也提高了烟草制品的税率，导致卷烟零售价格上涨，使得该国青年烟草制品的消费者呈现出下降的趋势。

数据显示，2015年8月份的一份抽样调查表明，仅2015年6月至7月两个月的时间内，该国大约有65000名学生已经放弃了吸烟这一习惯。韩国疾病控制与预防中心的一位负责人在接受媒体记者采访时称，政府提高卷烟产品的价格可以有效帮助青年人戒掉吸烟这一不良习惯。

31）韩国及印度尼西亚吸烟率分析

世界经济合作与发展组织公布了该组织部分成员方的吸烟率情况分析数据：

截至2014年，韩国成年人的吸烟率为19.9%。男性成年人的吸烟率仍然偏高，其吸烟率为36.2%，女性的吸烟率为4.3%。

印度尼西亚整体的吸烟率为37.9%，该国成年男性和女性吸烟率差距巨大，男性吸烟率偏高，该国女性吸烟率仅为4%。为此，印度尼西亚政府已经采取了一些控烟措施，包括提高卷烟税率以及在卷烟外包装上印制图片和警语等措施，以进一步阻止男性吸烟率的上升。然而，该国仍然是亚洲唯一没有签署《烟草控制框架公约》的国家。

32）韩国的控烟活动已经涉及电子烟产品

韩国政府已经向外界发布了一系列的控烟法案修订条款，其中一些已经涉及最近几年在韩国所流行的电子烟产品。

分析人士认为，尽管电子烟产品是否可以作为一种比较安全的戒烟产品目前还存在着争论，然而，韩国电子烟的消费者比例已经从2014年的4.4%增加到2015年的7.1%；另外，多数电子烟消费者也是普通烟草制品的消费者，这已使得他们的烟碱摄入量有所增加。

对于这种情况的出现，韩国政府加强了对此类产品的监管，并为此修订了控烟法案中的一些条款，另外还将通过税率调节以及图片警示的方式，加强对此类产品的管理。

33）韩国政府增税导致电子烟销售量增加

自2015年1月份韩国政府大幅度提高卷烟产品的税率之后，该国卷烟的市场零售价格也随之增加，从而导致了普通卷烟产品的销售量以及消费量出现了下降趋势，但电子烟产品以及类似的吸烟装置销售量则有所增长。

数据显示，韩国成年男性消费者对于电子烟产品以及类似吸烟装置的消费比例已经从2013年的2%增长至2014年的4.4%，到2015年则进一步提高到了7.1%。

韩国成年女性对于电子烟的消费比例也从2013年的0.3%增长到了2014年的0.4%，2015年则达到了1.2%。

近年来，韩国对此类产品的进口额也随之增长：从2013年的230万美元增加到了2014年的1010万美元，以及2015年的1350万美元。

34）韩国修订控烟法案

韩国政府向外界发布消息称，政府将修订其控烟法案。为了强化公众对于吸烟有害健康的认知，政府将在控烟法案中规定：烟草制品包装上要印制吸烟有害健康的警示图片，且此项规定的实施时间定为2016年12月份。

据了解，韩国政府目前已向社会上公布了10幅吸烟有害健康警示图片的示例，主要包括因吸烟导致病变的肺、因吸烟导致受损的咽喉等的图片。

另据介绍，使用素面包装（标准化包装）是世界卫生组织极力推荐的一种常规的控烟措施，最早使用该烟草素面包装的是澳大利亚，该国在2012年12月开始实施，随后全球有多个国家已开始效仿。

35）韩国吸烟者不满政府的控烟宣传

2016年5月份，韩国政府在其控烟宣传中，让一些有吸烟习惯的人在镜头前面讲述他们因吸烟而患上某种疾病，这引起了一些吸烟者们的不满。

数据显示，目前在韩国，有44%的成年男性吸烟。自2015年1月份韩国政府大幅度提高卷烟税率并使其零售价格猛涨之后，该国又一次修订了控烟法案，将其禁烟的范围扩大至小型餐馆等公共场所，进一步压缩了吸烟消费者的吸烟空间，正是在这种情况下，此次的控烟宣传活动引起了吸烟者的不满。

36）韩国将实施吸烟有害健康的警示图片措施

韩国政府卫生部门向外界宣布，政府将修订控烟法案，并将在2016年12月份正式实施吸烟有害健康警示图片的措施，以进一步降低该国的吸烟率。

据介绍，此次新修订的控烟法案中所涉及的主要条款为，要求所有的卷烟生产商、嚼烟生产商以及电子烟生产商必须在其产品包装上印制吸烟有害健康的警示图片以及警示语，其中警示图片所占据的面积不小于外包装正面和反面面积的30%，且该警示图片必须印制在上半部分。同时，韩国政府卫生与福利部门已经向社会上公布了10幅吸烟有害健康的警示图片，以供各生产商选用。

37）韩国卷烟税收增长

自2015年1月份韩国政府提高卷烟税率，导致该国卷烟价格上涨之后，韩国的卷烟销量曾一度出现了下降的趋势。

数据显示，2014年12月，韩国国内卷烟销量为78亿支，2015年1月价格提升后，其月卷烟销量骤降至34亿支，但此后韩国国内的卷烟销售量呈逐步上升的势头。政府税收部门的数据显示，去年韩国政府从烟草业所获得的税收额为10.5万亿韩元，同比增加了3.6万亿韩元，超过了韩国政府预期的年税收额仅增加2.8万亿韩元的目标。

38）韩国政府严厉打击卷烟非法走私活动

自韩国政府2015年提高卷烟税率，导致其卷烟的市场零售价格大幅度增长之后，国内合法卷烟产品的销售量出现了下降的趋势，而非法走私以及假冒卷烟产品的交易量则出现了上涨的趋势，在这种情况下，政府加大了打击非法卷烟的力度。

数据显示，截至2016年6月份，政府监管部门共查获了239起假冒及走私烟草制品案件，所查获的非法烟草制品的价值达到了670亿韩元。

受政府提高卷烟税率以及加强控烟力度的影响，该国的吸烟率也进一步呈现出下降的趋势。数据显示，截至2016年5月份，韩国19岁以上成年人吸烟率已经从2014年度的43.1%下降到了39.3%，对此政府公共卫生健康部门的人士表明，尽管国内非法烟草制品的交易量有所增长，但政府在控烟方面所实施的措施仍取得了一定的成效。

39）韩国政府要求烟草商在烟盒上印制吸烟有害健康图片

韩国政府卫生部门已经于2016年12月份实施了在烟盒上印制吸烟有害健康警示图片的标准化包装法案。考虑到销售商、生产商以及贸易商的准备时间，新包装的产品将于2017年1月份正式在韩国国内市场上出现。

为了加强宣传效果，韩国首尔等地从2016年12月23日起，已经开始销售采用新包装的卷烟产品，以试图用警示图片来阻止那些希望购买卷烟的消费者。

据介绍，为了防止烟草商利用其他方法来遮挡吸烟有害健康的警示图片，韩国政府计划对此规定实施立法。卫生部门的消息表明，警示图片的内容包括：生病的肺、穿孔的咽喉、烂掉的牙齿等，这些视觉效果一定会令消费者触目惊心。

据介绍，韩国政府卫生部门称，烟草商必须在烟盒的正反两面上印制更加醒目的警示语和警示图片，以提醒消费者吸烟是有害的。同时，警示图片在烟盒每一面所占的面积必须超过30%，而且烟草商必须每一年半之后对所使用的警示图片进行更换。

40）韩国政府修订控烟法案

韩国政府已经修订了原来制定的控烟法案，要求烟草商从2016年12月份开始，在国内销售的卷烟包装上印制吸烟有害健康的警示图片。

据介绍，新修订的控烟法案规定，卷烟生产商必须在其包装上印制吸烟有害健康的警示图片。

为此，韩国政府卫生部门公布了10幅吸烟有害健康的警示图片供卷烟生产商选择。这些图片包括以下与吸烟所导致疾病相关的图片：肺癌、喉癌、口腔癌、心脏病、中风、性功能障碍、皮肤老化等。

对此，政府卫生部门的负责人指出，实施新的法案的目的是降低韩国的吸烟率。同时他们也希望新的包装可以改变消费者对烟草产品的看法，引导那些想尝试吸烟的人不再进行尝试。

41）韩国未成年电子烟消费者数量增加

自电子烟产品以及类似的吸烟装置2007年在韩国烟草市场上出现之后，此类产品的销售量便处于增长的趋势，而销售商们也将其销售目标对准青年消费者，这已促使该国青少年电子烟产品的消费比例逐年提高。

韩国政府卫生健康部门早在2015年所进行的一项调查表明，在曾经吸过烟的学生当中，有5.4%的被调查者表示，他们在过去的一个月时间内曾消费过电子烟产品。

对此，韩国政府卫生健康部门也表示，作为普通卷烟产品的一种可能的替代品，消费者对电子烟产品以及类似吸烟装置的需求逐步增长，但若不注意对此类新产品的用法以及用量进行控制，长期使用将会导致不良情况的发生，因此，建议政府出台电子烟产品的监管措施。

42）韩国戒烟用产品销售量大幅度增长

受韩国政府出台的越来越严厉控烟法案的影响，加之公众对于吸烟有害健康意识的进一步增强，近年来韩国国内戒烟用医药类产品的销售量出现了逐年增长的趋势。

世界知名药品生产与销售商——Pfizer公司的一项统计数据表明，仅该公司在韩国市场上销售的一款名为Champix的戒烟产品，其销售量在两年时间内就增长了8倍。这表明已经有越来越多的韩国烟民正在使用这种戒烟产品。

据介绍，除了Pfizer公司上述戒烟产品之外，公司其他类别戒烟产品的销售量也处于增长趋势。总体统计数据表明，该公司仅在韩国戒烟类产品的销售量已经由2014年的240亿韩元增长到了2016年的420亿韩元，已占有韩国同类产品80%的市场份额。

43）韩国一项调查结果表明吸烟率与收入有关

韩国国内一家咨询机构所进行的抽样调查表明，目前在韩国国内，消费者的吸烟率与他们的收入有着直接的关系，即在收入较高的人群中，他们的吸烟率则相对较低。

对此，分析人士指出，目前在一些经济比较发达的国家，吸烟率则呈现出持续下降的态势。

进行此次抽样调查的韩国首尔大学医学院的一位负责人称，他们从2008年就已经开始此次的吸烟率调查，在8年间总计抽样调查了159万多人。

详细的调查数据表明，在韩国经济最发达的地区，成年人的吸烟率最低，而在经济条件相对较差的地区，其成年人的吸烟率则相对较高。韩国城南市的经济发展最好，其成年男性的吸烟率仅为26.4%；但在经济发展相对较弱的Taebaek市，其成年男性的吸烟率则高达59.8%。

3. 日本

1）日本对收入水平与吸烟习惯进行调查

日本政府卫生与健康部门2012年的一项调查表明，公众是否吸烟与其收入水平有一定的关系。

据介绍，日本政府卫生与健康部门在对该国3200个家庭进行抽样调查后所得到的数据显示，收入水平较高的家庭，其家庭成员的吸烟比例相对较低，而收入水平相对较低的家庭，其成员的吸烟比例则相对较高。

在此次抽样调查中，政府卫生与健康部门还对日本公众其他的生活方式，诸如是否锻炼以及饮食习惯等进行了调查与分析。

2）日本政府大幅度提高烟税以控制吸烟率

日本政府为了控制民众的吸烟率，曾利用提高烟税和加强民间禁烟的管理措施来控制吸烟率的上升。

数据显示，从1998年起，政府部门就对烟草制品进行了多次的调整，2010年，日本政府大幅度提高卷烟制品的税率，导致卷烟的市场零售价格大幅度增长，目前日本国内的卷烟市场上，每盒卷烟的市场零售价格平均在400日元左右，比10年前上涨了近一倍。

3）日本计划再次提高卷烟税率

据介绍，自2010年10月1日日本政府提高卷烟制品的税率之后，造成吸烟者在政府增税之前大量购买并储存卷烟，一度使该国的卷烟市场陷入混乱状态。而此次政府计划提高卷烟制品的税率，希望在下一个财政年度，可以为政府带来额外2000亿日元的财税收入。

4）日本设定控烟目标

2012年日本政府已经制定了其未来的控烟目标，力争到2023年将日本国内的吸烟率由目前的19.5%降低到12%左右。

政府卫生部门的调查表明，目前有多数烟民都有戒烟的愿望，在被调查的每10位吸烟者中，就有4人称他们希望能够戒掉吸烟这一习惯。对于二手烟的控制，政府的目标是到2020年工作场所实施完全禁烟的措施，以杜绝二手烟对公众的危害。

5）日本烟草国际公司强烈反对英国政府卷烟素面包装计划

2012年7月初，日本烟草国际公司在英国筹集了高达200万英镑的巨额资金，以支持公司强烈反对英国政府计划实施卷烟制品素面包装的计划。

日本烟草国际公司的一位负责人称，英国国内的一些媒体也发表评论反对政府的此项控烟计划，这些评论认为，卷烟制品素面包装将会对消费者和卷烟生产商带来负面影响。日本烟草国际公司希望政府能够重新考虑此项控烟措施实施后可能会造成的不良后果。

6）日本吸烟率下降

日本烟草公司所做的抽样调查表明，近年来，日本国内的吸烟率呈现出逐年下降的趋势。

数据显示，2011年5月份，日本公众的吸烟率为21.1%，与2011年5月份同期相比下降了0.6个百分点。日本烟草公司称，该公司自1965年以来，一直对日本公众的吸烟率进行抽样调查，并向外界公布。

7）日本烟草国际公司对澳大利亚政府提起法律诉讼

由于澳大利亚政府于2012年正式推出并实施卷烟制品素面包装的控烟法案，因此，日本烟草公司为了保护本公司利益能够在澳大利亚国内不受损害，对该国政府提起法律诉讼。

日本烟草国际公司亚太地区负责人在接受媒体记者采访时称，澳大利亚政府实施的卷烟制品素面包装法案，将从根本上剥夺日本烟草国际公司在澳大利亚使用该公司卷烟制品商标的权力，而卷烟制品的品牌商标等，是日本烟草国际公司最有价值的财产，公司认为，澳大利亚政府的这种做法，显然是违反宪法的，在这种情况下，日本烟草国际公司在澳大利亚高等法院对政府提起法律诉讼。

8）日本希望把吸烟率降低到12%

2013年6月初，日本政府卫生部门对外宣布，政府要通过多方面的努力，争取到2022年，将日本的吸烟率控制在12%以内。

数据显示，目前日本国内大约有19.5%的成年人吸烟，但这个数据在2000年时却高达27.7%，这说明政府10余年来控烟成效还是十分显著的，然而，卫生部门的统计数据表明，在30岁至40岁之间的成年男性中，他们的吸烟率高达40%，这是政府控烟的难点所在。

为此，日本政府卫生部门表明，他们将开展一项鼓励戒烟活动，以支持那些希望戒烟的烟民，并开通电话提供免费咨询和治疗烟碱成瘾。

9）消费者在大幅提税之前囤积卷烟

在日本政府定于提高卷烟税率之前，卷烟需求量猛增。

数据显示，大部分卷烟品牌价格增幅在每盒20支60日元至140日元之间。日本烟草公司估计增税后一个月的销量，要比常年平均销量增加一倍。

10）日本成年人吸烟率下降

日本成年人的吸烟率已经呈现出逐年下降的趋势，2013年6月份日本烟草公司所进行的一项调查表明，日本成年人的吸烟率为20.9%，与上年同期相比下降了0.2%。

此次的抽样调查数据表明，男性的吸烟率下降了0.5%，为32.2%；成年女性的吸烟率下降了0.1%，为10.5%。日本烟草公司称，该公司自1965年以来，每年都要对日本成年人的吸烟率进行抽样调查及研究。按照日本政府的统计数字计算，目前该国成年人的吸烟总人数已由上年同期的2216万人下降到了目前的2195万。此次抽样调查共有32000名日本成年人参加，日本烟草公司收到有效调查表19630份。

11）政府提高烟税促使部分烟民计划戒烟

据一项调查称，在政府提高烟税之后，有60%的烟民打算戒烟，同时，日本政府计划最终将每盒卷烟的市场零售价格提到700日元，以达到北美和欧洲的水平。据2010年5月的抽样调查表明，日本成年人的吸烟率为23.9%，比2009年同期的24.9%下降了1个百分点。

12）日本烟草国际公司对苏格兰实施控烟措施表示不满

日本烟草国际公司英国区负责人在接受媒体记者采访时指出，在英国政府还没有出台更加严格的控烟措施时，苏格兰不应该及早出台更加严格的控烟措施，因为这些措施的出台，会影响到苏格兰地区一些烟草经营者的利益。

据介绍，苏格兰在控烟方面实施了较为严格的措施，如禁止经营者在零售商店内展示所出售的烟草制品，不准吸烟者在接近建筑物的一定区域内吸烟等。

13）日本实施高税率促使烟民戒掉吸烟习惯

日本政府为了促使烟民戒烟，近年来实施了多次提高卷烟税率的措施，希望能够降低国民的吸烟率。

近日，日本国内一家调查公司所开展的一项抽样调查表明，多数戒烟者是因为政府提高税率而放弃吸烟这一习惯。

数据显示，在被调查的6713中，有近30%的人在2010年10月份政府提高烟草制品税率后不久戒烟，因为卷烟税率的提高导致卷烟价格上涨，每盒卷烟的零售价格平均上涨了100多日元。

在对5806人的调查中，有3095人称卷烟价格会影响他们是否在未来还维持吸烟这一习惯。

14）日本在野党反对烟草增税

在日本经历了2011年3月份的大地震及海啸灾难之后，执政党提出了增加烟草税以缓解政府财政困境的办法，然而，在野党对此却提出了反对意见，他们认为，在目前的情况下，对烟草增税并非一种切实可行的办法。

据介绍，支持在野党的除了相关行业之外，大多数为烟草种植者。

15）日本烟农反对政府提高烟草税率

有数百名日本烟农聚集到东京 NAGATACHO 区进行游行示威活动，反对政府提高烟草税率。

此次烟农们所进行的示威活动，针对政府从 2012 年开始实施的增税方案，据称，政府从 2012 年开始，每年将每支卷烟的税率提高 2 日元，烟农们担心今后其烟叶的生产及销售会受到政府增税的影响，为此才发起了此次示威活动。

16）世界卫生组织建议提高烟草税率

在 2014 年度世界卫生组织召开的第六次《烟草控制框架公约》各缔约方会议上，世界卫生组织建议各缔约方提高烟草产品税率，将烟草制品的综合税率控制在产品市场零售价格的 70%左右。

然而，尽管世界卫生组织向 179 个缔约方政府发出了上述倡议，但由于 2014 年的会议是在俄罗斯莫斯科召开的，一些国家政府因有关政治问题对此次缔约方会议进行了抵制，没有参加此次会议。

另外，就世界卫生组织所提出的税收建议，日本烟草国际公司全球发展战略部门一位名叫 Michiel Reerink 的负责人在接受媒体记者采访时指出，世界卫生组织的政策制定者并非财政税务方面的专家，他们就烟草税率的建议对各国政府并不具有约束力。

17）日本烟草国际公司对世界卫生组织在莫斯科召开的会议表示不满

2014 年世界卫生组织召开的《烟草控制框架公约》第六次缔约方大会已于 10 月 13 日在莫斯科召开，于 10 月 18 日结束。

各缔约方将就《烟草控制框架公约》中部分条款的修订进行讨论，但此次会议并不让来自公共媒体的从业人员、烟草行业的专家以及公众代表参加，也就是说，此次会议是相当不透明的。

对此，日本烟草国际公司全球发展战略部门一位名叫 Michiel Reerink 的负责人在接受媒体记者采访指出，不透明的会议进程，意味着决策过程的腐败与不公正，因此，日本烟草国际公司建议世界卫生组织应该向公众开放。据介绍，世界卫生组织每半年就要对《烟草控制框架公约》的条款进行评估与修订。

18）日本公众支持禁烟

日本一些反烟团体在首都东京召开会议，商讨向政府提出实施进一步加强控烟法案的措施。

数据显示，近年来，由于日本政府不断修订其控烟法案，该国吸烟者人数逐年下降，与此同时，有高达 63%的公众支持政府实施更加严格的控烟法案。另外，日本东京将于 2020 年举办奥运会，反烟人士认为，政府应该借助这一有利时机，进一步降低日本的吸烟率。

有分析人士认为，由于日本政府所占日本烟草公司的股权已经减少，由 2004 年的 50%下降到了目前的 33%，因此，政府有可能出台更加严格的控烟措施，以降低公众对烟草制品的消费量。

19）日本烟草公司挑战爱尔兰政府素面包装法案

为了反对政府对烟草制品进行素面包装的立法，2015 年 4 月份，日本烟草公司在爱尔兰高等法院对政府计划实施的卷烟素面包装法案提起法律诉讼。

据介绍，日本烟草公司是通过日烟国际爱尔兰分公司提起此次法律诉讼的，资料显示，这是日本烟草公司在全球烟草商们对部分计划实施该法案的国家和地区议员们进行游说活动之后才提起的诉讼案。

日烟国际爱尔兰分公司的一位负责人在接受媒体记者采访时指出，爱尔兰政府无权对烟草制品素面包装进行立法，因为此项立法已经超出了欧盟新出台的烟草产品指令所规定的范围。但政府卫生部门一位负责人称，他们将会迎接并应对来自烟草商们的法律诉讼。

20）日本政府计划未来提高新型烟草制品的税率

日本执政的自民党一位负责人在接受媒体记者采访时称，随着新型烟草制品，如加热不燃烧装置以及类似的蒸汽烟装置在日本国内烟草市场上销售量的不断增长，政府计划在 2018 财政年度对此类产品增加税率。

对此，日本国内一位资深的税务专业研究人员认为，在目前的情况下，由于加热不燃烧装置的税率要比普通的卷烟产品税率低得多，导致许多消费者转而消费此类新型烟草制品。另外，此类产品在日本国内主要的生产商与销售商——菲利普・莫里斯烟草国际公司也宣称，他们公司所生产的加热不燃烧装置以及万宝路加热棒，已经大大降低了吸烟对于消费者的潜在风险，正是在这种情况下，日本政府才计划在下一个财政年度，提高此类产品的税率。

21）日本政府将取消部分低价卷烟的税收优惠措施

日本政府向外界宣布，从 2015 财政年度开始，将逐步取消部分低价卷烟的税收优惠措施。

数据显示，目前日本烟草公司所生产的所有卷烟品牌中，有 Wakaba 牌卷烟等 6 个品牌为低税收率卷烟产品，这些卷烟产品的税率为普通卷烟产品税率的 50%。

日本政府财政部门指出，这些卷烟品牌因受到低收入者以及老年卷烟消费者的喜爱，政府才对其实施低税收政策。然而，近年来政府上调普通卷烟的税率之后，这些低税率、低价格卷烟的销售量增长幅度很大，除了原来长期消费此类卷烟的低收入者以及老年消费者之外，一些高收入者也开始消费此类产品，为此，政府决定取消此类卷烟的税收优惠。

22）欧盟将就日本烟草国际公司反对爱尔兰政府出台素面包装措施举行听证会

2015 年 5 月下旬，欧盟就日本烟草国际公司反对爱尔兰政府计划出台的烟草制品素面包装措施举行听证会。

对此，欧盟法院一位负责人在接受媒体记者采访时称，由于日本烟草国际公司反对爱尔兰政府出台烟草制品素面包装的措施，并提出了诉讼请求，为此欧盟法院需要举行听证会。日本烟草国际公司称，爱尔兰政府实施烟草制品素面包装的政策，为欧盟各成员国之间的贸易人为设置了障碍，同时该控烟法案与欧盟所出台的烟草产品指令相比则更加严格。

23）日本吸烟率稍有增长

2015 年 7 月 30 日，日本烟草公司向外界公布了该公司对于日本公众近期吸烟率的调查数据，结果表明，日本成年男性和女性的总体吸烟率为 19.9%，与 2014 年同期的调查数据 19.7%相比稍有增长，这是日本吸烟率 20 年来的首次增长。从烟民性别来分析，日本成年男性的吸烟率为 31%，成年女性的吸烟率为 9.6%。

24）日本控烟法案执行不力

尽管日本政府已经出台了严格的控烟法案，但由于执行不力，已遭到反烟人士的批评。

为此，有卫生健康人士向政府部门提出建议称，要求到 2020 年在日本东京举办奥运会及残奥会之前，政府应该进一步加强公共场所全面禁烟的措施，且医疗机构也应该切实执行在公共场所禁止吸烟的措施，以避免到医院就医的人员受到被动吸烟的危害。

25）日本成年人吸烟率下降

多种因素导致日本国内的卷烟销售量持续下降，而那些长期吸烟的烟民，受到反烟运动的冲击以及对吸烟有害健康意识的进一步增强，正在逐渐戒除消费普通烟草产品的习惯。

另外，日本政府近年来不断提高卷烟产品的税率也使得一些对价格比较敏感的消费者减少甚至戒除了吸烟的习惯，有些则消费其他类别的更为经济型的烟草产品如自卷烟产品等，而越来越多的消费者开始消费无烟气烟草产品，如瑞典含烟以及电子烟等类产品，这也造成了日本成年人的吸烟率呈现出逐年下降的趋势。

数据显示，2008 年，日本成年人的吸烟率为 26%，但到了 2013 年和 2014 年，则分别下降至 20.4%和 19.7%。

26）日本烟草国际公司计划对法国政府出台的控烟措施提出上诉

日本烟草国际公司近日向外界宣布，由于法国政府已经公布了其新修订的控烟法案的有关卷烟素面包装的时间表，并对卷烟生产商设定了最后的期限——2017 年 1 月份，对此，日本烟草公司称届时将会对法国政府的此项控烟法案提出上诉。

对此，日本烟草国际公司负责法国业务的一位名叫 Benoit Bas 的负责人指出，法国政府在修订并出台该控烟法案时，并没有考虑到该法案对拥有知识产权公司利益的伤害。基于对自身利益的保护，日本烟草国际公司计划对该法案提起法律诉讼。

27）日本公众支持吸烟有害健康图片警示措施

日本一家癌症研究机构向外界发表他们的抽样调查报告表明，大多数的日本公众支持政府采取在烟盒上印制吸烟有害健康警示图片的控烟措施。

据介绍，目前在日本国内所销售的卷烟产品外包装上，仅有吸烟有害健康的文字警示，并没有图片警示。

另外，日本政府卫生部门的数据表明，自1995年以来，该国的吸烟率一直呈现出下降的趋势，但自2010年之后，这种下降的趋势放缓，为了迎接2020年东京奥运会，日本政府计划强化其控烟措施，以进一步降低该国的吸烟率，为奥运会在日本的举行创造更好的外部环境。

28）日本吸烟率下降

2016年8月份，日本政府部门的一项统计数据表明，日本国内成年人的吸烟率与上年同期相比下降了0.6%，目前其成年人的吸烟率已经降至19.3%。

但此次的统计结果表明，尽管日本成年人的吸烟率有所下降，但该国成年男性的吸烟率仍然很高，达到了29.3%，女性的吸烟率下降幅度明显，为9.7%。

对此，日本政府卫生健康部门的一位负负责人称，日本国内成年人吸烟率下降的因素很多，主要包括公众对于吸烟与健康认识的增强和日本社会的老龄化程度加剧等，但最重要的因素则是政府在烟草制品税收方面的政策以及政府控烟力度的加大。

29）日本政府希望在2020东京奥运会之前实施完全的公共场所禁烟目标

2016年9月份，日本政府公共卫生部门的一位负责人在接受媒体记者采访时称，希望在2020年东京奥运会之前能够实施完全的公共场所禁烟目标，以良好无烟环境展示日本的形象。

事实上，近日日本健康、劳动与福利省所发布的一项研究报告指出，目前在日本的公民中，许多疾病均与被动吸烟相关，因此，政府计划实施更加严格的公共场所禁烟政策，力争在奥运会之前完成这一任务。

同时，为了强化公众对于被动吸烟危害性的认识，日本公共卫生部门将被动吸烟引起的相关疾病列入1级最高风险水平。

30）日本发布吸烟与健康白皮书

日本政府公共卫生健康部门向外界发布了日本国民有关吸烟与健康的白皮书，政府计划进一步加强日本国内的公共控烟政策。

据介绍，在此次政府所发布的吸烟与健康白皮书中，政府公共卫生健康部门建议，应该更加严格规范该国的控烟法案，公共场所以及室内的公共场所应该做到100%的禁烟。

此外，日本公共卫生健康部门的官员还建议，政府应该修订控烟法案，不应该在室内的公共禁烟场所再设立单独的吸烟区。

31）日本烟草国际公司分析素面包装的危害

日本烟草国际公司加拿大JTI－Macdonald公司向外界宣称，加拿大政府计划实施的卷烟产品的素面包装是非常有害的，政府即将实施的此项更加严格的控烟措施将会使政府以及消费者处于危险的境地。对此，日本烟草国际公司的分析人士指出，卷烟产品实施素面包装之后，将会带来一系列的不良后果（澳大利亚政府自2012年实施该严格的控烟措施之后已经得到了验证）：

更多不受监管的卷烟产品会出现在卷烟市场上，消费者无从分辨合法与非法的卷烟产品；

未成年者购买非法卷烟产品的渠道更多，非法产品以其较低的价格诱导未成年人尝试消费卷烟产品；

政府从烟草业所获得的税收额因非法卷烟产品贸易量的增长而受到损失；

由于政府对烟草业所实施的素面包装的措施会导致多米诺骨牌的效应，有可能受到影响的行业包括快餐业、含糖饮料以及酒类产品。该公司的数据显示，在目前政府还没有实施该严格的控烟措施之前，在加拿大国内的非法烟草产品就已经占有20%的市场份额，并导致政府每年受到的税收损失高达16亿加元。

32）日本计划在奥运会之前强化控烟措施

日本厚生劳动省向外界表示，政府部门已经制定了一份强化控烟措施的政策，提出为迎接2020年东京奥运会和残奥会，将采取严格的控烟举措，即在医院和学校区域内实施全面禁烟。

根据该方案，一旦违反该强化的控烟措施，管理人员以及吸烟者本人都将受到处罚。新出台的强化控烟措施规定，计划对体育馆等运动场所、社会福利场所、行政机关办区域、大学建筑物内等室内公共场所实施全面的禁烟措施。

然而，也有反烟人士指出，此次政府的强化控烟措施并不严格，因为对于餐饮店以及宾馆等场所的控烟措施就显得有些模棱两可。

33）日本烟草国际公司谴责世界卫生组织对烟草业的排斥态度

对于来自美国、印度等国家和地区烟草业界人士要求参加由世界卫生组织召开的《烟草控制框架公约》大会，但遭到该组织的消极对待之后，日本烟草国际公司对于该组织对烟草业的态度进行了谴责，并称世界卫生组织的这态度是一种“文化排斥”。

对此，日本烟草国际公司认为，世界卫生组织之所以阻止烟草生产商以及烟草种植者参加这样的会议，主要原因在于该组织在意识形态方面的利益驱动，因此才会竭尽全力阻止烟草界参与此类国际性会议。

34）日本拟在2017年修订控烟法案

为防止公众吸入其他烟草消费者所产生的二手烟，日本政府计划修订此前已经制定的控烟法案，对于违反者，将对吸烟者及这些场所的管理者进行处罚。

新修订控烟法案的修订案还将根据设施的用途区分禁止吸烟的范围。学校、医院等儿童及患者尤其容易遭受被动吸烟危害的场所，政府将制定更加严格的控烟措施，以达到全面禁烟的效果。

在诸如政府办公楼等公众无法选择其他设施的情况下，这些建筑物内部也将全面禁烟。然而，诸如餐馆、酒店等公众可以选择的设施，将规定室内禁烟，但允许设置吸烟区域。

新修订的控烟法案还规定，公共场所的管理者有明示此处禁烟和在禁烟场所劝阻吸烟的义务。据介绍，为了迎接2020年东京奥运会和残奥会，日本政府卫生部门已经加强了该国的控烟工作。

35）日本为2020年奥运会做控烟方面的准备

日本政府卫生部门已经向外界公布了为迎接2020年东京奥运会所制定的防止二手烟的对策及草案。

新出台的控烟草案规定，在一些室内公共场所如餐饮店、酒店内公共场所等地点实施严格的禁烟措施，对于严重违反者将进行重罚。

另外该草案还规定，对于那些多数人使用的公共设施，如政府办公场所、社会福利场所、学校等建筑物内也应该实施更加严格的禁烟措施。未成年人、病人所在的医疗机构及中小学校则将实施更加严格的全面禁烟措施。但政府的这一严格控烟措施却遭到了来自烟草行业以及餐饮业的反对。

36）日本部分民主党议员建议政府关注烟草税

日本执政的民主党有部分议员建议政府应该关注烟草制品的税率问题，这些议员认为，政府在提高烟草制品的税率之后，应该关注增税之后对烟草种植者，卷烟生产商及烟民所带来的影响，他们认为，政府在制定烟草税率政策时应该再谨慎一些。

据介绍，日本政府已于近期提高了烟草制品的税率，在原来的基础上提高了40%。由此导致其国内卷烟制品此前的大幅度增长。

二、东南亚地区

1. 菲律宾

1）菲律宾新税法对烟农有利

菲律宾烟草种植者协会的一位负责人称，议会所通过新的烟草制品税收法案，对烟农而言是有利的，因为增加烟草制品的税率之后，政府的财政税收会因此而增加，最终受益的是公众，其中也包括烟草种植者及其家庭成员，另外政府还将把这部分增加的税收资金用于国民的卫生健康教育事业。

据介绍，在菲律宾参议院通过了3299号法案之后，政府从烟草及酒类制品所获得的税收额，将会从之前的每年400亿菲律宾比索增加到500亿比索。

2）菲律宾政府提高烟税对其烟叶生产影响不大

早在多年前，菲律宾政府就已经对其烟草税收结构进行了重大的调整，但其烟叶产量并没有因此而下降。

对此分析人士认为，目前在菲律宾，烟叶被认为是价值较高的农业经济作物，烟农们一般不会放弃烟叶种植，转而种植其他的农业经济作物，因此这就导致尽管政府努力调整其税收政策，但烟叶产量也没有受到很大的影响

另外，从烟农的角度考虑，由于各大烟草公司继续与烟农们签订烟叶生产的合同，卷烟生产商和分销商们对菲律宾烟农所生产的烟叶的需求仍然很强劲，这也就导致烟农们还有很高的积极性来种植烟叶。

3）菲律宾政府利用烟草税帮助部分地区烟农

菲律宾政府为改善部分地区农民，包括烟农们的经济状况，决定利用政府的部分烟草税收帮助这些地区的农民和烟农。

对此，政府部门一位名叫 Roxas 的负责人在接受媒体记者采访时称，政府将会考虑如何利用烟草税来帮助这些地区的农民以及烟农，其主要做法：一种是短期的方法，即给予他们一定的经济援助；二是长期的方法，以保证这些农民以及烟农家庭的经济稳定，长期帮助的项目还包括给这些地区学生适当的奖学金等，并帮助烟农们进行技术培训，为他们提供适当的生产设施以保证他们能够获得较高的收益。

4）菲律宾税务局取消烟草制品出口印花税票的有关规定

菲律宾国家税务局已经取消了原来规定的要求烟草制品出口商们粘贴有关印花税票标签的有关规定。

事实上，原来政府税务部门的规定为，在该国生产的所有用于出口的烟草制品，其外包装必须贴有印花税票的标签，且其标签上必须标明这些产品是为目的地国家或地区生产的烟草制品，仅限于在目的地的国家或地区销售。另外，这些标签还不能与在菲律宾国内出售的烟草制品上的标签类似。

5）菲律宾政府加强对卷烟厂的税收监管

菲律宾政府财政税收部门向外界宣布，为了确保政府的财政税收不受影响，他们加强了对卷烟生产厂的税收监管，并已经下发通知，要求在菲律宾的各大卷烟生产厂，必须在其生产线上安装在线的摄像装置，另外，还要在其生产线的关键部位以及其仓库内安装此类在线摄像监控装置，以利于政府税收部门对其进行严格的监管，保证政府的税收不会流失。

据介绍，在此之前，菲律宾政府财政税收部门已经实施了烟草制品的税收印花税票制度，然而，政府监管部门在日常的检查过程中发现，即使是一些规模大的卷烟生产商与贸易商，在他们所出售的卷烟产品中，有大约 50％没有按政府的要求贴印花税票，因此，政府财政税收部门才决定实施严格的在线监管措施。

6）菲律宾烟草增税方案曾受阻挠

受控烟运动的影响，菲律宾政府曾多次计划提高烟草制品的税率，然而，其增税方案也经常会受到多方阻挠。

当地媒体报告称，菲律宾政府曾在 1997 年就要求议会通过提高烟草制品消费税税率的议案，但由于受到利益集团的强烈反对，政府对烟草制品消费税率的提高直到 2004 年才得以通过。

资料显示，目前菲律宾国内的烟草税率是东南亚国家中比较低的，这导致该国成为东南亚地区吸烟率最高的国家，政府每年因吸烟所花费的公众医疗健康支出就高达 43 亿美元。

7）菲律宾计划调整烟草及酒类制品的税率

菲律宾议会以 10 比 9 的微弱优势，通过了一项旨在调整烟草及酒类制品税率的议案。

另据来自《菲律宾星报》的消息表明，在此次投票中，并没有议员在投票中弃权，此次税率调整方案在总统阿基诺签署后方可实施。

菲律宾财政部一名官员称，通过对烟草和酒精制品税制的改革，将会对公众的身体健康有利，政府的财政收入也会因此而有所增加。

8）菲律宾烟税提高未能阻止卷烟销售量增长

菲律宾政府财政部门一名官员在接受媒体记者采访时称，尽管政府自 2004 年以来多次提高卷烟制品的税率，但国内的卷烟消费量仍然没有下降的趋势。

数据显示，自 2004 年以来，由于菲律宾政府每年都要提高卷烟制品的税率，导致其卷烟零售价格几乎增长了一倍，但卷烟的消费量并没有因此而减少，分析人士认为，在政府提高税率导致零售价格增长后，一些

经济条件不好的消费者就会购买一些价格较低的非法走私或者假冒的卷烟制品，因此导致菲律宾国内卷烟消费量还略有上升之势。

统计数据显示，目前菲律宾人均年卷烟消费量为1073支。

9）菲律宾卫生健康部门向政府提出警示

菲律宾健康部门已向政府部门发出警示，建议政府不要接受来自烟草公司的各类捐助，也不要与烟草商们在各类公益活动中进行合作。

菲律宾卫生部负责人在接受《每日电讯报》记者采访时称，此前政府在与烟草公司的密切交往中的一些举动，与世界卫生组织所制定的《烟草控制框架公约》的相关条款是不相符的。烟草生产商、经销商与贸易商们利用政府及一些公益活动的名义，对此类活动进行赞助，但在他们进行这些赞助活动的同时，也在声势浩大地宣传着自己的公司形象及其卷烟品牌。

统计显示，仅在2009年，菲利普·莫里斯烟草国际公司就在菲律宾国内获得了7项社会公益活动方面的大奖。

10）菲律宾烟草界人士对政府的烟草税收措施提出质疑

在菲律宾有烟草经营业务的菲利普·莫里斯公司就政府所实施的烟草税收政策提出质疑。该公司总裁在接受当地媒体记者采访时称，政府目前所实施的烟草高税率政策，不但不会提高政府的财政收入，反而会导致政府从烟草业所得到的税收额大幅度减少。

这位负责人指出，在政府提高税率的同时，卷烟价格也会随之上涨，尤其是对低价格卷烟制品，其危害则更大，因为经济条件不好的烟民会在合法卷烟制品价格上涨之后，转而购买那些非法的走私或假冒卷烟制品，政府因此会遭到每年高达1700亿菲律宾比索的税收流失，而非此前所预测的600亿的税收流失。

2012年，政府立法部门计划对烟草业的税收政策进行调整，烟草制品的税率提高之后，2012年每盒卷烟的平均税额为14菲律宾比索，2013将为22比索，到2014年则高达30比索。

11）烟草高税率可能促使菲律宾部分烟农种植大麻

菲律宾一名议员称，如果政府在2012年再次提高烟草制品的税率，并实施更加严格的控烟措施，有可能促使菲律宾 Ilocos Region 地区的烟农转种大麻。

据介绍，当地政府已经花了很长的时间，并做出了巨大的努力才说服农民们种植烟草作物，这位议员称，在 Ilocos Region 地区，除了少数的山区之外，政府部门已经将他们原来大麻的种植数量降到了最小的程度，但政府对烟草业所实施的各类措施，已经严重影响到了他们的生活，在这种情况下，有些烟农可能转种大麻。

12）菲律宾政府烟草税收额高于预期

菲律宾烟草协会的一位负责人在接受《马尼拉时报》记者采访时称，该协会对政府计划再次提高卷烟制品税率感到失望，他警告指出，如果政府再次提高卷烟税率，将会影响到广大烟农们的利益。

据介绍，如果新的税率一旦实施，每年将会为政府带来600亿菲律宾比索的收入。但数据显示，2010年，菲律宾政府从烟草业所征收的税额为316亿比索，远远超出了政府258亿比索的预算目标。同时这位负责人还警告称，新的税率实施之后，将会使走私及假冒烟草制品的非法贸易活动加剧。

13）菲律宾政府考虑实施分步骤增税方案

菲律宾政府财政部门预测称，如果2012年对烟草及酒类制品征收“SIN TAX”（罪孽税：为了限制烟酒类制品等消费品的消费，政府所征收的高额税金，调高税率以起到遏制烟酒类制品消费之目的），在开征该税的第一年，可以为政府财政增加190亿～200亿菲律宾比索的税收收入；第二年的增税额在300亿～400亿菲律宾比索；第三年的增税额在400亿～500亿菲律宾比索，而第四年的增税额可能高达600亿～700亿菲律宾比索。

据介绍，目前，菲律宾国会还在慎重考虑该征税方案。

14）菲律宾 FORTUNE 烟草公司同意政府提高烟税议案

在菲律宾政府财政预算与管理部门提出增加烟草制品税率议案几天之后，菲律宾 FORTUNE 烟草公司最终向外界表明，他们同意政府提高烟草制品税率的议案。

然而，该公司总裁在接受媒体记者采访时称，公司不反对政府合理提高烟草制品的税率，然而，增税所导致的后果是卷烟制品零售价格的上涨，也有可能导致部分员工失去其原有的工作。

15）菲律宾政府欲把烟草税收与通货膨胀指数化

菲律宾政府财政部门建议，政府应该把烟草制品的税率与国内的通货膨胀指数化（指数化是指按照每年消费物价指数的涨落，自动确定应纳税额的使用税率和纳税扣除额），以提高政府的财政税收。

据介绍，如果该建议得以实施，菲律宾政府从烟草业所得到的财政税收每年可增加600亿菲律宾比索，其中大约330亿比索的巨额资金可以用于经济困难家庭的医疗保险。

16）烟草税将用以帮助产烟地区

菲律宾预算和管理部认为，烟制品税中63.7亿卢比（约1.48亿美元）已经使产烟区烟农受益。根据菲律宾的法律，烟制品税中的一部分将根据产量分配给各产烟地区。

17）菲律宾烟草业对政府卫生部门做法表示不满

菲律宾政府公共卫生部门负责人对该国烟草协会发出警告称，要求该国的烟草商必须按照世界卫生组织所制定的相关法律，在卷烟制品的包装上印制吸烟有害健康的警示图片，但这位负责人对烟草业的指责立刻遭到了菲律宾烟草协会的驳斥。

该国烟草协会主席在接受媒体记者采访时称，政府所制定的RA 9211烟草法案中没有规定烟草商必须在烟盒上印制吸烟有害健康的警示图片，而卫生部门提出这样的强制要求显然是违反了上述法案，烟草业对卫生部门的指责是不能够接受的。

18）菲律宾加强教育场所禁烟措施

菲律宾政府教育部门重申，要加强在教育场所的控烟力度，在公共教育场所，禁止一切吸烟行为的发生。该禁令适用于室内及室外，所涉及的人群包括学生、学校的教师、员工以及到这些教育场所的来访者。

菲律宾政府教育部部长强调，在教育场所内，一切人员都将禁止吸烟，违者将被处以罚款。事实上，菲律宾国内以前曾出台过类似的控烟法案，但由于执行力度不够，没有发挥其应有的效果。

19）菲律宾卫生健康部门建议大幅度提高烟税

菲律宾政府卫生健康部门提出建议，在目前的基础上，大幅度提高烟草制品的税率，使目前该国卷烟市场上的卷烟零售价格在税收体制的作用下提高400%，以减少其烟民的数量，从而起到降低吸烟率之目的。

政府卫生部门的官员认为，在大幅度提高烟草制品税率的同时，既降低了烟民的数量，尤其是有效地阻止了未成年人吸烟率的上升，同时又可以减少政府的财政预算赤字。

菲律宾新任卫生部部长在接受媒体记者采访时称，目前在东南亚的卷烟市场上，菲律宾的卷烟零售价格相对偏低，因此才提出大幅度提高烟草制品税率的议案。

20）菲律宾准备实施卷烟制品图片警示

菲律宾卫生部正在拟定一项行政命令，要求在卷烟盒上印刷图片警示。

政府卫生部一位官员称，该行政命令和世界卫生组织所制定的《烟草控制框架公约》要求是一致的。菲律宾议会已经批准了该控烟协议。

21）菲律宾政府将严格管理烟草制品

菲律宾政府已授权卫生部门及食品与药品管理部门，加强对各类烟草制品的监管力度。

菲律宾食品与药品管理部门负责人Suzette Lazo博士在接受媒体记者采访时称，他们将严格按照政府所出台的《食品与药品监督管理法》对烟草制品加强管理，这位负责人称，烟民对各类烟草制品的消费，都会对其健康产生影响，因此，政府卫生部门以及食品与药品管理部门有权通过严格的法案，保护公众的身体健康，并要发挥出有效的预防作用，另外，他们还将加强与其他国家相关部门的合作，包括和美国食品与药品管理局的合作来规范菲律宾烟民对烟草制品的消费。

22）政府烟草税惠及菲律宾烟农

菲律宾政府财政预算管理部门的负责人表示，政府从烟草业所获得的税收额已惠及广大的烟农，2011年，约有63.7亿菲律宾比索的烟草税收额将用于烟农的烟草种植。

另据来自菲律宾一位名叫Carmencita Delantar的官方人士称，政府将根据烟农的烟叶产量进行资金支持,以支持发展该国的烟叶生产。

23) 菲利普·莫里斯FORTUNE烟草公司卷烟销量因税率增长而下降

菲利普·莫里斯FORTUNE烟草(PMFT)公司在其报告中指出,自2011年元月份菲律宾政府提高了其卷烟制品的消费税之后,该公司卷烟制品的销售量就出现了下降的趋势。

《马尼拉时报》的统计数据显示,目前在菲律宾的卷烟市场上,菲利普·莫里斯FORTUNE烟草公司的卷烟产品占了其卷烟市场近90%的份额。

不过,该公司总裁Chris Nelson在接受媒体记者采访时称,随着菲律宾人口的自然增长,公司的卷烟销售还将会出现增长的势头。数据显示,自2005年以来,该公司的卷烟制品销售量以每年2%的速度在增长。

24) 菲律宾烟草税收额增长

2011年10月份,菲律宾政府从烟草业所获得的税收额为27.8亿菲律宾比索,高于预期的目标。2011年9月份的税收额为28.39亿比索,也高于计划税收额15.78亿比索的目标。

另据来自《马尼拉日报》的消息表明,政府在提高烟草制品税率的同时,也起到了抑制卷烟消费的作用。

25) 菲律宾政府将提高卷烟税率

菲律宾政府财政部门的官员称,政府计划从2012年起逐步提高卷烟制品的税率,以增加政府的财政收入。

财政部门的预测数据表明,在提高烟税后,每年可以为政府增加190亿至200亿菲律宾比索的税收收入。

菲律宾财政部决定对该国卷烟生产商们所生产的卷烟制品实施单一的消费税率措施,但这却引起了烟农们的强烈反对,烟农代表们认为,此种税率如果一旦实施,将会对他们的烟叶生产带来非常不利的影响。

另外,菲律宾烟农生产者联合会也对议会议员提出建议,要求他们推迟对烟草制品及酒类制品实施单一税率的做法。

该协会的一位负责人在接受媒体记者采访时称,政府实施单一税率仅对贸易商们有利,而烟农的利益则会直接受到损害,因为卷烟生产商们可能会减少使用当地价格较高的烟叶。

26) 菲律宾议员对政府控烟法律执行不力提出批评

菲律宾La Union地区一位名叫Victor Ortega的议员对政府控烟法规执行不力进行了批评。这位议员称,在对烟草制品计划出台新的控烟措施,诸如提高税率等之前,政府应该努力强化目前已经推出并实施的控烟法案。

据介绍,菲律宾财政部门计划于2012年对烟草及酒类制品再一次提高税率,并有可能考虑实施新的指数化税率政策。对此,Victor Ortega议员指出,如果政府相关部门不能严格执行诸如禁止向未成年人出售烟草制品的法规,那么,通过新的控烟法案又能起到多大的效果呢。事实上,部分议员对政府控烟法规执行不力已感到不满。

27) 烟草制品税收额占菲律宾财税收入增长

菲律宾政府财政部门对外发布的消息表明,2010年,政府财税收入中,来自烟草制品税收的比例增长,已占到了政府财政税收总额的20%以上。但即使在这种情况下,菲律宾政府还决定在今后几年内,要逐步提高烟草制品的税率。

28) 下院否决大幅提税议案

菲律宾众议院2010年8月份否决由卫生部和烟草控制框架公约联盟提议的卷烟税提高400%的提案。议员们称,该措施未必能阻止人们吸烟。也有议员担心并指出,增税将使烟农的生产与生活陷入困境。

29) 菲律宾政府调整卷烟税收措施

在菲律宾经营烟草业务的外资烟草公司指出,它们支持政府所进行的卷烟税率方案调整措施,新的卷烟税收政策出台之后,会给不同时间进入菲律宾卷烟市场的不同牌号的卷烟制品一个相对公平的竞争与经营环境。

据介绍,新的税收法案已删除了原来把通胀与卷烟价格相联系的相关条款,同时对新老牌号的卷烟制品实施差别化税率措施。

该征税方案调整之后，每年可为菲律宾政府的财政税收带来607亿菲律宾比索的额外收入；实施后的第二年，可以为政府带来843亿比索的额外收入；第五年则可以政府带来1393亿比索的额外收入。

菲律宾烟草协会的一位负责人在接受《马尼拉时报》记者采访时称，该协会对政府计划再次提高卷烟制品税率感到失望，他警告指出，如果政府再次提高卷烟税率，将会影响到广大烟农们的利益。

据介绍，如果新的税率一旦实施，每年将会为政府带来600亿菲律宾比索的收入。但数据显示，2010年，菲律宾政府从烟草业所征收的税额为316亿比索，远远超出了政府258亿比索的预算目标。同时这位负责人还警告称，新的税率实施之后，将会使走私及假冒烟草制品的非法贸易活动加剧。

30）菲律宾政府调整卷烟税收措施

在菲律宾经营烟草业务的外资烟草公司指出，它们支持政府所进行的卷烟税率方案调整措施，新的卷烟税收政策出台之后，会给不同时间进入菲律宾卷烟市场的不同牌号的卷烟制品一个相对公平的竞争与经营环境。

据介绍，新的税收法案已删除了原来把通胀与卷烟价格相联系的相关条款，同时对新老牌号的卷烟制品实施差别化税率措施。

该征税方案调整之后，每年可为菲律宾政府的财政税收带来607亿菲律宾比索的额外收入；实施后的第二年，可以为政府带来843亿比索的额外收入；第五年则可以政府带来1393亿比索的额外收入。

31）税制改革使英美烟草菲律宾公司受益

英美烟草公司菲律宾分公司预计，2014年度公司的利润率增长幅度较大，主要原因是公司在菲律宾的畅销品牌Pall Mall以及Lucky Strike销售量的强劲增长。公司总裁James Lafferty在接受媒体记者采访时称，尽管2014年政府提高了各类烟草制品的税率，但税率的增长对公司卷烟的销售影响不大。

32）菲律宾政府增加烟税降低吸烟率

菲律宾政府卫生健康部门向政府提出建议，政府应该再次增加烟草制品的税率，以期更加有效地降低吸烟率。

事实上，自2014年政府重新修订了该国的烟草以及酒类产品的监管法案之后，政府从这两个行业所获得的税收额便有所增长，但其产品的销售量却处于下降的趋势。对此，菲律宾政府规定，对于从烟草业以及酒类产品所获得的税收，其中的一部分将用于政府的公共卫生健康计划开支，其中也包括控烟方面的费用。

33）2014年前3个季度菲律宾烟草税收总额增长56%

由于2014年菲律宾政府提高了各类烟草制品的税率，使得该国的卷烟税收额也有所增长。数据显示，2014年1至9月份，政府从烟草业所获得的税收额就已经达到了649亿菲律宾比索，与2013年同期的414亿比索相比增长了56%。

2014年1至11月份，政府从烟草业所获得的税收额就已经达到了721亿比索，从酒类生产与贸易企业所获得的税收额达到了382亿比索，总的税收额达到了1103亿菲律宾比索。

34）菲律宾烟草界人士对政府的烟草税收措施提出质疑

在菲律宾有烟草经营业务的菲利普·莫里斯公司就政府所实施的烟草税收政策提出质疑。该公司称政府目前所实施的烟草高税率政策，不但不会提高政府的财政收入，反而会导致政府从烟草业所得到的税收额大幅度减少。

这位负责人指出，在政府提高税率的同时，卷烟价格也会随之上涨，尤其是对低价格卷烟制品，其危害则更大，因为经济条件不好的烟民会在合法卷烟制品价格上涨之后，转而购买那些非法的走私或假冒卷烟制品，政府因此会遭到每年高达1700亿菲律宾比索的税收流失，而非此前所预测的600亿的税收流失。

2012年，政府立法部门计划对烟草业的税收政策进行调整，烟草制品的税率提高之后，2012年每盒卷烟的平均税额为14菲律宾比索，2013将为22比索，到2014年则高达30比索。

35）菲律宾烟草制品税率低

菲律宾政府卫生部门的数据显示，在该国的烟民中，多数烟民平均每日的消费量较大，大约有20%的烟民平均每天的卷烟消费量在15支。

研究人员分析认为，菲律宾烟民消费量大的原因在于卷烟税率较低，卷烟的平均市场零售价格也比较低。数据显示，目前在该国的卷烟市场上，每盒 20 支装的卷烟平均市场零售价格仅为 27 菲律宾比索，是东盟各成员国中卷烟税率最低的国家之一。为此，菲律宾政府计划提高烟草制品的税率，争取到 2016 年将该国卷烟制品的平均税率提高到每盒 26 比索(约合 63 美分)，以起到遏制烟草消费的目的。

菲律宾烟草种植者协会的一位负责人称，议会所通过新的烟草制品税收法案，对烟农而言是有利的，因为增加烟草制品的税率之后，政府的财政税收会因此而增加，最终受益的是公众，其中也包括烟草种植者及其家庭成员，另外政府还将把这部分增加的税收资金用于国民的卫生健康教育事业。

据介绍，在菲律宾参议院通过了 3299 号法案之后，政府从烟草及酒类制品所获得的税收额，将会从之前的每年 400 亿菲律宾比索增加到 500 亿比索。

36）菲律宾总统签署新的烟草制品税收法案

2012 年 12 月底，菲律宾总统阿基诺签署了一项新的烟草制品及酒类制品的新税收法案，《马尼拉时报》记者的分析认为，在新的税收制度实施之后，每年可以为菲律宾政府额外积累大约 339.6 亿菲律宾比索的税收收入。其中的 234 亿菲律宾比索来自于烟草业，而其余的 105.6 亿比索则来自于酒类生产与贸易企业。

在谈及新的税收制度实施时，菲律宾总统称，政府从烟草及酒类企业所获得的额外税收收入，除了一部分用于扩大政府的医疗健康保险计划之外，其余的一部分将用于农业生产，支持农业发展，包括烟叶等作物在内的农业经济作物的种植与生产。

受控烟运动的影响，菲律宾政府曾多次计划提高烟草制品的税率，然而，其增税方案也经常会受到多方阻挠。

当地媒体报告称，菲律宾政府曾在 1997 年就要求议会通过提高烟草制品消费税税率的议案，但由于受到利益集团的强烈反对，政府对烟草制品消费税率的提高直到 2004 年才得以通过。

资料显示，目前菲律宾国内的烟草税率是东南亚国家中比较低的，这导致该国成为东南亚地区吸烟率最高的国家，政府每年因吸烟所花费的公众医疗健康支出就高达 43 亿美元。

37）世界卫生组织敦促菲律宾规范电子烟消费

世界卫生组织的官员向菲律宾政府提出建议指出，政府公共卫生部门应该规范该国的电子烟销售，因为世界卫生组织的部分成员国已对电子烟制品出台了相当多的限制性规定。

世界卫生组织亚洲太平洋地区负责人在接受《每日电讯报》记者采访时称，到目前为止，还没有可靠的证据表明消费电子烟制品是安全的，也没有证据表明电子烟可以帮助那些想戒烟的烟民戒掉吸烟这一不良习惯。

这位负责人称，尽管菲律宾政府近年来在提高烟草制品税率方面的行为受到了世界卫生组织的褒奖，然而，在规范电子烟销售方面，菲律宾政府应该及时采取措施，对此类产品出台限制性的法律法规。

菲律宾国内部分医学界人士纷纷向政府部门提出建议指出，应该在菲律宾国内全面禁止电子烟的销售。

对此，菲律宾儿科医学协会一名负责人指出，消费者使用电子烟，除了众所周知的危害之外，还可能对消费者的听力造成一定的障碍。这位负责人指出，由于初期政府对电子烟没有进行有效的监管，使得这种烟碱输送装置在菲律宾国内的销售已有相当的规模，这对于普通的未成年人是非常有害的。

这位负责人指出，电子烟并未被证明是安全的，事实上，许多国家已经出台了相关的禁令。

38）菲律宾烟农强烈反对征收单一烟草制品税率

菲律宾财政部决定对该国卷烟生产商们所生产的卷烟制品实施单一的消费税率措施，但这却引起了烟农们的强烈反对，烟农代表们认为，此种税率如果一旦实施，将会对他们的烟叶生产带来非常不利的影响。

另外，菲律宾烟农生产者联合会也对议会议员提出建议，要求他们推迟对烟草制品及酒类制品实施单一税率的做法。

该协会的一位负责人在接受媒体记者采访时称，政府实施单一税率仅对贸易商们有利，而烟农的利益则会直接受到损害，因为卷烟生产商们可能会减少使用当地价格较高的烟叶。

资料显示，自 2005 年至 2011 年的菲律宾烟叶拍卖中，其国产烟叶价格一直在走高。

39）菲律宾烟草税收额增长

由于政府提高烟草及酒类制品的税率，使得菲律宾政府的财政税收在 2013 年前 9 个月有了大幅度增长，几乎是2012年同期的两倍之多。

数据显示，2013年1至9月份，菲律宾政府从烟草业所获得的税收收入就高达616亿菲律宾比索，再加上政府从酒类行业所获得的税收额，前9个月的税收额已高达916亿菲律宾比索。

分析人士认为，菲律宾政府于2013年通过的所谓“罪恶税法”是导致税收额增长的主要原因所在。反烟人士认为，政府通过提高税率的方式可以有效降低吸烟率，从而保护公众的身体健康。

由于菲律宾的卷烟市场零售价格较低，使得该国的吸烟率较高。统计数据表明，目前该国的吸烟率已经达到了28.3%，成为全球第15大卷烟消费国。

尽管菲律宾实施了较高的烟草制品消费税率，但其卷烟价格仍然偏低，与新加坡每盒卷烟平均市场零售价格400菲律宾比索相比，该国的卷烟市场零售价格仅为每盒50菲律宾比索，较低的价格导致了该国较高的吸烟率。

40）菲律宾政府提高烟税促使吸烟率下降

由于菲律宾政府实施了较高的烟草税率，使得该国吸烟率有所下降。

该国人口研究机构的数据显示，该国年轻烟民的吸烟率已由2012年的21.9%下降到了2013年的19.7%。为此，菲律宾有反烟团体认为，政府应该加大烟草产品的税收调控力度，平衡不同类别烟草产品的税率，这样可以进一步有效降低该国的吸烟率，并可以最大限度地保护公众的身体健康。

同时，也有反烟人士指出，政府应该加强监管，以防止部分不法烟草贸易商们逃税行为的发生。

41）菲律宾ILOILO地区修订控烟政策

2014年4月份，菲律宾ILOILO地区修订了控烟政策，强化了公共场所禁烟立法的条例，为此，该地区议会已经通过了一项名为ACT 9211的控烟法案，对公共场所的禁烟令以及各类烟草制品的生产、销售及消费都进行了严格的规定。

该地区政府卫生健康部门一名负责人称，议会通过全面控烟条例，目的是为了保护公众的身体健康，为此，政府卫生健康部门还召开了相关的研讨会，以强化已经出台的控烟法案的执法力度。

42）菲律宾议会通过新的控烟措施

菲律宾参议院和众议院已经通过了由卫生部门所提出的修订卷烟包装上吸烟有害健康警示图片及警示语所占面积的议案。

参议院与众议院的议员们经过多轮的讨论与协商，通过了新修订的部分条款，在新出台的控烟法案中，规定在该国所出售的卷烟制品，其外包装上吸烟有害健康的警示图片及警示语的面积要占到包装正反两面总面积的50%。

菲律宾议会一位名叫Eric Olivarez的议员向政府部门提出建议指出，应该修订目前的控烟法案，对销售量逐年增长的电子烟产品出台措施并实施监管。

Eric Olivarez在接受媒体记者采访时称，目前在菲律宾国内的烟草市场上，越来越多的普通烟草制品的消费者更换烟牌及品类，转而消费电子烟产品，在这种情况下，政府应该重视这一情况，尽快对电子烟进行立法监管。为此，这位议员建议政府卫生部门首先应该出台电子烟产品香味添加剂的禁令，对电子烟在菲律宾国内的生产与销售进行监管。另外，对于进口的各类电子烟产品，按照政府未来制定的监管措施进行严格管理，以保护公众的利益。

2014年5月份，菲律宾政府卫生部门对公众受二手烟危害的情况进行了抽样调查。结果表明，目前在菲律宾的公共场所，不吸烟者暴露于二手烟，并受到危害的人数达到了50%以上，在餐馆内，不吸烟者受到二手烟危害的比例稍稍低一些，为33.6%，而不吸烟者在自己家里受到二手烟的危害则达到了39.6%。

为此，菲律宾政府卫生部门针对烟草生产商及贸易商们开展了一场“Don't Target The Youth”（不要针对青少年）的活动，以期能够减少该国的吸烟率，降低公众受二手烟的危害。

43）菲律宾政府将实施新的印花税票

菲律宾政府财税部门决定，对烟草产品实施新的印花税票制度。根据菲律宾政府新修订的印花税票体系，菲律宾国内的烟草生产商们所生产的各类烟草产品，从今年10月1日起，外包装上必须带有新的印花税票，且从2015年2月份开始，菲律宾进口的烟草产品也必需带有新的印花税票。

与此同时，政府财税部门将与政府其他部门配合，对烟草产品的分销体系与物流环节进行详细的检查，使政府所制定的新的税收制度能够得到落实。

受烟草产品高额利润的诱惑，近年来菲律宾非法烟草产品的销售量与消费量呈现增长的趋势。数据显示，目前在菲律宾国内的烟草市场上，各类非法走私及假冒烟草产品所占的市场份额高达34.5%。

44）菲律宾政府改革烟草税制

菲律宾政府已经调整了其烟草税制方案。据介绍，菲律宾现行烟税制始于1996年，卷烟按市场零售价格分为4类，最低价类别的卷烟，其纳税额为每盒2.72菲律宾比索；最高价类别的卷烟，每盒的纳税额为28.30菲律宾比索。

此次新调整的税制为单一税制，即不论卷烟市场零售价格的高低，统一实行每盒12菲律宾比索的税率。预计新税制实施后，可为政府每年多增加税收234亿菲律宾比索。

45）菲律宾政府将修订控烟法案

菲律宾政府向外界宣布，该国政府将修订控烟法案，并将发布新的吸烟有害健康的图片及警示语法案，到目前为止，有关该法案的细节还没有向外界发布。

为了控制该国的烟草消费量，政府将会强化控烟法案的执法力度，预计新的控烟法案修订案将会于2016年3月份实施。

菲律宾政府卫生健康部门向政府提出建议，政府应该再次增加烟草制品的税率，以期更加有效地降低吸烟率。

事实上，自2014年政府重新修订了该国的烟草以及酒类产品的监管法案之后，政府从这两个行业所获得的税收额便有所增长，但其产品的销售量却处于下降的趋势。对此，菲律宾政府规定，对于从烟草业以及酒类产品所获得的税收，其中的一部分将用于政府的公共卫生健康计划开支，其中也包括控烟方面的费用。

为了打击非法烟草制品的泛滥，菲律宾政府财政部门与该国几家高科技信息公司进行合作，开发了一种手机用的APP，帮助消费者来辨别非法走私及假冒的卷烟产品，以保护消费者以及政府的利益。

据介绍，菲律宾政府国家税收部门已经要求该国所有的烟草制品销售商在其销售的卷烟上粘贴政府印制的印花税票，这样，消费者利用手机上的应用软件就可以扫描验证该产品的真假。

数据显示，目前卷烟消费税已经占到了该国财政总收入的80%左右，因此政府十分重视对非法烟草制品的打击。

46）菲律宾计划在全国推行公共场所全面禁烟令

菲律宾总统在接受媒体记者采访时指出，政府除了要严厉打击毒犯，还要实施更加严格的公共场所禁令烟，即这位新上任的总统计划在该国的公共场所实施全面的控烟措施。据介绍，这位总统之前在该国南部的城市任市长时，就曾在当地实施了严格的公共场所禁烟令。

对此，菲律宾政府卫生部的一位负责人表示，在全国公共场所实施全面的控烟令已经提交给总统。总统一旦签署该新的控烟令，在全国所有的公共场所，包括室内、室外公共场所都将成为无烟区。预计新的控烟令很快就会在全国范围内实施。

47）菲律宾提高烟税促使吸烟率下降

由于菲律宾政府逐步提高了该国各类烟草制品的税率，导致烟草制品的零售价格增长，从而促使其吸烟率已经出现逐年下降的趋势。

对此，世界卫生组织的一项调查数据表明，自2009年以来，该国的吸烟率已经从当年的29.8%下降到了2015年的23.8%，下降幅度达到了6个百分点。

在这期间，菲律宾政府逐步提高了烟草制品的税率，2013年，该国一盒20支装卷烟平均的市场价格为24.9菲律宾比索，但到了2015年，其平均的市场零售价格已经增长到了48菲律宾比索。对此，世界卫生组织的一位官员指出，烟草制品税率的提高已导致产品价格上涨，从而可以有效降低吸烟率，这是政府应该采取的一种比较有效的控烟措施。

48）菲律宾政府参加烟草控制框架公约缔约方会议代表团受质疑

2016年11月份在印度举行的由世界卫生组织所组织并召开的《烟草控制框架公约》各缔约方会议结束

之后，菲律宾政府代表团由于有涉及其他政府官员以及涉及电子烟产业方利益的人员参加此次会议而受到指责。

在此之前，世界卫生组织曾接到来自印度以及美国等国烟草业代表的请求，希望能够参加此次会议，但最后均被拒绝。在当天的各缔约方会议上，世界卫生组织《烟草控制框架公约》的秘书处再次提出要求，拒绝烟草行业的代表参加此次第七届各缔约方大会。

49）菲律宾多家烟草公司涉嫌逃税

菲律宾政府已经从2017年元月份开始又一次提高了烟草产品的税率。在这种情况下，多家公司涉嫌逃税以获取高额利润。

据介绍，在此次政府公布的涉嫌逃税的烟草公司名单中，也包括该国历史最悠久的烟草公司——Mighty Corp集团公司。

对此，菲律宾政府财政部门一位名叫Paola Alvarez的负责人指出，在政府提高烟草税之后，一些烟草公司便涉嫌使用假的烟草印花税票来逃税。

据介绍，政府此次增税之后，对于从烟草业所获得的税收，其中的大部分将用于政府的公共卫生健康计划及控烟。

50）菲律宾公共场所以及工作场禁烟情况（见表9-1）

表9-1　菲律宾公共场所以及工作场禁烟情况（资料更新至2016.03）

	完全禁烟区	限制吸烟区	不限制吸烟区	不确定区域	不适用区域
所有工作场所		是			
政府办公区域	是				
医院	是				
居民区卫生保健机构的公共活动区域	是				
居民区卫生保健机构的病房区域	是				
非居民区的卫生保健机构	是				
儿童保育园以及幼儿园	是				
小学和中学	是				
大学及职业教育学校	是				
商店		是			
公共文化设施		是			
室内体育场馆等竞技场所		是			
餐厅		是			
酒吧及夜总会等公共娱乐场所		是			
赌博场所		是			
酒店公共区域		是			
酒店客房				是	
监狱和拘留所及其公共区域	是				
火车、公共汽车等候站公共区域	是				
出租车	是				
飞机		是			
船舶		是			
其他交通设施	是				

51）菲律宾政府对烟草广告、促销以及赞助行为的规定（见表 9-2）

表 9-2 菲律宾政府对烟草广告、促销以及赞助行为的规定（资料更新至 2016.03）

	完全禁止	部分禁止	允许	不确定	不适用
国内电视台及广播电台	是				
国内报纸及纸质期刊	是				
国内其他类型的印刷媒体	是				
国际电视台及国际广播电台				是	
国际报纸及纸质期刊				是	
互联网络	是				
专业互联网销售网络		是			
户外广告		是			
烟草产品销售点的广告			是		
烟草产品销售点的产品展示			是		
自动售货机		是			
传统电子邮件		是			
电话和移动通信		是			
品牌标识		是			
免费发放的烟草制品		是			
促销礼品		是			
与体育比赛相关的产品		是			
直接针对消费者个人的广告宣传		是			
品牌延伸		是			
反向品牌延伸			是		
类似玩具的烟草制品			是		
类似糖果的烟草制品			是		

2. 越南

1）世界卫生组织要求越南政府提高卷烟税率

世界卫生组织一名官员近日向越南政府提出要求，建议政府提高卷烟制品的税率，在原有的基础上，把卷烟的平均税额提高到每盒 1750 越南盾，这样就会促使卷烟零售价格上涨，能够让 30%的烟民戒掉烟瘾。

这位官员称，世界卫生组织及世界银行都已经向越南政府提出了增税的具体议案，建议把目前卷烟税额占卷烟零售价格的 66%提高到 80%，以有效遏制卷烟消费量的进一步增长。

2）越南将降低从柬埔寨进口烟叶关税

越南政府工业与贸易部的官员称，按照 2010 年的进口配额及 2011 年预计的进口配额，政府将降低来自于柬埔寨所进口的烟叶关税。

数据表明，此次所减免的关税将涉及从柬埔寨所进口的 3000 吨烟叶，此项减税政策从 2011 年元月 17 日开始正式实施。

3）越南烟草广告禁令效果不明显

目前在越南的卷烟市场上，其烟草广告禁令屡屡被侵犯，许多卷烟经销商经常利用各种形式的公益活动为其产品进行广告宣传活动。

越南一家名为 HA NOI 的公共卫生健康机构所进行的抽样调查表明，95%的烟草经销商曾违反过政府所发布的烟草广告禁令，而他们违规的形式多数以为贫困的人群及学生提供资助、为足球赛事及音乐会等公益性活动提供赞助的名义做一些产品的广告宣传活动。

据介绍，此项调查是该公共卫生健康机构在过去的一年时间内，对越南 10 个地区 1500 余个烟草经销商进行抽样调查后所得出的结论。

4）越南吸烟率下降

越南政府部门的一项统计数据表明，近几年来，由于政府实施了较为严格的控烟措施，其国民的吸烟率有明显下降趋势。

对 10000 名越南成年人所进行的抽样调查表明，有 47.7％的成年男性吸烟，与 2002 年的 56.1％相比下降了 8.4 个百分点；成年女性目前的吸烟率为 1.4％，比 2002 年的 1.8％下降了 0.4 个百分点，女性烟民的下降比例不大。

数据显示到目前为止，越南共有烟民约 150 万人。政府卫生部门一名官员称，此次调查有助于政府制定更加合理的公共卫生政策。

5）越南重视控烟工作

越南政府十分重视该国的控烟工作，政府卫生部门已在制定新的控烟修订法案，并计划向议会提交预防烟草危害的相关法律草案。

据介绍，该法案侧重于减少消费者对烟草制品的需求量，提高烟民只能在指定吸烟区内吸烟的道德意识，以减少二手烟对非吸烟者的危害。

越南政府卫生健康部门一名负责人称，为了公众的健康，希望大家能够支持该法律草案的实施。

6）越南多数卷烟零售商店违反政府的控烟法案

越南河内大学公共健康学院的研究人员所进行的一项抽样调查表明，目前在越南国内，绝大多数的卷烟零售商店的经营者们在其经营过程中，违反了政府控烟法案中有关禁止展示烟草制品的法令。

据介绍，越南政府的控烟法案中明确规定，禁止烟草制品零售商在其商店内展示其所出售的各类烟草制品，但调查表明，有 90％的经营者都向消费者展示了一条以上他们所出售的烟草制品。研究还发现，即使政府在加大了处罚力度之后，烟草制品零售商们仍然在违规向消费者展示其所出售的各类烟草制品。

7）越南通过新法案禁止公共场所吸烟

越南国会 19 日通过新法案，禁止在公共场所吸烟，禁止投放烟草广告。据报道，18 日越南国会议员以 440/468 投票率通过该法案，新法同时规定禁止向 18 岁以下未成年人销售烟草产品。该法案将于 2013 年 5 月开始实行。

反烟组织东南亚烟草控制联盟对国会颁布新法表示赞许，称其符合世界卫生组织所制定的《烟草控制框架公约》，对该国是重要的历史性的里程碑。

东南亚烟草控制联盟提供数字称，目前在越南有 1530 万吸烟者，成年男性 47.4％为吸烟者。据报道，早在 2010 年越南就提出过诸如在学校、医院、办公楼和公共交通设施上禁止吸烟的规定，政府也曾对烟草产品增税。但该禁令很大程度上被忽视，未能良好执行。

8）越南卫生部门负责人建议政府提高烟税

越南政府卫生部门一位负责人建议称，政府应该提高烟草及其制品的税率，以降低公众对各类烟草产品的消费量。

数据显示，目前越南的卷烟税率为其市场零售价格的 65％，因此烟草消费额也较高。2013 年烟民用于各类烟草产品的消费额高达 10.4 亿美元，因此卫生部建议政府到 2015 年将卷烟税率在目前的基础上提高到 105％，以有效降低该国烟草消费额。

越南吸烟与健康协会一名负责人称，目前在越南，47％的男性和 1.4％的女性经常吸烟，在 16～24 岁的青年人当中，吸烟率仍高达 21.6％。这位负责人指出，由于越南卷烟税率较低，导致非法烟草产品贸易量增长很快，此类产品的黑市价格仅相当于合法卷烟产品市场零售价格的 40％，因此，政府在提高烟税的同时，也应该加大非法烟草产品的打击力度。

9）越南2013年实施烟草广告禁令

越南政府计划从2013年5月份开始禁止一切形式的烟草广告宣传，同时也将出台禁令，禁止零售商向18岁以下的未成年人出售烟草制品。另外，新修订的控烟法案也对烟草及其制品的生产、进出口贸易、运输及储存都做了进一步的规范。新修订的控烟法案已在政府议会以投票的方式进行了表决，最终以468票支持获得通过。

10）越南控烟法案执行不力

尽管越南政府制订了控烟法案，但由于执行力度不够，公共场所吸烟的情况还经常发生。

越南政府已于2013年5月份实施了重新修订的控烟法案，但由于许多吸烟者不知道政府新出台的控烟法案，使得公共场所禁烟令没有得到很好地落实。资料显示，越南政府2013年5月份修订的控烟法案规定，禁止在公共场所吸烟，这些公共场所包括公共交通工具、汽车站、火车站及港口，但在火车及客轮上，要求设立单独的吸烟室供吸烟者使用。在政府所规定的禁烟区内，违者每次将被处以100000～300000越南盾的罚款。

尽管如此，越南政府公共交通部门的负责人指出，公共场所吸烟的人仍然很多，控烟在越南仍是一项艰巨的任务。

11）卷烟走私给越南带来巨额税收损失

越南政府市场管理机构一位负责人在接受媒体记者采访时称，越来越猖獗的卷烟走私活动，已经给该国政府的财政税收带来了严重的损失。

数据表明，近年来走私到越南的非法卷烟的数量在7亿盒左右，给政府财政税收所带来的损失高达1.9亿美元。2014年前4个月，政府海关部门所查获的非法走私卷烟产品仅有40万盒，对不法分子的罚款也仅有20亿越南盾。

12）越南烟草业建议政府暂缓增加烟草税率

2014年3月初，越南烟草工业界一位负责人在接受当地媒体记者采访时称，建议政府暂缓提高烟草制品的税率，以免使走私进入越南境内的非法烟草制品再进一步增加。

越南烟草协会负责人称，国有越南烟草公司已向政府财政部门上交了一份书面申请，建议政府慎重考虑此后几年的卷烟增税计划。

据介绍，2014年年初，越南政府财政部门向外界公布了一个分阶段的增加烟草制品税率的计划：到2015年7月份，将越南烟草制品的消费税提高到75%，到2018年再提高到85%。

然而，据国际税收与投资中心的一项研究表明，在他们所调查的11个亚洲国家中，越南烟民消费非法烟草制品的数量是很高的，按消费率排名第2。

越南政府市场管理机构一位负责人在接受媒体记者采访时称，越来越猖獗的卷烟走私活动，已经给该国政府的财政税收带来了严重的损失。

数据表明，近年来走私到越南的非法卷烟的数量在7亿盒左右，给政府财政税收所带来的损失高达1.9亿美元。2014年前4个月，政府海关部门所查获的非法走私卷烟产品仅有40万盒，对不法分子的罚款也仅有20亿越南盾。

越南政府卫生部门一位负责人建议称，政府应该提高烟草及其制品的税率，以降低公众对各类烟草产品的消费量。

数据显示，目前越南的卷烟税率为其市场零售价格的65%，因此烟草消费额也较高。2013年烟民用于各类烟草产品的消费额高达10.4亿美元，因此卫生部建议政府到2015年将卷烟税率在目前的基础上提高到105%，以有效降低该国烟草消费额。

越南吸烟与健康协会一名负责人称，目前在越南，47%的男性和1.4%的女性经常吸烟，在16～24岁的青年人当中，吸烟率仍高达21.6%。这位负责人指出，由于越南卷烟税率较低，导致非法烟草产品贸易量增长很快，此类产品的黑市价格仅相当于合法卷烟产品市场零售价格的40%，因此，政府在提高烟税的同时，也应该加大非法烟草产品的打击力度。

13）越南提高烟草产品税率

越南政府财政部门正在商讨提高各类烟草产品的税率，目前所讨论的方案为：将卷烟产品的消费税率从2014年的65%分别提高到2015年的75%和2018年的85%。

分析人士称，如果此增税方案得以通过，在新税率实施之后，2015年政府从烟草业所获得的税收额将达到2.9万亿越南盾。

数据显示，目前，越南共有1500万名烟民，其中在18至24岁的青年人当中，烟民比例高达25%，而政府财税部门对烟草产品所征收的税额占其市场零售价格的41.6%，比例较低，为了实施政府公共卫生部门所制定的降低吸烟率的目标，政府必须有计划地逐步提高烟草产品的税率，以促使零售价格的逐步增加，减少烟民的数量，降低吸烟率。

14）越南提高烟草制品税率

越南政府财政部门正在商讨提高各类烟草制品的税率，目前所讨论的方案为：将卷烟的消费税率从2014年的65%分别提高到2015年的75%和2018年的85%。

分析人士称，如果此增税方案得以通过，在新税率实施之后，2015年政府从烟草业所获得的税收额将达到2.9万亿越南盾。

数据显示，目前，越南共有1500万名烟民，其中在18至24岁的青年人当中，烟民比例高达25%，而政府财税部门对烟草制品所征收的税额占其市场零售价格的41.6%，比例较低。为了实施政府公共卫生部门所制定的降低吸烟率的目标，政府必须有计划地逐步提高烟草制品税率，以促使零售价格的逐步增加，减少烟民的数量，降低吸烟率。

越南烟草协会向政府部门提出建议，认为政府应该加强对非法走私与假冒的烟草产品的打击与监管力度，以期进一步降低该国非法烟草制品的销售量。

数据显示，在上个年度越南政府海关部门已查获了1000余万盒走私到越南的非法卷烟产品，且由于政府的打击力度不够，预计2016年非法烟草产品的数量呈现出增长的趋势。

对此，越南烟草协会一位负责人指出，尽管在海关等监管部门的努力下，他们2016年已经查获了大量的走私卷烟，但非法走私及假冒烟草制品的贸易量还在增长。因此，该协会建议政府加强打击此类非法贸易活动的力度，要调整量刑标准，即由原来走私6500盒卷烟才被判刑的标准提高到非法走私1500盒卷烟即可被处以重刑的量刑标准，这样就会对有组织的非法卷烟产品的走私活动起到严厉打击的效果。

15）越南计划降低青年人吸烟率

越南政府统计部门的一项调查数据表明，近年来该国青年人的吸烟率呈现出上升的趋势，另外，该国青年人对于酒类产品的消费量也处于增长的势头。为此，越南政府将努力采取措施来阻止该形势的进一步发展。

2015年，越南政府的人口调查表明，该国16岁至30岁人群的数量高达2500万人，这些青年人占越南总人口的27.7%，但该人群中有不良生活习惯的人很多，诸如吸烟和饮酒，因此，政府计划修订法案，并制定一个改善青年人身体健康的计划，以增强国民体质。

全球成年人烟草消费调查的数据显示，2015年，越南的吸烟率已经从2011年的23.8%下降至22.5%。详细的数据显示，同期该国男性吸烟率从47.4%下降至45.3%。而在经济条件较好的城镇地区，男性吸烟率已经从2010年的47.7%下降至2015年的42.7%。

对此，越南政府卫生部一位负责人指出，尽管这些数据有所下降，但是男性45.3%的吸烟率还是促使越南处于全球烟草消费者比例较高的国家行列。

越南新闻社VNA的消息称，政府为了进一步降低该国的吸烟率，将会更加严格地禁止公共场所吸烟，并建议政府进一步增加烟草产品的税率，从价格上抑制吸烟者人数的增长。

16）越南烟草税率增长幅度不大

越南立法机构——国民大会常务委员会的一位发言人在接受媒体记者采访时称，政府新的增税方案已经出台，在目前烟草制品消费税率65%的基础上，到2016年1月份增长到70%，至2019年1月份增长到75%。

对此，有反烟人士批评称，政府此次出台的未来增税方案幅度太小，不会对普通烟民的消费习惯产生太大的影响。有分析人士指出，如果按目前政府所出台的增税方案，到 2016 年元月份从目前的 65%增长到 70%，政府从烟草制品中所获得的各类税收额也仅占其市场零售价格的 48.1%，远远低于世界卫生组织对各缔约方提出的要求。

17）越南低烟草税率遭卫生界人士批评

尽管越南国民大会常务委员会通过了未来几年烟草产品的增税方案，但该方案仍然遭到了来自越南卫生部门人士的批评，政府卫生部门的一位负责人指出，目前较低的烟草税率已导致越南成为全球吸烟率最高的国家之一。

数据显示，目前越南烟草产品的消费税率为零售市场平均价格的 40%左右，远远低于世界卫生组织以及世界银行所要求的 66%～80%的水平。

对此，越南政府财税部门一名负责人辩驳称，如果政府大幅度提高烟草产品的税率，有可能会导致非法走私及假冒产品的进一步猖獗，进而对合法的烟草业以及普通的烟草消费者产生不利的影响。

18）越南计划提高烟草产品及酒类产品的税率

越南政府向外界宣布，政府计划从 2016 年开始，有计划地提高烟草产品及酒类产品的税率。

越南政府财政部门预算委员会一名官员在接受媒体记者采访时称，目前，就烟草产品而言，政府制定的综合税率为 65%（注：占烟草产品市场零售价格的 40%左右），与其他国家相比较低，因此，政府计划在今后几年内，分步骤逐步提高烟草产品的税率：从 2016 年元月份开始提高至 70%，到 2018 年元月份再提高到 75%。在提高烟草产品税率的同时，也将逐步适当提高酒类产品的税率。分析人士认为，越南政府提高烟草产品税率的目的是为了有效降低该国的吸烟率，并为此经制定了较为详尽的控烟计划，到 2020 年时努力将该国的吸烟率降低到 18%。

19）越南公共场所以及工作场禁烟情况（见表 9-3）

表 9-3 越南公共场所以及工作场禁烟情况（资料更新至 2015.07）

	完全禁烟区	限制吸烟区	不限制吸烟区	不确定区域	不适用区域
所有工作场所		是			
政府办公区域	是				
医院	是				
居民区卫生保健机构的公共活动区域	是				
居民区卫生保健机构的病房区域	是				
非居民区的卫生保健机构	是				
儿童保育园以及幼儿园	是				
小学和中学	是				
大学及职业教育学校	是				
商店	是				
公共文化设施	是				
室内体育场馆等竞技场所	是				
餐厅	是				
酒吧及夜总会等公共娱乐场所		是			
赌场	是				
酒店公共区域		是			
酒店客房		是			
监狱和拘留所及其公共区域	是				

续表

	完全禁烟区	限制吸烟区	不限制吸烟区	不确定区域	不适用区域
火车、公共汽车等候站等公共区域		是			
出租车	是				
飞机	是				
船舶		是			
其他交通设施		是			

20）越南政府对烟草广告、促销以及赞助行为的规定（见表 9-4）

表 9-4　越南政府对烟草广告、促销以及赞助行为的规定（资料更新至 2015.07）

	完全禁止	部分禁止	允许	不确定	不适用
国内电视台及广播电台	是				
国内报纸及纸质期刊	是				
国内其他类型的印刷媒体	是				
国际电视台及国际广播电台				是	
国际报纸及纸质期刊				是	
互联网络	是				
专业互联网销售网络	是				
户外广告	是				
烟草产品销售点的广告	是				
烟草产品销售点的产品展示		是			
自动售货机	是				
传统电子邮件	是				
电话和移动通信	是				
品牌标志	是				
免费分发的烟草产品	是				
促销礼品	是				
与体育比赛相关的产品	是				
直接针对消费者个人的广告宣传	是				
品牌延伸	是				
反向品牌延伸	是				
类似玩具的烟草产品	是				
类似糖果的烟草制品	是				

3. 老挝

1）帝国烟草公司在老挝涉税受指责

帝国烟草公司因在老挝与政府签订不合理的税收协议而受到反烟人士的指责。

另据来自英国《卫报》的消息表明，早在 2001 年，以帝国烟草公司为首的大财团与老挝政府签订了有利于帝国烟草公司的税收协议，协议规定，该财团所属公司向政府所支付的烟草制品税率仅为 30%，而老挝政府规定的烟草制品税率则高达为 55%。

同时，帝国烟草公司还与老挝政府商谈对进口卷烟及其他一些类别的烟草制品制定更加优惠的关税政策。对此，该国有反烟人士指出，以帝国烟草公司为首的财团与政府签订的不合理税收协议，试图保持该公司烟草制品的低税率，以达到降低卷烟价格的目的，以此来吸引更多的年轻人尝试消费烟草产品。

2）老挝烟草商将为控烟额外支付资金

东南亚的老挝政府已经加入东盟控烟国的行列，并已成立了一个基金会，同时要求该国的烟草生产商及贸易商们支付额外的费用，以支持该国的控烟行动。

该基金会一名负责人称，老挝政府所建立的烟草控制基金会，将要求烟草生产商将其额外2%的利润用于该基金会的发展。

据介绍，目前泰国、新加坡、马来西亚、越南和蒙古都已成立了类似的基金会。

3）老挝政府修订控烟法案扩大警示图片面积

老挝政府卫生健康管理部门向外界宣布，政府已经修订了之前制定的控烟法案。此次修订的主要内容为扩大吸烟有害健康警示图片以及警示语的面积，即烟盒外包装必须用75%的面积印制吸烟有害健康的警示图片和警示语。

据介绍，此项控烟法案的修订案原计划应在2016年10月份推出并实施，但由于受到多方面因素的影响，已经推迟至2017年5月份正式实施。对此，该国卫生健康管理部门一位名叫Keungsaneth Phat的负责人在接受媒体记者采访时指出，为了给烟草制品生产商与经销商一定的宽限期，与政府此次修订案包装规定不一致的产品仍可以再继续出售3个月，到2017年8月份就必须与政府的规定一致。

据介绍，老挝政府已成立了一个公共卫生基金会，要求该国的烟草制品生产商及贸易商支付额外的费用，以支持政府卫生部门所实施的控烟活动，尽量减少该国的烟民人数，降低吸烟率。

帝国烟草公司因在老挝与政府签订不合理的税收协议而受到反烟人士的指责。

早在2001年，以帝国烟草公司为首的大财团与老挝政府签订了有利于帝国烟草公司的税收协议，协议规定，该财团所属公司向政府所支付的烟草制品税率仅为30%，而老挝政府规定的烟草制品税率则高达为55%。

同时，帝国烟草公司还与老挝政府商谈对进口卷烟及其他一些类别的烟草制品制定更加优惠的关税政策。对此，该国有反烟人士指出，以帝国烟草公司为首的财团与政府签订的不合理税收协议，试图保持该公司烟草制品的低税率，以达到降低卷烟价格的目的，以此来吸引更多的年轻人尝试消费烟草产品。

4）老挝公共场所以及工作场所禁烟情况（见表9-5）

表9-5 老挝公共场所以及工作场所禁烟情况（资料更新至2017.03）

	完全禁烟区	限制吸烟区	不限制吸烟区	不确定区域	不适用区域
所有工作场所	是				
政府办公区域	是				
医院	是				
居民区卫生保健机构的公共活动区域	是				
居民区卫生保健机构的病房区域	是				
非居民区的卫生保健机构	是				
儿童保育园以及幼儿园	是				
小学和中学	是				
大学及职业教育学校	是				
商店	是				
公共文化设施	是				
室内体育场馆等竞技场所	是				

续表

	完全禁烟区	限制吸烟区	不限制吸烟区	不确定区域	不适用区域
餐厅	是				
酒吧及夜总会等公共娱乐场所	是				
赌场	是				
酒店公共区域	是				
酒店客房	是				
监狱和拘留所及其公共区域	是				
火车、公共汽车等候站等公共区域	是				
出租车	是				
飞机	是				
船舶	是				
其他交通设施	是				

5）老挝政府对烟草广告、促销以及赞助行为的规定(见表 9-6)

表 9-6 老挝政府对烟草广告、促销以及赞助行为的规定(资料更新至 2017.03)

	完全禁止	部分禁止	允 许	不 确 定	不 适 用
国内电视台及广播电台	是				
国内报纸及纸质期刊	是				
国内其他类型的印刷媒体	是				
国际电视台及国际广播电台	是				
国际报纸及纸质期刊	是				
互联网络	是				
专业互联网销售网络			是		
户外广告	是				
烟草产品销售点的广告			是		
烟草产品销售点的产品展示		是			
自动售货机	是				
传统电子邮件	是				
电话和移动通信	是				
品牌标志	是				
免费分发的烟草产品	是				
促销礼品				是	
与体育比赛相关的产品	是				
直接针对消费者个人的广告宣传	是				
品牌延伸	是				
反向品牌延伸			是		
类似玩具的烟草产品	是				
类似糖果的烟草制品	是				

4. 柬埔寨

1）柬埔寨将实施禁烟警示图片

柬埔寨政府卫生部官员建议政府应该出台更加严格的控烟措施——在国内所出售的卷烟制品上，需印制吸烟有害健康的警示图片。卫生部的官员在其建议中还指出，在印制吸烟有害健康警示的同时，也应该保留文字警示语，政府部门正在讨论该提案，但具体出台及实施的时间还没有对外公布。

政府统计部门的统计数据表明，目前该国有 54%的成年人经常吸烟，在 10～14 岁的青少年当中，吸烟者的比例高达 10%左右。

柬埔寨卫生部提议禁止一切烟草广告和促销宣传。卫生部官员称，在烟盒上印制健康警示的规定已经实施了，但是几乎没有任何公司执行。

2）柬埔寨于 2015 年出台了新的控烟法案

柬政府已成立了一个烟草控制法案制定委员会，于 2015 年出台了新的控烟法案。

该控烟法案制定委员会一位负责人称，这需要很长的时间，因为它必须经过多个部际委员会(跨政府各部门)的商讨，这位负责人认为，这部控烟法案在 2015 年出台并付诸实施。事实上，目前该国所实施的控烟法案已规定在工作场所和公共交通工具等公共场所禁止吸烟，于 2015 年出台的新的控烟法案更加严厉。

2014 年 2 月下旬，柬埔寨政府卫生部门对外发布消息指出，政府将出台措施，禁止水烟和电子烟产品的进口、销售以及消费。

该国卫生部门从美国政府打击毒品组织所获得的数据表明，水烟以及电子烟产品对人体健康会带来潜在的健康风险，对年轻消费者的危害则更大，因此政府才决定出台措施以禁止上述烟草制品的进口与销售。

3）柬埔寨应提高烟税

世界卫生组织建议柬埔寨政府提高烟草制品的税率，以增加政府的财政税收，同时也可以起到控烟的效果。

世界卫生组织一位负责人称，提高烟草制品的税率，可以有效地减少烟草制品的消费量，这种方法对于那些经济条件不好的消费者及受教育程度较低的消费者很有效。这位官员指出，如果政府增加烟草制品税率 10%，该国的吸烟率将有可能下降 2.5%～5%。

目前，柬埔寨的烟草制品综合税率仅有 10%，是全球税率最低的国家之一。

自 2006 年以来，柬埔寨国内的烟民数量逐年增长，从而导致其卷烟消费量也出现逐年增长的趋势。

该国的烟民人数从 2006 年到目前为止，已经增长了 3.6%，数量达到了 199.3 万人，其中成年男性吸烟者的比例高达 48%，这是政府统计部门在对 15615 名成年男性进行有效调查统计后所得出的结论。

为此，该国的反烟人士呼吁指出，政府应该尽快提高烟草制品的价格，以减少烟民们对烟草制品的消费量，同时，提高烟草制品的价格也可以有效地阻止青少年吸烟。

4）柬埔寨卫生健康专家敦促政府修订控烟法案

2015 年 4 月初，柬埔寨一些卫生健康专家向政府部门提出建议指出，政府应该修订控烟法案，尤其是要扩大吸烟有害健康警示图片的面积，以提醒公众充分认识吸烟对其身体健康所造成的影响。

柬埔寨在东盟成员国中，很多年已经没有修订其控烟法案，该国的控烟法案还是在 2003 年出台并实施的，且一直没有进行过修订，因此卫生专家建议政府应该将吸烟有害健康警示图片面积扩大到 50%，以警示当地文化程度不高的烟民。

柬埔寨政府公共卫生部门向外界宣布，政府将强化控烟法案的措施及其执行力度，以进一步降低该国的吸烟率。

统计数据显示，早在 2014 年，该国成年人吸烟率调查数据表明，当时该国成年烟民的数量就已经高达 155 万人。该国政府卫生健康部门一位名叫 Mam Bunheng 的负责人在接受媒体记者采访时指出，政府要加强现有控烟法案的执法力度，力争将公众受二手烟危害的程度降低到最小。为此，政府针对公众场所违反禁烟令的行为给予了特别的关注，对于在室内公共场所违反禁烟令的吸烟者，每次将给予高达 12.50 美元的罚款。

5）柬埔寨向越南出口烟叶享受关税优惠

柬埔寨政府商务部门向外界发表声明称，目前该国已经与越南政府就向该国出口烟叶关税优惠达成了协议，越南政府有条件地同意该国部分产品以零关税出口到越南。

根据两个国家所签署的协议，柬埔寨的烟草商每年可以向越南出口 3000 吨烟叶，且这些产品是没有关税的。对此，柬埔寨商务部门的一位负责人指出，这对于该国的烟农们是一个好消息。

5. 缅甸

1）缅甸议员建议增加烟税

2014 年 3 月上旬，缅甸有部分议员向政府提出建议指出，应该大幅度提高烟草制品的税率，对于普通的卷烟产品而言，应该在目前的基础上提高到 200％，以最大限度地减少卷烟的销售量与消费量，保护公众的身体健康。

缅甸全国民主党联盟一位议员称，近年来，缅甸国内的犯罪率呈现出逐年增长的趋势，这也与部分消费者过度饮酒有关，因此她还建议在提高烟草制品税率的同时，也应该提高酒类产品的税率。她认为，烟草制品及酒类产品对下一代的危害则非常大，政府应该加重其税率，因此全国民主党联盟也建议将酒类制品的税率在原来的基础上提高到 200％。

2）缅甸吸烟率较高

缅甸政府部门的统计数据表明，目前在缅甸的成年男性中，有 45％的人经常吸烟，成年女性的吸烟者比例也高达 8％。为此，缅甸政府计划修订控烟法案，添加适当的条款，以控制卷烟和嚼烟等多种类型烟草制品的使用。对此，有分析人士指出，尽管缅甸政府早就出台并实施了《控制吸烟与烟草产品消费法》，但公众对于这项法规的意识并不强，而政府部门的执法力度也很弱，由此导致其成年人的吸烟率偏高。

3）缅甸政府计划提高烟草制品税率

2015 年 1 月下旬，缅甸政府财政部门向外界宣布，政府计划在 2015—2016 财政年度提高烟草制品以及酒类产品的商业税，具体的增税措施为：将目前卷烟的商业税由 100％提高到 120％；酒类产品的商业税则由目前的 50％提高至 60％。

据介绍，有关方案已经列入缅甸政府 2015—2016 税收法草案，在议会批准后，将于 2015 年 4 月 1 日起正式实施。

缅甸政府部门的统计数据表明，目前在缅甸的成年男性中，有 40％的人经常吸烟，成年女性吸烟者比例也高达 6％，由于合法的烟草制品价格要高于非法烟草制品，因此黑市交易非常猖獗。

数据显示，2012 年至 2014 年，缅甸政府在其边境地区查获了包括烟草制品、酒类制品等各类走私物品的案值高达 66.49 亿缅币，但相对实际走私的数量，查获的仍是其中的一部分，为此，政府将加大打击走私烟草制品的力度。

4）缅甸政府计划修订控烟法案

缅甸政府向外界宣布，政府将修订控烟法案，计划将吸烟有害健康的警示语以及警示图片的面积在原来的基础上增加到 75％，以有效阻止该国吸烟率的增长。

据介绍，此项议案已经由政府卫生部门提交给议会进行讨论，预计在讨论通过后的 6 个月内执行，在这期间，政府卫生部门将确定拟使用的吸烟有害健康的警示图片以及警示语，并将其提交给各烟草生产企业。这些图片包括因吸烟而患上癌症的病人以及由于受二手烟危害患上呼吸道疾病的儿童的有关图片等。

5）缅甸政府提高烟草税率

缅甸政府向外界宣布，为了降低该国的吸烟率，进一步减少各类烟草制品在该国的销售量与消费量，政府将提高烟草制品的税率。

对此，政府财政税务部门一位名叫 Kyaw Soe 的负责人在接受媒体记者采访时称，根据政府此前已制定的联合税法，对于卷烟产品的税率，将从原来的 100％提高到 120％，其他类别烟草制品的税率增长幅度较小，从原来的 50％提升到 60％。

分析人士认为，尽管此次政府大幅度提高烟草制品的税率，但由于原来的零售价格比较低，因此对消费者的影响仍不会太大。

6）缅甸政府强化控烟措施

缅甸政府公共卫生健康管理部门向外界宣布，政府将于 2016 年 9 月份修订并实施新出台的控烟法案，新修订的控烟法案所涉及的主要内容包括要求烟草生产商在其烟草制品的外包装上印制吸烟有害健康的警示图片以及警示语，新修订的控烟法案规定，此类警示图片以及警示语的面积必须占烟草制品外包装面积的 75%。

该国政府公共卫生健康管理部门的统计数据显示，目前该国成年人的吸烟率高达 43%，该数据虽然包括消费当地特有的嚼烟产品等，但普通烟草制品消费者所占的比例也高达 26%。

据介绍，新修订的控烟法案包括有 10 幅吸烟有害健康的警示图片供生产商选择使用，另外，也不允许生产商利用诸如淡味、柔和等词语对其产品进行描述。

缅甸政府公共卫生部门向外界宣布，政府将修订其控烟法案，强化控烟措施，扩大吸烟有害健康警示图片的面积。政府新出台的标准规定，对于在该国出售的卷烟产品，其外包装必须用 75% 的面积印制吸烟有害健康的各类警示图片以及警示语。

据介绍，新出台的措施于 2016 年 9 月份开始实施，但政府对于卷烟零售商们有 6 个月的宽限期，但在此之后，必须按照政府新出台的标准执行。

政府公共卫生部门的一位负责人在接受媒体记者采访时称，2017 年 4 月份之后，一旦有卷烟零售商违反政府规定出售不符合新标准的卷烟产品，将会面临高达 10000 缅甸元至 30000 缅甸元的高额罚款。

政府统计部门的一项统计数据表明，目前在缅甸，有高达 43.8% 的成年男性以及 8.4% 的成年女性吸烟。政府正是为了进一步控制吸烟率，才做出了强化控烟措施的决定。

7）缅甸政府控烟法案修订案仍给零售商宽限期

缅甸政府公共卫生部门向外界宣布，政府已经修订其控烟法案，扩大吸烟有害健康警示图片的面积。政府新出台的标准规定，对于在该国出售的卷烟产品，其外包装必须用 75% 的面积用来印制吸烟有害健康的各类警示图片以及警示语。

对于即将出台的新的控烟法案修订案，政府仍给予零售商们一定的宽限期，但之前政府规定的宽限期有所提前，即由原来的将可以出售原包装卷烟产品的宽限期由 2017 年 9 月份提前到了 2017 年 2 月份。在政府规定的宽限期结束之后，原来老包装的卷烟产品将不得再在市场上出售，对于违反该控烟法案修订案的，政府将会给予严格的处罚。

为了进一步降低吸烟率，减少烟民数量，降低烟草包装对于消费者尤其是未成年人的吸引力，缅甸政府修订了控烟法案，并于 2016 年 9 月份正式颁布实施了在烟草产品包装上印制吸烟有害健康警示语以及警示图片的控烟法案修订案。

根据该规定，在缅甸国内所出售的所有烟草制品，其包装上必须印制政府所规定的吸烟有害健康的警示语及警示图片，而且规定了这些警示图片以及警示语所占的面积不得小于 75%。

事实上，自 2005 年 7 月份缅甸政府正式签署由世界卫生组织制定的《烟草控制框架公约》之后，政府加强了对于烟草业的监管，并于 2006 年制定了控制吸烟与烟草制品消费的法案，2011 年政府卫生健康部门成立了控烟管理部门。2014 年又进一步修订了控烟法案中有关公共场所禁烟的措施，并规定：在政府办公区域、医院、居民区卫生保健机构的公共卫生区域、儿童保育园以及幼儿园、中小学、公共文化设施等公共区域内严禁吸烟，违者将被处以罚款。

8）缅甸公共场所以及工作场所禁烟情况（见表 9-7）

表 9-7　缅甸公共场所以及工作场所禁烟情况（资料更新至 2016.09）

	完全禁烟区	限制吸烟区	不限制吸烟区	不确定区域	不适用区域
所有工作场所		是			
政府办公区域	是				
医院	是				

续表

	完全 禁烟区	限制 吸烟区	不限制 吸烟区	不确定 区域	不适用 区域
居民区卫生保健机构的公共活动区域	是				
居民区卫生保健机构的病房区域	是				
非居民区的卫生保健机构	是				
儿童保育园以及幼儿园	是				
小学和中学		是			
大学及职业教育学校		是			
商店	是				
公共文化设施	是				
室内体育场馆等竞技场所	是				
餐厅		是			
酒吧及夜总会等公共娱乐场所			是		
赌博场所			是		
酒店公共区域	是				
酒店客房			是		
监狱和拘留所及其公共区域	是				
火车、公共汽车等候站等公共区域		是			
出租车	是				
飞机	是				
船舶		是			
其他交通设施		是			

9）缅甸政府对烟草广告、促销以及赞助行为的规定（见表 9-8）

表 9-8 缅甸政府对烟草广告、促销以及赞助行为的规定（资料更新至 2016.09）

	完全 禁止	部分 禁止	允许	不确定	不适用
国内电视台及广播电台	是				
国内报纸及纸质期刊	是				
国内其他类型的印刷媒体	是				
国际电视台及国际广播电台				是	
国际报纸及纸质期刊				是	
互联网络	是				
专业互联网销售网络				是	
户外广告	是				
烟草产品销售点的广告		是			
烟草产品销售点的产品展示				是	
自动售货机	是				

续表

	完全禁止	部分禁止	允许	不确定	不适用
传统电子邮件	是				
电话和移动通信	是				
品牌标识	是				
免费发放的烟草制品	是				
促销礼品		是			
与体育比赛相关的产品	是				
直接针对消费者个人的广告宣传			是		
品牌延伸	是				
反向品牌延伸			是		
类似玩具的烟草制品	是				
类似糖果的烟草制品	是				

6. 泰国

1）泰国扩大禁烟范围

泰国政府决定扩大国内禁止吸烟的公共场所范围，这些禁烟区包括教育机构、银行、宗教活动场所、综合运动场所及医院等。

在不久的将来，有可能实施在公共场所全面禁烟的措施，但在首都曼谷 Suvarnabhumi 机场，将会设立单独的吸烟区以供烟民使用。

2）菲利普·莫里斯烟草国际公司支持泰国的税制改革

在当地经营烟草业务的菲利普·莫里斯烟草国际公司近日表明，它支持泰国所进行的烟草制品税制改革，因为这有助于提高当地税收管理的透明度。

另据来自当地媒体《曼谷邮报》的消息表明，泰国海关总署还对烟草制品的税制改革提出了一些建议：应该按照外资卷烟生产商在泰国当地生产卷烟的 CIF 来制定税率，以解决与卷烟进口税之间的问题争端。

3）泰国商业部门把烟草和酒精列为特殊商品

泰国政府商业部门受到了来自该国一些反烟运动主义者及卫生健康专家们的赞扬，原因在于政府商业部门在与欧盟的商业贸易谈判中，去除了被认为是特殊商品的烟草制品及酒类制品。

泰国政府商业部门一位负责人称，酒类制品及烟草制品应被视为“特殊的产品”不在名单之列，因此，在与欧盟的贸易谈判中，去除了此类商品。

泰国烟草专卖局对外宣布，如果政府出台相应的措施，使电子烟制品在泰国国内的市场上合法化，该局将计划进口电子烟制品，并也有可能参与电子烟的研制与开发工作。

泰国烟草专卖局一位负责人指出，作为烟草业的管理机构，目前他们还不能进口电子烟制品，一旦政府出台措施宣布电子烟制品可以在泰国国内的市场上销售，该局将会进口电子烟制品。

事实上，到目前为止，在泰国国内出售电子烟制品是一种违法行为，因为它没有得到泰国食品与药物管理局的批准，但即使如此，一些消费者还是可以通过互联网购买到他们喜爱的电子烟制品。

4）泰国烟税提高影响销售量

2012 年 8 月份，泰国政府再次提高了烟草制品的税率，使得该国的卷烟销售量持续下降。泰国烟草专卖局的一位官员在接受《曼谷邮报》记者采访时称，在政府提高卷烟税率之后，卷烟的市场零售价格随之提高，一些经济条件不好的烟民开始购买价格更为便宜的卷烟制品，一些烟民则购买自卷烟产品，以满足自己的需求。

该局一位负责人称，自 2012 年 8 月 21 日烟草税率提高，导致卷烟零售价格上涨之后的一周时间内，卷烟的销售量随之大幅度下降了70%左右，随后的几周时间内，销量才趋于稳定。但自卷烟的销售量却处于大幅度增长的势头。

5）泰国政府对烟草制品征税方法进行修改

泰国政府税务部门与菲利普·莫里斯烟草国际公司，因卷烟制品税收的征税方法发生了意见分歧，在经过长时间的讨论与磋商之后，泰国政府税务部门对征税方案进行了修改。

在当地经营烟草业务的菲利普·莫里斯烟草国际公司近日表明，它支持泰国所进行的烟草制品税制改革，因为这有助于提高当地税收管理的透明度。

泰国海关总署还对烟草制品的税制改革提出了一些建议：应该按照外资卷烟生产商在泰国当地生产卷烟的CIF来制定税率，以解决与卷烟进口税之间的问题争端。

6）泰国修订控烟法案

泰国卫生部已修订了早在1992年所制定的烟制品控制法案，新的法案如果获得议会通过，将禁止向20岁以下的公众销售烟制品（之前法案规定的是18岁）。

另外，新法案还将修改烟制品的定义，覆盖一切含有烟碱的制品，如饮用水、果冻、口香糖和电子烟等。

近日泰国政府的一项调查表明，政府部门所实施的控烟政策，其效果并不明显。

数据显示，在被调查的1076受访者当中，约有74%的受访者表示，他们未来将会继续吸烟，只有19%的人表示他们相信，政府的控烟政策有助于那些希望戒烟的烟民，并有可能帮助他们戒除吸烟这一习惯。

7）泰国新的控烟法案于2013年5月份生效

泰国政府公共卫生部门一位官员在接受当地媒体采访时称，政府将出台新的控烟法案，预计新出台的法案于2013年5月份正式实施。

据介绍，新出台的控烟法案将扩大吸烟有害健康警示图片的面积，由原来的占烟盒55%的面积扩大到占85%的面积。事实上，目前在全球范围内，已有60多个国家和地区实施了吸烟有害健康的警示措施，措施较为严厉的国家分别为：澳大利亚，警示图片及警语占烟盒面积的82.5%；乌拉圭和斯里兰卡的警示图片及警示语占烟盒的面积为80%。

8）泰国政府计划提高水烟和电子烟税率

为了增加政府的财政税收，近日，泰国政府财政部门的一位官员表示，他们计划对当地特有的水烟以及近年来比较流行的电子烟进行征税。

近年来，由于政府对不同烟草制品实施不同的税收政策，使得税率较高的卷烟产品的销售量出现了逐年下降的趋势，而水烟和电子烟的销售则处于增长的势头，尤其是在一些特殊的公共场所，如酒吧、夜总会和餐馆，这两类产品的销售情况相当好。

为了对电子烟和水烟进行有效的监管，泰国政府计划修订于1996年制定的《控烟法案》，欲对水烟和电子烟的生产与销售进行监督与管理，并提高其税率。另外，泰国政府卫生部门提出建议称，政府财税部门应该更加关注水烟的生产、销售与消费，因为受价格因素等影响，在泰国一些地区水烟的消费量远远高于对普通卷烟产品的消费量。

9）泰国因体育基金提高烟酒产品税率

泰国烟草专卖公司向外界宣布，为了向该国的体育基金募集资金，政府将提高各类烟草制品以及进口烟草制品的税率，这样将导致该国普通卷烟的价格在原来的基础上增加1至3个泰铢。

该公司一位负责人在接受媒体记者采访时称，按照政府的要求，该国所有的烟草和酒类产品生产商与经销商们必须为政府体育基金交纳烟草及酒类产品消费税的2%，在税率提高之后，该国烟草以及酒类制品的零售价格也随之增加。

10）泰国扩大吸烟有害健康面积计划受阻

泰国政府扩大烟盒上吸烟有害健康面积的计划受阻，原因在于菲利普·莫里斯烟草泰国公司对此事提起了法律诉讼，曼谷中央行政区法院受理了这一诉讼案。

据介绍，包括菲利普·莫里斯烟草泰国公司、泰国烟草贸易协会以及日本烟草国际公司都反对政府的这一扩大面积计划，菲利普·莫里斯烟草泰国公司在其起诉书中称，政府的这一计划不仅影响到了成千上万零售商们的利益,同时也影响了许多制造商的利益,公司认为,政府计划实施的此项控烟措施是不必要的,因为就目前泰国的控烟情况而言,吸烟对健康的危害是众所周知的。

泰国公共卫生部门已要求政府立法部门进行立法,修订此前所制定的控烟法案,扩大卷烟外包装上吸烟有害健康警示图片的面积:即由原来的占卷烟外包装55%的面积扩大到85%。

然而,对于公共卫生部门的建议,菲利普·莫里斯烟草泰国公司称,该公司将采取法律行动,抵制公共卫生部门的这一举措。

11) 泰国计划对电子烟出台限制性措施

虽然电子烟产品在5年前就已经遭到泰国政府所出台公共场所消费禁令的限制,然而,近年来此类产品越来越受到消费者的欢迎。在这种情况下,泰国政府计划对电子烟产品出台进一步的限制性措施,将其纳入现有普通烟草产品的控烟措施,以对其进行有效监管。

泰国政府公共卫生部门一位负责人指出,受多种因素的影响,虽然电子烟受到政府所出台控烟措施的消费限制,但它还是赢得了那些希望尝试新产品消费者的喜爱,为此政府将修订控烟法案并提交议会进行审议。

为了增加政府的财政税收,近日,泰国政府财政部门的一位官员表示,他们计划对当地特有的水烟以及近年来比较流行的电子烟进行征税。

近年来,由于政府对不同烟草制品实施不同的税收政策,使得税率较高的卷烟产品的销售量出现了逐年下降的趋势,而水烟和电子烟的销售则处于增长的势头,尤其是在一些特殊的公共场所,如酒吧、夜总会和餐馆,这两类产品的销售情况相当好。

为了对电子烟和水烟进行有效的监管,泰国政府计划修订于1996年制定的《控烟法案》,欲对水烟和电子烟的生产与销售进行监督与管理,并提高其税率。另外,泰国政府卫生部门提出建议称,政府财税部门应该更加关注水烟的生产、销售与消费,因为受价格因素等影响,在泰国一些地区水烟的消费量远远高于对普通卷烟产品的消费量。

12) 泰国对外贸易部门官员建议政府禁止进口电子烟

泰国政府对外贸易部门的一位官员在接受当地媒体《曼谷邮报》记者的采访时表示,希望政府能够出台措施,禁止电子烟以及水烟产品的进口,以降低该国这两类产品的消费量。

另外,这位官员还提出建议指出,政府应该修订此前所出台的《商品进出口贸易法案》,对可能影响到消费者健康的产品应该进行严格的监管,因为从目前泰国烟草产品的消费情况分析,青年消费者对电子烟产品的消费量在逐步增长,这应该引起政府部门的重视。

泰国政府对部分烟草产品的进口发出禁令,禁止贸易商们向泰国国内进口电子烟、水烟以及斗烟产品。

政府此举是为了保护广大消费者,尤其是青年消费者的利益,事实上,在此之前,其邻国柬埔寨政府也出台了类似的禁令。据介绍,泰国政府商务部门出台该禁令的原因在于政府卫生部门认为,进口的电子烟产品会引诱青少年尝试吸烟。

13) 泰国修订控烟法案

2015年2月5日,泰国政府公共卫生部门一位名叫 Rajata Rajatanavin 的负责人在接受媒体记者采访时称,政府将修订控烟法案,以减少泰国消费者对各类烟草制品的消费量。

据介绍,新修订的控烟法案将对烟叶种植做出一些新的规定,政府今后不再鼓励烟农种植烟叶。另外,新修订的控烟法案强化了对烟草制品零售商的管理,严格禁止零售商向20岁以下的人出售烟草制品,禁止出售小包装的烟草制品,以保护未成年消费者的利益。

为了减少烟民人数,降低吸烟率,泰国政府近日做出决定,修订其控烟法案,提高购买烟草制品的最低合法年龄。

在政府计划修订控烟法案的草案向外界公布后,一些反烟人士同时又提出了更加严格的控烟法案修订案,建议政府部门出台相关的措施以禁止烟草生产商以及贸易商们的各种宣传活动。泰国反烟协会的一项统计数据表明,近年来,泰国青少年吸烟者的数量逐年增长,在这种情况下,政府才决定修订控烟法案,提高购买烟草制品的最低合法年龄。

泰国多个公共卫生机构向政府部门提出建议称，政府部门应进一步强化控烟法案的执法力度，同时也要求政府部门能够修订控烟法案，强化各项控烟法案的条款，以保护社会公众尤其是未成年人的利益。

另外，公共卫生机构还联合发表声明，要求政府在修订控烟法案时，不要受烟草商游说的影响，并制定出严格的控烟法案及相关措施。

14）泰国吸烟人数增加

泰国国家政府统计部门的数据显示，近年来，该国吸烟者数量呈现出上升的趋势。

政府统计部门详细的数据表明，2014 年，该国 15 岁以及 15 岁以上吸烟者所占该群体的比例明显比 2013 年又有所增长，该群体吸烟者的数量已经达到了 1140 万人。18 岁以下吸烟者的数量为 40 万人左右。

另外，统计部门的数据还显示，该国初次尝试吸烟的年龄趋于下降，由 2007 年的初次尝试吸烟的平均年龄 16.8 岁下降到了 2014 年的 15.6 岁。

泰国议会经过审议，于 3 月份通过了新的控烟法案修订案。新出台的法案规定，购买卷烟者的最低年龄从 18 岁提高至 20 岁，零售商如果向 20 岁以下的人销售卷烟即构成违法行为，每次将被处以 3 万泰铢罚款，或者不超过 3 个月的监禁。

该修订案还规定：卷烟必须整盒销售，不得拆盒出售单支卷烟，否则将被处以 4 万泰铢罚款；禁止开展包括网络在内的任何形式的烟草广告宣传活动等。

另外，政府还调整了烟草制品的税率，将烟草税从原来的 87%上调至 90%，使卷烟价格再次上升。对此，该国财政部门指出，增税措施将使泰国烟草税收从原来的每年 120 亿泰铢增加到 150 亿泰铢。

15）泰国政府再次调整烟草产品税率

2016 年 2 月份，泰国政府再一次调整了该国的烟草税率，数据显示，政府已经将对烟草产品的消费税率由原来的 87%增长到了 90%。

政府已经于 2017 年 2 月 9 日通过了此项烟草税率调整议案，政府财政部门预测认为，在此次上调税率之后 2016 年政府从烟草业所获得的税收额将增加到 750 亿泰铢。在此次烟草消费税上调之后，根据不同质量及品牌的卷烟，每盒烟的零售价格将会在原来的基础上增加 5～10 泰铢。

目前该国有烟民 120 万人，政府希望通过提高烟草税率来降低烟民数量。

菲利普·莫里斯烟草国际公司泰国分公司因从印度尼西亚等东南亚国家进口卷烟产品，进而涉嫌关税问题而受到了泰国政府海关方面的处罚。

菲利普·莫里斯烟草国际公司向美国证券交易委员会提交的一份报告表明，该公司在泰国的分公司因为此次的关税事件，遭到了来自政府方面大约 1006 亿泰铢的罚款。但分析人士预测称，经过公司的上诉及当地法院的裁决，预计菲利普·莫里斯烟草国际公司泰国分公司最后可能被处罚 198 亿泰铢。

16）泰国公共场所以及工作场所禁烟情况（见表 9-9）

表 9-9 泰国公共场所以及工作场所禁烟情况（资料更新至 2016.06）

	完全禁烟区	限制吸烟区	不限制吸烟区	不确定区域	不适用区域
所有工作场所		是			
政府办公区域	是				
医院	是				
居民区卫生保健机构的公共活动区域	是				
居民区卫生保健机构的病房区域	是				
非居民区的卫生保健机构	是				
儿童保育园以及幼儿园	是				
小学和中学	是				
大学及职业教育学校	是				

续表

	完全禁烟区	限制吸烟区	不限制吸烟区	不确定区域	不适用区域
商店	是				
公共文化设施	是				
室内体育场馆等竞技场所	是				
餐厅		是			
酒吧及夜总会等公共娱乐场所		是			
赌场	是				
酒店公共区域	是				
酒店客房		是			
监狱和拘留所及其公共区域	是				
火车、公共汽车等候站等公共区域	是				
出租车	是				
飞机	是				
船舶	是				
其他交通设施		是			

17）泰国政府对烟草广告、促销以及赞助行为的规定（见表 9-10）

表 9-10　泰国政府对烟草广告、促销以及赞助行为的规定(资料更新至 2016.06)

	完全禁止	部分禁止	允　许	不　确　定	不　适　用
国内电视台及广播电台	是				
国内报纸及纸质期刊	是				
国内其他类型的印刷媒体	是				
国际电视台及国际广播电台		是			
国际报纸及纸质期刊			是		
互联网络	是				
专业互联网销售网络				是	
户外广告	是				
烟草产品销售点的广告	是				
烟草产品销售点的产品展示		是			
自动售货机	是				
传统电子邮件	是				
电话和移动通信	是				
品牌标志	是				
免费分发的烟草产品	是				
促销礼品	是				
与体育比赛相关的产品	是				
直接针对消费者个人的广告宣传	是				
品牌延伸	是				

续表

	完全禁止	部分禁止	允　　许	不　确　定	不　适　用
反向品牌延伸	是				
类似玩具的烟草产品	是				
类似糖果的烟草制品	是				

7. 马来西亚

1）马来西亚推迟禁止小包装卷烟制品

马来西亚政府推迟实施禁止少于每盒 20 支卷烟的小包装，计划推迟到明年 1 月实施，以使烟草制造商有较多的时间适应并使消费者转向消费 20 支装的卷烟制品。

为了抑制公众对烟草制品的消费，最近，马来西亚政府计划实施更加严格的控烟措施，包括在单支卷烟上印制吸烟有害健康的警示语，并计划扩大吸烟有害健康图片所占卷烟外包装的面积。

政府卫生部门的官员建议，应该调整原来所规定的卷烟焦油及烟碱量，把原来的卷烟焦油量由 20mg 降为 15mg；把烟碱量由原来的 1.5mg 降为 1.25mg。

同时政府卫生部门还建议，应该仿效澳大利亚的做法，实施烟草制品的素面包装。

2）马来西亚政府增税可能导致消费者使用电子烟

马来西亚政府大幅度提高卷烟产品的税率，导致该国普通卷烟产品的零售价格上涨，马来西亚沙巴消费者事务与保护协会一位负责人称，尽管政府此举的目的是为了保护公众的利益，但他仍对此质疑称，不知增税是否会解决吸烟问题，而且还有可能导致发生其他问题。

对此，也有分析人士指出，在卷烟零售价格上涨的情况下，电子烟作为一种新生代产品被广大消费者所接受，在政府提高合法卷烟产品的税率之后，将会导致原来消费普通卷烟的消费者转向使用电子烟产品。

3）马来西亚被警告要警惕"税费陷阱"

马来西亚政府宣布对卷烟增税后，有分析人士指出，卷烟提价将会增加非法贸易。

英美烟草公司一位负责人引用新加坡的例子称，新加坡因非法交易猖獗曾 5 年没有提税，从而使非法烟草制品的交易量下降。

4）马来西亚非法烟草数量下降

马来西亚烟草制造商联合会发表声明指出，经过政府执法部门与该联合会及烟草商们的通力合作，卷烟市场上非法烟草制品所占的比例已由上年同期的 37.3%下降到了 34.7%。

马来西亚烟草制造商联合会一位负责人称，非法烟草制品的贸易，使政府的财政受到了很大的损失，每年政府为此损失了高达 20 亿林吉特税收收入。为此，该委员会建议政府未来应该采取较为温和的烟草制品税收方案，同时还要严格执法，对非法贸易者除了实施高额的罚款之外，还要给予其严厉的法律制裁。

马来西亚政府部门宣布，将严厉打击非法烟草制品贸易的违法活动，届时，政府卫生部门将与海关部门合作，共同打击非法烟草制品的走私活动。

政府卫生部门一位官员称，卫生健康部门担心非法走私及假冒卷烟制品的泛滥，可能给公众的健康造成更大的损害。数据显示，目前有高达 38%的马来西亚烟民曾购买过非法烟草制品。

由于合法烟草制品市场零售价因税率的增长而不断提高，马来西亚国内非法烟草制品的贸易量处于增长的趋势。

数据显示，2012 年 1 至 11 月份，该国海关部门所查获的案值 85000 万马来西亚令吉特的非法商品中，有高达 45000 万令吉特的非法商品为走私的烟草及酒类制品。

海关一位负责人称，大量走私烟草及酒类制品，与马来西亚国内的消费者对低价格商品的需求是一致的。

5）马来西亚政府修订控烟法案

马来西亚政府修订了早已于 2004 年所颁布的控烟法案，新修订的控烟法案对卷烟制品的焦油及烟碱量做出了更加严格的限制性规定。

政府卫生健康部门要求，马来西亚国内的卷烟生产商必须将其卷烟制品的烟碱及焦油量由原来政府规定的每支 1.5mg 及每支 20mg 降低至每支 1mg 及每支 10mg，对于此项规定，卷烟贸易商们也必须遵照执行。另外，新的控烟法案还规定，公众要劝阻消费者，尤其是要劝阻年轻人不要尝试吸烟这一不良行为。

马来西亚政府卫生部一位官员在接受该国《星报》记者采访时表示，目前政府不会考虑实施卷烟制品素面包装等一系列更加严格的控烟措施。

但这位官员称，马来西亚政府赞成澳大利亚计划实施卷烟制品素面包装的做法，他同时也指出，在澳大利亚政府计划实施这种严格的控烟措施时，引起了很大的争议，也给澳大利亚政府与其他国家或地区之间的贸易与合作带来了很多的矛盾与摩擦，并引起了部分国家政府对其所提起的法律诉讼。鉴于此，马来西亚政府目前不会考虑实施卷烟制品素面包装的措施。

6）马来西亚将严格控烟法案

马来西亚烟草控制委员会呼吁政府部门严格控烟法案，大幅度提高烟草制品的税率，以减少消费，降低因吸烟而引起的各类疾病。

同时，该委员会还建议政府限制烟草生产商及贸易商们的烟草广告宣传活动，加大打击走私及假冒烟草制品的力度，严格禁止向未成年人出售烟草制品。

马来西亚消费者协会向政府部门发出警告指出，电子烟制品在该国的销售量已经呈现出增长的趋势，年轻人的消费能力则更加旺盛。

该协会一位负责人指出，政府应该出台措施禁止电子烟制品的销售，因为此类烟草制品更容易诱使青少年尝试吸烟，从而使他们染上吸烟的不良习惯。该协会的一项统计数据表明，电子烟的购买者以青少年居多，其次就是女性吸烟者。

2013 年 8 月份，马来西亚医药协会向政府部门提出建议指出，政府应该把烟草及烟草制品从跨太平洋合作关系协定的商品中除在外，因为它已经危害到了人们的身体健康。

马来西亚《星报》的消息表明，该医药协会的负责人 N. K. S. THARMASEELAN 先生认为，跨太平洋合作关系协定的目的在于增加和促进协约国的自由贸易和商品服务，但它不应该将烟草及其制品包括在内，此类商品不应该享受到自由贸易的特权。

据介绍，跨太平洋合作关系协定所包含的国家有：澳大利亚、文莱、加拿大、智利、马来西亚、墨西哥、新西兰、秘鲁、日本、新加坡、越南和美国。

7）马来西亚控烟执法不力

尽管马来西亚政府出台并实施了严格的控烟政策，然而，由于控烟的执法力度不够，使得非法烟草制品在该国的销售量越来越大。

数据显示，目前在马来西亚国内的卷烟市场上，一包合法的卷烟，其市场零售价格为 10～12 马来西亚林吉特，然而，走私及假冒卷烟的黑市价格仅为每盒 3 林吉特。对此，有分析人士认为，尽管政府开展了全国性的打击非法烟草制品活动，但效果并不明显。许多经济条件不好的消费者已经从原来消费中档品牌的卷烟转而消费价格较低的丁香烟以及其他的非法走私及假冒产品。

马来西亚政府卫生部长称，政府卫生部门将进行详细研究，以便确定电子烟对降低吸烟致瘾的有效性。目前该国还没有对电子烟的销售进行有效的监管，因为电子烟产品被认为是一种可以降低吸烟致瘾性的新产品。

马来西亚政府卫生部门向外界宣布，政府将修订控烟法案，计划将合法购买烟草制品的年龄从原来的 18 周岁提高到 21 周岁，另外，还将禁止零售商在商店中展示自己所出售的烟草制品。

另据来自当地媒体的消息表明，政府目前的控烟法案不太严格，而且在执法的过程中对违反禁令的吸烟者的处罚力度也不够，对于遏制青少年吸烟仍未起到威慑性的效果，因此政府才计划修订控烟法案。新修订的控烟法案还将对水烟以及电子烟的消费做出进一步的限制。

8）马来西亚提高烟税导致卷烟价格上涨

受政府实施更加严格的控烟政策以及烟草产品税率不断增长的影响，近几年内马来西亚国内烟草产品的增长速度已经放缓。

数据显示，马来西亚政府在2014年对卷烟产品增税12%的基础上，2015年再次提高了卷烟产品的税率。对此，马来西亚烟草业有关分析人士认为，政府再次提高税率会对这个行业未来的发展将产生不良的影响。另外，烟草业也有分析人士指出，无法确定政府通过增税是否能够达到控烟的目的。

在政府提高烟草产品税率之后，烟草商随之也提高了卷烟产品的市场零售价格，以英美烟草公司为例，该公司旗下的多个卷烟品牌的市场零售价格的增长幅度已在原来的基础上增加1至1.5马来西亚林吉特。

9）马来西亚政府对烟草业增税幅度过大

为了抑制公众的吸烟率并提高政府的财政税收收入，马来西亚政府在1年前(2014年11月份)对卷烟增税12%的基础上，2015年再次提高卷烟产品的税率，且在2014年的基础上又大幅度提高了40%。

对此，马来西亚烟草业有分析人士指出，无法想象对卷烟产品再次提高40%的税率会对这个行业产生什么样的负面影响，且目前仍无法确定政府通过增税、提高卷烟零售价格的方法是否能够达到控烟的目的。

10）英美烟草公司称马来西亚政府增税导致非法烟草制品销售量增长

由于自2015年9月份马来西亚政府再次提高了合法烟草制品的税率后，已导致各类烟草制品的零售价格上涨。

英美烟草马来西亚公司称，目前该公司在马来西亚市场上所销售的卷烟，因政府增税均提高了零售价格，平均每盒卷烟的市场零售价格在原来的基础上又增加了2.50马来西亚林吉特。由此导致非法走私及假冒卷烟产品进一步冲击合法的烟草市场。

英美烟草马来西亚公司的统计数据表明，自2015年9月份政府提高烟草制品税率之后，该公司的卷烟销售量与增税之前相比下降了10%，在目前马来西亚国内经济不景气的情况下，政府增税是一种不明智的行为。

11）马来西亚公共卫生专家建议政府逐步提高烟税

马来西亚公共卫生专家协会一位负责人向政府财政部门提出建议称，政府应该遵守加入世界卫生组织《烟草控制框架公约》时所做出的承诺，在2015年政府的财政预算中，逐步提高各类烟草产品的税率，以促使该国的吸烟率进一步下降。

这位负责人在接受当地媒体记者采访时指出，目前烟草生产商与贸易商们所做的提高卷烟增加卷烟零售价格的行为(号称是与政府非税收相关)，完全是为了获取更大的利润，政府应该制定切实可行的计划，分步骤提高烟草产品的税率。

事实上，世界卫生组织以及世界银行曾对马来西亚政府提出过建议，要求马来西亚政府在该国每年通货膨胀的基础上，至少要上调各类烟草产品税率5%左右，促使零售价格的持续增长。

为了抑制公众的吸烟率并提高政府的财政税收收入，马来西亚政府在1年前(2014年11月份)对卷烟增税12%的基础上，2015年再次提高卷烟产品的税率，且在2014年的基础上又大幅度提高了40%。

对此，马来西亚烟草业有分析人士指出，无法想象对卷烟产品再次提高40%的税率会对这个行业产生什么样的负面影响，且目前仍无法确定政府通过增税、提高卷烟零售价格的方法是否能够达到控烟的目的。

12）马来西亚政府卫生部门建议全面禁止电子烟

马来西亚政府卫生部门一位名叫Lokman Hakim Sulaiman的负责人称，政府应该修订控烟法案，以全面禁止含有烟碱的电子烟产品。

这位负责人称，他作为一位专业的医务工作者，认为含有烟碱的电子烟产品对消费者的身体健康是非常有害的，目前问题的关键是政府是否愿意对此类产品出台法规并进行监管。分析人士认为，电子烟目前在马来西亚还属于新兴的产品，政府也没有出台过任何的法律法规对其进行监管，但对于使用此类含有烟碱的电子烟，应该是有危害的，不要等到其危害发生时政府再出台措施对其监管。

马来西亚政府大幅度提高卷烟产品的税率，导致该国普通卷烟产品的零售价格上涨，马来西亚沙巴消费者事务与保护协会一位负责人称，尽管政府此举的目的是为了保护公众的利益，但他仍对此质疑称，不知增税是否会解决吸烟问题，而且还有可能导致发生其他问题。

对此，也有分析人士指出，在卷烟零售价格上涨的情况下，电子烟作为一种新生代产品被广大消费者所接受，在政府提高合法卷烟产品的税率之后，将会导致原来消费普通卷烟的消费者转向使用电子烟产品。

13）马来西亚政府计划实施烟草素面包装政策

马来西亚政府向外界宣布，他们计划仿效澳大利亚等西方国家的做法，实施烟草制品的素面包装政策，以期能够有效降低该国的吸烟率。

对此，马来西亚政府卫生监管部门称，通过实施烟草制品的素面包装政策，并统一烟盒颜色和品牌字体的大小，以此来降低烟草产品对于消费者的吸引力。事实上，政府计划实施的该素面包装计划，有可能会对该国烟草业带来冲击，但目前该国政府并没有一个确定的时间表。据介绍，即使马来西亚政府签署跨太平洋伙伴关系协议，也不会影响政府修订控烟法案中有关素面包装的决定。

马来西亚一家名为 Mscspga 的机构向外界发布研究结果称，政府对于烟草制品实施的标准化素面包装政策可能会给社会带来一定的负面影响，并将给消费者的身体健康带来风险。

该机构的一位负责人在接受媒体记者采访时称，实施标准化的烟草制品素面包装之后，所有的卷烟包装看起来或多或少是十分相似的，这很难让卷烟零售商、消费者以及执法机构的执法人员在市场上区分出合法的卷烟产品，而消费者在消费非法产品之后，可能会给其身体健康带来一定的风险。

另外，该机构的研究结果还表明，如果马来西亚政府一旦实施标准化的素面包装政策，将会给零售商们每年带来大约 5 亿马来西亚林吉特的损失。此外，还有 88%的消费者表示，在政府实施该标准化的素面包装措施之后，他们可能会购买非法产品。

14）马来西亚政府卫生部门建议提高烟税

2017 年 5 月份，马来西亚政府卫生部门向立法者提出建议指出，政府应该适当提高烟草制品的税率，这样，就可以在未来 40 年的时间内避免该国许多人死于与烟草相关的疾病。

对此，马来西亚 Putra 大学也提出了类似的建议，该大学公共卫生健康研究专家 Norashidah Mohamed 博士指出，对于卷烟产品，政府应该将其消费税率在目前 49%的基础上上调至 60%，这样才能很好地配合政府所出台的一系列公共场所禁烟令，以有效降低成年人的吸烟率。

同时，这位研究人员也指出，政府如果希望能够实现到 2025 年将成年人吸烟率降低至 15%的目标，那么，目前应该大幅度上调烟草制品的消费税率。就卷烟产品而言，其消费税率的上调幅度应该高于卫生部门所建议的 60%，同时还要广泛宣传吸烟的危害。

马来西亚烟草委员会一位名叫 Mohd Adhan Kechik 的负责人在接受体记者采访时称，近年来，非法烟草制品贸易已经造成政府的年税收额减少了 25 亿林吉特（约合 6.16 亿美元）。马来西亚烟草业的数据也证实了政府的这一财税损失金额。

这位负责人指出，非法烟草制品贸易量的增长是合法卷烟产品价格不断上涨所导致的。数据显示，马来西亚国内市场上卷烟的零售价格是该地区比较高的。因为在马来西亚的一些邻国如泰国、柬埔寨、越南和印度尼西亚等，这些国家的卷烟零售价格均低于马来西亚的水平。在这种情况下，就会导致非法卷烟的走私贸易，从而造成政府严重的财政（税收）损失。

15）马来西亚公共场所以及工作场所禁烟情况（见表 9-11）

表 9-11　马来西亚公共场所以及工作场所禁烟情况（资料更新至 2016.06）

	完全禁烟区	限制吸烟区	不限制吸烟区	不确定区域	不适用区域
所有工作场所		是			
政府办公区域	是				
医院	是				
居民区卫生保健机构的公共活动区域	是				
居民区卫生保健机构的病房区域	是				
非居民区的卫生保健机构	是				

续表

	完全禁烟区	限制吸烟区	不限制吸烟区	不确定区域	不适用区域
儿童保育园以及幼儿园	是				
小学和中学	是				
大学及职业教育学校	是				
商店		是			
公共文化设施	是				
室内体育场馆等竞技场所	是				
餐厅		是			
酒吧及夜总会等公共娱乐场所	是				
赌博场所	是				
酒店公共区域		是			
酒店客房			是		
监狱和拘留所及其公共区域			是		
火车、公共汽车等候站等公共区域		是			
出租车	是				
飞机	是				
船舶		是			
其他交通设施		是			

16）马来西亚政府对烟草广告、促销以及赞助行为的规定（见表 9-12）

表 9-12　马来西亚政府对烟草广告、促销以及赞助行为的规定（资料更新至 2016.06）

	完全禁止	部分禁止	允许	不确定	不适用
国内电视台及广播电台	是				
国内报纸及纸质期刊	是				
国内其他类型的印刷媒体	是				
国际电视台及国际广播电台				是	
国际报纸及纸质期刊				是	
互联网络				是	
专业互联网销售网络	是				
户外广告	是				
烟草产品销售点的广告	是				
烟草产品销售点的产品展示			是		
自动售货机	是				
传统电子邮件	是				
电话和移动通信	是				
品牌标识	是				
免费发放的烟草制品	是				
促销礼品	是				

续表

	完全禁止	部分禁止	允　许	不 确 定	不 适 用
与体育比赛相关的产品	是				
直接针对消费者个人的广告宣传	是				
品牌延伸	是				
反向品牌延伸			是		
类似玩具的烟草制品			是		
类似糖果的烟草制品			是		

8. 新加坡

1）新加坡吸烟率增长

新加坡统计部门的统计数据显示，其成年烟民的吸烟率有增长的趋势。数据显示，在过去的三年时间内，在18至29年的成年人当中，有40%的人经常吸烟。2004年，烟民人数占新加坡总人口的12.6%，但目前其烟民人数已占到了其总人口的13.6%，较前几年增长了1%。

为此，新加坡卫生健康促进委员会及政府卫生部门将加大其控烟的力度，努力倡导人们尽量少吸烟，直至最后完全戒烟。

为了降低其成年人的吸烟率，政府将出台更加严格的禁烟令，其中包括赋予卫生部门一定的权力，管理部分烟草制品的销售点布局，同时，对未成年吸烟者将处以罚款。

新加坡13名公民因涉嫌进口和/或出售电子卷烟正在接受当局调查。据介绍，在新加坡进口或销售电子卷烟是非法的，一切和烟制品相似的物品均不得进口和出售。

2）第15届世界烟草或健康大会在新加坡举办

第15届世界烟草或健康大会于2012年3月20至24在新加坡举办，此次烟草或健康大会的宗旨是：建立了一个有效的全球控烟对话平台，并重点关注全球可操作性的控烟战略。

此次大会一位负责人称，在当今全球化的大环境下，有效控制烟草制品的蔓延，需要全球性的规划以及各个国家和地区的共同有效的行动。

新加坡政府卫生部门开展了一项名为 Blue Ribbon 的反烟宣传活动，旨在推进政府所制定的各项控烟措施，与此同时，政府健康促进委员会还与青年网络等媒体进行合作，开展提高公众生活质量，远离烟草等相关的控烟宣传活动。

新加坡政府卫生部门负责人 Amy Khor 称，尽管政府已开展了多年的控烟教育活动，并采取征税等控烟活动使得新加坡的吸烟率降至15%，但政府部门时刻不会放松对吸烟有害健康的宣传。

3）新加坡出台禁烟新规定

新加坡政府欲修订其控烟法案，新法案中欲增加禁止向"00"后出售卷烟制品的规定。但政府卫生部门一位名叫 Gan Kim Yong 的负责人称，实施或强制执行此类禁令，在目前的情况下还有很大的难度，执行起来也比较困难。

为了打击部分卷烟零售商们的不法行为，近期，新加坡政府公共健康科技局将加强执法工作，对于那些将烟草制品出售给未成年吸烟者的零售商们实施更加严厉的打击。

据介绍，对于那些将烟草制品出售给12岁及12岁以下未成年人的零售商，一经发现，将吊销其烟草制品的零售许可证；而对于那些将烟草制品出售给18岁以下年轻人的零售商，若发现其有两次同样的违法行为，也将撤销其烟草制品的零售许可证。

由于新加坡政府实施了严格的公共场所禁烟令，使得该国普通烟草制品的消费量处于下降的趋势，然而，由于烟草制品的致瘾性，在公共场所，虽然有严格的禁烟令，但还是有消费者使用不产生二手烟的电子烟制品。

数据显示，2013年1至2月份，新加坡政府健康科学与卫生机构就在公共场所查到了2428人次消费电子烟制品的行为，与 2012 年全年所查到的 1464 人次及 2009 年所查到的 10 人次有大幅度的增长。

2014 年 4 月份，新加坡国家癌症研究中心提出了一项新的控烟计划，即无烟下一代活动，得到了亚洲十余个国家卫生健康部门的支持并受到好评。

据新加坡国家癌症研究中心的一位负责人介绍，开展无烟下一代活动，其目的就是要给 2000 年以后出生的青少年创造一个良好的无烟环境，此次活动得到了孟加拉国、印度尼西亚、日本、韩国、马来西亚、蒙古、尼泊尔、土耳其和越南等 10 余个国家政府卫生部门的大力支持，代表们还在韩国首尔召开了专门会议，以商讨无烟下一代活动的推广。

4）新加坡政府卫生部门计划对水烟发出禁令

新加坡政府卫生部门对外宣布，政府将修订其控烟法案，出台水烟产品的禁令，以保护公众的身体健康。因为世界卫生组织的一份报告指出，水烟对青年消费者非常有吸引力。

据介绍，为了配合政府卫生部门所实施的水烟禁令，新加坡政府贸易部门将首先出台措施以禁止水烟产品对该国的出口与分销，从根本上限制新加坡国内烟草市场上出现此类产品。

政府卫生部门的一位负责人在接受媒体记者采访时称，新修订的控烟法案于 2014 年 11 月底出台，在 2015 年 7 月 31 日前为水烟产品市场零售与消费的过渡期，在此期间，有存货的零售商可以继续出售此类产品，但在政府所规定的日期之后，再出售此类产品将会受到严厉的处罚。

2014 年 11 月初，新加坡政府卫生部门对外宣布，将修订其控烟法案，禁止水烟产品在该国的销售，以保护公众的身体健康。

政府卫生部门在向外界解释修订控烟法案的原因时称，世界卫生组织的报告认为，水烟对青年消费者很有吸引力。

然而，近日新加坡有消费者联合 200 多名公众向政府卫生部门请愿称，政府应该重新审视其修订控烟法案中有关水烟禁令的条款，他们不赞成对水烟产品实施绝对的禁令。

新加坡议会一位名叫 Faishal Ibrahim 的议员在接受当地媒体记者采访时称，政府将于 2015 年底向公众征求对于未来计划实施的烟草制品素面包装政策的意见。

事实上，目前全球多个国家已经计划实施此项更加严格的控烟措施，对此，Faishal Ibrahim 称政府在出台相关的控烟法案之前，事先征求公众的意见与建议。为了进一步降低新加坡的吸烟率，政府公共卫生部门计划在 2015 年底再一次修订控烟法案，出台措施禁止在烟草制品销售点展示他们所出售的各类烟草制品，同时还要出台措施对新型烟草制品——如 Shisha 烟以及电子烟进行限制。

5）新加坡政府计划出台展示禁令

新加坡政府向外界发表声明指出，为了进一步降低该国的吸烟率，保护公众的身体健康，政府将修订控烟法案，禁止零售商在他们的商店内展示所出售的各类烟草制品。

据介绍，在修订控烟法案之后，政府也将修订广告与产品销售法案，以进一步限制零售商的行为，同时，新加坡政府公共卫生健康部门的一位负责人在接受当地媒体记者采访时称，在修订法案实施之前，政府监管部门将会与零售商进行协商，以最大可能地减少因展示禁令给他们经营所带来的不便。

新加坡政府向外界宣布，政府计划出台各类烟草制品在零售网点的展示禁令，这引起了公众的讨论，并一度受到该国零售业主的质疑。

对此，新加坡一些零售商在接受媒体记者采访时表明，禁止零售商店展示他们所出售的烟草制品，有可能会导致一系列问题的出现。部分零售商表示，一旦该禁令付诸实施，将会使零售商和消费者都遇到困惑，另外，还将增加零售商的经营成本，同时也有可能影响其未来的销售量。

对此，新加坡零售市场协会一位负责人称，希望政府在执行该禁令时采取比较宽松的态度，建议允许零售商们在不展示所出售烟草品牌的情况下，允许他们在价格标签处标出所出售烟草制品的品牌名称及零售价格。

新加坡政府已经于 2015 年 12 月份重新修订了控烟法案，该法案规定：从 2015 年 12 月 15 日起，全面禁止电子烟产品以及电子烟液等相关配套装置。

从 2016 年 8 月份开始，将进一步禁止包括鼻烟和东南亚特有的 gutkha 烟（一种嚼烟）在内的其他一些烟草产品。

对此，新加坡政府卫生监管部门的一位负责人称，这么做的目的是为了保护消费者的利益，同时也是为了杜绝此类产品在该国零售市场上出现，进而使公众尤其是未成年人免受新型烟草产品对其身体健康所造成的危害。

6）新加坡政府对网络销售电子烟发出警告

新加坡政府对通过网络销售电子烟产品的行为发出警告，称目前政府规定进口电子烟产品以及类似的吸烟装置是一种违法的行为，通过网络销售及购买电子烟的行为也是违法的行为。

目前在新加坡，消费者可能通过诸如 Carousell、Gumtree 等网络平台购买到自己所需要的各种类型的电子烟产品，而且在这些网购平台上消费者购买一瓶 10 毫升的电子烟液只需要 13 新加坡元，购买一瓶 30 毫升的电子烟液也仅需要 25 新加坡元，一套电子烟的吸烟装置需要约 170 新加坡元。同时，购买者在购买电子烟时也无须进行身份验证，在交易完成后其交易记录也会很快删除。这对新加坡政府控烟行动十分不利，正是在这种情况下政府才向这些网络销售商以及消费者发出警示。

7）新加坡将通过烟草制品销售展示禁令

新加坡政府公共卫生健康部门向外界宣布，政府计划修订控烟法案，以起到进一步减少各类烟草制品在该国的销售量和消费量。

据介绍，此次政府计划修订的控烟法案条款主要内容为：将出台烟草制品销售的展示禁令，以期能够起到降低烟草制品对消费者的视觉诱惑，从而起到阻止消费者购买烟草制品的目的。

计划将于 2017 年开始实施的烟草产品展示禁令包括，禁止烟草制品零售商在经营场所展示他们所出售的各类烟草制品，只有在消费者需要购买时才能够向需要购买的消费者展示所出售的烟草产品。另外，此次的控烟法案修订案还包括严格限制利用网络对烟草制品进行广告宣传活动。

8）新加坡政府提高合法购买烟草制品的最低年龄限制

新加坡政府修订了其控烟法案，将合法购买烟草产品以及消费烟草产品的最低年龄从 18 岁上调到 21 岁。政府卫生部门未来将加强监管，以落实这项新条例的实施。

新加坡政府的一项抽样调查表明，当地 45％的吸烟者在 18 至 20 岁之间开始吸烟。但一份国际卫生组织的研究报告指出，消费者在 21 岁之前没有接触烟草制品的其未来吸烟的概率将非常低。

事实上，为了使提高合法购买烟草制品年龄限制的做法征得公众的支持，从 2015 年开始，新加坡政府公共卫生部门就展开了吸烟管制措施的公共咨询活动。正是有了前期基础，新加坡政府才将合法吸烟年龄从原来的 18 岁上调至 21 岁，以避免年轻人在 21 岁之前开始吸烟。

另外，新加坡政府公共卫生部门也在考虑仿效澳大利亚等西方发达国家的做法，实施烟草制品素面包装的政策，以期能够有效降低该国的吸烟率。对此，政府卫生监管部门认为，通过实施烟草制品素面包装的措施，统一烟盒颜色，以此来有效降低烟草制品对于消费者，尤其是青少年的吸引力。

9）新加坡公共场所以及工作场所禁烟情况（见表 9-13）

表 9-13　新加坡公共场所以及工作场所禁烟情况（资料更新至 2016.08）

	完全禁烟区	限制吸烟区	不限制吸烟区	不确定区域	不适用区域
所有工作场所		是			
政府办公区域		是			
医院	是				
居民区卫生保健机构的公共活动区域	是				
居民区卫生保健机构的病房区域	是				
非居民区的卫生保健机构				是	
儿童保育园以及幼儿园	是				

续表

	完全 禁烟区	限制 吸烟区	不限制 吸烟区	不确定 区域	不适用 区域
小学和中学	是				
大学及职业教育学校	是				
商店	是				
公共文化设施	是				
室内体育场馆等竞技场所	是				
餐厅		是			
酒吧及夜总会等公共娱乐场所		是			
赌博场所					
酒店公共区域	是		是		
酒店客房	是				
监狱和拘留所及其公共区域			是		
火车、公共汽车等候站等公共区域		是			
出租车	是				
飞机		是			
船舶	是				
其他交通设施		是			

10）新加坡政府对烟草广告、促销以及赞助行为的规定（见表 9-14）

表 9-14　新加坡政府对烟草广告、促销以及赞助行为的规定（资料更新至 2016.08）

	完全 禁止	部分 禁止	允许	不确定	不适用
国内电视台及广播电台	是				
国内报纸及纸质期刊	是				
国内其他类型的印刷媒体	是				
国际电视台及国际广播电台				是	
国际报纸及纸质期刊		是			
互联网络	是				
专业互联网销售网络	是				
户外广告	是				
烟草产品销售点的广告	是				
烟草产品销售点的产品展示		是			
自动售货机	是				
传统电子邮件	是				
电话和移动通信	是				
品牌标识	是				
免费发放的烟草制品	是				
促销礼品	是				
与体育比赛相关的产品	是				

续表

	完全禁止	部分禁止	允许	不确定	不适用
直接针对消费者个人的广告宣传	是				
品牌延伸	是		是		
反向品牌延伸					
类似玩具的烟草制品	是				
类似糖果的烟草制品	是				

9. 印度尼西亚

1) 印度尼西亚火车禁烟

为了进一步抑制烟民对烟草制品的消费，近日，印度尼西亚铁道部门决定，在国内所运营的列车上一律实施禁烟措施。

但另据来自《雅加达环球时报》的消息表明，在一些火车站的候车大厅，铁路部门还是为吸烟者设立了特别的吸烟区。

印度尼西亚政府对外贸易部门的一位官员称，政府将会就美国政府对于东南亚特有丁香烟制品所实施的禁令采取强硬的报复性措施，并有可能向美国政府进行索赔。

印度尼西亚政府商务部一位官员称，对于世界贸易组织就两国烟草制品贸易争端所给予的解决方案，美国政府并没有执行，为此，印度尼西亚政府决定采取强硬的报复性措施，同时也将会向美国政府进行经济方面的索赔。

这位负责人指出，美国政府所实施的丁香烟禁令是一种贸易歧视，该国政府在对丁香烟出台禁令的同时，并没有对薄荷烟做出任何限制性的措施。

2) 印度尼西亚计划提高烟草税率

印度尼西亚政府近日决定，将提高烟草制品的税率，在原来的基础上再增加 8.5%，这样不会对烟草制品零售价格有太大的影响。

印度尼西亚一位研究人员称，目前，该国的烟草制品价格很低，烟民数量有持续增加的趋势，为此，政府必须采取措施，逐步提高烟草制品的税率。

3) 印度尼西亚将提升烟税

印度尼西亚财政部一位官员在接受当地媒体记者采访时称，政府计划提高烟草制品的税率，从 2013 年开始在目前的基础上再提高 8.5%。

据介绍，目前该国的烟草制品税率较低，根据不同类别的烟草制品计算，其消费税仅相当于市场零售价格的 30%至 57%。

印度尼西亚是全球一个十分重要的卷烟市场，但其烟草制品的税率也较低，政府此次提高税率，旨在增加政府的财政税收，并有效降低吸烟率。

印度尼西亚政府近日决定，将提高烟草制品的税率，在原来的基础上再增加 8.5%，这样不会对烟草制品零售价格有太大的影响。

4) 印度尼西亚提高烟税

印度尼西亚政府决定，从 2012 年元月 1 日开始，在原来的基础上，把该国烟草制品的税率平均再提高 15%，以减少吸烟者烟草制品的消费量，保护公众的身体健康。

数据显示，在经济发达的西方国家，烟草制品的消费税每提高 10%，将使其国内的卷烟消费量下降 4%～5%，而在经济不太发达的发展中国家，吸烟者受消费能力的制约，政府每提高烟草消费税 10%，可以减少消费量 8%～13%。

5) 印度尼西亚修订控烟法案

为了抑制公众对烟草制品的消费，印度尼西亚政府已于 2013 年年底修订了其控烟法案，新修订的控烟法案规定，要进一步限制烟草广告与促销，烟草制品生产商在其卷烟产品上要印制吸烟有害健康的警示图片及警示语，并且这些警示图片及警示语所占的面积，要占到整体包装面积的40%以上。

另据来自《雅加达邮报》的消息表明，印度尼西亚总统已签署了新修订的控烟法案，并于2014年6月份正式生效。

在《烟草控制框架公约》起草期间，印度尼西亚政府积极参与，然而在其他国家签署这项国际性的控烟公约时，印度尼西亚政府却没有能够很快签署该公约，认为签署该公约会给其经济带来损失。

然而，2014年2月份，印度尼西亚总统对外宣布，该国将正式批准并签署《烟草控制框架公约》，同时也否认该国烟草界对政府的游说行为。

印度尼西亚政府卫生部门的负责人指出，在政府签署该控烟公约之后，国家财政部门将会出台措施以保护烟农及烟草工业从业人员的利益。

6）印度尼西亚政府提高卷烟消费税率

为了抑制消费者对烟草制品的消费，印度尼西亚政府财税部门提高了烟草制品的消费税率。

2013年11月份，政府财税部门上调了国内烟草制品的税率，在原来的基础上提高了8.5%，同时，为了减弱税率增长对各大烟草生产商及销售商的影响，政府决定，2014年不再提高烟草制品的税率。

另外，2013年第三季度，印度尼西亚各大卷烟生产商的利润已呈现出下降的趋势，分析人士认为，烟草制品消费税上涨所造成的日益增加的生产成本，以及印度尼西亚员工最低工资上调等，匀促使卷烟生产商们的利润下降。

7）印度尼西亚利用烟草税资助控烟运动

为了抑制烟民们对烟草制品的消费，印度尼西亚政府利用部分烟草税收来资助该国的控烟运动。

另据来自当地媒体《雅加达邮报》的报道表明，政府的此项资助活动是针对未成年人以及低收入居民的一项新的控烟活动。预计政府每年将从该国的烟草税收额中拿出3520万美元的税收收入，用于未成年人及低收入人群公共健康医疗方面的支出。

印度尼西亚政府卫生部门一位官员对此解释指出，目前在印度尼西亚，低收入人群的吸烟率较高，因此政府在公共健康医疗支出方面要对其进行资助。

8）印度尼西亚丁香烟税额增长

印度尼西亚政府来自烟草（包括丁香烟）的税收收入已从13.6万亿卢比（约合14亿美元）增至33万亿卢比，烟草业带给政府的财政税收收入，占政府财政总收入的8%左右。

另外，包括烟草及丁香烟种植者、卷烟厂的工人以及相关产业的工作人员，如烟草制品包装和分销业的从业人员，该国烟草行业的直接及间接员工则高达800万人。丁香烟产业税额的增长，对印度尼西亚经济发展起到了十分重要的作用。

9）高烟税导致部分印度尼西亚卷烟厂关闭

印度尼西亚卷烟生产商联合会一位名叫Ismanu Soemiran的负责人在接受媒体记者采访时称，由于政府不断提高烟草产品的税率，已导致部分小规模生产商关闭了工厂，且一些规模较大的生产商也开始裁减员工。

Ismanu Soemiran指出，政府为了实施其控烟的目标，近年来不断提高各类烟草制品的税率，完全不顾烟草业人士的反对意见，目前印度尼西亚所有的烟草生产企业几乎都受到了影响。数据显示，自2014年5月份以来，印度尼西亚最大的卷烟生产企业——Sampoerna公司已经相继解雇了5000名员工；排名第二的Benteol烟草公司也让8000余名员工提前退休；Gudang Garam烟草公司也解雇了4288名员工。

对此，有分析人士指出，高烟税只会损害到合法的烟草生产商，同进也会促进非法烟草制品黑市交易量的进一步增长。

10）印度尼西亚烟草业受政府增税影响较大

由于印度尼西亚政府近年来不断提高各类烟草制品的税率，已经严重影响到了该国烟草业的发展。来自烟草生产商协会的数据表明，该国各类型烟草制品生产厂的数量已经由2009时的4900余家下降到了目前的600余家。许多生产厂的经营者在接受媒体记者采访时声称，政府不断提高税率以及激烈的市场竞争使他们不得不放弃生产业务。

但就在这种情况下，2015 年 5 月份，印度尼西亚政府向外界宣布，政府将于近期再次提高烟草税率，以实现 2015 年修订后的财政预算目标。事实上，2015 年 1 月份，政府已经调整了烟草税率，即在原来的基础上已经上调了 8.7%，政府年初所制定的预算目标为 148 万亿印度尼西亚卢比，但此后政府又增加了财政预算目标，在这种情况下，政府计划再次上调烟草税率。

11）印度尼西亚政府暂时不上调烟草消费税

印度尼西亚政府财政部门一位名叫 Heru Pambudi 的负责人在接受媒体记者采访时称，政府目前还没有上调烟草消费税的计划，因为一旦政府提高烟草制品的税率，有可能导致非法烟草制品贸易量的增长，另外还会加重消费者的负担，这均会影响到政府的财政税收。

数据显示，2014 年，政府从烟草业获得的税收额为 1120 万亿卢比，与年初的目标 1160 万亿相比减少了 40 万亿卢比，预计 2015 年印度尼西亚政府从烟草业获得的税收额为 1142 万亿卢比。

12）印度尼西亚烟草业反对政府提高烟草制品税率

印度尼西亚烟草业的代表在接受当地媒体记者采访时称，他们反对政府计划提高烟草制品税率的方案。

另外，来自印度尼西亚烟草协会的数据表明，在过去几年内，受政府不断提高烟草制品税率以及烟草制品零售价格不断上涨的影响，该国非法烟草制品的贸易量增长较快，目前各类非法烟草制品销售量已经占到该国市场的 11.7%。因此，为减少烟草业合法烟草制品受到的冲击，该国烟草业才联合起来，反对政府计划提高烟草制品税率的议案。

13）印度尼西亚政府计划增加烟草税率

印度尼西亚政府财政部门向外界宣布，受多种因素的影响，政府在 2016 年再次提高烟草制品的税率，此次的增税幅度为 23%。

分析人士认为，受国内经济增长速度缓慢以及通货膨胀率较高的影响，政府的财政收入已经受到了很大的影响。在这种情况下，印度尼西亚政府在 2016 年再次提高烟草制品的税率。然而，对于政府增税的计划，印度尼西亚烟草生产商协会一位名叫 Ismanu Sumiran 的负责人称，政府将烟草税率提高 23%的计划是不太合适的，因为目前印度尼西亚的经济形势不容乐观，消费者的购买能力已经受到了很大的影响，在这种情况下再次提高烟草制品的税率，只会导致消费者购买非法烟草制品。

14）印度尼西亚政府计划 2016 年提高烟草税率

印度尼西亚政府向外界宣布，为了抑制公众对烟草制品的消费量，保护他们的身体健康，政府从 2016 年 1 月 1 日起，将烟草制品的平均税率在目前的基础上再增加 13.9%。

具体调整方案为：机制卷烟的税率上调幅度最大，不同类别的增长幅度分别为 12.96%～16.47%；手工卷烟的税率上涨幅度最低，涨幅为 0～12%。

据介绍，政府将放宽对于 III B 类手工卷烟的税收政策，因为此类手工卷烟的产量非常低。

15）印度尼西亚 Sampoerna 烟草公司消费税占国内总消费税的三分之一

由于印度尼西亚国内的吸烟率较高，使得其各类烟草产品的销售量也不断增长，因此，Sampoerna 烟草公司上年度的总收益与 2014 年相比增长了 10%，达到了 7.8 亿美元。

世界卫生组织的一项调查显示，尽管印度尼西亚政府对烟草产品征收了高额的消费税，但该国 15 岁以上的人口中，仍有超过 33%的人经常消费各类烟草产品。

由于政府对烟草产品征收了高额的税率，已导致消费税占到了 Sampoerna 烟草公司产品成本的 70%，2015 年该公司的纳税额占到了印度尼西亚国内各类产品消费税总收入的三分之一。

16）印度尼西亚政府增加烟税导致非法烟草数量增长

印度尼西亚一家非政府组织的研究报告表明，政府提高烟草制品的税率，有可能导致非法烟草制品的贸易量增长。

据介绍，2016 年 8 月份，印度尼西亚政府向外界宣布，为了进一步降低该国的吸烟率，政府决定提高卷烟的税率。在政府提高税率之后，国内卷烟的市场零售价格将达到每盒 5 万印度尼西亚卢比。

对此，印度尼西亚财政经济发展研究机构一位名叫 Enny Sri Hartati 的研究人员指出，近年来，政府从烟草业所获得的税收额逐渐提高，2015 年，政府财政收入中的 11.7%来自于烟草业，然而，政府仍然还要提高烟草产品的税率，结果将导致非法烟草制品在该国交易量的增长。

17）印度尼西亚政府财政部门认为增税对减少烟草消费效果不明显

印度尼西亚财政部门一位负责人在接受当地媒体记者采访时指出，政府近年来所实施的增加烟草产品税率以期减少该国吸烟率的效果并不明显，且也只给政府带来了有限的增加税收效果。

对此，该国财政部门认为，政府在制定控烟政策时，并非需要与财政以及税收政策相结合，与其他的非财政方面的政策相结合或许更有效。财政部门的这位负责人指出，人们并不相信增加烟税可以减少烟草消费量，政府在控烟时应该使用财政与非财政的不同措施才能够起到应有的效果。

18）印度尼西亚卫生部门希望政府提高烟税

2017 年 5 月份，印度尼西亚政府卫生部门的一些官员向财政部门提出建议，政府应该大幅度提高该国各类烟草制品的税率，从而可以减少吸烟对公众健康的危害，节约政府在公共卫生服务方面所投入的巨额资金。

印度尼西亚卫生部门健康与发展研究机构的一项调查数据表明，近年来，烟草消费对该国经济发展带来了沉重的经济负担。对此，分析人士认为，吸烟对于经济发展的直接影响在于，一些吸烟者以及那些受被动吸烟所影响的公众，可能会患上与吸烟相关的疾病，因此，他们不得不为此而花费金钱治疗此类疾病，而此时政府在公共卫生保健方面的开支就会不断增加。而间接的影响在于，当家庭主要成员因吸烟患上某种疾病后，可能会使这个家庭逐步陷入贫困的状态。

19）印度尼西亚经济界人士对提高卷烟税提议发出警告

一项关于提高印度尼西亚卷烟消费税的提议可能导致非法卷烟增加。该国经济和金融发展研究所负责人 Enny Sri Hartati 先生在接受媒体记者采访时指出，政府应对增税提议作全面考虑，因为烟草业对国家发展是战略性的，增加烟草制品的税率可能阻碍该行业的发展，同时也可能使政府财政收入下降。同时，过度提高卷烟消费税可能导致非法卷烟增加。

20）印度尼西亚认为《烟草控制框架公约》弊大于利

印度尼西亚政府贸易部部长在接受当地媒体记者采访时称，目前该国政府还没有考虑要批准由世界卫生组织所制定的《烟草控烟框架公约》，因为对印度尼西亚而言该公约弊大于利。

但是，早在 2014 年 2 月份，印度尼西亚总统曾一度对外发表声明宣称政府将签署《烟草控制框架公约》，同时也否认了烟草业人士对政府部门的游说行为。此次印度尼西亚政府贸易部部长称，出于对烟农利益的考虑，政府暂时不考虑批准该公约。

印度尼西亚卫生部计划分步骤推进由世界卫生组织所制定的《烟草控制框架公约》。

目前，印度尼西亚是亚洲唯一没有批准该公约的国家，卫生部部长称，要使议会批准该公约，政府还需要做大量的工作，因为议会长期以来一直拒绝支持政府的控烟活动。

2014 年 4 月初，印度尼西亚政府表示将支持烟农们对抗由世界卫生组织所制定的《烟草控制框架公约》。对此，世界卫生组织已经向该国政府施压，要求该国政府尽快批准该公约。

然而，根据当地媒体《雅加达邮报》的消息表明，印度尼西亚政府总统表示，他并没有计划批准《烟草控制框架公约》，他认为政府不应该急于这样做，因为批准该公约后，会对该国的烟农不利。

21）印度尼西亚议员建议对澳大利亚进口酒类制品实施素面包装

印度尼西亚有部分议员建议，对从澳大利亚进口的葡萄酒等产品，应该实施素面包装的措施。

事实上，自 2012 年 12 月份澳大利亚政府实施烟草制品素面包装的法案之后，有烟草界人士指出，在不久的将来，酒类制品有可能和澳大利亚的烟草产品一样，受到素面包装的限制。

有分析人士指出，此次印度尼西亚部分议员建议政府对从澳大利亚进口的葡萄酒实施素面包装等标准化包装政策，其目的是为了报复澳大利亚政府所实施的烟草制品素面包装政策。

2014 年 12 月下旬，印度尼西亚政府交通部门一位名叫 Ignasius Jonan 的负责人在接受媒体记者采访时称，政府于 2015 年修订其控烟法案，禁止消费者在所有的公共交通工具上吸烟，违者将被处以重罚。

另据来自雅加达环球日报的消息，印度尼西亚公共卫生部门的一位负责人指出，政府所修订的控烟法案，禁止在公共交通工具上吸烟，没有任何人有豁免权，包括公共交通工具的驾驶员，如果他们违反控烟法案，将会面临更加严格的处罚。

印度尼西亚政府卫生健康部门向外界宣布，政府将出台电子烟的一些限制性措施，以保护消费者的身体健康。

对此，印度尼西亚政府贸易部门一位名叫 Rachmat Gobel 的负责人在接受媒体记者采访时称，政府计划出台禁止电子烟产品进口与销售的方案，以支持政府卫生健康部门的建议。

据介绍，印度尼西亚政府计划采纳卫生健康部门的建议，另外还将出台电子烟的进口禁令，但政府并没有向外界透露该国近年来进口电子烟的详细数据及消费情况。事实上，与西方一些发达国家类似，目前在印度尼西亚，一些希望戒烟的消费者均是通过选择电子烟产品来帮助自己戒烟的。

22）印度尼西亚政府计划提高烟草税率

印度尼西亚政府敦促政府财政部门制定措施，以增加对烟草业的税收。分析人士认为，目前该国政府在公众卫生健康预算方面出现了一定的资金缺口，为了弥补这方面的资金短缺，政府计划提高烟草税率。

该国政府财政部门一位负责人在接受媒体记者采访时称，如果可能的话，政府将提高所有类别烟草制品的税率，这样会促进整体公众的身体健康。

数据显示，目前印度尼西亚已成为世界第 4 大卷烟市场，正是在这种情况下政府才下决心提高烟草制品的税率，以维持公共卫生健康资金的能够顺利支付。

印度尼西亚烟草业的代表在接受当地媒体记者采访时称，他们反对政府计划提高烟草制品税率的方案。

另外，来自印度尼西亚烟草协会的数据表明，在过去几年内，受政府不断提高烟草制品税率以及烟草制品零售价格不断上涨的影响，该国非法烟草制品的贸易量增长较快，目前各类非法烟草制品销售量已经占到该国市场的 11.7%。因此，为减少烟草业合法烟草制品受到的冲击，该国烟草业才联合起来，反对政府计划提高烟草制品税率的议案。

23）印度尼西亚首都将出台卷烟展示禁令

2016 年 3 月份，印度尼西亚政府向外界宣布，政府将会在首都雅加达实施更加严格的控烟法案，所修订的控烟法案主要条款包括：在首都地区禁止烟草制品零售商向消费者展示他们所出售的不同类别的烟草制品，只是消费者在需要购买时才可以向他们展示。

对此，分析人士指出，在新的修订案出台并生效之后，出售烟草制品的零售商店只允许向外展示这样一个“可以在此处购买卷烟”的指示牌。另外，在 2016 年 12 月份之前，印度尼西亚首都雅加达所有的烟草广告均将不得在公众的视野中出现。

印度尼西亚政府总统 Joko Widodo 近日在该国发表的一份声明中指出，政府计划批准由世界卫生组织所制定的《烟草控制框架公约》，以减少各类烟草制品的进口量，增加各类烟草制品的税率，以期进一步降低该国的吸烟率。目前，政府批准烟草控制框架公约的指导性意见正在审查当中。

在 2016 年 6 月 12 日印度尼西亚政府举行的一次闭门会议上，印度尼西亚总统 Joko Widodo 指出，政府应该分析批准公约并正式实施之后给该国经济所带来的影响，同时他还建议将烟草经济作为一项重要的考核指标考虑进去。印度尼西亚政府财政部门也将预测该公约实施后对烟草产业所带来的影响。

另据来自印度尼西亚当地的媒体报道，目前该国是亚洲地区唯一一个尚未批准该框架公约的国家。

24）印度尼西亚吸烟率增长

尽管印度尼西亚政府采取了多项措施来阻止该国烟民人数以及吸烟率的上升，然而，其吸烟率还是处于增长的趋势。

另据来自世界卫生组织的一项调查数据显示，尽管该国政府对烟草产品征收了高额的消费税，但其 18 岁以下的人群当中，仍有超过 8.8%的人消费各类烟草产品。对此，印度尼西亚政府卫生疾病控制部门的一位负责人在接受媒体记者采访时指出，他们的目标是到 2019 年，将 18 岁以下人群的吸烟率降低至 5.4%以下。

印度尼西亚财政部门一位负责人在接受当地媒体记者采访时指出，政府近年来所实施的增加烟草产品税率以期减少该国吸烟率的效果并不明显，且也只给政府带来了有限的增加税收效果。

对此，该国财政部门认为，政府在制定控烟政策时，并非需要与财政以及税收政策相结合，与其他的非财政方面的政策相结合或许更有效。财政部门的这位负责人指出，人们并不相信增加烟税可以减少烟草消费量，政府在控烟时应该使用财政与非财政的不同措施才能够起到应有的效果。

25）印度尼西亚烟草广告很少受到政府监管

印度尼西亚一家非营利性儿童教育机构向外界宣布，尽管政府制定了较为完善的控烟法案以及禁止烟草广告宣传的法案，但近年来在该国的中小学周围，烟草商们针对学生们的广告宣传仍然不少，而这些广告又很少受到来自政府部门的监管。

据介绍，这家名为 Lentera Anak Indonesia 的儿童教育机构对该国苏门答腊、西努沙登卡拉、西爪哇等地区的中小学所进行的抽样调查表明，在他们调查的近 90 所中小学附近，烟草商们的广告几乎是无处不在，且进行宣传的目标无一不针对在校的学生。

据介绍，目前印度尼西亚中小学校附近的食品摊位和小型售货亭是烟草商们最好的广告宣传位置，经营者只需提供 2 平方米的广告位，每年即可从烟草商手中获得 300 美元的费用。

26）印度尼西亚计划增加卷烟消费税

印度尼西亚财政部一位负责人称，政府计划提高烟草制品的消费税，在抑制消费者对卷烟制品消费热情的同时，也可以适当提高政府的财政收入。

这位负责人在接受《雅加达邮报》记者采访时称，提高烟草制品消费税的方案于 2011 年 10 月份开始实施，届时，众议院将会对 2012 年国家预算法草案进行投票表决。

这位财政部门的官员称，此次提高烟草制品消费税采取了一种简单的税率调整方法，对每种类型的烟草制品税率进行了相同幅度的调整。

27）印度尼西亚公共场所以及工作场所禁烟情况（表 9-15）

表 9-15　印度尼西亚公共场所以及工作场所禁烟情况（资料更新至 2016.08）

	完全禁烟区	限制吸烟区	不限制吸烟区	不确定区域	不适用区域
所有工作场所		是			
政府办公区域		是			
医院		是			
居民区卫生保健机构的公共活动区域		是			
居民区卫生保健机构的病房区域		是			
非居民区的卫生保健机构		是			
儿童保育园以及幼儿园		是			
小学和中学		是			
大学及职业教育学校		是			
商店		是			
公共文化设施		是			
室内体育场馆等竞技场所		是			
餐厅		是			
酒吧及夜总会等公共娱乐场所		是			
赌博场所		是			
酒店公共区域		是			
酒店客房				是	
监狱和拘留所及其公共区域				是	
火车、公共汽车等候站等公共区域		是			

续表

	完全禁烟区	限制吸烟区	不限制吸烟区	不确定区域	不适用区域
出租车		是			
飞机		是			
船舶		是			
其他交通设施		是			

28）印度尼西亚政府对烟草广告、促销以及赞助行为的规定（见表 9-16）

表 9-16　印度尼西亚政府对烟草广告、促销以及赞助行为的规定（资料更新至 2016.08）

	完全禁止	部分禁止	允　许	不　确　定	不　适　用
国内电视台及广播电台		是			
国内报纸及纸质期刊		是			
国内其他类型的印刷媒体				是	
国际电视台及国际广播电台				是	
国际报纸及纸质期刊		是			
互联网络		是			
专业互联网销售网络		是			
户外广告			是		
烟草产品销售点的广告			是		
烟草产品销售点的产品展示	是				
自动售货机			是		
传统电子邮件			是		
电话和移动通信		是			
品牌标识		是			
免费发放的烟草制品	是				
促销礼品	是				
与体育比赛相关的产品			是		
直接针对消费者个人的广告宣传			是		
品牌延伸	是				
反向品牌延伸			是		
类似玩具的烟草制品		是			
类似糖果的烟草制品		是			

三、南亚地区

1. 尼泊尔

1）尼泊尔将禁止单支卷烟销售

尼泊尔政府修订了其控烟法案，新出台的控烟法案规定，禁止卷烟零售商出售单支卷烟制品，同时也出台了禁止在公共场所吸烟的限制性措施。

另外，新修订的控烟法案内容还包括，禁止卷烟零售商向未成年人出售烟草制品，在尼泊尔境内禁止烟草商们做各种形式的烟草广告和一切形式的烟草制品促销活动，在该国国内卷烟市场上所出台的各类烟草制品，其包装表面75%的面积要用来印制吸烟有害健康的警示语。

据介绍，尼泊尔是世界卫生组织《烟草控制框架公约》的缔约国，此次对其控烟法案的修订是按照公约的相关条款实施的。

2）尼泊尔政府赢得烟草诉讼案

2013年12月份，尼泊尔一家烟草公司就政府出台烟草包装的规定向高级法案提起诉讼，烟草公司在其起诉书中指出，尼泊尔政府公共卫生部门要求在该国所销售的卷烟，其外包装上吸烟有害健康的警示图片及警示语要占到包装总面积的75%，没有给卷烟品牌留够足可以进行展示的空间，因此向政府部门提起法律诉讼。

然而，尼泊尔高级法院在进行审理之后，驳回了烟草公司的诉讼请求，政府公共卫生部门赢得了此次诉讼案的胜利。

3）尼泊尔控烟修订案遭到烟草界指责

尼泊尔政府卫生健康部门提出建议称，政府计划修订已经实施多年的控烟法案，主要修订的条款为增加吸烟有害健康警示图片及警示语的面积，将其提高至占烟草制品外包装的90%。

对于政府卫生健康部门提出的修订案议案，尼泊尔烟草界人士指出，就目前邻国修订控烟法案的情况分析，没有一个国家将吸烟有害健康警示标志所占外包装的面积提高至90%，印度和泰国等亚洲国家在计划出台的控烟法案中，也只是将该面积提高至85%。而事实上，早在2011年尼泊尔政府卫生健康部门修订的控烟法案，就已将吸烟有害健康警示标志所占外包装面积提高至75%，并因此遭到烟草公司的反对，他们一度就此事起诉到尼泊尔最高法院，但高院最后并没有受理此案。

4）尼泊尔政府烟草税额下降

受政府实施严格控烟法案以及非法烟草制品市场冲击的影响，尼泊尔各类烟草制品的销售量呈现出下降的趋势，政府从烟草业所获得的税收额也因此受到影响。

数据显示，在2014—2015财政年度的前8个月，政府从烟草业所获得的税收额下降了5.5%，对此烟草商们也承认，受国内消费量下降的影响，一些烟草商已经降低了各类烟草制品的生产量，但也有分析人士指出，受低价格因素的影响，该国非法烟草制品的销售量并没有受到影响。

受尼泊尔政府计划增加卷烟税率的影响，一些卷烟销售商们开始大量购进卷烟产品，以应对未来可能的涨价潮。

据介绍，在政府增税计划出台之后，受公众以及销售商大量购买卷烟的影响，该国首都许多卷烟品牌已经出现了缺货的情况。

尼泊尔商品零售商协会一位名叫Pabitra Man Bajracharya的负责人指出，政府在其财政预算中，提前公布了增税计划，从而导致目前市场上一些快消品的缺货，同时许多批发商甚至是卷烟生产商也储存了大量的卷烟产品，其主要原因是：他们确信，政府增税后一定会导致卷烟价格上涨。

另外，尼泊尔国内最大的卷烟生产商——Surya Nepal公司则向外界表明，公司并没有减少卷烟的供应，公司更没有囤积卷烟，相反，近几个月内，公司每月均会增加卷烟产品的供应量，以满足市场需求。

5）尼泊尔政府修订控烟法案

尼泊尔政府向外界宣布，政府将修订之前制定的控烟法案，扩大吸烟有害健康警示图片和警示语的面积，即在原来的基础上提高到90%。

政府卫生健康部门称，此前政府所制定的控烟法案中有关吸烟有害健康的警示面积为70%，在政府修订控烟法案之后，将使尼泊尔成为全球吸烟有害健康警示所占卷烟包装面积最大的国家，超过澳大利亚实施的卷烟素面包装法案所规定的吸烟有害健康警示所占卷烟烟盒前面75%以及后面90%的规定。

政府公共卫生部门一位名叫Ehsan Latif的负责人在接受当地媒体记者采访时称，政府是在克服了烟草业的干预之后才修订控烟法案的。

据介绍，原来政府控烟法案所规定的吸烟有害健康警示图片所占烟盒的面积为75%，此次则扩大到90%，充分说明政府控烟的决心。此次新修订的控烟法案修订案，除了卷烟产品之外，还涉及当地特有的

gutkha、嚼烟产品、khaini 烟产品等，其外包装均要有 90%的面积覆盖警示图片以及警示语。

反烟人士认为，有高达 55%的吸烟者在政府引入吸烟有害健康的警示图片之后减少卷烟的消费量，因此他们对政府的此项控烟法案修订案表示欢迎。

6）尼泊尔公共场所以及工作场所禁烟情况（见表 9-17）

表 9-17 尼泊尔公共场所以及工作场所禁烟情况（资料更新至 2016.04）

	完全禁烟区	限制吸烟区	不限制吸烟区	不确定区域	不适用区域
所有工作场所		是			
政府办公区域	是				
医院	是				
居民区卫生保健机构的公共活动区域	是				
居民区卫生保健机构的病房区域	是				
非居民区的卫生保健机构	是				
儿童保育园以及幼儿园	是				
小学和中学	是				
大学及职业教育学校	是				
商店	是				
公共文化设施	是				
室内体育场馆等竞技场所	是				
餐厅	是				
酒吧及夜总会等公共娱乐场所	是				
赌博场所					是
酒店公共区域		是			
酒店客房	是				
监狱和拘留所及其公共区域		是			
火车、公共汽车等候站等公共区域	是				
出租车	是				
飞机	是				
船舶	是				
其他交通设施		是			

7）尼泊尔政府对烟草广告、促销以及赞助行为的规定（见表 9-18）

表 9-18 尼泊尔政府对烟草广告、促销以及赞助行为的规定（资料更新至 2016.04）

	完全禁止	部分禁止	允许	不确定	不适用
国内电视台及广播电台	是				
国内报纸及纸质期刊	是				
国内其他类型的印刷媒体	是				
国际电视台及国际广播电台		是			

续表

	完全禁止	部分禁止	允　许	不确定	不适用
国际报纸及纸质期刊		是			
互联网络	是				
专业互联网销售网络	是				
户外广告	是				
烟草产品销售点的广告	是				
烟草产品销售点的产品展示	是				
自动售货机	是				
传统电子邮件	是				
电话和移动通信	是				
品牌标识	是				
免费发放的烟草制品	是				
促销礼品	是				
与体育比赛相关的产品	是				
直接针对消费者个人的广告宣传	是				
品牌延伸	是				
反向品牌延伸	是				
类似玩具的烟草制品	是				
类似糖果的烟草制品	是				

2. 不丹

1) 不丹再次强调禁烟令

2010年6月初，不丹政府部门再次强调，在该国境内禁止销售各类烟草制品，一切销售与购买烟草制品的行为都是违法的行为。

根据不丹政府新近出台的相关法规，到不丹旅行的游客，如果是吸烟者，则可以在获得政府海关部门许可的情况下，携带少量供本人吸食的烟草制品进入到该国。而对于违反政府禁令者，最高可能被判处5年的监禁。

2) 不丹可能废除禁烟令为控烟提供案例

2004年12月，不丹政府宣布烟草买卖和在公共场所吸烟为非法，并对违反者是处以232美元的重罚(当时该国的平均月工资为100美元)。

然而，自从该禁令实施以来，导致黑市非法烟草制品猖獗。以致国民议会决定将允许烟草制品在该国买卖，因为禁烟并没有使吸烟者数量减少，而只是为黑市交易开启了闸门。因此，不丹完全控烟的多年实践，已为反烟运动者提供一个极好的研究案例——即为什么在实际生活中，完全禁止烟草制品是行不通的。

3) 严厉的刑罚使不丹的控制法案受关注

不丹一僧人因被发现企图走私少量嚼烟进入该国而被判处三年监禁，不丹政府总理就此发出警告，同时对该僧人表示遗憾，并暗示该控烟法案有可能被修订。

据介绍，不丹的烟草法案准许为个人使用携带少量烟草进口，但必须出示在购买国的纳税凭证。该僧人认为他带入的烟草是为个人使用，但是此前他并不知道有这样的控烟法案。

4）不丹公共场所以及工作场所禁烟情况（见表 9-19）

表 9-19 不丹公共场所以及工作场所禁烟情况（资料更新至 2015.07）

	完全禁烟区	限制吸烟区	不限制吸烟区	不确定区域	不适用区域
所有工作场所		是			
政府办公区域	是				
医院	是				
居民区卫生保健机构的公共活动区域	是				
居民区卫生保健机构的病房区域				是	
非居民区的卫生保健机构	是				
儿童保育园以及幼儿园	是				
小学和中学	是				
大学及职业教育学校	是				
商店	是				
公共文化设施	是				
室内体育场馆等竞技场所		是			
餐厅	是				
酒吧及夜总会等公共娱乐场所		是			
赌场					是
酒店公共区域	是				
酒店客房		是			
监狱和拘留所及其公共区域	是				
火车、公共汽车等候站等公共区域	是				
出租车	是				
飞机	是				
船舶	是				
其他交通设施	是				

5）不丹政府对烟草广告、促销以及赞助行为的规定（见表 9-20）

表 9-20 不丹政府对烟草广告、促销以及赞助行为的规定（资料更新至 2015.07）

	完全禁止	部分禁止	允许	不确定	不适用
国内电视台及广播电台	是				
国内报纸及纸质期刊	是				
国内其他类型的印刷媒体	是				
国际电视台及国际广播电台				是	
国际报纸及纸质期刊				是	
互联网络	是				
专业互联网销售网络					是
户外广告	是				
烟草产品销售点的广告					是

续表

	完全禁止	部分禁止	允　许	不 确 定	不 适 用
烟草产品销售点的产品展示					是
自动售货机					是
传统电子邮件	是				
电话和移动通信	是				
品牌标志	是				
免费分发的烟草产品				是	
促销礼品	是				
与体育比赛相关的产品					是
直接针对消费者个人的广告宣传	是				
品牌延伸				是	
反向品牌延伸	是				
类似玩具的烟草产品				是	
类似糖果的烟草制品		是			
		是			

3. 孟加拉国

1）孟加拉国控烟措施将更加严格

孟加拉国对已经实施5年的控烟措施进行修订。另据来自该国星报的消息表明，修改后的控烟法案将更加严格，政府将会分步骤实施计划，来减少烟草的生产及消费量，并对烟草生产商们的生产进行监督检查，目前政府部门正在收集来自各方的意见及建议。

孟加拉国政府卫生部门负责人称，政府应该按照世界卫生组织所制定的《烟草控制框架公约》中的相关条款，逐步减少烟叶的种植面积，从根本上来减少人们对烟草制品的使用及消费。

在孟加拉国，大约43%的成年人使用烟草，而2004年为37%。这是由世界卫生组织会同孟加拉国政府对11200个家庭进行抽样调查的结果。

结果表明，4130万人有使用烟草的习惯，他们吸烟或者消费嚼烟。

2）比迪烟行业要求修改税制

孟加拉国比迪烟行业要求政府调整对比迪产品的征税制度，以保护数以百万计的从业人员。

据称，在2001年至2007年期间，由于对这种最廉价的手工制品的比迪烟的税率提高了166%，导致52%的工厂被迫关闭，使多达240万工人失业。另据来自孟加拉比迪烟工人联合会的统计数据表明，在218家中小型比迪工厂中，已关闭了113家，剩下的105家据称也将裁减一半的员工。

3）孟加拉国比迪烟从业人员对政府增税提出抗议

孟加拉国政府提高了当地特有比迪烟的税率，这引发了比迪烟从业人员的不满，他们为此举行了抗议示威活动。

孟加拉国首都达卡大学一位教授认为，目前，孟加拉国国内有400万人从事与比迪烟生产与销售相关的工作，而在这些从业者中，绝大多数为就业竞争力不强的妇女，他们认为政府提高比迪烟税率是对他们的歧视，为此他们才对政府所实施的新的税收政策提出抗议。

但同时也有分析人士认为，吸烟有害健康目前已成为公众的基本常识，政府在提高卷烟制品税率的同时，也应该适当提高比迪烟的税率，以起到降低吸烟率之目的。

4）孟加拉国将提高比迪烟税率

孟加拉国政府近日决定，将提高当地特有比迪烟的税率，在原来的基础上增加70%。另外，普通的卷烟制品也将适当增加税率。

据介绍，在政府此次的增税过程中，有国会议员曾试图阻止政府此项增税措施的制定与实施，但最后议会还是以表决的方式通过了政府的增税议案，这样，政府在2013—2014年度的财政税收将会增长。事实上，近三年来，由于受部分议会议员的影响，政府财税部门并没有上调比迪烟的税率。

5）孟加拉国计划提高烟草制品税率

2015年6月份，孟加拉国政府向外界宣布，政府计划提高烟草制品的税率，以降低该国的吸烟率。

另据来自当地媒体的消息表明，目前在孟加拉国，比迪烟的市场零售价格非常低，这对该国的控烟十分不利。为此，政府计划提高此类烟草制品的税率，同时也将提高醋酸纤维丝束和卷烟纸的税率，以增加当地烟草生产商们的生产成本。

孟加拉国政府财政部部长在接受媒体记者采访时称，从2015年7月1日开始，政府将实施新的烟草税率，这样，高质量高价格的卷烟产品，其消费税率将由原来的61%增长到63%，最低价格类别的卷烟产品，其消费税率将提高至43%。

6）孟加拉国计划提高烟草税

孟加拉国政府财政部门一位负责人在接受媒体记者采访时指出，目前该国对于烟草产品的征税率低于其他国家，因此，政府计划在下一个财政年度提高烟草产品的税率，其中也包括该国特有的比迪烟。

据介绍，在下一个财政年度，卷烟产品的税率将在原来的基础上再提高28%，而对于比迪烟产品，其税率将会在目前按不同类别分别占其零售价格的25%和30%的基础上分别提高到30%和35%，这样才能达到提高比迪烟价格的目的，以逐步降低该国的吸烟率。

7）孟加拉国计划对电子烟等新产品增税

2017年，孟加拉国政府在其年度财政预算中，将增加电子烟等新型烟草产品的税收，同时，孟加拉国海关部门也计划提高进口电子烟产品的关税。对此，分析人士指出，对于新型烟草产品的消费者而言，未来他们在这方面的消费开支将会增加。

对此，孟加拉国政府财政部门一位负责人在接受媒体记者采访时指出，预计2017年下半年政府将适当提高电子烟等新型烟草产品的税率，从原来的10%提高到25%。这位负责人指出，诸如电子烟以及比迪烟等，对消费者的健康是有害的。另外，近年来，随着电子烟产品在孟加拉国的逐渐流行，其在年轻人以及经济条件较好的消费者中十分受欢迎，因此政府才决定下半年对此类产品增加税收。

8）孟加拉国一反烟组织建议政府取消烟草生产

孟加拉国一个名为反烟草联盟的组织建议政府控制烟叶生产，以确保该国的粮食安全。该反烟草联盟的一位负责人称，结束烟叶种植，将有助于孟加拉国阻止因烟草制品的消费而造成众多与烟草相关死亡事件的发生，同时也有助于加强对未成年人的教育。

另外，孟加拉国反烟草联盟也在该国的媒体上发表评论指出，为了确保民众的粮食安全，政府应立即采取有效的措施，在全国范围内逐渐减少、直到最终取消烟叶种植。在烟田回归于粮食生产以后，最直接的好处就是可以增加孟加拉国稻米的产量。

有许多机构要求政府禁止在孟加拉国的丘陵地区种植烟草，取而代之的是种植更多的粮食作物，并终止烟草生产对环境的负面影响。

在孟加拉国反烟联盟所组织的一次抗议活动中，反烟人士称，烟草生产者用木柴烤烟，毁坏森林，危及野生生物。另外，烟草种植者还使用杀虫剂，而这些杀虫剂一旦浸入河流，将威胁到鱼类和其他水生生物的生存。

尽管孟加拉国政府对烟草业实施了一些限制性措施，但政府农业部一位官员称，由于烟叶是孟加拉国重要的出口创汇农业经济作物，因此政府目前还不会完全禁止烟叶生产。

但这位官员称，政府将采取措施确保烟叶生产不会对其周边环境及生态状况产生负面影响。

9）孟加拉国比迪烟生产商要求政府取消税收

来自孟加拉国比迪烟生产商协会的经营者们向政府提出建议，要求政府部门应该保护当地特有比迪烟及比迪烟生产商们的利益，取消对此类当地特色烟草制品的税收。

另外，他们还建议政府应该大幅度提高低价格普通卷烟制品的税率，以此可以提高比迪烟的销售，维护众多普通比迪烟从业者的利益。

在孟加拉国议会讨论关于对烟草制品增加税率的问题上，出现了多种声音，有些议员认为，应该对高价格的卷烟制品增加税率，但另外有一些议员认为，应该提高廉价卷烟制品的税率，以限制低收入人群的卷烟消费量，减少其经济负担。

10）孟加拉国政府计划提高其国内市场上卷烟和嚼烟的零售价格

另据来自当地媒体《每日之星》的消息，政府财政部部长在接受媒体记者采访时称，在提高卷烟价格的同时，也将把嚼烟制品的税率上调10%，使该类烟草制品的税额达到其市场零售价格的30%左右，以有效降低其消费量。

11）孟加拉国提高烟草制品税率

为了抑制卷烟制品的消费，近期孟加拉国政府决定，将适当提高烟草制品的税率，在目前的基础上将卷烟的税率提高到42.5%。

另外，政府财政部门还建议，适当提高烟草制品的补充税率，将卷烟制品按不同档次把其补充税率由原来的33%、53%、56%、58%分别提高到36%、55%、58%和60%。

据全球成年人烟草制品消费调查的数据表明，目前孟加拉国有超过4100万的成年人吸烟，占到了全国成年人43%的比例。

12）孟加拉国反烟人士建议政府提高烟草制品的税率

孟加拉国一个名为反烟草媒体联盟（ANTI TOBACCO MEDIA ALLIANCE）的民间反烟组织向政府部门提出建议指出，政府应该提高烟草制品的税率。

该反烟草媒体联盟认为，政府在其财政预算中对烟草制品所实施的税率较低，不能有效地达到控烟的效果，因此他们建议政府提高烟草制品的税率，使其税额达到卷烟零售价格的70%。

13）孟加拉国推迟已修订控烟法案的实施

由孟加拉国政府卫生部所修订的《烟草消费与控烟法案》早已于2013年11月份修订完毕，但由于受烟草商们反对其中某些条款的影响，至今该法案还没有付诸实施。据介绍，烟草商们所反对的主要条款涉及政府所规定的吸烟有害健康警示图片所占烟盒面积这一问题。

2017年2月份，孟加拉国政府公共卫生部门的一位负责人在接受媒体记者采访时指出，政府应该修订其之前的控烟法案，实施更加严格的公共场所控烟措施。

事实上，早在几年前，孟加拉国政府就已经计划减少烟草生产，扩大其他经济类作物（如棉花等）的种植面积。

政府部门希望通过减少烟叶种植面积，扩大其他类别经济作物的种植面积，以满足该国经济增长的需求。一些分析人士也认为，政府即使推广其他类别经济作物的种植面积，但一些烟农往往不会顺利接受，因为烟草商们在他们种植烟叶时会为他们提供贷款、肥料和种子等，以帮助他们进行生产。

此外，早在前几年，孟加拉国政府就已经将20000公顷的烟田转种棉花。

经过政府多年来的努力，孟加拉国的烟叶种植面积已有所下降，但该国的控烟形势依然严峻。因此，政府公共卫生部门才建议政府修订控烟法案，以进一步降低该国的吸烟率。

管孟加拉国政府早在2016年9月份就已经修订了其控烟法案，对在该国市场上出售的烟草制品的外包装进行了严格的规定，然而，在该国有烟草经营业务的烟草生产商并没有能够很好地执行政府控烟法案中有关烟草包装的规定，且大多数烟草商则无视政府的相关法规，这已使政府在控烟方面的监管陷入了十分尴尬的境地。

对此，参与此次控烟法案执法情况调查的一家名为Progga的反烟机构称，目前在该国的几家烟草生产商宁愿采取违法的行为，也不愿意遵守政府制定的控烟法案。

事实上，早在2013年，孟加拉国政府就已经计划出台了要在烟草制品外包装上印制吸烟有害健康图片警示的措施。但受种种因素的影响，直到2016年9月份才出台该控烟法案的修订案，然而，尽管该法案已经出台了几个月，但还是没有得到有效的执行。

14）孟加拉国各方对卷烟增税意见不一

在孟加拉国议会讨论关于对烟草制品增加税率的问题上，出现了多种声音，有些议员认为，应该对高价格的卷烟制品增加税率，但另外有一些议员认为，应该提高廉价卷烟制品的税率，以限制低收入人群的卷烟消费量，减少其经济负担。

15）孟加拉国经济学家建议政府提高烟税

孟加拉国一些经济学家联名向政府部门提出建议称，政府应该调整对烟草业的税收政策，适当提高烟草制品的税率，以降低该国的烟草消费量，保护消费者的健康。

据介绍，孟加拉国是世界卫生组织制定的《烟草控制框架公约》的缔约方，该公约要求，各缔约方要通过提高烟草制品的税率来有效降低其烟草制品的生产量以及消费量。然而，到目前为止，孟加拉国政府还没有出台调整烟草制品税率的措施。

对此，该国一位名叫 Abul Barkat 的经济学家认为，如果烟草产品的市场零售价格下降，则消费量就会上升，反之其消费量就会下降，因此政府应该通过提高税率来降低该国的烟草制品消费量。

孟加拉国政府财政部门一位负责人在接受媒体记者采访时指出，目前该国对于烟草产品的征税率低于其他国家，因此，政府计划在下一个财政年度提高烟草产品的税率，其中也包括该国特有的比迪烟。

16）烟叶出口税会损伤国产烟叶的竞争力

如果孟加拉国政府坚持对烟叶征收 10%出口税，将会伤害国产烟叶在国际上的竞争力，还将影响广大烟农的生产与生活。另外，孟加拉国国内一媒体对此也发表评论称，对出口烟叶征税还将影响到大约 30 万烟农的生计。

17）孟加拉国公共场所以及工作场所禁烟情况（见表 9-21）

表 9-21 孟加拉国公共场所以及工作场所禁烟情况（资料更新至 2016.07）

	完全禁烟区	限制吸烟区	不限制吸烟区	不确定区域	不适用区域
所有工作场所		是			
政府办公区域	是				
医院	是				
居民区卫生保健机构的公共活动区域	是				
居民区卫生保健机构的病房区域	是				
非居民区的卫生保健机构	是				
儿童保育园以及幼儿园	是				
小学和中学	是				
大学及职业教育学校	是				
商店	是				
公共文化设施	是				
室内体育场馆等竞技场所		是			
餐厅	是				
酒吧及夜总会等公共娱乐场所					是
赌博场所	是				
酒店公共区域	是			是	
酒店客房					
监狱和拘留所及其公共区域	是				
火车、公共汽车等候站等公共区域		是			

续表

	完全禁烟区	限制吸烟区	不限制吸烟区	不确定区域	不适用区域
出租车	是				
飞机	是				
船舶		是			
其他交通设施	是				

18）孟加拉国政府对烟草广告、促销以及赞助行为的规定（见表 9-22）

表 9-22 孟加拉国政府对烟草广告、促销以及赞助行为的规定（资料更新至 2016.07）

	完全禁止	部分禁止	允许	不确定	不适用
国内电视台及广播电台	是				
国内报纸及纸质期刊	是				
国内其他类型的印刷媒体	是				
国际电视台及国际广播电台				是	
国际报纸及纸质期刊				是	
互联网络	是				
专业互联网销售网络			是		
户外广告	是				
烟草产品销售点的广告	是				
烟草产品销售点的产品展示	是				
自动售货机	是				
传统电子邮件	是				
电话和移动通信	是				
品牌标识	是				
免费发放的烟草制品	是				
促销礼品	是				
与体育比赛相关的产品	是				
直接针对消费者个人的广告宣传				是	
品牌延伸		是			
反向品牌延伸			是		
类似玩具的烟草制品	是				
类似糖果的烟草制品	是				

4. 印度

1）印度卫生部要求增加卷烟税率

2013 年 1 月 6 日，印度政府卫生部向议会提出建议称，应该在目前的基础上再一次提高卷烟制品的税率，以增加政府在公共医疗及卫生教育方面的开支。

据介绍，卫生部提议的增税方案，包括所有形式的烟草税——增值税和消费税等。数据显示，目前政府对烟草制品增值税的税收额占到了印度国家税收总额的 38%左右。适当提高烟草制品的增值税率及消费税率，有利于政府增加在公共卫生方面的支出能力。

2）印度政府烟草税收额减少

印度烟草公司的一项调查数据表明，自印度政府修订其控烟法案且增加吸烟有害健康警示图片的面积之后，该国合法卷烟产品的销售量已出现了下降趋势。另外，价格比较低的其他类别的烟草制品、非法走私及假冒的卷烟产品等的销售量则在不断增加，使得印度政府从烟草业所获得的税收额出现了下降的趋势。

印度烟草公司以及Godfrey Philips烟草公司的调查数据表明，在政府实施了更加严格的控烟措施、提高卷烟税率并导致卷烟零售价格上涨之后，一些消费者便开始转换其消费方式，大量消费除卷烟外的其他类别的烟草制品，有些消费者则会选择购买非法走私或假冒卷烟产品。调查数据表明，在原来合法卷烟消费者中，如果有1%的消费者消费其他的或非法的烟草制品，将会导致政府从烟草业所获得的税收额减少230亿印度卢比。

另外，国际知名咨询机构——欧睿国际进行的一项研究也表明，印度是世界上非法烟草制品第四大消费市场，各类非法烟草制品已经占到了该国市场20%左右的份额。

3）不同税率导致印度卷烟销售量比较低

受政府制定的不同税率的影响，印度与世界上其他国家有所差异，其国内机制卷烟的销售量比较非常小。

数据显示，目前在印度国内的烟草制品市场上，机制卷烟的销售量仅占其各类烟草产品总销售量的11%，该国烟民主要消费的烟草产品为嚼烟以及比迪烟。

对此，世界卫生组织一位名叫Bobby Ramakant的负责人称，印度政府在税率方面应该公平对待每一种烟草产品，包括生产规模较小的比迪烟以及当地特有的gutka烟（一种嚼烟）。

4）印度多个地区提高多种烟草制品的税率

包括印度Uttrakhand等地在内的多个地区政府向外界宣布，政府将提高烟草制品的税率，以降低当地的吸烟率，保护公众的身体健康。另外，政府部门也提高了印度当地生产的Pan masala烟和Gutkha烟的税率。

为了进一步有效降低未成年人的吸烟率，政府将修订控烟法案，禁止零售商出售散装卷烟。Uttrakhand地区已经将卷烟的税率从原来的25%提高到40%，这将为当地政府每年额外带来20亿卢比的收入。

5）印度提高卷烟税率

卷烟消费占印度各类烟草制品消费量的15%，但在政府的烟草税收额中则占75%，印度有34.6%成年人消费各类烟草制品，但只有5.7%的人消费卷烟。印度联邦政府在其2013—2014年的预算中，卷烟消费税提高18%，使得其卷烟消费税率在近三年提高了40%。

6）印度Punjab邦将提高烟税

2013年3月下旬，印度Punjab邦对外宣称，该地区将提高烟草制品的税率，具体的增税措施为，从2013年4月1日开始，对机制卷烟制品的增值税率，在原来的基础上再增加44%，以帮助缩小政府的财政赤字，增加收入。

另据来自当地媒体报道称，在政府提高烟草制品的增值税率之后，机制卷烟的市场零售价格将会上涨。

7）印度机制卷烟税额较高

在印度国内的烟草制品市场上，尽管机制卷烟的销售总量并不大，但它给印度政府的税收贡献率达到了整个烟草业的75%。因为政府对当地特有烟草制品所征收的税额很少，有些甚至不征税。在这种情况下，印度政府将会采取适当的措施来增加卷烟制品的销售量。

8）印度计划逐步加大控烟力度

印度政府家庭卫生健康与社会福利部一位负责人指出，政府应该逐步加大控烟的力度，在此前对当地特有的Gutkha发出禁令之后，应该加强对其他类别的烟草制品，如卷烟、比迪烟以及水烟制品的监督与管理，并逐步对此类烟草制品的生产与消费也制定相应的禁令。

另据来自印度当地媒体的介绍，政府部门第一阶段已对Gutkha烟的生产、销售与消费发出禁令之后，此后在第二阶段，也将会对其他类无烟烟草制品制定相应的管理措施，以加强对它们的监督与管理。第三阶段，政府应该加强对生产量、销售量及消费量都比较大的比迪烟及普通的卷烟制品制定相应的监管措施。

由反烟团体所提出的根据印度食品安全法规定——禁止 Gutka 嚼烟和 Pan Masdia 嚼烟而对一家嚼烟生产商所提起的诉讼案，已从德里高等法院移至印度最高法院审理。

然而，嚼烟制造商们认为，该烟草制品并没有营养价值，不应该属于印度食品安全法所监管的范围。

印度 Punjab 邦对外宣布，电子烟制品的生产与销售在该地区将被视为非法。

当地媒体援引该地区政府卫生部门一位负责人的话称，东南亚无烟联盟会议即将在印度的 Punjab 邦举办，为此，该地区制定了禁止电子烟制品的严格法案，也就是说，在 PUNJAB 邦，电子烟制品的生产、销售、个人拥有及在公共场所消费都将是一种违法的行为。

对此，有分析人士认为，未来电子烟制品的发展，在印度要面临比普通烟草制品更加严格的控烟法案的监管。

9）印度烟草税率增加

作为 2014 年政府财政预算的一部分内容，印度政府已提高了该国各类烟草及烟草制品的税率。根据不同类别的烟草或烟草制品，2014 年度的税率增长幅度为 11％至 72％不等，雪茄烟以及小雪茄烟也有不同程度的税率增幅。

另外，印度当地特有的 Pan Masala 烟的增税幅度为 12％至 16％；未加工烟叶的增税幅度为 60％至 70％；Zardas 烟、Utkha 烟以及嚼烟的增税幅度为 60％至 70％。

对此，印度烟草协会表示，政府大幅度提高烟草及烟草产品的税率，只会进一步刺激非法走私及假冒烟草制品黑市交易量的快速增长。该协会的数据显示，目前该国各类非法烟草制品所占的市场份额已高达 19％。

与此同时，印度两个重要的烤烟种植区——安得拉邦和卡纳塔克邦也对政府大幅提高烟草税表示失望，他们认为，政府此举只会导致国内烟草制品生产商减少对印度产烟叶的需求量。

10）印度吸烟率下降

美国医学协会杂志于 2014 年年初所发表的一篇名为吸烟行为的流行与卷烟消费的研究报告，在这篇研究报告中，作者认为，近年来，印度的吸烟率已经呈现出逐年下降的趋势。

数据显示，从 1980 年至 2012 年，印度成年男性的吸烟率已从 33.8％下降至 23％。印度成年女性的烟民人数已经下降至 1210 万人，目前印度成年烟民每天的卷烟消费量为 8.2 支。

然而，印度公共卫生基金会负责人 Srinath Reddy 先生在接受媒体记者采访时指出，目前印度的控烟形势不容乐观，成年男性的吸烟率在全球排名仍然偏高，控烟形势依然严峻。

2014 年 2 月 28 日，印度阿萨姆邦出台了无烟烟草制品的禁令，该州卫生健康部门的一位负责人在接受媒体记者采访时称，政府将禁止一切含的烟碱的无烟烟草制品的消费。另外，政府将出台措施以禁止无烟烟草制品的广告、宣传、促销、贸易以及市场零售等。

到目前为止，印度已有 28 个地区根据政府的食品安全标准法案出台了对无烟烟草制品的限制性措施。

11）印度政府计划禁止单支卷烟销售

为了抑制未成年人及青年人的卷烟消费，近日印度政府卫生健康管理部门计划修订其控烟法案，禁止单支卷烟的销售。

政府卫生健康管理部门的一位负责人指出，单支卷烟的销售吸引了那些经济条件不好的未成年人及青年消费者，使他们有能力支付并购买单支卷烟进行消费。印度 Himachal Pradesh 地区政府卫生健康管理部门负责人表示，如果印度政府不出台禁令，他们计划出台地方性的法规。

对此，印度政府卫生健康与家庭福利部负责人 Kaul Singh Thakur 先生在接受媒体记者采访时称，政府应该出台措施禁止单支卷烟的出售，因为单支卷烟并没有吸烟有害健康的警示标志，而未成年人及青年学生又是单支卷烟购买的主体，因此政府应该从立法上加以限制。

与此同时，为了进一步限制卷烟消费，印度政府计划提高卷烟的增值税，由目前的 36％提高到 50％。事实上，2013 年政府就已经提高了各类烟草产品的增值税率，当时卷烟的增值税率由 18％提高到 36％，而比迪烟的增值税率则由 11％提高到 22％。

12）印度烟草公司就电子烟问题与政府进行商谈

印度烟草公司对外宣布，公司将就电子烟生产技术的引进、电子烟的生产与销售等问题与政府部门进行商谈。因为到目前为止，印度政府还没有对电子烟的贸易、生产、销售以及消费方面制定相关的政策与措施，因此，公司称他们将就此事与政府进行沟通。

印度烟草公司总裁 Deveshwar 在接受媒体记者采访时称，公司内部已经做好了电子烟技术的引进以及生产等方面的工作，然而，政府在这方面还没有出台相关的政策，因此印度烟草公司认为，在政府未出台政策之前，应做好前期准备工作。

这位负责人指出，目前在印度国内的卷烟市场上，由于政府不断提高税率而使其发展受到影响，因此印度烟草公司计划扩大投资领域，在继续加强快速消费品发展的同时进军电子烟产业，进而改善公司的业绩。

受政府增加烟草税率、卷烟零售价格提高、卷烟销售量下降等多方面因素的影响，印度烟草公司已实行多元化经营模式，并将电子烟作为公司未来的发展方向。

据介绍，这家总部位于加尔各答的印度烟草公司，已委托亚洲一家电子烟研发能力以及技术实力较强的公司，为他们代加工了一种品牌名为 EON 的电子烟，并开始在印度部分地区进行试销。

印度烟草公司的一位发言人在接受媒体记者采访时称，初期该品牌电子烟将在印度的海德拉巴和加尔各答两个地区试销，此后将逐步扩大到印度各地，另外，公司也将通过网络向全球消费者出售该品牌电子烟。

分析人士认为，印度烟草公司进行多元化经营，并涉足电子烟产业，说明印度消费者卫生健康意识的增强，公司在发展普通烟草制品的同时，也在寻求它们的替代品以满足消费者多元化的需求。

13）印度修订控烟法案

为了进一步降低卷烟消费量，印度政府计划修订控烟法案，以有效减少该国的烟民数量。

数据显示，目前在印度的卷烟市场上，小包装卷烟、散装及单支卷烟的销售量非常大，占到了该国卷烟总销售量的 70%至 75%。为此，政府将修订控烟法案中的相关条款，拟禁止零售商出售小包装卷烟、散装及单支卷烟，因为以这种形式出售卷烟，其价格相对较低，容易吸引未成年消费者。

另外，新修订的条款还包括：将卷烟外包装上“吸烟有害健康”的警示面积扩大到 80%，对公共场所违反禁烟令的最高罚款将提高到 20000 印度卢比。

多年以来，由于印度政府已制定的控烟法案力度不够，且在实际操作过程中也未得到很好的执行，因此，政府将强化吸烟有害健康的控烟法案，以保护公众的身体健康。

为此，今年 10 月份，政府修订了其控烟法案，着重强化了吸烟有害健康警示标志所占烟盒的面积，并提高了购买烟草产品的合法年龄，政府试图制定有史以来最严格的控烟法案。然而，有分析人士认为，严格的控烟法案只会打击到合法的生产商及合法的烟草制品，但会刺激非法烟草制品的进一步猖獗。

印度政府卫生健康部门的一位官员在接受媒体记者采访时表示，为了保护消费者，尤其是未成年人的身体健康，政府计划出台对电子烟的监管法案，以减少此类产品消费量。

为此，印度政府有关法律部门将于 2014 年 12 月份，就对电子烟这一在印度销售量逐年增长、但没有经过政府监管部门测试、不知是否在经常使用后会导致消费者上瘾的产品进行立法监管。另外，政府还将讨论修订控烟法案，禁止卷烟零售商出售单支卷烟，以免诱使那些购买力比较弱的未成年人购买并尝试吸食烟草制品。

印度比哈尔(Bihar)邦政府修订了该地区的控烟法案，将一些不燃烧的无烟气烟草制品也纳入到该邦控烟法案的条款之中。

据介绍，目前在印度，因消费无烟气烟草制品所导致的包括癌症在内的多种恶性病例越来越多，在这种情况下，印度多个地区均修订了本地区的控烟法案，以保护公众的身体健康。数据显示，在印度的 29 个邦中，包括比哈尔(Bihar)邦在内目前已有 11 个邦修订了本地区的控烟法案，其中主要修订的条款均为禁止部分无烟气烟草制品在本地区的销售与消费。

印度政府计划修订其控烟法案以及卷烟及其他烟草制品法案，以阻止烟草公司利用新的媒体平台如手机和互联网对其烟草制品进行促销活动。

另外，印度政府也计划成立一个名为国家烟草控制组织的机构来对烟草生产商与贸易商进行严格的监管，以降低烟草商们对政府控烟法案在立法与实施过程中的干扰。为了进一步降低该国的吸烟率，政府计划在此次的控烟法案修订中，加入不允许在餐饮场所、酒店以及机场设立吸烟区的条款。

14）印度政府暂不扩大烟盒警示图片面积

印度政府卫生健康部门一位负责人在接受当地媒体记者采访时称，政府目前还没有计划在该国烟草制品外包装上扩大吸烟有害健康警示图片以及警示语的面积。

事实上，早在 2014 年 10 月份，印度政府就已经修订其控烟法案，计划将该国吸烟有害健康警示图片的面积扩大到 85%，但该法案受多种因素的影响，一直没有能够实施。数据显示，到目前为止，印度吸烟有害健康警示图片以及警示语的面积占烟盒的 40%。

2015 年 4 月初，印度政府卫生部门一位官员在接受当地媒体记者采访时称，政府计划推迟实施有关扩大吸烟有害健康图片警示面积的措施，以尽可能地减少对烟叶生产带来的负面影响。

据介绍，印度政府早在 2014 年就已经修订其控烟法案，计划将该国吸烟有害健康警示图片以及警示语的面积由原来的 40%增加到 85%。但在计划实施过程中，考虑到印度烟草业的实际情况以及大部分烟民文化程度不高等问题，政府决定暂时推迟实施该更加严格的控烟法案。

2015 年 5 月份，世界卫生组织向印度政府发出警告，并敦促该国政府修订控烟法案，扩大吸烟有害健康警示图片以及警示语的面积。

据介绍，目前印度政府对于卷烟生产商的要求为，吸烟有害健康警示图片以及警示语的面积仅占烟草制品外包装的 40%。对此，世界卫生组织驻印度代表 Nata Menabde 在接受媒体记者采访时指出，这完全不符合《烟草控制框架公约》所规定的至少占到 50%的规定。为此，世界卫生组织总干事陈冯富珍曾致信给印度总理，要求印度政府修订控烟法案，将吸烟有害健康警示图片以及警示语的面积扩大到 85%。

世界卫生组织称，2016 年，《烟草控制框架公约》各缔约方会议将在印度召开，这将促进印度控烟活动的进一步发展。

15）高关税导致印度非法烟草制品数量增加

印度高额的关税已经导致其非法走私的烟草制品数量呈现出逐年增长的趋势。

数据显示，目前该国的烟草制品进口关税已经高达 90%，由此导致走私烟草制品非常有利可图，仅在 2015 年 9 月份的前 3 个星期，印度海关部门就从 Autonagar 地区查获了 4440 箱从印度境外走私进入该国的非法烟草制品，案值高达 702 万印度卢比，这仅是印度一个地区 20 天内查获的走私烟草制品，由此可见走私者的猖獗。

分析人士认为，非法走私者获利的主要原因在于政府所制定的高额关税以及高额的消费税，从而导致合法进口卷烟的价格很高。

16）印度德里国际机场出售高档免税雪茄烟

一款名为 Punch Platino 的高档雪茄烟开始在印度德里国际机场的免税商店内出售，据介绍，这是该牌号的雪茄烟首次在印度境内出售。

为了满足消费者对高档雪茄烟的需求，经销商特意为抵港航班及离港航班的顾客准备了不同保存条件的雪茄烟，以最佳的温度、湿度，最好的口味满足雪茄爱好者的需求。

17）印度政府提高各类烟草产品税率

在 2014 年印度政府的财政预算中，政府大幅度提高了各类烟草产品的税率，根据不同类别的烟草产品及其烟支长度，增税范围在 11%至 72%不等。这些烟草产品包括卷烟、雪茄烟、方头雪茄烟、小雪茄烟和 Gutka（嚼烟）等产品。

具体到不同类别的烟草产品，印度当地特有的 Pan Masala 烟，其消费税率在原来 12%的基础上提高到 17%；自制烟丝的消费税率由原来的 50%提高到 55%；Zarda 烟和嚼烟的消费税率由原来的 60%提高到 70%。

对此，印度政府卫生部门的一位官员指出，为了降低公众的吸烟率，政府部门不仅要提高各类烟草产品的税率，还要进行广泛的宣传活动，以劝阻公众尽可能远离烟草。因为政府部门的统计数据表明，目前印度国内的烟民人数已经达到了约 2.75 亿人，且有高达 14%的吸烟者为 13 岁至 15 岁的未成年人。

18）走私烟草制品导致印度政府税收流失严重

近年来，印度高额关税已经导致其非法烟草制品贸易量急剧增长，政府的税收流失非常严重。

对此，印度工业与商业联合会的一位负责人在接受媒体记者采访时称，近年来，由于政府不断提高烟草税率以及进口关税，导致政府每年从烟草业所获得的税收损失高达900亿印度卢比。

数据显示，在政府不断提高关税的情况下，印度从国外所进口的合法卷烟，每支平均进口关税已经达到了7.5印度卢比，这对于进口卷烟的消费者而言，大大增加了他们的经济支出，因此，许多消费者便到黑市购买非法走私进口的卷烟产品。

19）印度推迟实施修订后的控烟法案

受多种因素的影响，印度政府卫生部门要求卷烟生产商执行的新的吸烟有害健康警示图片面积占外包装85％的控烟法案，已经被推迟到2016年4月份才能正式生效。

另据来自当地媒体的消息表明，原来定于今年实施的控烟法案修订案，在即将实施时被推迟，其原因在于为卷烟生产商提供充足的新包装的准备时间。但这一推迟实施的决定也遭到了来自反烟人士的批评。

作为全球人口第二大的国家，同时伴随着印度经济的不断增长，其人均可支配收入也在逐年增加，因此，印度烟草消费者对于烟草制品的消费也日渐增长，这就使得印度成为跨国烟草公司争夺的一个重要市场。

然而，欧睿国际的分析表明，2014年，该国卷烟销售量持续下降，就连当地特有的嚼烟产品的销售量也出现了下降趋势，只有雪茄烟的销售量出现了增长的趋势。

另外，数据还表明，2014年，印度卷烟消费的人均年消费量仅为99支，为世界最低，并远远低于巴基斯坦的人均468支以及孟加拉国人均154支的水平。

印度政府已经修订了该国的控烟法案，今后将会对烟草产品的外包装实施严格的管理，扩大吸烟有害健康警示图片和警示语的面积，以进一步降低该国的吸烟率。

据介绍，新修订的印度《卷烟与其他类烟草制品管理法案》中有关烟草制品外包装的规定主要包括：将原来吸烟有害健康警示图片以及警示语的面积提高到占85％，其中吸烟有害健康警示图片的面积要占到60％，吸烟有害健康警示文字的面积要占到25％。事实上，早在2015年4月份，政府就通过了新修订的控烟法案，但后来由于受多种因素的影响未能在2015年付诸实施。

20）印度烟农对政府修订的控烟法案表示不满

印度农民协会联合会对印度政府已经实施的控烟法案中有关卷烟包装的规定表示不满。

烟农们认为，政府规定的要求卷烟包装上85％的面积用于印制吸烟有害健康的警示图片以及警示语是不合适的，他们要求政府应该实施与其他烟叶生产国一致的图片警示等措施，以期能够保护印度烟农们的利益。

印度农民协会联合会的一位负责人在接受媒体记者采访时称，世界上卷烟消费量最大的国家也没有实施严格的吸烟有害健康图片警示的措施。

21）印度政府要求烟草行业代表参加公约谈判

由世界卫生组织举办的烟草控制框架公约第七次缔约方会议将于2016年11月7日至12日在印度召开。此前，对于此次缔约方会议，印度农民协会联合会希望包括印度烟农代表在内的人士也能够参加此次会议，并提前向政府部门提出了相关申请，希望能够让烟草业业内人士参加此次会议。

对此，印度烟草协会认为，包括印度烟农代表以及印度烟草工业界的人士均应该参加此次缔约方会议。印度烟草协会负责人 Syed Mahmood Ahmad 在接受媒体记者采访时称，烟农代表以及烟草工业界人士参加由世界卫生组织所组织召开的缔约方会议，可以代表烟草界人士发出自己的声音，以防止激进的反烟人士向政府部门施加压力，做出有损烟草行业的政策，因为目前在印度，许多农民仍然以烟草种植为生，这也是他们重要的经济来源。

22）印度扩大吸烟有害健康警示图片的适用范围

印度政府卫生监管部门向外界宣布，政府已经修订了其控烟法案中的部分条款，吸烟有害健康的警示图片适用范围已经扩大至当地特有的比迪烟产品。

据介绍，此次政府发布的控烟法案新的修订案明确规定，包括原来所规定的卷烟产品在内，比迪烟产品在其外包装上也必须印制政府所规定的吸烟有害健康的警示图片，而且这些图片所占烟盒的面积不得小于85%。另外，政府向社会上公布了几组不同的吸烟有害健康的警示图片，并要求生产商必须每24个月轮换使用不同的警示图片。

23）印度政府卫生部要求对所有烟草产品统一征税

印度政府卫生部门向财政部提出建议：政府应该对烟草产品实施统一的税收政策，而不应该在制定税率时偏向某类产品或规模较小的烟草制品生产企业，以便能够更好地执行政府所制定的控烟法案，降低印度的吸烟率。

据介绍，在印度政府卫生部最近召开的一次会议上，卫生部的一些专家建议，财政部门不应该对营业额低的行业（如比迪烟商）实施低税率政策。

对此，分析人士指出，利用对于规模较小生产商税率方面的这一优惠政策，导致一些规模较大的比迪烟生产商关闭大厂，并以不同的名义进行小规模的生产，从而可以在法律层面合法逃税，这对于政府的控烟是很不利的。为此，政府卫生部门建议，财政部门应该实施统一的税率政策，同时他们还建议消除目前所实施的卷烟产品分层税收结构。

24）印度多个邦降低卷烟产品的增值税

为了抵制各类非法烟草制品，如假冒及走私卷烟产品的冲击，2016年，印度多个邦的政府部门已经相继调低了该地区的卷烟税率，以期能够降低卷烟价格，挽回合法卷烟产品在市场上的地位。

数据显示，在最近的两年时间内，印度已经有包括旁遮普邦在内的5个邦降低了卷烟增值税。对此，分析人士认为，政府部门已经意识到了来自非法烟草制品对合法市场冲击的威胁。

25）印度公共场所以及工作场所禁烟情况（见表9-23）

表9-23 印度公共场所以及工作场所禁烟情况（资料更新至2016.05）

	完全禁烟区	限制吸烟区	不限制吸烟区	不确定区域	不适用区域
所有工作场所		是			
政府办公区域	是				
医院	是				
居民区卫生保健机构的公共活动区域	是				
居民区卫生保健机构的病房区域	是				
非居民区的卫生保健机构	是				
儿童保育园以及幼儿园	是				
小学和中学	是				
大学及职业教育学校	是				
商店	是				
公共文化设施	是				
室内体育场馆等竞技场所	是				
餐厅		是			
酒吧及夜总会等公共娱乐场所		是			
赌博场所					是
酒店公共区域		是			
酒店客房		是			
监狱和拘留所及其公共区域	是				
火车、公共汽车等候站等公共区域	是				

续表

	完全禁烟区	限制吸烟区	不限制吸烟区	不确定区域	不适用区域
出租车	是				
飞机	是				
船舶	是				
其他交通设施		是			

26）印度政府对烟草广告、促销以及赞助行为的规定（见表 9-24）

表 9-24　印度政府对烟草广告、促销以及赞助行为的规定（资料更新至 2016.05）

	完全禁止	部分禁止	允　许	不　确　定	不　适　用
国内电视台及广播电台	是				
国内报纸及纸质期刊	是				
国内其他类型的印刷媒体	是				
国际电视台及国际广播电台				是	
国际报纸及纸质期刊				是	
互联网络	是				
专业互联网销售网络			是		
户外广告	是				
烟草产品销售点的广告		是			
烟草产品销售点的产品展示		是			
自动售货机	是				
传统电子邮件	是				
电话和移动通信	是				
品牌标识	是				
免费发放的烟草制品	是				
促销礼品	是				
与体育比赛相关的产品	是				
直接针对消费者个人的广告宣传	是				
品牌延伸	是				
反向品牌延伸	是				
类似玩具的烟草制品				是	
类似糖果的烟草制品				是	

5. 巴基斯坦

1）巴基斯坦实施图片警示措施

巴基斯坦卫生部部长对外宣布，2009 年 9 月份，政府将出台在卷烟包装上实施图片警示的措施，它包括在卷烟制品的外包装上印制吸烟有害健康的警示语及警示图片。

另据来自巴基斯坦 Pak Banker 的消息表明，在政府出台该措施之后，各烟草生产商及烟草贸易商有 6 个月的宽限期，但在宽限期过后，必须执行政府的相关措施。

巴基斯坦政府公共卫生部门一位名 Khushnood Akhtar Lashari 的负责人称，从 2010 年 2 月份开始，在巴基斯坦境内所销售的卷烟制品，将实施卷烟包装上印制吸烟有害健康的警示图片及警示语措施，以阻止该国吸烟率的进一步上升。

假冒和走私烟草制品的贸易活动在巴基斯坦境内非常严重。政府统计部门的数据显示，在过去的7年时间内，假冒及非法走私烟草制品已造成国库损失超过550亿巴基斯坦卢比。

仅在2010及2011年，政府因非法烟草制品的贸易活动而受到的损失就已经达到100亿卢比。

巴基斯坦已禁止进口或销售每盒少于20支的卷烟，零售商再出售此类包装的卷烟产品将违反政府控烟法规，另外，向18岁以下青少年出售卷烟制品也将受到处罚。

2) 巴基斯坦烟农反对政府增加烟税

由于巴基斯坦政府计划对烟叶实施增加税收的措施，从而引发了烟农们的不满，该国 Khyber Pakhtunkhwa 地区的烟农们称，此次政府计划将烟叶的税率在原来的基础上每千克再增加10卢比，一位名叫 Farmuddin Bakshali 的烟农对此评价称，政府此举是不公平的，不断提高烟草制品及烟叶的税率，只会对经济产生极坏的影响。

数据显示，巴基斯坦政府每年直接和间接从烟草业所获得的税收额就高达750亿卢比。

巴基斯坦烟农对政府早在上年度就已确定的烟叶销售最低指导价格感到不满。据介绍，当时巴基斯坦烟草委员会经过与政府部门的协商，确定2012年度烟叶销售的最低指导价格为每千克117巴基斯坦卢比。

政府部门认为，给烟农的烟叶销售规定最低销售指导价格，可以为他们的生产与销售提供这样的保证——即：在烟叶供应相对过剩的情况下，烟农烟叶销售价格也不会跌到最低指导价以下，这样可以确保烟农的利益不受损害。然而，烟农们对该最低指导价格并不满意，他们称要举行全国性的抗议活动，以督促政府提高最低烟叶销售指导价。

3) 巴基斯坦的控烟法案执行不力

尽管巴基斯坦早在2002年就制定了控烟法案，但由于执行不力，其国内的控烟效果并不理想，没有达到政府卫生健康部门所预期的目标。目前，在巴基斯坦的部分城市，卷烟生产商及贸易商们还会做卷烟品牌的形象宣传，并投入巨资违反控烟法规做各种形式的烟草广告。

巴基斯坦公共卫生部门一位名叫 Huma Qureshi 的负责人指出，政府应该加大控烟法案的执法力度，尽量避免此类违法事件。

4) 巴基斯坦消费者权力组织要求政府实施更加严格的控烟措施

巴基斯坦一家名为 The Network For Consumer Protection 的消费者权力保护组织向政府部门提出建议指出，应该实施更加严格的控烟措施，至少应该在一个省尽快建议烟农停止烟草种植。

据介绍，该消费者权力保护组织向执政党 Pakistan Tehreek－E－Insaaf 主席 Imran Khan 先生提出建议称，目前尽管不可能在巴基斯坦全国范围内实施他们所提出的建议，但政府应该选取一个省进行示范，建议烟农停止烟草种植，与此同时，政府应该给予烟农经济方面的支持，使他们能够尽快转种其他对消费者健康无害的农业经济作物。

同时，该消费者权力保护组织还建议政府部门在 Peshawar 省再成立一家肿瘤医院，以帮助那些患癌症的病人。

为了保护消费者，尤其是青少年的身体健康，2017年2月份，巴基斯坦政府卫生部门向外宣布，政府将逐步禁止水烟产品在该国的商业化运作，未来将在该国禁止水烟产品的生产与销售，届时政府也将禁止水烟产品在公共场所的消费。

事实上，早在几年前，巴基斯坦政府就已经制定了公共场所禁烟以及保护不吸烟者身体健康的相关条例，但由于控烟法案的执行力度不够，因此该国禁烟令并没有得到有效执行。

然而，在此次政府计划向水烟产品发出禁令之后，当地特有的 Shisha 烟以及水烟在一些封闭的公共场所，如酒吧、咖啡馆和公共休息室内将禁止使用，而对于违反者，政府也将会加大其执法与处罚的力度。

5) 巴基斯坦制作控烟宣传片

自2005年2月份巴基斯坦政府正式签署由世界卫生组织制定的《烟草控制框架公约》之后，利用世界卫生组织所提供的资助，政府卫生部门下属的控烟组织，制作了一个有关控烟的宣传片，吸引人们更加关注政府颁布的控烟法案的实施以及控烟法案在巴基斯坦的有效执行情况。

据介绍，该控烟短片不仅涉及吸烟及二手烟对消费者健康的危害，还触及执法机构以及公民被法律所赋予的权力及义务。

对此，世界卫生组织的一位负责人指出，它有助于巴基斯坦公众增强法律意识与社会责任感，并可以提高他们对有效实施控烟法案的认识。

2016 年 7 月份，巴基斯坦政府再一次修订了该国的控烟法案，扩大了其公共场所禁烟的范围，这些场所包括：政府的公办区域、医院、居民区卫生保健机构的公共卫生区域以及病房区域、幼儿园、中小学校、大学以及职业教育学院、公共文化设施、体育场馆等，但在酒吧、夜总会、赌场这些公共娱乐场所，政府并未出台相关的控烟措施。

6）巴基斯坦消费者烟草制品消费调查分析

2016 年 5 月份巴基斯坦政府统计部门的一项统计数据表明，目前在该国 1.93 亿人中，有 2390 万人经常吸烟，占比为 12.4%，在这些经常吸烟的消费者当中，有 65.3%的人经常消费卷烟产品。

详细的分析数据表明，在其成年男性人群当中，有 22.2%的人经常吸烟，而其成年女性吸烟者的比例仅为 2.1%，在 15 岁至 49 岁这个年龄段，吸烟者的比例最高。

巴基斯坦在亚洲地区是一个主要的烟草生产国与消费国，该国烟草业为政府的财政积累也做出了重要的贡献，烟草消费税在该国消费税总税额中也占有相当的比重。

另外，该国政府统计部门的一项统计数据显示，目前其成年男性中，大约有 40%的人经常吸烟，女性烟民的比例大约为 9%。

7）巴基斯坦烟草税率较高

巴基斯坦政府对烟草业及其制品所实施的税率较高，目前对不同价位卷烟所实施的税率为其市场零售价格的 68.5%至 81%。

巴基斯坦烟草公司是英美烟草公司的子公司，同时也是该国最大的烟草公司，公司所生产的主要卷烟产品有 Benson & Hedges 以及 John Player Gold Leaf 等几个品牌。

8）巴基斯坦公共场所以及工作场所禁烟情况（见表 9-25）

表 9-25 巴基斯坦公共场所以及工作场所禁烟情况（资料更新至 2016.07）

	完全禁烟区	限制吸烟区	不限制吸烟区	不确定区域	不适用区域
所有工作场所		是			
政府办公区域	是				
医院	是				
居民区卫生保健机构的公共活动区域	是				
居民区卫生保健机构的病房区域	是				
非居民区的卫生保健机构	是				
儿童保育园以及幼儿园	是				
小学和中学	是				
大学及职业教育学校	是				
商店	是				
公共文化设施	是				
室内体育场馆等竞技场所	是				
餐厅	是				
酒吧及夜总会等公共娱乐场所					是
赌博场所					是

续表

	完全禁烟区	限制吸烟区	不限制吸烟区	不确定区域	不适用区域
酒店公共区域	是				
酒店客房			是		
监狱和拘留所及其公共区域				是	
火车、公共汽车等候站等公共区域	是				
出租车	是				
飞机	是				
船舶	是				
其他交通设施	是				

9）巴基斯坦政府对烟草广告、促销以及赞助行为的规定（见表 9-26）

表 9-26　巴基斯坦政府对烟草广告、促销以及赞助行为的规定（资料更新至 2016.07）

	完全禁止	部分禁止	允许	不确定	不适用
国内电视台及广播电台	是				
国内报纸及纸质期刊	是				
国内其他类型的印刷媒体	是				
国际电视台及国际广播电台				是	
国际报纸及纸质期刊				是	
互联网络			是		
专业互联网销售网络			是		
户外广告		是			
烟草产品销售点的广告		是			
烟草产品销售点的产品展示				是	
自动售货机				是	
传统电子邮件				是	
电话和移动通信				是	
品牌标识				是	
免费发放的烟草制品	是				
促销礼品	是				
与体育比赛相关的产品		是			
直接针对消费者个人的广告宣传			是		
品牌延伸		是			
反向品牌延伸			是		
类似玩具的烟草制品	是				
类似糖果的烟草制品	是				

6. 斯里兰卡

1）斯里兰卡将实施更加严格的控烟措施

为了抑制卷烟消费，斯里兰卡政府将实施更加严格的控烟措施，要求卷烟生产商及贸易商们在其卷烟外包装上印制吸烟有害健康的警示图片及警示语，且所占面积更大。

另据来自当地媒体的报道指出，政府卫生部部长称，为了公众的身体健康，政府将永远不会向烟草业低头，也不会向与烟草业相关的其他行业低头。

据介绍，斯里兰卡政府所规定的包装措施，要求生产商及贸易商们至少覆盖卷烟外包装80%的面积。

英美烟草公司斯里兰卡分公司——锡兰烟草公司对外宣布，由于政府修订了控烟法案，将影响到公司卷烟产品的包装。

另据来自当地媒体的报道表明，从2015年1月起，根据政府新修订的控烟法案，在该国销售的所有卷烟，其外包装需要符合政府控烟法案相关条款的规定。为此，锡兰烟草公司将有计划地更换其卷烟包装，即从2015年1月1日起将统一更换卷烟包装，使吸烟有害健康警示图片及警示语的面积占到外包装面积的60%。但零售商们所库存的卷烟可以有一个月的宽限期。

2）斯里兰卡烟草部门建议政府提高卷烟价格

斯里兰卡国家烟草及酒类管理局建议政府提高卷烟制品的价格，即在目前的基础上再上调50%，从而可以起到政府倡导的控制烟草消费及提高财政收入的双重目的。

斯里兰卡国家烟草及酒类管理局一位负责人在接受记者采访时称，政府如果提高卷烟制品的税率及市场零售价格，将使其每年的财政收入增加160亿斯里兰卡卢比。

但该国也有分析人士指出，卷烟消费者大都来自中低收入人群，他们对卷烟制品的价格十分敏感，卷烟价格一旦上涨，在幅度超过10%时，就可能导致卷烟销售量下降5%左右。

3）斯里兰卡提高卷烟包装警示面积

斯里兰卡政府卫生健康部门修订该国已经实行多年的控烟法案，将吸烟有害健康警示图片及警示语的面积由原来占烟草制品外包装60%的面积扩大到80%，以强化其警示作用。

斯里兰卡政府卫生健康部门一位名叫Rajitha Senaratne的负责人在接受媒体记者采访时称，这次修订的控烟法案已经通过了议会全体议员的投票表决，并以绝对的支持率获得通过。

斯里兰卡政府卫生部门向外界宣布，政府将修订控烟法案中的部分条款，主要涉及卷烟包装拆分出售的问题。

对此，政府卫生监管部门的一位负责人在接受媒体记者采访时指出，卷烟零售商们为了吸引消费者，尤其是青少年消费者，将卷烟包装拆分进行销售，以满足那些经济能力不强的群体。对此，为了严格控制国内卷烟消费量的进一步增长，斯里兰卡政府才决定采取该项措施。另外，为了进一步降低该国的吸烟率，斯里兰卡国内的一些公共健康协会也向政府部门提出建议，认为政府应该进一步强化其控烟法案，除了禁止出售单支卷烟外，还应该对非法烟草制品的黑市交易进行严格的监管，以保护公众的身体健康。

4）斯里兰卡将调整卷烟税率

斯里兰卡政府向外界宣布，政府计划调整卷烟产品的税率，即在目前的基础上将税率提高到占卷烟市场零售价格的90%。

对此，斯里兰卡政府卫生健康部门一位名叫Rajitha Senaratne的负责人在接受媒体记者采访时称，为了保护公众的身体健康，政府将利用税率这一措施实施其控烟政策，将目前该国卷烟税率占其市场零售价格的67%～72%的比例提升至90%，以进一步提高卷烟的零售价格，降低吸烟率。

对此，分析人士预测，政府的这一举措有可能导致烟草商大幅度涨价。反烟人士则指出，政府上调卷烟税率将使大多数斯里兰卡公民受益，而增加的烟草税收收入，将全部用于斯里兰卡的公共医疗及公共卫生服务体系。

目前在斯里兰卡，该国的吸烟者以及酒类消费者受到了严重的不公平待遇，他们甚至被称为丑陋的人。

由于斯里兰卡的吸烟者以及酒类消费者的地位较低，因此政府近年来不断提高烟草产品以及酒类产品的税率，最近，一项针对烟草产品的增税方案已经得到议会的通过。

对此，斯里兰卡政府财政部门的一位负责人在接受媒体记者采访时称，政府为了强化其控烟政策，降低吸烟率，除了制定其他严格的控烟措施外，还利用提高税率的措施以促使该国吸烟率的下降，此次政府调整烟草产品的税率之后，平均的卷烟税收额将会占到卷烟零售价格的90%左右，而之前这个数字为70%。

5）斯里兰卡政府修订烟草与酒类产品控制法案

自2005年2月份斯里兰卡政府正式签署由世界卫生组织所制定的《烟草控制框架公约》之后，政府便强化了该国控烟的力度，此后，政府对早已出台并已经实施了多年的烟草与酒类产品控制法案进行了修订，新修订的法案规定，在公共场所全面实施禁烟的措施。

2017年，斯里兰卡政府对其控烟法案又一次进行了修订，规定，在学校附近500米的范围内禁止零售商们出售各类烟草产品，违者将被处以重罚。

对此，斯里兰卡政府卫生部门一位名叫 Rajith Senaratne 的负责人在接受媒体记者采访时指出，政府已经采取了多种措施来控制国内的吸烟率，为了进一步保护消费者，尤其是青少年的身体健康，政府才对控烟法案又一次进行修订，更加规范了学校附近零售商们的行为。同时，政府也希望能够仿效西方发达国家的做法，对烟草产品实施素面包装的政策，以进一步降低烟草产品对于消费者的吸引力。

近年来，斯里兰卡政府在采取综合措施进行控烟方法也做出了一些努力，目前该国卷烟的消费税率为63%，与世界卫生组织所制定的75%的目标还有一定的差距。

6）斯里兰卡公共场所以及工作场所禁烟情况（见表9-27）

表9-27 斯里兰卡公共场所以及工作场所禁烟情况（资料更新至2015.08）

	完全禁烟区	限制吸烟区	不限制吸烟区	不确定区域	不适用区域
所有工作场所		是			
政府办公区域	是				
医院	是				
居民区卫生保健机构的公共活动区域				是	
居民区卫生保健机构的病房区域	是				
非居民区的卫生保健机构	是				
儿童保育园以及幼儿园	是				
小学和中学	是				
大学及职业教育学校	是				
商店	是				
公共文化设施					
室内体育场馆等竞技场所		是			
餐厅	是				
酒吧及夜总会等公共娱乐场所			是		
赌博场所		是			
酒店公共区域			是		
酒店客房	是				
监狱和拘留所及其公共区域	是				
火车、公共汽车等候站等公共区域	是				
出租车	是				
飞机	是				
船舶	是				
其他交通设施		是			

7）斯里兰卡政府对烟草广告、促销以及赞助行为的规定（见表 9-28）

表 9-28　斯里兰卡政府对烟草广告、促销以及赞助行为的规定（资料更新至 2015.08）

	完全禁止	部分禁止	允　许	不确定	不适用
国内电视台及广播电台	是				
国内报纸及纸质期刊	是				
国内其他类型的印刷媒体	是				
国际电视台及国际广播电台		是			
国际报纸及纸质期刊		是			
互联网络	是				
专业互联网销售网络	是				
户外广告	是				
烟草产品销售点的广告	是				
烟草产品销售点的产品展示			是		
自动售货机	是				
传统电子邮件	是				
电话和移动通信			是		
品牌标识	是				
免费发放的烟草制品	是				
促销礼品	是				
与体育比赛相关的产品	是				
直接针对消费者个人的广告宣传			是		
品牌延伸	是				
反向品牌延伸			是		
类似玩具的烟草制品	是				
类似糖果的烟草制品	是				

7. 马尔代夫

为了进一步减少烟草制品的消费量，降低公众的吸烟率，保护公民的身体健康，近日，马尔代夫政府财政部门一位名叫 Abdulla Jihad 的负责人称，政府计划再一次提高烟草制品的税率，即从 2015 年元月份开始在原来的基础上提高 300%。

同时，Abdulla Jihad 在政府的财政预算会议上称，目前该国烟草制品的进口关税为 150%，政府计划提高各类烟草制品的进口关税，另外，对于酒类等快速消费品，政府也计划提高其进口关税，具体的增税计划目前正在商讨之中。这位负责人在接受媒体记者采访时称，政府增加进口关税的商品多数为对消费者身体健康有害的商品，另外就是一些奢侈品。

四、中亚地区

1. 哈萨克斯坦

1）哈萨克斯坦政府已正式批准《烟草控制框架公约》

2006 年，哈萨克斯坦议会已授权该国国际事务、安全与防务委员会批准了由世界卫生组织所制定的《烟草控制框架公约》，至此，该国已成为世界上第 129 个批准该公约的国家。

该国政府部门的一位官员认为，《烟草控制框架公约》是相当软弱的，因为它只是对烟草产品的销售与宣传实施了控制措施，同时也仅制定了打击卷烟走私活动的措施。

尽管这项公约激起了议会议员们长时间的辩论，但政府还是批准了该公约。

这位官员称，即使哈萨克斯坦批准了《烟草控制框架公约》，但也不会对该国的经济发展产生太大的影响。

2）哈萨克斯坦政府总理提议对烟草业实施专卖制度

2011年，哈萨克斯坦政府总理提议，政府应该对烟草制品及酒类制品的生产及销售实施专卖制度。

另据来自当地媒体的消息表明，政府议会一位官员明确表示，他非常支持政府总理的提议。

3）哈萨克斯坦将大幅度提高烟税

哈萨克斯坦政府对外宣称，从2014年开始，政府将大幅度提高烟草制品的税率，每1000支卷烟的烟草消费税，将在目前的基础上增加到20美元，即每盒卷烟(20支装)的消费税达到0.4美元。

该国政府卫生部门的一位官员称，消费税增加之后，可将使年轻人的吸烟率降低19%，同时也将使21.9万名成年吸烟者有可能戒除吸烟这一习惯。

4）哈萨克斯坦计划禁止嚼烟

2014年3月上旬，由哈萨克斯坦政府卫生部所提出的对嚼烟等无烟烟草制品实施禁令，得到了来自欧亚经济委员会中的俄罗斯和白俄罗斯政府的支持。

另据来自《中亚时代》的消息表明，哈萨克斯坦政府卫生部的官员认为，无烟烟草制品与普通烟草制品同样对消费者的身体健康造成危害，同时也会造成社会巨大的医疗费用开支，消费者使用嚼烟等无烟烟草制品还会导致喉癌和鼻癌，因此政府应该出台此类烟草制品的禁令，以保护消费者的身体健康。据介绍，目前在哈萨克斯坦等中亚国家最流行的无烟烟草制品为Nasvai，它的成分是由烟草、水、油及其他的化学添加剂所组成。

2. 乌兹别克斯坦

1）乌兹别克斯坦签署《烟草控制框架公约》

2012年，乌兹别克斯坦政府对外宣称，该国已正式批准由世界卫生组织所制定的《烟草控制框架公约》，它将遵守公约所规定的各项内容，以加强该国的控烟工作。

据介绍，在2012年3月份的立法会议上，乌兹别克斯坦议会下院通过并批准烟草控制框架公约的相关法案，之后得到参议院的批准，在报请总统签署之后生效。

2）乌兹别克斯坦提高卷烟制品进口关税

乌兹别克斯坦政府已经提高了卷烟制品的进口关税，新的税率从2013年5月1日起正式实施。

据介绍，新的关税税率为每1000支卷烟5美元，而此前的标准仅为每1000支卷烟3美元。

在提高卷烟进口关税的同时，乌兹别克斯坦政府也相应提高了国内烟草制品的消费税率，平均的增税幅度为25%，这样，每1000支卷烟的消费税额已达到了13424 SOUMS(该国货币单位)，而每1000支无嘴卷烟制品的消费税也达到了6479 SOUMS。

3. 土库曼斯坦

1）土库曼斯坦成为烟草控制框架公约最新缔约方

2011年5月13日，土库曼斯坦已成为世界卫生组织所制定的烟草控制框架公约最新缔约方。

世界卫生组织一位名叫Douglas Bettche的官员在接受媒体记者采访时称，各缔约方必须在国际社会提供帮助的情况下，收集所需的信息资源。同时，世界卫生组织也会向各缔约方提供支持及政策指导，帮助各缔约方履行其所做出的相关承诺。

2）土库曼斯坦计划到2025年实现完全禁烟

2017年4月份，土库曼斯坦政府已经制定了一项较为长远的控烟计划，即到2025年将土库曼斯坦这个中亚国家变为一个无烟国家，届时该国计划将实现完全禁烟。

另据来自该国国内媒体——Neitralny Turkmenistan的消息，政府卫生健康部门表示，该国未来5年将采取相关的控烟措施，但具体的控烟条款及细节并没有向外界透漏更多，也未向外界说明到2025年实现无烟的目标，是否在国内完全禁止各类烟草制品的销售。

3）土库曼斯坦公共场所以及工作场所禁烟情况（见表 9-29）

表 9-29　土库曼斯坦公共场所以及工作场所禁烟情况（资料更新至 2015.07）

	完全禁烟区	限制吸烟区	不限制吸烟区	不确定区域	不适用区域
所有工作场所		是			
政府办公区域	是				
医院	是				
居民区卫生保健机构的公共活动区域	是				
居民区卫生保健机构的病房区域	是				
非居民区的卫生保健机构	是				
儿童保育园以及幼儿园	是				
小学和中学	是				
大学及职业教育学校	是				
商店	是				
公共文化设施	是				
室内体育场馆等竞技场所	是				
餐厅	是				
酒吧及夜总会等公共娱乐场所	是				
赌场	是				
酒店公共区域	是				
酒店客房				是	
监狱和拘留所及其公共区域	是				
火车、公共汽车等候站等公共区域	是				
出租车	是				
飞机	是				
船舶	是				
其他交通设施	是				

4）土库曼斯坦政府对烟草广告、促销以及赞助行为的规定（见表 9-30）

表 9-30　土库曼斯坦政府对烟草广告、促销以及赞助行为的规定（资料更新至 2015.07）

	完全禁止	部分禁止	允　许	不　确　定	不　适　用
国内电视台及广播电台	是				
国内报纸及纸质期刊	是				
国内其他类型的印刷媒体	是				
国际电视台及国际广播电台				是	
国际报纸及纸质期刊				是	
互联网络	是				
专业互联网销售网络	是				
户外广告	是				
烟草产品销售点的广告	是				

续表

	完全禁止	部分禁止	允许	不确定	不适用
烟草产品销售点的产品展示	是				
自动售货机	是				
传统电子邮件	是				
电话和移动通信	是				
品牌标志				是	
免费分发的烟草产品	是				
促销礼品	是				
与体育比赛相关的产品	是				
直接针对消费者个人的广告宣传				是	
品牌延伸	是				
反向品牌延伸			是		
类似玩具的烟草产品	是				
类似糖果的烟草制品	是				

五、西亚地区

1. 伊拉克

1）伊拉克把禁烟列于其他问题之前

伊拉克内阁于 2009 年 8 月份批准议案，禁止在公共场所吸烟。政府发言人称，该法律的目的是减少吸烟人数和保护公众健康。但是多数伊拉克人还有许多急需解决的问题。尽管暴力行为正在减少，但对公民的袭击仍有发生，而且失业率高达将近 20％。

2）伊拉克政局不稳导致走私卷烟猖獗

由于伊拉克当地的政局相当不稳定，由此导致黑市卷烟十分盛行，在这种情况下，伊拉克库尔德政府迫于多方的压力，计划制定措施来打击卷烟制品的走私行为。

据介绍，伊拉克在经历多年的政治动荡中，随着西方势力的不断渗透，各大跨国烟草公司也相继进入该国的卷烟市场。另外，受多方面因素影响，所有进口的国际卷烟品牌都取消了进口关税，因此使得走私卷烟活动的成本更低，黑市交易更加活跃，使得该国已成为一个主要的非法烟草制品交易的中转枢纽。

3）伊拉克制定新的控烟法案

2011 年，伊拉克议会讨论即将进行审议的新的控烟法案，新出台的控烟法案规定，禁止在封闭的公共场所，包括餐馆和咖啡厅内吸烟。

另外，新出台的控烟法案还对烟草广告做了一定的限制，禁止烟草生产商及贸易商做各种类型的烟草制品广告，同时要求卷烟生产商在其卷烟外包装上印制更加严格的吸烟有害健康的警示语。

2. 伊朗

1）伊朗非法烟草制品走私情况严重

2015 年，由于国内合法烟草产品的价格较高，促使非法走私者大量向伊朗国内走私各种类型的非法烟草制品。该国官方的统计数据显示，目前在该国国内的烟草市场上，各类非法烟草制品所占有的市场份额已经高达 25％。

伊朗政府官方的数据表明，近年来，每年大约有 240 亿支非法烟草制品被走私进入该国境内，多数为美国品牌的烟草制品，其中有 60 亿至 70 亿支是万宝路牌卷烟，且是菲利普·莫里斯烟草美国公司生产的。

对此，伊朗政府工业与贸易部一位名叫 Mojtaba Khosro－Taj 的负责人称，政府将制定更加严厉的措施来打击非法烟草制品的贸易活动。

2）伊朗公共场所禁烟令并没有起到应有效果

2016年，尽管伊朗政府已经实施了严格的公共场所控烟政策，然而，该国反烟协会一位名叫 Mohammadreza Masjedi 的负责人在接受媒体记者采访时声称，政府所实施的严格的控烟政策并没有起到应有的效果。

据介绍，政府的执法部门并没有能够很好地执行此项控烟政策，尽管政府的措施规定，在公共场所消费烟草制品是一种违法的行为，但值得注意的是，该禁令不仅包括普通的卷烟，也包括伊朗当地特有的水烟。但许多伊朗消费者认为，尽管政府禁止在公共场所消费各类烟草制品，但由于水烟产品是该国特有的品种，因此还有消费者在公共场所吸食水烟。

3. 叙利亚

2010年，叙利亚政府决定修订其控烟法案，该国将实施在公共场所进行禁烟的措施，这些公共场所包括餐馆及酒吧等。

另据来自该国 Irin 的报道称，除了卷烟制品及雪茄烟制品外，传统的 Shisha 及水烟也在此次公共场所禁烟的范围内。叙利亚癌症协会的统计数据表明，目前在其成年人中，60％的男性及23％的女性经常吸烟。

叙利亚对其原来所制定的控烟法案进行了修订，新修订的控烟法案又扩大了其禁烟的范围，规定禁止在咖啡馆、餐馆、公共交通工具等公共场所吸烟，同时该法案也规定，在上述禁烟区，当地特有的水烟也在禁止之列。

为了能很好地执行新修订的控烟法案，政府加大了执法的力度，对吸烟者施加了一定的压力，如果在禁烟区吸烟，除了每次罚款2000叙利亚镑之外，视不同的情况，吸烟者有可能还将面临监禁的风险。

叙利亚政府已经完全控制了国内烟草的生产与销售，从烟叶种植到生产，以及烟草制品的生产、销售及贸易，完全由政府部门来管理。

另外，根据欧盟官方期刊的信息资料表明，叙利亚政府通过给烟草生产商及经营者发放许可证，以及对进口烟草制品实施高额的进口关税来获得高额的税收款项，以此用于政局控制方面的巨额开支。

4. 约旦

1）约旦政府综合控烟措施很难实现

早在2008年，约旦政府就已经修订其控烟法案，计划在一些如餐厅和咖啡厅等公共场所禁烟，但由于遭遇到种种阻力，并未能彻底实施。

为了进一步控制公众的吸烟率，约旦政府又于2015年再次修订其控烟法案，开始实施其国内的禁烟法案。

据介绍，2015年出台的禁烟法案包括：在以下公共场所，如医院、住宅与卫生保健机构的公共卫生区域、儿童保育园以及幼儿园、中小学、火车、公共汽车等候站区等公共区域内严格禁止消费者吸烟，但在政府的办公区域，只对吸烟做出了一些限制性的措施。

然而，在禁烟的问题上，约旦目前依然面临很大的困难，原因是约旦成年男性的吸烟率很高。在约旦人看来，吸烟是其文化的一部分，因此政府尽管出台了公共场所禁烟令，但依然无法执行到位。

在对于烟草制品的税收方面，政府目前也遇到了不小的阻力。2017年2月份，政府出台一项增税计划，提高税率的商品包括燃油、汽油、烟草制品以及碳酸饮料，但政府的该计划一经公布，便遭到了来自公众的强烈反对。对此，分析人士指出，此次的增税计划很难实现。

尽管医生的工作是为病人进行医疗服务，然而，约旦政府部门的一项统计数据表明，目前该国医生的吸烟率比普通公众的吸烟率还要高，已达到了34％。

当地媒体《JORDAN TIMES》曾以“约旦控烟现状”为题对此也进行过报道，医生较高的吸烟率让民众感到吃惊，该国癌症研究中心一位名叫 Feras Hawari 的负责人指出，对于约旦93％的吸烟者而言，每天吸烟的花费对于他们来讲是能够很轻松地负担得起的，而医生群体的整体收入水平较高，因此他们的吸烟率就高于普通公众的吸烟率。

约旦政府卫生部门的统计数据表明，目前在约旦74％的家庭中，均有一位家庭成员经常消费烟草制品，而在其中有17%的家庭中，不只仅有一位家庭成员经常吸烟。

统计部门的调查情况表明，该国烟民们通常所消费的烟草制品有卷烟、斗烟，另外还有当地特有的 Argileh 烟，但 96%的烟民经常消费卷烟制品，在有关被动吸烟这一情况调查时，有高达 72%的受访者不了解被动吸烟这一概念。

2) 约旦公共场所以及工作场所禁烟情况(见表 9-31)

表 9-31　约旦公共场所以及工作场所禁烟情况(资料更新至 2015.07)

	完全禁烟区	限制吸烟区	不限制吸烟区	不确定区域	不适用区域
所有工作场所		是			
政府办公区域		是			
医院	是				
居民区卫生保健机构的公共活动区域	是				
居民区卫生保健机构的病房区域	是				
非居民区的卫生保健机构	是				
儿童保育园以及幼儿园	是				
小学和中学	是				
大学及职业教育学校			是		
商店	是				
公共文化设施	是				
室内体育场馆等竞技场所	是				
餐厅		是			
酒吧及夜总会等公共娱乐场所			是		
赌博场所					是
酒店公共区域			是		
酒店客房			是		
监狱和拘留所及其公共区域			是		
火车、公共汽车等候站等公共区域	是				
出租车	是				
飞机	是				
船舶	是				
其他交通设施		是			

3) 约旦政府对烟草广告、促销以及赞助行为的规定(见表 9-32)

表 9-32　约旦政府对烟草广告、促销以及赞助行为的规定(资料更新至 2015.07)

	完全禁止	部分禁止	允许	不确定	不适用
国内电视台及广播电台	是				
国内报纸及纸质期刊	是				
国内其他类型的印刷媒体	是				
国际电视台及国际广播电台				是	
国际报纸及纸质期刊				是	

续表

	完全禁止	部分禁止	允　许	不确定	不适用
互联网络	是				
专业互联网销售网络				是	
户外广告	是				
烟草产品销售点的广告	是				
烟草产品销售点的产品展示		是			
自动售货机	是				
传统电子邮件	是				
电话和移动通信	是				
品牌标识	是				
免费发放的烟草制品	是				
促销礼品	是				
与体育比赛相关的产品	是				
直接针对消费者个人的广告宣传				是	
品牌延伸	是				
反向品牌延伸			是		
类似玩具的烟草制品	是				
类似糖果的烟草制品	是				

5. 黎巴嫩

1）黎巴嫩健康专家建议加大控烟力度

2010 年，黎巴嫩卫生健康部门的专家建议政府应该加大其控烟力度，因为根据该国统计部门的统计数据表明，目前在该国的卷烟市场上，其未成年人的吸烟率呈现着逐年增长的趋势。

研究人员指出，比较便宜的烟草制品价格以及未成年人可以很容易地接触到烟草制品，都是诱使未成年人吸烟的主要原因所在。青少年一旦染上烟瘾，其不好的影响会持续到其成年乃至其一生。为此，研究人员建议政府应该加大其控烟的力度。

黎巴嫩南部滨海城市——Sidon 地区政府出台新的控烟措施，禁止在该地区的海滨旅游观光地区吸食当地特有的 Hookahs 烟（当地比较流行的水烟），事实上，在此之前，政府出台过类似的控烟措施，只是禁止烟民吸食普通的卷烟制品。

另据来自《贝鲁特每日星报》的消息，政府还在当地著名的海滨旅游地区竖立了多面公益广告牌，提醒人们不要吸烟、不要超速驾驶、不要吸毒，同时也向公众宣传艾滋病等公众卫生常识。

当地官员称，实施新的控烟措施后，将为到该地区旅游的游客打造出更加完美的海滨风光。

2）2012 年黎巴嫩再次公布控烟措施

黎巴嫩政府向外界公布了该国的控烟计划，从 2012 年 3 月 3 日开始，禁止在国内的各类媒体上做各种类型的烟草制品广告；从 2012 年 9 月 3 日开始，禁止在封闭的公共场所吸烟。另外，也禁止卷烟零售商们在其零售点做海报宣传。

而事实上，该国在公共建筑物内吸烟的禁令已经从 2011 年 9 月起开始执行，但尽管控烟措施已出台，但缺乏有效的监督，执行力度也不够，因此没有起到应有的效果。

黎巴嫩国内一家饮食业协会的成员向政府部门呼吁，要求政府修订以前所颁布的禁烟令，适当放宽禁止在封闭的公共场所吸烟的相关条款。

该饮食业协会的一位负责人称，自 2011 年 9 月份禁令生效以来，他们所经营的咖啡厅、餐厅和酒吧等，营业额直线下降，已经严重影响了他们的生计。统计数据显示，自政府所实施的禁烟令生效以来的近两个月时间内，他们的营业收入就大幅度下降了80%。

3）黎巴嫩公共场所以及工作场所禁烟情况（见表9-33）

表9-33 黎巴嫩公共场所以及工作场所禁烟情况（资料更新至2015.07）

	完全禁烟区	限制吸烟区	不限制吸烟区	不确定区域	不适用区域
所有工作场所		是			
政府办公区域	是				
医院	是				
居民区卫生保健机构的公共活动区域	是				
居民区卫生保健机构的病房区域	是				
非居民区的卫生保健机构	是				
儿童保育园以及幼儿园	是				
小学和中学	是				
大学及职业教育学校	是				
商店	是				
公共文化设施	是				
室内体育场馆等竞技场所	是				
餐厅	是				
酒吧及夜总会等公共娱乐场所	是				
赌场	是				
酒店公共区域	是				
酒店客房		是			
监狱和拘留所及其公共区域	是				
火车、公共汽车等候站等公共区域	是				
出租车	是				
飞机	是				
船舶	是				
其他交通设施	是				

4）黎巴嫩政府对烟草广告、促销以及赞助行为的规定（见表9-34）

表9-34 黎巴嫩政府对烟草广告、促销以及赞助行为的规定（资料更新至2015.07）

	完全禁止	部分禁止	允许	不确定	不适用
国内电视台及广播电台	是				
国内报纸及纸质期刊	是				
国内其他类型的印刷媒体	是				
国际电视台及国际广播电台				是	
国际报纸及纸质期刊				是	
互联网络	是				
专业互联网销售网络				是	

续表

	完全禁止	部分禁止	允许	不确定	不适用
户外广告	是				
烟草产品销售点的广告	是				
烟草产品销售点的产品展示		是			
自动售货机	是				
传统电子邮件	是				
电话和移动通信	是				
品牌标志	是				
免费分发的烟草产品	是				
促销礼品		是			
与体育比赛相关的产品	是				
直接针对消费者个人的广告宣传	是				
品牌延伸	是				
反向品牌延伸			是		
类似玩具的烟草产品	是				
类似糖果的烟草制品	是				

6. 以色列

以色列也将禁止电子烟

2010 年，继美国食品与药品管理局对电子烟发出禁令之后，以色列卫生部近日也出台措施，禁止各烟草贸易商进口各类电子烟制品，包括那些不含烟碱的电子烟制品。

当地媒体报道称，在此之前，以色列卫生部曾批准贸易商们进口电子烟制品，作为一种医疗辅助品来帮助那些想戒烟的烟民进行戒烟。但卫生部对进口商们提出了严格的进口标准，要求进口商们必须提供生产商所提交的相关文件，证明他们所生产的电子烟制品，在消费者消费时是安全的。

然而，在美国食品与药品管理局检测出电子烟中的致癌物，并对其发出禁令之后，以色列紧随其后，也对电子烟发出了禁令。

1）以色列戒烟将有补贴

在以色列，准备戒烟的烟民将能参加由健康基金所资助的戒烟课程，还能得到戒烟药剂方面的补贴。据介绍，由负责推荐医药技术的公众委员会，已挑选总值约 9230 万美元的药剂和技术纳入到 2010 年的健康支出预算。

《耶路撒冷邮报》援引以色列政府卫生部一位官员的话称，2010 年在以色列国内，大约有 20.9％的成年人吸烟。该数据是基于以色列国家统计部门在 2009 年所做的一项抽样调查之后所得出的。在这次抽样调查中，统计部门共对以色列 30000 余名成年人进行了抽样调查。

2）以色列控烟目标转移至禁止互联网烟草广告

2010 年，以色列政府卫生部门一位名叫 Ronni Gamzu 的负责人称，政府已将其控烟的目标转向了禁止烟草商在国际互联网上所做的各类宣传广告，从而开始全面控烟活动。

据介绍，以色列自 1983 年以来就实施越来越严格的控烟措施，政府已颁布多项法令禁止烟草商通过电视、广播电台等媒体做各种类型的烟草广告。然而，政府没有出台措施禁止烟草商在互联网上做烟草广告，即对网络烟草广告及宣传没有任何的限制。为此，政府卫生部门将于今年年底成立一个特别控烟委员会，研究制定政策禁止网络烟草广告。

3）以色列将大幅度提高各类烟草制品税率

以色列计划在今后的几年逐步提高各类烟草制品的税率。2012 年，政府财税部门在原来的基础上，把水烟的税率提高了130%，预计在今后的3年时间内，水烟的税率增长幅度累计将达到500%。

另外，卷烟制品的税率也将提高，每盒卷烟的税额将会由目前的每盒10谢克尔(SHEKEL)增加到35谢克尔(SHEKEL)，届时雪茄烟的税率也将上调。

色列政府提高了国内部分烟草制品的市场零售价格，这些烟草制品包括卷烟、雪茄烟及手工自卷烟所用烟叶，其目的就是为了提高政府的财政税收。

据介绍，此次提高卷烟制品的价格，根据不同档次，在原来的基础上每盒增加了2.5至3谢克尔(以色列货币单位)。政府财政部门指出，此次烟草制品的价格提高之后，每年可以为政府财政再增加8亿谢克尔的收入。

4）以色列修订控烟法案

2013年12月份，以色列修订了其之前所制定的控烟法案，政府决定将履行世界卫生组织关于禁止利用自动售货机出售烟草制品的相关条款。

新修订的控烟法案规定，从2014年1月1日开始，在以色列国内，不管是通过室内或室外的自动售货机，出售烟草制品的行为将被视为非法，违者将被处以罚款。另外，政府新修订的控烟法案还规定，禁止卷烟零售商们出售单支的卷烟产品。

2015年5月份，以色列高等法院对一起有关在公共场所受到二手烟危害的集体诉讼案进行了裁决，高院维持了地方法案的判决，原告方获胜。

在此次判决中，高院的一位法官认为，在公共场所受到二手烟危害的个人可以对公共场所的管理者以及娱乐场所的经营者提起法律诉讼，同时，他们有权代表受到二手烟危害的其他人员对管理者以及经营者提起集体诉讼案，以保护公众的身体健康。

2017年，以色列政府统计部门的一项数据显示，在消费电子烟产品的未成年人当中，有10%的人以前从未尝试消费过任何形式的烟草制品。正是在这种情况下，政府才决定修订其控烟法案，对电子烟产品发出禁令。

与此同时，以色列疾病控制中心所发布的一项调查结果也对未成年人对于不同类别烟草制品的消费情况进行了描述，其结果与政府统计部门的结果基本一致。

该疾病控制中心对以色列6000余名未成年人的调查结果表明，在12至18岁的人群当中，有高达30%的人曾经尝试消费过包括普通卷烟产品以及具有当地特色的水烟产品，而对于包括电子烟产品在内的蒸汽烟产品，未成年人认为这些产品没有问题。正是在这种情况下，政府才决定对电子烟产品发出严格的禁令。

目前，以色列的公共场所禁烟令包括在所有的室内公共场所禁烟，这些场所涉及医院、儿童保育机构、幼儿园、中小学等公共场所。但该国的控烟法案允许经营者在如商场、餐厅、酒吧和夜总会等公共场所设立吸烟室。

5）以色列调整机场及港口销售免税烟草制品规定

自以色列加入由世界卫生组织所制定的《烟草控制框架公约》之后，该国政府就呼吁禁止在机场和港口向消费者出售免税的各类烟草制品。

据介绍，经过多年的努力，以色列机场及港口的免税烟草制品销售政策有了适当的调整：在这些地区，消费者只能购买1条免税卷烟，而此前的规定是，消费者在机构及港口可以购买2条免费卷烟制品。据称，此项措施已于2012年5月份生效。

而事实上，世界卫生组织所制定的《烟草控制框架公约》相关条款明确规定，各成员方应该完全禁止在机场和港口销售各类免税烟草制品。

6）以色列公共场所以及工作场所禁烟情况(见表9-35)

表9-35　以色列公共场所以及工作场所禁烟情况(资料更新至2015.07)

	完全禁烟区	限制吸烟区	不限制吸烟区	不确定区域	不适用区域
所有工作场所		是			
政府办公区域		是			

续表

	完全禁烟区	限制吸烟区	不限制吸烟区	不确定区域	不适用区域
医院	是				
居民区卫生保健机构的公共活动区域		是			
居民区卫生保健机构的病房区域	是				
非居民区的卫生保健机构	是				
儿童保育园以及幼儿园	是				
小学和中学	是				
大学及职业教育学校		是			
商店		是			
公共文化设施	是				
室内体育场馆等竞技场所				是	
餐厅		是			
酒吧及夜总会等公共娱乐场所		是			
赌博场所		是			
酒店公共区域			是		
酒店客房			是		
监狱和拘留所及其公共区域		是			
火车、公共汽车等候站等公共区域	是				
出租车	是				
飞机				是	
船舶			是		
其他交通设施		是			

7）以色列政府对烟草广告、促销以及赞助行为的规定（见表 9-36）

表 9-36　以色列政府对烟草广告、促销以及赞助行为的规定（资料更新至 2015. 07）

	完全禁止	部分禁止	允　许	不　确　定	不　适　用
国内电视台及广播电台	是				
国内报纸及纸质期刊		是			
国内其他类型的印刷媒体		是			
国际电视台及国际广播电台	是				
国际报纸及纸质期刊		是			
互联网络		是			
专业互联网销售网络				是	
户外广告		是			
烟草产品销售点的广告		是			
烟草产品销售点的产品展示			是		
自动售货机	是				
传统电子邮件			是		

续表

	完全禁止	部分禁止	允　许	不确定	不适用
电话和移动通信			是		
品牌标识		是			
免费发放的烟草制品	是				
促销礼品	是				
与体育比赛相关的产品		是			
直接针对消费者个人的广告宣传			是		
品牌延伸		是			
反向品牌延伸		是			
类似玩具的烟草制品			是		
类似糖果的烟草制品			是		

7. 沙特阿拉伯

1）沙特阿拉伯的吸烟者要支付更高的健康保险费

2010年，沙特阿拉伯卫生部部长称，政府将制定严格的控烟政策，吸烟者可能要支付更高的健康保险费用。卫生部已指示保险公司对吸烟者和非吸烟者进行分类，将吸烟者列为高风险的类别，为此，他们与普通的投保者相比，要缴纳更多的保险费用。

另外，卫生部部长称，政府还将采取进一步的措施以降低其整体的吸烟率。

沙特阿拉伯卫生部发出禁令，出于保护公众健康方面的原因考虑，政府决定将禁止出售戒烟类产品。

沙特卫生部门的负责人称，戒烟类产品中可能含有瓦伦尼克林和安非他等，而这些是美国食品与药品管理局禁止使用的，想戒烟的消费者在消费此类戒烟产品后，可能会产生副作用，因此沙特政府才明令禁止出售此类戒烟产品。

沙特阿拉伯政府卫生健康部门提出建议，修订政府此前所出台的控烟法案，将水烟列入公共场所禁止消费烟草品类之中。为此，政府卫生健康部门的管制与调查机构对就该国一些室内公共场所，如咖啡馆和酒吧等地进行调查，为即将出台的水烟公共场所禁令做准备。

事实上，早在几年前政府所出台的控烟法案就包括在封闭的公共场所，如咖啡馆、餐馆、酒吧、购物中心等地，禁止消费烟草制品，但当时并没有将水烟列入其中。

2）烟草商在沙特阿拉伯赠送免费卷烟

2013年3月份，一些烟草经销商在沙特阿拉伯的街头，向过往行人免费发放不同品牌的卷烟制品。

另据来自当地媒体的消息表明，这些烟草经销商们不顾政府所出台的控烟法规，公然在公共场所向消费者发放免费的卷烟制品，已经违反了政府的规定。

沙特阿拉伯控烟协会负责人称，这些烟草公司是在误导消费者，以吸引年轻烟民的注意，从而赚取更多的利润。

3）沙特阿拉伯卫生部门官员建议增加烟税

2015年5月份，沙特阿拉伯政府卫生部门提出建议称，政府应该提高烟草制品的税率，以降低该国的吸烟率。

另据来自沙特阿拉伯 Naqaa Society 的一项统计数据表明，近年来，该国青少年的吸烟率逐年增长，青少年的吸烟率已经上升到了15%。通过提高烟草制品的税率，可以有效降低吸烟者，尤其是可以减少青少年尝试吸烟这一行为的发生。

Naqaa Society 的负责人 Mohammad Bin Jabir 先生在接受媒体记者采访时称，目前，沙特阿拉伯各类烟草制品的市场零售价格仍然偏低，这也是导致青少年尝试吸烟的诱因之一。

4）海湾多个国家政府提高烟草税率

阿曼政府为了进一步降低该国的吸烟率，减少烟民们对于各类烟草产品的消费量，政府提高了烟草产品的税率。

对此，分析人士指出，在政府提高了烟草产品的税率之后，仅就卷烟而言，现在消费者在阿曼购买一盒20支装的卷烟，要比原来多支付20%的价款，烟草消费者们的经济负担进一步加重，同时也将促使经济条件不好的消费者减少吸烟量。

据介绍，2016年海湾多个国家政府均提高了本国烟草产品的税率，当地媒体的报道表明，早在2016年1月份，巴林政府就已经实施了该国烟草产品的增税计划，而沙特阿拉伯也在2016年3月提高了烟草产品的税率。

5）沙特阿拉伯提高烟税

2017年5月份，沙特阿拉伯政府财政部门向外界宣布，为了弥补近期因原油价格下降所带来的政府财政预算方面的缺口，该国将从2017年下半年再一次调整烟草产品以及功能性饮料的税率，对于这两种产品，其税率均为100%。

对此，沙特阿拉伯政府财政部门的一位负责人在接受媒体记者采访时指出，此次调整烟草产品以及饮料产品的税率之后，预计每年可以为政府财政增加80亿至100亿沙特里亚尔的收入，另外，海湾合作委员会各成员国还同意对于烟草产品征收特别税，以弥补政府财政方面的不足。

8. 科威特

2016年，科威特政府财政部门向外界宣布，为了进一步降低该国的吸烟率和减少吸烟者的数量，政府计划调整烟草制品的税率。

据介绍，在该国政府财政部门发布的一份详细的烟草制品税率调整内容中，也包括调整烟草的衍生产品，该增税方案已经提交议会进行讨论，在议会表决通过之后，政府将出台调整烟草产品税率的细则。

对此，科威特国内一些经济学家表示，政府为了加强对该国烟草业的管理，同时也为了进一步强化该国的控烟法案，决定与海湾合作委员会各成员国进行合作，进一步提高烟草制品的税率。在政府调整该国的烟草产品税率之后，其卷烟产品的市场零售价格将会在目前的基础上提高50%，预计新的烟税政策在议会通过后即可实施。

9. 阿联酋

1）阿联酋加速实施新的健康警示

2010年，由于世界卫生组织（WHO）出台相关措施的干预，阿联酋政府正在加速实施新的烟制品健康警示措施。WHO曾警告海湾合作理事会（GCC）国家，应该尽快在其烟盒上采用吸烟有害健康的图片警示，面积占主要展示面至少50%。

阿联酋标准化和计量部门已就新的警示图片措施征求有关各方面的意见。当地消息报道称，阿联酋要求对烟草制品进行测试，以确保制造商所标示的焦油、烟碱量数值准确。

阿联酋政府部门近期的一项统计数据表明，该国青年吸烟者的数量有明显增长的趋势。在被调查的中学生当中，有近40%的人曾尝试过吸烟。在这其中，女性的吸烟率已由2005年的14%增长到了目前的28%，增长速度令人吃惊。

事实上，在阿联酋国内，已有卷烟零售商禁止向18岁以下的未成年人出售烟草制品的法案，但政府的控烟法案并没有被认真执行。

2）阿联酋将禁止烟草生产

2011年，根据阿联酋新修订的控烟法案，在不久的将来，该国有可能禁止烟叶及烟草制品的生产。

据介绍，新控烟法案的法律文本起草已经基本完成，并将提交政府内阁进行讨论。新修订的控烟法案规定，烟农们的烟叶生产，政府将给予两年的过渡期，而对于烟草制品生产商，政府将给予五年的过渡期，在过渡期届满后，将停止烟叶及卷烟制品的生产。

另外，新的控烟法案也对烟草制品的广告及促销宣传做出了更加严格的限制。

阿联酋 2014 年将实施一项全面的反烟法案，该法律将禁止商业用途的烟草种植。现有的卷烟厂将给予 10 年的宽限期，烟农只被给予 2 年的宽限期。该法律还禁止不符合阿联酋技术标准烟草制品的进口与销售，违反者除没收不符合技术标准的商品外，还将被处以 10 万～100 万阿联酋迪拉姆的罚款。

3）阿联酋等海湾国家将提高烟草制品税率

来自海湾地区的阿联酋等国政府的卫生部长们表示，为了进一步强化控烟措施的实施，支持该地区国家政府财政部门开征健康税，他们建议政府财政部门从 2013 年起再次提高烟草制品的税率，以进一步限制烟草制品在该地区的销售。

数据显示，目前在海湾地区，其卷烟制品的市场零售价格仍然偏低，而在英国的卷烟市场上，一盒 20 支装的卷烟，其市场零售价格为 30 DH（海湾地区摩洛哥的货币单位），而这一价格则是摩洛哥同类卷烟制品市场零售价格的 4 倍。

2015 年，阿联酋政府向外界宣布，政府将提高烟草制品的税率，同时还将引入两个新的税种——联邦增值税以及企业所得税，这将使得该国成为阿拉伯海湾国家或地区第一个引入此类针对消费品的税种的国家。

据介绍，政府在引入新税种的情况下，还将适当提高烟草制品的税率，另外还将对诸如酒类以及奢侈品类的产品征收更高的消费税。

4）阿联酋修订控烟法案

2014 年，阿联酋政府修订了其控烟法案，在所有的公共场所禁止吸烟，另外，对于外包装上没有印制吸烟有害健康警示标志的各类烟草产品，不得进入其境内，同时，还禁止播放或发布与烟草有关的任何形式的广告与宣传活动。

新修订的控烟法案规定，所有的公共交通工具和封闭的公共场所完全禁止吸烟，即便是在私人的小汽车内，如果车内有未成年的儿童，也不允许在车内吸烟。对于违反政府控烟法案者，要处以高额的罚款

另外，阿联酋政府还成立了一个全国性的禁烟委员会，具体落实禁烟令的实施情况，以便为公众提供一个良好的生活与工作环境。

阿拉伯联合酋长国已经修订了该国的控烟法案。新修订的控烟法案规定，在载有 12 岁以下未成年人的私家车内禁止吸烟，同时政府还将实行对低龄人群吸烟进行罚款的措施。此外，新修订的控烟法案对烟草商们的烟草广告宣传做出了进一步的限制性措施，以免这些广告吸引未成年人尝试消费烟草制品。

阿联酋政府标准与计量管理部门制定了电子烟监管的相关措施，并提交世界贸易组织，计划规范该国电子烟的国际贸易与管理，以保护消费者的身体健康。

事实上，在此之前，阿联酋政府公共卫生部门已经出台了相关的措施，以限制电子烟产品以及类似的吸烟装置在该国的销售。对此，公共卫生部门的官员在接受当地媒体记者采访时称，政府之所以制定电子烟销售的限制性措施，是因为目前专家们还没有确定这些吸烟装置对消费者长期使用会带来什么样的影响。

5）阿联酋计划提高联邦税率

阿联酋政府向外界宣布，政府将提高烟草制品的税率，同时还将引入两个新的税种——联邦增值税以及企业所得税，这将使得该国成为阿拉伯海湾地区第一个引入此类针对消费品的税种的国家。

据介绍，政府在引入新税种的情况下，还将适当提高烟草制品的税率，另外还将对诸如酒类以及奢侈品类的产品征收更高的消费税。

6）阿联酋计划对烟草产品增税

阿联酋政府税务部门的一位负责人在接受媒体记者采访时指出，为了保护消费者尤其是青少年的身体健康，政府计划从 2017 年第四季度开始，提高烟草制品以及酒类产品的消费税。另外，也将适当提高对于碳酸饮料的消费税率，以适当控制消费者对此类饮料的消费量。

事实上，在海湾地区的其他一些国家（如沙特阿拉伯等国）已经于 2016 年就增加了上述三种产品的消费税率，结果已导致这些国家和地区的烟草制品、酒类产品以及碳酸饮料市场零售价格增长。

7）阿联酋将提高烟税

2017 年 5 月份，阿联酋政府财政部门向外界宣布，政府计划将于 2017 年下半年再一次调整烟草制品等

的税率。对于烟草产品，其税率将达到100%，同时也将对功能性饮料征收50%的税率。

对此，阿联酋国财政部门一位负责人在接受当地媒体记者采访时称，在下半年对这两类产品的税率做出调整之后，预计将会于2017年第4季度正式实施。

8）阿联酋公共场所以及工作场所禁烟情况（见表9-37）

表9-37 阿联酋公共场所以及工作场所禁烟情况（资料更新至2015.11）

	完全禁烟区	限制吸烟区	不限制吸烟区	不确定区域	不适用区域
所有工作场所		是			
政府办公区域		是			
医院	是				
居民区卫生保健机构的公共活动区域	是				
居民区卫生保健机构的病房区域	是				
非居民区的卫生保健机构	是				
儿童保育园以及幼儿园	是				
小学和中学	是				
大学及职业教育学校	是				
商店		是			
公共文化设施		是			
室内体育场馆等竞技场所	是				
餐厅		是			
酒吧及夜总会等公共娱乐场所		是			
赌场					是
酒店公共区域			是		
酒店客房			是		
监狱和拘留所及其公共区域			是		
火车、公共汽车等候站等公共区域				是	
出租车				是	
飞机				是	
船舶				是	
其他交通设施		是			

9）阿联酋政府对烟草广告、促销以及赞助行为的规定（见表9-38）

表9-38 阿联酋政府对烟草广告、促销以及赞助行为的规定（资料更新至2015.11）

	完全禁止	部分禁止	允许	不确定	不适用
国内电视台及广播电台	是				
国内报纸及纸质期刊	是				
国内其他类型的印刷媒体	是				

续表

	完全禁止	部分禁止	允　许	不　确　定	不　适　用
国际电视台及国际广播电台				是	
国际报纸及纸质期刊				是	
互联网络	是				
专业互联网销售网络	是				
户外广告	是				
烟草产品销售点的广告	是				
烟草产品销售点的产品展示		是			
自动售货机	是				
传统电子邮件	是				
电话和移动通信	是				
品牌标志	是				
免费分发的烟草产品	是				
促销礼品	是				
与体育比赛相关的产品	是				
直接针对消费者个人的广告宣传	是				
品牌延伸		是			
反向品牌延伸	是				
类似玩具的烟草产品	是				
类似糖果的烟草制品	是				

10. 阿曼

1）阿曼修订控烟法案严格对电子烟产品的监管

2016年，为了保护消费者的身体健康，阿曼政府决定修订现行的控烟法案，其修订内容主要涉及对电子烟产品以及水烟产品的监管。

对此，阿曼非传染性疾病控制中心一位负责人在接受媒体记者采访时称，到目前为止，还没有科学的证据可以证明电子烟产品以及类似的吸烟装置可以帮助消费者戒除吸烟习惯。因此，该中心建议政府修订控烟法案，以进一步限制此类产品的销售，以保护消费者，尤其是青少年的身体健康。

事实上，早在2010年，阿曼政府就出台了公共场所禁烟令，规定在海滩、公园和公交车站等公共场所禁止吸烟，此次控烟法案修订后，这些条款也将适用于电子烟等产品。

阿曼政府自2005年6月份正式签署由世界卫生组织制定的《烟草控制框架公约》之后，便强化了其国内的控烟政策。早在2013年，阿曼政府烟草控制委员会负责人 Jawad al Lawati 先生曾在该国所召开的一次控烟大会上指出，政府应该出台严格的公共场所禁烟令。此后，该国政府于2016年又再一次修订其之前所制定的控烟法案，规定了禁止吸烟的区域，这些区域包括：政府的公办区域、医院、居民区卫生保健机构的公共卫生区域以及病房区域、幼儿园以及中小学校等。

然而，该国的禁烟法案只是对以下区域做了限制性的规定，这些区域包括：大学及职业教育学院、商店、公共文化设施、体育场馆等竞技场所、餐厅、酒吧及夜总会等公共娱乐场所，在这些区域，政府并没有出台完全禁烟的规定，对于有吸烟区的，只出台了一些限制性的控烟措施。

另外，对于近年来销售量越来越多的电子烟产品以及类似的吸烟装置，2016 年阿曼政府在其修订的控烟法案中规定，政府将禁止电子烟和电子水烟的生产与销售，对于违反此规定的消费者，每次将被罚款 500 阿曼里亚尔。

2）阿曼烟草税率大幅度提高

2017 年 3 月份，阿曼政府财政部门向外界宣布，为了提高财政收入，同时也为了进一步降低公众的吸烟率，计划上调烟草制品的税率。就卷烟产品而言，此次上调的幅度为 100%。

另据来自阿曼政府卫生部门的消息，此次政府上调烟草制品的税率，也是为了遵守阿曼政府与海湾合作委员会各成员之间早在 2016 年所达成的协议，即要对不健康的产品大幅度提高其税率。

据介绍，海湾合作委员会认为，烟草制品以及酒类产品应该列入不健康产品之列，政府应该对此类产品施以重税。

3）海湾多个国家政府提高烟草税率

阿曼政府为了进一步降低该国的吸烟率，减少烟民们对于各类烟草产品的消费量，政府提高了烟草产品的税率。

对此，分析人士指出，在政府提高了烟草产品的税率之后，仅就卷烟而言，现在消费者在阿曼购买一盒 20 支装的卷烟，要比原来多支付 20%的价款，烟草消费者们的经济负担进一步加重，同时也将促使经济条件不好的消费者减少吸烟量。

据介绍，2016 年海湾多个国家政府均提高了本国烟草产品的税率，当地媒体的报道表明，早在 2016 年 1 月份，巴林政府就已经实施了该国烟草产品的增税计划，而沙特阿拉伯也在 2016 年 3 月提高了烟草产品的税率。

4）阿曼公共场所以及工作场所禁烟情况（见表 9-39）

表 9-39 阿曼公共场所以及工作场所禁烟情况（资料更新至 2016.12）

	完全禁烟区	限制吸烟区	不限制吸烟区	不确定区域	不适用区域
所有工作场所		是			
政府办公区域	是				
医院	是				
居民区卫生保健机构的公共活动区域	是				
居民区卫生保健机构的病房区域	是				
非居民区的卫生保健机构	是				
儿童保育园以及幼儿园	是				
小学和中学	是				
大学及职业教育学校		是			
商店		是			
公共文化设施		是			
室内体育场馆等竞技场所		是			
餐厅		是			
酒吧及夜总会等公共娱乐场所		是			
赌博场所					是
酒店公共区域		是			
酒店客房		是			
监狱和拘留所及其公共区域				是	

续表

	完全禁烟区	限制吸烟区	不限制吸烟区	不确定区域	不适用区域
火车、公共汽车等候站等公共区域	是				
出租车	是				
飞机	是				
船舶	是				
其他交通设施		是			

5）阿曼政府对烟草广告、促销以及赞助行为的规定（见表 9-40）

表 9-40　阿曼政府对烟草广告、促销以及赞助行为的规定（资料更新至 2016.12）

	完全禁止	部分禁止	允　许	不　确　定	不　适　用
国内电视台及广播电台	是				
国内报纸及纸质期刊	是				
国内其他类型的印刷媒体	是				
国际电视台及国际广播电台				是	
国际报纸及纸质期刊				是	
互联网络	是				
专业互联网销售网络			是		
户外广告	是				
烟草产品销售点的广告	是				
烟草产品销售点的产品展示			是		
自动售货机			是		
传统电子部件	是				
电话和移动通信	是				
品牌标识	是				
免费发放的烟草制品				是	
促销礼品	是				
与体育比赛相关的产品	是				
直接针对消费者个人的广告宣传		是			
品牌延伸				是	
反向品牌延伸			是		
类似玩具的烟草制品	是				
类似糖果的烟草制品	是				

11. 阿塞拜疆

1）阿塞拜疆将禁止烟草广告

2013 年 6 月底，阿塞拜疆政府决定，修订政府此前所制定的控烟法案，将禁止烟草和烟草制品的广告列入新修订的控烟法案条款之中。

新修订的控烟法案内容将包括：禁止在国内的各类公共媒体上刊登烟草广告、烟草制品及其相关产品的广告，另外，电子烟、卷烟纸以及打火机等也不得进行广告宣传。该议案经阿塞拜疆议会讨论通过后即可付诸实施。

阿塞拜疆政府卫生部门一位名叫 Musa Guliyev 的官员在接受当地媒体记者采访时称，目前该国的吸烟率仍然偏高。

根据世界卫生组织所进行的数据调查表明，近年来阿塞拜疆政府在实施了较为严格的控烟措施之后，其吸烟率仍较高，在全球的吸烟率排名中位列第 85 位，在人均消费烟草制品的数量方面，其排名则更靠前，位列第 22 位。此外，阿塞拜疆未成年人吸烟率有趋于增长的势头，这已经引起了政府卫生健康部门的高度关注。

2）阿塞拜疆卫生部门建议政府修订控烟法案

2014 年，阿塞拜疆的一些卫生健康专家以及反烟人士向政府部门提出建议指出，政府应该修订 2010 年制定的控烟法案，以进一步降低该国的吸烟率。

政府卫生健康部门的统计数据显示，目前该国成年男性中，有近 50%的人经常吸烟，其中有 40%的成年烟民每天的吸烟量在一盒(20 支装)以上。为此，卫生健康人士建议政府修订控烟法案，他们着重建议修订的条款为：如果家中有未成年人，禁止成年烟民在自己的家里吸烟，对于违反者应该给予重罚。事实上，早在 2013 年，阿塞拜疆政府已经修订过控烟法案，但上次所修订的控烟法案只涉及禁止烟草制品做广告。

3）阿塞拜疆政府计划对包括烟草在内的多种转基因产品实施贸易禁令

2015 年，阿塞拜疆政府决定，计划对包括烟草、棉花及其制品在内的多种产品实施进口贸易的禁令。

据介绍，此次政府所作出的禁令只是针对此类产品的转基因产品，以及通过基因改良或者是利用生物技术基因工程方法所生产的产品，这些产品包括烟叶、棉花以及用于生产酒类产品的原料如葡萄等。

事实上，在没有出台该禁令之前，阿塞拜疆政府就已经出台规定并禁止转基因产品在食品生产中的应用，同时也禁止此类产品进入该国的市场。然而，由于政府监管不到位，专家们认为此类产品可能已经进入到了阿塞拜疆国内的市场上。

12. 塞浦路斯

1）塞浦路斯将修订其控烟法案

2009 年，塞浦路斯政府计划对其目前所实施的控烟法案进行修订，预计新修订的控烟法案将于 2010 年正式实施。

据该国卫生部门人士介绍，自 2002 年政府制定控烟法案以来，就没有对其进行修订，此次新修订的控烟法案将禁止人们在封闭的公共场所内吸烟。但塞浦路斯餐馆业协会一位名叫 Phytos Thrasivoulou 的负责人称，政府应该考虑在一些公共场所，如餐馆、酒吧及夜总会等封闭的公共场所允许烟民在指定的吸烟区内吸烟。

塞浦路斯议会计划修订此前政府所出台的禁烟令，着重要修订的条款是公共场所禁止吸烟的范围。

另据来自 Cyprus Mail 的消息表明，新修订的禁烟令对营业面积大于 70 平方米的公共服务与娱乐场所的禁烟令有所放松，政府将允许这些经营场所的经营者将其营业面积的一半设置为吸烟区，以供吸烟者在此娱乐时使用。分析人士认为，政府新修订的禁烟令出台之后，该国的卷烟销售量将会增长。

2）2016 年塞浦路斯再次修订控烟法案

2016 年 7 月份塞浦路斯政府修订了该国的控烟法案，新修订的控烟法案规定，将重新调整吸烟有害健康警示图片占烟盒面积的比例，即在原来的基础上将这些警示图片所占烟盒正面以及背面的面积提高到 65%。

另外，新修订的控烟法案还规定，禁止在该国生产和销售自行调制的具有特殊香味的卷烟和自卷烟用烟丝，卷烟生产商要向政府卫生监管部门通报其所生产的烟草制品中详细的添加成分，同时也不允许生产和销售每盒少于 20 支装的卷烟产品以及小于 30 克包装的自卷烟用烟丝。

3）塞浦路斯提高烟草税率

2016 年，塞浦路斯议会通过了一项新的增税议案，以提高政府的财政收入，削减财政赤字。

新的增税方案规定，对原来没有征收增值税的普通食品和药品，再加征 5%的增值税，同时还提高了水电价格,并上调了烟草制品和饮料的增值税。

数据显示,在烟草制品的税率提高17.3%之后,每年可以为政府带来2.1亿欧元的税收收入。

13. 土耳其

1）禁烟令使土耳其传统茶馆受到影响

2009年,由于受到严格的禁烟令影响,目前土耳其传统的茶馆生意受到严重的影响,业内人士称,如果政府不放宽对于茶馆等公共场所的禁令,在不久的将来,至少一半的茶馆难以再继续经营下去。

统计数据表明,目前在土耳其国内,大约有10万家规模不等的茶馆,在政府实施严格的禁烟令之后,这些茶馆的平均上座率下降了近一半,其经营形势每况愈下。而在土耳其这样一个有着茶文化的国家,70%的成年男性则经常吸烟,而这部分人中的大多数又经常到茶馆消费,因此,在政府的控烟措施出台之后,他们中的很多人则很少去茶馆消费了。

土耳其公共卫生协会在国内民众中就是否完全支持在室内公共场所禁烟进行了问卷调查,结果表明,大多数的公众支持政府实施禁烟措施。

该协会的统计数据表明,在被抽查者当中,有89.9%的室内公共场所工作人员支持政府的禁烟令,与此同时,有高达85.9%的顾客也赞成政府在室内公共场所实施禁烟。

目前,土耳其国内成年人的整体吸烟率在30%左右,政府此举的目的就是要降低其国民的吸烟率。

土耳其统计部门的统计数据表明,目前在其成年男性人口中,大约有一半的人每天的吸烟量在15支左右。数据显示,有48%的成年男性及15%的成年女性经常吸烟。

土耳其政府部门的这项统计是按照世界卫生组织及疾病预防控制中心的要求来进行的,到目前为止,这项有关烟民数据的调查工作已在全球的14个国家和地区展开。此次调查活动,除了调查成年人的吸烟率之外,还将对吸烟者每天的平均吸烟量,不吸烟者每天暴露在烟气环境中的时间,希望戒烟者对戒烟产品的需求及人们对吸烟影响健康的关注度进行调查。

土耳其官方的统计数据表明,2008年下半年,该国的吸烟率较上年同期相比下降了1.1%。安那托利亚通信社对此进行报道称,政府实施更多、更加严格的控烟措施是其卷烟销售量下降的主要因素。

从2008年7月份开始,政府就修订了其控烟法案,扩大了禁止吸烟的范围,在一些室内公共场所,如餐馆及酒吧等地都实施了严格的禁烟令。

2）土耳其于2010年实施图片警示措施

为了加大控烟力度,降低民众的吸烟率,土耳其政府决定,于2010年再次修订其控烟法案,正式实施在卷烟包装上印制吸烟有害健康的警示图片及警示语的法案。

土耳其烟草制品及酒类市场管理委员会负责人 Mehmet Kucuk 在接受当地媒体记者采访时称,在2010年6月30日以前这个过渡期内,卷烟零售商还可以销售以前在卷烟包装上没有印制警示图片及警示语的卷烟制品,但在过渡期之后,在土耳其国内销售的所有卷烟制品,其包装上必须带有吸烟有害健康的警示语及警示图片。

在土耳其经营烟草业务的PHILSA烟草公司、菲利普·莫里斯烟草国际公司以及英美烟草公司向土耳其当地的法院提出法律诉讼,要求政府修改其控烟法案,缩小此前所规定的在卷烟外包装上印制图片警示的面积。

据介绍,此前,土耳其政府出台了新的控烟法案,已于2010年元月份开始实施,该控烟法案规定,在该国卷烟市场上所出售的卷烟制品,其包装上的吸烟有害健康的警示图片所占包装的面积至少为65%,但有些烟草经销商们认为,警示图片所占的面积太大,卷烟制品的商标图案已不能印制在卷烟制品的包装上,因此要求政府修改其控烟法案,缩小警示图片的面积。

自土耳其政府修订了其禁烟令之后,有数百名土耳其人在首都安卡拉街头进行抗议活动,他们反对在酒吧和餐馆禁烟。多数抗议者是酒吧老板,他们要求允许在上述地区设立吸烟区。

3）土耳其将出台禁止展示卷烟制品的禁令

2011年,土耳其政府计划出台禁止展示卷烟制品的禁令,这意味着,在该禁令出台之后,卷烟制品将不准在零售商店的货架上展示出售。

据土耳其卫生部部长称，新的禁止卷烟零售商展示卷烟制品的禁令，是政府对烟草制品市场进行监督管理即将实施的新的控烟法规的一部分。一旦生效，销售商必须执行。

土耳其政府将出台新的控烟措施，主要修订的条款为禁止卷烟零售商在其零售商店内展示其所出售的卷烟制品。

另据来自当地媒体的消息表明，政府卫生部部长在接受记者采访时称，卷烟零售商不能将所出售的卷烟制品放置于敞开式的货架上，必须将其放置于消费者看不到的地方，这样就可以减少消费者的购买欲。

4）土耳其仿效西方国家出台卷烟制品素面包装措施

西方一些发达国家和地区，如澳大利亚、英国、美国部分地区在讨论卷烟制品素面包装的同时，也影响到了世界上其他一些国家控烟政策的制定。

为了降低国民的吸烟率，减少各类烟草制品的消费量，土耳其政府也在极力弱化国内卷烟市场上所销售的各类卷烟制品的包装、品牌效果，为此，政府在 2010 年制定了新的控烟措施，规定从 2010 年 7 月 1 日起，在其境内所出售的各类烟草制品，其小盒包装上，吸烟有害健康的警示图片及警示语要占到其正面的 75%，烟草生产商们仅可以在剩余 25%的范围内展示其品牌名称。但他们所库存的卷烟制品可以在规定的时间内进行销售。

对政府此项新的控烟措施，有关人士分析认为，就目前对卷烟制品包装的新规定，对原有的卷烟品牌影响不大，但是，卷烟生产商要想在该国的卷烟市场上再推出新的品牌就有很大困难。

土耳其卫生健康部门的统计数据显示，自 2008 年以来，该国的吸烟率一直呈现出下降的趋势，在 15 岁以上的人群当中，其吸烟率已经降低至 27%，与 2008 年的 31.3%相比下降幅度较大。

此次调查发现，在 15 岁以上的男性人群当中，吸烟率已由 2008 年的 47.9%下降到了目前的 41.4%。

在 25 岁至 34 岁年龄组的人群当中，其吸烟率已从 2008 年的 40.3%下降到了目前的 34.9%；在 35 岁至 44 岁年龄组人群当中，吸烟率也从 2008 年的 39.6%下降到了目前的 36.2%。

5）土耳其修订其控烟法案

为了降低吸烟率，2013 年，土耳其政府再次修订了控烟法案，新修订的法案规定，在封闭的公共场所禁止吸烟，驾驶员在驾驶私家车时，也将被禁止吸烟，违者将被处以罚款。另外，在露天的公共场所如咖啡吧等也将禁止吸烟，电子烟因被归为烟草制品的类别而受到限制。

在此次的控烟法案修订过程中，政府对酒类制品的生产与销售也出台了相应的限制性措施，规定，使用酒类制品的危险警告标示也将被强制印制在酒类制品的外包装上。

受政府实施严格控烟措施的影响，近年来，土耳其公众吸烟人数下降幅度明显。

土耳其当地媒体援引世界卫生组织的数据表明，该国成年人的吸烟率已由 2008 年的 32.2%下降到了 2012 年的 27.1%，烟民人数也由当年的 1600 万人下降到了 2012 年的 1480 万人。

世界卫生组织的报告指出，虽然土耳其有着悠久的烟草种植历史及烟草文化，然而，该国公众尤其是成年男性的吸烟率已经呈现出明显下降的趋势。

数据显示，该国男性的吸烟率已从 2008 年的 47.9%下降到了 2012 年的 41.5%，而成年女性的吸烟率也由 2008 年的 15.2%下降到了 2012 年的 13.1%。

6）土耳其提高卷烟税率

从 2014 年 1 月份开始，土耳其政府提高了部分快速消费品的税率，其中包括烟草制品及酒类制品。

政府提高税率之后，在该国卷烟市场上，每盒卷烟的市场零售价格将会在原来的基础上提高 16%，达到每盒 3.75 土耳其里拉(约合 1.26 欧元)。

另外，此次提高税率的商品还有酒类产品、家用小汽车和移动电话等电子设备，政府财政部门就此次提高税率并没有向公众解释原因。

于土耳其政府近年来大幅度提高了各类烟草产品的税率，使得该国的卷烟销售量与消费量呈现出逐年下降的趋势。然而，政府从烟草业所获得的税收额却大幅度增加。数据显示，自 2008 年至 2013 年，该国的卷烟税率在原来的基础上增长了 100%。

另据来自土耳其烟草与酒类产品管理局的消息，自政府修订控烟法案，在公共场所制定严格的控烟措施之后，该国卷烟消费量呈现出下降的趋势。

世界卫生组织的调查数据表明，自 2008 年以来，土耳其成年烟民数量在原来的基础上减少了 120 万人，目前该国的烟民总人数为 1480 万人。

尽管土耳其烟民的消费量下降，然而，政府从烟草业所获得的税收额却处于增长的势头，由 2008 年的 52 亿美元增长到了 2013 年的 102 亿美元。

7）土耳其提高烟草制品税率

为了减少消费者对各类烟草制品的购买量，从 2015 年 1 月 1 日开始，土耳其政府提高了各类烟草制品的税率，烟草贸易商们则趁此机会适当提高了产品的市场零售价格，有分析人士指出，新年伊始，烟草消费者的经济负担又加重了。

数据显示，在政府提高烟草制品的税率之后，该国卷烟平均的市场零售价格（每盒 20 支装）在原来的基础上又增加了 0.5 新土耳其里拉。政府财政部门称，在此次增税之后，预计政府 2015 年从烟草业所获得的税收额将会在 2014 年的基础上增加 19 亿新土耳其里拉。

8）土耳其政府加强控烟执法力度

自 2009 年土耳其修订了此前所出台的控烟法案之后，加强了在公共场所控烟的执法力度，经过多年的努力，目前在欧洲 34 个国家的控烟排名当中，名次已经往前提升了多位，由原来的排名靠后提升到了 2013 年的排名第 5 位。

2013 年，由世界卫生组织所公布的一项调查结果表明，由于土耳其政府加强了公共场所控烟的执法力度，从而使得该国公共场所吸烟者比例已经呈现大幅度下降的趋势。数据显示，自 2009 年至 2013 年，土耳其公共场所对违反规定的吸烟者所处罚的金额高达 6300 万土耳其里拉。

土耳其政府公共卫生部部长在接受媒体记者采访时称，政府计划在 2014 年第三季度修订并出台更加严格的控烟法案——对卷烟产品实施素面包装的政策；同时也禁止在露天的公共场所吸烟。

这位部长称，在修订政府此前所制定的控烟法案时，还要对卷烟的销售范围进行限制。计划新修订的控烟法案规定，在学校周围 100 米的范围内，禁止出售一切类型的烟草制品。分析人士指出，如果该控烟法案付诸实施，将会导致占目前卷烟零售店总数 17％的业主不得不关闭其零售店。

土耳其政府卫生部对外宣称，计划新修订的控烟法案将于 2014 年 9 月份出台并付诸实施。

2015 年 1 月份，世界卫生组织发布的一份报告表明，近年来土耳其政府的控烟活动取得了明显的效果。数据显示，自 2008 年政府实施严格的控烟法案以来，该国的吸烟率明显下降，2013 年该国的吸烟率在 2008 年的基础上下降了 13.4％。

另外，政府计划在未来几年将再次修订其控烟法案，争取到 2018 年，使目前吸烟者的戒烟率达到 60％以上。

9）土耳其政府计划修订多项控烟法案

为了降低公众的吸烟率，减少低烟民数量，土耳其政府计划实施多项新的控烟法案修订案。

据介绍，将于 2015 年 3 月份修订的控烟法案包括以下议案：强化购买烟草制品的管理，对于每一位购买烟草制品的消费者，在购买前必需出示他们的身份证件，对于向 18 岁以下出售烟草制品的经营者，政府将对其进行严格的处罚；禁止烟草制品零售商出售单支卷烟；在购物中心和电影院出入口也将严格禁止消费者吸烟。

另外，将于 3 月份修订的控烟法案最重要的一点在于，政府不再鼓励农民的烟叶生产，对于那些主动放弃烟叶种植的烟农，政府将为其提供替代烟叶种植的其他农业经济作物。

土耳其政府对于烟草业的一些做法，使得一些分析人士认为该国政府放宽了对于烟草业的某些限制。

另据来自当地媒体的消息表明，2016 年 8 月份，作为成员之一，在土耳其有烟草经营业务的菲利普·莫里斯烟草国际公司参加了由该国政府代表团所组织的全球商业路演活动，旨在宣传土耳其国内的商业环境。

另外，近年来土耳其政府没有能够很好地控制该国的吸烟率，且由于政府逐年提高卷烟产品的税率，使得该国合法卷烟产品的销售量下降，而非法走私以及假冒卷烟产品的交易量却处于增长的趋势，对此，有分析人士认为，土耳其政府可能会放宽对于烟草业的某些限制。

10）土耳其计划从 2017 年开始实施烟草制品素面包装

土耳其政府正在考虑实行烟草制品素面包装的政策及其他的控烟措施，并已决定自 2017 年就开始实施更加严格的烟草制品的素面包装政策。另外，烟草零售商们也不得将所出售的烟草制品展示给消费者，即卷烟小盒只能放在封闭的包装箱中。

对此，土耳其政府卫生部门一位负责人在接受媒体记者采访时称，烟草制品素面包装的措施是世界卫生组织推荐给各缔约方实施的一项有效的控烟措施，澳大利亚政府早在 2012 年底已经开始推行此项控烟政策。事实上，土耳其政府早已于 2009 年就出台了严格的室内公共场所禁烟政策。

11）土耳其政府烟税额大幅度增加

由于土耳其政府近年来大幅度提高了各类烟草产品的税率，使得该国的卷烟销售量与消费量呈现出逐年下降的趋势。然而，政府从烟草业所获得的税收额却大幅度增加。数据显示，自 2008 年至 2013 年，该国的卷烟税率在原来的基础上增长了 100％。

另据来自土耳其烟草与酒类产品管理局的消息，自政府修订控烟法案，在公共场所制定严格的控烟措施之后，该国卷烟消费量呈现出下降的趋势。

世界卫生组织的调查数据表明，自 2008 年以来，土耳其成年烟民数量在原来的基础上减少了 120 万人，目前该国的烟民总人数为 1480 万人。

尽管土耳其烟民的消费量下降，然而，政府从烟草业所获得的税收额却处于增长的势头，由 2008 年的 52 亿美元增长到了 2013 年的 102 亿美元。

12）土耳其公共场所以及工作场所禁烟情况（见表 9-41）

表 9-41　土耳其公共场所以及工作场所禁烟情况（资料更新至 2016.01）

	完全禁烟区	限制吸烟区	不限制吸烟区	不确定区域	不适用区域
所有工作场所		是			
政府办公区域	是				
医院	是				
居民区卫生保健机构的公共活动区域		是			
居民区卫生保健机构的病房区域		是			
非居民区的卫生保健机构	是				
儿童保育园以及幼儿园	是				
小学和中学	是				
大学及职业教育学校	是				
商店	是				
公共文化设施	是				
室内体育场馆等竞技场所	是				
餐厅	是				
酒吧及夜总会等公共娱乐场所	是				
赌场					
酒店公共区域	是				是
酒店客房		是			
监狱和拘留所及其公共区域		是			
火车、公共汽车等候站等公共区域	是				
出租车	是				

续表

	完全禁烟区	限制吸烟区	不限制吸烟区	不确定区域	不适用区域
飞机	是				
船舶		是			
其他交通设施	是				

13）土耳其政府对烟草广告、促销以及赞助行为的规定（见表 9-42）

表 9-42　土耳其政府对烟草广告、促销以及赞助行为的规定（资料更新至 2016.01）

	完全禁止	部分禁止	允　许	不　确　定	不　适　用
国内电视台及广播电台	是				
国内报纸及纸质期刊	是				
国内其他类型的印刷媒体	是				
国际电视台及国际广播电台				是	
国际报纸及纸质期刊				是	
互联网络	是				
专业互联网销售网络	是				
户外广告	是				
烟草产品销售点的广告	是				
烟草产品销售点的产品展示		是			
自动售货机	是				
传统电子邮件	是				
电话和移动通信	是				
品牌标志		是			
免费分发的烟草产品	是				
促销礼品	是				
与体育比赛相关的产品	是				
直接针对消费者个人的广告宣传	是				
品牌延伸	是				
反向品牌延伸	是				
类似玩具的烟草产品	是				
类似糖果的烟草制品	是				

9.2　欧洲

一、北欧地区

1. 芬兰

1）芬兰将全面禁烟

2010 年，芬兰总统对外宣称，该国将实施全面禁烟措施，另有媒体报道称芬兰政府的目的在于逐步减少并最终禁止人们对烟草制品的消费。

新出台的控烟措施包括：从2012年开始，禁止卷烟零售商在其零售商店内展示所出售的各类烟草制品，禁止在所有的宾馆及酒店的客房内吸烟；从2015年开始，禁止卷烟经销商利用自动售烟机出售烟草制品。对于向未成年人出售烟草制品的零售商，政府将给予重罚。

2）芬兰水烟消费者数量增长

近年来，芬兰国内的水烟消费者数量明显增长，特别是在首都赫尔辛基地区，增幅更加明显。

芬兰癌症协会一位负责人称，吸食水烟不会像吸食普通卷烟的消费者那样，受到滤嘴及纤维对人体健康所造成的危害，因此近年来该国水烟的消费者数量一直在增长。

3）芬兰国会议员赞成提高烟草制品税率

芬兰国会大多数议员赞成提高烟草制品的税率，以便给消费者增加经济方面的负担，促使他们戒掉吸烟这一习惯。

据介绍，早在2011年10月份，该国一项调查表明，有80%的国会议员同意芬兰民间反烟组织及肺病协会的意见，加大控烟力度，对烟民在经济上进一步施加压力。

4）芬兰烟草制品展示禁令效果不明显

自芬兰政府实施烟草制品展示禁令之后，其效果并不明显。芬兰日用品贸易协会从菲利普·莫里斯烟草国际公司及英美烟草公司部分零售商处所得到的数据显示，政府的此项禁令出台之后，他们的各类烟草制品的销售量几乎没有受到影响。

据介绍，芬兰政府的烟草制品展示禁令是于2012年年初开始生效的，但实施之后烟草零售业没有受到影响，另外，政府禁止利用自动售货机出售烟草制品的禁令将于2015年开始生效。

5）芬兰修订控烟法案

2013年5月份，芬兰政府修订了控烟法案，新修订的控烟法案内容包括：从2013年6月份开始，禁止在所有的列车车厢内吸烟。自此，芬兰成为北欧地区最后一个禁止在火车上吸烟的国家。

6）芬兰政府扩大烟草制品的征税范围

2016年，芬兰政府财政部门向外界宣布，政府将扩大其对烟草制品的征税范围，对原来的只对传统的烟草制品征税扩展到也将对电子烟产品以及类似的吸烟装置进行征税。

据介绍，在此次政府财政部门调整了其征税产品的范围并确定税率之后，对于电子烟产品，目前所涉及的征税产品仅有电子烟烟液，每毫升烟液的征税额为30欧分。分析人士认为，该征税方案在芬兰生效之后，那些廉价的电子烟液的市场零售价格将会明显提高。

另据来自该国当地的媒体报道，到目前为止，芬兰只允许销售不含烟碱的电子烟烟液，但2016年年底，政府有望允许出售含有烟碱的电子烟烟液。

据介绍，此次政府调整其征税范围，其主要目的就是限制消费，尤其是年轻人对于此类新产品的消费。

2. 瑞典

1）瑞典将提高烟税

瑞典政府做出决定，在其2011年的财政计划中，列入增加卷烟制品税率的内容。

另据来自当地媒体报道称，在政府提高税率之后，烟草制品的市场零售价格将会相应增长，这样，每盒卷烟制品的平均市场零售价格将从目前的48瑞典克朗上涨到51克朗。湿鼻烟的市场零售价格也将从原来的每包47克朗提高到49克朗。

在政府提高烟草制品税率的同时，酒类制品的税率也有所提高，由此导致酒类制品的市场零售价格也略有上升。

2）瑞典建议欧盟取消鼻烟销售禁令

2011年，瑞典政府向欧盟委员会提出建议，希望它能够取消在欧盟各成员国内部所实施多年的鼻烟销售禁令。

据介绍，根据欧盟的规定，瑞典国内允许鼻烟的销售，但在欧盟的其他国家，鼻烟产品是处于被禁之列的。目前欧盟委员会正在修订其控烟法案，在这种情况下，瑞典政府决定在欧盟内部推动对鼻烟的歧视。

瑞典贸易部部长在接受媒体记者采访时称，欧盟所出台的控烟法案，应该是基于严谨的科学与事实之上，同属于烟草制品，对人体健康危害相关较小的烟草制品却遭到禁止，是十分危险的公共政策。

3）欧盟新烟草产品指令影响瑞典鼻烟发展

2013 年，瑞典国家食品与药品管理机构的一位管理人员指出，欧盟新修订的烟草产品指令将会对瑞典鼻烟的发展产生非常不利的影响。

该机构给政府部门的一份分析报告指出，一旦欧盟新的烟草产品指令付诸实施，目前瑞典市场上绝大部分的鼻烟产品将会被禁止生产与销售，会威胁到该国 70%的鼻烟。

瑞典国家食品与药品管理局一位专家指出，欧盟委员会已就鼻烟产品规则的制定成立了一个专门小组，瑞典火柴公司已就此事向政府部门提出建议，要求瑞典政府对该专门小组进行游说活动。

4）欧盟计划禁止瑞典湿鼻烟

欧盟委员会在其所新修订的烟草产品指令中，有意列出了瑞典湿鼻烟——SNUS 生产中所使用的香精等成分。对此，瑞典火柴集团公司的发言人称，这表明欧盟计划禁止 SNUS 的生产与销售。

瑞典一家法院对电子烟在该国的生产与销售做出裁决，此类产品应该归类为医药产品，因此，生产商与销售商只有在获得瑞典医药产品管理局的批准后方可生产与销售。这一裁决意味着，今后电子烟在瑞典的超市和便利店销售是一种违法行为。

对此，瑞典医药产品管理局一位名叫 Martin Burman 的负责人在接受媒体记者采访时称，今后他们将加大对电子烟的监管力度，以保护公众的身体健康，同时这位负责人也承认，电子烟是普通烟草产品的替代品，但电子烟生产商们所生产的产品需要获得政府部门的批准。

对于电子烟产品的进口贸易，瑞典医药产品管理局表示，他们在今后的工作中将会加强这方面的监管，并与海关部门进行联合执法检查，杜绝此类产品在监管力量薄弱的小商店内出售。

5）美国 FDA 不允许瑞典火柴公司宣传其口含烟产品为减害产品

2015 年，美国食品与药品管理局（FDA）烟草产品科学顾问委员会没有批准瑞典火柴公司新产品的上市申请，同时也不允许该公司对其计划新推出的口含烟产品进行减害方面的宣传，不允许在其包装上印制减害标签。烟草产品科学顾问委员会认为，瑞典火柴公司所提供的健康警示说明，并没有充分传达出他们所申请的这种口含烟产品对消费者健康的危害性。

对此，美国食品与药品管理局烟草制品科学顾问委员会还要进行深入研究，以确定如何来宣传口含烟产品的危害性。

6）瑞典法院判定国家药品管理局无权管理电子烟

2016 年 2 月份，瑞典最高法院对一宗有关国家药品管理机构是否有权对电子烟进行监管的诉讼案进行了裁决，最后法院裁定，国家药品管理局没有权力对电子烟产品的销售实施监管。

另据来自瑞典当地媒体的消息表明，瑞典最高法院在此次的裁决中，法官认为，电子烟产品不是一种药品，因此瑞典政府的药品管理机构无权对于电子烟产品的生产、销售以及公众的消费进行监管。事实上，在此之前，瑞典法院曾做出判决称，电子烟产品并不能用于疾病的治疗，因此政府的药品管理机构不可能对此类产品进行监管。

瑞典政府卫生部门称，已计划对控烟法案进行修订，其主要修订内容是加强对电子烟等新型烟草制品的监管，以保护消费者的身体健康。

据介绍，政府计划修订的控烟法案规定，在瑞典，只有 18 岁以上的成年人才可以购买电子烟产品，原来政府规定的可以消费电子烟的公共场所，如餐厅，酒吧等也将全面实施电子烟禁令，其执行力度与普通卷烟产品同等。

据介绍，此前瑞典政府控烟法案中，禁烟的相关条款仅限于含有烟草的各类烟草制品，电子烟产品中虽然含有烟碱，却因为不含烟草而没有被列入政府的禁烟令之列。即将实施的控烟法案修订案，不仅将电子烟产品与其他普通类型的卷烟一视同仁，另外还将对瑞典国内所生产的以及进口的电子烟出台新的规定，进一步加强了对电子烟的进口管理。

7）瑞典成年人吸烟率下降

2016 年，瑞典公共卫生界一位名叫 Andy Coghlan 的研究人员发表在该国新科学家杂志上的一篇分析文章显示，近年来，随着政府实施了越来越严格的公共场所禁烟措施，成年人的吸烟率下降明显，尤其是在 30 至 44 岁的人群当中，其吸烟率下降了 5%左右。

这位研究人员的抽样调查数据显示，瑞典吸烟率在欧盟成员国中是比较低的，与欧盟男性成年人中 25%的吸烟率相比，瑞典的男性成年人中每天吸烟的消费者仅有 8%。成年女性的吸烟率也明显低于欧盟成年女性的吸烟率。

分析人士认为，瑞典近年来吸烟率呈现下降趋势，也可能与含烟产品在瑞典的消费有关，一部分消费者用含烟产品替代了普通的烟草产品。

8）北欧部分国家计划提高烟税

受国际控烟形势的影响，北欧部分国家计划提高多种类别烟草制品的税率，以降低本国的烟草消费量。

全球鼻烟的主产国——瑞典政府近日对外宣布，计划于 2015 年提高鼻烟产品的税率，在目前的基础上提高 12%，对于普通卷烟产品，由于该国卷烟的销售量与消费量相对较低，2015 年的增税幅度没有鼻烟产品高，为 5%。挪威政府近日也向外界公布了 2015 年该国不同类别烟草制品的增税方案，鼻烟以及普通卷烟的增税幅度均为在目前的基础上提高 2%。

另外，瑞典火柴公司为了提高其鼻烟产品的销售量，提出的营销口号就是：一个没有卷烟的世界，希望以此来吸引普通的卷烟消费者消费鼻烟产品。

9）瑞典公共场所以及工作场所禁烟情况（见表 9-43）

表 9-43　瑞典公共场所以及工作场所禁烟情况（资料更新至 2016.01）

	完全禁烟区	限制吸烟区	不限制吸烟区	不确定区域	不适用区域
所有工作场所		是			
政府办公区域		是			
医院		是			
居民区卫生保健机构的公共活动区域		是			
居民区卫生保健机构的病房区域			是		
非居民区的卫生保健机构		是			
儿童保育园以及幼儿园		是			
小学和中学		是			
大学及职业教育学校		是			
商店		是			
公共文化设施		是			
室内体育场馆等竞技场所		是			
餐厅		是			
酒吧及夜总会等公共娱乐场所		是			
赌场		是			
酒店公共区域		是			
酒店客房		是			
监狱和拘留所及其公共区域	是				
火车、公共汽车等候站等公共区域		是			
出租车				是	

续表

	完全禁烟区	限制吸烟区	不限制吸烟区	不确定区域	不适用区域
飞机		是			
船舶		是			
其他交通设施		是			

10）瑞典政府对烟草广告、促销以及赞助行为的规定（见表 9-44）

表 9-44　瑞典政府对烟草广告、促销以及赞助行为的规定(资料更新至 2016.01)

	完全禁止	部分禁止	允许	不确定	不适用
国内电视台及广播电台	是				
国内报纸及纸质期刊	是				
国内其他类型的印刷媒体	是				
国际电视台及国际广播电台	是				
国际报纸及纸质期刊				是	
互联网络		是			
专业互联网销售网络			是		
户外广告	是				
烟草产品销售点的广告		是			
烟草产品销售点的产品展示			是		
自动售货机			是		
传统电子邮件	是				
电话和移动通信	是				
品牌标志	是				
免费分发的烟草产品	是				
促销礼品	是				
与体育比赛相关的产品	是				
直接针对消费者个人的广告宣传	是				
品牌延伸		是			
反向品牌延伸			是		
类似玩具的烟草产品			是		
类似糖果的烟草制品			是		

3. 挪威

1）挪威禁止陈列烟草制品

2010 年，挪威零售商店将禁止在收款处陈列烟草制品，这类烟草制品必须藏在零售商店的柜台下面消费者看不到的地方。该禁令还将影响到机场和国际轮渡的免税商店。

世界卫生组织的官员对挪威政府提出建议，认为政府部门应该出台更加严格的控烟措施，禁止人们在其私人住宅内吸烟，从而可以对儿童进行更好的保护。世界卫生组织的官员认为，在私人住宅内，儿童被动吸烟的问题尤其严重。

挪威政府卫生部门的官员对世界卫生组织的建议回应称，在过去的几年内，挪威国内的反烟运动日益减弱，但政府会考虑制定更加严格的控烟法案，以保护不吸烟者的利益。

挪威政府对外宣布，政府将适当提高购买烟草制品的合法年龄，由原来的法定年龄 18 周岁可以购买烟草制品提高到 20 周岁。

另外，挪威卫生和社会事务部的官员认为，为了提高挪威公民的身体健康，政府可以通过提高征收烟草制品、酒类制品及其他一些不健康食品的税率而达到这一目的。

2）挪威提高控烟费用

2011 年，为了抑制烟民对各类烟草制品的消费，挪威政府决定，从 2012 年开始，提高政府在控烟方面的费用开支，总额增加至 1900 万挪威克朗。

另外，政府还将通过提高烟草制品税率来抑制烟草消费。数据显示，政府 2012 年提高了财政预算额度，所增加的部分包括对鼻烟增税 1.1%，对卷烟及雪茄烟制品增税 1.8%。

2012 年，挪威政府公共卫生部门发起了一项名为“戒烟时间已到”控烟活动，其目的在于在全国范围内开展控烟运动。

据介绍，目前在挪威国内，每年有 5100 人死于与烟草有关的疾病，此前，政府财政部门已支出高达 1900 万挪威克朗的资金，专门用于控烟活动。

该国卫生部门一位官员称，抽样调查显示，目前许多吸烟者还没有意识到吸烟给他们所带来的健康风险。

3）挪威青年烟民鼻烟消费量增长

2011 年，挪威青年烟民的数量减少，而消费鼻烟的人数及消费量却在增长。

数据显示，去年该国青年烟民的比例已由 2010 年的 19%下降到了 17%，青年烟民的数量因此而减少了 80000 余人。在 16 至 24 岁的人群当中，其吸烟率也由 2010 年的 11%下降到了 2011 年的 10%。

在普通类别卷烟制品消费量下降的同时，鼻烟产品的销售量及消费量却处于增长的趋势。数据显示，目前鼻烟的消费者已占到了挪威烟民总人数的 8%，在 16 至 24 岁的人群当中，鼻烟消费量的增长尤其突出，在他们当中，鼻烟消费者已占到该人群烟民总数的 25%。

4）挪威健康卫生组织呼吁禁烟

2013 年 6 月中旬，挪威心脏及肺病患者组织向政府部门提出建议称，政府应该加大控烟力度，力争使挪威成为一个无烟国家。

该组织负责人 Frode Jahren 先生在接受当地媒体记者采访时称，政府应该正视吸烟有害公共健康这一基本事实，同时，吸烟也是导致人们过早死亡的一个最主要的危险因素。另外，挪威国家公共卫生研究机构的数据显示，近年来在挪威国内，每年约有 5100 人死于与吸烟相关的疾病，另外许多人的死亡原因与被动吸烟有关。

同时，该机构也承认，虽然吸烟者的数量自 1973 年以来明显减少，但到目前为止，还有 100 余万挪威成年人经常吸烟。

挪威政府向外界宣布，政府计划仿效澳大利亚的做法，对部分烟草制品实施素面包装的政策，以进一步降低该国的吸烟率。

对于挪威政府的这一表态，国际抗癌联盟表示支持，并称挪威政府计划实施的烟草制品素面包装政策，将其范围扩展到了无烟气烟草制品的包装，这对于北欧各国未来的控烟政策将具有较好的示范效应。

挪威癌症协会一位名叫 Anne Lise Ryel 的负责人在接受媒体记者采访时称，政府计划实施的卷烟产品以及无烟气烟草制品素面包装的政策主要是希望能够以此来降低青年人的吸烟率。

5）世界贸易组织关注挪威政府计划实施的卷烟素面包装法案

2015 年，世界贸易组织在其网站上发表声明指出，该组织对挪威政府计划实施的烟草制品素面包装措施表示关注。

据介绍，早在今年 1 月份，挪威政府就向外界宣布，政府计划仿效澳大利亚的做法，对烟草制品实施素面包装的政策，以进一步降低该国的吸烟率。

世界贸易组织称，他们已经关注到挪威政府卫生与健康部门的提议，即要求政府出台措施对在该国所出售的所有烟草制品实施标准化的包装。由于挪威政府的此项措施还尚在计划之中,因此世界贸易组织对此并没有发表任何评论。

另据来自挪威当地媒体的消息表明,政府计划实施的烟草标准化包装,要求烟草生产商们统一其烟草制品包装的设计、禁令标示、商标、图案及颜色等。

挪威政府计划实施的烟草制品素面包装的计划遭到了来自不同组织与机构的批评。

美国商会驻挪威的代表指责称,政府计划实施的烟草制品素面包装法案,不允许烟草生产商们在其产品的外包装上印制商品名称以及公司的标示,这严重侵害了烟草生产商们的知识产权等合法权利。

事实上,早在多年前,挪威政府就已经实施了严格的控烟法案,禁止消费者在公共场所吸烟,同时政府还修订控烟法案,禁止零售商展示自己所出售的各类烟草制品,政府希望烟草制品素面包装的法案到2015年年底能够出台并实施。

6)挪威将实施素面包装措施

挪威政府卫生部部长向外界宣布,该国政府已经修订了其控烟法案中的部分条款,计划于2017年7月份开始正式实施烟草制品素面包装的法案。

据介绍,此次挪威政府所实施的素面包装的法案规定,在该国市场上生产及出售的卷烟产品以及雪茄烟产品,其外包装必须使用统一的绿褐色包装,以仿效之前澳大利亚以及英国政府的做法,进一步降低烟草制品包装对于消费者的吸引力。

另外,对于电子烟以及蒸汽烟产品,政府在此次的控烟法案修订案中也做出了严格的规定,即从2017年7月份开始,禁止消费者在公共场所消费电子烟产品以及类似的吸烟装置。

7)挪威公共场所以及工作场所禁烟情况(见表9-45)

表9-45 挪威公共场所以及工作场所禁烟情况(资料更新至2016.03)

	完全禁烟区	限制吸烟区	不限制吸烟区	不确定区域	不适用区域
所有工作场所		是			
政府办公区域	是				
医院	是				
居民区卫生保健机构的公共活动区域		是			
居民区卫生保健机构的病房区域		是			
非居民区的卫生保健机构	是				
儿童保育园以及幼儿园	是				
小学和中学	是				
大学及职业教育学校	是				
商店	是				
公共文化设施	是				
室内体育场馆等竞技场所	是				
餐厅	是				
酒吧及夜总会等公共娱乐场所	是				
赌博场所	是				
酒店公共区域		是			
酒店客房		是			
监狱和拘留所及其公共区域	是				
火车、公共汽车等候站等公共区域	是				

续表

	完全禁烟区	限制吸烟区	不限制吸烟区	不确定区域	不适用区域
出租车	是				
飞机	是				
船舶	是				
其他交通设施	是				

8）挪威政府对烟草广告、促销以及赞助行为的规定（见表 9-46）

表 9-46　挪威政府对烟草广告、促销以及赞助行为的规定（资料更新至 2016.03）

	完全禁止	部分禁止	允　许	不　确　定	不　适　用
国内电视台及广播电台	是				
国内报纸及纸质期刊	是				
国内其他类型的印刷媒体	是				
国际电视台及国际广播电台	是				
国际报纸及纸质期刊		是			
互联网络		是			
专业互联网销售网络				是	
户外广告	是				
烟草产品销售点的广告	是				
烟草产品销售点的产品展示		是			
自动售货机		是			
传统电子邮件	是				
电话和移动通信	是				
品牌标识	是				
免费发放的烟草制品	是				
促销礼品		是			
与体育比赛相关的产品	是				
直接针对消费者个人的广告宣传			是		
品牌延伸		是			
反向品牌延伸	是				
类似玩具的烟草制品			是		
类似糖果的烟草制品			是		

4. 冰岛

1）数据显示冰岛等国禁止展示卷烟制品的措施效果不佳

2010 年，菲利普·莫里斯烟草国际公司在挑战冰岛禁烟令的同时，专门开设了一个相关的专业网站，其内容除了提供禁止展示卷烟制品的相关详细信息和数据外，还涉及公共健康、成年人吸烟、烟草零售、烟草生产等。

冰岛为全球第一个禁止展示卷烟制品的国家，但数据显示，在实施该禁令之后，该国的吸烟率并没有发生太大的变化，因此，禁止展示卷烟并不会降低当地的烟草制品消费量。

2）冰岛建议将烟草制品作为处方药出售

2011年，冰岛国民议会提出建议称，政府应该对烟草制品实施更加严格的监管措施，把各类烟草制品纳入处方药的监管范围，政府应该出台措施，将烟草制品的出售仅限于药品销售商店，以加强对烟草制品的销售管理。

前卫生部部长Siv Fridleifsdottir在接受媒体记者采访时称，政府一旦出台新的对烟草制品销售的监管措施，将会对烟草制品的消费起到有效的抑制作用，因为即使在机场的免税商店内，也不允许有卷烟出售。

冰岛议会提出一项有关购买卷烟制品的议案，一些议员建议吸烟者要想购买卷烟制品，必须持医生所开出的处方才能到指定的药品商店内进行购买，该议案还建议指出，即使在该国机场的免税商店也不例外。

但该项有关购买卷烟制品的提案引起了相当激烈的争论。

数据显示，在过去的20年时间内，冰岛政府已经将该国的吸烟率降低了一半。到目前为止，该国的吸烟率仅有15%。

冰岛国民议会面临一项议案，要求只允许注册药房出售烟草制品。前卫生部长Siv Fridleifsdottir是该决议案的主要策划者。根据该提案，除了有特殊许可证的药店外，禁售烟草制品。另外他还建议，在限制销售10年以后，再进一步允许向持有医生烟草处方的人销售烟草制品。

3）冰岛政府实施严格的公共场所禁烟令

近年来，冰岛政府严格执行控烟政策，实施严厉的公共场所禁烟令。

据介绍，早在2005年，该国政府就已经签署了由世界卫生组织制定的《烟草控制框架公约》。政府在签署该公约之后，严格按照公约的各项条款，并在几年前就已经修订其控烟法案，对于烟草产品的销售加以严格的监管，禁止经营者向18岁以下的未成年人出售各类烟草产品。

目前冰岛政府实施了较为严格的公共场所禁烟令，在所有的工作场所以及公共场所严格禁止消费者吸烟，尤其是在为未成年人提供服务的场所、学校、卫生保健场所严格执行政府所制定的禁烟令。而对于其他一些公共场所，如酒店所提供给客人的客房内，则允许住宿的客人吸烟。另外，严格禁止在所有的公共交通工具以及这些公共交通工具的等候站内吸烟。

对于烟草产品的广告与促销，政府在其控烟法案中规定，严格禁止所有形式的烟草广告宣传，即使在烟草制品的零售点也不允许做烟草广告，对于烟草商们所提供的赞助活动也在被禁之列。

冰岛政府对于烟草制品的外包装也做出了严格的规定，除了普通的卷烟产品之外，该国政府也对嚼烟产品的外包装做出了具体的限制，其外包装上必须用30%的面积用来印制吸烟有害健康的内容。

4）冰岛公共场所以及工作场所禁烟情况（见表9-47）

表9-47　冰岛公共场所以及工作场所禁烟情况（资料更新至2015.07）

	完全禁烟区	限制吸烟区	不限制吸烟区	不确定区域	不适用区域
所有工作场所		是			
政府办公区域		是			
医院		是			
居民区卫生保健机构的公共活动区域	是				
居民区卫生保健机构的病房区域		是			
非居民区的卫生保健机构	是				
儿童保育园以及幼儿园	是				
小学和中学	是				
大学及职业教育学校		是			
商店		是			

续表

	完全禁烟区	限制吸烟区	不限制吸烟区	不确定区域	不适用区域
公共文化设施		是			
室内体育场馆等竞技场所		是			
餐厅		是			
酒吧及夜总会等公共娱乐场所		是			
赌博场所	是				
酒店公共区域	是				
酒店客房					
监狱和拘留所及其公共区域	是	是			
火车、公共汽车等候站等公共区域	是				
出租车	是				
飞机	是				
船舶		是			
其他交通设施	是				

5）冰岛政府对烟草广告、促销以及赞助行为的规定（见表 9-48）

表 9-48 冰岛政府对烟草广告、促销以及赞助行为的规定(资料更新至 2015.07)

	完全禁止	部分禁止	允许	不确定	不适用
国内电视台及广播电台	是				
国内报纸及纸质期刊	是				
国内其他类型的印刷媒体	是				
国际电视台及国际广播电台				是	
国际报纸及纸质期刊		是			
互联网络	是				
专业互联网销售网络				是	
户外广告	是				
烟草产品销售点的广告	是				
烟草产品销售点的产品展示		是			
自动售货机	是				
传统电子邮件	是				
电话和移动通信	是				
品牌标识	是				
免费发放的烟草制品	是				
促销礼品	是				
与体育比赛相关的产品	是				
直接针对消费者个人的广告宣传	是				
品牌延伸	是				
反向品牌延伸	是				

续表

	完全禁止	部分禁止	允许	不确定	不适用
类似玩具的烟草制品	是				
类似糖果的烟草制品	是				

5. 丹麦

1）丹麦禁止销售电子卷烟

2010年，丹麦政府卫生部门做出决定，将禁止电子卷烟在该国的烟草制品市场上出售。

另据来自丹麦ESMERK新闻通信的消息称，在政府禁止此类电子卷烟之后，在该国国内的药品商店内也不得出售此类卷烟制品。

近期准备在丹麦市场上出售的NYCIGARET牌电子卷烟，不得不改变其销售策略，转向在斯洛文尼亚的市场上出售，不过，经营该电子卷烟的贸易商称，他们将通过互联网的形式向丹麦的消费者出售该品牌的电子卷烟。

2）丹麦零售商协会希望政府提高低价烟烟税

丹麦零售商协会建议政府财税部门能够从实际情况出发，提高低价格卷烟制品的烟税，这样，可以缩小此类卷烟与普通卷烟制品之间的价格差距。

另据来自丹麦Dansk Handelsblad的消息表明，如果政府还按目前的税收措施来对各类卷烟制品进行征税，那么，在普通卷烟与低价格卷烟制品之间，每盒卷烟存在着1.34欧元的巨大价格差。零售商协会认为，这样的税收措施对各方都很不利，因此，他们建议政府能够尽快出台新的税收措施，以便有效缩小卷烟零售价格之间较大的差距。

3）丹麦住房协会欲对吸烟者采取行动

2010年，丹麦住房协会目前正在考虑实施一种新的控烟措施，促使那些吸烟的人从他们所居住的社区内搬出去。

据来自《哥本哈根邮报》的消息报道，住房协会要想实施这样的控烟措施是有很大难度的，因为根据丹麦的法律，住房协会作为一个社会团体组织，它是不应该对吸烟者有所歧视的。即使在目前控烟形势日渐高涨的情况下，在丹麦国内，也没有一部法律支持住房协会实施这样的措施。

北欧国家丹麦的吸烟率已呈现出明显下降的趋势，统计数据显示，2008年，该国成年人的吸烟率为28%，到了2009年，则大幅度下降到了23%。

另据来自哥本哈根邮报的消息表明，目前该国成年男性中，有26%的人经常吸烟，而成年女性的吸烟率仅为21%。上述数据是由丹麦国家健康委员会及癌症协会所提供的。

丹麦政府卫生部门的一项统计数据表明，目前在该国的多数烟民中，有许多人都有放弃吸烟的想法。公共卫生健康部门在2009年10月份至2010年1月份对全国烟民所做的抽样调查表明，有高达40%的烟民有戒烟的打算。该项统计还表明，有10%的烟民曾尝试过戒烟，3%的烟民已戒烟成功。

4）丹麦提高卷烟税率影响卷烟销售

2012年，丹麦政府财政部门一位负责人称，政府在2011年提高卷烟税率之后，将会影响该国烟草制品的销售，他预测称，2012年，该国的烟草制品销售额可能降为13452万丹麦克朗。

丹麦政府提高卷烟税率之后，每盒20支装的卷烟，其市场零售价格已由原来的每盒35丹麦克朗提高到了38丹麦克朗（约合5.11欧元）。

对此，政府财政部门预测称，2012年，丹麦的卷烟销售量将减少6亿支，总销售量预计将降至64.67亿支。

5）丹麦政府控烟措施灵活

丹麦政府十分关注该国的控烟问题，并出版了禁烟方面的宣传小册子，强化了禁烟措施的执行与处罚力度，而对于那些愿意戒烟的烟民，政府则会给予适当的奖励。

在执行禁烟法规时，政府也采取了灵活对待的措施，例如，一个工人操作工具车，如拖拉机、起重机和卡车等，则允许他们在休息时可以吸烟。

6）丹麦政府因违反欧盟烟草制品指令被起诉

2014年，丹麦政府因为未能制止已经被欧盟所禁止出售的鼻烟产品在本国的销售而被欧盟委员会所起诉，欧盟委员会在其起诉书中称，丹麦政府严重违反了欧盟所制定的烟草制品指令。

对此，丹麦政府卫生部门正在考虑如何来应对此次诉讼，并努力修订本国的控烟法案，以期能够使在其控烟法案的条款中加入禁止鼻烟产品在本国销售的法案。根据目前欧盟的法律，在欧盟各成员国内，仅有瑞典作为鼻烟的生产国而被批准生产并销售鼻烟产品，而根据欧盟所制定的烟草制品指令，在欧盟其他成员国则禁止销售鼻烟产品。

最近丹麦议会所做的一项调查表明，目前该国绝大多数公众并不支持政府计划仿效澳大利亚等国的做法——对烟草制品实施素面包装(标准化包装)的政策。

目前，在丹麦的反对党中，仅有社会民主党的负责人赞成政府出台并实施烟草制品素面包装的政策，这位负责人指出，对烟草制品实施标准化的素面包装政策，是为了有效阻止青年人尤其是未成年人吸烟。但也有反对者认为，即使政府实施烟草制品素面包装的政策，也应该给烟草生产商们留出对其品牌装饰进行自主设计的空间。

7）丹麦各方对烟草产品销售展示禁令展开争论

2016年，丹麦社会民主党的一位负责人在接受媒体记者采访时称，为了进一步降低该国的吸烟率，保护消费者尤其是青少年的身体健康，政府计划修订控烟法案，实施零售商店内烟草制品销售的展示禁令，以降低各类烟草制品对消费者的吸引力，减少烟草制品的消费人群数量。

社会民主党的这位负责人称，在烟草制品的零售商店内禁止经营者展示他们所出售的各类烟草制品，可以有效阻止消费者，尤其是青年人购买烟草产品的欲望。

但针对此项建议，丹麦零售商联合会的一位负责人称，烟草制品的展示禁令在其他国家实施后，并没有对烟草制品的销售产生任何的影响，因此不赞成出台该展示禁令。

二、东欧地区

1. *爱沙尼亚*

1）爱沙尼亚卷烟走私情况严重

2015年，爱沙尼亚国内的卷烟走私情况非常严重，近日，该国政府税收与海关部门的一项统计数据表明，仅在与俄罗斯交界地区，他们已经查获了大量的走私卷烟，所涉及的非法走私人员高达5000余人。政府统计部门的数据表明，目前该国卷烟市场上，非法走私烟草制品所占有的市场份额高达20%。

政府公布的信息显示，俄罗斯是爱沙尼亚国内最大的非法走私卷烟的来源地，其次是白俄罗斯和其他一些东欧国家。

2）爱沙尼亚及拉脱维亚吸烟率情况分析

世界经合组织公布了该组织部分成员国家的吸烟率情况分析数据：

截至2014年，爱沙尼亚成年人的吸烟率为26%，其中有高达36.3%的爱沙尼亚成年男性吸烟，有18.3%的成年女性吸烟。另外，虽然政府实施了严格的公共场所禁烟令，但仍然在一些公共场所设置了吸烟室供消费者使用。

拉脱维亚是全球男性吸烟率超过50%的国家之一，截至2014年底该国成年男性的吸烟率高达52%，但其成年女性的吸烟率仅有17.6%。受卷烟价格高的影响，黑市非法卷烟占据该国30%的市场份额，有超过21%的吸烟者称他们曾经购买过非法烟草制品。

3）爱沙尼亚政府部分禁止在零售点展示烟草制品

2016年12月份，爱沙尼亚政府批准了卫生和劳动部门提出的限制烟草制品销售的方案，此方案的主要内容是要禁止在销售点展示烟草制品的包装和所销售产品的品牌名称。

据介绍，政府修订控烟法案可以扩大其监管范围，通过法律预防来减少烟草和烟草制品给消费者健康所带来的危害。

分析人士认为，此次最大的变化是禁止在零售点展示烟草制品包装和品牌名称，但是在专门的零售商店、位于机场和港口封闭区的商店以及在航行途中的国际轮船上所销售的烟草产品除外。

此外，该法案还试图减少电子烟等新型烟草制品的消费。将来电子烟产品可能会被禁止，此类产品在餐厅和商店等所有禁止吸烟的公共区域也会被禁止消费与使用，并且有可能通过法律条款来禁止消费者利用网络购买此类烟草制品。

2. 拉脱维亚

1）拉脱维亚烟草税收下降

2009 年 1 月至 9 月份，拉脱维亚政府由于提高了卷烟制品的价格，从而使得非法烟草制品销售增长，导致合法卷烟制品销售量下降，政府税收收入也随之下降。

统计数据表明，2009 年前 9 个月，政府从烟草业所获得的财政税收与上年同期相比下降了 18%。而合法烟草制品的销售量则下降更多，达到了 39%。分析人士认为，政府提高卷烟价格之后，多数吸烟者选择了购买非法低价的卷烟制品。

2）拉脱维亚非法卷烟贸易量增长

英美烟草公司欧洲地区负责人在接受当地媒体记者采访时称，目前在拉脱维亚的卷烟市场上，非法走私及假冒卷烟制品已占据主导地位。

这位负责人称，英美烟草公司在该国所进行的抽样调查表明，目前在该国的卷烟市场上，有超过 50%的卷烟制品为非法烟草制品，有组织的非法烟草制品犯罪活动，已使得该国卷烟市场受到很大的冲击，合法的烟草制品生产商们的正常经营活动受到了很大的影响。

为了应对非法烟草制品的冲击，一些合法的烟草贸易商们不得不向市场上推出价格较低的卷烟制品，以提高其销售量。

拉脱维亚烟草市场上 50%是走私烟，合法的烟草行业利润难保，因为走私卷烟的价格比合法卷烟低 50%。烟草公司只得供应别的烟制品如小雪茄和烟丝等，因为它们的税率比卷烟低。

3）拉脱维亚吸烟率情况分析

拉脱维亚政府公共卫生疾病与预防中心向外界公布了该国近年来的吸烟率调查报告以及情况分析。结果表明，在该国 15 岁至 36 岁的人群当中，2014 年的吸烟率为 36%，其中，有大约 52%的男性每天均有吸烟的习惯。女性的吸烟率在 2014 年比 2010 年又增长了 3%。

但该中心的调查表明，尽管女性的吸烟率近年来呈现增长的趋势，但该国未成年人的吸烟率则处于下降的趋势，数据显示，2010 年该国未成年人尝试吸烟的比例高达 29%，但到了 2014 年该比例已经下降到了 17%。另外，调查还表明有高达 47%的成年烟民均有戒烟的愿望。

3. 立陶宛

1）立陶宛卫生部建议政府提高烟税

立陶宛卫生部的官员建议，政府应该立即采取措施，大幅度提高烟草制品的税率，以降低烟草制品的消费量。卫生部所提出的增长税方案为：把每 1000 支卷烟的税收额在原来的基础上提高到 14.3 欧元。

另外，卫生部还建议，政府应该从 2007 年春季开始，再次提高卷烟制品的消费税率。议会议员们同时也指出，政府如果实施该增税议案，市场上的卷烟零售价格可能在目前的基础上增长 20%至 25%，这将有助于抑制该国的卷烟消费量。

2）立陶宛卷烟走私数量下降

立陶宛烟草生产商协会所做的一项抽样调查表明，随着政府打击走私卷烟力度的不断加大，近年来该国卷烟走私的数量呈现出逐年下降的趋势。

该协会所做的统计数据表明，在他们所收集到的已经消费过的空烟盒当中，有近 20%的空烟盒为从国外走私进入该国国内市场的非法走私产品，而这个比例在 2010 年时曾高达 42%。分析人士认为，随着该国经济形势的不断好转以及政府执法部门打击走私活动力度的不断加大，从而有效抑制了该国的非法卷烟走私活动。

在欧盟反假冒商品政府组织的协助下，近日，立陶宛海关部门在该国的 Vilnius 地区关闭了一家假冒卷烟生产厂。据海关人员介绍，该厂假冒生产了三种在欧盟卷烟市场上十分畅销的知名卷烟品牌。

海关人员同时也查获了数台卷烟机和包装机，同时也一并查获了大量的烟叶原料、卷烟纸及其他卷烟生产中所使用的原材料。欧盟反假冒商品政府组织的负责人在接受媒体记者采访时称，在过去的 5 年时间内，假冒卷烟在欧盟各成员国一直处于上升的趋势，因此，需要对其进行严厉的打击。

3）立陶宛政府计划提高烟草和酒类产品的税率

立陶宛政府向外界宣布，为了抑制消费者对于烟草制品以及酒类产品的消费量，政府计划从 2016 年 3 月份开始提高烟草制品以及酒类产品的税率。

在政府所公布的详细的增税方案中，根据不同类别的烟草制品，其增税幅度为 5%至 9%不等，酒类产品的增税幅度在 2.5%至 8%之间。对此，立陶宛政府财政部门的一位官员在接受当地媒体记者采访时称，在政府 2016 年提高了烟草制品以及酒类产品的税率之后，预计可以为政府的财政税收每年额外增加 1800 万欧元的收入。

4．白俄罗斯

1）白俄罗斯将提高烟税

白俄罗斯政府对外宣称，政府将于 2013 年 1 月 1 日开始，再次提高烟草制品的消费税率，提升的幅度根据不同类别的烟草制品，从 50%至 110%不等。

政府详细的烟草制品税率调整方案显示，对于滤嘴卷烟制品，根据质量及市场零售价格的不同，消费税税率将由原来的 55.6%增至 110%；斗烟和雪茄烟的消费税税率将增至 66.7%；而小雪茄的消费税税率将增至 73.8%。

2）白俄罗斯开展控烟运动

2013 年 11 月中旬，白俄罗斯政府卫生健康部门在国内开展了大规模的控烟活动，其内容包括向公众宣传并展示反吸烟运动的信息，开展相关的咨询与教育活动，其目的是要提高公众吸烟有害健康的意识，降低该国的吸烟率。

白俄罗斯国家通信社向外界所发布的消息表明，该国政府部门已经制定了 2015 年度的卷烟生产与销售配额。

数据显示，2015 年，政府所制定的卷烟生产配额与 2014 年的数据基本相同，为 300 亿支，2015 年的销售计划也为 300 亿支。2015 年，白俄罗斯最大的卷烟生产厂——Minsk（为一家合资企业）所获得的卷烟生产配额为 70 亿支，其中的 14 亿支为滤嘴卷烟。

3）欧盟呼吁白俄罗斯政府提高烟草税率

受来自白俄罗斯等东欧国家非法走私烟草制品的困扰，为了保护消费者的身体健康，同时也是为了保护欧盟各成员国烟草市场的稳定，欧盟委员会一位名叫 Günther Oettinger 的预算专员向白俄罗斯政府提出建议，即白俄罗斯政府应在目前的基础上再次提高其烟草制品的税率，争取达到欧盟各成员国的平均水平，以逐步减小来自该国的走私烟草制品的压力。

这位欧盟的预算专员指出，欧盟成员国与白俄罗斯等东欧国家之间的较大的烟草税率差异是导致从这些地区向欧盟非法走私卷烟的主要动力。统计数据表明，目前在欧盟各成员国每年的非法走私卷烟产品中，仅来自白俄罗斯的就占 10%以上。为此，欧盟才向白俄罗斯提出了建议，要求其提高烟草税率。

4）白俄罗斯公共场所以及工作场所禁烟情况（见表 9-49）

表 9-49　白俄罗斯公共场所以及工作场所禁烟情况（资料更新至 2016.01）

	完全禁烟区	限制吸烟区	不限制吸烟区	不确定区域	不适用区域
所有工作场所	是				
政府办公区域	是				

续表

	完全禁烟区	限制吸烟区	不限制吸烟区	不确定区域	不适用区域
医院	是				
居民区卫生保健机构的公共活动区域				是	
居民区卫生保健机构的病房区域				是	
非居民区的卫生保健机构	是				
儿童保育园以及幼儿园	是				
小学和中学	是				
大学及职业教育学校	是				
商店	是				
公共文化设施	是				
室内体育场馆等竞技场所	是				
餐厅	是				
酒吧及夜总会等公共娱乐场所	是				
赌场	是				
酒店公共区域	是				
酒店客房	是				
监狱和拘留所及其公共区域			是		
火车、公共汽车等候站等公共区域	是				
出租车	是				
飞机			是		
船舶			是		
其他交通设施			是		

5）白俄罗斯政府对烟草广告、促销以及赞助行为的规定（见表 9-50）

表 9-50　白俄罗斯政府对烟草广告、促销以及赞助行为的规定（资料更新至 2016.01）

	完全禁止	部分禁止	允　许	不 确 定	不 适 用
国内电视台及广播电台		是			
国内报纸及纸质期刊		是			
国内其他类型的印刷媒体		是			
国际电视台及国际广播电台		是			
国际报纸及纸质期刊				是	
互联网络		是			
专业互联网销售网络		是			
户外广告		是			
烟草产品销售点的广告		是			
烟草产品销售点的产品展示		是			
自动售货机		是			
传统电子邮件		是			

续表

	完全禁止	部分禁止	允许	不确定	不适用
电话和移动通信		是			
品牌标志		是			
免费分发的烟草产品			是		
促销礼品			是		
与体育比赛相关的产品		是			
直接针对消费者个人的广告宣传		是			
品牌延伸	是				
反向品牌延伸		是			
类似玩具的烟草产品		是			
类似糖果的烟草制品		是			

5. 俄罗斯

1）俄罗斯将大幅度提高卷烟税率

俄罗斯国家杜马决定将大幅度提高国内卷烟制品的税率。俄罗斯烟草业人士分析新的税率政策之后认为，如果新的税收政策一旦实施，国内的卷烟价格将会在原来的基础上再增长一倍。

另据来自俄罗斯 St. Petersburg Times 的消息表明，国家杜马所提出的增税方案为：在原来的基础上把其卷烟税率提高 400%，这样，将会给政府的财政税收每年额外带来 700 亿卢布的收入。同时，政府官员认为，此次提高卷烟税率之后，将会促使部分烟民放弃吸烟的习惯。

俄罗斯国家杜马建议，政府应该大幅度提高烟草制品的税率，同时也应该严厉打击非法走私卷烟及假冒卷烟制品，以保护公众的健康少受损害。

据介绍，俄罗斯国家杜马建议 2011 年应该把卷烟制品的税率在目前的基础上提高一倍，但政府部门也有官员反对指出，一旦大幅度提高烟草制品的税率，将会导致更大规模的非法烟草制品的贸易行为，导致烟民在高价格情况下购买非法烟草制品，这样对烟民及公众健康更为有害。

俄罗斯财政部提出建议，政府应该大幅度提高卷烟制品的税率，应该在目前税率的基础，逐渐进行大幅度的上调，由目前的每 1000 支卷烟 270 卢布的税收额，提高到 2015 年的每 1000 支卷烟 3000 卢布的税收额。

财政部部长称，政府应该循序渐进地提高烟草制品的税率，2012 年，烟草制品的税率应该提高 60%。在烟草税率提高之后，许多烟民可能会改变其生活方式，而卷烟生产企业也会相应地减少其卷烟生产量，以达到政府减少烟草制品消费量的目的。

2）俄罗斯将全面遵守《烟草控制框架公约》

俄罗斯政府已经承诺，将全面执行由世界卫生组织所制定的《烟草控制框架公约》的相关条款，同时，俄罗斯政府将大幅度提高烟草制品的税率，出台新的控烟措施进一步限制吸烟。预计新的控烟措施将会于 2010 年正式出台，即将出台的控烟措施将会禁止在汽车内吸烟。

俄罗斯国家杜马的官员表示，政府将完全遵守世界卫生组织所制定的《烟草控制框架公约》的相关内容及各项条款。

早在几年前，俄罗斯国内一些医务工作者就建议政府应该尽早批准由世界卫生组织所制定的《烟草控制框架公约》，因为俄罗斯的烟民比例较高。

据介绍，俄罗斯是在 2008 年加入《烟草控制框架公约》的。

俄罗斯政府重新修订了其控烟法案，从所修订的条款来看，有弱化控烟法规的倾向。

新修订的控烟法案规定，暂时在一些公共场所，如餐馆及酒吧等公共娱乐场所不出台禁烟令。但在两年之后，酒吧和餐馆业主将不得不为吸烟的消费者设立带有独立通风的吸烟区。

3）俄罗斯政府实施控烟措施可能会适得其反

2011年8月初，俄罗斯国内一些观察家对政府所制定的未来将要实施控烟措施发出警告称，政府计划实施的控烟措施，所带来的影响有可能会适得其反。

据介绍，俄罗斯卫生和社会发展部门所制定的新的控烟措施为：到2014年，禁止在俄罗斯境内所有的公共场所吸烟，至2015年，其控烟的措施将以立法的形式扩大到酒店、咖啡馆和夜总会等公共娱乐场所，但分析人士指出，政府此举有可能会弄巧成拙，起不到应有的效果。

4）俄罗斯卷烟税率将呈阶梯式上涨

2011年12月份，俄罗斯政府就卷烟制品今后几年的税率调整向外界进行了公布。

数据显示，卷烟税率在未来几年是呈阶梯式上涨的：

从2012年1月1日起，每千支卷烟的消费税率最低为460卢布；

从2012年7月1日起，每千支卷烟的消费税率最低为510卢布；

从2013年起，每千支卷烟的消费税率最低为730卢布；

从2014年起，每千支卷烟的消费税率最低为1040卢布。

5）俄罗斯总理赞成提高卷烟消费税

俄罗斯总理在接受媒体记者采访时称，政府应该提高烟草制品及酒类制品的消费税率，政府对这两种快速消费品增税的速度要高于通货膨胀率。

6）俄罗斯与哈萨克斯坦及白俄罗斯就消费税问题进行协商

俄罗斯政府与白俄罗斯及哈萨克斯坦政府就解决烟草制品及酒类制品的消费税问题进行协商。

俄罗斯财政部部长在莫斯科对2013年及以后财政经济政策进行简要分析后指出，烟草制品及酒类制品2013年及2014年的税率问题，将按照目前的税法来执行，但到2015年，将在原来的基础上提高25%。

这位部长指出，由于俄罗斯政府对于烟草制品及酒类制品所实施的税率与白俄罗斯及哈萨克斯坦有着很大的差异，因此带来了诸多的问题，例如在烟草税率方面，俄罗斯与相邻国家就存在着差别，到了2015年，这种差别会越来越大。因此，俄罗斯将与邻国白俄罗斯及哈萨克斯坦等国采取积极的措施，来逐步平衡相互之间的税率，解决这一问题。

7）俄罗斯针对公共场所开展禁烟运动

世界卫生组织的统计数据表明，目前在俄罗斯的1.43亿人口当中，大约有39%的俄罗斯公民经常吸烟，为此，俄罗斯政府卫生部门决定，将针对国内的公共场所，开始有针对性地开展禁烟运动。

据介绍，这项被称为1号提案的控烟法案已提交到俄罗斯议会进行审议，预计很快会得到批准并通过。另外，该法案的内容还包括要求政府取消各类形式的烟草及其制品广告，禁止在酒吧和餐馆内吸烟。

然而，俄罗斯一些烟草经营者及部分餐馆酒吧的业主们认为，政府实施过于严格的控烟措施，会伤害到相关产业及经营者们的利益，对俄罗斯未来的经济发展不利。

俄罗斯部分从事卷烟零售业的经营者们向政府提出抗议，对政府即将修订的控烟法案表示强烈的不满。

俄罗斯当地媒体介绍称，自2013年1月1日起，俄罗斯将实施新修订的控烟法案，对于那些经营面积小于50平方米的烟草制品零售店，将对其发出禁令，禁止销售各类烟草制品，此项提议是由俄罗斯公共卫生健康与社会发展部所提出的，其目的就是要最终取消小规模烟草制品经营者的经营活动。

为了抵制政府新修订控烟法案的出台，俄罗斯已有165000名卷烟零售从业者联名上书政府部门，要求取消公共卫生健康与社会发展部的该项建议，卷烟零售商们认为，如果此项禁令得以实施，将会直接导致俄罗斯100余万人失去目前的工作。

8）俄罗斯考虑提税1000%

俄罗斯副总理兼财政部长 Alexei Kudrin 向国家杜马所报告的财政计划包括：提高烟草税率60%，而且今后还将更大幅提高烟税，到2015年，增税将超过1000%。即从目前的每1000支卷烟270卢布提高到3000卢布。

9）美国佛罗里达州可能对非协议卷烟征税

美国佛罗里达州对不同类别的烟草公司制定了如下方案，该方案对没有参加美国大和解协议，也没有向该州交纳协议费的烟草公司征税。

签署大和解协议的烟草公司，每年向该州交纳 3.5 亿美元的费用，自 1998 年迄今，共交纳 60 亿美元以上的巨额资金。

10）俄罗斯财政部建议政府大幅度提高烟草税率

俄罗斯财政部提出建议，政府应该大幅度提高卷烟制品的税率，应该在目前税率的基础，逐渐进行大幅度的上调，由目前的每 1000 支卷烟 270 卢布的税收额，提高到 2015 年的每 1000 支卷烟 3000 卢布的税收额。

财政部部长 Alexei Kudrin 称，政府应该循序渐进地提高烟草制品的税率，2012 年烟草制品的税率应该提高 60%。在烟草税率提高之后，许多烟民可能会改变其生活方式，而卷烟生产企业也会相应地减少其卷烟生产量，以达到政府减少烟草制品消费量的目的。

11）俄罗斯修订控烟法案

俄罗斯总理已批准了国家杜马一份有关控烟法案的修订案，新修订的控烟法案规定，将在未来的几年内禁止在俄罗斯国内的公共场所吸烟，同时也将在适当的时机实施卷烟制品的展示禁令，另外还将进一步提高烟草制品的税率，以有效降低俄罗斯国内的卷烟消费量。

据介绍，新修订的控烟法案规定，将从 2013 年开始，全国范围内禁止在公共场所吸烟。俄罗斯总理在内阁会议上指出，在全球控烟运动的影响下，俄罗斯政府也应该行动起来，向更加文明的方向迈进。

俄罗斯总理称，政府所提议的控烟法案只是制定更加严厉控烟法案的开始。该提案包括禁止一切烟草广告，禁止在公共场所吸烟，禁止路边售货亭出售烟草制品，并要求烟草公司在卷烟盒上印刷健康警示图片及警示语。

另外，俄罗斯政府卫生部建议：在 2015 年底以前，将卷烟税从 2013 年的每 1000 支 510 卢布提高到 4000 卢布（约合 130 美元）。这一措施将使政府的卷烟税收额大幅度上升。根据政府现行的税率政策，到 2014 年底，政府从烟草业所获得的税额将会增长 40%左右。

数据显示，目前俄罗斯大约有烟民 4400 万人。

12）俄罗斯计划提高烟草税率

俄罗斯国家杜马计划 2014 年再次提高烟草制品的税率，政府希望此举能够进一步降低该国的吸烟率。

俄罗斯政府财政部门称，如果政府再一次提高烟草制品的税率，将会为国家财政额外带来 2.25 亿美元的税收收入。但也有分析人士认为，如果政府大幅度提高合法烟草制品的税率，将会进一步加剧非法烟草制品在黑市上的交易量。

13）俄罗斯卫生部建议大幅度提高烟草税率

俄罗斯政府卫生部一位官员称，他们已向政府部门提出了大幅度提高烟草制品税率的建议，如果增税的议案一旦付诸实施，那么，到 2015 年，俄罗斯国内的卷烟价格将会在目前的基础上再提高 150%。

据介绍，该增税计划是分阶段逐步进行实施的，2014 年，每 1000 支卷烟的消费税额增加 800 卢布，到 2015 年，每 1000 支卷烟的消费税额增加 2050 卢布。

专家预测指出，到 2015 年，俄罗斯国内每盒卷烟（20 支装）的市场零售价格将会由目前的平均 10 卢布增长到 2014 年的 68 卢布，而到了 2015 年，其市场零售价格将会达到 100 卢布。

14）俄罗斯将提高购买烟草制品的合法年龄

俄罗斯国家杜马通过了一项新的修订其控烟法案的议案，计划将该国公民购买烟草制品及酒类产品的合法年龄从原来的 18 岁提高到 21 岁。虽然在投票表决期间有部分议员投了反对票，但最终该修订议案还是如期通过。

另外，新修订的控烟法案细化了公共场所禁止吸烟的具体管理措施，加大了违反该禁令的处罚力度，以最大限度地保护公众的身体健康，给公民更加良好的工作与生活环境。

事实上，在此之前，已有公众建议政府修订控烟法案，禁止年龄不满 21 岁的公民购买烟草制品。对此，俄罗斯政府公共卫生健康部门十分重视，计划通过强化对烟草业的监管、提高烟草制品的税率、实施广告禁令和公共场所禁烟令等措施，以努力提高公众对控烟的满意程度。

政府的一项统计数据表明，目前该国的吸烟者人数已经在全球排名第 4，有超过 60%的成年男性和 20%的成年女性经常吸烟。

15）俄罗斯政府将提高烟税

为了抵制国内各类烟草制品消费量的增长，俄罗斯政府计划调整烟草制品的税率，并实施新的税收政策以遏制烟草消费。在增加烟税之后，每盒卷烟最低的平均零售价格将达到 120 卢布(约合 3.3 美元)。

对于政府计划提高烟税的措施，反烟人士对此表示欢迎，他们认为，增加烟税是最有效的控烟方法，卷烟价格上涨会减少未成年人吸烟者的人数。

但也有分析人士认为，较高的税率会导致俄罗斯国内市场上假冒以及走私卷烟数量增加，目前俄罗斯政府还没有关于非法烟草制品所占该国市场份额的数据。但有咨询机构预测，目前俄罗斯国内烟草市场上，非法烟草制品所占的市场份额在 12%左右。

国际知名咨询机构——欧睿国际的分析表明，在过去的几年时间里，俄罗斯非法烟草制品的贸易量增长了 10 余倍，从 2010 年到 2014 年，各类非法烟草制品所占俄罗斯国内的市场份额也增长了 10 余倍。

分析人士认为，尽管目前非法烟草制品在俄罗斯烟草制品市场上的占有率相对较低，但其增长速度过快值得政府高度关注。日本烟草国际公司的一份调查数据表明，仅在 2015 年第一季度，俄罗斯非法烟草市场的规模较 2014 年同期就增长了 40%左右。

为了阻止不断蔓延的非法烟草制品贸易，俄罗斯政府通过了一项新的打击走私烟草制品的法案，大幅度加大了处罚力度，增加了处罚金额，同时对卷烟走私行为进行刑事处罚，以减少非法贸易的可能性。

16）俄罗斯卫生部门建议出台法律规定 2015 年及以后出生者后终身不得购买卷烟

2017 年 1 月 9 日，俄罗斯卫生部在新的控烟构想中建议，2015 年及以后出生的俄罗斯人终身不得购买卷烟。但该建议一经报道后就已引起社会争议。

另据来自俄罗斯《消息报》的报道，俄总统新闻秘书处称，克里姆林宫对俄罗斯卫生部的这一建议没有表态，类似的建议可以提出，但应该经过认真讨论。

俄罗斯联邦委员会的负责人认为，需要鼓励健康的生活方式，而不是实施可能引起社会排斥的禁令。

俄罗斯卫生部负责人指出，他们提出的控烟构想还建议，完全禁止在室内公共场所、车站、各种公共交通工具以及有孩子乘坐的私人车辆中吸烟，并禁止在有不吸烟者在场的情况下吸烟。这一构想的目的是到 2025 年将该国吸烟率降至 25%。

据悉，为了鼓励健康的生活方式，俄罗斯早在 2013 年就通过了禁烟法案，逐步推进在公共场所禁烟。禁烟法案实施几年来已取得初步成效，每天抽一盒及以上的消费者比例已从 2015 年的 22%降至 2016 年的 17%。

2017 年 1 月份，俄罗斯政府卫生部门向国家杜马提出建议指出，政府应该修订控烟法案，实施烟草产品素面包装的政策。

据介绍，俄罗斯政府卫生部门正在制定 2016 年至 2020 年降低烟草消费的新对策。新的对策将分阶段出台，包括提高烟草消费税、禁止烟草制品中使用各种添加剂、采用素面包装、在城市中严格限制吸烟区、严格控制电子烟等。

对此，政府卫生部门的一位负责人在接受媒体记者采访时指出，近年来，在俄罗斯已经没有烟草广告，也没有烟草促销。

17）世界卫生组织建议俄罗斯提高烟税

俄罗斯政府卫生部一位官员称，他们没有能够遵守对世界卫生组织所做的承诺，并建议政府提高烟草制品的税率，以此来推动卷烟零售价格的上涨，抑制烟民对烟草制品的消费。

据介绍，世界卫生组织驻俄罗斯办公室负责人在接受媒体记者采访时称，他对俄罗斯政府所实施的控烟政策表示失望，预计俄罗斯的烟草税率在 2016 年后才会进行适当的调整。但即使在这种情况下，该负责人还是建议俄罗斯政府尽快提高其烟草制品的税率，并实施逐步增税的措施，到 2020 年，将其烟草制品的税率提高到每1000支90欧元。对此，俄罗斯政府表示，将考虑世界卫生组织所提出的建议，尽快制定新的烟草税率政策。

如果俄罗斯政府提高烟税，2020年之后，俄罗斯烟草税额将达到7090亿卢布。而2012年俄罗斯该项财政收入仅为1820亿卢布。同时，卷烟年销售量也将会大幅度下降，烟民人数也会从目前的4000万减少至1200万。

18）欧盟希望相邻国家和地区提高烟税

受到烟草制品税率差异，导致卷烟非法走私及假冒卷烟制品的影响，近日，欧盟税收及海关联盟、审计与反欺诈部门一位名叫阿尔吉尔达的负责人称，欧盟希望相邻的国家和地区能够适当提高烟草制品的税率，以缩小与欧盟地区之间烟草税率的差距。

另据来自欧盟的媒体介绍称，这位负责人在近期所召开的记者招待会上称，目前欧盟正在寻求与俄罗斯和其他东欧相邻国家和地区的官员，进行有关烟草税率的会谈，以尽可能地减少非法烟草制品对欧盟各成员国的影响。统计数据表明，每年欧盟因非法烟草制品而受到的经济损失高达1000亿欧元。

通过谈判，摩尔多瓦和乌克兰已原则上同意调整本国的卷烟制品消费税税率。

19）俄罗斯未来的税收政策严重打击合法卷烟市场

为了抑制消费者对卷烟制品的消费，俄罗斯政府计划在未来的几年内大幅度提高各类烟草制品的税率，以达到控烟的目的。

另据来自St. Petersburg Times的消息表明，俄罗斯政府决定，到2018年，将该国国内卷烟制品的市场零售价格，在目前的基础上再提高5倍。按目前政府所实施的税率计算，到2018年，俄罗斯国内一盒卷烟的市场平均零售价格将会上涨到145卢布(约合4.83美元)。

分析人士认为，在卷烟价格大幅度增长之后，这将意味着，中等收入的吸烟者将不得不花费他们可支配收入的12%用于购买日常所需要的烟草制品，而那些经济条件不好的消费者，则需要花费他们可支配收入的28%用于购买烟草制品。而目前中等收入者及经济条件不好的消费者，在购买烟草制品方面的花费仅分别占到他们可支配收入的5%和7%。

就此，分析人士称，在政府大幅度提高卷烟制品的税率导致卷烟价格大幅度上涨之后，非法走私及假冒卷烟制品所占俄罗斯卷烟市场的份额将会由目前的11%猛增至35%。

20）欧亚烟草联盟向俄罗斯建议提高烟税

欧亚烟草联盟的一些研究人员向俄罗斯政府提出建议指出，该国政府应该提高其烟草制品的税率，以期能够逐步达到欧盟成员国的烟草税率水平，有效降低该国的吸烟率。

对此，分析人士指出，如果俄罗斯政府提高其烟草制品税率，那么，其吸烟率就可能会逐步下降。同时，由吸烟所导致的与吸烟有关的疾病发病率也会逐步下降。

另外，近期欧洲经济委员会理事会还讨论了包括亚美尼亚、白俄罗斯、哈萨克斯坦和吉尔吉斯斯坦等国在内的消费税问题，主要涉及这些国家的烟草制品税率。

21）俄罗斯公共场所以及工作场所禁烟情况(见表9-51)

表9-51 俄罗斯公共场所以及工作场所禁烟情况(资料更新至2016.07)

	完全禁烟区	限制吸烟区	不限制吸烟区	不确定区域	不适用区域
所有工作场所	是				
政府办公区域	是				
医院	是				
居民区卫生保健机构的公共活动区域	是				
居民区卫生保健机构的病房区域	是				
非居民区的卫生保健机构	是				

续表

	完全禁烟区	限制吸烟区	不限制吸烟区	不确定区域	不适用区域
儿童保育园以及幼儿园	是				
小学和中学	是				
大学及职业教育学校	是				
商店	是				
公共文化设施	是				
室内体育场馆等竞技场所	是				
餐厅	是				
酒吧及夜总会等公共娱乐场所	是				
赌博场所	是				
酒店公共区域	是				
酒店客房	是				
监狱和拘留所及其公共区域				是	
火车、公共汽车等候站等公共区域	是				
出租车				是	
飞机	是				
船舶		是			
其他交通设施	是				

22）俄罗斯政府对烟草广告、促销以及赞助行为的规定（见表9-52）

表9-52　俄罗斯政府对烟草广告、促销以及赞助行为的规定(资料更新至2016.07)

	完全禁止	部分禁止	允　许	不确定	不适用
国内电视台及广播电台	是				
国内报纸及纸质期刊	是				
国内其他类型的印刷媒体	是				
国际电视台及国际广播电台	是				
国际报纸及纸质期刊	是				
互联网络	是				
专业互联网销售网络		是			
户外广告	是				
烟草产品销售点的广告	是				
烟草产品销售点的产品展示	是				
自动售货机	是				
传统电子邮件	是				
电话和移动通信	是				

续表

	完全禁止	部分禁止	允　许	不　确　定	不　适　用
品牌标识	是				
免费发放的烟草制品	是				
促销礼品	是				
与体育比赛相关的产品	是				
直接针对消费者个人的广告宣传	是				
品牌延伸	是				
反向品牌延伸	是				
类似玩具的烟草制品	是				
类似糖果的烟草制品	是				

6. 乌克兰

1) 乌克兰考虑提高烟税

乌克兰政府考虑在改变该国烟草税制的同时，提高烟制品的税率。

政府谋求将滤嘴卷烟的从价税从20%提高到25%。在议会讨论的议案中，无滤嘴卷烟的从价税仍为20%，其他烟制品如雪茄、烟丝、嚼烟、鼻烟将取消从价税。从量税部分，滤嘴卷烟从每1000支40格里夫纳(约合7.57美元)提高到90格里夫纳，烟丝从每千克40.25格里夫纳提高到70格里夫纳，雪茄从每100支69格里夫纳提高到140格里夫纳。

2) 乌克兰烟草制品实施新的印花税票

乌克兰政府财税部门对外公布，他们将印制新的具有多种防伪功能的印花税票，以有效打击非法走私及假冒烟草制品的贸易行为，保护生产商、经销商、政府及消费者的利益。

另据来自乌克兰新闻通信社的报道称，政府新推出的印花税票除了用于烟草制品外，还将应用于酒类制品等快速消费品，这些印花税票除了拥有多种安全防伪功能之外，最重要的一点是，它还包含有加密的信息。

3) 乌克兰政府将提高卷烟税率

为了进一步降低公众的吸烟率，保护消费者的身体健康，乌克兰政府在2017年1月份便对外宣布，政府将提高卷烟产品的税率，即在原税率的基础上再提高40%。预计增税后，该国卷烟的平均市场零售价格在原来的基础上又增加了0.83欧元。

事实上，目前该国政府对卷烟产品的征税率还是比较低的，每1000支卷烟，欧盟平均的消费税额为90欧元，而乌克兰政府以前所制定的税收额仅为16欧元，远远低于欧盟的标准。正是在这种情况下，2017年一开始政府便提高了卷烟产品的税率。

4) 乌克兰将提高烟税

2010年，乌克兰总统在议会发表讲话称，政府将提高烟草制品的税率，以增加政府的财政收入。

在乌克兰政府卫生健康部门所召开的会议上，一位官员援引总统的讲话称，提高烟草制品的税率可以有效地降低吸烟率，目前在乌克兰国内的卷烟市场，其成年人中大约有三分之一的人经常吸烟。但乌克兰前卫生部部长Mykola Polischuk对此则提出质疑称，总统在议会的讲话与其在欧盟所发表的演讲并不一致，提高烟税的直接后果是导致非法烟草制品贸易量的增长。

为了提高政府财政税收，调整烟草制品的税收结构，乌克兰政府计划提高各类烟草制品的税率。

据介绍，对于滤嘴卷烟制品，从价税由原来的20%提高到25%，该提价方案待议会通过后将出台具体的实施措施。对于无嘴卷烟制品，从价税仍保持原来20%的税率不变，但对于诸如雪茄烟、嚼烟以及鼻烟等无烟烟草制品等，税率也将随之进行相应的调整。

乌克兰政府提高了该国的卷烟制品及酒类制品的消费税。

另据来自乌克兰新闻通信社的消息称，根据政府的增税计划，滤嘴卷烟制品的税率在原来的基础上提高了25%，而无嘴卷烟制品的税率则在原来的基础上提高了20%。

5）乌克兰卫生部门建议实施全面烟草广告禁令

2011年9月初，乌克兰卫生部门向政府提出建议指出，为了有效降低烟民的吸烟率，政府应该采取有效的措施，实施全面的烟草广告禁令。当地媒体《基辅邮报》对此进行深入分析与报道。

由于澳大利亚政府决定从2012年开始，将对在其境内所出售的烟草制品实施素面包装的政策，这引来了乌克兰贸易代表对其的批评。

据介绍，在2012年2月28日世界贸易组织所举行的大会上，乌克兰的贸易代表就澳大利亚计划推出的控烟措施提出了批评，并指责它已经违反了世界贸易组织有关保护知识产权协议的若干条款，这位代表指出，澳大利亚政府的此举，与知识产权方面的国际保护规则是不一致的，推出卷烟制品素面包装的措施，缺乏法律依据，同时也损害了加入该国际组织相关成员的利益。

6）乌克兰卷烟消费税2017年增长40%

乌克兰政府财政部门向外界宣布，政府计划提高卷烟产品的税率，以进一步配合政府控烟法案的实施，降低该国的吸烟率。

据介绍，2015年乌克兰就已经将其卷烟产品的消费税在当时的基础上提高了7.9%。2017年1月份刚刚开始，政府就决定再一次提高卷烟产品的税率。这样，在政府提高税率之后，其卷烟产品平均的市场零售价格将提高到23格里夫纳。

分析人士认为，即使政府此次再一次大幅度提高了卷烟产品的税率，但其1000支卷烟的平均税额也仅为16欧元，与欧盟各成员国平均1000支卷烟90欧元的税额相比还有很大的差距。

7）乌克兰实施较为宽松的控烟法案

乌克兰总统签署了一项新修订的控烟法案，规定了该国较为详细的禁烟场所，同时也对非普通类别的卷烟制品，如电子烟及水烟的消费给予了一定的宽松管制措施。

在乌克兰修订其控烟法案后，同样也实施了较为宽松的禁烟政策，政府所出台的控烟法案规定，在一些特殊的场所，如企业、组织机构等一些办公场所；酒店、宾馆等住宿场所；机场、火车站等公共场所的等候区，设定了一定的吸烟区供吸烟者使用。

但其控烟法案又同时规定，在上述所设定的吸烟区，面积不能超过其总面积的10%，而且还必须配备通风设施以尽快去除烟气。

乌克兰政府决定修订其控烟法案，新的法案内容包括：禁止在餐馆、公共建筑物和公共交通等候站点吸烟，违者将被罚款，预计此项新的修订案将于2013年6月份经总统签署后正式生效。

另据来自乌克兰通信社的报道称，在一些公共场所，如酒店、宾馆、机场和公共汽车等候车站，政府还划定了一定的吸烟区，在吸烟区以外的地方吸烟将被处以重罚。

另外，在禁止吸烟的酒店、宾馆及餐馆等公共场所，经营者如果摆放烟灰缸，有诱导消费者吸烟的意图，也将被处以罚款。

8）乌克兰提高烟草及酒类制品的税率

乌克兰政府已经通过了一项新的增加烟草制品及酒类制品税率的议案，新的税收法案规定：

无嘴卷烟制品的消费税将从原来的每1000支49.48格里夫纳增加至每1000支72.7格里夫纳。滤嘴卷烟制品的消费税，将从原来的每1000支110.64格里夫纳增加至162.6格里夫纳。另外，新的税收法案还增加了烟叶的税率。

9）乌克兰局势对起诉澳大利亚政府实施卷烟制品素面包装措施不利

在澳大利亚政府实施卷烟制品素面包装的措施之后，乌克兰政府已就此事对澳大利亚政府提起法律诉讼。然而，在乌克兰政局动荡的情况下，由总统所倡导的对澳大利亚政府所实施的卷烟制品素面包装措施的诉讼案件，很有可能会受到影响。

据介绍，在2012年澳大利亚政府计划出台卷烟制品素面包装措施时，乌克兰政府就已经试图采取措施，以应对这一比较严格的控烟法案，此后，乌克兰政府就此事向世界贸易组织提起法律诉讼。

对此，乌克兰对外贸易部门指出，澳大利亚政府所实施的卷烟制品素面包装措施，对烟草业的知识产权及其未来的发展会带来极大的危害。

10）乌克兰公共场所以及工作场所禁烟情况（见表9-53）

表9-53 乌克兰公共场所以及工作场所禁烟情况（资料更新至2015.07）

	完全禁烟区	限制吸烟区	不限制吸烟区	不确定区域	不适用区域
所有工作场所		是			
政府办公区域	是				
医院	是				
居民区卫生保健机构的公共活动区域	是				
居民区卫生保健机构的病房区域	是				
非居民区的卫生保健机构	是				
儿童保育园以及幼儿园	是				
小学和中学	是				
大学及职业教育学校		是			
商店		是			
公共文化设施	是				
室内体育场馆等竞技场所	是				
餐厅	是				
酒吧及夜总会等公共娱乐场所	是				
赌场					是
酒店公共区域		是			
酒店客房				是	
监狱和拘留所及其公共区域				是	
火车、公共汽车等候站等公共区域	是				
出租车				是	
飞机	是				
船舶	是				
其他交通设施		是			

11）乌克兰政府对烟草广告、促销以及赞助行为的规定（见表9-54）

表9-54 乌克兰政府对烟草广告、促销以及赞助行为的规定（资料更新至2015.07）

	完全禁止	部分禁止	允许	不确定	不适用
国内电视台及广播电台	是				

续表

	完全禁止	部分禁止	允　　许	不　确　定	不　适　用
国内报纸及纸质期刊	是				
国内其他类型的印刷媒体	是				
国际电视台及国际广播电台				是	
国际报纸及纸质期刊				是	
互联网络		是			
专业互联网销售网络				是	
户外广告	是				
烟草产品销售点的广告	是				
烟草产品销售点的产品展示			是		
自动售货机	是				
传统电子邮件	是				
电话和移动通信		是			
品牌标志		是			
免费分发的烟草产品	是				
促销礼品	是				
与体育比赛相关的产品	是				
直接针对消费者个人的广告宣传		是			
品牌延伸	是				
反向品牌延伸			是		
类似玩具的烟草产品	是				
类似糖果的烟草制品	是				

7. 摩尔多瓦

1）摩尔多瓦政府严格执行世界卫生组织的控烟计划

早在2009年5月份，欧洲东南部国家摩尔多瓦就已经签署了世界卫生组织制定的《烟草控制框架公约》，2015年5月份，该国议会又投票通过一个旨在加强烟草控制的控烟法案修正案。此后，政府又批准了摩尔多瓦共和国2012—2016年国家控烟行动计划，其中包括要完全遵守世界卫生组织烟草控制框架公约的各项条款、世界卫生组织欧洲办事处的行动计划等。

为了有效执行政府的控烟计划，摩尔多瓦政府近年来制定了对于烟草产品及其广告宣传的监管法案，这些法案为：2011年3月份制定的烟草及烟草产品监管法案、2012年3月份制定的烟草及烟草产品监管法案修订案、2015年9月份制定的禁止烟草产品广告宣传法案的修订案以及2016年3月份制定的戒烟咨询条例等。

目前，摩尔多瓦政府实施了较为严格的公共场所禁烟令，这些场所包括所有的工作场所、政府办公区域、医院、中小学、公共文化设施、火车、公共汽车等候站等公共区域。

2）摩尔多瓦公共场所以及工作场所禁烟情况（见表 9-55）

表 9-55 摩尔多瓦公共场所以及工作场所禁烟情况（资料更新至 2016.08）

	完全禁烟区	限制吸烟区	不限制吸烟区	不确定区域	不适用区域
所有工作场所	是				
政府办公区域	是				
医院	是				
居民区卫生保健机构的公共活动区域	是				
居民区卫生保健机构的病房区域	是				
非居民区的卫生保健机构	是				
儿童保育园以及幼儿园	是				
小学和中学	是				
大学及职业教育学校	是				
商店	是				
公共文化设施	是				
室内体育场馆等竞技场所	是				
餐厅	是				
酒吧及夜总会等公共娱乐场所	是				
赌博场所				是	
酒店公共区域	是				
酒店客房	是				
监狱和拘留所及其公共区域	是				
火车、公共汽车等候站等公共区域	是				
出租车	是				
飞机	是				
船舶	是				
其他交通设施	是				

3）摩尔多瓦政府对烟草广告、促销以及赞助行为的规定（见表 9-56）

表 9-56 摩尔多瓦政府对烟草广告、促销以及赞助行为的规定（资料更新至 2016.08）

	完全禁止	部分禁止	允许	不确定	不适用
国内电视台及广播电台	是				
国内报纸及纸质期刊	是				
国内其他类型的印刷媒体	是				
国际电视台及国际广播电台	是				
国际报纸及纸质期刊	是				
互联网络	是				
专业互联网销售网络	是				
户外广告	是				
烟草产品销售点的广告			是		

续表

	完全禁止	部分禁止	允许	不确定	不适用
烟草产品销售点的产品展示	是				
自动售货机	是				
传统电子邮件	是				
电话和移动通信	是				
品牌标识	是				
免费发放的烟草制品	是				
促销礼品	是				
与体育比赛相关的产品	是				
直接针对消费者个人的广告宣传	是				
品牌延伸	是				
反向品牌延伸	是				
类似玩具的烟草制品	是				
类似糖果的烟草制品	是				

三、中欧地区

1. 波兰

1) 波兰全面的公共场所禁烟令受挫

2010 年，波兰有关在公共场所实施全面禁烟令的提案在政府参议院没有获得通过，严重受挫。不过，参议院通过了这样一个修订案，禁止在所有的公共交通工具上吸烟，若酒吧及餐馆等经营场所有两个以上的单独房间时，允许在其中的一个房间内吸烟。同时，该控烟修订案还规定，烟民也可以在宾馆及公寓的房间内吸烟。

波兰参议院在作了多项修正案之后，正式通过了新的控烟议案。该议案禁止在公共交通、卫生和教育机构内吸烟，但允许在旅馆和宿舍内吸烟。有吸烟室的酒吧和餐厅也可以允许吸烟者吸烟。

2012 年，欧盟将修订其相关的控烟法案，如果欧盟在其各成员国内实施烟草制品添加剂禁令，将导致波兰 20000 多人失去目前所从事的与烟草业相关的工作岗位。

据介绍，目前在波兰的烟草市场上，在其烟叶生产总量中，大约有 40%为白肋烟，而目前在波兰卷烟市场上销售形势最好的卷烟制品，均为美式混合型卷烟制品，其所用原料中，白肋烟就占了很大的比例，另外，在其生产过程中，还使用了相关的烟草添加剂。

2012 年，欧盟的烟草制品添加剂禁令一旦出台，则意味着目前比较流行的卷烟制品将被迫退出波兰的卷烟市场。

2) 波兰政府增税高于预期

波兰政府发布消息称，将提高卷烟税率，在原来的基础上提高 7.5%，这个数字，远远高于波兰国内烟草商们对于原计划增税 1.8%的预期。据称，新的税收方案将于 2011 财政年度正式生效并付诸实施。

烟草商们在听到政府所发布的新的卷烟制品税率方案后，都感到非常吃惊，认为政府所制定的新的税收方案，税率太高了，而这种税赋最终将会被转嫁到消费者的身上。

从 2011 年年初开始，波兰政府将提高其国内烟草制品的税率，以增加政府的财政收入。

据介绍，从 2011 年 1 月 1 日起，调整后的烟草制品具体的税收措施为：每 1000 支卷烟的税额为 158.36 波兰兹罗提，从价税则提高到 31.41%。

另外，雪茄烟的税率提高到每 1000 支 244.4 波兰兹罗提。

3) 波兰青年人及未成年人电子烟消费情况调查

为了解青年人及未成年人对电子烟的消费情况，波兰一些卫生健康研究人员对该国此类人群的电子烟消费情况进行了抽样调查，所调查的人群涉及该国部分城市和农村地区的在校中学生和大学生。

研究人员对 11920 名 11 岁至 19 岁的未成年人及青年人以问卷调查的方式进行了抽样调查，在这些被调查的人群中，有 23.5%的人承认他们曾经使用过电子烟，而在这 23.5%的人群当中，有 8.2%的人称他们在过去 30 天内至少使用过一次电子烟。

波兰一家名为 Roswell Park 的癌症研究机构对该国青年人电子烟消费的情况进行了为期 5 年的跟踪抽样调查与分析，结果表明，该国青年人对电子烟的消费量处于逐年增长的趋势。

此次的抽样调查对象为 2010 年至 2012 年波兰 17 所学校的 1760 名青年学生，以及 2013 年至 2014 年波兰 13 所学校的 1970 名青年学生，被调查学生的年龄为 15 至 19 岁。

数据显示，2010 至 2012 年，在被调查者当中，有 16.8%的人曾尝试消费电子烟，但该比例到了 2013 至 2014 年则上升至 61.1%，同期波兰成年烟民中，其电子烟的消费比例也从 5.5%增长到了 29.9%。

4) 波兰烟草税率将提高

从 2011 年年初开始，波兰政府将提高其国内烟草制品的税率，以增加政府的财政收入。

据介绍，从 2011 年 1 月 1 日起，调整后的烟草制品具体的税收措施为：每 1000 支卷烟的税额为 158.36 波兰兹罗提，从价税则提高到 31.41%。

另外，雪茄烟的税率提高到每 1000 支 244.4 波兰兹罗提。

5) 波兰预期不会执行欧盟新烟草产品指令

波兰政府公共卫生部门向外界表示，到 2016 年 5 月 20 日截止日期到来时，波兰预期不会把欧盟所制定的新的烟草产品指令转化成为本国法律。

但就在此前，波兰政府已经通过了一项立法，禁止零售商们向未成年人出售电子烟产品，并禁止消费者在公共场所使用电子烟产品以及类似的吸烟装置。

另外，波兰政府还计划禁止电子烟产品的广告宣传活动，并禁止利用网络来销售电子烟产品。

6) 波兰政府提倡家庭戒烟但政府烟税仍然偏低

自 2006 年 12 月份波兰政府正式签署由世界卫生组织制定的《烟草控制框架公约》之后，该国政府便强化了其公共场所禁烟法规的制定与实施。为提高禁烟效果，波兰政府早在 2010 年就出台了禁烟法案，2015 年 8 月份又出台了新的禁烟法案的修订案。

该禁烟法案规定，在公共场合禁止吸烟，违者罚款 500 兹罗提，比原来的罚款金额提高了 5 倍。同时，在所有的公共场所，包括医院、中小学校、儿童娱乐场所、火车站、机场、公共文化场所、体育运动场馆、城市公交车站等地均不允许吸烟。

新法实施后，吸烟的年轻人数量出现下降趋势。统计显示，波兰青年人的吸烟者比例从 2002 年的 22%下降到 2014 年的 10%，其中女性吸烟者的比例也从 2002 年的 12%下降到了 2014 年的 10%。

对此，有分析人士指出，政府推广的家庭戒烟是一种很好的戒烟模式，如果父母能同时戒烟，那么他们的孩子吸烟的可能性将会大幅度下降。

另据来自欧盟委员会卫生健康部门所提供的统计数据显示，2014 年，波兰成年男性吸烟者的比例为 33%，成年女性吸烟的比例为 24%，平均的吸烟率为 28%，仍然高于欧盟各成员国的平均吸烟率。

7) 波兰卷烟制品增税高于预期

波兰政府所计划的 2011 年烟草税率增加 7.5%，远远高于原来人们所预期的 1.8%。

8) 欧盟各成员国烟草制品税率差异导致走私量激增

在欧盟各成员国内，由于不同国家之间存在着较大的烟草制品税率差，由此导致走私烟草制品数量激增。

数据显示，波兰国内的卷烟市场上，一盒卷烟的市场零售价格几乎为其邻国乌克兰国内卷烟平均市场零售价格的 3 倍之多，这种市场零售价格的巨大差异，刺激了不法分子的跨境卷烟制品的走私行为。

9）波兰公共场所以及工作场所禁烟情况(见表 9-57)

表 9-57　波兰公共场所以及工作场所禁烟情况(资料更新至 2015.08)

	完全禁烟区	限制吸烟区	不限制吸烟区	不确定区域	不适用区域
所有工作场所		是			
政府办公区域		是			
医院	是				
居民区卫生保健机构的公共活动区域		是			
居民区卫生保健机构的病房区域		是			
非居民区的卫生保健机构	是				
儿童保育园以及幼儿园	是				
小学和中学	是				
大学及职业教育学校		是			
商店	是				
公共文化设施	是				
室内体育场馆等竞技场所		是			
餐厅		是			
酒吧及夜总会等公共娱乐场所		是			
赌博场所		是			
酒店公共区域		是			
酒店客房		是			
监狱和拘留所及其公共区域		是			
火车、公共汽车等候站等公共区域	是				
出租车	是				
飞机	是				
船舶	是				
其他交通设施		是			

10）波兰对烟草广告、促销以及赞助行为的规定(见表 9-58)

表 9-58　波兰对烟草广告、促销以及赞助行为的规定(资料更新至 2015.08)

	完全禁止	部分禁止	允　许	不　确　定	不　适　用
国内电视台及广播电台	是				
国内报纸及纸质期刊	是				
国内其他类型的印刷媒体	是				
国际电视台及国际广播电台				是	
国际报纸及纸质期刊				是	
互联网络	是				

续表

	完全禁止	部分禁止	允许	不确定	不适用
专业互联网销售网络				是	
户外广告	是				
烟草产品销售点的广告	是				
烟草产品销售点的产品展示		是			
自动售货机	是				
传统电子邮件	是				
电话和移动通信	是				
品牌标识	是				
免费发放的烟草制品	是				
促销礼品	是				
与体育比赛相关的产品	是				
直接针对消费者个人的广告宣传	是				
品牌延伸	是				
反向品牌延伸			是		
类似玩具的烟草制品		是			
类似糖果的烟草制品		是			

2. 匈牙利

1）匈牙利新的控烟法案使政府财政收入下降

匈牙利政府在讨论新的控烟法案，如果新的法案获得议会通过，分析人士称可能导致政府 2011 年从烟草业所获得的税收收入减少 325 亿至 585 亿福林（匈牙利货币单位）。

为了适应欧盟对烟草税率的政策及提高政府财政预算方面的收入，匈牙利政府将在今后的几年分步骤提高烟草制品的税率：在原来的基础上，2011 年下半年，提高卷烟制品的税率 2.4%；2012 年 1 月份再提高 2.4%；2012 年 7 月份，再提高 2.4%。

卷烟消费税将在 2011 年下半年提高到 6%；2012 年 1 月份提高到 9%；至 2012 年 7 月份，提高到 12%。

2）匈牙利提高烟税增加财政收入

匈牙利政府做出决定，在 2011 年下半年将分阶段适当提高国内卷烟制品的税率，以增加政府的财政收入。

据介绍，此次的增税议案需要提交议会进行审议，在通过后以立法的形式对外公布。政府有关部门的官员在接受媒体记者采访时称，逐步提高烟草制品的税率，是为了能够到 2018 年达到欧盟所规定的对于烟草制品税率的最低要求，同时增加烟税也有助于提高政府的财政收入。

3）匈牙利国会议员建议实施烟草制品的零售专卖制度

匈牙利国会议员建议，在欧盟委员会就烟草制品的专卖问题做出相关决议之后，政府应该建立烟草制品的国家零售专卖制度。

另据来自当地媒体 Mti Econews 的消息，匈牙利 Fidesz 党负责人在接受记者采访时称，匈牙利的国会议员对涉及该烟草制品零售专卖制度的议案都投了赞成票，但最后还要参考 2012 年 5 月份欧盟在布鲁塞尔所做出的决议。

这位负责人称，有关烟草制品零售的特别许可证将于 2012 年夏季推出，而对于利用网络出售烟草制品的相关议案将会于 2013 年推出。

为了强化政府对烟草制品零售许可的实施，匈牙利议会已通过一项法律，规定从 2013 年 7 月 1 日起，政府将严格控制卷烟零售商的数量，预计届时全国卷烟零售网点的数量将会维持在 7000 个左右。

2012 年 11 月中旬，政府将会对中标的零售商们发放卷烟制品零售许可证，并将结果向外界公布。对于那些没有零售许可证擅自出售烟草制品的零售商，政府将会对其实施严厉的处罚。

4）匈牙利实施第一阶段的烟草税率增长措施

匈牙利议会财政委员会已提出建议，实施以前早已讨论过的烟草制品增税方案，此次增税，并非是分两个阶段实施，而是在一个阶段内完成增税方案——即在 2012 年底就将付诸实施，但是增税的幅度并没有预期的那么高。

据介绍，目前匈牙利国内卷烟、雪茄烟及小雪茄烟的消费税率为 28.5%，细切烟丝的税率为 52%，其他类烟草制品的税率为 32.5%，与欧盟其他国家相比，其税率相对较低。

5）匈牙利政府出巨资成立烟草制品专卖公司

匈牙利政府烟草部门做出决定，将出资 45000 万匈牙利福林（约合 1600 万欧元）成立一家烟草制品专卖公司，以管理各类烟草制品的市场零售工作。据介绍，政府新成立的公司将从 2013 年开始向经销商颁发零售许可证。

另据来自布达佩斯 Business Journal 的消息，预计到 2013 年 7 月份，负责烟草制品市场零售的公司将会向零售商们颁发 7000 余个零售许可证，政府新成立的这家公司是一个非营利性机构，政府对其提供资金支持，以资助公司进行招标的发布以及市场经营者前期评估等工作。

为了打击非法烟草制品的黑市交易，匈牙利政府将重新向卷烟零售商们颁发新的零售许可证。

此次负责监督匈牙利卷烟零售许可证发放的国家烟草贸易非盈利组织的统计数据显示，到初次提交申请的最后期限，已经提交的烟草制品零售许可证申请数量为 15663 个。

该组织称，新一轮获得烟草制品零售许可证的名单已于 2013 年 4 月 23 日对外公布，他们有足够的时间在 2013 年 5 月 1 日前进行经营活动，此后，在匈牙利国内，只有获得新的卷烟零售许可证的经营者才可以经营烟草制品的零售，否则将被视为违法行为。

6）匈牙利将分步提高烟税

为了适应欧盟对烟草税率的政策及提高政府财政预算方面的收入，匈牙利政府将在今后的几年分步骤提高烟草制品的税率：在原来的基础上，2011 年下半年，提高卷烟制品的税率 2.4%；2012 年 1 月份再提高 2.4%；2012 年 7 月份，再提高 2.4%。

卷烟消费税将在 2011 年下半年提高到 6%；2012 年 1 月份提高到 9%；至 2012 年 7 月份，提高到 12%。

7）匈牙利实施新的税收印花税票

匈牙利 Állami Nyomda（ÁN）公司对外宣称，该公司是匈牙利一家国有的印刷企业，他们所生产的新的印花税票已被指定用于该国的卷烟及酒类制品。

据介绍，Állami Nyomda（ÁN）公司是匈牙利一家有着 10 余年历史的印刷生产企业，该公司所生产的二维数据码印花税票已于 2012 年 5 月 1 日被指定用于该国的卷烟及酒类制品，以利于这两类快速消费品的市场防伪。

Állami Nyomda（ÁN）公司的技术人员介绍称，他们公司所生产的此类印花税票，防伪性能很强，可以提高卷烟及酒类制品在市场销售中产品的追踪与追溯效率，为有效打击假冒及走私提供有效保障。

8）匈牙利公众对政府所实施的烟草零售制度持反对态度

匈牙利政府对烟草制品零售所实施的许可证招标制度，遭到了来自公众的反对。匈牙利一家名为 Medián 的调查机构所进行的抽样调查表明，匈牙利公众并不认同政府所实施的烟草零售许可证招标制度，有高达 60%的匈牙利人希望政府能够废除此前的招投标结果。

由匈牙利政府管理的国家烟草贸易非营利性组织对外发布消息称，将举行第 5 次卷烟零售许可证招标会，对剩余的卷烟零售许可证进行公开招标。

据介绍，早在 2013 年 7 月份，匈牙利政府就成立了一个发放卷烟零售许可证的专门机构，国家烟草贸易非营利性组织已经举行了 4 次烟草产品零售许可证的招标拍卖会，目前该国有 5800 家零售商店已经获得卷烟零售许可证出售烟草产品。另外，这些商店还可以出售报纸、彩票、功能性饮料以及矿泉水等。

9）匈牙利政府向烟草公司额外征收卫生保健基金

匈牙利政府向外界宣布，为了保护公众的身体健康，增加他们的卫生保健基金，政府将向在该国拥有烟草经营业务的各大烟草公司征收一次性的卫生保健基金，以弥补政府在这方面的财政支出。

匈牙利政府议会一位名叫 Kristóf Szatmáry 的负责人在接受当地媒体记者采访时称，此次的征收金额比例是不一样的，主要是按照各烟草公司的年度营业收入以及年度纯利润来划分，以减轻小规模公司的经营负担。

具体的征收措施为：对于年利润额在 3000 万匈牙利福林（约合 98000 欧元）至 300 亿匈牙利福林的烟草公司，征收比例为其年利润额的 0.2%；年利润额在 300 亿至 600 亿匈牙利福林的烟草公司，征收比例为其年利润额的 2.5%；年利润额超过 600 亿匈牙利福林的烟草公司征收比例最高，为其年利润额的 4.5%。

10）匈牙利政府计划实施烟草制品素面包装政策

2015 年 7 月份，匈牙利政府向外界宣布，政府计划仿效澳大利亚等国的做法，对在该国生产与销售的烟草制品实施素面包装的政策，以努力减少该国的烟草消费量，保护公众的身体健康。

另据来自该国当地媒体的消息表明，预计此项议案有可能会提交议会进行讨论，通过后即可付诸实施。

11）政府增税导致匈牙利卷烟价格上涨

匈牙利政府向外界宣布，为了抑制该国烟草制品消费量的持续上涨，政府计划提高烟草制品的税率，以促使卷烟零售价格上涨，从而降低消费者的消费量。

据了解，政府即将实施的新的征税方式为对烟草公司征收新的特别税，在新税率实施后，每支卷烟的税额将会在原来的基础上再增加 4 匈牙利福林。

政府财政税务部门一位名叫 *Lázár* 的负责人在接受媒体记者采访时称，新的特别税将会于 2016 年 1 月份开始实施，最初所征收的烟草产品类别为细支卷烟和薄荷型卷烟，以后则有可能扩大到其他类别的产品。

12）匈牙利政府修订控烟法案中有关电子烟监管的条款

匈牙利政府卫生健康部门向外界发布声明指出，政府将修订控烟法案，拟重点修订该法案中有关电子烟监管的相关条款。

新修订的条款规定，电子烟商必须在 2016 年 12 月 20 日前，注册他们需要在 2016 年 5 月 19 日之前上市场销售的相关电子烟产品。新法案规定，电子烟生产商与贸易商如果违反新修订的控烟法案，将有可能受到高额罚款。

另外，新修订的法案规定，与消费普通的烟草制品一样，禁止消费者在公共场所消费任何类型的电子烟以及类似的吸烟装置，电子烟产品的广告宣传也在被禁之列。

匈牙利政府向外界宣布，政府将修订控烟法案，拟对电子烟产品的消费问题制定限制性措施，以保护消费者的利益。

据介绍，在新修订的控烟法案生效后，政府将会在工作场所以及公共活动场所禁止消费者使用电子烟产品以及类似的吸烟装置。

未来匈牙利政府还将完善该国的控烟法案，对各类烟草制品实施素面包装的政策，另外还将禁止加香烟草产品在该国的生产与销售。同时，政府对禁止加香烟草制品的生产与销售也制定了时间表，预计到 2016 年年底实施加香卷烟、薄荷烟以及水果味烟草产品的生产与销售禁令。

13）匈牙利修订控烟法案

匈牙利政府对其控烟法案进行了修订，新修订的控烟法案规定，在该国生产以及出售的烟草产品，其外包装必须符合政府的规定，即：烟草产品包装的正面以及背面必须留出 65%的面积，用于印制吸烟有害健康的警示图片以及警示语，包装盒侧面也必须显示常用的吸烟有害健康的警示语，还须标明为戒烟者提供戒烟服务的网站以及联系方式。另外，烟草生产商也不能再生产和销售使用薄荷添加剂的烟草产品。

对于新出台的控烟法案修订案，政府将给予贸易商一定的宽限期，即：对于包装不符合政府要求的，在向政府监管部门提出申请之后，可以在 2017 年 5 月 20 日之前继续销售。但在此日期之后，所有的烟草制品必须符合政府控烟法案的规定，违者将给予严格的处罚。

3. 德国

1）德国巴伐利亚地区呼吁全面的禁烟令

2010年，德国巴伐利亚地区的民意调查表明，有高达61%的民众希望政府能够出台全面禁烟的措施，同时他们也希望政府在德国国内实施全面的禁烟令。

到目前为止，德国16个州政府部门的卫生官员表明了他们的立场，就是希望政府能够在全国实施全面控烟的政策，以降低吸烟率，保证公众的身体健康少受烟草制品的危害。

德国一家名为DHS机构的统计数据表明，2008年，德国烟民平均的年均卷烟消费量为1068支，较2007年减少了44支，下降幅度达到了3.8%。目前在德国的成年人当中，有35.8%的男性及27.8%的女性经常吸烟。

该机构也对德国未成年人吸烟情况进行了抽样调查，结果表明，在12岁至17岁的人群当中，男生的吸烟率为16%，女生的吸烟率也达到了15%。但总体趋势是呈现出下降的势头。

2）卷烟税率提高导致德国非法卷烟数量增长

西方一些研究机构的研究结果表明，卷烟税率的提高，会导致非法假冒及走私卷烟制品数量的增长。

数据显示，在前几年，德国卷烟消费税率提高之后，国内卷烟制品的零售价格上涨了近一半，由此导致该国的非法卷烟制品贸易量增长了33%，而合法卷烟制品的销售量则下降了25%。

3）德国计划2011年逐步提高烟草制品税率

德国政府计划2011年将逐步提高卷烟制品的税率。对于新的烟草制品税率的执行，政府将从2011年起逐步实施，以避免消费者为了减少自己的消费支出，而大量采购并囤积自己喜爱的烟草品牌的行为，但分析人士认为，这只是政府财政税收部门一厢情愿的想法。

将于2011年实施的新烟草制品税率进行了这样的调整：每盒19支装的卷烟制品，其税率在原来的基础上增加0.040至0.080欧元，而对于40克（每包）的烟丝的税率则由原来的0.12欧元提高到0.14欧元。

西方一些研究机构的研究结果表明，卷烟税率的提高，会导致非法假冒及走私卷烟制品数量的增长。

数据显示，在前几年，德国卷烟消费税率提高之后，国内卷烟制品的零售价格上涨了近一半，由此导致该国的非法卷烟制品贸易量增长了33%，而合法卷烟制品的销售量则下降了25%。

帝国烟草公司在德国的分公司——利是美公司对外宣称，公司已从2012年1月1日起，提高了各类卷烟制品的市场零售价格，提价的幅度为：在原来的基础上每盒增加4至8欧分。这样，在德国的卷烟市场上，每盒19支装的卷烟制品，其市场零售价格已经超过了5欧元/盒。

据介绍，帝国烟草公司此次在德国提高零售价格的卷烟品牌分别有：West（威狮）、John Player Special、Gauloises（高卢）、Davidoff（大卫・杜夫）和Peter Stuyvesant等。

4）非法贸易占德国卷烟市场40%的份额

德国卷烟协会报告称，德国人2010年消费了220亿支未付税卷烟，仅在柏林地区就达4亿支。未付税卷烟占德国卷烟总消费量的大约40%，在靠近波兰边界地区，该比例达到约60%。

德国卷烟协会的一项统计数据表明，2011年，德国非法烟草制品的贸易量增长，未交税非法走私及假冒卷烟制品的销售量达到了235亿支，与2010年同期相比增长了1.5%。

该协会负责人Marianne Tritz在接受当地媒体记者采访时称，非法烟草制品数量的增长，在政府财政税收遭受损失的同时，也严重影响了合法烟草制品生产商及贸易商们的利益，235亿支非法烟草制品占到德国2011年卷烟市场总量的20%，政府因此而少了55亿欧元的税额。为此，德国烟草协会建议指出，德国联邦警察人员应该与欧盟刑警组织进行密切合作，以遏止走私及假冒烟草制品的交易。

2011年德国有20%的烟民所消费的烟草制品是未交税的非法走私及假冒卷烟制品。2011年，德国国内的卷烟市场上，非法未交税烟草制品占其国内卷烟市场的份额竟高达22.5%。

在德国西部地区，2011年此类卷烟制品所占市场份额为15.7%（2006年为14.5%，而在德国东部地区，此类卷烟制品所占市场的份额则由2006年的33.6%增长到了2011年的47.6%）。

5）德国控烟研究新发现

德国的研究人员对政府所实施的控烟政策进行长期研究及抽样调查发现，接触烟草制品广告更多的人，他们开始尝试吸烟的可能性则更大。这是研究人员对德国青少年进行长期跟踪观察与研究之后得出的结论，该研究结果已在德国的一家健康杂志上发表。

2013年初，德国消费者研究协会对该国电子烟消费情况进行了抽样调查，结果表明，尝试吸食电子烟制品的消费者大多数为原来普通烟草制品的消费者。在这其中，有81.2%的被调查者了解过电子烟制品，仅有13.7%的被调查者没有尝试过电子烟制品。

该研究协会在2012年所做的抽样调查表明，当时尝试消费电子烟制品的人主要集中在20岁至29岁年龄段，2013年所做的抽样调查表明，该年龄段已经扩大到从20岁至59岁不等。同时该项调查也表明，经常消费电子烟制品的消费者，他们的戒烟愿望更加强烈。

受政府严格控烟的影响，近年来，德国的吸烟率已呈现出逐年下降的趋势，青年的吸烟率也在下降。

数据显示，2013年，德国青年的吸烟率已经下降至12.0%，与2001年的27.5%相比下降幅度比较大。另外，德国《国际商业时报》援引德国一家名为Federal Center的健康卫生教育机构的调查表明，年轻人未尝试吸烟的人数也呈现出趋于下降的趋势。2012年，德国青年人当中，从未尝试过吸烟的人占到了71.7%，而2001年的数据仅为40.5%，这说明，政府的控烟措施取得了一定的效果。

6）德国计划出台薄荷烟禁令

德国政府目前正计划出台一项新的控烟法案的修订案，将在2016年开始禁止薄荷烟产品在德国的生产与销售，这比欧盟出台的烟草产品指令规定的时间有所提前。

据介绍，为了给生产商以及贸易商们足够的缓冲时间，政府将在实施薄荷烟禁令时给予一定的宽限期。另外，德国政府此次还修订了控烟法案的其他条款，如：将吸烟有害健康的警示图片以及警示语扩展应用到在该国生产与销售的斗烟、雪茄烟以及小雪茄烟等产品。

德国食品、农业和消费者保护部向外界发布声明称，未来德国将完全禁止各种类型的烟草广告，尤其是将严格禁止烟草商在公共交通等候站所发布的烟草广告。另外，政府也将修订控烟法案以及广告法案，禁止烟草广告出现在18岁以下人群所观看的影视屏幕上。

德国政府称，为了配合2016年生效的新的烟草产品指令，政府新修订的控烟法案以及广告法案将对烟草包装上吸烟有害健康的警示图片以及警示语做出严格的规定，将强制卷烟生产商们在其卷烟包装上用三分之二的面积来印制肺部疾病或癌症的相关图片。

7）德国将严格执行欧盟烟草产品指令

德国议会向外界宣布，德国将会严格执行欧盟制定的烟草产品指令。另外，德国政府已经拒绝了烟草商们要求延期至2016年5月份起执行新的烟草包装指令的建议。

然而，对于德国政府严格执行烟草产品指令的行为，帝国烟草公司的一位负责人在接受媒体记者采访时称，政府在执行新的烟草产品指令中有关烟草包装的措施时，并没有给烟草商们留下足够的时间使他们能够生产出新的符合政府要求的包装材料，并对拒绝他们提出的延期要求进行说明。对于烟草商们要求延期的建议，德国政府卫生监管部门的一位负责人称，延期有可能会造成市场的混乱，因此政府不会采取延期的建议。

8）德国烟草协会对政府计划严格执行新烟草指令提出抗议

德国联邦参议院立法机构代表该国16个联邦州通过了一项有关控烟的法案，该法案规定，政府计划严格执行欧盟委员会新修订的新的烟草产品指令，以进一步降低德国的吸烟率，减少各类烟草制品在德国的销售量。

对此，德国烟草业协会代表该国烟草业要求政府给予烟草商一定的宽限期，以使他们有足够的时间来适应新的烟草产品指令在德国的实施，但他们的请求却遭到了德国议会以及政府部门的拒绝，为此，他们对政府的这种做法提出抗议。

就在德国烟草行业协会代表烟草生产商以及烟草贸易商，要求政府推迟实施欧盟委员会所修订的新的烟草制品指令时，德国社会民主党的一位名叫Burkhard Blienert的负责人却发出了不同的声音。

这位社会民主党的反烟人士称，政府应该严格执行欧盟委员会新修订的烟草制品指令，烟草生产商们也必须按时对其卷烟的外包装进行更换，以期能够减少对青少年群体的吸引力。

同时，这位负责人还在接受德国媒体记者采访时称，他们的最终目标是阻止公众尤其是未成年人吸烟。同时他也认为，吸烟不能等同于自由，因为这一行为可能会严重损害你的身体健康。

9）印花税票会议在德国举行

由多个国家和地区所组织召开的印花税票会议将于2017年1月份在德国柏林举行。届时，与会者将就如何升级印花税票的防伪系统，并将安全追踪体系融入该防伪系统等进行研讨。

对此，一个名为Sovereign Border Solutions的组织认为，政府部门应该强化打击非法产品的多部门协作。前欧盟委员会一位名叫Michael Eads的安全专家则认为，对于印花税票，政府应该对其进行认证，并增加其可追溯性的能力。

10）德国公共场所以及工作场所禁烟情况（见表9-59）

表9-59　德国公共场所以及工作场所禁烟情况（资料更新至2015.08）

	完全禁烟区	限制吸烟区	不限制吸烟区	不确定区域	不适用区域
所有工作场所		是			
政府办公区域		是			
医院		是			
居民区卫生保健机构的公共活动区域		是			
居民区卫生保健机构的病房区域		是			
非居民区的卫生保健机构		是			
儿童保育园以及幼儿园	是				
小学和中学	是				
大学及职业教育学校		是			
商店		是			
公共文化设施		是			
室内体育场馆等竞技场所		是			
餐厅		是			
酒吧及夜总会等公共娱乐场所		是			
赌博场所		是			
酒店公共区域		是			
酒店客房		是			
监狱和拘留所及其公共区域		是			
火车、公共汽车等候站等公共区域		是			
出租车	是				
飞机	是				
船舶		是			
其他交通设施		是			

11）德国政府对烟草广告、促销以及赞助行为的规定（见表 9-60）

表 9-60　德国政府对烟草广告、促销以及赞助行为的规定（资料更新至 2015.08）

	完全禁止	部分禁止	允　许	不 确 定	不 适 用
国内电视台及广播电台	是				
国内报纸及纸质期刊	是				
国内其他类型的印刷媒体			是		
国际电视台及国际广播电台		是			
国际报纸及纸质期刊		是			
互联网络		是			
专业互联网销售网络			是		
户外广告			是		
烟草产品销售点的广告			是		
烟草产品销售点的产品展示		是			
自动售货机			是		
传统电子邮件			是		
电话和移动通信			是		
品牌标识		是			
免费发放的烟草制品			是		
促销礼品		是			
与体育比赛相关的产品			是		
直接针对消费者个人的广告宣传			是		
品牌延伸			是		
反向品牌延伸			是		
类似玩具的烟草制品			是		
类似糖果的烟草制品			是		

4. 奥地利

1）奥地利公布吸烟所造成的经济损失

2008 年，地利政府统计部门的统计数据显示，该国每年因吸烟影响公众健康所花的费用高达 4.3 亿欧元，远远高于政府部门从烟草业所获得的税收额。

另外，该国首都维也纳一研究机构称，烟草消费除了给公众带来健康方面的影响之外，还给该国的社会经济带来了负面影响。

该机构通过研究表明，奥地利每年因吸烟影响健康所消耗的 4.3 亿欧元的巨额费用，只是人们花费在医疗方面的费用，这个数字并不包括因吸烟而引发的各类案件，如火灾及交通事故等，如果再加上吸烟对上班者工作的影响，这个数字可能会更大。据称，政府公布 4.3 亿欧元这个巨额数字，目的是为制定在公共场所禁烟措施做准备。

2）奥地利因最低卷烟价格被起诉

欧盟委员会向欧洲法院（ECJ）起诉奥地利政府，因为奥地利法律规定要对卷烟设定最低价格。该委员会还对爱尔兰提出类似的指控。

另外，在一项针对法国的案例中，ECJ 判定其最低价违反了欧盟的法律，因为它限制了卷烟制造商和进口商自主定价的权利。

3）奥地利政府强化其控烟法案

奥地利议会对该国的控烟法案进行了大的修订，强化了其中的部分控烟内容，尤其对在餐馆及酒吧内吸烟，做了严格的限制。

新修订的控烟法案规定，在奥地利国内所有餐馆及酒吧，如果其营业面积在80平方米以上，必须设立单独的吸烟室以供烟民使用，如果不设立单独的吸烟室，则该餐馆或酒吧应该完全禁烟。奥地利卫生部部长Andrea Kdolsky称，政府此举的目的就是要促使烟民戒烟。据称，该控烟法案将于2009年1月1日起正式生效。

该的控烟法案生效后，餐馆及酒吧经营者每违反一次，将会受到高达10000欧元的罚款。

为了满足吸烟者的利益，同时又要使非吸烟者在公共场所免受二手烟的危害，近日，奥地利对在公共场所禁烟采取了新的措施，以平衡吸烟者与不吸烟者之间的矛盾。

政府规定，从2009年元月份开始，在该国境内所有的咖啡馆、俱乐部以及餐馆等公共场所，在其入口处设置明显的颜色标志——绿色代表非吸烟区，而红色则代表吸烟区。

根据新的控烟规定，上述经营场所，经营面积不到50平方米的，可由经营者选择是否允许顾客在其经营场所内吸烟。

4）奥地利宪法法院否决一项烟草修订案

2015年8月份，奥地利宪法法院否决了一项正在考虑修订的烟草法案修订案。据介绍，此项新的计划实施的烟草法案修订案，其目的是为了限制大多数的电子烟产品在该国的销售，只允许部分电子烟产品及类似的吸烟装置在政府指定并授权的烟草零售店内销售。

对此，奥地利部分电子烟销售商则提出反对意见指出，政府计划实施的烟草法案的修订案是违宪的，希望以健康的名义来阻碍电子烟销售商们自由贸易的权力是不公平的，因此在电子烟商们的反对声中，奥地利宪法法院最终否决了此项政府正在考虑修订的控烟法案修订案。

5）Reconaissance International举办全球印花税论坛

由Reconaissance International所举办的全球印花税论坛在奥地利维也纳举行。

虽然这次论坛名义上是关于商品印花税和高安全税收验证的论坛，但实际上它已经成为讨论关于烟草制品跟踪和追溯、产品保真和税收验证等问题的高层论坛。据《外交政策》主编MOISES NAIM女士前几年所估计的数据表明，全球非法商品的贸易额已高达3万亿美元，有的分析人士则认为，非法商品的贸易额已占到全球商品贸易总额的10%。

5．瑞士

1）瑞士吸烟率呈下降趋势

2010年，瑞士联邦公共卫生健康机构的一项调查表明，有39%的瑞士人在他（她）们20岁左右时就已经开始抽烟了。在20至24岁的青年人当中，有28%的人每天都要吸烟，另外还有11%的人也经常吸烟。

该调查机构一位名叫Ruth Hagen的研究人员称，总体而言，近年来瑞士的吸烟率已呈现出下降趋势的。统计数据显示，2009年，瑞士14岁至65岁年龄段的人群当中，男性的吸烟率为31%，女性的吸烟率为23%，这些数据与2008年基本相同，但要低于2001年的水平。

2）瑞士计划禁止在公共交通工具上消费电子烟

2013年11月中旬，瑞士政府出台了对电子烟产品的管制措施，规定在该国的公共交通工具上禁止消费者吸食电子烟。

另据来自瑞士大众运营公司及全国医疗协会的消息表明，从2014年元月份开始，该项在公共交通工具上的消费电子烟禁令将会正式实施，那些被发现使用电子烟的消费者，每次将面临25欧元的罚款，为此，在一些人流量大的交通线路上，政府将设置专门的检查人员，以便很好地执行该项电子烟禁令。

政府禁止电子烟在公共交通工具上的使用，原因在于电子烟与普通的卷烟产品太相似了，控烟检查人员很难加以区别，因此才做出禁止消费的决定。但在瑞士的餐馆，政府并没有对电子烟做出禁止使用的相关法规。

目前，根据瑞士政府的法律，不允许在该国生产电子烟产品，但是消费者可以在非电子烟禁止区吸食电子烟。

3）瑞士参议院部分议员反对禁烟广告提案

2016年，由瑞士政府卫生部门向议会提出的一项禁烟广告提案遭到了部分议员的反对。

对卫生部门禁烟广告提出反对意见的这些议员们认为，到目前为止，还没有任何证据可以证明禁止烟草广告可以起到阻止消费者吸烟的目的，同时还有些持不同意见的议员们分析认为，保护自由市场的经济秩序似乎比支持一项有关健康的提案显得更加重要。

然而，对于这些议员们的言论，瑞士政府卫生部门一位名叫 Alain Berset 的负责人指出，烟草广告对公众尤其是青少年的影响比较大，政府应该出台措施来禁止各种类型的烟草广告以及其他宣传活动。

四、西欧地区

1. 英国

1）帝国烟草公司质询英国政府的控烟政策

2012年，帝国烟草公司就英国政府欲实施的卷烟制品素面包装问题提出了书面质询。

帝国烟草公司在此次的质询中称，公司的各类烟草制品的商标名称均受法律保护，这是公司品牌发展最基本的权力，同时也是帝国烟草公司的卷烟品牌与其竞争对手产品最明显的区别。如果对卷烟制品实施素面包装政策，没有明显的品牌区别标志，将会使非法烟草制品的贸易量增加。

英国一家知名的在线期刊明确表示，他们反对政府计划实施的卷烟制品素面包装的政策。该期刊认为，卷烟制品包装涉及言论自由这一问题，而政府在对待这一问题上，实行了比较强硬的措施，这只会引起公众的不满。

英国政府对于卷烟制品销售环节的展示禁令已实施一个多月的时间，英国的卷烟贸易商们为此受到了沉重的打击。

据介绍，批发商在其仓库出货时，如果有不经营卷烟制品的贸易商前来进货，批发商必须将其所经营的卷烟制品进行有效的遮盖，确保他们不会看到卷烟制品，对此，英国一位名叫 BETH PHILLIPS 的分析人士发表评论指出，此项禁令的推出，将会使英国经济的复苏受到负面影响。

2）英国卷烟销售量下降税收额增长

英国税务海关总署的统计数据表明，近年来，尽管英国国内合法烟草制品的销售量呈现出下降的趋势，然而，政府从烟草业所获得的税收额却呈现出逐年增长的势头。

数据显示，2012年，英国国内合法烟草制品的销售量低于2007年的销售量，然而，尽管销售量下降，但政府从烟草业所获得的税收额在2012年仍然达到了95亿英镑，远远高于2007年81亿英镑的水平。

对此，英国一家名为 BATH 的民间研究机构的研究人员认为，政府不断提高烟草制品的税率是导致政府税收额在销量下降的情况下还增长的主要原因所在，目前英国国内所销售的合法烟草制品，每盒卷烟的价格中，有85%是政府的税收额。

3）提高烟税可以有效降低吸烟率

2014年初，英国癌症研究所在《新英格兰杂志》上所发表的一篇文章表明，政府提高烟草制品的税率，可以有效降低公众的吸烟率，从而可以有效防止消费者过早死于与肺癌相关疾病的风险。

该文的作者指出，在政府提高卷烟税率导致其市场零售价格增加之后，卷烟的市场零售价格，其最高价格及最低价格之间的差距将会缩小，在这种情况下，可以有效鼓励消费者戒烟，而不是促使那些经济条件不好的消费者转而消费价格较低的烟草制品。另外，该文分析指出，税率提高所导致的零售价格上涨，有助于阻止未成年人吸烟。

数据显示，法国早在1990年大幅度提高卷烟税率之后，收到了良好的效果，该国的吸烟率与当时相比下降了50%。

4）英美烟草公司提起诉讼要求政府归还早年的企业税款

英美烟草公司与多家公司联合提起一项集团诉讼案，旨在要求政府归还早年前财政税务部门所收缴的企业税款。

据介绍，英美烟草公司等多家企业此次诉讼的目的是要求政府退回大约40年前的英国企业税款。

2012年5月23日，在英国高等法院，FII集体诉讼案的诸多索赔人对英国税务及海关部门提起诉讼案，而在此次集体诉讼案中，英美烟草公司是这25家企业联合诉讼案的主要索赔者之一。英美烟草公司在其网站上发表声明指出，英国高等法院对此次诉讼案的裁决较为复杂，仅诉讼案卷就有190多页。

5）卷烟制品素面包装及政府增税使假冒产品数量增长

2012年7月10日，英国苏格兰犯罪和毒品稽查署发出警告称，政府对烟草制品逐步增加税收及计划实施的卷烟制品素面包装的措施，将使烟草制品的假冒行为更加容易，更易导致此类有组织犯罪案件的发生。

该稽查署的一位负责人指出，一旦政府对烟草制品素面包装的计划付诸实施，将会引起大规模、有组织的假冒卷烟制品的犯罪案件，从而对政府财政及消费者带来危害。

6）多家烟草公司对英国政府增加烟税提出批评

帝国烟草公司对英国政府财政部门增加税收的措施再一次提出批评，并指出，政府频繁的增税行为只会导致卷烟制品走私行为的更加猖狂。

日本烟草公司对英国政府此次的增税行为感到震惊，该公司的一位负责人称，这是英国政府自2010年3月份以来第四次提高烟草制品税率的行为，在短短两年时间内，政府部门因为提高烟草制品的税率导致走私卷烟数量增长，同时也使政府损失了高达31亿英镑的税收额。

7）英国提高卷烟税率

英国政府财政部负责人George Osborne对外宣布，政府将再次提高卷烟制品的税率，每盒20支装的卷烟制品，平均的税收额将增加37便士，从而使得英国国内卷烟的平均税收额达到了每盒7.46英镑（约合8.94欧元）。

这位负责人称，有明确的证据表明，增加烟草制品的税收及成本，可以有效地鼓励一些吸烟者戒烟，因此，政府将采取增税的措施来抑制公众对烟草制品的消费行为。

8）英国各界对政府提高烟草制品税率反映不一

在2011年3月份英国政府提高了烟草制品的税率之后，引起了英国国内各界人士不同的反响，英国烟草制造商协会一位名叫Christopher Ogden的负责人称，政府在烟草税率的制定方面，明显缺乏成熟的思考与规划。因为众所周知，提高烟草制品的税率，是非法烟草制品贸易最大的推动力，提高烟税只会导致非法烟草制品贸易活动的更加猖獗。

但英国政府财政部门的负责人George Osborne称，政府利用调整烟草制品税率这一手段，可以起到控烟目的，这样可以减少烟民的吸烟量，改善公众的身体健康。

9）英国歧视性税收影响老人及经济条件较差烟民生活

英国一家名为Froesrt的社会团体对政府的烟草政策提出批评指出，目前政府所实施的烟草税收政策，已经严重影响到一些吸烟的老人及那些经济条件较差烟民的生活。

分析人士指出，政府提高烟税的目的是为了降低吸烟率，但对于那些无法戒烟的老人及经济条件不好的吸烟者来讲是不公平的。

10）英国政府认可电子烟

2012年，英国电子烟零售商报告称，近年来电子烟的销售势头良好。随着越来越多的英国人购买电子烟，以及一部分人计划放弃吸烟这一习惯，或寻找到一个更安全的吸用替代产品，电子烟零售商们取得了较好的业绩。

电子烟销售量的提高，部分归因于政府的干预。最近，英国政府认可电子烟，并鼓励吸烟者消费这种革命性的产品，以取代传统的烟草制品。

电子烟是传统吸烟者一种理想的吸用替代品。因为它们不冒烟，也不会对其他人造成损害，它是自然与环境友好的产品，而且电子烟比其他烟草制品也便宜得多。

购买电子烟的另一个优点是，它们可以重复使用数百次，而用于购买的费用仅为50美元左右，因此电子烟是英国吸烟者一种便宜的选择。

在英国的烟草制品市场上，消费者对电子烟的需求呈现出逐年增长的趋势，数据显示，目前英国大约有650000名常年的电子烟消费者，每年用于电子烟消费方面的开支就高达6000万英镑。

另据来自PR Newswire（美国企业新闻通信公司）的消息，目前在英国烟草制品市场上，较为畅销的一种电子烟为VIP牌电子烟，2012年下半年，该品牌的市场扩张速度明显增强，在英国全国范围内均有销售，另外该烟的销售网点还包括一些药品零售商店及报刊亭。

11）日本烟草国际公司强烈反对英国政府卷烟素面包装计划

2012年7月初，日本烟草国际公司在英国筹集了高达200万英镑（约合250万欧元）的巨额资金，以支持公司强烈反对英国政府计划实施卷烟制品素面包装的计划。

日本烟草国际公司的一位负责人称，英国国内的一些媒体也发表评论反对政府的此项控烟计划，这些评论认为，卷烟制品素面包装将会对消费者和卷烟生产商带来负面影响。日本烟草国际公司希望政府能够重新考虑此项控烟措施实施后可能会造成的不良后果。

英国一个名为Hands Off Our Packs的民间机构，组织了一个由23500余人所组成的抗议示威队伍，向英国卫生健康部门提交了请愿书，要求政府尽快结束其之前所制定的卷烟制品素面包装的计划。

在向政府部门提交他们的请愿书之后，该组织一位名叫Angela Harbutt的负责人在接受媒体记者采访时称，英国政府欲实施卷烟制品素面包装的计划，是反烟游说团体鼓动政府部门所实施的，然而，对卷烟制品实施素面包装，并非一种健康的选择，而只是对一种合法的商品进行不合法的非市场化与非规范化的人为操作，公众对此非常清楚，一旦对卷烟制品实施素面包装，那么，今后政府部门还可能会对人体健康有影响的酒类制品及碳酸饮料类等也实施类似的政策。

在澳大利亚高等法院判决政府可以实施卷烟制品素面包装法案的同时，英国的公众对政府欲仿效澳大利亚的做法，实施卷烟制品素面包装的计划表示出反对意见。

英国烟草制造商协会对外宣称，在政府实施这种严厉的控烟措施之后，将会带来非常严重的后果，仅在英国，将会有数百万人反对政府的这一计划。

英国烟草制造商协会称，公众会对此表现出前所未有的反对声音，这些持反对意见的公众除了普通的公众之外，还包括零售商、包装公司、营销和设计公司、烟草制品及相关产业的制造商、批发商、商业团体、工会组织等，他们代表了知识产权界、商业界、贸易协会及相关执法部门的利益。

该协会预测指出，一旦该法案付诸实施，将会给英国每年带来高达31亿英镑的巨额损失。

12）英美烟草公司就卷烟制品素面包装回应英国卫生部

2012年，英国政府卫生部的官员指出，对烟草制品实施素面包装的政策有诸多好处，可以起到控烟的目的，但英美烟草公司对此回应称：对烟草制品实施素面包装，并非是促使吸烟者戒烟的关键因素，也不可能有效地降低英国公众的吸烟率。

在此，英美烟草公司指出，对烟草制品实施素面包装，最大的可能将会使非法烟草制品的贸易数量大大增加。公司在其网站上发表声明称，英国政府卫生部门的一些结论，实质上是基于一些不能令人信服的数据及理论，无法证明实施该控烟措施后一定会降低英国公众的吸烟率。

英美烟草公司十分关注英国政府对卷烟制品素面包装的态度，因为在澳大利亚政府实施了该控烟措施之后，对在该国有烟草业务经营的各大烟草公司已经产生了很大的影响。

据介绍，英国政府计划推出卷烟制品素面包装的相关法律，但该国政府部门的官员认为，为了避免澳大利亚政府在实施该法律过程中所遇到的问题，应该首先解决在法律方面所面临的挑战。

英国知名的包装公司——API集团公司的CEO Aanrew Turner先生在一次访谈中指出，他们公司强烈反对英国政府对卷烟制品实施素面包装的政策。

Turner指出，实施卷烟制品素面包装，有可能影响到员工的就业问题，卷烟制品包装的千篇一律，可能会促进非法烟草制品的交易，另外，这种包装趋势也有可能被扩大到其他快速消费品，如酒类制品。

13）英国民众担心计划实施的烟草制品素面包装

由于英国政府计划对烟草制品实施更加严格的控烟政策——素面包装，这引起了普通民众的担心，他们认为，如果政府实施该控烟措施，将会使纳税者为此多支付高达50亿英镑的费用。

英国一家民间经济与商业研究机构的分析人士认为，政府如果实施烟草制品素面包装的政策，对于那些已经在市场上销售多年的合法烟草制品的品牌而言，就等于政府摧毁了他们的品牌资产(BRAND EQUITY)，政府部门为此就要对其做出补偿，而纳税人需要为此支付高额的费用。

菲利普·莫里斯烟草国际公司的一位负责人在接受英国 South Wales Evening Post 记者的采访时称，该公司对于英国计划实施烟草制品素面包装这一措施感到不满。这位负责人称，一旦英国这一控烟措施得以实施，将会导致 30000 人失去工作。

据介绍，目前英国大约有 182300 个便利店出售各类烟草制品，如果政府强行推出烟草制品的素面包装，将会导致非法烟草制品的泛滥，而这些小便利店的经营者，它们在很大程度上依赖于烟草制品的销售，在受到非法烟草制品冲击的影响下，他们将会面临失业的危险。

14) 英国医务工作者建议政府尽快实施卷烟制品素面包装政策

2013 年，英国三位医学专家及英国皇家医学院的专家向政府部门提出建议称，政府应该尽快仿效澳大利亚政府的做法，对烟草生产商强制实施卷烟制品的素面包装政策。

为此，皇家医学院院长 Richard Thompson 在写给英国政府卫生监管部门的一封信中指出，政府应该实施严格的烟草制品素面包装政策，以减少儿童及青少年的吸烟率，保护他们的身体健康。另外，英国皇家医学院儿科专家 Leslie Bolitho 博士也表示了同样的观点。

但有分析人士指出，英国政府希望能够在观察澳大利亚政府自 2012 年实施卷烟制品素面包装一段时间的效果后再做决定。

英国首相戴维·卡梅伦称，他将重新考虑此前政府计划推出的对烟草制品实施素面包装的措施，与此同时，他也建议在 2013 年 5 月中旬女王的讲话中，将有关烟草制品素面包装的内容予以删除。

分析人士认为，首相卡梅伦担心在实施烟草制品的素面包装之后，有可能会损害到英国包装等相关行业的利益，同时也将会导致因商标标识等知识产权方面所引起的法律纠纷。另外，一旦政府实施烟草制品的素面包装，将会导致每年 30 亿英镑的税收损失。

据介绍，在澳大利亚政府实施了烟草制品素面包装措施之后，英国政府考虑仿效澳大利亚政府的做法，实施烟草制品的素面包装政策。

15) 英国电子烟销售量大幅度增长

2013 年，英国一项最新抽样调查数据表明，在过去的三年间，英国国内的电子烟制品销售量有了大幅度的增长，每 10 个成年烟民中，就有 1 人经常消费电子烟制品。

另据来自英国一家名为 ASH 的民间反烟机构所进行的调查表明，2013 年，英国有 11%的成年烟民称他们经常消费电子烟制品，而 2010 年这个数字仅有 7%。

另外，在已经戒烟的人群当有，有 48%的人承认，他们当时是通过使用电子烟制品帮助他们进行戒烟的，另外还有 31%的人称，他们购买电子烟制品也可以满足其对消费普通烟草制品的需求。

这些数字表明，目前在英国国内的烟草制品市场上，消费者对电子烟制品的消费需求正处于一个逐渐上升的势头，在这种严峻的形势下，一些跨国烟草公司也不得不调整其整体业务的发展方向，涉足电子烟行业。此前，英美烟草公司已出资 1 亿英镑收购了总部位于英国曼彻斯特的一家电子烟生产商。

英国政府药品与保健品管理部门发布消息指出，政府计划将电子烟制品及其他的含有烟碱的烟草制品替代品，如烟碱贴片等，都将归类为药品来进行管理。同时，该机构还鼓励电子烟生产商及烟草制品替代品的生产商们向他们提出生产许可证申请。

据介绍，就英国政府对电子烟及含有烟碱的替代品计划出台的方案，欧盟各成员国也已基本达成初步共识，将于 2016 年在修订欧盟所制定的烟草产品指令时，将该方案纳入所修订的范围之内。

英国一家研究机构对减害烟草制品及电子烟进行相关研究，并建议设置一个相对统一的课题对此开展研究。他们认为，从某种意义上讲，政府在进行控烟时，经常使用的措施便是广告限制及增加税收等，其最终的目的就是要实施其完全的禁烟战略。

然而，在政府控烟的过程中，对于烟草减害也是公众十分关注的话题，而电子烟制品正迎合了公众对于减害烟草制品的心态。对此，英国癌症研究中心的分析人士认为，各方在关注并发展电子烟的同时，对消费者而言，也存在着机会及潜在的威胁，因为电子烟使消费者上瘾的可能性大大降低，但它同时也会对消费者的健康带来潜在的风险，因此，英国的一些研究机构开始关注减害烟草制品及电子烟的相关研究。

16）英国爱丁堡大学对《烟草控制框架公约》代表性进行研究

2013 年，英国爱丁堡大学研究人员向外界发布了他们对世界卫生组织所制定的《烟草控制框架公约》代表性所进行的研究结果。

结论表明，世界卫生组织所制定的控烟公约，其代表性并不强，因为许多发展中国家在参与由世界卫生组织所组织召开的《烟草控制框架公约》缔约方会议活动时，面临许多障碍。另外，一些发展中国家虽然也加入该公约，成为公约的缔约方，然而，这些国家因受烟草经济利益的影响，他们在控烟方面并没有出台严厉的措施，以支持他们对全球控烟活动的有效参与，因此，研究人员在其结论中称，《烟草控制框架公约》的代表性并不强。

英国一家名为 E－Cig Cavern 的电子烟公司公开发表声明指出，他们支持政府部门对电子烟的生产与销售实施严格的监管，同时也欢迎由英国药品与健康产品管理局对含有烟碱类的所有产品进行监督与管理。

该公司在其网站上所发表的一份声明中称，目前在英国国内的电子烟市场上，一些生产商在他们的生产过程中，缺乏健康及安全的生产标准，因此他们支持政府对所有的电子烟生产商及贸易商实施严格的监管，以规范英国电子烟市场的发展。

另外，一些电子烟生产商希望政府将电子烟制品纳入到非处方药的管理范围，以加强政府对他们的监督。

17）英国烟民反对欧盟有关烟草产品指令的修订

2013 年，英国一个名为 Forest 的烟民组织对欧盟委员会计划修订欧盟烟草产品指令的做法提出强烈抗议，他们指出，新修订的烟草产品指令严重限制了消费者们的选择。

这个名为 Forest 烟民组织的负责人指出，修订后的烟草产品指令不但限制了烟盒的形状及大小，还对诸如 10 支装的小盒卷烟包装加以禁止，这限制了消费者自由选择的权力。

对此，该组织发起了一项大规模的签名活动，仅在英国，有高达 42000 人签名反对欧盟委员会对烟草产品指令的修订计划。

英国一家商业经济研究中心的研究报告表明，如果政府实施严格的烟草制品素面包装的政策，将会导致大部分的烟草制品零售商无法经营，3000 多名员工将会因此而失去工作。

该经济研究中心一位名叫 Oliver Hogan 的负责人指出，政府计划实施的烟草制品素面包装的政策，仅在苏格兰地区，将会导致 700 余家烟草制品零售商店无法再继续经营，给他们所带来的直接经济损失将高达 3000 万英镑，而此举所带来的后果是，将导致大量的吸烟者转而到非法烟草市场上购买未交税的假冒及非法走私的烟草制品。

18）英国一研究机构建议政府减少烟税

2013 年，英国经济事务研究所向政府部门提出建议指出，应该降低燃料、酒类制品和烟草制品的税率，他们认为应该在目前的基础上降低 50%。

该研究所的研究报告认为，政府对酒类制品及烟草制品征收高额的税率，会使经济条件不好的人变得更加贫困，因为此类人群是烟草制品及酒类制品的消费主力，政府只有通过减税的方式才能帮助这些人群。该统计数据显示，目前在经济条件不好的人群中，家庭消费中燃料、酒类制品和烟草制品的消费额占到了家庭消费总额的 37%左右。

19）英国电子烟生产商反对将电子烟归类为药品

2013 年，英国一家名为 James Dunworth 的电子烟公司称，他们反对将电子烟归类为药品，如果政府将电子烟归类为药品并进行严格的监管，可能会使电子烟行业的员工失去工作。

目前在英国，大约有 130 万消费者吸食电子烟，预计 2014 年英国电子烟的销售额可能达到 2.5 亿英镑。

就欧盟修订烟草产品指令中暂时未将电子烟归类为药品这一决定，英国一家名为 Gamucci 的电子烟公司总裁 Tony Scanlan 称，电子烟对于公众健康而言是一项重大突破，如果英国的政府官员忽视了越来越多的普通烟民希望通过消费电子烟来获得烟碱这一事实，则是一件非常悲哀的事。

这位负责人指出，希望英国政府药品和健康产品管理部门能够慎重考虑欧盟对于电子烟产品的决定，并再次考虑他们对于电子烟的观点，因为英国政府已经计划把电子烟纳入药品的管理范围。

英国另一家名为 E－Lites 的电子烟公司也表明，欧盟此举将会为清除电子烟工业成长的道路扫除障碍。该公司公共事务部负责人称，这对于欧盟数百万的电子烟烟民是一个利好消息。

英国医疗健康产品管理局对外宣布，英国将于 2016 年对电子烟产品出台管制措施，届时，将把电子烟归类为药品进行管理，以控制电子烟可能给消费者所带来的潜在风险。

20）欧洲高烟税导致非法烟草贸易量增长

由于欧洲各国各类烟草产品的税率普遍偏高，导致非法烟草产品贸易量也处于增长的趋势。

数据显示，较高的烟草税率导致欧洲各国卷烟市场零售价格也很高，挪威 2013 年每盒卷烟（20 支装）的平均价格达到了 11.84 欧元，其未缴税烟草制品在欧洲也是最高的，达到了 49.2%。

2013 年，英国卷烟平均的市场零售价格为 9.94 欧元，爱尔兰的平均零售价格则稍低一些，为 9.4 欧元。分析人士认为，欧洲部分国家较高的烟草税率，导致其市场零售价格高，非法烟草制品的贸易量也随之增长。

21）英国制定素面包装时间表

2013 年 12 月份，英国政府对外宣布，政府已制定了对烟草制品实施素面包装的时间表，首相 DAVID CAMERON 对外称，政府将于 2015 年实施烟草制品素面包装的措施，以控制英国的吸烟率，减少烟民人数，保护公众的身体健康。

2014 年 3 月 4 日，英国政府卫生部门对欧盟提出建议指出，欧盟应该出台更加严格的措施，对电子烟实施监管，他们建议应该出台禁止可以重复使用的电子烟产品。

数据显示，目前英国大约有 1000 万成年人经常吸烟，他们其中有三分之一的人在 18 岁之前就曾尝试吸烟这一行为。分析人士认为，目前市场上所出售的烟碱贴片、戒烟口香糖等对帮助吸烟者戒烟有一定的效果，但可重复使用的电子烟会使消费者难以戒除吸烟这一习惯，因此英国卫生部门建议欧盟应该出台措施禁止可重复使用的电子烟。

2014 年 2 月 27 日，英国政府卫生部门对外宣称，他们计划对电子烟产品的广告宣传进行限制，以防止电子烟生产商及贸易商们有目的性地对未成年人进行电子烟的宣传及促销活动。

另外，根据英国广告管理与执行管理委员会的规定，对于电子烟产品广告的经营者，政府要求他们必须在进行宣传时明确该产品中是否含有烟碱。

目前，尽管英国有完善的广告宣传法案，但对于电子烟产品，政府还没出台相关的管理规定，因此，政府卫生部门不得不出台相关措施以加强对电子烟产品广告宣传的监督与管理。然而，英国政府卫生部门的这一计划却遭到了来自电子烟行业的强烈反对。

22）政府提高烟税将刺激非法贸易量增长

2014 年 3 月 20 日，英国一个名为 Forest 的吸烟者民间组织对外发表声明指出，近年来英国政府不断提高烟草制品的税率，在很大程度上刺激了非法烟草制品贸易量的增长。

该组织一位名叫 Simon Clark 的负责人指出，英国政府财政部门对于烟草制品税率增长的速度，已经远远超过了该国的通货膨胀率，在政府提高烟草制品税率的同时，政府的财政税收收入将会因非法烟草制品贸易量的增长而减少。目前，在英国国内的卷烟市场上，每盒卷烟（20 支装）的市场零售价格已经达到了 9.94 欧元。

23）英国反烟人士对卷烟素面包装持怀疑态度

2014 年 3 月 31 日，英国一家民间反烟团体的负责人称，政府所实施的卷烟素面包装有可能会导致非法烟草制品贸易量的增长，为此，他们对政府所实施的这项较为严格的控烟措施开始持怀疑态度。

事实上，2014 年 3 月份发表在英国《Tobacco Control》杂志上的相关文章也证实了反烟人士的这一观点。

英国控烟研究小组一位名叫 Anna Gilmore 的研究人员认为，在政府实施烟草制品素面包装措施之后，非法走私及假冒烟草制品的贸易量确实有增长的趋势。

2014 年 4 月 13 日，英国威尔士政府公共卫生部门一位名叫 Mark Drakeford 的负责人称，政府计划修订其控烟法案，出台室内公共场所电子烟禁令，这将使威尔士成为英国第一个在室内公共场所禁止消费电子烟的地区。

数据显示，近年来，电子烟产品的销售在英国各地已经呈现出逐年增长的趋势，原因在于部分消费者认为电子烟比普通的卷烟更加安全，同时还可以帮助那些想戒烟的消费者戒掉吸烟这一习惯。

另据来自路透社的消息，目前英国绝大多数的公众都接受这样一个事实：禁烟对民众身体健康是有益的，因此，威尔士政府则计划实施更加严格的控烟法案，并把其控烟的重点放在新型烟草制品，如电子烟产品等。

24）菲利普·莫里斯烟草国际公司对英国计划实施卷烟素面包装提出批评

2014 年，菲利普·莫里斯烟草国际公司对英国政府计划实施的卷烟素面包装措施提出批评，该公司指出，政府不应该基于“可疑”的研究结果来实施一项新的控烟措施。据介绍，在英国政府于 2013 年 11 月份宣布了一项卷烟素面包装的审查结果之后，实施该控烟措施已提上日程。英国政府部门已经任命一位名叫 Cyril Chantler 的医生来评价未来实施卷烟素面包装之后对公众可能产生的影响。

对此，菲利普·莫里斯烟草国际公司称，在澳大利亚政府实施卷烟素面包装之后，并没有能够降低该国的吸烟率，却促使该国黑市卷烟销售量的增长。该公司建议，英国政府在没有进行全面评估的基础上，不应该急于推出该控烟措施。

25）英国对电子烟消费情况进行调查

2014 年 4 月份，英国一市场咨询机构对电子烟的消费情况进行了抽样调查，结果表明，在被调查的消费者当中，有 91％的吸烟者及 71％的非吸烟者对电子烟有所了解。

在所有被调查者当中，有 31％的人认为电子烟可能会对消费者健康产生危害，有 20％的人认为电子烟只有经过政府卫生健康部门认可后才是安全的产品。

数据显示，2012 年，英国电子烟的消费者仅有 70 万人，而到了 2013 年其消费者数量已经增长到了 130 万人。

英国电子烟市场发展十分迅速，销售量也呈现出逐年增长的趋势。英国《每日邮报》的数据表明，2013 年，其电子烟市场的销售量比 2012 年就大幅度增长了 340％，销售额也从 2012 年的 4400 万英镑增长了 2013 年的 19300 万英镑。

英国吸烟与健康行动组织所进行的一项抽样调查表明，英国成年人当中，那些不吸烟的公众很少尝试消费电子烟产品。

数据显示，在吸烟与健康组织所进行的调查当中，仅有 1.1％的不吸烟受访者称他们曾经尝试消费过电子烟产品。

另外，此次调查还发现，近年来英国电子烟消费者的数量增长速度很快，2010 年，仅有 8.2 ％的烟民曾经尝试消费过电子烟产品，到了 2014 年，这一数字已上升到了 51.7％。

26）英国计划实施的卷烟素面包装政策受批评

2014 年，英国政府计划实施卷烟素面包装的政策受到了来自多个国家政府的批评。

近日，古巴政府给世界贸易组织贸易技术壁垒委员会致信，对英国政府计划出台的控烟措施提出了强烈的批评，并指责英国对卷烟及雪茄烟产品计划实施的标准化素面包装政策是对自由贸易行为的一种威胁（THREATENING FREE TRADE）。

同时，古巴政府在给世界贸易组织的信中也承认，英国政府有权采取措施来保护公众的身体健康，烟草及其制品虽然对人体健康有害，但在国际贸易中它仍然是一种合法的商品，英国政府计划实施的卷烟素面包装政策，既限制了产品的个性化商标及包装，同时也会导致非法烟草产品的进一步猖獗。

有关研究机构对英国选民进行的一项调查表明，该国大多数选民反对政府计划实施的卷烟素面包装政策。

调查表明，有高达 54％的选民反对政府计划实施的卷烟素面包装政策，有 42％的选民支持政府实施有条件的卷烟素面包装政策。

同时，有 68％的选民担心，政府一旦实施卷烟产品的素面包装政策，将会导致假冒卷烟及非法走私卷烟的进一步泛滥;另外还有34%的受访者认为,政府一旦实施卷烟产品的素面包装,他们可能会到非法卷烟市场购买非法卷烟,因为此类非法卷烟的价格更低。

27)菲利普·莫里斯烟草国际公司将对英国计划实施的卷烟素面包装提起诉讼

2014年,英国政府计划出台的卷烟素面包装政策,已于近期完成了对英国民众的意见征集工作,对此,菲利普·莫里斯烟草国际公司称,他们将就该项政策提起对英国政府的法律诉讼,并准备在诉讼中寻求巨额的资金赔偿。

菲利普·莫里斯烟草国际公司称,英国政府计划对卷烟产品实施标准化的素面包装,实质上是一种非法行为,严重违背了英国法律的基本原则。

在菲利普·莫里斯烟草国际公司计划对英国政府提起法律诉讼的同时,包括葡萄牙、保加利亚和斯洛伐克在内的多个欧盟成员国也对英国计划实施的卷烟素面包装提出反对意见,并称,一旦该计划付诸实施,政府将面临因违反商标法及侵犯烟草公司的知识产权而付出巨额的赔偿费用。

英国Totally Wicked电子烟公司向外界宣称,他们经过仔细的研究认为,欧盟出台的新烟草产品指令中的某些条款及其内容,违反了欧盟的相关法案,因此他们计划在英国对欧盟新的烟草产品指令提起法律诉讼。

Totally Wicked电子烟公司在其诉讼中指出,欧盟新出台的烟草产品指令一旦付诸实施,目前欧盟各成员国电子烟市场上绝大多数的电子烟产品及其装置有可能被禁止出售。另外,Totally Wicked电子烟公司认为,欧盟新出台的烟草产品指令中第二十条,不公平地阻碍了商品的自由流通与自由贸易,使得电子烟产品在所有烟草产品的生产与贸易中,处于一种十分不利的地位,与欧盟所倡导的公平贸易的原则背道而驰,同时也侵犯了电子烟生产商与贸易商们最基本的权力,因此他们将就此提起法律诉讼。

28)英国大多数工作场所禁止使用电子烟

自2003年电子烟产品推向市场之后,近年来电子烟在英国市场上的销售量处于稳步增长趋势。统计数据表明,目前英国国内有210万人经常消费电子烟。

然而,对于电子烟这种新产品,英国政府所制定的控烟法案并没有对其制定具体的监管措施。在这种情况下,大多数工作场所均不允许员工消费电子烟。有分析人士指出,尽管电子烟不会释放像普通烟草制品那样对周围人有影响的二手烟,然而,电子烟消费者在消费过程中也可能会影响到周围的同事,况且员工在面对客户时更不应该消费电子烟。

英国政府统计部门向外界公布的数据显示,该国的吸烟率已下降到1940年有纪录以来的最低水平。

数据显示,目前该国成年男性的吸烟率为21.1%,成年女性的吸烟率为16.5%。历史数据显示,早在1940年,英国有超过50%的成年人吸烟,而成年男性的比例则高达67%。

1974年,英国政府统计部门的数据显示,其成年人的吸烟率已经呈现出下降趋势,当年成年人的吸烟率为45%,其中成年男性的吸烟率为52%,成年女性的吸烟率为41%。对于英国吸烟率的下降及政府实施的控烟措施所取得的成效,政府卫生部门表示谨慎的乐观态度。

29)英国研究人员认为烟草业反对卷烟素面包装无证据支持

2014年,英国巴斯大学的研究人员在经过长时间的抽样调查与分析后认为,烟草公司反对政府所实施的素面包装的政策,但他们并没有第三方的独立证据支持。

研究人员称,在烟草生产商们所提供的不支持政府实施该政策的意见名单当中,他们所提供的不支持者均为烟草商业零售商、烟草业的工会及其员工们的意见,而在英国议会7位支持烟草公司意见的议员当中,他们调查后认为这些议员均涉嫌接受过烟草商的资助。

自英国政府计划在英格兰地区实施烟草制品素面包装的措施之后,2015年2月份,政府开始向公众征求对烟草制品实施素面包装的意见。

据介绍,英格兰此次计划实施的烟草制品素面包装将不仅仅局限于卷烟,自卷烟以及诸如鼻烟等各类无烟气烟草制品也在此次素面包装的范围之内。英国政府卫生健康部门一位名叫Bent Hoie的负责人在接受媒体记者采访时称,由于近年来在英国境内青年人消费无烟气烟草制品的比例逐渐增长,因此,此次政府计划将素面包装的范围进行扩展。

30）英国工党承诺利用烟税来资助癌症患者的治疗

英国工党领袖埃德·米利班德在接受当地媒体记者采访时称，如果2015年5月份工党能够在大选中获得胜利，政府将利用从烟草业所获得的税收资助那些癌症患者的治疗。

目前，英国的癌症患者从到医院进行前期检查直到最后确诊，往往需要6个星期以后才可能进入治疗阶段。埃德·米利班德承诺不仅将治疗阶段提前，而且还将利用部分烟草税收资金来资助癌症患者的治疗。对此，以帝国烟草公司为首的英国烟草界对工党领袖的承诺持否定态度。

31）英国政府计划对烟草公司征收健康税遭到烟草公司反对

英国财政大臣George Osborne先生在接受媒体记者采访时称，政府计划对烟草制品征收健康税，以解决政府在公共健康方面的财政开支。这位负责人指出，烟草企业的发展增加了社会的成本，为此，他们必须对公众健康支出付出代价。

对此，以帝国烟草公司为代表的英国烟草界认为这并不公平，帝国烟草公司的一位负责人称，由于政府对烟草业进行过度的监管，并不断提高烟草制品的税率，使得公司不得不做出关闭部分卷烟厂的计划，为此，公司将不得不削减500余个工作岗位。同时帝国烟草公司的这位负责人指出，对一个合法的产业进行额外征收费用，是完全不公平的。

32）英国政府对卷烟生产商和进口商的征税计划遭到公众反对

2015年7月份，在公众的强烈反对下，英国政府暂时取消了计划中的、针对卷烟生产商和进口贸易商的且按其产品所占有市场份额的征税措施。

另据来自当地媒体的消息表明，政府计划出台该新的征税方案之前，在向公众征集意见时，消费者认为，对卷烟生产商和进口贸易商按照其目前的产品所占有英国市场份额进行征税的这一措施一旦实施，其成本有可能会被转嫁到烟草消费者的身上，且他们必将通过提高市场零售价格的方式来削减政府增税的成本支出，这样便会增加烟草消费者们的生活成本。因此，在公众的反对之下，政府暂时取消了此项征税措施。

33）英国烟草业敦促政府重新评估其高烟税政策

由于英国政府不断提高国内烟草制品的税率，导致该国卷烟的零售价格非常高，使得烟草消费者不得不通过其他各种渠道来购买自己所需要的烟草制品。

数据显示，由于政府大幅度提高烟草制品的税率，使得英国国内卷烟市场上的卷烟零售价格比欧洲其他卷烟零售价格较低的国家高出了16倍之多，因此使得在过去5年多的时间内，英国政府的卷烟税收额增长了40%，但同时也由于高税率导致走私烟草制品的数量增长，使得政府的税收损失也高达26亿英镑，而且消费者也不得不通过其他渠道来购买烟草制品。

英国烟草协会所做一项调查表明，有大约50%的烟草消费者计划在他们到其他地方度假时带回足够多的价格更为便宜的卷烟产品，以满足自己的消费需求。在这种情况下，英国烟草业不得不敦促政府来重新评估政府所实施的高税收政策。

34）英国研究人员认为政府不应该对电子烟征税

英国一位研究人员在该国媒体上发表文章指出，鉴于电子烟产品与普通烟草产品相比有着较低风险的优势，因此他建议政府不应该对电子烟产品以及类似的吸烟装置进行征税。

对此，这位研究人员分析指出，如果政府要对电子烟产品以及类似的吸烟装置进行征税，那么其税率应该低于传统的烟草制品，这样，可以起到改善英国公共卫生状况的目的，因为这对于一些转换消费方式后消费电子烟以及类似吸烟装置的消费者是有好处的。

欧盟修订的烟草产品指令规定，对于电子烟产品也应该征税，对此，英国一位名叫Carl Philips的经济学家认为，政府对于新产品征税，说明政府部门对此实施了简单的经济学理念，这对于新产品的发展是不利的。

35）英国烟草生产商协会对政府增税表示担忧

英国政府财政部门向外界宣布，政府将在2017财政年度内，再次提高部分低价格卷烟产品的税率，以期能够通过税率调节来降低该国的吸烟率。

对此，政府财政部门一位名叫Philip Hammond的负责人在接受媒体记者采访时指出，在政府2017年5月份对此类低价格卷烟产品的税率上调之后，届时每1000支卷烟的税率将达到268.63英镑，折合每盒20

支装卷烟的税率也将达到5.37英镑。据了解，在2017年世界无烟日实施的该税率调整方案将会与政府的素面包装法案修订案同时实施。

但对于政府财政部门的这一增税方案，英国烟草生产商协会的负责人Giles Roca先生则提出了反对意见，认为政府此举实施之后，只会鼓励人们从黑市购买非法烟草制品。这从另一方面也表明了烟草业对于政府增税的担忧。

36）英国烟税欧盟最高

2017年3月份，英国政府财政部门向外界宣布，政府将在本财政年度内，再次提高卷烟产品的税率，以期能够通过调节税率来降低该国的吸烟率。

另据来自英国当地媒体的消息，目前英国的烟税在欧盟各成员国中是最高的。数据表明，英国政府对于烟草制品所征收的税率是有些低税率国家的400%，这在很大程度上刺激了非法烟草制品走私进入英国的烟草市场。

目前在英国，即使是一些低价格的卷烟产品，其税额已经占到了其市场零售价格的90%。英国烟草商协会的一位负责人指出，在过去的5年时间内，英国政府通过不断的增税政策，其税率已经增长了50%。

37）英国议会下院通过卷烟素面包装法案

2015年，英国下院两党议员以367比113的绝对优势通过了卷烟素面包装的法案，这为政府最后批准该法案在英国的实施做好了前期的准备。

另据来自英国《卫报》的消息表明，英国计划实施的卷烟素面包装法案计划，其主要的内容为对卷烟包装进行了严格的规定，只允许卷烟生产商使用绿色或棕色为主色调对其卷烟外包装进行设计，另外，卷烟包装的正反两面需要印制吸烟有害健康的警示图片以及警示语。

预计该法案可能于2016年5月份在英国正式生效实施，对此，英美烟草公司公共事务部负责人Jerome Abelman在接受媒体记者采访时称，他们将会就此进行上诉。

英国伦敦城市大学的一位研究人员称，英国政府计划实施的烟草制品素面包装法案，并没有侵犯烟草商们各类烟草制品的商标权，同时，这位研究人员也指出，烟草商们计划指控政府立法对于烟草制品进行标准化的素面包装、并侵犯他们的商标权的做法没有法律依据。

分析人士指出，尽管政府对于烟草制品进行立法实施标准化的包装，但仍然允许卷烟生产商们将其商标名称，按照政府规定的色彩及字体印制在政府立法所指定的位置，只不过没有像原来那样可以自由设计，但烟草生产商们仍然可以将他们的烟草制品与竞争者的产品通过商标区分开来，政府在制定此项措施时，也给予烟草制品生产商们一定的权力来防止假冒者进行仿制。

38）英美烟草公司对英国政府再次提高烟税提出批评

2015年，在英国政府财政预算中计划对烟草制品实施连续的基于通货膨胀率之上的税收增长措施，并再次提高烟税的情况下，英美烟草公司对政府的这一行为提出批评，并计划对政府提起一项名为“失败烟草税收政策”的诉讼案。

同时，英国烟草生产商协会也发表声明指出，政府对于烟草业所实施的高税收政策，正在催生非法烟草制品市场的不断猖獗。该协会的数据显示，2013至2014年，非法烟草制品已给英国政府带来的财政税收损失高达21亿英镑。

由于英国政府不断提高国内烟草制品的税率，导致该国卷烟的零售价格非常高，使得烟草消费者不得不通过其他各种渠道来购买自己所需要的烟草制品。

数据显示，由于政府大幅度提高烟草制品的税率，使得英国国内卷烟市场上的卷烟零售价格比欧洲其他卷烟零售价格较低的国家高出了16倍之多，因此使得在过去5年多的时间内，英国政府的卷烟税收额增长了40%，但同时也由于高税率导致走私烟草制品的数量增长，使得政府的税收损失也高达26亿英镑，而且消费者也不得不通过其他渠道来购买烟草制品。

英国烟草协会所做一项调查表明，有大约50%的烟草消费者计划在他们到其他地方度假时带回足够多的价格更为便宜的卷烟产品，以满足自己的消费需求。在这种情况下，英国烟草业不得不敦促政府来重新评估政府所实施的高税收政策。

39）跨国烟草公司就英国政府计划实施的卷烟素面包装提起法律诉讼

2015年5月份，全球两家知名的跨国烟草公司——菲利普·莫里斯烟草国际公司以及英美烟草公司就英国政府计划实施烟草制品素面包装的政策向政府提起法律诉讼。

两家跨国烟草公司在其诉讼中指出，英国政府计划实施的此项更为严格的控烟法案，将会错误地剥夺他们的商标权。提起此次法律诉讼的烟草商的法律顾问 Marc Firestone 先生也指出，实施烟草制品的素面包装（标准化包装）政策，是政府为了清除烟草商们在其烟草外包装上的商标而已，这已经违背了英国以及欧盟所制定的有关保护知识产权方面的法律条款。

事实上，早在2012年，英美烟草公司曾对澳大利亚政府实施的烟草制品素面包装政策提起诉讼，但最终未能在诉讼案中获胜。

继2015年5月份菲利普·莫里斯烟草公司以及英美烟草公司就英国政府计划实施烟草制品素面包装的政策向该国政府提起法律诉讼之后，日本烟草公司也对英国政府提起法律诉讼。

在此次的诉讼案中，菲利普·莫里斯烟草国际公司认为，英国政府计划出台的此项更加严格的规定，已经非法剥夺了该公司的商标权，因此该公司认为英国政府不应该出台此项规定。英美烟草公司也认为，英国政府计划出台此项法案，让他们别无选择，只有通过法律途径向政府寻求补偿。日本烟草国际公司也表示，他们将对英国政府计划与2016年实施的此项烟草制品素面包装的法案发出挑战。

与此同时，这三家跨国烟草公司也正在寻求经济方面的赔偿，预计总金额将高达数十亿美元。

40）英国公共卫生机构认为电子烟不是导致青少年吸烟的诱因

2015年，英国公共卫生机构向外界发表他们的研究报告表明，电子烟产品与普通的烟草制品相比，它们对于消费者健康的危害要小得多，同时，也没有足够的证据表明电子烟产品是导致青少年或不吸烟者吸烟的诱因。

另外，该机构统计数据表明，目前在英国国内的烟草市场上，电子烟以及类似的吸烟装置的销售量和消费量处于增长的趋势，仅在英国国内，就有260万人经常使用电子烟产品以及类似的吸烟装置，这种降低风险的产品为消费者提供了更多的选择以满足自己的需求。

英国研究人员发表的一项研究结果表明，电子烟产品以及类似的吸烟装置与普通的烟碱替代疗法产品相比更加具有吸引力。

另外，英国的研究人员还向外界公布了他们其他的研究成果，诸如他们有证据表明电子烟是一种有效的帮助吸烟者戒烟的工具，同时也没有证据表明电子烟可以诱使不吸烟者尝试吸烟这一习惯。

英国国家卫生与保健研究所的研究人员在进行了长时间的研究后认为，与普通的卷烟产品相比，消费电子烟产品则更加安全。

为此，该所为消费者减少吸烟所造成的危害出台了一整套指导性的方法，研究人员认为，减少吸烟对自己以及周围人造成危害最好的办法是戒烟或减少烟草的消费量，在不能完全戒烟的前提下，对于普通的烟草制品消费者而言，电子烟比普通的卷烟产品更为安全。

41）英国议员敦促政府上调烟草税率

2015年，英国议会部分议员在接受媒体记者采访时称，政府应该适当提高各类烟草制品的税率，以进一步降低英国的吸烟率。

分析人士认为，考虑到受通货膨胀的影响，政府应该将原来制定的10月份上调烟草制品税率2%的目标，进一步提高到5%，以达到更好的控烟效果。对此，吸烟与健康组织称，他们支持议员们敦促政府提高烟草制品税率的议案，同时，政府应该加强烟草税收的管理与使用，将这部分资金用于各种禁烟与控烟项目的开展与实施，同时吸烟与健康组织还建议应该对政府用于控烟的资金进行审计，以确保这部分资金的正确使用。

英国一位研究人员在该国媒体上发表文章指出，鉴于电子烟产品与普通烟草产品相比有着较低风险的优势，因此他建议政府不应该对电子烟产品以及类似的吸烟装置进行征税。

对此，这位研究人员分析指出，如果政府要对电子烟产品以及类似的吸烟装置进行征税，那么其税率应该低于传统的烟草制品，这样，可以起到改善英国公共卫生状况的目的，因为这对于一些转换消费方式后消费电子烟以及类似吸烟装置的消费者是有好处的。

欧盟修订的烟草产品指令规定，对于电子烟产品也应该征税，对此，英国一位名叫Carl Philips的经济学家认为，政府对于新产品征税，说明政府部门对此实施了简单的经济学理念，这对于新产品的发展是不利的。

42）英国威尔士政府计划出台户外电子烟禁令

2015年，英国威尔士政府向外界宣布，政府计划修订当地的控烟法案，以期能够对电子烟的消费加强监管，并计划出台电子烟的户外消费禁令，以保护不吸烟者的利益，但该议案却遭到了来自电子烟产业以及酒吧业经营者们的强烈反对。

英国电子烟产业以及酒吧业经营者认为，政府对于电子烟的消费不应该与普通的卷烟产品同等对待，应该鼓励消费者以自愿放弃吸烟的形式，在户外的公共场所，在不影响其他人的情况下允许他们消费电子烟产品以及类似的吸烟装置。

英国的研究人员对电子烟以及类似吸烟装置进行抽样调查，通过大量的数据分析发现，目前政府所实施的严格的控烟政策也是推动电子烟产业发展的动力。

研究人员称，自2009年以来，通过国际互联网搜索引擎搜索术语"电子烟"等，已经大幅度增长了近50倍，电子烟行业正在使用各种互联网的在线广告以及社交网站来进行电子烟以及类似吸烟装置的宣传，因此，从某种意义上说，正是政府部门的控烟措施才推动了电子烟产业的发展。

在欧盟新修订的烟草产品指令还没有正式出台之前，欧盟各成员国对电子烟产品的监管并不太严格，即使在控烟法案十分严格的英国，政府目前对于电子烟还没有出台相关的监管措施。

事实上，目前在英国一些公众场所，消费者仍然可以消费电子烟产品以及类似的吸烟装置，这些公共场所包括酒吧、餐饮场所以及其他一些娱乐场所等，但在公共交通工具及公交交通工具等候站，仍然禁止消费者使用此类产品。

在这种情况下，英国的控烟组织向政府卫生部门提出建议称，是否应该考虑出台措施进一步禁止电子烟产品的使用。

43）英国电子烟公司认为有科学证据支持电子烟发展

2016年，英国一家电子烟公司负责人Marc Michelsen在接受当地媒体记者采访时称，有科学证据支持电子烟的发展。

然而，目前欧盟新修订的烟草制品指令以及美国食品与药品管理局所制定的对于电子烟的监管条款，均给消费者传递出一种严格限制的信息。但是已经有科学的证据表明，电子烟比普通卷烟产品安全，这就使得消费者处于一种信息混乱与矛盾的境地，让他们无所适从。因此，这位负责人认为，我们应该支持电子烟产品，而不是去禁止它们。

英国的一些研究人员经过研究表明，电子烟产品以及类似的吸烟装置具有"拯救数百万消费者的生命"的潜力。另外，英国的一些机构也支持电子烟产业的发展。

英国公共卫生界人士也相信，电子烟产品在减少吸烟潜在风险方面有着巨大的潜力。英格兰的公共卫生机构所发布的研究报告指出，电子烟产品比传统的卷烟产品安全性提高了95%以上。另外，英国皇家医师学院也表示，公众可以放心消费电子烟产品，因为此类产品对于消费者而言更加安全，可以作为普通卷烟的替代产品，应该广泛应用和推广。

另外，英国癌症研究机构以及英国心脏基金会的研究人员也认为，电子烟产品的潜在风险远远低于普通的卷烟产品。

44）英国医学杂志发表文章指出电子烟可以帮助消费者戒烟

英国医学杂志——BJM发表了英美烟草公司研究人员撰写的一篇研究报告，该报告称，电子烟可以帮助消费者戒烟。另外，该研究还认为，从电子烟可以帮助消费者戒烟这一结论分析，这显示了电子烟可以作为普通卷烟替代品的一个积极的发展趋势。

另外，英美烟草公司也向外界宣称，在过去的数十年时间内，他们的研究人员也在积极地研发对消费者更加安全、并为他们提供更好的普通卷烟产品的替代品，这就是电子烟产品，同时，该公司也认为，只有保证产品的质量和安全，才能使新兴的电子烟产品得以更好地发展。

45）烟草产品素面包装法案将在英国全面生效

英国的烟草产品素面包装法案早已于2016年5月20日生效，但烟草公司有12个月的宽限期来出售原来包装的卷烟。也就是说，从2017年5月份开始，任何销售非素面包装卷烟的行为将面临严厉处罚。

分析人士认为，为了阻止消费者吸烟，并帮助他们戒除吸烟习惯，卷烟和其他类别的烟草产品已经被置于柜台的内部让消费者无法直接看到。2017年，新的法律生效之后，意味着烟草产品失去了它们色彩鲜艳的外包装。

对此，英国卫生监管部门的一位负责人指出，推行卷烟产品素面包装法案的目的很简单——减少抽烟的人数，降低对儿童和青少年的吸引力。

据介绍，澳大利亚自2012年12月起实行素面包装政策以来，该国的吸烟率已经开始下降。

对于政府所实施的烟草产品素面包装的法案，全球各大烟草公司进行过相关的诉讼活动，但均以失败而告终。它们声称新规定违反了英国和欧盟的多项法律，会损害他们的知识产权等。

为此，菲利普·莫里斯烟草国际公司、英美烟草公司、帝国品牌公司和日烟国际公司近年来在多个国家针对烟草产品素面包装法案提起了上诉。但是法官驳回了它们申诉的理由，认为由国家议会所颁布的这些法规是合法的。

帝国品牌公司对英国政府实施的烟草制品素面包装的政策措施提起法律诉讼，同时要求英国高等法院就烟草制品素面包装的合法性举行听证会。

事实上，在此之前，菲利普·莫里斯烟草国际公司也曾对澳大利亚政府实施卷烟素面包装政策提起过法律诉讼。在帝国品牌公司就此事提起法律诉讼之后，英美烟草公司以及日本烟草国际公司也计划就此向政府提起法律诉讼。

46）菲利普·莫里斯烟草国际公司支持英国提高烟税

在英国政府财政部门向外界公布了政府将再次提高部分低价格卷烟产品税率的方案之后，菲利普·莫里斯烟草国际公司对此表示欢迎。同时，该公司向英国财政部致信称，未来建立一个无烟气社会是公司的目标。

事实上，此次英国政府财政部门计划调整的低价格卷烟产品税率，对菲利普·莫里斯烟草国际公司的影响并不大。数据显示，目前公司的国际知名品牌——万宝路牌卷烟在英国的市场零售价格为每盒（20支）9.6英镑（约合11.10欧元），在9.6英镑的零售价格中，有高达7.10英镑是政府的财政税收。但英国政府对于菲利普·莫里斯烟草国际公司在英国所推出的万宝路加热棒所征收的税率并不高，20支该品牌的加热棒的税额仅为2.94英镑。

2017年3月份，英国政府财政部门向外界宣布，政府将在本财政年度内，再次提高卷烟产品的税率，以期能够通过调节税率来降低该国的吸烟率。

另据来自英国当地媒体的消息，目前英国的烟税在欧盟各成员国中是最高的。数据表明，英国政府对于烟草制品所征收的税率是有些低税率国家的400%，这在很大程度上刺激了非法烟草制品走私进入英国的烟草市场。

目前在英国，即使是一些低价格的卷烟产品，其税额已经占到了其市场零售价格的90%。英国烟草商协会的一位负责人指出，在过去的5年时间内，英国政府通过不断的增税政策，其税率已经增长了50%。

47）2017年5月份英国将正式实施素面包装措施

英国几家烟草商对于政府此前所实施的烟草产品素面包装的上诉遭到了法院的驳回，这样，在经过了12个月的宽限期之后，英国的烟草商们不得不执行政府早在2016年所出台的素面包装政策。

据介绍，在该严厉的控烟措施出台之后，英国的烟草商便指责政府立法部门称，该控烟法案已经严重侵犯了他们的知识产权，因为它消除了不同品牌的包装设计差异的知识产权，为此他们提起了上诉，但最终烟草商并没有赢得此次诉讼的胜利。

48）英国公共场所以及工作场所禁烟情况（见表9-61）

表9-61　英国公共场所以及工作场所禁烟情况（资料更新至2016.09）

	完全禁烟区	限制吸烟区	不限制吸烟区	不确定区域	不适用区域
所有工作场所		是			
政府办公区域	是				
医院	是				
居民区卫生保健机构的公共活动区域		是			
居民区卫生保健机构的病房区域		是			
非居民区的卫生保健机构	是				
儿童保育园以及幼儿园	是				
小学和中学	是				
大学及职业教育学校		是			
商店		是			
公共文化设施	是				
室内体育场馆等竞技场所	是				
餐厅	是				
酒吧及夜总会等公共娱乐场所	是				
赌博场所	是				
酒店公共区域	是				
酒店客房		是			
监狱和拘留所及其公共区域	是				
火车、公共汽车等候站等公共区域	是				
出租车	是				
飞机	是				
船舶	是				
其他交通设施	是				

49）英国政府对烟草广告、促销以及赞助行为的规定（见表9-62）

表9-62　英国政府对烟草广告、促销以及赞助行为的规定（资料更新至2016.09）

	完全禁止	部分禁止	允许	不确定	不适用
国内电视台及广播电台	是				
国内报纸及纸质期刊	是				
国内其他类型的印刷媒体	是				
国际电视台及国际广播电台	是				
国际报纸及纸质期刊		是			
互联网络		是			
专业互联网销售网络		是			
户外广告	是				
烟草产品销售点的广告		是			

续表

	完全禁止	部分禁止	允许	不确定	不适用
烟草产品销售点的产品展示		是			
自动售货机	是				
传统电子邮件	是				
电话和移动通信	是				
品牌标识	是				
免费发放的烟草制品	是				
促销礼品	是				
与体育比赛相关的产品	是				
直接针对消费者个人的广告宣传			是		
品牌延伸	是				
反向品牌延伸	是				
类似玩具的烟草制品			是		
类似糖果的烟草制品			是		

2. 爱尔兰

1）爱尔兰卷烟走私猖獗导致政府税收下降

爱尔兰政府统计部门的统计数据显示，2009 年，在该国的卷烟市场上，逃税非法烟草制品（包括假冒及走私卷烟制品）的消费量占到了该国卷烟制品总消费量的 27%，这使得政府从烟草业所获得的消费税和增值税减少了 5.56 亿欧元，同时也使零售业的营业额大大降低。

2）高税率国家成为卷烟走私者优选目标

欧盟负责处理刑事情报的机构——Europol 所公布的《2011 欧盟有组织犯罪威胁评估》报告指出，目前爱尔兰已成为卷烟走私者的优先选择目标。

该报告评价认为，卷烟走私对欧盟经济的负面影响最为显著，并估计由于卷烟走私导致各成员国和欧盟预算的损失为每年 100 亿欧元。卷烟走私者在欧盟各成员国中，优先选择的目标为那些烟草税率相对较高的国家，如斯堪的纳维亚国家、德国、西班牙、英国和爱尔兰。

3）爱尔兰提高烟税以降低吸烟率

2011 年，爱尔兰 Sunday Business Post 援引政府财政部门的一份报告指出，爱尔兰政府近年来提高烟草制品的税率，以期达到降低该国烟民吸烟率的目的，但该报告也指出，爱尔兰的烟草制品税率已经达到了相当高的水平，如果再提高烟草制品的税率，则有可能导致政府财政税收收入的减少。

爱尔兰两位名叫 Padraic Reidy 和 Keith 的研究人员称，在合理的增税范围内，政府在卷烟制品的税率方面，每提高 1%，就会促使该国的卷烟消费量下降 3.6%。

爱尔兰居民为烟草制品所支付的市场零售价格较欧盟其他成员国的平均市场零售价格高出 70%之多。

数据显示，爱尔兰整体的商品消费和服务支出价格在欧盟各成员国内是比较高的，最高的为丹麦，而最低的是保加利亚。爱尔兰商品与服务价格比英国还要高出 18%，而烟草制品及酒类制品价格较高是导致其商品与服务价格较高的主要原因。

欧洲一家著名的经济研究机构认为，欧盟各成员国商品与服务价格之间的差异，主要是其产品税率差别较大所造成的。

管欧盟委员会对成员国的卷烟制品税率有了指导性的规定，但是，不同成员国的卷烟税率差异是相当大的，由此导致不同成员国之间卷烟市场零售价格的差异。

数据显示，在欧盟各成员国内，爱尔兰的卷烟，其平均的市场零售价格最高，是乌克兰国内卷烟市场零售价格的11倍之多。在这种情况下，走私者就可能通过巨大的市场零售价格差，以获得巨额的非法利润。

4）爱尔兰禁止利用自动售货机出售烟草制品

爱尔兰政府部门做出决定，从2012年3月1日起，禁止利用自动售货机出售烟草制品。

爱尔兰民主联盟党议会成员 Jim Wells 对政府此举表示欢迎，他指出，该党期待着政府出台更加严格的诸如吸烟有害健康的图片警示控烟措施。

爱尔兰 Irish Examiner 的统计数据表明，2012年，该国非法烟草制品的数量有大幅度下降，海关部门查获的非法卷烟制品为960亿支，与2011年相比下降了56%。

据介绍，自2007年政府海关部门查获创纪录的2185亿支非法卷烟制品之后，由于政府加大了打击力度，非法卷烟制品的贸易量呈现出逐年下降的趋势，至2012年已降到了960亿支。

目前，在爱尔兰国内的卷烟市场上，合法卷烟制品的市场零售价格为每盒(20支装)9.30欧元，而非法烟草制品的价格仅为合法烟草制品的一半左右。

5）爱尔兰政府对电子烟监管不力

2013年，爱尔兰一家名为 Independent Electronic Cigarettes 的电子烟公司向市场上推出了一种可以提供烟碱，但不产生烟味及焦油的电子烟制品。医疗部门的人士认为，尽管这种电子烟制品很新颖，但它很可能会对消费者的健康产生影响。

对此，爱尔兰政府卫生部门表示称，此类电子烟制品并不属于他们所监督与管理的范围，因为它不属于药品管理机构所监管的范畴。另外，由于此类电子烟制品不含烟草，因此也不受烟草法案的监管。对此，卫生部门认为，电子烟应该归爱尔兰消费者机构进行监督与管理。

爱尔兰癌症协会的一位负责人提出建议指出，政府应该对电子烟制品实施严格的监督与管理措施，因为电子烟作为烟草制品的替代品，涉及消费者更换烟牌及戒烟等一系列重要问题。

同时，爱尔兰癌症协会称，他们对英国政府计划实施的将电子烟制品归类为药品的措施表示欢迎，这样，电子烟生产商们今后将会面临更加严峻的考验，因为英国的这项措施一旦实施，电子烟制品只能作为特许产品在英国国内的市场上出售。

然而，目前在爱尔兰，政府对电子烟制品没有相关的法律规定对其生产及销售进行有效的监管，因此爱尔兰癌症协会才向政府部门提出上述建议。

6）爱尔兰政府计划实施烟草制品素面包装政策

2013年，爱尔兰政府计划实施烟草制品素面包装的政策，内阁已于2013年5月28日批准了卫生部所提出的相关方案，这样，爱尔兰将成为继澳大利亚之后，全球第二个实施烟草制品素面包装的国家。

对此，爱尔兰政府卫生部部长在一份声明中称，虽然政府实施烟草制品素面包装政策遭到反对，但他相信，通过这样的严格立法，一定能够拯救更多人的生命并获得大多数公众的支持。

这位部长指出，标准化的素面包装有助于降低公众的吸烟率，使烟草商们在包装上进行宣传营销的目标难以实现。预计爱尔兰的该项控烟措施将会于2014年得以实施。

爱尔兰政府卫生部的官员在接受《爱尔兰独立报》记者采访时称，政府部门计划对电子烟进行审查，确定是否给电子烟颁发许可证。

事实上，爱尔兰医药委员会已向政府卫生部门提出建议，建议将电子烟归类为药品，一旦该建议付诸实施，其销售将会受到限制。

2013年11月20日，爱尔兰政府通过了一项严格的控烟法案，计划对烟草制品实施素面包装。

另据来自《爱尔兰时报》的消息表明，政府卫生部部长在接受媒体记者采访时指出，烟草制品的外包装作为烟草生产商及贸易商最后的广告宣传媒介，应该被消除，政府要立法实施烟草制品的素面包装，以最大限度地减少包装的宣传效用。

爱尔兰卫生部长称，政府批准了卫生部有争议的卷烟素面包装计划，这将使爱尔兰成为全球第二个要求卷烟素面包装的国家。

爱尔兰在控烟方面一直走在世界前列，它是全球第一个实施工作场所禁止吸烟的国家，也是在零售商店禁止烟草广告的第一个欧盟国家。

7）爱尔兰控烟取得成效

爱尔兰政府为了大幅度降低吸烟率，严格其控烟措施的执法力度，新修订了早已于 2004 年 3 月份所出台的控烟法案，使得该国成为全球最早在公共场所及工作场所实施禁烟令的国家，由于很早就实施了控烟措施，该国的吸烟率已从 28%下降到了 21%。

尽管爱尔兰在控烟方面处于全球领先地位，但政府卫生健康部门还在努力实施各种措施以减少烟民数量，卫生部门的负责人表示，争取到 2025 年将爱尔兰变成一个无烟国家。

由于爱尔兰政府计划实施的卷烟素面包装政策，从而引发了来自多个国家以及多家机构的质疑，该国政府因此而面临多方压力。

德国广告协会是第一个向爱尔兰政府提出质疑的机构，该协会在给爱尔兰政府驻柏林大使的一封信中指出，如果爱尔兰政府计划实施卷烟素面包装措施，将会给爱尔兰的烟草公司以及在爱尔兰有烟草经营业务的烟草贸易商们带来毁灭性的打击。

同时该协会警告称，实施卷烟素面包装将会使非法走私及假冒卷烟产品进一步猖獗，将严重危机到消费者的身体健康。

另外，德国商标协会一位负责人指出，卷烟素面包装也有可能会激发消费者的逆反心理，从而也会对其身体健康造成一定的危害。对此，爱尔兰总理在接受媒体记者采访时称，因政府拟实施卷烟素面包装政策，他们正面临着来自欧盟其他成员国以及多家机构的压力。

8）爱尔兰一媒体对政府税收政策提出批评

爱尔兰一家名为 O'Shea 的杂志刊登文章就政府有关烟草业的税收政策提出批评。

该文章指出，在政府逐年提高烟草制品税率的基础上，政府从烟草业所获得的税收额在今后的 10 年内，预计可以达到 147 亿欧元，而公众花在治疗与吸烟相关病症方面的费用则高达 230 亿欧元，远远高于政府的税收额。事实上，政府在制定控烟政策时，也常常会把提高卷烟制品的税率作为抑制烟草消费的重要手段。

9）爱尔兰计划提高烟税

爱尔兰政府对外宣称，政府将于下个财政年度再次提高烟草制品的税率，平均每盒 20 支装的卷烟制品，其平均的税额将会再增加 1 欧元，这样，政府在下一个财政年度内，将会额外获得 6800 万欧元的财政收入，以弥补政府在公共卫生健康方面的开支。

另外，爱尔兰一反烟组织称，在政府提高烟草制品的税率之后，预计会有 30000 名吸烟者计划戒烟。

10）爱尔兰计划实施卷烟素面包装遭到更多国家反对

2014 年 9 月 18 日，是欧盟各成员国对爱尔兰政府计划实施卷烟素面包装提意见的最后一天，在保加利亚、捷克共和国、希腊、波兰、葡萄牙、罗马尼亚、斯洛伐克和西班牙对其计划实施的这项控烟措施提出反对意见之后，意大利政府也对其提出了反对意见。

这样，反对爱尔兰政府实施卷烟素面包装的欧盟成员国已经达到了 9 个，这 9 个国家的总人口高达 2.017 亿，占欧盟各成员国总人口的 40%。分析人士认为，上述 9 个国家之所以提出比较详细的反对意见，是因为这些国家政府认为，作为欧盟成员国之一，如果某一个成员国实施了如此严格的控烟措施，将会对成员国之间商品的自由流通、开展自由服务贸易以及本国的市场产生负面影响，因此他们才提出反对意见。

参与澳大利亚政府卷烟素面包装政策制定的一位名叫 Mike Daube 的专家在接受媒体记者采访时指出，如果爱尔兰政府仿效澳大利亚的做法，实施卷烟素面包装的措施，在欧盟各成员国之间有可能会引发多米诺效应。

这位研究人员称，在澳大利亚政府实施该严厉的控烟措施之前，其吸烟率为 15.1%，目前已经降到了 12.8%。原因在于实施卷烟素面包装之后，卷烟的外包装已经不如原来那么吸引消费者，而那些吸烟有害健康的警示图片则是多数消费者不愿意看到的画面。

11）美国商会游说反对爱尔兰计划实施的卷烟素面包装政策

2014 年，美国商会正在爱尔兰进行游说，以反对爱尔兰政府卫生部门对卷烟产品计划实施素面包装的政策。据介绍，一旦该素面包装的提案在议会获得通过，将会对美国烟草业各类烟草制品的出口带来负面影响。

为了反对政府对烟草制品进行素面包装的立法，2015 年 4 月份，日本烟草公司在爱尔兰高等法院对政府计划实施的卷烟素面包装法案提起法律诉讼。

据介绍，日本烟草公司是通过日烟国际爱尔兰分公司提起此次法律诉讼的，资料显示，这是日本烟草公司在全球烟草商们对部分计划实施该法案的国家和地区议员们进行游说活动之后才提起的诉讼案。

日烟国际爱尔兰分公司的一位负责人在接受媒体记者采访时指出，爱尔兰政府无权对烟草制品素面包装进行立法，因为此项立法已经超出了欧盟新出台的烟草产品指令所规定的范围。但政府卫生部门一位负责人称，他们将会迎接并应对来自烟草商们的法律诉讼。

爱尔兰政府已经通过了新出台的卷烟素面包装法案，从而使其成为全球第二个实施此类控烟措施的国家。

然而，政府新出台的控烟法案却遭到了来自日本烟草国际公司的法律诉讼，因此爱尔兰将就此举行听证会。日本烟草国际公司认为，爱尔兰政府就该事宜并无立法权，因为它已经超越了欧盟烟草产品指令所规定的范围。

12）爱尔兰政府提高卷烟税率

2015 年，为了进一步降低公众的吸烟率，减少各类烟草制品的销售量与消费量，近日，爱尔兰政府向外界宣布，政府将进一步提高各类烟草制品的税率。

爱尔兰政府财税部门向外界公布的详细税率调整方案表明，在政府此次提高卷烟税率之后，每盒 20 支装的卷烟，其市场零售价格将会在原来的基础上增加 0.5 欧元，从而使该国平均的卷烟市场零售价格已达到每盒 10.5 欧元。事实上，早在 2015 年年初的财政预算中，政府就已经决定要调整卷烟税率。

对于此次政府的增税措施，爱尔兰癌症协会等公共卫生机构表示欢迎，他们希望政府能够进一步加大控烟的力度，以促使更多的吸烟者戒烟。

2015 年 11 月份，爱尔兰政府向外界宣布将再一次提高卷烟的价格。

事实上，在过去的 4 个财政预算年度内，爱尔兰政府每年都要适当提高卷烟的税率，而每次对于卷烟税率的调整，均会导致卷烟市场价格的上涨，上次政府调整卷烟税率的时间点为 2014 年 10 月份。

爱尔兰政府财政税收部门向外界宣布，政府为了提高税收额，计划增加卷烟产品的税率，这是该国连续 5 年提高卷烟产品的税率。

另据来自当地媒体的消息表明，此次政府提高卷烟产品的税率之后，该国每盒 20 支装的卷烟产品，其市场零售价格将会在原来的基础上再增加 0.5 欧元，从而使其市场零售价格达到了每盒 11 欧元，约合 12.14 美元。

对此，爱尔兰政府卫生健康部门的一位官员在接受媒体记者采访时称，政府计划到 2025 年将该国成年人的吸烟率降低到 5%以下，以保护公众，尤其是未成年人的身体健康。

13）爱尔兰政府计划对电子烟产品进行征税

2016 年，继最近欧盟成员国的芬兰政府计划扩大烟草制品税收的征收范围之后，爱尔兰政府也计划对电子烟产品以及类似的吸烟装置进行征税。

据介绍，在芬兰政府新扩大的烟草制品征税范围内，芬兰政府只计划针对含有烟碱的电子烟液进行征税，而此次爱尔兰政府则扩大了对于电子烟产品以及类似吸烟装置征税的范围。

对此，爱尔兰政府财政部门向外界发布的一份报告表明，政府对于此类产品的征税细则还在制定当中，但对于电子烟液产品，每 10 ml 的征税额为 0.5 欧元，仅此一项，每年就可以为政府增加 830 万欧元的税收额。

爱尔兰健康信息与质量管理机构向外界发布他们的研究报告指出，将电子烟产品以及类似的吸烟装置作为一种戒烟工具，可以有效增加那些愿意戒烟的消费者的戒烟成功率。

同时，他们的研究还认为，电子烟产品对于消费者而言可能是“无害”的。

事实上，这是爱尔兰国家公共卫生机构首次对消费者的戒烟方法进行干预，同时，这也是欧盟首个成员国对电子烟产品的成本效益进行测查。数据显示，目前仅在爱尔兰，有 29%的吸烟者将电子烟作为其有效的戒烟工具进行尝试。

14）爱尔兰烟草产品素面包装政策今年生效

爱尔兰政府卫生部部长 Simon Harris 于 2017 年 3 月份向外界宣布，政府所修订的控烟法案修订案中，有关烟草产品素面包装的法案将于今年 9 月份正式生效。这就意味着，从 2017 年 9 月 30 日开始，在爱尔兰市场上出售的所有烟草产品，必须采用标准化的素面包装。

然而，对于烟草产品零售商们政府仍给予了一定的宽限期：即对于不符合政府新规定的烟草产品包装的，并在该日期之前上市的产品，可以在市场上延迟 12 个月内销售，即到 2018 年 9 月 30 日之前必须退出该国的国内市场。

据介绍，此次爱尔兰政府所实施的烟草产品素面包装的政策，意味着烟盒上将移除有关个性化的品牌内容——商标、标识、颜色和图案，各品牌和品牌名称将以统一字体呈现。

对此，政府卫生部门的负责人在接受媒体记者采访时指出，政府实施标准化的素面包装，其目的是使所有烟草制品的包装看起来都一样，减少对消费者，尤其是未成年人的吸引力，并凸显健康警示图片以及警示语。

澳大利亚政府早在 2012 年就已实施了标准化素面包装措施，该措施实施以来已有效地减少消费者对于烟草制品品的使用量。

在爱尔兰政府实施了多年的公共场所禁烟令之后，近年来，该国的吸烟与健康行动组织一直致力于倡导无烟爱尔兰行动并起到了一定的效果。

该组织的一项调查表明，爱尔兰国内近年来因吸烟所引起心脏病患者的数量已经减少了 40%。未来这些研究人员还将研究禁烟令对未成年人、经济条件不好的烟草消费者以及个别少数群体健康的影响。

事实上，爱尔兰吸烟与健康行动组织还对欧盟其他几个国家实施禁烟令前后的情况进行了分析对比，结果均表明，政府实施严格的控烟政策确实对公众的身体健康有利。

15）爱尔兰政府计划提高卷烟税率

爱尔兰政府财政税收部门向外界宣布，政府为了提高税收额，计划增加卷烟产品的税率，这是该国连续 5 年提高卷烟产品的税率。

另据来自当地媒体的消息表明，此次政府提高卷烟产品的税率之后，该国每盒 20 支装的卷烟产品，其市场零售价格将会在原来的基础上再增加 0.5 欧元，从而使其市场零售价格达到了每盒 11 欧元，约合 12.14 美元。

对此，爱尔兰政府卫生健康部门的一位官员在接受媒体记者采访时称，政府计划到 2025 年将该国成年人的吸烟率降低到 5%以下，以保护公众，尤其是未成年人的身体健康。

16）爱尔兰公共场所以及工作场所禁烟情况（见表 9-63）

表 9-63 爱尔兰公共场所以及工作场所禁烟情况（资料更新至 2016.01）

	完全禁烟区	限制吸烟区	不限制吸烟区	不确定区域	不适用区域
所有工作场所		是			
政府办公区域	是				
医院	是				
居民区卫生保健机构的公共活动区域					
居民区卫生保健机构的病房区域		是			
非居民区的卫生保健机构	是	是			
儿童保育园以及幼儿园	是				
小学和中学	是				
大学及职业教育学校		是			
商店	是				

续表

	完全禁烟区	限制吸烟区	不限制吸烟区	不确定区域	不适用区域
公共文化设施	是				
室内体育场馆等竞技场所	是				
餐厅	是				
酒吧及夜总会等公共娱乐场所	是				
赌博场所	是				
酒店公共区域	是				
酒店客房		是			
监狱和拘留所及其公共区域			是		
火车、公共汽车等候站等公共区域	是				
出租车	是				
飞机	是				
船舶	是				
其他交通设施	是				

17）爱尔兰政府对烟草广告、促销以及赞助行为的规定（见表 9-64）

表 9-64 爱尔兰政府对烟草广告、促销以及赞助行为的规定（资料更新至 2016.01）

	完全禁止	部分禁止	允许	不确定	不适用
国内电视台及广播电台	是				
国内报纸及纸质期刊	是				
国内其他类型的印刷媒体	是				
国际电视台及国际广播电台		是			
国际报纸及纸质期刊		是			
互联网络		是			
专业互联网销售网络		是			
户外广告	是				
烟草产品销售点的广告		是			
烟草产品销售点的产品展示	是				
自动售货机		是			
传统电子邮件	是				
电话和移动通信	是				
品牌标识			是		
免费发放的烟草制品	是				
促销礼品	是				
与体育比赛相关的产品	是				
直接针对消费者个人的广告宣传	是				
品牌延伸			是		
反向品牌延伸			是		

续表

	完全禁止	部分禁止	允　许	不确定	不适用
类似玩具的烟草制品			是		
类似糖果的烟草制品	是				

3. 荷兰

1) 荷兰卫生部长对控烟采取调和路线

2010年,荷兰的小酒吧可以继续忽视该国的公共场所禁烟令,因为政府卫生部部长称,卫生部不会对此采取进一步的措施。事实上,荷兰早在2008年已实施公共场禁烟令,但是,愈来愈多的小酒吧由于经营面积较小,常常不能为吸烟和不吸烟的顾客设立分隔的场地,所以一直允许顾客在酒吧内吸烟,为此,政府对此类场所采取了较为宽松的政策。

荷兰政府对外宣布,该国将从2012年起实施更加严格的控烟法案,其中一项主要的措施就是禁止卷烟零售商在其零售点展示所出售的各类烟草制品。

按照政府的规定,届时消费者在零售商店内购买卷烟时,经营者需向消费者提供该商店所出售卷烟制品的简单目录,内容可以包括所出售卷烟制品的名称、规格、价格等相关信息。据介绍,政府将严格控制经营者所提供目录的内容,以防止被用作其营销的工具。

2) 荷兰将加大违反控烟法规处罚力度

2011年,荷兰政府卫生部门一位官员在接受媒体记者采访时称,政府将加大违反控烟法规的处罚力度,在咖啡馆和酒吧等公共场所,对于那些违反禁烟令而吸烟的消费者及这些场所的经营业主,罚款金额将比原来增加一倍。

一些分析人士认为,目前荷兰违反控烟法规的成本很低,之前所制定的罚款标准未起到应有的效果。在新措施之下,首次违法的烟民,罚款金额将从原来的300欧元提高到600欧元,而多次违法的吸烟者及公共场所经营业主,将面临最高4500欧元的罚款。

荷兰一家名为Stivor的反吸烟基金会的统计数据表明,2011年该国的吸烟率已降至25%。

该基金会多年来的统计资料表明,在荷兰15岁以上的人群中,他们的吸烟率在前些年一直维持在28%左右。随着近年来政府控烟力度的不断加大,在该国的成年男性及成年女性当中,不管他们受教育程度如何,在政府把其戒烟计划纳入到基本健康医疗保险之后,整体的戒烟率呈上升趋势,吸烟率也随之下降。

3) 菲利普·莫里斯烟草国际公司对荷兰政府的税收政策发出警告

2012年,菲利普·莫里斯烟草国际公司在荷兰的Bergen Op Zoom地区有一家卷烟生产企业,目前有员工1400余人,但政府计划实施的新税收政策,遭到了来自各卷烟生产商,尤其是菲利普·莫里斯烟草国际公司的强烈反对。

据介绍,为了抑制公众对卷烟制品的消费,荷兰政府计划在目前的基础上大幅度提高卷烟制品的增值税,但这却引起了烟草生产商们的担忧,他们已向议会议员写信表达他们的诉求,希望政府能够减缓增税的步伐,以免造成烟草业从业人员失业情况的发生。

4) 荷兰对电子烟制订限制性措施

2013年12月21日,荷兰议会通过投票表决的方式,出台了一项新的对电子烟的限制性措施。

荷兰政府卫生部部长在接受当地媒体采访时称,从2014元1月1日开始,零售商们禁止向17岁以下的未成年人出售电子烟产品,另外,对于可以购买普通烟草制品的合法年龄从原来的16岁提高到了18岁。

2015年3月份,荷兰政府计划修订其控烟法案,对电子烟出台更加严格的监管措施,以限制此类新型烟草制品在该国的销售。

据介绍,新修订的控烟法案规定,烟草制品零售商们不允许向18岁以下的未成年人出售电子烟产品,即使他们所出售的电子烟产品不含烟碱也不允许向他们出售。另据来自当地媒体的报道表明,荷兰政府卫生部门一位名叫Martin van Rijn的负责人在接受记者采访时指出,由于青年人容易接受新产品,因此政府计划尽快修订控烟法案并付诸实施。

5）荷兰修订控烟法案将提高购买电子烟产品的最低年龄

2016年，为了阻止未成年人吸烟，荷兰政府计划修订已经实行多年的控烟法案，将合法购买电子烟产品以及类似吸烟装置的最低年龄限定在18岁以上，以此来限止青少年尝试吸食电子烟产品。

另外，政府在此次的控烟法案修订案中还规定，对于电子烟产品的宣传以及营销活动，未来将会与普通的烟草制品同等对待。对此，荷兰政府公共卫生健康监管部门的一位负责人在接受媒体记者采访时称，他们的研究表明，电子烟产品可能比公众预期的对消费者的健康更有害，为此荷兰政府才决定修订控烟法案。在新修订的法案出台之后，电子烟产品的外包装上也必须印制吸烟有害健康的警示标志。

6）荷兰计划对电子烟征税

2016年，荷兰政府向外界宣布，为了保护消费者的身体健康，尤其是为了保护对于新产品有着强烈好奇心的年轻消费者的身体健康，政府计划对于电子烟以及类似吸烟装置进行征税。

在新的税率制定并实施之后，每ml电子烟液的税率为0.30欧元，这有可能导致此类产品的零售价格大幅度增长。目前荷兰政府只向外界公布了对于电子烟液的征税方案，对于其他相关产品，其征税方案还没有向外界公布。

目前在荷兰国内的烟草市场上，仅有不含烟碱的电子烟液有售，但预计到2016年年底，含有烟碱的电子烟烟液也将在市场上出售。对此，有分析人士指出，在含有烟碱的电子烟液在市场上出现之后，政府可能还会调整此类产品的税率。

7）荷兰政府计划实施烟草产品的素面包装政策

荷兰政府卫生监管部门向外界宣布，政府将修订其控烟法案，从2017年7月份开始实施。其主要修订的条款为：对不同类别的烟草产品均实施严格的素面包装。

据介绍，在政府所修订的控烟法案中，对于不同类别的烟草产品，包括卷烟、袋装烟丝、雪茄烟以及shisha烟等的外包装，均必须实施政府所规定的素面包装，而以前在此类产品的包装上所使用的压花、金属效果、闪亮的色彩以及全息图等均不得在这些包装上出现。

对此，荷兰政府卫生监管部门一位名叫Martin van Rijn的负责人在接受媒体记者采访时指出，为了给烟草生产商以及贸易商们一定的宽限期，政府在修订该控烟法案之后，于2017年7月份开始正式实施。

8）荷兰政府出台烟草制品展示禁令

荷兰政府卫生监管部门计划修订该国的控烟法案，新修订的主要内容是要禁止零售商在其商店内展示所出售的烟草产制品。

据介绍，政府卫生部门一位名叫Martin van Rijn的负责人声称，控烟法案修订的目就是要强迫烟草制品零售商将其产品放在远离消费者视线的位置，这样就可以减少消费者购买烟草产制品的欲望。

对此，在荷兰经营烟草贸易的零售商已经同意了政府的做法相关规定，但他们认为仍需要一定的准备时间，才能遵守政府新制定的控烟法案的修订案。

荷兰烟草商协会表示，他们一定会按照政府的修订案执行，但需要两年的准备时间。

9）荷兰增税后消费者到国外购买烟草产品

荷兰政府财政部门的一项统计数据表明，在政府提高烟草产品的税率之后，使得该国烟草产品的零售价格上涨，从而导致许多消费者到邻国烟草产品比较便宜的地区购买自已所需要的烟草产品。

该国烟草机构进行的一项统计数据表明，近年来，尽管政府通过提高烟草税率使得该国的烟草制品销售量得以下降，但他们的数据表明，尽管烟民的购买量减少，但他们到国外比如德国以及比利时购买烟草产品的数量则有所增长，其原因是同类的细切烟丝等产品，其零售价格要比荷兰国内销售的要便宜很多。

4. 比利时

1）比利时公共场所禁烟令被判不合法

2010年，比利时Tongeren市的一名法官判定，该国的公共场所禁烟令不合法，因为它违反了公平原则。

法官在听证一宗咖啡店主违反禁烟令的案件时宣布该店主无罪，该项禁烟令对某些咖啡店是可以豁免的，这位法官认为这是在鼓励不公平竞争，属于不合法的法令，并应予以撤销。

比利时政府财政部门发布了相关行业的数据分析报告，该报告表明，2012 年，比利时国内的卷烟销售量与 2011 年同期相比增加了 10 亿支。

数据显示，2011 年，比利时的卷烟销售量为 102 亿支，2012 年的销售量则增长到了 112 亿支。对此，比利时一家民间反烟机构——比利时抗癌基金会的一位负责人称，卷烟销售量的增长，预示着政府控烟政策的失败。

分析人士认为，政府控烟失败的另外一个原因在于比利时卷烟价格相对较为便宜，该国卷烟制品的平均市场零售价格仅为英国的一半左右。

2）比利时研究人员认为电子烟有助于消费者减少烟草消费

2014 年，比利时有研究人员在国际期刊——《环境研究与公众健康》上发表文章指出，电子烟所含的有害成分较少，同时电子烟也有助于消费者戒烟。

研究人员称，他们为了研究电子烟对人体健康的影响，特别对 48 名志愿参与试验的消费者（他们均为经常吸烟的烟民，而且原来经常消费的产品为普通卷烟）进行了长达 8 个月的跟踪研究与分析。结果表明，在参与此项研究的 48 名烟民当中，有 21％的参与者完全戒除了吸烟的习惯；有 23％的参与者称他们吸食普通卷烟的消费量与原来相比减少了一半，其余 53％的参与者称，他们的消费量也有不同程度的下降。

3）比利时公共卫生健康委员会反对烟草制品素面包装法提案

2015 年 3 月 25 日，比利时公共卫生健康委员会向外界宣布，他们反对政府计划出台并实施的烟草制品素面包装法案。

据介绍，这项旨在寻求对烟草产品实施标准化包装的素面包装立法草案，是由反对党议员 Catherine Fonck 提出的，尽管该立法草案受到了来自公共卫生健康委员会等多个组织的反对，然而，比利时政府卫生部一位官员表示，政府计划对烟草制品标准化素面包装法案进行更深入的探讨，以听取更多公众的意见。

4）比利时政府将针对电子烟修订控烟法案

2016 年，比利时政府公共健康管理部门的一位负责人在接受媒体记者采访时称，政府计划修订控烟法案中有关电子烟产品的相关条款，将禁止将电子烟以及类似的吸烟装置销售给 16 岁及以下年龄的未成年人。另外，此次所修订的控烟法案中还规定，电子烟产品的外包装上也必须印制吸烟有害健康的警示内容。

对此，政府公共健康管理部门的这位负责人还声称，尽管电子烟产品有助于消费者戒烟，但政府还是应该加强对此类产品的监管，以保护消费者，尤其是未成年人的身体健康。

5. 卢森堡

1）卢森堡一健康基金会对政府税收做法提出批评

2014 年，卢森堡一家名为癌症研究协会的健康基金组织对政府实施的税收做法提出批评，该癌症协会的负责人 Lucienne Thommes 在接受当地媒体记者采访时指出，政府在增加烟草产品增值税的同时，却降低了同类产品的消费税，这与政府此前所制定的控烟法案并不符合。

Lucienne Thommes 认为，政府在对于烟草业税收的立场上，往往容易忽略公共卫生健康利益，他认为，在对待烟草业发展的问题上，公共卫生健康问题才应该是政府首要考虑与解决的问题，在目前卢森堡政府正在实施国家癌症计划的同时，降低烟草产品的消费税有可能导致消费量的增长，从而对政府的控烟不利。

2）欧盟成员国卢森堡吸烟率保持稳定

2016 年，欧盟一家卫生健康机构所做的一项抽样调查表明，尽管欧盟成员国卢森堡近年来不断提高烟草制品的零售价格，但其吸烟率却处于稳定的趋势。

卢森堡癌症基金会的一项调查显示，近 10 年来，该国成年人的吸烟率已经从 25％下降到 20％，但是最近 3 年依然保持在 20％左右。

另外，该基金会所做的调查还表明，有 50％的被调查者希望戒烟，只有 20％的被调查者希望能够减少每日的烟草制品消费量，有近 5％的被调查者经常消费水烟、电子烟及类似的吸烟装置。

6. 法国

1）法国政府提高卷烟税率

法国政府财政部门一位名叫 Christian Eckert 的官员在接受媒体记者采访时称，政府为了进一步降低该国的吸烟率，减少卷烟产品的消费量，决定提高烟草产品的税率，此次增税涉及的产品也包括手工卷制的产品，其零售价格将会在原来的基础上再上调15%。

对此，分析人士指出，由于与普通的卷烟产品相比，手工卷制的产品其价格要相对低一些，因此更受到青年人的喜爱。对此，法国政府公共卫生部门的官员则称，政府此次调整烟草产品的税率，其目的就是为了保障公众尤其是青年人的身体健康，以较高的税率，较高的零售价格来进一步阻止更多的人尝试消费此类产品。

2）法国政府将提高烟税

为了有效降低公众的吸烟率，保护消费者的身体健康，最近，法国政府向外界发布消息，政府计划在未来的几年适当提高烟草产品的税率，并计划在未来三年的时间内，将法国卷烟产品的市场零售价格在原来的基础上提高到10欧元。

对此，法国政府卫生部门一位名叫Agnes Buzyn的负责人在接受媒体记者采访时指出，提高烟草产品的税率是政府所发出的健康生活倡议的一部分内容。事实上，英国和爱尔兰政府也已经制定了相关的增加烟税的计划，将其市场零售价格提高到10欧元，以阻止公众，尤其是未成年人吸烟。

3）法国政府要求在卷烟包装上印制警示图片

2010年，法国政府颁布了一项法令，要求吸烟有害健康的图片警示将从2011年开始实施，该法令由卫生部部长Roselyne Bachelot签署发布。

据介绍，将于2011所实施的吸烟有害健康的警示图片有14幅左右，将轮换使用，警示图片所占面积的大小为烟盒面积的40%，并配有包括吸烟者早亡，吸烟引起致命肺癌等警语。

从今年开始，法国的烟草制造商与烟草零售商将用一年的时间销售现有的卷烟制品。据介绍，法国政府之所以推出此项法令，原因在于政府卫生部门的官员相信，具有震撼力的吸烟有害健康的警示图片将会比简单的警示文字起到更好的效果。

为了捍卫自己的合法权益，法国吸烟者已经团结起来，抵制政府所实施的一些控烟活动，他们认为，政府所实施的某些控烟措施对他们是不公平的。

法国一个名为成年烟民权利联盟的组织称，他们是代表1250万法国成年烟民的利益，其目的就是要阻止法国非吸烟区的扩大化，同时也呼吁政府不要让烟草制品的市场零售价格上涨过快。

4）法国卷烟税率增加

自2012年10月1日起，法国政府再次提高了烟草制品的税率，在原来的基础上又上调了6.5%，这样，一盒20支装卷烟的价格较增税前又上涨了0.40欧元。

另据来自法国国际广播电台（RFI）的消息表明，法国烟草行业业内人士担心，政府增加烟税之后，可能导致更多的法国消费者到周边烟草制品税率较低的国家购买价格较低的卷烟制品。

法国国际广播电台所做的一项调查统计表明，即使在政府此次提高烟税之前，法国有大约20%的吸烟者到周边国家购买价格低较的卷烟，以节省自己的消费开支。但法国政府财政部一位官员指出，为了政府的公共卫生事业支出，政府在未来几年还将会继续增加烟草制品的税率。

5）法国计划实施卷烟制品素面包装计划

2012年，法国卫生部一位名叫Marisol Touraine的负责人在接受媒体记者采访时称，法国政府计划对卷烟制品实施素面包装的措施，以降低该国的吸烟率，其具体的做法就是要去除目前卷烟外包装上的商标及图案。

然而，法国政府的这一计划立即遭到了来自帝国烟草公司等多家烟草商的反对，他们就政府这一新的控烟措施发表声明称，到目前为止，还没有任何研究结果表明，这种措施可以有效降低公众的吸烟率。

6）法国卷烟税率增加

自2012年10月1日起，法国政府再次提高了烟草制品的税率，在原来的基础上又上调了6.5%，这样，一盒20支装卷烟的价格较增税前又上涨了0.40欧元。

另据来自法国国际广播电台（RFI）的消息表明，法国烟草行业业内人士担心，政府增加烟税之后，可能导致更多的法国消费者到周边烟草制品税率较低的国家购买价格较低的卷烟制品。

法国国际广播电台所做的一项调查统计表明，即使在政府此次提高烟税之前，法国有大约20%的吸烟者到周边国家购买价格低较的卷烟，以节省自己的消费开支。但法国政府财政部一位官员指出，为了政府的公共卫生事业支出，政府在未来几年还将会继续增加烟草制品的税率。

法国政府财政部门决定，从2012年10月份开始再次提高卷烟制品的市场零售价格，在原来的基础上增加6%。

当地媒体援引财政部一位官员的话称，此次卷烟零售价格的提高，可以为法国政府的财政带来大约130亿欧元的收入。

卷烟价格上涨之后，高质量品牌卷烟，如万宝路和登喜路在法国国内的市场零售价格将达到每盒(20支装)6.50欧元左右。

法国政府卫生部部长在接受媒体《SEENEWS FRANCE》记者的采访时称，作为控烟活动的一项重要内容，政府将利用提高烟草制品零售价格的方法来抑制消费，从2013年7月1日起，政府已提高烟草制品的零售价格，每盒卷烟的市场零售价格在原来的基础上增加了0.20欧元，到2013年10月份，将再次提高烟草制品的零售价格，但具体的提价幅度目前还没有确定。

7) 法国计划出台电子烟禁令

2013年5月29日，法国政府对外宣布，政府计划在适当的时间制定公共场所禁止使用电子烟制品的相关法规。

据称，法国政府之所以计划出台并实施电子烟制品在公共场所的消费禁令，是基于法国一知名研究人员——Bertrand Dautzenberg教授的一份研究报告，该研究报告指出，消费电子烟制品可能给消费者带来患肺病的风险。在这种情况下，法国政府卫生部部长Marisol Touraine才建议政府在适当的时间出台电子烟制品在公共场所消费的相关禁令。

但法国也有分析人士指出，实施电子烟禁令，将会严重损害这个新兴行业，因为目前在法国国内的烟草制品市场上，电子烟销售总额的20%在是一些公共场所如餐厅、俱乐部、酒吧及宾馆内所销售的。

在法国国内的烟草制品市场上，越来越多的消费者为了自身的健康而选择消费电子烟制品，因为这些消费者认为，电子烟制品的危害要比普通烟草制品小。另外，由于公共场所都实施了严格的禁烟措施，也迫使部分消费者不得不消费电子烟制品。

数据显示，2013年，法国有50余万消费者已经更换烟牌，转而消费电子烟制品，但法国卫生部警告消费者称，电子烟制品中也含有对人体有害的微量成分，对此，法国卫生部将对该国市场上的电子烟制品进行调查。

法国政府已于2013年6月底通过了一项有关电子烟的法案，法案规定：禁止向18岁以下的未成年人出售电子烟制品，违者将被处以重罚。

政府卫生部门一位负责人称，在该法案通过之后，电子烟制品应该像普通的烟草制品那样，不得做任何形式的宣传广告。另外，一些卫生健康部门的人士还建议政府应该出台在公共场所禁止电子烟制品的措施。

在此之前，美国一位知名的公共健康专家Luke Clancy曾发表研究报告指出，与该产品(电子烟)相关的健康风险仍然是未知的。

8) 法国部分公众反对欧洲新修订的烟草产品指令

2013年10月8日，欧洲议会对是否将电子烟列为药品的新修订的烟草产品指令进行复议。为此，很多欧洲民众来到位于法国斯特拉斯堡的欧洲议会大楼前举行示威，并抗议这一指令。

事实上，在10月7日，10位法国专科医生发表了一篇名为《医学承认电子烟呼吁书》的文章，明确反对将电子烟制品归类为药品，他们认为，电子烟可以帮助众多吸烟者戒烟。

数据显示，目前欧美地区大约有100余万烟民经常消费电子烟制品。英国的电子烟消费者从2010年的9%增长至2012年的22%；美国的电子烟制品近3年来销售额逐年成倍增长，预计2014年销售额有可能达到10亿美元。

9) 法国卫生部建议对电子烟进行立法监管

2014年6月初，法国卫生部门一位负责人建议称，政府应该对电子烟立法并进行监管，对于电子烟的管理，应该借鉴政府卫生部门之前所制定的控烟法案条款像对待普通烟草产品的做法来执行。

近年来，随着电子烟的不断发展，法国出售电子烟产品的零售店越来越多，数据显示，目前法国有近100万消费者使用电子烟。在这种情况下，卫生部门才建议政府应该尽快采取措施以对电子烟进行立法监管。

法国政府计划出台措施，对公共场所电子烟消费出台相关的限制性措施。因为目前在法国的一些公共场所，消费电子烟可能会影响到未成年儿童的利益。

为此，这位部长向各地政府的官员发出呼吁，希望法国各地方议会能够首先出台对电子烟的监管措施。但在酒吧及餐馆这类公共场所，尽管政府出台了严格的禁烟措施，但电子烟消费却不在被禁之列。

10）法国青年人及未成年人电子烟消费情况调查

法国研究人员在2013年对该国青年人及未成年人的电子烟消费情况进行了抽样调查，所调查的人群涉及12岁至19岁的在校中学生以及大学生。

在被调查的3409人当中，有8.1%的被调查者称他们曾经消费过电子烟，而在这8.1%的人群当中，有33.4%的人称他们经常抽烟，有些还是电子烟和普通卷烟的双重使用者。

全球知名的市场调查公司——英敏特公司的统计数据表明，2013年，法国大约有190万烟民经常消费电子烟产品，另外还有900万消费者曾经尝试消费过电子烟产品。2013年，电子烟的销售额为2亿欧元（约合2.76亿美元），预计2014年该国电子烟的销售额有可能增长到4亿欧元。

11）2014世界免税协会展览会将在法国举办

2014世界免税协会展览会将于2014年10月26日至31日在法国举办，届时将会有包括全球各大跨国烟草公司在内的企业参加该展会。

据介绍，在2014年的世界免税协会展览会上，将会有重量级人物出席此次会议，包括美国前国务卿鲍威尔以及法国航空公司首席执行官Alexandre de Juniac等，而展览会将设在法国戛纳国际电影展的影节宫举行。帝国烟草公司曾参加过多次世界免税协会展览会，并在展览会上展出过公司的主导卷烟及雪茄烟品牌。

12）法国将增加雪茄烟的税率

近日法国政府对外宣布，政府将提高雪茄烟产品的税率，以期降低该类税率较低产品的消费量，保护公众的身体健康。

对此，法国雪茄烟供应商协会的一位负责人在接受媒体记者采访时称，如果政府增税的议案得到通过并付诸实施，那么，法国最畅销的小雪茄品牌，每包的市场零售价格将达到17.60欧元。该协会同时也警告指出，如果该增税法案于2015年出台并实施，可能使其销售量大幅度下降，政府的税收额也会不增反降。

另外，法国烟草业人士Pascal Montredon表示，政府大幅度提高雪茄烟的税收，将有可能导致烟草制品零售商的收入下降，从而将使1000余家烟草制品零售商店无法再继续经营。对此，国会议员Michele Delaunay称，公众健康是最重要的，提高烟草制品税率是大势所趋。

13）世界免税协会会议将在戛纳举办

由世界免税协会于2015年10月份在法国戛纳举办2015年度全球免税协会会议。

据介绍，全球最大的免税商品展览会每年举办一次，参加展览会的几乎全为世界知名的顶级一线品牌，参展商中也有全球知名的烟草公司以及他们所生产的各类烟草品牌。

据介绍，近年来，中东地区各类免税商品的增长幅度较大，2014年该地区免税商品的增长幅度达到了5.8%。

14）2015年世界免税商品展览会在戛纳结束

2015年世界免税商品展览会已经于2015年10月底在法国戛纳结束，此次展览会期间，尽管参观的人数与上年同期相比稍稍下降了2%，但参展商的数量则比上年有所增长。数据显示，参展商的数量比2014年增长了2%，同时，烟草商也在此次世界免税商品展览会上展出了他们的产品。

15）法国2016年将实施卷烟素面包装措施

法国政府卫生部部长Marisol Touraine在接受媒体记者采访时称，该国政府将于2016年实施卷烟素面包装措施。

另据来自法新社的消息表明，在澳大利亚政府实施卷烟素面包装措施之后，法国计划仿效其做法实施相同的控烟措施，然而，法国计划实施的卷烟素面包装措施不会像澳大利亚那么严格。法国政府将在修订其 2012 年控烟法案的基础上，要求卷烟生产商们统一其卷烟外包装的颜色为橄榄褐色，并印制同样的吸烟有害健康的警示文字及警示图片。

Marisol Touraine 在接受法国一家广播电台的采访时指出，卷烟生产商们必须遵守政府法令，确保其烟盒形状相同、尺寸一致，颜色一样，以最大限度地减少对年轻消费者的吸引力。

政府引入更加严格的控烟措施，可以有效降低各类烟草制品对青年烟民及未成年人的吸引力。另外，法国有分析人士指出，目前政府所实施的控烟措施中的公共场所禁烟令，实质上只是改变了某种社会秩序，并没削弱烟民们对吸烟的欲望。同时，有些反烟人士还建议，政府应该将目前适用于普通烟草制品的控烟法案同样适用于电子烟产品，这样可能有效降低消费者对电子烟的消费需求。

16）法国政府提高卷烟税率

尽管法国议会在 2014 年 11 月份否决了一项增加各类烟草制品税率的议案，然而，自 2015 年 1 月份开始，法国政府再一次提高了烟草制品的税率，并在议会获得通过。

对此，反对党一位名叫 Razzy Hammadi 的负责人在接受媒体记者采访时称，政府部门并没有考虑到烟草生产商、销售商以及消费者的利益，再一次提高烟草制品的税率，这只会进一步拉大法国与欧盟其他国家之间卷烟零售价格的价格差，从而导致更多的法国消费者到欧盟其他卷烟价格相对较低的国家购买他们所需要的烟草制品。

数据显示，目前在法国，每盒 20 支装的卷烟，其最便宜的市场零售价格也达到了 6.50 欧元。

政府将提高雪茄烟产品的税率，以期降低该类税率较低产品的消费量，保护公众的身体健康。

对此，法国雪茄烟供应商协会的一位负责人在接受媒体记者采访时称，如果政府增税的议案得到通过并付诸实施，那么，法国最畅销的小雪茄品牌，每包的市场零售价格将达到 17.60 欧元。该协会同时也警告指出，如果该增税法案于 2015 年出台并实施，可能使其销售量大幅度下降，政府的税收额也会不增反降。

另外，法国烟草业人士 Pascal Montredon 表示，政府大幅度提高雪茄烟的税收，将有可能导致烟草制品零售商的收入下降，从而将使 1000 余家烟草制品零售商店无法再继续经营。对此，国会议员 Michele Delaunay 称，公众健康是最重要的，提高烟草制品税率是大势所趋。

17）法国修订控烟法案计划于 2016 年实施卷烟素面包装措施

法国议会已经通过了一项新的更加严格的控烟法案修订案，计划从 2016 年 5 月份开始，对卷烟产品实施素面包装政策。

据介绍，在修订控烟法案时，政府还计划修订其他部分条款，包括在有未成年人乘坐的汽车内，严禁吸烟，在办公场所以及公共交通工具上禁止使用电子烟产品以及类似的吸烟装置。

2015 年 11 月份，法国议会以 56 票赞成、54 票反对的微弱优势，最终通过烟草制品的素面包装法案。

烟草制品的素面包装法案，就是清除烟草制品外包装上的一切品牌信息（包括颜色、图片、公司标志以及产品的商标等）。然而法国政府这一计划刚开始公布，便遭到了来自全国烟草从业者们的强烈反对，事实上，早在今年 9 月份，法国国内就有 80 多座城市的 2.6 万名烟草零售店经营者以及相关的从业人员发起了声势浩大的抗议活动，广大烟草商称要对政府提起法律诉讼，一些反对党的议员也加入了游行者的队伍。

然而，对于烟草业的反对，法国政府卫生部部长 Marisol Touraine 的态度却很强硬。这位部长称，实施烟草制品素面包装的法案，可以有效降低未成年人的吸烟率，减少因吸烟影响健康而导致的各类疾病。

18）日本烟草国际公司计划对法国政府出台的控烟措施提出上诉

日本烟草国际公司近日向外界宣布，由于法国政府已经公布了其新修订的控烟法案的有关卷烟素面包装的时间表，并对卷烟生产商设定了最后的期限——2017 年 1 月份，对此，日本烟草公司称届时将会对法国政府的此项控烟法案提出上诉。

对此，日本烟草国际公司负责法国业务的一位名叫 Benoit Bas 的负责人指出，法国政府在修订并出台该控烟法案时，并没有考虑到该法案对拥有知识产权公司利益的伤害。基于对自身利益的保护，日本烟草国际公司计划对该法案提起法律诉讼。

另外，以生产 Gauloise 牌和 Gitanes 牌卷烟而闻名欧盟各成员国的法国 Seita 烟草公司，因政府实施烟草制品的素面包装法案而对其提起了法律诉讼。

另据来自法国当地媒体的消息表明，该公司已经向法国高院进行上诉，并提交了一份声明，公司在其声明中指出，政府已于今年元月份实施的烟草制品素面包装法案，侵犯了他们公司的知识产权和表达自由意愿的可能性，与企业发展的自由精神是背道而驰的，同时也剥夺了宪法赋予烟草商们的权利。同时该公司还认为，他们的一些卷烟品牌已经有着100多年的发展历史，应该受到尊重。

19）法国政府计划对于电子烟加强监管引发争议

法国政府公共卫生部门决定修订其控烟法案，计划对于电子烟以及类似的吸烟装置进行更加严格的监管，尤其是还决定实施酒吧与餐馆的电子烟禁令，这已引发了公众的争议。

对此，法国政府公共部门认为，使用电子烟产品可能会对消费者带来健康方面的风险。但法国电子烟行业的业内人士则回应，政府对于电子烟产品以及类似的吸烟装置进行更加严格的监管，可能使消费者将电子烟与普通的烟草制品同等对待。

目前在法国，也有一些公共卫生界人士认为，电子烟产品作为一种吸烟装置，可以帮助消费者戒烟，也可以有效降低他们对于普通烟草制品的消费量。

法国议会一位名叫Mélin的议员称，欧盟各成员国不应该对电子烟产品以及类似的吸烟装置实施较为严格的限制。

另有分析人士认为，如果将电子烟产品与可以燃烧的普通烟草制品视为同一类别的产品进行监管，只会导致目前已经选择消费电子烟产品以及类似吸烟装置的消费者又回到他们原来的消费方式，即消费危害相对较高的可燃烧的烟草制品。

欧盟委员会所做的一项调查数据表明，电子烟产品并非是一种危险产品，有21%的原来消费普通卷烟的消费者已经减少了他们对于普通卷烟产品的消费量，另外还有16%的选择新产品的消费者已经放弃了他们原来消费普通卷烟产品的习惯，因此，法国这位议员建议应该发展电子烟产品。

20）法国将实施烟草产品素面包装法案

2016年12月份，法国政府已经通过了一项旨在降低该国吸烟率的法案——并对其控烟法案进行了新的修订，实施烟草产品的素面包装法案。

据介绍，在该国控烟法案的修订过程中，新出台的素面包装法案曾一度受到了来自反对党以及烟草业的强烈反对，但最终该法案还是得以通过。

在该法案实施之后，烟草制品包装上只能出现较小的、统一字体的商标名称，且字体将会比原来小得多。

分析人士认为，早在10年前，法国政府就已经颁布了受到争议的公共场所禁烟令，即在酒吧和餐馆等封闭场禁止吸烟。然而，政府部门的统计数据表明，目前该国仍有1300万烟民，因吸烟导致的健康问题仍然影响着公众的生活质量。

21）法国公共场所以及工作场所禁烟情况（见表9-65）

表9-65　法国公共场所以及工作场所禁烟情况（料更新至2015.01）

	完全禁烟区	限制吸烟区	不限制吸烟区	不确定区域	不适用区域
所有工作场所		是			
政府办公区域		是			
医院	是				
居民区卫生保健机构的公共活动区域	是				
居民区卫生保健机构的病房区域		是			
非居民区的卫生保健机构	是				
儿童保育园以及幼儿园	是				
小学和中学	是				

续表

	完全禁烟区	限制吸烟区	不限制吸烟区	不确定区域	不适用区域
大学及职业教育学校	是				
商店		是			
公共文化设施		是			
室内体育场馆等竞技场所		是			
餐厅		是			
酒吧及夜总会等公共娱乐场所		是			
赌博场所		是			
酒店公共区域		是			
酒店客房		是			
监狱和拘留所及其公共区域		是			
火车、公共汽车等候站等公共区域	是				
出租车			是		
飞机	是				
船舶		是			
其他交通设施		是			

22）法国政府对烟草广告、促销以及赞助行为的规定（见表 9-66）

表 9-66　法国政府对烟草广告、促销以及赞助行为的规定(资料更新至 2015.01)

	完全禁止	部分禁止	允　许	不　确　定	不　适　用
国内电视台及广播电台	是				
国内报纸及纸质期刊	是				
国内其他类型的印刷媒体	是				
国际电视台及国际广播电台	是				
国际报纸及纸质期刊		是			
互联网络		是			
专业互联网销售网络	是				
户外广告	是				
烟草产品销售点的广告	是				
烟草产品销售点的产品展示			是		
自动售货机	是				
传统电子邮件	是				
电话和移动通信	是				
品牌标识	是				
免费发放的烟草制品	是				
促销礼品	是				
与体育比赛相关的产品	是				
直接针对消费者个人的广告宣传	是				

续表

	完全禁止	部分禁止	允　许	不 确 定	不 适 用
品牌延伸	是				
反向品牌延伸	是				
类似玩具的烟草制品				是	
类似糖果的烟草制品				是	

五、南欧地区

1. 罗马尼亚

1）罗马尼亚提高烟草制品税率

罗马尼亚政府做出决定，将从 2011 年开始提高烟草制品的税率，在原来的基础上再提高 3.5％，每 1000 支卷烟的税额增加到 76.6 欧元。

2）罗马尼亚旅游业希望受益于保加利亚的禁烟令

由于保加利亚计划将于 2012 年 6 月 1 日实施新修订的控烟法案，因此，其邻国罗马尼亚的旅游业希望受益于该国严格的禁烟令，把到保加利亚旅游的游客吸引到罗马尼亚。

据介绍，在保加利亚 6 月 1 日实施全面的禁烟令之后，烟民可以来到罗马尼亚尽情放松旅游，因为罗马尼亚的控烟法案对餐馆、汽车旅馆、酒店和办公场所、公共场所的控烟政策是非常宽松的。

而实施上，保加利亚早在 2010 年就制定了严格的控烟法案，但政府担心损害该国的旅游业而放宽了禁烟令当时的执行标准。

罗马尼亚政府卫生部门的统计数据表明，该国的吸烟率已有所下降。数据显示，2003 年，罗马尼亚的吸烟率曾一度高达 35.5％，2011 年，该国 15 岁及以上人群，其吸烟率已降至 26％。目前罗马尼亚有烟民 485 万人左右，平均每人每月用于烟草制品方面的消费约为 62 欧元。

3）罗马尼亚新的禁烟令影响餐饮业经营

罗马尼亚早已于 2006 年 4 月份就已经正式签署了由世界卫生组织制定的《烟草控制框架公约》，之后便出台了相关的公共场所禁烟令。为了进一步强化该国的控烟工作，政府又于 2016 年 8 月份再一次修订了其控烟法案，新修订的公共场所禁烟法案规定：

所有室内公共场所，包括商店、餐厅、游乐场、宾馆、影院、医院、学校、办公室等这些公共场所一律禁止消费者吸烟。

对于消费者个人违反公共场所禁烟令者，每次将被处以 100 至 500 罗马尼亚列伊的罚款；对于经营者，第一次违法将受到 5000 至 10000 罗马尼亚列伊的罚款，并对其进行停业处罚，如果再次违反公共场所禁烟令，其经营场所将被关闭。

在新的禁烟法案实施后，在罗马尼亚餐厅外面，总能看到一些吸烟者在户外吸烟。对此，一些烟草消费者则提出质疑，凭什么吸烟者就不能进入餐厅，吸烟者的权益难道不应该受到法律的保护吗？

另外，罗马尼亚首都布加勒斯特一家餐厅的经营者在接受媒体记者采访时称，政府新的公共场所禁烟令出台之后，其经营受到了很大的影响。对此，一些酒吧的经营者也有同感。

在政府出台更严格的控烟法案的同时，罗马尼亚政府也适当调整了其烟草制品的税率，以配合政府的控烟活动。目前该国卷烟产品平均每盒的价格为 14.5 罗马尼亚列伊，烟草制品的综合税率已经达到了占其产品市场零售价格的 75％，超过了世界卫生组织制定的相关税率标准。

4）罗马尼亚卷烟生产商面临困境

2017 年元月份，罗马尼亚的卷烟生产商正在等待新政府的相关政策，因为只有新政府的政策出台后，他们才能确定 2017 年的卷烟价格。

罗马尼亚的卷烟价格很大程度上取决于烟草税率，一般而言，消费税和增值税占卷烟价格的75%至80%。

2016年，罗马尼亚的卷烟生产商度过了非常艰难的一年，因为在2016年政府就出台了一系列的控烟法规：3月份，出台了禁止在封闭的公共场所吸烟的条款；还有议员建议未来禁止向2017年1月1日之后出生的公民出售卷烟等。这些因素已导致法律的不确定性增加。2017年，政府有可能会修订控烟法案，将会增加在所有公共场所禁止吸烟的相关条款。

5）罗马尼亚公共场所以及工作场所禁烟情况（见表9-67）

表9-67　罗马尼亚公共场所以及工作场所禁烟情况（资料更新至2016.08）

	完全禁烟区	限制吸烟区	不限制吸烟区	不确定区域	不适用区域
所有工作场所		是			
政府办公区域	是				
医院	是				
居民区卫生保健机构的公共活动区域	是				
居民区卫生保健机构的病房区域	是				
非居民区的卫生保健机构	是				
儿童保育园以及幼儿园	是				
小学和中学	是				
大学及职业教育学校	是				
商店	是				
公共文化设施	是				
室内体育场馆等竞技场所	是				
餐厅	是				
酒吧及夜总会等公共娱乐场所	是				
赌博场所	是				
酒店公共区域	是				
酒店客房	是				
监狱和拘留所及其公共区域	是				
火车、公共汽车等候站等公共区域	是				
出租车	是				
飞机	是				
船舶	是				
其他交通设施		是			

6）罗马尼亚对烟草广告、促销以及赞助行为的规定（见表9-68）

表9-68　罗马尼亚对烟草广告、促销以及赞助行为的规定（资料更新至2016.08）

	完全禁止	部分禁止	允　许	不　确　定	不　适　用
国内电视台及广播电台	是				
国内报纸及纸质期刊	是				
国内其他类型的印刷媒体	是				

续表

	完全禁止	部分禁止	允许	不确定	不适用
国际电视台及国际广播电台	是				
国际报纸及纸质期刊		是			
互联网络		是			
专业互联网销售网络				是	
户外广告	是				
烟草产品销售点的广告			是		
烟草产品销售点的产品展示			是		
自动售货机	是				
传统电子邮件	是				
电话和移动通信			是		
品牌标识	是				
免费发放的烟草制品		是			
促销礼品			是		
与体育比赛相关的产品			是		
直接针对消费者个人的广告宣传			是		
品牌延伸		是			
反向品牌延伸			是		
类似玩具的烟草制品	是				
类似糖果的烟草制品	是				

2. 保加利亚

1) 保加利亚税收不升反降

保加利亚前内政部长对政府目前所实施的烟草业税收政策提出了严厉的批评，这位前任部长指出，自2010年初政府提高卷烟税率以来，使国库收入下降了15%，保加利亚北部以及Pleven等城市走私卷烟数量大幅度增长。

Bulgartabac公司警告称，非法卷烟2010年将占该国卷烟总交易量的40%。2010年初，从量税从每1000支41BGN(约合28美元)提高到101BGN。新税制使每盒卷烟的零售价提高1.10～1.60BGN。

2) 保加利亚议员建议调整烟草税率结构

保加利亚一位名叫Ventsislav Varbanov的议员建议政府应该调整烟草税率，提高进口卷烟制品的税率。

另外，在税率结构调整的情况下，使得国产价格相对便宜的卷烟制品，其市场零售价格保持不变，甚至略有下降。同时他还建议政府应该对非法走私及假冒烟草制品予以严厉打击。

3) 保加利亚卷烟税率稳定

近年来，由于保加利亚政府没有像前几年那样，每年都要适当提高卷烟制品的税率，而是保持了卷烟制品税率的相对稳定，由此促使该国非法烟草制品贸易量处于下降的趋势。

保加利亚几家市场研制机构的统计数据表明，2012年，该国非法烟草制品的贸易量出现了持续下降的态势，非法烟草制品所占国内卷烟市场的份额已由2010年的34.0%下降到了2011年的23.3%，目前，非法烟草制品的销售所占保加利亚国内卷烟市场的份额则下降到了15.3%。

在近期保加利亚政府财政部门与海关部门所召开的联合会议上，海关部门的负责人Simeon Djankov与

Vanyo Tanov 称，保持卷烟税率稳定可以有效打击非法烟草制品贸易活动。

4）保加利亚对烟草制品实施新的印花税票

保加利亚通信社援引政府财政部一位官员的话称，政府计划对烟草制品实施新的印花税票，以有效打击非法走私及假冒烟草制品的贸易活动。

预计新的印花税票将从 2014 年 1 月 1 日实施，但对于 2013 年已经生产的没有能够使用新印花税票的合法烟草制品，政府给予了一定的宽限期，在 2014 年 12 月 31 日前仍然可以在市场上出售。

5）跨国烟草公司支持保加利亚政府的烟草制品税收政策

目前在保加利亚的烟草制品市场上，非法烟草制品的贸易较为猖獗，为此政府调整了其税收政策，提高了烟草制品的消费税税率，在该国经营有烟草业务的跨国烟草公司表示支持其税收政策。

据介绍，菲利普·莫里斯烟草国际公司、英美烟草公司、日本烟草国际公司和帝国烟草公司都表明支持政府的烟草制品消费税税收政策。

菲利普·莫里斯烟草国际公司一位名叫 Nikitas Teofilopulos 的负责人称，他们公司积极支持政府打击非法烟草制品的工作，同时也支持政府所实施的税收政策。

6）保加利亚烟草税收收入下降

受多方因素的影响，保加利亚政府财政部门 2010 年从烟草业所获得的税收收入有所下降。统计数据显示，2010 年政府从烟草业所获得的税收总额为 16.86 亿保加利亚列弗，比 2009 年同期减少了 1 亿保加利亚列弗。

保加利亚政府海关部门的发言人对外称，走私及非法烟草制品贸易活动的加剧是导致政府财税收入下降的主要原因。

海关部门的统计数据表明，2010 年，海关缉私人员共查获非法走私烟草制品共计 2.422 亿支。但在 2007 至 2009 年间，海关只查获了 5360 万支非法走私烟草制品。

7）保加利亚 King's Tobacco 烟草公司参加国际免税联盟大会

2012 年国际免税联盟大会于 2012 年 5 月下旬在新加坡召开，保加利亚 King's Tobacco 烟草公司首次参加了这次大会，并在会上展示了公司的相关卷烟产品。

另据来自保加利亚当地媒体的消息表明，为了展示公司的实力，King's Tobacco 烟草公司参加了 2012 年在亚洲举办的国际免税联盟大会，并通过实物展示及先进的三维立体图像技术展示了公司的卷烟制品。

据介绍，在 2012 年的国际免税联盟大会上，有 236 家公司参加了此次盛会，其中有 6% 的参展商为各类烟草制品生产商。

8）保加利亚政府从烟草业获得的税额将下降

保加利亚政府海关部门一位名叫 Vanyo Tanov 的负责人称，政府自 2012 年下半年实施新的控烟法案后，公共场所禁烟的力度会进一步加大，而政府从烟草业所获得的税额则会大幅度下降，预计下半年政府的税收会减少 1 亿保加利亚列弗。

数据显示，西班牙实施了室内公共场所禁烟令之后，一年内政府从烟草业所获得的税额减少了 33%。

9）保加利亚再次提高卷烟制品税率

保加利亚政府再次提高了烟草制品的税率。政府财政部门所公布的财政预算报告表明，烟草制品的税率已由原来的每千克 100 保加利亚列弗提高到了 150 列弗。

另据来自保加利亚国内的媒体报道称，事实上，早在 2010 年年初，政府为了增加财政收入，就已经上调过烟草制品的税率。

保加利亚议员 Kornelia Ninova 在议会中称，虽然卷烟消费税 2009 年提高了 24.5%，但财税收入却较上年下降了 15%。走私烟草制品在保加利亚已占到其市场份额的 50%，这种状况可能导致预算亏空。

保加利亚议会已对政府财政税收部门所提出的增加烟税方案进行了再次审议，此次将要提高烟税的烟草制品除了普通的卷烟制品外，还包括自卷烟及斗烟制品。

按照新的增税议案，吸用烟草制品平均的税率将由原来的每千克 100 保加利亚列弗增长到 132 保加利亚列弗。

10）消费税率增长导致保加利亚非法烟草制品数量增加

受非法烟草制品贸易量增长的影响，2010 年，该国来自烟草制品消费税的税收额为 16.86 亿保加利亚列弗，与上年同期相比有所下降。海关部门的统计数据表明，2010 年，政府海关部门共查获了 2.42 亿支非法走私卷烟制品，其贸易量比前几年增长了很多。

2010 年 1 月份，保加利亚烟草公司的有关人士就警告称，由于政府提高了卷烟制品的消费税，由此导致非法卷烟制品的贸易量增长，该公司当时预测称，非法烟草制品的交易量将会占到该国 2010 年卷烟制品总销售量的 40%左右，将会给烟草公司乃至政府的财政税收都会带来很大的负面影响。

11）保加利亚将放宽吸烟禁令

2011 年，保加利亚政府卫生部门同意在封闭的公共场所内设立吸烟区的议案，同时该议案也获得了政府内阁的批准。

根据放宽的禁令，将于明年生效的新禁烟令将允许在封闭的公共场所，如餐馆、咖啡厅、酒吧、商业场所、火车站、机场等地区，设立独立的吸烟区，但这些吸烟区必须配备有良好的通风设备。

即将出台的新控烟措施规定，经营面积较大的公共场所，为非吸烟者服务的面积将不得少于 50%，而营业面积小于 50 平方米的咖啡馆及餐厅等，经营者将自行决定是否设立单独的吸烟区。

12）保加利亚制定新的控烟政策

保加利亚政府计划修订其控烟政策，从 2013 年开始，对一切形式的直接和间接烟草广告发出禁令，并禁止烟草制品零售商在其零售商店内展示所出售的烟草制品。

另外，从 2011 年开始，政府将出台相关的控烟措施，禁止烟草制品生产商生产类似玩具的食品及烟草制品。从 2013 年开始，政府将出台措施限制在电影、电视剧以及其他各种节目中出现吸烟的镜头。

关于在室内公共场所实施禁烟令这一问题，政府将出台措施，从 2012 年开始实施全面的室内公共场所禁烟政策，以取代目前比较宽松的室内控烟措施。

保加利亚政府在其 2011 至 2015 年限制吸烟的方案中，将有可能逐步采取措施，禁止烟草生产为了改进卷烟制品的香气及口味所使用的烟草添加剂。

根据政府对目前烟草生产商所使用烟草添加剂禁用目录的编制，这可能意味着，在不久的将来，在保加利亚国内的卷烟市场上，目前人们所消费的比较常见类型的卷烟制品，消费者可能很难再购买到了。

在保加利亚的烟草制品市场上，非法烟草制品的贸易较为猖獗，为此政府调整了其税收政策，提高了烟草制品的消费税税率，在该国经营有烟草业务的跨国烟草公司表示支持其税收政策。

据介绍，菲利普·莫里斯烟草国际公司、英美烟草公司、日本烟草国际公司和帝国烟草公司都表明支持政府的烟草制品消费税税收政策。

菲利普·莫里斯烟草国际公司一位名叫 Nikitas Teofilopulos 的负责人称，他们公司积极支持政府打击非法烟草制品的工作，同时也支持政府所实施的税收政策。

13）保加利亚将全面禁止吸烟

保加利亚当地媒体 NOVINITE 报道指出，政府卫生部部长 Stefan Konstantinov 称，保加利亚将从 2013 年开始，在所有公共场所禁止吸烟。

该国 2010 年实施限制吸烟的措施，但允许吸烟者在单独的吸烟区内吸烟。

早在 2010 年，保加利亚政府就推出了一项禁止在封闭的公共场所全面禁烟的议案，但由于当时的政府部门考虑到如果此项较为严格的禁烟令得以实施，有可能影响到该国的旅游业，因此推迟了此项禁令的实施。

据介绍，将于 2012 年新修订的控烟法案包括，此前所允许的在餐馆、俱乐部、酒吧、火车站等候区等公共场所吸烟的条款将被修订，同时这些区域也将被划为禁烟区。

保加利亚当地媒体援引前保加利亚内政部一位名叫 Rumen Petkov 官员的话称，卷烟制品的非法走私及燃料等能源产品的走私活动，使保加利亚政府每年所受到的经济损失高达 25 亿保加利亚列弗。

保加利亚政府部门的一项统计数据显示，2011 年 1 至 7 月份，受走私烟草制品的困扰，该国政府从烟草业所获得的消费税收入仅为 9.20 亿保加利亚列弗，远远低于上年同期 14 亿保加利亚列弗的水平。

14）保加利亚修订控烟法案

2012 年，保加利亚政府对其控烟法案进行了修订，虽然控烟法案的草案还在修订期间，但立法者已考虑软化修订后控烟法案中公共场所禁烟的规定。

据介绍，新的控烟法案内容规定，在 22：00 点之后，在夜店内可以允许顾客吸食烟草制品，但法案又没有对何谓夜店进行明确的规定与说明，因此，餐馆、酒吧、饭店等经营性公共场所也可以在 22：00 点以后对烟民开放。而事实上，上述经营者代表曾对立法者进行游说，试图劝说立法者对他们实施“宽松”的控烟政策，以利于他们的经营。

保加利亚政府已经修订了其控烟法案，从 2012 年 6 月 1 日起禁止在咖啡馆、酒吧和饭店等所有的公共场所内吸烟。

保加利亚政府卫生部门的统计数据表明，目前该国有 44％的人经常吸烟，烟民比例较高，这也是政府修订其控烟法案的主要原因。

为了抑制烟草制品的消费，保加利亚政府已对其控烟法案进行了修订，新修订的控烟法案已于 2012 年 7 月 1 日起正式实施，对此，保加利亚酒店及餐饮业协会负责人 Blagoy Ragin 在接受媒体记者采访时称，新的控烟法案生效之后，预计该国酒店及娱乐业的收入每年将会减少 30000 万保加利亚列弗。

15）保加利亚控烟存在分歧

2013 年，保加利亚政府总理暗示称，他将不会反对其所在党派的高层人士，计划考虑的放宽公共场所控烟管理的措施，允许吸烟者在餐馆和酒吧内在晚上 10 点以后吸烟。这表明政府所制定的控烟措施执行力度不够，对控烟问题存在意见分歧。

保加利亚已禁止在封闭的公共场所吸烟，但并未导致烟民人数显著下降。

据对该国 1000 名成年人所做的调查表明，吸烟者占 34％，有 3％的吸烟者在实施禁令以后戒了烟，有 74％的烟民称，实施禁令后吸烟数量和以前没有发生太大的变化。

保加利亚执政党决定，将放宽公共场所禁烟令的限制，最有可能的放宽条件是：允许吸烟者在酒吧及餐馆内吸烟，但办公室吸烟仍在被禁之列。

保加利亚执政党负责人 Sergey Stanishev 称，他们已经提交了一份放宽禁烟令的计划。同时该党也认为，政府所实施的禁烟令已使很多人失去工作，但保加利亚的吸烟率及烟民人数并没有太大的变化。

在此之前，保加利亚政府从来没有放松禁烟令，但此次计划有可能受到来自欧盟其他成员国的反对。

2014 年 3 月中旬，保加利亚部分议员向政府监管机构提出建议称，适当放宽其控烟法案中部分条款有关室内吸烟的限制，但最后他们的建议仍然被国会健康委员会驳回。

同时，该健康委员会还建议政府卫生监管部门应该加强违反控烟法案条款的处罚力度，提高罚款金额，对于那些公共场所违反控烟令的经营者，应该取缔其经营的资格。

16）保加利亚烟农对政府降低烟叶价格提出抗议

由于保加利亚政府降低了该国烟农的烟叶收购价格，从而引发了烟农对政府的不满情绪，在保加利亚南部重要的烟叶产地——Harmanli 地区，2014 年 1 月 5 日，部分烟农在通往其邻国土耳其的高速公路上举行示威活动，并一度短暂封锁了这条高速公路。

另据来自当地网站的消息称，保加利亚争取权利与自由运动的一位负责人指出，本届政府不再设置烟叶的销售季节，并降低烟叶的收购价格，是往届政府从来没有实施过的措施，烟农们对此感到十分不满。为此，他们才举行大规模的抗议示威活动，要求政府能够改变其原来的计划，满足他们的要求。

2014 年 3 月份，由于保加利亚南部主要烟叶产区烟农就烟叶价格低而进行了大规模的抗议示威活动，最终使得政府部门不得不出面做出解释，并保证兑现对烟农们所做出的承诺，全额支付烟农的全部烟叶价款。

另据来自《索菲亚新闻通信社》的消息，政府除了支付烟农们原来的烟叶出售价款之外，还答应了烟农们对烟叶生产进行更高补贴的要求，为此，保加利亚执政党的一位负责人指出，将提高 2014 年度相关预算金额，预计 2014 年度对烟农们的烟叶种植补贴金额将达到 1 亿保加利亚列弗（约合 5100 万欧元）。

17) 保加利亚控烟法案修订案延长宽限期

欧盟新修订的烟草制品指令将于 2016 年 5 月 20 日正式实施，对此，保加利亚政府对国内的烟草商们延长了一年的宽限期，以使他们能够适应新修订的烟草制品指令中有关烟草外包装上吸烟有害健康警示图片以及警示语的内容。

对此，保加利亚政府监管部门的一位负责人在接受媒体记者采访时称，由于烟草生产商及贸易商在此之前已经有一些存货需要处理，因此，政府对于那些包装不符合新规定以及加香的烟草制品，其市场零售可以延长到 2017 年 5 月份。

18) 保加利亚建议欧盟委员会取消对烟草制品税率的最低限制

保加利亚 SDS 党内人士建议，欧盟委员会应该取消其对各成员国烟草制品税率所设定的最低限制，允许各成员国有自由设定烟草制品、酒类制品及能源类商品税率的权力。

据介绍，该党负责人 Martin Dimitrov 称，政府部门应该考虑在保加利亚国内废除欧盟委员会对各成员国所制定的最低税率标准。这位负责人举例称，目前在欧盟各成员国内，以德国为例，其平均工资是保加利亚的 5 倍之多，因此，保加利亚的消费税率应该只是德国的 1/5。

3. 塞尔维亚

2008 年，塞尔维亚在全国范围内推出了一种比较过激的反烟广告，把吸烟与自杀性爆炸画上了等号。

另据来自 Ellie Tzortzi 在路透社所发表的消息称，在这种过激的反烟广告宣传画面上显示，一个男人腰上捆了形如子弹的大量烟支，并配有这样一句标语："One Smoker, Many Victims"(一人吸烟，多人受害)。

4. 阿尔巴尼亚

1) 阿尔巴尼亚禁烟效果不明显

2008 年，在阿尔巴尼亚，尽管政府实施了严格的禁烟令，但其效果不尽如人意。

调查表明，目前在该国绝大多数的公共场所，尽管有禁止吸烟的标识，但绝大多数烟民并不理会这一禁令，原因在于处罚措施不得力，在有些公共场所，违反禁烟令甚至不实施任何的处罚。

阿尔巴尼亚新的禁烟法令规定，禁止在诸如酒吧、餐馆、政府办公大楼及所有封闭的公共场所吸烟。

2) 阿尔巴尼亚印花税票有效性受质疑

2011 年，阿尔巴尼亚投资数百万欧元的烟草制品印花税票系统的有效性受到了来自多方的质疑，因为在该印花税票系统实施之后，该国国内的卷烟市场上仍有大量的非法假冒及走私烟草制品出现。

据介绍，阿尔巴尼亚的烟草制品印花税票系统是由瑞士 Sicpa Securities 公司所提供的，但是，新的印花税票系统并没有起到很好的作用。

5. 希腊

1) 希腊修订其控烟法案

2008 年，希腊议会最近修订了其控烟法案，并通过了一项新的措施，该法案规定，从 2010 年 1 月 1 日起，希腊将在国内所有的公共场所实施全面的禁烟措施。

另据来自 Sofia Echo 的消息表明，新的控烟法案还规定，将禁止 18 岁以下的未成年人购买各类卷烟制品。但是，在其公共场所实施全面控烟政策的同时，在指定的吸烟区内烟民仍然可以吸烟。

希腊新出台的禁烟令规定，禁止在所有室内公共场所吸烟。该禁令适用于工作和娱乐场所，而且除大于 300 平方米的赌场和娱乐场所外，不允许设立指定的吸烟区。

希腊政府对于一些特殊公共场所控烟措施做出了新的规定，在一些特殊的公共场所如夜总会等，经营者在获得政府所颁发的牌照之后，可以允许在该经营场的顾客吸食烟草制品。

另外来自当地媒体的消息表明，政府颁发的牌照费用为每年每平方米 200 欧元。在实施了该新的控烟措施之后，政府每年可以额外获得高达 4000 万欧元的财政收入。

2) 希腊将禁止电子烟的生产与销售

2011 年，希腊政府卫生部门一位名叫 Antonis Dimopoulos 的负责人在接受媒体记者采访时称，政府将制定相关的控烟措施，来禁止电子烟在该国的生产与销售，因为电子烟中含有烟碱，对人体健康会造成危害。

这位负责人称，此前电子烟曾在该国的药店内销售，但并没有通过政府医疗卫生监督与管理部门的批准。

3）希腊反烟人士建议提高卷烟价格

2011 年，希腊国内一家反烟团体的负责人 Panayiotis Behrakis 向政府提出建议指出，如果政府在目前的基础上，把卷烟制品的平均市场零售价格提高 2 欧元，那么，每年可以为政府额外带来 44000 万欧元的收入，同时也会减少烟民 460000 人。

但有分析人士指出，在目前的经济形势下，政府如果提高卷烟价格，将会再一次加重吸烟者的负担。

2016 年，希腊政府财政部门向外界宣布，为了达到控烟的目的，计划再一次提高卷烟产品的税率，且新出台的增税方案将于 2017 年 1 月份开始执行。

财政部门的数据显示，2016 年上半年，希腊政府从烟草业所获得的税收额为 3.5 亿欧元，预计 2017 年该国卷烟税率提高之后，政府从烟草业获得的税收额还将会增长。

分析人士指出，在通常情况下，希腊政府提高卷烟税率不会提前很长时间向外界公布，但此次却是个例外。在这种情况下，一些烟草贸易商们便开始增加其卷烟产品的库存量，因此 2016 年下半年该国的卷烟销售量将会有较大幅度的增长，即使在 2016 年税率不变的情况下，烟草税收额也将会有较大幅度的增长。

4）希腊提高卷烟税率

希腊政府财政部门向外界宣布，为了达到控烟的目的，计划再一次提高卷烟产品的税率，且新出台的增税方案将于 2017 年 1 月份开始执行。

财政部门的数据显示，2016 年上半年，希腊政府从烟草业所获得的税收额为 3.5 亿欧元，预计 2017 年该国卷烟税率提高之后，政府从烟草业获得的税收额还将会增长。

分析人士指出，在通常情况下，希腊政府提高卷烟税率不会提前很长时间向外界公布，但此次却是个例外。在这种情况下，一些烟草贸易商们便开始增加其卷烟产品的库存量，因此 2016 年下半年该国的卷烟销售量将会有较大幅度的增长，即使在 2016 年税率不变的情况下，烟草税收额也将会有较大幅度的增长。

6. 克罗地亚

1）克罗地亚政府制定新的控烟法案

2009 年，克罗地亚政府将制定更加严格的控烟法案，禁止在公共场所吸烟。

另据来自当地媒体的报道称，克罗地亚政府所出台的控烟法案，将符合欧盟的相关控烟标准，这是为该国加入欧盟做准备，政府的目的就是要创造一个控烟的环境——在国内的各类教育机构、卫生健康机构及工作场所禁止吸烟。如果有违反该控烟法规行为的，违令者将被处以高额的罚款。

由于政府实施了严格的禁烟令，使得克罗地亚的酒吧等娱乐场所经营受到严重影响，为此，在一些酒吧业主的倡议下，他们联合起来请求政府部门放宽对这些娱乐场所的禁烟令。

统计数据表明，目前，在克罗地亚的成年人当中，大约有三分之一的人都经常吸烟，而到酒吧等娱乐场所消费的成年人当中，他们中的大多数又都是烟民，为此，克罗地亚的酒吧业主们才发出了上述的倡议。

2）克罗地亚政府修订控烟法案

2015 年，克罗地亚政府向外界宣布，政府计划修订控烟法案，新修订的控烟法案将强化对于卷烟包装管理的规定，要求卷烟生产商在其包装上印制的吸烟有害健康警示图片以及警示语的面积不得小于 65%。

另外，新修订的控烟法案还将禁止卷烟生产商生产少于 20 支包装的卷烟产品，同时也禁止零售商们出售小包装卷烟，另外还计划将电子烟归类于普通的烟草制品来进行监管。

7. 意大利

1）意大利将禁止开车吸烟

2010 年，意大利政府决定将修订其控烟法案，禁止司机在开车时吸烟，违者将被处以罚款。

另据来自美联社的消息称，意大利执政党及在野党都同意政府的这一修订案，他们认为这一措施将能够更加保证驾车人的安全。

自 2005 年意大利政府制定公共场所禁烟令之后，烟民的数量就处于下降的趋势，但由于上年度该国经济不景气，导致其烟民数量又有所增长。数据显示，目前该国烟民的数量已增至 1300 万人。

意大利政府卫生健康部门的官员称，全球的经济危机已导致该国烟民数量较以前有所增长。许多人在面临失业危险、找工作压力及空余时间的逐渐增加，使得他们为减轻压力而吸烟。

政府卫生部门的统计数据表明，尽管烟民数量及消费量都有增长，但许多人由于经济条件不太好，所消费的卷烟制品为非法走私及假冒的卷烟制品。在上年年度的前三个月，意大利烟民数量增长了3.4%。官方的统计数据表明，卷烟消费量增长了3%。

2）吸烟并非是危害意大利公众健康的主要因素

受其他不良生活方式的影响，吸烟已不再是影响意大利公众健康的主要因素。

意大利一家卫生健康机构的调查表明，目前意大利人不爱活动的工作与生活方式，已导致多数人患上了高胆固醇、高血压、高血脂、呼吸方面的疾病以及2型糖尿病等方面的病症，所有这一切均与人们不健康的饮食习惯及缺乏有效的身体锻炼有关。因此，该卫生健康机构称，政府在实施严格控烟措施的同时，也应该关注公众的饮食习惯与生活方式，鼓励公众树立正确的生活及饮食习惯，以保护自己的身体健康。

2012年初，意大利卫生部门公布了该国吸烟与健康情况调查，数据显示，在该国每年大约有70000至83000死于与吸烟有关的疾病。

详细的抽样调查数据表明，年龄在35至65岁的吸烟人群当中，有25%的人死于与吸烟有关病症涉及肺病、心血管病和心脏病等。

该调查报告重点指出，男性肺癌发病率正在减少，但在该年龄段的女性当中，其肺癌的发病率则超过了胃癌的发病率。

3）意大利烟草商呼吁政府对电子烟加强监管措施

2013年，意大利烟草联盟已向Lazio地区法院提起诉讼，希望通过法律手段来阻止电子烟制品在意大利境内的销售，烟草商们称，电子烟制品的销售，严重影响到他们普通烟草制品的业务。

对此，英国《泰晤士报》发表评论指出，对电子烟制品提起上诉是欧洲部分国家烟草商们所采取的一系列行动之一，事实表明，目前在意大利国内的烟草制品市场上，非法烟草制品贸易量的增长及电子烟的异军突起已对合法烟草商们构成了很大的威胁。

对此，意大利烟草联盟一位名叫Enzo Perrotta的负责人称，这是不公平的竞争，政府对待电子烟应该像对待普通烟草制品一样进行征税，并对其进行严格的管理。

数据显示，目前在意大利国内，有1000余家零售商店专门销售电子烟制品，消费者的数量已经超过了40余万人。另据来自意大利一家名为DOXA的咨询机构所做的抽样调查表明，在目前意大利1080万的烟民中，有20%的普通烟草制品消费者计划改吸电子烟，2012年，意大利电子烟的销售额已经达到了9000万欧元，比2011年大幅度增长了25%。

自2003年电子烟在亚洲国家出现以来，已经在全球许多国家的市场上被推出，但与此同时，也遭到了部分国家政府部门立法的限制。

据介绍，目前包括哥伦比亚、巴拿马和乌拉圭等一些国家，均出台了禁止销售电子烟制品的控烟法规，因为这些国家的立法者认为，到目前为止，还没有确切的证据可以证明电子烟能够帮助消费者戒烟。

在这种情况下，意大利政府也计划出台相关法规，禁止将电子烟制品出售给未成年者。事实上，在此之前，意大利政府卫生部门已经要求进行相关的研究，调查使用电子烟给消费者所带来的影响。

4）意大利将对电子烟制品增税

意大利财政部门2013年4月份的统计数字表明，2013年1—2月份政府财政税收额呈现出下降的态势，主要原因是来自于烟草税收收入的大幅度减少。

电子烟作为传统烟草的替代品，近年来在欧美很多国家盛行。意大利财政部近日表示，由于40%的烟民出于健康和减少开支的考虑而改吸电子烟，导致国库税收减少近2亿美元，目前，改吸电子烟的烟民仍呈增加趋势。

据介绍，目前在意大利，由于烟草税率较高，导致卷烟制品的零售价格较高，而许多意大利烟民为了健康及减少烟草制品消费费用的开支，转而消费电子烟制品，这已引起了政府部门的关注，为此，意大利政府计划对电子烟制品增税。

5）意大利计划对电子烟制品征收健康税

为了保护公众的身体健康，近日，意大利政府决定，将对电子烟制品征收健康税。分析人士认为，由于政府计划实施的征税措施，将导致该国电子烟制品的市场零售价格大幅度上涨。

另据来自当地媒体的报道称，对于电子烟制品实施增税的提案已经提交到了政府部长委员会进行讨论，如果该提案得到批准，那么，电子烟制品的市场零售价格将会从目前的 33 至 84 欧元上涨到 52 至 133 欧元。

对此，意大利电子烟协会的负责人指出，政府对电子烟制品增加税收是没有意义的，并可能导致目前市场上 60%左右的电子烟零售店关闭，同时也将会导致该国 3000 多名电子烟行业的从业者失去工作。

由于近年来意大利国内卷烟及烟叶销售量的逐年下降，使得该国政府的财政税收收入也呈现出逐年下降的趋势。

数据显示，2013 年，意大利政府从烟草业所获得的税收收入已经下降至 7.3 亿欧元。在过去的 10 年间，该国的烟叶销售量已经下降至 2100 万千克。

6）意大利烟草税收额下降

由于近年来意大利国内卷烟及烟叶销售量的逐年下降，使得该国政府的财政税收收入也呈现出逐年下降的趋势。

数据显示，2013 年，意大利政府从烟草业所获得的税收收入已经下降至 7.3 亿欧元。在过去的 10 年间，该国的烟叶销售量已经下降至 2100 万千克。

7）意大利将修订控烟法案

在意大利政府在 10 年前出台并实施了公共场所禁烟令之后，2015 年 1 月 16 日，政府卫生部门一位名叫 Beatrice Lorenzin 的负责人在接受媒体记者采访时称，意大利政府计划修订控烟法案，进一步对烟民的吸烟行为进行更加严格的限制，以降低该国的吸烟率。

意大利一家研究机构所进行的统计数据表明，目前意大利有烟民 1100 万人，据称每年有许多消费者患上与吸烟相关的疾病。意大利还有人认为，该国有 15%的交通事故是由于驾驶员因吸烟所导致注意力分散而造成的。为此，政府计划进一步强化控烟法案。

8）意大利电子烟税收政策影响该行业发展

2015 年 1 月份，意大利政府再次提高了电子烟产品的税收，使得该国电子烟的消费量以及消费者人数持续下降。

另据来自意大利当地媒体的消息表明，意大利是欧盟成员国中第一个对电子烟进行征税的国家，自政府部门对电子烟征税以来，该国电子烟的消费者数量就受到影响。

数据显示，2013 年，意大利的电子烟消费者已经接近 100 万人，但 2014 年该国电子烟的消费者数量已经下降到了不足 26 万人，且许多电子烟零售商店已经关闭。

9）意大利反烟团体要求政府对电子烟按卷烟征税

意大利一反烟团体要求政府对电子烟按卷烟征税，该团体负责人 Enzo Perrotta 称，电子烟的营销应受到政府监管。目前，意大利销售电子烟的商家已超过 1000 家，消费者约 40 万人。最近的一项调查表明，在该国 1080 万烟民当中，有 20%的人经常消费电子烟。

10）意大利公共场所以及工作场所禁烟情况（见表 9-69）

表 9-69　意大利公共场所以及工作场所禁烟情况（资料更新至 2016.03）

	完全禁烟区	限制吸烟区	不限制吸烟区	不确定区域	不适用区域
所有工作场所		是			
政府办公区域		是			
医院		是			
居民区卫生保健机构的公共活动区域		是			

续表

	完全禁烟区	限制吸烟区	不限制吸烟区	不确定区域	不适用区域
居民区卫生保健机构的病房区域	是				
非居民区的卫生保健机构		是			
儿童保育园以及幼儿园		是			
小学和中学		是			
大学及职业教育学校		是			
商店		是			
公共文化设施		是			
室内体育场馆等竞技场所		是			
餐厅		是			
酒吧及夜总会等公共娱乐场所		是			
赌博场所		是			
酒店公共区域		是			
酒店客房		是			
监狱和拘留所及其公共区域		是			
火车、公共汽车等候站等公共区域	是				
出租车	是				
飞机	是				
船舶	是				
其他交通设施		是			

11）意大利政府对烟草广告、促销以及赞助行为的规定（见表 9-70）

表 9-70　意大利政府对烟草广告、促销以及赞助行为的规定（资料更新至 2016.03）

	完全禁止	部分禁止	允许	不确定	不适用
国内电视台及广播电台	是				
国内报纸及纸质期刊	是				
国内其他类型的印刷媒体	是				
国际电视台及国际广播电台	是				
国际报纸及纸质期刊		是			
互联网络	是				
专业互联网销售网络				是	
户外广告	是				
烟草产品销售点的广告	是				
烟草产品销售点的产品展示			是		
自动售货机		是			
传统电子邮件	是				
电话和移动通信	是				
品牌标识	是				

续表

	完全禁止	部分禁止	允许	不确定	不适用
免费发放的烟草制品		是			
促销礼品			是		
与体育比赛相关的产品		是			
直接针对消费者个人的广告宣传	是				
品牌延伸	是				
反向品牌延伸			是		
类似玩具的烟草制品			是		
类似糖果的烟草制品			是		

8. 马耳他

1）马耳他将实施吸烟有害健康的图片警示

2010年，马耳他政府做出决定，将从2011年7月份开始，在该国实施新的控烟措施。届时，该国国内销售的所有类型的烟草制品，在其外包装上必须印制吸烟有害健康的警示图片，没有印制政府所规定警示图片的烟草制品不得在市场上出售。

2）马耳他修订控烟法案

2017年元月份，马耳他政府向外界宣布，为了进一步降低吸烟率，减少消费者对各类烟草产品的消费量，政府决定修订控烟法案，以保护公众的身体健康。

据介绍，此次修订控烟法案的主要内容为：当私家车中有16岁以下的未成年人乘坐时，禁止在车内吸烟，其中也包括近年来比较流行的电子烟产品以及类似的吸烟装置。

对此，该国卫生部一位负责人在接受媒体记者采访时称，未成年人在面临被动吸烟时，所受到的危害特别大，这可能导致他们患呼吸方面的疾病。另外，由于私家车是一个相对比较私密的空间，因此，如果有婴儿乘坐时，他们暴露在二手烟烟雾中的风险更大，具有婴儿猝死综合征发生的风险。正是在这种情况下，政府才对其控烟法案进行了修订。

另外，对于违反该控烟法案新修订条款的，每次最低可能被罚款50欧元。

此外，政府还加大了控烟法案的执行力度，即对于违反政府控烟法案禁烟令的，每人次最低将处罚50欧元。事实上，早在2004年，政府就已经出台了室内公共场所禁烟令，但由于执行力度不够，原来的控烟法案没有得到很好的执行。

9. 西班牙

1）西班牙修订其控烟法案

2011年，西班牙政府部门通过了新的控烟法案，据介绍，新修订的控烟法案比2006年所出台的控烟法案则更为严格，突出的一点就是政府将在所有的公共场所，实施全面的禁烟措施。

分析人士指出，西班牙此次出台的控烟法案比欧洲其他国家所出台的控烟法案更为严格，这一新的控烟法案有望于2011年1月份获得参议院的批准并最终得以实施。

西班牙卫生部长称，从2011年1月1日起，政府将制定措施，在更多的公共场所禁止吸烟。

事实上，自2006年初起，西班牙主要在酒吧和餐馆内实施禁烟政策。新法规出台后，将禁止在一切封闭的公共场所内吸烟，但旅馆可以保留一部分客房供吸烟者使用。

西班牙又修订了其控烟法案的内容，具体表现在政府强化了公共场所禁烟的政策。

据介绍，新的控烟法案在众议院表决时，以189票的赞成票获得通过，预计将会于2011年元月份正式实施。

然而，就在该法案获得议会通过的同时，西班牙经济研究所（IEE）的研究人员发表警告称，该禁烟法案如果在明年得以实施，将会导致大约 50,000 人失去工作，这些工作岗位涉及西班牙的酒店业及餐饮行业。

另据来自英国广播公司的报道表明，目前西班牙的失业率已升至 20%以上，为 13 年以来的最高值。

西班牙有医务工作者建议政府出台更加严格的控烟法案，禁止在售报亭出售烟草制品，他们认为，烟草制品零售点过多增加了未成年人接近烟制品的机会。

他们还希望旅馆内供吸烟者使用的客房从目前的 30%降到 15%。另外，防止烟草致瘾全国委员会还要求禁止吸烟者在儿童活动场所及医院的人行道上吸烟。

2）西班牙控烟效果不明显

2012 年，尽管政府实施了较为严格的控烟措施，但西班牙的烟民人数并没有减少，这是西班牙一家医疗机构经过抽样调查之后所得出的结论。

调查数据显示，目前在西班牙国内 13 岁以上的人群当中，吸烟率有稍稍上升的趋势，在该群体中，吸烟者的比例已超过了 20%。该医疗机构一位名叫 Juan Antonio Riesco 的负责人称，政府的控烟效果并不明显，因为青年人吸烟率在缓慢增长，这说明政府的控烟措施并没有发挥其应有的作用。

数据显示，在西班牙的成年人中，男性的吸烟率为 22%；女性的吸烟率也高达 18%，人均每天的卷烟消费量为 12 支。

2012 年 7 月初，西班牙首相拉霍伊指出，在实施了一年半时间的公共场所禁烟令之后，效果并不明显，他呼吁政府应该放宽对吸烟的限制性措施，对禁烟令进行松绑。

这位首相认为，政府应该在某些场所适当放宽禁烟令的限制，在诸如酒吧、餐馆、客房等一些公共场所，允许经营者设立独立的、通风效果良好的密封吸烟区，以供吸烟者使用。

3）西班牙因非法烟草交易致使政府烟草税收减少

由于西班牙非法走私及假冒烟草制品销售量的增长，严重影响到了政府的财政税收，导致政府从烟草业所获得的税收收入减少。多年来，西班牙政府从烟草业获得的税额主要用于该国的公共卫生及教育事业，还有一部分则用于政府外交领域的支出。

数据显示，2013 年，西班牙政府从烟草业所获得的总的税收额为 63.51 亿欧元，而同年西班牙政府用于公共卫生方面的开支为 38.5 亿欧元、用于教育方面的开支为 19.5 亿欧元、用于外交事务方面的开支为 10.5 亿欧元，这三项合计的费用为 68.5 亿欧元，已高于政府当年从烟草业所获得的税收额。

对此，有分析人士指出，政府所实施的严格的控烟政策使得烟草产品销售量及消费量的下降以及非法烟草制品的猖獗，是导致政府税收额减少的主要原因。

4）西班牙计划对电子烟出台限制性措施

2014 年 2 月 18 日，西班牙政府卫生部门对外宣称，政府计划对电子烟的广告宣传出台限制性措施。

计划新出台的电子烟限制性措施，其出发点是以保护消费者的健康为目的，每天 20 点以前，禁止在各类电视节目中做电子烟的广告宣传，因为该时间段青少年观看电视节目的较多，因此要对其广告宣传做出限制。另外，在电影院所做的电子烟宣传广告，要采取分级的办法对其加以管理，以避免 18 岁以下的青少年及未成年者在观看电影时看到电子烟的广告宣传。

同时政府还规定，在电子烟的外包装上必须注明该产品是否含有烟碱，是否会容易使消费者上瘾等内容，以提醒消费者。

受医药生产与销售企业的影响，西班牙国内的电子烟零售商店数量呈现大幅度下降的趋势。

另据来自西班牙电子烟行业协会的数据显示，在过去的一年内，该国电子烟零售商店的数量与上年同期相比下降了 90%。一年前，西班牙有大约 3000 家电子烟零售商店，但目前只剩下 300 余家。

对此，西班牙电子烟行业协会的一位负责人在接受当地媒体记者采访时指出，从他们所掌握情况分析，电子烟产业受到了药品生产企业的影响，他指出，全球最大的药品生产与销售公司——英国葛兰素史克公司在该国的分公司一直在游说西班牙政府对电子烟进行严格的监管。在这种情况下，政府已出台电子烟监管措施，禁止电子烟产品在诸如医院和学校等公共场所使用，这在很大程度上影响了电子烟产业的发展，从而导致多数零售商店关闭。

5）西班牙公共场所以及工作场所禁烟情况（见表 9-71）

表 9-71　西班牙公共场所以及工作场所禁烟情况（资料更新至 2015.07）

	完全禁烟区	限制吸烟区	不限制吸烟区	不确定区域	不适用区域
所有工作场所		是			
政府办公区域	是				
医院	是				
居民区卫生保健机构的公共活动区域		是			
居民区卫生保健机构的病房区域	是				
非居民区的卫生保健机构	是				
儿童保育园以及幼儿园	是				
小学和中学	是				
大学及职业教育学校	是				
商店	是				
公共文化设施	是				
室内体育场馆等竞技场所	是				
餐厅	是				
酒吧及夜总会等公共娱乐场所	是				
赌博场所	是				
酒店公共区域	是				
酒店客房		是			
监狱和拘留所及其公共区域		是			
火车、公共汽车等候站等公共区域	是				
出租车	是				
飞机	是				
船舶	是				
其他交通设施	是				

6）西班牙政府对烟草广告、促销以及赞助行为的规定（见表 9-72）

表 9-72　西班牙政府对烟草广告、促销以及赞助行为的规定（资料更新至 2015.07）

	完全禁止	部分禁止	允许	不确定	不适用
国内电视台及广播电台	是				
国内报纸及纸质期刊	是				
国内其他类型的印刷媒体	是				
国际电视台及国际广播电台		是			
国际报纸及纸质期刊		是			
互联网络		是			
专业互联网销售网络	是				
户外广告	是				
烟草产品销售点的广告		是			

续表

	完全禁止	部分禁止	允　许	不 确 定	不 适 用
烟草产品销售点的产品展示			是		
自动售货机		是			
传统电子邮件	是				
电话和移动通信	是				
品牌标识		是			
免费发放的烟草制品	是				
促销礼品		是			
与体育比赛相关的产品	是				
直接针对消费者个人的广告宣传	是				
品牌延伸	是				
反向品牌延伸	是				
类似玩具的烟草制品	是				
类似糖果的烟草制品	是				

10. 葡萄牙

2008 年，葡萄牙政府修订了其控烟法案，新的控烟法案进一步缩小了吸烟的区域，规定仅允许在面积超过 100 平方米的酒吧、咖啡馆及夜总会内吸烟，但在这些允许吸烟的场所，必须划定吸烟区和非吸烟区，而其所划定的吸烟区的面积，不得超过其总面积的 30%。

另据来自法新社的报道称，新规定给予了酒吧业主们一定的宽限期让其对经营场所进行整改，以适应新的控烟法规的要求。

新的控烟法规同时还规定，禁止在公共交通工具等候站吸烟，还把其最低的合法购买卷烟的年龄由原来的 16 岁提高到了 18 岁。

9.3　北美洲

一、北美地区

1. 美国

1）美国食品与药品管理局将严格管理可溶解烟草制品

2010 年，美国食品与药品管理局将严格管理加香的可溶解烟草制品，因为该局认为此类产品会导致年轻人吸食上瘾。

据介绍，此类产品的生产商主要为美国的雷诺士烟草公司及星科烟草公司，该类产品含有可溶性粉状物，并有诱人的香味及色彩。在美国食品与药品管理局烟草制品研究中心负责人 Lawrence Deyton 致这两家烟草公司的公开信中，这位负责人称，此类产品由于其独特性，有可能会使青年人吸食其中的烟碱而上瘾，从而对他们的身体健康不利，因此，美国食品与药品管理局将严格管理此类烟草制品。

美国食品与药品管理局烟草制品管理中心将在今年的几个月内就可溶性烟草制品广泛地征求意见，并在《联邦公告》上予以公布，以期能够使该类产品符合政府于 2009 年所出台的家庭预防吸烟与烟草控制法案。

目前，美国食品与药品管理局已经建立了一个开放的信息及案卷交流平台，以便公众能够更全面地了解可溶性烟草制品，包括其生产、销售与消费情况，以及在未成年人中的消费使用情况。该中心的负责人介绍称，公众所提出的意见将有助于烟草制品科学顾问委员会制定更加科学的管理措施，以加强对可溶性烟草制品的有效监管。

2）纳税人被排除在世界卫生组织会议之外

世界卫生组织《烟草控制框架公约》第六次缔约方会议已于10月13日在莫斯科召开，但此次会议除了向媒体从业人员、烟草业的代表及公众代表关闭大门之外，也将部分纳税人代表排除在会议之外，他们连旁听的资格也被取消了。

美国一位分析人士在《华盛顿邮报》上发表评论文章指出，两年一次由世界卫生组织召开的《烟草控制框架公约》缔约方会议，与会的各缔约方代表花费了纳税人大约2000万美元的费用，然而，各缔约方代表还是不能给予纳税人代表参会的权力。对此，世界卫生组织的官员解释称，2014年的缔约方会议之所以不向公众开放，原因在于他们担心有烟草行业从业人员趁机参会。

3）俄勒冈州议会议员辩论电子烟征税问题

美国俄勒冈州立法机关的议会议员们就是否对电子烟制品进行征税展开讨论。

有的议会议员认为，政府不应该对电子烟制品进行征税，因为此类制品不含对人体健康有害的焦油等化学物质，而只是一些雾化器、电池等装置，但另外还有一些国会议员则认为，电子烟制品的烟仓中含有烟碱，应该对其进行征税。

目前在美国国内的市场上，由于电子烟制品在其生产中所使用的原料不含烟草，因此美国大多数的州政府并没有对其进行额外的征税。在此，该州税务部门一位名叫 Deanna Mack 的官员指出，即使政府决定对电子烟制品额外征税，目前还不清楚对它进行如何评估并征收税费。

4）伊利诺伊州提高卷烟税率

美国伊利诺伊州议会表决通过了该州的卷烟税率增税方案，每盒卷烟的税收额在原来的基础上增加1.00美元（约合0.80欧元），其目的就是要募集更多的社会保障基金，以避免因削减公众的医疗保健费用所引发的问题发生。

据介绍，在伊利诺伊州议会表决通过该州的卷烟税率增税方案之前，议会已批准了一项削减16亿美元的公众医疗保健费用的计划。议会代表称，如果卷烟增税计划得到落实，削减医疗保健费用的计划就会付诸实施。

5）纽约卷烟增税控烟效果不明显

近年来，美国纽约州不断提高卷烟制品的税率，使得该地区成为美国卷烟税率最高的地区之一，然而，政府增税控烟的效果并不明显。

最近，纽约一家名为 RTI 的研究机构所进行的一项抽样调查表明，卷烟增税之后，对经济条件不好的烟民影响最大，对经济条件好的烟民影响则较小，即使增税，也不会导致他们放弃吸烟这一习惯。对此，一位研究人员指出，提高烟草制品的税率对政府控烟的效果并不明显。

在被调查的13000名纽约公众当中，在目前所实施税率的情况下，经济条件不好的烟民，每月花在烟草制品方面的消费占到了其总支出额的25%左右，而对于经济条件相对较好的烟民而言，其每月花在烟草制品方面的消费，仅占到其总支出额的2%左右。

6）纽约高税率无法抑制卷烟消费量的增长

美国政府卫生健康部门的统计数据表明，目前在美国各州中，纽约州的烟草制品税率是最高的，然而，高税率并不能抑制卷烟消费量的增长，同时对降低该地区烟民比例也没有起到应有的作用。

7）纽约政府提高烟税是控烟政策的失误

美国两位名叫 Patrick Basham 及 John Luik 的分析人士近日在《纽约时报》上发表文章指出：近年来，纽约州政府每次提高烟草制品的税率，只会加重那些经济条件不好的纽约州烟民的经济负担，政府宣称的增税会促使卷烟消费量及烟民比例下降的说法，在该地区并没有得到有效验证。

研究人员的研究结果认为，增加烟税是政府在制定控烟公共政策时的一个重大失误，它只是给那些收入较低的烟民以经济方面的制裁，但并没有从根本上解决这一问题。

资料显示，目前在纽约地区，烟民主要集中在低收入人群及青年群体，而他们的生活负担则普遍较重。

8) 提高烟税有助于消费者戒烟

美国公共健康学院一位名叫 Gupta 的研究人员称，提高烟草制品的税率，有助于消费者戒掉吸烟这一不良习惯。

他预测指出，如果烟草制品的税率在目前的基础上大幅度提高，致使市场零售价格在目前的基础上再增长 50%，仅在印度 Maharashtra 地区，将会促使 70%的吸烟者尝试戒烟。

数据显示，目前在印度 Maharashtra 地区，其人口已高达 1.1 亿人，其中有高达 32%的成年人经常吸烟，在这其中，有 2300 万消费者经常消费无烟烟草制品，而这些无烟烟草制品是导致消费者患各类癌症的主要原因所在，因此，研究人员认为，提高烟税是很有必要的，它在有助于消费者戒烟的同时，也可以减少因吸烟而造成的公众患病率的上升。

9) 美国密苏里州坚持低烟草税率

2012 年，纽约的烟草制品税率在美国仍然是最高的，州政府所征收的税额为每盒 1.50 美元，结合联邦政府的税收额，其综合税收额达到了每盒卷烟 5.85 美元，位居美国全国税收额第一位。

税率最低的州是密苏里州，其烟草制品的综合税收额仅为每盒 17 美分，尽管其税率很低，但该州议会在 2002 年、2006 年和 2012 年的议会投票表决中，仍然坚持不提高烟草制品的税收额。

10) 提高烟税对低收入家庭不公平

纽约州政府卫生部门所做的一项调查表明，低收入吸烟者(年均家庭收入在 30000 美元以下)，他们每年平均花在吸烟方面的开支占到了其家庭年均总收入的 23.6%；而那些收入相对较高家庭的吸烟者(年均收入在 60000 美元以上)，他们每年花在吸烟方面的开支仅相当于其家庭年收入的 2.2%，因此专家们认为，提高烟草制品的税率对经济条件不好的家庭是不公平的。

另外，根据美国疾病预防控制中心的研究表明，增加烟草制品的税率，对经济条件不好的消费者是很不公平的，因为该中心的统计数据显示，目前在美国，有一半以上的吸烟者都是低收入人群，但是，由于政府提高烟税导致烟草制品的价格上涨，使得他们的生活成本增加。

11) 美国政府将提高烟草税以资助学前教育

美国政府决定提高烟草制品的税率，利用额外增加的烟草税额来资助学前教育。

据介绍，奥巴马政府一位高级官员在 2013 年 4 月初表示，为了给 4 岁前儿童的学前教育提供更多的资金支持，白宫计划再次提高烟草制品的税率，预计新的预算计划将会很快公布，但目前白宫并没有向外界透露更多的细节。

12) 美国烟草出口协会反对政府提高烟税计划

美国烟草出口协会对此前奥巴马政府计划提高烟草制品税率，并用额外所增加的税收资助儿童教育的计划提出强烈批评。

另据来自当地媒体报道称，该协会负责人 Tom Briant 指出，用这种增税的方式来资助儿童教育计划，对于部分公众而言是十分不公平的。

美国疾病预防控制中心的数据显示，目前在美国国内所有的烟草制品消费者当中，有 29%的人是经济条件不好的消费者，提高烟草制品的税率对他们而言是非常不公平的。

据介绍，为了资助儿童教育，美国联邦政府计划将对于烟草制品的联邦税收从原来的每盒 1.01 美元提高至每盒 1.95 元，与此同时，也将提高其他烟草产品：如雪茄烟、斗烟及无烟烟草制品的税收。

表 9-73 所示为美国税收额较低州排名。

表 9-73 美国税收额较低州排名

州名	税额(美元/盒)
密苏里州	0.17
弗吉尼亚州	0.30
路易斯安那州	0.36

续表

州名	税额(美元/盒)
佐治亚州	0.37
亚拉巴马州	0.425
北达科他州	0.44
北卡罗来纳州	0.45
西弗吉尼亚州	0.55
爱达荷州	0.57
南卡罗来纳州	0.57

13）美国提高烟税将促使数百万人放弃吸烟

美国政府提议提高烟草制品税率的计划得到了许多反烟人士的欢迎，有分析人士指出，在政府将联邦税率从原来的每盒 1.01 美元大幅度提高之后，有可能促使目前美国 260 万吸烟者放弃吸烟这一不良的习惯。

据介绍，政府的联邦税率将会在原来的基础上再增加 0.95 美元(每盒卷烟)，《华盛顿邮报》早在 2012 年所开始的一项调查表明，政府联邦税率在每盒卷烟提高 50 美分的情况下，就会促使 140 万烟民放弃吸烟这一习惯。

分析人士认为，这一增税措施实施之后，到 2021 年，将会有 260 万烟民因卷烟价格太高而逐步放弃吸烟。

14）美国北卡罗来纳州烟草税减少

美国北卡罗来纳州对外宣称，该州从烟草业所获得的税收收入下降。

数据显示，2012 年 7 月份至 2013 年 3 月份的三个季度，该州从烟草业所获得的税收收入仅为 1.9 亿美元，与上年同期的 2.02 亿美元相比下降了 6%。美国政府财政部门的统计数据显示，同期美国 50 个州从烟草业所获得的税收额平均下降了 1%。

分析人士预测称，如果奥巴马政府提高联邦烟草税率，即每盒卷烟平均再增加 94 美分，各州政府从烟草业所获得的税收额还将会继续下降。

目前，美国北卡罗来纳州对烟草制品所实施的税收标准为：卷烟制品的税收额平均为每盒 45 美分，其他类别烟草制品的税率为 12.8%。

15）奥巴马的增税计划可能无法实现

美国政府财政部门对外宣称，奥巴马政府在一个月前向外界宣布的每盒卷烟平均再增加 0.94 美元联邦税的计划可能无法实现。

据介绍，美国政府此前所计划的增税措施，将会额外为政府带来 780 亿美元的收入，以用于资助儿童的学前教育，但由于受烟草公司等多方游说的影响，该项计划可能无法如期执行。

16）美国加利福尼亚州提高烟税

美国加利福尼亚州议会议员通过投票表决的方式，决定提高该州的烟草制品税率，每盒 20 支装的卷烟制品，平均增税 2 美元(约合 1.54 欧元)。

据介绍，此次增税是在不到一年时间内，被否决的增税议案得以通过。当时该州的 29 号增税提案，所涉及的增税幅度仅为每盒卷烟 1 美元。

在此次的增税议案表决中，参议院财政委员会的委员们以 5 比 2 的表决结果获得通过，而在卫生健康委员会的表决中，以 6 比 2 的表决结果也获得通过。

17）美国多个州对电子烟及 OTP 烟草制品征税

2013 年，美国联邦政府及各州政府相继提高了烟草制品的税率，一些州政府也关注到电子烟制品及 OTP 烟草制品，并对此类烟草制品的税率进行了相应的调整。

数据显示，美国夏威夷州及犹他州计划出台新的税收法案，对电子烟制品开征消费税，但目前还没有执行。

明尼苏达州也出台了新的电子烟税收措施，一旦获得通过，此类烟草制品的税率将会从目前的 70%提高到 95%。罗得岛州立法机关也对其他类烟草制品的税率进行了相应的提高。在俄克拉荷马州和南卡罗来纳州，电子烟制品的消费税在原来的基础上每支又增加了 5 美分。

18）美国多个州提高烟草制品税率

2013 年 1 至 6 月份，美国有 27 个州通过议会立法的形式，提高了当地烟草制品的税率，在美国联邦政府提高烟草制品税率的同时，各州也相应提高地方的烟草制品税率，使得美国卷烟零售价格上涨，消费者负担加重。

数据显示，在过去的 3 年时间内，美国有 18 个州通过议会立法的形式提高当地烟草制品的税率，但在政府增税的同时，他们从烟草业获得的税收收入却低于预期，原因在于税率上涨之后，部分经济条件不好的消费者会通过其他的途径，如到邻近税率较低的地区购买所需要的卷烟制品，或通过其他途径，在非法烟草制品市场上购买价格相对较低的非法烟草制品。

截止到 2013 年 6 月，有包括亚拉巴马州、加利福尼亚州、特拉华州、路易斯安那州、缅因州、密苏里州等 10 余个州政府部门已经提高了烟草制品的税率。

美国俄勒冈州立法机关的议会议员们就是否对电子烟制品进行征税展开讨论。

有的议会议员认为，政府不应该对电子烟制品进行征税，因为此类制品不含对人体健康有害的焦油等化学物质，而只是一些雾化器、电池等装置，但另外还有一些国会议员则认为，电子烟制品的烟仓中含有烟碱，应该对其进行征税。

目前在美国国内的市场上，由于电子烟制品在其生产中所使用的原料不含烟草，因此美国大多数的州政府并没有对其进行额外的征税。在此，该州税务部门一位名叫 Deanna Mack 的官员指出，即使政府决定对电子烟制品额外征税，目前还不清楚对它进行如何评估并征收税费。

19）美国俄勒冈州增加烟税

为了抑制烟民对烟草制品的消费，美国俄勒冈州政府决定，从 2014 年 1 月份开始，提高卷烟的税率，每盒(20 支装)卷烟的税收额由原来的每盒 1.18 美元增加到 1.31 美元。

政府财政与税收部门指出，提高卷烟的税率，其最终目的是为了保护消费者身体健康，为州健康基金提供更多的资金支持。

另据来自美国的消息表明，该州提高卷烟税率之后，其每盒卷烟税收额 1.31 美元在美国各州排名第 28 位，华盛顿州每盒卷烟(20 支装)的税率为 3.02 美元，在美国各州卷烟税收额中排名第 6 位。除了各州的卷烟税之外，美国联邦税为每盒卷烟 1.01 美元。

20）美国纽约卷烟税率高

由于受当地政府实施对烟草业高税收政策的影响，使得美国纽约州成为美国各州卷烟税额最高的州。数据表明，目前该州每盒卷烟的平均税收额已高达 4.35 美元。

受烟草业高税率政策的影响，目前在纽约州的卷烟市场上，绝大多数的卷烟消费者通常会到附近税收较低的州购买所需要的卷烟产品，以降低自己的消费成本支出。

21）美国马里兰州计划提高烟草税率

2014 年 2 月份，美国马里兰州财政部门对外发表声明指出，将适当提高烟草制品的税率，计划将州烟草制品税率由原来的每盒 2 美元提高到 3 美元，其他类别烟草制品的税率在原来的基础上再提高 30%。

据介绍，此次计划调整税率的烟草制品除了卷烟外，还包括雪茄烟、自卷烟及其他形式的无烟烟草制品。提税之后，将使该州成为美国各州烟草税率排名第 4 高的州。然而，分析人士指出，政府增税后非法烟草制品的交易量将会增长。

22）美国华盛顿州部分议员建议提高电子烟税率

2014 年 3 月 7 日，美国华盛顿州部分国会议员建议，政府应该提高电子烟产品的税率，在原来的基础上提高到 75%。

在此之前，也有议员认为电子烟是其他普通烟草制品的替代品，可以帮助那些想戒烟的烟民摆脱烟草制品对他们的困扰，因此有部分议员不赞成提高电子烟的税率。但最后议会还是以投票表决的方式，通过了这一提案。

对此，该州议会议员 Reykdal 认为，在联邦政府还没有对电子烟产品出台相关措施之前，华盛顿州应该提高电子烟的税率。

23）美国高税率州走私卷烟销售量增长

由于美国各州政府所制订的卷烟税率差别较大，导致部分烟草制品税率较高的州走私卷烟的销售量大大增长。2014 年 3 月 21 日，美国一位名叫 Mary Beth Grigge 的研究人员在美国《Tax Foundation》上发表的一篇文章指出，目前美国各州走私卷烟的销售量已经占到了其总销售量的 57%。

分析认为，消费者热衷于购买走私卷烟的最重要原因在于价格。数据显示，目前在纽约，由于当地税率较高，使得其每盒卷烟的平均零售价格已经达到了 14.5 美元，而在税率较低的肯塔基州，其平均的卷烟市场零售价格仅为每盒 5 美元。

在这种情况下，一些消费者会从价格较低的州大量购买烟草制品，到税率较高的州消费，事实上，这情况刺激了非法烟草制品走私行为的发生。

24）雷诺美国烟草公司赞成对电子烟征税

在电子烟越来越受到消费者欢迎的情况下，雷诺美国烟草公司公开表示支持政府财政部门对电子烟进行征税。

为此，雷诺美国烟草公司还向政府部门提交了该公司所提议的电子烟消费税提案：即对电子烟液每毫升征收 5 美分的消费税，与目前美国联邦卷烟消费税率——每盒 45 美分的税率相比，对电子烟的征税还相对较低。数据显示，普通卷烟每支可供消费者吸食 10 口左右，而对于普通的电子烟，一支可以供烟民吸 200 口左右。

25）美国德克萨斯州一家法院推翻政府的提高烟税法案

美国德克萨斯州议会通过了一项提高卷烟税率的法案，规定每盒卷烟再增加 55 美分的税收额。但该增税法案遭到了来自该州多家小规模烟草商们的反对，同时还将该增税法案起诉至该州一家上诉法院，结果政府的增税法案被驳回。

据介绍，德克萨斯州众议院的 3525 号议案就是涉及该州卷烟税率的增税提案，提出该提案的议员认为，德克萨斯州小规模烟草商们并没有参加由菲利普·莫里斯烟草公司、R.J.雷诺士烟草公司以及洛利拉德烟草公司等大烟草公司与美国州政府之间所签订的大和解协议，为此，德克萨斯州计划通过上述增税法案以获得相关的补偿费用。

然而，该州的小规模烟草商们在其诉讼中指出，政府计划提高卷烟税率，以期通过增税的方式来实现对州政府财政费用补偿的做法，违反了该州的相关法律，因此政府的增税方案未能通过。

26）美国宾夕法尼亚州增加烟税

美国宾夕法尼亚州参议院通过投票表决方式通过了一项增加烟税的法案，在此次表决中，支持增税的议会议员以 39 比 11 的优势通过了该法案，该州增加烟税的目的在于弥补政府财政在教育支出方面的不足。

数据显示，目前政府财政用于教育方面的投入为 4900 万美元/年，在此次增税方案实施后，政府用于教育方面的投入将增加到 8000 万美元/年。

27）华盛顿哥伦比亚特区提高烟税

美国华盛顿哥伦比亚特区政府计划提高各类烟草制品的税率，但电子烟产品并没有包含在此次增税的范围。

据介绍，此次特区政府计划增税的产品为含有烟草的各类烟草制品，其中高档雪茄烟以及普通雪茄烟的增税幅度较大。此次增税以各类产品的批发价为基础进行计征。新的增税方案实施之后，每盒卷烟的平均增税额为卷烟批发价的 12%，其总的州税额将达到 2.86 美元/盒。

28）2015 年美国加利福尼亚州提高烟税

为了减少各类烟草制品的消费量，进一步降低吸烟者的数量，美国加利福尼亚州从 2015 年 1 月份开始，再次提高了卷烟的税率及卷烟的零售价格，以此来达到增加税收，降低消费量的目的。

数据显示，目前该州每年用于与烟草相关疾病的医疗费用已经高达 90 亿美元左右，这使得政府不得不再次提高烟税，以增加卫生健康方面的基金。

29）过去 10 年美国各地多次提高卷烟税率

在过去的 10 余年时间内，美国有多个州多次提高卷烟产品的税率，以增加政府的财政收入。

数据显示，仅在 2004 年，美国就有 15 个州提高了卷烟产品的税率，2010 年，提高卷烟产品税率州的数量则达到了 16 个。分析人士认为，各州上调税率最多的年份，往往是这些州经济处于下滑的时期。此时，这些州政府的财政收入出现严重短缺，因此就会适当上调各类烟草制品的消费税率，以弥补政府在财政方面的缺口。

例如美国联邦政府近期的一次增税措施实施后，美国政府就对外宣布，增税是为了给美国的幼儿教育基金筹集资金，以弥补政府在这方面的财政开支。

30）美国政府被要求增加烟税

2015 年 1 月 25 日，美国癌症协会向政府部门提出建议指出，联邦政府每年应该适当提高各类烟草制品的税率，以有效降低美国公众的烟草消费量。

对此，美国肺病协会也回应称，政府应该强化控烟法案，降低吸烟率，力争在未来的 10 年时间内，将美国目前的吸烟率减少 50%，以保护公众的身体健康。

事实上，在 2014 年美国癌症协会召开的年会上，该协会就向参会的一些国会议员提出建议，要求从立法上严格美国的控烟法案，争取到 2024 年将美国的吸烟率降低到 10%，尽可能多地使不吸烟者免受二手烟的危害。

31）高烟税政策是不公平歧视

美国一些吸烟者认为，政府实施的高烟税政策对他们是不公平的歧视。该公司的调查显示，对于美国联邦政府及各州政府实施的高烟税政策，多数烟民并不认同。

数据显示，除州税收外，美国联邦政府还对每盒卷烟额外征收 1.01 美元的税收，纽约州的卷烟税最高，联邦税、城市税和州税共计达到了每盒 5.85 美元水平。

32）美国加州计划提高烟税

美国加利福尼亚州一些卫生健康人士向政府提出建议称，该州应该大幅度提高各类烟草制品的税率，尤其是要对一些新型烟草制品如电子烟和嚼烟等进行有效监管，以降低青年人的吸烟率。

据介绍，该州政府计划采纳卫生健康部门的建议，将该州的烟税在原来的基础上再增加 0.87 美元，另外，他们还建议将该州最低合法购买烟草制品的年龄提高到 21 岁。对此，美国雪茄烟协会则反驳指出，政府规定公民 18 周岁有投票的权力，并要求到军队服役，因此州政府不应该将合法购买烟草制品的年龄提高到 21 周岁。

33）美国加利福尼亚州提高烟税

美国加利福尼亚州议会通过了一项新的控烟法案修订案，新的法案通过了几项新的控烟措施，它包括：(1)提高卷烟税率；(2)将吸烟起始年龄从 18 岁提高至 21 岁；(3)在餐馆、电影院和其他公共场所禁止消费电子烟类产品；(4)允许地方政府征收烟草税；(5)在学校内吸烟属于违法行为；(6)在工作场所禁烟等。

政府部门的调查表明，在过去几年时间内，青少年消费电子烟的数量呈现出增长趋势。因素，该州政府才决定在公共场所也禁止消费电子烟类产品。

目前该州征收的卷烟税率仅为每盒 0.87 美元，远远低于纽约的每盒 4.35 美元以及联邦税每盒 1.01 美元的水平。

34）美国哥伦比亚特区计划大幅度提高电子烟税率

美国哥伦比亚特区政府财政部门向外界宣布，政府计划提高电子烟产品的征税幅度。据了解，此次调整的幅度较大，即在原来的基础上提高到了 67%(税率)。对此，就连美国的一些公共卫生专家也认为，这是他们所见到过的最疯狂的对于电子烟产品的加税公共政策。

另外，美国波士顿大学公共卫生学院一位名叫 Michael Siegel 的分析人士则认为，对电子烟产品征收高达 67%的税率，无疑是送给烟草公司的一份厚礼。该税收政策一旦实施，将会导致该地区许多电子烟零售商无法继续开展业务，并将导致原来消费电子烟的消费者再回到他们原来的消费方式——消费普通的烟草制品。

35）美国加利福尼亚州提高卷烟税率

2015 年 11 月份，美国加利福尼亚州议会通过一项增税法案，议员们认为，为了提高州政府的烟草税收额，并有效阻止未成年人吸烟，政府应该将当地每盒卷烟的税额再增加 2 美元。

对此，支持此次增税法案的一位议员认为，目前美国各州对于控烟的态度是相同的，因为增税所导致的卷烟价格的变化对于消费者，尤其是未成年人的消费行为是有很大影响的，可以有效地降低他们的消费量，以达到控烟的目的。

36）美国加利福尼亚州电子烟产品增税案未获得通过

美国加利福尼亚州通过了一项修订当地控烟法案的修正案，新修订的主要内容涉及对电子烟产品的监管。在新的控烟法案实施后，将会把该州购买电子烟产品以及类似吸烟装置的最低年龄从原来的 18 岁提高到 21 周岁，另外，该州也将在公共场所实施电子烟产品的消费禁令。

另外，在此次控烟法案的修订案中，一些反烟人士还提出要增加电子烟产品的税率，但由于该项增税的议案没有得到多数议员的同意而没有获得通过。对此，该州一些电子烟生产商与销售商称，如果政府增加电子烟产品的税率，有可能导致多数目前的电子烟消费者再回到原来的消费方式——即消费普通的烟草制品。

37）美国有关专家认为不应该对电子烟征收消费税

2016 年 3 月份，美国税务基金会发表了一份关于美国电子烟产品税收的研究报告。

该基金会称，目前美国许多地区均在探讨是否对电子烟征税以及如何征税等问题。该基金会一位负责人称，虽然有大量正在进行的有关此类产品是否健康的研究，但是就如何对其征税的研究并不多。因此，该基金会对电子烟征税问题进行了研究。

2016 年 1 月份，美国有四个州以及哥伦比亚特区颁布针对此类电子烟产品的税收政策，但他们的征税方法和征收标准有很大的差异。

研究认为，蒸汽烟产品通常比传统的燃吸类的卷烟产品的风险低得多。

隶属于英国卫生部的英格兰公众健康机构发布的研究结果显示，蒸汽烟产品的危害比卷烟小 95%，可作为有效的戒烟方法使用。

另外，蒸汽烟产品所具有的负面外部效应比传统卷烟要低得多，因此，关于针对此类新产品征收消费税问题，有研究人员认为至少应比传统卷烟产品更低甚至不该对其征税。

38）美国加州将提高卷烟税

美国加利福尼亚州政府向外界宣布：经过广泛地征求意见，计划于 2016 年 11 月份在该州进行民主投票来决定是否提高该州的卷烟税，在投票表决完成并同意增加卷烟税后，政府计划将卷烟税率在目前的基础上每盒再增加 2 美元。

据介绍，美国加州政府已经收到了该州大约 100 万人的签名，要求政府增加卷烟的税率。目前该州的州卷烟税额仅为每盒卷烟 0.87 美元，是美国各州税率最低的。在这种情况下，政府才决定进行投票来决定是否增加卷烟税。目前美国州卷烟税最高的为纽约州，其税额为每盒卷烟 4.35 美元。

39）美国加利福尼亚州将增加卷烟税

2016 年 7 月份，美国加利福尼亚州议会投票通过了增加该州卷烟税率的议案。新出台的增税方案规定，将从 2016 年 11 月开始，再一次提高该州的卷烟税率，即在目前的基础上每盒卷烟的税额再增加 2 美元（约合 1.8 欧元）。

另外，此次除了增加卷烟税额之外，还将调整其他类别烟草制品的税率，其中包括电子烟。对此，该州议会一位名叫 Alex Padilla 的议员在接受媒体记者采访时称，在政府调整各类烟草制品的税率之后，预计 2017 年度可以为该州政府再额外增加 11 亿至 16 亿美元的税收额，以用于该州的公共卫生健康支出。

40）美国加利福尼亚州提高卷烟税

2016 年 8 月份，美国加利福尼亚州议会经过表决，通过了一项提高该州卷烟税率的议案，另外，该增税方案也得到该州绝大多数公众的支持。

当地媒体机构所进行的一项民意调查表明，多数当地公众认为，应该在目前税率基础上，将州卷烟税率提高 300%，以大幅度降低该州的吸烟率。

最终，加利福尼亚州 56 号议案规定，对在该州出售的卷烟产品，每盒 20 支装卷烟的州税额增加到了 2.87美元。另外，加州大学伯克利分校的一项调查也表明，该州有高达 74.3%的受访者认为政府应该大幅度提高卷烟产品的税率，这样才能起到减少卷烟消费量之目的。

41）美国科罗拉多州将提高烟税

2016 年 9 月初，美国科罗拉多州政府向外界宣布，政府计划于 2016 年的 11 月份在议会表决通过增加该地区烟税的相关法案。另外，该州一项民意调查表明，绝大多数被调查者认为，政府应该大幅度提高卷烟税率，以进一步降低吸烟率。据了解，政府初步确定的卷烟税率调整方案是每支卷烟在原来的基础上再增加 8.75 美分的税额。

另据来自当地媒体的消息表明，政府除了计划要提高卷烟产品的税率之外，除了卷烟之外的其他类别的烟草制品，其州税率也将会在目前的基础上再上调 22%。

42）美国密苏里州提高卷烟税率

2016 年 9 月份，美国密苏里州议会通过投票表决的方式，通过了一项旨在提高该州卷烟税率的法案。新的税率调整方案为，将州卷烟税率在原来的基础上每盒再增加 0.6 美元。对此，该州政府部门的一位发言人指出，提高卷烟税率后可以增加州政府的财政开支，增收的烟税主要用于儿童早期教育方面的财政支出，同时也可以保护该州的公众健康，降低吸烟率。

对此，有分析人士指出，有时美国一些州政府在财政收入出现短缺时，就会适当上调各类烟草制品的消费税率，以弥补政府在这方面的财政缺口。例如，美国联邦政府曾为了给美国的幼儿教育基金会筹集资金曾上调了部分类别烟草制品的税率。

43）美国加利福尼亚州增加烟税

2016 年 11 月份，美国加利福尼亚州通过了增加该州卷烟税率的议案。新出台的增税方案规定，从 2016 年 11 月份开始，再一次提高该州的卷烟税率，即在目前的基础上每盒卷烟的税额再增加 2 美元（约合 1.81 欧元）。

据介绍，自该州计划增加烟税之后，在该州有烟草经营业务的各大烟草商为了阻止该增税法案的实施已经花费了高达 7100 万美元的院外游说费用。

此次除了增加卷烟税额之外，还将调整其他类别烟草制品的税率，其中包括电子烟。在政府调整各类烟草制品的税率之后，预计 2017 年度可以为该州政府再额外增加数十亿美元的税收额，以用于该州的公共卫生健康支出。

44）电子烟等新产品的出现给美国税收带来挑战

随着电子烟产品以及类似吸烟装置在美国国内市场上销售量的不断提高，美国各州以及地方政府以前依赖从普通卷烟获得税收的方式正在面临着诸多的挑战。

该究机构对电子烟产品以及类似吸烟装置在美国各州的生产与销售以及不同地区所实施的监管政策进行了研究。负责该项目研究的两位负责人 Cameron Smith 以及 Dan Semelsberger 在接受媒体记者采访时指出，他们已经对美国 52 个主要城市就电子烟以及类似吸烟装置的生产、销售以及政策监管等进行了调查与分析。结果表明，一些政府希望出台政策以促进此类新产品的发展，并出于政治方面的考虑，希望从该行业获得的税收以弥补从传统烟草业所获得税收的不足。事实上，美国越来越多的州与地方政府正在积极制定新的政策以支持卷烟替代产品的发展。

45）美国蒙大拿州提高含烟产品税率

美国西北部的蒙大拿州众议院税务委员会通过投票表决的方式，以 27 票同意 22 票反对的最终结果，通过了一项提高无烟气烟草制品税率的法案，从而逐步实施与普通烟草制品税率的平衡。

据介绍，此次该州议会所通过的此项增税方案，其主要目的是为了提高风险性较低的含烟及嚼烟产品的税率。该法案规定，从 2017 年 5 月份开始，在该州市场上嚼烟产品的税率将由原来的每罐 0.85 美元提高到 3.20 美元。

46) 研究人员建议美国新泽西州提高烟税用于控烟的比例

2017 年 6 月份，美国疾病控制与预防中心的一位研究人员向新泽西州政府提出建议，认为该州应该提高其用于控烟方面的费用支出，并增加从烟草税收中提取的比例，以保护公众的身体健康。

数据显示，近年来该州每年从烟草业所获得的税收额约为 7 亿美元，但该州政府用于控烟方面的费用支出仅为 1000 万美元。美国疾病控制与预防中心的有关人员经过分析后提出建议，该州政府用于控烟方面的费用最少应该达到 1.03 亿美元。

对于美国疾病控制与预防中心的建议，美国新泽西州议会将对此进行商讨。

47) 美国加利福尼亚州提高非卷烟类烟草制品税率

2017 年度，美国加利福尼亚州决定，在之前已经调整并提高了卷烟产品的税率之后，将提高非卷烟类烟草制品的税率，这些产品包括湿鼻烟、小雪茄烟、水烟以及含有烟碱的电子烟烟液等产品。

据介绍，早在 2016 年，该州就已经通过了增加卷烟税率的议案。增税方案规定，从 2016 年 11 月份开始，再一次提高该州的卷烟税率，即在当时的基础上每盒卷烟的税额再增加 2 美元(约合 1.8 欧元)。

2017 年，为了再一次提高加州的财政收入，该州议会已经投票决定要提高非卷烟产品类别的税率。此次的增税幅度也比较大，对这些产品，其税率仅在批发环节就从原来的占总成本的 27.3%提高到了 68.05%。对此，分析人士认为，政府此举是为了进一步降低消费者对此类产品的消费量。

48) 研究人员认为欧盟不应该对电子烟产品征税

美国企业家协会，同时也是华盛顿地区一家智库的高级研究员 Alex Brill 发表文章指出，在目前欧盟各成员国普通烟草制品销售量下降，政府从烟草业所获得税收额越来越少的情况下，欧盟一些成员国计划对电子烟以及类似的吸烟装置进行征税，试图以此弥补政府财政收入的不足。但这位研究人员指出，这种做法并不可取，他认为应该对电子烟产品实行零税率。

这位研究人员分析指出，对电子烟产品征税，可能会引起公共卫生方面的负面影响：首先，与普通的烟草制品相比，消费电子烟类产品对消费者所带来的健康风险降低了；其次，电子烟产品是可以帮助那些希望戒烟的消费者，并为其提供一种有效的戒烟方式及工具；第三，目前在欧盟范围内，电子烟产品的使用率仍然很低，对其进行征税可能会影响到那些希望戒烟的消费者的积极性；最后，对于政府而言，对电子烟征税并非是其解决财政预算的有效之策。

49) 美国俄克拉荷马州增加烟税方案未通过

美国俄克拉荷马州议会试图通过一项对于卷烟产品的增税方案，但在烟草商的最终努力下，该州最高法院并没有批准该项增税方案。据介绍，如果该项法案获得通过，该州每盒烟可能再增加 1.5 美元的税额。

分析人士认为，此项增税法案之所以没有获得通过，是因为此次的增税议案，已经违反了俄克拉荷马州当地的相关法律。

50) 加利福尼亚州通过一项卷烟增税议案

美国加利福尼亚州勉强通过了一项卷烟制品增税的议案，该增税方案的内容为，在原来的基础上，每盒卷烟再增加 1 美元的税收额。

据介绍，在此次增税议案的表决中，该议案以 50.8%对 49.2%勉强得以通过。在该增税方案通过后，预计每年可以为加利福尼亚州带来 7.35 亿美元的税收款，议员们提议指出，该税收款项将预留用于公众在烟草消费引发病症方面所产生的费用，另外一部分税款将用于烟草控制及相关医疗研究的费用支出。

51) 奥驰亚集团公司与政府 IRS 达成税收协议

2012 年 5 月 22 日，奥驰亚集团公司对外宣布，公司已与美国政府的国内税收服务局达成了一项税收协议，按照该协议，奥驰亚集团公司将向美国联邦及地方政府每年再上缴 5 亿美元的收益所得税。

52) 美国 NACS 要求政府出台新的税收措施

美国便利店经营者联合会向政府相关部门提出要求，并敦促政府出台新的税收措施以保护他们的权益。

该联合会负责人 Corey Fitze 在接受媒体记者采访时称，在一些小的卷烟零售场所，一些手工卷烟设备每 10 分钟就可以生产 200 支 Hi Roll Tobacco 烟草制品，而政府对这部分制品所征收的税额却非常低，因此其市场零售价格还不到普通机制卷烟零售价格的一半，这对于便利店的经营者而言是非常不公平的，因此该联合会建议政府部门应该就此类 Hi Roll Tobacco 出台新的税收措施，以保护广大便利店经营者的合法权益。

53）纽约计划提高自卷烟的税率

纽约市市长称，政府将计划提高自卷烟制品的税率，以期达到普通卷烟制品的税率水平。

目前在纽约地区，政府对卷烟制品的所征收的税额为每盒卷烟 4.35 美元，新的税率实施后，对自卷烟的征税额将会达到每盎司 4.35 美元。

政府财政部门的人士介绍称，此举将有效地堵塞税收漏洞，以减少较为便宜的自卷烟制品对消费者的吸引力。但有分析人士则指出，此举对经济状况不好的消费者是不公平的。

54）加利福尼亚州调整雪茄烟税率

美国加利福尼亚州再一次对在该州所销售的雪茄烟制品税率进行了调整。

事实上，在过去的两年时间内，该州曾两次调整雪茄烟制品的税率，2010 年，该州的雪茄烟税率从 41.11%下调至 33.02%，2011 年，其税率再一次进行了下调，税率为 31.73%，此次政府提高了雪茄烟制品的税率。

55）纽约一家公司向员工收取吸烟税

纽约一位名叫 Josh Kosman 的记者在当地媒体上发表文章称，目前在纽约北部地区一家名为 Pepsico 的公司内，如果员工是一位烟民，那么，公司每月将向其收取吸烟税，税额为 50 美分。

据这家公司的员工称，如果吸烟者能够参加 4 至 6 周的戒烟训练，那么，公司将会免除他们的吸烟税。

另外公司也将对于那些因肥胖而导致患有疾病，如糖尿病的员工每月收取 50 美元的费用，以督促他们养成正确的饮食习惯。

56）美国佛罗里达州可能对非协议卷烟征税

美国佛罗里达州对不同类别的烟草公司制定了如下方案，该方案对没有参加美国大和解协议，也没有向该州交纳协议费的烟草公司征税。

签署大和解协议的烟草公司，每年向该州交纳 3.5 亿美元的费用，自 1998 年迄今，共交纳 60 亿美元以上的巨额资金。

57）美国各州增加烟税将导致卷烟走私贸易量增长

美国部分州政府纷纷提高本地区的烟草税率，对此，《今日美国》一位名叫 Kevin Johnson 的记者撰文指出，地方政府此举只会导致非法走私烟草制品贸易量增长。

另外，隶属于美国司法部的美国烟酒枪炮及危险爆炸物管理局的一位负责人称，近年来，该局所接到的烟草制品走私案件一直在增加，政府此举只会使该局所承受的压力更大。

58）美国食品与药品管理局将就无烟烟草制品制定标准

华盛顿一位知名的公共卫生政策顾问 Scott Ballin 在接受当地媒体记者采访时称，在美国各家烟草公司相继向市场上推出无烟烟草制品的情况下，美国食品与药品管理局站在什么样的角度来看待此类产品是一个关键的影响因素，烟草公司认为，这些产品是降低健康风险的卷烟制品，它真的有科学的依据吗？美国食品与药品管理局又如何来进行监督其商标、生产与销售呢？

而事实上，自 2009 年美国国会通过立法，首次把管理美国烟草业的权力交给食品与药品管理局之后，他们就已在准备制定相关的产品标准。

美国政府于 2009 年新出台的控烟法规明确规定，各烟草公司新研制的烟草制品，需要经过美国食品与药品管理局的检测，以确定该产品是否真的降低了消费者吸食后给其所带来的健康风险。同时根据美国的控烟法案，食品与药品管理局还要确定烟草公司所推出的产品是否有利于并不消费此类产品的公众的身体健康。

尽管生产无烟烟草制品的美国星科公司的产品销售处于增长的势头，但在美国年销售利润高达 10 亿美元的无烟烟草制品市场上，所占的份额仍然非常小。统计数据显示，2009 年 1 至 9 月份，星科公司无烟烟草制品的销售额为 600 万美元，与 2008 年同期的 300 万美元相比增长了一倍。事实上，一直以来，美国的控烟组织及公共卫生健康机构都对星科公司的无烟烟草制品提出了批评意见，并指责称，该公司对其产品所做的宣传会误导消费者，同时也可能诱使青少年吸食该公司所生产的无烟烟草制品。

尽管美国食品与药品管理局对美国烟草业实施了全面的管理，但其烟草产品中心仍处于在建之中，在这种情况下，该局还是要求该公司向公众透露相关的产品信息，同时该局也对美国其他烟草公司提出了类似的要求。

事实上，早在2001年12月份，美国的18家公共卫生健康民间组织就向美国食品与药品管理局提出申请，要求把星科公司所生产的无烟烟草制品按照药品来进行监督与管理，但鉴于当时该局的管理范围，美国食品与药品管理局并没有接受他们的申请。

59）美国部分地区烟税并未用于控烟

2009年，包括哥伦比亚特区在内，美国共有14个州提高了卷烟制品的税率，但在提高卷烟税率烟税额增加之后，这些州的政府部门并没有把所增收的税额用于这些地区的控烟活动。

美国疾病预防控制中心的负责人称，较高的卷烟税率可以有效地抑制卷烟制品的消费量，政府应该对这些地区的控烟基金进行有效的投资，以帮助人们戒烟。但上述14个州政府部门并没有把多余的烟草税收用于当地的控烟事业。

60）美国新罕布什尔州政府计划降低烟税

美国新罕布什尔州政府计划调低卷烟制品的税率，如果该议案获得通过，那么该州每盒卷烟的税收额将比原来减少10美分。

与此同时，美国众议院也以236票赞成，93票反对的结果通过了政府调低卷烟制品税率的议案，该议案如果得以实施，美国卷烟制品的平均税收额可能降低为每盒1.68美元。

61）对美国食品与药品管理局管理烟草业各界观点不同

2009年，《美国家庭预防吸烟和烟草控制法案》已正式成为法律，该法把美国烟草业置于食品和药品管理局(FDA)的监管之下。对此，美国波士顿大学一位名叫 Michael Siegel 的教授则提出了严厉的批评，并称之为只会引起短时间内的“喧嚣与骚动”，他认为，由美国食品与药品管理局管理烟草业是议会所通过的“最糟糕的立法”。

但另一方面，《新英格兰医学月刊》所发表的评论则指出，人们对于美国食品与药品管理局管理美国烟草业已给予了深深的厚望，该刊认为，新控烟法案的出台将会对美国公众的健康产生非常大的积极影响。

由此不难看出，美国甚至世界不同国家和地区的人们，对美国政府所出台的新的控烟法案及由美国食品与药品管理局管理美国烟草业都持有不同的看法，在这种情况下，美国烟草业将会面临诸多挑战。

有专家认为，要分析美国食品与药品管理局对烟草业进行管制所面临的问题与挑战，需要从以下几个方面来进行分析：

第一，美国食品与药品管理局负责相关背景；

第二，美国食品与药品管理局对管理烟草业专业知识方面的问题；

第三，美国食品与药品管理局监管烟草业所涉及美国宪法方面的问题；

第四，对待薄荷烟的问题；

第五，对待未成年人吸烟的问题；

第六，卷烟包装警示问题；

第七，烟碱问题；

第八，减害卷烟方面的问题。

62）美国部分州政府提高卷烟税率

从2010年7月1日开始，美国纽约州、南卡罗莱纳州、犹他州、夏威夷及密苏里州政府部门均不同程度地提高了当地的卷烟税率。

南卡罗莱纳州原来为美国卷烟税率最低的州之一，每盒卷烟的税率仅为0.07美元。此次提高卷烟税率之后，使得该州的卷烟税率有所增长，从而导致卷烟的生产成本增加了0.50美元/盒，这也标志着该州卷烟税率33年来的首次增长。

在新墨西哥州，卷烟制品的税率在原来的基础上增加了0.75美元，增税后每盒卷烟的税率为1.66美元。

63）美国参议院立法禁止网上销售烟草制品

美国参议院已立法禁止在互联网上及通过邮寄等方式，销售逃税、低价卷烟和其他烟草制品。

GALLUP（盖洛普）的统计数据表明，2009年，美国国内整体的吸烟率为20%，这说明，其吸烟率下降速度已经放缓。

GALLUP的统计数据显示，在美国各州，其平均的吸烟率差异很明显，如犹他州2009年的吸烟率仅为13%，而在肯塔基州和弗吉尼亚州，吸烟率竟高达31%。数据显示，美国有22个州的吸烟率低于全国平均水平。

GALLUP的调查还表明，在美国的吸烟者当中，受过正规教育的人比较少，这说明是否吸烟与其教育程度有关。

64）美国食品与药品管理局对电子烟实施监管

2010年，美国食品与药品管理局称，该局将制定相关的措施对电子烟生产商及电子烟产品实施监管措施，以规范对此类烟草制品的生产与销售行为。

在致美国电子烟协会的一封信中，食品与药品管理局的有关人士解释称，政府对电子烟进行监管的目的在于保护消费者的身体健康。为了做好管理工作，美国食品与药品管理局将会与相关的电子烟生产商进行协商，从而以确保在美国的市场上所出售的电子烟都符合美国的相关法律。

2011年，美国联邦上诉法院已做出裁定，法官认定电子烟为烟草制品，并称此类产品应该由美国食品与药品管理局进行监督与管理。

另据来自美联社的消息表明，在该上诉法院的裁决书中，由三名法官所组成的小组支持由下级法院所做出的判决，这意味着电子烟在不久的将来有可能与普通卷烟制品一样受到诸多的限制，同时也意味着今后电子烟不必再进行临床测试，但要接受美国食品与药品管理局的严格监管。

65）美国FDA烟草制品委员会将提交有关薄荷烟研究报告

2011年，受到西方多数国家对加香类烟草制品欲出台禁令的影响，专家预测指出，在未来的几年内，对香味烟草制品出台禁令，有可能会得到多数国家政府部门的认可。

目前，美国食品与药品管理局烟草制品委员会已组织科研人员对薄荷烟的危害进行评估，并将于2011年3月份向美国食品与药品管理局提交有关薄荷烟危害评估的相关研究报告，美国食品与药品管理局将有可能根据研究结果，对美国市场上的薄荷烟做出决定。事实上，目前在美国国内的卷烟市场上，食品与药品管理局已对除了薄荷烟之外的其他香味烟草制品实施了禁令。

对于美国食品与药品管理局欲出台薄荷烟禁令，洛利拉德烟草公司对此做出预测，并在公司的网站上予以公布，该公司认为，一旦薄荷烟禁令出台，将会导致：

(1) 目前的薄荷烟烟民将转向消费黑市非法薄荷类烟草制品及其他类型的烟草制品。

(2) 黑市非法烟草制品的交易会带来连锁反应，从而进一步刺激对此类烟草制品的需求。

(3) 禁令不可能使大多数美国薄荷烟吸烟者放弃吸烟这一习惯。

(4) 薄荷烟禁令有可能导致犯罪活动的增加。

(5) 禁令将会导致政府财税收入损失高达数十亿美元。

美国第三大烟草公司——洛利拉德烟草公司计划开展行动，尽可能阻止美国食品与药品管理局出台并实施薄荷类烟草制品的禁令。

据介绍，总部位于美国北卡罗来纳州的洛利拉德烟草公司的主导品牌——新港牌卷烟为薄荷类烟草制品，如果美国食品与药品管理局对薄荷烟发出禁令，将会对公司带来相当大的损失，为此，该公司目前正在游说美国食品与药品管理局研究薄荷烟的专家小组，对向他们发出警告称，如果对薄荷烟实施禁令，将有可能导致非洲薄荷烟制品的出现。

另外，洛利拉德烟草公司副总裁对此也发表评价称，该禁令的实施将会使街边走私烟草制品随处可以买到。

2011 年,美国食品与药品管理局烟草制品科学咨询委员会目前正在制定一项关于卷烟中薄荷醇的添加对消费者健康影响的报告,并会就此提出建议。据称,该报告及相关建议将会在 2011 年 3 月 23 日前提交到美国政府卫生健康部门。

66) 美国食品与药品管理局有关薄荷烟报告的相关内容

2011 年 3 月中旬,美国食品与药品管理局烟草制品管理委员会将会就卷烟中的添加剂——薄荷醇发表相关报告,具体的内容为:

第一部分:简介;

第二部分:检测方法与回顾;

第三部分:薄荷醇的生理效应;

第四部分:美国烟民对薄荷烟的消费情况;

第五部分:薄荷烟的销售、致瘾性及烟民戒烟状况;

第六部分:薄荷醇对吸烟者所产生的患病风险及流行病学研究;

第七部分:薄荷型卷烟制品对公众健康的影响;

第八部分:结论及建议。

67) 美国的香味烟禁令受到质疑

美国食品与药品管理局出台香味烟禁令之后,遭到了多方的质疑:

第一,目前在美国的卷烟市场上,香味卷烟制品所占的市场份额仅为 0.2%,其市场规模非常小;

第二,美国食品与药品管理局所禁止销售的几类香味卷烟制品,在青年烟民中并不流行;

第三,当《芝加哥论坛报》一位记者询问美国食品与药品管理局在未成年人当中,吸食香味烟的人究竟占多大比例时,该局竟然称不清楚这个比例到底是多少。

2011 年,美国食品与药品管理局(FDA)就修订目前用于烟盒和卷烟广告中的警示语征求公众意见。

FDA 建议的新警示语包括如下 9 条:“卷烟致瘾”“卷烟导致癌症”“烟气对儿童有害”“卷烟导致致命的肺部疾病”“卷烟导致中风和心脏病”“怀孕期间吸烟危害你的宝宝”“吸烟能使你致命”“烟气导致不吸烟者得致命肺病”“马上戒烟可以大大降低对您健康的严重危害”。

据介绍,除文字警示语外,还配有吸烟有害健康的警示图片。

68) 美国控烟法案部分条款有悖于宪法

2011 年,美国的控烟法案中的某些条款可能有悖于美国宪法第一修正案。分析人士认为,限制烟草广告营销问题有悖于美国所倡导的保护商业言论的修正案。

美国新修订的控烟法案中就规定,在卷烟零售点禁止将彩色图案用于广告宣传;禁止向消费者邮寄卷烟制品优惠券;在适用于成年人阅读的杂志上,只允许使用黑白两种颜色进行广告宣传等。

对于所有这些限制性措施的解释,政府认为是为了保护未成年人的身心健康,但在某些形式上,它却阻碍了烟草业与消费者之间相互自由的沟通。

69) 美国疾控中心(CDC)研究禁烟令对经济所产生的影响

美国疾病控制和预防中心称,将会对美国部分地区所实施禁烟令对经济所产生的影响进行研究。

据介绍,此次研究的经费是由瑞辉(PFIZER)公司所资助的,研究的目标群体涉及美国亚拉巴马、印第安纳、肯塔基、密西西比、密苏里、北卡罗来纳、南卡罗来纳、德克萨斯和西弗吉尼亚等多个州的公众。

70) 美国一雪茄烟组织对食品与药品管理局提出质疑

2011 年底,美国华盛顿地区的一些雪茄烟消费者及雪茄烟组织对美国食品与药品管理局就雪茄烟的管制提出质疑。

另外,美国一个名为 Cigar Rights Of America 雪茄烟组织也向美国国会议员进行游说指出,雪茄烟制品不应包含在烟草制品之内,因此,美国食品与药品管理局不应该对雪茄烟制品出台措施并进行限制。

2012 年,美国华盛顿一联邦法院对美国食品与药品管理局有关卷烟警示标志做出判决,法官裁定认为,食品与药物管理局强制卷烟生产商在其卷烟包装上印制吸烟有害健康的警示图片及警示语,并同时要求这些图片及警示语所占面积的大小,违反了美国宪法第一修正案,同时也侵犯了卷烟生产商们的言论自由。

法官认为，美国联邦政府有必要让公众了解吸烟对其健康所造成的危害，但不能强制卷烟生产商在其卷烟外包装上印制警示图片及警示语，以阻碍消费者从市场上购买合法的商品。

事实上，在此之前，雷诺美国烟草公司、洛里拉德烟草公司、利吉特烟草集团公司、圣・达菲天然烟草公司等多家卷烟生产商，已对美国食品与药品管理局所出台的上述措施提出过质疑。

71）美国新罕布什尔州议员听取降低烟税意见

美国新罕布什尔州议员听取降低卷烟制品税率的意见，并建议该州政府在原来的基础上降低卷烟制品的税率，每盒卷烟所减少的税额平均为 10 美分。

据介绍，该项议案建议把新罕布什尔州卷烟税由原来的每盒 1.78 美元调低为 1.68 美元，新罕布什尔州众议院已经通过了此项议案，如果获得参议员的通过，将会在该州实施。

对于此项降低烟税的议案，支持者认为，这将有助于该新罕布什尔州经济的发展，因为周边地区的烟民有可能因为价格原因到新罕布什尔州购买卷烟制品，同时也有利于打击非法和假冒烟草制品。

72）美国食品与药品管理局对减害烟草制品提出指导性意见

2012 年，美国食品与药品管理局对在美国市场上所销售的减害卷烟制品提出了指导性意见，并已向公众发布。

据介绍，该局所发布的指导性意见内容包括，烟草制品和烟气烟雾所含的有害化学物质的相关信息，以及有潜在危害性相对较小的减害烟草制品的相关信息。

该局所发布的第一份文件是针对烟草生产商的，对他们就向公众公开烟草制品潜在有害化学物质的信息提出了指导性的意见及要求；第二份文件则对烟草生产商如何就减害烟草制品进行市场宣传提出了指导性意见。

美国食品与药品管理局称，到目前为止，在烟草制品及烟气烟雾中，已发现了 7000 余种化学物质。

美国食品与药品管理局烟草制品科学咨询委员会十分关注口含烟制品问题，并对此进行了相关的讨论，其内容包括口含烟制品的成分和特性、口含烟制品的使用、对消费者潜在的健康影响以及此类产品的营销方式等。

美国政府制定的《家庭吸烟预防及烟草控制法案》明确规定，美国食品与药品管理局应该对减害烟草制品进行评估，把烟草生产商们所研制的减害烟草制品与一流品牌相比较，以评估其是否为减害烟草制品（或为潜在的安全——SAFER 及低危害制品）。

在美国食品与药品管理局证明此类产品确实有公众能够接受的证据可以证明它减少了对消费者健康的危害，并证实会使消费者的发病率和死亡率降低之后，那么，此类减害烟草制品的优势才可以向公众进行宣传，但必须依照美国控烟法案的相关条款，向社会及公众进行适当宣传。

73）美国共同牌号公司警告称州政府提高烟税会带来负面影响

美国共同牌号公司就弗吉尼亚州政府提高烟税发出警告称，政府提高烟税会给烟草商及政府财政税收带来负面的影响。

据介绍，该州政府已经决定提高其卷烟制品的税率，在原来的基础上，每盒卷烟再增加 1 美元的税收，但共同牌号公司认为，该税收提案将会导致该地区非法烟草制品贸易量进一步增长，从而给烟草商及政府都带来严重的损失。

共同牌号公司公共事务部一位名叫 Anthony Hemsley 的负责人称，由于受到走私烟草制品的影响，每年联邦州政府因烟草消费税的流失而损失高达 50 亿美元的税收额。

74）美国各州对电子烟出台的法规

美国新泽西州是全美第一个禁止在公共场所使用电子烟的州，所出台的禁令已于 2010 年 3 月 13 日起生效；

从 2012 年 7 月 1 日起，美国爱达荷和堪萨斯州禁止向未成年人出售电子烟制品；

从 2012 年 4 月起，美国马里兰州通过了一项法案，禁止向未成年人出售电子烟；

2012 年 2 月 10 日，美国犹他州众议院通过一项法案，禁止在公共场所消费电子烟；

2012 年 2 月，美国夏威夷州通过限制向未成年人销售电子烟的法案。

75）美国卫生界人士建议政府不要对电子烟出台禁令

2012年，美国一家著名的卫生健康网站的倡导者对政府部门提出建议指出，在出台有关电子烟制品禁令时要格外慎重。

另据来自当地媒体报道，美国科学与健康顾问委员会一位名叫 Gilbert Ross 的专家指出，电子烟制品与普通的烟草制品相比，其危害性要小得多，因此，政府部门没有任何理由来对电子烟制品发出禁令。

同时这位专家指出，消费者使用电子烟制品，几乎复制了他们原来的吸烟行为及过程，在不影响到周围人的情况下，同时也为他们带来了所需要的烟碱，这对于那些希望戒烟的烟民也是一种很好的选择。

而纽约州政府对电子烟制品发出禁令之后，又迫使原来的25000名电子烟消费者转而消费普通的烟草制品，这对他们及其周围人的健康没有任何的好处。

在反对政府出台电子烟禁令的同时，专家们还建议指出，应该禁止向未满18岁的未成年者出售电子烟制品。

美国食品与药品管理局（FDA）的卫生健康专家指出，电子烟会对消费者带来潜在的健康风险。

由 FDA 主导对电子烟进行了相关的实验室分析，主要是对美国市场上两个领先品牌（在美国食品与药品管理局网站，并没有公开这两个电子烟品牌的名称）的样品进行了初步分析；

FDA 的药品评价中心从市场上购买了这两种品牌的电子烟样本，这些样本包括两种电子烟的18种不同香味制品及其管芯。

FDA 的药品评价中心对样品中的烟碱、烟草成分及其管芯进行了分析，分析那些已知的对人体有害的成分，包括可能致癌或突变的成分。

DPA 对电子烟样品的分析表明，样品中含有已知的致癌物质。

美国食品与药品管理局的分析表明，这两种品牌的电子烟管芯中含有：二甘醇及烟草特有亚硝胺等。

76）美国制药企业从控烟政策中获利

2012年，美国波士顿大学公共卫生学院一位名叫 Mochael Siegel 的教授在网上发表文章指出，目前美国政府所制定的控烟政策所倡导的烟民戒烟治疗等方法，与该领域的科学研究缺乏有效的衔接，从而使大的制药企业从中获得了巨额的利润。

事实上，早在几年前，美国食品与药品管理局就已出台相关措施，允许所有零售场所的业主可以出售烟碱替代品，以帮助人们戒烟。

美国医学研究所发布了减害风险导则，即当烟草公司将其烟制品称为“减害风险”制品时，必须向美国食品与药品管理局（FDA）递交科学根据和研究的相关产品类型。

该研究所建议 FDA 制定规则时，不仅要包括关于制品成分和健康效果的根据和研究，还要包括该制品是否保证开始或继续使用烟草，以及消费者对该制品上市的看法等方面的资料。

77）美国 FDA 试图禁止电子烟

美国食品与药品管理局（FDA）试图禁止电子烟制品进入美国国内的烟草市场。

该局所持反对立场是基于两个论点：第一，美国食品与药品管理局认为，电子烟制品应该是一种药物递送装置，不是烟草制品，因此应受 FDA 监管；第二，电子烟制品并不安全，另外英国吸烟和健康行动（ASH）也认为，电子烟使用者所呼出的“烟气”中，含有害健康的气体及致瘾的化学成分，同时也没有证据表明电子烟制品对使用者是安全的。

随着电子烟制品在美国国内市场上销售量的不断增长，一些卫生监管机构也准备对这种新产品实施新的限制，而美国各州议会也正在考虑对此类产品增加税收，与此同时，美国食品与药品管理局也对电子烟的发展提出新的要求，分析人士认为，这很可能阻碍电子烟的发展。

美国食品与药品管理局的一位人士指出，目前美国电子烟的发展已进入政府监管的灰色地区，在这种情况下，该局预计将在2013年4月份提出规范电子烟制品的指导性建议。

另外，该局的人士指出，还需要对电子进行更深入的研究，来评估此类产品和其他新烟草制品的潜在公共健康风险。

美国 NJOY 公司的调查数据表明，在过去的10余年时间里，美国国内烟草制品的销售量下降了27%，除了受政府增加税收及控烟运动的影响之外，电子烟销售量的增长，对传统烟草行业的发展也带来了很大的冲击。

目前，在美国国内的烟草市场上，电子烟生产商及贸易商们积极做各种广告宣传活动，有些电子烟生产商甚至还在美国和英国电视节目中做广告，而根据美国及英国的控烟法案，传统的烟草制品生产商是不允许通过这些渠道为其产品做广告的。在这种情况下，传统烟草制品的销售便受到了很大的影响。

78）美国烟税政策受到经济学家批评

2013年，美国政府提高烟草制品税率的政策，不断遭到烟草界人士及一些知名经济学家们的批评。

根据诺贝尔奖获得者——美国著名经济学家Gary Becker（加里·贝克尔，他把经济理论扩展到对人类行为的研究，获得巨大成就而荣膺诺贝尔经济学奖）的研究表明，政府增加烟草制品税率的结果可能导致儿童健康保险基金的减少。

数据显示，政府如果提高烟草制品的税率13.3%，将意味着儿童健康保险基金所获得的资金将会下降10.6%，原因在于烟草制品的税率提高之后，其销售量将会随之下降，政府的财政税收也会减少。

美国政府提议提高烟草制品税率的计划得到了许多反烟人士的欢迎，有分析人士指出，在政府将联邦税率从原来的每盒1.01美元大幅度提高之后，有可能促使目前美国260万吸烟者放弃吸烟这一不良的习惯。

据介绍，政府的联邦税率将会在原来的基础上再增加0.95美元（每盒卷烟），《华盛顿邮报》早在2012年所开始的一项调查表明，政府联邦税率在每盒卷烟提高50美分的情况下，就会促使140万烟民放弃吸烟这一习惯。

分析人士认为，这一增税措施实施之后，到2021年，将会有260万烟民因卷烟价格太高而逐步放弃吸烟。

79）美国FDA烟草制品委员会认为某些烟草制品风险低

2013年，在美国国内的烟草制品市场上，随着产品及市场的变化，也迫使一些公共健康团体不得不改变他们原来对某些烟草新产品的看法，今年5月份，在美国烟草商协会所举办的会议上，美国食品与药品管理局负责人称，一些烟草制品的风险性确实低一些。

这位负责人指出，目前在美国食品与药品管理局，已有3500件烟草新产品的申请，该局将会谨慎对待。但同时他也指出，烟草制品委员会的职责就是要对烟草生产商及贸易商们的生产、销售及市场营销活动进行有效的监督与管理，在该局的管辖范围之内，将确保做到公平和高效。

这位负责人也明确指出，目前美国食品与药品管理局与烟草商们可能无法找到共同点，原因主要在于双方缺乏有效的沟通与交流。

ZELLER先生指出，假如将来吸烟者改变其目前的吸烟方式，转而消费一种无烟的烟草制品，并有可能降低对其健康的危害，也要取决于消费者最终如何使用这种新产品来降低其健康风险。

80）美国政府调整烟草税率

2013年6月份，美国总统奥巴马向外界公布了2014财政年度联邦烟草制品税率调整方案，在原来的基础上每盒卷烟再增加94美分，这样，使得政府的联邦税率已增至每盒1.95美元，其他类别烟草制品的税率平均增长了93%。

该税率调整并实施后，在今后10年间，美国政府从烟草业所获得的税收额将增至780亿美元，另外，政府从烟草业所获得的额外税收款项将用于美国的学前教育开支。

在美国总统提出新的增税计划之后，参议院多名参议员提出了烟草税率实施与改革法案，此项法案的推出将有利于打击非法烟草制品的贸易活动。

2013年1至6月份，美国有27个州通过议会立法的形式，提高了当地烟草制品的税率，在美国联邦政府提高烟草制品税率的同时，各州也相应提高地方的烟草制品税率，使得美国卷烟零售价格上涨，消费者负担加重。

数据显示，在过去的3年时间内，美国有18个州通过议会立法的形式提高当地烟草制品的税率，但在政府增税的同时，他们从烟草业获得的税收收入却低于预期，原因在于税率上涨之后，部分经济条件不好的消费者会通过其他的途径，如到邻近税率较低的地区购买所需要的卷烟制品，或通过其他途径，在非法烟草制品市场上购买价格相对较低的非法烟草制品。

截止到 2013 年 6 月，有包括亚拉巴马州、加利福尼亚州、特拉华州、路易斯安那州、缅因州、密苏里州等 10 余个州政府部门已经提高了烟草制品的税率。

81）美国医学专家对电子烟消费发出警示

2013 年，国德克萨斯州立大学癌症研究中心一位名叫 Aanerson 的科学家认为，在目前美国三大烟草公司进军电子烟行业的同时，电子烟有可能成为吸引众多未成年人以及新兴市场潜在吸烟者的新型烟草制品，尤其是目前传统烟草产业的发展在西方发达国家逐步衰弱的情况下，烟草商们将会大力推广电子烟制品。

美国癌症预防控制中心的数据表明，自 2010 年以来，仅在美国国内烟草制品市场上，电子烟制品的销售量已经增长了 100%，有 6%的成年消费者曾经尝试过电子烟制品，由于电子烟被宣称为可以降低患肺癌的风险，因此对于那些想戒烟的烟民以及潜在的烟民很有诱惑力，但同时也不可忽视电子烟的健康风险。

2013 年 9 月下旬，美国众议院部分民主党议员敦促美国食品与药品管理局尽快制定电子烟制品生产与销售的相关法律，并警告指出，由于目前美国政府还没有出台电子烟制品的相关措施，使得一些电子烟生产商与销售商们将其产品的营销目标瞄准了未成年人。

在这种情况下，美国食品与药品管理局对外表示称，该局将修订早在 2009 年所制定的《家庭预防吸烟和烟草控制法案》，因为当时所制定的控烟法案中并没有包含管制电子烟制品的相关条款。

82）美国纽约出台更加严格的控烟法案

2013 年 11 月 20 日，美国纽约市市长向外界宣布，该市将实施更加严格的控烟法案，完成他上任之初对公众所做出的承诺，希望在纽约市生活的公众身体更加健康，尤其重要的是，要使纽约成为美国的无烟城市。为此，该市制定了更加严格的控烟法案，对购买烟草制品的最低年龄限制、烟草制品的最低市场零售价格、每次的购买数量都做出了严格的规定，其目的就是要保护公众的身体健康。

对此项法案的实施，纽约市公共卫生部门一位名叫 Thomas Farley 的官员指出，在政府实施这一严格的控烟法案之后，可以有效保护未成年者，避免他们染上吸烟这一不良的习惯。

事实上，早在 2012 年 11 月 27 日，美国大和解协议的主审法案格拉迪斯·凯斯勒就指出，数十年来，美国的各大烟草公司，就有关吸烟对健康危害这一问题对公众隐瞒了事实的真相，吸烟有害健康是不争的事实，因此，纽约政府才出台更加严格的控烟法案，并希望成为美国的无烟城市。

为了抑制未成年人对烟草制品的消费，2013 年 10 月份，美国纽约出台了新的控烟法案并修订了相关的条款，将购买烟草制品的合法年龄由原来的 18 岁提高至 21 岁。

另外，该地区还对烟草制品的最低零售价格进行了调整，规定每盒卷烟（含雪茄烟及小雪茄烟）的最低市场零售价格不得低于 10.50 美元（约合 7.64 欧元）。

83）美国食品与药品管理局制作新颖控烟广告

2013 年 12 月 14 日，美国食品与药品管理局（FDA）对外宣称，为了劝阻青年人及未成人吸烟，该局将花费高达 6000 万美元（约合 4370 万欧元）的巨额费用，制作新颖的控烟广告，以吸引青少年的注意力，从而达到宣传控烟之目的。

另据来自《华盛顿邮报》的消息表明，美国食品与药品管理局的此项计划定于 2014 年年初开始实施，所制作的控烟广告，目标针对 12 至 17 岁年龄段的青少年，以新颖的方式来教育未成人远离烟草制品。

84）美国 FDA 烟草制品管理中心在薄荷烟管理方面让步

2014 年，自 Lawrence Deyton 博士辞去美国食品与药品管理局烟草制品管理中心负责人之后，Mitchell Zeller 先生出任该中心负责人，但在薄荷烟管理方面，Mitchell Zeller 先生做出了让步。

另据来自美国当地媒体的报道指出，Mitchell Zeller 先生在薄荷烟管理方面，采取了实质性等同原则来解决这一问题。为此，在美国洛利拉德烟草公司推出其新研制的 Newport Non-Menthol Gold Box 100s 及 Newport Non-Menthol Gold Box 之后，烟草制品管理中心便通过实质性等同原则批准了这两款新推出产品的上市销售。

85）美国新的吸烟与健康报告大幅度增加与吸烟相关疾病

2014 年，在美国吸烟与健康报告发布 50 周年之际，美国公共卫生机构所发布的 2014 年最新版吸烟与健康研究报告，大幅度增加了与吸烟相关疾病的名单，该报告还指出：吸烟对人体健康的危害超过公众此前的想象。

该报告显示，除了已知的吸烟可能会增加消费者患肺癌的风险外，吸烟还可能导致糖尿病、肝癌、结肠癌等疾病。

美国公共卫生部门所发布的吸烟与健康报告表明，吸烟与人体几乎所有器官的疾病都有关。与 50 年前相比，今天的吸烟者面临更高的患肺癌的风险，即使他们吸烟的数量少于 50 年前。

2014 年 3 月下旬，美国 33 家公共卫生健康与医疗机构联合向美国食品与药品管理局致信要求该局出台措施，以敦促生产商们改进其卷烟设计，减少卷烟对消费者健康的危害。

美国公共卫生健康与医疗机构所发表的一份声明指出，根据美国 2014 所发布的最新吸烟与健康报告可以看出，与 50 年前相比，现在烟草生产商们所生产的各类烟草产品，其危害性要高于 50 年前的产品。尽管现在有些消费者所吸食的卷烟量比 50 年前要少，但今天的吸烟者患肺癌的风险要比 50 年前大得多。

为此，他们还致信美国食品与药品管理局烟草制品中心负责人 Mitchell Zeller 先生，要求该局尽快出台相关措施，敦促烟草生产商改进生产技术。

86）美国一研究人员称控烟法案并没有发挥应有的效果

2014 年 4 月 21 日，美国波士顿大学公共卫生学院一位研究人员发表文章指出，美国政府所制定的吸烟与健康法案并没有发挥其应有的效果，同时也没有达到公众的期望。

2014 年 4 月初，美国加利福尼亚大学一位研究人员所带领的团队经过抽样调查发现，电子烟帮助烟民戒烟的功能并不太强。

数据显示，研究人员在对美国 949 名吸烟者进行了在线调查，并与其他的吸烟者进行比较，结果表明，在他们所抽样调查的 949 名烟民当中，仅有 13%的消费者在使用过电子烟后，一年内成功戒烟，这说明，普通烟草制品消费者，使用电子烟戒烟的成功率并不太高。因此，研究人员向政府部门提出建议指出，除非经过科学的验证证明电子烟有助于戒烟，否则，政府部门应该制定相关措施，禁止电子烟生产商及贸易商们宣传电子烟的戒烟效果。

87）美国部分电子烟商欢迎政府出台电子烟新规

2014 年，美国食品与药品管理局对外宣布，政府将出台对电子烟的监管措施，这一消息一经发布，立即得到了包括生产 Blu Ecigs 电子烟在内的部分生产商及贸易商的欢迎。

对此，美国洛利拉德烟草公司称，该公司希望美国食品与药品管理局建立一套合理的有关电子烟的框架性监管措施。事实上，长期以来洛利拉德烟草公司一直表明公司对电子烟持这样的立场：希望政府能够出台措施，以限制可以购买电子烟的最低年龄、制订电子烟产品的生产质量安全标准、在以科学研究为依据的基础上，出台电子烟液配方的信息披露制度。

目前，美国食品与药品管理局已经对普通的卷烟及无烟烟草制品，另外还包括雪茄、斗烟、水烟以及某些可溶性烟草产品出台了相关的监管措施。

美国食品与药品管理局对外宣布，该局计划出台电子烟产品的监管法案，根据该局发言人对外发布的消息，即将出台的电子烟监管法案有可能改变美国电子烟产业的格局。

据介绍，美国食品与药品管理局所出台的监管法案，有可能禁止电子烟零售商向 18 岁以下的青少年出售此类产品，同时也将要求电子烟生产商向公众披露其电子烟液的成分，并在电子烟的外包装上印制吸烟有害健康的警示语，对于电子烟商们的广告宣传及网络销售等，美国食品与药品管理局都将做出严格的规定。

为了统计分析美国青年人及未成年人电子烟的消费情况，2011 年至 2013 年，美国疾病控制与预防中心下属的国家青年烟草消费情况调查组织，对美国 50 个州 11 岁至 18 岁人群的电子烟使用情况进行了抽样调查，所抽查的样本量分别为 2011 年 18866 名以及 2012 年 24658 名。

调查数据显示，近年来，电子烟在美国青年人及未成年人群中的消费量呈现出增长的趋势，在所调查的人群中，2011 年他们电子烟的使用率为 3.3%，2012 年则增长到了 6.8%。

调查表明，在有普通卷烟消费经历的 15 岁至 18 岁人群当中，有 76.3%的人曾经尝试消费过不同品牌的电子烟，而在该人群中没有普通卷烟消费经历的人，也有 7.2%的人曾经尝试消费过电子烟。

88）美国食品与药品管理局计划制定电子烟相关标准

美国食品与药品管理局自 2009 年以来一直在执行政府所制定的《家庭吸烟预防与控烟法案》，该法案也赋予食品与药品管理局对烟草的生产、营销、市场零售等环节实施监管的权力。

另外，该局还监管着美国市场上自卷烟及无烟烟草产品生产与销售。然而，随着电子烟的出现，美国《家庭吸烟预防与控烟法案》出现了部分产品的监管真空地带，为此，美国食品与药品管理局计划对诸如电子烟及水烟等也一同实施监管，并制定相关标准。

对此，路透社一位记者称，美国食品与药品管理局欲实施更加严格的标准对诸如电子烟以及其他的烟碱递送装置等新型烟草产品进行管制，以最大限度地保护公众的健康，避免该局在法律上受到更多的挑战。

美国食品与药品管理局烟草产品中心负责人 Zeller 先生表示，目前他们正在就电子烟及一些烟碱递送装置的标准，如致瘾性、产品对消费者的吸引性等问题进行研究，以期尽快出台相关的标准并获得美国食品与药品管理局的认可。

在国际呼吸病协会召开的大会上，美国一家民间肺癌组织的研究人员向外界发表声明称，他们反对电子烟的生产与销售，并呼吁政府部门出台措施，禁止或限制电子烟的使用，以保护公众的身体健康，美国胸科医师学会的研究人员也发表了同样的观点。

对于上述团体一些研究人员所发表的反对电子烟的言论，美国波士顿大学公共卫生学院一位名叫 Michael Siegel 的研究人员指出，他的观点与其他反对电子烟人士的观点完全相反，其原因是，到目前为止还没有听说过电子烟致人死亡的相关报道。

89）美国夏威夷暂时未对电子烟制品征税

夏威夷参议院筹款委员已取消了 SB2233 法案中有关电子烟的相关条款，如果该条款生效，则该地区将会对电子烟制品征税 70%。同时，该法案还规定，禁止零售商们向未成年人出售电子烟制品。

另据来自当地媒体 HAWAII REPORTER 的消息表明，部分议员曾明确表示，对电子烟制定如此高额的税率是不合适的，原因在于这些电子烟装置中并不含烟草，即使在公共场所消费，也不会释放有害人体健康的烟气，而且它们还可以帮助消费者戒除吸烟这一不良的习惯。

90）雷诺美国烟草公司计划对电子烟进行临床试验

雷诺美国烟草公司计划在美国佐治亚州亚特兰大的 Stockbridge 临床研究所对电子烟进行临床试验，初期计划招募志愿者 72 人，预计此项试验到 2014 年 12 月底可以结束。

分析人士认为，雷诺美国烟草公司以 274 亿美元的巨额资金收购洛利拉德烟草公司，除了看重该公司的薄荷烟品牌外，其主要目的也是为了收购洛利拉德烟草公司在美国十分畅销的电子烟品牌——Blu Ecigs，该公司期望通过发展电子烟以弥补公司传统卷烟销售量及销售额的下降。

事实上，自 2007 年电子烟在美国市场上出现之后，便受到了公众的关注，尽管美国食品与药品管理局禁止加香卷烟在美国市场上的生产与销售，然而，并没有对薄荷烟出台限制性措施。目前美国市场上已经有超过 700 个品牌的电子烟。

截至目前，很少有公司开展电子烟对人体健康的研究以及临床试验，为此，美国胸科协会等医学组织呼吁政府对电子烟出台监管措施，正是在此背景下，雷诺美国烟草公司才计划对电子烟进行临床试验。

91）美国烟民认为高烟税并不公平

由全球知名的信息咨询公司——盖洛普公司所进行的一项抽样调查表明，美国多数吸烟者认为，政府所实施的高烟税政策并不是一项公平的政策。

盖洛普在 2014 年 7 月份所进行的调查显示，对于美国联邦政府及各州政府所实施的高烟税政策，绝大多数的美国烟民并不认同。数据显示，有超过半数的美国吸烟者（58%）认为，政府所实施的高烟税政策对他们是一种不公正的歧视，有 39%的烟民认为，目前美国联邦政府及地方州政府所实施的烟税是合理的。

盖洛普的数据显示，目前美国各州政府对于卷烟的平均税额为每盒 1.36 美元，另外美国联邦政府还对每盒卷烟征收1.01美元的税额。纽约的卷烟税率最高，联邦及州税额合计达到了每盒5.85美元。

此次抽样调查的数据显示，有高达71%的吸烟者认为，政府的高烟税政策并不能使他们减少消费量或者戒烟，有26%的吸烟者认为，高烟税可能会使他们减少烟草消费量。

美国德克萨斯州议会通过了一项提高卷烟税率的法案，规定每盒卷烟再增加55美分的税收额。但该增税法案遭到了来自该州多家小规模烟草商们的反对，同时还将该增税法案起诉至该州一家上诉法院，结果政府的增税法案被驳回。

据介绍，德克萨斯州众议院的3525号议案就是涉及该州卷烟税率的增税提案，提出该提案的议员认为，德克萨斯州小规模烟草商们并没有参加由菲利普·莫里斯烟草公司、R.J.雷诺士烟草公司以及洛利拉德烟草公司等大烟草公司与美国州政府之间所签订的大和解协议，为此，德克萨斯州计划通过上述增税法案以获得相关的补偿费用。

然而，该州的小规模烟草商们在其诉讼中指出，政府计划提高卷烟税率，以期通过增税的方式来实现对州政府财政费用补偿的做法，违反了该州的相关法律，因此政府的增税方案未能通过。

92）美国研究人员建议政府鼓励减害烟草制品的生产

2014年，美国加利福尼亚州旧金山大学烟草控制研究与教育中心一位名叫Stanton A. Glantz的研究人员撰写了一篇分析文章，并向美国食品与药品管理局就减害烟草制品提出建议。

这位研究人员称，风险改良烟草制品是今后烟草生产商们努力的方向与目标。因此，政府应该鼓励此类产品的发展与销售，同时，烟草商们在研制此类减害制品时，要尽可能降低从来不吸烟者尝试吸烟的风险，同时也要降低消费者在使用此类产品一段时间后复吸传统卷烟的风险，同时这位研究人员也指出，完全戒烟才是避免烟草风险最好的方法。

93）美国疾病预防控制中心建议政府出台电子烟禁令

2014年12月份，美国疾病预防控制中心联合美国无烟青少年组织等反烟团体，向美国政府部门提出建议指出，政府应该修订其2009年制定的《家庭吸烟预防及烟草控制法案》，出台更加严格的控烟法案，对电子烟产品以及香味型烟草制品制定更加严格的管制措施，以防止青少年尝试消费这些产品。

对此，美国疾病预防控制中心一位名叫Brian King的负责人在接受媒体记者采访时称，目前一些电子烟生产商所生产的电子烟产品，外形很能够吸引未成年人，而那些水果口味以及糖果口味的烟草制品对未成年人的吸引力更大，因此政府应该尽快出台对这些产品的监管措施，以保护青少年的身体健康。

94）美国公众支持政府提高购买卷烟的合法年龄

2015年，美国政府部门进行的一项抽样调查结果表明，多数的美国公众赞成政府修订控烟法案，并提高购买卷烟的合法年龄。调查数据显示，有超过70%的美国公众和58%的吸烟者支持政府修订控烟法案的计划，该计划将购买各类烟草制品的合法年龄提高至21岁。

对此，政府公共卫生部门所进行的预测数据表明，如果将美国公众购买烟草制品的合法年龄从18岁提高到21岁，那么就有可能降低那些很早就开始尝试吸烟的青少年吸烟者的数量。

95）美国法律界人士建议政府出台电子烟监管措施时应兼顾多方利益

2015年，美国法律界专门研究控烟方面的专家建议，政府应该出台措施对电子烟产品进行有效监管，同时，专家们也正在进行法律细则方面的研究，以帮助政府出台更加合理的监管措施，以平衡各方利益。

美国控烟研究方面一位名叫Eric N. Lindblom的研究人员在接受媒体记者采访时称，尽管电子烟产品可能会对公众的健康带来一定的影响，然而，目前电子烟也是吸烟者减少普通烟草制品消费量一个比较有效的途径，因此，政府在出台监管措施时，应该倾听公共卫生界、电子烟行业以及消费者的意见。

美国一家名为RTI International的国际非营利性研究机构进行的一项研究结果表明，电子烟可能会对消费者产生一定的危害。

主持该项研究的Jonathan Thornburg博士在接受媒体记者采访时称，电子烟在消费者使用时也会产生对人体健康有害、含有烟碱及其他有害化学成分的二手烟。研究人员所得出的结论认为，暴露于电子烟所产生的二手烟环境中，有可能使其周围的人吸入与传统卷烟烟雾类似的气溶胶粒子。鉴于近年来电子烟的销售量与消费者数量逐年增长，研究人员建议政府应该对此类产品加强监管，以保护消费者的身体健康。

96）美国经济学家认为政府不应该对电子烟征税

2015年3月份，美国国家预算解决方案委员会一位名叫 Scott Moody 的经济学家在接受媒体记者采访时指出，政府不应该对电子烟征税。

他的分析结论认为，美国各州对公众因吸烟导致疾病的医疗补助费用，已经超过了政府从烟草业所获得的税收额以及各州从美国大和解协议中所得到的赔偿金。但电子烟产品可以让烟民戒烟，这样就为政府节省了巨额医疗费用的支出，由于电子烟在这方面的好处，因此政府不应该对此类产品进行征税。

美国疾病控制和预防中心进行的调查统计数据表明，近年来，美国青年电子烟的消费者数量处于增长的趋势。2013年至2014年，美国初中和高中学生消费电子烟的人数增长幅度较大，但他们对于普通烟草制品的消费量则处于下降趋势。

该中心的调查数据表明，2013年至2014年，美国中学生电子烟的消费者比例从4.5%增长到了13.4%，同期普通烟草制品的消费者比例则从12.7%下降到9.2%。

分析人士认为，普通烟草制品消费者人数下降的原因是年轻人容易接受电子烟这一新产品，从而放弃了传统的烟草制品。

97）美国环境健康中心称将对部分电子烟生产商提起法律诉讼

2015年，美国环境健康研究中心的一位研究人员在接受媒体记者采访时称，目前在美国市场上出售的电子烟产品以及类似的吸烟装置，对消费者的身体健康是有害的。

该研究中心在对美国市场上出售的97种电子烟产品进行测试后发现，部分电子烟含有较高的可能引发癌症的化学物质，因此美国环境健康中心称，他们将以该测试结果为依据，决定对部分电子烟生产商提起法律诉讼。

美国多家烟草生产商所生产的卷烟新产品遭到了美国食品与药品管理局（FDA）的严格监管，部分已经上市的卷烟产品已被要求下架。

另据来自雷诺美国烟草公司的消息，美国食品与药品管理局要求该公司已经上市的 Camel Crush Bold 卷烟下架，原因在于该品牌卷烟在其滤嘴中添加了薄荷胶囊，在消费者需要时可以挤压该滤嘴并释放出薄荷味，美国食品与药品管理局认为，该牌号卷烟并没有达到 FDA 安全评估的相关要求。

对此，雷诺美国烟草公司表示，他们强烈不赞成美国食品与药品管理局的决定。

98）美国国家公园出台电子烟禁令

2015年，美国国家公园的高层管理人员在接受媒体记者采访时称，他们即将修订此前出台的禁烟规定，即今后在美国国内所有的国家公园内，禁止消费者使用任何类型的电子烟产品以及类似的吸烟装置。

对此，分析人士认为，今后吸烟的消费者在美国国家公园游玩时，即使在没有设置禁止吸烟标识的地方，也不能吸烟，同时也不可以消费任何类型的电子烟。

99）美国专家认为政府即将实施的对于电子烟的监管法案可能太严格

2015年，美国有学者指出，目前已经向外界透露的美国食品与药品管理局即将出台的对于电子烟的监管措施可能过于严格。分析人士认为，该法案一旦实施，有可能会使美国的电子烟行业遭到毁灭性的打击。

美国波士顿大学一位名叫 Michael Siegel 的公共卫生专家认为，美国政府即将出台的对于含有烟碱的电子烟产品以及类似吸烟装置的监管措施，是一个疯狂的举动。这种目前在市场上较为安全的电子烟产品，未来的发展将会受到严峻的挑战。美国电子烟商协会一位负责人对此也发表声明称，未来美国电子烟行业的发展将受到威胁。

100）美国政府拟对电子烟出台托运禁令

2015年，美国政府交通运输部门向外界宣布，政府将修订有关交通运输方面的法规，拟禁止乘客在乘飞机时托运的行李中携带电子烟产品以及类似的吸烟装置。

美国联邦政府的一份研究报告表明，仅在2009年至2014年这几年间，美国航空运输部门已经查明有25起涉及航空运输安全的爆炸以及火灾事件均与电子烟产品的托运有关，而造成火灾事故的原因通常都是由于消费者所使用过的电子烟未熄灭，或是电子烟所使用的电池短路而引起的，在这种情况下，美国政府才决定修订航空运输方面的法规，对电子烟的托运发出禁令。

美国交通部向外界发表声明，美国将严格禁止消费者在该国的航班上托运电子烟产品以及相关的配件装置。

据介绍，此项禁令也包括禁止航班的工作人员以及机组人员托运此类产品，另外，也将禁止乘客和机组人员在航班上消费电子烟产品。

对此，美国交通部的一位负责人在接受媒体记者采访时称，如果乘客和机组人员需要托运此类产品，必须将电子烟产品、锂电池以及相关配件随身携带，禁止通过托运的方式将此类产品带上航班。

美国一项调查表明，目前在大多数的公民当中，多数人认为政府应该对电子烟产品以及类似的吸烟装置进行严格的监管。

此项调查表明，在抽样调查的父母以及未成年人当中，大多数未成年人同意他们家长的意见，认为应该严格监管电子烟，另外政府还应该对电子烟的外包装作出规定，在电子烟的外包装上印制吸烟有害健康的警示标识。

另外，美国疾病与预防控制中心的一项调查表明，近年来，美国未成年人当中，其电子烟的消费率呈现出增长的趋势，仅中学生电子烟的使用人数从 2013 年到 2014 年就上升了 2 倍。对此，有反烟人士指出，政府应该尽快出台电子烟的监管法规，以保护未成年人的身体健康。

101）分析认为美国 FDA 对电子烟严格监管可能产生不利影响

2016 年，美国有研究人员分析认为，如果食品与药品管理局（FDA）对电子烟产品以及类似的吸烟装置进行严格的监管，可能会产生一些不利的影响。其中最有可能带来的不良后果是，造成电子烟产品的黑市交易，并且有可能把数以万计的原来以消费电子烟为主的消费者再次推向消费传统的烟草制品，这将会对他们的身体健康造成危害。

美国无烟气烟草制品替代消费者协会所做的一项抽样调查表明，如果政府对电子烟实施严格的监管，在这种情况下，多达 20％的戒烟者称，他们将会重新开始消费普通的烟草制品；而 50％的偶尔消费电子烟的消费者称，他们有可能会消费更多的非法电子烟产品；超过 90％的被调查者称，一旦政府对电子烟进行严格监管，他们将会转向黑市、海外甚至自制此类产品以供自己消费。

102）美国一项研究表明电子烟并非诱使消费者最初吸烟的因素

2016 年，美国纽约州立大学医学研究中心一位名叫 Lila Abassi 的研究人员认为，青年人消费电子烟与他们消费普通的烟草产品是有明显区别的，同时那些消费电子烟以及类似吸烟装置的消费者认为，电子烟产品并不是诱使他们吸烟的因素。

同时这位研究人员也指出，英国公共卫生部门的一项研究也表明，消费电子烟给消费者带来的健康风险要比消费普通烟草制品所带来的风险低 95％，同时消费电子烟产品也有助于帮助消费者戒烟。

这位研究人员的研究也表明，使用电子烟不会使消费者对普通烟草制品的消费量增加。纽约州立大学医学研究中心这位研究人员的结论，也得到了美国一家药物研究机构一位名叫 Neil McKeganey 的研究人员的证实，Neil McKeganey 目前在格拉斯哥大学从事药物学研究工作。

103）美国多家公共卫生机构呼吁政府强化对烟草业的监管

2016 年，包括美国儿科协会、美国癌症协会、美国心脏病协会、美国肺脏协会、美国无烟青少年运动组织、儿科协会马萨诸塞州分会等机构以及公共卫生界的人士向美国政府部门发出呼吁，认这美国食品与药品管理局应该强化对烟草业的监管，以进一步降低美国的吸烟率。

据介绍，这些公共卫生界的人士认为，目前美国政府对于控烟法案的执行力度还不够严格，政府除了加强公共场所的禁烟力度之外，还应该加强对互联网的管理，以进一步监管烟草产品的网络广告以及通过网络进行的不法贸易行为。

104）特朗普当选可能对美国电子烟产业有利

在特朗普当选美国总统之后，美国波士顿大学公共卫生学院公共卫生专家——Michael Siegel 博士分析认为，共和党执政之后，可能会给美国的电子烟产业以及类似吸烟装置未来的发展带来机遇。

这位分析人士指出，特朗普当选美国总统之后，他在竞选中所透露出来的一些执政理念给美国的电子烟产业带来了一些好的消息。这位当选总统可能会支持电子烟产业的发展以及美国众多规模较小电子烟产业经营者,因此,分析人士认为,当选总统特朗普可能会重新调整美国的电子烟产业政策。

105）美国食品与药品管理局延长新规定执行时间

2017 年,美国食品与药品管理局向外界发布消息称,在 2016 年 7 月份所发布的指导性意见中规定,生产受到新规定监管的烟草制品的美国生产商,必须在 2016 年 12 月 31 日前遵循《烟草控制法案》第 905 条款中所规定的注册和产品上市规定。

但近日该局又强调指出,在 2016 年 8 月 8 日之前首次生产并处于新规定监管之下的烟草制品的生产商,只要在 2017 年 6 月 30 日之前向他们递交申请,就不再受到原来规定的最后提交期限的限制。

同时该局又规定,在相关规定生效日期 8 月 8 日之后开始生产并纳入新监管规定的烟草制品的生产商,必须及时向 FDA 进行注册和提交上市申请。

2017 年 5 月份,美国食品与药品管理局向外界宣布,该局将再次延迟三个月实施对于来源于烟草的药品或其他产品的监管规定,这些产品包括电子烟、雪茄烟以及 Shisha 烟产品。

事实上,美国食品与药品管理局对于来源于烟草的药品或其他产品的新规定早已计划于 2017 年 2 月份实施,之后又决定推迟至 2017 年 5 月份,但受到种种因素的影响,美国食品与药品管理局决定再次推迟烟草制品实质性等同原则规定的最后期限。

据介绍,此次美国食品与药品管理局决定推迟实施的原因在于受到了来自美国雪茄烟利益集团所发起的法律诉讼,在这种情况下,该局不得不再推迟其实施时间。

106）美国烟草消费调查

2017 年,医学杂志发表的一篇调查报告,研究人员对美国 46000 名成年人的调查表明,在每 4 个成年人当中,就有一名成年人消费某种烟草制品。

该项研究的结果显示,随着新型烟草制品在美国市场上销售量的不断增长,非卷烟类别的产品发展十分迅速。研究人员认为,他们的研究结果未来将成为研究烟草消费的基础数据。

107）美国一位学者建议政府应该慎重对待电子烟产品

2017 年,美国路易斯维尔大学一位名叫 Brad Rodu 的研究人员向政府部门提出建议,政府在制定电子烟产品以及类似吸烟装置的监管措施时,应该慎重对待此类新产品。

这位研究人员指出,多年以来,美国政府在烟草公共政策方面,投入了很大的精力,并支付了高昂的费用。在所出台的控烟措施之中,包括利用提高烟草税率的方式对美国的烟草生产与消费施加影响。近年来,一些议员以及立法者计划将政府原来对于普通烟草产品的监管方式,施加到电子烟产品中。

但分析人士指出,卫生健康专家们早就指出,燃烧型烟草制品对于消费者健康的影响并非来自烟碱。因此,电子烟产品以及类似的吸烟装置可以为消费者提供一种较为安全的消费方式,基于此,研究人员才建议政府应该慎重对待电子烟产品。

在 Brad Rodu 教授给政府的建议中,他还列举了电子烟可以帮助吸烟者戒烟的案例,同时也分析了历史上一些禁烟运动失败的例子。

2. 墨西哥

1）墨西哥议会通过控烟立法

2008 年,墨西哥议会通过了一项新的控烟立法,新的控烟立法规定,在该国的餐馆及酒吧内应该设立吸烟区,并对烟草公司的烟草广告进行了具体的限制。

另外,新的控烟立法对餐馆及酒吧设立吸烟区给予了 180 天的宽限期,同时,要求所有的烟草制品经营者都需要向政府部门申领销售许可证,烟草制品零售商如果向 18 岁以下的未成年人出售烟草制品,将会受到严惩。该立法对烟草商的赞助行为也做了进一步的规范。

统计数据显示,目前墨西哥大约有烟民 1300 万人。

2）多家烟草公司支持墨西哥提高烟税

2011 年,在墨西哥开展烟草经营业务的多家跨国烟草公司表示,同意政府适当提高烟税,以增加政府的财政收入。这些跨国烟草公司包括菲利普·莫里斯烟草国际公司及英美烟草公司。

这两家烟草公司的负责人在接受当地媒体记者采访时称,目前在墨西哥政府的财政收入当中,从烟草业所获得的税收就占到了其年财政总收入的44%，烟草税收对政府财政起着非常重要的作用。

3）墨西哥政府修订控烟法案

2017年，为了有效控制烟民人数，降低吸烟率，墨西哥政府已经修订了早在几年前就已出台的控烟法案。新出台的控烟法案严格了公共场所的禁烟区域，主要包括：禁止在幼儿园、中小学、酒店的公共区域、火车、公共汽车等候站等公共区域内吸烟。

对此，政府卫生部门表示，到2020年时，希望新通过的控烟法案能够将国内成年人的吸烟率减少10%左右。

另外，墨西哥政府在通过了新的控烟法案之后，加大了对于违法者的处罚力度。对于在公共场所吸烟的行为，每次将被处以50美元的罚款；对于公共场所的经营者，最高将处以50000美元的罚款；对于严重违法者，有可能会被处以刑事拘留等更加严格的处罚措施。

对于政府此项严格的控烟规定，墨西哥多数吸烟者表示支持政府新通过的控烟法案。据介绍，早在2005年2月份，墨西哥政府就已经签署了世界卫生组织制定的《烟草控制框架公约》。

4）墨西哥公共场所以及工作场所禁烟情况（见表9-74）

表9-74 墨西哥公共场所以及工作场所禁烟情况（资料更新至2016.07）

	完全禁烟区	限制吸烟区	不限制吸烟区	不确定区域	不适用区域
所有工作场所		是			
政府办公区域		是			
医院		是			
居民区卫生保健机构的公共活动区域		是			
居民区卫生保健机构的病房区域		是			
非居民区的卫生保健机构		是			
儿童保育园以及幼儿园	是				
小学和中学	是				
大学及职业教育学校		是			
商店		是			
公共文化设施		是			
室内体育场馆等竞技场所		是			
餐厅		是			
酒吧及夜总会等公共娱乐场所		是			
赌博场所		是			
酒店公共区域	是				
酒店客房		是			
监狱和拘留所及其公共区域				是	
火车、公共汽车等候站等公共区域	是				
出租车	是				
飞机	是				
船舶	是				
其他交通设施		是			

5）墨西哥政府对烟草广告、促销以及赞助行为的规定（见表 9-75）

表 9-75 墨西哥政府对烟草广告、促销以及赞助行为的规定（资料更新至 2016.07）

	完全禁止	部分禁止	允许	不确定	不适用
国内电视台及广播电台	是				
国内报纸及纸质期刊		是			
国内其他类型的印刷媒体		是			
国际电视台及国际广播电台	是				
国际报纸及纸质期刊				是	
互联网络				是	
专业互联网销售网络	是				
户外广告	是				
烟草产品销售点的广告		是			
烟草产品销售点的产品展示			是		
自动售货机	是				
传统电子邮件		是			
电话和移动通信	是				
品牌标识		是			
免费发放的烟草制品	是				
促销礼品	是				
与体育比赛相关的产品	是				
直接针对消费者个人的广告宣传	是				
品牌延伸	是				
反向品牌延伸	是				
类似玩具的烟草制品	是				
类似糖果的烟草制品	是				

3. 加拿大

1）加拿大控烟措施引起美国烟草商不满

2010 年，菲利普·莫里斯烟草国际公司要求美国政府部门就加拿大所出台的新的控烟措施提出抗议，原因在于继美国实施新的控烟措施——禁止水果香味卷烟出售之后，加拿大也出台了类似的控烟法规，但加拿大政府又进一步扩大了其禁止出售的范围，把美式混合型卷烟也包括在内，这样，菲利普·莫里斯烟草国际公司的利益就严重受损，为此，该公司才请求美国政府出面。

与此同时，美国白肋烟种植者合作协会的负责人罗杰也对外发表评论称，加拿大所出台的禁令违反了世界贸易组织的相关规定，它会对美国的白肋烟生产带来负面的影响，同时也会影响到白肋烟生产者的利益。

菲利普·莫里斯烟草国际公司同时要求美国贸易代表对加拿大方面进行施压，以消除加拿大所实施的贸易技术壁垒。

2）走私破坏加拿大的控烟效果

2010 年，反烟走私联盟（NCACT）称，烟草走私使加拿大政府的一切控烟措施失效，包括提税、健康警示、禁止陈列和验身份证等。据 NCACT 委托的最近调查发现，未成年吸烟者“大量”地转向消费走私烟草制品。走私卷烟一盒 20 支售价大约 1 加元，而完税卷烟每盒则需要 8 加元。

3）加拿大政府提高烟酒制品的税率

2010 年 3 月份，加拿大政府提高了其烟草制品及酒类制品的税率，平均每盒卷烟的增税幅度为由原来的每盒 4..5 加元提高到 5.25 加元（即由原来的每盒 3.3 欧元提高到 3.8 欧元）。

另外，对于细切烟丝的增税幅度为，在原来的基础上提高 21%；而小雪茄烟的烟税提高之后，其市场零售价格则翻了一番。

非法走私及假冒的烟草制品在加拿大的部分地区十分猖獗。统计数据显示，目前在加拿大魁北克及安大略的卷烟市场上，非法烟草制品所占有的市场份额已高达 50%，而且开始向加拿大西部地区的市场蔓延。

帝国烟草公司的有关人士称，在加拿大的 British Columbia 地区，2009 年非法烟草制品所占的市场份额较 2008 年又增长了 2%。该公司预测认为，2008 年，加拿大全境的非法烟草制品销售量达到了 130 亿支，较 2007 年的 100 亿支增加了 30 亿支。分析人士认为，非法烟草制品较低的价格是吸引人们争相购买的主要原因所在。

4）加拿大欲出台的香味烟禁令没有科学依据

2010 年，加拿大的分析人士指出，政府欲出台香味烟禁令，其目的很明显，大多是处于政治方面的考虑，没有可信的科学依据，而事实也证明，众多的民众也不相信香味卷烟与未成年人吸烟之间有太多的关联。

与此同时，烟草行业很多研究人员担心的是，政府的卫生健康部门及反烟人士所建议并制定的相关法案，本身就有其特定的政治倾向，从而采取了有缺陷的科学依据（有些研究人员则认为这些法案的制定则是“完全缺乏科学性”）。

5）加拿大通过新的烟草添加剂法案

2011 年，加拿大政府已经通过了一项新的有关烟草添加剂的法案。

另据来自 www.northumberlandview.ca 网站的消息表明，此次通过的 C-631 法案是根据之前政府所出台的 C-32 法案进行修改并制定，其中所修订的主要内容有：除了禁止大部分的烟草制品使用烟草添加剂之外，被禁名单有所扩大，其中大雪茄、无嘴卷烟及无烟烟草制品也在名单之列。

6）帝国烟草公司对加拿大政府控烟战略提出质疑

在 2011 年世界无烟日到来之际，帝国烟草公司对加拿大政府目前所采取的控烟措施提出了强烈的质疑。

在致政府部门的一封公开信中，公司副总裁兼事务部负责人 John Clayton 先生称，政府目前所实施的控烟政策，已经将合法的烟草企业置于一个非常不利的地位，他们在与非法烟草制品的竞争中，往往处于劣势地位。

这位负责人称，政府对合法烟草生产商的卷烟包装有着诸多的限制——必须在烟盒上印制吸烟有害健康的警示图片及警示语，然而，在加拿大某些地区的市场上，非法走私及假冒的卷烟制品并没有警示标志，而这些非法烟草制品，会通过不正当的渠道流入到烟民手中。

加拿大三家烟草公司联合起来，就卷烟产品会致人上瘾等问题，向政府部门提起集体诉讼。

这三家烟草公司的律师在其诉讼材料中指出，烟草公司不能承担这样一种罪名：即烟草制品会致人上瘾并给人体健康带来负面影响，律师指出，烟草公司所生产的各类烟草制品，是在政府的指导下，并严格按照政府所制定的各项法律规章制度进行生产与经营的。

帝国烟草加拿大公司的律师 Suzanne Côté 在起诉材料中称，在目前的监管情况下，政府部门对烟草业的管理，从烟叶的种植一直到烟草制品的生产与销售，已进行了全程的监督与管理。

7）加拿大实施新的健康警语

从 2012 年 3 月 26 日开始，加拿大将实施新的吸烟有害健康的警示图片及警示语，所有进口到加拿大卷烟市场的卷烟制品及雪茄烟制品也必须符合政府新的包装规定。

据介绍，根据加拿大政府所实施的 Tobacco Products Labelling Regulations 相关规定，在该国国内所出售的各类卷烟制品及雪茄烟制品，其外包装 75%的面积必须用来印制吸烟有害健康的警示图片及警示语，新的措施还规定，在其警示内容中，还必须印制免费的戒烟热线号码及戒烟机构的网址，以帮助那些想戒烟的烟民能够尽快戒烟。

在实施新的控烟措施的同时，政府也给予生产商及贸易商们一个缓冲期，在 2012 年 6 月 18 日前，零售商可以出售他们原来库存的卷烟制品，但从 2012 年 6 月 19 日开始，所出售的卷烟制品及雪茄烟制品，其包装必须满足新的控烟措施规定。

8）加拿大走私烟草制品影响政府控烟计划

在过去 10 年间，加拿大卷烟走私数量一直在增长，估计其价值至少为 26 亿加元，是加拿大烟草制品年销售额的大约 30％。Fraser Institute 的经济师 Nachum Gabler 在其研究报告中称，走私贸易形成了比较廉价的烟制品供应，而且其包装上没有健康警示，因此破坏了政府的控烟计划。

9）加拿大政府计划对电子烟进行监管

2013 年 12 月初，加拿大政府卫生部部长 Nova Scotia 在接受媒体记者采访时称，电子烟其外型看起来像卷烟，口味也与卷烟差不多，因此政府计划立法对其进行监管。

同时，这位负责人指出，政府在立法的同时，也要依据电子烟的生产技术状况而进行相关法规的制订。但目前加拿大的现状是，尽管政府部门已经制定了相关的烟草法案，但由于电子烟中不含烟草，因此这些控烟法案对电子烟无法进行有效监管。

10）加拿大 Manitoba 地区提高烟草税

加拿大的 Manitoba 地区政府再一次提高了烟草制品的税率，从而引发了消费者及烟草制品零售商们的抱怨。

数据显示，从 2013 年 4 月底开始，Manitoba 地区正式实施新的烟草税率标准，每盒卷烟平均增加烟税 0.29 加元，而细切烟丝的税率也在原来的基础上增加了 0.04 加元。预计提高烟草制品税率之后，每年可以为当地政府额外带来 1720 万加元的税收收入。

另据来自《布兰登太阳报》的消息表明，在得知政府即将提高烟草制品税率之后，许多消费者大量购买各类烟草制品，而那些烟草制品零售商们也不得不再一次提高烟草制品的价格，并大量更换原来的价格标签，以应对未来的涨价。

11）加拿大吸烟率明显下降

加拿大是全球第一个在 2001 年要求烟草制品包装上必须印制吸烟有害健康的国家，该国烟草消费监测调查机构的一项统计数据表明，在该控烟措施实施后的 10 余年间，15 岁以上的吸烟者所占全国总人口的比例已经从当时的 25％下降到了 2012 年的 17％左右。

另外，加拿大国家人口健康调查机构所公布的资料也证实了这一数据的真实性。

12）帝国烟草公司支持加拿大政府监管电子烟

2015 年 1 月 30 日，帝国烟草公司加拿大分公司向外界表明，公司支持加拿大政府对电子烟产品出台更加严格的监管措施。

事实上，在此之前，加拿大对电子烟的监管并不太严格，虽然政府规定在加拿大不准销售电子烟，但消费者仍可以购买到电子烟产品。

公司一位名叫 Ferland 的负责人在接受《蒙特利尔日报》记者采访时称，帝国烟草公司完全赞成加拿大政府对电子烟进行监管，同时也希望政府保护合法电子烟生产商与贸易商们的利益，以规范加拿大的电子烟市场。

13）加拿大新斯科舍省出台薄荷烟禁令

2015 年 5 月份，加拿大新斯科舍省向外界宣布，该地区将修订控烟法案，禁止薄荷烟在该地区的生产与销售。

据介绍，新斯科舍省议会已经批准了此项控烟法案的修订案，另外，此次修订的控烟法案还将禁止其他添加香味物质的烟草制品在该地区的生产与销售。对此，加拿大肺病研究协会的一位负责人称，他们对该省所出台的薄荷烟禁令表示欢迎。

另据来自加拿大政府卫生健康部门的统计数据显示，目前有高达 32％的青年学生经常消费薄荷烟产品。在新斯科舍省出台该禁令之后，加拿大魁北克省和安大略省均表示将修订当地的控烟法案，尽快实施薄荷烟禁令。

帝国烟草公司就加拿大新斯科舍省制定的薄荷烟禁令提出质疑。帝国烟草公司公共事务部一位负责人指出，政府一旦对薄荷烟产品的生产与销售出台禁令，就有可能使目前消费薄荷烟的成年消费者不可能从正规的渠道购买合法的薄荷烟产品，并使他们转向非法烟草制品市场来购买他们所需要的此类产品。

因此帝国烟草公司认为，新斯科舍省出台薄荷烟禁令，将会带来一系列的负面效果。

14）加拿大部分地区出台电子监管措施

目前在加拿大的烟草市场上，电子烟产品的销售量逐年增长，在这种情况下，加拿大各地区纷纷出台地方性的电子烟监管措施。

由于联邦政府只加强了对含有烟碱的电子烟的监管，但销售商们会采取措施来躲避政府的监管，在这种情况下，各地区便出台自己的监管法案，以强化对电子烟的监管。

从 2015 年 5 月份开始，加拿大有几个省已经陆续出台措施，提高购买电子烟产品的最低合法年龄，这些地区包括安大略省、不列颠哥伦比亚省以及新斯科舍省等。另外，还有部分地区出台措施禁止消费者在封闭的室内公共场所消费电子烟。在安大略省，政府甚至还对在该地区销售的电子烟的包装也出台了限制性的措施。

15）帝国烟草公司对加拿大政府计划实施的卷烟素面包装提出批评

对于加拿大政府计划实施卷烟素面包装的法案，帝国烟草公司表示强烈反对，该公司认为没有任何证据可以证明卷烟素面包装政策可以有效降低吸烟率，并对消费者的消费产生积极的效果。

对此，帝国烟草公司的一位负责人在媒体记者采访时提出，消费者是否决定吸烟不会受到政府所实施卷烟素面包装的影响，而且目前加拿大政府所实施的控烟法案规定，烟草产品外包装上必须有 75% 的面积用来印制吸烟有害健康的警示图片以及警示语，另外，在烟草产品的零售商店内也不允许展示烟草制品。

但反烟人士指出，未来烟草制品素面包装将会发展很快，自 2012 年澳大利亚政府实施该法案之后，预计 2016 年欧洲的英国、法国以及爱尔兰也将会相继实施该政策。对此，加拿大政府希望能够在该国也实施烟草制品素面包装法案，以降低吸烟率，减少吸烟人数。

加拿大政府计划对在该国所出售的卷烟产品实施素面包装政策，以期能够仿效澳大利亚政府的做法，即对卷烟产品实行统一的素面包装。对此，世界卫生组织称，实施统一的素面包装可以减少卷烟产品对于青少年的吸引力。

对此，加拿大一些反烟团体称，政府在实施素面包装政策时应该制定较为长远的策略，因为未来还会有电子烟产品以及类似吸烟装置的包装问题。

然而，加拿大一些烟草商则表示，等到政府实施卷烟产品的素面包装政策之后，他们将采取措施对政府的该项措施提起法律诉讼。

16）加拿大计划修订控烟法案

2016 年，为了进一步降低吸烟率，保护消费者尤其是青少年的身体健康，加拿大政府计划再一次修订其控烟法案，以期能对近年来新出现的各类烟草产品，如电子烟、蒸汽烟等进行严格的限制，避免此类产品吸引消费者，尤其是未成年的消费者。

为此，加拿大政府卫生部门向外界宣布，政府计划修订其原有的控烟法案，并出台一部新的烟草与蒸汽烟产品的监管法案。对此，政府卫生部门的一位负责人在接受媒体记者采访时指出，尽管政府计划对此类新产品进行严格的监管，仍允许成年人使用并消费此类产品，但严格控制未成年人能够接触到此类产品。

因此，在此次的控烟法案修订案中，将可能把蒸汽烟产品作为一类另外的产品单独列出，并对其进行有效的监管。

加拿大政府卫生监管部门向外界宣布，政府计划修订控烟法案。此次修订的内容仅涉及为电子烟产品以及类似的蒸汽烟装置制定一个法律框架。

政府卫生监管部门的负责人在接受媒体记者采访时指出，此次进行控烟法案修订时，着重要平衡并保护未成年人与烟碱类产品及烟草产品消费之间的关系，同时也兼顾并允许成年消费者使用并消费电子烟产品以及类似的蒸汽烟装置。据介绍，政府对于此次控烟法案的修订案计划在 2017 年举办控烟论坛会议之前完成。

17）加拿大政府实施公共健康活动

2017 年元月份以来，加拿大政府卫生健康部门已经实施了长达 7 个星期的公共卫生健康活动，向公众宣传加拿大政府所制定的联邦烟草控制策略。组织该活动的目的旨在强化公众对吸烟有害健康的认识，努力实现政府卫生部门制定的长期控烟目标，将成年人的吸烟率到 2035 年降低至 5%以下。

为了进一步提高成年消费者的戒烟意识，降低烟草包装对于消费者的诱惑，加拿大政府也计划实施烟草产品素面包装政策。另外，该国政府还禁止薄荷烟产品在该国的生产与销售，同时也计划强化对雪茄烟以及蒸汽烟产品外包装的监管，尽量减少这些产品外包装对于消费者尤其是青年消费者的吸引力。

对此，加拿大政府卫生部门一位名叫 Jane Philpott 的负责人在接受媒体记者采访时指出，政府之所以要实施为期长达 7 周的公共健康活动，其最终的目的是要使加拿大成为全球控烟的典范。

加拿大政府卫生部门于 2017 年 4 月份向外界宣布，他们已经完成了该国烟草法案的修正案，禁止在加拿大国内的市场上销售的卷烟以及雪茄烟中使用薄荷醇这一添加剂。也就是说，多年前已在讨论的对于薄荷烟的禁令目前在该国已经扫清法律方面的障碍。

加拿大政府卫生部门最近的一项抽样调查显示，有将近 50%的未成年学生，在过去一个月的时间内，曾经尝试吸食过薄荷类烟草产品。

据介绍，之前加拿大政府曾出台烟草法案的修订案，禁止在卷烟以及雪茄烟中使用类似巧克力和泡泡糖味道的添加剂，以降低其对于青少年的吸引力。

18）帝国品牌加拿大公司对政府增税提出质疑

2017 年 5 月份，加拿大政府向外界宣布，政府计划再次提高卷烟产品的税率，即每盒卷烟的税额将会在原来的基础上再增加 2 加元。预计在未来的几年内，政府有可能再次调整烟草制品的税率。对于政府的此项税收政策的调整，帝国品牌加拿大公司则提出了质疑，认为政府此举只会导致该国成为非法烟草制品最大的市场。

帝国品牌公司认为，目前在北美洲地区，非法走私及假冒烟草制品占有市场份额最大的一些省份就在加拿大，政府此次再次调整加拿大烟草制品的税率是不负责任的，同时也是不合理的，其原因是政府的立法者在出台此类税收政策时，完全没有考虑到此项政策与非法烟草制品贸易高度关联这一现实问题。

二、中美洲地区

1. 洪都拉斯

1）洪都拉斯对澳大利亚欲实施的控烟政策指出批评

2012 年，洪都拉斯政府驻世界贸易组织代表 Dacio Castillo 给澳大利亚政府发出电子邮件，就该国欲实施的卷烟制品素面包装提出批评。

洪都拉斯的贸易代表认为，澳大利亚政府欲实施的卷烟制品素面包装，严重违反了世界贸易组织有关保护知识产权协议的若干条款。

他在其邮件中指出，澳大利亚政府欲推出的卷烟制品素面包装的措施，缺乏法律依据，同时也损害了加入该国际组织相关成员的利益，这是澳大利亚政府在烟草制品贸易领域所实施的贸易技术壁垒，将会给洪都拉斯的烟草贸易带来不利的影响，为此，洪都拉斯政府才做出上述反应。

2）洪都拉斯公共场所以及工作场所禁烟情况（见表 9-76）

表 9-76 洪都拉斯公共场所以及工作场所禁烟情况（资料更新至 2015.07）

	完全禁烟区	限制吸烟区	不限制吸烟区	不确定区域	不适用区域
所有工作场所		是			
政府办公区域	是				
医院	是				

续表

	完全禁烟区	限制吸烟区	不限制吸烟区	不确定区域	不适用区域
居民区卫生保健机构的公共活动区域	是				
居民区卫生保健机构的病房区域	是				
非居民区的卫生保健机构	是				
儿童保育园以及幼儿园	是				
小学和中学	是				
大学及职业教育学校	是				
商店	是				
公共文化设施	是				
室内体育场馆等竞技场所	是				
餐厅	是				
酒吧及夜总会等公共娱乐场所	是				
赌场	是				
酒店公共区域	是				
酒店客房				是	
监狱和拘留所及其公共区域	是				
火车、公共汽车等候站等公共区域	是				
出租车	是				
飞机	是				
船舶	是				
其他交通设施	是				

3）洪都拉斯政府对烟草广告、促销以及赞助行为的规定（见表 9-77）

表 9-77　洪都拉斯政府对烟草广告、促销以及赞助行为的规定（资料更新至 2015. 07）

	完全禁止	部分禁止	允　许	不　确　定	不　适　用
国内电视台及广播电台	是				
国内报纸及纸质期刊	是				
国内其他类型的印刷媒体	是				
国际电视台及国际广播电台				是	
国际报纸及纸质期刊				是	
互联网络			是		
专业互联网销售网络	是				
户外广告	是				
烟草产品销售点的广告			是		
烟草产品销售点的产品展示		是			
自动售货机	是				
传统电子邮件	是				
电话和移动通信			是		

续表

	完全禁止	部分禁止	允许	不确定	不适用
品牌标志		是			
免费分发的烟草产品		是			
促销礼品			是		
与体育比赛相关的产品			是		
直接针对消费者个人的广告宣传			是		
品牌延伸		是			
反向品牌延伸		是			
类似玩具的烟草产品	是				
类似糖果的烟草制品	是				

2. 哥斯达黎加

1）哥斯达黎加将禁止电子烟销售

为了限制人们对烟草制品的消费，2012年，哥斯达黎加政府卫生部做出规定，将禁止贸易商们向该国的烟草制品市场上出口电子烟制品，违者将被处以重罚。

另据来自哥斯达黎加新闻通信社的消息，尽管政府卫生部门的官员认为电子烟可以帮助那些希望戒烟的消费者，然而，根据美国食品与药品管理局所发布的公告，政府卫生部门应该对电子烟实施严格的管理措施，同时他们也认为，尽管电子烟在消费者戒烟时可能有所帮助，但此类产品可能对广大的消费者存在一定的健康风险。

2）哥斯达黎加公共场所以及工作场所禁烟情况（见表9-78）

表9-78 哥斯达黎加公共场所以及工作场所禁烟情况（资料更新至2016.01）

	完全禁烟区	限制吸烟区	不限制吸烟区	不确定区域	不适用区域
所有工作场所		是			
政府办公区域	是				
医院	是				
居民区卫生保健机构的公共活动区域	是				
居民区卫生保健机构的病房区域	是				
非居民区的卫生保健机构	是				
儿童保育园以及幼儿园	是				
小学和中学	是				
大学及职业教育学校	是				
商店	是				
公共文化设施	是				
室内体育场馆等竞技场所	是				
餐厅	是				
酒吧及夜总会等公共娱乐场所	是				
赌场	是				
酒店公共区域	是				

续表

	完全禁烟区	限制吸烟区	不限制吸烟区	不确定区域	不适用区域
酒店客房	是				
监狱和拘留所及其公共区域	是				
火车、公共汽车等候站等公共区域	是				
出租车	是				
飞机	是				
船舶	是				
其他交通设施	是				

3）哥斯达黎加政府对烟草广告、促销以及赞助行为的规定（见表 9-79）

表 9-79　哥斯达黎加政府对烟草广告、促销以及赞助行为的规定（资料更新至 2016.01）

	完全禁止	部分禁止	允许	不确定	不适用
国内电视台及广播电台	是				
国内报纸及纸质期刊	是				
国内其他类型的印刷媒体	是				
国际电视台及国际广播电台				是	
国际报纸及纸质期刊				是	
互联网络	是				
专业互联网销售网络	是				
户外广告	是				
烟草产品销售点的广告	是				
烟草产品销售点的产品展示	是				
自动售货机		是			
传统电子邮件	是				
电话和移动通信	是				
品牌标志	是				
免费分发的烟草产品	是				
促销礼品	是				
与体育比赛相关的产品	是				
直接针对消费者个人的广告宣传		是			
品牌延伸	是				
反向品牌延伸	是				
类似玩具的烟草产品	是				
类似糖果的烟草制品	是				

3. 巴拿马

1）巴拿马成为拉丁美洲第三个公共场所全面禁烟国家

自巴拿马政府于 2005 年 2 月份正式签署由世界卫生组织制定的《烟草控制框架公约》之后，该国就实行了较为严格的控烟法案，并于 2016 年 10 月份又一次修订了政府之前制定的公共场所禁烟法案，出台了更加严格的公共场所禁烟条例。

据介绍，巴拿马政府在对烟草销售、消费、广告等方面实行全面管制，已经成为拉丁美洲第三个公共场所全面禁烟的国家。

根据政府所制定的公共场所禁烟法案，任何人不得在巴拿马境内的宾馆、餐厅等封闭的公共场所吸烟；烟草广告也将被全面禁止；烟草公司不能进行直接或间接的推广和赞助活动；禁止向未成年人出售各类烟草产品。

另外，政府不仅对国内的烟草广告进行了严格的限制，而且对于来自国际的烟草品牌标识以及体育赞助活动也做出了限制性的规定。

尽管政府对于烟草消费与广告宣传做出了严格的限制，然而，政府在烟草产品的税收方面并没有达到世界卫生组织的要求。目前该国对于烟草产品的综合税率为57%，距离世界卫生组织要求的占有零售价格的70%还有一定的差距。

2）巴拿马公共场所以及工作场所禁烟情况(见表9-80)

表9-80 巴拿马公共场所以及工作场所禁烟情况(资料更新至2016.08)

	完全禁烟区	限制吸烟区	不限制吸烟区	不确定区域	不适用区域
所有工作场所	是				
政府办公区域	是				
医院	是				
居民区卫生保健机构的公共活动区域	是				
居民区卫生保健机构的病房区域	是				
非居民区的卫生保健机构	是				
儿童保育园以及幼儿园	是				
小学和中学	是				
大学及职业教育学校	是				
商店	是				
公共文化设施	是				
室内体育场馆等竞技场所	是				
餐厅	是				
酒吧及夜总会等公共娱乐场所				是	
赌博场所					是
酒店公共区域	是				
酒店客房	是				
监狱和拘留所及其公共区域	是				
火车、公共汽车等候站等公共区域	是				
出租车	是				
飞机	是				
船舶	是				
其他交通设施	是				

3）巴拿马政府对烟草广告、促销以及赞助行为的规定（见表 9-81）

表 9-81　巴拿马政府对烟草广告、促销以及赞助行为的规定（资料更新至 2016.08）

	完全禁止	部分禁止	允　许	不确定	不适用
国内电视台及广播电台	是				
国内报纸及纸质期刊	是				
国内其他类型的印刷媒体	是				
国际电视台及国际广播电台	是				
国际报纸及纸质期刊	是				
互联网络	是				
专业互联网销售网络	是				
户外广告	是				
烟草产品销售点的广告	是				
烟草产品销售点的产品展示	是				
自动售货机	是				
传统电子邮件	是				
电话和移动通信	是				
品牌标识	是				
免费发放的烟草制品	是				
促销礼品	是				
与体育比赛相关的产品	是				
直接针对消费者个人的广告宣传	是				
品牌延伸		是			
反向品牌延伸			是		
类似玩具的烟草制品	是				
类似糖果的烟草制品	是				

三、加勒比海地区

1. 古巴

1）古巴政府就烟草制品素面包装向澳大利亚政府提起诉讼

2013 年 5 月 3 日，古巴政府就澳大利亚政府实施烟草制品素面包装的措施向该国政府提起法律诉讼，据介绍，这是世界贸易组织成员中第四个向澳大利亚政府提起法律诉讼的国家。

为了维护本国烟草商们在商标、包装等方面的知识产权，古巴政府已就此事向世界贸易组织提起法律诉讼，根据 WTO 的贸易争端解决机制，两个国家就此事有 60 天的协议期，到期如果未能达成相关协议，将提交由世界贸易组织所成立的特别工作组来解决双方的争端。

资料显示，此前，世界贸易组织的三个成员方——乌克兰、多米尼加共和国和洪都拉斯政府，也就澳大利亚政府所实施的烟草制品素面包装措施对其提起过法律诉讼。

2）古巴将推出与烟草有关的旅游项目

2015 年，古巴政府旅游管理部门向外界发布消息称，该国将利用 2015 年的旅游旺季，推出与烟草有关的旅游项目。

据介绍，该国旅游管理部门所推出的与烟草有关的旅游项目在该国的 Logic Pro tank 地区，因为该地区已经被列入联合国教科文卫组织评定的世界文化遗产所在地之一，同时该地区也是古巴在全球比较有名气的古巴产哈伯纳斯雪茄烟所使用雪茄烟叶的生产地。

游客可以参观与烟草有关的该地区知名的雪茄烟叶种植区、烟叶烤房、烟叶预加工区以及其他与烟草生产有关的项目，游客还可以参观古巴优质手工雪茄烟的生产过程。

3）美国政府取消古巴雪茄烟的限购政策

2016 年，美国政府向外界宣布，政府将取消美国游客在古巴对于该国所生产雪茄烟的限购政策。此后，美国游客可以从古巴带回的雪茄烟，不再受总价值 100 美元（约合 91 欧元）的限制性政策。

对此，分析人士指出，这意味着，大多数前往古巴的美国游客，回美国时可以携带不止 100 美元的雪茄烟产品。这一举措或将为古巴带来巨额的收入。另外，美国政府对古巴产酒类产品的限购令也随之解除。

2. 牙买加

1）牙买加政府加入《烟草控制框架公约》

2008 年，牙买加政府最终决定加入由世界卫生组织所制定的《烟草控制框架公约》。

牙买加卫生部一位名叫 Eva Lewis－Fuller 的发言人称，政府于 2009 年通过并实施一项严格的控烟立法，该立法的内容将涉及禁止向未成年人出售卷烟制品、禁止各类型的烟草广告及烟草促销活动等。最重要的一点是，该立法将会对在公共场所吸烟进行严格的限制。

2）牙买加公共场所以及工作场所禁烟情况（见表 9-82）

表 9-82　牙买加公共场所以及工作场所禁烟情况（资料更新至 2015.07）

	完全禁烟区	限制吸烟区	不限制吸烟区	不确定区域	不适用区域
所有工作场所	是				
政府办公区域	是				
医院	是				
居民区卫生保健机构的公共活动区域	是				
居民区卫生保健机构的病房区域	是				
非居民区的卫生保健机构	是				
儿童保育园以及幼儿园	是				
小学和中学	是				
大学及职业教育学校	是				
商店	是				
公共文化设施	是				
室内体育场馆等竞技场所	是				
餐厅	是				
酒吧及夜总会等公共娱乐场所	是				
赌场	是				
酒店公共区域	是				
酒店客房				是	
监狱和拘留所及其公共区域	是				
火车、公共汽车等候站等公共区域	是				
出租车	是				
飞机	是				
船舶	是				
其他交通设施	是				

3）牙买加政府对烟草广告、促销以及赞助行为的规定（见表 9-83）

表 9-83　牙买加政府对烟草广告、促销以及赞助行为的规定（资料更新至 2015.07）

	完全禁止	部分禁止	允　许	不确定	不适用
国内电视台及广播电台	是				
国内报纸及纸质期刊				是	
国内其他类型的印刷媒体				是	
国际电视台及国际广播电台					是
国际报纸及纸质期刊				是	
互联网络				是	
专业互联网销售网络				是	
户外广告		是			
烟草产品销售点的广告				是	
烟草产品销售点的产品展示				是	
自动售货机				是	
传统电子邮件				是	
电话和移动通信				是	
品牌标志		是			
免费分发的烟草产品				是	
促销礼品				是	
与体育比赛相关的产品				是	
直接针对消费者个人的广告宣传				是	
品牌延伸				是	
反向品牌延伸				是	
类似玩具的烟草产品				是	
类似糖果的烟草制品				是	

3. 多米尼加

1）多米尼加对卷烟制品素面包装提出质疑

2011 年，多米尼加对外贸易部门的官员已将其对西方一些国家所提出的卷烟制品素面包装有关疑问提交到了在瑞士所举行的 TRIPS（与贸易相关的知识产权协议）会议进行讨论。

据介绍，TRIPS 协议要求，各会员国政府所制定的法律法规，必须遵守知识产权保护的相关条款。

2）多米尼加共和国要求世贸组织对卷烟制品素面包装做出裁决

2012 年，多米尼加共和国已要求世界贸易组织（WTO）就澳大利亚政府即将实施的卷烟制品的素面包装做出裁决，以消除对加勒比海地区国家雪茄烟业所带来的负面影响。

根据世界贸易组织争端解决机制，多米尼加共和国政府在它所发表的一份声明中指出，澳大利亚政府计划实施的烟草制品的素面包装，违反了世界贸易组织与贸易协定中有关的知识产权和技术性贸易壁垒协议的相关规定，因此要求对此做出公正的裁决，以维护该地区雪茄烟商们的利益。

3）多米尼加共和国雪茄烟商对澳大利亚政府提起法律诉讼

2014 年，世界卫生组织已接受了来自多米尼加共和国以及古巴部分雪茄烟生产商及贸易商们的诉讼，为此，世界卫生组织成立了一个特别争端解决小组，处理部分国家政府及烟草生产商们对澳大利亚政府实施烟草制品素面包装所引起的贸易争端。

据介绍，澳大利亚政府已实施的卷烟素面包装政策，从包装上消除了烟草制品品牌的差异化，这也使多米尼加共和国生产的雪茄烟在品牌方面没有优势，从而对该国雪茄烟产业的发展带来了很大的影响。为此，该国政府希望澳大利亚政府实施的卷烟素面包装政策，在全球其他国家还没有得到仿效之前能快速解决这一争端。数据显示，多米尼加共和国是中美洲地区重要的雪茄烟生产国，雪茄烟的出口创汇额占到了该国产品出口总额的7.5%。

9.4 南美洲

一、北部地区

1. 哥伦比亚

1）非法烟草制品贸易已占哥伦比亚卷烟市场16%的份额

2012年，哥伦比亚全国商人联合会的一项统计数据表明，目前，在哥伦比亚年消费154亿支卷烟的市场上，非法走私的卷烟制品已经占到了高达16%的市场份额。

该联合会负责人 Guillermo Botero Nieto 在接受媒体记者采访时称，受走私卷烟制品的影响，政府每年因此而损失的税收额高达25亿美元，在靠近哥伦比亚的加勒比海沿岸，市场上40%的卷烟制品是未完税的非法走私烟草制品。

另据对该国1200名消费者所进行的抽样调查表明，经济条件不好的烟民经常购买走私烟草制品，因为购买相同品牌的卷烟制品，走私的则可以为他们每盒节省高达0.45美元的费用。

2）哥伦比亚加大控烟法案的执行力度

自2008年7月份哥伦比亚政府正式签署由世界卫生组织制定的《烟草控制框架公约》后，该国政府又几次修订了国内的控烟法案，并加大了执法力度。

新修订的控烟法案规定，禁止在所有公共场所吸烟，公共交通工具、医疗单位以及幼儿园和学校等教育部门也将全面实现“无烟化”。

为了强化其控烟政策的执行，哥伦比亚卫生健康管理部门还规定，对于那些违反政府禁烟令，在公共场所吸烟的消费者将处以重罚，而对于公共场所的经营者，如餐饮场所等，一旦经营者违反政府的禁烟令，也将对经营者处以重罚。对此，政府公共卫生健康管理部门的负责人指出，政府修订控烟法案的目的在于保护公众的利益，优化社会公共卫生环境，关注非吸烟者和青少年的身心健康。

受政府出台更加严厉的控烟政策的影响，以及市场上受到非法走私以及假冒烟草产品的冲击，哥伦比亚国内的卷烟销售量处于下降的趋势。

在该国传统烟草产品销售量下降的同时，近年来哥伦比亚国内电子烟产品以及蒸汽烟产品的销售量则处于增长的趋势，且在这些类别的产品中英美烟草公司的 Vype 品牌占有重要的市场份额。

尽管新型烟草制品在该国市场上的销售量处于增长趋势，然而，哥伦比亚国内市场仍然由传统的烟草制品占主导地位，而英美烟草公司以及菲利普·莫里斯烟草国际烟草公司的传统烟草制品占有其大部分的市场份额。

3）哥伦比亚公共场所以及工作场所禁烟情况（见表9-84）

表9-84 哥伦比亚公共场所以及工作场所禁烟情况

	完全禁烟区	限制吸烟区	不限制吸烟区	不确定区域	不适用区域
所有工作场所	是				
政府办公区域	是				
医院	是				

续表

	完全禁烟区	限制吸烟区	不限制吸烟区	不确定区域	不适用区域
居民区卫生保健机构的公共活动区域	是				
居民区卫生保健机构的病房区域	是				
非居民区的卫生保健机构	是				
儿童保育园以及幼儿园	是				
小学和中学	是				
大学及职业教育学校	是				
商店	是				
公共文化设施	是				
室内体育场馆等竞技场所	是				
餐厅	是				
酒吧及夜总会等公共娱乐场所	是				
赌博场所	是				
酒店公共区域	是				
酒店客房				是	
监狱和拘留所及其公共区域	是				
火车、公共汽车等候站等公共区域	是				
出租车	是				
飞机	是				
船舶	是				
其他交通设施	是				

4）哥伦比亚政府对烟草广告、促销以及赞助行为的规定（见表9-85）

表9-85 哥伦比亚政府对烟草广告、促销以及赞助行为的规定

	完全禁止	部分禁止	允许	不确定	不适用
国内电视台及广播电台	是				
国内报纸及纸质期刊	是				
国内其他类型的印刷媒体	是				
国际电视台及国际广播电台	是				
国际报纸及纸质期刊				是	
互联网络	是				
专业互联网销售网络			是		
户外广告	是				
烟草产品销售点的广告	是				
烟草产品销售点的产品展示		是			
自动售货机		是			
传统电子邮件	是				
电话和移动通信	是				

续表

	完全禁止	部分禁止	允　许	不　确　定	不　适　用
品牌标识	是				
免费发放的烟草制品	是				
促销礼品	是				
与体育比赛相关的产品	是				
直接针对消费者个人的广告宣传	是				
品牌延伸	是				
反向品牌延伸	是				
类似玩具的烟草制品	是				
类似糖果的烟草制品	是				

2. 委内瑞拉

1）委内瑞拉不会禁止烟草生产

2008年，委内瑞拉卫生部部长 Erick Rodríguez 在接受媒体记者采访时称，政府不会出台禁止烟草生产的措施，当地媒体以前的有关报道曲解了他的讲话内容。

事实上，委内瑞拉政府近期正在开展一场旨在提高人们对吸烟有害健康认识的宣传活动，目的是为政府制定更加严格的控烟政策造势。卫生部部长 Erick Rodríguez 就此曾在公众面前发表过有关控烟与烟草生产方面的讲话，但当地媒体曲解了他的讲话内容，为此，Erick Rodríguez 先生称，卫生部没有权力干涉经济方面的事务。

2）委内瑞拉公共场所以及工作场所禁烟情况（见表 9-86）

表 9-86　委内瑞拉公共场所以及工作场所禁烟情况（资料更新至 2016.03）

	完全禁烟区	限制吸烟区	不限制吸烟区	不确定区域	不适用区域
所有工作场所	是				
政府办公区域	是				
医院	是				
居民区卫生保健机构的公共活动区域	是				
居民区卫生保健机构的病房区域	是				
非居民区的卫生保健机构	是				
儿童保育园以及幼儿园	是				
小学和中学	是				
大学及职业教育学校	是				
商店	是				
公共文化设施	是				
室内体育场馆等竞技场所	是				
餐厅	是				
酒吧及夜总会等公共娱乐场所	是				
赌场	是				
酒店公共区域	是				

续表

	完全禁烟区	限制吸烟区	不限制吸烟区	不确定区域	不适用区域
酒店客房		是			
监狱和拘留所及其公共区域	是				
火车、公共汽车等候站等公共区域	是				
出租车	是				
飞机	是				
船舶	是				
其他交通设施	是				

3）委内瑞拉政府对烟草广告、促销以及赞助行为的规定（见表 9-87）

表 9-87 委内瑞拉政府对烟草广告、促销以及赞助行为的规定（资料更新至 2016.03）

	完全禁止	部分禁止	允许	不确定	不适用
国内电视台及广播电台	是				
国内报纸及纸质期刊	是				
国内其他类型的印刷媒体		是			
国际电视台及国际广播电台	是				
国际报纸及纸质期刊	是				
互联网络			是		
专业互联网销售网络			是		
户外广告	是				
烟草产品销售点的广告			是		
烟草产品销售点的产品展示			是		
自动售货机	是				
传统电子邮件			是		
电话和移动通信			是		
品牌标志		是			
免费分发的烟草产品	是				
促销礼品			是		
与体育比赛相关的产品		是			
直接针对消费者个人的广告宣传			是		
品牌延伸	是				
反向品牌延伸			是		
类似玩具的烟草产品	是				
类似糖果的烟草制品	是				

二、中西部地区

1. 厄瓜多尔

1）厄瓜多尔通过新修订的控烟法案

2011 年，厄瓜多尔国会以 104 票的绝大多数赞成票通过了新修订的控烟法案，据介绍，新修订的控烟法案更加严格。

新的控烟法案内容包括：禁止在工作场所、保健场所及其他封闭的公共场所内吸烟，禁止吸食的烟草制品包括雪茄烟和普通类别的卷烟制品。

2）厄瓜多尔将提高烟酒等产品税率

2014 年，厄瓜多尔总统 Rafael Correa 先生在接受媒体记者采访时称，为了保护消费者的身体健康，政府应该提高那些对人体健康有害商品的税率，这些商品包括酒类产品、各类烟草制品以及垃圾食品。

Rafael Correa 总统认为，提高此类产品的税率，不仅不会损害消费者的利益，反而会对他们的健康有益，因为在提高这些商品的税率之后，其零售价格也会随之增长，这样，就促使消费者尽量减少购买这些对人体健康有害的商品，从而也免去了他们因消费此类商品所带来的健康风险。同时，Rafael Correa 总统还号召公众培养健康的生活方式，以提高他们的工作与生活质量。

3）厄瓜多尔公共场所以及工作场所禁烟情况（见表 9-88）

表 9-88　厄瓜多尔公共场所以及工作场所禁烟情况（资料更新至 2017.01）

	完全禁烟区	限制吸烟区	不限制吸烟区	不确定区域	不适用区域
所有工作场所		是			
政府办公区域	是				
医院	是				
居民区卫生保健机构的公共活动区域	是				
居民区卫生保健机构的病房区域	是				
非居民区的卫生保健机构	是				
儿童保育园以及幼儿园	是				
小学和中学	是				
大学及职业教育学校	是				
商店	是				
公共文化设施	是				
室内体育场馆等竞技场所	是				
餐厅	是				
酒吧及夜总会等公共娱乐场所	是				
赌场	是				
酒店公共区域	是				
酒店客房		是			
监狱和拘留所及其公共区域	是				
火车、公共汽车等候站等公共区域	是				
出租车	是				
飞机	是				

续表

	完全禁烟区	限制吸烟区	不限制吸烟区	不确定区域	不适用区域
船舶	是				
其他交通设施	是				

4）厄瓜多尔政府对烟草广告、促销以及赞助行为的规定（见表 9-89）

表 9-89 厄瓜多尔政府对烟草广告、促销以及赞助行为的规定（资料更新至 2017.01）

	完全禁止	部分禁止	允许	不确定	不适用
国内电视台及广播电台	是				
国内报纸及纸质期刊	是				
国内其他类型的印刷媒体		是			
国际电视台及国际广播电台				是	
国际报纸及纸质期刊				是	
互联网络		是			
专业互联网销售网络				是	
户外广告	是				
烟草产品销售点的广告		是			
烟草产品销售点的产品展示		是			
自动售货机	是				
传统电子邮件		是			
电话和移动通信	是				
品牌标志	是				
免费分发的烟草产品	是				
促销礼品	是				
与体育比赛相关的产品	是				
直接针对消费者个人的广告宣传	是				
品牌延伸	是				
反向品牌延伸				是	
类似玩具的烟草产品	是				
类似糖果的烟草制品	是				

2. 秘鲁

1）秘鲁政府强化公共场所控烟政策但税率较低

秘鲁政府自 2005 年 2 月份正式签署由世界卫生组织制定的《烟草控制框架公约》之后，便加强了该国的控烟工作，严格按照公约的相关条款，制定有效的公共场所禁烟令。

据介绍，政府所制定的公共场所禁烟令包括：严禁在工作场所、餐厅、酒吧、咖啡厅、出租车、公共汽车、电梯及走廊等封闭的公共场所吸烟。对于那些不执行禁烟规定的工作区的工作人员以及向未成年人出售烟的经营者，将不仅被处以罚款，还将视情节轻重被勒令停业或吊销营业执照。

尽管政府强化了其控烟法案的执行力度，但该国烟民对高档卷烟需求仍处于增长的趋势。但是其烟草制品的总消费量则处于下降趋势，原因在于政府公共场所禁烟令的实施以及消费者对吸烟有害健康认识的进一步提高。

另外，尽管政府实施了较为严格的公共场所禁烟政策，然而，目前该国烟草制品的税率仍然较低，其综合税率仅占到产品零售价格的38%，距离世界卫生组织建议的70%的要求还有很大的差距。

2）秘鲁公共场所以及工作场所禁烟情况（见表9-90）

表9-90 秘鲁公共场所以及工作场所禁烟情况（资料更新至2015.01）

	完全禁烟区	限制吸烟区	不限制吸烟区	不确定区域	不适用区域
所有工作场所	是				
政府办公区域	是				
医院	是				
居民区卫生保健机构的公共活动区域	是				
居民区卫生保健机构的病房区域	是				
非居民区的卫生保健机构	是				
儿童保育园以及幼儿园	是				
小学和中学	是				
大学及职业教育学校	是				
商店	是				
公共文化设施	是				
室内体育场馆等竞技场所	是				
餐厅	是				
酒吧及夜总会等公共娱乐场所	是				
赌博场所	是				
酒店公共区域	是				
酒店客房				是	
监狱和拘留所及其公共区域				是	
火车、公共汽车等候站等公共区域	是				
出租车	是				
飞机	是				
船舶	是				
其他交通设施	是				

3）秘鲁政府对烟草广告、促销以及赞助行为的规定（见表9-91）

表9-91 秘鲁政府对烟草广告、促销以及赞助行为的规定（资料更新至2015.01）

	完全禁止	部分禁止	允许	不确定	不适用
国内电视台及广播电台	是				
国内报纸及纸质期刊		是			
国内其他类型的印刷媒体		是			
国际电视台及国际广播电台				是	
国际报纸及纸质期刊				是	
互联网络		是			

续表

	完全禁止	部分禁止	允　许	不确定	不适用
专业互联网销售网络			是		
户外广告		是			
烟草产品销售点的广告				是	
烟草产品销售点的产品展示				是	
自动售货机		是			
传统电子邮件				是	
电话和移动通信				是	
品牌标识		是			
免费发放的烟草制品		是			
促销礼品			是		
与体育比赛相关的产品		是			
直接针对消费者个人的广告宣传			是		
品牌延伸		是			
反向品牌延伸			是		
类似玩具的烟草制品	是				
类似糖果的烟草制品			是		

三、东部地区

1. 巴西

1）巴西圣保罗实施新的禁烟令

2009年8月1日，巴西圣保罗当地政府出台了新的公共场所禁烟令。与此同时，圣保罗市政府一位负责人称，政府应该在巴西的烟草业引入新的吸烟有害健康的警示图片及警示语。

另据来自巴西《金融时报》的消息表明，此前圣保罗地区所推出的禁烟令由于种种原因没有得以很好的实施，但此次政府所出台新的公共场所禁烟令，经过民意调查显示，有大约90%的当地民众支持此项禁烟令。

巴西统计部门的统计数据表明，目前在巴西国内，在其15岁以上的人群中，吸烟者人数已达到了2400万人，在这其中，有51.2%的吸烟者有戒烟计划。

另外，该统计数据还表明，在巴西烟民中，有13.1%的人是从15岁开始吸烟的。在该国总的烟民人口中，年龄介于45至56岁的人占了烟民总人数的22.7%，25至44岁的占了18.3%。在吸烟者当中，文化程度较低的及经济条件不太好的人占了大多数。

2）巴西计划禁止部分烟草添加剂的使用

2010年12月初，巴西政府卫生健康监督部门对外宣布，政府计划禁止烟草生产商们在其卷烟生产中使用部分添加剂，这些添加剂包括诸如糖、薄荷醇及其他类型的香料等。

该卫生监督机构的负责人 Humberto Martinez 在接受媒体记者采访时称，研究表明上述添加剂在卷烟生产中被加入之后，可以有效地改善烟草制品的香气，这样，对未成年消费者具有较强的诱惑力。事实上，在美国及加拿大等地实施了香味烟禁令之后，全球许多国家和地区都表示要仿效他们的做法，此次巴西计划仿效加拿大模式。

3）巴西政府就是否对香味烟草制品实施禁令征求民众意见

2010年年底，巴西政府卫生健康部门就是否对香味烟草制品出台相关的禁令，向广大的民众征求意见。

据介绍，巴西政府卫生健康部门所指香味烟草制品，不仅包括普通的卷烟制品，而且还包括其他类型的烟草制品，如手工吸用烟草制品、无烟烟草制品中的鼻烟及嚼烟等，其范围更加宽泛。另外，政府卫生健康部门也计划将薄荷类烟草制品归入被禁烟草制品的行列。

4）巴西将大幅度提高烟税

2011年，巴西政府财政部门一项提高烟草制品税率的法案已经得到了议会的通过。据介绍，新税率是在原来的基础上，将烟草制品的税率提高了300%。

另外，政府还修订了控烟法案，扩大了禁烟区的范围，在卷烟制品零售点，不允许烟草商做各种类型的烟草广告。

然而，对于政府提高税率及修订控烟法案的做法，巴西烟草种植者协会一名叫 Benício 的负责人称，许多烟农对此都感到担心，害怕其烟叶生产会受到影响。

5）巴西修订控烟法案

2011年12月份，全球较大的烟叶出口国——巴西修订了其控烟法案，欲实施更加严厉的控烟措施。

据介绍，新修订的控烟法案已得到了总统的签署并将付诸实施。新修订的控烟法案规定，在巴西国内所有封闭的公共场所禁烟，在卷烟制品的零售点，也将完全禁止各种类型的烟草广告。

另外，对卷烟生产商的限制更加严厉，在卷烟烟盒的正反两面，都要印制吸烟有害健康的警示图片及警示语。

在加拿大及美国推出卷烟制品部分成分控制措施之后，巴西政府也计划实施类似的控烟措施。然而，在巴西政府卫生监督部门对外宣布政府将考虑出台此类措施后，卫生部门便收到了来自全国2万余条反对意见。

分析人士认为，巴西在美洲甚至全球都是一个重要的烟叶生产及出口国，因此，烟叶生产在巴西的经济生活中占有十分重要的地位，相当一部分的巴西民众以种植烟叶为生，因此，任何有关烟草成分的禁令都可能受阻。

6）巴西禁止包括薄荷烟在内的香味烟出售

2012年，巴西政府卫生监督部门对外宣传，该国计划在未来的几年实施措施，禁止包括薄荷烟在内的香味烟制品在国内市场上出售。对此，巴西政府卫生监督部门——ANVISA 解释称，专门用于在卷烟制品中所添加的香味物质，是诱使许多年轻人开始消费烟草制品的主要原因所在，因此政府才计划对此发出禁令。

在政府出台该禁令之后，国内的卷烟生产商们将会有18个月的宽限期，贸易商们则有24个月的宽限期将此类香味烟草制品从其货架上撤走。

在政府对卷烟添加剂实施严格控制的同时，允许卷烟生产商们在其卷烟生产中使用糖类添加剂，同时也允许此类卷烟制品出口到巴西国内的卷烟市场。

然而，巴西烟草业内人士表示，没有任何科学的证据表明薄荷烟的成瘾性比普通类别的卷烟更大。

巴西全国卫生监督局(ANVISA)已就112号决议草案，公开向社会征询意见。

据介绍，该决议的主要内容是禁止在烟草制品中使用除了烟草和水以外的其他一切成分。ANVISA 原来估计会接到5000份征求意见，结果超过了将近40倍，达到了20余万条意见。因此，政府已经推迟该禁令实施时间表。有分析人士认为，112号决议案的目的在于保护公众的身体健康，但没有说明为什么禁用烟用香料就可以达到这一目的。

7）巴西通过高税收等措施加大控烟力度

从1990年起，巴西政府不断修订控烟法案，加大其控烟力度，2014年，巴西政府进一步修订其控烟法案，对禁烟条款进行了补充，在室内公共场所进行全面禁烟，并对烟草广告进行了更加严格的限制。

对于违反政府控烟法案在公共场所吸烟的消费者每次将被处以1600巴西雷亚尔的罚款。数据显示，虽然巴西是烟叶生产大国，但其卷烟品牌数量很少，仅有少数几个品牌，如万宝路、Freedom、Lucky Strike 等几个品牌，但卷烟烟税较高，烟税额已占到卷烟市场零售价格的80%。

8）巴西采取提高税率等方法实施控烟措施

巴西政府在全球控烟领域处于比较领先的地位。政府为了有效降低该国的吸烟率，减少烟草消费者的数量，采取了一等系列可能的措施来实施其控烟政策。

据介绍，巴西政府在控烟方面所采取的主要措施有：提高烟草制品的税率，以进一步提高各类烟草制品在市场上的零售价格，降低消费者的购买欲望。

另外，除了实施财政税收政策之外，巴西政府还在烟草制品的物流系统中植入了较为先进的产品跟踪系统。该系统不仅针对国内烟草制品，同时还应用于烟草制品的进出口贸易，使每一个跟踪码可以有效追踪到每一个生产商。

早在几年前，巴西政府就严格按照世界卫生组织《烟草控制框架公约》的条款，制定了详细的公共场所禁烟令，并制定了配套的相关监管措施，以确保禁烟令的有效执行。

由于政府实施了较为有效的控烟措施，近 20 年来，该国的吸烟人数几乎降低了一半。据了解，巴西早在 2006 年就已签署了由世界卫生组织所制定的《烟草控制框架公约》。

9）巴西将增加烟税

目前在巴西国内，政府部门以增加烟草制品的税率来控制烟草的消费量，据称，税率的调控已被世界卫生组织视为控烟的一项重要工具。

另外，巴西政府还以提高烟草制品的税率来弥补政府的财政不足，但这又导致了非法烟草制品的逐渐猖獗。

据巴西国内的媒体介绍，政府在 2015 年将对烟草制品的税率在目前的基础上再增加一倍，由 2012 年的税收额 36 亿巴西雷亚尔增加到 72 亿巴西雷亚尔。

10）巴西公共场所以及工作场所禁烟情况（见表 9-92）

表 9-92　巴西公共场所以及工作场所禁烟情况（资料更新至 2016.01）

	完全禁烟区	限制吸烟区	不限制吸烟区	不确定区域	不适用区域
所有工作场所		是			
政府办公区域	是				
医院	是				
居民区卫生保健机构的公共活动区域	是				
居民区卫生保健机构的病房区域				是	
非居民区的卫生保健机构	是				
儿童保育园以及幼儿园	是				
小学和中学	是				
大学及职业教育学校	是				
商店	是				
公共文化设施	是				
室内体育场馆等竞技场所	是				
餐厅	是				
酒吧及夜总会等公共娱乐场所	是				
赌博场所	是				
酒店公共区域	是				
酒店客房				是	
监狱和拘留所及其公共区域	是				
火车、公共汽车等候站等公共区域		是			

续表

	完全禁烟区	限制吸烟区	不限制吸烟区	不确定区域	不适用区域
出租车				是	
飞机	是				
船舶	是				
其他交通设施	是				

11）巴西政府对烟草广告、促销以及赞助行为的规定（见表 9-93）

表 9-93　巴西政府对烟草广告、促销以及赞助行为的规定（资料更新至 2016.01）

	完全禁止	部分禁止	允许	不确定	不适用
国内电视台及广播电台	是				
国内报纸及纸质期刊	是				
国内其他类型的印刷媒体	是				
国际电视台及国际广播电台	是				
国际报纸及纸质期刊	是				
互联网络	是				
专业互联网销售网络	是				
户外广告	是				
烟草产品销售点的广告	是				
烟草产品销售点的产品展示			是		
自动售货机			是		
传统电子邮件	是				
电话和移动通信	是				
品牌标识	是				
免费发放的烟草制品	是				
促销礼品	是				
与体育比赛相关的产品				是	
直接针对消费者个人的广告宣传	是				
品牌延伸	是				
反向品牌延伸				是	
类似玩具的烟草制品	是				
类似糖果的烟草制品	是				

四、南部地区

1. 智利

1）智利将禁止电子烟的销售

2010 年，智利政府卫生部门提出建议，要求政府出台相关的法规来禁止电子烟在该国的销售，如果该提案得到议会的通过，预计智利将会从 2010 年 11 月份开始禁止电子烟的进口与销售。

数据统计表明，近年来该国电子烟的进口与销售有显著的增长势头，目前经常吸食电子烟的成年烟民大约有18000人。智利政府卫生部部长在接受当地媒体记者采访时称，政府将加强对各类烟草制品的生产、进口与销售方面的管理措施，包括电子烟制品，政府有责任帮助那些吸烟致瘾者戒烟，包括电子烟消费者。

2）智利吸烟率高

泛美卫生组织(PAHO)的一项调查表明，在美洲地区，智利的成年人吸烟率最高，达到了35%，玻利维亚为30%，巴西和哥伦比亚均为17%。

泛美卫生机构的一项抽样调查表明，目前在美洲地区，智利民众的吸烟率最高。

该机构的统计数据表明，智利成年人的吸烟率在35%，与玻利维亚的30%、美国的29%、巴西和哥伦比亚的17%相比，显然高出很多。

据介绍，尽管该国实施了一系列的控烟措施，包括禁止在一些卫生健康机构与场所、学校等公共场所禁止吸烟，禁止在电视、电台及一些印刷媒体上做烟草制品的广告，但该国青少年的吸烟率近年来没有太大的变化。泛美卫生机构的研究表明，在智利15岁的未成年人当中，有35.1%的人曾尝试吸烟。

3）智利修订的控烟法案遭到烟草业的指责

智利政府已经修订了该国的控烟法案，新出台的控烟法案主要修订的条款为：禁止在学校周围100米范围内销售烟草产品，禁止生产与销售每盒数量少于10支的卷烟产品。

另外，新修订的控烟法案还规定，烟草生产商们需要向政府的监管部门申报他们所生产烟草产品的相关成分及添加剂等信息。

然而，这一较为严厉的控烟法案修订案却遭到了来自烟草商们的指责。其中，在该国开展有烟草业务的英美烟草公司反应较为激烈，因为该公司每年在智利的卷烟销售量高达130亿支，仅该公司的产品就占了该国90%的市场份额。

英美烟草公司智利分公司公共事务部负责人Carlos Lopez先生指出，政府一旦通过该控烟法案的修订案，他们有可能关闭位于智利的卷烟生产厂。

4）智利公共场所以及工作场所禁烟情况(见表9-94)

表9-94 智利公共场所以及工作场所禁烟情况(资料更新至2016.07)

	完全禁烟区	限制吸烟区	不限制吸烟区	不确定区域	不适用区域
所有工作场所		是			
政府办公区域	是				
医院		是			
居民区卫生保健机构的公共活动区域				是	
居民区卫生保健机构的病房区域	是				
非居民区的卫生保健机构	是				
儿童保育园以及幼儿园	是				
小学和中学	是				
大学及职业教育学校	是				
商店	是				
公共文化设施	是				
室内体育场馆等竞技场所	是				
餐厅	是				
酒吧及夜总会等公共娱乐场所	是				
赌博场所	是				
酒店公共区域	是				
酒店客房				是	

续表

	完全禁烟区	限制吸烟区	不限制吸烟区	不确定区域	不适用区域
监狱和拘留所及其公共区域	是				
火车、公共汽车等候站等公共区域	是				
出租车	是				
飞机	是				
船舶	是				
其他交通设施	是				

5）智利政府对烟草广告、促销以及赞助行为的规定（见表 9-95）

表 9-95　智利政府对烟草广告、促销以及赞助行为的规定(资料更新至 2016.07)

	完全禁止	部分禁止	允　许	不　确　定	不　适　用
国内电视台及广播电台	是				
国内报纸及纸质期刊	是				
国内其他类型的印刷媒体	是				
国际电视台及国际广播电台	是				
国际报纸及纸质期刊				是	
互联网络		是			
专业互联网销售网络				是	
户外广告	是				
烟草产品销售点的广告	是				
烟草产品销售点的产品展示			是		
自动售货机		是			
传统电子邮件	是				
电话和移动通信	是				
品牌标识	是				
免费发放的烟草制品	是				
促销礼品	是				
与体育比赛相关的产品	是				
直接针对消费者个人的广告宣传	是				
品牌延伸	是				
反向品牌延伸				是	
类似玩具的烟草制品			是		
类似糖果的烟草制品			是		

2. 阿根廷

1）电子烟制品在阿根廷被禁

从 2011 年 5 月份开始，阿根廷已出台相关控烟措施，禁止电子烟制品在该国的生产与销售，同时也将禁止贸易商们从国外进口同类电子烟制品。

据政府卫生健康部门的消息表明，由于没有确切的证据能够证明电子烟制品可以有效地帮助吸烟者戒除吸烟的习惯，为此，政府才出台对电子烟的禁令。

阿根廷禁止促销宣传、进口和销售电子卷烟。负责管理药品和食品的政府部门已全面禁止该类产品，并称没有证据证明这种制品能帮助吸烟者戒烟。

2）阿根廷通过新的控烟法案

2011年，阿根廷议会投票通过了一项新的控烟法案，新法案规定，禁止在所有封闭的公共场所吸烟，违者将被处以重罚。

另据来自当地媒体的消息，此项控烟法案在国会众议院获得通过。除了在实施全面的禁令之外，也将禁止各种形式的烟草广告和赞助，并要求卷烟生产商在烟盒上印制吸烟有害健康的警示图片及警示语，严禁卷烟零售商向18岁以下者出售各类烟草制品，并严格禁止出售单支卷烟。

3）阿根廷政府多次提高烟草税率

2016年，阿根廷国内的卷烟市场一直由菲利普·莫里斯烟草国际公司下属的Massalin Particulares烟草公司以及英美烟草公司下属的Nobleza Piccardo烟草公司（均为当地的烟草公司）两家公司垄断，2014年这两家公司的卷烟产品占该国卷烟市场高达99%的份额。该国市场上主要的卷烟品牌有万宝路、Le Mans、Philip Morris以及骆驼等，其人均的卷烟消费量为1900支/年。

为了控制国内的吸烟率，降低消费者对各类烟草制品的消费量，2014年，阿根廷政府曾多次提高烟草制品的税率，导致该国各类烟草制品的市场零售价格4次上涨。在该国有烟草经营业务的菲利普·莫里斯烟草国际公司以及英美烟草公司则认为，这是该国政府借卫生组织的压力来抑制消费，利用提高烟草制品税率可以降低吸烟率这一说法而实施的一种增加政府财政税收的行为。

4）阿根廷控烟法案执行不力

2016年，政府早已颁布了26.687号国家烟草控制法案，但由于执行力度不够，政府所实施的公共场所禁烟令也并没有得到很好的实施。然而尽管如此，到2015年该国青少年的吸烟率也下降至19.6%。

另外，阿根廷的烟草控制法案还规定，除了在公共媒体上禁止做烟草产品的广告宣传之外，在烟草产品的零售点是可以做一些广告宣传的。但由于阿根廷政府在其首都布宜诺斯艾利斯实施了较为严格的烟草广告与促销限制，因此，在首都地区的烟草产品零售商店，其广告宣传活动已经呈现出下降的趋势。

阿根廷政府卫生部门的一项调查表明，该国有1200万人吸烟，其中有1/3的人年龄在18～24岁之间，其成年人吸烟者比例约为28.3%。

另据来自该国控烟组织的一项调查表明，阿根廷未成年人吸烟者人数在南美洲地区排在第三位，有22.7%的男性和25.4%的女性吸烟。

另外，阿根廷泛美心脏病基金会的一位负责人在接受媒体记者采访时称，目前在该国的贫困地区，成年人的吸烟率明显高于经济条件相对较好地区吸烟者的人数。因此，这位负责人指出，烟草制品消费的转变，即经济条件较好的人消费量小于经济条件不好的人，需要政府采取公共健康措施予以应对，以保护公众的身体健康，尤其是经济条件不好的消费者的身体健康。

5）阿根廷公共场所以及工作场所禁烟情况（见表9-96）

表9-96　阿根廷公共场所以及工作场所禁烟情况（资料更新至2015.08）

	完全禁烟区	限制吸烟区	不限制吸烟区	不确定区域	不适用区域
所有工作场所		是			
政府办公区域	是				
医院	是				
居民区卫生保健机构的公共活动区域	是				
居民区卫生保健机构的病房区域	是				
非居民区的卫生保健机构	是				

续表

	完全禁烟区	限制吸烟区	不限制吸烟区	不确定区域	不适用区域
儿童保育园以及幼儿园	是				
小学和中学	是				
大学及职业教育学校	是				
商店		是			
公共文化设施	是				
室内体育场馆等竞技场所	是				
餐厅	是				
酒吧及夜总会等公共娱乐场所		是			
赌博场所	是				
酒店公共区域	是				
酒店客房				是	
监狱和拘留所及其公共区域		是			
火车、公共汽车等候站等公共区域	是				
出租车	是				
飞机	是				
船舶	是				
其他交通设施	是				

6）阿根廷政府对烟草广告、促销以及赞助行为的规定（见表 9-97）

表 9-97　阿根廷政府对烟草广告、促销以及赞助行为的规定(资料更新至 2015.08)

	完全禁止	部分禁止	允　许	不　确　定	不　适　用
国内电视台及广播电台	是				
国内报纸及纸质期刊	是				
国内其他类型的印刷媒体	是				
国际电视台及国际广播电台	是				
国际报纸及纸质期刊	是				
互联网络	是				
专业互联网销售网络		是			
户外广告	是				
烟草产品销售点的广告		是			
烟草产品销售点的产品展示			是		
自动售货机	是				
传统电子邮件		是			
电话和移动通信		是			
品牌标识	是				
免费发放的烟草制品	是				
促销礼品	是				

续表

	完全禁止	部分禁止	允许	不确定	不适用
与体育比赛相关的产品	是				
直接针对消费者个人的广告宣传		是			
品牌延伸	是				
反向品牌延伸	是				
类似玩具的烟草制品	是				
类似糖果的烟草制品	是				

3. 乌拉圭

1) 菲利普·莫里斯烟草国际公司对乌拉圭政府提起诉讼

2013年,菲利普·莫里斯烟草国际公司对外宣称,公司将于近期对乌拉圭政府提起法律诉讼,原因在于该国违反《乌拉圭－瑞士双边投资协定》中的相关条款。

据介绍,《乌拉圭－瑞士双边投资协定》对外国公司在乌拉圭国内所进行的投资提供相应的保护措施,包括在该国进行投资公司的品牌、知识产权以及正在经营中的企业等。

对此,菲利普·莫里斯烟草国际公司称,乌拉圭政府违反了该协定中所规定的相关条款,对该公司在乌拉圭的投资造成了一定的负面影响,为此,他们才对乌拉圭政府提起法律诉讼。

2013年2月5日,菲利普·莫里斯烟草国际公司就乌拉圭政府所实施的控烟措施,对其提起了法律诉讼。

菲利普·莫里斯烟草国际公司在其诉讼中指出,乌拉圭政府所实施的控烟措施,违反了政府所签订的双边投资协议,损害了他们的利益。

事实上,早在2006年3月份,乌拉圭就通过了相关的控烟法案,从而使该国成为拉丁美洲第一个实施封闭公共场所禁烟令的国家。

2) 乌拉圭政府违反贸易协定被起诉

2013年,菲利普·莫里斯烟草国际公司对外宣称,由世界银行一个仲裁小组所组成的听证会,对该公司起诉乌拉圭政府违反贸易协定,并对其利益造成影响一事进行了仲裁。

菲利普·莫里斯烟草国际公司在诉讼中指出,乌拉圭政府违反国际贸易协定,对该公司的产品实施了极端和不必要的限制,从而使公司的正常贸易受到严重影响。

据介绍,乌拉圭政府反对该公司与其所签订的双边投资协定,对在该国销售的烟草制品实施了严格的限制,并出台控烟规定,扩大吸烟有害健康的警示图片及警示语面积,在原来的基础上增加到80%。另外,乌拉圭政府还对菲利普·莫里斯烟草国际公司的卷烟品牌营销进行限制,这也对该公司的正常销售产生了不良的影响。

3) 菲利普·莫里斯烟草国际公司在乌拉圭败诉

2016年7月份,菲利普·莫里斯烟草国际公司在南美洲国家乌拉圭的一项对于政府控烟政策的诉讼案中败诉。

对此,乌拉圭一位反烟人士在接受媒体记者采访时称,政府成功利用法律条款反击了跨国烟草公司对于该国控烟政策的挑战。在菲利普·莫里斯烟草国际公司对该国政府的诉讼中,该公司对乌拉圭政府在其新修订的控烟法案中有关吸烟有害健康警示图片须占其外包装面积80%的规定提出了质疑。另外,菲利普·莫里斯烟草国际公司还在其诉讼中指出,政府控烟法案这些条款可能会侵犯到公司的知识产权。但尽管如此,菲利普·莫里斯烟草国际公司还是在这次诉讼案中败诉。

4）乌拉圭公共场所以及工作场所禁烟情况(见表9-98)

表9-98 乌拉圭公共场所以及工作场所禁烟情况(资料更新至2016.08)

	完全禁烟区	限制吸烟区	不限制吸烟区	不确定区域	不适用区域
所有工作场所	是				
政府办公区域	是				
医院	是				
居民区卫生保健机构的公共活动区域	是				
居民区卫生保健机构的病房区域	是				
非居民区的卫生保健机构	是				
儿童保育园以及幼儿园	是				
小学和中学	是				
大学及职业教育学校	是				
商店	是				
公共文化设施	是				
室内体育场馆等竞技场所	是				
餐厅	是				
酒吧及夜总会等公共娱乐场所	是				
赌场	是				
酒店公共区域	是				
酒店客房				是	
监狱和拘留所及其公共区域	是				
火车、公共汽车等候站等公共区域	是				
出租车	是				
飞机	是				
船舶				是	
其他交通设施	是				

5）乌拉圭政府对烟草广告、促销以及赞助行为的规定(见表9-99)

表9-99 乌拉圭政府对烟草广告、促销以及赞助行为的规定(资料更新至2016.08)

	完全禁止	部分禁止	允　许	不　确　定	不　适　用
国内电视台及广播电台	是				
国内报纸及纸质期刊	是				
国内其他类型的印刷媒体	是				
国际电视台及国际广播电台				是	
国际报纸及纸质期刊				是	
互联网络	是				
专业互联网销售网络				是	
户外广告	是				
烟草产品销售点的广告	是				

续表

	完全禁止	部分禁止	允　许	不确定	不适用
烟草产品销售点的产品展示	是				
自动售货机	是				
传统电子邮件	是				
电话和移动通信	是				
品牌标志	是				
免费分发的烟草产品	是				
促销礼品	是				
与体育比赛相关的产品	是				
直接针对消费者个人的广告宣传	是				
品牌延伸	是				
反向品牌延伸	是				
类似玩具的烟草产品	是				
类似糖果的烟草制品	是				

4. 巴拉圭

1) 巴拉圭政府严厉打击非法烟草制品

过去10余年间，巴西的卷烟制品被大量出口到巴拉圭的卷烟市场，而后又走私返回到巴西的卷烟市场，使巴西的卷烟市场受到很大冲击，原因在于巴西的烟草制品税率要比巴拉圭低。

在这种情况下，巴西政府对出口到巴拉圭的卷烟进行大幅提税，使出口量很快下降，这在一定程度上抑制了出口卷烟走私回流的现象。

与此同时，巴拉圭为恢复本国形象，其国内合法的卷烟制造商组织了烟草制造商工会，并和政府一起严厉打击烟草制品的走私行为。目前，巴拉圭有5家卷烟生产厂，年产卷烟约150亿支，占国内69%的市场份额。巴拉圭卷烟市场中高端烟草制品为美式混合型卷烟，低端烟草制品为烤烟型卷烟。

2) 巴拉圭烟草巨头参加总统选举并当选总统

2013年，巴拉圭的总统选举中，巴拉圭红党(全国共和联盟)总统候选人奥拉西奥·卡特斯参加了2013年该国的总统选举，并当选为总统。

结果显示，奥拉西奥·卡特斯赢得了近46%选票，领先于执政党——自由党总统候选人埃弗拉因·阿莱格雷9个百分点，而EFRAÍN ALEGRE仅获得了37%选票。

据介绍，奥拉西奥·卡特斯目前在巴拉圭控股有25家企业，涉足银行及烟草业，是该国的烟草巨头。

9.5　大洋洲

1. 所罗门群岛

2013年，所罗门群岛政府财政部门一位官员称，政府将提高烟草制品的消费税率，在原来的基础上再增加20%。

据介绍，政府提高烟草制品的税率是为了兑现给世界卫生组织所做出的承诺，同时，这位负责人称，通过提高烟草制品的消费税率，达到提高烟草制品市场零售价格的目的，应是一个非常有效的控制烟草消费的方法。

2. 瓦努阿图

南太平洋岛国瓦努阿图政府修订了其控烟法案。新修订的控烟法案规定，在2016年世界无烟日之后，在该国出售的卷烟产品外包装上必须印制吸烟有害健康的警示语，这些警示语必须以英语、法语以及当地Bislama语的形式印制在卷烟的外包装上，以此来提醒消费者吸烟的危害。

同时，政府也给予烟草商宽限期，规定从2017年1月份开始，在该国所出售的卷烟产品外包装上必须印制吸烟有害健康的警示图片。

3. 萨摩亚

2016年，南太平洋岛国萨摩亚政府向外界宣布，政府计划在该国新建一家卷烟厂，以满足当地消费者的需求，但这一决定却遭到了来自反对党以及反烟人士的批评。

萨摩亚反对党的一位负责人在接受媒体记者采访时称，在全球控烟形势如此严峻的情况下，执政党计划在该国新建一座卷烟厂，未来政府一定会为此次决定感到后悔，政府的此项决定完全违背了萨摩亚公民对于健康生活的渴望。

4. 斐济

1）斐济计划成为无烟国家

2011年，斐济部分医务工作者联合向政府提出建议，要求政府制订详细的控烟计划，将该国打造成为一个无烟国家。

斐济为全科医师学会的一名负责人在国内所举办的医学大会上指出，与各方利益相关的控烟措施，应该得到社会各界的支持，只有这样，才能把政府所制定的控烟措施执行好。

2）斐济将强化控烟措施并提高卷烟价格

2013年，太平洋岛国斐济在世界卫生组织的支持下，将强化其控烟措施，并采取提高税率的方式使卷烟价格进一步提高，以阻止该国卷烟制品消费量的增长。

世界卫生组织慢性非传染性疾病预防控制机构的负责人称，据他们所组织的抽样调查表明，目前在斐济国内，每3个成年人中，就有1人曾患过心脏疾病、癌症或慢性呼吸系统方面的疾病，慢性非传染性疾病已成为造成该国公众过早死亡的一个重要因素，在这种情况下，政府才在世界卫生组织的指导下强化其控烟措施，并通过提高烟草制品价格的方式来降低烟民的消费量。

斐济政府卫生部门官员向该国公众呼吁，要培养良好的生活习惯，吸烟的公众尽可能逐步减少烟草制品的消费量，以帮助政府努力把斐济建设成为一个无烟国家。

另据来自《斐济时报》的消息，该国一家名为Tobacco Control Unit的控烟民间团体的负责人Aminiasi Tavui先生称，烟草消费已成为影响公众健康的一个十分重要的问题，由于吸烟而引发的疾病也加剧了政府的财政负担。

政府卫生健康部门的官员指出，尽管斐济只是一个有着90万人口的太平洋小国，但为了公众的健康，政府应该采取有效措施加大控烟力度。

3）斐济政府计划不再种植烟草

2014年，斐济总统Ratu Epeli Nailatikau在接受媒体记者采访时指出，为了尽可能降低该国的吸烟率，政府计划结束该国的烟草种植，从而到2025年使斐济成为一个无烟国家。

调查数据表明，目前斐济的公众吸烟率仍然偏高，在其成年男性当中，有27.1%的人经常吸烟，成年女性的烟民比例为6%。

该国卫生健康部门一位负责人称，烟民对于各类烟草产品的消费是造成其身体健康状况逐渐下降的主要原因，烟民消费时所产生的二手烟对周围人的身体健康也造成了危害，因此斐济政府计划结束烟草种植，力争到2025年实施全面禁烟的目标。

4）斐济要求零售商进行登记

斐济政府加强了对该国烟草制品零售商的监管，即规定自2017年2月1日以后，未经注册的烟草零售商将可能面临高达700美元的罚款。

据介绍，斐济政府要求烟草制品的批发商和零售商更新他们原来的注册资料，以便于对他们进行更加有效的管理，此项注册活动已于2016年12月开始。

对此，斐济时报在线援引政府卫生部一位名叫Jone Usamate的负责人的话称，各类烟草制品的批发商、零售商均必须前往距离他们最近的管理部门进行注册，且政府的控烟团队将帮助他们进行注册，注册后即可得到政府部门颁发的有关证书。

根据该国政府新修订的控烟法案，所有从事烟草制品贸易的批发商以及零售商，必须每年更新其原来的注册信息。

5. 澳大利亚

1）澳大利亚把其吸烟率目标定为9%

2009年，澳大利亚政府对卷烟制品做出素面包装的规定之后，又再次提高了卷烟制品的价格，其目的就是要控制澳大利亚的吸烟率，政府计划在未来的10年时间内，把其吸烟率控制在9%以内。

目前，在澳大利亚的卷烟市场上，一盒普通卷烟的零售价格为13澳元，此类卷烟制品的外包装上都印制有吸烟有害健康的警示语及警示图片，但另据来自当地的媒体报道称，由于卷烟价格太高，有些吸烟者从非法渠道购买走私及假冒卷烟制品，此类卷烟制品的每盒售价仅为7美元，为此，政府将严厉打击非法烟草制品，以保证政府控制吸烟率计划分步骤目标的实现。

2）澳大利亚提高卷烟价格

2009年，为了更广泛地在国内开展控烟运动，澳大利亚政府又上调了其卷烟制品的零售价格。其中，每盒30支装的卷烟制品调整幅度最大，零售价格在原来的基础上提高了5至20澳元。

另外，作为保护公民健康活动的一部分，澳大利亚联邦政府也提高了酒类制品的价格，同时也规定，在食品中生产商应该相应地减少盐、糖及脂肪的使用量，对于那些经济条件不好的人群，政府将会对他们进行资助，帮助他们能够购买到新鲜的蔬菜及营养食品。

澳大利亚政府一个名为全国预防疾病工作委员会的顾问组织建议，通过提高卷烟税率来增加财政收入，保护公众的健康。

据该委员会负责人Rob Moodie所提交的增税方案显示，把每盒卷烟的价格提高到20澳元，同时该方案还涉及提高酒类产品的税率。

3）澳大利亚有专家提出要解禁湿鼻烟

2009年，澳大利亚昆士兰大学人口与健康学院的Coral Gartner博士称，瑞典湿鼻烟——Snus有助于减少吸烟人口，降低其对健康的风险。他认为，如果烟草制品照常供应，那么，让那些吸烟的人有可能选用危害低得多的产品是合理的。

4）澳大利亚卷烟税率上调之后仍有少部分烟民坚持吸烟

自2010年初澳大利亚政府将其卷烟制品的税率在原来的基础上提高25%之后，已导致30%左右的烟民准备实施戒烟计划。但另据澳大利亚The Advertiser的调查结果表明，仍有16%的烟民声称，尽管政府提高了卷烟制品的税率，但他们坚持吸烟这一习惯不会改变。

澳大利亚Flinders University一位名叫John Litt的研究人员在进行了抽样调查后对外公布，目前在澳大利亚的卷烟市场上，如果政府将每盒卷烟的市场零售价格提高到25澳元，将会有高达68%的烟民尝试戒烟或更换其他类型、较为便宜的烟草制品。

5）澳大利亚政府提高烟税

近日澳大利亚政府向外界宣布，政府将再一次提高烟草制品的税率，此次的增长幅度为在原来的基础上再上调12.5%，增税后一盒普通25支装的卷烟，其市场零售价格将会在原来的基础上增加1.52澳元（约合0.97欧元）。

对此，澳大利亚防癌协会表示欢迎，该协会希望增税成为那些希望戒烟者的一大动力。该协会的数据显示，目前在澳大利亚，一位普通的吸烟者，每天要吸15支烟，这对于他们来讲是一笔不小的开支，而增加烟税之后，可以对那些经济条件不好的人起到更好的效果，原因是这些群体的吸烟比例是最高的。

6）澳大利亚调整烟草税率标准

澳大利亚议会通过立法，对该国的烟草税率进行了调整，确保机制卷烟和烟丝征收同样的税率。

对此，该国税务部门一位名叫Kelly O'Dwyer的官员表示，目前出现差距的原因在于，对于卷烟是按照每支进行征税的，即根据假设的每支卷烟的重量为0.8克计税。但对于散装烟丝则参照重量进行征税，即以每 1000 克为单位进行征税。

在进行了新的税率调整之后，每 1000 克散装烟丝的征税标准将按照每支卷烟 0.7 克烟草的标准进行征税，这样，就可使两者的税率相同。

据介绍，澳大利亚对于此次税率的调整时间规定为：第一次调整已经于 2017 年 9 月 1 日进行，2020 年 9 月以前，每年都将进行适当的调整。

7）澳大利亚就吸烟影响健康进行分析

2010 年，澳大利亚西部一家癌症协会对吸烟影响健康进行了深入的分析，研究人员在分析后得出这样的结论：烟草业每获得 10 亿澳元的利润，可能会对社会带来 310 亿澳元的经济损失。因此，该协会建议，政府应该大幅度提高烟草制品的税率。

8）澳大利亚政府将在两年内出台卷烟素面包装措施

2010 年，澳大利亚政府部门对外宣布，政府公共卫生健康部门将在今后的两年内逐步出台卷烟素面包装的强制性措施。

据介绍，澳大利亚将按照世界卫生组织的要求，从 2012 年 1 月份开始，禁止卷烟生产商在其卷烟包装上印制任何形式的形象宣布、LOGO 以及其他形式的文字说明。

澳大利亚政府卫生部部长 Nicola Roxon 称，只有采取这种强制性的措施，才有可能减少卷烟包装对消费者的吸引力，以免其误导公众，特别是对未成年人的诱惑。但另据来自澳大利亚广播公司的消息称，英美烟草澳大利亚公司对政府此举表示强烈反对。

9）澳大利亚一官员建议凭处方购买卷烟

2010 年，澳大利亚西部地区一位政府卫生健康部门的负责人称，政府应该实施更加严格的控烟措施，这位负责人建议政府部门应该出台相应的措施，要求吸烟者只有凭借医生的处方才可以购买卷烟制品。

澳大利亚吸烟与健康委员会也认为，政府在未来几年应该实施更加严格的禁烟措施，并争取在今后 5 至 10 年时间内逐步淘汰商业销售卷烟这种模式，这样，吸烟者只能根据处方或在政府指定的销售网点购买卷烟制品。

据介绍，这一想法在西方一些发达国家已被提出过，但最终未能实现。

10）澳大利亚提高烟税以降低烟民比例

澳大利亚政府一直致力于控烟工作，旨在降低该国的吸烟率。统计数据显示，2010 年，政府将烟草制品的税率上调了 25%，这样，促使其当年的卷烟销售量下降了 8%左右，澳大利亚政府希望到 2018 年，将其国内烟民比例下降到 10%左右。

11）美国一商业团体对澳大利亚欲实施卷烟素面包装提出批评

2010 年，美国一家商业团体的负责人对澳大利亚政府计划出台的卷烟素面包装提出了严厉的批评。这位商业团体的负责人称，如果对卷烟制品实施素面包装，则严重违反了世界贸易组织所制定的国际贸易准则，同时也破坏了贸易商们对澳大利亚商业环境的信心。

据澳大利亚当地的媒体介绍，政府计划在 2012 年出台对卷烟制品实施素面包装措施。为此，美国商业联合会一位名叫 Andrew Robb 的负责人称，美国商业联合会支持澳大利亚政府准备实施更加严格控烟政策的决心，但是，他们关注的是商业包装问题，这关系到知识产权，同时也涉及商标法，该商会希望澳大利亚政府能够慎重对待此事。

澳大利亚政府计划实施的新的控烟政策，引起了诸多烟草商的不满。在澳大利亚卷烟市场上销售量最大的公司——英美烟草公司的发言人称，英美烟草公司认为，澳大利亚政府将于 2012 年所推出的新的卷烟制品的简单包装的提议，根本经不起市场贸易的检验。同时，英美烟草公司也认为，澳大利亚政府此举也违反了商标法，公司将会利用法律条款来抵制澳大利亚政府的行为。

对此，澳大利亚卫生部部长 Nicola Roxon 则表示，为迎接来自诸如英美烟草公司等烟草商的挑战，政府会对此类控烟立法更加谨慎。

12）澳大利亚部分人士对政府计划实施的新控烟政策表示担忧

在澳大利亚政府计划于 2012 年实施新的控烟政策之后，一些烟民认为，烟草生产商及贸易商除了担心烟草制品涨价会影响销售之外，最担心的就是政府计划推出的新控烟政策——素面包装。因为政府此举剥夺了他们展示自己卷烟品牌的权利，与此同时，他们也不能在烟草制品零售商店的橱窗及柜台展示本公司的卷烟制品。

另一方面，澳大利亚知识产权界的一些人士也表明了他们的担忧：烟草生产商的烟标及展示和推广，应该属于知识产权的范畴。根据澳大利亚的宪法规定，政府如果剥夺了烟草商们相应的权利，或采取某些措施而使这些品牌遭到贬值，那么，政府应该对此进行相应的赔偿。

澳大利亚有多家烟草公司联合对政府欲实施的卷烟制品素面包装措施表示了强烈的反对。

另据来自澳大利亚联合新闻通信社的报道称，这些烟草公司的代表们已向澳大利亚政府卫生部门发出了多封抗议信件，同时要求政府卫生部门拿出相关的法律依据，否则，他们还要继续进行抗议活动。

13）澳大利亚放宽免税卷烟限制

澳大利亚政府决定放宽免税卷烟制品销售的限制，允许到澳大利亚的旅游者，可以携带免税卷烟 250 支或 250 克其他类别的烟草制品。

另据来自当地媒体的消息表明，澳大利亚政府在反对党的支持下，允许那些到该国旅游的旅客在该国的机场免税商店内，以该国正常市场零售价格一半的价格购买一定数量的 Benson Hedges 牌卷烟。

14）澳大利亚免税烟草使政府税收减少

尽管澳大利亚政府已放宽了对免税卷烟制品的部分限制性措施，允许到澳大利亚的旅游者可以购买一定数量的免税烟草制品，但一些分析人士还是为此感到担心。统计数据表明，每年政府财政为此所损失的税收额高达 27000 万澳元（约合 21490 万欧元）。

15）对澳大利亚未来实施卷烟制品素面包装的预测

研究人员进行了大胆的分析预测：假如确认澳大利亚成为全球首个对卷烟制品实施素面包装的国家，并连续执行该政策 5 年，可能会出现两种例外的情况：如果非法烟草制品的数量超过市场总容量的 20%，或由于即使实施了卷烟制品的素面包装，也并未促使未成年吸烟者的吸烟率大幅度降低，那么，已经实施的卷烟制品素面包装的措施就可能被取消。

澳大利亚政府透露，将其原来决定的卷烟制品素面包装的计划进行一定的改变，由原来的素面包装以橄榄绿为底色改变为简单的绿色。

另据来自澳大利亚联合新闻通信社的消息表明，政府此举可能是受到了来自该国部分橄榄种植者的压力，他们认为，如果政府将橄榄绿作为素面包装卷烟的底色，会对他们的生产与销售带来一定的负面影响。但澳大利亚政府卫生部门的一位官员称，橄榄与烟草制品没有任何的关联。

16）澳大利亚国际商会对政府欲出台卷烟制品素面包装措施提出批评

2011 年，澳大利亚商务部国际商会对政府欲出台的卷烟制品素面包装的措施提出批评。

另据澳大利亚联合新闻通信社的消息表明，政府计划将从 2012 年开始，逐步出台相关卷烟制品素面包装的措施，迫使卷烟生产商们使用素面包装对卷烟制品进行包装。

澳大利亚商务部国际商会一位名叫 Jean—Guy Carrier 的负责人称，政府计划出台的控烟措施，将开创一个十分危险的先例——违反了保护商标和知识产权的相关国际法律。另外，这位负责人还指出，一旦政府出台素面包装政策，将有可能导致非法烟草制品的贸易更加猖獗。

17）澳大利亚卷烟生产商面临卷烟被去品牌化风险

2011 年，澳大利亚政府部门向议会提交了卷烟制品素面包装的议案，该议案内容包括卷烟生产商不准在烟盒上印制该品牌卷烟的商标等相关信息。

澳大利亚政府卫生部门官员在接受当地媒体记者采访时称，该议案在议会获得通过后，澳大利亚将成为全球第一个对卷烟制品实施素面包装的国家。

届时，卷烟包装上卷烟生产商的标志、商标图案以及与品牌相关的色彩及文字等都有可能遭到禁止，而对于吸烟有害健康的警示图片及警示语，政府规定则要占到烟盒正面 90%的面积，背面 75%的面积。

然而，该议案却遭到了烟草商们的强烈反对。

2011 年 4 月份，澳大利亚政府颁布了一项新的控烟立法草案，该草案如果届时得以通过，那么，自 2012

年 7 月份开始，在澳大利亚境内所销售的所有烟草制品，其外包装一律必须改用深色橄榄绿颜色，并在其所包装上印制大幅的吸烟有害健康的警示图片及警示语。

在此，政府新的控烟法案中最重要的一点是，在卷烟制品的外包装上，卷烟生产商必须去除其品牌标志，仅用标准的印刷字体来注明该卷烟的商标。对此，在澳大利亚有烟草业务经营的各大跨国烟草公司纷纷斥巨资试图阻止政府通过此法案。

英美烟草澳大利亚公司向政府提出质询，称政府将于 2012 年 7 月 1 日实施的卷烟制品的素面包装“难以实现”。

英美烟草澳大利亚公司对政府所提出的建议指出，要完成对整个卷烟制品的设计与调整，用不到 12 个月的时间来完成是很不现实的。

18）澳大利亚政府为控烟组织提供更多资金

2011 年，为了支持澳大利亚国内的控烟运动，澳大利亚政府已做出决定，为各类控烟组织尽可能多地提供资金支持。

澳大利亚政府健康关爱老人组织一位名叫 Nicola Roxon 的负责人称，烟草制品是全球对人类健康危害最大的产品之一，政府应该采取各种措施来减少其对公众健康的危害。

据介绍，到目前为止，澳大利亚政府为控烟组织已经额外提供了大约 700 万澳元的资金支持。

19）澳大利亚将对所有烟草制品实施素面包装

2011 年，澳大利亚政府卫生与健康部门一位负责人在接受媒体记者采访时称，政府未来将对在澳大利亚国内卷烟市场上所销售的各类烟草制品都实施素面包装的政策。

据介绍，澳大利亚政府将要实施的卷烟制品素面包装的措施将会在 2012 年 7 月份正式实施，而对于澳大利亚从海外所进口的卷烟制品，在进入澳大利亚的卷烟市场之前，将会按照政府的规定进行重新包装之后，方可进入澳大利亚国内卷烟市场上进行销售。

20）澳大利亚素面包装提案受到挑战

2011 年，澳大利亚政府所提出的卷烟制品素面包装的提案已受到多家烟草公司的挑战。

分析人士认为，公众认可吸烟有害健康这一观点，同时，公众也认为，政府应该充分保护生产商们的知识产权，但这在澳大利亚将来可能会发生严重的冲突。因为政府所提出的卷烟制品素面包装的提案，一方面可能会有利于政府控烟，但另一方面，将会严重损害卷烟生产商及贸易商们的知识产权，从而影响到他们的根本利益，为此，多家烟草公司对澳大利亚政府将要实施的卷烟制品素面包装的提案提出质疑。

总部设在中国香港的菲利普·莫里斯烟草亚洲公司，就澳大利亚政府即将实施的卷烟制品素面包装的提案提起法律诉讼。

该公司认为，澳大利亚政府所提出的卷烟制品素面包装的提案，违反了澳大利亚政府与中国香港之间所签署的支持双方出口商品贸易条约的相关条款及规定，为此，该公司对澳大利亚政府提起法律诉讼，以维护自己的权益。

由于澳大利亚政府与中国香港之间已签署过相关的支持双方企业出口商品贸易保护的条款，因此，如果澳大利亚政府不顾双方条约的规定，实施卷烟制品的素面包装，那么根据双方所签订条约第 6 项的规定，需要对另一方相关企业所带来的损失进行经济补偿。

在此，如果澳大利亚政府一旦单方面实施卷烟制品素面包装，那么经济上受到损害的菲利普·莫里斯烟草亚洲公司，它在澳大利亚的投资也会因此而受损，公司的商标等知识产权也同样受到损害，因此，公司根据上述条约的规定，可以向澳大利亚政府提出经济方面的索赔。

21）澳大利亚调整免税烟政策

澳大利亚政府调整了该国免税烟草制品的销售政策，规定从 2012 年 9 月 1 日起，将允许携带进入澳大利亚境内的免税卷烟制品的数量从原来的每人可以带 250 支减少到了 50 支，这样，澳大利亚政府在今后的 4 年时间，可以额外获得 6 亿美元的税额。

数据显示，目前在澳大利亚国内的烟草制品销售市场上，全国各大机场的烟草制品销售量仅占其国内卷烟销售总量的 0.45%。然而，为了抑制卷烟销售，增加政府的财政收入，早在 2010 年，澳大利亚政府就有官员建议将允许带入澳大利亚境内的免税卷烟降低至每人25支。

22）乌克兰贸易代表对澳大利亚计划实施卷烟素面包装提出批评

由于澳大利亚政府决定从2012年开始，将对在其境内所出售的烟草制品实施素面包装的政策，这引来了乌克兰贸易代表对其的批评。

据介绍，在2012年2月28日世界贸易组织所举行的大会上，乌克兰的贸易代表就澳大利亚计划推出的控烟措施提出了批评，并指责它已经违反了世界贸易组织有关保护知识产权协议的若干条款，这位代表指出，澳大利亚政府的此举，与知识产权方面的国际保护规则是不一致的，推出卷烟制品素面包装的措施，缺乏法律依据，同时也损害了加入该国际组织相关成员的利益。

23）洪都拉斯对澳大利亚欲实施的控烟政策指出批评

2012年，洪都拉斯政府驻世界贸易组织代表Dacio Castillo给澳大利亚政府发出电子邮件，就该国欲实施的卷烟制品素面包装提出批评。

洪都拉斯的贸易代表认为，澳大利亚政府欲实施的卷烟制品素面包装，严重违反了世界贸易组织有关保护知识产权协议的若干条款。

他在其邮件中指出，澳大利亚政府欲推出的卷烟制品素面包装的措施，缺乏法律依据，同时也损害了加入该国际组织相关成员的利益，这是澳大利亚政府在烟草制品贸易领域所实施的贸易技术壁垒，将会给洪都拉斯的烟草贸易带来不利的影响，为此，洪都拉斯政府才做出上述反应。

24）多个国家政府反对澳大利亚卷烟制品素面包装计划

2012年，在多个国家政府对澳大利亚政府欲实施卷烟制品素面包装的计划提出反对意见之后，近日，多米尼加共和国也加入到反对澳大利亚实施卷烟素面包装计划的国外政府名单之列。

据介绍，多米尼加政府在向总部设在日内瓦的世界贸易组织总部提出本国反对该计划的理由时认为，他们希望与澳大利亚政府就涉及商标及其他相关事宜举行会谈。

世界贸易组织的有关人员透露称，多米尼加共和国政府是在继乌克兰和洪都拉斯政府提出类似请求后，才做出这一决定的。

25）澳大利亚烟草税收收入下降

澳大利亚联合新闻社就该国烟草税收发布了数据。数据显示，在截止到2012年7月份的上个财政年度，澳大利亚政府从烟草业所获得的税收收入大幅度减少了3.41亿澳元（约合2.75亿欧元），澳大利亚联合新闻社对此分析指出，政府所采取的强有力的反烟措施，是导致该国烟草税收收入下降的主要原因。

事实上，早在2012年5月份，澳大利亚政府财政部门就预测称，2011—2012财政年度的烟草税收额将大幅度下降，但财政部一位名叫Peggy Wong的负责人称，尽管政府的财政税收受到一定的损失，但控烟措施是正确的。

26）澳大利亚民调显示多数人支持加大控烟力度

2012年，澳大利亚政府卫生部门的一项民意调查显示，在受访的三分之二人当中，都赞成政府加大控烟力度，而绝大多数2000年以后出生的年轻人也支持政府实施更加严格的禁烟措施。

数据显示，在被调查的29000名公众当中，有64%的人支持政府实施卷烟制品素面包装的政策，仅有26%的人认为政府这一做法是错误的。

澳大利亚政府卫生部门一位名叫Michelle O'byrne的官员称，政府应该针对未成年人吸烟问题进行专项研究，并制定相应的对策。

澳大利亚政府规定，在2012年12月1日之前，所有的烟草制品经销商必须将其现有的不符合政府规定的卷烟制品撤出货架，并清空其库存产品，一旦发现有经销商违反规定出售，将给予巨额罚款。

澳大利亚政府卫生部门一位名叫Plibersek的负责人指出，在政府规定的日期之前，经销商们完全有充足的时间来销售其老包装的卷烟制品。从2012年12月1日起，澳大利亚政府将出巨资来监督烟草制品素面包装法案的实施情况，具体的措施包括市场检查、随机采访及网络监督等。

27）跨国烟草公司认为澳大利亚新的控烟法案缺少科学依据

2012年，在澳大利亚有烟草业务经营的跨国烟草公司，对该国2012年实施卷烟制品素面包装表示不满，并称其缺少科学依据。

分析人士认为，首先，这一法案要在议会通过将会很复杂，尽管工党支持，但反对党迄今为止并没有对卷烟制品素面包装问题表明自己的立场。

其次，对素面包装的研究多数存在问题，即使那些没有明显问题的研究，也没有多少证据证明素面包装能够有效地改变吸烟者的行为。

最后，也是最关键的一点，就是知识产权问题。该法案剥夺了烟草商标持有者使用其商标的权利，另外就是涉及知识产权方面的商业争端。

28）摩根·士丹利对澳大利亚政府素面包装措施进行预测

2012年，摩根·士丹利公司的分析师对澳大利亚政府于2012年12月1日所实施的卷烟制品素面包装进行了分析预测。

该公司的分析人士认为，全球的资本市场一直十分关注澳大利亚政府所极力推行的卷烟制品素面包装措施，他们认为，这一措施实施之后，将会给已经高度全球商品化的烟草制品市场带来非常严重的打击，而最直接的打击则是极大地削弱了烟草制品的品牌价值，并降低了烟草制造商们对产品的定价能力。

有分析人士称，该措施实施之后，将肯定会促使烟草制品非法市场的进一步泛滥，但也有分析师认为，根据澳大利亚独特的地理位置，政府有能力很好地控制非法烟草制品的非法贸易。

29）澳大利亚逐步提高卷烟税率

为了抑制消费者对烟草制品的消费，并增加政府财政税收，澳大利亚政府决定，将逐步提高烟草制品的税率。

政府计划提高烟草制品税率的日期分别为2013年12月1日、2014年9月1日、2015年9月1日和2016年9月1日。澳大利亚政府财政部门的一位负责人称，预计在今后4年时间内，政府从烟草业所获得的税收收入可额外增加53亿澳元。

税率提高之后，卷烟零售价格将会上涨，以每盒20支装、在澳大利亚市场上销售形势最好的Winfield Blue牌卷烟为例，2013年12月1日起，该烟每盒的市场零售价格将会增加0.98澳元。政府财政部部长Chris Bowen在接受媒体采访时表示，政府所增加的税收将用于资助与公众相关的医疗卫生服务。

30）澳大利亚医务人员建议政府实施智能身份识别卡

为了抑制未成年人对烟草制品的消费，近日，澳大利亚一位医务工作人员建议政府实施智能身份识别卡，以起到更加良好的控烟效果。

据介绍，这位医学人员在澳大利亚一家知名的医学杂志发表文章指出，政府如果要求经营者对所有购买烟草制品的消费者进行身份识别，那么，就可以有效杜绝未成年人购买烟草制品的状况。

另外，澳大利亚悉尼大学法学院一位知名教授及New South Wales地区癌症研究所的专家也支持上述建议，他们指出，如果政府强制推行上述措施，将会大大降低未成年人吸烟现象的发生概率。

31）澳大利亚纳税人基金增加烟草投资

2013年，澳大利亚纳税人所持有的未来基金，将其中的3700万美元用于投资烟草证券，但这一举措遭到了来自该国健康组织的严厉批评。

澳大利亚健康基金会在烟草公司的股份近年来增加了将近50%，已达到21亿美元左右，作为回报，该基金会称烟草投资并不违反基金的章程，因为烟草制品是合法的商品，目前该基金的总资产已达到了770亿美元，它所投资的对象包括核武器生产等领域。

32）澳大利亚烟税用于未成年人控烟活动

2013年，澳大利亚政府每年都要增加烟草制品的税收，所筹集的资金主要用于未成年人的控烟活动，政府将利用税收资金在未成年人中开展广泛的吸烟有害健康宣传活动，同时还要支付吸烟与健康方面的医疗费用。

另外，澳大利亚癌症协会的研究表明，如果烟草制品的价格提高15%，在目前的烟民中可能会有三分之二的人尝试戒烟。

33）世界贸易组织将解决澳大利亚卷烟素面包装争端问题

2014 年 4 月 17 日，世界贸易组织又接到了来自古巴和多米尼加共和国就澳大利亚政府所实施卷烟素面包装的诉讼，为此，世界贸易组织将成立专门的仲裁小组来处理相关的诉讼案。

在澳大利亚政府实施卷烟制品素面包装的措施之后，乌克兰政府已就此事对澳大利亚政府提起法律诉讼。据介绍，在 2012 年澳大利亚政府计划出台卷烟制品素面包装措施时，乌克兰政府就已经试图采取措施，以应对这一比较严格的控烟法案，此后，乌克兰政府就此事向世界贸易组织提起法律诉讼。

对此，乌克兰对外贸易部门指出，澳大利亚政府所实施的卷烟制品素面包装措施，对烟草业的知识产权及其未来的发展会带来极大的危害。

印度尼西亚政府已于 2014 年 4 月份再次向世界贸易组织就澳大利亚政府实施烟草制品素面包装法案提起法律诉讼，并提交了裁决申请。

据介绍，世界贸易组织的仲裁机构已经设立一个由贸易与法律方面的专家组成一个专门、独立的专家小组，以解决这一问题，由专家们来评估澳大利亚政府是否违反了国际贸易的相关协议。

据介绍，澳大利亚政府于 2012 年 12 月份正式实施烟草制品素面包装法案，也是全球第一个实施该控烟法案的国家。该烟草制品素面包装法案规定，在澳大利亚国内所销售的各类烟草制品，其外包装须为政府所规定的素面包装，即标准的褐色包装，并在烟草制品外包装的设计中，正反两面不得含有卷烟产品 LOGO 的徽标图案。为此，印度尼西亚政府早已于 2013 年 9 月份就提起法律诉讼，并于 2014 年 4 月份再次提起法律诉讼，以保护本国烟草贸易商们的利益。

世界卫生组织已接受了来自多米尼加共和国以及古巴部分雪茄烟生产商及贸易商们的诉讼，为此，世界卫生组织成立了一个特别争端解决小组，处理部分国家政府及烟草生产商们对澳大利亚政府实施烟草制品素面包装所引起的贸易争端。

34）澳大利亚政府建议对卷烟制定最低限价

2014 年，澳大利亚参议院一位名叫 Nick Xenophon 的议员建议，政府应该对卷烟制定最低限价，以抵制部分烟草商所进行的打折促销行为。

对此，部分议员则表示赞成，他们建议政府部门在咨询公共卫生专家意见的基础上，希望政府能够将澳大利亚国内卷烟的市场零售最低价格提高到每盒 20 澳元，因为在提高最低零售价格之后，就减少了部分因低价而购买卷烟的青年烟民数量。

自澳大利亚政府实施烟草制品素面包装法案之后，政府从烟草业所获得的税收收入下降，2014 年政府从烟草业所获得的税收收入会比上年减少 5 亿澳大利亚元。

35）澳大利亚政府计划削减原住民控烟补贴

澳大利亚政府卫生部门向外发布消息称，政府计划削减对原住民的控烟补贴，原因在于他们的吸烟率仍然偏高。

另据来自澳大利亚种族歧视委员会的消息表明，此前政府对他们的控烟补贴为每年 6500 万美元，在政府计划削减预算支出后，今后 5 年对他们的控烟补贴降为 1.3 亿美元，而按原来的补贴标准，应该为 3.25 亿美元。

数据显示，尽管澳大利亚原住民的吸烟率已经从 20 世纪 50 年代的 70%下降到了 42%，但与澳大利亚整体成年人吸烟率相比还是高出了很多。

36）澳大利亚卷烟素面包装政策没有达到预期目标

2014 年，英美烟草公司在澳大利亚进行的抽样调查表明，澳大利亚政府近年来实施的卷烟素面包装政策并没有达到预期的目标。

数据显示，自澳大利亚政府于 2012 年 12 月份实施卷烟素面包装政策以来，该国合法卷烟的销售量在经过多年的下降之后又出现了增长的趋势，卷烟和其他类别的烟草制品（折合为普通卷烟后的数量）的年销售量增长了 5900 万支。

在合法烟草产品销售量增长的同时，该国黑市非法烟草制品的交易量也出现大幅度的增长，年增长率高达 20%，其中包括非法走私烟草制品及假冒烟草制品，已给该国政府的财政税收造成年 10 亿澳元的巨额损失。

就此项控烟政策，英美烟草公司在英国进行的另一项抽样调查表明，有高达64%的公众反对政府仿效澳大利亚政府的做法，实施卷烟素面包装政策。

在澳大利亚政府于2012年实施了卷烟产品素面包装的措施之后，消费者购买卷烟产品的习惯并没有发生太大的变化。

澳大利亚维克多利亚癌症研究协会的研究表明，近年来，尽管政府实施了卷烟产品素面包装的措施，消费者并没有因此而改变其日常的烟草制品消费习惯。

该癌症研究协会进行的抽样调查数据显示，在实施卷烟素面包装之后的2013年，有66%的被调查者称他们仍在大型超市购买他们所需要的烟草产品，有11.2%的被调查者称他们在社区便利店购买需要的烟草产品，这两个比例与2011年实施素面包装前没有太大的差别。2013年，有2.3%的被调查者称，他们经常购买非法走私及假冒烟草制品，这个比例高于实施素面包装前的1.9%；2013年，有1.1%的被调查者称他们日常所消费的烟草制品是从其他国家和地区进口的价格较低的烟草制品，而2011年则为1.9%，变化太大。这说明，在澳大利亚政府实施卷烟素面包装后，消费者平常的购买习惯与原来没有太大的差异。

37）澳大利亚塔斯马尼亚零售商抗议政府修订控烟法案

2015年，澳大利亚塔斯马尼亚州的烟草制品零售商们对于政府修订本地区的控烟法案提出抗议。据介绍，在此之前，塔斯马尼亚州通过了一项法案，严禁烟草制品零售商们向2000年以后出生的青少年出售烟草制品，违反该措施的经营者将被处以高额罚款。

塔斯马尼亚州是澳大利亚联邦唯一的岛州，距维多利亚州240千米，中间隔着巴斯海峡，由主岛塔斯马尼亚岛等岛屿组成，基于其特殊的地理位置，塔斯马尼亚州政府计划实施更加严格的控烟法案，争取将2000年出生的一代人培养成不消费烟草的一代。

澳大利亚政府加强了对违反控烟法案的执法力度，对于在维多利亚公共场所吸烟的违法消费者，每次处以高达147澳元（约合106欧元）的高额罚款。

另据来自澳大利亚广播公司的消息表明，政府将重点关注以下禁烟区，如学校、幼儿园、儿童保健中心、医院以及法院等公共场所，对于在此类场所的吸烟者，将一律进行重罚。

38）澳大利亚研究人员称卷烟素面包装效果明显

澳大利亚是世界上第一个实行卷烟素面包装法的国家。在这一法律实施以来，该国一项目前比较全面的研究表明，烟草制品实施素面包装的政策，对吸烟者放弃消费起到了一定的帮助作用，该政策实施以来控烟效果明显。

据介绍，澳大利亚的卫生健康研究人员对超过5000名澳大利亚的成年吸烟者进行了跟踪调查，调查结果表明，在2012年12月政府推行烟草制品素面包装之后，一些吸烟者放弃了他们原来的吸烟习惯，然而，研究人员并没有向外界透露具体放弃吸烟者的比例。

研究人员称，上述结果给计划实行素面包装的国家带来信心，素面包装不仅可以减少烟草制品的吸引力，也会增加吸烟有害健康警示的有效性。

对于政府实施烟草制品素面包装的政策，澳大利亚一位名叫Todd Harper的研究人员指出，素面包装不会导致非法烟草制品消费增长，他认为，烟草生产商以及烟草贸易商们向外界宣称的素面包装导致假冒及走私制品的增长，是一种夸大事实的说法，是不切实际的。

然而，澳大利亚癌症协会指出，为了自己的利益，烟草商们可能会游说政治人物和政府的决策者，称所谓的黑市烟草制品泛滥及犯罪集团操纵烟草制品的走私，希望以此来左右政府控烟政策的制订与实施。

39）印度尼西亚对澳大利亚素面包装措施进行报复

印度尼西亚政府称，对澳大利亚政府所实施的烟草制品素面包装措施，他们将进行回击，对从澳大利亚进口到该国的酒类制品强制实行素面包装措施。另外，印度尼西亚政府还号召其他国家对澳大利亚采取同样的措施。

40）澳大利亚因实施素面包装使政府税收损失严重

自2012年澳大利亚政府实施了较为严格的烟草制品素面包装法案以来，受非法走私以及假冒烟草制品的冲击，该国政府财政从烟草业所获得的税收额持续下降，这已经严重影响到了该国的财政收入。

世界知名的咨询公司毕马威(KPMG)的一项研究报告显示，仅在2014年，受上述因素影响，澳大利亚政府从烟草业所获得的税收额与上年相比估计减少了13.5亿美元。

对此，在澳大利亚有烟草经营业务的菲利普·莫里斯烟草国际公司、英美烟草公司以及帝国烟草澳大利亚公司均表示，他们在该国的销售受到了很大的影响。统计数据表明，2014年各类非法烟草制品所占澳大利亚烟草市场的份额已经达到了14.5%，在政府财政深受影响的情况下，经营者的利益也受到了巨大的冲击。

2015年，澳大利亚政府向外界宣布，政府将再一次提高烟草制品的税率，此次的增长幅度为在原来的基础上再上调12.5%，增税后一盒普通25支装的卷烟，其市场零售价格将会在原来的基础上增加1.52澳大利亚元(约合0.97欧元)。

对此，澳大利亚防癌协会表示欢迎，该协会希望增税成为那些希望戒烟者的一大动力。该协会的数据显示，目前在澳大利亚，一位普通的吸烟者，每天要吸15支烟，这对于他们来讲是一笔不小的开支，而增加烟税之后，可以对那些经济条件不好的人起到更好的效果，原因是这些群体的吸烟比例是最高的。

41) 澳大利亚政府计划对电子烟进行严格监管

2015年，澳大利亚政府向外界发表声明指出，为了保护消费者的身体健康，政府将加强对电子烟产品以及类似吸烟装置进行严格的监管，并将修订目前的控烟法案，对此类产品进行管理。

据介绍，新修订的控烟法案规定，禁止零售商向未成年人出售电子烟产品，并确保未成年人在政府所规定的无烟区内不能购买到电子烟产品。

另外，政府对电子烟产品的广告宣传活动也做出了严格的限制，禁止在所有的公共场所设置电子烟以及类似吸烟装置的自动售货装置，同时也不允许电子烟生产商和贸易商向消费者赠送任何类型的电子烟产品，并不允许他们对一切大型公共活动进行赞助。

42) 菲利普·莫里斯烟草国际公司与澳大利亚政府的诉讼案失败

2015年，新加坡仲裁法院称，在对菲利普·莫里斯烟草国际公司与澳大利亚政府就烟草产品素面包装法案的诉讼判决中，菲利普·莫里斯烟草国际公司并没有获得胜利。

对此，菲利普·莫里斯烟草国际公司称，澳大利亚政府所实施的烟草制品素面包装的法案，并没有取得其应有的效果。该公司一位名叫 Marc Firestone 的负责人在接受媒体记者采访时称，他们对新加坡仲裁法院依据澳大利亚此类诉讼判决的程序感到失望，而不是判定政府所实施的素面包装法案是否合法，是否有效。

43) 澳大利亚未成年人吸烟率下降

根据澳大利亚政府卫生健康部门公布的一项调查表明，受政府实施更加严格的控烟政策影响，该国未成年人的吸烟率已经呈现出明显的下降趋势，数据表明，该国中学生的吸烟率已经从2013年的7%下降到了5%。

另外，澳大利亚一家癌症研究机构称，他们也对该国23000名中学生进行了为期3年的消费烟草制品、酒类制品以及滥用药物的调查，结果表明，在12岁至17岁的人群当中，受政府提高烟草制品税率导致各类烟草制品零售价格上涨，以及政府所实施严厉的公共场所禁令的影响，他们的吸烟率明显下降。研究还表明，烟草制品较高的价格以及政府对卷烟产品实施素面包装政策也是促使未成年人吸烟率下降的主要因素。

44) 澳大利亚政府计划再次上调卷烟税率

2016年，澳大利亚政府向外界宣布，政府计划再次上调卷烟产品的税率，以进一步降低该国的卷烟销售量以及成年人的吸烟率。

据介绍，政府每四年一次提高卷烟税率的政策没有发生改变，此次在2016年再次调整卷烟产品的税率之后，每盒卷烟(20支装)的平均市场零售价格将达到40至45澳元不等。在此次提高税率后，在未来的4年时间内，政府将会从烟草业的税收中获得高达47亿澳大利亚元的额外税收。

45) 多种销售方式影响澳大利亚控烟政策实施

2016年，澳大利亚议会一位议员称，目前由于消费者有多种渠道可以购买到他们所需要的各类烟草制品，因此，已经影响到了该国控烟法案的更有效实施。

该国政府公共卫生部门对外宣称，目前对于澳大利亚政府计划实施的对于2000年之后所出生的人群，实现无烟一代的目标在法律上已经没有重大的障碍，但不同类别烟草制品多种多样的销售方式可能会影响到未成年人的身体健康。为此，澳大利亚议会一些议员向政府部门提出建议称，政府应该再次修订控烟法案，将合法购买烟草制品的年龄提高到25岁，因为有医学研究证明，人们在25岁之前其大脑还没有得到完全发育，因此他们才提出上述提高合法购买烟草制品年龄的建议。

46）澳大利亚政府计划放宽对于电子烟的限制

作为澳大利亚政府调整控烟政策的部分内容，政府公共卫生部门已对该国的电子烟消费情况进行了抽样调查，以确定对于电子烟产品的监管政策。

据介绍，澳大利亚政府委托的一家调查机构对该国部分地区的吸烟者进行了抽样调查，并在昆士兰大学的临床研究中心进行了相关的试验研究。但最终澳大利亚政府还是决定放宽对含有烟碱的电子烟液以及其他类似的吸烟装置的限制性措施。

对此，澳大利亚医疗产品管理中心的一位负责人在接受媒体记者采访时称，政府目前正在研究对于部分医疗产品相关标准的修订问题。因为2016年7月份，澳大利亚的邻国新西兰政府已经决定对于电子烟以及类似的吸烟装置进行适当的监管，并放宽对于含有烟碱电子烟的消费限制。

47）澳大利亚部分消费者对政府的电子烟禁令提出质疑

澳大利亚部分电子烟消费者在政府议会大厦门前举行了抗议游行及示威活动，他们对政府出台的有关电子烟的监管措施提出抗议。

据介绍，原来澳大利亚政府只对含有烟碱的电子烟产品以及类似的吸烟装置进行严格的监管，但2016年8月份政府出台了电子烟的监管法案修订案，除了禁止含有烟碱的电子烟之外，还对不含烟碱的电子烟产品以及类似的吸烟装置也发出了禁令。另外，新出台的监管法案还规定，禁止零售商们向未成年人出售电子烟产品以及类似的吸烟装置。

然而，对于政府的此项议案，除了电子烟消费者提出抗议之外，一些公共卫生专家也提出了不同的观点，澳大利亚新南威尔士大学一位名叫 Colin Mendelsohn 的研究人员认为，电子烟产品以及类似的吸烟装置是最有效的帮助消费者戒烟的一种工具，政府对其实施严格的禁令将会影响到该行业的发展。

在澳大利亚国内的烟草产品市场上，电子烟产品以及类似吸烟装置的销售是合法的。然而，对于销售用于此类装置的含有烟碱的电子烟烟液则是违法的。对此，2016年9月份，澳大利亚一家名为新烟碱联盟的负责人在接受媒体记者采访时指出，他们这家机构是一家非营利性的组织，其目的就是为了倡导更加安全的烟草消费方式，而电子烟产品以及类似的吸烟装置对于目前普通烟草产品的消费者而言，是一种比较好的替代产品，因此该机构对于政府就电子烟产品以及类似吸烟装置的监管提出质疑。

对此，这位负责人指出，政府禁止销售含有烟碱的电子烟液，但同时却允许零售商们销售含有烟碱的普通烟草产品，这对于电子烟产品以及类似吸烟装置的生产商与销售商而言，是一种严重的歧视行为。

48）澳大利亚调查显示：多数吸烟者对电子烟感兴趣

澳大利亚塔斯马尼亚地区的一份抽样调查数据表明，多数普通卷烟消费者对电子烟产品非常感兴趣，这些吸烟者希望能够通过消费电子烟达到自己戒烟的目的。

对此，澳大利亚便利店协会的一项调查也证实了塔斯马尼亚地区的抽样调查结果。该协会的市场研究也表明，在澳大利亚目前大约有三分之一的普通卷烟产品的消费者希望能够消费其烟液中含有烟碱的电子烟产品，但目前在澳大利亚国内的电子烟产品市场上，含有烟碱的电子烟产品是被禁止的。对此，澳大利亚政府卫生健康部门一位名叫 Michael Ferguson 的负责人指出，尽管消费者对电子烟产品感兴趣，但目前政府还没有对此类产品进行解禁的计划。

49）澳大利亚政府实施卷烟素面包装已取得效果

2017年，澳大利亚政府统计部门进行的一项统计表明，该国早已实施的卷烟素面包装措施已经取得了一定的效果。他们的调查数据表明，在14至24岁原来的吸烟者当中，有15%至20%的被调查者已经减少了吸烟量，有些甚至已经戒烟。

据介绍，澳大利亚是全球第一个以法律形式规定卷烟实施素面包装的国家。这项措施实施以来，得到了公共卫生界的欢迎。在政府进行的一项调查中表明，在实施此项素面包装的政策之后，消费者购买卷烟产品的欲望下降，并考虑减少吸烟量，或者戒烟。

50）澳大利亚部分地区的户外禁烟令使小规模餐馆生意受损

澳大利亚新南威尔士州政府所实施的户外禁烟令，已经导致小餐馆和小咖啡店经营受到严重损失，他们的顾客随着政府出台的新的户外禁烟令而逐步减少。

据介绍，澳大利亚新南威尔士州政府已经制定了一项新的控烟法案。该法案的主要条款为，禁止在酒吧、咖啡店和餐馆的户外用餐区吸烟。另外，在这些用餐区 4 米以内的范围吸烟也属违法。

因此，在该地区的中心城区，一些规模小的餐馆、咖啡店和酒吧的经营者，已经按照新法案的要求，重新调整了店内的布局，以便让吸烟的顾客在远离就餐区的地点能够吸烟，即在门店的入口及出口处的 4 米之外设置了吸烟区。

51）澳大利亚医生建议电子烟消费应凭医生处方

2017 年，澳大利亚医用治疗用品管理局的一位负责人在接受媒体记者采访时指出，政府应该出台更加严格的控烟法案，以便对电子烟产品以及类似的吸烟装置进行有效的监管。

该机构的一项调查表明，目前在澳大利亚国内受烟草产品影响最大的群体为社会经济条件不好的弱势群体，这类人群的吸烟率最高，受烟草产品危害的影响也最大。

因此，这位研究人员建议，在目前澳大利亚传统烟草产品销售量下降的情况下，政府应该加强对电子烟产品以及类似吸烟装置的管理。即政府应该出台规定，让消费者对于此类产品的消费，其唯一合法的选择便是在医院开具处方，这样便可以有效降低此类产品对于他们的影响。

52）澳大利亚政府提高烟草制品税率引起争议

2017 年，澳大利亚政府财政部门的官员向外界宣布，政府计划再一次提高卷烟产品的税率，以起到有效降低该国吸烟率的目的，进一步降低吸烟者的数量。

据介绍，在政府再一次提高烟草税率之后，在该国市场上一盒普通的 20 支装的卷烟产品，其平均的市场零售价格将达到 40 澳元，这样可以有效阻止那些经济条件不好的消费者吸烟，减少他们的吸烟量。

但对于政府的这种做法，一些持有不同观点的人士则认为，政府在提高烟草制品税率的同时，应该考虑到不同消费群体的实际情况，在那些经济条件不好的人吸烟率没有降低的情况下，大幅度提高烟草制品的税率，应该考虑对这部分人生活所造成的影响，同时他们还建议政府对这些消费者应该有适当的经济方面的帮助与补偿。

53）澳大利亚研究表明高烟税伤害社会的脆弱群体

澳大利亚新南威尔士爱丁堡大学的一位研究人员近日发表了他们的研究结果，认为，政府为了控烟所实施的较为严格的禁烟政策以及高税收政策，在一定程度已经伤害了全社会中经济条件相对较差的脆弱群体的利益。

据介绍，主持这项研究的是澳大利亚爱丁堡大学公共卫生健康研究与评价中心一位名叫 Katherine T. Hirono的教授。这位教授指出，政府在实施其控烟政策时，常常会利用综合措施以期能够降低吸烟率，通常最常用的办法就是提高烟税。但他们团队的调查与分析表明，尽管澳大利亚成年人整体的吸烟率已经从 1991 年的 24.3%下降到了 2014 年的 12.8%，但他们同时也发现，在经济条件相对较差的人群，如失业者、被刑事拘役的人员、有精神疾病者、无家可归者以及滥用毒品或酒精的人群当中，他们对于烟草产品的使用量并没有下降，与 1991 年相比基本持平。

54）澳大利亚政府烟草税收下降

自澳大利亚政府实施烟草制品素面包装法案之后，政府从烟草业所获得的税收收入下降，2014 年政府从烟草业所获得的税收收入会比上年减少 5 亿澳元。

57）澳大利亚公共场所以及工作场所禁烟情况（见表 9-100）

表 9-100　澳大利亚公共场所以及工作场所禁烟情况（资料更新至 2015.07）

	完全禁烟区	限制吸烟区	不限制吸烟区	不确定区域	不适用区域
所有工作场所		是			
政府办公区域	是				
医院	是				
居民区卫生保健机构的公共活动区域	是				
居民区卫生保健机构的病房区域	是				
非居民区的卫生保健机构	是				
儿童保育园以及幼儿园	是				
小学和中学	是				
大学及职业教育学校	是				
商店	是				
公共文化设施	是				
室内体育场馆等竞技场所	是				
餐厅	是				
酒吧及夜总会等公共娱乐场所		是			
赌博场所		是			
酒店公共区域	是				
酒店客房		是			
监狱和拘留所及其公共区域				是	
火车、公共汽车等候站等公共区域	是				
出租车	是				
飞机	是				
船舶	是				
其他交通设施		是			

58）澳大利亚政府对烟草广告、促销以及赞助行为的规定（见表 9-101）

表 9-101　澳大利亚政府对烟草广告、促销以及赞助行为的规定（资料更新至 2015.07）

	完全禁止	部分禁止	允　许	不　确　定	不　适　用
国内电视台及广播电台	是				
国内报纸及纸质期刊	是				
国内其他类型的印刷媒体	是				
国际电视台及国际广播电台	是				
国际报纸及纸质期刊		是			
互联网络		是			
专业互联网销售网络			是		
户外广告	是				
烟草产品销售点的广告		是			

续表

	完全禁止	部分禁止	允　　许	不　确　定	不　适　用
烟草产品销售点的产品展示		是			
自动售货机		是			
传统电子邮件	是				
电话和移动通信	是				
品牌标识		是			
免费发放的烟草制品		是			
促销礼品		是			
与体育比赛相关的产品	是				
直接针对消费者个人的广告宣传	是				
品牌延伸	是				
反向品牌延伸		是			
类似玩具的烟草制品		是			
类似糖果的烟草制品		是			

6. 新西兰

1）新西兰放弃对卷烟制品陈列的限制

2009 年，新西兰政府总理 John Key 签署了该国新的控烟法案，新法案中放弃了此前所规定的对于卷烟零售商所出售卷烟制品陈列的限制性措施。以前，在该国的控烟法案中规定，卷烟零售商必须将其所出售的卷烟制品放在柜台内顾客看不到的地方，这在很大程度上抑制了卷烟制品的销售。

另据来自当地媒体 Scoop Business 的报道称，卷烟零售商们对政府此举表示欢迎。其中的一位卷烟零售商代表称，如果政府严格限制卷烟制品的陈列方式，把其放在柜台内顾客看不到的地方，那么，所有的卷烟零售商都将受到影响，在当今全球发生金融危机的情况下，政府应该对控烟法案进行修订。

但政府此次对控烟法案的修订，也同时遭到了来自该国一些反烟团体的强烈反对。

2）新西兰民间组织建议取消免税烟销售

新西兰心脏基金会向政府部门提出建议指出，应该取消所有形式的免税烟的销售，同时对吸烟者征收惩罚性税收措施。数据显示，免税烟的销售使新西兰政府每年损失了大约 6000 万新西兰元的税收收入。

另外，新西兰一位名叫 Norman Sharpe 的公共卫生健康专家建议指出，政府应该在今后的 4 年时间内，每年以 10%的比例上调烟草制品的税率，以尽快实现 2025 年使新西兰成为无烟国家的目标。

3）新西兰吸烟与健康组织将扩大禁止卷烟展示的范围

2009 年，新西兰吸烟与健康组织目前正在游说政府部门，欲扩大禁止展示卷烟制品的范围，该组织已把乳品店、超市及汽车服务站等列入禁止卷烟制品展示的名录。

该组织的负责人 Bruce Arroll 教授称，把卷烟制品与牛奶或面包等放在同一个场所进行销售，会对消费者起到一定的诱惑作用，在完全禁止卷烟制品的广告宣传之后，允许卷烟制品在销售场所进行展示是控烟活动一个很大的漏洞，因此，要扩大禁止卷烟制品展示的范围。

尽管新西兰政府实施了一系列的控烟措施，但收效不大。数据显示，政府每年用于控烟的费用高达 3700 万新西兰元，但其卷烟的消费量及新增烟民的数量则双双处于增长的趋势。为此，许多反烟团体人士则建议政府应该实施新的控烟措施与方法。

调查表明，在新西兰的烟民中，Maoris 人的吸烟率最高，在其成年人中，吸烟者的比率高达 45%，而在新西兰的总人口中，Maoris 人则占了该国人口总数的 21%，因此，有反烟人士建议政府应该加强对 Maoris 人所实施的控烟措施。

在提及烟税对卷烟制品消费的影响时，新西兰财政部门负责人 Tariana Turia 对媒体记者称，目前政府财政并不把其重点放在烟草制品的税收方面。

4）新西兰医疗卫生界人士建议烟草制品应该列入处方药范畴

2009 年，新西兰医疗卫生界有人士向卫生部部长 Tony Ryall 游说，建议政府部门把烟草制品列入处方药的范畴。

据介绍，新西兰东海岸地区民众的吸烟率较高，因此造成了很大的公共健康费用支出。向卫生部门进行游说的人士称，烟碱是一种会使上瘾的药品，因此应该把它归类为处方药的范畴。

5）新西兰欲在 10 年之后完全禁烟

2010 年，新西兰政府部门的公报表明，该国欲在 10 年之后完全禁止卷烟制品在该国的销售。

新西兰公共卫生部门所发布的 2009 年度公共健康与生活方式调查报告表明，在被调查的 1608 名 15 岁以上的公民中，有高达 49.8%的人同意在 10 年以后完全禁止卷烟制品的销售；65.5%的人同意大幅度减少卷烟制品的零售点，从而起到降低卷烟销售量之目的。

由于实施了严格的控烟措施，新西兰青少年的吸烟率已经呈现出了逐年下降的趋势，不尝试吸烟的青少年人数量增长，一些专家认为，青少年对于烟草制品的态度有了很大的变化。

新西兰卫生健康部门的统计数据显示，在 15 至 19 岁的青少年当中，已经有超过 50%的人从来没有尝试过吸烟，而这个数字在 2006 年仅为 36%；在 14 至 15 岁的青少年当中，有 61%的人从未尝试过吸烟，这个比例也比往年有大幅度的提高。

6）新西兰一项研究建议政府对烟草制品实施素面包装

2011 年，新西兰一研究机构对学生的调查结果表明，去除烟盒上的商标可以大大减少青少年对吸烟的兴趣。

据这家名为 Lisa Webb 的研究机构对新西兰 6 所学校年龄在 14 岁和 15 岁的 80%的学生对吸烟、吸烟者、烟草包装和素面包装的态度进行调研后发现，被调查者认为，向他们出示的素面包装卷烟制品显得呆板，不太会引起他们对吸烟的兴趣。

新西兰政府卫生部门一位名叫 Tariana Turia 的官员在接受记者采访时称，将效仿澳大利亚政府在控烟方面的做法，考虑将于 2012 年推出卷烟制品素面包装的相关法案。这位负责人还称，政府将尽力出台并实施新的控烟措施，以达到 2025 年使新西兰成为无烟国家的目标。

但在该国有烟草业务经营的英美烟草公司以及菲利普·莫里斯烟草国际公司称，他们将会采取一切必要的措施，以保护本公司卷烟商标等相关的知识产权，维护自己的权益。

7）新西兰卫生部门官员称电子烟安全

2011 年，西兰卫生部门的官员表明，烟草消费者使用电子烟产品与吸食普通的烟草制品相比则较为安全。

另据当地媒体的消息表明，政府卫生部门对电子烟的表态，已经得到了一家名为 End Smoking 控烟基金会负责人 Murray Laugesen 博士的认可，据介绍，MURRAY LAUGESEN 博士曾对烟民通过使用电子烟产品进行戒烟作过深入的调查。

不过，新西兰政府卫生部门表示，他们还要对电子烟产品进行安全性试验。

8）新西兰将提高烟草税率

2012 年，新西兰政府财政部长 Bill Englis 在接受当地媒体记者采访时称，政府将提高烟草制品及酒类制品的消费税率，以弥补政府财政方面的预算赤字，估计在提高这两种快速消费品的税率之后，每年可为政府带来 6.4 亿新西兰元（约合 3.87 亿欧元）的财税收入。

为此，新西兰政府总理 John Key 称，政府监管部门要强化税收征管体系，包括加强物业投资方面的税收监管，为政府的财政预算打好基础。

据介绍，新西兰前任总理 Winston Peters 是一位多年的烟民，他认为，政府迟早要提高烟草制品的税率，因为在野党曾对外宣称，他们希望政府实施更加严格的控烟措施，力争到 2025 年使新西兰成为一个无烟国家。

9) 新西兰制定无烟国家时间表

新西兰政府2012年5月24日宣布，在今后的4年时间内，将该国的烟草制品税率在目前的基础上再提高40%，希望借此实现政府计划到2025年完全实现在全国范围内禁烟的目标。

据介绍，在实施较为完善的控烟活动方面，新西兰已经设立了无烟酒吧、无烟公园、无烟校园等，政府最终的目的是希望把它变成一个无烟国家，以保护公众的健康。

由于实施了较为严格的控烟法案，新西兰国内成年人的吸烟率已从1986年的30%，下降至目前的20%。在烟民数量下降的同时，各类烟草制品销售量下降的幅度则更大，而且随着卷烟价格的不断上涨，还没有戒烟的烟民也相应地减少了其每日的烟草制品消费量。

10) 帝国烟草对新西兰政府财税贡献率提高

帝国烟草新西兰分公司在其年报中称，2011年度，公司在该国的卷烟销售额同比增长了16%，为政府的财政带来了高达2.49亿新西兰元的巨额收入，远远高于新西兰最大的政府所属企业——Meridian Energy公司给政府上交的税收。

据介绍，随着帝国烟草给政府上交财政税收额的增长，公司卷烟生产中所需要各类原料的成本在2011年也增长了8.3%，员工的工资总量也增长了7.8%。

总体数据显示，帝国烟草新西兰分公司给政府财政税收的贡献率增长幅度最大，远远高于原料成本及员工工资增长的幅度。

11) 2012年度新西兰烟草及酒类消费税统计

在截止到2012年3月31日的上个财政年度，新西兰政府财政部门从国内卷烟消费中所获得的税收总额为1.45亿新西兰元，而进口烟草制品给政府财政所带来的税收额则高达7.46亿新西兰元。

另外，政府从国内酒类制品的消费中所获得的税收额为5.17亿新西兰元，从进口酒类制品所获得的各类税收额为1.77亿新西兰元。

12) 新西兰政府提高烟草制品税率

2012年，新西兰政府财政部门负责人 Tariana Turia 对外宣称，政府的财政预算，计划在今后逐步提高烟草制品的税率，通过不断增长的税收措施，4年之后新西兰国内卷烟市场上，普通卷烟制品的市场零售价格要达到每盒20美元，以达到抑制卷烟消费的目的。

在实施了新的税收政策之后，政府每年从烟草业所获得的税收额将会从目前的每年13亿美元增长到2016年的17亿美元。

为了实现无烟国家的目标，新西兰政府决定在今后的4年内逐步提高烟草制品的税率，预计到2016年，每盒卷烟的市场零售价格将提高到20新西兰元(约合15美元)。

另据来自世界卫生组织的一份调查报告表明，目前新西兰成年人的吸烟率为20%左右，美国为16%，澳大利亚为17%，法国为27%，在这其中，新西兰的吸烟率居中。

然而，目前新西兰的烟草制品税率已处于较高的水平，综合税率已超过70%，澳大利亚的综合税率为64%，法国为80%。

在计划逐步提高烟草制品税率的同时，新西兰政府希望到2025年，将这个拥有440万人口的国家变成一个无烟社会，但与之相比，其他西方国家则没有具体的实现无烟国家的时间表。

自2012年7月23日新西兰政府实施烟草制品零售环节的展示禁令之后，引起烟草制品价格的上涨。

当地媒体报道称，在一些折扣店内，折扣卷烟价格的上涨从每盒10美分至20美分不等，而其他类烟草制品的价格也上涨了30美分至50美分。

13) 新西兰烟草展示禁令已开始执行

新西兰政府所制定的有关烟草制品零售环节禁止展示的法令已于2012年7月23日生效，同时也禁止烟草制品零售商店向公众发布所销售烟草制品的信息。

新西兰公共健康协会于2012年7月20日在对外发表的一份声明中指出，政府对卷烟零售环节所出台的展示禁令，并非是控烟一个有力的武器，但它可以被看作是政府全面实施控烟措施的一部分，包括禁止在有儿童的车内吸烟、禁止销售免税烟草制品、实施卷烟制品素面包装等，以促进更多的家庭成为无烟家庭，从而达到无烟社会的目的。

14）新西兰政府不认可未来卷烟涨价方案

新西兰政府为了达到有效的控烟效果，在提高烟草制品税率的同时，也计划大幅度提高卷烟制品的市场零售价格。

分析人士指出，在今后10余年，新西兰要想成为一个无烟国家，其卷烟价格在今后的8年时间内，将由目前的每盒20支装卷烟的市场零售价格16新西兰元大幅度上涨到每盒100新西兰元，但政府并不认同这一涨价方案，并认为这是一种不切实际的想法。

新西兰议会一些议员建议，政府应该再次提高卷烟制品的税率，以抑制消费者的消费需求，他们为此建议政府对烟草制品的税率应该在目前的基础上再提高10%，这样，市场上的卷烟零售价格将会再次上涨。

新西兰卫生部一位名叫 Tariana Turia 的官员称，对于烟草制品实施高税率政策，可以稳步推高烟草制品的市场零售价格，这样就可以有效的实施政府的控烟政策。

预计到2016年，新西兰每盒20支装卷烟的价格将会上涨到20新西兰元（约合12.53欧元）。另外，议会也在其官方网站上发表声明称，烟草制品的价格指数将会从居民消费价格指数中去除。

受到多种因素的影响，新西兰政府2013年再次提高了卷烟制品的税率，导致其卷烟的市场零售价格上涨。

数据显示，2012年第四季度，新西兰政府提高了国内卷烟制品的税率，在原来的基础上增加了40%，在这种情况下，每盒20支装的卷烟，其零售价格2013年已上涨到了16新西兰元（约合10欧元）。

另外，受通货膨胀因素的影响，预计新西兰2013年卷烟制品的税率还会在原来的基础上再上涨11.1%，将会导致普通20支装卷烟的市场零售价格再次上涨1.60新西兰元，而每盒25支装卷烟的市场零售价格则会增加2新西兰元。

分析人士认为，新西兰政府多次大幅度提高卷烟制品的税率，导致卷烟市场零售价格的不断提高，目的就是促使烟民们放弃吸烟这一习惯，事实上，新西兰政府早已制定了到2025年实现无烟新西兰的计划。

15）新西兰将修订控烟法案

在新西兰政府卫生部门将其计划新修订的控烟方案提交议会之后，卫生部部长在接受媒体记者采访时称，希望议会能够在2014年通过该新修订的控烟法案。

据介绍，新修订的控烟法案内容包括：仿效澳大利亚政府的做法，争取实施烟草制品素面包装的政策，另外，计划到2025年，使新西兰成为一个无烟国家。这位部长称，尽管澳大利亚政府在实施卷烟素面包装的过程中遇到了诸多挑战，然而，政府还是在其新修订的控烟法案中加入了素面包装的条款。

16）新西兰减少免税烟携带量

为了减少烟草制品的消费量，保护公众的身体健康，2014年10月30日，新西兰政府海关部门对外宣布，该国将大幅度减少入境人员免税烟的携带量，即由原来的每人每次可以携带200支大幅度减少到50支。

新西兰海关部门一位名叫 Carolyn Tremain 的负责人在接受当地媒体记者采访时称，在政府实施该措施之后，海关部门也将禁止以礼品形式向新西兰国内邮寄各类烟草制品。

对此，政府财政部门的分析人员认为，在新西兰政府实施该措施之后，因进入境内的免税烟数量减少，每年仅从烟草业获得的税收额就可为政府增加高达5000万美元（约合3100万欧元）的财政收入。

17）新西兰控烟计划有可能无法实现

新西兰政府为了控烟，2011年曾修订其控烟法案，并提出到2025年实施全面禁烟的目标，然而，在政府实施该控烟法案几年之后，有分析人士认为政府的控烟计划在未来10余年之后将无法实现。

新西兰有关研究人员发表的研究报告显示，即使政府大幅度提高烟草制品的税率，并仿效澳大利亚政府的做法实施卷烟素面包装政策，然而，到2025年新西兰还会有消费者吸烟，因此到时政府很难实现其全面禁烟的目标。

新西兰政府对外宣布，政府为了实现到2025年实现无烟的白云之乡梦想，将出台更加严格的控烟措施，计划在原来公共场所严格控烟的基础上，修订其控烟法案，主要修订的条款为：在酒吧和餐饮以外的区域，也将严格禁止消费者吸烟，违者将处以重罚。

同时，该国政府卫生部门在首都惠灵顿所进行的一项抽样调查表明，有高达73%的受访者支持政府这一修订控烟法案的做法。

18）新西兰减少免税卷烟使政府财政收入增加

自新西兰政府于2014年10月份实施了新的免税卷烟入境措施之后，该国海关共查获了800多千克卷烟以及其他的烟草制品，使得政府的烟草税收额在近2个月的时间内就增加了近250万美元。

另据来自当地媒体的消息表明，目前到新西兰的公众均已知晓该国已经大幅度降低了免税烟草制品的入境携带量，即由原来的200支减少到50支或50克重量的其他类烟草制品。政府海关部门称，这是他们在为新西兰能够到2025年实施无烟目标而进行的努力的一部分。

19）新西兰烟税上涨导致部分消费者自己种植烟叶

自新西兰政府近年来不断上调该国的烟草消费税率以来，导致了烟草制品零售价格不断上涨，一些消费者为了降低自己的生活成本开支，不得不自己种植烟叶以满足自己的需求。

据介绍，目前在新西兰，尽管政府实施了严格的控烟法案，但消费者自己种植烟叶并用于自己消费则是合法的，同时消费者用于自己使用而购买烟叶种子也是合法的行为。

数据显示，新西兰的消费者每年种植的并用于自己使用的烟叶，可以加工成烟丝15千克，相当于每天消费普通卷烟50支左右的烟丝量，可以满足自己的消费需求。

20）高税率导致新西兰非法烟草制品数量增长

2015年，新西兰政府为了降低吸烟率而逐年提高各类烟草制品的税率，使得其各类烟草制品的零售价格增长幅度也较大，在这种情况下，非法烟草制品的数量也随之增加。

数据显示，在2013年新西兰烟民所消费的34.79亿支卷烟中，有1.347亿支是非法走私及假冒的。新西兰官方的统计数据表明，非法烟草制品占该国市场大约3.87%的份额，但分析人士称，实际的数字要比政府公布的数字高得多。

受非法烟草制品销售量增加的影响，近年来，新西兰合法烟草制品的销售量下降幅度较大，2009年至2013年的数据显示，新西兰合法烟草制品的销量下降了23%。

分析人士指出，除了受非法烟草制品的冲击之外，政府大幅度提高烟草税率也是导致该国烟草制品消费量下降的主要原因。随着政府逐年提高各类烟草制品的税率，预计到2016年，新西兰普通卷烟每盒(20支装)的市场零售价格有可能超过20新西兰元(约合14.99美元)，政府大幅度提高烟草税率的目的在于到2025年将新西兰变成一个“无烟”国家，并争取将吸烟率控制在5%以内。

21）新西兰医药学协会敦促政府实施卷烟素面包装

2015年，新西兰医药学协会敦促政府能够尽快效仿澳大利亚政府的做法，实施卷烟素面包装政策。

对此，新西兰无烟联盟表示欢迎。该联盟的一位负责人称，近年来虽然新西兰的吸烟率也处于下降趋势，但烟民吸烟率下降的速度以及烟民比例下降的速度均不及澳大利亚实施该严格控烟法案后的效果那么明显。

数据显示，新西兰成年人的吸烟率已经从1983年的33%下降到了目前的15%左右，不过与政府提出的2025年实现无烟新西兰的目标还有一定的距离。

22）新西兰政府公布未来几年的烟税调整计划

在2016年新西兰政府的财政预算中，政府财税部门新推出的烟税调整计划，将使该国在未来几年的卷烟税率呈现出逐年增长的趋势。

数据显示，作为政府控烟计划的一部分，新西兰政府计划在未来4年内，将卷烟的税率在目前的基础上再大幅度提高，即以每年10%的速度逐步增加卷烟的税率。据介绍，即使在目前的税率状况下新西兰的卷烟零售价格已经很高，一盒20支装卷烟平均的市场零售价格为20新西兰元(约合每盒13美元)。按照政府所公布的增税速度，到2020年，该国卷烟的市场零售价格将达到每盒30新西兰元，约合每盒20美元。

对此，新西兰政府卫生部门的官员认为，提高卷烟产品的消费税率，将促进烟民戒烟，并减少公众因吸烟所导致的相关疾病。事实上，世界卫生组织也曾指出，提高烟草制品的价格是减少吸烟的最有效工具之一。

23）新西兰卷烟素面包装法案获得议会通过

2016 年 9 月份，新西兰议会最终以投票表决的方式，以 108 票赞成，13 票反对的结果通过了新的控烟法案修订案，此次所修订的主要条款为实施烟草产品的素面包装。

另据来自该国首都奥克兰的报道，政府在通过了此项新修订的控烟法案之后，预计 2017 年新西兰政府将会实施烟草产品素面包装的具体条款，届时，普通的烟草产品包装将会在该国市场上消失。

然而，该国卫生健康部门的一位官员指出，在政府计划出台卷烟素面包装议案时，也曾面临着许多阻力，因为政府所实施的烟草产品的素面包装，意味着要对烟草产品的包装实施统一的色彩以及 LOGO 的标准化管理，这将影响到烟草生产商以及贸易商的利益。在此之前，澳大利亚政府曾实施了严格的烟草产品素面包装法案，之后菲利普·莫里斯烟草国际公司以侵犯该公司知识产权为由对该国政府提起了法律诉讼，但最终还是澳大利亚政府获得此次诉讼案的胜利，因此新西兰政府对于此次实施烟草产品素面包装法案表现得很有信心。

24）新西兰政府提高烟税以达到控烟之目的

2017 年新年伊始，新西兰政府再一次按计划提高了该国卷烟的税率，即在原来的税率基础上再增长 10％。

另据来自该国政府卫生监管部门的消息，作为政府控烟计划的一部分，新西兰政府计划到 2025 年将其吸烟率控制在 5％以内。且在未来的几年内，卷烟的税率在目前的基础上将再次大幅提高。

事实上，近年来该国政府已经以每年 10％的速度逐步增加卷烟的税率。据介绍，即使在目前的税率情况下，新西兰的卷烟零售价格已经很高，一盒 20 支装卷烟平均的市场零售价格为 20 新西兰元，约合每盒 13 美元。按照政府所公布的增税速度，到 2020 年，该国卷烟的市场零售价格将达到每盒 30 新西兰元，约合 20 美元。

对此，新西兰政府卫生部门的官员认为，提高卷烟产品的消费税率可促使烟民戒烟，并减少公众因吸烟所导致的相关疾病。世界卫生组织也曾指出，提高烟草产品的市场价格是减少吸烟量的有效方法。

25）新西兰政府提高烟税导致非法产品数量增加

随着政府不断提高国内烟草制品的税率，已导致新西兰国内非法烟草制品的黑市交易量大幅度增长。对此，新西兰海关人员称，目前越来越多的吸烟者开始尝试通过一切方式消费非法进口的烟草制品。

对此，新西兰第一大城市——奥克兰国际邮件中心的工作人员已经注意到，藏有各类烟草制品的包裹正在大量增加。该中心货运部门一位名叫 Bruce Berry 的负责人称，随着卷烟税率以及价格的不断上涨，人们想尽各种办法试图使其烟草制品能够通过海关的检查。

新西兰政府已经制定了到 2025 年使其成为一个无烟国家的目标。为此，政府每年都要提高烟草制品的税率，具体的增税方案为每年年初在上年的基础上再将烟税增加 10％。

28）新西兰公共场所以及工作场所禁烟情况（见表 9-102）

表 9-102　新西兰公共场所以及工作场所禁烟情况（资料更新至 2016.10）

	完全禁烟区	限制吸烟区	不限制吸烟区	不确定区域	不适用区域
所有工作场所		是			
政府办公区域		是			
医院	是				
居民区卫生保健机构的公共活动区域	是				
居民区卫生保健机构的病房区域	是				
非居民区的卫生保健机构	是				
儿童保育园以及幼儿园	是				
小学和中学	是				

续表

	完全禁烟区	限制吸烟区	不限制吸烟区	不确定区域	不适用区域
大学及职业教育学校	是				
商店		是			
公共文化设施		是			
室内体育场馆等竞技场所		是			
餐厅		是			
酒吧及夜总会等公共娱乐场所		是			
赌博场所		是			
酒店公共区域		是			
酒店客房				是	
监狱和拘留所及其公共区域		是			
火车、公共汽车等候站等公共区域	是				
出租车	是				
飞机	是				
船舶	是				
其他交通设施		是			

29）新西兰政府对烟草广告、促销以及赞助行为的规定（见表 9-103）

表 9-103　新西兰政府对烟草广告、促销以及赞助行为的规定（资料更新至 2016.10）

	完全禁止	部分禁止	允许	不确定	不适用
国内电视台及广播电台	是				
国内报纸及纸质期刊	是				
国内其他类型的印刷媒体	是				
国际电视台及国际广播电台				是	
国际报纸及纸质期刊				是	
互联网络	是				
专业互联网销售网络	是				
户外广告	是				
烟草产品销售点的广告	是				
烟草产品销售点的产品展示				是	
自动售货机	是				
传统电子邮件	是				
电话和移动通信	是				
品牌标识	是				
免费发放的烟草制品	是				
促销礼品	是				
与体育比赛相关的产品	是				
直接针对消费者个人的广告宣传	是				

续表

	完全禁止	部分禁止	允 许	不 确 定	不 适 用
品牌延伸	是				
反向品牌延伸	是				
类似玩具的烟草制品	是				
类似糖果的烟草制品	是				

9.6 非洲

一、北非地区

1. 埃及

1）2010年下半年埃及大幅度提高烟税

从2010年7月1日开始，埃及政府大幅度提高了烟草制品的税率。对于卷烟制品而言，在原来的基础上再提高40%；对于当地特有的Shisha烟草，其税率在原来的基础上提高了100%。

据介绍，在提高烟草制品的税率之后，减味万宝路牌卷烟在当地市场的零售价格已由原来的每盒1.65美元上涨到了2美元，当地特有的Cleopatra水烟也由原来的0.54美元上涨到了0.80美元。

埃及政府卫生部部长Sahar Lablb在接受当地媒体记者采访时称，烟税提高之后，每年可以为政府带来3.45亿美元的财税收入，同时也有效地推动了当地控烟运动的发展。

由于埃及政府在近两年提高了烟草制品的税率，由此导致该国的非法卷烟制品贸易量急剧增长，

数据显示，埃及曾于2010年7月份提高了卷烟制品的税率，从而导致其卷烟的零售价格增长了48%，政府于2011年7月再次提高卷烟税率，又导致卷烟价格在原来的基础上增长了21%。

目前，该国卷烟制品的消费税额已占到了其零售价格的71%，卷烟的零售价格偏高。

2）埃及提高卷烟税率导致非法烟草制品数量增长

自2011年7月份政府提高卷烟制品的税率之后，其卷烟价格就随之上涨，导致非法烟草制品的数量也急剧增长。

数据显示，2011年下半年，政府在原来的基础上，把卷烟制品的税率大幅度提高了84%，由此导致其国内卷烟市场的平均零售价格也大幅度增长了48%。英美烟草公司预测称，在未来几年，该国卷烟市场非法烟草制品所占市场的份额将可能由2010年的1%大幅度提高到10%左右。

埃及政府卫生部一位官员在接受媒体记者采访时称，目前据卫生部门最保守的数字估计，埃及国内烟草制品市场上，未交税的卷烟品牌已经超过了100个，这使得埃及烟草制品市场上非法烟草制品的贸易数量迅速增长。

数据显示，2011年10月份，非法烟草制品所占埃及国内市场的份额仅为12.5%，但目前这个数字已经增长到了20%左右。

菲利普·莫里斯烟草埃及公司负责人Ali Takish对此发表评论指出，这些非法走私进入埃及国内卷烟市场的未交税烟草制品，使政府每年所受到的经济损失高达40亿埃及镑，在政府财政受损失的同时，合法烟草商及消费者的利益也受到了损害。因此，为了打击非法烟草制品的贸易行为，政府需要对国内烟草业的税收政策进行调整，并加强边境控制措施，有效对非法烟草制品的贸易行为进行打击。

3）埃及实施新的卷烟印花税票

由于政府大幅度提高烟草制品的税率，使得埃及卷烟的零售价格提高，导致非法烟草产品销售量大增。

数据显示，受来自东南亚走私卷烟的冲击，2013年第二及第三季度，埃及最主要的烟草公司——东方烟

草公司的销售收入与上年同期相比下降了 4.9%，销售额下降至 1.17 亿埃及镑。

为此，埃及将实施新的卷烟印花税票，同时东方烟草公司将对其部分卷烟更换包装，以减少走私卷烟对公司合法卷烟品牌的冲击。

自埃及政府宣布了一系列的烟草制品增税措施之后，该国国内卷烟的市场零售价增长了 50%。

据报道，自 2013 年 4 月份政府对烟草制品的税率调整之后，非法走私卷烟所占市场份额增长到 20%，而在政府增加烟草税率前，埃及走私卷烟的数量所占国内市场份额并不高。政府不断大幅增加烟税，加上埃及国内政治局势不稳定等问题，均是导致卷烟走私猖獗的原因所在。

4) 埃及吸烟率上升

埃及吸烟者的年龄已经呈现出逐年下降的趋势。数据显示，目前该国首次尝试吸烟的消费者，其最低年龄已经下降到了 10 岁。

另外，在埃及 2014 年度反吸烟致瘾大会上，组委会所发布的数据表明，近年来除了该国首次吸烟者年龄下降以外，该国的吸烟率也有所上升，已经由 2009 年的 20%上升到了 2013 年的 24%。有 60%的青年人曾尝试过吸烟，经常吸烟的烟民，每月用于烟草消费的平均支出为 200 埃及镑(约合 28 美元)。

5) 埃及政府强化公共场所控烟法案执行力度

为了有效实施政府已经出台的相关控烟法案，埃及政府决定将加强其公共场所控烟法案的执行力度。为此，政府卫生部门一位名叫 Adel El－Adawi 的负责人在接受媒体记者采访时指出，未来政府将强化对在公共场所消费普通烟草产品和水烟产品行为的处罚力度。

该国政府卫生部门的一项统计数据显示，截至 2015 年，该国成年人中有超过 29%的人经常消费各类烟草产品，而且在该国总人口中，有 50%的人受到二手烟的危害，因此，政府才做出了强化公共场所控烟法案执行力度的决定。

事实上，自埃及政府前几年正式签署世界卫生组织制定的《烟草控制框架公约》之后，该国的控烟形势已经发生了较大的变化，政府已通过提高烟草产品税收、禁止烟草广告促销和赞助、支持治疗烟草产品依赖性、努力实现无烟社会以及对烟草消费的监测等措施，在控烟方面做出了很大努力。对此，世界卫生组织的数据显示，在实施了有效控烟措施之后，埃及国内成年人的吸烟率已经下降至 29%。

为了进一步增强公众对于吸烟有害健康的认识，埃及政府公共卫生部门称，如果消费者被发现在禁烟区内吸烟的，每次将面临 400 埃及镑的处罚(约合 52 美元)。

6) 埃及增加烟税导致走私量增长

自埃及政府宣布了一系列的烟草制品增税措施之后，该国国内卷烟的市场零售价增长了 50%。

据报道，自 2013 年 4 月份政府对烟草制品的税率调整之后，非法走私卷烟所占市场份额增长到 20%，而在政府增加烟草税率前，埃及走私卷烟的数量所占国内市场份额并不高。政府不断大幅增加烟税，加上埃及国内政治局势不稳定等问题，均是导致卷烟走私猖獗的原因所在。

7) 埃及将提高烟税

埃及《独立日报》向外界报道称，政府在国际货币基金组织的指导下，计划提高烟草制品的税率。分析人士预测称，在提高烟草制品的税率之后，该国的卷烟制品零售价格将会大幅度上涨。

另外，埃及当地特有的水烟制品的税率此次的增长幅度则比较大，在原来的基础上，根据不同类别的水烟产品，其增长幅度在 50%至 150%之间。

据介绍，埃及政府也计划适当提高饮料、钢铁制品、啤酒、居民用电等商品的消费税税率。

8) 埃及公共场所以及工作场所禁烟情况(见表 9-104)

表 9-104　埃及公共场所以及工作场所禁烟情况(资料更新至 2015.07)

	完全禁烟区	限制吸烟区	不限制吸烟区	不确定区域	不适用区域
所有工作场所		是			
政府办公区域	是				

续表

	完全禁烟区	限制吸烟区	不限制吸烟区	不确定区域	不适用区域
医院	是				
居民区卫生保健机构的公共活动区域	是				
居民区卫生保健机构的病房区域	是				
非居民区的卫生保健机构	是				
儿童保育园以及幼儿园	是				
小学和中学	是				
大学及职业教育学校	是				
商店			是		
公共文化设施		是			
室内体育场馆等竞技场所			是		
餐厅			是		
酒吧及夜总会等公共娱乐场所			是		
赌博场所			是		
酒店公共区域			是		
酒店客房			是		
监狱和拘留所及其公共区域			是		
火车、公共汽车等候站等公共区域	是				
出租车	是				
飞机	是				
船舶	是				
其他交通设施			是		

9）埃及政府对烟草广告、促销以及赞助行为的规定（见表 9-105）

表 9-105　埃及政府对烟草广告、促销以及赞助行为的规定（资料更新至 2015.07）

	完全禁止	部分禁止	允　许	不　确　定	不　适　用
国内电视台及广播电台	是				
国内报纸及纸质期刊	是				
国内其他类型的印刷媒体	是				
国际电视台及国际广播电台				是	
国际报纸及纸质期刊				是	
互联网络	是				
专业互联网销售网络				是	
户外广告	是				
烟草产品销售点的广告	是				

续表

	完全禁止	部分禁止	允　许	不确定	不适用
烟草产品销售点的产品展示				是	
自动售货机				是	
传统电子邮件	是				
电话和移动通信	是				
品牌标识				是	
免费发放的烟草制品	是				
促销礼品	是				
与体育比赛相关的产品				是	
直接针对消费者个人的广告宣传	是				
品牌延伸	是				
反向品牌延伸	是				
类似玩具的烟草制品	是				
类似糖果的烟草制品	是				

2. 阿尔及利亚

1) 阿尔及利亚烟草业私有化将引来激烈竞争

2010年,在阿尔及利亚的卷烟市场上,其绝大部分的市场份额由本国SNTA烟草公司的卷烟产品所占有,所占份额已达66%。

帝国烟草公司早已对该公司觊觎已久,但阿尔及利亚国内烟草业的私有化还尚未进行,即使将来该国烟草业进行私有化改造,分析人士预测,竞争绝不可能只在帝国烟草公司与其他某一家跨国烟草公司之间展开,相信会有多家跨国烟草公司进行收购方面的竞争。

2) 近年来阿尔及利亚政府控烟情况

阿尔及利亚政府早已于2006年9月份就已加入了《烟草控制框架公约》,并成为其缔约方。

该国制定了较为严格的控烟法案,禁止在教育、卫生、体育以及文化等公共场所吸烟;在禁止烟草广告、促销以及赞助方面,政府只是对其进行了传统媒体方面的禁止,但对于传统媒体之外的一些广告宣传方式,政府并没有明确的法规规定;在烟草包装方面,政府只规定必须在其外包装上印制吸烟有害健康的警示文字;在烟草税率方面,该国并没有达到世界卫生组织制定的目标——税收占到其零售价格的70%。该国自1985年首次颁布其控烟法案之后,分别于2001年之后又进行了几次修订,以进一步强化对烟草消费的限制。

3) 阿尔及利亚政府制定长期非传染性疾病综合防治计划

为了保护消费者的身体健康,阿尔及利亚政府已经制定了该国2015至2019年抗击非传染性疾病综合防治的战略计划。在此项综合性防治计划中,阿尔及利亚政府将控烟放在了该计划的优先位置。

对此,阿尔及利亚政府卫生、健康与人口部门的负责人Abdelmalek Boudiaf在接受媒体记者采访时指出,阿尔及利亚政府是非洲较早签署由世界卫生组织所制定的《烟草控制框架公约》的国家之一,这说明阿尔及利亚政府对控烟的高度重视。另外,阿尔及利亚政府也派员参加了由世界卫生组织于2016年11月份在印度所召开的《烟草控制框架公约》各缔约方会议。

在采取综合措施控烟方面,阿尔及利亚政府也采取了基于烟草制品税率的新的控烟机制,以期有效降低与烟草消费相关的疾病的发生率,保护消费公众的身体健康。

4）阿尔及利亚公共场所以及工作场所禁烟情况（见表 9-106）

表 9-106　阿尔及利亚公共场所以及工作场所禁烟情况（资料更新至 2015.07）

	完全禁烟区	限制吸烟区	不限制吸烟区	不确定区域	不适用区域
所有工作场所		是			
政府办公区域		是			
医院	是				
居民区卫生保健机构的公共活动区域	是				
居民区卫生保健机构的病房区域	是				
非居民区的卫生保健机构	是				
儿童保育园以及幼儿园	是				
小学和中学	是				
大学及职业教育学校	是				
商店		是			
公共文化设施	是				
室内体育场馆等竞技场所	是				
餐厅		是			
酒吧及夜总会等公共娱乐场所		是			
赌博场所					是
酒店公共区域		是			
酒店客房		是			
监狱和拘留所及其公共区域		是			
火车、公共汽车等候站等公共区域				是	
出租车				是	
飞机				是	
船舶		是			
其他交通设施		是			

5）阿尔及利亚政府对烟草广告、促销以及赞助行为的规定（见表 9-107）

表 9-107　阿尔及利亚政府对烟草广告、促销以及赞助行为的规定（资料更新至 2015.07）

	完全禁止	部分禁止	允许	不确定	不适用
国内电视台及广播电台	是				
国内报纸及纸质期刊	是				
国内其他类型的印刷媒体	是			是	
国际电视台及国际广播电台				是	
国际报纸及纸质期刊				是	
互联网络				是	
专业互联网销售网络					
户外广告	是				
烟草产品销售点的广告				是	

续表

	完全禁止	部分禁止	允　许	不确定	不适用
烟草产品销售点的产品展示				是	
自动售货机				是	
传统电子邮件				是	
电话和移动通信				是	
品牌标识				是	
免费发放的烟草制品				是	
促销礼品				是	
与体育比赛相关的产品				是	
直接针对消费者个人的广告宣传				是	
品牌延伸				是	
反向品牌延伸				是	
类似玩具的烟草制品				是	
类似糖果的烟草制品				是	

3. 摩洛哥

1）摩洛哥卫生部建议大幅度提高卷烟税率

为了阻止烟民吸烟，降低该国的吸烟率，2008 年，摩洛哥卫生部建议，大幅度提高该国的卷烟税率，在目前的基础上，再把卷烟税率提高 10 倍。

摩洛哥邮报援引卫生部下属的疾病预防与控制中心一位负责人的话称，在大幅度提高卷烟税率的同时，政府也应该对其控烟法案的条款做出相应的修改，以使其在控烟方面发挥更大的作用。

同时，这位官员称，政府应该倡导一种无烟文化，从而赢得大多数公众的支持，这样，才能营造一种控烟的氛围。据称，目前摩洛哥的卷烟税率仅对每盒 20 支装的卷烟征收 0.06 美元。

2）摩洛哥计划提高卷烟价格

2014 年，摩洛哥政府财政部门向外界宣布，将从 2015 年元月份开始提高烟草制品的税率，各类烟草制品的市场零售价格也随之提高。

据介绍，在政府提高烟草制品的税率之后，该国最畅销的卷烟品牌——Marquise 牌卷烟，每盒的市场零售价格将会在原来的基础上增加 0.5 迪拉姆（摩洛哥货币单位，1 美元 ＝ 8.1924 迪拉姆），该品牌是帝国烟草公司与当地烟草公司的合作品牌。在该国销量排名第二的 Dirham 牌卷烟，市场零售价格将会在原来的基础上增加 1 迪拉姆，该品牌卷烟是由菲利普·莫里斯烟草国际公司与当地烟草公司合作生产的品牌。

二、东非地区

1. 埃塞俄比亚

1）埃塞俄比亚控烟措施

2014 年 1 月 20 日，埃塞俄比亚众议院通过了政府所制订的控烟法案，该法案规定，禁止在各类公共场所吸烟、提高烟草制品的税率以促使卷烟零售价格上涨、卷烟包装上必须印制吸烟有害健康的警示语、禁止利用各种媒体进行烟草及其制品的广告宣传活动。

2）埃塞俄比亚政府加强首都地区禁烟法案的执行力度

埃塞俄比亚政府虽然签署世界卫生组织《烟草控制框架公约》的时间较晚，为 2014 年 6 月份，不过，在政府签署了该公约之后，埃塞俄比亚政府便出台了公共场所的控烟法案，并在其首都亚的斯亚贝巴实施了公共场所禁烟令，对于违反禁烟令的消费者以及公共场所的经营者，均将被处以高额的罚款。

该国政府所出台的控烟法案规定了一些无烟场所的范围：所有室内的公共场所均规定为无烟区域，但政府部门的工作场所除外。另外，教育机构、医疗服务机构以及为 18 岁以下青少年服务的机构也是政府规定的禁烟区域。

对于烟草广告的宣传促销与赞助方面，埃塞俄比亚政府所出台的控烟法案规定，禁止一切形式的来自于烟草商们的广告促销与赞助活动。

对于烟草包装与商标的规定，目前埃塞俄比亚政府已经向社会上公布了七条吸烟有害健康的警示语供烟草生产商在其包外装上印制使用。另外，在该国所出售的烟草制品的外包装上，也不得出现淡味与低焦油等有可能引起消费者误解的词语。

3）埃塞俄比亚公共场所以及工作场所禁烟情况（见表 9-108）

表 9-108　埃塞俄比亚公共场所以及工作场所禁烟情况（资料更新至 2015.08）

	完全禁烟区	限制吸烟区	不限制吸烟区	不确定区域	不适用区域
所有工作场所		是			
政府办公区域	是				
医院	是				
居民区卫生保健机构的公共活动区域	是				
居民区卫生保健机构的病房区域	是				
非居民区的卫生保健机构	是				
儿童保育园以及幼儿园	是				
小学和中学	是				
大学及职业教育学校	是				
商店		是			
公共文化设施		是			
室内体育场馆等竞技场所		是			
餐厅		是			
酒吧及夜总会等公共娱乐场所		是			
赌博场所		是			
酒店公共区域		是			
酒店客房		是			
监狱和拘留所及其公共区域		是			
火车、公共汽车等候站等公共区域	是				
出租车	是				
飞机	是				
船舶	是				
其他交通设施		是			

4）埃塞俄比亚政府对烟草广告、促销以及赞助行为的规定（见表 9-109）

表 9-109　埃塞俄比亚政府对烟草广告、促销以及赞助行为的规定（资料更新至 2015.08）

	完全禁止	部分禁止	允　许	不确定	不适用
国内电视台及广播电台	是				

续表

	完全禁止	部分禁止	允许	不确定	不适用
国内报纸及纸质期刊	是				
国内其他类型的印刷媒体	是				
国际电视台及国际广播电台				是	
国际报纸及纸质期刊				是	
互联网络	是				
专业互联网销售网络				是	
户外广告	是				
烟草产品销售点的广告	是				
烟草产品销售点的产品展示				是	
自动售货机			是		
传统电子邮件	是				
电话和移动通信	是				
品牌标识	是				
免费发放的烟草制品	是				
促销礼品	是				
与体育比赛相关的产品	是				
直接针对消费者个人的广告宣传	是				
品牌延伸	是				
反向品牌延伸	是				
类似玩具的烟草制品	是				
类似糖果的烟草制品	是				

2. 肯尼亚

1）非法烟草制品占有肯尼亚卷烟市场25%的份额

2010年，由于卷烟价格的增长，导致非法烟草制品贸易量大增，肯尼亚政府部门的统计数据表明，到目前为止，非法烟草制品所占该国卷烟市场的份额已高达25%。

在该国有烟草业务经营的英美烟草公司为此抱怨称，由于非法烟草制品盛行，导致该公司在2009年的损失高达2.25亿肯尼亚先令。

2）肯尼亚启动媒体反烟活动

2014年12月份，肯尼亚政府卫生部门与世界卫生组织以及世界肺病基金会进行合作，并联合该国的多家媒体集中开展反烟活动。

据介绍，此次活动的主要目的是向公众宣传吸烟有害健康的知识，说明吸烟给他们身体健康所带来的后果，并利用媒体来督促执法部门严格执行政府制定的控烟法案，力争进一步降低该国的吸烟率，减少公众患上因吸烟所引起各类疾病的风险。

3）英美烟草公司对肯尼亚的控烟条款提出质疑

2015年4月份，负责英美烟草公司在肯尼亚业务的一位负责人在接受媒体记者采访时称，该公司对肯尼亚政府所修订的控烟法案存在质疑，公司没有办法执行新修订控烟法案中的部分条款。

据介绍，肯尼亚政府所修订的控烟法案规定，从2015年6月1日开始，在肯尼亚国内所销售的各类烟草制品，其外包装需要符合政府修订的控烟法案的相关规定，印制吸烟有害健康的警示图片以及警示语，对此，英美烟草公司负责肯尼亚事务的这位负责人称，目前该国卫生部还没有出台控烟法案中这些条款的技术性细节，因此，英美烟草公司也就没有办法来执行政府新修订的控烟法案。

同时，英美烟草公司认为，政府此次修订控烟法案中的这些条款，对烟草商们带有歧视性、不公平性以及不合理性，他们认为这是对烟草商们的一种惩罚。

2015 年 5 月份，英美烟草肯尼亚公司负责人 Chris Burrell 在接受当地媒体记者采访时称，尽管政府出台了严格的有关烟草制品包装法案的规定，然而，生产商们可能无法遵守该包装规定。

肯尼亚政府此前所修订的控烟法案规定，禁止所有卷烟生产商、进口商以及分销商们使用原来的烟草制品外包装，即从 2015 年 6 月份开始，在该国市场上出售的各类烟草制品，其外包装必须符合政府所修订的控烟法案中有关烟草制品包装的修订案——在烟草制品的外包装上印制新的吸烟有害健康的警示图片以及警示语。对此，英美烟草肯尼亚公司称，目前政府还没有出台修订案的具体内容，因此公司无法遵守该修订案，公司称他们目前仍正在与政府部门进行协商。

4）肯尼亚司法部门对英美公司的诉讼做出回应

由于肯尼亚政府修订了控烟法案，禁止所有的卷烟生产商、进口商以及分销商们使用原来的烟草制品外包装，从 2015 年 6 月份开始必须执行新的有关包装的规定，对此，英美烟草公司公共事务部一位名叫 Simukai Munjanganja 的负责人称，公司不会在没有获得相关实施细节的情况下就遵守新的规定，英美烟草公司对此提起了法律诉讼。

对于英美烟草公司所提起的法律诉讼，肯尼亚司法部门进行了回应，一位名叫 Githu Muigai 检察官指出，英美烟草公司所提起的法律诉讼是不合逻辑的，因为新的法规还没有正式生效。对此，英美烟草肯尼亚公司则回击称，政府新修订的控烟法案是违宪的。

5）肯尼亚政府提高烟税

2015 年 12 月份，肯尼亚政府向外界宣布，为了抑制公众对卷烟的消费量，同时也为了提高政府的财政税收收入，政府决定提高包括烟草制品在内的多种消费品的税率。

对此肯尼亚政府财政部门的一位负责人在接受媒体记者采访时称，此次提高烟草制品的税率，预计可以为政府每年额外再增加 250 亿肯尼亚先令的财政收入。

另外，肯尼亚也有反烟人士指出，政府应该修订控烟法案，扩大吸烟有害健康警示图片的面积，并进一步加强控烟法案的执法力度，从而进一步提高公众对于吸烟有害健康的认知。

6）世界卫生组织呼吁东非国家提高烟草税率

世界卫生组织呼吁东非共同体国家的政府部门，应该加大对烟草制品的税收力度，以达到有效控烟的目的。

世界卫生组织认为，目前非洲东部一些国家烟草制品的税率比较低，这在一定程度上容易诱使消费者购买价格较低的烟草制品。

世界卫生组织一位名叫 Possy Mugyenyi 的官员认为，目前在非洲的一些国家，政府对烟草制品的税收政策是比较宽松的，这在很大程度上不利于当地的控烟工作。目前在所有五个东非共同体的国家中，仅有肯尼亚一个国家制定了较为全面的控烟法案。

7）肯尼亚政府修订烟草制品消费税法案

肯尼亚政府修订了已经实施多年的烟草制品消费税率，并通过了《2015 消费税法案》。

新修订的消费税法案规定，对于出厂价每 1000 支在 2751 至 3750 肯尼亚先令之间的软盒包装的卷烟产品，每 1000 支卷烟的征税额调整为 1200 肯尼亚先令；对于出厂价在每 1000 支 3751 至 4750 先令之间的卷烟，征税额调整为 1800 先令。

2015 年 12 月份，肯尼亚政府向外界宣布，为了抑制公众对卷烟的消费量，同时也为了提高政府的财政税收收入，政府决定提高包括烟草制品在内的多种消费品的税率。

对此肯尼亚政府财政部门的一位负责人在接受媒体记者采访时称，此次提高烟草制品的税率，预计可以为政府每年额外再增加 250 亿肯尼亚先令的财政收入。

另外，肯尼亚也有反烟人士指出，政府应该修订控烟法案，扩大吸烟有害健康警示图片的面积，并进一步加强控烟法案的执法力度，从而进一步提高公众对于吸烟有害健康的认知。

8）肯尼亚高等法院驳回英美烟草公司的诉讼

肯尼亚一家反烟组织向外界称，肯尼亚高等法院已经驳回了英美烟草公司在该国对政府所提起的法律诉讼。事实上，法官已经驳回了该公司对于肯尼亚政府已实施的更加严格的控烟措施的多项指控。据了解，在英美烟草公司提出的诉讼中，认为政府所实施的包括吸烟有害健康的图片警示等措施太过严格。

在法院驳回了英美烟草公司的诉讼之后，肯尼亚政府向外界宣布，在该国有烟草经营业务的跨国烟草公司，均需要向政府的控烟基金交纳年费，以支持该国的控烟活动。

9）肯尼亚控烟情况

尽管肯尼亚政府早在2005年2月份就已经签署了由世界卫生组织制定的《烟草控制框架公约》，但肯尼亚的禁烟法案仅仅规定在餐厅、医院等公共场所禁止吸烟，且目前该国仅在卫生保健区域以及病房区域实施了完全的禁烟措施。为此，该国政府拟进一步加大控烟力度，争取按照《烟草控制框架公约》的条款，降低该国的吸烟率。

为了实现政府的控烟目标，肯尼亚政府公共健康与卫生部门曾建议政府财政部门增加烟草产品的税率，进而提高烟草制品的市场零售价格，促使消费者放弃吸烟这一习惯。

另外，肯尼亚政府还鼓励烟农转种其他类型的农业经济作物，如水果、棉花等。

10）反烟组织对肯尼亚政府无滤嘴卷烟减税方案提出反对意见

2017年，肯尼亚一个反烟组织的负责人给政府财政部门致信指出，他们反对政府此前做出的对于无滤嘴卷烟产品的减税方案，认为这只会诱使更多的经济条件不好的消费者尤其是未成年人吸烟。

数据显示，在没有减税之前，肯尼亚国内所有卷烟产品的税率均为每1000支2500肯尼亚先令，但在对无滤嘴卷烟产品进行减税后，其税率则降为每1000支1800肯尼亚先令，滤嘴卷烟的税率保持不变。

对此，反烟人士指出，无嘴卷烟产品税率的大幅度下降，必将导致其市场零售价格的进一步下降，因此他们对此提出强烈的反对意见。

11）肯尼亚公共场所以及工作场所禁烟情况（见表9-110）

表9-110　肯尼亚公共场所以及工作场所禁烟情况(资料更新至2016.04)

	完全禁烟区	限制吸烟区	不限制吸烟区	不确定区域	不适用区域
所有工作场所		是			
政府办公区域		是			
医院		是			
居民区卫生保健机构的公共活动区域		是			
居民区卫生保健机构的病房区域	是				
非居民区的卫生保健机构		是			
儿童保育园以及幼儿园		是			
小学和中学		是			
大学及职业教育学校		是			
商店		是			
公共文化设施		是			
室内体育场馆等竞技场所		是			
餐厅		是			
酒吧及夜总会等公共娱乐场所		是			
赌博场所					是
酒店公共区域		是			

续表

	完全禁烟区	限制吸烟区	不限制吸烟区	不确定区域	不适用区域
酒店客房		是			
监狱和拘留所及其公共区域		是			
火车、公共汽车等候站等公共区域				是	
出租车				是	
飞机				是	
船舶		是			
其他交通设施		是			

12）肯尼亚政府对烟草广告、促销以及赞助行为的规定(见表 9-111)

表 9-111　肯尼亚政府对烟草广告、促销以及赞助行为的规定(资料更新至 2016.04)

	完全禁止	部分禁止	允　许	不　确　定	不　适　用
国内电视台及广播电台	是				
国内报纸及纸质期刊	是				
国内其他类型的印刷媒体	是				
国际电视台及国际广播电台	是				
国际报纸及纸质期刊	是				
互联网络	是				
专业互联网销售网络	是				
户外广告	是				
烟草产品销售点的广告	是				
烟草产品销售点的产品展示	是				
自动售货机	是				
传统电子邮件	是				
电话和移动通信	是				
品牌标识	是				
免费发放的烟草制品	是				
促销礼品	是				
与体育比赛相关的产品	是				
直接针对消费者个人的广告宣传	是				
品牌延伸	是				
反向品牌延伸				是	
类似玩具的烟草制品	是				
类似糖果的烟草制品	是				

3. 坦桑尼亚

1）坦桑尼亚对世界卫生组织表示不满

2010 年，坦桑尼亚政府对世界卫生组织近期所制定的一些控烟政策表示不满，坦桑尼亚政府部门的官员认为，这些政策的出台，将会对该国的烟叶生产带来相当大的负面影响。

据介绍，世界卫生组织有关香味烟的指导性意见指出，希望禁止某些成分在卷烟生产中使用，对此，坦桑尼亚政府一些官员表示不理解，他们认为，加拿大模式的香味烟禁令一旦在全球实施，将会使该国的烟叶生产陷于十分窘迫的境地。另外，世界卫生组织鼓励烟农转种其他农业经济作物的言论也受到了坦桑尼亚烟草业的指责。

2）烟叶种植改善了坦桑尼亚农民的生活

烟叶种植已经大大改善了坦桑尼亚部分地区农民的生活。统计数据表明，2009 年，坦桑尼亚 Urambo 地区农民的收入仅为 410 亿坦桑尼亚先令，但在种植烟叶一年之后的 2010 年，其收入就增加到了 768 亿坦桑尼亚先令。

该国农业部对外合作方面一位名叫 John Mtesigwa 的官员称，种植烟叶之后，一部分农民的收入已经翻了一番。数据显示，坦桑尼亚 2009 年的烟叶产量为 1500 万千克，到了 2010 年，其产量已增长到了 2370 万千克。烟叶产量的增长也是其收入增长的一个重要原因。

坦桑尼亚一位名叫 Mr Vita Kawawa 的议会议员在接受媒体记者采访时称，烟草业为政府的财政做出了较大的贡献，数据显示，该国的烟草业每年为政府财政贡献了超过 2.3 亿美元的外汇收入，另外，在国内税收方面，烟草业为政府财政也贡献了超过 1000 亿坦桑尼亚先令的税额。

3）坦桑尼亚政府决定禁止出售水烟

2016 年 7 月份，坦桑尼亚政府公共卫生部门称，政府将修订控烟法案，主要涉及的条款包括禁止出售水烟，因为近年来水烟在该国十分流行，已经严重影响到了未成年人的身体健康。

该国首都达累斯萨拉姆一位名叫 Makonda 的公共卫生官员指出，目前在该国，许多青年人相信水烟消费的风险性要小于普通的卷烟产品，因此水烟的消费在青年人中十分流行。因此政府才决定修订控烟法案，禁止在坦桑尼亚国内出售水烟产品，对于违反者，政府监管部门将会给予惩罚。

4）坦桑尼亚公共场所以及工作场所禁烟情况（见表 9-112）

表 9-112　坦桑尼亚公共场所以及工作场所禁烟情况（资料更新至 2015.07）

	完全禁烟区	限制吸烟区	不限制吸烟区	不确定区域	不适用区域
所有工作场所		是			
政府办公区域		是			
医院		是			
居民区卫生保健机构的公共活动区域		是			
居民区卫生保健机构的病房区域				是	
非居民区的卫生保健机构		是			
儿童保育园以及幼儿园		是			
小学和中学		是			
大学及职业教育学校		是			
商店		是			
公共文化设施		是			
室内体育场馆等竞技场所		是			
餐厅		是			
酒吧及夜总会等公共娱乐场所		是			
赌场		是			
酒店公共区域		是			
酒店客房		是			
监狱和拘留所及其公共区域		是			

续表

	完全禁烟区	限制吸烟区	不限制吸烟区	不确定区域	不适用区域
火车、公共汽车等候站等公共区域		是			
出租车				是	
飞机		是			
船舶		是			
其他交通设施		是			

5）坦桑尼亚政府对烟草广告、促销以及赞助行为的规定（见表 9-113）

表 9-113 坦桑尼亚政府对烟草广告、促销以及赞助行为的规定（资料更新至 2015.07）

	完全禁止	部分禁止	允许	不确定	不适用
国内电视台及广播电台	是				
国内报纸及纸质期刊			是		
国内其他类型的印刷媒体			是		
国际电视台及国际广播电台	是				
国际报纸及纸质期刊				是	
互联网络				是	
专业互联网销售网络	是				
户外广告			是		
烟草产品销售点的广告			是		
烟草产品销售点的产品展示			是		
自动售货机	是				
传统电子邮件			是		
电话和移动通信			是		
品牌标志		是			
免费分发的烟草产品		是			
促销礼品			是		
与体育比赛相关的产品		是			
直接针对消费者个人的广告宣传			是		
品牌延伸		是			
反向品牌延伸			是		
类似玩具的烟草产品			是		
类似糖果的烟草制品			是		

4. 乌干达

1）乌干达官员建议烟农放弃烟草种植

2010 年，乌干达一位名叫 Kabakumba Masiko 的政府官员在政府所召开的农业产品展览会上接受媒体记者采访时称，她认为目前的形势对烟草业发展极为不利，在不久的将来，种植烟草的利润会逐渐下降，因此她建议乌干达烟农放弃种植烟叶，转种其他的农业经济作物。

Kabakumba Masiko 认为，在当前的形势下，拥有土地面积较大的农民可以适当种植一些烟草，而那些拥有土地面积较小的农民应该放弃烟草种植，在更换农作物的同时，也可以适当从事其他一些手工业生产。

2)《烟草控制框架公约》影响乌干达经济发展

2011年，乌干达政府对外贸易部门的负责人 Gagawala Wambuzi 称，由世界卫生组织所制定的《烟草控制框架公约》已影响到了该国的经济发展，这位负责人向世界卫生组织呼吁称，对待烟草种植这一问题，世界卫生组织应该持非常谨慎的态度，因为在制定控烟政策的同时，可能会影响到非洲部分国家的经济发展，从而会对这些国家的社会局势带来不安定的因素。

在乌干达的烟草业，由于烟农们在烤制烟叶时缺少燃料来源，因此一些烟农会就地取材，砍伐森林及果树来烤制烟叶。

另据来自 The East African 的消息表明，目前在乌干达，多数家庭都是用木材作为做饭用的燃料，另外，建筑业和家具业在该国的不断发展，也使得人们对森林资源的需求不断增长，从而导致一些森林被砍伐。然而，这也是乌干达现实发展的需求，因此，政府在保护环境及森林资源方面应该进行立法。

数据表明，2009年，乌干达的烟叶产量为32000吨，销售收入达5700万美元。

3) 乌干达未成年吸烟者情况调查

2013年，乌干达政府卫生部门一位名叫 Sheila Ndyanabangi 官员，带领他的课题组对该国未成年者的吸烟情况进行了调查，近日向外界公布了他们的调查结果。

该课题组所进行的调查表明，近年来，乌干达未成年者当中，有17%的人在他们10岁左右就开始尝试吸烟。而在这些尝试吸烟的未成年者当中，大部分为男生，但女生吸烟的比例也在逐步增长。

他们的统计数据还显示，从乌干达整体的调查情况来分析，有18.6%的学生曾经有过吸烟的经历。

4) 乌干达政府大幅度提高烟叶出口税率

2014年，乌干达政府大幅度提高了该国的烟叶出口税率，在原来的基础上，每千克烟叶的出口税增加了20美分，从而导致英美烟草乌干达分公司最终计划放弃在该国的烟叶收购与出口业务。

对此，英美烟草乌干达分公司总裁 D'Souza 先生在接受媒体记者采访时称，公司是在近年来全球烟叶供过于求以及乌干达政府税收政策的影响下才做出这样的决定，今后除了烟叶业务之外，公司将加强在非洲地区卷烟的生产与出口贸易，以争取更大的市场份额。

5) 乌干达政府修订控烟法案

2016年，乌干达政府近日向外界宣布，政府将修订其控烟法案，计划在全国范围内对电子烟产品发出禁令。

事实上，目前在乌干达国内电子烟的销售与消费并不普遍，但政府为了保护消费者的身体健康，仍然决定修订控烟法案中的相关条款，对电子烟产品实施禁令。

同时，在新修订的控烟法案中，政府还将规定禁止卷烟零售商向消费者出售单支卷烟，并进一步加大对烟草制品广告宣传的管理力度。

为了进一步控制国内的吸烟率，降低烟草制品的消费量，乌干达政府近期又修订了控烟法案。新修订的控烟法案规定，禁止向21岁以下的人群出售各种类型的烟草制品，并将进一步加大公共场所吸烟的处罚力度，对在诸如如国内的教育机构、影剧院、公共交通工具以及医疗机构等公共场所违反政府禁烟令的人给予更加严格的惩罚。

对此，乌干达公共卫生机构一位名叫 Sheila Ndyanabangi 的负责人称，政府应该加强控烟法案的执法力度，公众应该享有在公共场所享受无烟环境的权力。

6) 乌干达公共场所以及工作场所禁烟情况(见表9-114)

表 9-114 乌干达公共场所以及工作场所禁烟情况(资料更新至 2016.05)

	完全禁烟区	限制吸烟区	不限制吸烟区	不确定区域	不适用区域
所有工作场所		是			
政府办公区域	是				

续表

	完全禁烟区	限制吸烟区	不限制吸烟区	不确定区域	不适用区域
医院	是				
居民区卫生保健机构的公共活动区域	是				
居民区卫生保健机构的病房区域	是				
非居民区的卫生保健机构	是				
儿童保育园以及幼儿园	是				
小学和中学	是				
大学及职业教育学校	是				
商店	是				
公共文化设施	是				
室内体育场馆等竞技场所	是				
餐厅	是				
酒吧及夜总会等公共娱乐场所	是				
赌场	是				
酒店公共区域	是				
酒店客房	是				
监狱和拘留所及其公共区域	是				
火车、公共汽车等候站等公共区域	是				
出租车	是				
飞机	是				
船舶	是				
其他交通设施	是				

7）乌干达政府对烟草广告、促销以及赞助行为的规定（见表 9-115）

表 9-115　乌干达政府对烟草广告、促销以及赞助行为的规定（资料更新至 2016.05）

	完全禁止	部分禁止	允　许	不 确 定	不 适 用
国内电视台及广播电台	是				
国内报纸及纸质期刊	是				
国内其他类型的印刷媒体	是				
国际电视台及国际广播电台	是				
国际报纸及纸质期刊	是				
互联网络	是				
专业互联网销售网络	是				
户外广告	是				
烟草产品销售点的广告	是				
烟草产品销售点的产品展示	是				
自动售货机	是				
传统电子邮件	是				

续表

	完全禁止	部分禁止	允　许	不 确 定	不 适 用
电话和移动通信	是				
品牌标志	是				
免费分发的烟草产品	是				
促销礼品	是				
与体育比赛相关的产品	是				
直接针对消费者个人的广告宣传	是				
品牌延伸	是				
反向品牌延伸	是				
类似玩具的烟草产品	是				
类似糖果的烟草制品	是				

4. 卢旺达

2009 年，卢旺达的反烟团体终于说服政府的卫生健康部门，将于近期实施控烟措施。

该反烟团体一位负责人称，在他们的努力下，政府制定了该国的控烟法规，这些法规出台后，将通过广播、户外宣传等方法来说服吸烟者戒烟，同时也警告人们要远离烟草。

三、中非地区

1. 喀麦隆

1）喀麦隆为控烟法案做准备

在非洲的喀麦隆，该国卷烟销售的主要渠道为街头商贩和一些小杂货店。

喀麦隆自 2006 年 5 月 4 日成为世界卫生组织《烟草控制框架公约》的成员国后，该国政府计划实施一系列控烟措施，但出于市场监管乏力以及政策落实不到位等原因，很多控烟政策并没有得到有效执行。

为了降低吸烟率，喀麦隆议会一位名叫 Ngalli Ngoua 的议员向政府提出建议，政府应该出台相应的控烟法案，并为未来制定禁烟法案做准备。对此，喀麦隆的一些公共卫生组织也认为，烟草制品的确有其负面影响，政府应该出台相关的禁烟法案，并确保这些法案的有效实施。

该国政府统计部门的一项数据显示，2016 年，喀麦隆成年烟民的数量为 110 万人，而同时有高达 672 万人处于二手烟的环境之中。

2）喀麦隆公共场所以及工作场所禁烟情况（见表 9-116）

表 9-116　喀麦隆公共场所以及工作场所禁烟情况（资料更新至 2016.03）

	完全禁烟区	限制吸烟区	不限制吸烟区	不确定区域	不适用区域
所有工作场所		是			
政府办公区域		是			
医院		是			
居民区卫生保健机构的公共活动区域		是			
居民区卫生保健机构的病房区域		是			
非居民区的卫生保健机构		是			
儿童保育园以及幼儿园			是		

续表

	完全禁烟区	限制吸烟区	不限制吸烟区	不确定区域	不适用区域
小学和中学	是				
大学及职业教育学校	是				
商店			是		
公共文化设施			是		
室内体育场馆等竞技场所			是		
餐厅			是		
酒吧及夜总会等公共娱乐场所			是		
赌博场所			是		
酒店公共区域			是		
酒店客房			是		
监狱和拘留所及其公共区域			是		
火车、公共汽车等候站等公共区域			是		
出租车			是		
飞机			是		
船舶			是		
其他交通设施			是		

3）喀麦隆政府对烟草广告、促销以及赞助行为的规定（见表 9-117）

表 9-117　喀麦隆政府对烟草广告、促销以及赞助行为的规定（资料更新至 2016.03）

	完全禁止	部分禁止	允　许	不 确 定	不 适 用
国内电视台及广播电台	是				
国内报纸及纸质期刊	是				
国内其他类型的印刷媒体	是				
国际电视台及国际广播电台				是	
国际报纸及纸质期刊				是	
互联网络			是		
专业互联网销售网络			是		
户外广告	是				
烟草产品销售点的广告			是		
烟草产品销售点的产品展示			是		
自动售货机			是		
传统电子邮件	是				
电话和移动通信			是		
品牌标识			是		
免费发放的烟草制品			是		
促销礼品			是		
与体育比赛相关的产品			是		

续表

	完全禁止	部分禁止	允许	不确定	不适用
直接针对消费者个人的广告宣传			是		
品牌延伸			是		
反向品牌延伸			是		
类似玩具的烟草制品			是		
类似糖果的烟草制品			是		

2. 刚果民主共和国

1）刚果民主共和国卷烟主要由跨国烟草公司提供

刚果民主共和国并不生产卷烟，其市场上的卷烟主要由跨国烟草公司提供。2013 年度，该国共销售卷烟 80 亿支，主要是英美烟草公司的卷烟产品；另外，日本烟草国际公司则通过它在刚果的经销商——Shenimed 公司销售其卷烟产品；菲利普·莫里斯烟草国际公司也有部分卷烟产品在该国销售，但所占的市场份额并不高。近年来在刚果卷烟市场上，非法卷烟产品年销售量在 20 亿支左右，使政府每年损失的财税收入高达 2 亿美元。

刚果政府早在 2005 年就加入了世界卫生组织制定的《烟草控制框架条约》，并承诺对烟草非法制品的贸易活动进行有效打击。

2）刚果公共场所以及工作场所禁烟情况（见表 9-118）

表 9-118 刚果公共场所以及工作场所禁烟情况（资料更新至 2016.07）

	完全禁烟区	限制吸烟区	不限制吸烟区	不确定区域	不适用区域
所有工作场所		是			
政府办公区域	是				
医院	是				
居民区卫生保健机构的公共活动区域	是				
居民区卫生保健机构的病房区域	是				
非居民区的卫生保健机构	是				
儿童保育园以及幼儿园	是				
小学和中学	是				
大学及职业教育学校	是				
商店	是				
公共文化设施	是				
室内体育场馆等竞技场所	是				
餐厅		是			
酒吧及夜总会等公共娱乐场所		是			
赌场				是	
酒店公共区域	是				
酒店客房			是		
监狱和拘留所及其公共区域	是				
火车、公共汽车等候站等公共区域	是				

续表

	完全禁烟区	限制吸烟区	不限制吸烟区	不确定区域	不适用区域
出租车	是				
飞机	是				
船舶	是				
其他交通设施	是				

3）刚果政府对烟草广告、促销以及赞助行为的规定（见表 9-119）

表 9-119　刚果政府对烟草广告、促销以及赞助行为的规定（资料更新至 2016.07）

	完全禁止	部分禁止	允　许	不确定	不适用
国内电视台及广播电台	是				
国内报纸及纸质期刊		是			
国内其他类型的印刷媒体	是				
国际电视台及国际广播电台				是	
国际报纸及纸质期刊				是	
互联网络			是		
专业互联网销售网络			是		
户外广告	是				
烟草产品销售点的广告			是		
烟草产品销售点的产品展示			是		
自动售货机			是		
传统电子邮件		是			
电话和移动通信			是		
品牌标志		是			
免费分发的烟草产品		是			
促销礼品			是		
与体育比赛相关的产品			是		
直接针对消费者个人的广告宣传			是		
品牌延伸	是				
反向品牌延伸			是		
类似玩具的烟草产品			是		
类似糖果的烟草制品			是		

四、西非地区

1. 冈比亚

1）冈比亚政府加强控烟工作

自 1998 年冈比亚国内实施了控烟政策以来，近年来更进一步强化了国内的控烟工作，2009 年，政府又修订了其控烟法案，实施了更加严格的公共场所吸烟禁令。

根据政府所发布的新的控烟法案，冈比亚国内所有的公共场所都将实施严格的禁烟措施，包括所有的政府办公场所，所有的工作场所，医院及保健公共设施内，公共汽车及商店等公共场所。

2）冈比亚公共场所以及工作场所禁烟情况（见表 9-120）

表 9-120　冈比亚公共场所以及工作场所禁烟情况（资料更新至 2017.02）

	完全禁烟区	限制吸烟区	不限制吸烟区	不确定区域	不适用区域
所有工作场所	是				
政府办公区域	是				
医院	是				
居民区卫生保健机构的公共活动区域	是				
居民区卫生保健机构的病房区域	是				
非居民区的卫生保健机构	是				
儿童保育园以及幼儿园	是				
小学和中学	是				
大学及职业教育学校	是				
商店	是				
公共文化设施	是				
室内体育场馆等竞技场所	是				
餐厅	是				
酒吧及夜总会等公共娱乐场所	是				
赌场	是				
酒店公共区域	是				
酒店客房	是				
监狱和拘留所及其公共区域	是				
火车、公共汽车等候站等公共区域	是				
出租车	是				
飞机	是				
船舶	是				
其他交通设施	是				

3）冈比亚政府对烟草广告、促销以及赞助行为的规定（见表 9-121）

表 9-121　冈比亚政府对烟草广告、促销以及赞助行为的规定（资料更新至 2017.02）

	完全禁止	部分禁止	允　许	不确定	不适用
国内电视台及广播电台	是				
国内报纸及纸质期刊	是				
国内其他类型的印刷媒体	是				
国际电视台及国际广播电台	是				
国际报纸及纸质期刊	是				
互联网络	是				
专业互联网销售网络	是				
户外广告	是				

续表

	完全禁止	部分禁止	允许	不确定	不适用
烟草产品销售点的广告	是				
烟草产品销售点的产品展示	是				
自动售货机	是				
传统电子邮件	是				
电话和移动通信	是				
品牌标志	是				
免费分发的烟草产品	是				
促销礼品	是				
与体育比赛相关的产品	是				
直接针对消费者个人的广告宣传	是				
品牌延伸	是				
反向品牌延伸	是				
类似玩具的烟草产品	是				
类似糖果的烟草制品	是				

2. 加纳

1）加纳卷烟走私数量增长

加纳海关部门2007年发布的统计数据表明，截止到7月，该国缉私部门在其首都阿克拉的Tema海关，就已查获了1亿支走私卷烟及假冒卷烟制品。

另据来自该国独立在线的报道称，这些卷烟大都是菲利普·莫里斯烟草公司的万宝路牌卷烟及假冒的万宝路牌卷烟，且绝大部分都是由亚洲国家转口走私到欧洲地区的。

2）加纳民间组织建议政府对烟农转种其他作物提供帮助

2014年，非洲加纳一家名为"植物替代种植愿景委员会"的民间组织向该国的烟农发出呼吁称，希望他们能够停止目前的烟草种植，转而种植其他经济作物。

据介绍，该民间组织在世界卫生组织的指导下，除了号召烟农停止烟草种植之外，还希望在非洲有烟草经营业务的烟草贸易公司不要再与当地政府及烟农合作，停止与烟农们签订烟叶收购合同。

加纳"植物替代种植愿景委员会"是一家非营利性的民间组织，他们成立的目的就是希望能够督促政府部门制定更加严格的控烟法案，力争使加纳成为一个无烟国家，但前提是首先要解决烟农们未来的发展，因此他们希望政府部门在烟农们进行作物种植转换的过程中能够给予经济支持。

事实上，近年来在非洲一些重要的烟叶生产国，如马拉维、坦桑尼亚、尼日利亚、赞比亚、乌干达、津巴布韦等国，由于烟叶拍卖市场受烟草贸易商控制，烟叶成交价格并不理想，从而也导致部分烟农计划放弃烟草种植。

3）加纳公共场所以及工作场所禁烟情况（见表9-122）

表9-122　加纳公共场所以及工作场所禁烟情况（资料更新至2016.05）

	完全禁烟区	限制吸烟区	不限制吸烟区	不确定区域	不适用区域
所有工作场所		是			
政府办公区域		是			
医院		是			

续表

	完全禁烟区	限制吸烟区	不限制吸烟区	不确定区域	不适用区域
居民区卫生保健机构的公共活动区域		是			
居民区卫生保健机构的病房区域	是				
非居民区的卫生保健机构		是			
儿童保育园以及幼儿园		是			
小学和中学		是			
大学及职业教育学校		是			
商店		是			
公共文化设施		是			
室内体育场馆等竞技场所		是			
餐厅		是			
酒吧及夜总会等公共娱乐场所		是			
赌场		是			
酒店公共区域		是			
酒店客房		是			
监狱和拘留所及其公共区域				是	
火车、公共汽车等候站等公共区域		是			
出租车		是			
飞机	是				
船舶	是				
其他交通设施		是			

4）加纳政府对烟草广告、促销以及赞助行为的规定（见表 9-123）

表 9-123 加纳政府对烟草广告、促销以及赞助行为的规定（资料更新至 2016.05）

	完全禁止	部分禁止	允 许	不 确 定	不 适 用
国内电视台及广播电台	是				
国内报纸及纸质期刊	是				
国内其他类型的印刷媒体	是				
国际电视台及国际广播电台				是	
国际报纸及纸质期刊				是	
互联网络	是				
专业互联网销售网络	是				
户外广告	是				
烟草产品销售点的广告	是				
烟草产品销售点的产品展示			是		
自动售货机	是				
传统电子邮件	是				
电话和移动通信	是				

续表

	完全禁止	部分禁止	允 许	不 确 定	不 适 用
品牌标志	是				
免费分发的烟草产品	是				
促销礼品	是				
与体育比赛相关的产品	是				
直接针对消费者个人的广告宣传	是				
品牌延伸	是				
反向品牌延伸			是		
类似玩具的烟草产品	是				
类似糖果的烟草制品	是				

3. 尼日尔

1）尼日尔政府颁布多项控烟法规

自2005年11月份尼日尔政府正式签署由世界卫生组织制定的《烟草控制框架公约》之后，政府便加大了该国控烟的立法工作，并在不久之后便颁布了该国的公共场所禁烟法案，强力推行新颁布的禁烟令，重惩违法的吸烟者。

政府规定，对于违反禁烟令者，即在公共场所以及工作场合吸烟的消费者，最重可被处以入狱的严厉惩罚。对此，尼日尔政府决定，按照违法者的情节轻重，对违反禁烟令者施以不同的处罚，轻者可被罚款5000西非法郎，情节严重者可能被判入狱3个月。

对此，有分析人士指出，尽管许多国家颁布了本国的禁烟令，具体内容和惩罚规定各不相同，但对违反禁烟令者施以监禁处罚的严厉措施还并不多见。但尼日尔政府认为，吸烟已成为该国民众健康的一大威胁，因此便加大了对于违反禁烟令者的处罚力度。

为了有效执行政府的公共场所禁烟令，该国政府于2015年又进一步修订了控烟法案的内容，修订后的控烟法案规定了以下场所有完全禁烟区域，这些区域包括：医院、居民区卫生保健机构及其公共卫生区域、儿童保育园以及幼儿园、中小学等教育机构。

另外，为了对烟草业进行有效管理，该国政府近年来还颁布了一系列的监管法案，这些法案有：2012年12月份出台的对于烟草产品外包装以及标签的规定；2013年12月份向外界颁布的尼日尔国内烟草产品销售经营点的管理规定；2014年出台了对于烟草产品外包装以及标准规定的修订案等。

2）尼日尔公共场所以及工作场所禁烟情况（见表9-124）

表9-124 尼日尔公共场所以及工作场所禁烟情况（资料更新至2015.07）

	完全禁烟区	限制吸烟区	不限制吸烟区	不确定区域	不适用区域
所有工作场所		是			
政府办公区域		是			
医院	是				
居民区卫生保健机构的公共活动区域	是				
居民区卫生保健机构的病房区域	是				
非居民区的卫生保健机构	是				
儿童保育园以及幼儿园	是				
小学和中学	是				

续表

	完全禁烟区	限制吸烟区	不限制吸烟区	不确定区域	不适用区域
大学及职业教育学校	是				
商店		是			
公共文化设施		是			
室内体育场馆等竞技场所		是			
餐厅		是			
酒吧及夜总会等公共娱乐场所		是			
赌博场所		是			
酒店公共区域		是			
酒店客房				是	
监狱和拘留所及其公共区域		是			
火车、公共汽车等候站等公共区域	是				
出租车	是				
飞机	是				
船舶	是				
其他交通设施		是			

3）尼日尔政府对烟草广告、促销以及赞助行为的规定（见表 9-125）

表 9-125 尼日尔政府对烟草广告、促销以及赞助行为的规定（资料更新至 2015.07）

	完全禁止	部分禁止	允许	不确定	不适用
国内电视台及广播电台	是				
国内报纸及纸质期刊		是			
国内其他类型的印刷媒体		是			
国际电视台及国际广播电台				是	
国际报纸及纸质期刊				是	
互联网络		是			
专业互联网销售网络	是				
户外广告	是				
烟草产品销售点的广告		是			
烟草产品销售点的产品展示		是			
自动售货机		是			
传统电子邮件		是			
电话和移动通信		是			
品牌标识		是			
免费发放的烟草制品		是			
促销礼品		是			
与体育比赛相关的产品		是			
直接针对消费者个人的广告宣传		是			

续表

	完全禁止	部分禁止	允　许	不确定	不适用
品牌延伸	是				
反向品牌延伸	是				
类似玩具的烟草制品	是				
类似糖果的烟草制品	是				

五、南非地区

1. 赞比亚

1）赞比亚政府在公共场所禁烟

2008 年，赞比亚政府出台新的控烟法规，决定在其首都卢萨卡公共场所实施禁烟措施。

卢萨卡当地的政府官员称，新的控烟规定已在政府的公告中向公众做了说明，政府的公告郑重指出，自公告即日起将禁止在首都的公共场所，诸如学校、医院、公共交通工具及其他的公共场所禁烟，违者每次将被处以 81.5 欧元的高额罚款。

在政府出台此禁烟令后，卢萨卡当地的一些烟民则抱怨称，政府出台此规定的同时，并没有在公共场所设立临时指定的吸烟区。

2）赞比亚政府加强烟叶管理

2010 年，赞比亚政府对部分烟农、经销商及烟叶出口商发出警告称，如果他们不按照合同生产、加工与销售烟叶制品，将有可能受到惩罚。

赞比亚商业、贸易与工业部部长在接受媒体记者采访时称，有些经销商及进出口商私自从烟农手中购买烟叶，再把它们非法出售到马拉维及津巴布韦以谋取高额的利润，这是政府所不允许的。

目前在赞比亚，有 18000 余户烟农进行烟叶生产，另外还有众多的人直接或间接从事烟叶生产与贸易，烟草业是赞比亚的支柱产业，为此政府要加强对烟叶生产的管理。

3）赞比亚烟农对政府的支付方式表示不满

2013 年，在赞比亚的烟叶拍卖一开始，烟农们便对政府所指导的向烟农们支付当地货币——KWACHA（克瓦查，赞比亚货币）表示强烈不满。

另据来自 The Times Of Zambia 的消息称，在前几年的烟叶拍卖中，烟农们出售烟叶之后所得到的均是美元，而 2013 年他们拍卖烟叶后所得到的仅仅是当地货币，这一举措遭到了烟农们的强烈谴责。

一位名叫 Chishala Chilufya 的烟农在接受媒体记者采访时称，因为当地货币的汇率不断波动，他们所得到的 KWACHA（克瓦查），其购买力会大大下降，这在一定程度上打击了烟农们售烟的积极性。

4）世界卫生组织专家建议赞比亚政府提高烟税

2015 年 12 月份，世界卫生组织的一位专家表示，目前在非洲地区，尤其是赞比亚的烟草税率普遍较低，因此他建议赞比亚政府应该遵守世界卫生组织以及《烟草控制框架公约》的相关条款，适当提高其烟草制品的税率，以进一步抑制消费者对于各类烟草制品的消费量。

数据显示，目前赞比亚政府对于卷烟的税率仅为其卷烟零售价格的 30%，远远没有达到世界卫生组织建议的税率标准。

世界卫生组织的这位官员称，目前在非洲地区，特别是经济不发达的国家，公众对于吸烟危害健康的认识还远远不够，但税收政策确实能够减少消费者对于各类烟草制品的消费量。

2. 津巴布韦

1）津巴布韦对世界卫生组织提出批评

2012 年，津巴布韦烟草协会的负责人对世界卫生组织提出批评，这位负责人指出，由世界卫生组织所建议的应该减少烟叶种植面积，以及取消对烟叶生产提供技术及财政方面支持的建议，应该受到广大烟农的强烈谴责。

津巴布韦烟草协会的这位负责人指出，世界卫生组织所提出的此项建议，将会对全球烟草行业的发展产生严重的负面影响，并将会导致大量相关从业人员失去就业的机会。

据称，将于 2012 年 11 月 12 至 17 日韩国首尔召开的世界卫生组织相关会议上，将讨论上述针对烟叶生产的建议。

2）英美烟草津巴布韦公司认为政府不应该提高烟税

2014 年，英美烟草津巴布韦公司对外界发表声明指出，政府不应该提高烟税，因此该公司认为，提高各类烟草产品的税率，不一定会导致烟草消费量的下降，与此相反，该公司认为，吸烟者有可能会继续寻找更加便宜的、走私或假冒非法烟草产品来消费，以节约自己的日常消费开支。

英美烟草津巴布韦公司所发表的声明指出，在通常情况下，随着政府财政部门提高烟草产品的税率，承受经济压力的消费者为了节省开支，他们的第一反应就是购买更加便宜的卷烟产品，但令人遗憾的是，这些产品往往是对社会造成负面影响、由非法渠道提供的、对人体健康更加有害的非法烟草产品。

3）津巴布韦成为《烟草控制框架公约》缔约方

2015 年 9 月份，津巴布韦政府经过多轮的谈判与协商，成为世界卫生组织所制定的《烟草控制框架公约》的缔约方，在这种情况下，该国政府计划修订其控烟法案，将针对公共场所的吸烟行为强化其执法力度，以期能够降低吸烟率。

对此，该国政府公共卫生部门一位名叫 Docas Sithole 的负责人称，政府将对公共场所违反禁烟令的行为加大处罚力度，对于违反该禁令的消费者，每次可能被处以最高 500 美元的罚款。

4）南非 Gold Leaf 公司在津巴布韦就卷烟品牌提起法律诉讼

2016 年，南非 Gold Leaf 烟草公司称，已经就该公司拥有的一个卷烟品牌在津巴布韦的销售问题提起法律诉讼。

据介绍，目前津巴布韦一家法院已经禁止南非的这家公司在该国的市场上销售品牌名为 RG 的卷烟。因为该品牌卷烟商标的缩写与津巴布韦当地一家烟草公司所生产的一个卷烟品牌的缩写是一样的，为此，当地这家卷烟生产商便向津巴布韦的法院提起法律诉讼，要求南非的 Gold Leaf 公司停止该品牌卷烟在津巴布韦国内市场的销售。

另据来自当地媒体的消息，就该品牌商标权的纠纷一事，目前津巴布韦的法院还没有向外界公布其最终的判决结果。

3. 马拉维

1）加拿大 C32 议案可能影响到马拉维的烟草业

2011 年，烟草业是马拉维经济发展的动力，烟叶出口每年为该国提供 1.65 亿美元的收入，占其全部外汇总收入的大约 2/3。

据介绍，马拉维是世界最大的白肋烟出口国，年产 14 万吨白肋烟用于对外贸易。但是有一些新动向引起该国烟草行业人士对前景感到担忧。加拿大的 C32 议案规定，要求广泛禁用烟草添加剂，如果这一议案得到通过，很可能会影响卷烟生产商对白肋烟的需求，因为白肋烟是美式混合型卷烟的主要原料。

烟草在马拉维被称为“绿色黄金”，全国有一半以上的人口和烟草行业有关，烟草生产占该国 GDP 的 15%。

东南非 19 国共同市场曾发表声明反对如加拿大所出台的此类有争议的禁令。马拉维政府农业部门一位负责人称，这类提议缺乏科学依据。

2）马拉维烟叶走私情况严重

2013 年，烟叶是非洲国家——马拉维重要的出口创汇经济作物，在烟叶产量达到峰值的年份，其出口创汇总额一度高达该国出口创汇总额的 60%。

然而，近年来，由于马拉维政府出台了不太合理的制度——烟草商与烟农之间签署合同耕种与收购协议（关键问题在于该协议中并不包括价格条款及其保障机制），这引起了许多烟农的不满，因此导致部分烟叶会经过走私的渠道出口到国外的烟叶市场。

马拉维烟草控制委员会的一位负责人指出，近年来，每年有将近10%烟叶流入到走私者的手中，而后再出口到国外市场。有分析人士指出，烟草走私者也得到了一些烟草公司的支持。数据显示，走私每年使政府为此受到的损失高达3000万美元。

3）烟草仍是马拉维主要的农业经济作物

2013年，马拉维农业与食品安全委员会负责人在接受媒体记者采访时称，尽管全球的反烟运动日渐高涨，然而，烟草业目前仍然是马拉维主要的农业经济作物。

另据来自当地媒体《MARAVI邮报》的消息表明，政府农业部门将全力支持烟农的烟叶生产，但烟农们必须到政府管理部门进行登记注册，以保护他们的利益。

马拉维烟草协会的统计数据表明，自2010年以来，马拉维仍是全球主要的白肋烟生产国，同时，马拉维是全球主要的烟叶生产国，同时也是第7大烟叶出口国。

马拉维国内有分析人士对烟草经济进行了争论。该国经济界一位名叫Dalitso Kubalasa的专业人士分析指出，目前烟叶在全国各类商品的出口总额中所占比例达到近70%，因此政府部门应该采取措施鼓励其他商品经济的发展，以逐渐减少政府对烟草经济的依赖。

对此，马拉维政府农业部一位名叫Chiyembekeza的负责人则认为：烟叶生产是政府的经济支柱产业，多数农民以烟叶种植为生，因此政府在重视发展烟叶生产的同时，还应鼓励农民种植其他的经济作物。

4）马拉维烟农谋求得到政府帮助

2016年，由于马拉维整体的烟叶价格没能让烟农满意，同时也由于烟叶质量不高等原因，烟叶贸易商们曾拒绝收购部分烟农生产的烟叶。

马拉维烟草控制委员会的统计数据表明，该国今年烟叶产量约为21万吨，但烟叶贸易商们对该国的烟叶需求量仅为15.8万吨。同时，他们所给出的收购价格也不能让烟农们满意。在这种情况下，马拉维的烟农们希望能够得到政府的帮助，寻找其他愿意购买他们烟叶的国际烟叶贸易商。

5）马拉维公共场所以及工作场所禁烟情况（见表9-126）

见表9-126　马拉维公共场所以及工作场所禁烟情况（资料更新至2016.05）

	完全禁烟区	限制吸烟区	不限制吸烟区	不确定区域	不适用区域
所有工作场所			是		
政府办公区域			是		
医院			是		
居民区卫生保健机构的公共活动区域			是		
居民区卫生保健机构的病房区域			是		
非居民区的卫生保健机构			是		
儿童保育园以及幼儿园			是		
小学和中学			是		
大学及职业教育学校			是		
商店			是		
公共文化设施			是		
室内体育场馆等竞技场所			是		
餐厅			是		
酒吧及夜总会等公共娱乐场所			是		
赌场			是		
酒店公共区域			是		

续表

	完全禁烟区	限制吸烟区	不限制吸烟区	不确定区域	不适用区域
酒店客房			是		
监狱和拘留所及其公共区域			是		
火车、公共汽车等候站等公共区域			是		
出租车			是		
飞机			是		
船舶			是		
其他交通设施			是		

6）马拉维政府对烟草广告、促销以及赞助行为的规定(见表 9-127)

表 9-127　马拉维政府对烟草广告、促销以及赞助行为的规定(资料更新至 2016.05)

	完全禁止	部分禁止	允　许	不确定	不适用
国内电视台及广播电台			是		
国内报纸及纸质期刊			是		
国内其他类型的印刷媒体			是		
国际电视台及国际广播电台			是		
国际报纸及纸质期刊			是		
互联网络			是		
专业互联网销售网络			是		
户外广告			是		
烟草产品销售点的广告			是		
烟草产品销售点的产品展示			是		
自动售货机			是		
传统电子邮件			是		
电话和移动通信			是		
品牌标志			是		
免费分发的烟草产品			是		
促销礼品			是		
与体育比赛相关的产品			是		
直接针对消费者个人的广告宣传			是		
品牌延伸			是		
反向品牌延伸			是		
类似玩具的烟草产品			是		
类似糖果的烟草制品			是		

3. 莫桑比克

2017 年 3 月份，莫桑比克政府为了进一步打击该国非法走私以及假冒烟草产品的生产与贸易，引入了特别烟草产品控制税票，以有效打击非法烟草产品以及酒类产品的黑市交易行为。

对此，莫桑比克政府财政部门一位名叫 Amelia Nakhare 的负责人在接受媒体记者采访时指出，新引入特别税票将会对政府的财政收入产生积极的影响。目前，这种新的税票已经被应用于英美烟草公司位于该国的 Maputo 卷烟厂，该厂所生产的所有卷烟产品均带有这种新的税票。

4. 纳米比亚

1）纳米比亚出台新的禁烟令

2009 年，一向对烟草业比较宽容的纳米比亚也将出台新的禁烟令，以后烟民在公共场所吸烟可能面临罚款的危险。据称，新修订的禁烟法案已提交国民议会，新的禁烟法案规定，在一些封闭的公共场所，严禁吸烟，违者将被处以重罚，这些公共场所包括餐馆、宾馆、办公场所等公共场所。

该国卫生部部长在接受媒体记者采访时称，纳米比亚政府卫生部门已与世界卫生组织进行了沟通与交流。

2）纳米比亚多种消费品税率及价格上涨

2012 年，纳米比亚烟民随着卷烟及酒类价格的提高，其生活成本也越来越高。今年 2 月底，政府提高了烟草制品及酒类制品的消费税率，导致卷烟及酒类制品的市场零售价格平均上涨了 20%。当地特有的 Pravin 酒的消费税在原来的基础上提高了 30%，啤酒的消费税提高了 10%，葡萄酒的消费税提高幅度最小，为 8%。

另外，该国市场上所出售的不同类别的糖及其制品，市场零售价格也上涨了 7%至 9%不等。

3）纳米比亚政府帮助烟农种植烟叶

2016 年，纳米比亚政府向外界宣布，尽管遭到了反烟组织的反对，但该国的农民还可以在其土地上种植玉米以及烟叶等农业经济作物，农民如果要种植烟叶，需要向政府的林业部门申请，在获得许可的情况下可以种植烟叶。

政府为了引导农民种植烟叶、玉米等农业经济作物，已经投入了巨额的资金，对此，该国政府部门一位名叫 Lawrence Sampofu 的负责人在接受媒体记者采访时称，在农民的申请经过政府部门的审批之后，便可以种植烟叶等农业经济作物。

然而，政府的此项举措遭到了来自卫生健康部门的批评，这些反对者认为，种植烟叶不符合纳米比亚公民的利益。

4）英美烟草公司对纳米比亚政府出台的控烟法案感到不满

非洲地区的控烟形势有了很大的改善，许多国家已经制定了本国的控烟法案，有些国家甚至修订了控烟法案中有关烟草包装的相关规定。

2015 年，非洲国家乍得、纳米比亚和布基纳法索先后通过了烟草产品包装的图片警示法案。纳米比亚政府所修订的控烟法案规定，其吸烟有害健康的警示图片要覆盖烟草产品外包装面积的 60%。然而，这一法案的出台却引起了在该国有烟草业务经营的英美烟草公司的不满。

由于纳米比亚政府所修订的控烟法案规定，其图片警示已经占到了烟盒的大部分面积，对此，英美烟草认为，这将使得该国市场上的各种烟草产品没有任何的区别，并认为纳米比亚政府剥夺了英美烟草公司的商标权以及公司与消费者自由交流的权利。

据介绍，目前英美烟草公司拥有大约 85%的纳米比亚国内烟草市场份额，每年在该国销售超过 3.3 亿支卷烟。

但事实上，早在 2005 年 2 月份，纳米比政府就已经签署了由世界卫生组织制定的《烟草控制框架公约》。目前该国政府新修订的公共场所禁烟区域包括：政府办公区域、医院、幼儿园、中小学、大学及职业教育学校、商店、公共文化场所、火车、公共汽车等候站等公共区域。

5）纳米比亚公共场所以及工作场所禁烟情况（见表 9-128）

表 9-128 纳米比亚公共场所以及工作场所禁烟情况（资料更新至 2016.08）

	完全禁烟区	限制吸烟区	不限制吸烟区	不确定区域	不适用区域
所有工作场所	是				

续表

	完全 禁烟区	限制 吸烟区	不限制 吸烟区	不确定 区域	不适用 区域
政府办公区域	是				
医院	是				
居民区卫生保健机构的公共活动区域	是				
居民区卫生保健机构的病房区域	是				
非居民区的卫生保健机构	是				
儿童保育园以及幼儿园	是				
小学和中学	是				
大学及职业教育学校	是				
商店	是				
公共文化设施	是				
室内体育场馆等竞技场所	是				
餐厅	是				
酒吧及夜总会等公共娱乐场所	是				
赌博场所	是				
酒店公共区域	是				
酒店客房				是	
监狱和拘留所及其公共区域	是				
火车、公共汽车等候站等公共区域	是				
出租车	是				
飞机	是				
船舶	是				
其他交通设施	是				

6）纳米比亚政府对烟草广告、促销以及赞助行为的规定（见表 9-129）

表 9-129　纳米比亚政府对烟草广告、促销以及赞助行为的规定（资料更新至 2016.08）

	完全 禁止	部分 禁止	允　许	不 确 定	不 适 用
国内电视台及广播电台	是				
国内报纸及纸质期刊	是				
国内其他类型的印刷媒体	是				
国际电视台及国际广播电台				是	
国际报纸及纸质期刊					
互联网络	是				
专业互联网销售网络				是	
户外广告	是				
烟草产品销售点的广告	是				
烟草产品销售点的产品展示	是				
自动售货机		是			

续表

	完全禁止	部分禁止	允许	不确定	不适用
传统电子邮件	是				
电话和移动通信	是				
品牌标识	是				
免费发放的烟草制品	是				
促销礼品	是				
与体育比赛相关的产品	是				
直接针对消费者个人的广告宣传				是	
品牌延伸	是				
反向品牌延伸	是				
类似玩具的烟草制品	是				
类似糖果的烟草制品	是				

5. 南非

1）南非卷烟增税导致走私卷烟数量增长

南非烟草研究机构日前在该国的媒体上发表文章称，政府一年一度的提高卷烟税率的行为，导致了走私卷烟数量的增长。卷烟税率提高之后，合法卷烟的价格提高，促使一些烟民购买那些价格较低的非法烟草制品，而这其中大多数都为非法走私入境的烟草制品。

南非烟草研究机构一位名叫 Francois 负责人称，由于非法走私卷烟制品及假冒卷烟制品严重冲击了南非的卷烟市场，导致政府每年的税收流失高达 14 亿兰特(南非货币单位)。但南非财政部门人员则称，提高卷烟税率是为了改变人们、特别是烟民们的“消费习惯”。

2）电子烟在南非证明对戒烟有效

南非一研究机构所进行的抽样调查表明，有 45%的烟民在使用过电子烟之后，可以戒除吸烟这一习惯。作为此项研究成果的一部分，该研究机构的研究人员及医生向公众提供了 349 名曾经使用过一种名叫 Twisp 牌电子烟 8 个星期后的结果。

数据显示，有 6%的人称，在使用这种电子烟的两个星期后，就已经不再想吸烟了，总体上有 45%的人在使用 8 个星期之后表示，他们可以戒除吸烟这一习惯。另有 52%的人在使用过 Twisp 牌电子烟 8 个星期后表示，他们的体能比以前有所增加。

3）南非将实施新的控烟法案

2011 年，南非当地媒体比勒陀利亚新闻报的一则新闻报道称，政府正在考虑对目前所实施的烟草产品控制法案进行适当的修改，此次修改的主要内容涉及在该国所销售的卷烟制品，必须符合低燃点的相关特性。

另外，此次修订烟草产品控制法案还涉及各类烟草制品广告的限制问题。预计新修订的控烟法案将会从 2012 年 11 月份开始实施。

南非政府正在考虑修改以前所制定的《烟制品控制法》，新修订的法案将要求所有在该国销售的卷烟制品，符合低引燃卷烟标准，政府并将严格限制烟制品的广告。

4）南非非法烟草制品占市场份额增长

2012 年，南非政府统计部门的数据显示，近年来，非法走私及假冒烟草制品在该国国内的烟草制品市场上处于增长的趋势，目前已占有该国卷烟市场 30%的份额，政府为此每年所受到的税收损失高达 120 亿兰特。

南非烟草协会负责人 Francois Van Der Merwe 称，到目前为止，南非烟草制品市场上，未完税卷烟制品的年销售量已超过了50000亿支,政府所实施的高税率是导致非法烟草制品泛滥的一个重要原因。数据显示,目前南非卷烟制品的零售价格中,税额已占到了52%,其税率在该地区是最高的,走私及假冒卷烟制品的利润极高,由此导致非法烟草制品所占市场份额增长。

南非非法走私及假冒烟草制品的销售量呈现逐年增长的趋势。数据显示,2013年,该国各类非法烟草制品所占市场的总量已经达到了29%,年销售额高达20亿兰特。

另据来自南非政府财政部门的统计数据显示,目前在该国烟草制品市场上,每天非法烟草制品的贸易量高达1500万支(相当于75万盒20支装的卷烟)。

对此,南非政府官方新闻机构的分析认为,在过去的10年间,一些有组织的犯罪集团控制了该国非法走私及假冒烟草制品的贸易活动,有时他们甚至还从境外走私进入一些烟草原料及烟草包装材料,在南非境内进行假冒烟草制品的生产活动,因此政府部门必须对其加大打击力度,以保护合法烟草生产商、贸易商及消费者的利益。

5) 南非政府希望出台法规规范电子烟制品

2013年,南非医药监管委员会对该国一家名为Twisp的电子烟经销商提出警告称,该公司没有遵守政府的相关规定,在药店以外的零售商店内出售电子烟制品。

南非医药监管委员会称,Twisp公司作为该国一家规模比较大的电子烟经销商,应该遵守政府所制定的药品管理法案,不应该在药店以外的商店出售电子烟制品。

据介绍,早已于2012年所出台的南非药品管理法案将烟碱归类为该委员会所监管的范围,所有经营电子烟制品的经销商,都应该到医药监管委员会进行注册,而且他们所经销的电子烟制品,只能够在政府所指定的药品零售商店内出售,但Twisp公司并没有遵守政府的相关规定,在药品零售店以外的普通商店内出售电子烟制品。

6) 南非吸烟率情况分析

世界经济合作与发展组织公布了该组织部分成员国的吸烟率情况分析报告:南非的吸烟率为19.8%。男性吸烟率为32.1%,女性吸烟率为7.4%,男性吸烟率远远高于女性。

7) 南非公共场所以及工作场所禁烟情况(见表9-130)

表9-130 南非公共场所以及工作场所禁烟情况(资料更新至2016.08)

	完全禁烟区	限制吸烟区	不限制吸烟区	不确定区域	不适用区域
所有工作场所		是			
政府办公区域		是			
医院		是			
居民区卫生保健机构的公共活动区域		是			
居民区卫生保健机构的病房区域			是		
非居民区的卫生保健机构		是			
儿童保育园以及幼儿园		是			
小学和中学		是			
大学及职业教育学校		是			
商店		是			
公共文化设施		是			
室内体育场馆等竞技场所		是			
餐厅		是			
酒吧及夜总会等公共娱乐场所		是			
赌博场所		是			

续表

	完全禁烟区	限制吸烟区	不限制吸烟区	不确定区域	不适用区域
酒店公共区域		是			
酒店客房		是			
监狱和拘留所及其公共区域		是			
火车、公共汽车等候站等公共区域		是			
出租车	是				
飞机	是				
船舶		是			
其他交通设施		是			

8）南非政府对烟草广告、促销以及赞助行为的规定（见表 9-131）

表 9-131　南非政府对烟草广告、促销以及赞助行为的规定（资料更新至 2016.08）

	完全禁止	部分禁止	允　许	不　确　定	不　适　用
国内电视台及广播电台	是				
国内报纸及纸质期刊	是				
国内其他类型的印刷媒体	是				
国际电视台及国际广播电台			是		
国际报纸及纸质期刊			是		
互联网络	是				
专业互联网销售网络	是				
户外广告	是				
烟草产品销售点的广告		是			
烟草产品销售点的产品展示		是			
自动售货机		是			
传统电子邮件	是				
电话和移动通信	是				
品牌标识	是				
免费发放的烟草制品	是				
促销礼品	是				
与体育比赛相关的产品	是				
直接针对消费者个人的广告宣传	是				
品牌延伸	是				
反向品牌延伸	是				
类似玩具的烟草制品	是				
类似糖果的烟草制品	是				

6. 博茨瓦纳

1）博茨瓦纳将加快控烟进程

2011 年，博茨瓦纳反烟草网络联盟已多次敦促政府部门加快其控烟法案的立法工作，因为目前该国已成为非法烟草制品的避风港，这已严重影响到了公众的身体健康。

据介绍，博茨瓦纳政府已经签署了由世界卫生组织所制定的《烟草控制框架公约》，而此次反烟草网络联盟的目的也就是要求政府采取惩罚性控烟措施，以遏制非法烟草制品在该国的蔓延。

2）博茨瓦纳公共场所以及工作场所禁烟情况（见表 9-132）

表 9-132　博茨瓦纳公共场所以及工作场所禁烟情况

	完全禁烟区	限制吸烟区	不限制吸烟区	不确定区域	不适用区域
所有工作场所		是			
政府办公区域		是			
医院		是			
居民区卫生保健机构的公共活动区域		是			
居民区卫生保健机构的病房区域		是			
非居民区的卫生保健机构		是			
儿童保育园以及幼儿园		是			
小学和中学		是			
大学及职业教育学校		是			
商店		是			
公共文化设施		是			
室内体育场馆等竞技场所		是			
餐厅		是			
酒吧及夜总会等公共娱乐场所		是			
赌场		是			
酒店公共区域		是			
酒店客房		是			
监狱和拘留所及其公共区域		是			
火车、公共汽车等候站等公共区域				是	
出租车				是	
飞机				是	
船舶		是			
其他交通设施		是			

3）博兹瓦纳政府对烟草广告、促销以及赞助行为的规定（见表 9-133）

表 9-133　博兹瓦纳政府对烟草广告、促销以及赞助行为的规定

	完全禁止	部分禁止	允许	不确定	不适用
国内电视台及广播电台	是				
国内报纸及纸质期刊	是				
国内其他类型的印刷媒体	是				
国际电视台及国际广播电台		是			
国际报纸及纸质期刊		是			
互联网络	是				

续表

	完全禁止	部分禁止	允许	不确定	不适用
专业互联网销售网络			是		
户外广告	是				
烟草产品销售点的广告	是				
烟草产品销售点的产品展示				是	
自动售货机			是		
传统电子邮件	是				
电话和移动通信	是				
品牌标志	是				
免费分发的烟草产品		是			
促销礼品			是		
与体育比赛相关的产品			是		
直接针对消费者个人的广告宣传	是				
品牌延伸			是		
反向品牌延伸			是		
类似玩具的烟草产品	是				
类似糖果的烟草制品	是				

其他一些国家和地区公共场所禁烟情况如表 9-134～表 9-177 所示。

表 9-134　尼日利亚公共场所以及工作场所禁烟情况(资料更新至 2016.10)

	完全禁烟区	限制吸烟区	不限制吸烟区	不确定区域	不适用区域
所有工作场所		是			
政府办公区域		是			
医院		是			
居民区卫生保健机构的公共活动区域		是			
居民区卫生保健机构的病房区域		是			
非居民区的卫生保健机构		是			
儿童保育园以及幼儿园		是			
小学和中学		是			
大学及职业教育学校		是			
商店		是			
公共文化设施		是			
室内体育场馆等竞技场所		是			
餐厅		是			
酒吧及夜总会等公共娱乐场所		是			
赌博场所		是			
酒店公共区域		是			
酒店客房		是			

续表

	完全禁烟区	限制吸烟区	不限制吸烟区	不确定区域	不适用区域
监狱和拘留所及其公共区域		是			
火车、公共汽车等候站等公共区域	是				
出租车	是				
飞机	是				
船舶	是				
其他交通设施		是			

表 9-135　尼日利亚政府对烟草广告、促销以及赞助行为的规定(资料更新至 2016.10)

	完全禁止	部分禁止	允　许	不　确　定	不　适　用
国内电视台及广播电台	是				
国内报纸及纸质期刊		是			
国内其他类型的印刷媒体		是			
国际电视台及国际广播电台				是	
国际报纸及纸质期刊				是	
互联网络		是			
专业互联网销售网络	是				
户外广告	是				
烟草产品销售点的广告		是			
烟草产品销售点的产品展示		是			
自动售货机		是			
传统电子邮件		是			
电话和移动通信		是			
品牌标识		是			
免费发放的烟草制品		是			
促销礼品		是			
与体育比赛相关的产品		是			
直接针对消费者个人的广告宣传		是			
品牌延伸	是				
反向品牌延伸	是				
类似玩具的烟草制品	是				
类似糖果的烟草制品	是				

表 9-136　亚美尼亚公共场所以及工作场所禁烟情况(资料更新至 2016.10)

	完全禁烟区	限制吸烟区	不限制吸烟区	不确定区域	不适用区域
所有工作场所		是			
政府办公区域		是			

续表

	完全禁烟区	限制吸烟区	不限制吸烟区	不确定区域	不适用区域
医院	是				
居民区卫生保健机构的公共活动区域	是				
居民区卫生保健机构的病房区域	是				
非居民区的卫生保健机构	是				
儿童保育园以及幼儿园	是				
小学和中学	是				
大学及职业教育学校	是				
商店		是			
公共文化设施	是				
室内体育场馆等竞技场所	是				
餐厅			是		
酒吧及夜总会等公共娱乐场所			是		
赌场			是		
酒店公共区域		是			
酒店客房		是			
监狱和拘留所及其公共区域		是			
火车、公共汽车等候站等公共区域		是			
出租车		是			
飞机	是				
船舶	是				
其他交通设施	是				

表 9-137　亚美尼亚政府对烟草广告、促销以及赞助行为的规定(资料更新至 2016. 10)

	完全禁止	部分禁止	允　许	不　确　定	不　适　用
国内电视台及广播电台	是				
国内报纸及纸质期刊		是			
国内其他类型的印刷媒体		是			
国际电视台及国际广播电台				是	
国际报纸及纸质期刊				是	
互联网络		是			
专业互联网销售网络					
户外广告	是				
烟草产品销售点的广告	是				
烟草产品销售点的产品展示			是		
自动售货机			是		
传统电子邮件		是			

续表

	完全禁止	部分禁止	允　许	不　确　定	不　适　用
电话和移动通信			是		
品牌标志			是		
免费分发的烟草产品		是			
促销礼品					
与体育比赛相关的产品			是		
直接针对消费者个人的广告宣传			是		
品牌延伸			是		
反向品牌延伸		是			
类似玩具的烟草产品			是		
类似糖果的烟草制品			是		

表 9-138　贝宁公共场所以及工作场所禁烟情况(资料更新至 2015.07)

	完全禁烟区	限制吸烟区	不限制吸烟区	不确定区域	不适用区域
所有工作场所		是			
政府办公区域	是				
医院	是				
居民区卫生保健机构的公共活动区域	是				
居民区卫生保健机构的病房区域	是				
非居民区的卫生保健机构	是				
儿童保育园以及幼儿园	是				
小学和中学	是				
大学及职业教育学校	是				
商店	是				
公共文化设施	是				
室内体育场馆等竞技场所		是			
餐厅		是			
酒吧及夜总会等公共娱乐场所		是			
赌场		是			
酒店公共区域				是	
酒店客房	是				
监狱和拘留所及其公共区域	是				
火车、公共汽车等候站等公共区域	是				
出租车	是				
飞机	是				
船舶		是			
其他交通设施					

表 9-139　贝宁政府对烟草广告、促销以及赞助行为的规定(资料更新至 2015.07)

	完全禁止	部分禁止	允　许	不确定	不适用
国内电视台及广播电台		是			
国内报纸及纸质期刊		是			
国内其他类型的印刷媒体			是		
国际电视台及国际广播电台				是	
国际报纸及纸质期刊			是		
互联网络		是			
专业互联网销售网络			是		
户外广告		是			
烟草产品销售点的广告			是		
烟草产品销售点的产品展示			是		
自动售货机			是		
传统电子邮件			是		
电话和移动通信			是		
品牌标志			是		
免费分发的烟草产品		是			
促销礼品		是			
与体育比赛相关的产品		是			
直接针对消费者个人的广告宣传		是			
品牌延伸		是			
反向品牌延伸			是		
类似玩具的烟草产品			是		
类似糖果的烟草制品			是		

表 9-140　文莱公共场所以及工作场所禁烟情况(资料更新至 2015.07)

	完全禁烟区	限制吸烟区	不限制吸烟区	不确定区域	不适用区域
所有工作场所		是			
政府办公区域	是				
医院	是				
居民区卫生保健机构的公共活动区域	是				
居民区卫生保健机构的病房区域	是				
非居民区的卫生保健机构	是				
儿童保育园以及幼儿园	是				
小学和中学	是				
大学及职业教育学校	是				
商店	是				
公共文化设施	是				

续表

	完全禁烟区	限制吸烟区	不限制吸烟区	不确定区域	不适用区域
室内体育场馆等竞技场所	是				
餐厅	是				
酒吧及夜总会等公共娱乐场所					是
赌场	是				
酒店公共区域	是				
酒店客房			是		
监狱和拘留所及其公共区域	是				
火车、公共汽车等候站等公共区域		是			
出租车	是				
飞机	是				
船舶			是		
其他交通设施	是				

表 9-141　文莱政府对烟草广告、促销以及赞助行为的规定(资料更新至 2015.07)

	完全禁止	部分禁止	允　许	不　确　定	不　适　用
国内电视台及广播电台	是				
国内报纸及纸质期刊	是				
国内其他类型的印刷媒体	是				
国际电视台及国际广播电台				是	
国际报纸及纸质期刊		是			
互联网络	是				
专业互联网销售网络	是				
户外广告	是				
烟草产品销售点的广告	是				
烟草产品销售点的产品展示	是				
自动售货机	是				
传统电子邮件	是				
电话和移动通信	是				
品牌标志	是				
免费分发的烟草产品	是				
促销礼品		是			
与体育比赛相关的产品	是				
直接针对消费者个人的广告宣传	是				
品牌延伸	是				
反向品牌延伸				是	
类似玩具的烟草产品	是				
类似糖果的烟草制品	是				

表 9-142 布基纳法索公共场所以及工作场所禁烟情况(资料更新至 2016.12)

	完全禁烟区	限制吸烟区	不限制吸烟区	不确定区域	不适用区域
所有工作场所	是				
政府办公区域	是				
医院	是				
居民区卫生保健机构的公共活动区域	是				
居民区卫生保健机构的病房区域	是				
非居民区的卫生保健机构	是				
儿童保育园以及幼儿园	是				
小学和中学	是				
大学及职业教育学校	是				
商店	是				
公共文化设施	是				
室内体育场馆等竞技场所	是				
餐厅	是				
酒吧及夜总会等公共娱乐场所	是				
赌场					是
酒店公共区域	是				
酒店客房				是	
监狱和拘留所及其公共区域	是				
火车、公共汽车等候站等公共区域	是				
出租车	是				
飞机	是				
船舶	是				
其他交通设施	是				

表 9-143 布基纳法索政府对烟草广告、促销以及赞助行为的规定(资料更新至 2016.12)

	完全禁止	部分禁止	允许	不确定	不适用
国内电视台及广播电台	是				
国内报纸及纸质期刊	是				
国内其他类型的印刷媒体	是				
国际电视台及国际广播电台	是				
国际报纸及纸质期刊	是				
互联网络	是				
专业互联网销售网络	是				
户外广告	是				
烟草产品销售点的广告	是				
烟草产品销售点的产品展示		是			

续表

	完全禁止	部分禁止	允许	不确定	不适用
自动售货机	是				
传统电子邮件	是				
电话和移动通信	是				
品牌标志	是				
免费分发的烟草产品	是				
促销礼品	是				
与体育比赛相关的产品	是				
直接针对消费者个人的广告宣传	是				
品牌延伸	是				
反向品牌延伸	是				
类似玩具的烟草产品	是				
类似糖果的烟草制品	是				

表 9-144　乍得公共场所以及工作场所禁烟情况(资料更新至 2015.12)

	完全禁烟区	限制吸烟区	不限制吸烟区	不确定区域	不适用区域
所有工作场所	是				
政府办公区域	是				
医院	是				
居民区卫生保健机构的公共活动区域	是				
居民区卫生保健机构的病房区域	是				
非居民区的卫生保健机构	是				
儿童保育园以及幼儿园	是				
小学和中学	是				
大学及职业教育学校	是				
商店	是				
公共文化设施	是				
室内体育场馆等竞技场所	是				
餐厅	是				
酒吧及夜总会等公共娱乐场所	是				
赌场	是				
酒店公共区域	是				
酒店客房				是	
监狱和拘留所及其公共区域	是				
火车、公共汽车等候站等公共区域	是				
出租车	是				
飞机	是				

续表

	完全禁烟区	限制吸烟区	不限制吸烟区	不确定区域	不适用区域
船舶	是				
其他交通设施	是				

表 9-145　乍得政府对烟草广告、促销以及赞助行为的规定(资料更新至 2015.12)

	完全禁止	部分禁止	允　许	不　确　定	不　适　用
国内电视台及广播电台	是				
国内报纸及纸质期刊	是				
国内其他类型的印刷媒体	是				
国际电视台及国际广播电台				是	
国际报纸及纸质期刊				是	
互联网络	是				
专业互联网销售网络	是				
户外广告	是				
烟草产品销售点的广告	是				
烟草产品销售点的产品展示				是	
自动售货机				是	
传统电子邮件	是				
电话和移动通信	是				
品牌标志	是				
免费分发的烟草产品	是				
促销礼品	是				
与体育比赛相关的产品	是				
直接针对消费者个人的广告宣传	是				
品牌延伸	是				
反向品牌延伸	是				
类似玩具的烟草产品	是				
类似糖果的烟草制品	是				

表 9-146　科摩罗公共场所以及工作场所禁烟情况(资料更新至 2016.07)

	完全禁烟区	限制吸烟区	不限制吸烟区	不确定区域	不适用区域
所有工作场所		是			
政府办公区域		是			
医院		是			
居民区卫生保健机构的公共活动区域		是			
居民区卫生保健机构的病房区域		是			
非居民区的卫生保健机构		是			

续表

	完全禁烟区	限制吸烟区	不限制吸烟区	不确定区域	不适用区域
儿童保育园以及幼儿园				是	
小学和中学				是	
大学及职业教育学校	是				
商店				是	
公共文化设施		是			
室内体育场馆等竞技场所		是			
餐厅		是			
酒吧及夜总会等公共娱乐场所		是			
赌场				是	
酒店公共区域		是			
酒店客房		是			
监狱和拘留所及其公共区域		是			
火车、公共汽车等候站等公共区域	是				
出租车	是				
飞机	是				
船舶	是				
其他交通设施	是				

表 9-147　科摩罗政府对烟草广告、促销以及赞助行为的规定(资料更新至 2016.07)

	完全禁止	部分禁止	允　许	不确定	不适用
国内电视台及广播电台	是				
国内报纸及纸质期刊	是				
国内其他类型的印刷媒体	是				
国际电视台及国际广播电台				是	
国际报纸及纸质期刊				是	
互联网络				是	
专业互联网销售网络			是		
户外广告	是				
烟草产品销售点的广告			是		
烟草产品销售点的产品展示			是		
自动售货机			是		
传统电子邮件	是				
电话和移动通信	是				
品牌标志	是				
免费分发的烟草产品	是				
促销礼品	是				

续表

	完全禁止	部分禁止	允许	不确定	不适用
与体育比赛相关的产品	是				
直接针对消费者个人的广告宣传				是	
品牌延伸	是				
反向品牌延伸				是	
类似玩具的烟草产品	是				
类似糖果的烟草制品	是				

表 9-148　吉布提公共场所以及工作场所禁烟情况(资料更新至 2015.12)

	完全禁烟区	限制吸烟区	不限制吸烟区	不确定区域	不适用区域
所有工作场所		是			
政府办公区域	是				
医院	是				
居民区卫生保健机构的公共活动区域	是				
居民区卫生保健机构的病房区域	是				
非居民区的卫生保健机构	是				
儿童保育园以及幼儿园	是				
小学和中学	是				
大学及职业教育学校	是				
商店	是				
公共文化设施	是				
室内体育场馆等竞技场所	是				
餐厅			是		
酒吧及夜总会等公共娱乐场所			是		
赌场	是				
酒店公共区域	是				
酒店客房				是	
监狱和拘留所及其公共区域	是				
火车、公共汽车等候站等公共区域	是				
出租车	是				
飞机	是				
船舶	是				
其他交通设施	是				

表 9-149　吉布提政府对烟草广告、促销以及赞助行为的规定(资料更新至 2015.12)

	完全禁止	部分禁止	允许	不确定	不适用
国内电视台及广播电台	是				

续表

	完全禁止	部分禁止	允许	不确定	不适用
国内报纸及纸质期刊	是				
国内其他类型的印刷媒体	是				
国际电视台及国际广播电台	是				
国际报纸及纸质期刊	是				
互联网络	是				
专业互联网销售网络	是				
户外广告	是				
烟草产品销售点的广告				是	
烟草产品销售点的产品展示	是				
自动售货机	是				
传统电子邮件	是				
电话和移动通信	是				
品牌标志	是				
免费分发的烟草产品	是				
促销礼品	是				
与体育比赛相关的产品	是				
直接针对消费者个人的广告宣传	是				
品牌延伸	是				
反向品牌延伸	是				
类似玩具的烟草产品	是				
类似糖果的烟草制品	是				

表 9-150 加蓬公共场所以及工作场所禁烟情况(资料更新至 2016.12)

	完全禁烟区	限制吸烟区	不限制吸烟区	不确定区域	不适用区域
所有工作场所		是			
政府办公区域	是				
医院	是				
居民区卫生保健机构的公共活动区域	是				
居民区卫生保健机构的病房区域	是				
非居民区的卫生保健机构	是				
儿童保育园以及幼儿园	是				
小学和中学	是				
大学及职业教育学校	是				
商店	是				
公共文化设施	是				
室内体育场馆等竞技场所	是				

续表

	完全禁烟区	限制吸烟区	不限制吸烟区	不确定区域	不适用区域
餐厅		是			
酒吧及夜总会等公共娱乐场所		是			
赌场		是			
酒店公共区域		是			
酒店客房				是	
监狱和拘留所及其公共区域	是				
火车、公共汽车等候站等公共区域		是			
出租车	是				
飞机	是				
船舶		是			
其他交通设施		是			

表 9-151　加蓬政府对烟草广告、促销以及赞助行为的规定(资料更新至 2016.12)

	完全禁止	部分禁止	允　许	不　确　定	不　适　用
国内电视台及广播电台	是				
国内报纸及纸质期刊	是				
国内其他类型的印刷媒体	是				
国际电视台及国际广播电台				是	
国际报纸及纸质期刊				是	
互联网络	是				
专业互联网销售网络	是				
户外广告	是				
烟草产品销售点的广告			是		
烟草产品销售点的产品展示			是		
自动售货机			是		
传统电子邮件	是				
电话和移动通信	是				
品牌标志	是				
免费分发的烟草产品	是				
促销礼品	是				
与体育比赛相关的产品	是				
直接针对消费者个人的广告宣传	是				
品牌延伸	是				
反向品牌延伸	是				
类似玩具的烟草产品	是				
类似糖果的烟草制品	是				

表 9-152　危地马拉公共场所以及工作场所禁烟情况(资料更新至 2015.07)

	完全禁烟区	限制吸烟区	不限制吸烟区	不确定区域	不适用区域
所有工作场所		是			
政府办公区域	是				
医院	是				
居民区卫生保健机构的公共活动区域	是				
居民区卫生保健机构的病房区域	是				
非居民区的卫生保健机构	是				
儿童保育园以及幼儿园	是				
小学和中学	是				
大学及职业教育学校	是				
商店	是				
公共文化设施	是				
室内体育场馆等竞技场所	是				
餐厅	是				
酒吧及夜总会等公共娱乐场所	是				
赌场	是				
酒店公共区域	是				
酒店客房		是			
监狱和拘留所及其公共区域	是				
火车、公共汽车等候站等公共区域	是				
出租车	是				
飞机	是				
船舶	是				
其他交通设施	是				

表 9-153　危地马拉政府对烟草广告、促销以及赞助行为的规定(资料更新至 2015.07)

	完全禁止	部分禁止	允　许	不　确　定	不　适　用
国内电视台及广播电台		是			
国内报纸及纸质期刊		是			
国内其他类型的印刷媒体			是		
国际电视台及国际广播电台				是	
国际报纸及纸质期刊				是	
互联网络			是		
专业互联网销售网络			是		
户外广告		是			
烟草产品销售点的广告			是		
烟草产品销售点的产品展示			是		

续表

	完全禁止	部分禁止	允许	不确定	不适用
自动售货机			是		
传统电子邮件			是		
电话和移动通信			是		
品牌标志			是		
免费分发的烟草产品	是				
促销礼品			是		
与体育比赛相关的产品			是		
直接针对消费者个人的广告宣传			是		
品牌延伸			是		
反向品牌延伸			是		
类似玩具的烟草产品			是		
类似糖果的烟草制品			是		

表 9-154　科索沃公共场所以及工作场所禁烟情况(资料更新至 2016.07)

	完全禁烟区	限制吸烟区	不限制吸烟区	不确定区域	不适用区域
所有工作场所		是			
政府办公区域	是				
医院		是			
居民区卫生保健机构的公共活动区域	是				
居民区卫生保健机构的病房区域		是			
非居民区的卫生保健机构	是				
儿童保育园以及幼儿园	是				
小学和中学	是				
大学及职业教育学校	是				
商店	是				
公共文化设施	是				
室内体育场馆等竞技场所	是				
餐厅	是				
酒吧及夜总会等公共娱乐场所	是				
赌场	是				
酒店公共区域	是				
酒店客房			是		
监狱和拘留所及其公共区域		是			
火车、公共汽车等候站等公共区域	是				
出租车	是				
飞机	是				

续表

	完全禁烟区	限制吸烟区	不限制吸烟区	不确定区域	不适用区域
船舶	是				
其他交通设施	是				

表 9-155　科索沃政府对烟草广告、促销以及赞助行为的规定(资料更新至 2016.07)

	完全禁止	部分禁止	允许	不确定	不适用
国内电视台及广播电台	是				
国内报纸及纸质期刊	是				
国内其他类型的印刷媒体	是				
国际电视台及国际广播电台	是				
国际报纸及纸质期刊	是				
互联网络			是		
专业互联网销售网络	是				
户外广告	是				
烟草产品销售点的广告	是				
烟草产品销售点的产品展示	是				
自动售货机		是			
传统电子邮件	是				
电话和移动通信	是				
品牌标志	是				
免费分发的烟草产品	是				
促销礼品	是				
与体育比赛相关的产品	是				
直接针对消费者个人的广告宣传	是				
品牌延伸	是				
反向品牌延伸	是				
类似玩具的烟草产品	是				
类似糖果的烟草制品	是				

表 9-156　马达加斯加公共场所以及工作场所禁烟情况(资料更新至 2016.05)

	完全禁烟区	限制吸烟区	不限制吸烟区	不确定区域	不适用区域
所有工作场所	是				
政府办公区域	是				
医院	是				
居民区卫生保健机构的公共活动区域	是				
居民区卫生保健机构的病房区域	是				
非居民区的卫生保健机构	是				

续表

	完全禁烟区	限制吸烟区	不限制吸烟区	不确定区域	不适用区域
儿童保育园以及幼儿园	是				
小学和中学	是				
大学及职业教育学校	是				
商店	是				
公共文化设施	是				
室内体育场馆等竞技场所	是				
餐厅	是				
酒吧及夜总会等公共娱乐场所	是				
赌场	是				
酒店公共区域	是				
酒店客房				是	
监狱和拘留所及其公共区域	是				
火车、公共汽车等候站等公共区域	是				
出租车	是				
飞机	是				
船舶	是				
其他交通设施	是				

表 9-157 马达加斯加政府对烟草广告、促销以及赞助行为的规定(资料更新至 2016. 05)

	完全禁止	部分禁止	允许	不确定	不适用
国内电视台及广播电台	是				
国内报纸及纸质期刊	是				
国内其他类型的印刷媒体	是				
国际电视台及国际广播电台	是				
国际报纸及纸质期刊	是				
互联网络	是				
专业互联网销售网络				是	
户外广告	是				
烟草产品销售点的广告	是				
烟草产品销售点的产品展示	是				
自动售货机	是				
传统电子邮件	是				
电话和移动通信	是				
品牌标志	是				
免费分发的烟草产品	是				
促销礼品	是				

续表

	完全禁止	部分禁止	允　许	不 确 定	不 适 用
与体育比赛相关的产品	是				
直接针对消费者个人的广告宣传	是				
品牌延伸	是				
反向品牌延伸	是				
类似玩具的烟草产品	是				
类似糖果的烟草制品	是				

表 9-158　马里公共场所以及工作场所禁烟情况(资料更新至 2016.07)

	完全禁烟区	限制吸烟区	不限制吸烟区	不确定区域	不适用区域
所有工作场所		是			
政府办公区域	是				
医院	是				
居民区卫生保健机构的公共活动区域	是				
居民区卫生保健机构的病房区域	是				
非居民区的卫生保健机构	是				
儿童保育园以及幼儿园	是				
小学和中学	是				
大学及职业教育学校	是				
商店	是				
公共文化设施	是				
室内体育场馆等竞技场所	是				
餐厅	是				
酒吧及夜总会等公共娱乐场所	是				
赌场	是				
酒店公共区域	是				
酒店客房	是				
监狱和拘留所及其公共区域	是				
火车、公共汽车等候站等公共区域	是				
出租车	是				
飞机	是				
船舶	是				
其他交通设施		是			

表 9-159　马里政府对烟草广告、促销以及赞助行为的规定(资料更新至 2016.07)

	完全禁止	部分禁止	允　许	不 确 定	不 适 用
国内电视台及广播电台	是				

续表

	完全禁止	部分禁止	允　许	不 确 定	不 适 用
国内报纸及纸质期刊	是				
国内其他类型的印刷媒体	是				
国际电视台及国际广播电台				是	
国际报纸及纸质期刊				是	
互联网络	是				
专业互联网销售网络	是				
户外广告	是				
烟草产品销售点的广告			是		
烟草产品销售点的产品展示			是		
自动售货机	是				
传统电子邮件	是				
电话和移动通信	是				
品牌标志	是				
免费分发的烟草产品	是				
促销礼品	是				
与体育比赛相关的产品	是				
直接针对消费者个人的广告宣传	是				
品牌延伸	是				
反向品牌延伸	是				
类似玩具的烟草产品	是				
类似糖果的烟草制品	是				

表 9-160　毛里求斯公共场所以及工作场所禁烟情况(资料更新至 2016.01)

	完全禁烟区	限制吸烟区	不限制吸烟区	不确定区域	不适用区域
所有工作场所		是			
政府办公区域		是			
医院	是				
居民区卫生保健机构的公共活动区域	是				
居民区卫生保健机构的病房区域	是				
非居民区的卫生保健机构	是				
儿童保育园以及幼儿园	是				
小学和中学	是				
大学及职业教育学校	是				
商店	是				
公共文化设施	是				
室内体育场馆等竞技场所	是				

续表

	完全禁烟区	限制吸烟区	不限制吸烟区	不确定区域	不适用区域
餐厅	是				
酒吧及夜总会等公共娱乐场所	是				
赌场	是				
酒店公共区域	是				
酒店客房				是	
监狱和拘留所及其公共区域				是	
火车、公共汽车等候站等公共区域	是				
出租车	是				
飞机	是				
船舶	是				
其他交通设施	是				

表 9-161　毛里求斯政府对烟草广告、促销以及赞助行为的规定(资料更新至 2016.01)

	完全禁止	部分禁止	允许	不确定	不适用
国内电视台及广播电台	是				
国内报纸及纸质期刊	是				
国内其他类型的印刷媒体	是				
国际电视台及国际广播电台				是	
国际报纸及纸质期刊				是	
互联网络	是				
专业互联网销售网络			是		
户外广告	是				
烟草产品销售点的广告	是				
烟草产品销售点的产品展示		是			
自动售货机	是				
传统电子邮件	是				
电话和移动通信	是				
品牌标志	是				
免费分发的烟草产品	是				
促销礼品	是				
与体育比赛相关的产品	是				
直接针对消费者个人的广告宣传	是				
品牌延伸	是				
反向品牌延伸	是				
类似玩具的烟草产品	是				
类似糖果的烟草制品	是				

表 9-162　巴勒斯坦公共场所以及工作场所禁烟情况（资料更新至 2016.02）

	完全禁烟区	限制吸烟区	不限制吸烟区	不确定区域	不适用区域
所有工作场所		是			
政府办公区域	是				
医院	是				
居民区卫生保健机构的公共活动区域	是				
居民区卫生保健机构的病房区域	是				
非居民区的卫生保健机构	是				
儿童保育园以及幼儿园	是				
小学和中学	是				
大学及职业教育学校	是				
商店	是				
公共文化设施	是				
室内体育场馆等竞技场所	是				
餐厅	是				
酒吧及夜总会等公共娱乐场所	是				
赌场	是				
酒店公共区域	是				
酒店客房				是	
监狱和拘留所及其公共区域	是				
火车、公共汽车等候站等公共区域	是				
出租车	是				
飞机	是				
船舶	是				
其他交通设施	是				

表 9-163　巴勒斯坦政府对烟草广告、促销以及赞助行为的规定（资料更新至 2016.02）

	完全禁止	部分禁止	允　许	不　确　定	不　适　用
国内电视台及广播电台	是				
国内报纸及纸质期刊	是				
国内其他类型的印刷媒体	是				
国际电视台及国际广播电台				是	
国际报纸及纸质期刊				是	
互联网络		是			
专业互联网销售网络			是		
户外广告	是				
烟草产品销售点的广告	是				
烟草产品销售点的产品展示			是		

续表

	完全禁止	部分禁止	允　许	不　确　定	不　适　用
自动售货机		是			
传统电子邮件	是				
电话和移动通信				是	
品牌标志	是				
免费分发的烟草产品	是				
促销礼品	是				
与体育比赛相关的产品	是				
直接针对消费者个人的广告宣传				是	
品牌延伸	是				
反向品牌延伸			是		
类似玩具的烟草产品	是				
类似糖果的烟草制品	是				

表 9-164　塞内加尔公共场所以及工作场所禁烟情况(资料更新至 2016.03)

	完全禁烟区	限制吸烟区	不限制吸烟区	不确定区域	不适用区域
所有工作场所		是			
政府办公区域	是				
医院	是				
居民区卫生保健机构的公共活动区域	是				
居民区卫生保健机构的病房区域	是				
非居民区的卫生保健机构	是				
儿童保育园以及幼儿园	是				
小学和中学	是				
大学及职业教育学校	是				
商店	是				
公共文化设施	是				
室内体育场馆等竞技场所	是				
餐厅		是			
酒吧及夜总会等公共娱乐场所	是				
赌场	是				
酒店公共区域		是			
酒店客房		是			
监狱和拘留所及其公共区域	是				
火车、公共汽车等候站等公共区域	是				
出租车	是				
飞机	是				

续表

	完全禁烟区	限制吸烟区	不限制吸烟区	不确定区域	不适用区域
船舶	是				
其他交通设施		是			

表 9-165 塞内加尔政府对烟草广告、促销以及赞助行为的规定(资料更新至 2016.03)

	完全禁止	部分禁止	允许	不确定	不适用
国内电视台及广播电台	是				
国内报纸及纸质期刊	是				
国内其他类型的印刷媒体	是				
国际电视台及国际广播电台	是				
国际报纸及纸质期刊	是				
互联网络	是				
专业互联网销售网络	是				
户外广告	是				
烟草产品销售点的广告	是				
烟草产品销售点的产品展示	是				
自动售货机	是				
传统电子邮件	是				
电话和移动通信	是				
品牌标志	是				
免费分发的烟草产品	是				
促销礼品	是				
与体育比赛相关的产品	是				
直接针对消费者个人的广告宣传	是				
品牌延伸	是				
反向品牌延伸	是				
类似玩具的烟草产品	是				
类似糖果的烟草制品	是				

表 9-166 塞舌尔公共场所以及工作场所禁烟情况(资料更新至 2016.03)

	完全禁烟区	限制吸烟区	不限制吸烟区	不确定区域	不适用区域
所有工作场所		是			
政府办公区域	是				
医院	是				
居民区卫生保健机构的公共活动区域	是				
居民区卫生保健机构的病房区域	是				
非居民区的卫生保健机构	是				

续表

	完全禁烟区	限制吸烟区	不限制吸烟区	不确定区域	不适用区域
儿童保育园以及幼儿园	是				
小学和中学	是				
大学及职业教育学校	是				
商店	是				
公共文化设施	是				
室内体育场馆等竞技场所	是				
餐厅	是				
酒吧及夜总会等公共娱乐场所	是				
赌场	是				
酒店公共区域	是				
酒店客房		是			
监狱和拘留所及其公共区域	是				
火车、公共汽车等候站等公共区域	是				
出租车	是				
飞机	是				
船舶	是				
其他交通设施	是				

表 9-167　塞舌尔政府对烟草广告、促销以及赞助行为的规定(资料更新至 2016.03)

	完全禁止	部分禁止	允　许	不　确　定	不　适　用
国内电视台及广播电台	是				
国内报纸及纸质期刊	是				
国内其他类型的印刷媒体	是				
国际电视台及国际广播电台	是				
国际报纸及纸质期刊	是				
互联网络	是				
专业互联网销售网络	是				
户外广告	是				
烟草产品销售点的广告	是				
烟草产品销售点的产品展示		是			
自动售货机	是				
传统电子邮件	是				
电话和移动通信	是				
品牌标志	是				
免费分发的烟草产品	是				
促销礼品				是	

续表

	完全禁止	部分禁止	允　许	不确定	不适用
与体育比赛相关的产品	是				
直接针对消费者个人的广告宣传	是				
品牌延伸	是				
反向品牌延伸	是				
类似玩具的烟草产品	是				
类似糖果的烟草制品	是				

表 9-168　苏里南公共场所以及工作场所禁烟情况(资料更新至 2016.07)

	完全禁烟区	限制吸烟区	不限制吸烟区	不确定区域	不适用区域
所有工作场所	是				
政府办公区域	是				
医院	是				
居民区卫生保健机构的公共活动区域	是				
居民区卫生保健机构的病房区域	是				
非居民区的卫生保健机构	是				
儿童保育园以及幼儿园	是				
小学和中学	是				
大学及职业教育学校	是				
商店	是				
公共文化设施	是				
室内体育场馆等竞技场所	是				
餐厅	是				
酒吧及夜总会等公共娱乐场所	是				
赌场	是				
酒店公共区域	是				
酒店客房	是				
监狱和拘留所及其公共区域	是				
火车、公共汽车等候站等公共区域	是				
出租车	是				
飞机	是				
船舶	是				
其他交通设施	是				

表 9-169　苏里南政府对烟草广告、促销以及赞助行为的规定(资料更新至 2016.07)

	完全禁止	部分禁止	允　许	不确定	不适用
国内电视台及广播电台	是				

续表

	完全禁止	部分禁止	允　许	不确定	不适用
国内报纸及纸质期刊	是				
国内其他类型的印刷媒体	是				
国际电视台及国际广播电台				是	
国际报纸及纸质期刊				是	
互联网络	是				
专业互联网销售网络				是	
户外广告	是				
烟草产品销售点的广告	是				
烟草产品销售点的产品展示	是				
自动售货机	是				
传统电子邮件	是				
电话和移动通信	是				
品牌标志	是				
免费分发的烟草产品	是				
促销礼品	是				
与体育比赛相关的产品	是				
直接针对消费者个人的广告宣传	是				
品牌延伸	是				
反向品牌延伸	是				
类似玩具的烟草产品	是				
类似糖果的烟草制品	是				

表 9-170　多哥公共场所以及工作场所禁烟情况(资料更新至 2015.07)

	完全禁烟区	限制吸烟区	不限制吸烟区	不确定区域	不适用区域
所有工作场所		是			
政府办公区域	是				
医院	是				
居民区卫生保健机构的公共活动区域	是				
居民区卫生保健机构的病房区域	是				
非居民区的卫生保健机构	是				
儿童保育园以及幼儿园	是				
小学和中学	是				
大学及职业教育学校	是				
商店	是				
公共文化设施	是				
室内体育场馆等竞技场所	是				

续表

	完全禁烟区	限制吸烟区	不限制吸烟区	不确定区域	不适用区域
餐厅		是			
酒吧及夜总会等公共娱乐场所		是			
赌场	是				
酒店公共区域		是			
酒店客房		是			
监狱和拘留所及其公共区域	是				
火车、公共汽车等候站等公共区域	是				
出租车	是				
飞机	是				
船舶				是	
其他交通设施		是			

表 9-171　多哥政府对烟草广告、促销以及赞助行为的规定(资料更新至 2015.07)

	完全禁止	部分禁止	允许	不确定	不适用
国内电视台及广播电台	是				
国内报纸及纸质期刊	是				
国内其他类型的印刷媒体	是				
国际电视台及国际广播电台	是				
国际报纸及纸质期刊	是				
互联网络	是				
专业互联网销售网络	是				
户外广告	是				
烟草产品销售点的广告	是				
烟草产品销售点的产品展示	是				
自动售货机	是				
传统电子邮件	是				
电话和移动通信	是				
品牌标志	是				
免费分发的烟草产品	是				
促销礼品	是				
与体育比赛相关的产品	是				
直接针对消费者个人的广告宣传	是				
品牌延伸	是				
反向品牌延伸	是				
类似玩具的烟草产品	是				
类似糖果的烟草制品	是				

表 9-172 中国香港公共场所以及工作场所禁烟情况(资料更新至 2015.07)

	完全禁烟区	限制吸烟区	不限制吸烟区	不确定区域	不适用区域
所有工作场所		是			
政府办公区域	是				
医院	是				
居民区卫生保健机构的公共活动区域	是				
居民区卫生保健机构的病房区域	是				
非居民区的卫生保健机构	是				
儿童保育园以及幼儿园	是				
小学和中学	是				
大学及职业教育学校	是				
商店		是			
公共文化设施	是				
室内体育场馆等竞技场所	是				
餐厅	是				
酒吧及夜总会等公共娱乐场所	是				
赌场	是				
酒店公共区域	是				
酒店客房			是		
监狱和拘留所及其公共区域		是			
火车、公共汽车等候站等公共区域		是			
出租车		是			
飞机	是				
船舶	是				
其他交通设施		是			

表 9-173 中国香港政府对烟草广告、促销以及赞助行为的规定(资料更新至 2015.07)

	完全禁止	部分禁止	允许	不确定	不适用
国内电视台及广播电台	是				
国内报纸及纸质期刊	是				
国内其他类型的印刷媒体	是				
国际电视台及国际广播电台				是	
国际报纸及纸质期刊	是				
互联网络	是				
专业互联网销售网络				是	
户外广告	是				
烟草产品销售点的广告	是				
烟草产品销售点的产品展示			是		

续表

	完全禁止	部分禁止	允许	不确定	不适用
自动售货机	是				
传统电子邮件	是				
电话和移动通信				是	
品牌标志	是				
免费分发的烟草产品	是				
促销礼品	是				
与体育比赛相关的产品				是	
直接针对消费者个人的广告宣传			是		
品牌延伸	是				
反向品牌延伸				是	
类似玩具的烟草产品	是				
类似糖果的烟草制品	是				

表 9-174 中国澳门公共场所以及工作场所禁烟情况(资料更新至 2015.07)

	完全禁烟区	限制吸烟区	不限制吸烟区	不确定区域	不适用区域
所有工作场所		是			
政府办公区域	是				
医院	是				
居民区卫生保健机构的公共活动区域	是				
居民区卫生保健机构的病房区域	是				
非居民区的卫生保健机构	是				
儿童保育园以及幼儿园	是				
小学和中学	是				
大学及职业教育学校	是				
商店	是				
公共文化设施	是				
室内体育场馆等竞技场所	是				
餐厅	是				
酒吧及夜总会等公共娱乐场所	是				
赌场		是			
酒店公共区域	是				
酒店客房			是		
监狱和拘留所及其公共区域		是			
火车、公共汽车等候站等公共区域	是				
出租车	是				
飞机	是				

续表

	完全禁烟区	限制吸烟区	不限制吸烟区	不确定区域	不适用区域
船舶	是				
其他交通设施		是			

表 9-175　中国澳门政府对烟草广告、促销以及赞助行为的规定(资料更新至 2015.07)

	完全禁止	部分禁止	允　许	不 确 定	不 适 用
国内电视台及广播电台	是				
国内报纸及纸质期刊	是				
国内其他类型的印刷媒体	是				
国际电视台及国际广播电台				是	
国际报纸及纸质期刊				是	
互联网络	是				
专业互联网销售网络	是				
户外广告	是				
烟草产品销售点的广告	是				
烟草产品销售点的产品展示		是			
自动售货机	是				
传统电子邮件	是				
电话和移动通信	是				
品牌标志	是				
免费分发的烟草产品	是				
促销礼品	是				
与体育比赛相关的产品	是				
直接针对消费者个人的广告宣传	是				
品牌延伸	是				
反向品牌延伸			是		
类似玩具的烟草产品		是			
类似糖果的烟草制品		是			

表 9-176　中国台湾公共场所以及工作场所禁烟情况(资料更新至 2015.07)

	完全禁烟区	限制吸烟区	不限制吸烟区	不确定区域	不适用区域
所有工作场所		是			
政府办公区域	是				
医院	是				
居民区卫生保健机构的公共活动区域		是			
居民区卫生保健机构的病房区域	是				
非居民区的卫生保健机构	是				

续表

	完全禁烟区	限制吸烟区	不限制吸烟区	不确定区域	不适用区域
儿童保育园以及幼儿园	是				
小学和中学	是				
大学及职业教育学校	是				
商店		是			
公共文化设施	是				
室内体育场馆等竞技场所	是				
餐厅		是			
酒吧及夜总会等公共娱乐场所			是		
赌场					是
酒店公共区域		是			
酒店客房	是				
监狱和拘留所及其公共区域	是				
火车、公共汽车等候站等公共区域	是				
出租车	是				
飞机	是				
船舶	是				
其他交通设施		是			

表 9-177　中国台湾对烟草广告、促销以及赞助行为的规定(资料更新至 2015.07)

	完全禁止	部分禁止	允　许	不　确　定	不　适　用
国内电视台及广播电台	是				
国内报纸及纸质期刊	是				
国内其他类型的印刷媒体	是				
国际电视台及国际广播电台				是	
国际报纸及纸质期刊				是	
互联网络	是				
专业互联网销售网络	是				
户外广告	是				
烟草产品销售点的广告	是				
烟草产品销售点的产品展示		是			
自动售货机	是				
传统电子邮件	是				
电话和移动通信	是				
品牌标志	是				
免费分发的烟草产品	是				
促销礼品	是				

续表

	完全禁止	部分禁止	允　　许	不　确　定	不　适　用
与体育比赛相关的产品				是	
直接针对消费者个人的广告宣传	是				
品牌延伸		是			
反向品牌延伸			是		
类似玩具的烟草产品	是				
类似糖果的烟草制品	是				

第十章　部分吸烟与健康报告

10.1　报告1:2015年中国控烟履约进展报告

2015年,中国积极推进控烟履约工作。在《烟草控制框架公约》(以下简称《公约》)履约工作部际协调领导小组的统一领导下,各有关部门根据职责认真落实《中国烟草控制规划(2012—2015年)》,各级政府部门对控烟工作更加重视,民间组织控烟活动更加活跃,全社会支持控烟的氛围逐步形成。可以说,2015年是近年来中国控烟履约出台政策举措最多、措施最严厉、环境变化最显著的一年。

一、政府主导推动控烟履约工作,一系列法律法规及政策措施相继出台或正在积极推进

(一)一系列与控烟履约相关的法律法规及政策措施相继出台

修订实施新《广告法》,广泛禁止烟草广告。2015年4月,新修订的《广告法》正式颁布,9月1日开始实施。新修订的《广告法》明确规定:"禁止在大众传播媒介或者公共场所、公共交通工具、户外发布烟草广告。禁止向未成年人发送任何形式的烟草广告。"与修订前相比,新《广告法》进一步限制了烟草广告的传播范围,不再列举公共场所以及大众传播媒介的类别。此外,还禁止利用其他商品或者服务的广告、公益广告,宣传烟草制品名称、商标、包装、装潢以及类似内容。烟草制品生产者或者销售者发布的迁址、更名、招聘等启事中,不得含有烟草制品名称、商标、包装、装潢以及类似内容。此举被世界卫生组织认为是"政府为保护公众免受烟草使用成瘾之危害所采取的最具成本效益性的措施之一"。

提高卷烟税率,抑制烟草消费。经国务院批准,从2015年5月10日起,提高卷烟消费税。甲、乙类卷烟批发环节从价税税率由5%提高至11%,同时加征从量税0.005元/支。在提高税率的同时,国产卷烟和进口卷烟批发环节平均销售价格提高6%,建议零售价格也同步提高,实行"提税顺价"。此次税收调整使得中国卷烟流转税税负水平提高了8%,税收占零售价的比重达到65.6%。正如《公约》第6条所指出的,"价格和税收措施是减少各阶层人群特别是青少年烟草消费的有效和重要手段。"自《公约》在我国生效的2006年至2015年,国内卷烟加权平均零售价格从5.08元/盒(20支)增加到12.57元/盒(20支),年均增长10.59%。

强化卷烟包装标识警示力度,警示效果不断提高。2015年12月,国家烟草专卖局与国家质检总局联合修订出台了《中华人民共和国境内卷烟包装标识的规定》。新规定要求,健康警语内容增加为三组,且所占面积由过去主要可见部分不少于30%调整为"不应小于其所在面的35%",加大警语字体、增强警语区内文字与警语区背景色差值。同时,新规定还要求,卷烟包装体上及内附说明中禁止使用误导性语言,"低危害""淡味""柔和""低焦油"等描述用语均禁止使用。国家局于2015年年初先行对部分卷烟包装标识进行调整,对"红金龙"(软长城)、"黄金龙"(硬)、"芙蓉"(黄)、"大丰收"(软)、"中南海"(浓味)、"红山茶"(软)等6个卷烟规格实行扩大警语占用面积、加大警语字体、增强颜色对比度并印制"请勿在禁烟场所吸烟"警示标识等

措施，以增强包装标识的警示效果。

（二）一系列与控烟履约相关的法律法规正在酝酿过程中

《公共场所控制吸烟条例》列入国务院预备立法项目。2015年9月，国务院办公厅印发《国务院2015年立法工作计划》，《公共场所控制吸烟条例》位列其中。此前，国务院法制办已将由卫计委起草的《公共场所控制吸烟条例（送审稿）》及起草说明全文公布，并于2014年11月24日至12月23日公开征求社会各界的意见和建议。根据该送审稿，国内未来所有室内公共场所一律禁止吸烟，且体育、健身场馆的室外观众座席、赛场区域，公共交通工具的室外等候区域等全面禁烟。同时，以未成年人为主要活动人群的公共场所的室外区域，高等学校的室外教学区域，妇幼保健机构、儿童医院、妇产医院的室外区域全面禁止吸烟。该送审稿指出，凡是没有设立吸烟点的公共场所室外区域，均属于全面禁止吸烟的场所。除对公共场所吸烟进行严格限定外，该送审稿还特别要求，烟草制品生产者应在包装上印有文字和图形警示，且图形警示面积不得小于包装面积的一半。

《慈善法》涉及烟草捐赠内容征询各方意见。在《慈善法（草案）》的酝酿过程中，涉及烟草捐赠赞助条款引起了广泛讨论，各方面都充分表达了各自的立场及建议。经过充分酝酿和沟通交流，目前《慈善法》已在十二届全国人大四次会议上表决通过，并将于2016年9月1日起施行。《慈善法（草案）》中关于烟草捐赠的内容为“任何组织和个人不得利用慈善捐赠，宣传烟草制品及其生产者、销售者等法律法规禁止宣传的事项。”第二次审议稿修改稿为：“任何组织和个人不得利用慈善捐赠，以任何方式宣传烟草制品及其生产者、销售者以及法律法规禁止宣传的其他产品和事项。”最终涉及烟草捐赠赞助的内容确定为：“任何组织和个人不得利用慈善捐赠违反法律规定宣传烟草制品，不得利用慈善捐赠以任何方式宣传法律禁止宣传的产品和事项。”

《互联网广告监督管理暂行办法》发布征求意见稿，拟禁止利用互联网发布烟草广告。在国家工商总局发布的《互联网广告监督管理暂行办法（征求意见稿）》第十八条中明确规定：“禁止利用互联网发布处方药、烟草的广告。各类网站不得采用任何形式链接处方药生产销售企业、烟草生产销售企业自有网站、网页，搜索引擎网站不得为此类网站、网页提供付费搜索广告服务。”

（三）政府机关和国家公务人员积极践行和推动控烟履约相关工作

开展无烟场所创建活动，政府机关发挥示范引领作用。为进一步强化示范效应，重点针对政府机关、医院、学校开展创建“无烟单位”活动，尤其是大力推动领导干部带头在公共场所禁止吸烟，创建“无烟政府”。目前全国共有北京、上海、河南、湖北、广西、河北六个省（市、区）带头在全省（市、区）党政机关创建“无烟政府”。其中，北京市要求，市和区、县人民政府加强对控制吸烟工作的领导，将控制吸烟工作纳入国民经济和社会发展规划，保障控制吸烟工作的财政投入，推进控制吸烟工作体系建设。开展控烟示范单位的创建活动，要求示范单位室内、室外都禁止吸烟，全市计划建设300个控烟示范单位。

“两会”代表、委员积极提交与烟草控制有关的建议、提案。2015年“两会”期间，全国人大代表、政协委员共提交9件关于烟草控制的建议（3件）和提案（6件），占所有与烟草行业有关建议和提案总数的三分之二。其内容主要涉及以下方面：加大力度，尽早实现我国室内公共场所全面禁烟；卷烟产品采用全警示包装，有效削弱烟盒广告效应，减少烟草消费；烟盒印制警示图案让烟草远离青少年；提高我国烟草税收和卷烟零售价格，并将烟草税收的一部分（20%），补贴卫生经费或医保基金；加强对电子烟的监督管理；烟草行业政企分开等。

（四）地方出台控烟法规渐趋广泛和严格

截至2015年年底，全国共有18个城市在《公约》生效后制定实施了控烟相关立法，对室内公共场所禁止吸烟做出规定。2014—2015年，北京、西宁、深圳、兰州、长春、唐山、福州7个城市出台了新的控烟立法。此外，2015年，杭州市人大常委会评估组提交立法后评估报告建议修改《杭州市公共场所控制吸烟条例》；上海市控烟条例修订已列入人大立法预备项目。

自2015年6月1日起施行的《北京市控制吸烟条例》是目前中国最严格的一部地方性控烟法规。世界卫生组织驻华代表评价其"是中国烟草控制的重大突破，为其他地方性无烟立法的制定或修订设立了新的标杆。"该条例规定，公共场所、工作场所的室内区域以及公共交通工具内禁止吸烟；诸如幼儿园、中小学校、妇幼保健机构、儿童医院等公共场所、工作场所的室外区域禁止吸烟。违者将被处以个人最高200元，单位最高10000元的罚款。为了推动该条例的实施，北京市动员上万名志愿者参与控烟监督和劝阻、宣传，并于2015年11月底全面启动"每周三、来控烟"控烟志愿行动。据中国控烟协会调查显示，北京公共场所无烟环境明显好转，公众对该条例的知晓率由43.43%提高到82.64%，对控烟的满意度由42.26%提高到81.3%。截至2015年11月底，北京市公共场所吸烟人数比例由11.3%下降到3.8%，共有217家单位和98人因违规吸烟受到处罚，累计罚款57万余元。由于北京市在控烟方面所做的努力和取得的成效，世界卫生组织授予北京市政府"世界无烟日奖"，北京最严控烟行动入选由健康时报社发起评选的2015年十大健康新闻。

二、民间组织积极参与和影响控烟活动，成为推动中国控烟履约的重要力量

（一）推动国家层面公共场所控烟立法及实施图形警示上烟包，成为民间控烟组织目前着力追求的重点目标

鉴于由卫计委起草的《公共场所控制吸烟条例（送审稿）》已报送国务院，并被列入国务院预备立法项目，2015年民间控烟组织明显加大全国性的研究和调查工作的强度，力图搜集更多我国烟草流行相关数据，并通过多渠道发声，为推动通过国家层面的公共场所控烟立法提供更多的信息支撑。

2015年8月，《2013—2014中国部分城市成人烟草调查报告》公开发布。该报告是由美国疾病控制预防中心（CDC）、国际防痨和肺部疾病联合会以及艾默瑞大学提供资金支持，中国疾病预防控制中心在北京、天津等14个城市开展烟草流行调查的基础上形成的。该报告建议推动地方和国家层面的全面控烟立法，使无烟公共场所成为社会常态；完善戒烟服务体系，提高烟草制品价格等。

2015年10月，世界卫生组织、国际烟草控制政策评估项目（ITC项目）和中国疾病预防控制中心联合发布了《中国无烟政策——效果评估及政策建议》。根据其调查，中国无烟政策获得了相对高的群众包括吸烟者支持：在每个调查城市，接近或超过一半吸烟者支持室内工作场所全面禁烟，三分之一以上的吸烟者支持餐厅完全禁烟。该报告称其研究证明"中国迫切需要全国性无烟立法"，建议尽快通过并实施《公共场所控制吸烟条例（送审稿）》。

2015年12月，中国疾病预防控制中心发布了《2015中国成人烟草调查报告》。报告建议尽快通过国家级全面无烟法规；进一步提高卷烟税率，降低烟草消费；强化控烟宣传，力推图形警示上烟包；落实新《广告法》、完善《慈善法》，全面禁止烟草广告、促销和赞助；加强戒烟服务网络建设，提高戒烟能力等。

（二）持续开展控烟大众传播活动，媒体积极参与和配合引导社会舆论

媒体优秀控烟作品评选是中国烟草控制大众传播活动的重要策略之一。2015年，参加优秀控烟作品评选活动的总量达11084部，控烟作品范围越来越广，内容从单纯的烟草危害扩展到控烟立法、公共场所禁烟、烟草广告、烟盒包装警示等，报道频率不断增加，深度报道、新闻专题的比重不断上升。截至2015年，由中国健康教育中心承办的中国烟草控制大众传播活动已经持续了7年，通过组织系列活动，形成了强大的传播合力，在推进公共政策、引导公众舆论等方面发挥了积极作用。

（三）大力推广无烟企业项目合作，不断扩大影响力

"无烟城市共创无烟企业项目"由美国艾默瑞大学全球健康研究所中国控烟伙伴项目、美国国家癌症研究所和中国民间控烟机构新探健康发展研究中心共同发起，并设立"无烟企业奖"。该项目旨在保护非吸烟者免受公共场所的二手烟暴露，并支持吸烟者戒烟。来自鞍山、长春、杭州、克拉玛依、青岛、唐山6个城市的21家知名企业分别获得"最佳无烟企业奖""最佳无烟政策实施奖""最佳无烟政策执行奖""最佳戒烟支持奖"4个奖项。该项目在中国大量争取企业人员支持控烟，截至2015年9月，已招募了240多家企业超过40

万名员工的支持。该项目还积极向企业提供关于控烟的宣传培训，在各地大力推广无烟企业项目合作，不断改善项目成果。

（四）中国控烟协会完成换届，卫生教育法律等各界人士共同参与

2015年10月，中国控烟协会召开第五届会员代表大会，原卫生部副部长、第四届会长黄洁夫离任，心血管病专家、北大人民医院心血管病研究所所长胡大一当选第五届会长。胡大一表示，第五届会员将进一步发挥协会优势，协助加快控烟法制建设步伐，推动控烟走上法治化管理的轨道，并促进全社会控烟工作的广泛深入开展。同时，应把控烟作为一个新的学科，建立控烟大数据库。

（五）国际合作及国外基金资助更加深化，力图影响国内控烟政策

国外尤其是美国的一些非政府组织和慈善基金，对中国的一些民间组织及其所开展的控烟活动给予大力资金支持。国外基金资助的中国控烟项目，更多地关联到政府主管的卫生事业单位、高等院校、研究机构，并力图通过游说各级政府工作人员、人大代表及政协委员等，以达到影响控烟政策的目的。据不完全统计，截至2015年12月底，仅布隆伯格基金会及比尔及梅琳达・盖茨基金会两家基金会在中国累计资助94个控烟项目，总经费超过5015万美元，仅2015年资助项目就达12个，总经费约为775万美元，重点为公共场所控烟提供立法支援。

三、烟草行业认真贯彻落实《公约》规定的责任和义务，积极推动控烟履约工作

烟草行业在履约工作部际协调领导小组的统一领导下，强化责任担当，统筹烟草控制与行业发展的关系，坚持烟草控制做减法，在控烟履约方面开展了卓有成效的工作。

（一）全行业认真执行经国务院批准的卷烟提税顺价重大决策，加大调控力度，减缓生产进度，均衡商业批发，实现卷烟零售价格顺价到位

2015年，全国卷烟销量比上一年减少600.5亿支，降幅为2.36%，有效达到了通过提高税收和价格来控制烟草的目的。同时，减少供给，2015年比2014年卷烟生产减少228.5亿支，下降0.88%；烟叶生产及收购量同比减少5万吨，下降2.22%。

（二）坚持以维护消费者利益为着力点，认真履行降焦减害提高品质的行业责任

稳步推进降焦减害工作，卷烟焦油加权平均值和卷烟危害性指数持续降低。坚持履行《公约》关于加强烟草制品成分管制和披露的规定，强化烟草制品质量监督，提高对添加剂、原辅材料和烟草制品内在成分、燃烧释放物的检测检验能力。组织对烟用添加剂、烟用接装纸、烟用香精香料、卷烟纸等物品的市场监督检查和专项检测工作，确保添加剂及材料的安全使用。

（三）认真履行《公约》第15条"烟草制品非法贸易"相关要求，持续保持打击烟草制品非法贸易高压态势

充分发挥烟草与公安、海关、工商等部门联合打假打私工作机制作用，保持高压态势，强化综合治理，部署开展专项整治"百日行动"，坚决遏制假烟和走私烟反弹势头。全年查处案值5万元以上案件2966起，破获国际网络案件992起，收缴制假烟机293台，查获烟丝烟叶1.42万吨、假烟15.72万件、走私烟7.62万件，依法拘留7486人、追究刑事责任4187人。切实加强卷烟零售市场监管特别是互联网涉烟监管工作，组织开展有针对性的零售市场专项清理行动，有效遏制利用互联网进行涉烟违法犯罪行为逐步蔓延的势头。全国非法卷烟占国内市场的比重控制在4%以内，保持全球领先水平。

（四）下发《国家烟草专卖局、中国烟草总公司关于严格贯彻落实修订后广告法的通知》，加强对新修订《广告法》的宣传培训和贯彻落实

同工商部门密切配合、依法行政，提前主动自查整改，切实强化行业自我约束和监管，采取切实有效措

施，不折不扣贯彻落实新《广告法》的各项规定。

(五) 坚决贯彻落实《关于领导干部带头在公共场所禁烟有关事项的通知》精神

各级领导干部带头加强自律，严格规范行为，带头做好公共场所禁烟各项工作。国家局机关带头建设无烟办公楼，以实际行动认真落实北京市公共场所禁烟的各项规定。

(六) 采取措施防止未成年人接触烟草

认真履行《公约》关于禁止向未成年人销售和由未成年人销售烟草制品的规定，禁止在境内设立自动售烟机。明确要求烟草配送企业及所辖范围的卷烟零售客户在柜台的醒目位置摆放"禁止中小学生吸烟，不向未成年人售烟"的警示牌，自觉做到不向未成年人出售卷烟，并将其作为专卖管理的一项重要内容加强监督检查。此外，与宋庆龄基金会合作，连续开展"太阳花杯"劝阻青少年吸烟系列公益活动，加强对青少年自觉不吸烟的宣传、教育和引导，取得了良好社会效果。

通过近些年社会各界在控烟履约方面的积极努力，据中国疾病预防控制中心《2015 中国成人烟草调查报告》及其他资料显示，目前中国烟草使用流行情况呈现以下三个特点：第一，吸烟率整体虽处于较高水平，但呈现出缓慢下降的趋势。2015 年我国男性的吸烟率为 52.1%，女性的吸烟率为 2.7%，整体吸烟的比例为 27.7%。与 2010 年吸烟率 28.1%相比，整体略有下降。第二，二手烟暴露情况有所改善，公众对于二手烟危害的认知不断提高。与 2010 年相比，室内工作场所的二手烟暴露率由 63.3%降至 54.3%；家中由 67.3%降至 57.1%；政府大楼从 54.9%降至 38.1%；医疗机构从 36.8%降至 26.9%；公共交通工具从 34.1%降至 16.4%，中小学(室内和室外)从 34.6%降至 17.2%；餐馆从 87.6%降至 76.3%。第三，吸烟者戒烟行为变化不明显，但戒烟服务水平有所提高。在所有每日吸烟者中，已戒烟的比例为 14.4%，与五年前相比无明显变化。吸烟者计划在未来一年内戒烟的比例为 17.6%。同时，医务人员向吸烟者提供戒烟建议的比例超过 50%，较 2010 年增长近一倍。政府支持在全国推广和建设戒烟门诊和戒烟服务热线，引入戒烟干预技术，开展戒烟专业医师资质认证培训，并更新了中国戒烟临床指南。

国家局经济研究所　张小乐

10.2　报告 2:2016 年中国控烟履约进展报告

2016 年，是联合国 2030 年可持续发展议程实施的第一年，也是我国"十三五"的开局之年。一年来，中国的控烟履约工作在法治的轨道上继续有序推进，国家控烟履约的政策导向更加明晰，各级政府部门对控烟工作更加重视，民间组织的控烟活动持续活跃，各项控烟履约政策措施的整体效应逐步显现。

一、2016 年中国控烟履约进展

(一) 顶层设计为今后一段时期的控烟履约工作指明方向

2016 年，是我国进入全面建成小康社会决胜阶段的开局之年。从《国民经济和社会发展"十三五"规划纲要》、《"健康中国 2030"规划纲要》到《"十三五"卫生与健康规划》，国家层面的战略和政策导向协同配套、明确清晰，可以说是对我国今后一段时期的控烟履约工作起到了夯基垒台、立柱架梁的作用。

2016 年 3 月，《"十三五"规划纲要》发布，提出"大力推进公共场所禁烟"。与《"十二五"规划纲要》中"全面推行公共场所禁烟"的表述相比，由"全面推行"改变为"大力推进"，明确传递了国家对于控烟履约工作一以贯之和坚定不移的政策信号。

2016 年 9 月，我国召开了新世纪第一次全国卫生与健康大会。习近平总书记发表重要讲话，从国家发展的战略和全局高度，深刻阐述了建设健康中国的总体要求、目标任务，强调"把人民健康放在优先发展战略地位，努力全方位全周期保障人民健康”。10 月，中共中央、国务院印发《“健康中国 2030”规划纲要》，倡导全社会要增强责任感、使命感，全力推进健康中国建设，提出“以提高人民健康水平为核心，把健康融入所有政策”的指导思想。在其中第五章第二节“开展控烟限酒”中提出了明确的控烟方略：“全面推进控烟履约，加大控烟力度，运用价格、税收、法律等手段提高控烟成效。深入开展控烟宣传教育。积极推进无烟环境建设，强化公共场所控烟监督执法。推进公共场所禁烟工作，逐步实现室内公共场所全面禁烟。领导干部要带头在公共场所禁烟，把党政机关建成无烟机关。强化戒烟服务。到 2030 年，15 岁以上人群吸烟率降低到 20%。”

为推进健康中国建设，根据《“十三五”规划纲要》和《“健康中国 2030”规划纲要》，12 月 27 日，国务院印发《“十三五”卫生与健康规划》，在“深入开展全民健康教育和健康促进活动”部分提出：“全面推进控烟履约工作，加快控烟立法，大力开展无烟环境建设，全面推进公共场所禁烟，强化戒烟服务，预防和控制被动吸烟。健全健康素养和烟草流行监测体系，15 岁以上人群烟草流行率控制在 25%以下。”

（二）一系列与控烟履约相关的法律法规及政策措施相继实施或正在酝酿过程中

2016 年 9 月 1 日，《慈善法》正式施行。其中第四十条第二款涉及烟草捐赠赞助的内容为：“任何组织和个人不得利用慈善捐赠违反法律规定宣传烟草制品，不得利用慈善捐赠以任何方式宣传法律禁止宣传的产品和事项。”

2016 年 9 月 1 日，《互联网广告监督管理暂行办法》正式施行。其中第五条规定：“法律、行政法规规定禁止生产、销售的商品或者提供的服务，以及禁止发布广告的商品或者服务，任何单位或者个人不得在互联网上设计、制作、代理、发布广告。禁止利用互联网发布处方药和烟草的广告。”第二十一条规定：“违反本办法第五条第一款规定，利用互联网广告推销禁止生产、销售的产品或者提供的服务，或者禁止发布广告的商品或者服务的，依照广告法第五十七条第五项的规定予以处罚；违反第二款的规定，利用互联网发布处方药、烟草广告的，依照广告法第五十七条第二项、第四项的规定予以处罚。”

2016 年 10 月 1 日，《中华人民共和国境内卷烟包装标识的规定》正式施行。与之前 2007 年的版本相比，该规定在警语数量、警示力度、警语面积、对比度等方面均有进一步强化。

2016 年 11 月 16 日，国家卫生计生委联合九部委发布《关于加强健康促进与教育的指导意见》。其中第十二部分“倡导健康生活方式”中提出，“全面推进控烟履约，加大控烟力度，运用价格、税收、法律等手段提高控烟成效。深入开展控烟宣传教育，全面推进公共场所禁烟工作，积极推进无烟环境建设，强化公共场所控烟监督执法。到 2020 年，15 岁及以上人群烟草使用流行率比 2015 年下降 3 个百分点。强化戒烟服务。”

2017 年 1 月 11 日，国家卫生计生委出台《“十三五”全国健康促进与教育工作规划》。该规划将控烟与健康影响评价评估、健康素养促进、健康科普、健康促进与教育体系建设工程并列为五大专项行动。其中开展控烟专项行动的内容为：“深入开展控烟宣传教育，创新烟草控制大众传播的形式和内容，提高公众对烟草危害的正确认识，促进形成不吸烟、不敬烟、不送烟的良好社会风尚。推进公共场所控烟工作，努力建设无烟环境，推动无烟环境立法，强化公共场所控烟主体责任和监督执法，逐步实现室内公共场所全面禁烟。深入开展建设无烟卫生计生系统工作，发挥卫生计生系统示范带头作用。强化戒烟咨询热线和戒烟门诊等服务，提高戒烟干预能力。推动相关部门加大控烟力度，运用价格、税收、法律等手段提高控烟成效。”

（三）地方控烟法规渐趋严格

截至 2016 年底，全国共有 18 个城市在《公约》生效后制定实施了控烟相关立法，虽然控烟立法的城市数量相较 2015 年并没有新的增加，但在室内公共场所禁止吸烟方面的要求却更加严格。从执行情况看，缺少专项控烟执法经费或执法人员不足、单位或场所不配合以及劝阻不到位，是当前控烟执法中遇到的两个主要困难。

北京：在控烟执法方面坚持政府管理、单位负责、个人守法、社会监督的原则，采取政府与社会共同治理、管理与自律相互结合。据北京市卫生监督所通报，自 2015 年 6 月《北京市控制吸烟条例》开始实施至 2016 年 11 月底，北京共出动控烟卫生监督人员超 25 万人次，共处罚失责单位 663 户，罚款 183.6 万元；处罚 2719 人，罚款 14.25 万元。仅 12320 热线收到的控烟投诉举报就达 25162 件，餐厅、写字楼、医院、车站、出租车等公共场所，吸烟违法行为的发现率为 6.7%，不合格单位比例为 8.9%。尽管控烟的执法监督工作一直在“持续高强度地开展”，控烟执法专项财政经费高达 713.71 万元，但北京市卫生监督部门坦承北京公共场所控烟工作仍有很多难点：“管理上存在大量真空地带，违法行为也随之增多，执法的工作量非常大。”

上海：上海市人大常委会于 2016 年 11 月 11 日通过了《上海市公共场所控制吸烟条例》修正案，将于 2017 年 3 月 1 日起施行。根据该条例，上海市控烟工作实行“限定场所、分类管理、单位负责、公众参与、综合治理”的原则，由卫生计生行政部门作为公共场所控烟工作的主管部门。《修正案》在原条例限定室内公共场所禁烟的基础上，扩大了室内公共场所禁烟范围，明确“室内公共场所、室内工作场所、公共交通工具内禁止吸烟”，也扩大了室外公共场所禁烟范围，明确诸如以未成年人为主要活动人群的公共场所、人群聚集的公共交通工具等候区域等公共场所的室外区域禁止吸烟。但《修正案》也指出：“因特殊情况设置的室内吸烟室的具体要求，由市人民政府作出规定”。

深圳：根据《深圳经济特区控制吸烟条例》，原有两类室内公共场所（酒吧、歌舞厅等歌舞娱乐场所和茶艺馆、按摩、洗浴等休闲服务场所）作为限制吸烟场所，至 2016 年 12 月 31 日在近两年的过渡期限届满后禁止吸烟。即从 2017 年 1 月 1 日起，深圳限制吸烟场所实施全面禁烟。

此外，2016 年云南省政府将《云南省公共场所禁止吸烟的条例》列入了省政府的立法计划。

（四）各类健康专题会议均呼吁进一步加大控烟力度

(1) 2016 年 11 月 21 日，第九届全球健康促进大会在上海召开。李克强总理在大会致辞中表示，我国将切实把卫生与健康放在优先发展的战略地位，促进人民健康与经济社会协调发展。新中国成立特别是改革开放以来，我们在经济发展水平还不高的条件下，走出了一条符合中国国情的卫生与健康发展道路。要坚持共同但有区别的责任等原则，提高发展中国家参与的代表性和发言权，推动全球健康治理更加公正合理。世界卫生组织总干事陈冯富珍在主旨发言中以近五分之一的篇幅直接论及烟草控制问题，并呼吁在烟草控制方面做出更多努力——“要改变人们赖以选择其生活方式的环境需要政府做出非凡的承诺”。此次大会通过的《上海宣言》明确提出：“不要将商业利益凌驾于人们的健康之上”。

(2) 2016 年 11 月 7 日至 12 日，世界卫生组织《烟草控制框架公约》第七届缔约方大会在印度举行，此次大会议题多达 38 项，为历年之最，涉及排除烟草业干扰、最大限度增加代表团透明度、《消除烟草制品非法贸易议定书》、烟草业责任和赔偿、加强烟草制品成分管制和披露、电子烟监管、法律事务、贸易投资、履约报告审查、烟草种植替代等诸多方面。中国代表团在外交部的带领下，准备充分、协调积极、配合密切，既坚持原则又适度灵活，有理有利有节表达立场、关切和意见，拿出了“中国方案”，发出了“中国声音”，成功实现了预期。

(3) 2016 年 9 月 23 日至 25 日，由亚太国家和地区的非政府控烟组织倡导发起的第 11 届亚太控烟大会在北京召开，大会主题为“消除烟草危害，保护健康权益”，来自 27 个国家和地区的 800 余名代表参会，国家卫计委副主任王贺胜出席大会并讲话。该会议就监测烟草流行，无烟环境和无烟立法，烟草税收和价格，烟盒包装，全面禁止烟草广告、促销和赞助，打击烟草非法贸易等专题进行了深入的讨论。并通过控烟宣言，倡导亚太各国共同努力，未来五年实现人群吸烟率下降 5%、增加烟草税收比率至 75%的目标。

（五）民间控烟活动持续开展，但存在一定的偏激倾向

2016 年，民间控烟组织和相关人士积极参与控烟活动，在提高全民健康意识、搜集烟草流行数据、提供戒烟帮助、树立社会行为规范等方面发挥了有效作用，并通过各种渠道发声，希望能够更大程度地在国家政策层面影响中国的控烟履约工作，但也在一定程度上存在不顾国情、曲解《公约》的过激倾向。例如，一些控烟组织和个人强烈建议室内百分之百禁止吸烟，同时力推卷烟包装增加图形警示；完全否定烟草行业在控烟履约方面所做工作的客观事实，甚至公开呼吁国家烟草专卖局立即退出国家履约部际协调小组，诋毁烟草行业的社会形象。

（六）戒烟服务水平有所提高，但吸烟者戒烟行为变化不明显

目前，我国共有31个省区市的医院，特别是三甲医院和大型综合医院开设了专门的戒烟门诊。以北京为例，全市戒烟门诊已经发展到68家，其中提供包括药物治疗在内的完整戒烟服务的有27家。中国疾控中心控烟办评估显示，这些戒烟门诊年均戒烟人数仅73例，全国只有6家达到了每年200例戒烟的项目要求。2016年，世界卫生组织在北京中日友好医院设立WHO戒烟与呼吸疾病预防合作中心，成为我国唯一一家致力于戒烟与呼吸系统疾病预防的与WHO合作机构。

尽管戒烟服务水平有所提高，但总体来看，吸烟者戒烟行为变化仍不明显。据统计，北京市2016年底的成人吸烟率为22.3%，与2014年的23.4%相比下降了1.1个百分点。2016年，北京举办了健康北京戒烟大赛，在最高2万元大奖的鼓励下，共有8857人报名参加，其中656人达到持续100天的要求，申报戒烟成功，比率为7.4%。

二、烟草行业认真履行《公约》责任和义务，扎实推进控烟履约工作

在履约工作部际协调领导小组的统一领导下，国家烟草专卖局按照职责分工，结合行业实际，坚持“烟草控制做减法”，取得显著成效。

(1) 认真执行国家计划，精准实施产业调控。认真贯彻落实党中央、国务院关于供给侧结构性改革的重大决策部署，研究制定《烟草行业落实“三去一降一补”重点任务行动方案(2016—2018年)》，明确规定国内卷烟工业产能实现零增长；烟叶生产规模控制在4100万担/年以下。2016年国内卷烟销量同比减少278万箱，降低5.6%。认真执行国家税收和价格政策，努力通过结构提升、降本增效等，确保全年上缴财政总额超过1万亿的目标实现。在烟叶收购量同比减少286万担的情况下，实现烟农总收入660亿元，烟农户均收入达到4.92万元、同比增加0.43万元，有力支持了烟区发展，有力促进了精准扶贫、精准脱贫落地。

(2) 严厉打击烟草制品非法贸易。打击烟草制品非法贸易是履行《公约》的重要组成部分，是《议定书》的基本要求，也是执行我国《烟草专卖法》及其实施条例的重要举措。烟草行业坚持完善打假打私体系建设，把打击烟草制品非法贸易摆在突出重要位置。加大源头治理力度，加大案件侦破力度，加大打击走私力度，烟草制品非法贸易得到进一步遏制。2016年，全国共查处案值5万元以上假烟案件3884起，破获国际网络案件987起，收缴制假烟机346台，查获烟丝烟叶1.37万吨、假烟17.87万件、走私烟11.28万件，依法拘留8299人、追究刑事责任4323人。卷烟市场净化率继续保持在96%以上，处于全球领先水平。

(3) 严格卷烟包装标识规范管理。《中华人民共和国境内卷烟包装标识的规定》(以下简称《规定》)2016年10月1日正式施行，在警语数量、警示力度、警语面积、对比度等方面进一步强化。行业严格执行《规定》要求，精心组织、稳步推进，对919个国产内销卷烟规格(含雪茄烟109个)进行了集中审核，认真做好政策宣贯、解读和实施工作，确保新老包装的顺利过渡和《规定》的实施落地。

(4) 做好烟草制品成分管制相关工作。加大科技创新工作力度，开展致瘾性、降低烟草危害等方面的科学研究，不断降低烟草制品焦油和其他有害成分的含量。加强专业机构建设和科研合作交流，烟草制品成分和燃烧释放物的检测项目不断增加、范围不断拓展、方法不断改进，各省级烟草质检机构实验室体系建设进一步完善，各卷烟工业企业检测能力、管理水平和科研水平进一步提升。2016年共组织对65个品牌401个规格卷烟、37家滤棒供应企业的87个产品、10家国内外卷烟纸生产企业的128个产品以及1074余批次烟叶等级进行了监督检查，产品质量安全体系建设得到进一步加强。

(5) 防止未成年人接触烟草。坚决落实《公约》及国内法律相关规定，加强监督检查，严禁向未成年人销售和由未成年人销售烟草制品，禁止在境内设立自动售烟机，禁止通过互联网非法销售烟草制品，明确将中小学校周围列入不予发放烟草专卖零售许可证范围，明确要求卷烟零售客户在柜台的醒目位置摆放“禁止中小学生吸烟，不向未成年人售烟”警示牌。

(6) 深化控烟履约相关研究工作。结合我国控烟履约实际，配合立法部门做好相关法律法规制定工作，包括《慈善法》《互联网广告管理暂行办法》、烟叶税法立法工作等。积极开展《议定书》研究，包括各国批准

情况、烟草制品跟踪与追溯机制等。积极开展电子烟发展情况及监管模式研究等。掌握《公约》全球发展趋势和世界各国控烟动态，深入了解和借鉴各缔约方控烟履约工作的思路、措施和经验。

(7) 参加《公约》第七届缔约方大会。围绕本届大会内容，行业组织专家对相关议题进行了深入细致的研究，及时提供专业参谋和智力支持，配合完成与会任务，有效维护了国家利益。

三、2017 年行业控烟履约工作建议

在当前国家控烟履约政策导向明晰、国内控烟履约工作趋向全面深入的形势下，为更好地推进我国烟草控制工作，进一步提升烟草行业控烟履约形象，对下一步控烟履约工作提出如下几点建议。

1. 始终坚持依法控烟履约

严格按照《烟草专卖法》、《烟草控制框架公约》、新《广告法》、《慈善法》、《互联网广告监督管理暂行办法》、《中华人民共和国境内卷烟包装标识的规定》、《关于领导干部带头在公共场所禁烟有关事项的通知》等一系列与烟草控制相关的法律法规及政策措施，以及国家局在“履约工作部际协调领导小组”中所承担的责任，遵循“法定职责必须为、法无授权不可为”的原则，认真履行相关要求和义务，始终坚持在法治的轨道上促进控烟履约工作有序推进。同时，也要注意防止一些控烟组织以超越《公约》义务、超越法律法规要求的标准来苛责我国和行业所做的控烟履约工作。

2. 积极参与控烟相关规则的制订

在《“健康中国 2030”规划纲要》、《“十三五”卫生与健康规划》等一系列国家层面的控烟履约政策导向下，出台下一阶段烟草控制中长期规划及全国范围的《公共场所控制吸烟条例》等执行落实层面工作已是箭在弦上。对此，行业一是要着力做好烟草控制中长期规划编制等基础性工作。应加强研究队伍建设，深化控烟履约研究，在分析控烟形势、评估控烟影响、确立控烟目标、明确控烟任务等方面做出科学全面的判断；二是要积极主动参与控烟领域各种相关规则的制订，提高话语权、增强影响力。应加强与有关部门交流，充分表达自身立场和重大关切，统筹烟草作为合法产业的可持续发展和依法控烟的有序推进，兼顾国家利益、消费者利益和社会公众健康利益的协调平衡，尽最大可能为行业争取相对宽松和理性的外部发展环境；三是要推动全面发挥履约工作部际协调领导小组在控烟履约工作中的主导作用，努力将烟草控制中长期规划和其他控烟政策都纳入国家八部门组成的“履约工作部际协调领导小组”框架下制订，构建多部门综合控烟履约政策体系，承担与我国自身国情实际相适应的履约责任，确保履约工作不对我国烟草业造成实质性影响。

3. 切实回应消费者的健康诉求

要充分认识到控烟趋势的不可逆转和消费者对于健康更迫切的诉求，主动推进卷烟产品供给侧结构性改革，大力实施科技创新战略，将降低烟草危害作为行业控烟履约义不容辞的责任。坚持以减少烟草吸入量、卷烟焦油含量及其他有害成分为主线，既有效满足消费者需求，又有效维护消费者健康，努力打造中式卷烟品牌消费认同新优势和科技减害新优势。主动顺应公共场所控烟大趋势，工商合力推进消费环境建设，在法律许可的范围内，努力为消费者创造便利、和谐、文明的吸烟环境，在更大范围、更大力度地倡导和促进文明吸烟，依法维护消费者尊严。

4. 充分展现行业负责任的控烟形象

作为控烟大家庭的一员，烟草行业长期以来认真履行国家专卖和控烟履约的职能，在落实卷烟计划管理、降低烟草危害、加强烟草种植替代、完善税收价格政策、打击烟草制品非法贸易等方面发挥了积极的富有建设性的且不可替代的作用。维护国家利益和消费者利益，本身就是中国烟草对国家、社会承担的最大责任和历史担当。要加强宣传引导，展现出行业完整、鲜明、积极的控烟履约形象，使社会公众正确认识烟草控制工作，理性看待烟草行业改革发展，努力争取社会各界的理解和支持。

（国家烟草专卖局经济研究所　张小乐　陈辰）

10.3　报告3:吸烟有害健康,结论有那么简单吗?

据称,烟草界一位知名人士在接受美刊《Tobacco reporter》(《烟业通信》)记者Taco Tuinstra的采访时对于吸烟与健康有过这样一段精彩的谈话:"要确定吸烟对健康的危害程度是很困难的,斯大林和毛主席都曾经大量吸烟,但他们的寿命都很长……我们需要有一种公平的讨论,一辆汽车释放的烟雾量是卷烟的200倍,但人们不会放弃开车。

烟草也具有危害性,但烟民总是会存在——这是一个实事。作为一个负责任的卷烟生产企业,我们的工作就是要生产一种较为安全的卷烟,正像汽车生产商通过开发催化剂、使用更高标号的燃料让汽车排放更少危害的尾气。"(摘译自《Tobacco Reporter》中'FEARLESS—— Hongta says it is ready for international competition''毫无畏惧——红塔称它已为国际竞争做好了准备'一文)

一、要用辩证的观点看待吸烟与健康的问题

大千世界,芸芸众生,任何事物都有其正反两方面,有其有利的一面,必有其不利的一面。反之亦然。有句俗话说得好:"金无足赤,人无完人"。任何事物都是如此。就拿吸烟与健康这个问题来说吧,宣传它有害的一面太多了,在此我们不想赘述。

但有一个值得注意的现象我们应该看到,在东欧一些国家,卫生部门对烟盒上的警语是这样要求的:"卫生部忠告市民,吸烟过量有害您的健康"。请注意,这里使用了"过量"一词,那么,不言而喻,适量吸烟并非有害人体健康。事实上,现代大量的研究结果也证明了这一点。

这里,有一则有趣的研究结果,美国密西根大学的三位研究人员通过多年的研究发现,人们日常食用的土豆,西红柿和茄子中都含有尼古丁,食用它们也可摄入相当多的尼古丁;另有一个值得人们深思的现象,目前在许多工业化城市,大量的废气、工业污水、垃圾使人们赖以生存的空气受到严重污染,随着化肥和农药的大量使用,有害物质普遍存在于人类日常生活的食物链中,美国的研究人员经过大量的研究表明,像这类情况对人体的损害要比吸烟的危害大得多。

在此我们想说,是否因为土豆、西红柿和茄子中含有尼古丁,我们日常生活的食物链受到污染,我们就不去吃它们呢?退一万步讲,这些蔬菜,不吃也罢,那么,是否因为我们呼吸的空气受到工业废气等严重污染,我们就不去呼吸呢,这一点,恐怕谁也做不到。因此,对于吸烟与健康的问题,应该一分为二,不能因噎废食,忌疾讳医。

何况,烟草业所带来的税收并不是一个小数目。这大概是各国政府始终未能直接限制烟草业的发展,而只有吸烟有害健康的忠告的原因。

对吸烟者来说,真属尼古丁依赖型的烟民只是其中的一部分,多数人吸烟是出于民俗的需要或消遣习惯。事实上,吸烟者都听说过吸烟有害健康的议论,按照烟草对人体生理的影响程度,要戒烟并非太困难,但他们为什么要明知故犯呢?其原因就在于吸烟作为日常生活的一种嗜好,确实有其独特的魅力和吸引力。

另外,人的健康分为肌体健康和生理健康两部分,在生活节奏日渐加快的现代社会,人的心理健康就显得尤为重要,如果适量吸烟有益于人体的放松和健康,那么,对于烟民来说,何乐而不为之呢?

再者,人们常说,开门七件事:柴米油盐酱醋茶,后来有人又加上了一件事,就是烟。而且,社会文化环境也在为更多的人创造通往烟民的途径。比如说在报刊上经常可以看到作家们写文章时对烟的赞赏,就连朱自清这等大师级人物也不例外。

是啊,烟是文章的牵引物,没有烟,哪来文章。毛泽东,邓小平吸烟,世人无所不晓。就在当年克林顿总统下令美国食品与药品管理局把卷烟当作毒品来管制时,美国一家报纸上刊出了一则消息披露,以前与克林顿总统关系甚密的一位人士披露了克林顿总统嗜烟的一些情况,美国民众感到大为吃惊。那么,既然有这么多人钟情于烟草,烟草业又对世界各国带来了巨额的税收,为什么不使烟草业在一分为二的世界里,在矛盾中求生存,求发展呢?事实上,烟草除了是一种经济作物外,它还有多种药用,它在古有功,在今更有功。

二、烟草在古代的药用价值

纵观古今中外的历史，烟草确实有功，有史为证。据有关史料和医药学著作记记载，我国古代的吸烟，实际开始于治病和防病。著名医学著作《景岳全书》中这样写道："此物（指烟草）自古未闻……求其习服之始，则向以征滇之役，师旅深入瘴地，无不染病，独一营安然无恙，问其故，则众皆服烟。由是遍传，今则西南一方，无分老幼，朝夕不能间矣。"倪朱谟的《本草汇言》中也曾写道："烟草，通利九窍之药也，能御霜露风雨之寒，辟山蛊鬼邪之气。小儿食此能杀疟疾，妇人食此能消症痞，如气滞，食滞，痰滞，饮滞，一切寒凝不通之病，吸此即通。

到了清代，吸烟的习惯在妇女中也流行起来。阮葵生在其《茶余客话》中就曾这样写道："（烟草）初出吕宋，明季初入中土，近日无人不用，虽青闺雅女，银管锦囊与镜奁牙尺并陈矣。"金学诗在其《无所用心斋所语》中曾对苏州一带官绅之家娇柔女子有过这样绘声绘色的描述："苏州风俗妇女每耽安逸，晋绅之家尤甚。日高，春犹酣寝未起者，举动需人，妆毕向午，始出闺房，吸烟草数筒……。"吸烟之习惯岂止江南苏州一地，在所谓"东北三怪"中，便有"大闺女叼着旱烟袋之一""怪"。《秋平新语》中有关咏长烟袋的诗读起来也饶有风趣："有个长烟袋，妆台放不开，伸时窗皮纸，钩进月光来。"陈华南的《杂咏诗》云："名士风流晶云爱之，佳人韵致淡巴姑（即烟）。"由此可见，我国古代吸烟的日渐普遍，倒是因为烟草可以治病而得以传播开来的。

在国外，也有烟草可以治病的史料。据记载，1665 年，英国伦敦鼠疫猖獗，不少人受此瘟疫的传染而一命呜呼。令人们惊奇的是，那些吸烟者虽然频繁出入于传染病患者的家中，或是多次参加因染病而死者的葬礼，可他们却一个个安然无恙地未被感染。当鼠疫基本上被控制时，人们才恍然大悟，原来吸烟还具有一定的杀菌作用，因此，当时伦敦所有的公立学校，不论男女，都要强制学童在教室中吸烟以抵御瘟疫，违反此规定者还要受到处罚。当时，伦敦还有一首颇为流行的歌颂烟草的民谣："不论男女老幼兮，咸结烟以为缘；贫与富兮，无不流连，自宫廷以迄茅舍兮，萦若炊烟；自孩提以及老叟兮，口角流涎；若醉若狂兮，有此怡然。"

在十八世纪德国的一次霍乱大流行中，唯有卷烟厂的工人很少得病。在五千名雪茄烟工人中仅有八人得病，对于这种令人惧怕的霍乱，吸烟地有一定的防疫作用。二十世纪法国大革命前，在普鲁士一地流行致命的伤寒病，可是，在司达特烟厂工作的工人却免受了伤寒病的侵袭。

在第一次世界大战前，有位法国人曾研究过军人吸烟对传染性脑膜炎的预防作用。他调查的健康士兵，94％的是吸烟的，与此相反，已患该病的士兵，有 75％是不吸烟或偶尔吸烟的。这说明，吸烟对预防脑膜炎也有一定的作用。

在当今社会，吸烟有害健康这一警语，似乎已是家喻户晓了，为此，烟草行业的科研人员进行了不断深入的研究，并利用先进的科学技术，努力减少烟制品的危害。

目前的研究结果表明，吸烟在某些情况下可导致疾病，但是，有些卷烟可以医治人们的疾病。况且，任何疾病都是由多种因素所造成的，把烟民患病的原因统统归因于烟草，是不科学的，也是不公正的。对吸烟抱有成见，是无根据的，也是危险的，它将危机到世界烟草业的健康发展。

美国有位经济学家曾说，禁烟有可能导致一场灾难。美国的医学界专家在其《吸烟与健康》的首次报告中曾这样说："有关吸烟与健康，研究工作的内容不应仅限于烟草，其他的因素如空气污染和汽车废气等都应包括在内。"在科学日益发展的今天，由于宣传的误导作用，大多数人只认识到烟草有害的一面，但大量的科学研究结果表明，烟草在今天，对人类仍有其不可磨灭的贡献。

三、烟草在现代的药用价值

现代的研究也证明了烟草具有十分重要的药用价值。英国的《新科学家》曾报道，一些流行病学的研究表明，吸烟者患帕金森病、阿尔茨海默病和溃疡性结肠炎的比例明显低于不吸烟者，吸烟还能预防风湿性关节炎、某些癌症和其他一些疾病。研究人员认为，烟碱的作用能阻止脑功能的恶化。

除了烟草中特有的烟碱可以用作药物之外，烟草中还有许多成分可以作为药物成分使用。如泛醌 10 是目前治疗心肌梗死等心脏病的特效药物，这种药是用酵母发酵法或合成法生产的，由于生产工艺复杂，造成生产成本较高。

日本的北海道药物研究所已从烟草的细胞提取液中分离出了泛醌10。试验表明，从烟草细胞提取泛醌10的比例大约是千分之五点二，而且工艺方法比普通的合成法更好更优越，在工业化生产和临床应用中可以降低药物成本。

另有报道表明，烟叶研成粉加羊脂制成油膏涂于患处，可使奇痒立刻停止。烟油更具有止痛的效果。烟气能治疗手脚二度烧伤的病人，能杀死亚洲型霍乱杆菌和肺炎杆菌等。烟草中还含有一种可以帮助制造黑色素的酶，它可用于防止因阳光曝晒而诱发的皮肤病。

基因工程给人类带来了巨大的经济效益，烟草基因工程的研究成果更是令人惊喜。在当今社会把烟草视为“不断蔓延的瘟疫”的今天，美国的科学家却正在研究一种用于治疗人类癌症的新方法，即用烟草生产出一种抗癌疫苗进行癌症的治疗。

其具体过程是：从烟草植株中提取出天然的烟草花叶病病毒，改变其基因，使之携带一些取自特定人员的已癌变的抗体基因。然后再把这种新的病毒注射到烟草植株中并在烟草植株内生长和繁殖30至45天，而后再从烟株中取出该抗体并将其注射到原来的病人身上。这种抗体在病人体内可以识别出癌变细胞并攻击这些细胞。瑞典的科学家们也已将人体基因注入烟草苗株，从收获的烟草中提取到了血液蛋白质活化剂——TPA1，它是治疗心脏病的良药。科学家们总是喜欢利用烟草作基因试验，其原因在于烟草是最容易进行基因处理的植物。美国弗吉尼亚州的农作物技术公司正在尝试将某些基因植入烟草中，以生产治疗癌症的生物药物和防治其他疾病的疫苗。其方法是将这些基因附着在微粒上，用高压气枪把微粒击入烟草细胞的染色体中，或者利用携带有关基因的细胞传染烟草，以使烟草染色体中含有这些基因。种植这些转基因烟草，即可获得所需要的药物。

另有来自美国的研究表明，在含有人类或动物基因的细胞溶液中浸泡烟草它就会吸收外来基因。美国一位科研人员采用基因工程技术培育出可以产生抗血液凝结的人类蛋白质的烟草，其蛋白质可以用来防止发生外伤或心脏病所引起的血液凝结现象。

美国肯塔基州一烟草种植场的丹尼·埃内贝尔哈多年来对烟草进行基因技术改良，使烟草生长出了有效力的抗生素和疟疾疫苗的蛋白等宝贵药物。巴黎一家医院的研究人员也成功地进行了上述试验。研究人员说，利用烟草生产的血红蛋白与人的血红蛋白一样能与氧结合。

美国佛罗里达州立大学的科学家们利用基因工程技术，在众多的试验材料中，终于使烟草能产生出可以很容易杀死癌细胞的剧毒物质“瑞星素”，接下来的研究是将此毒素与那些能识别和进攻癌细胞的抗生素结合起来，生产出治疗癌症的专用药物。这一试验一旦成功，将有可能攻克癌症这一顽症。

2016年，英美烟草公司向外界所发布的企业年度发展报告中，公司就向外界宣布，他们公司多年来一直致力于烟草产品的减害研究，并关注可持续的烟草农业发展，同时也更加关注企业的社会责任。英美烟草公司在其减害产品的研究报告中指出，烟草产品减害研究是未来发展的需要，公司的目的在于努力使烟草消费对健康的影响最小化，将其对于消费者身体健康的负面影响降到最低。

对此，公司首席执行官 Nicandro Durante 先生在接受媒体记者采访时指出，公司发展减害产品研究的目的在于向消费者提供一系列可以减少吸烟潜在风险的产品，在尽可能减少对消费者影响的前提下，满足他们对于烟草的需求。

2016年，英美烟草公司的研究人员通过大量的研究表明，在正常的消费及使用条件下，电子烟产品在消费者使用时所产生的蒸汽对消费者的肺细胞是没有危害的，这是英美烟草公司的研究人员近期所发表的两篇论文所涉及的研究成果。

在他们的研究与试验中，英美烟草公司的研究人员即使使用了非常不切合实际的高剂量电子烟蒸汽，但其结果仍然证明，其对消费者肺细胞的危害性要比普通的卷烟烟气小得多。对此，公司一位名叫 Chris Proctor 的负责人指出，鉴于近年来电子烟发展迅速，公司将采用对含有烟碱的电子烟液进行加热释放出蒸汽的技术，推出新产品，以满足消费者对于此类新产品的需求。

四、烟草有可能成为人类重要的粮食来源

人类的粮食问题已成为一个需要解决的首要问题，科学家们用烟草生产食品的设想和研究已取得了突破性的进展。

美国加州大学的威尔德曼教授成功地从未成熟的鲜烟叶中提取出了外观类似味精晶体的烟草蛋白质。这种蛋白质的纯度为99.97%，而且产率较高，每公顷烟叶可制取蛋白3.5吨，大大超过了相同面积生产的小麦和大豆所能提取的蛋白量(后者分别为0.25吨和0.8吨)。

另外，美国北卡罗来纳州一家公司已安装了一套从烟叶中提取蛋白质的设备，其提取工艺是：将青烟叶捣碎，加入特制的化学物质；挤出汁液；对汁液进行分离和沉淀；获得蛋白。提取时，烟叶中的烟碱则留在残渣中。

据科研人员介绍，这种烟叶蛋白无色无味，营养价值超过了牛奶蛋白，氨基酸含量高于大豆蛋白，可用来制作食品。上述结果表明，从1公顷烟叶中提取出的蛋白质要比从1公顷大豆中所提取出的蛋白质高出好几倍，而且烟草蛋白既可稀释成蛋白清，又可加工成各种美味的糕点、人造奶油和牛奶代用品，如点上卤，又可变成白嫩的烟叶豆腐。

另外，在冰冻的条件下，它也可制成软的奶油，这种奶油与目前市场上的动物性奶油相比，有两大突出的优点：一是含不饱和脂肪多，二是产生的热量少，多食不会肥胖。另外，烟草蛋白还具有滋润肠胃和促进血液循环等效用。烟叶中提取出的柠檬酸、苹果酸等可作为饮料的天然原料的添加剂使用，质量和口感方面远远胜过目前市场上的人工合成原料。从烟叶中提取蛋白质这一成果具有划时代的意义，它为在地球上生活的日益增多的人类找到了一种新的食品来源，同时也为烟草找到了一条更有价值的出路，这将是烟草工业和食品工业的一场革命。

五、FCTC真的能起到控烟作用吗

对于世界卫生组织总干事布伦特兰女士来说，在她的任期内能完成这样一个全球性的控烟公约，应该说，她毕生最大的梦想已经实现，可谓是已如愿以偿。

然而，西方有分析家们认为，《烟草控制框架公约》中的某些条款，不乏发达国家在制定有关限制或控制烟草方面的法案中某些失败条款的影子。

事实上，自二十世纪末世界卫生组织提出要制定《烟草控制框架公约》以来，在政府间谈判机构所举行的6次会议上，世界卫生组织的立场应该说是很坚定的。自1998年5月份第51届世界卫生大会，选举布伦特兰女士为世界卫生组织的总干事以后，《烟草控制框架公约》的制定进入了实质性的阶段。

到2002年7月份，第一份较为完整的《烟草控制框架公约》文本已正式出台。由此我们可以看出，在这短短的几年间，世界卫生组织的官员们一直在不遗余力地推进《烟草控制框架公约》的制定，这就像十八、十九世纪西方资本主义国家入侵经济十分落后的第三世界国家一样，把自己的意志强加于人，但最后的结果怎么样呢？因此，在世界卫生组织的《烟草制框架公约》刚刚出台之时，西方就有分析家断言，公约对全球的控烟工作不会起太大的作用。

据来自美国《基督教科学箴言报》的消息，参加世界卫生大会的成员国终于在日内瓦签署了在全球范围内控制烟草的《烟草控制框架公约》，就烟草对于全球人类所造成的影响而言，终于有了一个可以依靠的公约来解决。但该报同时也指出，即使框架公约已经签署，但就全球的控烟工作来说，事情远非那么简单，今后所要做的工作还会更多。

西方分析家认为，如许多国际协定及国际公约那样，诸如人权法案、核不扩散条约等，有些国家也签署并通过了该法案，但照章执行的又有多少呢？

西方发达国家早已对本国的烟草业实行了非常严厉的控制措施，如在美国和加拿大，针对烟草业强烈的抵制、抗议活动此起彼伏，针对烟草业的个人及集体诉讼案件接连不断。分析家们就此断言，世界卫生组织如此极力所推行的《烟草控制框架公约》，真的就那么有效吗？它会不会在西方发达国家政府及实力强大

的跨国烟草公司的游说及利益驱动下而成为一纸空文呢？因此，在《烟草控制框架公约》刚刚出台之时，西方就有人断言，该公约不可能达到其预期的效果。

那么，这是为什么呢？

首先，世界卫生组织的官员们在不遗余力地推进《烟草控制框架公约》的同时，却忽视了他们最应该关注的问题：发展中国家人口的贫困问题、婴儿早死及人口的过早死亡问题，而他们在竭尽全力的推行《烟草控制框架公约》的同时，却掩盖了上述这些需要他们急需解决的问题。有资料表明，在发展中国家：

占其总人口的20%活不到60岁；

在其1000名的新生婴儿中，有70名婴儿在刚刚出生时就已死亡了；

有7.5亿人仍生活在贫困线以下，没有足够的食物来源；

有25亿人没有清洁的水源及基本的医疗保障条件；

约有8.26亿人未能得到足够的粮食，无法过上正常、健康的生活；

有8.5亿多人为文盲；

近10亿人缺乏清洁的饮用水；

约24亿人缺乏基本卫生条件；

近3.25亿儿童无法入学；

每年有1100万5岁以下的儿童死于可以预防的疾病；

约12亿人每天的收入不足1美元。

因此，每当人们谈论起经济不发达的发展中国家所面临的主要问题时，首先想到的是他们的生存问题、健康问题等他们切身关注的而且需要急需解决的问题。

尤其是在非洲，包括世界卫生组织在内的其他国际性的机构，首要关注的应该是该地区的艾滋病问题。因此，可以这样讲，对于非洲大陆来说，世界卫生组织首要关注的不是控烟，而是如何来减少该地区艾滋病的发病率。

而实际情况是，世界卫生组织在这方面却做得并非那么成功。早在几十年前，世界上发达的国家都早已开始关注世界卫生组织近几年才关注的吸烟与健康问题。

其次，世界卫生组织在制定《烟草控制框架公约》之时，吸烟是否会对人类的健康造成危害，科学上还尚缺乏有效的证据。同时，世界卫生组织也认为，在发展中国家，人们的吸烟率可能会进一步的上升。

再者，世界卫生组织所出台的《烟草控制框架公约》存在着很多的缺陷，例如：烟草制品的包装至少有50%以上，但不应少于30%以上的区域标明公约中规定的健康警语，或用图片和警语的形式进行标注。包装和标签上不允许使用会对吸烟者造成误导的标志，以免使其认为某些烟草的有害程度低于其他烟草……

然而，就这一点而言，欧美等发达国家的经验早已表明，此种方法收效甚微，利用警语及图片不会对烟草消费量的下降产生太大的作用，尤其是对青年人群的烟民而言，这种方法的作用就实在是太小了。事实上，已有研究及数据表明，禁止烟草广告，不会对烟草的消费产生太大的影响。

早在20世纪70年代，就不断有中立的分析性报道明确指出，禁止烟草广告并不会减少烟草的消费。世界卫生组织曾在1998年通过调查发现，在禁止烟草广告与不禁止烟草广告的国家，年轻人在吸烟行为上并没有什么本质上的不同。有资料表明，尽管挪威自1974年以来一直实行禁止烟草产品广告，但到1992年，卷烟的消费量却增加了54.3%；

新加坡实行禁止烟草广告的法案出台之后，烟草的消费量增加了32.1%；对烟草广告有所限制的印度，在1984至1994年间，卷烟消费量下降了15%，当然，印度的情况特殊，该国大多数的人吸食比地烟。

这些数字表明，禁止烟草产品广告对控制人们对烟草及其制品的消费，效果并不明显。

事实上，欧美等发达国家的经验表明，实施健康警语及警示图片，对防止青少年吸烟并没有特别的效果，有时，甚至会刺激青少年去尝试吸烟这一行为的发生，这就是人们通常所说的青少年所具有的逆反心理，青少年之年以对鬼怪、精灵等一些奇形怪状的东西感兴趣，正是出于他们的好奇及逆反心理。

在此，世界卫生组织所要求的在卷烟制品的外包装上印制一些对成年人有警示作用的图片，未必就会对阻止青少年吸烟有用，而一些大的跨国烟草公司的引导青少年不吸烟的做法，倒是值得世界卫生组织加以借鉴。

据来自世界烟草的消息称，英美烟草孟加拉国公司就在该国的青少年当中曾开展了一项名为："不吸烟才酷"的运动。这是英美烟草孟加拉公司与学生反烟委员会联手举办的一个新运动的口号。

第三，《烟草控制框架公约》的序言中曾这样写道："认识到科学证据明确确定了烟草消费和接触烟草烟雾会造成死亡、疾病和残疾，以及接触烟草烟雾和以其他方式使用烟草制品与发生烟草相关疾病之间有一段时间间隔，还认识到卷烟和某些其他烟草制品经过精心加工，籍以引起和维持对烟草的依赖，它们所含的许多化合物和它们所产生的烟雾具有药理活性、毒性、致突变性和致癌性，并且在主要国际疾病分类中将烟草依赖单独分类为一种疾病。

承认存在着明确的科学证据，表明孕妇接触烟草烟雾是儿童健康和发育的不利条件，深切关注全世界的儿童和青少年吸烟和其他形式烟草消费的增加，特别是开始吸烟的年龄愈来愈小，震惊于全世界妇女和少女吸烟及其他形式烟草制品消费的增加……。

然而，遗憾的是，就在全球多个国家签署了《烟草控制框架公约》后，合众国际社发表了一篇题为"吸烟的影响仍在争论之中"的文章，文章称，科研人员仍在对吸烟是否会导致乳腺癌及由于乳腺癌而导致的死亡进行研究工作。

美国加利弗尼亚州州立大学烟草控制与研究教育中心的一位名叫 Stanton A. Glantz 的研究人员称：目前争论的焦点之一就是，乳腺癌是否与吸烟有关。据来自美国癌证协会的统计数据表明，近年来在美国，每年乳腺癌的新发病例为 212600 例，死亡 40200 例，但是，美国癌证协会研究人员指出，这些病例及死亡病例是否与主动吸烟、被动吸烟或环境烟气有关，目前还尚无科学的证据。

另外，在合众国际社发表上述文章的同时，英国的《大不列颠医学杂志》也发表文章指出，被动吸烟对人体健康会造成危害没有实事依据。在此，我们想知道，严重关注吸烟与健康的世界卫生组织的官员们不知是否看到或听到他们不愿意看到或听到的上述消息，也不知他们是否读过此类似的研究报告。而实事上，早在几年前，世界卫生组织下属的国际癌症研究协会（IARC）也曾发布过类似的研究报告，结果都是一样的，被动吸烟与癌症没有科学的相关关系。

六、新型烟草制品的研究进展

世界的禁烟运动与烟草的发展是相伴相生的，同样也经历了 500 多年的风雨历程。既然禁烟运动改变不了人们吸烟这一习惯，那么，就要求我们烟草业的科技工作者研究开发出低焦油、低烟碱的较为安全的卷烟产品。

《烟业通信》曾报导，美国纽约 Butffalo 卷烟有限公司从北卡罗莱纳州立大学获得一项除去烟草中烟碱的发明专利，该公司总裁 Joseph Pandolfino 先生称，"这项技术的一个主要优点在于能使低烟碱或无烟碱卷烟拥有浓郁的香吃味。"公司预测，该产品将比目前低烟碱卷烟更受消费者欢迎。Pandolfino 先生认为，低烟碱卷烟使用高密度滤嘴以减少烟碱，从而使得这类卷烟对许多吸烟者来说，吸味太淡。研制出的无烟碱卷烟的焦油量将同其他香气浓郁的卷烟类似。

2014 年，菲利普 · 莫里斯烟草国际公司推出了 iQOS 装置，并在意大利米兰和日本上市，此外，该公司还于 2017 年推出碳加热烟草制品，不需要配套充电装置，外型与卷烟基本相同，较 iQOS 装置更为小巧便携。事实上，加热不燃烧烟草制品在国内常被称为"第二代电子烟""新型电子烟"等，但实际上与电子烟有较大差异。

它的优势体现如下。

加热不燃烧烟草制品能够显著减少烟气中有害物质含量，大大降低对吸烟者本人的健康危害和二手烟危害，同时烟气成分的改变能够扩展产品使用范围，更重要的是吸食满足感较卷烟并没有显著降低，容易被消费者接受。

据菲利普 · 莫里斯烟草国际公司公布的实验结果，相较于普通卷烟烟气，iQOS 装置气雾中的几种主要有害成分含量减少达 90%以上。另外，菲利普 · 莫里斯烟草国际公司公布的动物实验和人体追踪报告，

iQOS装置对使用者本人的健康危害极小，始终使用iQOS装置的健康影响接近不吸烟，从使用卷烟转为iQOS装置的健康收益接近戒烟。该公司实验结果还表明，iQOS装置气雾对室内空气质量不会产生显著影响。同等实验条件下，在衡量室内空气质量的18种标记物中，使用iQOS装置的室内空气仅尼古丁、乙醛两类浓度显著超过了一般空气环境，其他16种全部接近于一般空气环境，但尼古丁和乙醛浓度并未超过欧盟认定的室内空气质量标准，较使用卷烟的室内空气降低90%以上。在对该产品的消费试验中，在以PM2.5为主要探测物的烟雾探测器下，iQOS装置不会触发烟雾报警。

再者，加热不燃烧烟草制品不会引发火灾，也不产生烟灰，使用完毕不需要熄灭，从加热装置中取出加热棒丢入垃圾桶即可，不会引发火灾。公司的实验室研究结果和市场调查结果均表明，iQOS装置能够提供较高的满足感，具备了高水平的烟草制品核心功能品质，获得了大部分使用者的认可。

然而，尽管iQOS装置保持了烟草制品的品质，但也不可避免地丧失了卷烟的部分功能属性。在避免燃烧产生有害物质的同时，丧失了燃烧过程本身带来的感官享受，在使用的便捷性方面还存在较大的缺陷，但瑕不掩瑜，新型烟草制品的发展前景仍然十分广阔。

富国证券的一位市场分析人士称，菲利普·莫里斯烟草国际公司的加热不燃烧技术，将彻底改变烟草行业，同时他们也认为，该公司的iQOS装置将会是吸烟的一场革命。预计到2025年，此类产品有可能取代原来普通燃烧烟草产品30%的份额。

最后，世界著名的烟草专家左天觉博士曾说过："烟草的开发和利用还只是在初级阶段"。烟草中可鉴定出的对人类有益的物质高达千余种，如前文所提到的蛋白质、氨基酸、苹果酸、和柠檬酸等，但目前只有极少数被人类所利用。

因此，可以这样说，到目前为止，人类对烟草的研究、开发和利用也仅仅处于起步阶段。烟草这种富含多种化学物质的神奇植物，一定会使人类受益匪浅，而新型烟草制品的出现，也将可能成为成年消费者有效的普通烟草制品的替代品。

七、国外有关烟草新用途的最新研究成果

据古巴《Granma》报报道，古巴烟草业研究了一种烟草蛋白质，这种蛋白质对昏迷中的病人很有帮助。研究人员Dulce Maria Ares称，烟草研究院的专家已经设法从烟叶中提取了一种纯蛋白质，这种蛋白质含有与大豆相似的"所有基本氨基酸"，可作为一种营养补充物使用。但研究人员认为，它的最关键的用途是可以给昏迷中的人或受创伤后患压迫症患者提供营养物。目前，这种方法只是在实验室中使用，但研究人员希望将这种方法推进一步，进行人类营养实验。

该研究院还在研究一种新方法，以从烟草中提取其他副产品用于如家具制造等方面，因为烟叶的茎含有一种对真菌和昆虫具有高度抵抗力的混合物。烟碱可杀死肺结核病菌美国的研究人员称，烟草中的烟碱可能是能引起肺结核病的细菌的潜在杀手，同时也是其他细菌的杀手。

美国佛罗里达大学的萨里赫·纳赛尔博士在美国奥兰多举行的微生物学年会上指出，我们发现这种化合物不仅能抑制分支杆菌肺结核病的发展，而且能完全杀死这种细菌。纳赛尔称，先前的研究表明，烟碱在杀死癌细胞方面是有效的。纳赛尔在他的实验室内用这种化合物对付一些有害细菌，包括分支杆菌引起肺结核病的微生物。他发现，即使比正常吸烟者唾液中的烟碱浓度要低的烟碱，也能在实验室的条件下杀死分支杆菌。

美国布鲁克黑文实验室一个科研小组在英国《自然》杂志上发表了一篇论文，它指出，导致烟瘾的是卷烟烟雾中多巴胺，而并非是烟碱。实事上，这个研究结果已为烟碱正名。

八、结论

早在一百多年前，英国的评论家威廉·里兹特就对吸烟与健康的问题作过这样精辟的论述："一切科学都产生于起因的探索，而一切伪科学和假象则均为接受错误理论的结果。"1964年，美国医政总署就吸烟与健康的问题也曾提出过这样的警告："统计学的方法无法证实因果关系。"

到此，关于吸烟与健康的问题，应按唯物辨政法的观点来看待这一问题，凡事应一分为二，事无绝对论，对于吸烟与健康的问题，反面的宣传应适可而止。打个不恰当的比喻，任何为人治病的药物都有其副作用，亦即其害处，我们绝对不会因为其有副作用，而在生病时不吃药，使病情任其发展。

由此看来，烟是不能完全禁的，就如同不能因药物有副作用而禁止人们吃药一样。归根结底，还是人们常说的道理，要降低烟害，使烟草业在矛盾中求发展，求生存，并在生存和发展中逐渐驶入健康的，利于人类生存和发展的生产轨道。

事实上，在烟草业发展目前的500多年的过程中，由于科技水平的不断发展以及人们认知水平的不断提高，公众对于吸烟影响健康这一认识也在不断深化与加强，在世界卫生组织强力控烟政策的影响下，烟草业在矛盾与道德中前行，他们为了消费者的利益，也纷纷进行技术创新，发展危害性更低的烟草新产品，以满足消费者的需求。

因此，随着世界经济的发展，社会文明的进步，消费者健康意识的日益增强，普通烟草制品的消费量是会下降的，但新型可以替代普通烟草制品的新产品将会出现增长的趋势。因为国际烟草业巨头——菲利普·莫里斯烟草国际公司的总裁 Andre Calantzopoulos 在接受媒体记者采访时指出，他们公司愿意与政府部门进行合作，并愿意淘汰传统的卷烟产品。对此，这位总裁指出，他们公司知道传统卷烟产品可能对消费者所造成的危害，正确的做法就是发现可以商业化的、危害较低的产品来满足消费者的需求。

（中国科学技术大学管理学院　杨小平　龚金龙）

10.4　全球部分国家和地区烟草业诉讼案之启示

一、美国烟草业诉讼案之历史概况

1964年，美国医政总署发表吸烟与健康报告；1966，美国通过了卷烟标识与广告法；1967年，美国联邦贸易委员会发布第一份关于烟碱的报告；1969年，美国政府通过了第一部“烟草法案”。1971年，美国政府明确禁止在电视及电台做卷烟广告。

1984年，对美国的烟草业来说具有转折性的意义。当年，新泽西一位长期吸烟后死亡的死者家属对烟草公司提起诉讼，从而披露了灵敏度高达数千页的烟草公司的内部资料，这些资料中提到，一些烟草公司其实早就知道吸烟对健康的危害，但他们却隐藏了吸烟有害健康这一事实的真相。

1997年11月，美国加州法庭判决，美国罗利拉德烟草公司向该州一位因吸烟而损害健康的烟民赔偿150万美元，这是美国烟草商首次公开向吸烟的受害者做出赔偿。法律界人士认为，烟草商今后将面对越来越多的诉讼案。

1999年3月30日，美国俄勒冈州波特兰市的一个法庭做出判决，判罚国内最大的烟草商———菲利普·莫里斯烟草公司赔偿一位吸烟受害者——威廉姆斯一家大约82万美元的损失，此外还须缴纳7950万美元的惩罚性赔偿金。

2002年10月，菲利普·莫里斯烟草公司遭到打击。洛杉矶法院在一位名叫布洛克的烟民起诉美国菲利普·莫里斯烟草公司的诉讼案中，陪审团裁决了280亿美元的惩罚性损害赔偿金，这是美国历史上最高的个人惩罚性损害赔偿金。

二、美国烟草业大和解协议的由来

1998年，美国各州与以菲利普·莫里斯公司为首的美国五大烟草公司（R. J. Reynolds 公司、Philip Morris 公司、Brown & Williamson 公司、Lorillard 公司、Liggett 公司），此后又有两家烟草公司加入，其中有 Natural American Spirit 烟草公司达成了具有划时代意义的大和解协议。

根据大和解协议，美国各大烟草公司要向美国46个州支付2000多亿美元，用于反吸烟宣传广告和偿还这些州为治疗患病烟民所支付的医疗费用,法院不再接受个体对烟草公司的诉讼案件,但集体诉讼案件除外,于是此后便出现了美国历史上有名为Engle诉讼案。

三、美国烟草业Engle诉讼案的由来

Engle和其他受害者诉R.J.Reynolds烟草公司案始于1998年,历时近两年。从很多方面来看,Engle案件的一审足以构成美国司法史上烟草案件领域内的最大的民事案件。这一针对烟草公司的集团诉讼代表了佛罗里达州的居民、烟民和因吸烟成瘾而患有各种疾病的吸烟者及被动吸烟者。这次的50万受害烟民控告五大烟草商的集体诉讼案,此后被称为Engle诉讼案。初审和二审法院判定烟草公司败诉。但烟草公司和辩护律师称,这项裁决是不公正的,它将使烟草公司破产,工人也将因此失业。

然而,2006年佛罗里达最高法院还是做出了终审判决,被告向受害烟民赔偿1450亿美元。此后,与此案相关的个案还在不断增加,而此后的此类诉讼案被称为Engle诉讼案

2009年11月,佛罗里达的一个陪审团命令卷烟制造商菲利普·莫里斯烟草公司支付3亿美元给61岁的Cindy Naugle,作为对这位因肺气肿而坐上轮椅烟民的赔偿。

烟草业的辩护律师也承认:在烟草业存在欺诈和误传;故意隐瞒真实情况;故意表达不真实信息;疏忽;增加了烟民的心理抑郁;无法做到所承诺和暗示的担保;而且应当为最后导致的巨大损失负责。

烟草公司的首席辩护律师Dan Webb对法庭陈述道,如此巨大的一笔罚金将会使烟草业元气大伤,造成无法挽回的损失。被告们将会联手提起上诉。法庭的这个判决很可能会导致某些烟草公司的破产。

最后,该诉讼旨在为该州的因吸烟受害的烟民及其家属向烟草生产商寻求补偿性的和惩罚性的赔偿,受害者要求赔偿1450亿美元。这次的烟民控告五大烟草商的集体诉讼案,此后被称为Engle诉讼案。

四、主审法官要求烟草公司发布声明

1999年,美国联邦政府向联邦法院起诉烟草公司。2006年,其主审法官Gladys Kessler判决认定,烟草公司违反了美国的反欺诈法,欺骗美国公众达数十年之久,要求烟草公司发布声明说明事实。此案上诉至美国最高法院,2010年美国最高法院驳回上诉,维持Gladys Kessler在2006年做出的判决。2012年11月底,法官Gladys Kessler要求烟草公司发布声明,声明内容包括烟草公司数十年来一直欺瞒美国大众有关吸烟对健康的危害。

五、烟草公司的态度

针对让审法官要求发布声明的裁决,美国的各大烟草商不愿多做回应,但他们称他们要进行上诉。目前,美国两大烟草公司均在研究对付的办法,力争避免在更正启事中使用欺瞒等字眼,避免触动公众的神经。

六、烟草公司在部分Engle诉讼案中胜诉

2012年2月16日,在一宗进入审理阶段的Engle诉讼案中,美国Duval郡的一名联邦法官做出了有利于菲利普·莫里斯烟草公司和雷诺美国烟草公司的裁决。

根据菲利普·莫里斯烟草公司网站上所发表的文章,在进行了不足一个小时的深思熟虑之后,这名法官做出决定:吸烟不是造成损害的医学原因。

七、烟草公司诉讼案件之启示

全球烟草业要密切关注《烟草控制框架公约》的发展动态,重视烟草诉讼案件的发展动态,特别是关注《烟草控制框架公约》中的责任条款。事实上,近年来有关烟草诉讼的案件不仅在美国经常发生,在欧盟部分成员国,诸如菲利普·莫里斯烟草国际公司、英美烟草公司、帝国烟草公司等几家大的跨国烟草公司也经常遭到欧盟对其走私逃税案件的指控,对此,烟草业要密切关注。

10.5 从世界无烟日宣传分析美国政府对烟草业的监管

在2014年第27个世界无烟日，世界卫生组织总干事陈冯富珍称，提高烟税是减少烟草使用量和挽救生命最有效的方法，较高的卷烟价格对阻止消费者吸烟特别有效。世界卫生组织的统计数据表明，烟草制品价格上涨50%，将会促使全球近5000万吸烟者戒烟，并最终能够挽救11万人的生命。

为了抑制烟民对烟草制品的消费，美国俄勒冈州政府从2014年1月份开始，提高了该州卷烟税率，每盒(20支装)卷烟的税收额由原来的每盒1.18美元增加到1.31美元。控烟组织——Campaign for Tobacco-Free Kids的统计数据表明，俄勒冈州提高卷烟税率之后，每盒卷烟税收额为1.31美元，在美国各州排名提前。目前，美国除了各州对卷烟制定不同的税率之外，联邦税率为统一的每盒1.01美元，为此，美国政府希望提高联邦卷烟税率，以起到抑制消费之目的。事实上，美国一控烟组织的研究数据表明，早在2009年美国联邦烟草税额增加0.62美元之后，国内的卷烟消费量下降了10%。

1. 烟草消费对公民健康产生危害

在我们的日常生活中，卷烟已成为部分人的必备消费品，但它对消费者的健康也产生了一定的危害。2013年和2014年世界无烟日的主题分别为：禁止烟草广告、促销和赞助以及提高烟税。分析人士认为，全球大约三分之一的青年人是在烟草广告、促销和烟草商赞助活动的影响下开始吸烟的。

美国研究人员的统计数据表明，尽管西方发达国家烟民人数趋于下降，然而，由于发展中国家烟民人数增长，使得全球烟民数量仍处于上升趋势，统计数据表明，到2012年为止，全球烟民数量已近10亿，由1980年的7.21亿上升到了2012年的9.67亿人，亚洲东帝汶及印度尼西亚的烟民比例最高，55%的成年人每天都吸烟。

从税收的角度分析，烟草制品消费对政府财政的贡献率是较大的，但是也会对公民健康造成一定的影响，目前许多国家政府基于健康安全的考虑，对烟草制品的生产、销售与消费进行了严格的管控，美国政府对于烟草业的管理经验尤其值得借鉴。

2. 美国政府对烟草的管控以保护公民健康为目的

多年来，美国政府对公民健康是十分关注的，它已日益成为政府所关心的问题。事实上，公民健康关系到整体国民的利益，因此，在美国烟草业的发展过程中，政府一直把保护公民身体健康放在首位，这已成为政府对烟草业发展立法的重要依据。

1) 吸烟影响健康的历史争论

从1492年哥伦布发现新大陆至今，烟草业一直伴随着人类社会的发展而不断前进，由于受各种因素的影响，全球许多国家已相继出台了各种控烟措施，对烟草的生产与销售进行着严格的管理。

近代，公众关于吸烟影响健康的争论始于20世纪初。一些流行病学研究人员经过抽样调查发现，肺癌患者人数的逐步增加，与吸烟人数的增加呈现出正相关的关系，他们的研究还发现，吸烟不仅与肺癌有关，而且也会造成其他诸如心血管病、呼吸系统疾病等。

2) 政府对吸烟影响健康愈加关注

1964年，美国医政总署发表了“吸烟与健康”报告，综述流行病学方面的研究，并明确提出吸烟对人体健康是有害的。因此政府部门应该在增加烟草税率的同时，还要宣传吸烟对人体健康的危害。

事实上，不管是政府部门还是普通公民，已经认识到烟草及其制品是一种特殊的商品，不同程度上会对消费者及其周围人的健康会造成一定的危害，因此，美国政府对烟草业的发展实施了严格的管制措施。

3. 美国政府对烟草业进行严格管制

1) 对烟草业发展设立专门管制机构

美国食品与药品管理局已成立了一个名为烟草制品科学顾问委员会(TPSCA)的机构，专门处理烟草方面的事务。该委员会的职能范围包括，确定各类烟草制品中烟碱的释放量；检测美国烟草市场上薄荷烟的生产及消费情况，并及时向公众提供这方面的信息，就低危害卷烟向公众提供消费方面的建议。美国烟草制品科学顾客委员会由多位跨学科的专家所组成，他们的专业范围涉及医学、伦理学、毒理学、药理学及烟草制品评价等。

2）美国政府修订控烟法案

2010年6月份，美国总统奥巴马签署了修订的控烟法案，这一法案使美国食品与药品管理局在监管烟草业方面获得了很大的权力。奥巴马认为，他从自己的戒烟努力中体会到，政府需有强有力的法律保护下一代免受吸烟的危害。

在新修订控烟法案的指导下，美国政府赋予食品与药品管理局管理烟草销售、营销及广告宣传方面的权力，以保护公众的身体健康，并要求所有的烟草生产商必须到食品与药品管理局进行登记备案，以达到控烟法案所规定之要求。

同时，烟草生产商要向美国食品与药品管理局提供所有产品的成分清单，禁止在卷烟生产中使用含有糖果味、水果香味的天然及人工合成香料（薄荷香味除外），扩大吸烟有害健康警示图片及警示语的面积，使消费者能够一目了然地了解到吸烟对健康的危害。

3）通过司法手段对烟草业进行管制

1997年11月，美国加利福尼亚州立法院裁决，美国洛里拉德烟草公司向一位因吸烟而损害健康的烟民赔偿高达150万美元，这是美国烟草公司首次公开向吸烟受害者做出巨额赔偿。

1998年，美国各州与以菲利普·莫里斯烟草公司为首的五大烟草公司（R. J. Reynolds 公司、Philip Morris 公司、Brown & Williamson 公司、Lorillard 公司、Liggett 公司），此后又有2家烟草公司加入，其中包括 Natural American Spirit 烟草公司达成了具有划时代意义的美国大和解协议。根据大和解协议，美国各大烟草公司要向46个州支付2000亿美元，用于反吸烟宣传广告和偿还这些州为治疗患病烟民所支付的医疗费用，法院不再接受消费者个体对烟草公司的诉讼案，但集体诉讼案除外，这便是美国历史上有名为 Engle 集体诉讼案。

4. 美国对烟草制品生产与销售进行立法

1）政府的各类立法及管制措施

为了保护美国公民的身体健康，限制烟草消费量的不断增长，美国政府为此制定了一系列的法律法规，其内容涉及烟草及其制品的生产、销售、消费、广告宣传、健康教育等内容。

1986年，美国政府制定了《全面综合无烟烟草健康教育法》；1996年，美国食品与药品监督管理局制定了《限制卷烟和无烟烟草的销售和流通法》；2000年，美国政府制定了《联邦卷烟进口承诺法案》；2010年，美国政府新修订了其控烟法案，制定了《家庭吸烟预防及烟草控制法案》。美国政府制定这一系列的法律法规，其最终目的就是为了限制人们对于烟草及其制品的消费，保护公众的身体健康少受伤害。

2）对烟草销售制定相关禁令

美国所有的州政府在其控烟法案中规定，禁止零售商向18岁以下的青少年出售烟草制品，有些州还规定，不准利用自动售货机向青少年出售烟草制品，并在此类自动售货机上安装年龄识别装置。2010年，美国政府制定并颁布了《禁止一切非法烟草制品运输法案》，该法案规定，通过网络销售烟草制品的经销商，必须对购买其所出售烟草制品的购买者进行年龄核实，否则将受到严厉处罚。

2011年3月31日，美国总统奥巴马签署了一项有关禁止邮寄卷烟的法令，自法令生效之日起，美国的邮政服务部门不得再允许个人邮寄任何类别的烟草制品。据介绍，美国政府除了对邮寄卷烟制定禁令，同时对通过网络出售卷烟也出台了相关的管理措施：一是通过网络出售烟草制品者，需要支付相关地方的烟草税；二是通过网络出售烟草制品的经营者，需要在当地进行注册，并定期向政府税务人员上报相关销售信息；三是通过网络出售烟草制品的经营者，需要核查购买者的年龄及身份信息。

3）对烟草制品的销售区域进行限制

美国《家庭吸烟预防和烟草控制法案》规定，禁止在学校和运动场周边1000英尺的范围内作烟草广告；禁止烟草商赞助体育赛事、音乐会或者其他的社会文化活动，在出售及营销的帽子和T恤衫等物品上，禁止印制烟草商标或烟草标识。

另外，美国政府还对卷烟包装上吸烟有害健康的警示图片及警示语作了相当严格的规定，卷烟外包装上必须印制下列健康警语之一:吸烟会使人上瘾;烟草烟雾会伤害您的孩子;吸烟会导致致命的肺部疾病;吸烟会导致患癌症等。

4）提高烟草制品税率

研究表明,提高烟税可以降低烟民的消费量。美国一家名为 Campaign for Tobacco－Free Kids 的控烟组织所进行的抽样调查数据表明,在 2009 年美国联邦政府将卷烟消费税提高 62 美分(每盒/20 支装)之后,其卷烟销量下降了 10%。美国德克萨斯州政府从 2010 年 1 月 1 日起,提高了该州的卷烟税率,烟民消费的每盒卷烟比以往所交的税更多。该州的卫生健康官员们认为,此举可阻止吸烟者,特别是青少年吸烟人数的上升。2013 年 6 月份,美国加利福尼亚州议会议员通过投票表决的方式,决定提高该州的烟草制品税率,每盒 20 支装的卷烟,平均增税 2 美元(约合 1.54 欧元),其目的也是为了降低该州的吸烟率。

5. 美国政府烟草业监管措施对我们的启示

1）强化相关法律法规的执法力度,防止擦边球行为的发生

借鉴美国政府所制定的各类控烟法案,强化我国现行烟草专卖法、广告法及各地方政府所出台控烟法规的执法力度,防止一些烟草公司广告宣传擦边球行为的发生。目前,我国在控烟法及广告法的宣传与监管执行方面,与欧美等发达国家相比还有很大的差距,第三产业的变相广告很多。虽然政府规定在传统媒体及公共场所严禁各类烟草广告,然而,在烟草专卖零售商店、烟草销售专柜等一些烟草经营场所仍然可以做广告宣传活动。此外,烟草公司还可以出资做一些公益宣传,而对于目前一些变相的烟草广告,我国的工商执法部门在监管方面还难以有很大的作为,监管尺度还难以掌握。

2014 年 2 月 21 日,国务院法制办在线征求社会各界《广告法(修订草案)(征求意见稿)》的意见,然而,控烟人士指出,烟草企业户外烟草广告,所谓承担社会责任进行社会捐赠、赞助和促销活动,以及品牌延伸、植入广告等仍未纳入禁止范围,仍然存在漏洞。对此,中国控烟协会会长黄洁夫认为,新《广告法》若能"全面禁止烟草广告、促销及赞助",对中国的控烟进程将是极大的推动。

2）烟草监管与经营分开,规范监管主体与监管对象

从目前我国烟草业的发展情况分析,政府部门在卷烟的销售与监管方面扮演着双重身份,既是运动员,又当裁判员,不像美国食品与药品管理局那样,只对烟草业进行监管。而我们的烟草管理部门与烟草企业是一套班子,两块牌子。尽管吸烟有害健康这一常识已经深入人心。然而,在利益的驱动下,各地方政府部门往往处于经济利益的考虑以及烟草对当地 GDP 的贡献方面的关注度,要远远大于对公众身体健康的关注度。在这种情况下,政府立法部门在制定控烟政策时,往往缺乏其应有的决心和信心,因此也就缺乏相关的立法限制,控烟的宣传往往流于形式。

3）提高公众认识,摆正监管者位置

对于吸烟与健康这一问题,政府要加强宣传力度,提高公众的认识,号召大家重视吸烟对自身及周围人身体健康的危害,把公众健康放在首要位置。政府在烟草业的发展与监管方面要摆正自己作为监管者的位置,把自身利益从烟草中解脱出来,这样才能真正对烟草及其产品的生产、销售以及消费等进行有效的监管。处于对消费者负责任的态度,政府应该立法限制烟草制品的消费对象,严格执法,对烟草制品的成分,要求生产商及贸易商向公众进行公开披露。为了维护消费者的利益,政府职能部门必须下决心,借鉴美国和其他发达国家控烟的先进经验,将公民的健康放在首位,以实际行动切实保护公众的利益。

10.6 国际控烟环境下烟草业发展面临的挑战

随着全球经济化发展脚步的日益加速,给烟草行业的发展带来了一定的机遇与挑战,面对烟草业发展所存在的问题、机遇与挑战,烟草界一定要审时度势,加大市场发展的改革、变化、整合与创新力度,利用如电子烟及类似吸烟装置等新型烟草制品所带来的新机遇,应对政府对烟草业所实施越来越严格的监管措施,谋求烟草业未来更好的发展。

机遇一:发展良机

新型烟草制品——如电子烟及类似吸烟装置等给全球烟草业未来发展带来机遇与光明。电子烟及类似吸烟装置制品从发明到投入市场延续了近十年的革新与发展,也经历了很多的质疑,然而,电子烟及类似吸烟装置产品经过数十年的发展,依然走出了属于自己的一片天地。

作为未来烟草市场的新宠,只有时间才能证明电子烟这种新产品的意义与价值所在。当然,如果电子烟的变革要想迅速达到成熟期,也只有在技术与市场的完美配合之下才能得以实现。到目前为止,电子烟及类似吸烟装置应该被划分到哪个行业一直都比较有争议。全世界仍然没有统一的市场标准,更没有一部可依赖的法律作为依据来对电子烟及类似吸烟装置产品进行监管,同时,这也正是电子烟产品未来发展的机遇所在。

机遇二:归属未定

从行业发展的角度来分析,电子烟最终的身份归属比较有可能是烟草类和食品与药品监管部门。然而,另一方面,因为电子烟产品又与食品化学属性相关,这也使电子烟的身份陷入一个比较尴尬的境地。

近年来西方一些发达国家电子烟产业的发展中所遇到的问题表明,一些反烟机构试图通过政府的立法,将电子烟纳入医药类来进行管理和规范。这些反烟组织向法院提出了多次的上诉,但最终因证据不足而都最终失败。

机遇三:销售飙升

数据显示,电子烟及类似吸烟装置市场规模从 2010 年的 9.1 亿美元已经升至 2013 年的 25 亿美元,特别是在美国国内的烟草市场上,增长速度尤为显著。虽然与该国 6000 亿美元的烟草市场相比,电子烟仍属小众产品,但其未来的发展则不容小觑。

挑战之一:政府监管

受国际公约与国家法律的约束,烟草行业的发展受到了很大的约束。另一方面,受公众日常生活和健康水平的限制,推动全球烟草行业未来发展的需求力量正日趋减弱。

就我国烟草业发展所遇到的挑战而言,继 2014 年 12 月中央出台领导干部带头在公共场所禁烟规定后,2015 年,中共中央及全国多个地方、多个部门相继出台公共场所领导带头禁烟的法规。就全球各国各地区政府对烟草行业的监管而言,自 2005 年《烟草控制框架公约》正式生效以来,在世界卫生组织的推动下,各缔约方控烟履约工作不断推进,各国政府控烟力度不断加大。因此,在更加严峻的控烟压力和持续低迷的全球经济发展环境下,烟草产业难以得到宽松的发展环境。另外,世界烟草发展环境发生了深刻而重大的变化,在许多发达国家,烟草消费行为在逐步改变,香烟市场不可避免会出现持续下降趋势。

挑战之二:高税政策

数据显示,目前美国各州政府对香烟的平均征税额为每盒 1.36 美元,另外美国联邦政府还对每盒香烟征收 1.01 美元的税额。纽约州的香烟税率最高,联邦及州税额合计达到了每盒 5.85 美元。

由此可以看出,由于不同国家和地区的烟草政策和烟草税率差异较大,不法分子看到非法香烟贸易有利可图后,一定会铤而走险,谋取高额的不法利润。因此,在未来的发展中,全球非法香烟贸易量仍然会很大,尤其香烟采取素面包装之后,假冒产品势必会迅速增长,这将是烟草业未来发展所面临的最大挑战。

挑战之三:素面包装

到目前为止,全球越来越多的国家和地区开始考虑将香烟素面包装作为控烟的主要手段。实事上,香烟素面包装会对全球烟草公司的香烟销售造成巨大影响，这一政策无疑是让假冒仿造者们更加容易地进行制假与售假。事实上，政府在该严格控烟法案方面，也是一个最大的受害者——香烟素面包装会导致政府烟草税收的巨额损失。

综上所述，未来烟草业发展所面临的机遇与挑战并存，因此，在未来的发展中，全球烟草业要引入高科技产品，努力降低香烟的危害，利用新兴烟草制品未来发展的潜力，努力消除外部环境对烟草业所带来的负面影响，以谋求烟草业未来快速与稳健的发展。

10.7　对政府监管烟草业的几点思考

1. 不丹：一个理想无烟社会的失败案例

早在 2004 年，不丹政府通过了全面的禁烟法案，成为世界上第一个、也是唯一一个全面禁烟的国家，同时也是第一个全面禁止销售烟草制品的国家。因此，不丹全国禁止销售各种烟草制品，所有公共场所都禁止吸烟。对于进入该国的外国吸烟者，想要吸烟必须付出高昂的代价。

虽然如此，不丹还是有民众偷偷抽烟，他们只能前往黑市购买印度的高价走私卷烟。而且如果被发现后果非常严重。2011 年 3 月，不丹僧人次仁因携带价值 25 美元的烟草而被判入狱三年，这件事在全世界都引起了强烈反响！由此也可以说明，在完全禁烟的不丹，建立理想的无烟社会是一个不成功的失败案例。

2. 美国的禁酒令

1）禁酒令失败——社会文化习惯不可逆

事实上，吸烟与其他一些不好的习惯是不同的，人们通常吸烟的原因在于对于一种文化习惯与社会交往的需要。要改变目前人们吸烟的爱好，最关键的在于要逐步改变人们的这种文化习惯，而不是对吸烟者实施控烟方面的高压公共政策。

目前，世界上大多数的国家公众已经逐步形成了这样一种观念——吸烟可能存在一定的健康风险，就我国的情况而言，要求我们像西方发达国家那样，全面禁止吸烟这一行为，是一件十分荒唐的事情。因为在我们这样一个崇尚礼仪的国度，完全禁烟哪有那么容易。

在历史上，美国曾经大规模地搞了一场轰轰烈烈的禁酒活动，我国早在 19 世纪也曾经推行过禁烟运动，但最后却是不了了之。

事实上，人们的社会文化习惯并不是随随便便就可以被政府所制定的控烟政策所改变的，这就需要人们对社会现实的文化等传统习惯，保持一定的敬畏，对公众那些不合乎进步标准的生活习惯保持一定的忍耐度。这是因为，社会发展的历史曾经告诉过我们，如果执法者希望通过立法来改变人们的观念以及社会文化习惯，如同美国的禁酒令那样，最后不过是一场令人发笑而又深思的闹剧。因为这些立法一旦推行，往往反映了立法者忽视社会现实的专横与推行控烟政策的过度自信，到头来反而起不到应有的效果。

2）美国禁酒令带来的不良后果

美国上个世纪立法通过的禁酒令，是第一个被撤消的美国宪法修正案。上个世纪 20 年代，在美国西部大开发时期，许多男人都非常喜爱喝酒，这引起了妇女们的强烈不满，因此当时所有的女性选民都给那些拥护禁酒的竞选人投票，结果，到 20 年代初期，美国政府正式颁布了禁酒令——美国国内不允许生产、销售和酒类相关的产品，但最后却导致令立法者意想不到的不良后果：

首先，因为酒的生产和销售变为非法，使得许多爱喝酒的人不得不去偷工业用酒精，因为工业用酒精是非常重要的化工原料，但作为一个爱喝酒的人，在合法的市场上如果购买不到，只好去偷。据统计，当时美国工业用的酒精，每天要被偷掉 5000 万加仑，之后，美国当时的总统柯立之政府在 1926 年宣布，所有的工业用酒精中加入有毒物，这样，就会阻止人们偷工业用酒精，但结果由于政府宣传的不到位，此项措施则造成了非常严重的后果，仅在纽约市，当年就有 1200 余人因此中毒，400 余人为此而丧生。

其次是使得许多爱喝酒的美国人，都变成了说谎者，这反而造成了美国成年男人道德上的退步。因为他们只能在没人的地方偷偷喝酒，结果还给别人说自己不再喝酒了，把许多成年男人变成了伪君子，这是美国历史上道德的一个大滑坡。

再者，禁酒令还造成了美国黑社会的快速发展，所谓的美国黑手党，就是因为美国政府当时的禁酒令而发展壮大的，结果成了美国当时社会的一大毒瘤，再者，黑社会的发展，离不开政府一些不法官员作为他们的保护伞，政府的道德因此也被败坏。

最后，政府所实施的这种被称之为酒禁令的良好道德及美好愿望，要有一些例外，如医院的酒精不能不让用，否则无法进行消毒，另外在基督教所举行的一些仪式上，要给信徒们一些红酒，因为根据基督教的解释，那是代表耶稣的血，因此，医院和教堂是不受禁酒令限止的，这样，一些大夫和这神父就会利用他们这一点点特权去偷偷卖酒，并因此而获得高额的利润，政府又如何能够堵上这个法律漏洞呢。

结果，在下一任总统——罗斯福上台之后，禁酒令成为了美国历史上第一个被撤消的宪法修正案。由此可以看出，从公众及政府所希望的一个美好愿望到最后的实施，距离立法者的初衷简直是太远了，最后还起到了相反的效果。

3. 理性制定政府的公共政策

研究表明，给部分吸烟者留一点空间，让他们有适当的地方来放松自己，是控烟立法中一种非常明智的选择。事实上，一些关于社会公众的立法如控烟法案等，要更多地考虑到多个利益相关方的具体诉求，这比单独重视所谓的控烟专家的理性分析要好，这也是对吸烟者在立法方面一种公平的体现。

然而，在目前政府控烟法案中，立法者常常不会关注到烟民们的感受，而是强迫吸烟者，乃至社会大众接受专家们的观点，让公众服从所谓专家们的意志，不顾社会成本地来推行他们所出台的控烟法案，但在很大程度上，这可能比立法者试图改变吸烟这一所谓的社会不良习惯所带来的负面效果则更加严重。

10.8　土耳其烟草发展及其烟草公共政策研究

1. 土耳其的烟叶与卷烟生产概况

1）土耳其香料烟生产概况

土耳其有着悠久的烟草种植历史。在烟叶种植的鼎盛时期，该国大约有 80 万户家庭生产 2.3 亿千克的烟叶。土耳其烟草市场于 1992 年开放，这使得一些国际烟草公司能够在严格规则下通过新建工厂的方式进入土耳其烟草市场。参与市场的基本条件是必须建立昂贵的生产设施，这些设施的投资至少是 5000 万美元，这笔巨大投资的前提是还没有在本地市场销售过任何卷烟。这些新建设施拥有全新的处理工艺，年生产能力要达到 40 亿支，因此，该国烟草行业的准入门槛只有全球跨国烟草公司才能承受。

2）土耳其的卷烟生产

上世纪 90 年代后期，土耳其国内市场的卷烟消费量曾达到 1000 亿支，引起了更多跨国烟草公司的关注。2002 年至 2008 年间，包括英美烟草、帝国烟草、日本烟草和韩国烟草人参公社在内的几大跨国烟草公司相继进入土耳其市场。英美烟草 2008 年收购 Tekel 公司时，Tekel 的国内市场份额已经跌落到 26%。这是一次代价昂贵的收购行动，尤其是 Tekel 当时已经难以阻止市场份额的急剧下降。另一方面，自 2005 年起，菲莫国际超过 Tekel 公司成为土耳其烟草市场的主导者。2012 年，菲莫国际占据了土耳其烟草市场 46%的份额。

2. 美式混合型卷烟在土耳其得到长足发展

1）跨国烟草公司影响土耳其卷烟生产方向

在跨国烟草公司大举进入该国卷烟市场之后，随着美式混合型卷烟的不断发展，便出现了一个十分独特的现象：大型跨国烟草公司不仅侵占了土耳其国有烟草企业——TEKEL 烟草公司既有的香料型配方卷烟的市场份额，而且，他们还分别为各自的美式混合型卷烟品牌创造了额外的市场需求。

2）跨国烟草公司占有土耳其卷烟市场份额日渐增长

在土耳其国内的卷烟市场上，年均消费量已经增长到了 900 亿支，虽然 TEKEL 公司勉强维持着年销售 700 亿支香料烟的规模，但由于美式混合型卷烟销售量的增长，其所占国内卷烟市场的份额，已经从以前的

100%下跌到了78%。在这种情况下,土耳其政府迅速颁布并实施了严格的控烟法案,限制烟草制品的广告与各类促销活动,其目的是在未来TEKEL烟草公司私有化的过程中,保住其市场领导者的地位,以期谋求更多的利益。

3) 美式混合型卷烟占有土耳其绝对市场份额

美式混合型卷烟制品占有土耳其国内卷烟市场高达94%的市场份额,而在外资烟草商还没有进入该国卷烟市场时,土耳其特有的香料型卷烟制品则占有100%的市场份额,这足以说明该国烟民对新生事物及不同类型卷烟制品的接受能力及认同度,他们在短时间内接纳美式混合型卷烟制品便是一个很好的例证。目前,在该国的卷烟市场上,香料烟卷烟制品所占的市场份额已下降至6%左右。

3. 非法烟草制品贸易量增长

近年来,由于政府多次提高卷烟产品的税率,导致土耳其国内非法烟草产品的贸易增长。欧睿国际的分析数据表明,目前各类非法烟草产品所占该国国内卷烟市场的总量达到了8%左右,尽管各类非法走私及假冒烟草产品贸易量增长,并已经损害到了政府的税收,但土耳其政府仍将其关注的重点放在了控烟方面,试图以提高烟税的方法来抑制该国的吸烟率。

然而,对于政府的这种做法,欧睿国际的分析认为,由于土耳其多数的成年烟草消费者对于价格比较敏感,因此,一旦政府提高烟草产品的税率,将会导致这部分中低收入的消费者转向到黑市购买非法烟草产品。

4. 控烟政策

1) 土耳其仿效西方国家出台卷烟制品素面包装措施

澳大利亚已经推行烟草素面包装法规,土耳其也正在积极酝酿中。此外,该国还计划出台一个比素面包装法规更为严厉的控烟措施。该措施不仅计划采取素面包装,还计划通过给每个卷烟品牌分配一个数字的方式完全取消品牌名称。这将对烟草行业产生更加深远的影响。

2) 世界卫生组织对该国控烟成绩表示肯定

世界卫生组织曾赞扬土耳其在全国禁烟活动中举得佳绩,认为土耳其是采取措施减少烟草消费,提高公民健康,全国吸烟率下降幅度最大的国家之一。

该报告称土耳其是第一个采取最有效措施推行禁烟,使吸烟率从2008年至今下降到13.4%的国家。事实上,早在2008年1月,土耳其议会通过一项禁烟法,不仅餐厅、酒吧、咖啡馆和办公室等封闭式公共场所将实行禁烟,露天体育场等开放式场所也在禁烟范围之内。2014年7月,土耳其政府计划在室外公共区域推行禁烟,以逐步减少该国烟民规模。土耳其卫生部计划将禁止吸烟的公共区域从室内扩大至诸如儿童公园、露天咖啡厅和露天茶馆等公共场合。同时,还将规定商场和电影院也不得吸烟。

对于未来烟草业及公共政策的发展,消费税的上升使消费者负担增加,这是一个关键问题。自卷烟产品有望成为土耳其另一个合理的消费市场,6家本地公司已经投入相关生产设施,但是,政府又即将对此类产品展开立法和税收。

此外,烟叶种植也受到打压,政府规定了烟农数量和种植数量。这给卷烟生产商带来不小的成本压力。一直以来很受欢迎的当地烟叶品种已成为该国美式混合型卷烟生产中所使用的价格较高的烟叶品种。

现今土耳其烟草行业最大的担心是政府下一步的行动,高税收、高零售价、严格的警示标语与禁烟令、没有品牌名称的烟草产品素面包装等。

此外,土耳其政府已经全面禁止进口和销售电子烟产品。这些做法充分显示了该国政府在控烟方面的态度,至于政府所实施的这些控烟措施所带来的效果及其所带来的影响究竟如何,还有待未来该国烟草市场发展的进一步检验。

10.9 政府控烟政策影响分析

由于澳大利亚政府于2012年实施了烟草制品素面包装的控烟政策,导致非法走私及假冒烟草制品销售量在2013年剧增。由此,使公众不难想到各国政府所制定的控烟政策,在实施后是否也能起到真正的控烟效果，由于缺乏可信的政策制定前的研究与论证，目前全球许多国家和地区的控烟政策已产生了相当的负面影响。

一、政府部门不断增加烟草税率的负面影响

增加烟草税是反烟运动人士的主要观点。他们认为，通过增加烟草税，可以提高烟草制品的价格，在减少烟草制品销售量的同时，而且还会减少烟民们对于烟草制品的消费数量。然而，众所周知，提高税率会增加烟草制品的生产成本，并可能导致消费者的购买能力下降，在烟民的经济能力达不到购买合法烟草制品的时候，他们有些可能会非法的烟草制品，这就违背了立法者的初衷，其负面效果则由此产生。

研究表明，在西方一些高烟税的国家和地区，烟民们更倾向于吸食焦油量和烟碱量高的烟草制品，这种通过吸食高危害烟草制品的补偿吸食行为影响了许多吸烟者，政府部门的增税措施，导致这类吸烟者的身体健康受到更大的伤害。

政府为了提高财政收入，往往会对卷烟生产商及贸易商们施以高额的税率，这在很大程度上增加了生产商们的成本支出，从而使生产商用于科研开发的资金费用下降，这样，生产商将无法有效进行低烟害烟草制品的研制与开发。就全球税收的情况而言，政府对烟草制品的总税收额已经占到了其成本的80%左右，高额的税收负担必须会影响到生产商们在科研开发方面的资金费用支出，在导致其生产成本增加的同时，对于企业的技术创新是十分不利的，其负面影响已经显现。

在经济学界有学者分析表明，一种商品，如果其缺乏价格弹性，那么它受价格的影响就较小。就烟草制品而言，由于各种烟草制品对于消费者而言，都具有致瘾性，使得烟草制品对于消费者而言，很明显缺乏价格的需求弹性，因此，吸烟者对于政府提高烟草制品的税率所导致的价格上升并不敏感，有些消费者有可能会从原来高价格的烟草制品选择自己心理价位能够接受的价位较低的烟草制品。因此，从某种意义上讲，政府高额的税收也难以抑制烟民们对于烟草制品的消费需求。

就全球烟草业的发展情况而言，政府高额的税收一方面阻碍了生产商创新的步伐，另一方，也加重了吸烟的消费者的负担。因为在烟草制品市场上不同质量、不同价格的烟草制品同时存在的情况下，将会导致出现由质优价高卷烟产品被质量低劣、危害较高、价格相对较低的产品所取代。

众所周知，烟草制品在某种程度上有一定的致瘾性，因此消费者对此类商品的需求是一种刚性的需求，为了满足自己对烟草的需求，即使在政府提高税率导致烟草制品零售价格提高的情况下，吸烟者也不得不开源节流，压缩自己在其他方面的经济开支来满足自己生理及心理上对烟草的需求。

二、政府控烟法案所产生的负面影响

由于政府实施了严格的控烟政策，在公共场所烟民不能吸烟了，由此导致吸烟者在家里吸烟数量的增多，结果使得本应该受到保护的儿童更多地受到了来自家庭环境烟气的负面影响。禁止在公共场所吸烟，虽然减少了公众受环境烟气的影响，但却增加了较贫困的人群受环境烟气的影响，因为相当多的数据表明，低收入人群的吸烟率较高，从而导致低收入不吸烟人群会接触到更多的环境烟气，这对他们来讲是不公平的。在诸如西方发展国家所实施的在酒吧等公共场所实施严格的禁烟令后，烟民们因禁烟令而对自己的吸烟习惯进行了调整，由此导致卷烟制品消费数量的增长。苏格兰贸易协会的一位人士称，这种趋势证实了他们的预测，显然，政府的禁烟令并没有发挥其应有的效果。

世界卫生组织所制定的《烟草控制框架公约》第13条“烟草广告、促销和赞助”的第一条规定：每一缔约方应根据其国家宪法，采取有效的立法、实施、行政或其他措施，限制烟草广告、促销和赞助。此类措施可包括全面禁止所有烟草广告、促销和赞助。

由于世界卫生组织制定了如此严格的对于卷烟制品进行广告宣传的规定，烟草业现在无法将关于卷烟焦油与烟碱量减少了的、更高质量的卷烟产品、新品牌、新品价格、新品特点等情况告知消费者，消费者也就没有办法来获得更多有关低害卷烟制品的信息，从而导致烟草生产商们无法把其所生产的最新的低害卷烟制品的信息传递给消费者。也就是说，控烟法规的实施，阻断了烟草商与消费者进行沟通的桥梁，其负面效

果也就随之产生。

目前,在诸如印度等东南亚等烟草业发展不太成熟的国家和地区的烟草制品市场上,政府对烟草业的禁烟立法也较多。但是,由于吸食比地烟(印度当地特有的一种烟草制品,也是当是的一种烟文化)、丁香烟(印度尼西亚和马来西亚当地特有的一种烟草制品,代表当地的烟草文化)是当地特有的烟草文化,因此即使政府实施了严格的禁烟令,也没有达到预期的效果。

就此,有分析人士认为,在政府实施了严格的禁烟令之后,烟草业现在无法将有关卷烟焦油与烟碱量减少了的、更高质量的卷烟产品、技术先进的电子烟产品的相关信息及时传达给消费者,政府的广告禁令也没有起到应有的效果。

从对消费者负责的角度来分析,尽管政府所制定的一系列控烟政策产生了一些负面影响,然而,一些立法者对公众的意见和建议还没有很好地接受与倾听,如公众呼吁强烈的电子烟及减害烟草制品等。事实上,政府部门对公众反映强烈的解除无烟烟草制品禁令的呼声却充耳不闻,但是,从许多国家和地区政府多年来所实施的控烟政策及其效果来看,这些控烟法规并没有真正起到立法者所期望的目标,而其结果却导致了本应受到保护消费者的权益受到了伤害。目前的现状是,政府原本为公众利益所制定的许多控烟政策及禁烟条款,却导致了一些负面的影响,出现这样的结果,很值得反烟运动者、政府官员以及立法者们进行深刻的反思。

10.10 从美国部分州提高烟税看政府对烟草业的监管

为了抑制烟民对烟草制品的消费,新年伊始,美国俄勒冈州政府决定,从 2014 年 1 月份开始,提高该州卷烟税率,每盒(20 支装)卷烟的税收额由原来的每盒 1.18 美元增加到 1.31 美元。控烟组织——Campaign for Tobacco－Free Kids 的统计数据表明,俄勒冈州提高卷烟税率之后,每盒卷烟税收额为 1.31 美元,在美国各州排名第 28 位。

目前,美国除了各州对卷烟制订不同的税收额之外,联邦税收额为统一的每盒 1.01 美元,为此,美国政府希望提高联邦卷烟税率,以起到抑制消费之目的。事实上,美国一控烟组织的研究数据表明,早在 2009 年美国联邦烟草税额增加 0.62 美元之后,国内的卷烟消费量下降了 10%。

一、烟草消费对公民健康产生危害

多年来,烟草制品在公众日常生活中是十分普遍的,但它也对消费者的健康也产生了一定的危害。为此,2013 年世界无烟日的主题是:禁止烟草广告、促销和赞助。分析人士认为,全球大约三分之一的青年人是在烟草广告、促销和烟草商赞助活动的影响下开始吸烟的。

统计数据表明,在 13 至 15 岁的青少年当中,有 78%的青少年称他们经常接触某种形式的烟草广告、促销和赞助活动,因此,2013 年世界无烟日世界卫生组织将禁止烟草广告、促销及赞助作为主题,其目的就是要减少消费,保护公民、尤其是青少年的身体健康。

美国研究人员的统计数据表明,尽管西方发达国家烟民人数是趋于下降趋势,然而,由于发展中国家烟民人数增长,使得全球烟民人数仍处于上涨的趋势,统计数据表明,到 2012 年为止,全球烟民人数已将近 10 亿,由 1980 年的 7.21 亿上升到了 2012 年的 9.67 亿人,亚洲东帝汶及印度尼西亚的烟民比例最高,55%的成年人每天都吸烟。

从税收的角度看,烟草制品消费对政府财政的贡献率是较大的,但是也会对公民健康造成一定的影响,目前许多国家政府基于健康安全的考虑,对烟草制品的生产、销售与消费进行了严格的管控,美国政府对于烟草业的管理经验尤其值得借鉴。

二、美国政府对烟草的管控以保护公民健康为目的

多年来,美国政府对公民健康是十分关注的,它已日益成为政府所关心的话题。事实上,公民健康是关

系到美国整体国民的利益，因此，在美国烟草业的发展过程中，政府一直把保护公民身体健康放在首位，保护公民健康已经成为政府对烟草发展立法的重要依据。

1. 吸烟影响健康的历史争论

从 1492 年烟草被哥伦布发现到今天，烟草业一直随着人类社会的发展而在不断的发展中，由于各种因素的影响，全球许多国家已相继出台了各种控烟措施，对烟草的生产与销售进行严格管理。

近代，公众关于吸烟影响健康的争论起始于 20 世纪初。一些流行病学研究人员经过抽样调查发现，肺癌患者人数的逐步增加，与吸烟人数的增加呈现出正相关的关系，他们的研究还发现，吸烟不仅与肺癌有关，而且也会造成其他诸如心血管病、呼吸系统疾病等。

2. 政府对吸烟影响健康愈加关注

1964 年，美国医政总署发表了“吸烟与健康”的报告，综述流行病学方面的研究，并明确提出吸烟对人体健康是有害的。因此政府部门应该在增加烟草税率的同时，还要宣传吸烟对人体健康的影响。

事实上，不管是政府部门还是普通公民，已经认识到烟草及其制品是一种特殊的商品，不同程度上会对消费者及其周围人的健康会造成一定的危害，因此，美国政府对烟草业的发展实施了严格的管制措施。

三、美国政府对烟草业进行严格管制

1. 对烟草业发展设立专门管制机构

美国食品与药品管理局已成立了一个名为烟草制品科学顾问委员会(TPSCA)的机构，专门处理食品与药品管理局有关烟草方面的事务。该委员会的职能范围包括，确定各类烟草制品中烟碱的释放量；检测美国烟草市场上薄荷烟的生产及消费情况，并及时向公众提供这方面的信息，就低危害卷烟产品向公众提供消费方面的建议。美国烟草制品科学顾客委员会将由多位专家组成，他们的专业范围涉及医学、医学伦理学、毒理学、药理学及烟草制品评价等。

2. 美国政府修订控烟法案

2010 年 6 月份，美国总统奥巴马签署了新修订的控烟法案，这一法案使美国食品与药物管理局在监管烟草业方面获得很大权力。奥巴马认为，他从自己的戒烟努力中体会到，政府需有一项强有力的法律保护美国的下一代免受吸烟的危害。

在新修订控烟法案指导下，美国政府赋予食品与药品管理局管理烟草销售、营销及广告宣传方面的权力，以保护公众的身体健康，并要求所有的烟草生产商必须到食品与药品管理局进行登记备案，以达到新的控烟法案所规定之要求。

同时，烟草生产商要向美国食品与药品管理局提供其所有生产卷烟的成分清单，禁止在卷烟生产中使用含有糖果味、水果香味的天然及人工合成香料(薄荷香味除外)，扩大吸烟有害健康警示图片及警示语的使用面积，使消费者能够一目了然地了解到吸烟对健康的危害。

3. 通过司法手段对烟草业进行管制

1997 年 11 月，美国加利福尼亚州立法院裁决，美国洛里拉德烟草公司(Lorillard)向一位因吸烟而损害健康的烟民赔偿高达 150 万美元，这是美国烟草公司首次公开向吸烟受害者做出巨额赔偿。

1998 年，美国各州与以菲利普·莫里斯烟草美国公司为首的五大烟草公司(R. J. Reynolds 公司、Philip Morris 公司、Brown & Williamson 公司、Lorillard 公司、Liggett 公司)，此后又有 2 家烟草公司加入，其中包括 Natural American Spirit 烟草公司达成了具有划时代意义的美国大和解协议(Master Settlement Agreement)。

根据大和解协议，美国各大烟草公司要向美国 46 个州支付 2000 亿美元，用于反吸烟宣传广告和偿还这些州为治疗患病烟民所支付的医疗费用，法院不再接受消费者个体对烟草公司的诉讼案，但集体诉讼案除外，这便是美国历史上有名为 Engle 集体诉讼案。

四、美国对烟草制品生产与销售进行立法

1. 政府的各类立法及管制措施

为了保护美国公民的身体健康,限制烟草消费量的不断增长,美国政府为此制订了一系列的法律法规,其内容涉及烟草及其制品的生产、销售、消费、广告宣传、健康教育等内容。

1986年,美国政府制订了《全面综合无烟烟草健康教育法》;

1996年,美国食品与药品监督管理局制订了《限制卷烟和无烟烟草的销售和流通以保护儿童和成人法规》;

2000年,美国政府制订了《联邦卷烟进口承诺法案》;

2010年,美国政府新修订了其控烟法案,制订了《家庭吸烟预防及烟草控制法案》。

2. 对烟草销售制订相关禁令,禁止零售商向未成年人出售烟草制品

美国所有的州政府在其控烟法案中规定,禁止零售商向18岁以下的青少年出售烟草制品,有些州还规定,不准利用自动售货机向青少年出售烟草制品,并在此类自动售货机上安装年龄识别装置。

2010年,美国政府还制订并颁布了《禁止一切非法烟草制品运输法案》,该法案规定,通过网络销售烟草制品的经销商,必须对购买其所出售烟草制品的购买者进行年龄核实,否则将受到严厉处罚。

2011年3月31日,美国总统奥巴马签署了一项有关禁止邮寄卷烟产品的法令,自法令生效之日起,美国的邮政服务部门不得再允许个人邮寄任何类别的卷烟产品。

据介绍,美国政府除了对邮寄卷烟产品制订禁令,同时对通过网络出售卷烟产品也出台相关的管理措施:

一是通过网络出售烟草制品者,需要支付相关地方的烟草税;

二是通过网络出售烟草制品的经营者,需要在当地进行注册,并定期向政府税务人员上报相关销售信息;

三是通过网络出售烟草制品的经营者,需要核查购买者的年龄及身份信息。

3. 对烟草制品的销售区域进行限制

美国《家庭吸烟预防和烟草控制法案》规定,禁止在学校和运动场周边1000英尺的范围内作烟草广告;禁止烟草生产商赞助体育赛事、音乐会或者其他的社会文化活动,在出售及营销的帽子和T恤衫等物品上,禁止印制烟草商标或烟草标识。

另外,美国政府还对卷烟包装上吸烟有害健康的警示图片及警示语作了相当严格的规定,卷烟外包装上必须印制下列健康警语之一:吸烟会使人上瘾;烟草烟雾会伤害您的孩子;吸烟会导致致命的肺部疾病;吸烟会导致患癌症等。

4. 提高烟草制品税率

研究表明,提高烟税可以降低烟民的消费量。美国一家名为Campaign for Tobacco－Free Kids的控烟组织所进行的抽样调查数据表明,在2009年美国将烟草税提高62美分(每盒/20支装)之后,其卷烟销量下降了10%。

美国德克萨斯州政府从2007年1月1日起,提高了该州的卷烟税率,烟民消费的每盒卷烟将比以往所交的税更多。该州的卫生健康官员们相信,此举能够阻止吸烟者,特别是青少年吸烟人数的上升。

2013年6月份,美国加利福尼亚州议会议员通过投票表决的方式,决定提高该州的烟草制品税率,每盒20支装的卷烟产品,平均增税2美元(约合1.54欧元),其目的也是为了降低该州的吸烟率。

从美国政府出台并严格各项控烟法案的措施来分析,政府应该重视烟草消费对公民健康的危害,对各类烟草制品的生产、销售及消费等各个环节,应该进行有效的立法与监控,并努力限制烟草制品的销售范围,在其广告宣传及有害成分向外界公开方面要严格管理措施,提高烟草制品的税率,努力抑制烟草制品的消费量,以最大限度地保护公民的身体健康。

10.11　巴西两烟生产及公共政策研究

烟叶生产：地处南美洲无显著寒冷冬季的巴西，得益于较为优越的地理位置和气候条件，使其成为为全球重要的烟叶生产与出口国；

卷烟市场：在巴西的卷烟市场上，SOUZA CRUZ公司是该国主要的生产企业，但跨国烟草公司——英美烟草早已控股该公司，近年来该公司的卷烟销售量占有巴西国内卷烟市场总量75%的份额，每年的平均利润高达11亿美元，尽管受假冒及走私非法烟草制品的影响，卷烟销售量也占到全球卷烟总销售量的10%左右；

卷烟价格：近年来，巴西政府大幅度提高卷烟税率之后，又出台了阶梯式增加烟税的措施，其目的是为了抑制消费者对烟草制品的消费。为了达到预定的控烟目标，政府于2011年底出台了卷烟制品的最低限价，从2011年12月份开始，实施巴西联邦政府工业制品新的征税措施，另外还规定了在该国卷烟市场上零售价格的最低限价；

控烟政策：2011年12月份，巴西政府修订了其控烟法案，实施更加严厉的控烟措施，对卷烟生产商的限制更加严厉，在卷烟烟盒的正反两面，都要印制吸烟有害健康的警示图片及警示语。但在政府实施了新的控烟政策之后，巴西的烟叶供应商们已在为《烟草控制框架公约》中烟草成分控制规定给他们所带来的负面影响而感到担忧。一位业内人士指出，政府在对烟草业政策方面，正在经历着一个左右为难的尴尬期。

1. 烟叶生产

1）地理位置

从地理位来看，巴西地处南半球，在南美洲的东部，东临大西洋，属热带亚热带气候，该国的可耕地土壤较为肥沃，在其烟叶种植区，常年平均的降雨量大都在在2000mm左右，且雨量分布较为均匀，适宜烟叶的生长。

2）气候条件

从气候条件来看，该国全年的平均气温为在18.1℃左右，基本无霜，无明显意义上的寒冷冬季，非常适宜烟叶生长的季节较长，并且在烟叶的生长期，多云天气也比较多，空气湿润、清爽，有利于烟叶生长过程中的物质转化和香味物质的形成，使得该国有生产优质烟叶得天独厚的气候条件。

3）烟叶产区

巴西的烟叶生产，绝大部分集中在其南部地区，所生产的烟叶类型分别为烤烟、白肋烟和深色晾烟，其余有很小一部分的烟叶生产则分布在东北部地区，而该地区的烟叶生产则主要以深色晾晒烟和香料烟为主。

4）烟叶生产的组织形式

巴西的烟叶生产，主要以公司加农户为其生产组织形式，在烟叶生产中，实行一体化的生产体系，烟叶生产和经营，主要由跨国烟草集团和国内的一些烟草生产企业来运作。目前在巴西国内烟草经营业务的公司主要有：Souza Cruz公司、Universal（环球烟叶公司）、Alliance One（联一国际公司）等，其烟叶产量占到巴西国内烟叶总产量80%左右。

5）烟叶产量

2010年，在巴西的烟叶生产季节，气候状况为多雨，这明显影响到了其烟叶的产量。烤烟产量为550000吨。由于2010年度烟叶生产季节雨量充足，使得所生产的烟叶油分多、烟碱量较低、质量较好，符合国际市场对卷烟生产的需求，由于产量降低，2010年度其烟叶价格较上年度提高了10%左右。

2011年，巴西的烤烟产量700000吨，受气候状况的影响，其质量仅达到中等水平。据介绍，在2011年的烟叶生长季节，巴西传统烟叶生产区和南方地区的烟叶因缺少有效的降雨而使其质量受到了一定的影响。

目前，巴西是全球最大的烟叶出口国，每年该国的烟叶出口量，能满足全球近30%的烤烟需求。美国烟草网的资料显示，在2000年津巴布韦烟叶生产达到创纪录的236000吨的产量之后，由于国内多种因素的影响，其烟叶生产在此后的10余年时间内，一直处于下降的趋势，导致津巴布韦在全球烤烟市场上风光不再，从而进一步显示了巴西在全球烟叶生产与供应中的重要地位。

2．卷烟市场

1）巴西卷烟市场由英美烟草公司控制

在巴西，SOUZA CRUZ公司是该国主要的卷烟生产企业，但跨国烟草公司——英美烟草早已控股该公司（1914年，英美烟草公司收购巴西Souza Cruz烟草公司，如今，该公司已经成长成为英美烟草集团公司旗下最大的子公司之一），近年来其卷烟销售量占有巴西国内卷烟市场75%的份额。数据显示，SOUZA CRUZ公司在过去的5年时间内，经营利润也几乎翻了一番，2010年的利润高达11亿美元，占英美烟草全球子公司利润总额的16%，其卷烟销售量也占到全球卷烟总销售量的10%左右。

表10-1所示为跨国烟草公司在部分国家卷烟市场的份额。

表10-1 跨国烟草公司在部分国家卷烟市场的份额

国家	销售量(单位：10亿支)	菲莫国际	英美烟草	日烟国际	帝国烟草
俄罗斯	390	26%	20%	37%	8%
印尼	270	29%	9%	×	×
巴西	116	10%	75%	3%	×
印度	112	×*	×*	×*	×
土耳其	94	42%	28%	23%	3%

注：×：小于1%市场份额；××：在印度，菲利普·莫里斯烟草国际公司在印度GP烟草I公司有少量股份，而英美烟草公司在ITC(印度烟草公司)也有少量股份。

2）巴西及其邻国阿根廷卷烟产销情况

近年来，拉丁美洲的烟叶生产国除了向全球的卷烟生产商提供高质量的烤烟、白肋烟及香料烟之外，同时该地区还是全球一个非常重要的卷烟消费市场。

EUROMONITOR International（欧睿国际信息咨询公司，是一家专门提供市场数据和市场分析的公司。其总部设在英国伦敦，另外分别在芝加哥、新加坡、威尔纽斯等地设有分支机构。公司主要进行市场研究，其范围主要包括快速消费品行业，而烟草行业是其研究的重要行业）的统计数据表明，2011年，包括巴西在内的拉丁美洲，其卷烟的销量为2306亿支，与2008年的2632亿支相比有所下降；但销售额则由2008年的284亿美元增长到2011年的318亿美元，这一增长反映了拉丁美洲人口的增长及烟民在烟草制品方面可支配收入的增长。

3）巴西卷烟市场走私严重

巴西是南美洲地区卷烟税率较高的国家之一，美国烟草网的数据显示，巴西的卷烟税率为65%左右，而其邻国巴拉圭的卷烟税率仅为20%左右。

卷烟制品税率的巨大差异是导致巴西卷烟市场走私严重的重要原因。由于两国人口的差异及其他经济因素的影响，巴拉圭每年的卷烟消费量仅为24.3亿支，而其邻国巴西的年卷烟消费量则高达1500亿支卷烟。因此，大规模、有组织的非法走私集团在巨大利益的驱动下，把大量的卷烟制品从巴拉圭走私进行巴西国内的卷烟市场，以获得高额的非法利益。

2011年年初，巴西政府执法部门关闭了位于该国圣保罗地区的一家非法卷烟制品加工厂。在警方的搜查过程中，查获了2000万支卷烟、20吨用于卷烟生产的烟丝、假冒的卷烟外包装和商标等。对此，分析人士认为，巴西较高的卷烟税率是导致其假冒及走私卷烟制品贸易量增长的主要原因。

3 卷烟税率及价格

1）巴西大幅度提高烟税

2011年11月份，巴西政府财政部门一项提高烟草制品税率的法案已经得到了议会的通过。据介绍，新税率是在原来的基础上，将烟草制品的税率提高了300%。另外，政府还修订了控烟法案，扩大了禁烟区的范围，在卷烟制品零售点，不允许烟草商做各种类型的烟草广告。

然而，对于政府提高税率及修订控烟法案的做法，巴西烟草种植者协会一名叫BENÍCIO的负责人称，许多烟农对此都感到担心，害怕其烟叶生产会受到影响，因为政府在提高烟税之后，卷烟价格会随之上涨，在影响到卷烟生产商及贸易商的同时，也会间接影响到烟农的切身利益。

2）政府实施阶梯式增税措施抑制卷烟消费

2011年，在巴西政府大幅度提高卷烟税率之后，政府又出台了阶梯式增加烟税的措施，其目的是为了抑制消费者对烟草制品的消费。新的政策规定，政府对卷烟制品的税率要逐年增加：2013年，在原来的基础上提高12%；2014年，在原来的基础上提高13%；2015年，在原来的基础上提高10%。政府财政部门的官员预计称，到2015年，政府从烟草业所获得的税收额可以达到48亿美元。

3）政府规定卷烟最低限价

为了达到预定的控烟目标，巴西政府于2011年底出台了卷烟制品的最低限价，从2011年12月份开始，实施巴西联邦政府工业制品新的征税措施，另外还规定了在该国卷烟市场上零售价格的最低限价：从2011年12月1日起至2012年12月31日，每盒卷烟的市场零售价格不得低于3巴西里尔/盒；2013年最低限价提高至3.5巴西里尔/盒，2014年提高至4巴西里尔/盒，2015年提高至4.5巴西里尔/盒。

4. 政府实施的控烟政策

1）巴西修订控烟法案

2011年12月份，巴西修订了其控烟法案，实施更加严厉的控烟措施。据介绍，新修订的控烟法案已得到了总统DILMA ROUSSEFF的签署并将于2012年付诸实施。新修订的控烟法案规定，在巴西国内所有封闭的公共场所内禁烟，在卷烟制品的零售点，也将完全禁止各种类型的烟草广告与宣传促销活动。

另外，对卷烟生产商的限制更加严厉，在卷烟烟盒的正反两面，都要印制吸烟有害健康的警示图片及警示语。

2）政府对香味烟草制品实施禁令

2010年，巴西政府卫生健康与监督部门就是否对香味烟草制品出台相关的禁令，向广大民众征求意见。政府卫生健康部门所指的香味烟草制品，不仅包括普通的卷烟制品，而且还包括其他类型的烟草制品，如手工吸用烟草制品、无烟烟草制品中的鼻烟及嚼烟等类型，而且它所包括的范围则更加的宽泛。另外，政府卫生健康部门也计划将薄荷类烟草制品归入被禁烟草制品的行列，这一计划与美国的香味烟禁令并不太一致。

3）禁止部分烟草添加剂的使用

2010年12月初，巴西政府卫生健康与监督部门对外宣布，政府计划禁止烟草生产商们在其卷烟生产中使用部分添加剂，这些添加剂包括诸如糖、薄荷醇及其他类型的香料等。

该卫生监督机构的负责人HUMBERTO MARTINEZ在接受媒体记者采访时称，大量的研究表明，上述添加剂在卷烟生产中被使用之后，可以有效地改善烟草制品的香气，这样，对未成年消费者具有较强的诱惑力。事实上，在美国及加拿大等地实施了香味烟禁令之后，全球许多国家和地区都表示要仿效他们的做法，此次巴西计划仿效的是加拿大模式。

4）政府烟草新政引发业内人士担忧

在政府实施了新的控烟政策之后，巴西的烟叶供应商们正在为《烟草控制框架公约》中烟草成分控制规定给他们所带来的影响而感到担忧。一位业内人士指出，政府在对烟草业政策方面，正在经历着一个左右为难的时期。

一方面，政府之所以支持烟草这一行业，是因该行业能够为巴西民众带来了高达250万余个工作岗位以及每年约30亿美元的出口外汇收入，在给政府财政带来巨额财政收入的同时，也解决了大部分民众的就业问题。另一方面，巴西又是一个深受反烟运动影响较深的国家，而多数的反烟组织都有非政府组织的资金支持，在这种情况下，政府对烟草行业则处于一种两难尴尬境地。

10.12 影响预测全球烟草业未来发展的多种因素

2040年，全球部分国家将成为无烟国家；

2063 年,美国最后一位烟民将告别烟草;

2072 年,日本最后一位烟民也将成功戒烟。

最近,国际知名咨询机构——欧睿国际公司以及花旗集团对全球烟草业未来的发展趋势做出预测。

在其预测报告中,分析师们认为,至 2040 年年底,全球部分国家和地区吸烟这一现象有可能消失,正如不丹一样,成为不生产、不销售、不消费的三无国家(背景资料:2005 年,不丹在全国范围内禁止烟草制品的生产与销售,2010 对其控烟法案进行修订,以加大打击烟草制品走私行为的发展,同年该国一位僧人因走私价值 2.5 美元的烟草制品而被判处三年的监禁,受到了严厉处罚),而美国和日本的最后一位烟民也将分别于 2063 年和 2072 年告别烟草,成为无烟国家。

一、欧睿公司及花旗集团简介

欧睿公司是一家专门提供市场数据分析和市场情况分析的公司。该公司总部设在英国伦敦,另外还分别在美国的芝加哥、新加坡等地设有分支机构。公司进行市场研究的范围主要包括快速消费品行业以及不同国家和地区的支柱产业,研究的范围涉及全球 80 多个国家和地区。

花旗集团(CITIGROUP)是当今全球资产规模较大、利润率较高、连锁性较强、业务门类较为齐全的全球金融性服务集团公司。

二、分析人士利用烟草工业模型预测

欧睿公司的研究人员已开发出了一套用于分析烟草行业的专用模型,利用该模型,可以帮助该公司的分析师们结合传统的预测技术,对烟草行业的发展进行分析和预测。

据介绍,这种模型的一个重要特点是,应用了一系列可能影响到烟草行业的内因及外因,以及这些因素对烟草市场增长方面做出贡献,并结合不同国家和地区有关烟草业的立法进行分析预测。分析人士认为,用上述方式进行分析通常被称为——Scenario Analysis。

1. 影响烟草行业发展的内因变量及外因变量

分析人士在对烟草行业的未来发展进行分析时,着重关注的是两个方面,即内因变量及外因变量。

所谓的内因变量,就是影响烟草行业特定的变量,如吸烟者的数量、烟草制品的市场零售价格以及假冒及走私等非法烟草制品的交易数量。

而外因变量则是指并非烟草行业能够决定的特殊因素,如不同国家的 GDP 以及不同国家和地区的通货膨胀率率等。

2. 外因变量对烟草行业发展的影响

影响烟草行业发展的因素有很多,外因变量是一个关键的因素分析人士认为,像 GDP 外因变量对于预测消费者购买任何消费品(包括烟草制品)时都起着关键的作用。

通常情况下,每个国家和地区的 GDP 在不同的循环周期,其数值是不一样的,但在绝大多数的国家和地区,其 GDP 如果有向上的发展趋势,那么,这就预示着这个国家或地区的消费者对于消费品的购买能力也处于上升趋势。

三、多种因素影响全球烟草业的发展

分析人员在对全球烟草业的发展进行预测时,通常要考虑到多种因素,包括对全球烟草行业的多个领域展开调查,并对不同区域及不同市场进行多方面分析。

另外,公司的市场分析人员还用多种工具来衡量和分析影响全球烟草市场的众多因素,以及这些因素之间的相互关系。

在进行市场分析时,研究人员重点要考虑的是烟草及其制品给政府所带来的税收收入、产品的市场价格、非法烟草制品的贸易量及贸易额、不同国家和地区的吸烟率及烟民数量、烟草商的经营环境等多种因素。通过对上述综合多种的仔细分析,以期对全球烟草业市场未来的发展做出比较精准的判断。

1. 价格因素

烟草制品市场零售价格的变化，会影响到烟民们对烟草制品的消费。

分析人士认为，从近年来烟草业的发展情况来看，在大多数的国家和地区，影响到烟草制品消费的最重要因素为其市场零售价格及当地人口数量的变化。价格影响因素会因为不同国家和地区不同的情况而发生变化，因为在不同的国家和地区，消费者对烟草制品的需求价格弹性是有差异的。

另外，在烟草制品价格上涨的情况下，一些经济状况不太好的消费者可能会购买价格较低的烟草制品。

2. 不同地区需求价格弹性(PED)差异因素

欧睿公司通过对全球烟草市场的研究表明，烟民对烟草制品的需求价格弹性，在不同的地区，会显现出差异化的现象。

数据显示，在通常情况下，烟草制品的价格上涨 10%，会导致烟民们对其需求量下降 4%左右，这表明该地区烟草制品的需求价格弹性为 40%。

然而，由于地区经济发展的状况的不同，在烟草制品价格上涨 10%的情况下，在发展中国家，其需求价格弹性可能会达到 50%～60%，因为在这些发展中国家，消费者的消费能力普遍较低，因此其需求价格弹性也不一样。

3. 卷烟税率因素

西方一些研究机构的研究结果表明，卷烟税率的提高，会导致非法假冒及走私卷烟制品数量的增长。

数据显示，在前几年，德国卷烟消费税率提高之后，国内卷烟制品的零售价格上涨了近一半，由此导致该国的非法卷烟制品贸易量增长了 33%，而合法卷烟制品的销售量则下降了 25%。

4. 人口数量变化因素

在通常情况下，当卷烟价格上涨时，人们普遍会认为将会导致烟草制品销售量的下降，这种情况在短期内可能会出现。但欧睿公司的研究人员认为，从长期的情况来看，卷烟市场零售价格的上涨，在某些地区的市场上，并不会引起卷烟销售量的实际下降，原因在于吸烟人口数量的增长。

数据显示，尽管全球的吸烟率是呈现逐年下降的趋势，但是在一些发展中国家和地区，由于其人口数量的增长，导致其卷烟销售量也随之增长，这也是全球烟草制品销售量增长的重要原因所在。

5. 不同国家控烟措施因素

在对全球烟草业的未来发展进行预测分析后，欧睿公司的研究人员称，不同国家所实施的不同的控烟措施，会对全球烟草业未来的发展起着十分重要的作用。

该公司的分析人员称，在欧盟成员国——爱尔兰首先实施了公共场所禁烟令之后，很快就得到了其他成员国的效仿。

另外，澳大利亚即将实施的素面包装的比较严厉的控烟措施，也会对其他国家未来控烟措施的制定与实施带来一定的示范作用(欧盟就明确表示未来将实施类似的控烟措施)，从而会对全球烟草业未来的发展产生影响。

6. 新产品开发因素

欧睿公司的分析人士认为，近年来烟草行业所开发的新产品，将对该行业的发展产生较大的影响，甚至有可能改变烟草业的产业走势。

分析人士称，近年来，烟草业在其研发过程中，开发出了如碳滤嘴、香味胶囊、减害烟草制品、不会燃烧的烟草制品替代品、电子烟等，这些新产品的开发，在影响到消费者消费习惯的同时，也会促进烟草业的发展。

7. 综合因素

在全球各大烟草公司的发展历程中，影响其发展的因素有很多，但关键的因素是政府所制定的各类烟草制品税率及对烟草业发展相关的控烟政策。

就美国的烟草生产商及贸易商而言，美国食品与药品管理局所出台的相关控烟法规，即将出台的对薄荷烟的限制性措施以及政府所推出的产品责任诉讼法案等，都会对其烟草业未来的发展产生非常重要的影响。

另外，各大烟草公司在国际市场的竞争中，价格因素、税收因素、烟草制品消费、吸烟对人体健康影响相关的法律诉讼等，都不同程度地影响着烟草公司的发展。

四、烟草业核心消费者受外界因素影响小

从烟草业多年的发展情况来看，即使在烟草业发展大环境相对比较差的情况下，烟草业的核心消费者所受到外界的影响很小，他们不会轻易改变自己吸烟这一习惯。

分析人士称，这些外界因素包括吸烟有害健康的警示语及警示图片、政府所发布的禁烟令、烟草制品市场零售价格的上涨等，这些消极的负面因素，很少会影响到他们对烟草制品的消费观念，因此这类烟民被称之为烟草业的核心消费者。

10.13 美国烟叶流通体制新特点之几点启示

1. 全球烟叶市场概况

1）近年来全球的烟叶产量

由于2010年全球烟叶市场出现了供大于求的局面，分析人士认为，这将促使2011年全球烟叶产量下降。从全球各地区的烟叶生产来看，从2010年开始，欧盟各成员国已经逐步减少甚至取消了对烟农的烟草种植补贴政策。另外，巴西和非洲一些主要的烟叶生产国也计划在2011年减少部分烟叶种植面积，这都预示着2011年全球烟叶产量将出现下降的局面。

近年来全球烤烟及白肋烟产量如表10-2所示。

表10-2 近年来全球烤烟及白肋烟产量 单位：百万千克

烤烟	2009	2010	2011(预测)	白肋烟	2009	2010	2011(预测)
北美及中美洲	251	279	243		116	106	111
美国	236	222	215		91	82	84
南美洲	711	683	742		184	140	163
巴西	608	567	630		122	90	110
欧洲及独联体各国	158	155	152		73	63	63
非洲及中东地区	218	327	362		318	292	275
亚洲及大洋洲	2990	3140	2994		150	159	154
全球总计	4327	4554	4492		840	760	765

2）烟叶生产受卷烟生产滞后效应影响

2008年全球烟叶生产的数据表明，除中国之外，该年度全球的鲜烟叶产量(烤烟)为160万吨，白肋烟的产量为70万吨，香料烟的产量为30万吨，使得该年度全球的烟叶总供给量达到了260万吨，与预期的市场需求350万吨相比，缺口达90万吨左右。从表面上，供不应求的局面就此出现。

然而，该年度全球的烟叶并没有出现供不应求的局面。其原因在于，一些大的卷烟生产商会把其生产中所需要的烟叶库存12至16个月的时间进行储存与醇化，中等规模的卷烟生产商也需要贮存一定量的烟叶，并将其贮存6至12个月的时间。

另外，一些烟叶贸易商们也需要把其所购买的烟叶再贮存几个月的时间后再进行出售，这样，烟叶真实的供求状况需要经过2年左右的时间才可能真正的显现出来，并对全球的烟叶生产与贸易产生影响。

2. 美国烟叶烟业产业新特点：

1）美国烟叶生产新特点

首先，美国烟叶种植合同制的法律约束力强。美国有85%的烟叶种植实行合同制。合同的签订由各烟草集团公司在上年的12月份或当年的元月与烟农签订，每个种烟农的签订额需控制在农业部下达的配额之

内。收购商不得超合同收购，不得收购其他公司合同烟农的烟叶。

其次，烟叶分级简单。美国烤烟分级标准虽有150多个等级，但烟农分级时相当简单。只是按部位将外观品质基本相同的烟叶分在一级即可，不像我国农业分级过细，给烟农造成过大的劳力负担，既使如此，烟农分的级别也不能保证烟叶的品质相同。

再者，美国农场化生产种植集中规模大，种植技术先进，整体水平高，烟叶质量水平属国际一流。

2）美国烟叶流通新特点

美国烤烟因其质量较好而著称于世，因此烟叶已出口到世界上许多国家和地区。目前，美国的烟叶流通领域正经历着有史以来的最重要的变革时期，美国的烟叶出口商们也正在密切关注着全球混合型卷烟中所需美国烟叶的变化情况。

有专家认为，美国烟叶营销体系的变改是非常必要的。1998年，美国的大和解协议对其烤烟种植产生了重大的负面影响。在此之前的1997年，其烤烟配额为10.13亿磅(合459493吨)，而2002年的配额仅有5.28亿磅(合239499吨)，大和解协议所需的费用自然影响了美国整个烟草行业的利益。但近年来的发展表明，在美洲的加拿大，政府已计划取消烟叶生产的配额。

尽管美国烟草业正在经历着变革，但对美国的烤烟种植者来说，出口市场并非遥不可及，美国烟草协会正在尽力挖掘全球每一位潜在的客户。

资料表明，自美国烟草协会成立以来，其目标就是促进美国产烤烟向全球的出口，目前，美国有一半的烤烟出口到欧洲市场，而日本则是其最大的单个烟叶消费客户。美国烟草协会仍将继续集中力量来提供服务，努力拓展美国烤烟的出口量。

3. 我国烟叶产业存在的问题

我国的烟叶生产在近年来尽管取得了不小的成绩，但在烟叶生产及流通流域，与国际上先进的国家相比仍有不小的差距，这主要体现在：

1）种植规模

与美国等国外农场化的大面积种植相比，我国目前分散的烟叶种植方式，可以说是烟叶生产和管理上的一大弊端。小规模的分散经营，与国外的规模生产相比，既浪费了人力和物力资源，也不利于科学技术的推广及在烟叶生产中农业机械化的实施，造成了经济效益低下，同时，烟叶品质质量也受到了一定的影响，难以以大规模生产来产出高质量的优质烟叶参与国际烟草市场的竞争。

2）烟叶质量

我国的烟叶在质量上与一些烟叶出口大国相比还有明显的差距，特别是与美国的烤烟和白肋烟相比，我国的烤烟和白肋烟在品质上的差距就更大。就烤烟而言，我国所产的烤烟除了在某些外观品质上与美国、巴西等国有一定差距外，其主要差距体现在烟叶的香气质和香气量上以及烟叶化学成分是否协调方面。

3）烟叶价格

烟叶价格取决于多种因素，但起决定作用的是市场这支无形的大手。由市场供求决定烟叶价格的基本走势已被越来越多的国家所认同，无论是市场定价、行业定价还是政府干预，都以此为基本依据。

美国的烟叶价格，在拍卖市场上则由供求双方共同形成的。就市场法则而言，烟叶的市场价格是在不确定的供求关系中形成的，因此也是涨落不定的。为稳定烟叶市场的价格，使烟农的收入得到最基本保证，美国在其“农业调整法”中出台了价格支持计划。价格支持计划为各种类型烟叶确定了一个支持价格。支持价格代表拍卖市场上最低的市场价格，一旦烟农不能以稍高于支持价格的价格来出售烟叶时，烟农就可以按支持价格把烟叶卖给政府所成立的烟农合作社，烟农合作社将利用美国农业部的贷款进行收购、加工、存储，以便在将来市场需求增长时售出，库存烟叶售出后，再偿还政府的贷款。

4）经营管理

与国外市场经济管理体制相比较，其烟叶生产及流通领域的环节较少，费用也较低；而我国现行的烟叶生产流通领域的计划管理体制，则设置了许多管理及经营机构，增加了企业的经济负担和烟叶的费用和成本。

就美国的烟叶流通领域来看，我们应该借鉴其先进的经验，改革我国烟叶的烟叶流通体制，按市场规律操作，同时国家也应该制定烟叶的保护价格，维护烟农、集体及国家三方的利益。

4. 美国烟叶产业对我国烟叶产量的启示

通过上述分析，我们建议，应改革我国目前烟叶的计划管理办法，由计划种植变为市场调节，实现烟叶种植结构的调整，优化种植布局，从而起到烟叶资源合理配置的目的。但在烟叶生产市场化的同时，国家应重点加强烟叶产、购、销方面的管理，使烟叶的生产与销售能按市场规律合理运行。在烟叶生产市场化的同时，应研究在烟叶生产方面引进外资的可能性，如果条件许可，可允许外国的烟草投资商在我国进行出口烟叶的生产经营活动。

事实上，我国的烟叶生产在国家烟草专卖局所制定的方针的指导下，依靠科技进步，加强基础工作，推广先进的烟叶生产技术，规范生产管理，目前已成为世界上最大的烟叶生产国。

经过几年的努力，我国的烟叶生产摆脱了超计划种植和超产所造成的严峻局面，烟叶产销基本平衡，库存下降，烟叶经营秩序好转，烟叶质量已接近世界先进水平，并得到了绝大多数烟叶进口国的肯定和好评，其中包括世界上著名的跨国烟草公司——菲利普·莫里斯公司、英美烟草公司、日本烟草公司在内的大公司，在其产品的配方中都相继使用了中国产的烟叶，中国烟叶的出口量呈现出逐年增长的好势头。

10.14　FDA 监管美国烟草业所面临的挑战与思考

2009 年，据有划时代意义的《美国家庭预防吸烟和烟草控制法案》已正式出台，该法案把美国烟草业置于食品和药品管理局(FDA)的监管之下。那么，FDA 对烟草业的监管意味着什么呢？置于 FDA 监管下的美国烟草业前景到底会如何呢？

对此，美国各界的观点各异。波士顿大学一位名叫 Michael Siegel 的教授对 FDA 监管烟草业提出了严厉的批评，并称其只会引起短时间内的“喧嚣与骚动”，他认为，由 FDA 监管烟草业是议会所通过的“最糟糕的立法”，烟草业在其监管之下真可谓是“后顾无忧”。

但另一方面，一些反烟人士对于 FDA 监管美国烟草业已给予了深深的厚望，他们认为，新控烟法案的出台将会对美国公众的健康产生积极的影响，所以他们称烟草业很快会面临“疾风暴风雨式的监管”。

由此人们不难看出，美国甚至世界不同国家和地区的人们，对政府所出台的新的控烟法案及由 FDA 监管美国烟草业都持有不同的看法，那么，在这种情况下，美国烟草业将会面临着怎样的挑战呢？

要分析 FDA 对烟草业进行监管所面临的问题与挑战，需要从以下几个方面来考虑与剖析：FDA 掌门人相关背景；FDA 对监管烟草业专业知识方面的匮乏；FDA 监管烟草业所涉及的美国宪法方面的问题；FDA 对待薄荷烟的问题；FDA 对待未成年人吸烟的问题；卷烟包装警示问题；减害卷烟方面的问题。

一、FDA 掌门人相关背景

据美国烟草网的相关介绍，目前 FDA 的关键人物有三个：分别为该局局长 Margaret Hamburg 博士、副局长 Joshua Sharfstein 以及烟草制品中心主任 Lawrence Deyton 博士，前两个关键人物都是较为激进的反烟运动倡导者。局长 Margaret Hamburg 博士在接受媒体记者采访时曾称，“现在，我们有机会对美国乃至全世界公众所关注的涉及公众健康头号头问题发挥作用了。

第三位关键人物是 Lawrence Deyton 博士，他现在是 FDA 烟草制品中心的负责人，就其过去在艾滋病临床试验方面的工作经历来看，他应该是一位根据科学决定政策、而不是利用政策臆造科学的一位专业人士。

从美国烟草网所介绍的相关情况来看，Lawrence Deyton 博士与该局两位局长不同的是，他并非激进的反烟主义者，相对于 FDA 大部分官员有着明显反烟倾向不同的是，这位博士则倾向于利用科学的依据来决定政府政策的走向。他曾发表过多篇受到专家好评的论文。因此可以这样说，Lawrence Deyton 博士任烟草制品管理中心负责人这一职务，将会更加科学与理性地对待管理烟草业这一重大问题。

在宣布任命 Lawrence Deyton 博士出任 FDA 烟草制品管理中心负责人的同时，该局着重强调了他在减少军人吸烟率方面所发挥的重要作用，与此同时，美国无烟少年组织也对 Lawrence Deyton 博士出任该中心负责人表示欢迎。

二、FDA 对监管烟草业专业知识方面的匮乏

在美国政府授权 FDA 监管美国烟草业之后，美国无烟少年组织就希望该局能够很快地开展工作，达到他们所预期的控烟目标，但此后无烟少年组织却失望了。

首先，到目前为止，FDA 还没有调整好它对烟草业的监管工作，前任局长 Von Eschenbach 在任时一度认为，烟草业所承担的职责与该局的历史定位与使命是相互矛盾的，同时，这位前任局长与该局其他官员也一致认为，FDA 没有时间、资源与专业的人才来完成此项任务。

其次，新出台的控烟法案已经将美国烟草业置于 FDA 的监管之下，并对监管的时间做出了明确的规定，但也出现了意外情况的发生。例如，有关香味烟的禁令，在总统签署后一段时间后才能生效，因此，尽管烟草管理中心主任已经上任，但对于香味烟的监管也无法实施，其监管的时间表还得进行相应的调整。

迄今为止，FDA 在监管烟草业方面仅仅办了两件事：对电子卷烟和加香烟草制品所发出的禁令，但这两件事都没有明确地告诉公众，FDA 究竟知道它干了些什么，它所做出的决定既不是基于科学的依据，也不是基于保护吸烟者健康之目的。

1. 有关电子烟的问题

在美国政府授权 FDA 监管烟草业之后，该局就试图对电子烟进行监管，首先是禁止电子烟的进口，理由很简单：其一是电子烟不安全；其二是电子烟不符合美国的法律。

2. 有关香味卷烟的问题

2009 年 9 月份，FDA 规定，禁止卷烟零售商出售香味卷烟制品，这些烟草制品包括含有巧克力香味、香草香味、丁香等香味的烟草制品。反烟激进主义者对此所做出的解释是，此类烟草制品容易诱使未成年人吸食卷烟制品。

FDA 局长 Margaret Hamburg 博士在接受《纽约时报》的记者采访时也称："这些香味卷烟制品可能诱使未成年人及青年人成为一位经常吸烟者。"但公众认为这位局长的说法显然有些欠妥，其中有以下几个方面的原因可以加以说明：

首先，在目前美国的卷烟市场上，香味卷烟制品所占的市场份额仅为 0.2%，其市场规模非常小；

其次，FDA 所禁止销售的几类香味卷烟制品在青年烟民当中并不流行；

第三，当《芝加哥论坛报》一位专栏作家寻问 FDA 在未成年人当中，吸食香味卷烟制品的究竟占多大的比例时，FDA 竟然称不清楚这个比例到底是多少。

因此，目前真正的问题是：FDA 出台这些禁令，其背后真实的意图到底是什么，但从该局的做法可以看出，他们根本不了解美国的烟草业，因此也不懂得如何对其进行立法。有专家认为，FDA 对烟草业还很陌生，它没有专业的背景和知识能力去监管美国的烟草业。

3. 香味烟禁令是一项错误的法案

有专家认为，FDA 出台香味卷烟制品的禁令显然进错误的，因为在目前美国的烟草市场上，卷烟的销售量是处于下降趋势的，而雪茄烟及小雪茄烟的销售量则是处于上升的趋势。

何况，FDA 也没有对卷烟作出一个明确的解释。该局烟草制品中心一位律师在接受媒体记者采访时称，"如果消费者认为某一产品是卷烟，那么，法律则认为不管该产品以何种形式包裹的，都应该属于卷烟的范畴。由此可以看出 FDA 立法的漏洞。

三、FDA 监管烟草业所涉及的宪法问题

限制烟草广告营销有悖于民众所倡导的保护商业言论的美国宪法。例如，美国新修订的控烟法案中就规定，禁止在学校周围 1000 英尺以内做任何形式的烟草广告，对此，美国马萨诸塞州早期曾审理过类似的案件，法官判决该禁令违法。

法官认为，既然烟草商是政府所批准的合法烟草商，那么，他们为成年人所生产的各类卷烟制品也应该是合法的商品，政府就应该让成年的消费者及时了解到此类烟草制品的相关信息，因此判定此项禁令违宪。

另外，对于政府授权FDA监管美国烟草业，从该局所出台的相关控烟措施来看，其目的就是要阻止青少年吸烟。但大量的证据表明，烟草制品广告与青少年吸烟之间似乎没有太大的关系。从计量经济学方面来分析，政府部门的研究报告也没有充分的依据可以证明烟草广告与烟草消费或未成年人吸烟之间有直接的关系。

例如，英国公共卫生健康基金会一位名叫Clive Smee的研究人员所进行的研究表明，用计量经济学来分析，烟草广告与青少年吸烟率之间没有直接的关系。这位研究人员通过对全球145个国家的研究发现，是否有烟草广告禁令不会对该国的吸烟率在统计学方面产生直接的影响。

1. 实施烟草广告禁令与未实施烟草广告禁令效果基本相同

挪威是全球实施烟草广告禁令最早的国家之一，该国于1975年发布了第一条烟草广告禁令，曾经尝试过吸烟的青少年比例为54.6%；芬兰和加拿大分别与1978年和1988年实施了烟草广告禁令，其青少年曾经尝试过吸烟的比例为54%。上述两组数据与当时还未曾实施烟草广告禁令的美国(54.3%)和俄罗斯(54.6%)也基本相当。

从以上数据分析可以看出，FDA监管美国烟草业所出台的相关烟草广告禁令，必然与美国宪法所赋予公民言论自由的精神发生冲突。

2. 有关卷烟包装上图片警示的硬性规定

政府在出台这些禁令之前，曾引起了公众广泛的争论，尤其是受到了烟草界的质疑，因为此类吸烟有害健康的图片警示占据了烟盒表面大部分的面积，迫使烟草商在警示图片上面印制对其不利的宣传及图片，从而也就剥夺了卷烟生产商的言论自由。

四、有关薄荷烟的问题

FDA有关薄荷烟的专题小组将考虑三个相关科学方面的问题：

第一、吸薄荷烟的烟民致肺癌率是否高于吸食一般卷烟的烟民；

第二、吸食薄荷卷烟的方式是否有异于吸食其他卷烟，这些差异是否会增加吸烟者的健康风险；

第三、薄荷卷烟是否会对人们尝试吸烟起到一定的作用，是否会增加卷烟消费者戒烟的难度。

分析人士预测，FDA将既不会立即禁止，也不大会大幅度限制薄荷烟的生产与销售。也就是说，FDA将面临三种选择：一是维持美国目前薄荷烟的生产、销售与消费的现状；二是逐步禁止薄荷烟的生产与销售；三是采取折中的态度。

原因有以下几个方面的因素：

首先，该局没有科学的依据来禁止薄荷烟的生产与销售，因为到目前为止，没有证据表明吸食薄荷烟与吸食普通的卷烟制品相比，会面临较大的健康风险，因此，FDA在政策制定过程中，不可能没有任何科学依据就制定相关政策；

其次，一旦对合法的烟草业所制定的规则过于严格，将会给非法的走私及假冒卷烟制品提供更广阔的市场。因为在目前美国的烟草制品市场上，薄荷烟就占了大约30%的市场份额，如果对薄荷烟发出禁令，非法烟草制品就会乘虚而入，这不但有悖于政府立法的初衷，同时也严重损害了广大薄荷烟消费者的利益；

最后，至少在FDA监管烟草业的初期，它不希望制定出比较激进的控烟措施。不论是完全禁止薄荷烟的生产与销售，还是逐步取消，其前提是不能影响薄荷烟在美国卷烟市场所占有30%的市场份额；

五、对待未成年人吸烟的问题

美国政府新近出台的控烟法案，其最主要目的之一是要防止青年吸烟，但该法案对青年吸烟问题只在涉及烟草广告和促销的条款中提及。

但有大量的证据表明，青年吸烟的深层原因是受社会经济状态的影响，FDA 如果集中于烟草广告和营销，显然效果可能会不太明显。如果青年人是烟草业未来的关键所在，那么，FDA 利用对广告的监管作为防止青年吸烟的做法是远远不够的。

六、卷烟包装警示问题

《美国家庭预防吸烟和烟草控制法案》要求 FDA 对烟草包装上的警示要有更大的面积，并配有吸烟有害健康的警示图片。这是基于公众认为图片警示会吓住未成年人尝试吸烟，并进而有可能成为烟民。

自从在卷烟包装上印制图片警示这一问题提出之后，不同国家的研究人员曾对其进行过无数次的调查、研究与分析，所有的结果都没有证明，这样的警示不会减少吸烟者的数量、或者降低烟草制品的消费量。

但只有一次研究例外，大面积的图片警示并没有能够吓住青年人吸烟的原因之一是由于它激起了青年人的反叛心理，所以有时反而使吸烟率或消费量不减反增。因此，大面积的图片警对美国烟草市场的规模不会有产生多大的影响。

七、减害卷烟方面的问题

虽然《美国家庭预防吸烟和烟草控制法案》授权 FDA 要求烟草商们减少卷烟制品的有害成分，但是 FDA 大幅减少烟碱水平的前景还相当遥远。

一方面，因为卷烟含烟碱量高并不会使烟民多消费；

另一方面，如果含烟碱量低，将会使烟民寻求补偿，吸得更深，吸入的烟碱量就会更多，以满足他们的需求，结果反而导致更多消费者吸入更多的有害物质。

更重要的是，它将导致非法烟草制品流入合法的烟草市场，因为烟民可能会寻求接近于他们原来习惯的烟碱水平的卷烟制品，从而也就会间接地培育出一个增强烟碱量的非法卷烟市场，这是美国 FDA 所不愿看到的一个不好的结局。

综合以上几个方面的因素可以看出，美国 FDA 对烟草业的监管，不会对该行业构成重大的威胁。但是，在烟草制品减害的问题上，FDA 监管的后果是非常有疑问的：因为 FDA 对于减害制品的上市持有批准的权力，但是在如何获得批准，至少有三大问题。

首先，美国的控烟法案对于减害卷烟制品的确认还没有一个科学的框架；

第二，控烟法案对减害卷烟制品有偏见，其主要的表现为：对于减害卷烟制品必须经过长时间的流行病学研究，而且还要求它必须有利于所有人群而不仅仅是对于吸烟者；

第三，FDA 也很可能接受烟草商们所提出的关于减害的战略对话，但是，基于目前人们对于卷烟制品的认知，新的燃烧制品不可能从本质上降低消费者患疾病的风险。因此，烟草商们认为，对话的最终目标不是减害的卷烟制品，而是“一个没有人使用燃烧烟草制品的世界”，这关键的一点，却代表了大医药公司的利益。

目前，FDA 所面临急需解决的问题就是对待薄荷烟的问题。在对薄荷烟做出任何决定时，该局都必须顾及到薄荷烟的消费群体，这关系到美国人的民族权力问题。

统计数据显示，目前在美国的烟民中，吸食薄荷烟的大都为非洲裔的美国人，同时还有大量的西班牙裔美国人也是薄荷烟消费的主体，因此，对薄荷烟所出台的任何禁令，都将有可能激发民族矛盾，这应该不是 FDA 所希望看到的结果。

因此，在美国的烟草市场上，尽管反烟的势力不可小视，但烟草业的力量也很强大，何况，政府有关控烟方面的立法，时常缺乏科学的理论依据为支撑，在目前 FDA 对烟草业实施监管的情况下，该局又面临着诸多的现实问题，同时还涉及到美国宪法方面的法律问题，这都是 FDA 所面临的挑战，也是其需要亟待解决的问题。

10.15 对西方发达国家制定香味烟草制品禁令的思考

1. 加拿大新的禁烟令严重影响美国利益

尽管面临着来自美国部分立法委员会委员急于保护美国产白肋烟出口的压力，但加拿大政府还是计划批准并通过禁止香味卷烟和小雪茄烟的生产、销售和进口的相关法案，这引起了美国政府的不满。

代表美国烟草农场主的立法者强烈反驳称，加拿大所出台的相关法令，将会导致美国部分烟叶生产州失业人员增加。为了对美国政府施压，这些烟叶主产州的代表还建议美国政府游说加拿大政府，阻挠加拿大新法案的实施。

但来自加拿大方面的数据显示，自 2006 年以来，加拿大的卷烟生产商们就没有进口任何产自美国的白肋烟烟叶。

1）香味烟禁令将影响美式混合型卷烟

世界卫生组织《烟草控制框架公约》有关香味烟的指导性意见指出，西方国家对香味烟所发出的禁令会影响到美国白肋烟种植者的利益，进而会影响到美式混合型卷烟制品在全球的销售。

该指导性意见的中心意图就是要禁止香味烟在市场上销售，目前世界卫生组织已就该意见向《烟草控制框架公约》的所有缔约方征求意见，加拿大、挪威和欧盟各成员国支持世界卫生组织的观点。

事实上，自 2009 年 9 月份美国出台新的控烟法案之后，就制定了香味烟禁令（但薄荷烟除外），紧随其后，加拿大也相继出台类似的法案。

2）加拿大欲出台的香味烟禁令没有科学依据

加拿大的分析人士指出，政府欲出台香味烟禁令，其目的很明显，大多是处于政治方面的考虑，没有可信的科学依据，而事实也证明，众多的民众也不相信香味卷烟与未成年人吸烟之间有太多的关联。

与此同时，烟草行业很多研究人员担心的是，政府的卫生健康部门及反烟人士所建议并制定的相关法案，本身就有其特定的政治倾向，从而采取了有缺陷的科学依据（有些研究人员则认为这些法案的制定原则是"完全缺乏科学性"）。

2. 香味烟禁令影响亚洲部分国家利益

1）香味烟禁令将导致亚洲数千万人失业

来自印度、韩国、马来西亚、菲律宾、泰国和印度尼西亚的部分烟草种植者参加了在雅加达所召开的会议，与会者就世界卫生组织所提议的香味烟禁令及未来可能面临的各种挑战进行了商讨。

与会者一致认为，如果世界卫生组织采取西方一些发达国家所实施的香味烟禁令，有可能导致亚洲地区约 5000 余万人失去就业机会。目前，世界卫生组织所出台的指导性意见就是要禁止卷烟生产商们生产香味烟草制品，但这一指导性意见一旦付诸实施，将会给全球的烟草工业带来十分严重的不良后果。

2）印度尼西亚质疑美国的香味烟禁令

印度尼西亚准备就美国所出台的香味烟禁令影响到该国丁香烟出口一事向世界贸易组织（WTO）正式提出解决这一争端的方案。

路透社援引世界贸易组织驻印度尼西亚代表的话称，自去年 9 月份美国食品与药品管理局出台相关的香味烟禁令之后，印度尼西亚的丁香烟出口便受到了很大的影响，但美国所出台的该禁令并没有对薄荷烟设置任何障碍，这就是问题的症结所在。印度尼西亚烟草界人士认为，美国所出台的这一禁令是对印度尼西亚丁香烟的一种歧视，其最终的目的是要保护美国卷烟生产商的利益。

3. 香味烟禁令存在缺陷

1）毒理学研究表明香味烟危害并不大

英美烟草公司一位研究人员称，没有任何科学的证据表明，烟草生产商在其添加剂中加入政府所禁止使用的一些香味添加剂后，会使卷烟制品的危害性增加。毒理学研究表明，不存在这样的衡量标准。

在一次国际性会议上，研究人员所发表的相当多不同类型、不同学科的临床研究报告已得到了专家们的认可——即毒理学研究表明香味烟的危害性并不大。这位研究人员称，自1990至2007年以来，已有20多个毒理学研究报告都支持这一观点。

2）香味烟禁令存在缺少法律依据

英美烟草公司的研究人员认为，西方一些国家立法者认为加香卷烟制品可能导致未成年者吸烟上瘾这一观点是有缺陷的，他们认为此类卷烟制品会导致更多的青少年吸烟上瘾也是没有任何科学依据的。

英美烟草公司的研究人员称，加拿大所出台的C-32法案，没有任何科学依据，其立法的依据也完全是基于错误的推理与判断。政府对于加香卷烟制品的限制是一种主观上的推断，同时也是其政治的需要。

4. 香味烟禁令遭到多方批评

1）无烟行动组织对烟草商提出批评

无论是加拿大政府还是美国食品与药品管理局，都出台了相关的严格禁令，禁止卷烟生产商在其卷烟生产中添加原来不对外界公开的配方，诸如巧克力、丁香、草莓(不包含薄荷醇)味的添加成分，并要求卷烟生产商们必须按照禁令执行。

英国无烟行动组织在其网站上发表声明称，在卷烟生产过程中所使用的添加剂如巧克力、丁香等香味添加剂，可以使卷烟制品更加能够满足未成年人的口味。这样，未成年消费者在吸食这些烟草制品时所感到的香味会更加愉悦，这无疑对他们更为有害。

另外，包括无烟加拿大组织及加拿大医学协会的成员也对此发表评论指出，卷烟生产商在生产过程中，添加剂中使用了诸如草莓、香兰草、可乐、薄荷、巧克力、葡萄、樱桃等未成年人所比较喜欢的口味，显然其目的就是要针对这类人群，而且其产品也未标出有害健康的说明。同时，此类卷烟制品使用了色泽比较鲜艳的色彩来进行包装，很能吸引这类消费者，而有些卷烟生产商所生产的此类卷烟包装，外观酷似吸引人的唇彩及时尚的音乐播放器，这更能引起未成年人的关注。

2）英美烟草公司对加拿大出台香味烟禁令表示担忧

对加拿大欲出台的香味烟禁令，英美烟草公司对此表现得尤为关切，因为加拿大是世界卫生组织所制定的《烟草控制框架公约》的主要倡导者，并将要实施禁止香味烟生产与销售的相关法律，它涉及到了很多的烟草配方原料，一旦加拿大把该禁令付诸实施，这种加拿大式的禁令将会带来相当大的示范效应，并为广大的缔约方所效仿，这对烟草业的发展则极为不利。

就在加拿大政府欲出台禁止香味卷烟生产与销售的同时，众多的烟草消费者还尚不清楚卷烟生产商在烟草制品的生产过程中，所加入的香料及其他的添加剂有何种功能，而这些香料及添加剂却是烟草商们重要的秘密，这样的立法出台之后，烟草商所使用的一些香料将有可能被禁止使用，从而导致烟民们经常消费的部分牌号卷烟的香味发生改变，迫使他们转向消费那些口味尚未发生改变的非法烟草制品。

对此，英美烟草公司发表声明指出，加拿大欲推出的香味烟禁令是很不理性的政府行为，一旦实施并被其他国家所仿效，将会产生严重的不良后果。同时，禁止在卷烟中使用某些特定的添加成分，立法者显得太激进了，同时也失去了应有的理性。

5. 结论

近年来美国及加拿大的立法者基于有限的科学依据，欲制定某些限制性法案是存在一定缺陷的，因此，其立法的合法性就值得怀疑。一旦这些立法生效，对于政府及消费者所产生的后果将是非常严重的，因为其他国家和地区的政府部门也可能会仿效，对于这些有缺陷的立法进行仿效，结果只能导致在部分地区的烟草市场上，非法烟草制品进一步猖獗。

英美烟草公司认为，禁止加香烟草制品的法案一旦出台，将会影响到卷烟生产商们对烟草添加剂的使用，从而会给全球的烟草市场带来混乱，因为对于那些习惯了卷烟配方中有添加剂的烟民而言，他们可能会去购买没有受到限制的非法走私及假冒的烟草制品，这样也就限止了减害烟草制品的发展。

政府如果出台诸如香味烟禁令的烟用添加剂禁令，其结果将导致更多高质量卷烟制品所占有的市场份额下降，从而会为非法走私及假冒卷烟制品的进一步泛滥大开方便之门，而事实上，适当的添加剂会为消费者提供香味更好、质量更高的烟草制品。